교육심리학
이론과 실천

교육심리학 ^{제11판}

이론과 실천

Paul Eggen · Don Kauchak 지음

신종호 · 김명섭 · 부은주 · 민지연 · 장유진 · 김정아 · 백근찬
이병윤 · 류장한 · 황혜영 · 조은별 · 장희선 · 백아롱 옮김

USING EDUCATIONAL PSYCHOLOGY IN TEACHING

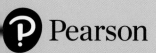

Pearson

학지사

Pearson Education South Asia Pte Ltd
3 Temasek Avenue #21-23, Centennial Tower
Singapore 039190

Pearson Education offices in Asia: *Bangkok, Beijing, Ho Chi Minh City, Hong Kong, Jakarta, Kuala Lumpur, Manila, Seoul, Singapore, Taipei, Tokyo*

3   2   1
26   25   24

Cover Image: Mareen Fischinger/Westend61/OFFSET

발행일: 2025년 1월 31일

공급처: 학지사(02-330-5114/rights@hakjisa.co.kr)

ISBN: 978-981-3351-21-9(93370)

가격: 39,000원

http://pearson.com/asia

폴 에겐(Paul Eggen)과 돈 카우착(Don Kauchak)이 쓴『교육심리학: 이론과 실천(Using Educational Psychology in Teaching)』11판을 과거 대학원 제자들과 함께 번역하여 출간하게 되어 매우 기쁘게 생각한다. 이 책은 교육심리학의 최신 이론과 연구를 바탕으로 학교 교실에서 이를 어떻게 효과적으로 적용할 수 있는지에 대한 구체적이고 실질적인 방법을 제시하고 있다. 미국 사례를 중심으로 구성되어 있지만, 이 책을 통해 이론과 현장의 관계를 이해하고 이를 바탕으로 현장 실천력을 높일 수 있을 것이다.

저자들이 언급하고 있는 것처럼 이 책의 주요 특징은 다음과 같다.

- **실제 교실 사례 연구**: 각 장의 도입부에서 실제 교실에서의 사례 연구를 통해 이론이 어떻게 실천으로 이어질 수 있는지를 보여 준다. 이러한 접근은 독자가 이론과 실천의 연결고리를 명확히 이해할 수 있도록 함으로써 이론–현장의 연계성을 파악하는 데 도움이 되는 구성이다.
- **교육심리학 이론과 연구의 응용**: 각 장마다 교육심리학 이론과 연구를 소개하면서 이를 어떻게 적용할 수 있는지 구체적인 사례를 제시한다는 것이 장점이다. 예를 들어, 비고츠키의 인지발달이론, 사회정서학습, 문화감응적 교수법, 보편적 학습 설계(UDL) 등 다양한 교육심리학 이론을 교실에서 어떻게 적용할 수 있는지 구체적인 사례를 통해 설명한다. 이러한 설명은 예비 교사가 교육심리학 이론을 실제 교실 상황에서 효과적으로 활용하는 데 도움이 된다.
- **다양성과 포용성**: 최근 관심을 모으고 있는 다문화교육, 공정한 학급 관리, 특수교육 등 학생들의 다양한 배경을 고려한 교육방법을 구체적으로 다루고 있다. 따라서 다양한 학생들을 공평하게 대하고 지원할 수 있는 방법을 이해하고 적용하는 데 도움이 된다.

강사에게 드리는 말씀

이 책은 단순한 이론서가 아니라, 실제 교육 현장에서 즉시 적용할 수 있는 다양한 전략과 사례를 포함하고 있다. 강의와 연계하여 학생들이 실제로 교실에서 어떻게 이론을 적용할 수 있을지를 고민하고 적극적으로 활용하기 바란다. 이 책을 통해 학생들이 이론을 실천으로 연결하는 능력을 향상하도록 지도할 수 있을 것이다.

학생에게 드리는 말씀

이 책은 학생(특히 예비 교사)이 교육심리학 이론을 실제 교실에서 어떻게 적용할 수 있을지에 대한 구체적인 방법을 제공한다. 이 책을 통해 이론을 실천으로 연결하는 능력을 키우고 자신만의 교수 전략을 개발할 수 있을 것이다.

끝으로, 이 책의 번역에 참여해 준 제자들에게 깊은 감사의 인사를 전한다. 번역에 참여해 준 모든 역자의 헌신과 노력 덕분에 드디어 우리말 번역서를 펴내게 되었다. 또한 이 책의 출간에 도움을 준 학지사 김진환 사장님과 임직원들에게도 진심으로 감사드린다. 여러분의 지원이 없었다면 이 책이 빛을 발하지 못했을 것이다.

이 책이 우리나라의 많은 교육심리학자와 예비 교사들에게 큰 도움이 되기를 바란다. 그리고 이 책을 통해 학생들의 학습과 발달이 더욱 향상되기를 기원한다.

2025년 1월

대표 역자 신종호

저자 서문

모든 분야와 마찬가지로 교육심리학도 빠르게 발전하고 있으며, 제11판의 목표는 이러한 발전을 활용하여 세 가지 목표를 달성하는 것이다. 첫째, 가능한 한 개념적으로 견고한 이론을 제공하는 것, 둘째, 최신 연구를 포함하는 것, 셋째, 교육심리학의 내용을 유치원, 초등교육, 중등교육 교실에 적용하는 데 가장 구체적인 제안을 제공하는 책을 준비하는 것이다. 편집자의 조언에 따라 세 번째 목표를 반영하고 이 책의 주요 추진력을 상징하기 위해 제목을 『교육심리학: 이론과 실천(Using Educational Psychology in Teaching)』으로 변경했다. 많은 학생이 교육심리학에 포함된 주제를 설명할 수 있지만, 교사로서 이러한 주제를 적용하여 학생들의 학습을 향상하는 방법을 아는 사람은 많지 않다.

가장 실용적인 내용

교실에서의 응용

앞의 세 번째 목표를 여러 가지 방법으로 달성하려고 한다. 먼저 각 장을 시작할 때 한 교사가 장의 내용을 적용하여 학생들의 학습과 발달을 증진하는 사례 연구를 소개한다. 그런 다음 사례 연구를 통합하여 각 장의 내용을 의미 있게 만들고, 교육심리학이 교수 활동에 어떻게 사용될 수 있는지를 더욱 구체적으로 보여 준다.

이 과정을 확장하여 각 장에 '교육심리학을 교수에 활용하기: 학생들에게 적용하기'라는 절을 하나 이상 포함했다. 이 절에는 비고츠키의 인지발달이론, 사회정서학습, 문화감응적 교수법, 보편적 학습 설계, 사회구성주의 학습 관점, 동기이론, 형성평가 등을 교실에서 적용하기 위한 구체적인 제안이 담겨 있다. 이러한 제안은 유치원, 초등교육, 중등교육의 실제 사례에서 가져온 구체적인 예시를 통해 설명했다. 또한 각 절에는 초등학교, 중학교, 고등학교 수준에서 적용할 수 있는 추가 제안을 제공하는 '교실과의 연계'가 포함되어 있고, 각 장마다 다양한 발달 수준에 맞게 내용을 조정하는 '학교급별 적용'을 담았다.

우리는 유치원, 초등교육, 중등교육 교실에서 교사 및 학생들과 직접 일하며 많은 시간을 보내고 있으며, 이러한 경험이 교육심리학에서 가장 현실적으로 적용된 교과서를 제공하는 데 도움이 된다고 믿는다. 진정으로 적용된 책을 원한다면 이 책이 그 답이라고 생각한다.

현대 세계에서의 응용

'교육심리학과 당신'이라는 짧은 절에서는 교육심리학 주제로 설명할 수 있는 개인적인 경험에 대한 질문을 제시한다. 예를 들면 다음과 같다.

무언가가 이해되지 않을 때 신경이 쓰이십니까? 강사가 요구 사항을 명확히 하고, 채점 방법을 설명하며, 일관되게 이를 따르는 수업에서 더 편안하신가요? 대부분의 사람들은 '예'라고 답합니다. 왜 그런지 생각해 보셨나요?

인지발달이론은 이 질문의 답을 얻는 데 도움이 된다.

친구나 지인들을 생각해 보세요. 가장 행복하고 웰빙 감각이 높은 사람들이 가장 지적이거나 학문적으로 성공한 사람들인가요? 그렇지 않다면, 왜 그런 것일까요?

이 질문의 답은 사회정서 발달 연구로 얻을 수 있다.

게임을 좋아하나요? 모든 게임을 좋아하나요, 아니면 특정 게임만 좋아하나요? 왜 어떤 게임은 좋아하고 어떤 게임은 좋아하지 않나요? 어떤 게임에서 성공하는 것이 다른 게임에서 성공하는 것보다 더 중요한가요?

이 질문에는 동기이론으로 답할 수 있다.

각 장에서 이러한 질문에 대해 논의하고 설명한다. 이 기능은 교육심리학이 학교 교실에서 필수적인 응용을 제공할 뿐만 아니라 일상생활에서도 적용될 수 있음을 상기시키기 위한 시도이다.

개념적으로 견고한 이론과 최신 연구

교육심리학은 교사가 가르치고 학생이 배우는 방식에 엄청난 영향을 미친다. 이러한 영향을 최대한 활용하고 서문에서 언급한 첫 번째, 두 번째 목표를 달성하기 위해 새로운 콘텐츠를 추가하고 기존 내용을 업데이트했다.

모든 장에서

APA의 20가지 주요 원칙: 미국심리학회는 유치원부터 12학년(초·중등학교)까지 학습에 적용 가능한 20가지 원칙을 선별했다. 제1장에서 이 원칙을 설명하고, 각 장의 시작 부분에서 특히 강조되는 원칙과 그 원칙이 적용된 본문의 위치를 구체적으로 명시했다.

전국교사자질위원회(NCTQ): NCTQ는 모든 신임 교사가 알아야 할 6가지 필수 교수 전략을 확인한 바 있다. 제1장에서 이러한 내용을 논의하고, 각 장의 시작 부분에서 특히 강조되는 전략을 확인하며, 본문에 그 적용 예시를 포함하고, 구체적 예시를 통해 이를 설명했다.

다양성

다양성과 이민: 미국 학생은 역사상 가장 다양하며, 이민 학생은 학교 인구의 점점 더 많은 부분을 차지하고 있다. 제4장을 이 주제에 할애하고, 다른 모든 장에도 학생과의 작업에서 다양성의 함의를 검토하는 절을 포함했다. 우리는 다양성이 우리 모두를 풍요롭게 한다고 진심으로 믿으며, 이러한 낙관적인 관점을 본문 전반

에 걸쳐 드러냈다.

문화감응적 교수법에 대한 이론적 틀: 연구에 따르면 문화감응적 교수법은 모든 학생, 특히 문화적 소수집단의 성취를 향상할 수 있다. 제4장에서 문화감응적 교수법에 대한 논의를 대폭 확장하고, 이를 지지하는 이론적 틀을 제공하는 새로운 내용을 담았다.

차별적 학급 관리 정책: 연구는 교사의 학급 관리 관행에 인종적 격차가 존재함을 일관되게 보여 준다. 제12장에서 이 연구를 자세히 검토하고, 공정한 학급 관리 정책을 개발하기 위한 제안을 구체적으로 설명했다.

문화적 소수집단이 특수교육에서 과소 혹은 과대 대표되는가: 연구에 따르면, 일반적인 믿음과 달리 문화적 소수집단 구성원은 특수교육에서 과소 대표되고 있으며, 이는 그들이 성공하고 번영하는 데 도움이 될 수 있는 서비스를 박탈한다. 제5장에서 이 문제를 자세히 다루었다.

학습, 발달, 동기

비판적 사고와 인터넷: 비판적 사고는 오늘날의 '음모 이론', '탈진실', '가짜 뉴스'의 세계에서 중요한 이슈가 되었다. 연구에 따르면 오늘날의 학생들은 가짜 뉴스와 실제 뉴스를, 음모 이론과 사실을 구별하는 데 어려움을 겪고 있다. 제8장에서 비판적 사고에 대해 논의하면서 이러한 문제를 자세히 검토하고, 교사로서 학생들이 이러한 문제를 효과적으로 다룰 수 있도록 돕기 위해 비판적 사고 능력을 개발하는 방법을 제안했다.

기술, 학습 및 발달: 기술, 소셜 미디어, 스마트폰이 학습 및 발달, 특히 사회정서적 발달에 미치는 영향이 연구 문헌에서 널리 논의되고 있다. 본문 전반에 걸쳐 학습 및 발달에 대한 기술의 긍정적·부정적 영향, 특히 사회정서적 발달에 대해 자세히 다루었다.

인지 신경과학의 학습 및 발달: 신경과학은 학습과 발달에 대한 이해를 확장하고 있으며, 이러한 이해는 교육에 중요한 의미가 있다. 이를 자세히 검토하고, 신경과학에 대한 이해를 활용하여 모든 학생의 학습을 향상하기 위한 제안을 제공했다.

집행 기능: 집행 기능은 학습과 일상생활에 필수적이다. 이는 너무나 중요하여 지능과 학교 준비도를 평가하는 테스트에도 포함된다. 제7장에서 학습에 대한 인지적 관점을 논의하면서 이 중요한 과정을 상세히 설명하고, 교사가 학생들의 집행 기능 능력을 개발하도록 돕는 데 사용할 수 있는 방법을 제안했다.

보편적 학습 설계(UDL): UDL은 모든 학습자가 콘텐츠에 접근할 수 있도록 교육 자료와 활동을 설계한다. UDL은 특수성을 지닌 학습자가 포함될 수 있도록 설계된 과정으로, 제5장에서 특수성을 지닌 학습자에 대해 논의하면서 UDL을 자세히 다루었다.

학생들은 코딩을 배워야 할까: 앱, 웹 사이트, 소프트웨어를 설계하는 데 사용되는 프로그래밍 언어를 중·고등학생에게 가르치는 움직임이 미국 학교에서 확산되고 있다. 이는 애플의 CEO인 티모시 쿡(Timothy Cook)의 말처럼, '오늘날 필요한 기술의 큰 결핍'을 해결하는 것이다. 이 이니셔티브는 논란의 여지가 있다. 제8장에서 이 이니셔티브와 학습 및 교육에 대한 함의, 관련된 논쟁을 검토했다.

끈기(장기목표 달성을 위한 지속적 헌신): 끈기는 성장 마인드셋, 숙달 목표, 높은 수준의 인내, 만족 지연, 쾌락 추구의 부재와 관련된 필수적인 동기 개념으로, 심리학자 앤젤라 더크워스(Angela Duckworth)의 연구로 널리 알려졌다. 동기 연구에서 중요한 이 개념에 대한 논의를 대폭 확장하고, 학생들의 '끈기'를 개발하는 방법을 제안했다.

사회정서적 학습 및 발달

사회정서적 발달: 사회정서적 발달은 많은 연구의 관심을 받고 있으며, 일부 전문가들은 인지 발달보다 더 중요하다고 믿는다. 제3장에서 개인적·사회적·도덕적 발달을 논의하면서 이 주제에 중요한 부분을 할애하고, 각 장의 곳곳에서 이 주제를 참조했다.

LGBTQ 학생들: 연구는 일관되게 LGBTQ 학생들이 학교 안팎에서 수많은 문제를 겪고 있음을 보여 준다. 그리고 그들의 문제는 트랜스젠더 청소년을 둘러싼 정치적 논란으로 인해 악화되었다. 관련 문제 그리고 교사가 이들의 사회정서적 발달을 촉진하고 현재 처한 많은 도전을 극복하도록 돕기 위해 할 수 있는 일을 검토했다.

학교 총기 난사: 학교 총기 난사 사건의 증가, 특히 플로리다주 파크랜드의 고등학교에서 발생한 대량 학살 이후 미국의 교사와 학생들은 트라우마를 겪고 있으며, 이 트라우마는 교육, 학습 및 학생들의 사회정서적 발달에 영향을 미친다. 이 문제와 학습 및 교육에 대한 함의, 그리고 교사가 무장해야 한다는 의견을 둘러싼 정치적 논란을 다루었다.

학교에서의 성폭행과 성희롱: 성희롱은 오래전부터 있었던 일이지만, 2017년 말에 주목받기 시작한 '미투' 운동으로 널리 알려졌다. 학교에서의 성희롱과 성폭행 문제를 논의하고 이를 방지하기 위해 할 수 있는 일을 제4장에서 살펴보았다.

오피오이드(마약) 위기: 오피오이드 위기로 미국 사회가 황폐화되고 있으며, 이는 학교에도 영향을 미친다. 이 주제와 학습, 교육 및 사회정서적 발달에 대한 함의를 자세히 다루었다.

교육 및 평가

역방향 설계: 역방향 설계는 교육 계획을 세우는 데 중요한 접근 방식이다. 제13장에서 교육 계획, 제14장에서 교실 평가를 논의할 때 이 개념적 틀을 사용하며, 교사가 역방향 설계 방식을 활용하여 학생들의 학습을 증진할 수 있는 구체적인 방법을 제안했다.

기준에 연결된 사례 연구: 학습 기준은 이제 교사 삶의 일부가 되었으며, 많은 신임 교사는 학생들이 기준을 충족하도록 돕기 위해 교육을 계획하고 구현하는 방법에 대해 불확실해한다. 응용에 대한 강조를 더욱 강화하기 위해 본문 전반에 걸쳐 많은 사례 연구를 기준과 연관 짓고, 기준에 기반한 교육에 대해 자세히 논의했다.

데이터 기반 교육: 데이터 기반 교육은 학생 성과 정보를 바탕으로 교육과 학습을 결정하는 교수 접근 방식이다. 이는 명확한 목표, 기초 데이터, 빈번한 평가, 평가 데이터에 기반한 교육을 강조한다. 제14장에서 평가에 대해 논의하면서 데이터 기반 교육을 살펴보았다.

맞춤형 학습: 맞춤형 학습은 각 학습자의 필요에 맞춰 학습 속도와 교육 접근 방식을 최적화하는 교육을 의미한다. 일반적으로 기술과 연계된 이 학습 접근 방식은 강력한 지지를 받는 동시에 비판을 받고 있다. 제13장에서 교육에 대해 논의하면서 개인화된 학습의 함의와 논란을 검토했다.

형성평가: 형성평가는 교육의 다음 단계를 결정하기 위해 학생들의 학습 정보를 수집하는 과정이다. 이는 가장 강력한 학습 도구 중 하나로, 그 반대인 종합평가에 대한 논의를 제14장에서 크게 확장했다.

ESSA: '모든 학생 성공법(ESSA)'은 미국 교육을 개선하기 위해 최근에 제정된 미국 법이다. 책임감이 중심 요소로 남아 있지만, 성취의 정의에는 표준화 검사 결과를 넘어 동기, 자기조절과 같은 학생 학습 측정이 포함된다. 제15장에서 표준화 검사에 대해 논의하면서 이 법을 설명하고, 이 법이 미국 학교에서의 교육과 학습에 미치는 함의를 설명했다.

고위험 평가에 대한 반발: 고위험 평가, 특히 부가가치 모델링은 논란이 매우 많다. 이러한 논란과 그것이 교육과 학습에 미치는 함의를 제15장에서 자세히 다루었다.

edTPA: edTPA(ed교사수행평가)는 '신임 교사가 업무를 수행할 준비가 되었는가?'라는 질문에 답하기 위해 설계된 고위험 예비 서비스 평가 과정이다. edTPA의 사용이 점점 더 확산됨에 따라 교사 준비에 중요한 함의를 띠게 될 것입니다. 제15장에서 책임에 대해 논의하면서 edTPA를 검토했다.

이와 같은 새로운 콘텐츠를 최신 연구와 결합된 전통적인 이론에 대한 자세한 설명에 추가했다. 앞으로 그 내용을 이 분야에서 가장 포괄적인 최신 상태로 유지할 것이다. 우리는 이 책이 진정한 전문 교사를 준비하는 데 도움이 될 것이라고 믿는다.

Paul Eggen, Don Kauchak

저자 소개

폴 에겐(Paul Eggen)

폴 에겐은 고등교육 분야에 약 40년 동안 몸담았다. 그는 공립학교와 대학을 위한 컨설턴트로 활동하고 있으며, 12개 주의 교사들에게 컨설팅 지원을 제공해 왔다. 또한 아프리카, 남아시아, 중동, 중앙아메리카, 남아메리카, 유럽의 23개국 국제학교에서 교사들과 함께 일했다. 에겐은 여러 국가의 저널에 다수의 논문을 게재했으며, 6권의 책을 공동 저술하거나 공동 편집했고, 미국 내외 학회에서 정기적으로 발표하고 있다.

에겐은 공교육에 대한 강한 신념을 가지고 있다. 그의 아내는 미국 공립 중학교 교사이고, 두 자녀는 공립학교와 주립대학을 졸업했다.

돈 카우착(Don Kauchak)

돈 카우착은 40년 넘게 9개 주의 공립학교와 고등교육 분야에서 가르치고 일해 왔다. 그는 『Journal of Educational Research』, 『Journal of Experimental Education』, 『Journal of Research in Science Teaching』, 『Teaching and Teacher Education』, 『Phi Delta Kappan, Educational Leadership』 등 여러 학술 저널에 논문을 게재했으며, 이 책 외에도 6권의 교육 관련 책을 공동 저술하거나 공동 편집했다. 또한 교사훈련 및 평가 실제를 조사하는 미국 연방정부 및 주정부 지원 연구의 책임자로 활동했으며, American Educational Research Association에서 정기적으로 연구 결과를 발표하고 있다.

현재 카우착은 초등학교에서 1~3학년 학생들을 자원봉사로 지도하고 있으며, 이 학생들로부터 교육심리에 대해 많은 것을 배웠다.

역자 소개

신종호 [1장, 2장]
(미) University of Minnesota 교육심리학과 졸업(철학 박사, Ph.D.)
현 서울대학교 사범대학 교육학과 교수

김명섭 [3장]
서울대학교 사범대학 교육학과 졸업(교육학 박사)
현 전북대학교 사범대학 교육학과 조교수

부은주 [4장]
서울대학교 사범대학 교육학과 졸업(교육학 박사)
현 대정여자고등학교 교사

민지연 [5장]
서울대학교 사범대학 교육학과 졸업(교육학 박사)
현 인하대학교 교육대학원 초빙교수

장유진 [6장]
(미) The Ohio State University 교육학과 졸업(철학 박사, Ph.D.)
현 충북대학교 사범대학 교육학과 부교수

김정아 [7장, 9장]
서울대학교 사범대학 교육학과 졸업(교육학 박사)
현 서울대학교 사범대학 교육학과 강사

백근찬 [7장, 12장]
서울대학교 사범대학 교육학과 졸업(교육학 박사)
현 서울대학교 사범대학 교육학과 강사

이병윤 [7장, 15장]
서울대학교 사범대학 교육학과 졸업(교육학 박사)
현 숙명여자대학교 교육연구소 전임연구원

류장한 [7장, 8장]
서울대학교 사범대학 교육학과 졸업(교육학 박사)
현 서울대학교 사범대학 교육학과 강사

황혜영 [10장]
(미) University of North Carolina 교육심리학과 졸업(철학 박사, Ph.D.)
현 경기대학교 교양학부 조교수

조은별 [11장]
서울대학교 사범대학 교육학과 졸업(교육학 박사)
현 국립한국해양대학교 교직과 부교수

장희선 [13장]
서울대학교 사범대학 교육학과 졸업(교육학 박사)
현 혜전대학교 유아교육과 조교수

백아롱 [14장]
서울대학교 사범대학 교육학과 졸업(교육학 박사)
현 고려대학교 공과대학 공학교육혁신센터 연구교수

요약 차례

제9장
지식 구성과 학습과학 • 437

제10장
동기와 학습 • 471

제11장
학습동기를 높이는 교실 모형 • 529

교육심리학
학습과 교수의 이해

이 장을 공부한 후 여러분은 다음을 할 수 있어야 한다.

1.1 전문적인 교수를 설명하고, 전문적인 교수가 학생의 학습에 어떤 영향을 미치는지 설명할 수 있다.

1.2 전문 교사가 갖추어야 할 전문 지식의 유형을 설명할 수 있다.

1.3 다양한 유형의 연구를 설명하고, 연구가 교사의 전문 지식에 어떻게 기여하는지 설명할 수 있다.

1.4 오늘날의 교실에서 교수에 영향을 미치는 요인을 파악할 수 있다.

여러분은 방금 이 책을 펼쳤을 것이고, 아마도 이 책을 이용한 수업이 어떨지, 그리고 이 수업이 여러분을 더 나은 교사로 만들어 줄 수 있을지 궁금해할 것이다. 이 교재의 내용을 소개하기 위해, 우리는 실제 교육 현장에서 가져온 초등학교, 중학교, 고등학교의 세 가지 간단한 수업 사례를 살펴보는 것으로 이 장을 시작하고 자 한다.

1학년 교사인 소피아 퍼레즈(Sophia Perez)는 다음 기준을 충족시키기 위해 18명의 학생들과 함께 작업하고 있다.

기본 문장에서 단수 및 복수 명사를 일치하는 동사와 함께 사용한다(예: He hops; We hop). (공통 핵심 국가 교육 기준, 2018a).

그녀는 아이들을 교실 앞쪽의 카펫에 앉히고 다음과 같은 내용을 보여 준다.

Owen runs around the corner to find his ball. Olivia and Emma run after him. After getting his ball, he walks back to where they are playing. They walk back right behind him.
(오웬은 공을 찾기 위해 모퉁이를 돌아 달립니다. 올리비아와 엠마는 그의 뒤를 따라 달립니다. 공을 찾은 후, 그는 그들이 놀고 있는 곳으로 걸어갑니다. 그들은 바로 그의 뒤를 따라 걸어갑니다.)

그녀는 학생들에게 짧은 단락을 큰 소리로 읽게 한 다음 밑줄 친 부분을 가리킨다. "이 둘의 차이점은 무엇일까요?"라고 그녀는 'Owen runs'를 가리키며 묻고, 그다음 'Olivia and Emma run'을 가리킨다.

퍼레즈 선생님의 지도에 따라, 학생들은 오웬은 한 사람을 나타내고, 올리비아와 엠마는 두 사람을 나타내며, 'runs'는 한 사람과 함께 사용되고, 'run'은 두 사람과 함께 사용된다는 결론을 내린다. 그녀는 'he walks'와 'they walk'에 대해서도 동일한 방식으로 진행한다.

그런 다음 그녀는 다음 문장을 보여 준다.

Kelly skips rope, and sometimes we skip together.
(켈리는 줄넘기를 하고, 때로는 우리가 함께 줄넘기를 한다.)

그녀는 계속해서 "자, 왜 여기서는 'skips'를 사용했지만, 여기서는 'skip'을 사용했을까요?"라고 묻는다. 그녀는 각 경우에 문장을 가리키며, 학생들이 켈리가 한 사람이기 때문에 'skips'가 사용되었고, 'we'는 한 사람 이상을 나타내기 때문에 'skip'이 사용되었다는 결론을 내리도록 유도한다.

연습을 위해, 그녀는 학생들에게 세 개의 추가 문장을 제시하고 문장이 올바르게 작성되었는지 판단하도록 한다.

이제, 중학교 수학 교사인 키스 잭슨(Keith Jackson)을 살펴보도록 하자.

잭슨 선생님은 26명의 학생들과 함께 소수와 백분율에 대해 공부하고 있으며, 다음 기준을 충족시키기 위해 노력하고 있다.

> 수량의 백분율을 100당 비율로 찾는다(예: 수량의 30%는 수량의 30/100배를 의미함); 부분과 백분율이 주어졌을 때 전체를 찾는 문제를 해결한다(공통 핵심 국가 교육 기준, 2018b).

그는 자판기에서 가져온 12온스 소다 캔, 20온스 병, 그리고 가격표가 붙어 있는 6팩을 학생들에게 보여 주면서 수업을 시작한다.

학생들이 기준을 충족할 수 있도록, 그는 학생들을 짝지어 조직하고 소수와 백분율에 대한 이해를 사용하여 어떤 것이 가장 좋은 구매인지 결정하는 과제를 부여한다.

학생들이 작업하는 동안, 잭슨 선생님은 교실을 돌아다니며 질문을 하고 학생들의 노력을 이끌어 낸다. 그리고 모든 그룹이 6팩이 가장 좋은 구매라는 결론을 내리자, 그는 "그래서 어떻게 알았니?"라고 묻는다.

"6팩의 온스당 비용이 가장 낮아요."라고 서배너(Savannah)가 6팩을 가리키며 대답한다.

이제 32명의 학생들이 있는 고등학교 사회 교사인 켈시 월시(Kelsey Walsh)에 대해 알아보자.

월시 선생님은 다음 기준에 중점을 두고 증거를 통해 결론을 평가하는 단원을 시작하고 있다.

> 텍스트에서 작가의 주장을 뒷받침하는 추론과 증거의 정도를 평가한다(공통 핵심 국가 교육 기준, 2018c).

월시 선생님은 기준을 가리키며 "우리의 목표는 작가와 연설자가 증거로 자신의 주장을 얼마나 잘 뒷받침하는지 판단할 수 있는 것입니다. 이는 우리가 듣고 읽는 내용에 대해 비판적으로 생각하는 법을 배우는 데 도움이 될 것이며, 궁극적으로는 우리를 더 정보에 밝은 시민으로 만들어 줄 것이고, 가짜 뉴스나 사기 등 인터넷에서의 문제를 피하는 데 도움이 될 것입니다."라고 말한다.

그런 다음 그녀는 학생들에게 다음을 보여 준다.

> 우리의 방송사들은 광고주에 의존하는 영리 조직이기 때문에, 그들의 뉴스 방송은 피상적이고 무의미하다. 예를 들어, 30분으로 예정된 NBC 저녁 뉴스는 평균적으로 실제 뉴스는 약 20분밖에 없고, 나머지는 광고이다. 총 방송 시간은 28분에 불과하다. 최근 뉴스에서는 4개의 주요 주제를 다루었는데, 마지막 3개는 총 7분 정도 소요되었다.

월시 선생님은 학생에게 읽을 시간을 준 후 "자, 여기서 작가의 주장은 무엇일까요?"라고 계속 말한다.

그녀의 지도에 따라, 학생들은 작가가 뉴스 방송이 얕고 피상적이며 어쩌면 무의미하다고 주장하고 있다고 결론 내린다.

그런 다음 월시 선생님은 학생들에게 작가가 주장을 뒷받침하는 증거로 제시한 것이 무엇인지 묻고, 학생들은 작가가 일반적인 30분 뉴스에서 실제 뉴스 시간과 주제 수를 제공한다는 점을 지적한다.

추가 토론 후, 학생들은 뉴스가 적어도 다소 피상적이라는 데 동의한다.

"하지만 저는 작가가 방송이 무의미하다는 주장을 뒷받침하지 않았다고 생각합니다…… 어쩌면 피상적일 수는 있지만 무의미하지는 않습니다."라고 올리비아는 토론이 끝날 무렵 주장한다.

"왜 그렇게 생각하나요?"라고 월시 선생님이 질문한다.

학생들은 계속 토론을 하면서 뉴스가 실제로 무의미한지에 대해 논쟁한다.

학생들의 학습과 발전을 돕는 것이 모든 교육의 목표이므로 다음 질문을 고려해 보고자 한다. 앞의 각 예시에서 다음 중 어떤 요인이 학생들의 학습에 가장 큰 영향을 미쳤을까?

- 교육과정과 이용 가능한 자료: 퍼레즈 선생님의 경우 주어-동사 일치, 잭슨 선생님의 경우 소수와 백분율, 월시 선생님의 경우 주장과 증거 등 학생들이 공부하는 내용과 각 교사가 사용한 예시들.
- 기준: 일정 기간 동안 학생들이 알아야 하거나 할 수 있어야 하는 것을 기술한 진술. 각 교사의 수업은 기준에 직접 초점을 맞추었다.
- 학급 규모: 퍼레즈 선생님의 학급에는 18명, 잭슨 선생님의 학급에는 26명, 월시 선생님의 학급에는 32명의 학생이 있다.
- 교사: 소피아 퍼레즈, 키스 잭슨, 켈시 월시

적절한 시설과 리더십(교장 및 기타 학교 지도자)과 같은 다른 요인들도 학생들의 학습에 영향을 미치겠지만, 우리 질문에 대한 명확한 답은 바로 교사이다. 교사의 질은 의심할 여지없이 학생들의 학습에 영향을 미치는 가장 중요한 요인이다(Araujo, Carneiro, Cruz-Aguayo, & Shady, 2016; Chetty, Friedman, & Rockoff, 2014; Houkes-Hommes, ter Weel, & van der Wiel, 2016).

전문적인 교수와 학생 학습

1.1 전문적인 교수를 설명하고, 전문적인 교수가 학생의 학습에 어떤 영향을 미치는지 설명할 수 있다.

흥미롭게도 교사의 중요성은 교육 지도자와 정책 입안자들에게 항상 명백한 것은 아니었다. 학교 교육을 개선하기 위한 노력으로 개혁가들은 개방형 교실과 같은 다양한 조직 구조, 통언어교육(Whole Language)과 흔히 'New Math'라고 불리는 것과 같은 다양한 교육과정 및 교수법적 접근, 그리고 최근에는 기술과 같은 지원 시스템의 도입 등 여러 가지 전략을 시도했다. 그러나 이 중 어느 것도 기대했던 만병통치약이 되지는 못했다(Kunter et al., 2013).

학생 학습을 증진시키는 핵심은 간단하지만 쉽지는 않다. 가능한 한 최고 품질의 교사를 찾아 준비시키는 것이다. 어떤 조직, 시스템 또는 기업도 그 안에 있는 사람들보다 나을 수 없으며, 학교도 마찬가지이다. 연구에 따르면 전문적인 교수가 학생 성취에 영향을 미치는 주요 요인임을 일관되게 확인하고 있다(Araujo et al., 2016; Kunter et al., 2013). 추가 연구에 따르면 학교의 질은 교사의 질에 의해 결정된다고 한다(Goldhaber, 2016). 그리고 설득력 있는 연구 검토 결과, 전문 교사(professional teacher)가 가르친 학생들은 대학에 진학하고 더 높은 급여를 받을 가능성이 높고, 10대에 아이를 가질 가능성은 더 낮은 것으로 나타났다(Chetty et al., 2014).

전 세계 교육 시스템에서도 유사한 결과가 발견되었는데, 이는 한 국가의 성공이 **인적 자본**(human capital), 즉 국가의 문화적·경제적 발전에 기여하는 사람들의 전문 지식과 기술, 사회적 능력, 성격적 특성의 개발에 달려 있음을 시사한다. "인적 자본 생산 함수의 가장 중요한 투입 요소를 발견하는 데 있어 진전이 있었고, 이는 교사의 질이 한 국가의 인적 자본 축적에 매우 중요하다는 결론으로 이어졌다"(Houkes-Hommes et al., 2016, p. 358).

일부 사람들, 특히 많은 교육 지도자들은 한때 전문적인 교수는 본질적으로 본능적이며, 타고난 슈퍼스타들이 하는 일종의 마법이라고 믿었다. 그리고 운동, 음악, 예술과 같은 다른 영역에서와 마찬가지로, 일부 교사들은 다른 교사들보다 더 많은 타고난 능력을 가지고 있는 것이 사실이다. 그러나 1960년대와 1970년대로 거슬러 올라가는 연구에 따르면 전문 교사들은 순전히 본능적이지 않은 지식과 기술을 가지고 있다고 한다. 오히려 그들은 공부와 실습을 통해 습득된다(Fisher et al., 1980). 그리고 최근의 연구는 이러한 초기 연구 결과를 뒷받침한다(Kunter et al., 2013; Lemov, 2015). 이는 모든 영역에서 사실이다. 예를 들어, 많은 운동선수들은 열심히 노력하고 훈련함으로써 더 많은 타고난 능력을 가진 동료들보다 더 나은 성과를 낸다.

전문가(Expert, 우리는 이 장 전반에 걸쳐 '전문' 교사를 언급한다.)는 음악, 건축, 의학, 교육과 같은 특정 영역에서 매우 지식이 풍부하고 숙련된 사람들이다. 전문 교사의 전문 지식과 기술은 그들을 덜 효과적인 동료들과 구별되게 한다. 이 지식과 기술은 그들이 덜 유능한 교사들보다 학생들에게 더 많은 학습을 촉진하는 데 도움을 준다. 이것이 바로 여러분이 이 과정을 수강하고 이 책을 공부하는 이유이다. 여러분의 목표는 전문성으로 이어질 지식과 기술을 습득하기 시작하는 것이고, 우리의 목표는 이 과정에서 여러분을 돕는 것이다.

교육심리학, 전문 지식, 그리고 전문 교수법

1.2 전문 교사가 갖추어야 할 전문 지식의 유형을 설명할 수 있다.

교육심리학(Educational psychology)은 인간의 학습과 교수에 대한 과학적 연구에 초점을 맞추는 학문 분야이다(Berliner, 2006). 교육심리학의 내용은 교수 전문성이 발전함에 따라 습득하게 될 전문 지식에 초점을 맞추고 있다. 우리는 다음 섹션에서 이 전문 지식에 대해 논의할 것이다.

전문 지식

전문 지식(Professional knowledge)이란 법학, 의학, 건축학, 공학 등과 같은 특정 학문 분야에서 요구되는 고유한 지식과 기술을 의미한다. 이는 교육 분야에도 동일하게 적용된다. 이 절에서는 교육심리학이 어떻게 전문 지식을 증진시키고, 나아가 전문성을 향상시킬 수 있는지에 초점을 맞출 것이다.

교육심리학과 당신
여러분은 학습과 교수에 대해 얼마나 알고 있는가? 여러분의 지식을 테스트하기 위해 다음의 학습과 교수에 대한 질문들을 완성해 보자. 이는 여러분이 전문적인 교사가 되기 위해 필요한 지식의 유형을 소개할 것이다.

학습과 교수에 대한 질문

다음에 제시된 12개의 항목을 살펴보고, 각 진술이 참인지 거짓인지 판단해 보자.

1. 초등학생들의 사고는 구체적이고 실체적인 것에 국한되는 경향이 있는 반면, 중·고등학생들의 사고는 추상적인 경향이 있다.
2. 학생들은 일반적으로 자신이 특정 주제에 대해 얼마나 알고 있는지 이해한다.
3. 지능 분야의 전문가들은 "브라질은 어느 대륙에 있는가?"와 같은 사실에 대한 지식을 지능의 한 지표로 본다.
4. 전문 교수는 본질적으로 학생들에게 정보를 간결하고 체계적인 방식으로 제시하는 과정이다.
5. 수학과 같은 내용 영역을 전공한 예비 교사들은 비전공자들에 비해 자신이 가르치는 아이디어에 대한 명확한 예시를 제공하는 데 훨씬 더 성공적이다.
6. 학생들의 학습동기를 높이기 위해, 교사는 가능한 한 자주 그들을 관대하게 칭찬해야 한다.
7. 성공적인 학급 관리의 핵심은 교실 내 방해 요소를 신속하게 중단시키는 것이다.
8. 예비 교사들은 일반적으로 자신이 현직 교사들보다 더 효과적일 것이라고 믿는다.
9. 교사는 가르침으로써 배운다. 일반적으로 경험은 교수–학습에 관여하는 주요 요인이다.
10. 학생들은 자신의 **학습 양식**(learning style), 즉 선호하는 사고 및 문제해결 접근 방식과 일치하는 정보를 받을 때 가장 효과적으로 학습한다.
11. 학생들을 비판하는 것은 그들의 자존감을 손상시키므로 피해야 한다.
12. 일부 학생들은 좌뇌 사고자이고 다른 학생들은 우뇌 사고자이기 때문에, 교사는 학생들의 이러한 차이를 수용하기 위해 노력해야 한다.

여러분의 결과를 살펴보자. 각 항목에 대한 정답은 다음 단락에 설명되어 있다. 답을 읽을 때, 이는 학생 또는 사람들 일반에 대해 설명하는 것이며, 예외는 존재할 수 있음을 염두에 두자.

1. 초등학생들의 사고는 구체적이고 실체적인 것에 국한되는 경향이 있는 반면, 중·고등학생들의 사고는 추상적인 경향이 있다.

   거짓: 연구에 따르면 중학생, 고등학생, 심지어 대학생들도 자신이 공부하는 주제와 관련된 상당한 사전 지식과 경험이 있을 때만 효과적으로 추상적 사고를 한다(Berk, 2019a). 제2장에서 학생들의 사고 발달에 대해 공부할 때, 이 연구를 이해하는 것이 어떻게 여러분의 교수를 향상시킬 수 있는지 알게 될 것이다.

2. 학생들은 일반적으로 자신이 특정 주제에 대해 얼마나 알고 있는지 이해한다.

   거짓: 학습자, 특히 어린아이들은 종종 자신의 이해 정도를 정확하게 평가할 수 없다(Hacker, Bol, Horgan, & Rakow, 2000). 학생들이 자신이 무엇을 알고 있으며 어떻게 학습하는지에 대한 인식은 이해에 큰 영향을 미치며, 인지학습이론은 그 이유를 이해하는 데 도움을 준다. (제7장, 제8장, 제9장에서 인지학습이론을 공부할 것이다.)

3. 지능 분야의 전문가들은 "브라질은 어느 대륙에 있는가?"와 같은 사실에 대한 지식을 지능의 한 지표로 본다.

참: 오늘날 가장 널리 사용되는 지능검사인 웩슬러 아동용 지능검사–제5판(Wechsler, 2014)에는 이 예시와 유사한 여러 항목이 포함되어 있다. 우리는 제5장에서 이러한 이론과 관련된 논쟁을 포함하여 지능이론을 살펴볼 것이다.

4. 전문 교수는 본질적으로 학생들에게 정보를 간결하고 체계적인 방식으로 제시하는 과정이다.

거짓: 우리가 학습에 대해 더 잘 이해할수록, 단순히 학생들에게 정보를 설명하는 것이 종종 비효과적이라는 것을 더 잘 깨닫게 된다(Kunter et al., 2013; Pomerance, Greenberg, & Walsh, 2016). 학습자는 자신이 이미 알고 있는 것을 기반으로 자신만의 지식을 구성하며, 그들의 감정, 신념, 기대 모두가 이 과정에 영향을 미친다(Bruning, Schraw, & Norby, 2011; Schunk, Meece, & Pintrich, 2014). 제9장에서 지식 구성에 대해 공부할 것이다.

5. 수학과 같은 내용 영역을 전공한 예비 교사들은 비전공자들에 비해 자신이 가르치는 아이디어에 대한 명확한 예시를 제공하는 데 훨씬 더 성공적이다.

거짓: 교수에 대한 가장 만연한 오해 중 하나는 효과적으로 가르치는 데 필요한 것은 주제에 대한 지식뿐이라는 생각이다. 연구자들은 예비 교사들을 대상으로 한 연구에서 수학 전공자들이 비전공자들보다 학습자들이 이해할 수 있는 방식으로 수학 개념을 효과적으로 설명하는 능력이 더 뛰어나지 않다는 것을 발견했다(U.S. Department of Education, 2008). 내용에 대한 지식은 분명히 중요하지만, 교수 전문성은 그 내용을 학생들에게 의미 있게 만드는 방법을 이해하는 추가적인 이해를 필요로 한다(Ayers, 2018; Buchholtz, 2017). (제2장, 제6장~제9장, 제13장에서 학습자들에게 지식을 접근 가능하게 만드는 방법에 대해 공부할 것이다.)

6. 학생들의 학습동기를 높이기 위해 교사는 가능한 한 자주 그들을 칭찬해야 한다.

거짓: 적절한 칭찬의 사용은 효과적이지만, 과도한 사용은 신뢰성을 떨어뜨린다. 이는 특히 나이 든 학생들에게 해당되는데, 그들은 칭찬이 타당하지 않거나 진실하지 않다고 생각하면 칭찬을 무시한다. 또한 나이 든 학생들은 쉬운 과제에 대해 주어진 칭찬을 교사가 자신의 능력이 낮다고 생각한다는 것을 나타내는 것으로 해석할 수도 있다(Schunk et al., 2014). 제10장과 제11장에서 동기에 대해 공부하면 교사가 어떻게 학생들의 학습동기를 높일 수 있는지 이해하는 데 도움이 될 것이다.

7. 성공적인 학급 관리의 핵심은 방해 요인을 신속하게 중단시키는 것이다.

거짓: 연구에 따르면 초임 교사들의 주요 관심사인 학급 관리는 문제가 발생한 후 대응하는 대신 애초에 관리 문제가 발생하지 않도록 예방할 때 가장 효과적이다(Emmer & Evertson, 2017; Evertson & Emmer, 2017). (제12장에서 학급 관리에 대해 공부할 것이다.)

8. 예비 교사들은 일반적으로 자신이 현장에 있는 교사들보다 더 효과적일 것이라고 믿는다.

참: 예비 교사들은 종종 낙관적이고 이상주의적이다. 그들은 자신이 학생들과 효과적으로 일할 수 있을 것이라고 믿으며, 일반적으로 자신이 현장에 있는 교사들보다 더 나을 것이라고 믿는다(Ingersoll & Smith, 2004). 또한 그들은 때때로 일을 시작하고 처음으로 혼자 가르치는 도전에 직면할 때 '충격'을 받기도 한다(Grant, 2006; Johnson & Birkeland, 2003). 교수는 복잡하고 도전적이며, 학습자, 학습, 교수 과

정에 대해 더 많이 알수록 첫 직장의 현실에 대처할 준비가 더 잘될 것이다.

9. 교사는 가르침으로써 배운다. 일반적으로 경험은 가르치는 법을 배우는 데 관련된 주요 요인이다.

　　거짓: 경험은 가르치는 법을 배우는 데 필수적이지만, 그 자체로는 충분하지 않다(Depaepe & König, 2018; König & Pflanzl, 2016). 많은 경우, 경험은 효과에 관계없이 해마다 동일한 행동을 반복하는 결과를 낳는다(Staub, 2016). 그러나 학습자와 학습에 대한 지식은 경험과 결합되어 높은 수준의 교수 전문성으로 이어질 수 있다.

10. 학생들은 자신의 학습 양식, 즉 선호하는 사고 및 문제해결 접근 방식과 일치하는 정보를 받을 때 가장 효과적으로 학습한다.

　　거짓: 연구에 따르면 학생들의 다양한 학습 양식을 수용하려는 시도는 성취도를 높이는 데 실패하며, 경우에 따라서는 학습을 저해하기도 한다(Howard-Jones, 2014; Masson & Sarrasin, 2015; Pashler, McDaniel, Rohrer, & Bjork, 2008). 더욱이 "학습 양식이 존재한다는 신뢰할 만한 증거는 없다"(Riener & Willingham, 2010, p. 22). 우리는 제2장과 제5장에서 학습 양식의 개념을 살펴볼 것이다.

11. 학생들을 비판하는 것은 그들의 자존감을 손상시키므로 피해야 한다.

　　거짓: 특정 상황에서 비판은 동기와 학습을 증진시킬 수 있다. 예를 들어, "이 봐, 너는 이것보다 더 잘할 수 있어"와 같은 교사의 비판은 학생들에게 높은 기대와 그들이 유능한 학습자라는 믿음을 전달한다. 우리는 학생들을 비판하는 것을 습관으로 만들라고 제안하는 것이 아니라, 주기적이고 적절한 시기의 비판이 동기를 높일 수 있다는 것이다(Deci & Ryan, 2008).

12. 일부 학생들은 좌뇌 사고자이고 다른 학생들은 우뇌 사고자이기 때문에, 교사는 학생들의 이러한 차이를 수용하기 위해 노력해야 한다.

　　거짓: 우리가 우뇌형 또는 좌뇌형이 되는 경향이 있다는 생각은 신화이다(Im, Cho, Dubinsky, & Varma, 2018; Staub, 2016). "한쪽 뇌는 활동으로 타오르고 다른 쪽은 잠자고 있는 이미지를 불러일으키는 이 대중적인 신화는 1970년대의 시대에 뒤떨어진 연구 결과에 뿌리를 두고 있다"(Boehm, 2012, para. 1).

　　앞의 항목들은 교수의 전문 지식 기반을 소개하며, 이제 우리는 이 지식을 더 자세히 살펴볼 것이다. 연구에 따르면 네 가지 관련 유형의 지식이 전문 교수에 필수적이다(Darling-Hammond & Baratz-Snowdon, 2005; Kunter et al., 2013; Shulman, 1987). 이들은 [그림 1-1]에 요약되어 있으며 다음 섹션에서 논의될 예정이다.

내용 지식

　　우리는 분명히 우리가 이해하지 못하는 것을 가르칠 수 없다. 예를 들어, 미국 독립 전쟁에 대해 효과적으로 가르치기 위해서는 사회 교사가 미국 독립 전쟁에 대한 기본적인 사실을 알아야 할 뿐만 아니라 프렌치 인디언 전쟁, 혁명 전 영국과의 관계, 식민지의 독특한 특성 등 다른 역사적 사건 및 요인과 전쟁이 어떻게 관련되는지도 알아야 한다. 다른 내용 영역의 모든 주제에 대해서도 마찬가지이며, 지금까지 연구는 교사의 아는 것과 가르치는 방법 사이에 관계가 있음을 확인한다(Bransford, Brown, & Cocking, 2000).

교과 교수법 지식

내용 지식(Knowledge of Content)은 전문 교수에 필요하지만 충분하지는 않은 요인이다. 우리는 또한 **교과 교수법 지식(Pedagogial Content Knowledge: PCK)**을 가지고 있어야 하는데, 이는 학습자들이 이해할 수 있는 방식으로 주제를 표현하는 방법에 대한 이해와 특정 주제를 쉽게 또는 어렵게 배우게 만드는 것이 무엇인지에 대한 이해를 포함한다(Ayers, 2018; Buchholz, 2017).

교사 지식의 이 차원은 성취도와 학습자 동기를 모두 증가시킨다. "교사의 교과 교수법 지식은 학생들의 성취도뿐만 아니라 동기, 특히 그 주제에 대한 즐거움에도 영향을 미친다"(Kunter et al., 2013, p. 815). 전문 교사는 자신이 가르치는 내용을 이해할 뿐만 아니라, 그것을 학생들에게 이해하기 쉽고 흥미롭게 만드는 방법도 알고 있다.

따라서 수학, 사회, 과학 또는 다른 내용 영역에서 특정 주제를 공부할 때, "학생들이 이해할 수 있도록 이 주제를 어떻게 설명할 수 있을까?"라고 자문해 보라. 그렇게 할 수 있는 능력은 여러분의 교과 교수법 지식을 반영할 것이며, 그것은 교수 전문성의 가장 중요한 측면 중 하나이다.

교과 교수법 지식 개발하기 주제를 설명하는 우리의 능력, 즉 교과 교수법 지식을 개발하는 것을 극도로 어려워할 필요는 없다. 연습, 경험, 그리고 학생들에게 이해할 수 있는 예시와 다른 표현을 제공하겠다는 마음가짐으로 우리 자신을 헌신한다면, 분명 아이디어가 떠오를 것이다.

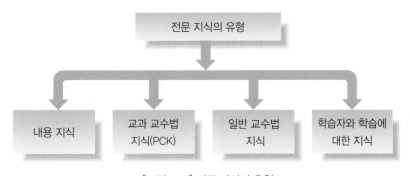

[그림 1-1] **전문 지식의 유형**

예를 들어, 우리가 학생들에게 밀도 개념을 이해시키고 싶다고 가정해 보자. 밀도는 특정 부피에 들어 있는 질량(물질)의 양을 나타내는데, 이는 나이가 많은 학생들을 포함한 많은 학생들이 어려워하는 개념이다. 우리는 여기에서 보는 것처럼 투명한 음료 컵에 면봉을 넣어 이 개념을 학생들에게 설명할 수 있다.

그런 다음, 컵 안의 솜을 압축할 때, 학생들은 같은 양의 솜(질량)이 더 적은 공간을 차지한다는 것(부피가 줄어든다.)을 볼 수 있으므로, 솜의 밀도가 더 높아진다.

이런 방식으로 개념을 설명하는 것은 밀도가 보통 표현되는 방식인 $D = m/v$ 공식을 사용하는 것보다 학생들에게 훨씬 더 의미 있다. 많은 학생들은 이 공식을 거의 이해하지 못한 채 암기한다.

두 번째 예로, 여러분이 언어 교사이고 학생들에게 명사처럼 행동하는 동사 형태인 동명사(gerund)와 형용사처럼 행동하는 동사 형태인 분사(participle)의 개념을 이해시키고 싶다고 가정해 보자. 이러한 개념을 설명하기 위해 다음과 같은 짧은 단락을 학생들에게 보여 줄 수 있다.

Running is a very good form of exercise, and athletes, such as running backs in football, have to be in very good physical shape. I'm running a three miler this afternoon.

[달리기(Running)는 매우 좋은 운동 형태이며, 축구의 러닝백과 같은 운동선수들은 매우 좋은 신체 조건을 갖추고 있어야 한다. 나는 오늘 오후에 3마일을 달릴(running) 것이다.]

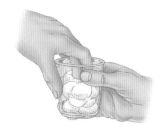

여기서 학생들은 'running'이 먼저 명사로 사용되었음을 볼 수 있다. (Running is a very good form of exercise); 그다음에는 형용사로: (. . . such as running backs in football); 그리고 마지막으로 동사로: (I'm running a three-miler this afternoon). 이렇게 표현되면 학생들은 동사 형태가 어떻게 사용되는지 볼 수 있다. 그들은 추상적이고 종종 혼란스러운 정의에 기초하여 개념을 이해하려고 노력할 필요가 없다. 이런 방식으로 주제를 표현하는 능력은 다시 한번 교과 교수법 지식을 보여 준다.

마지막으로, 여러분이 지리 교사이고 학생들에게 경도와 위도 개념을 설명하고 싶다고 가정해 보자. 여기서 보는 것처럼 비치볼에 선을 그릴 수 있다. 언어 예시와 마찬가지로, 학생들은 위도선이 서로 평행하고 경도선이 극에서 만난다는 것을 볼 수 있다. 그런 다음, 토론 중에 우리는 학생들이 경도선은 적도에서 가장 멀리 떨어져 있지만 위도선은 어디에서나 같은 거리만큼 떨어져 있으며, 경도는 동쪽과 서쪽의 거리를 측정하고 위도는 북쪽과 남쪽의 거리를 측정한다는 것을 인식하도록 유도할 수 있다. 이 장의 시작 부분에 제시된 사례들의 교사인 소피아 퍼레즈, 키스 잭슨, 켈시 월시는 각각 수업에서 교과 교수법 지식을 보여 주고 있다. 퍼레즈 선생님은 1학년 학생들을 위해 주어-동사 일치를 설명하는 짧은 단락을 썼고, 잭슨 선생님은 중학생들과 함께 소수와 백분율을 사용하는 실제 예를 활용했으며, 월시 선생님은 주장에 대한 증거를 제시하거나 제시하지 않은 저자의 예로 글귀를 사용했다. 이러한 방식으로 주제를 표현하는 그들의 능력은 교수 전문성에 기여하는 전문 지식의 중요한 일부이다.

이것들은 단지 예시일 뿐이며, 여러분이 가르칠 때 다른 많은 예시들을 찾고 개발할 것이다. 내용 영역에 따라 여러분이 가르치는 주제를 다음과 같은 여러 가지 방법으로 표현할 수 있다.

- 예시: 등가 분수, 밀도, 동명사, 분사, 경도와 위도의 예시에서처럼, 예시는 잘 정의된 주제를 가르칠 때 유용하다(Pomerance et al., 2016).
- 사례 연구와 비네트: 우리는 우리가 논의하는 주제를 설명하기 위해 이 장 앞부분에서 실제 교육 현장에서 가져온 교실 사례들을 사용했다. 퍼레즈, 잭슨, 월시 선생님의 수업은 이러한 사례의 예이다. 이것들은 실제 교실에서 실제 학생들과 함께 일하는 교사들의 구체적인 사례를 제공하도록 이 책에서 설계된 것이다. 사례는 더 짧은 사례인 비네트와 함께 여러분이 공부할 복잡한 주제를 이해하기 쉽고 의미 있게 만드는 것을 목적으로 한다. 예를 들어, 영어 교사는 다음과 같은 간단한 비네트로 내적 갈등 개념을 설명할 수 있다.

Andrea didn't know what to do. She was looking forward to the class trip, but if she went, she wouldn't be able to take the scholarship-qualifying test.

(안드레아는 어떻게 해야 할지 몰랐다. 그녀는 학급 여행을 고대하고 있었지만, 만약 그녀가 여행을 간다면, 장학금 자격 시험을 볼 수 없을 것이다.)

- 시뮬레이션: 실제 과정이나 시스템을 모방하는 **시뮬레이션(simulation)**은 직접 설명하기 어려운 주제를 표현하는 데 효과적일 수 있다(Li, Dai, Zheng, Tian, & Yan, 2018). 예를 들어, 사회 교사는 사법 제도의 작동을 시뮬레이션하기 위해 모의재판을 만들어 활용할 수 있다.

- 모델: 모델은 학생들이 직접 관찰할 수 없는 것을 시각화할 수 있게 해 준다. 예를 들어, 과학 교사는 여기서 보는 것처럼 원자의 모델을 사용하여 학생들이 핵과 전자의 구조를 시각화하는 데 도움을 준다.

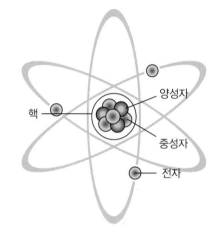

지금까지 논의들은 내용 지식과 교과 교수법 지식(PCK)이 서로 관련되어 있지만 동일하지는 않다는 것을 이해하는 데 도움이 되며, 또한 우리의 학습 및 교수의 5번 항목("수학과 같은 내용 영역을 전공한 예비 교사는 가르치는 아이디어에 대한 명확한 예시를 제공하는 데 있어 비전공자보다 훨씬 더 성공적이다")이 거짓인 이유를 설명하는 데 도움이 된다. 수학과 같은 내용 영역에서 학위를 취득한다고 해서 등가 분수와 관련된 예시와 같은 PCK의 한 형태를 만들 수 있다는 것을 보장하지는 않으며, 역사를 전공한다고 해서 학교의 방과 후 활동을 구하기 위한 캠페인을 사용하여 십자군 전쟁을 시뮬레이션하는 것과 같은 PCK를 생각해 낼 수 있다는 것을 보장하지는 않는다. 내용 지식이나 PCK 중 하나라도 부족하다면, 우리는 일반적으로 학습자의 교과서에 있는 정보를 바꿔 말하거나 우리 학생들에게 의미 있지 않은 추상적인 설명을 제공하게 된다. 전문 교사가 되기 위해서는 두 종류의 전문 지식이 모두 필요하다.

일반 교수법 지식

내용 지식과 PCK는 영역 특수적이다. 즉, 십자군 전쟁, 분수의 곱셈, 밀도, 동명사, 분사, 내적 갈등과 같은 특정 내용 영역에 대한 지식과 관련이 있다. 이에 비해 **일반 교수법 지식(General Pedagogical Knowledge: GPK)**은 모든 교과 영역과 주제에 적용되는 교수 전략과 학급 관리에 대한 이해를 포함한다(Depaepe & König, 2018). 여러분과 같은 예비 교사들은 GPK의 중요성을 과소평가하는 경향이 있으며, 그 결과 GPK와 관련된 기술을 습득하기 위한 노력을 줄인다(Merk, Rosman, Rueß, Syring, & Schneider, 2017). 우리는 여러분이 이러한 함정에 빠지지 않기를 권한다. 연구에 따르면 GPK는 교수 전문성의 전제 조건으로 중요하기 때문이다(König, & Pflanzl, 2016). 또한 GPK가 높은 교사들은 소진될 가능성이 낮고, 조건에 관계없이 학생들의 학습을 촉진할 수 있다고 믿을 가능성이 더 높다(Lauermann & König, 2016).

교수 전략 GPK의 한 형태인 교수 전략은 수업을 조직하는 방법, 학생들을 학습 활동에 참여시키는 방법,

이해도를 확인하는 방법 등을 아는 능력을 포함한다. 교수 전략은 학년, 내용 영역, 주제에 관계없이 중요하다. 예를 들어, 1학년 학생들, 중학교 학습자, 또는 고등학교 고학년 학생들을 가르칠 때 신중한 계획, 수업 조직, 질문 기술이 모두 중요하다(Good & Lavigne, 2018; Lemov, 2015). 이러한 전략은 일반 교수법 지식의 필수적인 측면이며, 제13장에서 자세히 공부하게 될 것이다.

학급 관리   학급 관리는 GPK의 두 번째 필수 구성 요소이다. 좋은 교사가 되기 위해서는 안전하고 질서 있으며 학습에 초점을 맞춘 교실 환경을 조성해야 한다(Emmer & Evertson, 2017; Evertson & Emmer, 2017). 이 목표를 달성하기 위해서는 규칙과 절차를 계획, 실행, 모니터링하고, 그룹을 조직하며, 잘못된 행동이 발생할 때 개입하는 방법을 알아야 한다. 이러한 과정의 복잡성은 학습 및 교수의 항목 7("성공적인 학급 관리의 핵심은 방해 요소를 신속하게 중단시키는 것이다")이 거짓임을 이해하는 데 도움이 된다. 잘못된 행동이 발생할 때까지 기다린다면 질서 있는 교실을 유지하는 것은 불가능하다. 제12장에서는 학급 관리 문제를 예방하기 위해 질서 있는 환경을 조성하는 방법에 대해 논의할 예정이다.

학습자와 학습에 대한 지식

학습과정과 학생들이 어떻게 학습하고 발달하는지에 대한 이해인 **학습자와 학습에 대한 지식**(Knowledge of Learners and Learning)은 네 번째 유형의 전문 지식이다. 이것은 또한 필수적이며, "아마도 교사가 가질 수 있는 가장 중요한 지식"이다(Borko & Putnam, 1996, p. 675). 이 지식이 우리가 가르치는 방식에 어떤 영향을 미칠 수 있는지 살펴보자.

학습 및 교수 목록의 다음 항목들은 모두 학습자와 학습에 대한 지식과 관련이 있다.

- 항목 1: 초등학생들의 사고는 구체적이고 실체적인 것으로 제한되는 경향이 있는 반면, 중·고등학생들의 사고는 추상적인 경향이 있다. 우리는 학생들이 추상적인 아이디어를 구체적인 예시로 설명해야 한다는 것을 알고 있으며, 이는 나이가 많은 학생들뿐만 아니라 어린 학생들에게도 해당된다. 제2장은 학생들의 사고가 어떻게 발달하는지 이해하고, 주제를 발달에 적합한 방식으로 표현하는 방법을 이해하는 데 도움이 된다.
- 항목 2: 학생들은 일반적으로 자신이 주제에 대해 얼마나 알고 있는지 이해한다. 학습자들은 종종 자신이 얼마나 알고 있는지 또는 자신이 배우는 방식에 대해 잘 판단하지 못한다. 제7장과 제8장은 학생들이 자신의 사고방식을 더 잘 인식하고 학습에 대한 접근 방식을 더 전략적으로 만드는 방법을 이해하는 데 도움이 된다.
- 항목 4: 효과적인 교수는 본질적으로 학생들에게 간결하고 조직적인 방식으로 정보를 제시하는 과정이다. 사람들이 학습하는 방식에 대한 우리의 이해가 높아짐에 따라 이 항목이 거짓임을 설명하는 데 도움이 된다. 우리는 이제 학습자들이 비디오 레코더처럼 행동하지 않는다는 것을 깨닫게 되었다. 우리는 단순히 우리가 듣거나 읽은 것을 기억하지 않는다. 오히려 정보를 이해하려는 시도에서 우리는 그것을 개인적이고 때로는 특이한 방식으로 해석한다(Chatera & Loewenstein, 2016; Dubinsky, Roehrig, & Varma, 2013). 이 과정에서 의미는 때로는 심각하게 왜곡될 수 있다. 예를 들어, 다음 진술은 실제로 학생들이

한 말이다.

"달의 서로 다른 모습은 보이지 않는 부분을 구름이 가리기 때문에 발생합니다."

"겨울 점퍼는 스토브나 라디에이터처럼 열을 발생시켜 우리를 따뜻하게 해 줘요."

분명히 학생들은 교사의 설명을 통해 이러한 아이디어를 얻지는 않았을 것이다. 오히려 자신이 들었거나 경험했거나 읽은 것을 자신의 의미로 해석하는 과정에서 잘못된 것이지만 자신만의 생각을 갖게 되었다고 할 수 있다.

- 항목 6: 학생들의 학습동기를 높이기 위해 교사는 가능한 한 자주 그들을 칭찬해야 한다. 항목 6은 우리가 학생들과 상호작용하는 방식에 영향을 미친다. 직관적으로 가능한 한 많은 칭찬을 제공하는 것이 바람직하고 효과적인 것처럼 보인다. 그러나 제10장과 제11장에서 살펴볼 학습동기 연구는 왜 항상 그렇지는 않은지 이해하는 데 도움이 된다.
- 항목 9: 교사는 가르침으로써 배운다. 일반적으로 경험은 가르치는 법을 배우는 데 관련된 주요 요인이다. 우리는 이제 이 항목이 거짓인 이유를 이해한다. 경험은 중요하지만 경험만으로는 효과적이 되기 위해 필요한 모든 지식을 얻을 수 없다(Goldhaber, 2016). 이 지식을 습득하는 것이 여러분이 교육심리학을 공부하는 주된 이유이다.

전문 지식에 대한 전문가 단체의 기여

전문가 단체들은 또한 광범위한 연구를 수행해 왔으며, 이를 편집하고 정리하여 교사들에게 지침을 제공하려고 노력해 왔다.

이 섹션에서는 이러한 단체 중 두 곳의 작업을 살펴본다.

- 미국심리학회(The American Psychological Association)
- 전국교사자질위원회(The National Council on Teacher Quality)

학교급별 적용

다양한 연령대의 학생들의 성취도를 높이기 위해 학습자와 학습에 대한 지식 활용

우리가 학습자와 학습에 대해 알고 있는 대부분의 내용이 모든 연령대의 학생들에게 적용되지만, 학생들의 사고, 성격, 사회적 기술의 **발달적 차이**(developmental difference)와 연령 관련한 변화가 존재한다.

학생들의 발달 수준이 그들의 학습과 여러분의 교수에 영향을 미치기 때문에, 각 장에는 '학교급별 적용'이라는 제목을 가진 내용들이 제시될 것이다. **학교급별 적용**(Developmentally appropriate practice)은 교사의 행동을 다양한 발달 수준의 학습자의 능력과 요구에 맞추는 교수법을 말한다. 이 특징은 각 장의 내용을 유아 및 초등, 중학교, 고등학교 학생들의 서로 다른 학습 요구에 맞게 조정하는 방법을 설명한다.
이 특징이 이후 장에서 어떻게 나타날지 살펴보자.

FAMILY CIRCUS

"How do they fit so much water
in that little spigot?"

"어떻게 수많은 물들이 수도꼭지 안에
있을 수 있지?"

유아 프로그램 및 초등학교 학생들과 함께 일하기

어린아이들의 사고는 나이 든 학생들의 사고와 다르다. 예를 들어, 함께
제시된 만화를 보자. 모든 물이 어떻게 수도꼭지에 들어갈 수 있는지 궁
금해하는 것은 어린아이들의 사고 특성이다. 물론 나이 든 학생들은 우
리가 볼 수 없는 광대한 물 저장고가 존재한다는 것을 깨달을 것이다.
어린아이들의 개인적 · 사회적 특성도 나이 든 학생들과 다르며 교실에
서 상호작용하고 배우는 방식에 영향을 미친다.
우리는 책의 각 장에서 이러한 차이점을 살펴볼 예정이다.

중학교 학생들과 함께 일하기

성숙과 경험의 결과로, 중학생들의 사고와 사회적 기술은 어린아이들과 다르다. 예를 들어, 나이 든 학생들은 수업 중에 논
의되는 아이디어를 이해하지 못한다는 것을 깨닫고 설명을 요청하기 위해 손을 들 가능성이 더 높다. 또한, 중학생들은 점
점 더 사회적이 되고 이성에 더 많은 관심을 갖는다. 이러한 발달적 차이는 우리가 이 학생들을 어떻게 가르치고 상호작용
하는지에 중요한 영향을 미친다.

고등학교 학생들과 함께 일하기

초등학생과 중학생 사이의 차이와 마찬가지로, 고등학생과 그들의 어린 학생들 사이에는 추가적인 차이가 존재한다. 예를
들어, 많은 고등학생들은 상당히 성숙하며, 성인 대 성인 수준에서 그들과 개인적 · 사회적 문제에 대해 논의하는 것이 효
과적일 수 있다. 그들은 어린 학생들보다 더 추상적인 사고를 할 수 있지만, 여전히 새롭거나 어려운 주제를 이해하기 위해
서는 구체적인 예시가 필요하다.

미국심리학회: 유치원-12학년(초 · 중등학교)까지 교수 및 학습을 위한 심리학의 20가지 주요 원칙

1892년에 설립된 미국심리학회(APA)는 현재 54개 부문에 100,000명 이상의 회원을 보유하고 있으며, 그중
하나가 교육심리학이다. APA의 명시된 사명은 심리학 지식을 발전시키고 전달하며 적용하여 사회에 이익을
주고 사람들의 삶을 개선하는 것이다(American Psychological Association, 2018).

이 사명에 부합하여 '유치원-12학년(초 · 중등학교)까지 교수 및 학습을 위한 심리학의 20가지 주요 원칙'은
교사와 교사 양성 교육자들이 심리학 지식을 교수-학습과정에 적용하는 데 도움을 주기 위한 APA의 노력
의 결과물이다. 연구자들은 교사들에게 지침을 제공하는 여러 원칙을 확인했으며, 그들은 학생들과의 작업
에 특히 관련이 있다고 믿는 20가지 원칙을 발견했다. 이것들이 바로 '20대 원칙'이다(American Psychological
Association, Coalition for Psychology in Schools and Education, 2015).

이들은 크게 다섯 가지 영역으로 분류된다.

• 인지와 학습   • 동기
• 사회적 맥락, 대인관계 및 정서적 안녕   • 학급 관리   • 평가

인지와 학습 인지(Cognition)는 사고를 의미하므로, '인지적' 과제를 언급할 때 우리는 사고를 필요로 하는 과제, 종종 신중하고 지속적인 사고를 필요로 하는 과제를 말한다. 인지에는 신념, 지각, 기대가 포함되며, 경험과 사전 지식에 의존하고, 연습과 피드백의 영향을 받는다.

인지와 학습은 다음의 원칙 1에서 8의 중심 내용이며, 이 원칙들은 다음 질문에 답한다. "학생들은 어떻게 생각하고 배우는가?"

- 원칙 1: 학생들의 지능과 능력에 대한 신념이나 인식은 그들의 인지 기능과 학습에 영향을 미친다. 노력으로 지능이나 능력을 향상시킬 수 있다고 믿는 학생들은 더 많이 배우고 다양한 인지 과제에서 더 나은 성과를 보인다(Aronson & Juarez, 2012; Dweck, 2016).
- 원칙 2: 학생들이 이미 알고 있는 것은 그들의 학습에 영향을 미친다. 학습자는 기존 지식을 기반으로 새로운 지식과 경험을 이해한다. 학생들이 사전 지식이 부족하다면, 우리 교사는 그것을 제공해야 한다(Holding, Denton, Kulesza, & Ridgway, 2014; Johnson & Sinatra, 2014).
- 원칙 3: 학생들의 인지 발달과 학습은 일반적인 발달 단계에 의해 제한되지 않는다. 학생의 사고와 추론은 연대기적 연령보다 사전 지식에 의해 더 많은 영향을 받는다(Bjorklund & Causey, 2018; Rogoff, 2003).
- 원칙 4: 학습은 맥락에 기반하기 때문에 새로운 맥락으로 학습을 일반화하는 것은 자발적이지 않으므로 촉진되어야 한다. 학습의 전이는 매우 구체적이어서, 예를 들어, 학생들은 수학에서 배운 기본 기술을 동일한 기본 기술을 포함하는 문장제 문제에 자동으로 전이하지 않는다(Bransford, Brown, & Cocking, 2000; Mayer, 2008).
- 원칙 5: 장기 지식과 기술의 습득은 주로 연습에 의존한다. 학습에 대한 마법 같은 해결책은 존재하지 않는다. 운동선수, 음악가, 학자 등에서 입증된 바와 같이, 피드백을 통한 연습이 상위 지식과 기술로 가는 주요 경로이다(Eskreis-Winkler et al., 2016; Panero, 2016).
- 원칙 6: 학생들에 대한 명확하고, 설명적이며, 시의적절한 피드백은 학습에 중요하다. 학생들에게 현재 이해 수준에 대한 구체적인 정보를 제공할 때 학습이 향상된다(Hattie, 2012; Hattie & Timperley, 2007).
- 원칙 7: 학생들의 자기조절은 학습에 도움이 되고, 자기조절 기술은 가르칠 수 있다. 조직화, 계획, 주의력 유지, 자제력 행사와 같은 능력은 학습을 증가시킬 수 있으며, 이러한 능력은 전문가의 지도로 향상될 수 있다(Butler, Schnellert, & Perry, 2017; Legault & Inzlicht, 2013).
- 원칙 8: 학생의 창의성은 촉진될 수 있다. 독창적인 작품과 문제에 대한 생산적인 해결책을 만들어 내는 능력은 오늘날의 세계에서 중요하며, 교사의 지원으로 학생들은 이 능력을 습득할 수 있다(Binyamin & Carmeli, 2017; Malycha & Maier, 2017).

동기 "동기(Motivation)는 목표 지향적 활동이 선동되고 유지되는 과정이다"(Schunk et al., 2014, p. 5). 예를 들어, 퍼즐을 풀기 위해 열심히 노력하거나 골프 스윙을 완벽하게 하려고 시도한다면, 우리는 각각의 경우에 동기 부여가 된 상황이라고 말한다. 퍼즐을 풀고 스윙을 완벽하게 하는 것이 목표이며, 동기는 각각의 목표에 도달하기 위해 우리의 노력을 지속하는 데 도움을 준다.

원칙 9에서 12는 동기에 초점을 맞추고 있으며, 이는 다음 질문에 답한다. "학생들은 어떻게 동기화되는가?"

- 원칙 9: 학생들은 외재 동기보다는 내재 동기가 더 클 때 학습을 즐기고 더 잘하는 경향이 있다. 학생들은 칭찬이나 높은 성적과 같은 보상을 받기 위해 시도하는 대신 자신의 목적을 위해 과제를 수행하려고 할 때 더 많이 배우고 학습을 더 만족스럽게 느낀다(Anderman & Anderman, 2014; Cleary & Kitsantas, 2017).
- 원칙 10: 학생들은 수행목표보다는 숙달목표를 가질 때, 도전적인 과제에서 끈질기게 노력하며 정보를 더 깊이 있게 처리한다. 학습자는 높은 성적이나 다른 사람보다 더 잘 수행하는 것보다 개인의 향상에 초점을 맞출 때 더 많은 것을 성취한다(Chatzisarantis et al., 2016; Shin, Lee, & Seo, 2017).
- 원칙 11: 교사의 학생에 대한 기대는 학생의 학습 기회, 동기 및 학습 결과에 영향을 미친다. 학생들은 교사의 기대에 '부응'하거나 '미치지 못하는' 경향이 있다(Jussim, Robustelli, & Cain, 2009; Schunk et al., 2014).
- 원칙 12: 목표를 단기적이고(근접한) 구체적이며, 적당히 도전적인 목표를 설정하는 것은 장기적이고(원거리의), 일반적이고 지나치게 도전적인 목표를 설정하는 것보다 동기를 더 높일 수 있다. 적당히 도전적인 목표에 대한 진척 상황을 쉽게 모니터링할 수 있는 것은 동기를 증가시킨다(Kanfer, Frese, & Johnson, 2017; Schunk et al, 2014).

사회적 맥락, 대인관계 및 정서적 안녕　학생들이 환영받고, 신체적으로나 정서적으로 안전하다고 느끼며, 교사의 지지를 받는 교실 환경은 학습동기를 높인다. 원칙 13에서 15는 이러한 요인들에 초점을 맞추고 있으며, 다음과 같은 질문에 답한다. "사회적 맥락, 대인관계, 그리고 정서가 학생의 학습에 어떤 영향을 미치는가?"

- 원칙 13: 학습은 다양한 사회적 맥락 내에 위치한다. 가족, 이웃, 지역사회 및 더 큰 문화는 모두 동기와 학습에 영향을 미친다(Lee & Stewart, 2013; National Association of School Psychologists, 2013).
- 원칙 14: 대인관계와 의사소통은 교수-학습과정과 학생의 사회정서적 발달에 모두 중요하다. 교사-학생 관계는 동기와 학습 모두에 필수적인 기반을 제공한다(Archambault, Vandenbossche-Makombo, & Fraser, 2017; Kuhl, 2017).
- 원칙 15: 정서적 안녕감은 교육 성과, 학습 및 발달에 영향을 미친다. 즐거움, 희망, 자부심과 같은 긍정적인 감정은 동기와 성취도를 모두 높인다(Broekhuizen, Slot, van Aken, & Dubas, 2017; Graziano & Hart, 2016).

학급 관리　학급 관리(Classroom management)에는 교사가 학교 학습, 자기조절, 사회적 및 정서적 발달을 지원하는 환경을 조성하기 위해 취하는 모든 행동이 포함된다. 이는 질서 있는 교실을 유지하는 것 이상이며, 연구에 따르면 학생들은 질서 있는 교실에서 학습에 대한 동기가 더 높고 더 많이 배운다(Back, Polk, Keys, & McMahon, 2016).

학급 관리는 원칙 16과 17의 초점이며, 다음과 같은 질문에 답한다. "어떻게 하면 교실을 가장 효과적으로 관리할 수 있을까?"

- 원칙 16: 교실에서의 행동과 사회적 상호작용에 대한 기대는 학습되며, 입증된 행동 원리와 효과적인 교실

수업을 통해 배울 수 있다. 학습과 긍정적인 사회적 상호작용을 촉진하는 학생 행동은 학년 초에 가르치고 연중 내내 강화하는 것이 가장 좋다(Joe, Hiver, & Al-Hoorie, 2017; Rispoli et al., 2017).

- 원칙 17: 효과적인 학급 관리는 ① 높은 기대 설정 및 전달, ② 일관성 있는 긍정적 관계 형성, ③ 높은 수준의 학생 지원을 제공하는 것을 기반으로 한다. 잘 설계된 교실 절차와 규칙 체계, 교사와 학생 간의 긍정적인 관계, 그리고 교사의 학업 지원은 동기와 학습을 촉진하는 교실 환경을 조성한다(Emmer & Evertson, 2017; Evertson & Emmer, 2017).

평가   교실 평가(Classroom assessment)에는 학생들의 학습 진행 상황에 대한 의사 결정과 관련된 모든 과정이 포함된다. 고품질 평가를 사용하는 것은 동기와 학습을 모두 높이는 가장 효과적인 방법 중 하나이다 (Chappuis & Stiggens, 2017; Gonzalez & Eggen, 2017; Pennebaker, Gosling, & Ferrell, 2013; Schunk et al, 2014).

원칙 18에서 20은 평가에 초점을 맞추고 있으며, 다음과 같은 질문에 답한다. "교사는 어떻게 평가를 활용하여 학생의 학습을 촉진할 수 있을까?"

- 원칙 18: 형성평가와 종합평가는 모두 중요하고 유용하지만 서로 다른 접근 방식과 해석이 필요하다. 교수 결정에 사용되는 정보를 제공하는 형성평가와 학습자의 성취도에 대한 결론을 내리는 데 사용되는 정보를 수집하는 과정인 종합평가는 모두 동기와 성취도를 높인다(Chappuis & Stiggins, 2017; Popham, 2017).
- 원칙 19: 학생들의 기술, 지식 및 능력은 자질과 공정성에 대한 명확한 기준을 가진 심리학적 과학에 근거한 평가 과정을 통해 가장 잘 측정된다. 평가는 학습을 극대화하기 위해 타당성과 신뢰성을 모두 갖추어야 한다(American Educational Research Association, American Psychological Association, & National Council on Measurement in Education, 2014; Wiliam, 2014).
- 원칙 20: 평가 데이터를 이해하려면 명확하고 적절하며 공정한 해석이 필요하다. 교육자는 평가 결과를 해석하고 그 결과를 학생과 보호자에게 정확하게 전달할 수 있어야 한다(American Educational Research Association, American Psychological Association, & National Council on Measurement in Education, 2014; Chappuis & Stiggins, 2017).

이러한 원칙들은 이 책 전체에 걸쳐 제시되고 적용된다. 각 장의 시작 부분에서는 해당 장에서 강조되는 APA 원리를 제시하고, 각 장 내에서 원칙이 설명되는 위치를 표시한다. 예를 들어, 제2장의 시작 부분을 보면 해당 장에서 강조되는 원리를 확인할 수 있으며, 이는 이어지는 각 장에서도 동일하다.

전국교사자질위원회(NCTQ): 모든 신임 교사가 알아야 할 6가지 전략

전국교사자질위원회(NCTQ)는 2002년에 설립된 워싱턴 DC 소재 싱크탱크로, 교사 양성 개선을 지지한다 (Pomerance et al., 2016). NCTQ가 위촉한 저명한 연구팀은 학생 학습 향상에 효과가 입증된 교수 전략에 초점을 맞춘 수백 건의 연구를 검토하여 특히 효과적인 6가지 전략을 제안하고 있고, 이는 크게 세 그룹으로 묶을 수 있다.

- 학생들이 새로운 정보를 받아들이도록 돕기
- 학생들이 정보를 연결하여 이해를 심화시키도록 보장하기
- 학생들이 배운 내용을 기억하도록 돕기

학생들이 새로운 정보를 받아들이도록 돕기　우리는 주로 두 가지 경로를 통해 정보를 받아들인다. 구어에 대한 청각과 문자 및 그래픽 또는 그림 표현에 대한 시각. 처음 두 가지 전략은 이러한 경로를 활용하는 데 도움이 된다.

- 전략 1: 그래픽과 단어 짝짓기. 교사가 내용을 구두와 시각적으로 모두 제시할 때 학생 학습이 향상된다 (Clark & Mayer, 2003).
- 전략 2: 추상적 개념을 구체적인 표현과 연결하기. "교사는 포괄적인 아이디어를 설명하는 구체적인 예를 제시하고 예와 큰 아이디어가 어떻게 연결되는지 설명해야 한다"(Pomerance et al., 2016, p. vi).

학생들이 정보를 연결하여 이해를 심화시키도록 돕기　의미성(Meaningfulness)은 정보 항목들이 서로 연결되고 관련되는 정도를 설명한다. 기억 속에서 정보가 더 상호 연결될수록 새로운 정보를 연결할 수 있는 장소가 더 많아지고 학습이 더 효율적이 된다(Radvansky & Ashcraft, 2014). 3번째와 4번째 전략은 학생들이 이해를 의미 있게 만드는 데 도움을 주기 위해 고안되었다.

- 전략 3: 탐구적인 질문 제기하기. '왜', '어떻게 알았니', '만약'과 같은 질문을 학생들에게 하면 아이디어를 서로 연결하도록 격려하여 학습 주제를 더 의미 있게 만든다(Pomerance et al., 2016).

  이 전략은 쉽게 적용할 수 있다. 예를 들어, 퍼레즈 선생님은 문장을 보여 주었다.

  "Kelly skips rope, and sometimes we skip together."
  ("켈리는 줄넘기를 하고, 가끔 우리는 함께 줄넘기를 합니다.")

  그리고 나서 "이제, 왜 여기서는 '건너뛴다'를 썼지만, 여기서는 '건너뛴다'를 썼을까?"라고 물었다. 학생들이 6팩이 가장 좋은 구매라고 결론지었을 때 잭슨 선생님은 "그럼 어떻게 **알았어**?"라고 물었고, 올리비아가 저자가 텔레캐스트가 무의미하다는 주장을 뒷받침하지 않는다고 주장했을 때 윌시 선생님은 "**왜** 그렇게 **말하니**?"라고 물었다.
- 전략 4: 해답이 제공된 문제와 학생들이 풀어야 할 문제 번갈아 제시하기. 완성된 해답이 있는 문제인 **풀이 예**(worked examples)를 사용하는 것은 문제 해결력을 향상시키고 의미성을 높이는 데 효과가 입증된 전략이다(Lee & Chen, 2016; ter Vrugte et al., 2017). (제8장에서 풀이 예를 자세히 살펴본다.)

기억 유지 촉진　필요할 때 검색할 수 있도록 정보를 효율적으로 기억에 저장하는 것은 모든 학습의 중요한 목표이다. 5번째와 6번째 전략은 학생들이 다시 필요할 때까지 정보를 유지하는 데 도움이 된다.

- 전략 5: 연습 분산시키기. 학생들은 지식과 기술을 개발하기 위해 많은 연습이 필요하며, 이러한 연습

을 시간에 걸쳐 분산시키면 기억에 더 효율적으로 저장되고 기억 유지력이 향상된다(McCrudden & McNamara, 2018).

- 전략 6: 학습 평가하기. 평가는 학습 도구이다. 평가와 피드백은 학생들이 정보를 효과적으로 저장하고 유지하는 데 도움이 된다(Chappuis & Stiggins, 2017; Hattie, 2012).

APA의 원칙과 마찬가지로, 각 장에서 강조되는 전략은 장의 도입부에 요약되어 있으며, 전략이 설명된 장의 위치를 제시해 줄 예정이다.

전문 지식과 반성적 실천

우리는 교육에서 엄청난 수의 결정을 내린다. 오래되었지만 한 연구에 따르면 하루에 800개에 달한다고 한다(Jackson, 1968). 예를 들어, 다음은 장 초반에 사례 연구에 등장하는 교사들이 내린 결정 중 일부이다. 각 교사는

- 자신의 기준을 해석하고 구체적인 학습목표에 대한 결정을 내렸다.
- 학생들이 목표에 도달하는 데 도움이 되도록 고안된 예시를 중심으로 수업을 구성했다.
- 어떤 학생을 지명할 것인지, 학생을 지명할 순서를 결정했다.
- 구체적으로 어떤 질문을 할 것인지, 학생들이 잘못 대답할 경우 어떻게 대응할 것인지 결정했다.

이러한 결정을 내리는 데 도움을 줄 사람은 없다. 우리는 기본적으로 혼자이다. 이는 우리를 **반성적 실천(reflective practice)**의 개념으로 이끈다. 반성적 실천은 우리 교육에 대한 비판적 자기성찰 과정이다(Butani, Bannister, Rubin, & Forbes, 2017; Dees, Moore, & Hoggan, 2016). 성찰은 "자신의 사고를 조절하기 위해 자신의 경험과 지식을 의도적으로 숙고하는 것"을 포함한다(Parsons et al., 2018, p. 229). 우리가 내리는 모든 전문적 결정은 학생의 학습을 촉진하기 위한 것이다. 반성적 실천은 우리가 학생들의 차이에 더 민감해지도록 도울 수 있고, 학습에 대한 우리 교육의 영향을 더 잘 인식하게 만들 수 있다. "자신의 일에 대해 성찰할 수 있는 능력은 효과적인 전문적 실천의 근본적인 구성 요소로 널리 여겨진다"(Kovacs & Corrie, 2017, p. 4).

성찰은 우리 자신에게 일련의 질문을 하는 것으로, 가장 효과적인 것은 수업이 끝날 때와 같이 구체적이고 즉각적일 때이다. 예를 들어, "나의 학습목표가 명확했는가?"라는 질문은 "수업에서 무엇이 잘되었거나 잘못되었는가?"보다 더 효과적이다.

우리의 성찰을 이끌기 위해 사용할 수 있는 추가 질문에는 다음이 포함된다. 각각은 효과적인 교육에 초점을 맞춘 연구 결과에 기반을 두고 있다(Good & Lavigne, 2018; Kunter et al., 2013).

- 나의 수업이 이전 수업과 적절히 연결되었는가? 학생들이 그 연결고리를 보았는가?
- 나의 학생들은 잘 행동하고 참여했는가? 그렇지 않다면, 교실 관리를 더 잘하기 위해 무엇을 바꾸어야 하는가?

- 수업이 잘 조직되어 있었는가? 자료를 준비했는가? 즉시 수업을 시작하고 교실 시간을 효율적으로 사용했는가?
- 주제를 명확하게 표현했는가? 더 동기 부여가 되고 이해하기 쉬웠을 어떤 예시를 사용할 수 있었을까?
- 학생들과 적절히 상호작용했는가, 아니면 말하는 데 너무 많은 시간을 보냈는가?
- 학생들과의 상호작용이 긍정적이고 지지적이었는가? 학생들이 내 교실에서 안전함을 느끼는가?
- 내 숙제가 학생들에게 학습을 강화하기에 충분한 연습을 제공했는가?

다른 많은 질문이 있지만, 이 목록은 우리에게 출발점을 제공한다. 경험을 쌓으면서, 여러분은 자신의 사고에 가장 효과적인 질문을 파악하게 될 것이다. 가장 중요한 것은 과정이다. 앞에서 말했듯이, 자신의 일에 대해 성찰할 수 있는 능력은 효과적인 전문적 실천에 근본이 될 수 있다.

전문 지식 습득에서 연구의 역할

1.3 다양한 유형의 연구를 설명하고, 연구가 교사의 전문 지식에 어떻게 기여하는지 설명할 수 있다.

이 섹션을 시작하기 위해, 우리는 목요일 오후 방과 후 교직원 휴게실에서 두 명의 중학교 교사 사이의 대화를 들어보도록 하자.

"또 다른 퀴즈를 채점하고 있군요."라고 마이크 클라크(Mike Clark) 선생님이 친구이자 동료인 리아 톰프슨(Leah Thompson) 선생님에게 말한다.

"네." 톰프슨 선생님이 미소 지으며 말한다. "목요일에 퀴즈를 보고, 금요일에 돌려주고. 학생들의 답을 주의 깊게 검토하여 그들이 무엇을 잘못했는지 보고 이를 고쳐 주려고 해요."

"저는 시험 보는 것을 좋아하지 않아요. 수업 시간을 빼앗기 때문에 학생들이 덜 배우게 돼요."라고 클라크 선생님이 말한다.

"저도 예전에는 그렇게 생각했지만, 마음을 바꿨어요. 이유를 말씀드리죠. 저는 석사 과정을 하고 있는데, 지난 가을에 '연구 기반 교육'이라는 과목을 수강했는데 제 인생을 바꿔 놓았어요. 교수님은 수업 전체를 연구를 중심으로 구성했고, 평가는 주요 주제 중 하나였어요. 교수님은 퀴즈, 시험, 기타 평가가 올바르게 적용된다면 학습을 극적으로 증가시킬 수 있다는 많은 연구를 공유했어요. 그리고 교수님은 말씀하신 대로 실천하셨어요. 수업은 일주일에 한 번 있었고, 매 수업마다 퀴즈가 있었는데 제가 수강한 어떤 수업보다 더 많이 배웠어요."

"'올바르게 적용된다'는 것은 무슨 뜻인가요?"

"두 가지예요. 첫째, 퀴즈나 시험은 수업과 일치해야 해요. 즉, 목표, 수업, 숙제, 평가가 모두 서로 일관되어야 합니다. 둘째, 평가 후에는 상세한 피드백이 제공되어야 해요. 그것은 교수님이 다룬 연구의 일부였어요. 그래서 이제 저는 가르치고, 가르친 내용에 대해 숙제를 내주고, 숙제에 대해 토론하고, 퀴즈를 보고, 다음 날 피드백을 제공하고, 이 과정을 반복합니다. 그리고 결과는 분명해요. 저는 올해 아이들의 성취도를 작년과 비교하는 연구를 했는데, 올해 아이들이 앞서 있어요. 훨씬 더 많이 배우고 있어요."

이 짧은 **사례 연구**(research)는 연구의 중요성, 즉 전문적인 질문에 답하기 위해 체계적으로 정보를 수집하는 과정을 보여 준다(Gall, Gall, & Borg, 2015; Mills & Gay, 2016). 톰프슨 선생님이 언급한 연구는 "지속적인 평가가 학생 학습에 미치는 영향은 무엇인가?"라는 질문에 답했고, 그 답은 그녀의 전문 지식을 확장하고, 교육을 개선하며, 학생들의 학습을 증진시켰다.

연구는 교육심리학에서 우리의 전문 지식 기반의 토대이다. 예를 들어, 우리의 학습 및 교수 목록의 각 항목에 대한 답변은 연구에 기반을 두고 있으며, 심리학의 '상위 20가지' 원칙과 '모든 신임 교사가 알아야 할 NCTQ 교수 전략'도 모두 연구에서 파생된 것들이다.

전문 교사는 연구의 소비자이다. 이는 교사들이 자신의 실천을 개선하기 위해 사용하는 주요 메커니즘이며, 이는 의사, 건축가, 엔지니어 및 기타 모든 전문가에게도 해당된다. 또한, 교사들은 현재 연구 기반 실천에 기초하여 수업을 진행하라는 압력이 증가하고 있다(공통 핵심 국가 교육 기준, 2018d; Pomerance et al., 2016).

교육 연구는 다양한 형태로 존재하며, 각각 다른 종류의 질문에 답한다. 여기에는 다음과 같은 것들이 포함된다.

- 양적 연구
- 질적 연구
- 혼합방법 연구
- 실행 연구
- 설계기반 연구

양적 연구

양적 연구(Quantitative Research)는 수치 데이터와 통계 기법을 사용하여 현상을 체계적이고 경험적으로 조사하는 것을 말한다. 우리의 교수 실천과 관련된 많은 질문들이 존재하며, 양적 연구는 이들 전문적인 질문에 답하려고 시도한다. 가장 중요한 것 중 하나는 "학생들의 학습을 증진시키기 위해 우리가 할 수 있는 일은 무엇인가?"이다. 톰프슨 선생님이 인용한 연구는 양적 설계를 사용했다. (우리는 제14장에서 학습에 대한 평가의 영향을 자세히 살펴볼 예정이다.)

또 다른 예로, 다음과 같은 연구 질문을 고려해 보자. 우리는 자발적으로 대답하지 않는 학생들, 즉 손을 들지 않는 학생들을 지목해야 할까? 일부 교사들은 비자발적인 학생들을 지목하는 것이 그들을 '곤란한 입장'에 처하게 하고 불편하게 만든다고 믿기 때문에 그렇게 해서는 안 된다고 주장한다. 이 질문은 연구되었으며, 이에 답하기 위해 연구자들은 한 집단의 수업 교사들에게 가능한 한 모든 학생들을 동등하게 지목하도록 훈련시켰지만, 능력이 비슷한 다른 집단의 수업에서는 교사들이 자발적으로 손을 든 학생들만 지목하도록 했다. 그런 다음, 연구자들은 사후 검사에서 두 집단의 성취도를 비교했다. 사후 검사는 두 집단의 성취도에 대한 수치적 정보를 제공했기 때문에, 이 연구들은 양적 연구였다. 결과는 모든 학생들이 지목된 수업에서의 학생성취도가 유의미하게 더 높았음을 나타냈다(Good & Lavigne, 2018; Kerman, 1979; Lemov, 2015; McDougall & Granby, 1996).

이러한 연구 결과는 우리의 교수법에 중요한 시사점을 갖는다. 이는 우리가 학생들이 손을 들었는지 여부와 상관없이 수업에서 모든 학생들을 가능한 한 동등하게 지목하기 위해 노력해야 함을 시사한다(Good & Lavigne, 2018; Lemov, 2015).

이 예는 교사들이 자신의 실천을 개선하기 위해 연구를 사용하는 것의 중요성을 보여 준다. 그 결과, 우리는 학생들과 어떻게 상호작용해야 하는지에 대해 더 잘 알게 될 것이다.

질적 연구

질적 연구(Qualitative Research)는 양적 연구의 대안으로 수치가 아닌 자료(단어와 그림)를 사용하여 복잡한 교육 현상을 총체적으로 기술하려고 시도한다(Creswell & Poth, 2018). 질적 연구는 인터뷰, 포커스 그룹, 관찰, 사례 연구와 같은 방법을 사용하여 조사 중인 현상을 설명한다. 질적 연구의 결과는 상세한 환경과 참가자에 대한 설명이 포함된 서술적 보고서로 발표되는 반면, 양적 연구는 수치 결과와 통계 분석을 통해 그 결과를 보고한다는 차이점이 있다(Creswell & Poth, 2018).

교수에 대한 고전적인 질적 연구에서 로버트 벌로우(Robert Bullough, 1989)는 1년 동안 중학교 1학년의 언어 예술 교사를 관찰했다. 그는 또한 그녀와 인터뷰를 하고 교육 계획, 과제, 평가와 같은 자료를 수집하여, 초임 교사가 첫해에 경험한 승리와 투쟁에 대한 현실적인 설명을 제공하고자 했다. 그는 이 교사의 경험이 모든 신규 교사의 경험으로 일반화된다고 제안하지는 않는다. 오히려 그는 질적 연구를 통해 한 교사의 첫해를 가능한 한 자세히 설명한 다음, 독자들이 그 교사의 경험에 대해 자신의 결론을 내릴 수 있도록 하고자 한 것이다.

또 다른 연구 예로, 연구자들은 MOOC(대규모 공개 온라인 강좌)를 수강하는 학생의 90% 이상이 강좌를 끝까지 마치지 않는 이유를 설명하기 위해 MOOC의 여러 시점에서 선별된 학생 그룹과 심층 인터뷰를 실시했다. 인터뷰 결과, 학생들은 초기에 무료인 MOOC에 매력을 느끼는데, 끝까지 마치는 데 필요한 시간을 고려하지 않는 것으로 나타났다(Eriksson, Adawi, & Stöhr, 2017). 이 연구는 MOOC에 등록하기로 결정한 경우, 여러분의 일정이 MOOC를 완료하는 데 필요한 시간을 할애할 수 있는지를 자문해 보아야 한다는 것을 시사한다.

이 논의에서 알 수 있듯이, 양적 연구와 질적 연구는 서로 다른 종류의 정보를 제공하지만, 둘 다 전문 지식에 기여한다.

혼합방법 연구

혼합방법 연구(Mixed Methods Research)는 양적 방법과 질적 방법을 결합한 연구 설계이다. 예를 들어, 한 연구에서 연구자는 수학교과 교수법 지식(MPCK)의 습득을 연구하기 위해 혼합방법 연구 설계를 사용했다. 그는 예비 교사들이 MPCK를 어느 정도 습득했는지 조사하기 위해 양적 설계를 사용한 다음, 질적 구성 요소인 인터뷰를 사용하여 수학 방법 교과목에 대한 그들의 인식을 조사했다. 연구 결과, MPCK 습득에서 가장 높은 점수를 받은 예비 교사들은 또한 그들이 수강한 수학 방법 교과목들이 가장 가치 있다고 인식하는 것으로 나타났다(Buchholtz, 2017). 이러한 결과는 여러분이 교과교수 방법론에 더 많은 노력을 기울일수록 더 많은 전문 지식을 습득하게 되고, 교육을 시작할 때 성공할 가능성이 더 높아진다는 것을 시사한다.

또 다른 예로, 이 방법을 사용한 또 다른 연구에서는 양적 설계를 사용하여 초등학교 교사의 자기 관리, 정보 습득, 의사 결정과 같은 평생학습 역량을 측정하고, 이전 예와 마찬가지로 구조화된 인터뷰를 사용하여 평생학습의 가치에 대한 교사의 인식을 조사했다. 연구 결과는 다른 연구의 결과와 유사했다. 평생학습 역량이 높은 교사들은 역량이 낮은 교사들보다 평생학습을 더 가치 있고 중요하게 인식했다(Acar & Ucus, 2017).

이러한 발견은 특히 동기를 포함하여 여러 수준에서 우리 모두에게 시사하는 바가 있다. 음악, 미술, 운동 또는 교육과 같은 모든 영역에서 우리가 더 유능해질수록 우리가 공부하는 것을 더 가치 있게 인식할 가능성이 높아지고, 더 큰 능력을 습득하려는 동기가 더 커진다는 것이다.

실행 연구

이 섹션을 시작하기 위해, 연구에 대한 우리의 논의를 소개하기 위해 사용했던 톰프슨 선생님과 그녀의 친구 클라크 선생님의 대화 중 일부를 다시 살펴보자.

"그래서 이제 나는 가르치고, 내가 가르친 것에 대해 숙제를 내주고, 숙제에 대해 토론하고, 퀴즈를 내고, 다음 날 피드백을 제공하고, 우리는 그 과정을 반복해요. 그리고 결과는 분명해요. 나는 작년과 올해 아이들의 성취도를 비교하는 연구를 했는데, 올해 아이들이 앞서 있어요. 그들은 훨씬 더 많이 배우고 있어요."

톰프슨 선생님은 "나는 우리 아이들의 성취도를 비교하는 연구를 했어요."라고 말한다. 그녀의 연구는 실행 연구(Action Research)를 보여 주는데, 이는 교사나 다른 학교 관계자들이 학교나 교실과 관련된 특정 질문에 답하기 위해 설계한 연구이다. 이 연구는 통찰력을 얻고, 반성적 실천을 개발하며, '학생의 결과와 관련된 사람들의 삶을 개선'하는 목표로 수행된다(Mills, 2018, p. 10). 톰프슨 선생님은 학습에서 평가의 역할에 대한 통찰력을 얻었고, 학생들의 성과, 즉 학생들의 학습을 향상시키고 있다.

여러분이 가르칠 때, 그리고 경험을 쌓으면서, 여러분의 행동이 학생들의 학습에 미치는 영향에 대해 많은 추가 질문을 하게 될 것이다. 이에는 다음과 같은 것들이 포함될 수 있다.

- 얼마나 많은 숙제를 내줘야 할까?
- 숙제를 체계적으로 채점해야 할까, 아니면 학생들이 완료했는지 확인하기만 하면 될까?
- 그룹 활동을 효과적으로 사용하고 있나? 더 효과적으로 만들기 위해 무엇을 할 수 있을까?
- 학생들에게 동료들과 사회화할 자유 시간을 줘야 할까? 그렇다면 얼마나?

이 외에도 많은 예가 있으며, 이러한 질문에 답하기 위해 여러분은 자신만의 실행 연구를 수행할 수 있다. 이것이 바로 톰프슨 선생님이 평가가 학생들의 학습에 미치는 영향을 조사하면서 한 일이다.

실행 연구는 전문 연구자들이 사용하는 것과 마찬가지로 양적, 질적 또는 혼합방법 접근법을 사용할 수 있으며, 신중하게 구성되고 체계적으로 수행된다면 다른 연구자들이 하는 것처럼 전문 저널에 게재되거나 학회에서 발표될 수 있다. 예를 들어, 한 실행 연구는 예비 사회 교사의 문화적 대응성을 향상시키기 위한 노력의 영향을 조사하기 위해 양적 설계를 사용했고(Tuncel, 2017), 다른 연구는 전문성 개발에서 실행 연구의 역할에 대한 교사의 인식을 평가하기 위해 질적 설계를 사용했다(Yigit & Bagceci, 2017). 이것들은 존중받는 저널에 게재된 실행 연구의 두 가지 예에 불과하다. 사실, 이제 실행 연구는 이 방법을 사용한 연구물을 전적으로 게재하는 저널을 갖게 될 정도로 확장되고 있다(Clarke & Bautista, 2017).

설계기반 연구

교육 연구는 수년에 걸쳐 교실 실제에 미치는 영향이 부족하다는 이유로 비판을 받아 왔다. 예를 들어, 많은 교사들은 자신의 교육에 영향을 미친 단 하나의 연구조차도 인용할 수 없다고 말하기도 한다(Anderson & Shattuck, 2012).

이러한 비판에 대응하여, 실제 문제를 해결하는 것을 목표로 연구자와 실무자 간의 협력적 노력을 포함하는 연구인 **설계기반 연구**(Design Based Research: DBR)가 발전해 왔다. "DBR은 정확한 연구방법론이라기보다는 연구자와 실무자 모두를 복잡하고 실제적인 교육 문제를 해결하는 것을 목표로 하는 교육 혁신과 중재를 분석, 설계 및 평가하는 데 참여시키는 협력적 접근법이다"(Ford, McNally, & Ford, 2017, p. 50).

교실 실습 개선에 중점을 두는 것 외에도 DBR은 다음과 같은 특징을 가지고 있다(Lewis, 2015; McKenney & Reeves, 2014).

- 교실과 같은 실제 상황에서 수행된다.
- 특정 학습 활동, 평가 유형, 행정 혁신(예: 아침에 학교 시작 시간을 늦추는 것) 또는 기술의 일부 형태 적용 등 교육 중재의 설계와 테스트에 중점을 둔다.
- 일반적으로 혼합방법 설계를 사용한다.
- 여러 번의 반복을 포함한다. 즉, 원하는 목표에 접근하는 것을 목표로 프로세스를 반복한다. 한 번의 반복 결과는 다음 반복의 출발점으로 사용된다.
- 연구자와 실무자 간의 파트너십을 포함한다.
- 이론에 기여하는 것을 목적으로 한다.

DBR과 실행 연구는 유사하지만 동일하지는 않다. 예를 들어, 실행 연구가 수행될 때 교사나 관리자와 같은 교육자는 연구자이자 교사인 반면, 설계기반 연구는 연구자와 실무자 간의 파트너십을 포함한다. "설계기반 연구의 파트너십은 교사들이 보통 엄격한 연구를 수행하기에는 너무 바쁘고 종종 훈련이 부족하다는 것을 인식한다"(Anderson & Shattuck, 2012, p. 17). 또한 교실의 실제 세계에서 일하는 교사들이 연구의 타당성을 위해 필수적이라는 것을 인식한다. 더욱이 설계기반 연구는 실행 연구의 경우와 같이 지역적 필요에 배타적으로 초점을 맞추지는 않는다. 다양한 환경에 적용할 수 있는 이론에 기여하려고 시도한다는 것이다.

교사 준비 프로그램에 참여하는 개인의 관점에서 볼 때, 교실 실제에 실질적인 영향을 미치려는 시도는 DBR의 가장 중요한 특징이다. 성공할 경우 DBR은 우리에게 교육을 개선하기 위한 구체적이고 실질적인 제안을 제공한다.

앞에서 보았듯이, 연구자들이 세상의 사건을 설명하고 예측하는 데 사용하는 일련의 관련 패턴인 **이론**(theory)에 기여하는 것은 설계기반 연구의 한 가지 목표이다. 사실, 이것은 모든 연구의 목표이다. 예를 들어,

톰프슨 선생님이 '연구 기반 교육' 수업에서 연구한 바에 따르면, 학생들은 자주 평가받을 것을 알고 있을 때 더 많은 노력을 기울인다(Chappuis & Stiggins, 2017; Schunk et al., 2014). 그리고 동기이론은 증가된 노력을 동기 부여의 지표로 설명한다. 따라서 우리는 학생들이 자주 평가받을 때 증가된 성취도를 동기이론을 사용하여 설명할 수 있다. 단순히 그들은 평가받을 것을 알고 있을 때 더 열심히 공부한다. 마찬가지로, 평가가 교수–학습과정의 필수적인 부분이라면 학생들이 더 많이 공부할 것이라고 예측할 수 있다. 이 예는 연구와 이론 간의 관계를 보여 준다.

오늘날 교실에서 가르치기

1.4. 오늘날의 교실에서 교수에 영향을 미치는 요인을 파악할 수 있다.

교육의 세계는 빠르게 변화하고 있으며, 여러 면에서 불과 몇 년 전보다 더 도전적이다. 그러나 동시에 더 많은 잠재적 보상도 존재한다. 이러한 도전을 충족하고 이러한 보상을 거두기 위한 길로 나아가기 위해 우리는 실제 교육 현장으로 이동할 때 여러분이 마주칠 내용에 대한 개요를 제공하고자 한다. 여기에서 우리는 다음을 살펴볼 것이다.

- 기준 및 책무성
- 교사 자격 및 평가
- 학습자의 다양성
- 기술

기준 및 책무성

1983년에 「교육 개혁의 필수 요소: 위험에 처한 국가」라는 영향력 있는 보고서가 발표되었다(National Commission on Excellence in Education, 1983). 이 널리 읽힌 문서는 미국 교육의 이정표로 간주되며, 미국 학교가 경쟁력 있는 인력에 대한 국가적 필요를 충족시키지 못하고 있다고 주장하고 있다. 이 보고서가 발표된 이후 미국 학생들의 지식과 기술 부족에 대해 많은 글이 쓰여졌다. 예를 들어, 일반적으로 '국가 성적표'로 설명되는 '전국교육진척도평가(National Assessment of Educational Progress)'에 따르면 2015년에 4학년 학생의 36%와 8학년 학생의 34%만이 읽기에서 '숙달 이상'이었고, 수학에서는 4학년 학생의 40%, 8학년 학생의 33%였다고 한다(National Assessment of Educational Progress, 2015).

이러한 우려에 대응하여 교육 지도자들은 학생들이 정해진 학습 기간 말에 알아야 하거나 할 수 있어야 하는 것을 설명하는 진술인 학업 기준(Academic Standards)을 수립했다.

공통 핵심 국가 교육 기준

공통 핵심 국가 교육 기준(The Common Core State Standards Initiative: CCSSI)은 2009년에 시작된 미국 주 정부 주도의 노력으로, 필수 내용 영역에서 모든 주에 대한 단일한 교육 기준을 수립하기 위한 것이다. "이 표준은 모든 학생이 어디에 살든 상관없이 대학, 직업, 삶에서 성공하는 데 필요한 기술과 지식을 갖추고 고등학교를 졸업할 수 있도록 하기 위해 만들어졌다"(공통 핵심 국가 교육 기준, 2018d, Para. 2). 2018년 현재 42개 주, 컬럼비아 특별구, 4개 미국에 속한 지역들, 해외 국방부 학교가 자발적으로 공통 핵심 기준을 채택하고 추진하고 있다(공통 핵심 국가 교육 기준, 2018d).

이 장 초반의 사례 연구에서 소피아 퍼레즈, 키스 잭슨, 켈시 월시 선생님은 모두 수업 지도를 위해 공통 핵심 기준을 사용했으며, 우리는 그들이 학생들이 기준에 도달하도록 돕기 위해 어떻게 수업을 진행했는지 보았다.

교육 개혁을 위한 모든 시도와 마찬가지로, 공통 핵심 기준(Common Core standards)은 다소 논란의 여지가 있으며, 여러 주에서 이를 수정한 바 있다. 그러나 수정 내용을 검토한 결과, 공통 핵심 기준의 가장 중요한 특징들이 대부분 보존되었음을 알 수 있다(Sawchuck, 2017). 또한, 공통 핵심 기준을 채택하지 않은 주에서는 자체적인 기준을 개발했기 때문에, 여러분이 교직 생활을 시작할 때 기준은 교육의 일부가 될 것으로 보인다. 이 과정은 처음에는 다소 위협적으로 보일 수 있지만, 퍼레즈, 잭슨, 월시 선생님이 기준들을 수업에 쉽게 통합한 것을 보았듯이, 여러분도 곧 같은 방식으로 할 수 있게 될 것이다. 우리는 제13장에서 기준 기반 환경에서의 계획 수립 과정을 자세히 살펴볼 것이다.

책무성

책무성(Accountability)은 학생들이 표준화 검사로 측정되는 기준을 충족했음을 입증하도록 요구하는 과정이다. 이러한 시험은 다양한 형태로 존재한다. 예를 들어, 생물학 학생들이 수강 종료 시험(EOC)을 치르거나, 4학년 학생들이 학년 말에 수학 EOC를 치르는 것 등이 있을 수 있다. 또한, 모든 주에서는 학생들이 학년 말에 치르는 표준화 검사를 개발하거나 채택했는데, 대부분 읽기, 쓰기, 수학, 그리고 여러 주에서는 과학 과목에서 시행되고 있다(Time 4 Learning, 2018). 정확한 일정과 학년은 주마다 다르며, Google이나 다른 검색 엔진에서 'Standardized Testing by State'를 검색하면 해당 주의 주 단위 시험에 대해 알 수 있다.

기준과 마찬가지로, 책무성은 여러분의 교직 생활 내내 현실이 될 것이며, 교사들은 종종 이러한 책무성 척도에 대한 학생들의 성과로 평가받는다. 이 장에서 이러한 주제들을 소개하는 우리의 목표는 여러분이 빠르게 적응할 수 있도록 돕는 것이다.

교사 자격증 및 평가

기준과 책무성 외에도 교사 자격증 및 평가(Teacher Licensure and Evaluation)는 오늘날 교실에서의 교사 양성 프로그램과 교육의 현실 일부이다. 여러분에게 이 과정은 두 가지 수준에서 존재할 것이다. 첫 번째는 교직을 시작하기 전에 일어나며, 여러분들은 자격증 시험에 합격해야 한다. 두 번째는 경력 전반에 걸쳐 수행될 지속적인 평가이다.

교사 자격증 시험

교사의 질은 현재 국가적 우선순위이며, 많은 사람들에게 교사의 지식과 동의어이다. 교사들이 적절한 전문 지식을 갖추고 있는지 확인하기 위해, 현재 모든 주에서는 예비 교사들이 교사 자격증을 받기 전에 하나 이상의 시험에 합격할 것을 요구하고 있다. 이러한 시험은 일반적으로 일반 지식과 이 장의 앞부분에서 설명한 유형의 전문 지식을 측정한다.

Educational Testing Service에서 출판한 Praxis® Series는 교사 자격증을 위해 가장 널리 사용되는 시험이다(praxis는 이론을 실천에 옮기는 것을 의미한다.). 미국 대부분의 주에서는 신임 교사 자격증 결정을 위해 이 시리즈를 사용한다(Educational Testing Service, 2018c). Praxis 시리즈를 사용하지 않는 주에서는 자체적인 자격증 시험을 만들었으며, 이러한 시험은 설계와 내용 면에서 Praxis와 유사하다.

Praxis® 시험에는 다음이 포함된다(Educational Testing Service, 2018a).

- Praxis® Core Academic Skills for Educators(Core). 이 시험은 예비 교사 후보자들의 읽기, 쓰기, 수학 지식과 기술을 평가하도록 설계되어 있다.
- Praxis® Subject Assessments. 이 시험은 초임 교사에게 필요한 과목별 내용 지식과 일반적인 과목별 교수 기술을 측정한다.
- Praxis® Content Knowledge for Teaching Assessments(CKT). 이 시험은 K-12 교육에 사용되는 전문 지식에 초점을 맞추어 과목별 내용 지식을 측정한다.

Principles of Learning and Teaching(PLT) 시험은 Praxis® Subject Assessments의 중요한 부분이다(Educational Testing Service, 2018b). PLT 시험은 유아기, K-6, 5-9, 7-12의 4개 학년 범위 중 하나에서 여러분의 일반적인 교육학 지식을 측정한다. 이 시험에는 장의 시작 부분에서 보았던 것과 유사한 교실 사례 연구에서 제공된 정보를 기반으로 한 선택형(객관식) 문항과 짧은 서술형 문항이 포함된다.

교사 평가

교사의 교실 수행을 평가하고 전문성을 높이기 위해 설계된 피드백을 제공하는 과정인 **교사 평가**(teacher evaluation)는 여러분이 경력을 시작할 때 마주하게 될 또 다른 현실이다. 역사적으로 평가 절차가 훌륭한 교사에게 보상하고 무능한 교사를 제거하는 데 거의 도움이 되지 않았다는 증거가 있기 때문에 교사 평가는 교육에서 점점 더 중요한 문제가 되고 있다. 현재의 개혁은 보다 타당하고 신뢰할 수 있는 교사 평가 시스템을 만들어 이 문제를 해결하려고 시도하고 있다(Rosen & Parise, 2017). (제15장에서 교사 평가에 대해 더 자세히 살펴볼 것이다.)

학습자의 다양성

미국의 인구 통계학적 추세는 빠르게 변화하고 있으며, 증가하는 다양성은 가장 중요한 변화 중 하나이다. 예를 들어, 여러분에게 아마도 자신과 다른 민족적 배경을 가진 친구들이 있을 것이고, 그들은 영어 이외의 모국어를 사용할 수 있다. 사실, 영어가 여러분의 모국어가 아닐 수도 있다.

다음 통계는 이러한 변화 중 일부를 보여 준다.

- 전문가들은 현재 미국에 거의 300개의 뚜렷한 민족 집단이 살고 있다고 추정한다(Gollnick & Chinn, 2017).
- 미국에서 가장 흔한 15개 성씨 중 6개가 이제 히스패닉이며, 가르시아(Garcia)와 로드리게스(Rodriguez)가 각각 6위와 9위를 차지하고 있다(United States Census Bureau, 2016).
- 2026년까지 미국 학교 학생의 55%가 소수민족 출신이 될 것으로 추정되며, 히스패닉 학생은 전체 학교 인구의 30% 미만으로 가장 큰 소수민족이 될 것으로 예상된다(National Center for Education Statistics, 2017c).
- 미국 학생의 거의 10%가 영어 이외의 모국어를 사용한다. 텍사스에서는 15% 이상, 캘리포니아에서는 20% 이상이다(National Center for Education Statistics, 2017b).
- 통계에 따르면 미국 아동 5명 중 거의 1명이 빈곤 속에 살고 있다(Federal Safety Net, 2017). 그리고 빈곤선 이하의 미국 가정 비율은 다른 선진국보다 지속적으로 높다(Bradbury, Corak, Waldfogel, & Washbrook, 2016).
- 2013~2014학년도에 130만 명 이상의 노숙 학생이 미국 학교에 등록했으며, 이는 2009~2010년 대비 38% 이상 증가한 수치이다(Jones, 2016).
- 마지막으로, 미국 학교에 등록한 모든 학생의 약 13%가 특수교육서비스를 받고 있다(National Center for Education Statistics, 2017a).

이 모든 것은 여러분이 학교와 교실에서 매우 다양한 배경을 가진 학생들을 만날 가능성이 매우 높다는 것을 의미한다. 이는 때때로 어려움이 있을 수 있다. 예를 들어, 제한된 배경을 가진 저소득층 학생들이 더 유리한 환경의 또래들을 따라잡도록 도울 때 그렇다. 그러나 보상은 이 어려움을 훨씬 능가할 것이다. 다양한 문화적 습관, 태도, 가치관은 모든 학생들에게 풍부한 학습 경험을 제공하며, 서로 다른 배경을 가진 학생들이 함께 일할 때 우리는 모두 다른 점보다 훨씬 더 많은 공통점을 가지고 있다는 것을 알게 된다. 우리는 모두 친구를 사귀고, 존중받고 보살핌을 받기를 원한다. 그리고 일반적으로 사람들이 서로에게 기회를 줄 때, 보상은 엄청날 수 있다. 이것은 우리 저자들의 경험이기도 하다. 우리는 제4장을 이 주제에 할애하고 이 책의 다른 각 장에서 다양성 주제를 검토하는 섹션을 포함시켰다.

기술

다음 질문들에 대해 생각해 보세요.

1. 여러분이 마지막으로 인쇄된 백과사전을 찾아 정보를 얻거나, 인쇄된 사전을 찾아 단어의 정의를 알아본 것은 언제인가요?
2. 여러분이 마지막으로 필름을 사용하는 카메라로 사진을 찍은 것은 언제인가요?
3. 여러분은 얼마나 자주 무언가를 '구글링'하나요?
4. 여러분은 페이스북 사용자인가요?
5. 여러분은 스마트폰이나 태블릿을 소유하고 있나요?
6. 여러분은 전화 통화보다 문자 메시지를 선호하나요?

첫 두 질문에 대한 답변은 '전혀' 또는 '언제였는지 기억나지 않는다'일 수 있다. 세 번째 질문에 대한 답변은 '매일' 또는 그 이상일 수 있고, 마지막 세 질문에 대한 가장 흔한 답변은 아마도 '예'일 것이다. 우리는 다른 비슷한 질문들을 할 수 있겠지만, 여러분은 이미 그 개념을 이해하고 있을 것이다. 기술은 이제 우리 세계의 너무나 많은 부분을 차지하고 있어서 우리는 그것을 당연하게 여기고 있다.

이 섹션에서 논의한 다른 주제들과 마찬가지로, 기술은 여러분의 교육 생활에 필수적인 부분이 될 것이며, 이는 이점을 가져다주기도 하지만 도전 과제를 제시하기도 할 것이다. 간단한 예로, 우리는 모두 인터넷과 다양한 검색 엔진을 통해 사실상 무제한의 정보 소스에 접근할 수 있다. 학부모에게 인쇄된 형태의 편지를 보내는 대신 아마도 이메일을 보낼 것이다. 여러분은 학생들이 컴퓨터로 숙제나 다른 형태의 연습을 하도록 할 가능성이 높으며, 심지어 온라인 강의를 가르칠 수도 있다. 여러분은 수업 계획과 수많은 예시 및 기타 자료들을 컴퓨터에 저장할 것이고, 키보드를 터치하는 것만으로 학생들에게 접근하여 보여 줄 수 있다. 여러분의 교실에는 컴퓨터와 프로젝터에 연결된 디스플레이 화면이 포함된 **대화형 전자칠판**(interactive whiteboard)이 갖추어져 있을 가능성이 높다. 이 전자칠판은 화면에 표시된 정보를 특수 펜이나 손으로 조작하고, 컴퓨터에 저장한 후 나중에 다시 사용할 수 있도록 한다. 이러한 기술은 초등학교 저학년부터 대학교 수준에 이르기까지 전국의 교실에서 사용되고 있다(Roblyer & Hughes, 2019).

그러나 기술은 양날의 검이 될 수 있다. 예를 들어, 점점 늘어나는 연구 결과는 이제 사람들이 기술, 특히 스마트폰에 중독되어 있다는 것을 시사한다(Sapacz, Rockman, & Clark, 2016). 사실, 스마트폰 사용은 너무나 널리 퍼져 있어서 척추 외과 의사들은 목과 상부 등 통증을 호소하는 환자가 증가하고 있음을 주목하고 있다. 이는 아마도 장시간 스마트폰 사용 중 잘못된 자세 때문일 것이라고 그들은 믿고 있다(Cuéllar & Lanman, 2017). 또 다른 예로, 통계에 따르면 보행자 교통사고 사망자 수가 증가했으며, 연구자들은 보행자의 주의 산만이 그 원인이라고 믿고 있다(Retting, 2018). 사람들은 스마트폰을 응시하느라 주의를 기울이지 않고 위험한 상황으로 걸어 들어가고 있다.

이 글은 기술의 부정적인 영향에 대해 추가로 설명하고 있다. 많은 사람들이 모바일 기기의 과도한 사용이 주의를 산만하게 하고 그룹 상호작용에 해롭다고 믿지만, 정작 자신은 그 유혹을 뿌리치지 못한다고 고백한다(Rainie & Zickuhr, 2015). 심지어 스마트폰과 소셜 미디어로부터의 단절을 상상하는 것만으로도 스트레스, 불안, 우울증을 유발할 수 있다(Elhai, Hall, & Erwin, 2018). 이러한 문제는 대중매체에서도 보도될 만큼 두드러지게 나타나고 있다(Popescu, 2018).

이 책에서는 기술의 긍정적·부정적 영향을 모두 살펴볼 것이다.

교육심리학을 교수에 활용하기: 교실에서 전문 지식 적용하기

교육심리학은 그 자체로 흥미로운 학문이다. 이는 우리가 어떻게 학습하고 발달하는지 이해하는 데 도움을 주기 때문이다. 그러나 이 과정을 수강하는 여러분에게 가장 중요한 것은 교육심리학의 내용을 교실에서 활용하는 방법에 대한 제안이다. 여러분의 전문 지식은 교육심리학의 내용에 기반을 두겠지만, 이를 가장 유용하게 활용하려면 학생들의 학습과 발달을 촉진하는 데 적용할 수 있어야 한다. 이것이 바로 이 책의 제목이 '교육심리학: 이론과 실천'인 이유이다. 이 제목에 맞게, 각 장의 한 부분 또는 그 이상에서 교육심리학 내용을 학생들과의 교육에 적용하기 위한 구체적인 제안이 나타날 것이다. 모든 섹션은 '교육심리학을 교수에 활용하기: 교실에서 전문 지식을 적용하기'라는 제목을 사용할 것이다. 예를 들어, 제2장에서는 '교육심리학을 교수에 활용하기: 피아제의 인지발달이론을 학생들에게 적용하기'나, 제4장에서는 '교육심리학을 교수에 활용하기: 학생들의 문화적 다양성을 활용하기'와 같은 제목을 사용할 것이다. 이러한 제안은 학습, 발달, 동기이론을 활용하는 방법뿐만 아니라, 수업, 학급 관리, 평가, 다양한 배경을 가진 학생들과의 교육 활동에 대한 최선의 실천 방안을 제공하는 연구도 활용하는 데 도움을 줄 것이다. 교육심리학 과목을 수강하고 이 교재를 공부하는 이유는 전문성을 갖춘 교사가 되기 위해 필요한 전문 지식을 습득하고, 이 지식을 활용하여 모든 학생들의 학습을 증진시키기 위함이다. 모두에게 행운을 빈다.

제1장 요약

1. 전문가 교수법을 설명하고 전문가 교수법이 학생 학습에 미치는 영향을 설명하시오.

   • 전문가는 교육과 같은 특정 영역에서 높은 지식과 기술을 가진 사람들이다. 전문가 교사에게 배운 학생들은 전문성이 낮은 교사에게 배운 학생들보다 더 많이 배운다.

   • 전문가 교사는 어려운 상황에서도 학생들에게 학습을 일으킬 수 있다.

2. 전문가 교사가 갖추고 있는 전문 지식의 유형을 설명하시오.

   • 전문가 교사는 자신이 가르치는 주제를 철저히 이해하고 있으며, 그들의 지식은 학습자에게 이해할 수 있는 방식으로 해당 주제를 설명하기 위해 교과 교수법 지식을 사용할 때 그들의 행동에 반영된다.

   • 전문가 교사는 일반적 교수법 지식을 적용하여 학습 환경을 조직하고 기본적인 교수 기술을 사용하여 학생들의 학습을 촉진하는 방식으로 활용한다.

   • 전문가 교사의 학습자와 학습에 대한 지식은 학생들을 참여시키고, 학습동기를 촉진하며, 학교급별 적용을 사용하는 학습 활동을 설계할 수 있게 해 준다.

3. 다양한 유형의 연구를 설명하고 연구가 교사의 전문 지식에 어떻게 기여하는지 설명하시오.

   • 연구는 전문적인 질문에 답하기 위해 체계적으로 정보를 수집하는 과정이며, 전문가 교수에 필요한 지식의 중요한 원천이다.

   • 양적 연구는 수치 데이터와 통계 및 수학적 기법을 사용하여 사건을 체계적으로 검토하는 것이다.

   • 질적 연구는 비수치 데이터를 사용하여 복잡한 교육 현상을 총체적으로 설명하려고 시도한다.

   • 혼합방법 연구는 양적 및 질적 설계를 모두 사용하여 교육 현상에 대한 보다 완전한 그림을 수집한다.

   • 실행 연구는 특정 학교 또는 교실 관련 질문에 답하기 위해 고안된 응용 연구이다. 양적 및 질적 방법을 모두 사용할 수 있다.

   • 교실 실제에 영향을 미치는 것이 설계기반 연구의 목표이며, 여기에는 연구자와 교사 간의 협력, 교육 중재에 대한 초점, 여러 반복의 사용, 혼합방법이 포함된다. 실행 연구와 달리 지역 문제해결과 이론에 기여하려는 노력을 모두 포함한다.

   • 이론은 세상의 사건을 설명하고 예측하는 데 도움이 되는 관련 패턴의 집합이다. 이론은 교육에 귀중한 지침을 제공할 수 있다.

4. 오늘날 교실에서 교육에 영향을 미치는 요인을 파악하시오.

   • 표준화 검사로 측정되는 학생들이 기준을 충족했음을 입증하도록 요구하는 과정인 책무성과 일정 기간 동안 학습 후 학생들이 알아야 하거나 할 수 있어야 하는 것을 설명하는 진술인 기준은 오늘날 교실에서 볼 수 있는 전문적 모습이다.

   • 교사는 오늘날의 교실에서 풀타임으로 일하기 전에 자격증 시험을 통과해야 하며, 교직 생활 동안 정기적으로 평가를 받게 된다.

   • 오늘날의 학교는 미국 역사상 가장 다양한 배경을 가진 학생들이 다니고 있다. 문화적·언어적 배경의 차이 외에도 저소득층 배경의 많은 학생들이 현재 미국 학교에 다니고 있다.

   • 기술은 이제 우리 삶의 필수적인 부분이 되었으며 오늘날 교실에서 점점 더 중요한 요소가 되고 있다.

자격증 시험 준비하기

전문 지식 이해하기

여러분은 자신의 교실에 들어가기 전에 자격증 시험을 치러야 한다. 이 시험에는 교사가 전문가가 되기 위해 필요한 다양한 유형의 전문 지식과 관련된 정보가 포함될 것이다. 다음의 28개 연습문제는 자격증 시험에 나오는 문제와 유사한다. 이 문제들은 여러분이 자신의 주에서 치르는 시험을 준비하는 데 도움이 되도록 고안되었다. 이 책과 이 연습문제들은 여러분이 시험을 준비할 때 나중에 여러분에게 중요한 자원이 될 것이다.

다음 에피소드는 서로 다른 교실 수준에서 학생들과 함께 일하는 네 명의 교사를 보여 준다. 에피소드를 읽으면서

교사들이 수업에서 보여 주는 다양한 유형의 전문 지식에 대해 생각해 보자.

유치원 교사인 레베카 앳킨스(Rebecca Atkins)는 아이들과 함께 정원 가꾸기에 대해 이야기하고 있다. 그녀는 교실 앞쪽에 있는 작은 의자에 앉아 있고 아이들은 그녀 앞에 반원 모양으로 바닥에 앉아 있다.

그녀는 이렇게 시작한다.

"며칠 전에 우리는 정원 가꾸기에 대한 이야기를 들었어요. 그 이야기의 제목이 뭐였죠? …… 쉬레타(Shereta)?"

"'함께'요." 쉬레타가 부드럽게 대답한다.

"맞아요, '함께'였죠." 앳킨스 선생님이 반복한다. "'함께'에서는 무슨 일이 있었나요? …… 안드레아(Andrea)?"

"그들은 정원이 있었어요."

"그들은 함께 정원을 가꿨죠, 그렇지 않나요?" 앳킨스 선생님이 미소 짓는다. "그 소년의 아버지가 정원을 가꾸는 것을 도와주셨어요."

그녀는 이전 과학 수업에서 식물과 흙에 대해 이야기했던 것을 아이들에게 상기시키면서 계속한다. 그런 다음 그들 자신이 부모님과 함께 정원을 가꾼 경험에 대해 묻는다.

"저는 땅에 씨앗을 넣고 그 위에 흙을 덮는 걸 도왔어요." 로버트(Robert)가 말한다.

"어떤 종류의 채소를 심었나요? …… 김(Kim)?", "저는 토마토, 당근 등 많은 채소를 심었어요.", "트래비스(Travis)?"

"저는 오크라를 심었어요."

"래피얼(Raphael)?"

"저는 콩을 심었어요."

그녀는 계속한다. "'함께' 이야기에 대해 더 말해 주세요. 정원을 가꾸기 위해 무엇을 해야 했나요? …… 칼리타(Carlita)?"

"물을 주는 거예요."

"밴게메르(Bengemar)?"

"잡초를 뽑는 거예요."

"잡초를 뽑는 거죠." 앳킨스 선생님이 미소 짓는다. "만약 우리가 그 잡초들을 그냥 두면 어떻게 될까요? …… 라탄젤라(Latangela)?"

"흙을 해칠 거예요."

"흙의 다른 말은 뭘까요?"

"진흙이요." 몇몇 아이들이 일제히 대답한다. "진흙 속에서 노는 걸 좋아하는 사람 손 들어보세요." 대부분의 아이들이 손을 든다.

"그래서 정원을 가꾸는 건 진흙 속에서 놀 수 있어서 재미있을 거예요." 앳킨스 선생님이 열정적으로 말한다.

"전 진흙 속에서 노는 걸 좋아해요." 트래비스가 덧붙인다.

"진흙 속에서 노는 걸 좋아한다고요." 앳킨스 선생님이 웃음을 참으려 애쓰며 반복한다.

이제 우리는 중학교 과학 교사인 리처드 넬름스(Richard Nelms)가 7학년 학생들에게 대칭의 개념을 설명하는 모습으로 넘어가고자 한다.

넬름스 선생님은 비대칭 동물의 예로 스펀지를 들어 보이면서 대칭에 대한 토론을 시작한다. 그는 불가사리를 사용하여 방사대칭을 시연하고, 그다음 좌우대칭으로 넘어간다.

"우리에게는 한 가지 더 대칭 유형이 있어요."라고 그가 말한다. "제이슨(Jason), 이리 와 봐.…… 여기 서 보세요."

제이슨이 교실 앞으로 와서 의자 위에 선다.

"여러분은 제이슨이 비대칭이라고 말할 수 있나요? 그의 모양에 균일성이 없다고요?" 넬름스 선생님이 시작한다.

학생들은 고개를 젓는다.

그는 제이슨에게 여기서 보는 것처럼 팔을 옆으로 뻗게 한 다

음 묻는다. "이것을 방사형이라고 생각하나요? 그가 모든 방향으로 뻗어 나가는 확장을 가지고 있기 때문인가요? …… 재럿(Jarrett)?"

"아니요."

"왜 그렇지 않나요? 우리에게 설명해 주세요."

"거기에는 아무것도 없어요." 재럿이 제이슨의 옆구리를 가리키며 말한다.

"여기에서 나오는 것은 없죠. 그리고 팔, 다리, 머리는 모두 다릅니다." 넬름스 선생님이 덧붙인다.

"그래서 우리는 세 번째 유형의 대칭으로 넘어갑니다."라고 그가 계속하면서 제이슨은 계속 팔을 뻗고 서 있다. "그것을 좌우대칭이라고 합니다. …… 좌우대칭은 생물체의 형태나 모양이 두 부분으로 나뉘고, 그 두 부분이 일치한다는 것을 의미합니다. …… 제가 톱으로 위에서부터 자른다면" 그가 학생들이 웃는 가운데 제이슨의 머리를 가리키며 말한다. "두 부분은 본질적으로 같을 것입니다."

"자, 내일은" 그가 계속한다. "우리는 대칭이 생물체가 환경에서 기능하는 방식에 어떻게 영향을 미치는지 볼 것입니다."

이제 10학년 화학 교사인 디디 존슨(Didi Johnson)이 학생들이 기체의 압력이 변하지 않으면 기체의 온도 상승이 부피 증가를 야기한다는 찰스(Charles)의 기체 법칙을 이해하는 데 도움을 주려고 시도하는 모습을 살펴보고자 한다.

열이 기체를 팽창시킨다는 것을 설명하기 위해 존슨 선생님은 같은 양의 공기로 채워진 세 개의 동일한 풍선을 세 개의 물 비커에 넣는 시연을 준비한다. 그녀는 첫 번째 풍선을 뜨거운 물이 담긴 비커에, 두 번째 풍선을 실온의 물이 담긴 비커에, 세 번째 풍선을 여기서 보는 것처럼 얼음물이 담긴 비커에 넣는다.

"이 물은 거의 끓는 상태입니다." 존슨 선생님은 첫 번째 풍선을 비커에 넣으면서 설명한다. "이것은 실온이고, 이것은 얼음이 들어 있어서 어는점에 가깝습니다."라고 그녀는 다른 두 개의 풍선을 다른 비커에 넣으면서 계속한다.

"오늘" 그녀는 칠판에 쓰기 시작하면서 계속한다. "우리는 찰스의 법칙에 대해 토론할 것이에요. 하지만 그것을 칠판에 적고 토론하기 전에, 우리는 풍선에 무슨 일이 일어났는지 볼 것입니다. …… 여기를 보세요. …… 풍선의 크기는 우리가 그것을 넣은 물의 온도와 어떤 관련이 있나요?"

"뜨거운 물에 있는 풍선이 더 커 보입니다." 크리스(Chris)가 대답한다.

"이 두 개에서 어떤 차이점을 볼 수 있나요?" 존슨 선생님은 다른 두 개의 풍선을 가리키며 계속한다.

"차가운 물에 있는 것이 실온의 물에 있는 것보다 작아 보입니다." 섀넌(Shannon)이 덧붙인다.

"그래서 우리가 본 것으로부터, 온도를 높이면 기체의 부피에는 어떤 일이 일어나나요?"

"그것은 증가합니다." 여러 학생들이 자원한다.

존슨 선생님은 칠판에 "온도 상승은 부피 증가를 야기한다"라고 쓰고, 풍선 안의 공기량과 압력이 본질적으로 일정하게 유지되었음을 강조한 다음, "여기서 본 것을 바탕으로 찰스의 법칙을 누가 진술할 수 있나요?"라고 묻는다.

"압력과 질량이 일정하다면 온도 상승은 부피를 증가시킬 것입니다." 제러미(Jeremy)가 제안한다.

존슨 선생님은 찰스의 법칙을 간단히 복습하고, 칠판에 그것에 대한 방정식을 쓴 다음, 학생들에게 그 법칙을 사용하여 일련의 문제를 풀게 한다.

마지막으로, 밥 듀체인(Bob Duchaine)이 학생들과 함께한 작업을 살펴보고자 한다. 그는 미국사 교사로, 11학년 학생들과 베트남 전쟁에 대해 토론하고 있다.

듀체인 선생님은 "베트남 전쟁을 이해하려면, 우리는 처음으로 돌아가 봐야 합니다. 베트남은 1880년대에 프랑스 식민지로 설립되었지만, 1900년대 중반에 이르러서는 프랑스의 군사적 상황이 너무 나빠져서 디엔 비엔 푸와 같은 특정 지역만을 통제할 수 있었습니다."라고 말하며 시작한다.

그는 프랑스가 1954년 여름에 이 도시에서 항복했고, 그 후 평화 회담이 이어졌다고 설명한다. 회담의 결과로 베트남이 분단되었고, 자유선거를 위한 조항이 마련되었다.

"이 선거는 결코 실시되지 않았습니다."라고 듀체인 선생님은 계속한다. "1956년, 응오딘지엠(Ngo Dinh Diem)은 자유선거가 없을 것이라고 말했습니다. '나는 남부를 책임지고 있습니다. 당신들이 원한다면 북부에서 선거를 치를 수 있겠지만, 남부에서는 선거가 없을 것입니다.'"

그는 계속해서 '도미노 이론'을 소개하는데, 이는 남베트남, 캄보디아, 라오스, 태국, 버마, 심지어 인도와 같은 국가들이 도미노가 넘어져 서로 쓰러뜨리는 것처럼 공산주의 손에 넘어갈 것이라는 이론이다. 그는 이러한 국가들의 상실을 막는 방법은 북베트남과 맞서는 것이었다고 설명한다.

"그리고 이것이 우리가 이번 단원 내내 이야기할 내용입니다."라고 그는 말한다. "도미노가 무너지는 것을 막기 위한 작은 단순한 계획에서 시작된 이 전쟁은 곧 매년 1만 2천에서 1만 5천 명의 미국인의 생명을 앗아갔습니다. …… 이 상황은 도미노가 무너지는 것을 막기 위한 작은 단순한 계획에서 53,000명 이상의 미국인의 생명을 잃는 상황으로 변했습니다."

"우리는 모레 이 주제를 계속 다룰 것입니다. …… 내일은 도서관에서 즐거운 하루를 보내세요."

사례 분석을 위한 질문

이 질문들에 답할 때, 교재의 정보를 사용하고, 여러분의 답변을 사례에 있는 구체적인 정보와 연결시키시오.

객관식 질문

1. 교과 교수법 지식을 가장 잘 보여 준 두 명의 교사는 다음 중 누구인가?
   a. Rebecca와 Richard   b. Richard와 Didi
   c. Richard와 Bob   d. Didi와 Bob

2. 일반적 교수법 지식을 가장 적게 보여 준 교사는 누구인가?
   a. Rebecca   b. Richard
   c. Didi   d. Bob

주관식 질문

1. 듀체인 선생님이 가장 잘 보여 준 전문성 지식의 유형은 무엇인가?

중요 개념

공통 핵심 국가 교육 기준(Common Core State Standards Initiative: CCSSI)

교과 교수법 지식(Pedagogical Content Knowledge: PCK)

교사 평가(teacher evaluation)

교실 평가(classroom assessment)

교육심리학(educational psychology)

기준(standards)

대화형 전자칠판(interactive whiteboard)

동기(motivation)

반성적 실천(reflective practice)

발달적 차이(developmental difference)

설계기반 연구(Design-Based Research: DBR)

시뮬레이션(simulation)

실행 연구(action research)

양적 연구(quantitative research)

연구(research)

의미성(meaningfulness)

이론(theory)

인적 자본(human capital)

인지(cognition)

일반적 교수법 지식(general pedagogical knowledge)

전문 지식(professional knowledge)

전문가(expert)

질적 연구(qualitative research)

책무성(accountability)

풀이 예(worked examples)

학교급별 적용(developmentally appropriate practice)

학급 관리(classroom management)

학습 양식(learning style)

학습자와 학습에 대한 지식(interactive whiteboard knowledge of learners and learning)

혼합방법 연구(mixed methods research)

인지와 언어 발달

제**2**장

학습목표

이 장을 공부한 후 여러분은 다음을 할 수 있어야 한다.

2.1 발달의 개념을 설명하고, 브론펜브레너(Bronfenbrenner)의 이론이 발달에 대한 우리의 이해에 어떻게 기여하는지 설명할 수 있다.

2.2 신경과학이 발달을 이해하는 데 어떻게 도움이 되는지 설명할 수 있다.

2.3 피아제의 인지발달이론의 개념을 사용하여 교실과 일상생활에서의 사건을 설명할 수 있다.

2.4 비고츠키의 사회문화이론을 사용하여 언어, 문화, 교수 지원이 발달에 어떻게 영향을 미치는지 설명할 수 있다.

2.5 언어와 인지 발달 간의 관계를 설명하고, 학생들의 언어 발달을 촉진하기 위해 우리가 할 수 있는 일을 설명할 수 있다.

APA의 20가지 주요 원칙

이 장에서 명시적으로 다루는 유치원-12학년(초·중등학교)까지 교수 및 학습을 위한 심리학의 20가지 주요 원칙들은 다음과 같다.

- 원칙 2: 학생들이 이미 알고 있는 것은 그들의 학습에 영향을 미친다.
- 원칙 3: 학생들의 인지 발달과 학습은 일반적인 발달 단계에 의해 제한되지 않는다.
- 원칙 5: 장기 지식과 기술의 습득은 주로 연습에 의존한다.
- 원칙 13: 학습은 다양한 사회적 맥락 내에 위치한다.

전국교사자질위원회(NCTQ)

이 장에서 구체적으로 다루는 모든 신임 교사가 알아야 할 전국교사자질위원회(NCTQ)의 필수 교수 전략은 다음과 같다.

- 전략 2: 추상적인 개념을 구체적인 표현과 연결하기

"인생은 해결해야 할 문제가 아니라 경험해야 할 현실이다."

– 쇠렌 키르케고르(Søren Kierkegaard), 덴마크 철학자

1800년대 초에 살았던 키르케고르는 경험이 우리 삶에서 가장 강력한 영향 중 하나라는 것을 이해했으며, 풍부한 경험은 건강한 성격, 발달된 사회적 기술, 그리고 정교한 사고로 이어질 수 있다는 것을 알았다. 사고의 발달, 즉 **인지 발달**(cognitive development)이 이 장의 초점이다.

다음 사례 연구에서 1학년 교사인 제니 뉴홀(Jenny Newhall)은 학생들이 공기의 두 가지 특성, 즉 ① 공기가 공간을 차지한다는 것과 ② 공기가 압력을 가한다는 것을 이해하기를 원한다.

여러분이 수업 장면을 보고 사례 연구를 읽을 때, 수업이 진행됨에 따라 아이들의 사고에 특별히 주목하기

바란다. 이제 그녀의 수업을 같이 보자.

뉴홀 선생님은 학생들에게 공기가 실제로 존재한다는 것을 보여 주기 위해 숟가락을 들고 그것이 진짜인지 물어본다. 그런 다음 공기도 진짜인지 묻자 학생들은 공기가 실제로 존재한다는 결론을 내린다.

이어서 뉴홀 선생님은 물이 3/4 정도 담긴 어항과 유리잔을 보여 준다.

학생들은 유리잔을 관찰한 후, 뉴홀 선생님은 공기가 공간을 차지한다는 것을 보여 주기 위해 유리잔을 거꾸로 물에 넣을 것이라고 말하며 어떤 일이 일어날지 예측해 보라고 한다.

서맨사(Samantha)는 아빠와 함께 수영장에서 했던 경험을 이야기하면서, 유리잔을 물에 밀어 넣었을 때 유리잔을 똑바로 세우면 공기가 유리잔 안에 머물렀지만 유리잔을 기울이면 물이 들어왔다고 설명한다. 미셸(Michelle)은 물이 유리잔 안으로 들어갈 수도 있다고 말한다.

뉴홀 선생님은 유리잔을 거꾸로 물에 넣은 후, 유리잔 안쪽이 젖었는지 마른 상태인지 물어본다. 테리(Terry)는 유리잔 안쪽이 젖었다고 주장하지만 서맨사는 말랐다고 말한다. 그래서 뉴홀 선생님은 종이 타월을 유리잔 바닥에 밀어 넣고 다시 유리잔을 물에 담근다.

머리사(Marisa)에게 타월이 젖었는지 마른 상태인지 확인해 보라고 하자 머리사는 타월이 말랐다고 결론을 내린다. 뉴홀 선생님은 "왜 타월이 마른 채로 있었을까요?"라고 묻고 제시카(Jessica)에게 의견을 묻는다. 제시카는 "유리잔 안에 있어서요."라고 대답하고, 뉴홀 선생님은 "그런데 왜 물이 유리잔 안으로 들어가지 않았을까요?"라고 더 깊이 질문한다. 그러자 제시카는 "유리잔이 거꾸로 되어 있어서요."라고 답한다.

"물의 봉인" 앤서니(Anthony)가 대답한다.

"물의 봉인이라" 뉴홀 선생님이 반복한다. 뉴홀 선생님은 서맨사의 유리잔을 기울이는 아이디어를 학생들에게 상기시키고, 어떤 일이 일어날지 생각해 보라고 한 후 유리잔을 물에 담그고 기울인다. 학생들은 유리잔에서 기포가 빠져나가는 것을 보고, 몇 가지 의견을 나눈 후 그 기포가 유리잔에서 빠져나가는 공기라는 결론을 내린다.

그런 다음 공기가 압력을 가한다는 것을 보여 주기 위해 뉴홀 선생님은 "자, 이제 다른 것을 보여 드릴게요. 이것 좀 보세요."라고 말하며, 물이 가득 찬 유리잔 위에 카드를 올려놓고 거꾸로 뒤집으면 어떤 일이 일어날지 학생들에게 묻는다.

"와, 지금 무슨 일이 일어나고 있죠?" 뉴홀 선생님이 묻는다. "왜 이렇게 되는 걸까요? 토머스(Thomas)?"

"물이 카드를 붙잡고 있어요." 토머스가 대답한다.

"어떻게 생각해? 크리스티나(Christina)?" 뉴홀 선생님이 더 깊이 묻는다.

"물이 마치 강력 접착제 같아서 카드를 놓지 않는 것 같아요."

뉴홀 선생님의 수업으로 다시 돌아가기 전에, 그녀의 활동에 대해 생각해 보자. 어항, 물, 유리잔, 종이 타월을 사용하여 그녀는 유리잔 안의 공기가 물을 밀어내기 때문에 공기가 공간을 차지한다는 것을 구체적으로 보여 주었다. 종이 타월이 마른 채로 있었다는 사실이 이 현상에 대한 증거였다. 그녀는 또한 물이 가득 찬 유리잔과 카드를 사용한 시연으로 공기가 압력을 가한다는 것을 보여 주었다.

학생들은 처음에 그녀의 첫 번째 시연에서 유리잔 안의 공기에 반응하지 않았고, 두 번째 시연에서는 물이 카드를 유리잔에 붙잡고 있다고 결론 내렸다는 점에 주목할 필요가 있다. 이는 1학년 학생들의 사고방식과 일치하며, 이번 장의 주제인 인지 발달과 직접적으로 관련이 있다.

우리는 일반적인 발달의 개념부터 시작하고자 한다.

발달이란 무엇인가

2.1 발달의 개념을 설명하고, 브론펜브레너의 이론이 발달에 대한 우리의 이해에 어떻게 기여하는지 설명할 수 있다.

> **교육심리학과 당신**
> 여러분이 초등학교와 중학교에 다녔을 때를 되돌아보자. 지금 가지고 있는 능력 중에서 그때는 없었던 것은 무엇인가? 고등학교 시절에는 어떠했는가? 고등학교 졸업 후에 여러분의 사고는 어떻게 변화했는가?

'교육심리학과 당신'의 질문들은 우리가 살아가면서 우리 모두에게 일어나는 변화인 **발달**(development)의 개념과 관련이 있다. 우리는 이러한 변화를 우리 자신뿐만 아니라 가족과 친구들에게서도 볼 수 있다.

발달을 연구하는 것은 두 가지 이유에서 가치가 있다. 첫째, 우리 모두는 발달 과정을 거치며 평생 동안 그렇게 할 것이기 때문에, 발달을 연구하는 것은 우리 자신과 주변 사람들을 더 잘 이해하는 데 도움이 된다. 둘째, 발달 연구는 학생들의 사고에 대한 통찰력을 제공하므로 우리를 더 나은 교사로 만들 수 있다.

다양한 유형의 발달이 발생한다. **신체 발달**(physical development)은 우리 몸의 크기, 모양 및 기능의 변화를 설명한다. 예를 들어, 왜 우리가 5학년 때보다 고등학생일 때 더 빨리 달릴 수 있는지를 설명한다. **개인적·사회적·정서적 발달**(personal, social, and emotional development)은 우리의 성격, 다른 사람들과 상호작용하는 방식, 그리고 감정을 관리하는 능력의 변화를 의미한다.

앞에서 보았듯이, 이 장에서는 성숙과 경험의 결과로 발생하는 우리의 사고 변화인 인지 발달에 초점을 맞춘다. '교육심리학과 당신'에서 "여러분의 사고는 어떻게 변했는가?"라는 질문은 발달의 이러한 측면에 초점을 맞추고 있으며, 이는 또한 뉴홀 선생님의 수업의 초점이기도 했다.

발달의 원리

모든 형태의 발달에는 세 가지 일반적인 원칙이 적용된다(Berk, 2019a, 2019b; Feldman, 2017).

- 발달은 유전과 환경에 모두 의존한다. 유전에 의해 주도되는, 연령과 관련한 변화인 성숙(maturation)은 발달에서 중요한 역할을 한다. 예를 들어, 고등학생의 사고는 초등학생이나 중학생의 사고보다 더 발달되어 있으며, 이는 우리가 어린 학습자들에게 미적분학이나 물리학을 가르치지 않는 이유를 이해하는 데 도움이 된다.
- 우리가 겪는 경험을 통한 환경도 발달의 주요 요인이며, 어떤 면에서는 유전보다 더 중요할 수 있다. 예를 들어, 풍부한 경험을 지속적으로 제공하는 지지적인 가정과 학교에서 자라는 아이들은 선천적인 지적 능력이 보통이더라도 계속해서 성장할 수 있다.
- 발달은 질서 정연하고 예측 가능한 패턴으로 진행된다. 발달은 비교적 체계적이고 예측 가능하다. 예를 들어, 우리는 말하기 전에 옹알이를 하고, 걷기 전에 기어 다니며, 민주주의나 상징주의와 같은 추상적인 개념보다 포유류나 자동차와 같은 구체적인 개념을 먼저 배운다. 이러한 패턴은 사실상 모든 인간에게 존재한다.
- 사람들은 서로 다른 속도로 발달한다. 발달은 일반적으로 질서 정연하지만, 개인이 발달하는 속도는 다양하다. 우리는 모두 "그는 늦깎이야"나 "그녀는 결코 완전히 성장하지 않았어"와 같은 말을 들어봤을 것이다. 이는 사람들의 발달 속도에 있어서의 개인차를 설명한다. 이러한 차이는 학생들과의 상호작용과 교육의 효과에 영향을 미친다.

이러한 원칙을 염두에 두고, 이제 우리는 브론펜브레너의 발달에 대한 생태학적 체계 이론으로 넘어간다. 이 이론은 환경이 우리의 유전자와 상호작용하여 우리 각자가 되는 독특한 개인을 만드는 방법을 설명하는 데 도움이 된다.

브론펜브레너의 발달에 대한 생태학적 체계 이론

이 섹션을 시작하기 위해, 대도시 교외에서 부모님과 동생 잭(Zach)과 함께 사는 여덟 살 조시(Josh)의 프로필을 살펴보자. 그의 프로필을 살펴보면서, 그의 발달에 영향을 미치는 요인들에 대해 생각해 보자.

조시는 3학년이고, 그의 공부는 점점 더 학문적으로 변하고 있다. 예를 들어, 그는 이제 전통적인 방식의 시험을 보고 있으며, 유치원, 1학년, 2학년 때보다 학업 성취도 평가가 더 강조되고 있다.

조시의 부모님은 그가 유아기부터 그에게 책을 읽어 주었고, 그 결과 그의 읽기 유창성(단어를 해독하고 쉽고 표현력 있게 발음하는 능력)은 뛰어나지만, 이해력에서는 약간 어려움을 겪었다고 한다. 이를 깨달은 엄마 니콜(Nicole)은 매일 그와 함께 읽기 이해력을 연습하고, 이제 그의 이해력은 훨씬 향상되었다. 그녀는 노력과 성공에 대해 상당한 칭찬을 포함하는 차분하고 지지적인 접근 방식을 취했으며, 조시는 학습 시간을 거부하지 않았다.

니콜은 "아이들이 읽을 수 없다면, 다른 어떤 것도 할 수 없어요."라고 말하며 모든 노력을 설명한다. "그는 대학에 가야 해요. 오늘날의 세상에서는 대학 학위 없이는 살아남을 수 없어요."라고 그녀는 주장한다.

조시는 수학을 잘하는 학생인데, 이는 적어도 부분적으로 니콜과 아빠 스티브(Steve) 모두 그가 유치원에 다닐 때부터 수학 관련 경험을 제공해 왔기 때문이다. 스티브는 도심에 있는 대기업에서 일하고 있으며, 필요할 때마다 재택근무를 할 수 있는 등 상당한 직업적 유연성을 가지고 있다. 그 결과, 그는 조시의 학교 및 학교 외 활동의 대부분에 참석할 수 있었다.

니콜은 또한 그의 교사들(국어, 수학, 사회, 과학 담당 교사들)과 상의하여 자신의 노력이 그의 학교 경험과 일치하도록 했다. 그녀는 또한 정기적으로 이메일로 그들과 소통한다. 그의 교사들은 필요할 때 소그룹으로 추가 지원을 제공하고, 니콜의 소통을 환영한다.

조시는 학교를 좋아하고, 예상대로 수학이 그가 가장 좋아하는 과목이라고 말한다.

조시의 프로필이 브론펜브레너의 이론과 어떻게 연관되는지 살펴보자. 앞에서 언급한 발달의 첫 번째 원칙은 발달이 유전과 환경에 모두 의존한다는 것이다. 러시아 태생의 미국 발달심리학자인 브론펜브레너는 자신의 생태학적 체계 이론으로 이 원칙을 확장했다. 이론 제목의 '생태(bio)'는 아동을 발달 과정의 중심에 두고, 유전학이 키, 기질, 지능의 일부 측면 등 특정 특성을 결정함으로써 발달에 영향을 미친다는 점을 상기시켜 준다. '생태(ecological)' 요소는 발달에 대한 환경적 영향을 나타내며, 브론펜브레너는 이러한 영향에 가장 중점을 두었다(Bronfenbrenner & Morris, 2006; Rosa & Tudge, 2013).

그의 이론을 이해하기 위해, 아동에게 가장 직접적인 영향을 미치는 것부터 시작하여 더 먼 요인으로 확장되는 일련의 환경 '층'을 상상해 보자. 이러한 환경 층은 [그림 2–1]에 설명되어 있다.

[그림 2–1]에서 볼 수 있듯이, 발달에 영향을 미치는 네 가지 체계는 미시체계, 중간체계, 외체계, 거시체계이다(Christensen, 2016). 낯선 용어에 빠지지 않으려면 접두사에 주목해 보자. 미시(micro)는 작음을, 메조(meso)는 중간 또는 중급을, 엑소(exo)는 외부 또는 외적을, 거시(macro)는 길거나 큼을 의미한다.

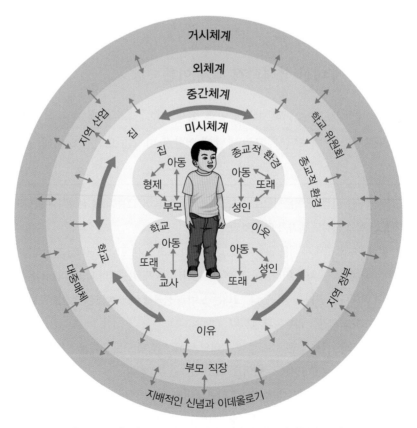

[그림 2–1] **브론펜브레너의 인간 발달의 생물생태학적 모델**

이러한 접두사를 염두에 두고, 조시의 삶에서 환경 층이 어떻게 설명되는지 살펴보자. 니콜과 스티브는 모두 조시의 학업에 직접 관여하고 있으며, 학업적·정서적으로 많은 지원을 제공하고 있다. 그의 교사들도 필요할 때 추가 도움을 제공하며, 우리는 그의 부모와 교사들의 노력이 조시의 학업적·정서적 발달에 어떻게 도움이 될 것인지 쉽게 알 수 있다. 그들은 **미시체계**(microsystem, 가장 작은 체계)의 일부로, 가족, 또래, 학교, 이웃 등 아동에게 가장 직접적인 영향을 미치는 환경 층이다. 조시의 부모와 교사는 관심을 갖고 지원을 제공하지만, 안타깝게도 모든 아이들이 그렇게 운이 좋은 것은 아니며, 우리는 그들의 발달이 어떻게 부정적인 영향을 받을 수 있는지 쉽게 알 수 있다.

우리는 또한 니콜이 조시의 교사들과 긴밀한 소통을 하고 있음을 보았다. 이러한 연결은 **중간체계**(mesosystem)를 구성하는데, 이는 미시체계의 요소들 간의 상호작용으로 이루어진다. 이러한 요소들이 함께 작용하면 아동의 발달이 향상된다. 예를 들어, 높은 수준의 부모 참여를 장려하는 학교는 그렇지 않은 학교보다 학습자 발달을 더 크게 증진시킨다(Lezotte & Snyder, 2011; O'Connor, Dearing, & Collins, 2011).

외체계(exosystem)에는 부모의 직업, 학교 시스템, 직장 환경 등 미시체계와 중간체계에 모두 영향을 미치는 사회적 영향이 포함된다. 예를 들어, 스티브의 직업적 유연성은 그가 많은 사람들의 경우보다 조시의 활동에 더 많이 참여할 수 있게 해 준다. 또한 부유한 학교 시스템은 간호사, 상담사, 심리학자, 작은 학급 규모 등을 제공할 가능성이 더 높은데, 이는 모두 발달에 긍정적인 영향을 미칠 수 있다.

거시체계(macrosystem)는 아동이 발달하는 문화이며, 다른 모든 체계에 영향을 미친다. 니콜의 "아이들이 읽을 수 없다면, 다른 어떤 것도 할 수 없다"와 "그는 대학에 가야 한다. 오늘날의 세상에서는 대학 학위 없이는 살아남을 수 없다"라는 말은 그녀의 문화적 태도와 가치관을 반영한다. 또 다른 예로, 미국의 문화는 개인에 초점을 맞추고 자율성을 강조하는 경향이 있는 반면, 아시아의 일부 지역과 같은 다른 문화는 사회적 영향과 순응을 더 강조한다(Goodnow, 2010).

APA의 20가지 주요 원칙

이 논의는 유치원-12학년(초·중등학교)까지 교수 및 학습을 위한 심리학의 20가지 주요 원칙 중 '원칙 13: 학습은 다양한 사회적 맥락 내에 위치한다'는 것을 보여 준다.

브론펜브레너 이론의 우리 교육에 대한 시사점

그렇다면 브론펜브레너의 이론은 우리 교사들에게 무엇을 제안할까? 사실 많은 것을 제안한다. 첫째, 앞에서 보았듯이 우리는 학생들의 미시체계의 일부이므로, 부모 다음으로 학생들의 발달에 가장 중요한 영향을 미친다. 이는 우리가 이러한 발달에 기여할 경험을 제공하기 위해 모든 노력을 기울여야 함을 시사한다(Fond-Harmant & Gavrilă-Ardelean, 2016). 예를 들어, 이 장의 시작 부분에서 뉴홀 선생님은 1학년 학생들에게 공기의 특성을 보여 주는 구체적인 경험을 제공했다. 아이들은 인지 발달의 이 시점에서 다소 추상적인 개념을 완전히 이해하지 못했을 가능성이 있지만, 뉴홀 선생님의 시연은 그럼에도 불구하고 이후 학교 교육에서 더 발전된 이해 기반을 제공할 가능성을 갖는다. 뉴홀 선생님은 아이들의 미시체계의 효과적인 한 부분인 것이다.

건강한 발달을 촉진하는 경험은 학업을 훨씬 넘어선다. 예를 들어, 교사들은 예의, 우리보다 불우한 사람들에 대한 지원, 다른 사람의 의견에 대한 관용을 모델링한다. 교사들은 또한 건강한 감정을 모델링하고, 교육을 통해 오늘날의 세상에서 성공하는 데 필요한 사회적 기술을 발전시키는 데 도움을 준다.

그리고 조시의 교사들과 함께 보았듯이, 교사들은 부모나 다른 보호자들과 개방적이고 자주 소통하기 위해 노력할 수 있으므로 학생들의 중간체계에 건강한 기여를 한다. 교사들은 또한 부모들이 자녀들의 미시체계의 더욱 효과적인 부분이 될 수 있도록 유연한 기회를 만들어 외체계를 수용할 수 있기도 하다. 마지막으로, 교사들은 건강한 거시체계에 기여하는 올바른 문화적 태도와 가치관을 전달할 수 있다. 이 모든 것에서 교사는 왜 교육이 세상에서 가장 중요한 일 중 하나인지 알 수 있다.

브론펜브레너의 생태학적 체계 이론 분석

모든 이론과 마찬가지로 브론펜브레너의 생태학적 체계 이론에는 약점과 강점이 모두 있다. 약점에 관한 이야기를 먼저 해 보자.

브론펜브레너 이론의 약점 이 이론의 주요 약점은 개인의 인지가 발달에서 하는 역할을 무시하거나 적어도 과소평가하는 경향이 있다는 것이다. 아이들이 자신, 자신의 능력, 다른 사람들과의 관계에 대해 생각하는 방식은 그들의 발달에 강한 영향을 미친다. 발달의 포괄적인 이론이 되기 위해서는 이 요인이 포함되어야 한다. 또한 브론펜브레너의 주장을 연구를 통해 검토하는 것은 어려우므로 그의 이론은 경험적 연구를 통해 널리 평가되지 않았다고 할 수 있다.

브론펜브레너 이론의 강점 브론펜브레너의 이론은 우리가 학생들에게서 관찰하는 차이를 더 잘 이해하

〈표 2-1〉 이론 분석: 브론펜브레너의 발달에 대한 생태학적 이론

핵심 질문	유전학과 다양한 수준의 환경적 영향이 어떻게 상호작용하여 모든 형태의 발달에 영향을 미치는가?
핵심 개념	미시체계—가족, 또래, 이웃, 학교 중간체계—미시체계 요소들 간의 상호작용 외체계—부모의 직업, 의료 서비스 접근성 등 사회적 영향 거시체계—아동이 발달하는 문화
발달에 대한 설명	발달은 서로 다른 수준의 환경적 영향이 역동적인 시스템에서 서로 그리고 아동의 유전적 구성과 상호작용하여 성장을 만들어 내는 과정에서 발생한다.
발달의 촉매	• 유전학 • 다양한 수준의 환경 요인
기여	• 유전학과 다양한 수준의 환경 요인이 어떻게 상호작용하여 아동의 발달에 영향을 미치는지에 대한 자세한 설명을 제공한다. • 교실 밖의 많은 요인들이 아동의 학습과 발달에 중요한 영향을 미친다는 것을 교육자들에게 상기시켜 준다.
비판	• 서로 다른 수준의 환경이 서로 그리고 아동의 유전학과 상호작용하여 발달에 영향을 미치는 방식에 대한 설명이 다소 모호하다. • 이론의 구성 요소가 구체성이 부족하기 때문에 연구를 통해 이 이론을 경험적으로 검증하고 정제하기 어렵다.

출처: Berk, 2013; Bronfenbrenner, 1979, 2005; Bronfenbrenner & Morris, 2006; Feldman, 2014.

는 데 도움이 된다. 예를 들어, 같은 나이의 아이들이 심지어 같은 가족에서도 종종 다르게 생각하고 행동하는 이유를 이해하는 데 도움이 된다. 또한 가정-학교 파트너십이 왜 그렇게 중요한지, 더 큰 지역사회를 우리 아이들의 교육에 참여시키는 것이 왜 가치 있는지 이해하는 데 도움이 된다. 예를 들어, 연구에 따르면 자녀 활동에 관여를 더 많이 하는 부모의 자녀는 숙제를 할 가능성이 더 높고, 학교에 더 많이 출석하고, 더 많이 배운다고 한다(Kim & Hill, 2015; Kriegbaum, Villarreal, Wu, & Heckhausen, 2016).

그의 이론은 또한 우리 교실이 더 큰 맥락 안에 내재되어 있으며, 우리는 가능한 한 효과적이기 위해 이러한 맥락을 수용해야 한다는 것을 상기시켜 준다. 그리고 아마도 가장 중요한 것은 그의 이론이 우리가 학생들과 함께 일하는 방식에 직접적인 영향을 미친다는 것이다. 브론펜브레너의 이론은 그 기여와 비판을 포함하여 〈표 2-1〉에 요약되어 있다.

학습과 발달에 관한 신경과학

2.2 신경과학이 발달을 이해하는 데 어떻게 도움이 되는지 설명할 수 있다.

교육심리학과 당신
우리는 모두 똑똑해지고 싶어 한다. 우리가 더 똑똑해질 수 있을까? 아니면 우리는 태어날 때 받은 '지능'에 갇혀 있고, 우리가 할 수 있는 일은 주어진 것을 최대한 활용하는 것뿐일까? 신경과학은 이 질문에 대한 답을 찾는 데 도움이 된다.

신경과학(Neuroscience)은 뇌, 척수, 감각기관, 그리고 이러한 기관을 신체의 나머지 부분과 연결하는 신경을 포함하는 신경계에 대한 과학적 연구이다. 뇌는 가장 두드러진 구성 요소이므로 예상대로 신경과학 연구의 주요 대상이다. 이 연구는 점점 더 두드러지고 있으며, 우리가 학생들의 학습과 발달을 촉진하려고 시도할 때 우리가 가르치는 방식에 영향을 미친다. 교실에서 신경과학을 적용하려면 먼저 우리 뇌에 대한 몇 가지 기본 정보를 이해해야 한다. 우리는 신경과학 연구가 우리에게 말해 주는 것으로 시작하고자 한다 (Hohnen & Murphy, 2016; Scalise & Felde, 2017).

- 뇌는 우리 몸에서 가장 복잡한 기관이다. 모든 유기체의 신경계 복잡성은 그것이 생산할 수 있는 행동의 범위를 결정한다. 예를 들어, 지렁이는 단순한 신경계를 가지고 있어 행동 옵션이 제한적이지만, 개구리는 더 복잡한 신경계를 가지고 있어 지렁이보다 더 복잡한 행동을 할 수 있다. 인간은 지구상의 모든 종 중에서 가장 복잡한 신경계를 가지고 있어 다른 동물보다 생각하고 행동할 수 있는 옵션이 더 많다.
- 전기 회로는 신경계의 기초이다. 뇌의 기본 배선은 종의 모든 구성원에게 유사하다. 차이점은 개인의 뇌세포 변이의 결과이다. 예를 들어, 인간으로서 우리는 모두 유사하게 신경세포들이 연결되어 있으며, 우리 사이의 변이는 개별 신경 연결의 차이에서 비롯된다.
- 뇌는 마음과 사고의 기초이다. 뇌가 경험에 노출될수록 지능이 증가한다.
- 뇌는 언어를 지시함으로써 의사소통을 가능하게 한다. 언어는 정보 교환과 지식 발전을 가능하게 한다.

- 뇌는 본능적으로 패턴을 찾아 우리의 경험을 이해하려고 한다. 예를 들어, 어린아이들은 몇몇 털이 있는 동물들을 보고, 그들이 '멍멍'하는 소리를 듣고, 꼬리를 흔드는 것을 보고, 동물들의 특징에서 보이는 유사성(패턴)을 기반으로 '개'라는 개념을 구성한다.
- 뇌는 '가소성'이 있어 마주치는 사건에 반응하여 물리적으로 변한다. 구조적으로 변화하는 뇌의 능력을 **신경가소성**(neuroplasticity)이라고 하며, 이는 '교육심리학과 당신'에서 우리가 했던 질문에 대한 답이 된다. 답은 그렇다이다. 올바른 종류의 경험만 한다면 우리는 말 그대로 더 똑똑해질 수 있다! 읽기를 배우는 것이 이러한 경험 중 하나이다. 연구에 따르면 문맹 성인에게서조차 읽기를 배우는 것이 개인의 뇌에서 신경가소성 변화를 초래한다고 한다(Skeide et al., 2017). 신경가소성은 아마도 뇌에 대해 존재하는 가장 좋은 소식일 것이다.

뇌를 가소성이 있는 것으로 보는 것은 역사적 견해와는 다른 것이다. 1980년대까지 과학자들은 뇌의 구조가 어린 시절에 발달하고, 일단 발달하면 변화의 여지가 거의 없다고 생각했다(Pascual-Leone, Amedi, Fregni, & Merabet, 2005). 신경가소성은 훨씬 더 낙관적인 견해이다.

불행히도 신경가소성에는 단점도 있다. 예를 들어, 극심한 빈곤 속에서 자라는 아이들은 스트레스에 반응하여 방출되는 호르몬인 코르티솔을 높은 수준으로 생산한다. 어린아이들의 높은 코르티솔 수치는 뇌 회로를 손상시키고 뇌의 구조를 변화시킨다(McCoy, 2016; Phillips, 2016).

우리의 뇌가 가소성이 있다는 사실인 신경가소성은 학교와 우리 모두에게 교사로서 중요한 의미를 갖는다. 우리는 이 섹션 후반부에서 이러한 의미를 살펴볼 것이다.

이제 뇌의 이러한 기본적인 특성을 염두에 두고, 이제 뇌의 생리학과 그것이 인지 발달과 어떤 관련이 있는지 살펴보자.

뇌의 생리학과 인지 발달

뇌의 복잡성은 이해하기 불가능하다. 예를 들어, 연구자들은 뇌가 1,000억에서 2,000억 개의 신경세포, 즉 뉴런으로 구성되어 있다고 추정한다(Carlson, 2011; Seung, 2012). 이 **뉴런**(neuron)들은 뇌의 기본 학습 단위이며 인지 발달의 중심이다. 그들을 이해하고, 그들의 구조와 작동 방식을 이해하기 위해 [그림 2-2]를 보자.

[그림 2-2]에서 볼 수 있듯이, 뉴런은 세포체와 함께 세포체에서 뻗어 나와 다른 신경세포로 메시지를 보내는 가지인 **축삭**(axons), 그리고 세포체에서 뻗어 나와 다른 뉴런으로부터 메시지를 받는 더 짧은 가지인 **수상돌기**(dendrites)로 구성된다. 뉴런들은 실제로 접촉하지 않는다. 대신 시냅스라고 하는 뉴런 사이의 작은 공간을 통해 신호가 전송되어 한 뉴런에서 다른 뉴런으로 메시지가 전달된다. 축삭을 따라 전기 충격이 전달되면, **시냅스**(synapses)를 가로지르는 화학 물질이 생성되어 이웃 뉴런의 수상돌기를 자극한다. 뉴런 사이의 잦은 정보 전달은 그들 사이에 영구적인 물리적 관계를 형성할 수 있다. 이는 어린아이들에게 책을 읽어 주고 대화하는 것이 왜 그렇게 중요한지 이해하는 데 도움이 된다. 예를 들어, 부모가 어린 자녀에게 책을 읽어 줄 때, 단어를 듣고 그림을 보는 것은 아이들의 뉴런에서 시냅스 연결을 촉진하는 경험을 제공한다. 아이들에게 책을 많이 읽어 줄수록 더 많은 시냅스 연결이 일어나고, 그 연결은 더 영구적이 된다(Pace, Hirsh-Pasek,

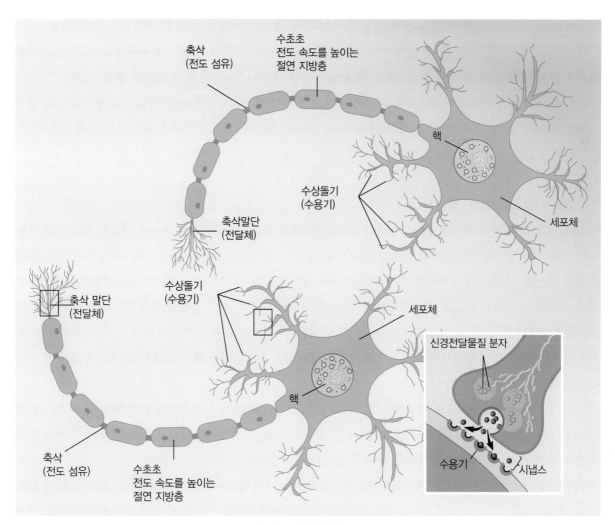

[그림 2-2] **뉴런의 구조**

& Golinkoff, 2016).

연습은 뉴런 사이의 잦은 신호 전달을 촉진하고 그들 사이의 영구적인 연결을 형성하는 데 도움이 된다. 예를 들어, 운동 기술 관련해 젊은 농구 선수들이 점프 슛을 반복해서 연습하면, 이후 자연스럽게 정확한 슛을 가능하게 하는 신경세포 연결들이 만들어진다.

APA 20가지 주요 원칙

이 논의는 유치원-12학년(초 · 중등학교)까지 교수 및 학습을 위한 심리학의 20가지 주요 원칙 중 원칙 5를 보여 준다. 장기 지식과 기술의 습득은 주로 연습에 의존한다.

인지 과제에도 동일한 원리가 적용된다. 예를 들어, 학생들이 글쓰기에서 반복적으로 문장에 정확하게 구두점을 찍으면, 결국 거의 생각하지 않고도 쉼표를 정확하게 배치하는 신경학적 연결이 형성된다(Dubinsky et al., 2013; Quiroga, Fried, & Koch, 2013; Schunk, 2016).

즉, '발화되는 것이 연결된다'는 것이다. 시냅스 연결이 충분히 자주 발화되면, 그것들은 우리 뇌의 구조에 영구적으로 연결되거나 '하드 와이어'로 연결된다. 간단한 예로, 아이들이 일단 자전거 타는 법을 배우면, 사실상 그들은 항상 자전거를 탈 수 있게 된다. 그리고 일단 우리가 문장에 정확하게 구두점을 찍는 법을 배우면, 뇌 외상과 같은 사건으로 뇌가 쇠약해지는 상태가 아닌 한, 우리는 평생 동안 그렇게 할 수 있다.

이러한 영구적인 연결의 변화가 우리가 발달이라고 생각하는 것이다. 예를 들어, 젊은 운동선수들의 신체 기술은 그들이 정확한 점프 슛을 할 수 있게 될 때 발달하고, 젊은 작가들의 인지 능력은 그들이 철자법, 문법, 구두점을 정확하게 사용할 때 발달한다. 이러한 변화는 모두 뇌에 하드 와이어된 시냅스 연결의 결과이다.

수초화, 시냅스 가지치기 및 발달

이제 이 발화와 연결 과정을 좀 더 자세히 살펴보자. 예를 들어, 우리가 글쓰기에서 쉼표를 정확하게 사용하는 것과 같은 활동을 반복할 때, 동일한 회로가 발화된다. 회로가 발화될 때마다 작은 지방층이 그것을 둘러싸게 되는데, 이는 우리가 가정에서 사용하는 전원 코드 주위에 감겨 있는 플라스틱과 유사하며, 회로를 절연시켜 더 빠르고 효율적으로 작동하게 한다. 이러한 회로의 발화와 절연 과정을 **수초화**(myelination)라고 하며, 절연 지방층을 수초초(myelin sheath)라고 한다. 활동이 더 많이 수행될수록 회로가 더 많이 발화되고 수초화되며, 기술이 더 효율적으로 수행된다(Hohnen & Murphy, 2016). 이는 다시 연습이 왜 그렇게 중요한지 이해하는 데 도움이 된다.

그렇다면 회로가 반복적으로 발화되지 않으면 어떻게 될까? 우리가 직관적으로 예상하듯이, 시냅스 연결은 사라진다. 예를 들어, 학생들이 글쓰기 연습을 어느 정도 하면 시냅스가 발화되지만, 연습이 충분하지 않으면 영구적인 연결이 만들어지지 않고 숙련된 작가가 되지 않는다.

자주 사용되지 않는 시냅스를 제거하는 이 과정을 **시냅스 가지치기**(synaptic pruning)라고 한다. 앞서 보았듯이, 우리의 뇌는 본능적으로 패턴을 찾으려고 하며, 환경에서 패턴을 인식함에 따라 수초화와 시냅스 가지치기를 통해 물리적으로 재구성되어, 자주 사용되는 시냅스 연결은 유지하고 사용되지 않는 연결은 버린다. 신경가소성은 이러한 물리적 재구성을 가능하게 하고, 발달은 그 결과이다. 우리의 뇌는 말 그대로 '재배선' 된다(Hohnen & Murphy, 2016; Pace et al., 2016).

이 재배선 과정은 또한 "늙은 개에게 새로운 재주를 가르칠 수 없다"는 격언을 반박한다. 우리의 뇌는 평생 동안 변화하고 성장할 수 있는 능력을 유지한다(Anguera et al., 2013). 나이가 들수록 더 많은 시간과 노력이 필요할 수 있지만, 성장은 항시 가능하다. 이는 사람들이 나이가 들면서 외국어를 배우는 것과 같은 새로운 기술을 배우도록 권장하는 이유이기도 하다. 이 과정은 새로운 신경 연결의 형성을 초래하고 인지 기능 저하와 싸우는 데 도움이 된다.

대뇌 피질

대뇌 피질(Cerebral cortex)은 뇌의 상단과 측면에 위치한 부분으로, 인간의 사고의 대부분이 이 영역에서 발생한다(Hohnen & Murphy, 2016). 놀랍지 않게도, 이 부분은 다른 동물에 비해 인간에게 비례적으로 훨씬 크며, 뇌 전체 무게의 약 85%를 차지하고 가장 많은 수의 뉴런과 시냅스 연결을 포함한다(Berk, 2019b).

대뇌 피질의 좌반구와 우반구는 함께 작용하지만 서로 다른 기능을 전문으로 한다. 우반구는 우리 몸의 왼쪽을 제어하고, 좌반구는 다른 반대를 제어한다. 또한 대부분의 사람들에게서 좌반구는 언어와 논리적 사고를 제어하고, 우반구는 정보, 특히 시각적 이미지를 의미 있는 패턴으로 통합하는 역할을 한다(Staub, 2016).

　　전전두엽 피질　[그림 2-3]에서 볼 수 있듯이, **전전두엽 피질**(prefrontal cortex)은 이마 근처에 위치한 대뇌 피질의 일부이다. 이는 계획, 주의력 유지, 추론, 감정 조절, 건강에 해로운 사고와 행동의 억제와 같은 다양한 복잡한 인간 활동을 주로 담당하는 뇌의 영역이다. 발달이 일어남에 따라 전전두엽 피질은 뇌의 다른 부분의 활동을 모니터링하고 안내한다(Cartwright, 2012; Casey, Jones, & Somerville, 2011; Kurzweil, 2012).

　　사람들은 서로 다른 속도로 발달한다는 것은 우리가 이 장의 시작 부분에서 확인한 발달의 원칙 중 하나이며, 이는 뇌 발달에도 해당된다(Berk, 2019a, 2019b). 예를 들어, 신체 운동을 제어하는 우리 뇌의 부분이 먼저 발달하고, 그다음에 시력과 청력이 발달하며, 마지막으로 전전두엽 피질이 발달한다. 전전두엽 피질은 20대가 될 때까지 완전히 발달하지 않을 수 있으며, 이러한 발달 지연은 전전두엽 피질이 비판적 사고와 위험 평가에 중요한 역할을 하기 때문에 중요하다. 이는 10대들이 생각 없이 행동하여 교사들을 벽에 부딪히게 만드는 이유를 이해하는 데 도움이 된다. 또한 그들이 때때로 음주 운전, 약물 사용, 안전하지 않은 성관계와 같은 위험한 행동을 보이는 이유를 이해하는 데 도움이 된다. 성인의 몸을 갖추고 있지만, 그들의 위험을 평가하고 건전한 결정을 내리는 능력은 완전히 발달하지 않은 것이다. 미성년자에게 술과 담배를 판매하는 것이 불법인 이유와 확고하고 일관된 가정 및 학교 환경이 특히 청소년기에 매우 중요한 이유를 설명하는 데 도움이 된다. 의사 결정을 단순화하는 규칙과 제한은 때로 혼란스러운 이 시기를 보내는 10대들에게 도움이 된다.

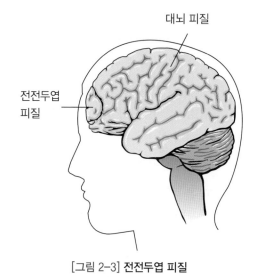

[그림 2-3] **전전두엽 피질**

신경과학의 논쟁과 신화

　　대부분의 분야와 마찬가지로 신경과학에도 논쟁이 존재한다. 그리고 이 분야는 다수의 신화(myth)가 진화하여 심지어 받아들여진 믿음의 일부가 되었다는 점에서 다소 독특할 수 있다. 그것들을 살펴보자.

신경과학의 논쟁

　　신경과학 연구는 신경계에 대한 우리의 이해에 중요한 기여를 했으며, 신경가소성과 같은 개념은 우리의 학습 능력이 한때 믿었던 것보다 훨씬 더 크다는 것을 시사한다. 그러나 종종 한 분야의 획기적인 발견이 그렇듯이, 사람들은 연구 결과에 사로잡히고, 과잉 반응하며, 이 분야, 즉 신경과학을 사용하여 타당한 것보다 더 많은 행동을 설명하려고 한다. 예를 들어, 뇌 스캔 이미지를 기반으로 지지자들은 사람들이 어떤 제품을 구매할 것인지, 어떤 정당에 투표할 것인지, 심지어 거짓말을 하는지 여부와 같은 광범위한 행동을 예측할 수 있다고 제안한다. 비평가들은 이것이 극적인 과잉 주장이며 신경과학이 예측할 수 있는 능력을 훨씬 넘어선다고 주장한다(Brooks, 2013; Satel & Lilienfeld, 2013; Shulman, 2013).

교육에서도 논쟁이 존재한다. 예를 들어, 우리는 앞서 신경가소성과 시냅스 연결의 발달이 어떻게 인지 발달에 기여하는지 보았다. 동물에서의 조기 자극을 뒷받침하는 증거와 결합된 신경과학 연구는 일부 '뇌 기반' 옹호자들이 어린 시절 특수 교육을 권장하는 결과를 낳았다. 아이들에게 읽어 주거나 말을 걸지 않는 것과 같은 초기 자극 박탈은 인지 발달을 방해할 수 있지만, 지금까지 신경과학 연구 결과는 비싼 장난감이나 컴퓨터와 같은 추가 자극의 긍정적 효과를 뒷받침하지 않는다. 사실, 연구에 따르면 텔레비전이나 기타 미디어를 광범위하게 시청하는 아이들은 미디어를 덜 보는 또래에 비해 언어 능력이 떨어지는 것으로 나타나고 있다(Lin, Cherng, Chen, Chen, & Yang, 2015; Radesky & Christaskis, 2016).

발달을 위한 결정적 시기의 존재는 두 번째 논쟁이다. 예를 들어, 이중 언어 가정에서 자란 어린아이들은 두 언어를 유창하게 말하는 법을 배우지만, 새로운 언어를 배우려는 성인들은 원어민에게는 쉬운 소리를 내기 위해 고군분투한다(Gluszek & Dovidio, 2010; Kuhn, 2009). 이러한 연구 결과를 바탕으로 일부 옹호자들은 유치원생들에게 외국어를 소개하는 등 이러한 결정적 시기를 중심으로 교육과정을 설계할 것을 제안한다.

비평가들은 우리의 뇌가 평생 동안 지속적으로 환경 자극의 혜택을 받을 수 있는 능력을 유지한다고 반박하며, 어린아이들에 대한 어린 시기 집중적인 교육에 주의를 기울일 것을 경고한다. 더욱이 조기 학습을 서두르는 것은 신경 회로를 압도하여 뇌를 해칠 수 있으며, 건강한 삶의 시작을 위해 필요한 일상적인 경험에 덜 민감하게 만들 수 있다(Berk, 2019b).

교육에 관해서도 논쟁이 존재한다. '뇌 기반' 교육 옹호자들은 의도적인 연습과 안내된 발견, 문제해결, 연습을 통한 학습과 같은 능동적 학습 전략의 중요성을 강조한다. 비평가들은 이러한 전략들이 수년 동안 널리 받아들여져 왔으며, 이를 '뇌 기반'으로 묘사하는 것은 전문적인 교육에 대한 우리의 이해에 새로운 것을 추가하지 않는다고 지적한다(Byrnes, 2007).

신경 신화

신경 신화(Neuromyth)는 "뇌 연구에 의해 과학적으로 확립된 사실을 오해, 잘못 읽거나 잘못 인용하여 교육 및 기타 맥락에서 뇌 연구를 사용하기 위한 주장을 만들어 내는 오해"라 정의할 수 있다(Howard-Jones, 2014, p. 817).

두 가지 신경 신화가 흔하고 지속적이다. 학생들은 선호하는 학습 양식으로 정보를 받을 때 가장 효과적으로 학습한다는 것이 첫 번째이다. "교육에서 가장 널리 퍼진 신경 신화는 학생들이 서로 다른 학습 양식을 가지고 있다는 생각이다"(Masson & Sarrasin, 2015, p. 28). 하지만 학생들의 선호하는 학습 양식에 맞추어 교육을 적용하려는 시도가 학습을 증가시킨다는 생각을 뒷받침하는 증거는 없다.

일부 사람들은 학습 시 '오른쪽 뇌'를 사용하는 반면 다른 사람들은 '왼쪽 뇌'를 사용한다는 것이 두 번째 일반적인 신경 신화이다. 우리는 앞서 대뇌 피질의 왼쪽과 오른쪽 반구가 서로 다른 기능을 가지고 있지만, 두 반구는 통합된 전체로 작동하며, 왼쪽 또는 오른쪽 뇌에 가르치려는 노력은 지나치게 단순하고 잘못된 것임을 보았다(Staub, 2016). 그리고 이와 반대되는 풍부한 증거에도 불구하고, 이 두 가지 신경 신화는 여전히 널리 퍼져 있고 지속되는 경향이 있다(Im, Cho, Dubinsky, & Varma, 2018).

추가적인 신경 신화에는 다음이 포함된다(Howard-Jones, 2014; Masson & Sarrasin, 2015).

- 우리는 뇌의 일부분만 사용한다. 하지만 신경과학 증거는 대부분의 경우 우리가 모든 정신 능력을 사용한다는 것을 나타낸다.
- 유아에게 클래식 음악을 들려주면 더 똑똑해진다. 이 주장을 뒷받침하는 증거는 없다.
- 성인은 새로운 뇌 세포를 만들 수 없다. 연구자들은 한때 이것이 사실이라고 믿었지만, 이제 증거는 우리가 평생 동안 계속해서 뉴런을 생성한다는 것을 나타낸다.
- 남성의 뇌는 생물학적으로 수학과 과학에 더 적합하다. 여성의 수학 및 과학에 대한 신화는 신경과학 연구가 아닌 문화적 신념에서 비롯되며, 남녀 아이의 뇌가 특정 학문 분야와 관련하여 다르다는 증거는 없다.
- 크로스워드 퍼즐을 풀면 기억력이 향상된다. 크로스워드 퍼즐을 풀면 크로스워드 퍼즐을 더 잘 풀 수 있게 된다.

그러나 뇌 기능과 신체 운동, 특히 달리기, 자전거 타기, 수영과 같은 심혈관 운동 사이의 관계는 신화가 아니다(Segalowitz, 2016). 운동과 신체 건강은 주로 혈류 증가의 결과로 인지 기술과 뇌의 작동 방식에 긍정적인 영향을 미친다. 이는 휴식 시간과 같은 활동이 아이들이 스트레스를 풀어주는 것 이상의 더 중요한 기능을 한다는 것을 시사한다. 그리고 체육과 같은 과목은 단순히 신체 건강 이상의 기여를 한다. 운동은 직접적으로 학습에 기여한다고 한다(Society of Health and Physical Educators, 2016).

신경과학: 교육에 대한 시사점

그렇다면 신경과학은 우리 교사들에게 무엇을 제안할까요? 아마도 가장 중요한 시사점은 학생들과 그들의 능력에 대한 우리의 생각 방식을 바꾸어야 한다는 것이다. 예를 들어, 신경가소성의 개념은 우리 학생들, 특히 또래보다 지능이 낮다고 여겨지는 학생들이 실제로 우리가 생각하는 것보다 더 유능하다는 것을 시사한다. 그리고 올바른 종류의 교육과 광범위한 연습을 통해 그들은 고도로 기능하는 성인이 될 수 있다. 이러한 학생들의 '하드 배선'을 변경하는 과정은 더 오래 걸릴 수 있지만, 대부분은 결국 성공할 수 있다.

두 번째 중요한 시사점은 교육 유행과 소위 '뇌기반' 교육은 그 효능을 뒷받침하는 신뢰할 수 있는 증거가 있을 때까지 피해야 한다는 것이다. 학습 양식의 개념이 주목할 만한 예이다. 학생들의 선호하는 학습 양식을 수용하려는 시도는 노력의 낭비이다. 첫째, 20명 이상의 학생이 있는 수업에서 각 학생의 선호하는 학습 스타일을 수용하는 것은 불가능하다. 둘째, 전문 교사는 일반적으로 시각적, 언어적, 그리고 가능한 경우 촉각적 형태로 정보를 제시한다. 예를 들어, 이 장의 시작 부분에서 보았듯이 뉴홀 선생님은 공기의 특성을 시연하기 위해 구체적인 예를 사용했고, 시연을 하면서 질문을 통해 언어 학습자를 수용한다. 그녀는 또한 학생들에게 직접 경험을 제공한다. 이것은 좋은 교육 방법이다. 그녀가 어떻게든 뇌 기반 교수법을 사용하고 학생들의 학습 양식을 수용하려고 했다고 제안하는 것은 맞지 않는 이야기이다.

세 번째 시사점은 학습과정에서 연습의 중요성을 강조한다는 것이다. 연습을 대신할 수 있는 것은 없으므로 잘 설계된 숙제를 포함한 충분한 연습이 학습과 발달에 중요하다. (제13장에서 숙제에 대해 자세히 살펴본다.)

마지막으로, 학생들이 운동하도록 격려할 필요가 있다. 학교에서 아이들이 뛰어놀 휴식 시간을 없앴다면 학교 지도자들에게 그것을 복원하도록 요구해야 한다. 교사들은 학생들에게 건강의 중요성을 상기시키고 자신의 건강을 개발하여 모범이 되도록 노력해야 한다. 이것은 학생들에게 이로울 뿐만 아니라 여러분 자신의 건강에도 투자가 될 것이다.

발달을 이해하는 데 있어 신경과학의 역할을 살펴보았으니, 이제 장 피아제(Jean Piaget)의 연구부터 시작하여 구체적인 인지발달이론으로 넘어가도록 하자.

피아제의 인지발달이론

2.3 피아제의 인지발달이론의 개념을 사용하여 교실과 일상생활에서의 사건을 설명할 수 있다.

장 피아제(Jean Piaget, 1896~1980)는 스위스 발달심리학자로, 아동 발달에 대한 그의 연구는 자신의 자녀들의 사고를 연구하는 것에서 시작되었다. 그는 자녀들이 성숙하고, 경험을 쌓으며, 주변 세계를 이해하려고 시도할 때 그들의 사고를 평생 동안 연구했다고 한다. 현재 그는 역사상 가장 유명하고 영향력 있는 심리학자 중 한 명이다.

피아제의 이론 소개로, 다음 문제를 생각해 보시오.

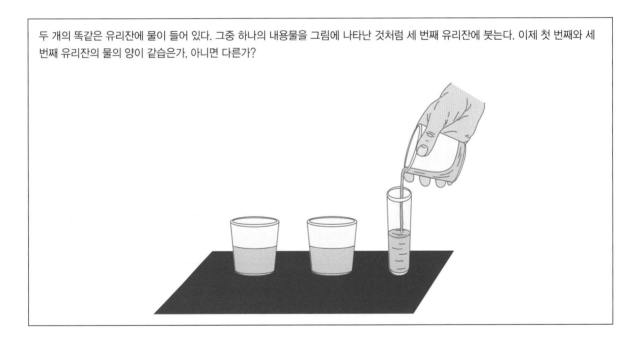

두 개의 똑같은 유리잔에 물이 들어 있다. 그중 하나의 내용물을 그림에 나타난 것처럼 세 번째 유리잔에 붓는다. 이제 첫 번째와 세 번째 유리잔의 물의 양이 같습은가, 아니면 다른가?

이 질문은 어리석게 보일 수 있다. 양이 분명히 같기 때문이다. 그러나 피아제가 어린아이들(4~5세)에게 이 문제를 제시했을 때, 그는 아이들이 더 높은 유리잔에 물이 더 많다고 믿는다는 것을 발견했다. 반면에 나이가 더 많은 학생들은 단순히 물을 다른 모양의 비커에 부었을 뿐 양은 같다는 것을 알아차린다.

아이들의 사고에서 이러한 흥미로운 차이점은 피아제에게 매력적이었고, 피아제는 이러한 관찰 결과들을 바탕으로 가장 널리 연구된 인지발달이론 중 하나를 만들어 냈다(Inhelder & Piaget, 1958; Piaget, 1952, 1959, 1980). 이 섹션에서는 그의 이론을 구체적으로 살펴보자.

평형을 향한 추진력

교육심리학과 당신

무언가가 이해되지 않을 때 당신은 괴로운가? 세상이 예측 가능하기를 원하고, 그러길 기대하는가? 교사가 요구 사항을 명시하고, 채점 관행을 설명하며, 일관되게 따르는 수업에서 더 편안함을 느끼는가? 대부분의 사람들에게 '예'가 답일 것이다. 왜 그렇다고 생각하는가?

우리는 살아가면서 엄청난 수의 경험을 하게 되고, 신경과학에 대한 논의에서 우리는 우리의 뇌가 이러한 경험을 이해하려는 시도로 본능적으로 패턴을 찾는다는 것을 보았다. 이 본능은 앞의 '교육심리학과 당신'에서 우리가 던진 질문에 대한 답을 찾는 데 도움이 된다. 우리의 경험이 이해되고 세상이 예측 가능할 때, 우리는 피아제가 설명한 평형 상태에 도달하는데, 이는 인지적 질서, 이해, 예측 가능성의 상태를 말한다. 기존의 이해를 사용하여 새로운 경험을 설명할 수 있을 때 우리는 **평형 상태**(equilibrium)에 있다고 한다. 예를 들어, 동명사가 명사로 작용하는 동사 형태라는 것을 이해하고 있다면, 'Running is good for you'라는 문장을 보고 'running'이 동명사라고 결론 내리면 우리는 평형 상태에 있는 것이다. 반면에 동명사에 대한 경험이 없어서 문장이 혼란스러우면 우리의 평형이 깨지고 그것을 회복하려는 동기가 생긴다. 그런 다음 동명사에 대해 배우면 평형이 회복되고 언어에 대한 우리의 이해가 더 완전해진다(Feldman, 2017). 평형이 깨지고 회복되는 과정에서 지식과 기술이 증가할 때 발달이 진행된다.

평형에 대한 욕구는 매우 강력해서 많은 사람들이 "모호함을 피하려는 동기가 있고, 판단에 도달하기 전에 가능한 한 적은 정보를 고려하며, 기존의 판단을 재고하기를 꺼려 한다"(Hillebrandt & Barclay, 2017, p. 741). 이는 또한 우리 삶의 많은 일상적인 사건들을 설명하는 데 도움이 된다. 예를 들어, 수업에 올 때마다 본질적으로 같은 자리에 앉는가? 대부분의 학생들이 그렇게 한다. 그리고 결혼했거나 누군가와 함께 살고 있다면, 당신은 침대의 당신 쪽을 가지고 있고 파트너는 자신의 쪽을 가지고 있는가? 다시 말하지만, 대부분의 사람들이 그렇게 한다. 우리는 모두 '습관의 생물'로 묘사된다. 익숙한 습관과 패턴을 따르는 것은 평형에 대한 우리의 욕구의 결과이다. 교사들은 학년 초에 가능한 한 빨리 교실 루틴을 확립하라는 권고를 받는다(Emmer & Evertson, 2017; Evertson & Emmer, 2017). 그렇게 하면 학생들의 학교 경험을 예측 가능하게 만들어 평형을 확립하는 데 도움이 된다.

그러나 평형을 향한 추진력은 양날의 검이 될 수 있다. 어떻게 그런지 보기 위해 뉴홀 선생님의 수업을 다시 살펴보자.

뉴홀 선생님은 종이 타월을 유리잔 바닥에 밀어 넣고, 유리잔을 물에 담근 후 머리사에게 와서 수건이 젖었는지 마른 상태인지 확인해 보라고 요청한다. 머리사는 수건이 마른 상태라고 결론 내린다.

> 뉴홀 선생님: 왜 수건이 마른 상태로 있었을까요? …… 어떻게 생각하나요? ……제시카?
>
> 제시카: 유리잔 안에 있었기 때문이에요.
>
> 뉴홀 선생님: 그런데 왜 물이 유리잔 안으로 들어가지 않았을까요?
>
> 제시카: 유리잔이 기울어져 있었기 때문이에요.

뉴홀 선생님: 앤서니?

앤서니: 물 차단(water seal) 때문이에요.

제시카에게는 유리잔이 기울어져 있었기 때문에 물이 유리잔 안으로 들어가지 않았고 수건이 마른 상태로 있었다는 것이 이해가 되었다. 앤서니에게는 '물 차단'이 이해가 되었다. 그리고 이러한 설명이 그들에게 이해가 되었기 때문에, 그들은 평형 상태에 있었다고 할 수 있다. 이와 같은 경험은 사람들이 왜 오개념을 유지하는지(Sinatra & Pintrich, 2013), 그리고 이러한 오개념이 왜 변화에 저항하는지(Willingham, 2009)를 이해하는 데 도움을 준다.

평형을 향한 추진력은 피아제 이론의 기반이며, 그의 이론의 나머지 부분에 대한 토대이다. 다음으로 이와 관련된 다른 개념들을 살펴보도록 하자.

도식의 발달

사람들은 경험을 이해하고 균형을 이루기 위해 사람들은 세상에 대한 이해를 나타내는 정신적 작용 및 구조인 **도식**(schemes)을 구축한다. 피아제는 도식이 사고의 기본 구성 요소라고 믿었다. 예를 들어, 우리가 자동차 운전을 배울 때, 엔진의 시동을 켜기, 교통 흐름 속에서 조작하기, 상황에 따른 운전 결정 등 일련의 경험을 한다. 이러한 경험을 인지적으로 조직하면서, 이 경험이 바로 우리의 '운전' 도식이 되는 것이다. 물 용기 예시에서 보듯이, 우리가 구축하는 도식은 나이에 따라 다르다. 예를 들어, 유아는 물건을 잡고, 물건이 사라지면 이를 찾는 등의 심리운동 도식을 발달시키고, 학령기 아동은 분류 및 가설적 사고와 같은 더 추상적인 도식을 발달시킨다.

피아제는 도식이라는 개념을 어린이의 질량보존 도식(예: 물의 양은 다른 형태의 용기에 부어도 변하지 않는다는 생각)과 같은 좁은 범위의 작용에 적용했다(Piaget, 1952). 그러나 일부 연구자들(예: Wadsworth, 2004)은 피아제의 개념을 확장하여 분모가 다른 분수 더하기, 동명사, 공기의 특성 도식과 같은 내용 관련 도식을 포함하는 것이 유용하다고 제안한다. 우리의 운전 도식과 마찬가지로, 각각의 도식은 우리의 경험을 바탕으로 발전하는 우리의 이해를 나타내며, 이 경험은 다시 도식(schemas)에 의해 설명된다. 우리는 피아제의 연구 결과를 설명할 때 이 확장된 개념의 내용 관련 도식의 관점을 사용하고 있다.

경험에 대한 반응: 동화와 조절

우리는 새로운 경험을 할 때, 그 경험이 우리에게 이해가 된다면 기존의 도식으로 해석하거나, 기존의 도식으로는 그 경험을 이해할 수 없다면 도식을 수정한다(사고방식을 변화시킨다.). 예를 들어, 부사는 'ly'로 끝나는 단어라는 것을 배웠다고 가정해 보자. 그런 다음 다음과 같은 문장을 보게 된다.

후안(Juan)과 앨리슨(Alison)은 축구 경기에 가는 것에 대해 믿을 수 없을 정도로 흥분했다. 그들은 경기장 주차장을 쉽게 통

과했고 재빨리 친구인 제이슨과 알렉산드리아(Alexandria)를 찾았다. 두 커플은 경기를 엄청나게 즐겼다.

여러분은 빠르게 incredibly, easily, quickly, immensely를 부사로 식별한다. 이 문장들은 여러분에게 이해가 되고, 여러분은 새로운 경험인 이 짧은 문단을 기존의 '부사' 도식으로 해석했다. 이것은 동화(assimilation)의 예시로, 새로운 경험을 해석하기 위해 기존의 도식을 사용하는 과정이다.

APA의 20가지 주요 원칙

이 논의는 유치원–12학년(초 · 중등학교)까지 교수 및 학습을 위한 심리학의 주요 20가지 원칙 중 원칙 2를 보여 준다. 학생들이 이미 알고 있는 것은 그들의 학습에 영향을 미친다.

다음 문장을 다시 보도록 하자.

후안과 앨리슨은 또한 곧 제이슨의 친구인 제이미(Jamie)와 카를라(Carla)를 만났다. 제이미와 카를라는 둘 다 매우 친절했고, 세 커플 모두 엄청나게 즐거운 시간을 보냈다.

여기서 soon과 very는 둘 다 부사이지만 'ly'로 끝나지 않고, friendly는 'ly'로 끝나지만 부사가 아니라는 것을 알 수 있다. 더 이상 이 새로운 경험을 '부사는 ly로 끝나는 단어'라는 도식으로 해석할 수 없다. 부사에 대한 사고방식을 변화시켜야 하거나, 다시 말해 부사 도식을 조절해야 한다. 조절(Accommodate)은 새로운 경험을 더 이상 설명할 수 없을 때 새로운 도식을 만들거나 기존 도식을 조정하기 위해 사고방식을 변화시키는 과정이다.

경험이 발달을 촉진하는 방법

이제 경험이 어떻게 발달을 촉진하는지 살펴보자. 앞에서 두 짧은 문단을 통해 이제 부사에 대해 더 완전한 이해를 하게 되었을 것이다. 이 이해는 품사와 관련하여 발달의 진전을 나타낸다. 만약 두 번째 문단을 경험하지 않았다면, 부사는 'ly'로 끝나는 품사라고 계속 생각했을 것이고 품사에 대한 이해는 발달하지 않았을 것이다. 이 발달 과정은 잠재적으로 끝이 없다. 예를 들어, 추가적인 경험을 얻으면서 부사는 동사, 형용사, 다른 부사 외에도 명사구, 전치사구, 절 전체를 수식할 수 있다는 것을 배우게 되고, 이와 관련해 품사와 관련된 발달이 더욱 진전된다.

학교에는 경험을 통한 사고 변화를 보여 주는 많은 예시들이 있다. 예를 들어, 어린아이들에게 다음과 같은 문제가 주어지고,

$$52$$
$$-28$$

그들이 24라는 답을 얻는다면, 그들의 자연수 빼기 도식은 큰 수에서 작은 수를 빼는 것을 제안한다. 그러

나 그들에게 다음과 같은 문제가 주어지고,

$$\begin{array}{r} 43 \\ -27 \\ \hline \end{array}$$

그들이 또한 24라는 답을 얻는다면, 그들은 실수로 새로운 경험을 기존의 도식에 동화시킨 것이다. 그들의 사고방식은 변하지 않았고, 여전히 수의 위치와 상관없이 작은 수를 큰 수에서 뺐다. 이제 교사가 다음과 같은 문제로 자리 올림이 필요한 수를 빼는 과정을 모델링하고 설명한다고 가정해 보자.

$$\begin{array}{r} 43 \\ -27 \\ \hline \end{array}$$

그래서 그들은 16이라는 정답을 얻는다. 그런 다음, 안내와 연습을 통해 그들은 더 다양한 문제를 해결하는 법을 배운다. 이 문제들, 그리고 교사의 모델링, 설명, 안내, 연습은 이 새로운 능력으로 이어지는 경험들이다. 이제 학생들은 자리 올림이 필요한 경우와 필요하지 않은 경우 모두 성공적으로 뺄셈을 할 수 있게 된다. 이 향상된 능력은 뺄셈과 관련하여 발달의 진전을 나타낸다.

사회적 경험

지금까지 우리는 뉴홀 선생님이 1학년 학생들과 함께 사용한 시범, 부사에 대한 경험, 또는 뺄셈 예시와 같이 물리적 세계와의 직접적인 접촉의 역할을 발달에 영향을 미치는 주요 요인으로 살펴보았다. 그러나 다른 사람들과 상호작용하는 과정인 **사회적 경험**(social experience)도 발달에 중요한 기여를 한다(Piaget, 1952, 1959, 1970, 1980). 사회적 경험은 우리의 도식을 다른 사람들의 도식과 비교해 볼 수 있게 해 준다. 우리의 도식이 다른 사람의 도식과 일치할 때, 우리는 평형 상태를 유지한다. 일치하지 않을 때, 우리의 평형은 깨지고, 우리는 그것을 다시 확립하려는 동기를 갖게 되며, 우리의 사고를 조정하고, 우리의 발달은 진전된다(Howe, 2009, 2010; Siegler & Lin, 2010). 예를 들어, 두 학생 사이의 대화를 살펴보자.

데본(Devon): (손가락 사이에 딱정벌레를 들고 거미를 가리키며) 벌레 좀 봐.

지노(Gino): 으…… 그거 내려놔. (거미를 가리키며) 게다가 그건 벌레가 아니야. 거미야.

데본: 무슨 말이야? 벌레는 벌레잖아.

지노: 아니. 벌레는…… 사실, 곤충은…… 6개의 다리가 있어. 봐. (딱정벌레의 다리를 만지며) 이건 8개야…… 봐. (거미를 가리키며)

데본: 그럼…… 벌레는… 곤충은…… 6개의 다리가 있고, 거미는 8개가 있는 거구나…… 몰랐어.

지노: 그래…… 그럼, 이건 뭐라고 생각해? (메뚜기를 들어 올리며)

피아제는 데본의 인지적 평형이 사회적 상호작용의 결과로 깨졌다고 제안할 것이다. 그는 '벌레'와 '거미'에 대한 자신의 사고를 변화시키는 조절(accommodation)의 과정을 통해 평형을 다시 확립했고, 이는 그의 인지 발달의 진전으로 이어진다.

경험과 피아제의 교육에 대한 영향

피아제의 경험 강조는 일반적인 교육, 특히 유아원과 유치원 프로그램에 강한 영향을 미쳤다(Berk, 2019b; Trawick-Smith, 2014). 예를 들어, 많은 유아 교실에서는 물과 모래 테이블, 블록, 그리고 어린아이들이 새로운 도식을 형성하는 데 필요한 구체적인 경험을 제공하는 다른 교육 자료들을 볼 수 있다. 탐색과 발견의 중요성을 강조한 이탈리아 교육학자 마리아 몬테소리는 가장 잘 알려진 유아 프로그램을 개발한 학자이다(Feldman, 2017). 빈곤 아동들과의 작업에서, 몬테소리는 아이들이 학업과 사회 활동 모두에 '일'하는 학습 환경이 발달에 필요하다고 결론지었다. 그러나 그것은 실제로 일은 아니었다. 왜냐하면 아이들은 실습 활동과 다른 학생들과의 사회적 상호작용 기회를 제공하는 학습센터를 자유롭게 탐색할 수 있었기 때문이다. 여기에서는 가장놀이 의상과 장난감 전화기와 같은 다른 액세서리로 가상놀이가 장려되었다.

그러나 오늘날, 표준과 책무성의 영향을 받은 많은 유아 프로그램은 알파벳 글자 알기, 왼쪽과 오른쪽과 같은 기본 개념 이해, 그리고 수학 기술(예를 들어, 세기, 숫자 인식, 심지어 더하기와 빼기)과 같은 초기 읽기 기술을 강조한다. 그 결과, 아동 중심 프로그램은 학문 지향적인 프로그램에 비해 감소했으며, 심지어 유아원과 유치원 교사들도 교사 주도의 학문적 훈련을 강조하는 압박감을 느끼고 있다(Berk, 2019b). 피아제의 물리적·사회적 세계와의 경험 강조의 영향과 인기에도 불구하고, 학문 지향적인 유아 프로그램이 더 많아질 가능성이 있어 보인다.

발달 단계

발달 단계(Stages of development)는 다른 연령대 또는 다른 경험을 가진 아동의 일반적인 사고 패턴으로, 피아제 이론의 가장 널리 알려진 요소 중 하나이다. 이러한 단계를 살펴볼 때 다음 아이디어를 염두에 두기 바란다(Miller, 2017).

- 한 단계에서 다른 단계로의 이동은 사고의 질적 변화를 나타낸다. 이는 아이들이 알고 있는 양이 아니라 아이들이 생각하는 방식의 차이다. 비유하자면, 애벌레가 나비로 변태할 때 질적 변화가 일어나고, 나비가 더 커질 때 양적 변화가 일어난다고 생각해 보자.
- 아동의 발달은 꾸준하고 점진적이며, 한 단계에서의 경험은 다음 단계로 이동하기 위한 기반을 형성한다.
- 모든 사람은 같은 순서로 각 단계를 거치지만, 경험과 능력에 따라 속도는 다를 수 있다.

APA의 20가지 주요 원칙

앞의 논의는 유치원–12학년(초·중등학교)까지 교수 및 학습을 위한 심리학의 20가지 주요 원칙 중 원칙 3을 보여 준다. 학생들의 인지 발달과 학습은 일반적인 발달 단계에 의해 제한되지 않는다.

예를 들어, 같은 나이의 학생들이 서로 다른 단계에 있을 수 있으며, 특정 영역에서 경험이 부족한 경우 연령이 높은 아동의 사고가 연령이 낮은 아동의 사고와 유사할 수 있다(Kuhn, Pease, & Wirkala, 2009; Siegler, 2012). 예를 들어, 뉴홀 선생님의 수업에서 일부 대화를 다시 살펴보자.

뉴홀 선생님: 자, 이제 이 빈 컵을 이렇게 뒤집어서 물속으로 밀어 넣을 거예요. 그냥 밀어서 컵 전체와 제 손이 물속에 들어가게 할 거예요. 자, 어떤 일이 일어날까요?

테리: 컵이 바닥에 머물러 있을 거예요. 다시 위로 올라오지 않을 거예요.

서맨사: 저는 아빠와 함께 한 번 수영장에 컵을 넣고 물속에 넣었는데, 컵을 똑바로 세워두니 물이 들어오지 않았어요. 컵을 똑바로 세워 두면 공기가 그 안에 머물러 있지만, 기울이면 물이 들어올 거예요.

뉴홀 선생님: 어떻게 생각해요, 미셸?

미셸: 물이 컵 안으로 들어갈 수도 있어요.

서맨사는 테리와 미셸이 갖지 못한 경험을 했기 때문에 컵 안에 공기가 있고, 그 공기가 물을 밖으로 밀어내다는 것을 이해하고 있다. 테리와 미셸은 이러한 경험이 부족했기 때문에 그들의 사고는 서맨사만큼 발달하지 않았다고 볼 수 있다.

피아제의 단계는 〈표 2-2〉에 요약되어 있으며, 구체적으로 이를 살펴보도록 하자.

감각운동기(0~2세)

감각운동기(Sensory motor stage)에는 아동의 '사고'가 본질적으로 감각과 몸 움직임(예: 물건 잡기, 물건을 입에 넣기)으로 제한된다. 이것이 그들이 세상을 이해하는 방식이며, 처음에는 물체를 기억 속에 표상하지 않는다. 이 단계 초기에는 물체가 문자 그대로 "눈에서 멀어지면 마음에서도 사라진다". 나중에 그들은 **대상 영속성**(object permanence), 즉 대상이 시야에서 사라져도 존재한다는 것을 이해하게 된다. 이 단계의 아동은 또한 모방하는 능력을 발달시키는데, 이를 통해 다른 사람을 관찰함으로써 배울 수 있다. 이 단계에서 엄청난 성장이 일어나며, 이는 다음 단계를 위한 기반을 제공한다.

전조작기(2~7세)

전조작기(Preoperational stage)라는 용어는 '조작(operation)' 또는 정신 활동이라는 개념에서 유래했다. 예를 들어, 서로 다른 동물을 개, 고양이, 곰으로 구분하는 아동은 정신적 조작을 수행하고 있는 것이다. 이 단계에서 아동의 사고는 그들이 볼 수 있는 것, 즉 지각에 의해 지배되며, 뉴홀 선생님의 대부분의 학생들이 여기에 속한다. 이는 1학년 학생들에게 전형적인 모습이다. 이러한 사고를 설명하기 위해 제니 선생님의 수업에서의 대화를 다시 살펴보자.

뉴홀 선생님은 페이퍼 타월이 들어 있는 컵을 물속으로 밀어 넣었고, 머리사는 타월이 마른 상태로 유지되었음을 확인했습니다.

뉴홀 선생님: 왜 수건이 마른 채로 있었을까요? …… 어떻게 생각해요? …… 제시카?

제시카: 컵 안에 있어서요.

뉴홀 선생님: 하지만 왜 물이 컵 안으로 들어가지 않았을까요?

제시카: 컵이 기울어져 있어서요.

〈표 2-2〉 피아제의 단계와 특성

단계	특성	예시
감각운동기(0~2세)	목표 지향적 행동 대상 영속성(기억 속에 대상을 표상함)	잭인더박스를 튀어나오게 함 부모의 등 뒤에 있는 물건을 찾음
전조작기(2~7세)	과잉 일반화된 언어 사용으로 언어 능력이 급격히 증가함 상징적 사고 지각에 의해 지배됨	"우리는 가게에 갔었어요." 차 창밖을 가리키며 '트럭!'이라고 말함 싱크대의 모든 물이 수도꼭지에서 나왔다고 결론 내림 (1장의 만화)
구체적 조작기(7~11세)	구체적 자료를 논리적으로 조작함 분류하고 순서대로 배열함	한 물체가 다른 물체보다 크더라도 '균형' 잡힌 저울 위의 두 물체는 질량이 같다고 결론 내림 용기를 부피가 감소하는 순서대로 배열함
형식적 조작기(11세~성인)	추상적이고 가설적인 문제를 해결함 조합적으로 사고함	영국 전투에서 패했다면 제2차 세계 대전의 결과가 어떻게 되었을지 고려함 3종류의 고기, 치즈, 빵으로 만들 수 있는 샌드위치의 종류를 체계적으로 결정함

제시카는 수건이 컵 안에 있는 것을 볼 수 있었고, 컵이 기울어져 있는 것도 볼 수 있었기 때문에 이것이 수건이 마른 채로 있는 이유라고 결론을 내린다. 지각에 대한 이러한 강조는 전형적인 전조작기 사고이다.

학생들의 전조작기 사고는 공기가 압력을 가한다는 뉴홀 선생님의 시범에 대한 그들의 반응에서도 입증되었다. 예시에서의 대화 중 일부를 살펴보자.

뉴홀 선생님은 물이 가득 찬 컵 위에 카드를 올려놓고 컵을 기울여 카드가 떨어지지 않고 물이 어항으로 쏟아지지 않는 것을 학생들에게 보여 주며 공기가 압력을 가한다는 것을 시범 보인다.

뉴홀 선생님: 와, 이제 무슨 일이 일어나고 있나요? 왜 이렇게 되는 걸까요? ······ 토머스?

토머스: 물이 카드를 붙잡고 있어요.

뉴홀 선생님: 어떻게 생각해요. ······ 크리스티나(Christina)?

크리스티나: 물이 마치 강력 접착제 같아서 카드가 떨어지지 않게 하는 것 같아요.

토머스와 크리스티나는 모두 카드가 컵에서 떨어지지 않는 것을 볼 수 있었고, 물도 볼 수 있었기 때문에 물이 카드를 컵에 붙잡고 있다고 생각하는 것이 그들에게는 타당하다고 할 수 있다. 다시 말해, 이는 전형적인 전조작기 사고이다.

우리는 지각이 전조작기 사고를 지배한다는 것을 보았지만, 아이들이 이 단계를 거치면서 많은 중요한 인지적 변화가 일어난다. 예를 들어, 그들은 상징을 사용하는 능력의 성장을 반영하여 언어 발달에서 엄청난 진전을 이루고, 또한 엄청난 수의 개념을 배운다. 예를 들어, 자동차 여행 중인 아이는 신나게 가리키며 '트럭', '말', '나무'라고 말하며 새로운 지식을 보여 주는 것을 기뻐할 것이다. 그러나 이러한 개념은 구체적이며,

이 단계의 아이들은 민주주의나 에너지와 같은 추상적인 개념에 대해 제한된 개념을 가지고 있다.

지각적 우위의 영향은 피아제 이론의 또 다른 두드러진 개념에서도 볼 수 있다. 전조작기 사고자들의 보존 개념에 대한 이해 어려움이다.

보존   보존(Conservation)은 어떤 물질의 '양'이 그 모양이나 분할된 조각의 수에 관계없이 동일하게 유지된다는 개념을 말한다. 예를 들어, 피아제 이론에 대한 논의 초반에 우리는 어린아이들이 액체 보존 과제에 직면했을 때, 한 비커의 물을 더 큰 비커에 부었을 때 물의 양이 더 이상 같지 않다고 결론을 내리는 것을 보았다. 이 아이들에게는 평형을 깨뜨리지 않고도 어떻게든 물이 마술처럼 나타나거나 사라질 수 있다고 생각하고 있는 것이다. 그들은 물의 양이 '보존'되고 있다고 생각하지 않는 것이다. 그러나 나이가 더 많은 아이들은 단순히 물이 다른 모양의 비커에 부어졌을 뿐 양은 동일하게 유지된다는 것을 알아차린다. 그들에게 물의 양은 그대로 '보존'된 것으로 인식되는 것이다.

보존 과제	관찰자의 초기 제시	관찰자의 제시 변화	전조작기 사고자의 전형적인 답변
수	관찰자는 아이에게 두 개의 동일한 물체 줄을 보여 준다. 아이는 각 줄의 수가 같다는 것에 동의한다.	관찰자는 아이가 지켜보는 동안 아래쪽 줄을 벌린다. 그런 다음 관찰자는 아이에게 두 줄에 같은 수의 물체가 있는지 또는 한 줄에 더 많은 물체가 있는지 묻는다.	전조작기 아동은 일반적으로 벌려진 줄에 더 많은 물체가 있다고 대답한다. 아이는 수를 무시하고 길이에 집중한다.
질량	관찰자는 아이에게 두 개의 점토 공을 보여 준다. 아이는 각각의 점토 양이 같다는 것에 동의한다(아이가 같은 양이라는 것에 동의하지 않으면, 관찰자는 아이에게 한쪽에서 다른 쪽으로 점토를 옮겨 양을 같게 만들도록 요청한다.).	관찰자는 아이가 지켜보는 동안 공 중 하나를 납작하고 길게 만든다. 그런 다음 관찰자는 아이에게 두 개가 같은 양의 점토를 가지고 있는지 또는 하나가 더 많은지 묻는다.	전조작기 아동은 일반적으로 더 길고 납작한 조각에 점토가 더 많다고 대답한다. 아이는 길이에 집중한다.

[그림 2-4] 수와 질량에 대한 보존 과제

여러 가지 보존 과제가 존재한다. 우리의 피아제 이론 논의 초반의 예시가 하나이고, 다른 두 가지는 [그림 2-4]에 설명되어 있다.

[그림 2-4]에서 우리는 전조작기 아동들이 '보존' 개념이 형성되지 않았다는 것을 볼 수 있다. 즉, 물의 양, 동전의 수 또는 점토의 양이 어떤 것도 더하거나 빼지 않고도, 어떻게든 변할 수 있다는 생각하는 특징을 보인다.

중심화(집중) 중심화(Centration), 즉 인지적으로 객체나 사건의 가장 지각적으로 명백한 측면에 초점을 맞추는 경향은 전조작기 사고와 관련된 또 다른 중요한 개념이다(Berk, 2019b; Piaget, 1980). 보존 과제에서 아이들의 사고가 그 예이다. 예를 들어, 액체 보존 과제에서 그들은 비커에 담긴 물의 높이에 집중하고 물이 작은 비커에서 큰 비커로 부어지는 것을 방금 보았다는 사실을 무시한다.

[그림 2-4]의 보존 과제에서도 유사한 사고가 입증된다. 전조작기 사고자들은 줄의 길이에 집중하고 실제 동전의 수를 무시하여 더 긴 줄에 동전이 더 많다고 결론 내린다. 마찬가지로, 전조작기 아이들은 점토 공의 모양에 집중하는 경향이 있어서 납작해진 조각에 점토가 더 많다고 결론을 내린다.

중심화는 전조작기 사고의 특징이기 때문에, 우리는 그것이 어린아이들의 사고에 국한된다고 믿는 경향이 있다. (여기서 우리는 유죄이다. 우리는 아이들의 나이에 집중하고 그들의 실제 사고를 무시한다.) 그러나 '중심화'하는 경향은 어린아이들의 사고를 훨씬 넘어선다. 예를 들어, 부사에 대한 우리의 경험을 다시 살펴보자. 우리가 나이 든 학생들과 심지어 일부 성인들에게 부사가 무엇인지 물어보면, 그들은 일반적으로 "'ly'로 끝나는 단어"라고 대답한다. 사람들은 'ly'에 집중하고 그 단어가 문장에서 어떻게 사용되는지 무시한다.

우리의 일상 세계에서도 그 예가 존재한다. 우리는 '단일 이슈 유권자(single issue voters)'에 대해 듣는다. 이는 그들이 한 가지 정치적 이슈에 집중하고 투표 결정을 내릴 때 다른 모든 것을 무시한다는 의미이다. 사람들은 또한 복도에서 인사하지 않고 지나친 것과 같은 단일 사건에 기반하여 다른 사람들에 대한 결론을 내리는 경향이 있다.

중심화는 이해하기 쉽다. 객체나 사건의 단일 측면에 집중함으로써, 우리는 그것을 단순화하여 우리 모두에게 강력한 필요인 평형 상태를 유지하기 쉽게 만든다. 교실에서 예를 볼 때 학생들에게 그들이 중심화하고 있다는 것을 상기시키는 것은 그들의 발달에 기여할 것이며, 또한 비판적으로 생각할 수 있는 능력에도 기여할 것이다.

자아중심성 자아중심성(Egocentrism)은 타인의 관점에서 객체와 사건을 볼 수 없는 것이다(Scaffidi, Boca, & Gendolla, 2016). 그것은 또한 전조작기 사고의 특징이다. 유명한 실험에서 피아제와 인헬더(Piaget & Inhelder, 1956)는 어린아이들에게 여러 산의 3차원 모델을 보여 주고 반대편에 앉아 있는 인형에게 산이 어떻게 보일지 설명해 달라고 요청한다. 아이들은 인형의 시각을 자신들의 시각과 동일하게 설명한다. 자아중심적 사고자들은 모든 사람이 자신들처럼 세상을 본다고 믿는 경향이 있으며, 다른 관점이 존재할 가능성을 무시한다.

중심화(집중)와 마찬가지로, 자아중심성은 어린아이들의 특징으로 여겨지지만, 우리는 나이 든 학생들과 성인들에게서도 그것을 많이 볼 수 있다(Thomas & Jacoby, 2013; Scaffidi et al., 2016). 예를 들어, 우리 사회의

'자기 몰두(self-absorption)'에 대한 한탄은 흔하며, 우리나라의 정치적 양극화는 많은 사람들의 우려 사항이다. 이는 모두 타인의 관점을 고려할 수 없는 사람들의 무능력과 관련이 있다.

따라서 나이 든 학생들을 가르칠 준비를 하고 있다면, 자아중심성은 어린아이들을 가르치는 교사들에게 그러하듯이 여러분에게도 관련이 있을 수 있다.

구체적 조작 단계(7~11세)

구체적 자료를 사용할 때 논리적으로 생각할 수 있는 능력이 특징인 구체적 조작 단계(concrete operational stage)는 아동 사고의 또 다른 발전을 나타낸다(Flavell, Miller, & Miller, 2002). 예를 들어, 수 보존 과제에 직면했을 때, 구체적 조작기의 사고자들은 단순히 "줄을 더 길게 만들었어요" 또는 "동전을 그냥 떨어뜨려 놓았어요"라고 말한다(그래서 수는 동일하게 유지되고 있다.). 이 단계의 사고자들은 또한 전조작기 사고자들의 자아중심성 중 일부를 극복한다. 그들은 동화책 등장인물의 관점을 이해할 수 있고 타인의 견해를 더 잘 이해할 수 있어서 그룹에서 다른 또래와 효과적으로 일할 수 있다.

분류와 서열화 분류(Classification)는 공통적인 특성을 기준으로 사물을 그룹화하는 과정이며, **서열화**(seriation)는 길이, 무게, 부피에 따라 사물을 증가 또는 감소 순서로 배열하는 능력이다. 이 두 가지 논리적 조작은 구체적 조작기에 발달하며, 수 개념을 이해하는 데 필수적이다(Piaget, 1977). 예를 들어, 5세 이전의 아동은 색상을 기준으로 검은색과 흰색 원을 두 집합으로 분리하는 등 단순한 그룹을 형성할 수 있다. 그러나 검은색 사각형이 추가되면, 일반적으로 검은색 원과 검은색 사각형의 하위 클래스를 형성하는 대신 검은색 원과 함께 이를 포함시킨다. 7세경에는 하위 클래스를 형성할 수 있지만, 이보다 어린 경우 여전히 더 복잡한 분류체계에서는 문제가 있다.

아동이 길이와 같은 어떤 차원에 따라 사물을 순서대로 배열할 수 있게 되면(서열화), 그들은 **추이성**(transitivity)을 이해하게 된다. 추이성이란 제3의 대상과의 관계를 기반으로 두 대상 간의 관계를 추론하는

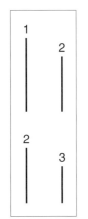

능력이다. 예를 들어, 세 개의 막대기가 있다고 가정해 보자. 막대기 1과 2를 보여 주면, 1이 2보다 길다는 것을 알 수 있다. 이제 막대기 1을 제거하고, 2와 3을 보여 주면, 2가 3보다 길다는 것을 알 수 있다.

"1이 2보다 길고, 2가 3보다 길기 때문에, 1은 3보다 길어야 한다."라고 추론할 때, 추이성을 보여 주는 것이다.

구체적 조작은 주요한 발전을 나타내지만, 이 단계에서의 사고는 여전히 제한적이다. 예를 들어, 구체적 조작기의 사고자는 "해가 떠 있는 동안 건초를 만들어라"와 같은 속담을 문자 그대로 해석하여, "날이 어두워지기 전에 작물을 수확해야 한다."라고 결론 내릴 수 있다. 형식적 사고자와 어떻게 다른지 살펴보자.

형식적 조작기(formal operational stage, 11세에서 성인까지)

구체적 조작기의 학습자는 논리적 사고가 가능하지만, 그들의 사고는 실제적이고 구체적인 것에 묶여 있다. 반면에 형식적 사고자는 추상적이고, 체계적이며, 가설적으로 사고할 수 있다. 예를 들어, 형식적 사고자

는 "해가 떠 있는 동안 건초를 만들어라."가 "기회가 있을 때 그것을 잡아라"와 같은 추상적인 의미를 가진다고 제안할 것이다. 추상적으로 사고할 수 있는 능력은 수학의 대수학이나 문학의 알레고리와 같은 주제를 의미 있게 공부할 수 있게 해 준다. 형식적 사고자는 또한 체계적으로 추론하며, 결론을 내릴 때 변수를 통제해야 할 필요성을 인식한다. 예를 들어, 다음 문제를 고려해 보자.

"당신은 소풍을 위해 샌드위치를 만들고 있다. 호밀빵과 통밀빵, 칠면조 고기, 햄, 쇠고기, 그리고 스위스 치즈와 체다 치즈가 있다. 얼마나 다양한 종류의 샌드위치를 만들 수 있을까요?"

형식적 사고자는 호밀빵, 칠면조 고기, 스위스 치즈; 호밀빵, 칠면조 고기, 체다 치즈; 호밀빵, 햄, 스위스 치즈 등과 같이 체계적으로 문제를 해결한다. 구체적 사고자는 호밀빵, 칠면조 고기, 스위스 치즈; 통밀빵, 쇠고기, 체다 치즈 등과 같이 임의로 즉흥적인 해결책을 만들어 내며 문제를 해결한다.

형식적 조작기의 학습자는 또한 가설적으로 사고할 수 있다. 예를 들어, 영국이 독립 전쟁에서 이겼다면 오늘날 미국이 어떠했을지 고려하는 것은 미국 역사 학생들에게 가설적 사고를 요구하며, 우성 유전자와 열성 유전자의 영향을 고려하는 것은 생물학 학생들에게 가설적 사고를 요구한다. 학생들이 추상적이고, 체계적이며, 가설적으로 사고할 수 없을 때, 그들은 할 수 있는 것을 암기하거나, 좌절감에 완전히 포기해 버릴 수 있다.

피아제의 단계와 학생들의 사고에 대한 연구

지금까지 살펴본 바와 같이, 피아제의 각 단계에는 연령 범위가 부여되어 있다. 이러한 연령과 단계의 세 가지 측면이 중요하다. 첫째, 우리는 인지 발달이 일반적인 단계에 의해 제한되지 않는다는 것을 알고 있다. 일부 학생들의 사고는 그들의 연령에 비해 더 발달되어 있을 것이다. 예를 들어, 뉴홀 선생님의 수업에서 보았듯이 서맨사는 다음과 같이 말했다.

"저와 아버지는 한 번은 수영장에 유리잔을 넣고 물속에 넣었는데, 똑바로 세워 두니 물이 들어오지 않았어요. 그리고 똑바로 세워 두면 공기가 그 안에 머물러 있지만, 기울이면 물이 들어올 거예요."

서맨사는 그녀의 동급생들이 갖고 있지 않은 경험을 했기 때문에, 그녀의 연령에 일반적으로 연관된 전조작적 사고에 제한되지 않았다. 그러나 이것이 그녀의 사고가 다른 주제에 대해서도 반드시 전조작 단계를 넘어설 것이라는 의미는 아니다. 그것은 주제와 관련된 그녀의 경험에 달려 있는 것이다.

둘째, 학생들이 중학교, 중학교 또는 고등학교에 있다고 해서, 즉 형식적 조작기로 묘사되는 연령 범위 내에 있다고 해서 그들의 사고가 반드시 이 단계를 반영한다는 의미는 아니다. 이것은 딜레마를 만들어 내는데, 대수학과 더 높은 수준의 수학 과정, 화학과 물리학, 그리고 문학의 많은 개념들, 예를 들어 장르, 상징주의, 풍자, 복선 등은 의미 있게 되기 위해서는 형식적 조작적 사고를 필요로 하는데, 많은 학생들이 이 단계에서 사고하지 않기 때문이다. (우리는 이 딜레마에 대응하기 위한 제안을 우리의 논의 후반부에 있는 '교육심리학을

교수에 활용하기: 피아제의 인지발달이론을 학생들에게 적용하기'에서 제시한다.)

셋째, 성인을 포함한 많은 개인들이 여러 내용 영역에서 결코 형식적 조작기에 도달하지 못한다. 그리고 전조작적 사고의 특징으로 여겨지는 중심화와 자아중심주의는 나이 든 학생들과 심지어 성인들에게도 흔하다. 따라서 우리는 이러한 연령 범위가 단지 근사치일 뿐이며, 학생들의 사고는 그들의 배경과 경험에 따라 크게 다를 것이라는 점을 기억해야 한다.

인지 발달에 대한 신피아제적 관점

피아제는 오래전에 그의 연구를 수행했으며, 최근의 연구는 그의 이론을 토대로 하여 인지발달이론을 정교화하고 있다. 예를 들어, **발달에 대한 신피아제적 이론**(neo-Piagetian theory of development)은 아동의 지식 구성에 대한 피아제의 기본적인 통찰력을 유지하지만, 피아제가 했던 것처럼 전반적인 단계를 기술하는 대신, 한 단계에서 다음 단계로의 이동을 설명하기 위해 사람들이 정보를 처리하는 방식에 더 초점을 맞춘다 (Siegler, 2000, 2006).

이 관점을 설명하기 위해, 다음 목록을 15초 동안 보고, 이를 가리고 몇 개의 항목을 기억할 수 있는지 확인해 보자.

사과	망치	의자	톱
곰	고양이	포도	배
오렌지	소	소파	끌
램프	테이블	코끼리	펜치

대부분의 성인은 목록을 가구, 과일, 도구, 동물 등의 범주로 구성하고, 특정 항목을 기억하기 위해 범주를 사용한다(Radvansky & Ashcraft, 2014). 어린아이들은 항목을 그대로 반복하는 것과 같은 덜 효율적인 전략을 사용하는 경향이 있다. 범주를 형성하는 것과 같은 전략을 점진적으로 사용하기 시작하면 그들의 능력은 발달의 진전을 보이는 것이다.

신피아제 이론은 또한 작업 기억(working memory)이 수행하는 중요한 역할을 강조하는데, 작업 기억은 우리가 정보를 이해하려고 시도할 때 의식적으로 정보를 처리하는 데 사용하는 우리 기억체계의 일부이다. 작업 기억의 아이러니는 그것이 아마도 우리 기억체계의 가장 중요한 구성 요소이지만, 동시에 제한적이라는 점이다. 작업 기억은 짧은 시간 동안 소량의 정보만 보유할 수 있다(Fougnie, Cormiea, Kanabar, & Alvarez, 2016; Jack, Simcock, & Hayne, 2012). 아동이 발달함에 따라, 그들의 작업 기억 용량은 증가하고, 그들은 작업 기억의 한계에 적응하는 법을 배우게 되며, 이는 그들의 사고를 더 효율적으로 만든다(Case, 1992, 1998; Marchand, 2012). (작업 기억에 대해서는 제7장에서 자세히 다룰 것이다.)

신피아제 이론가들은 또한 주의를 유지하고 직관을 억제하는 능력의 발달이 인지 발달에 중요한 요소가 된다고 설명한다. 예를 들어, 연구자들은 이러한 능력이 [그림 2-4]에 설명된 수 보존 과제에서 구체적 조작기 사고자들이 성공하는 반면, 더 어린 아동들은 그렇지 않은 이유를 설명하는 데 도움이 된다고 제안한다

(Houdé et al., 2011). 신피아제 이론은 교사들이 아동이 학습 전략을 습득하고 이러한 능력을 개발하는 것을 돕는 데 초점을 맞추어야 한다고 제안하는데, 이는 즉각적인 학습을 증가시키고 장기적인 발달에 기여할 것이다(Davidse, de Jong, Bus, Huijbregts, & Swaab, 2011).

교육심리학을 교수에 활용하기: 피아제의 인지발달이론을 학생들에게 적용하기

이제 피아제의 이론이 우리가 학생들과 함께 하는 일에 대해 어떤 제안을 하는지 살펴보자. 다음과 같은 제안은 이 이론을 적용하려는 우리의 노력에 도움이 될 수 있다.

1. 추상적인 개념을 나타내는 구체적인 경험을 제공한다.
2. 학생들이 구체적인 표현을 추상적인 개념과 연결할 수 있도록 돕는다.
3. 사회적 상호작용을 활용하여 학생들이 이해를 정교화할 수 있도록 돕는다.
4. 학습 경험을 보다 발전된 인지 발달을 위한 다리로 설계한다.

추상적인 개념을 나타내는 구체적인 경험을 제공하기   앞서 보았듯이, 뉴홀 선생님의 학생들 대부분은 공기의 특성과 관련하여 전조작기에 있었기 때문에 구체적인 예시는 그들의 발달을 촉진하는 데 필수적이었다. 우리는 뉴홀 선생님의 수업에서 이것이 잘 설명되는 것을 볼 수 있다. 예를 들어, 공기가 공간을 차지한다는 것을 보여 주기 위해, 그녀는 물에 유리잔을 담그고 기울여서 학생들이 공기 방울이 빠져나가는 것을 볼 수 있게 했다. 이것은 간단했지만 필수적이다. 공기가 공간을 차지한다는 점에서, 이것은 그녀의 수업에서 가장 중요한 측면이었다고 할 수 있다.

뉴홀 선생님은 또한 공기가 압력을 가한다는 것을 효과적으로 시연했다. 그런 다음, 그녀는 학생들이 그녀의 손이 유리잔 위에 카드를 고정하고 있는 것을 볼 수 있도록 카드 위에 손을 올려놓았고, 마지막으로 공기가 카드를 밀어 올려 유리잔 위에 고정시키는 것과 연결하는 모습을 보였다.

뉴홀 선생님은 1학년 학생들을 대상으로 했지만, 앞서 보았듯이 중학교, 고등학교, 대학교 등 모든 수준의 학생들이 구체적인 경험에서 혜택을 받는다. 예를 들어, 이 과목에서 가르치는 주제이자 여러분과 같은 많은 학생들이 종종 어려워하는 주제인 부적 강화의 개념에 대해 생각해 보자. 부적 강화는 제6장에서 자세히 다룰 것이지만, 혐오 자극을 제거하거나 회피한 결과로 행동이 증가하는 것으로 정의된다. 이것은 추상적인 개념이며 종종 이해하기 어렵다.

이제 이 예를 보자.

당신은 약간 단정치 못한 편이어서 옷과 더러운 접시를 바닥과 집 주변의 다른 곳에 두는 경향이 있다. 당신의 룸메이트나 배우자는 당신에게 더 깔끔해지라고 잔소리를 하고, 그래서 당신은 물건을 주워서 제자리에 두고, 그때서야 잔소리가 멈춘다. 이후 당신은 종종 배우자가 아무 말도 하기 전에 물건을 치운다. 애초에 잔소리가 일어나는 것을 막기 위해서이다.

이 짧은 사례는 부적 강화에 대한 추상적인 정의보다 더 구체적이며, 정의 제공만으로는 이 개념을 이해하는 것이 훨씬 더 효과적이지 않을 것이다. '잔소리'는 당신이 물건을 치울 때 제거되는 혐오 자극이며, 이로 인해 당신의 물건을 치우는 행동은 증가한다. 당신은 물건을 치우지 않는 것에서 치우는 것으로 바뀌었다. 당신은 심지어 잔소리를 완전히 피하기 위해 더 일찍 치운다. 이 사례는 부적 강화라는 추상적인 개념에 대한 구체적인 예를 제공하는 것이다.

만약 당신이 뉴홀 선생님의 학생들과 같은 어린아이들을 가르칠 준비를 하고 있다면, 당신은 분명히 그녀가 했던 것처럼 주제를 구체적으로 설명하기 위해 모든 노력을 기울일 것이다. 그러나 나이 든 학생들도 어린 학생들만큼이나 구체적인 예시가 필요하다. 따라서 학생들의 연령이나 학년에 관계없이 주제를 가능한 한 구체적으로 설명하기 위해 무엇을 할 수 있는지 자문해 보는 것은 교수법의 좋은 기초가 될 것이다.

구체적인 표현을 추상적인 아이디어와 연결하기 뉴홀 선생님은 단순히 구체적인 예를 제공한 것이 아니라, 예를 공기의 특성과 연결시켰는데, 이는 특히 1학년 학생들에게는 추상적인 개념이다. 따라서 그녀의 학생들은 유리잔에서 빠져나오는 공기 방울을 공기가 공간을 차지한다는 아이디어와 연결해야 했고, 그래서 공기가 물이 유리잔에 들어가는 것을 막았다는 것을 알게 되는 것이다. 그녀는 또한 손을 카드 위에 올려놓아 자신의 손이 카드를 유리잔 위에 유지시키는 압력을 가하고 있음을 보여 주었고, 그런 다음 학생들을 유도하여 유리잔이 뒤집혔을 때 공기가 카드를 유리잔에 붙들고 있다는 생각을 하게 했다.

교사들은 때때로 학생들이 이러한 연결을 하도록 돕는 데 실패한다. 예를 들어, 1학년 교사가 자리 값 개념을 학생들과 함께 다루고 있다고 가정해 보자.

이 수업에서 그녀는 학생들이 21이라는 숫자가 두 개의 10과 하나의 1을 나타내는 반면, 12라는 숫자는 하나의 10과 두 개의 1을 나타낸다는 것을 이해하기를 원한다. 그녀는 학생들에게 연결 큐브를 사용하여 21과 12를 여기에서 보는 것처럼 표현하게 한다.

그녀가 다음에 취하는 행동이 중요하다.

그녀는 칠판에 21과 12를 쓰고 지시한다. "자, 모두 이 2를 보여 주세요."라고 하면서 21의 2를 가리키고 학생들이 10개의 연결 큐브 두 그룹을 들어 올리는지 확인한다.

그런 다음 "이제 이 2를 보여 주세요."라고 지시하면서 12의 2를 가리키고 학생들이 개별 큐브 두 개를 들어 올리는지 확인한다. 그녀는 21의 1과 12의 1에 대해서도 같은 작업을 한다.

교사가 이 연결을 명시적으로 만들지 않으면 어린아이들은 종종 이 경험을 큐브를 사용한 활동과 칠판에 숫자를 사용한 활동이라는 두 개의 별개의 학습 활동으로 본다. 큐브를 사용한 경험이나 칠판에 적힌 숫자만으로는 충분하지 않다. 두 가지를 연결하는 것이 중요하다.

전국교사자질위원회(NCTQ)

전국교사자질위원회(NCTQ)는 예시를 사용하고 이를 추상적인 아이디어와 연결하는 것을 모든 신임 교사가 알아야 할 6가지 필수 교수 전략 중 하나로 설명한다. "2. 추상적인 개념을 구체적인 표현과 연결하기. 교사는 포괄적인 아이디어를 설명하는 구체적인 예를 제시하고 예와 큰 아이디어가 어떻게 연결되는지 설명해야 한다"(Pomerance, Greenberg, & Walsh, 2016, p. vi).

이해를 정교화하기 위해 사회적 상호작용을 활용하기 구체적인 표현만으로는 부족하며, 때로 구체적인 예와 추상적인 아이디어 사이의 연결만으로도 충분하지 않다. 발달을 최대한 촉진하기 위해서는 사회적 상호작용이 필수적이다. 예를 들어, 뉴홀 선생님의 학생들은 가장 지각적으로 명백한 것에 초점을 맞추었는데, 제시카는 물이 유리잔에 들어가지 않은 이유가 유리잔이 기울어졌기 때문이라고 결론 내렸고, 토머스는 뒤집힌 유리잔에서 카드가 떨어지지 않은 이유가 물이 카드를 붙잡고 있었기 때문이라고 결론 내렸다. 제시카는 유리잔이 기울어진 것을 볼 수 있었고, 토머스는 유리잔 안의 물을 볼 수 있었다. 뉴홀 선생님의 시연에도 불구하고, 그녀의 질문이 없었다면 학생들은 공기가 공간을 차지하고 압력을 가한다는 것을 이해하지 못했을 것이다.

마찬가지로, 자리 값 예시의 교사는 학생들에게 "이 숫자를 설명하세요."라고 지시하면서 먼저 21의 2를 가리키고 다음에 1을 가리킨 다음, 학생들을 유도하여 "이것은 10의 두 그룹이고, 이것은 그 자체로 하나이다."라고 말하게 했다. 이러한 상호작용 없이는 학습과 발달이 모두 불완전할 것이다.

더 높은 수준의 발달을 위한 다리로서 학습 경험 설계하기 그녀의 노력에도 불구하고, 뉴홀 선생님의 일부 학생들은 공기가 공간을 차지하기 때문에 물이 유리잔에 들어가지 않았다는 것을 완전히 이해하지 못했을 가능성이 있으며, 공기가 카드를 유리잔에 붙잡고 있었다는 것을 이해했을 가능성은 더욱 낮다. 공기가 위쪽을 포함한 모든 방향으로 압력을 가한다는 생각은 추상적이고 직관에 어긋나는 개념으로, 일부 성인들조차 이해하기 어려워한다. 그러나 그녀의 시연과 질문은 학생들이 학교생활을 하면서 추가적인 경험을 쌓아 감에 따라 더 깊은 이해를 위한 기반을 제공했다. 예를 들어, 이는 풍선과 자동차 타이어가 팽창된 상태를 유지하는 데 도움이 되는 것이 무엇인지 이해하는 데 도움이 될 것이며, 결국에는 기압과 고기압 및 저기압 기상 시스템과 같은 개념이 무엇을 의미하는지 이해하는 데 도움이 될 것이다.

자리 값에 대한 수업에서 학생들의 이해가 발전함에 따라, 그들은 55, 84, 95와 같은 숫자와 결국에는 367 이상의 숫자가 무엇을 의미하는지 이해할 준비가 더 잘될 것이다. 이러한 아이디어는 우리가 가르치는 모든 주제에 적용된다. 더 나아가, 우리가 학생들에게 경험을 제공함에 따라, 그들은 점차 자신의 사고에 대해 더 잘 인식하게 되는데, 이는 또한 발달의 진전을 나타내며 발달 과정에 대한 신피아제적 견해를 적용한다.

피아제의 이론을 사용하여 교실에서 인지 발달 촉진하기

1. 구체적인 경험은 인지 발달에 필수적이다. 특히, 추상적인 개념이 처음 소개될 때 구체적인 예를 제공하라.
   - **초등학교**: 1학년 교사는 동물에 대한 단원을 시작하면서 학생들을 동물원으로 데려간다. 그녀는 이 방문을 이후 수업의 기초로 사용하고, 그들이 본 동물들의 사진으로 보충한다.
   - **중학교**: 지리 교사는 비치볼에 선을 그어 위도와 경도를 나타낸다. 그는 처음에는 학생들이 지구본의 세부 사항에 주의가 산만해지지 않도록 공을 사용한다.
   - **고등학교**: 미국 정부 교사는 학생들을 모의재판에 참여시켜 미국 법정 제도의 구체적인 예를 제공한다.

2. 사회적 상호작용은 인지 발달에 기여한다. 상호작용을 사용하여 학생들의 발달을 평가하고 그들을 더 높은 수준의 사고에 노출시켜라.
   - **초등학교**: 빛의 굴절에 대한 시연을 마친 후, 5학년 과학 교사는 학생들에게 그들이 보는 것에 대한 이해를 설명하도록 요청한다. 그는 학생들이 서로 질문하도록 격려한다.
   - **중학교**: 영어 교사는 학생들에게 그들이 읽은 소설에서 등장인물의 동기에 대한 다양한 관점을 토론하게 한다.
   - **고등학교**: 기하학 교사는 학생들이 칠판에서 증명을 시연할 때 그들의 추론을 설명하도록 요청한다. 그녀는 학생들의 설명이 혼란스러울 때 학생들에게 설명을 명확히 하도록 요구한다.

3. 학습 과제가 학습자의 발달 능력을 확장할 때 발달이 촉진된다. 학생들에게 현재의 이해 수준에 맞을 뿐만 아니라 발달을 장려하는 추론 연습을 발달수준에 맞게 제공하라.
   - **초등학교**: 유치원 교사는 두 명씩 짝지어 다양한 기하학적 모양을 제공하고, 학생들에게 모양을 그룹화하도록 요청한 다음, 교사가 플란넬 보드에 그것들을 나타내는 동안 짝들에게 그들의 다양한 그룹화 패턴을 설명하도록 한다.
   - **중학교**: 대수학 교사는 학생들에게 이 다항식 표현식을 인수분해하도록 한다. $m^2 + 2m + 1$. 그런 다음 그녀는 "중간항에 2가 나타나지 않는다면, 다항식은 여전히 인수분해가 가능할까요?"라고 묻는다.
   - **고등학교**: 역사 수업에서 사람들은 종종 경제적인 이유로 이주한다는 결론을 내린다. 교사는 "멕시코의 상류층 가정을 생각해 보세요. 그들이 미국으로 이민을 갈 가능성이 있을까요?"라고 묻는다. 학생들은 이 가상의 사례와 다른 사례들을 사용하여 그들이 형성한 일반화를 검토한다.

비고츠키의 인지 발달에 대한 사회문화이론

2.4 비고츠키의 사회문화이론을 사용하여 언어, 문화, 교수 지원이 발달에 어떻게 영향을 미치는지 설명할 수 있다.

피아제는 발달하는 아동을 바쁘고 자기 스스로 동기 부여된 개인으로 보았다. 아동은 스스로 자신의 경험을 통해 아이디어를 형성하고 검증한다. 이와 다른 관점은 레브 비고츠키(Lev Vygotsky, 1896~1934)에 의해 제시되었는데, 그의 **발달에 대한 사회문화이론**(sociocultural theory of development)은 사회적 상호작용, 언어, 문화가 아동의 발달하는 마음에 미치는 역할을 강조했다(Vygotsky, 1978, 1986, 1987, 1997). 이러한 관계는

[그림 2-5]에 요약되어 있으며 다음 섹션에서 논의될 예정이다.

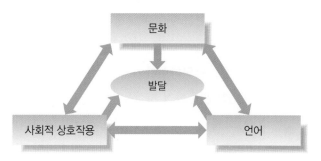

[그림 2-5] **문화적 맥락에서의 학습과 발달**

문화적 맥락에서의 학습과 발달

비고츠키 이론 연구를 시작하기 위해 두 개의 짧은 사례를 살펴보자. 사례를 읽으면서 각 예시에서 문화, 사회적 상호작용, 언어의 영향에 대해 생각해 보자.

수잰(Suzanne)은 딸 페리(Perri)에게 『The Little Engine That Could』라는 책을 읽어 주고 있다. 페리는 수잰의 무릎에 앉아 있다. "할 수 있어, 할 수 있어"라고 수잰은 열정적으로 읽는다.

이야기의 사건에 대해 이야기하면서 수잰은 "작은 기차가 왜 계속 '할 수 있어, 할 수 있어'라고 말했다고 생각하니?"라고 묻는다.

수잰의 격려 후에 페리는 마침내 "우리는 계속 노력해야 해. 노력하고…… 또 노력해야 해."라고 말한다.

얼마 후, 페리는 두 명의 반 친구들과 함께 학교 프로젝트를 하고 있다. "이해가 안 돼."라고 친구 데이나(Dana)가 불평한다. "너무 어려워."

"아니, 우리가 계속 노력하면 할 수 있어."라고 페리가 반박한다. "그냥 더 열심히 해야 해."

리목(Limok)과 그의 아버지는 밖을 내다보며 땅에 새로 내린 눈을 본다. "아, 아름답구나."라고 그의 아버지가 말한다. "Iblik, 사냥하기에 가장 좋은 눈이야. 특히 햇볕이 좋을 때 말이야."

"Iblik이 뭐예요?"라고 리목이 궁금해한다.

"부드럽고 새로 내린 눈이란다. 결정체가 없지."라고 아버지가 대답하며 한 움큼 눈을 집어 손가락 사이로 쉽게 흘려보낸다. "물개들이 좋아해. 나와서 햇볕을 쬐거든. 그러면 창만 있으면 돼. 오늘 사냥은 잘될 거야."

나중에 리목과 그의 친구 오솔(Osool)이 얼음 위를 걸어갈 때, 리목은 풍경을 덮고 있는 새로운 눈을 본다. "돌아가서 창을 가져오자"라고 리목이 말한다. "오늘은 물개들이 나와서 쉽게 찾을 수 있을 거야."

사회적 상호작용과 발달

비고츠키(1978, 1986)는 사회적 상호작용이 발달을 직접적으로 촉진한다고 믿었으며, 페리와 리목의 경험이 그 예이다. 페리는 어머니와 대화하면서 인내심에 대해 배웠고, 리목은 아버지와 상호작용하면서 사냥에 대해 배웠다. 비고츠키는 이러한 상호작용의 직접적인 결과로 그들의 사고가 발달했다고 말할 것이다. 또한 중요한 점은 아이들과 페리의 어머니, 리목의 아버지와 같은 더 많은 지식을 가진 사람 사이의 교류였다는 것이다. 그 결과, 아이들은 스스로 습득할 수 없었던 이해력을 발달시킬 수 있었다.

비고츠키는 모든 발달이 두 단계로 이루어진다고 믿었다. "아동의 문화적 발달에서 모든 기능은 두 번 나타난다. 첫째, 사회적 수준에서, 그다음에는 개인적 수준에서…… 모든 고차원적 기능은 개인 간의 실제 관계에서 비롯된다"(Vygotsky, 1978, p. 57).

개인적 수준에서 발달은 내면화의 결과인데, 이는 페리가 인내심에 대한 아이디어를 내면화하고 리목이 좋은 사냥 조건에 대한 이해를 습득하는 것처럼 외부의 사회 기반 아이디어를 개인의 인지구조에 통합하는 과정이다(Barrs, 2016). 교사로서 학생들이 우리 문화의 중요한 아이디어를 내면화하도록 돕는 것은 가장 중요한 역할 중 하나이다.

내면화된 문화적 지식을 새로운 맥락에 적용하는 능력은 발달의 진전을 나타내는데, 예를 들어 페리는 우리 문화에서 가치 있게 여기는 개념인 인내심에 대한 이해를 적용하여 데이나에게 계속 노력하라고 격려하고, 리목은 오솔과 함께 얼음 위를 걸으면서 좋은 사냥 조건을 인식한다.

마지막으로, 페리와 리목은 사회적 상호작용에 적극적으로 참여했다. 활동의 개념은 사회문화이론에서 필수적이며, 비고츠키는 아이들이 더 많은 지식을 가진 사람들과의 적극적인 사회적 참여를 통해 배운다고 믿었다.

언어와 발달

사회적 상호작용은 분명히 언어 사용을 필요로 하며, 언어에 더 숙련될수록 상호작용은 더 효과적일 것이다. 언어는 또한 우리에게 문화의 **인지 도구**(cognitive tool), 즉 그 문화에서 생각하고, 문제를 해결하고, 기능할 수 있게 해 주는 개념과 상징에 대한 접근을 제공한다. 예를 들어, 리목이 iblik을 배웠을 때, 그는 단순히 단어와 발음 방법을 배운 것이 아니라, 그것이 부드럽고 신선하며 결정체가 없는 눈으로 성공적인 사냥 가능성을 높인다는 것도 배웠다.

리목의 예에서 보았듯이, 이러한 인지 도구는 문화마다 다르다. 또 다른 예로, 미국인들은 분노를 단일한 개념으로 생각하는 경향이 있지만, 이는 다른 문화에서는 그렇지 않다. 예를 들어, 러시아어에는 두 가지가 있는데, 사람을 향한 분노인 serditsia와 정치에 대한 분노와 같은 더 추상적인 zlitsia가 있다. 독일어에는 세 가지 분노가 있고 중국어에는 다섯 가지가 있다(Barrett, 2016). 알래스카 서쪽 베링해에 사는 Yu'pik 사람들은 물결 모양의 얼음, 작은 얼음 조각에서 지붕 기와처럼 겹쳐진 얇은 얼음에 이르기까지 99가지 다른 얼음 개념을 가지고 있다(Block, 2007). 이러한 차이점을 아는 것은 이 문화권의 개인들이 더 효과적으로 여행하고 사냥할 수 있게 해 준다. 각각의 경우 이러한 인지 도구는 언론의 자유와 자유 기업과 같은 개념이 우리의 환경에서 기능하는 것을 돕는 것처럼 개인이 그들의 환경에서 기능하는 것을 돕는다.

> **교육심리학과 당신**
> "내가 무슨 말을 하려고 하는지는 알겠는데, 어떻게 말해야 할지 모르겠어"라고 자신에게 말한 적이 있는가? 우리 대부분은 그렇다. 왜 이것이 그렇게 흔한 일이라고 생각하는가?

언어의 역할은 '교육심리학과 당신'에서 우리가 물었던 질문과 관련이 있다. 우리의 이해를 말로 표현하는 능력은 우리의 발달에서 진전을 나타내며, 이는 일종의 적용 형태이다. 언어는 또한 우리 자신의 사고를 조절하고 반영하는 메커니즘을 제공한다. 이 아이디어를 더 자세히 살펴보자.

사적 언어와 자기조절　우리는 모두 혼잣말을 한다. 좌절할 때는 투덜거리고 불확실한 상황에서는 스스로에게 말을 건다. 아이들도 혼잣말을 한다. 예를 들어, 자유놀이 시간에 아무에게도 중얼거리고, 다양한 과제를 완수하려고 할 때 말을 한다. 비고츠키는 이 자유로운 말이 개인의 사고와 행동을 이끄는 내적이고 사적인 말인 자기 대화의 전조라고 믿었다. **사적 언어**(private speech)는 우리가 성숙함에 따라 조용해지지만, 우리가 공부하는 주제가 복잡하고 세련될수록 여전히 중요하다. 예를 들어, 그것은 기억하기와 문제해결과 같은 인지 기술의 기초를 형성한다("아, 문제에서는 한 경우에는 감소 비율을, 다른 경우에는 증가 비율을 묻고 있으니, 우리가 어디서 시작했는지 명심해야겠군.")(Barrs, 2016).

사적 언어는 또한 우리가 감정을 통제하는 데 도움을 주는데, 이는 사고와 문제해결과 결합되어 자기조절의 시작을 형성한다. 사적 언어를 사용하는 아이들은 또래보다 더 많은 것을 성취하고, 학습을 더 즐기며, 그렇지 않은 아이들보다 복잡한 과제를 더 효과적으로 배운다(Lidstone, Meins, & Fernyhough, 2010). 사적 언어의 부재는 또한 학습장애가 있는 학생들이 겪는 문제의 요인이 될 수 있다(Friend, 2018).

근접발달영역

페리와 리목의 예에서 보았듯이, 아이들은 더 많은 지식을 가진 다른 사람들과 상호작용하는 것에서 이익을 얻는다. 그러나 학습자들은 **근접발달영역**(zone of proximal development)에서 작업할 때 가장 큰 이익을 얻는데, 이는 개인이 아직 혼자서는 할 수 없지만 다른 사람의 도움을 받으면 성취할 수 있는 과제의 범위이다(Berger, 2012; Gredler, 2012). 비고츠키(1978)는 이를 "독립적인 문제해결에 의해 결정되는 실제 발달 수준과 성인의 지도 또는 더 유능한 또래와의 협력하에 문제해결을 통해 결정되는 잠재적 발달 수준 사이의 거리"(p. 86)라고 설명했다.

근접발달영역은 이 장의 시작 부분에 있는 사례 연구에서 뉴홀 선생님의 수업에서 설명되었다. 예를 들어, 그녀의 학생들은 공기가 공간을 차지하고 압력을 가한다는 것을 이해하지 못했고, 그들은 스스로 그 이해를 발전시키지 못했을 것이다. 그러나 그녀의 시범과 질문을 통해 제공된 지도로 인해, 그들은 공기의 이러한 특성에 대한 이해를 발전시켰다. 뉴홀 선생님의 수업은 그들의 근접발달영역 내에서 진행되었다고 할 수 있다.

학습자들은 그들이 습득해야 할 각각의 과제에 대해 근접발달영역을 가지고 있으며, 도움의 혜택을 받으려면 반드시 그 영역 안에 있어야 한다. 우리는 이 과정을 논의 후반부의 '교육심리학을 교수에 활용하기: 비고츠키의 이론을 학생들에게 적용하기' 섹션에서 더 자세히 설명할 것이다.

스캐폴딩: 상호작용적 교수 지원

더 많은 지식을 가진 사람들, 대개 부모와 교사들은 학습자들이 그들이 시도하고 있는 각각의 과제에 대한 근접발달영역을 통과하는 것을 돕는 데 필수적인 역할을 한다. 예를 들어, 어린아이들이 걷는 법을 배울 때, 그들의 부모는 아이들이 조심스럽게 걸음을 내딛을 때 그들의 손을 잡고 뒤에서 걷는다. 아이들이 자신감을 얻으면, 부모는 한 손만 잡고, 나중에는 아이들이 혼자 걷게 한다. 이러한 지원은 **스캐폴딩**(scafollding, 비계)의 개념을 보여 주는데, 이는 학습자들이 독립적으로 완수할 수 없는 과제를 완수하는 데 도움이 되는 지원이다(Pentimonti & Justice, 2010; Torrez-Guzman, 2011).

우리는 뉴홀 선생님의 수업에서 스캐폴딩이 설명되는 것을 보았다. 그녀는 어항에 유리잔을 담고, 학생들에게 주의 깊게 관찰하라고 말한 다음, 유리잔을 기울여 일부 공기 방울이 빠져나가게 했다. 대화의 일부를 다시 살펴보자.

뉴홀 선생님: 인디아(India), 무슨 일이 일어나고 있다고 생각하나요?

인디아: 거품이었어요.

뉴홀 선생님: 그 거품들은 무엇이었을까요, 새미(Sammy)?

새미: 유리잔에서 나오고 있었어요.

뉴홀 선생님: 브랜던(Brandon), 무엇이 나오고 있었는지 알아요?

브랜던: 물이요.

뉴홀 선생님: 물이 나오고 있었나요?

브랜던이 고개를 저으며 "아니요"라고 한다.

뉴홀 선생님: 안드레아(Andrea), 어떻게 생각해요?

안드레아: 공기 방울이에요.

뉴홀 선생님: 맞아요, 공기 방울이에요.

그런 다음 뉴홀 선생님은 크리스티나에게 유리잔 안의 수위선을 찾게 하고, 학생들을 이끌어 수위선 위에 공기가 있다는 결론을 내리도록 한다.

뉴홀 선생님은 1학년 학생들과 함께 작업하고 있었기 때문에, 우리가 예상했듯이, 그들은 많은 지도를 필요로 했고, 뉴홀 선생님은 시범과 질문을 통해 그것을 제공했다. 이것이 스캐폴딩의 본질을 포착한다(Gredler, 2012; Rogoff, 2003).

효과적인 스캐폴딩은 학습자들이 스스로 진전할 수 있을 정도의 지원만 제공한다는 점에 주목하는 것이 중요하다. 그들을 위해 과제를 수행하는 것은 실제로 발달을 지연시킬 수 있다. 학생들의 이해가 증가함에 따라, 우리는 점차 학습에 대한 책임을 더 많이 그들에게 넘겨야 한다. 다른 예를 살펴보자.

캐런 패터슨(Karen Patterson)은 8학년 수학 교사로, 간단한 일차방정식을 푸는 전략을 소개하고 있다. 그녀는 칠판에 다음과 같은 방정식을 쓴다.

$$3x + 4 = 10$$

"자, 먼저 모든 미지수를 등호의 한쪽에, 나머지는 다른 쪽에 놓고 싶어요."라고 패터슨 선생님이 3×와 4를 가리키며 말한다.

"그렇게 하기 위해 등호의 양쪽에서 4를 빼겠습니다."라고 하면서 그녀는 칠판에 다음과 같이 쓴다.

$$3x + 4 - 4 = 10 - 4$$
$$3x = 6$$

그런 다음 그녀는 양쪽을 3으로 나누는 것을 모델링하여 $x = 2$가 남게 되고, 해결책을 완성하면서 계속 자신의 생각을 말로 표현한다.

그런 다음 그녀는 학생들에게 더 많은 책임을 지우기 시작한다.

패터슨 선생님은 이제 칠판에 다음과 같이 쓴다.

$$4x - 6 = 14$$

"그래서, 이 방정식을 풀기 시작하려면 먼저 무엇을 해야 할까요? …… 데니즈(Denise)?"

"…… 미지수를 한쪽에, 숫자를 다른 쪽에 놓아야 해요."

"잘했어요, 데니즈. 그럼 어떻게 해야 할까요? …… 후안?"

"…… 양쪽에 6을 더해요."라고 후안이 망설이며 대답한다.

"정확해요." 패터슨 선생님이 미소 짓는다. "그러면 무엇이 되나요?"

패터슨 선생님은 계속해서 학생들을 해결책으로 이끌어 간다.

다양한 문제를 통해 학생들을 안내한 후, 패터슨 선생님은 다음과 같은 더 복잡한 문제를 풀게 함으로써 계속해서 그들에게 더 많은 책임을 부여한다.

$$4 + 3x = 6x - 9$$

마지막으로, 그녀는 학생들이 스스로 문제를 풀게 함으로써 그들에게 완전한 책임을 부여한다.

이 예에서 패터슨 선생님은 먼저 일차방정식을 푸는 전략을 소개하면서 절차와 자신의 생각을 모델링했다. 그런 다음, 그녀는 학생들에게 더 많은 책임을 지우기 시작하면서 질문으로 전환했고, 마침내 그들이 스스로 방정식을 풀게 했다.

〈표 2-3〉에는 교실에서 사용되는 일반적인 형태의 스캐폴딩이 포함되어 있다.

〈표 2-3〉 교수 스캐폴딩의 유형

스캐폴딩 유형	예시
모델링	미술 교사는 학생들에게 새로운 그림을 스스로 그려 보라고 요청하기 전에 투시도법으로 그리는 것을 시연한다.
생각 말하기	물리학 교사는 칠판에서 운동량 문제를 풀면서 자신의 생각을 말로 표현한다.
질문하기	모델링과 생각 말하기 후에, 동일한 물리학 교사는 중요한 시점에 질문을 하면서 학생들을 여러 문제로 '안내'한다.
맞춤형 교수 보조 도구	초등학교 체육 교사는 슈팅 기술을 가르치는 동안 바구니를 낮추었다가 학생들의 기술이 향상되면 이를 높인다.
프롬프트와 신호	유치원생들은 신발 끈을 묶는 법을 배울 때 '토끼가 구멍 주위를 돌다가 안으로 뛰어든다'고 배운다.
예시	언어 교사는 은유 개념을 설명하기 위해 '별은 하늘의 창문이다'와 '당신은 내 인생의 빛이다'라는 문장을 보여 준다.

다양성: 문화와 발달

피아제와 비고츠키는 발달에 있어서 문화의 역할에 대해 매우 다른 관점을 제공한다(Bjorklund, 2012; Miller, 2017). 피아제는 서로 다른 문화권의 아이들이 기본적으로 동일한 방식으로 발달한다고 믿었으며, 그의 발달 단계를 보편적이고 본질적으로 문화와 무관하다고 여겼다. 반면에 비고츠키는 문화가 발달이 일어나는 맥락을 제공한다고 믿었다. 우리는 특정 문화에 내재된 인지적 도구를 내면화함으로써 발달한다. 연구는 이러한 관점을 뒷받침한다(Cole & Packer, 2011; Morra, Gobbo, Marini, & Sheese, 2008; Rogoff, 2003).

문화의 역할은 리목과 그의 아버지의 예에서 가장 구체적으로 설명된다. 그들이 상호작용할 때, 그들은 그들의 문화에 고유한 개념인 iblik이라는 용어를 사용했는데, 이는 사고와 의사소통 모두에 사용되는 인지적 도구를 제공한다. 모든 학습자에게도 마찬가지이다. 예를 들어, 페리의 발달은 그 문화에서 두드러진 요인인 수잰의 직업윤리에 영향을 받았다. 다른 문화는 다른 가치와 아이디어를 강조하며, 아이들의 발달은 그들이 몰두하는 문화에 영향을 받는다.

이러한 요인들은 우리의 교육에 영향을 미친다. 왜냐하면 학생들의 다양성이 계속 증가함에 따라, 그들은 서로 다른 문화와 이러한 문화 내의 인지적 도구를 우리 교실에 가져오기 때문이다. 따라서 일부 학생들은 주류 문화에서 번영하는 데 필요한 인지적 도구를 가져오지 않을 수 있으며, 이는 교사가 그러한 도구를 제공해야 함을 의미한다. 우리는 다음 섹션에서 이러한 아이디어를 더 자세히 살펴볼 것이다.

교육심리학을 교수에 활용하기: 비고츠키의 이론을 학생들에게 적용하기

비고츠키의 이론은 발달에 있어서 문화, 사회적 상호작용, 언어의 역할을 강조한다. 피아제의 작업과 마찬가지로, 그것은 우리의 교육에 중요한 영향을 미친다. 다음과 같은 제안은 우리가 그의 아이디어를 교실에서 적용하는 데 도움이 될 수 있다.

1. 문화적으로 진정한 맥락에서 학습 활동을 내재화하기
2. 학생들을 사회적 상호작용에 참여시키고 그들의 발전하는 이해를 설명하기 위해 언어를 사용하도록 격려하기
3. 학습자의 근접발달영역 내에 있는 학습 활동 만들기
4. 학습과 발달을 돕기 위한 교육적 스캐폴딩 제공하기

문화적으로 진정한 맥락에서 학습 활동을 내재화하기 먼저, 7학년 수학 교사인 제프 멀론(Jeff Malone)이 분수, 소수, 백분율과 관련된 문제를 해결하는 데 도움을 주기 위해 학생들과 함께 노력하는 모습을 살펴보자.

멀론 선생님은 같은 컴퓨터 태블릿에 대한 두 개의 신문 광고를 나누어 주면서 수학 수업을 시작한다. Techworld는 '마을에서 가장 낮은 가격'을 광고하고 있고, Complete Computers는 '이미 낮은 가격에서 추가로 15% 할인'을 제공하고 있다. 그런 다음 멀론 선생님은 "그래서 어디에서 태블릿을 구매해야 할까?"라고 묻는다.

기술은 우리 문화의 필수적인 부분이므로, 멀론 선생님은 대부분의 학생들이 익숙하고 관심 있어 하는 항목인 컴퓨터 태블릿의 비용을 중심으로 수업을 구성했다. 문화적으로 진정한 맥락에서 학습 활동을 내재화하는 것은 어려울 필요가 없다. 단지 학습 활동을 학생들의 문화의 일부 측면과 연결하는 데 약간의 창의성

이 필요할 뿐이다. 예를 들어, 수업에 여러 명의 히스패닉 학생이 있는 교사는 1810년부터 1821년까지의 멕시코 독립 전쟁을 영국과의 미국 독립 전쟁과 비교하고 두 전쟁 사이의 유사점을 식별하는 데 도움을 줄 수 있다. 이 간단한 노력은 이중의 이점을 갖는다. 그것은 히스패닉 배경을 가진 학생들에게 미국 독립 전쟁을 더 의미 있게 만들고, 멕시코 독립 전쟁이 존재한다는 것을 전혀 몰랐거나 멕시코의 유산과 자부심을 널리 기념하지만 멕시코 독립과는 관련이 없는 신코 데 마요와 혼동했던 일부 학생들을 포함하여 모든 학생들의 경험을 풍부하게 할 수 있다.

학생들을 사회적 상호작용에 참여시키고, 그들의 발전하는 이해를 설명하기 위해 언어를 사용하도록 격려하기. 앞서 보았듯이, 비고츠키는 사회적 상호작용과 언어 사용이 발달을 촉진하는 데 필수적이라고 믿었다. 멀론 선생님이 이러한 요소들을 어떻게 활용하는지 보기 위해, 그의 수업으로 다시 돌아가 보자.

멀론 선생님은 학생들에게 광고를 보여 주고, 그들은 어떤 태블릿을 구매해야 할지에 대해 의견이 일치하지 않았고, 멀론 선생님은 그들이 어떻게 알아낼 수 있을지 물었다.

잠시 토론 후, 학생들은 15% 할인된 가격을 찾아야 한다고 결정했다.

멀론 선생님은 소수와 백분율을 복습한 다음 학생들을 3명씩 그룹으로 나누고 두 가지 문제를 제시한다.

한 매장 관리자는 재고에 45개의 비디오 게임을 가지고 있다. 25개는 구식이어서 할인 판매한다. 비디오 게임의 몇 퍼센트가 할인 판매 중인가?

조지프(Joseph)는 반려동물 가게에 팔기 위해 저빌을 키웠다. 그는 12마리의 저빌을 가지고 있었고 그중 9마리를 반려동물 가게에 팔았다. 그가 판 비율은 얼마인가?

그가 교실을 돌아다니면서, 그는 한 그룹인 샌드라(Sandra), 하비에르(Javier), 스튜어트(Stewart)의 진행 상황을 지켜본다. 샌드라는 문제를 빠르게 해결한다. 하비에르는 각각의 경우에 분수가 필요하다는 것을 알고 있지만, 소수를 계산하는 데 어려움을 겪고 있다. 그리고 스튜어트는 어떻게 시작해야 할지 모르고 있다.

"이런 문제에서 우리가 어떻게 백분율을 계산하는지 이야기해 봅시다."라고 멀론 선생님이 그룹 앞에 무릎을 꿇으며 말한다. "샌드라, 첫 번째 문제를 어떻게 풀었는지 설명해 주세요."

샌드라가 시작한다. "좋아요, 문제는 비디오 게임의 몇 퍼센트가 할인 판매 중인지 묻고 있어요. 먼저, 나는 어떻게 분수를 만들 수 있을지 생각했어요. 그런 다음 그것을 소수로 만들고 그다음에 백분율로 만들었어요. 그래서 내가 먼저 한 것은 이거예요."라고 말하며 그는 어떻게 문제를 풀었는지 보여 준다.

"좋아요, 이제 이것을 해 봅시다."라고 멀론 선생님이 두 번째 문제를 가리키며 말한다. "첫 번째로" 그가 계속한다. "내가 알아내야 할 것은 그가 판 분수입니다. 왜 분수를 찾아야 할까요? …… 하비에르?"

"…… 그래서 우리는 소수를 만들고 그다음에 백분율을 만들 수 있어요."

"좋아요." 멀론 선생님이 미소 짓는다. "그가 판 분수는 무엇일까요? …… 스튜어트?"

"…… 9 …… 12분의."

"훌륭해요. 자, 하비에르, 우리는 어떻게 분수에서 소수를 만들 수 있을까요?"

"…… 9를 12로 나눕니다." 하비에르가 주저하며 대답한다.

"좋아요." 그리고 그는 하비에르가 0.75를 구하는 것을 지켜본다.

스튜어트도 주저하며 시작하지만, 그 아이디어를 점차 이해하기 시작한다.

그룹들이 복습 문제를 마친 후, 멀론 선생님은 학급을 다시 모으고 다른 학생들에게 그들의 해결책을 설명하도록 한다. 그들이 설명을 말로 표현하는 데 어려움을 겪을 때, 멀론 선생님은 그들의 사고와 설명을 이끌어 내는 질문을 한다. 그런 다음 그는 원래의 컴퓨터 태블릿 문제로 돌아가서 그들에게 백분율에 대한 지식을 적용해 보라고 요청한다.

멀론 선생님은 세 가지 방법으로 사회적 상호작용을 활용했다. 첫째, 그는 학생들에게 어디에서 태블릿을 구매할 것인지 토론하게 했고, 그들이 의견이 일치하지 않은 후, 그는 단순히 15% 할인된 태블릿 PC의 가격을 찾으라고 말하는 대신, 그들이 그의 지도하에 스스로 결정을 내리게 했다. 이것은 사회적 상호작용을 활용했을 뿐만 아니라 그의 결정이 아닌 학생들의 결정이었기 때문에 학생들의 동기를 높이는 것이었다.

둘째, 멀론 선생님은 학생들이 그룹으로 복습문제를 해결하게 했다. 이것은 학생들에게 발전하는 이해를 말로 표현할 기회를 제공하는 것이다. 그리고 셋째, 그는 학생들이 작업하는 동안 언어 사용을 장려했다. 예를 들어, 그가 샌드라, 하비에르, 스튜어트와 함께 작업할 때의 대화 중 일부를 다시 살펴보자.

멀론 선생님: 이런 문제에서 우리가 어떻게 백분율을 계산하는지 이야기해 봅시다. …… 샌드라, 첫 번째 문제를 어떻게 풀었는지 설명해 주세요.

샌드라: 좋아요, 문제는 비디오 게임의 몇 퍼센트가 할인 판매 중인지 묻고 있어요. 먼저, 나는 어떻게 분수를 만들 수 있을지 생각했어요. …… 그런 다음 그것을 소수로 만들고 그다음에 백분율로 만들었어요.……그래서 내가 먼저 한 것은 이거예요. (그리고 그는 어떻게 문제를 풀었는지 보여 줍니다.)

그리고 토론 후반부의 대화를 조금 더 살펴보자.

멀론 선생님: 좋아요, 이제 이것을 해 봅시다. …… 첫 번째로 내가 알아내야 할 것은 그가 판 분수입니다. 왜 분수를 찾아야 할까요? …… 하비에르?

하비에르: …… 그래서 우리는 소수를 만들고 그다음에 백분율을 만들 수 있어요.

멀론 선생님: 좋아요. 그가 판 분수는 무엇일까요? …… 스튜어트?

스튜어트: …… 9 …… 12분의.

멀론 선생님: 훌륭해요. 자, 하비에르, 우리는 어떻게 분수에서 소수를 만들 수 있을까요?

하비에르: …… 9를 12로 나눕니다.

두 개의 짧은 대화에서, 우리는 멀론 선생님이 세 학생 모두에게 그들이 하고 있는 것을 말로 표현하게 했다는 것을 알 수 있다. 앞서 보았듯이, 비고츠키는 여기에 설명된 것과 같은 언어 사용이 발달에 필수적이라고 믿었다. 따라서 우리 학생들이 그들의 발전하는 이해를 설명하기 위해 사용하는 언어가 많을수록, 그 이해는 더 깊어진다. 처음에는 그들의 이해를 말로 표현하는 데 어려움을 겪을 것이므로, 우리는 그들을 도와야 할 것이다. 그러나 연습을 통해 학생들은 점차 자신의 이해를 명확하게 표현할 수 있게 될 것이고, 그 결과는 학습의 증가와 발전의 진전이 될 것이다.

마지막으로, 그룹을 다시 불러 모은 후, 멀론 선생님은 일부 학생들에게 그들의 해결책을 설명하게 했는

데, 이는 그들에게 언어를 사용하는 추가적인 연습을 제공했고 나머지 학생들에게는 학생들의 사고를 보여주는 모델링을 제시했다고 할 수 있다.

학습자의 근접발달영역 내에서 학습 활동을 만들기　앞서 보았듯이, 학습자는 대개 교사인 더 지식이 풍부한 사람의 도움을 받아 근접발달영역 내에서 과제를 완료할 수 있지만, 혼자서는 과제를 완료할 수 없다. 이 아이디어를 설명하기 위해, 각각 다른 발달수준에 있는 샌드라, 하비에르, 스튜어트와 함께 한 멀론 선생님의 작업을 다시 살펴보자. 그들의 서로 다른 근접발달영역은 [그림 2-6]에 설명되어 있다.

샌드라는 도움 없이 문제를 해결할 수 있었는데, 이는 [그림 2-6]의 오른쪽 상단 구성 요소에 설명되어 있다. 따라서 그녀의 근접발달영역에서 과제를 만들기 위해 멀론 선생님은 그녀에게 그녀의 해결책을 설명하도록 요청했는데, 이는 더 높은 수준의 과제이다.

이 과제는 하비에르의 근접발달영역 내에 있었는데, 그가 멀론 선생님의 도움으로 문제를 해결할 수 있었기 때문이다. 이는 [그림 2-6]의 중간 구성 요소에 설명되어 있다. 그러나 스튜어트의 영역은 원래 과제보다 낮았기 때문에 멀론 선생님은 그를 위한 영역을 찾기 위해 그의 교육을 조정해야 했다. 스튜어트는 처음에는 문제를 어떻게 해결해야 할지 몰랐지만, 도움을 받아 반려동물 가게에 팔린 저빌의 분수를 찾았다. 스튜어트에게 분수를 찾도록 요청함으로써 멀론 선생님은 이 과제에 대한 영역을 찾기 위해 그의 교육을 조정했다. 이는 [그림 2-6]의 왼쪽 하단 구성 요소에 설명되어 있다.

멀론 선생님의 교육은 매우 단순해 보이지만, 사실은 매우 정교한다. 그의 학생들을 관찰하고 들음으로써, 그는 그들의 현재 이해를 평가한 다음 학습 활동을 조정하여 각 학생의 근접발달영역 내에 있도록 했다.

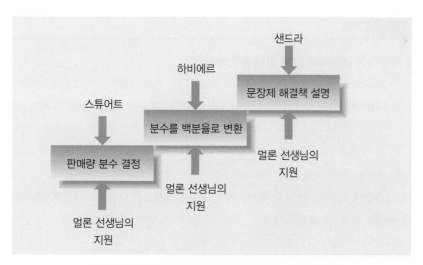

[그림 2-6] 세 가지 근접발달영역에서의 스캐폴딩 과제

학습과 발달을 돕기 위해 교육적 스캐폴딩을 제공하기　앞서 보았듯이, 스캐폴딩은 우리가 학생들에게 제공하는 교육적 지원으로, 그들의 근접발달영역에 있는 과제를 수행하는 데 도움이 된다. 이 과정을 설명하기 위해, 샌드라, 하비에르, 스튜어트와 함께한 멀론 선생님의 작업에서 대화를 다시 살펴보자. 그들은 두 번째 복습문제를 풀고 있었는데, 우리는 여기서 다시 그것을 볼 수 있다.

멀론 선생님의 질문은 하비에르와 스튜어트가 문제를 진전시키는 데 필요한 스캐폴딩을 제공했다. 그는 그들이 스스로 진전을 이루도록 하는 데 필요한 지원만 제공했고, 점차 더 많은 책임을 그들에게 넘겼다.

조지프는 반려동물 가게에 팔기 위해 저빌을 기르고 있었습니다. 그는 12마리의 저빌을 가지고 있었고 그중 9마리를 반려동물 가게에 팔았습니다. 그가 판 비율은 몇 퍼센트입니까?

멀론 선생님: 첫 번째로 …… 가장 먼저 알아야 할 것은 그가 몇 분율도 팔았는지입니다. 왜 분수를 찾아야 할까요? …… 하비에르?

하비에르: …… 소수점과 퍼센트로 만들 수 있기 때문이에요.

멀론 선생님: 좋습니다. …… 그가 몇 분율로 팔았을까요? …… 스튜어트?

스튜어트: …… 9 …… 12분의.

멀론 선생님: 훌륭해요. 이제, 하비에르, 어떻게 분수를 소수로 만들 수 있을까요?

하비에르: …… 9를 12로 나눕니다.

멀론 선생님: 좋아요. [하비에르가 .75를 구하는 것을 보면서. 스튜어트도 망설이며 시작하다가 점차 그 개념을 파악하기 시작한다.]

효과적인 스캐폴딩은 멀론 선생님의 교육에서 보았듯이 학습자의 능력과 수행 수준에 맞게 교육 요구 사항을 조정한다. 우리는 또한 그가 학생들을 지원하기 위해 질문을 어떻게 조정했는지 보았다. 멀론 선생님은 학생들의 반응에 기초하여 질문을 조정하여 자신의 교육을 학생들의 근접발달영역에 맞추고 그들의 이해가 발전하도록 보장했다. 이것이 전문 교사들이 하는 일이다.

교실과의 연계

비고츠키 이론을 사용하여 교실에서 인지 발달 촉진하기

1. 인지 발달은 의미 있고 문화적으로 내재된 과제의 맥락에서 발생한다. 실제 과제를 교육의 주제로 사용하라.
   - **초등학교**: 2학년 교사는 학생들이 학교에 오는 데 사용하는 다양한 교통수단을 그래프로 그리는 것으로 막대그래프를 가르친다.
   - **중학교**: 과학 교사는 학생들이 기온, 기압, 상대 습도를 관찰하고, 데이터를 기록 및 그래프로 작성하고, 실제 날씨를 신문에 예보된 날씨와 비교하도록 하여 날씨에 대한 단원을 구성한다.
   - **고등학교**: 전국 선거 전에 교사는 학생들에게 부모와 학교 주변 학생들을 대상으로 여론조사를 하게 한다. 그런 다음 학생들은 학급 선거를 하고, 이 결과를 지역 및 국가 수준에서 발견한 내용과 비교하고, 차이점에 대해 토론하도록 한다.

2. 스캐폴딩은 학습자가 근접발달영역을 통과할 때 도움을 주는 교육적 지원이다. 학생들이 각 영역을 통과할 때 성공을 보장하기에 충분한 스캐폴딩을 제공하라.
   - **초등학교**: 유치원 교사는 학생들이 처음 영어 인쇄체를 배울 때 처음에는 점선으로 된 글자 윤곽과 글자 크기를 측정하기 위한 반 줄이 있는 종이를 준다. 학생들이 더 숙련되면 이러한 보조 도구를 제거한다.
   - **중학교**: 과학 교사는 전체 학급과 실험을 하고 보고서를 학급 활동으로 작성하여 학생들이 실험실 보고서 작성을 배우도록 도와준다. 그런 다음 학생들은 이를 자신의 보고서 작성을 위한 모델로 사용한다.

- **고등학교**: 미술 교사는 자신의 작품을 공유하고 다른 학생들의 작품을 전시하면서 원근법에 대한 단원을 시작한다. 학생들이 자신의 프로젝트를 진행하면서 그는 개별적인 피드백을 제공하고 학생들에게 원근법이 각 그림에 어떻게 기여하는지 토론하도록 요청한다. 나중에 그들은 원근법을 효과적으로 사용할 수 있게 된다.

3. 비고츠키는 사회적 상호작용이 인지 발달의 주요 수단이라고 믿었다. 학생 상호작용을 장려하기 위해 교실 과제를 구조화하라.
- **초등학교**: 5학년 학생들이 글쓰기 과제를 완료한 후, 교사는 그들이 서로 자신의 결과물을 공유하게 한다. 그 과정을 돕기 위해 그녀는 학생들이 자신의 작업을 토론하는 데 사용하는 초점 질문을 제공한다.
- **중학교**: 국어 교사는 학급이 공부하고 있는 소설을 토론하기 위해 협동 학습 그룹을 사용한다. 교사는 각 그룹에 준비된 질문 목록에 응답하도록 요청한다. 학생들이 그룹에서 질문을 토론한 후, 그들은 전체 학급과 자신의 관점을 공유한다.
- **고등학교**: 고등학교 생물학 수업의 학생들은 시험을 준비하기 위해 그룹으로 작업한다. 각 시험 전에 교사는 시험 범위 내용의 개요를 제공하고 각 그룹은 주요 내용별로 하나의 문제를 책임지고 출제한다.

비고츠키의 인지발달이론 분석

비고츠키의 인지발달이론에는 세 가지 중요한 요소가 존재한다. 첫째, 비고츠키는 학습자가 다른 사람으로부터 지식을 수동적으로 받아들이는 것이 아니라, 스스로 능동적으로 구성한다는 현재 널리 받아들여지고 있는 생각을 가지고 있었다. 그러나 비고츠키는 지식이 먼저 사회적 환경에서 구성되고, 그다음에 개인에 의해 내면화된다고 믿었다. 피아제 또한 학습자가 지식을 구성한다고 믿었지만, 비고츠키와는 대조적으로 그는 학습자가 본질적으로 스스로 지식을 구성한다고 보았다. 우리가 학생들과의 상호작용을 강조하는 것은 비고츠키의 연구에 기반을 두고 있다.

둘째, 비고츠키는 사회적 상호작용과 언어가 발달을 직접적으로 유발한다고 믿었던 반면(Rogoff, 2003), 피아제는 사회적 상호작용과 언어가 주로 평형을 깨뜨리는 메커니즘이라고 믿었다.

셋째, 비고츠키는 학습자가 특정 문화 내에서 기능하는 데 필요한 인지적 도구를 습득할 때 발달이 일어난다고 믿었던 반면(Bjorklund, 2012; Miller, 2017), 피아제는 인지 발달이 특정 문화의 경계를 벗어나 보편적으로 일어난다고 보았다.

그러나 아마도 가장 중요한 점은 비고츠키와 피아제 모두 개인이 지식을 구성하는 과정에서 인지적으로 능동적 존재라는 것을 강조했다는 점이다. 이는 우리가 교수 전략으로서 강의와 설명을 제한하고, 대신 학생들을 학습 활동에 적극적으로 참여시켜야 한다는 것을 의미한다. 피아제와 비고츠키 이론의 유사점과 차이점, 그리고 각각의 기여와 비판은 〈표 2-4〉에 요약되어 있다.

〈표 2-4〉 이론 분석: 피아제와 비고츠키의 발달 이론 비교

	피아제	비고츠키
핵심 질문	발달은 모든 문화에서 어떻게 일어나는가?	발달은 특정 문화에서 어떻게 일어나는가?
인지 발달에 대한 설명	개인의 인지적 평형을 깨뜨리는 경험으로 인한 사고의 발전 발달은 주로 개인적인 과정이다.	문화적 맥락에서 더 많은 지식을 가진 타인과의 사회적 상호작용으로 인한 사고의 발전 발달은 주로 사회적 과정이다.
인지 발달의 촉매	인지적 평형을 깨뜨리는 물리적·사회적 세계에서의 경험과 결합된 성숙	사회적 환경에서 더 많은 지식을 가진 타인과의 언어적으로 풍부한 상호작용
중요한 개념	평형 동화 조절 도식 발달 단계	근접발달영역 스캐폴딩 설정 내면화 인지적 도구 자기중심적 언어
사회적 상호작용과 언어의 역할	개인에 의해 재설정되는 평형을 깨뜨리는 메커니즘	먼저 사회적 환경에서 발생한 후 개인에 의해 내면화되는 발달의 직접적인 원인
발달에서 또래와 성인의 역할	평형을 깨뜨리는 경험과 상호작용을 제공함으로써 발달을 촉진한다.	언어와 사회적 상호작용을 사용하여 발달을 직접적으로 유발하는 더 많은 지식을 가진 타인으로서 발달을 촉진한다.
기여	• 인지 발달을 종합적으로 살펴본 최초의 연구자였다. • 아동의 사고가 성인의 사고와 질적으로 다르다는 것을 교육자들에게 인식시켰다. • 학습이 학습자가 자신의 지식을 구성하는 능동적인 과정이라는 것을 교육자들이 이해하는 데 도움을 주었다. • 발달에 있어서 경험의 중요성을 강조하여 학교 교육과정에 엄청난 영향을 미쳤다.	• 문화가 인지 발달에 강력한 영향을 미친다는 것을 교육자들에게 깨닫게 했다. • 인지 발달에서 성인과 더 많은 지식을 가진 또래가 하는 역할을 인식했다. • 학습과 발달이 실질적으로 사회적 과정이라는 것을 교육자들이 이해하는 데 도움을 주었다. • 오늘날 교실 수업과 학습에 대한 많은 접근 방식의 이론적 기초를 제공했다.
비판	• 어린 아동의 능력을 과소평가하고 연장자 학생의 능력을 과대평가했다. • 학생들의 사고가 피아제가 제안한 것보다 배경지식과 경험에 더 많이 의존한다는 것을 인식하지 못했다. • 피아제의 단계는 여러 과제에 대한 발달을 적절하게 설명하지 못한다. • 피아제의 이론은 발달에서 문화의 역할을 적절하게 고려하지 않는다.	• 인지 성장의 구체적인 메커니즘에 대해 모호했다. • 개인의 경험과 그것이 인지 발달에 미치는 영향을 설명하지 못했다.

출처: Berk, 2013; Feldman, 2014; Piaget, 1952, 1959, 1965, 1970, 1977, 1980; Piaget & Inhelder, 1956; Vygotsky, 1978, 1986.

언어 발달

2.5 언어와 인지 발달 간의 관계를 설명하고, 학생들의 언어 발달을 촉진하기 위해 우리가 할 수 있는 일을 설명할 수 있다.

아이들의 언어 발달 초기에는 기적이 일어난다. 제한된 의사소통 능력을 가지고 태어난 6세 아동은 8,000에서 14,000개의 단어를 알고 있으며, 6학년이 되면 어휘력이 80,000개 이상으로 확장된다(MacWhinney, 2011; Marinellie & Kneile, 2012). 더 중요한 것은, 이러한 언어 사용의 확장이 그들의 인지 발달에 큰 기여를 한다는 것이다. 이 아이디어를 더 자세히 살펴보자.

언어와 인지 발달

언어와 인지 발달은 상호 의존적이다. 둘 중 하나의 발달은 다른 하나의 발달에 의존한다. 비고츠키의 이론은 이 주장을 뒷받침한다. 그의 연구에서 보았듯이, 그는 언어가 인지 발달에 필수적이라고 믿었다.

예를 들어, 다음 문제를 생각해 보자.

원래 20달러였던 멋진 티셔츠가 15달러로 할인되어 있다. 티셔츠 가격의 할인율은 얼마입니까?

티셔츠는 5달러 할인되었고, 5/20 = .25이므로 25% 할인된 것이다. 이제 이 문제를 생각해 보자.

당신은 임시지만 급여가 좋은 일자리를 가지고 있다. 시간당 15달러를 받고 있다. 훌륭한 업무 성과로 인해 시간당 5달러 인상을 받았다. 당신의 급여 인상률은 얼마입니까?

당신의 급여는 5달러 인상되었고, 5/15 = .33이므로 33%의 급여 인상을 받은 것이다.

두 문제의 결과는 이치에 맞지 않는 것 같다. 20에서 15로 가면 25% 감소인데, 15에서 20으로 가면 어떻게 33% 증가일 수 있을까? 20에서 15로 가는 것이 25% 감소라면, 15에서 20으로 가는 것은 25% 증가여야 한다. 하지만 그렇지 않다. 이는 많은 사람들이 증가율과 감소율 개념을 어려워하는 이유를 이해하는 데 도움이 된다.

이러한 직관에 어긋나는 차이의 핵심은 '어디에서 시작하는가'이다. (이에 대해 사적 언어에 대한 논의에서 간략히 언급했다.) 첫 번째 문제에서는 20에서 시작하여 15로 감소했고, 두 번째 문제에서는 15에서 시작하여 20으로 증가했다.

증가율과 감소율 개념에 익숙해지는 것은 인지 발달의 진전을 나타내며, '어디에서 시작하는가'라는 언어는 문제를 이해하는 데 핵심이다. 이 언어가 없다면 인지 발달은 사실상 불가능할 것이며, 인지 발달은 증가율과 감소율과 같은 용어를 더 의미 있게 만든다. 이것이 우리가 인지 발달과 언어 발달이 상호 의존적이라고 말할 때 의미하는 바이다.

초기 언어 발달

언어 발달은 성인들이 신생아에게 말을 걸고 그들의 옹알이와 구구 소리를 격려하면서 요람에서 시작된다 (Arnon & Ramscar, 2012). 그리고 연구에 따르면 태어났을 때부터 아이들에게 책을 읽어 주는 것이 언어 발달을 촉진한다고 한다(Pace et al., 2016).

아이들의 첫 단어는 보통 1~2세 사이에 나타나는데, 이는 아이에게 완전한 문장만큼이나 많은 의미를 담고 있는 **한 단어** 또는 두 단어로 된 **문장**(holophrases)이다. 예를 들어, '엄마 차'는 '저건 엄마 차야'라는 뜻이다. 아이들은 또한 점차 억양과 강조를 사용하여 의미를 전달하는 법을 배운다(MacWhinney, 2011). 예를 들어, '쿠키'는 '저건 쿠키야'라는 뜻이지만, '쿠키!'는 '쿠키 먹고 싶어'라는 뜻이다. 이러한 억양의 차이는 의사소통을 위해 언어를 사용하기 시작했음을 나타낸다.

두 가지 언어 발달 패턴이 나타나고 이후 단계까지 이는 계속된다. **과잉일반화**(overgeneralization)는 아이가 단어를 적절한 것보다 더 넓은 범주의 사물을 지칭하는 데 사용할 때 발생한다. 예를 들어, 자동차라는 단어를 버스와 트럭을 지칭하는 데에도 사용하는 것이다. 발견하기 더 어려운 **과소일반화**(undergeneralization)는 아이가 단어를 너무 좁게 사용할 때 발생한다. 예를 들어, '키티(Kitty)'를 자신의 고양이에게는 사용하지만 일반적인 고양이에게는 사용하지 않는 것이다(Feldman, 2017). 둘 다 언어 발달의 정상적인 측면이다. 대부분의 경우 부모가 "아니야, 그건 트럭이야. 봐, 바퀴가 더 많고 물건을 싣는 큰 상자가 있잖아."라고 말하거나 "오, 봐. 저기 또 다른 고양이가 있네."라고 말하는 것과 같은 일상적인 상호작용을 통해 수정된다.

어린아이들은 언어와 그것을 다른 사람들과 의사소통하는 데 사용할 수 있는 방법에 대한 건강하고 자신감 있는 이해를 이후 학교 상황에 가지고 온다. 이러한 기초가 일반적인 학습, 특히 읽기와 쓰기에 얼마나 중요한지는 아무리 강조해도 지나치지 않다(Tompkins, 2017).

학령기의 언어 발달

인지 발달과 언어 발달은 밀접한 관계를 가지고 있으며, 언어 발달의 두 가지 측면, 즉 어휘와 구문 및 문법의 발달이 인지 발달에 매우 중요한다. 이에 대해 살펴보자.

어휘 발달

이 장을 읽기 전에는 중심화, 대상 영속성, 근접발달영역과 같은 개념을 이해하지 못했을 수도 있지만, 이제는 이해할 수 있기를 바란다. 이 개념들은 인지 발달을 이해하는 데 도움이 되는 지식 기반의 일부이며, 모든 연구 분야에서도 마찬가지이다. 주제별 어휘 외에도 정의, 진실, 아름다움과 같은 추상적인 개념을 학생들이 이해하기를 바란다. 이는 우리의 세계관을 넓히고 삶을 풍요롭게 한다.

우리는 두 가지 방법으로 학생들이 어휘를 습득하도록 도울 수 있다. 첫 번째는 핵심 소리, 명칭 및 개념에 초점을 맞춘 명시적 교육이며, 이 장의 앞부분에서 영어 부사에 대한 논의에서 명시적 교육의 예를 보았다. 예를 들어, 학생들이 다음 예를 보면 종종 부사는 'ly'로 끝나는 단어라고 결론을 내린다.

Juan and Allison were incredibly excited about going to the football game. They easily maneuvered through the parking lot at the game and quickly found their friends, Jason and Alexandria. The two couples enjoyed the game immensely.

(후안과 앨리슨은 축구 경기에 가는 것에 대해 믿을 수 없을 정도로 흥분했습니다. 그들은 경기장 주차장을 쉽게 통과했고 친구인 제이슨과 알렉산드리아를 빨리 찾았습니다. 두 커플은 경기를 매우 즐겼습니다.)

이후 학생들은 또 다른 다음 예를 제시받는다.

Juan and Allison also soon met Jamie and Carla, friends of Jason's. Jamie and Carla were both very friendly, and all three couples had a super time.

(후안과 앨리슨은 또한 곧 제이슨의 친구인 제이미와 카를라를 만났습니다. 제이미와 카를라는 모두 매우 친절했고, 세 커플 모두 멋진 시간을 보냈습니다.)

두 번째 예를 통해 학생들은 모든 부사가 'ly'로 끝나는 것은 아니며, 'ly'로 끝나는 일부 단어는 부사가 아니라는 것을 이해하게 된다. 이러한 명시적 교육의 결과로 그들의 언어 발달과 인지 발달이 모두 진전된다.

명시적 교육은 우연히 습득되기 어려운 개념을 학습하는 데 가치가 있으며, 특히 과학의 단자엽 식물과 밀도, 수학의 이항식과 허수, 사회의 중상주의와 집단학살 등 모든 내용 영역에서 많은 정확한 정의를 가진 추상적이고 복잡하며 기술적인 용어에 특히 중요한다(Reutzel & Cooter, 2015). (우리는 이 책에서 각 장의 중요한 개념을 식별, 정의 및 설명하는 '중요 개념' 파트에서 어휘에 대한 명시적 교육을 사용하고 있다.)

> **교육심리학과 당신**
>
> 다음 문장들을 살펴보자.
>
> They were too close to the door to close it. (그들은 문을 닫기에는 문에 너무 가까이 있었다.)
>
> The wind was too strong to wind up the sail. (돛을 감기에는 바람이 너무 강했다.)
>
> The bandage was wound around the wound. (붕대가 상처 주위에 감겼다.)
>
> 이 문장들은 언어 발달에 대해 무엇을 시사하는가?

맥락에서 단어를 접하는 것은 우리가 어휘를 습득하는 두 번째 방법이며, 이 과정은 단어의 의미를 검토하는 언어학의 한 분야인 **의미론**(semantics)과 관련이 있다(Mayor & Plunkett, 2010). '교육심리학과 당신'은 그 예를 제공한다. 예를 들어, "They were too close to the door to close it"이라는 문장에서 close는 두 가지 다른 의미를 가지고 있으며, 그 의미는 문장의 맥락에 의해 결정된다. 다른 두 문장도 마찬가지이다. 이러한 예는 언어 발달의 복잡성을 보여 주고 어린 학생들에게 왜 그렇게 도전적인지 이해하는 데 도움이 된다.

구문과 문법

어휘는 언어의 기본 구성 요소이지만, 집이 벽돌의 모음 이상인 것처럼 언어 발달은 고립된 단어를 배우는 것 이상이다. 또한 의미 있는 문장을 만드는 데 사용하는 규칙인 **구문**(syntax)에 대한 이해도 포함된다(Haskill & Corts, 2010). 예를 들어, "I do love you."와 "Do I love you?"는 동일한 단어를 포함하지만 구문 때문에 의미가 매우 다르다. 구두점과 대문자를 포함하는 구문의 하위 범주인 **문법**(grammar)도 의사소통에 도움이 된다. 구문과 문법의 발달은 천천히 진행되며 많은 연습이 필요하다(Tomasello, 2006, 2011). 학령기 동안 아이들은 점차 더 복잡한 언어 구조를 배우게 되며, 이러한 발달은 인지 발달의 다른 측면과 병행한다. 예를 들어, "Jackie paid the bill"과 "She had asked him out"은 "Jackie paid the bill because she had asked him out"이 된다. 더 복잡한 문장을 사용하는 능력은 아동의 인과관계에 대한 이해의 발달을 반영한다.

학습을 위한 언어 사용

언어는 학습과 의사소통의 기초이며, 아이들은 일반적으로 듣기, 말하기, 읽기, 쓰기의 네 가지 언어 기술을 그 순서대로 발달시킨다(MacWhinney, 2011; Otto, 2018). 그러나 순서에 상관없이 이들은 모두 사전 지식과 경험에 의존한다(Owens, 2016). 예를 들어, 아이들이 동물원을 방문했을 때 사자, 코끼리, 기린에 대한 정보를 듣고 읽는 것은 훨씬 더 의미가 있으며, 그것들에 대해 말하고 쓰는 것도 마찬가지이다. 모든 주제에 대해서도 마찬가지이다. 이제 이러한 언어 과정을 더 자세히 살펴보자.

듣기 우리는 '듣기 이해력은 학업 생활의 모든 영역에서 필수적인 기술'이라는 것을 알고 있다(Picard & Velautham, 2016). 듣기는 아이들에게 가장 먼저 발달하는 언어 기술이며, 모든 교사가 알고 있듯이 학생들, 특히 어린 학생들은 그것을 잘하지 못한다. 그들은 조용히 앉아 있는 것이 잘 듣는 것이라고 생각하는 경향이 있으며, 그들은 듣고 있는 것에 대해 생각하고 자문하는 인지적으로 활발한 과정이 되어야 한다는 것을 깨닫지 못한다(Barrow & Markman-Pithers, 2016).

말하기 말하기는 대부분의 학생들에게 자연스럽게 발생하는 과정으로 듣기를 보완하고 생각을 정리하고 다른 사람들과 공유할 수 있는 수단을 제공한다. 모든 언어 기술과 마찬가지로 효과적인 말하기는 배경지식에 의존하지만, 모든 학생들, 특히 영어가 모국어가 아닌 학생들에게 어려운, 정확한 발음과 문법도 필요한다(Echevarria, Vogt, & Short, 2018a, 2018b; Peregoy & Boyle, 2017). 다른 기술과 마찬가지로 명확하게 말하는 우리의 능력은 연습을 통해 향상된다(Otto, 2018). 그러나 많은 교실에서 교사들이 대부분의 이야기를 하기 때문에 학생들은 말하기를 연습할 기회가 많지 않다.

읽기 2학년이나 3학년쯤이 되면 읽기를 배우는 것(learning how to read)에서 배우기 위해 읽는 것(reading to learn)으로 강조점이 옮겨 간다(Reutzel & Cooter, 2015; Tompkins, 2017). 듣기와 마찬가지로 많은 학생들은 자신이 읽은 내용을 거의 이해하지 못한다는 것을 깨닫지 못한 채 수동적으로 읽는 경향이 있다. 그들은 "여기서 내가 무엇을 배우려고 하는가?"와 "이 정보 중 가장 중요한 부분은 무엇인가?"와 같은 질문을 스스로에게 하는 것을 배우는 데 도움이 필요하다.

쓰기　쓰기는 인지적으로 많은 노력을 요구하는 과정이며, 이는 듣기, 말하기, 읽기보다 일반적으로 더 느리게 발달하는 이유를 이해하는 데 도움이 된다(Berk, 2019b). 쓰기는 세 가지 방식으로 언어 발달을 촉진한다. 첫째, 아이디어의 조직이나 재조직을 포함하기 때문에 주제에 대해 신중하게 생각해야 한다(인지적으로 활동적이어야 함). 수동적으로 글을 쓰는 것은 사실상 불가능하다. 둘째, 쓰기는 우리가 독자에 대해 생각하도록 장려하기 때문에 독자의 생각과 감정을 고려하는 능력인 관점 수용 능력을 발달시키는 데 도움이 되며, 이는 필수적인 사회적 기술이다. 셋째, 우리가 이해하지 못하는 것에 대해서는 쓸 수 없기 때문에 새로운 어휘와 아이디어를 배워야 한다. 이제 우리 학생들이 이러한 중요한 기술을 발달시키는 데 도움이 되는 전략을 살펴보기 전에 기술이 인지 및 언어 발달에 어떤 영향을 미치는지 살펴보도록 하자.

기술, 학습 및 발달: 기술이 인지 및 언어 발달을 방해하고 있는가

이 장 전체에서 우리는 인지 발달에서 경험의 중요성을 강조했다. 21세기로 더 깊이 들어갈수록 기술은 이러한 경험의 양을 점점 더 많이 제공하고 있으며, 일부 전문가들은 그것이 건강한 인지 발달을 방해할 가능성에 대해 의문을 제기한다. 예를 들어, 일부 지도자들은 컴퓨터에 대한 우리의 의존이 현실 세계에서 기능하는 능력을 떨어뜨리고 있는지 묻고(Bauerlein, 2008), 다른 이들은 인터넷과 소셜 미디어의 결과로 우리가 더 산만해지고 집중력을 유지하는 능력이 떨어졌다고 제안한다(Carr, 2010). "알파벳과 숫자체계를 제외하고, 인터넷은 일반적으로 사용되는 가장 강력한 정신 변화 기술일 수 있다"(Carr, 2010, p. 116). 카(Carr, 2010)는 인터넷에서 정보의 양과 접근성이 사람들로 하여금 아이디어를 피상적으로 검토하도록 장려하며, 이러한 얕은 처리가 우리의 인지 발달에 부정적인 영향을 미치고 있다고 주장한다. "[우리가] 개인 기억의 대체물로 웹을 사용하기 시작할 때, 통합의 내적 과정을 우회하면서 우리는 마음의 풍요로움을 비울 위험에 처해 있다"(Carr, 2010, p. 192).

컴퓨터에 대한 쉬운 접근이 실제로 우리 학생들의 사고와 인지 발달에 부정적인 영향을 미칠 수 있을까? 일부 연구는 '그렇다'고 제안하며, 이는 까다로운 질문을 추가로 제기한다. 예를 들어, 연구에 따르면, 컴퓨터 기술의 발달은 학생들에게 가정용 컴퓨터를 제공했다는 것이 유일한 중요한 교육적 이점이라고 할 수 있다. 반면, 가정용 컴퓨터 보급과 함께 수학, 언어 예술 및 작문 등의 학업성취도는 실제 일부 경우, 특히 저소득층 학생들의 경우 감소했다. 학생들은 컴퓨터를 정보에 접근하고 학습 보조 도구로 사용하는 대신 비디오 게임을 하고 사회화하는 데 사용했다(Malamud & Popeleches, 2010; Stross, 2010; Vigdor & Ladd, 2010). 국제 연구는 이러한 발견을 확인한다(Belo, Ferreira, & Telang, 2010). 또한 연구에 따르면 대부분의 청소년은 스마트폰과 기타 기술을 새로운 정보의 원천이 아니라 사회화를 위한 수단으로 보고 있다고 한다(Warschauer, 2011). 인터넷에 있는 방대한 양의 정보와 학생들이 좋은 사이트와 나쁜 사이트를 구별하고 다양한 출처의 정보를 통합할 수 없다는 것이 문제인 것이다(Afflerbach & Cho, 2010; Manning, Lawless, Goldman, & Braasch, 2011). 교육자로서 우리는 학생들이 인터넷을 생산적으로 사용할 수 있도록 더 잘 준비시켜야 한다.

그러나 모든 전문가가 학습과 발달에 대한 기술의 영향에 대해 이러한 비관적인 견해를 공유하는 것은 아니다. 하버드 대학교의 심리학자인 스티븐 핑커(Steven Pinker, 2010)는 인터넷이 현명하게 사용될 때 학습과 발달을 위한 귀중한 자원이 될 수 있다고 믿는다. 클라이브 톰프슨(Clive Thompson, 2013)은 그의 저서 『Smarter Than You Think』에서 인터넷이 우리의 기억을 대체하는 것이 아니라 증강시킨다고 주장하며, 그는 인터넷이 우리가 다른 사람들과 소통하고 이해할 수 있는 길을 열어준다고 주장한다. 또한 일부 연구에 따르면 어린이 교육 프로그램을 시청하는 것이 초기 문해력과 수학 기술 향상 및 초등학교 성적 향상과 관련이 있는 것으로 나타났다(Linebarger & Piotrowski, 2010). 그러나 다른 연구에 따르면 어린이들이 프라임타임 쇼와 만화를 시청하는 시간이 길수록 독서와 다른 사람들과 상호작용하는 시간이 줄어들고 학업 기술이 떨어지는 것으로 보고하고 있다(Sisson, Broyles, Newton, Baker, & Chernausek, 2011). 또한 연구에 따르면 광범위한 TV 시청과 공격성 및 성 고정관념 사이의 연관성도 발견되었다고 한다(Collins, 2011; Hofferth, 2010; Kahlenberg & Hein, 2010).

기술 지지자들은 또한 1900년대 초 지능검사가 처음 시작된 이래로 평균 지능검사 점수가 꾸준히 상승해 왔다는 결론을 내린 플린효과(Flynn effect)를 지적한다(Flynn, 1999). 전문가들은 TV와 인터넷과 같은 기술을 포함한 다양한 환경 자극에 노출되는 것이 이러한 상승 추세에 기여한다고 믿는다(Nettelbeck & Wilson, 2010).

그리고 종종 액션과 폭력을 주요 초점으로 하는, 현재 많은 비난을 받는 비디오 게임도 연구자들로 하여금 그들의 입장을 재고하게 만드는 연구들도 있다. 일부 연구에 따르면 비디오 게임은 실제로 시력, 주의력, 공간 추론 및 의사 결정에 긍정적인 영향을 미칠 수 있다고 한다(Denworth, 2013). 그리고 다른 연구에서는 비디오 게임이 노인 플레이어의 단기 기억력과 장기 집중력을 향상시킬 수 있다는 것을 발견했으며, 이러한 뇌 변화 결과는 연구자들이 주의력을 제어하는 뇌 부분인 전두엽 피질에서 활동이 증가한 것을 발견함으로써 확인되었다(Anguera et al., 2013). 그러나 전문가들은 여전히 대부분의 비디오 게임에 만연한 폭력에 대해 신중한 입장을 취하고 있다(Denworth, 2013; Gentile, 2011).

언어 발달과 관련하여 유사한 논쟁이 존재한다. 예를 들어, 젊은이들의 단문의 문자 메시지 사용 관행은 사람들이 표준 언어를 정확하고 효과적으로 사용할 수 있는 능력에 미치는 영향에 대한 의문을 제기했다. 일부 연구에 따르면 'techspeak'(동음이의어, 생략, 불필요한 문자 및 이니셜을 사용하여 빠르게 문자 메시지를 보내는 등의 단축키)의 사용은 사람들이 techspeak과 일반적인 문법 규칙 사이를 전환하는 능력을 방해한다고 한다(Cingel & Sundar, 2012). 심지어 대중매체에서도 "문자 메시지가 영어를 죽이고 있는가?"라는 질문을 제기하기도 한다(McWhorter, 2013). 일부 연구자들은 이 같은 비판에 동의하지 않으며, 문자 메시지가 실제로 언어 발달을 개선하고 있다고 주장한다(Patterson, 2011).

그렇다면 기술이 인지 및 언어 발달을 방해하고 있는 것일까? 여러분은 이 질문에 대해 스스로 답할 수 있는 최상의 위치에 있다고 할 수 있다. 여러분이 일상생활에서 자주 문자 메시지를 보내고, 페이스북이나 트위터(현 ×), 스냅챗, 링크드인 등 다양한 형태의 소셜 미디어를 사용할 가능성이 높다고 보인다. 이러한 관행이 여러분 자신의 인지 및 언어 발달에 어떤 영향을 미치고 있다고 생각하는가? 오직 당신만이 이 질문에 답할 수 있을 것이다.

더 넓은 의미에서, 그리고 교수와 학습에 대한 많은 질문과 마찬가지로, 발달에 대한 기술의 영향에 대한 질문은 단순한 '예' 또는 '아니요'로 대답할 수 없다. 예를 들어, 인터넷은 의심할 여지없이 엄청난 정보의 원천이다. 우리는 종종 "구글에서 무엇이든 찾을 수 있다"고 농담한다. 반면에, 공부 대신 비디오 게임을 하거나 페이스북에서 대화하는 등의 부적절한 사용은 실제로 학습과 발달을 저해할 가능성이 있다.

한 가지 분명한 메시지가 있다. 단순히 학생들을 기술에 노출시키는 것만으로는 학습이 이루어지지 않으며 오히려 학습을 방해할 수도 있다는 것이다. 학생들이 기술로부터 최대의 이점을 얻으려면 명확한 학습목표와 신중한 계획이 필수적이다. 그리고 우리는 부모와 긴밀히 협력하여 기술이 학습과 발달에 기여하려면 적절하게 사용되어야 한다는 것을 이해하도록 도와야 한다.

교육심리학을 교수에 활용하기: 학생들의 언어 발달 촉진하기

비고츠키는 언어가 인지 발달에 필수적이라고 믿었으며, 간단히 말해서 언어 기술을 발달시키기 위해서는 학생들과 우리 모두가 연습해야 한다. 그리고 우리가 더 많은 연습을 할수록 더 완전하게 인지 능력이 발달하게 된다.

APA의 20가지 주요 원칙

연습에 대한 강조는 유치원–12학년(초·중등학교)까지 교수 및 학습을 위한 심리학의 20가지 주요 원칙 중 원칙 5: 장기 지식과 기술의 습득은 주로 연습에 의존한다는 것을 적용한 것이다. 우리는 여러 가지 방법으로 학생들에게 연습할 기회를 제공할 수 있다.

어휘 개발을 위한 제안 어휘 개발과 관련하여 명칭(label)과 개념(concept)의 구별은 중요하다. 예를 들어, 우리에게 iblik은 본질적으로 무의미한 명칭이지만 리묵에게 iblik은 훨씬 더 많은 것이다. 명칭은 좋은 사냥을 보장하는 부드럽고 결정체가 없는 눈의 정신적 개념(개념)에 부착되어 있다. 이것은 어휘 개발에 어휘(명칭)에 부착된 개념(정신적 구성)이 포함되어야 함을 시사한다. 개념이 없으면 명칭은 무의미한 단어이다. 이것은 특히 영어가 모국어가 아닌 우리 학생들에게 중요하다. 왜냐하면 명칭이 그들에게 의미가 있을 가능성이 적기 때문이다.

그래서 우리는 무엇을 해야 할까? 첫째, 새로운 어휘를 접할 때 우리는 어휘(명칭)로 표현되는 개념을 설명하기 위한 예를 제공한다. 예를 들어, 사회 연구 토론에서 우리가 오늘날의 정치 세계에서 관련이 있는 과두제와 패권이라는 용어를 접한다고 가정해 보자. 예가 없다면 우리 학생들은 iblik과 같은 상황에 처할 것이다. 그 용어들은 무의미한 명칭이다.

우리는 이러한 상황에서 간단한 방식으로 의미 있는 예를 쉽게 제공할 수 있을 것이다.

19세기에 영국은 주로 귀족 계급, 즉 돈과 지위를 가진 가문에서 태어난 사람들에 의해 통치되었습니다. 이 소수의 사람들은 기업과 정부 모두에서 리더십을 제공했으며, 그들은 영국 사회의 나머지를 지배했습니다. 그들은 과두제였고 그들은 나라의 하층 계급에 대한 패권을 가지고 있었습니다.

그런 다음 우리는 현재 러시아의 대다수 러시아 국민에 대한 패권을 행사하고 있는 러시아 대통령 블라디미르 푸틴 주변의 사람들이 과두제를 형성하고 있는 것과 같은 다른 예를 참조할 수 있다. 우리는 심지어 괴롭힘을 당하는 학생들에 대해 괴롭히는 학생들이 어느 정도 패권을 가지고 있는지에 대해 논의하는 것과 같은 활동도 생각해 볼 수 있을 것이다.

전국교사자질위원회(NCTQ)

지금까지 논의는 다시 한번 모든 신임 교사가 알아야 할 6가지 필수 교수 전략 중 하나로 예를 사용하고 이를 추상적인 아이디어와 연결하는 것에 대한 전국교사자질위원회(NCTQ)의 강조점을 보여 준다. "2. 추상적인 개념을 구체적인 표현과 연결하기. 교사는 포괄적인 아이디어를 설명하는 구체적인 예를 제시하고 예와 큰 아이디어가 어떻게 연결되는지 설명해야 한다"(Pomerance, Greenberg, & Walsh, 2016, p. vi).

잘 쓰여진 교과서는 중요한 개념을 굵은 글씨로 표시하고, 구체적인 예로 설명하며, 정의를 제공하고, 장 끝에 나열함으로써 이 과정을 돕는다. 이는 학습자가 자신이 공부하고 있는 내용 영역의 어휘를 개발하는 데 도움이 된다.

이 섹션의 시작 부분에서 우리는 먼저 예를 제공하여 학습자가 어휘에 연결된 개념을 갖도록 해야 한다고 말했다. 그런 다음 학생들에게 쓰기와 말하기에서 어휘를 연습할 기회를 제공해야 한다. 우리가 어떻게 이것을 할 수 있는지 다시 살펴보도록 하자.

쓰기 개발을 위한 제안   언어 발달에서 쓰기에서의 연습 중요성은 아무리 강조해도 지나침이 없다. 문자 그대로 연습은 사람들이 쓰기를 배우는 유일한 방법이며, 이는 모든 내용 영역에 적용된다(Tompkins, 2017). 예를 들어 우리가 과학이나 사회 교사라고 해서 쓰기가 덜 중요하다는 것을 의미하지는 않는다. 학생들이 글을 쓰면서 과학, 사회, 또는 다른 모든 내용 영역의 어휘를 사용하는 귀중한 연습을 할 수 있다. 그리고 과학, 역사 또는 다른 내용에 대해 글을 쓸 때 그들은 또한 올바른 문법과 구문을 사용하는 연습을 하게 된다.

우리는 모델 단락, 짧은 에세이, 질문에 대한 응답을 미리 준비하여 학생들의 글쓰기를 지원할 수 있다. 이는 글쓰기의 예를 제공하는 것이다. 이러한 모델을 준비하면 주제를 다음에 가르칠 때 사용할 수 있으므로 한번 준비하면 이후 거의 추가 작업이 필요하지 않다. 교실에는 이제 문서 카메라가 있기 때문에 이를 찍고 공유하면서 우리는 또한 쉽게 학생 작품을 함께 분석할 수 있다. (이 경우 익명성을 보존하기 위해 이름을 가리는 것을 고려할 필요가 있다.) 이는 좋은(그리고 나쁜) 글쓰기의 추가 예를 제공한다.

말하기 능력 개발을 위한 제안   쓰기 외에도 말하기는 학생들이 어휘와 올바른 구문 및 문법을 모두 연습할 수 있는 또 다른 기회를 제공한다. 그리고 모든 형태의 언어 발달과 마찬가지로 학생들이 말하기를 더 많이 연습할수록 그들의 능력은 더 충분히 발달한다(Tomasello, 2011). 따라서 우리의 교육은 학생들에게 말하기 연습의 기회를 제공해야 하며, 질문과 그룹 활동은 우리가 그 연습을 촉진하기 위해 가지고 있는 주요 방법들이다. 질문을 할 때는 전체 학급을 대상으로 하고, 모든 학생들에게 응답에 대해 생각할 시간을 준 다음 개인을 호명해 응답하게 해야 한다(Good & Lavigne, 2018). 학생들이 자신의 생각을 말로 표현하는 데 어려움을 겪을 때(그리고 그들은 때때로 필연적으로 어려움을 겪을 것이다.) 우리는 프롬프트로 지원을 제공할 수 있다. 이것은 과학과 수학과 같은 내용 영역에서 특히 중요하다. 이러한 영역에서 언어를 사용하는 것은 다른 내용 영역보다 더 중요한데, 어휘가 학생들에게 종종 새롭고 낯설기 때문이다. 우리가 제공할 수 있는 지원의 종류에 대해 다음 사례를 살펴보자.

중학교 과학 교사인 소냐 웨더스비(Sonja Weathersbee)는 학생들이 볼 수 있도록 테니스공을 들어 올린 다음 떨어뜨린다.

"공이 떨어지면서 공의 상대적인 위치 에너지와 운동 에너지의 변화를 설명하세요, …… 일레인(Elaine)" 웨더스비 선생님이 말한다.

"……"

"위치 에너지란 무엇인가요?"

"저장된 에너지예요."

"좋아요, …… 그럼 위치 에너지는 어디서 가장 큰가요?"

"…… 공을 잡고 있는 꼭대기에서요."

"그럼, 계속해서 그것을 설명해 보세요."

"…… 위치 에너지는 공을 잡고 있는 꼭대기에서 가장 큽니다." 일레인이 마침내 말한다.

"훌륭해요. …… 이제 공이 떨어지면서 위치 에너지에 어떤 일이 일어나는지 설명해 보세요, …… 데릭(Derek)"

"…… 공이 떨어지면서 위치 에너지는 감소해요."

"잘했어요, 데릭. …… 이제 운동 에너지에 대해 논의해 봅시다."

여기서 우리는 웨더스비 선생님이 알레인이 테니스공의 위치 에너지를 이해하는 데 상당한 지원을 제공해야 했음을 알 수 있다. 그러나 그녀는 알레인을 질문에 대한 올바른 답변으로 이끈 후에 멈추지 않았다. 그녀는 "그럼, 계속해서 그것을 설명해 보세요."라고 말함으로써 알레인의 언어 사용을 격려했고, 그 결과 알레인은 "위치 에너지는 공을 잡고 있는 꼭대기에서 가장 큽니다."라고 말했다.

이러한 유형의 연습에는 세 가지 이점이 있다. 첫째, 알레인에게 낯선 어휘인 위치 에너지에 대한 추가 경험을 제공했다는 것이다. 둘째, 그녀에게 말하기 연습을 제공했고, 셋째, 언어를 사용하는 것은 그녀의 인지 발달을 촉진했다. 이것은 인지 발달과 언어의 상호 의존성에 대한 비고츠키의 믿음을 보여 주는 또 다른 예시이다.

소그룹 활동은 또한 전체 그룹 교육에서는 존재하지 않을 수 있는 연습 기회를 학생들에게 제공할 수 있다. 왜냐하면 3~4명의 그룹에서 이야기할 기회가 25명 이상의 학급에서보다 더 많기 때문이다. 그러나 학생들이 그룹 활동을 잡담의 기회로 사용하지 않도록 주의 깊게 모니터링해야 한다.

쓰기에서와 마찬가지로, 학생들이 말하기에서 어휘를 연습할 때는 올바른 구문과 문법을 사용해야 한다. 예를 들어, "Tanya and her"는 "Who went downtown?"라는 질문에 대해 문법적으로 잘못되었지만 흔한 대답이다. 학생들이 잘못된 문법을 사용할 때, 우리는 "아, 'Tanya and she went downtown'을 의미하는구나."와 같은 진술로 올바른 응답을 모델링할 수 있을 것이다. 이처럼 학생의 대답에 틀렸다고 비판하지 않고 올바른 구문과 문법을 모델링하는 것은 영어가 모국어가 아닌 학생들에게 특히 중요하다.

읽기 및 듣기 기술 개발을 위한 제안   일단 학생들이 단어를 정확하게 해독하고 발음하는 능력인 유창성을 개발하면, 이후 이해력은 우리가 학생들에게 개발하려고 하는 필수적인 읽기 능력이다. 이해력은 학생들이 읽고 있는 내용을 이해한다는 것을 의미하며, 배경지식과 연습이 이 이해에 큰 영향을 미친다.

우리는 계속해서 예시의 중요성을 강조하고 있으며, 웨더스비 선생님의 위치 에너지에서 운동 에너지로의 전환에 대한 간단한 시연이 그 예시이다. 시연 후에는 두 가지 형태의 에너지에 대해 읽는 것이 더 쉽고 이해하기 쉬울 것이다.

예시는 웨더스비 선생님의 시연과 같은 시연, 우리가 앞서 과두제와 패권을 설명하기 위해 사용한 것과 같은 짧은 예시, 비디오 클립, 그림 등 다양한 형태로 존재할 수 있다. 예를 들어, 학생들에게 다양한 아메리카 원주민의 주거지, 버팔로 사냥 방법, 다른 종류의 음식 수집 방법에 대한 사진을 보여 주는 것만으로도 그들의 문화에 대해 듣거나 읽는 것을 더 의미 있게 만들 수 있다(Collins, 2010; Manolitsis, Georgiou, & Parrila, 2011).

본질적으로, 연습은 피아제와 비고츠키가 인지 발달을 촉진하는 데 강조하는 경험을 학생들에게 제공하는 것과 같으며, 이는 언어와 인지 발달 사이의 밀접한 관계를 다시 한번 보여 준다.

교실과의 연계

교실에서 언어 발달을 촉진하기

1. 언어 발달은 언어를 듣고 사용할 수 있는 기회에 달려 있다. 학생들에게 교실에서 말하기, 듣기, 쓰기를 연습할 수 있는 활동을 제공하라.
   - **초등학교**: 서로 다른 분모를 가진 분수의 덧셈 문제를 해결한 학생에게 4학년 교사가 말한다. "자, 정확히 무엇을 했는지 설명해 주기 바랍니다. 설명할 때 우리가 배웠던 용어들을 모두 포함시키는 거 잊지 말길."
   - **중학교**: 미국 혁명에 대해 공부하면서 8학년 역사 교사가 학생들에게 말한다. "자, 이제 우리가 논의했던 미국, 프랑스, 러시아 혁명 사이의 유사점을 글로 정리할 시간을 가져 보세요."
   - **고등학교**: 유전학에 대해 토론하면서 생물 교사가 말한다. "하이브리드라는 용어가 무엇을 의미하는지 여러분 나름대로 설명해 보세요. 우리가 논의해 왔던 유전자형과 표현형이라는 용어와는 어떤 관련이 있을까요?"

2. 언어 발달은 학생들이 정서적으로 안전하고 지지적인 환경에서 연습할 것을 요구한다. 학생들이 언어를 연습할 때 안전함을 느낄 수 있는 교실의 정서적 분위기를 조성하라.
   - **초등학교**: 3학년 학생이 문제를 어떻게 해결했는지 설명하는 데 어려움을 겪자 교사가 말한다. "괜찮아. 우리 모두 자신을 표현하는 데 어려움을 겪어. 연습할수록 점점 더 잘할 수 있을 거야."
   - **중학교**: 학생이 미국, 프랑스, 러시아 혁명의 유사점을 설명하려 애쓰는 가운데 몇몇 학생들이 킥킥거리자 교사가 엄숙하게 말한다. "우리는 급우가 자신의 생각을 설명하려 할 때 공손히 경청해야 합니다. 우리는 서로를 지지하기 위해 여기 있는 겁니다."
   - **고등학교**: "하이브리드가 뭔지는 알겠는데 정확히 말로 표현할 수가 없어요."라고 말하는 학생에게 생물 교사가 말한다. "괜찮아요, 우리 모두 어려움을 겪죠. 해 볼 수 있는 만큼 해 보세요. 거기서부터 시작하면 돼요."

3. 이해심 있고 지지적인 교사는 건강한 언어 발달의 필수 요소이다. 학생들이 언어 사용에 어려움을 겪을 때 스캐폴딩을 제공하라.
   - **초등학교**: 5학년 학생이 "저는 이 세 숫자들을 보고 무엇인가 찾으려고 했는데……"라고 말하며 어떻게 최소공배수를 찾는지 어려움을 겪자, 교사가 "그래 여기서는 최소공배수를 찾으려고 해야 해. 같이 해 볼까?"라고 말을 건넨다.
   - **중학교**: 학생이 미국, 러시아, 프랑스 혁명의 차이점을 설명하려 시도하면서 망설이자, 역사 교사가 말한다. "먼저 세 혁명이 공통적으로 가지고 있던 한 가지를 설명해 보면 어떨까?"
   - **고등학교**: 학생의 어려움에 대응하여 생물 교사가 말한다. "하이브리드가 어떻게 생겼는지, 그리고 부모와는 어떻게 다른지 같이 찾아볼까?"

학교급별 적용

학습자의 연령에 따른 인지 및 언어 발달 촉진

유아교육 프로그램 및 초등학교 교실에서의 학생 지도

유아 및 초등학생은 많은 개념을 학습할 수 있는 능력이 있지만, 발달을 촉진하기 위해서는 구체적인 예시가 필요하다. 예를 들어, 분수를 설명하기 위해 캔디 바의 정사각형 조각을 사용하거나, 동물의 외골격을 시연하기 위해 실제 게를 사용하고, 지역사회의 개념을 설명하기 위해 학생들의 이웃 경험을 활용하는 것은 모두 효과적일 수 있다.

초등학교 교사라면 언어 발달이 가장 중요한 목표 중 하나가 될 것이다. 전체 그룹 및 소그룹 활동에 적극적으로 참여하고, 학습하고 있는 주제에 대해 글을 쓰는 것은 초등학생들에게 언어 발달에 필수적인 연습 기회를 제공한다.

어린 아동을 지도할 때는 개인차에 민감해야 한다. 예를 들어, 남학생의 언어 능력은 여학생보다 발달 속도가 느리며, 일부 소수민족 학생들은 대화 상대로서 성인과 상호작용하는 것이 불편할 수 있다.

질문하기는 언어 발달을 촉진하기 위해 우리가 가진 가장 유용한 도구 중 하나이다. 질문은 학생들에게 고급 어휘와 모범적인 문장 구조에 접근할 수 있는 기회를 제공하며, 학생들 자신의 발전하는 언어 능력을 연습할 기회도 제공한다. 학생들이 어려움을 겪을 때, 질문에 대한 프롬프트와 모범 답변을 제공하는 것은 효과적인 스캐폴딩 형태이다. 응답을 정교화하는 것은 또한 정확한 문법과 구문을 모델링할 기회를 제공한다.

어린 학생들의 작업기억은 여전히 발달 중이므로 복잡한 지시를 이해하는 능력이 제한된다. 이러한 학생들을 위해서는 지시 사항을 단순화하는 것이 중요하다.

중학교 학생 지도

중학생의 인지 발달은 상당히 다양하다. 일부 학생은 추상적인 개념을 빠르게 이해하는 반면, 다른 학생들은 어려움을 겪을 것이다. 중학생의 사고는 여전히 구체적 조작 단계에 머물러 있으므로, 추상적인 개념을 의미 있게 만드는 구체적인 경험이 여전히 필요하다.

중학생들은 대수 입문 및 대수와 같이 점점 더 추상적으로 변해가는 내용 영역에서 작업할 때 많은 스캐폴딩 설정이 필요하다. 자신의 생각을 말로 표현하는 연습을 많이 할수록 언어 발달과 인지 발달이 모두 더 충분히 발달할 것이다. 형성평가는 교사가 각 학생의 근접발달영역 내에서 교육을 진행하고 있는지 확인하는 데 도움이 될 것이다.

사회적 상호작용은 중학생들에게 점점 더 중요해지며, 이는 우리가 가르칠 때 기회와 도전 과제를 모두 제시한다. 잘 조직된 그룹 활동은 학생들이 다양한 관점에 노출되고 발달 중인 언어를 연습할 수 있는 기회를 제공할 수 있다.

중학생의 듣기 능력은 여전히 발달 중이므로 칠판이나 문서 카메라에 정의와 기타 중요한 아이디어를 표시하는 것이 중요하다. 중학생의 복잡한 문장 구조 사용 능력과 비유적 언어 및 은유적 언어에 대한 이해력도 발달하고 있다(Berk, 2019a).

고등학생 지도

고등학생은 연령상 형식적 조작 단계에 있지만, 추상적으로 사고하는 능력은 이전의 지식과 경험에 달려 있다. 새로운 개념이 도입될 때, 고등학생들은 여전히 구체적인 예시가 필요하다. 질문과 학급 토론은 학생들에게 언어를 연습할 기회를 제공하므로 강의보다 더 효과적인 교수 전략이 된다.

고등학생에게 학습의 사회적 차원은 강력한 역할을 한다. 자신의 외모와 다른 사람들이 자신을 어떻게 생각하는지가 중요하다. 고등학생들은 사회적 교류를 좋아하기 때문에, 주의 깊게 모니터링하여 단순히 사회적 경험이 되지 않도록 한다면 주기적인 소그룹 활동이 효과적일 수 있다.

고등학생들은 어른스러워 보이고 싶어 하며 때로는 전체 학급 활동에 참여하기를 주저한다. 그래서 참여를 장려하기 위해 가능한 한 모든 학생을 공평하게 지명하는 이유를 설명하는 것이 중요하다. 그들은 종종 자신이 어떤 개념을 이해하지 못한다는 사실을 숨기고 싶어 하므로 질문하기를 꺼려 한다. 따라서 질문이 없다고 해서 반드시 학생들이 교사가 가르치는 내용을 이해한다는 의미는 아니다. 특히 비형식적 평가의 한 형태로서 질문하기는 이러한 학생들에게 중요하며, 그들의 대답 능력은 발달하고 있는 이해력을 나타낼 것이다.

교과 내용에 상관없이 고등학생들에게 글쓰기 연습을 제공하는 것이 중요하다. 문자 메시지와 소셜 미디어로 인해 고등학생들에게 글쓰기에서 문법, 철자 및 구두점을 올바르게 사용하는 연습 기회를 제공하는 것이 과거보다 더욱 중요해졌다 (Pence, Turnbull, & Justice, 2012). 우리 모두와 마찬가지로 학생들은 글을 많이 쓸수록 더 능숙해지므로 연습이 많을수록 좋다.

제2장 요약

1. 발달을 설명하고 브론펜브레너의 이론이 발달에 대한 우리의 이해에 어떻게 기여하는지 설명하시오.

   - 발달은 사람들이 유아기에서 성인기로 성장하면서 일어나는 신체적·인지적·사회적·정서적 변화를 설명한다.
   - 발달 원리는 발달이 유전과 환경에 모두 의존하고, 연속적이고 비교적 질서 정연하며, 학습자들이 서로 다른 속도로 발달한다는 것을 시사한다.
   - 브론펜브레너의 발달 이론은 환경의 다양한 측면이 서로 그리고 유전자와 상호작용하여 발달에 영향을 미치는 방식을 설명한다.

2. 신경과학이 발달을 이해하는 데 어떻게 도움이 되는지 설명하시오.

   - 신경과학은 뇌, 척수, 감각기관 및 이러한 기관을 신체의 나머지 부분과 연결하는 신경을 포함하는 신경계에 대한 과학적 연구이다.
   - 뇌는 신경계의 가장 두드러진 구성 요소이며 신경과학 연구의 주요 대상이다.
   - 신경가소성의 개념은 뇌가 새로운 경험에 반응하여 물리적으로 변할 수 있음을 상기시켜 준다.
   - 우리가 경험을 할 때, 메시지는 전기 충격을 통해 한 뉴런에서 다른 뉴런으로 전달된다. 반복된 경험은 뉴런 사이에 영구적인 관계를 초래할 수 있으며, 문자 그대로 뇌를 재배선한다. 이는 경험과 의도적 연습이 왜 그렇게 중요한지 이해하는 데 도움이 된다.
   - 신경과학과 관련하여 많은 논란과 신화가 진화해 왔는데, 가장 흔한 두 가지는 학습 양식의 중요성과 좌뇌와 우뇌 우세성 개념이다.

3. 피아제의 지적 발달 이론의 개념을 사용하여 교실과 일상생활의 사건을 설명하시오.

   - 피아제 이론의 개념은 왜 사람들이 삶에서 질서와 확실성을 원하는지, 그리고 새로운 경험에 반응하여 어떻게 사고를 적응시키는지 설명하는 데 도움이 된다.
   - 피아제에 따르면, 사람들은 자신의 경험을 이해하고 평형을 달성하는 데 도움이 되는 도식으로 경험을 조직한다.
   - 새로운 경험은 기존의 도식으로 설명할 수 있다면 동화된다. 새로운 경험을 기존의 도식으로 설명할 수 없다면 적응과 사고의 변화가 필요하다.
   - 성숙과 물리적·사회적 세계와의 경험은 발달을 촉진한다.
   - 아동이 발달함에 따라, 전조작기 사고자의 지각적 우세에서부터 형식적 조작기 사고자의 논리적이고 가설적으로 사고할 수 있는 능력에 이르기까지 일반적인 사고 패턴을 설명하는 단계를 거친다.
   - 학습자는 일반적인 단계에 구속되지 않는다. 일부는 연령으로 예측할 수 있는 것 이상의 사고를 보여 주는 반면, 다른 이들의 사고는 연령보다 아래 발달 단계를 더 잘 반영한다.

4. 비고츠키의 사회문화이론을 사용하여 언어, 문화 및 교육 지원이 발달에 어떤 영향을 미치는지 설명하시오.

   - 비고츠키는 인지 발달을 사회적 상호작용, 언어, 문화 간의 상호작용으로 설명한다.
   - 사회적 상호작용과 언어는 아동이 스스로 습득할 수 없는 이해를 발달시켜 발달을 촉진하는 데 도움이 되는 메커니즘과 도구를 제공한다.
   - 사회적 상호작용과 언어는 발달을 촉진하기 위한 메커니즘으로 문화의 언어를 사용하는 문화적 맥락에 내재되어 있다.

5. 언어와 인지 발달의 관계와 학생들의 언어 발달을 촉진하기 위해 우리가 할 수 있는 일을 설명하시오.

   - 아동은 초기에 한 단어와 두 단어 발화의 기초에서 복잡한 문장 구조를 포함하는 정교한 언어로 발전한다.
   - 학령기 동안의 언어 발달은 단어의 의미(의미론), 문법(구문론), 듣기, 읽기, 쓰기를 통해 학습하기 위한 언어 사용에 초점을 맞춘다.
   - 우리는 학생들에게 모든 형태의 발달에 필수적인 언어를 연습할 수 있는 경험과 기회를 제공함으로써 학생들의 언어 발달을 촉진할 수 있다.

자격증 시험 준비하기

인지 및 언어 발달 이해하기

여러분은 교사가 되기 위해 자격증 시험을 치러야 할 것이다. 이 시험에는 인지 및 언어 발달과 관련된 정보가 포함될 것이며, 다음 연습문제들은 자격증 시험에 출제되는 문제들과 유사하다. 이 연습문제들은 여러분이 시험을 준비하는

데 도움을 주기 위해 고안되었다. 이 책과 연습문제들은 여러분이 시험을 준비할 때 좋은 참고 자료가 될 것이다.

다음 사례 연구에서 8학년 과학 교사인 캐런 존슨(Karen Johnson)은 질량, 부피, 밀도와 같은 과학의 기본 개념을 학생들이 이해하도록 돕고 있다.

"우리 학생들이 어려워하고 있어요." 그녀가 동료에게 한탄한다. "이런 개념들은 우리의 일상생활에서 중요해요. 예를 들어, 우리는 짙은 안개, 엄청난 변화, 대량 거래 등에 대해 듣죠. …… 하지만 우리 아이들에게는 질량과 밀도가 같은 거예요. 그리고 크기가 크면 질량도 더 많고 밀도도 더 높다고 생각하죠. …… 뭔가 해야 해요."

존슨 선생님은 이 문제에 대해 생각하고, 약간 초보적으로 보일지라도 다른 방법을 시도하기로 결심한다.

그래서 월요일, 그녀는 여기에서 볼 수 있듯이 솜뭉치가 가득 찬 컵을 보여 주면서 수업을 시작한다.

그녀는 학생들에게 컵과 솜뭉치를 관찰하게 하면서, 부피는 차지하는 공간의 양이므로 솜의 부피는 컵 안에서 차지하는 공간의 양이라는 개념으로 이끈다. 그녀는 계속해서 학생들을 질량이란 물질에 포함된 재료의 양, 예를 들어 솜의 양을 의미한다는 개념으로 이끈다.

그런 다음 존슨 선생님은 솜뭉치를 압축하여 컵 안으로 밀어 넣는다.

"자, 솜을 압축하기 전과 비교했을 때 질량이 같나요, 다른가요? …… 자닌(Janine)?"

"…… 같아요." 그녀가 망설이며 대답한다. "어떻게 알 수 있죠?" …… 잭(Zach)?"

존슨 선생님의 약간의 도움으로, 잭은 결론을 내린다. "……

솜의 총량은 같아요. 우리는 솜뭉치를 빼내거나 넣지 않았어요."

"부피는 어때요? …… 하신타(Jacinta)?"

"줄었어요. …… 더 적은 공간을 차지하고 있어요." 하신타가 과제에 익숙해지며 재빨리 대답한다.

"아주 좋아요. …… 이제 우리는 더 적은 공간에 같은 양의 질량을 가지고 있으므로, 솜의 밀도가 더 높아졌어요." 존슨 선생님이 설명한다.

존슨 선생님은 그런 다음 저울에 같은 부피의 물과 식물성 기름을 올려놓는 것과 같은 추가 예시를 제공한다. 그렇게 하기 전에, 그녀는 학생들에게 저울의 어느 쪽이 내려갈 것인지 예측해 보라고 한다. 대부분의 학생들은 기름이 물보다 '더 걸쭉하다'고 생각하며 기름 쪽이 내려갈 것이라고 예측한다.

학생들이 놀랍게도, 물이 있는 쪽이 내려가는데, 이는 물이 기름보다 더 밀도가 높다는 것을 의미한다.

"아, 알겠어요." 에단이 거의 소리치듯이 말한다. "그래서 기름이 물 위에 뜨는 거예요. 밀도가 더 낮으니까요."

그런 다음 학생들은 인구 밀도, 그물눈이 촘촘한 창문 스크린과 성긴 창문 스크린 등의 다른 예시에 대해 토론한다.

존슨 선생님은 그들에게 짙은 구름이 무엇을 의미하는지 물어보고, 그들은 그 질문에 대해 토론하고, 수업 시간이 거의 끝나가는 것을 보고, 존슨 선생님은 수업을 마무리한다.

사례 분석을 위한 질문

이 질문들에 답할 때, 앞에 제시된 사례 정보를 사용하고, 여러분의 답변을 사례의 구체적인 정보와 연결하시오.

객관식 질문

1 존슨 선생님의 대부분의 학생들은 기름이 더 걸쭉하기

때문에 저울의 기름 쪽이 내려갈 것이라고 결론을 내렸다. 다음 중 피아제의 연구에서 이 예시에 나타난 학생들의 사고방식을 가장 잘 설명하는 개념은 무엇인가?

  a. 자아중심성(Egocentrism)

  b. 중심화(Centration)

c. 스캐폴딩 설정(Scaffolding)

d. 근접발달영역(Zone of proximal development)

2. 존슨 선생님의 학생들은 8학년생이었습니다. 사례 연구의 정보에 근거할 때, 그들은 피아제의 인지발달 단계 중 어느 단계에 있을 가능성이 가장 높은가?

a. 감각운동기　　　b. 전조작기

c. 구체적 조작기　　d. 형식적 조작기

주관식 질문

1. 존슨 선생님은 학생들의 근접발달영역 내에서 수업을 진행했는가? 그렇게 생각하는 이유 또는 그렇게 생각하지 않는 이유를 설명하시오. 존슨 선생님은 어떤 형태의 스캐폴딩 설정을 제공했는가? 그 스캐폴딩 설정은 얼마나 효과적이었는가?

중요 개념

개인적·사회적·정서적 발달(personal, social, and emotional development)

거시체계(macrosystem)

과소일반화(undergeneralization)

과잉일반화(overgeneralization)

구문(syntax)

근접발달영역(zone of proximal development)

내면화(internalization)

뉴런(neuron)

대상 영속성(object permanence)

도식(schemes)

동화(assimilation)

문법(grammar)

미시체계(microsystem)

발달(development)

발달 단계(stages of development)

발달에 대한 사회문화이론(sociocultural theory of development)

발달에 대한 신피아제적 이론(neo-Piagetian theory of development)

보존(conservation)

분류(classification)

사적 언어(private speech)

사회적 경험(social experience)

서열화(seriation)

성숙(maturation)

수상돌기(dendrites)

수초화(myelination)

스캐폴딩(scaffolding)

시냅스(synapses)

시냅스 가지치기(synaptic pruning)

신경 신화(neuromyth)

신경가소성(neuroplasticity)

신경과학(neuroscience)

신체 발달(physical development)

외체계(exosystem)

의미론(semantics)

인지 도구(cognitive tool)

인지 발달(cognitive development)

자아중심성(egocentrism)

전전두엽 피질(prefrontal cortex)

조절(accommodation)

중간체계(mesosystem)

중심화(centration)

추이성(transitivity)

축삭(axons)

평형 상태(equilibrium)

한 단어 문장(holophrases)

개인, 사회정서, 도덕성 발달

이 장을 공부한 후 여러분은 다음을 할 수 있어야 한다.

3.1 성격 발달에 대해 기술하고, 성격 발달이 학업 및 학교 졸업 이후 삶에서의 성공에 어떤 영향을 끼치는지 설명할 수 있다.

3.2 정체성 발달에 대한 설명을 바탕으로 학습자의 행동을 설명할 수 있다.

3.3 사회정서 발달에 대한 이해를 바탕으로 학생의 행동과 졸업 이후 사람들의 행동에 대해 설명할 수 있다.

3.4 도덕성 발달 이론을 바탕으로 사람들의 윤리적 쟁점에 대한 반응 간 차이를 설명할 수 있다.

APA의 20가지 주요 원칙

이 장에서 명시적으로 다루는 유치원–12학년(초 · 중등학교)까지 교수 및 학습을 위한 심리학의 20가지 주요 원칙은 다음과 같다.

- 원칙 5: 장기 지식과 기술의 습득은 주로 연습에 의존한다.
- 원칙 14: 대인관계와 의사소통은 교수–학습과정과 학생의 사회정서적 발달에 모두 중요하다.
- 원칙 15: 정서적 안녕감은 교육 성과 학습 및 발달에 영향을 미친다.

"당신 스스로가 당신이 이 세상에서 보고 싶어 하는 변화가 되어라"

– 마하트마 간디

앞서 인용한 문구는 이 장에서 학습할 내용과 밀접한 관련이 있다. 왜 그런지는 이 장을 읽어가다 보면 알게 되니, 잠시 참고 아래 내용을 읽어 나가자.

시작하자. 우리가 가르칠 때 우리는 학생들이 남북전쟁의 원인이나 단어 문제 풀이와 같은 지식과 기술 습득뿐만 아니라, 자신의 감정을 조절하고, 타인과 효과적으로 상호작용하며, 정직함과 공정함을 기르는 것 또한 배우길 원한다. 이런 목표는 이 장의 내용인 개인, 사회정서, 도덕성 발달 연구에서 주요하게 다루어진다.

학생을 돕기 위한 자신의 노력에 대해 이야기 중인 두 중학교 선생님의 토론에서부터 시작해 보자.

8학년 영어 교사인 어맨다 켈링거(Amenda Kellinger)는 "아"라고 한숨을 쉬면서 방과 후 교사 휴게실 의자에 앉았다.

친구 빌(Bill) 선생님이 "오늘 힘들었나요?"라고 물었다.

"힘들었지만, 보람은 있었어요." 켈링거 선생님이 웃으면서 대답했다. "숀(Sean)과 만났어요. 꽤 어려운 아이에요. 하지만 진전도 있었네요."

"무슨 일인가요?"

"숀은 특별한 이유도 없이 다른 친구들에게 달려들곤 해요. 친구들이 자기를 성가시게 한다고요. 그래서 숀을 진정시키려고 했죠. 방과 후마다, 숀을 오라고 해서 그날 있었던 일에 대해서 이야기를 나눴어요. 예를 들면, 친구에게 더 따뜻하게 대하고, 발끈하지 않는 연습을 했죠. 오늘은 다른 친구가 숀이 협동 과제에서 협조적이었다고 숀을 칭찬했어요. 숀이 들어올 때 빛이 나더라니까요."

"나도 숀을 알아요.", 빌 선생님이 대답했다. "작년에 맡은 적이 있어요. 숀의 엄마와 대화를 해 봤는데, 태어날 때부터 숀이 많이 갔다고 하더라구요. 그리고 그것 때문에 공부도 어려웠고요."

"그것 때문에 그 아이를 만났어요." 켈링거 선생님이 끄덕였다. "다른 사람들과 잘 지내지 못하면 인생이 힘들어요. 교과 공부를 하는 것처럼 아이들은 다른 사람들과 잘 지내는 방법을 연습하고 나아질 수 있도록 해야 해요. 그게 우리가 여기 있는 이유이지요. 어렵지만 보람된 일이에요."

이 장을 학습하면서 이 대화에 대해 다시 언급할 것이다. 다만 지금은 켈링거 선생님이 숀과 함께 한 일에 대해 생각해 보자. 그녀의 도움 덕분에, 숀은 학교생활뿐만 아니라 미래의 삶에 그가 효과적으로 잘 적응하는 데 도움이 되는 성격을 발달시키고 있다. 우리는 이러한 능력에 주목할 것이다

- 성격 발달: 시간이 변화함에 따라 특정 사건에 반응하는 태도, 감정, 행동의 변화
- 정체성 발달: 서로 다른 영역에서의 능력에 대한 인지적 평가를 포함한 전반적인 자신에 대한 감각의 성장
- 사회정서 발달: 타인의 관점을 이해하고, 타인과 관련된 상황을 건설적으로 처리하며, 자신의 감정을 관리하는 능력
- 도덕성 발달: 옳고 그름에 대한 개념, 정직·타인에 대한 존중과 같은 친사회적 특성의 발달

성격 발달부터 시작할 것이다.

성격 발달

3.1 성격 발달에 대해 기술하고, 성격 발달이 학업 및 학교 졸업 이후 삶에서의 성공에 어떤 영향을 끼치는지 설명할 수 있다.

교육심리학과 당신
친구가 소개팅을 시켜 준 적이 있는가? 있다면, 친구가 데이트 상대가 "성격이 좋아"라고 했다면, 그건 무슨 뜻일까?

성격(Personlaity)은 환경 속 경험에 대한 태도, 감정, 행동적 반응을 묘사하는 포괄적인 용어로, 성격 발달은 이러한 반응에 있어서 긍정적인 변화를 뜻한다. 성격은 인지적 요소를 포함하며, 이는 우리의 사고가 태도, 감정, 행동에 영향을 끼칠 수 있음을 뜻한다(Griffin, Guillette, & Healy, 2015). 예를 들어, 만약 우리가 사소하고 중요하지 않은 도전에 과도하게 반응하는 경향이 있다는 것을 깨달으면, 우리는 우리의 태도와 행동을 조절하기 위한 방안을 의식적으로 취할 것이다. 켈링거 선생님은 숀과 만날 때 성격 발달의 인지적 측면에 초점을 두었다.

연구자들은 일반적으로 성격이 다섯 가지 서로 독립적인 특질로 이루어져 있다고 설명하며, 이를 '성격

5요인(Big 5)'이라 한다(Barford & Smillie, 2016; van Geel, Goemans, Toprak, & Vedder, 2017).

- 외향성(Extraversion): 수다스러운, 적극적인, 사교적인
- 친화성(Agreeableness): 친절한, 관대한, 동정심이 많은
- 개방성(Openness): 상상력이 풍부한, 호기심 많은, 새로운 경험을 추구하는
- 성실성(Conscientiousness): 빈틈없는, 체계적인, 믿음직한
- 신경증성(Neuroticism): 감정적으로 불안정한, 불안한, 자신이 없는

이러한 특성은 '교육심리학과 당신'에서 데이트 상대가 "성격이 좋네"라고 한 말의 의미에 대해 대답할 수 있도록 해 준다. 이런 말을 했다면, 이 말은 상대가 보기에 그 사람이 외향적이며, 친화적이고, 개방성과 성실성이 높고, 정서적으로 안정되어 있다는 것을 뜻한다.

우리는 모든 사람이 긍정적인 성격 특성을 가지고 있다고 믿지만, 이 장의 도입부에서 살펴본 숀처럼 성격과 관련하여 문제가 있는 사람도 있다. 예컨대, 숀은 친화성과 개방성이 낮다. 또한 숀은 부정적 정서에 취약해 보이며, 만약 고쳐지지 않을 경우 학교 또는 생의 후반에 어려움을 겪을 수 있다. 켈링거 선생님이 숀을 돌보는 이유는 이 때문이다.

그렇다면 성격 특성은 어떻게 획득하게 되는가? 유전과 환경이 모두 중요한 역할을 한다. 유전의 영향력부터 살펴보자.

기질

기질(Temperament)은 환경에서 일어나는 사건에 대해 특정한 방식으로 반응하는 경향을 뜻한다. 기질은 상당 부분이 유전에 의해 결정되며, 성격 발달과 양육 및 교사 행동에 대한 아동의 반응 방식에 영향을 끼친다(Slagt, Dubas, Deković, & van Aken, 2016). 예를 들어, 참을성 없고 쉽게 화를 내는 기질을 가진 아이들은 개방성과 친화성이 낮은 경향이 있으며, 이는 타인으로부터 부정적인 반응을 이끌어 내며 친구를 사귀기도 어렵다. 다루기 어려운 기질은 학교에서의 행동 문제뿐만 아니라 학교를 졸업한 이후 적응 문제와도 관련이 깊다(Blatný, Millová, Jelínek, & Osecká, 2015).

기질은 생애 전반에 걸쳐 영향을 끼친다. 예를 들어, 고용주들은 기질을 고려하며, 공직 후보자들의 기질은 선거와 투표에 영향을 끼친다. 기질은 성격 발달에 원료를 제공하지만, 환경 또한 중요한 역할을 한다. "어린 아동들은 유전의 영향을 받는 기질 특성을 보이며, 어린 시기 생물학적 기질 특성에 삶의 경험이 층을 쌓아올린다는 것이 성격 발달에 대해 가장 흔히 떠올리는 은유이다"(Shiner et al., 2012, p. 440). 환경의 영향에 대해서는 다음 절에서 살펴볼 것이다.

성격 발달에 있어 환경의 영향

환경적 요인이 성격 발달에 미치는 영향은 다양하다. 부모의 사망, 치명적 질병, 경제적 재앙, 이혼과 같

은 외상적인 사건, 새로운 친구 사귀기, 괴롭힘 피해 경험, 긍정적인 요소로는 켈링거 선생님이 숀에게 한 것과 같은 교사의 돌봄 노력과 같은 학교 요인이 학생의 성격 발달 과정에 영향을 끼칠 수 있다(Peterson et al., 2014; Schunk, Meece, & Pintrich, 2014).

양육은 성격에 가장 큰 영향을 끼치는 환경적 요소로, 다양한 양육 방식에 대한 수많은 연구가 수행되었다. (우리는 제2장에서 브론펜브레너에 대해 논의하면서 부모의 영향에 대해 살펴본 적이 있다.) 다음에는 이에 대해 살펴볼 것이다.

양육과 성격 발달

부모는 세 가지 중요한 방식으로 성격 발달에 영향을 준다. 첫째, 좋은 부모는 개인의 안녕감을 촉진하는 안전하고 안정된 환경을 제공한다(Berk, 2019a). 둘째, 부모는 자녀에게 시간을 제공한다. 우리 모두는 24시간을 가지고 있다. 따라서 우리가 시간을 어떻게 할애할지가 곧 돌봄의 중요한 측정 수단이다. 아동들은 어릴 때 무의식적으로 이를 깨닫는다. 그러다 성숙하면서 점점 더 자각하게 된다. 청소년들은 어떤 것이든 이야기를 나누고자 시간을 할애하거나 다섯 살 때 자신의 축구 경기를 관람하거나, 학교 행사나 다른 활동들에 참여해 주는 부모에게 더 친밀하게 반응한다. 시간을 선물하는 것을 대체할 수 있는 것은 없다(Dermotte & Pomati, 2016; Ribar, 2015). 셋째로, 효과적인 부모는 아동이 흉내 낼 수 있는 구체적인 예를 제공하는 바람직한 행동 특성의 모델로 기능한다(Thompson & Newton, 2010). (이것이 이 장의 첫 부분에 인용한 간디의 말과의 첫 번째 연결점이다.).

양육 방식(Parenting style)은 아동과의 상호작용·훈육의 일반적 패턴을 뜻하며, 연구에 따르면 특정 양육 방식은 다른 방식보다 학생의 발달에 매우 큰 긍정적인 영향을 끼친다(Baumrind, 2005; Baumrind, Larzelere, & Owens, 2010; Linder Gunnoe, 2013). 흔히 묘사되는 양육 방식 그리고 양육 방식과 성격 발달 간 관련성은 다음과 같다(Cipriano & Stifter, 2010; Thompson & Nweton, 2010).

- 권위 있는 부모(authoritative parents)는 엄격하고 높은 기대를 가지면서 동시에 다정하고, 지지적이며, 반응적이고 일관성이 있다. 그들은 자녀의 활동에 참석하며 자녀와 대화를 나누고 규칙과 기타 행동의 경계에 대한 이유를 제공하는 데 자신의 시간을 할애한다. 그들의 자녀는 우호성, 개방성, 성실성 등 바람직한 성격 특성을 습득하는 경향이 있다. 예상과 같이, 그들의 자녀는 학교에서 학업적으로나 개인적으로 잘 지낸다. 예를 들어, 권위 있는 부모를 둔 청소년은 공격적이지 않으며, 알코올과 다른 마약 사용에 대해 또래의 압력을 덜 받는 경향이 있다(Luyckx, Tildesley, Soenens, & Andrews, 2011).
- 권위주의적인 부모(authoritarian parents)는 높은 기대를 가지고 있지만 차갑고 반응적이지 않다. 그들은 순응을 기대하며 규칙과 제한에 대한 이유를 설명하지 않고, 말대꾸를 장려하지 않는다. 그들의 자녀는 내성적이고, 친화적이지 않고, 신경증적인 특성의 일부를 습득할 가능성이 있다.

- 허용적인 부모(permissive parents)는 다정하지만 자녀에 대한 기대가 거의 없으며, 그들의 자녀는 미성숙하고, 충동적이며, 동기가 부족한 경향이 있다. 자신만의 방식대로 행동하는 데 익숙해진 아동은 성실성이 낮고, 덜 친화적이며, 이는 자신의 성공을 저해하고 또래와의 관계에서 문제를 일으킬 수 있다.

- 무관심한 부모(uninvolved parents)는 자녀에 대한 기대가 거의 없고 반응하지 않는다. 그들의 자녀는 친화적이지 않으며, 폐쇄적이며, 협소한 시야를 가지고 있고, 인생의 도전에 대응할 여력이 없다. 무관심한 부모를 둔 학생들은 파티를 더 즐기며, 약물을 사용하며, 성인의 가치를 거부할 가능성이 더 높다 (Huesmann, Dubow, & Boxer, 2011).

이러한 양육 스타일은 이 장에서 '교육심리학과 당신'에서 우리가 물었던 질문들에 답을 하도록 도와준다. 만약 부모가 높은 기대를 가지고 있었고, 수용 가능한 행동에 대한 경계를 설정하며, 대화를 나누고, 학교 활동에 관여했다면, 권위 있는 부모라 할 수 있다. 그리고 앞에서 보았듯이, 권위 있는 양육은 긍정적인 성격 특성을 촉진하는 경향이 있다.

다른 한편으로, 만약 부모가 권위주의적, 허용적, 또는 무관심했다 해서 불완전한 성격 발달의 삶을 살게 될 것이라는 뜻은 아니다. 이러한 양육 스타일은 일반적인 패턴을 설명하지만, 예외는 존재하며 개인적인 회복탄력성이 강력한 요소로 작용하기도 한다.

이러한 양육 방식에 대해 논의하는 이유는 두 가지다. 첫째, 이를 이해함으로써 더 권위 있는 부모가 될 수 있을 것이라는 점이다. 둘째, 권위 있는 양육 방식과 전문가로서 교사의 권위 있는 학급 관리 방식에는 높은 유사성이 있다는 점이다(Emmer & Evertson, 2017; Evertson & Emmer, 2017). 우리는 제12장에서 학급 관리에 대해 자세히 살펴볼 것이다.

다양성: 양육 방식에서 문화적 차이

양육 방식에 관한 연구는 유럽계 미국인 및 중산층 가정에서 수행되었다. 미국과 서유럽의 가정은 권위 있는 양육 스타일을 바람직하게 여기며, 독립심, 경쟁, 표현의 자유를 장려하는 경향이 있다(Chen & Eisenberg, 2012; Spicer et al., 2012). 하지만 많은 아시아, 아프리카, 중동, 미국 원주민, 히스패닉 배경을 가진 가정들은 더 집단주의적이며, 복종과 권위자(특히, 부모)에 대한 존중, 가족의 중요성에 가치를 둔다(Leavell, Tamis-LeMonda, Ruble, Zosuls, & Cabrera, 2012). 이런 문화에서 부모는 부모에 대한 복종을 지지적인 부모-자녀 관계와 연결짓는다. 또한, 여자아이들을 더 보호하는 경향이 있으며, 딸들에게 자율성을 부여할 가능성이 더 낮다(Spicer et al., 2012).

아시안계 미국인 자녀들은 높은 학업성취도 패턴을 보이며, 이로 인해 아시아계 미국인 가정에 대한 많은 연구가 이루어졌다. 일반적으로 아시아계 미국인 가정들은 복종은 좋은 것이며, 가족에 대한 헌신이 개인의 욕망보다 더 중요하다고 아이들에게 가르친다(Calzada, Huang, Anicama, Fernandez, & Brotman, 2012; Chen, Chen, & Zheng, 2012). 하지만 이것이 일반적으로 아시아계 미국인 부모가 자녀에게 엄격하고 가혹하다는 것을 의미하지는 않는다(Choi, Kim, Kim, & Park, 2013; Kim, Wang, Orozco-Lapray, Shen, & Murtuza, 2013). 권위주의적인 방식으로 양육할 경우, 아시아계 미국인 자녀는 높은 수준의 문제행동을 보인다(Lee et al., 2013).

연구 결과에 어떤 패턴이 있는가? 첫째, 아시아계 미국인 부모가 엄격하고 가혹하며 차갑다는 고정관념은 타당하지 않다. 연구에 따르면 효과적인 아시아 부모는 학업 성취에 대한 높은 기대를 가지고 있지만, 또한 강한 애정과 정서적 지원을 보인다(Lee et al., 2013; Wang, 2017).

비슷한 패턴이 다른 문화에서도 발견되었다. 예를 들어, 파키스탄의 양육 관행에 대한 연구에서 연구자들은 권위 있는 양육이 청소년의 감정 조절과 긍정적으로 관련되어 있으며, 허용적 양육은 반대의 효과를 가졌다고 보고했다(Jabeen, Anis-ul-Haque, & Riaz, 2013).

이 결과는 다양한 문화 배경의 부모들에게 시사하는 바가 있다. 자녀에 대한 높은 기대는 긍정적이지만, 자녀들이 높은 기대를 충족시키기 위해서는 부모의 참여, 애정, 감정적 지원도 필요하다. 이는 합리적인 결론이다. 오랜 기간 동안 이어져 온 연구는 아동들이 부모의 기대를 충족시키고자 노력하는 동시에 기대를 충족시키는 데 필요한 지원 또한 바란다는 것을 보여 준다(Berk, 2019a). 이러한 기대의 충족은 서양 문화권에서 가치를 두는 자기가치감을 증진시킬 수 있다.

아동 학대

여러분의 학생 중 한 명인 데니즈(Denise)는 여태껏 총명하고, 활기차며, 높은 성적을 보여 왔다. 그러나 갑자기 변해 버렸다. 데니즈는 위축되어 있고, 기분이 좋지 않아 보이며, 불러도 대답을 잘 하지 않는다. 그리고 여태껏 옷차림에 잘 신경 써 왔던 데니즈가 헝클어진 모습으로 학교에 오기 시작했다. 얼굴에 멍 자국을 보곤, 당신의 염려는 불안으로 바뀌었다. 당신은 교감에게 가서 당신이 본 것을 보고한다.

양육을 생각할 때, 우리는 자녀와 관계를 맺고 있는 사랑스럽고 지지적인 부모를 상상한다. 불행히도, 이것이 항상 사실인 것은 아니며, 통계적으로 드물긴 하지만, 데니즈의 사례와 같은 경우도 발생한다. 데니즈의 행동, 학업 성적, 외모의 변화, 특히 얼굴에 난 멍 자국은 **아동 학대**(child abuse)의 가능성을 시사하는데, 연방 수준에서 아동 학대는 부모나 다른 보호자에 의한 행위 또는 행위하지 않음으로 인해 "사망, 심각한 신체적 및 정서적 피해, 성적 학대 또는 착취, 또는 임박한 심각한 피해 위험을 보이는 행위 또는 행위하지 않음"으로 정의된다(Child Welfare Information Gateway, 2016, para. 2). 보호자에는 동아리나 조직 리더, 코치, 심지어 교사와 같은 다양한 사람들이 포함된다. 아동 학대에는 신체적·성적·심리적 학대나 방임의 모든 형태가 포함되며, 아동의 가정 또는 아동이 상호작용하는 조직, 학교, 공동체에서 발생할 수 있다. 학대가 모든 형태의 발달, 특히 건강한 성격의 발달에 큰 부정적 영향을 미친다는 것은 말할 필요도 없다.

최근 몇 년 동안 아동 학대에 대한 인식이 높아졌는데, 이는 2012년 45건의 성적 학대 혐의로 유죄 판결을 받은 펜실베니아 주립 대학교의 축구 코치 제리 샌더스키(Jerry Sandusky)와 같은 사건이 알려졌기 때문일 가능성이 크다(Kaplan & Johnson, 2012), 그리고 2017년에는 그의 아들도 비슷한 혐의로 체포되었다(Coppinger, 2017). 아동 학대에 대한 관심이 높아졌음에도 불구하고, 학대와 방임은 종종 숨겨지거나 보고되지 않아 신뢰할 수 있는 수치를 얻기 어렵다. 그러나 증거에 기반한 일부 어두운 통계가 존재한다. 예를 들어(American Society for the Positive Care of Children, 2016),

• 지난 10년 동안 20,000명 이상의 아동이 가족 구성원에 의해 집에서 살해되었으며, 이는 이라크와 아프

가니스탄 전쟁에서 살해된 군인 수의 거의 4배에 달한다.

- 학대를 받은 청소년들은 위험한 성적 행동에 더 몰두하는 경향이 있다.
- 학대를 받고 자란 부모 중 거의 3분의 1이 자신의 자녀를 학대할 가능성이 있으며, 악순환은 계속된다.
- 학대받은 아동으로 자란 21세 미만 성인의 거의 4/5가 적어도 하나의 심리적 장애 기준을 충족한다.
- 약물 치료를 받는 사람들 중 거의 2/3가 어린 시절 학대나 방임을 경험했다고 보고한다.
- 성적 학대가 발생하면, 보통 가족 구성원, 친척, 또는 친구가 관련된다.

수업에서 학대나 방임받은 아동을 만날 확률은 낮지만, 빈곤한 지역에서 가르치는 경우에는 만날 확률이 더 높다. 아동 학대는 사회의 모든 수준에서 발생할 수 있지만, 일반적으로 빈곤과 관련되어 있으며 종종 부모의 약물 남용과 관련 있다(American Society for the Positive Care of Children, 2016).

일주일에 5일 동안 아동과 함께 일하기 때문에, 당신은 학대를 식별하는 독특한 위치에 있다. 데니즈의 예에서 교사가 해야 할 일을 당신이 해야 한다. 모든 주에서 교사는 법적으로 의심되는 아동 학대를 보고해야 하며, 보고가 정직하게 이루어지고 문서로 기록되었다면(예: 데니즈의 얼굴에 있는 멍에 대한 설명) 당신과 당신의 학교는 민사 또는 형사 책임을 면한다(Schimmel, Stellman, Conlon, & Fischer, 2015). 모든 교사들은 아동 학대의 가능성에 대해 인식해야 한다. 학대가 아무리 드물더라도, 학대에 대한 인식은 실제로 생명을 구할 수 있고, 어쩌면 우리는 학생들의 발달에 미치는 학대의 부정적 영향을 어느 정도 줄이는 데 기여할 수 있을 것이다.

학교와 직장에서 성격과 성취

성격 발달이 학교에서의 학업 성취 및 졸업 후 직장에서의 성공과 어떤 관련이 있는지 궁금할 수 있다. 이에 대한 상당한 양의 연구가 수행되었다.

먼저, 학교 및 학습과 관련하여, 학업 성취와 성실성 및 개방성 사이에 강한 연관성이 있으며, 이는 특히 청소년기에 그렇다. 이러한 결과는 말이 된다. 예를 들어, 새로운 아이디어에 개방적인 성실한 학생들이 높은 성취를 이룰 것이라 예측할 수 있다. 그들은 학습목표가 충족될 때까지 지속적으로 공부하며, 학습과 새로운 지식을 존중하고 가치 있게 여긴다(Neuenschwander, Cimeli, Röthlisberger, & Roebers, 2013; Zuffiano et al., 2013).

성격과 직장에서의 성취 역시 많은 연구가 이루어졌다. 우호성, 성실성, 낮은 신경증, 그리고 높은 직무 성과 사이의 관계는 가장 잘 알려진 발견 중 하나이다(Avery, Smillie, & Fife-Schaw, 2015; Sackett & Walmsley, 2014). 이러한 특성은 직장 내 동기 부여 및 만족도와도 연결되어 있다(Woods, Lievens, Fruyt, & Willie, 2013). 우리가 예상할 수 있듯이, 외향성이 높은 근로자는 판매와 같은 사회적 상호작용을 요구하는 직책에서 더 높은 직무 만족도를 보인다(Saksvik & Hetland, 2011).

교육심리학을 교수에 활용하기: 학생들의 성격 발달 지원하기

성격 발달의 두 가지 측면은 교사들에게 중요한 함의를 가진다. 첫째, 환경이 성격 발달에 강력한 영향을 미치며, 둘째, 학교는 그 환경의 중요한 부분이라는 점이다. 연구자들은 학교 교육이 우호성, 개방성, 성실성과 같은 긍정적인 성격 특성의 발달에 중요한 영향을 미친다고 믿는다(Bleidorn, 2012; Woods et al., 2013), 그리고 연구에 따르면 많은 경우에 학교 및 직장 성과에 있어 성실성은 인지 능력보다 더 강한 영향을 미칠 수 있다(Zyphur, Chaturvedi, & Arvey, 2008).

이러한 연구는 우리의 일이 수학, 역사 및 기타 내용을 가르치는 것 이상임을 상기시킨다. 또한 긍정적인 성격 특성을 돕는 것이 학교에서의 성취뿐만 아니라 이후 삶에서의 성공과도 관련되어 있음을 뜻한다. 다음 제안들은 이러한 목표를 달성하는 데 도움을 줄 수 있다.

- 학생들이 어떤 사람인지 알아보라.
- 긍정적인 성격 특성의 본보기가 되어라.
- 긍정적인 성격 특성에 대해 가르치기 위해 구체적인 예시 및 토론을 활용하라.
- 권위 있는 학급 관리 방식을 활용하라.

이 지침에 대해 논의하면서, 우리는 성격의 인지적 구성 요소에 초점을 둘 것이다. 이는 인식과 이해가 모든 발달에 있어 중요하기 때문이다. 이 지침에 대해 알아보자.

학생들이 어떤 사람인지 알아보라　학생들이 각자 독특하며, 학생의 발달을 최적으로 촉진하기 위해서는 학생의 개별 성격에 대해 알 필요가 있다. 좋아하는 음식, 취미, 스포츠, 다른 삶의 측면에 대한 짧은 질문지를 채우도록 하는 등 간단한 활동을 통해서도 학생들에 대해 알 수 있다. 이렇게 하는 데는 큰 노력이 필요하지 않으며, 단지 질문을 함으로써 교사가 학생에게 인간으로서 관심을 가지고 있다는 것을 전달하고, 이 과정은 긍정적인 교사-학생 관계를 촉진한다. "지식을 배우고 생산적인 시민이 되기 위해 알아야 할 것들을 가르치는 데 있어 아이들과 교사 간 관계의 특성과 질이 결정적이고 중심적인 역할을 한다는 데 점점 더 많은 사람들이 동의하고 있다"(Wentzel, 2010, p. 75). 또한, 우리는 학생들과 상호작용하는 과정에서, 누가 외향적이고, 우호적이며, 개방적이거나 수줍음을 타는지 많은 것을 알게 되며, 추가적인 노력 없이도 학생의 특성에 맞게 가르치는 것을 바꿀 수 있다. 예를 들어, 학습 활동 동안 질문을 조정할 수 있으며, 그럼으로써 외향성이 낮은 학생들도 대답할 수 있도록 할 수 있다. 시간이 지남에 따라 학생들은 부끄러움을 일정 정도 극복할 수 있을 것이다. 예를 보자. 당신이 초등학교 교사이며 수학을 가르치고 있으며, 다음 문제를 제시했다고 가정해 보자.

제러미(Jeremy)는 태블릿으로 20분간 공부했고, 신디(Cindy)는 35분 동안 공부했다. 신디가 제러미보다 얼마나 더 오래 공부했는가?

수업에서 말하기를 꺼려 하는 학생을 불러 "이 문제에 대해 뭐든 말해 보렴"이라고 할 수 있다. 그 학생은 다양한 대답을 할 것이다. 예를 들어,

- 학생들은 태블릿 PC로 공부를 하고 있어요.
- 소년과 소녀가 나와요.
- 소년은 20분 공부했고, 소녀는 소년보다 더 오래 공부했어요.
- 이 문제에서는 소녀가 얼마나 더 공부했는지를 찾아내라고 했어요.

학생들이 이 과정에 익숙해지면(즉, 특정한 반응을 요구하는 것이 아니라, 정말로 문제에 대해 뭐든 말해달라고 요청하는 것이다.), 그들은 훨씬 더 기꺼이 대답하게 된다. 수업을 이런 식으로 조정하는 능력을 '**적합도**(goodness of fit)'라고 부른다. 다른 예에서, 교사가 활동적이며 외향적인 학생들에게 전체 활동에 참여하도록 요청하거나 수줍음이 많고 조용한 학생들에게 혼자서 공부하도록 할 때 적합도가 발휘된 것이다. 적합도는 학생들의 서로 다른 성향에 따라 교수방법을 다양하게 하는 것이 얼마나 중요한지를 상기시켜 준다(Rothbart, 2011; Rudasill, Gallagher, & White, 2010). 또한 개방성과 우호성과 같은 특성을 개발시키기 위해 소규모 집단 활동과 전체 집단 활동을 결합시킬 수도 있다. 집단 활동에 대해 소개할 때, 지지적인 말하기, 친구가 말할 때 경청하기 등 긍정적인 행동을 강조하며 이러한 행동을 집단 활동 중 적절히 보이고 있는지를 관찰해 볼 수 있다. 긍정적인 성격 특성을 계발하기 위한 이런 전략의 사용은 시간이 걸리고, 모든 학생에게 효과적인 것은 아니지만, 학년이 지남에 따라 효과가 나타날 수도 있다. 이것이 우리가 달성하고자 애쓰는 것이다.

긍정적인 성격 특성의 모델이 되어라　이 장의 시작부에서 우리는 "당신 스스로가 당신이 이 세상에서 보고 싶어 하는 변화가 되어라"라는 인용구를 제시했으며, 여기서 우리는 다시 그것이 어떻게 적용되는지 볼 수 있다. 아마도 개방성, 우호성, 성실성과 같은 특성을 촉진할 수 있도록 긍정적인 성격 특성을 모델링하도록 하는 것은 우리가 추가적인 시간이나 노력을 들이지 않고도 할 수 있는 가장 효과적인 방법일 것이다. 교직에 들어선 대부분의 사람들은 긍정적인 성격 특성을 가지고 있기 때문에, 성격 특성을 모델링하는 것은 쉽게 '제2의 천성'이 될 수 있다. 그렇게 함으로써 우리가 잃는 것은 없다. 이런 전략은 일부 학생에게는 효과를 만들 수 있으며, 효과를 거두지 못하더라도 우리는 이런 행동의 결과로 더 행복한 사람이 될 수 있을 것이다.

긍정적인 성격 특성에 대해 가르치기 위해 구체적인 예시 및 토론을 활용하라　우리는 성격 특성에 있어 인지적 요소를 강조했다. '인지'는 생각을 뜻한다. 이는 인식과 사고를 통해 성격 특성을 계발할 수 있음을 뜻한다(McCoy, 2016; van der Linden et al., 2017). 우리는 학생들이 그들이 어떻게 '보일지' 알아차리지 못하기 때문에 인식을 강조한다. 예를 들어, 우리 중 자신을 비우호적이라 묘사할 사람이 얼마나 될까? 우리 모두는 자신이 열려 있고, 우호적이며, 성실하고, 정서적으로 안정적이라고 믿는다.

물론 학생들에게 예컨대, 너는 비우호적이라 말하기는 어렵다. 그러나 우리는 바람직하거나 바람직하지 않은 성격 특성에 대해 묘사하고 토론할 수 있으며, 이것이 바로 "긍정적인 성격 특성에 대해 가르치기 위해 구체적인 예시 및 토론을 활용하라"는 말의 의미이다.

예를 보자.

중학교 교사인 라몬 히메네스(Raman Jiménez)는 학생들이 긍정적인 성격 특성을 계발할 수 있도록 애를 쓰고 있다. 그는 성격 특성에 대한 묘사를 보여 준 후, "이러한 특성들은 학교와 학교 밖 삶에서의 성공에 영향을 끼칩니다. 몇 개의 예를 볼까요."라고 말한다.

콜린(Colin)은 매일 모든 자료를 학교에 가져오고, 항상 숙제를 열심히 한다. 집단 활동에 참여할 때는 다른 친구들이 말할 때 인내심 있게 듣고 종종 "좋은 생각이야."와 같은 말을 한다. 심지어 동의하지 않을 때도, "그것에는 동의하지 않지만, 흥미로운 포인트야."라고 말한다. 콜린은 또한 새로운 주제를 공부하는 데 열심이다.

콜린은 많은 것을 배우고 다른 학생들과도 잘 어울린다.

조너선(Jonathan)은 종종 책, 노트, 또는 연필을 수업에 가져오지 않아 교사들과 문제를 일으키고, 때때로 "이런 걸 알아봐야 무슨 소용이 있었어?"라고 말하며 숙제를 하지 않는다.

집단 활동에 참여할 때, 그는 가끔 다른 친구들을 놀리고 "그건 멍청한 생각이었어."와 같은 말을 한다.

조너선의 성적은 그다지 좋지 않고, 그의 동급생들은 가끔 같은 조에 속하고 싶지 않다고 말한다.

"콜린과 조너선 사이에 어떤 차이점이 있나요?"라고 히메네스 선생님이 예시를 읽을 시간을 준 후에 학생들에게 묻는다.

학생들은 여러 가지 대답을 한다. 누군가 조너선이 잘 배우지 못하고, 친구들과도 잘 어울리지 못한다고 지적하자 로니스(Ronise)는 "그건 본인 잘못이야."라고 지적한다.

"맞아."라며 히메네스 선생님이 고개를 끄덕인다. "만약 성실하지 않고 스스로에 대해 책임도 지지 않는다면, 배우지 못한 것은 누구의 잘못일까요?"

"우리 자신이요."라고 몇몇 학생이 대답한다.

"맞아요."라고 히메네스 선생님이 강조한다. "우리는 자신에 대해 책임을 져야 해요."

히메네스 선생님의 지도 아래 학생들은 콜린이 공부를 잘하며, 친구들과도 잘 지내는 이유가 그의 개방성과 우호성, 성실성 때문이라는 것을 알게 된다.

히메네스 선생님이 한 것처럼 성실성과 우호성과 같은 성격 특성을 공식적으로 가르치는 것은 성격 발달의 인지적 요소를 강조하는 것이다. 예를 들어, 콜린과 조너선의 행동을 보고, 학급 친구들의 토론을 듣는 것은 매우 효과적인 학습 도구가 될 수 있다. 또한 로니스가 조너선의 문제를 보고 "그건 본인 잘못이야"와 같이 언급했다는 사실은 단순히 교사가 성실하고 우호적이어야 한다고 강의하는 것보다 더욱 효과적이다. 이는 또래의 의견이기 때문이다. 나아가, 학생들은 비우호적인 것이 부정적인 결과로 이어질 수 있다는 것을 이해할 때 비우호적이 되지 않으려 할 것이다. 또한 이것은 다른 친구들이 특정 성격 특성과 그 결과를 파악하고 있다는 것을 깨달음으로써 강화될 수 있다. 이러한 인식을 통해 학생들은 다른 어떤 능력을 계발하는 것처럼 긍정적인 성격 특성을 드러내려는 연습을 할 수 있다.

교실과의 연계

교실에서 성격 발달 촉진하기

1. 긍정적인 성격 특성의 발달은 학교에서의 성공뿐만 아니라 졸업한 후의 삶에서의 성공에도 중요하다. 학생들에게 이러한 특성을 체계적으로 촉진하라.
   - **초등학교**: 우호성과 성실성을 촉진하기 위해 유치원 교사는 동급생에게 친절하게 대하고, 가지고 있는 것을 나누며,

항상 할당된 과업을 완수하는 것을 강조하고 시범을 보인다. 어린아이들이 칭찬에 기뻐한다는 것을 알고 있기 때문에, 선생님은 이러한 특성을 보여 주는 학생을 공개적으로 칭찬한다.

- **중학교**: 7학년 교사는 학기 내내 학생들과 성격 5요인 특성 각각에 대해 토론한다. 또래에게 수용받는 것이 학생들에게 중요해지고 있다는 것을 알기 때문에, 우호성, 정서적 안정성과 같은 몇몇 특성이 친구를 만들고, 관계를 유지하는 데 중요하다는 것을 강조한다. 선생님은 교실을 긍정적인 학습 환경으로 만들기 위해 무엇을 할 수 있는지 토론하기 위해 주기적으로 학급 회의를 진행한다.
- **고등학교**: 11학년 교사는 성격 특성이 대학이나 직장에서의 성공과 어떤 관련이 있는지에 대한 자료를 제공한다. 이 자료에서는 성실성, 정서 조절, 직업에서의 성공 간의 관련을 강조한다. 교실에 사건이 생기면, 선생님은 사건을 성격 특성 및 학교 이후 삶에서의 성공에 대해 토론할 기회로 활용한다.

APA의 20가지 주요 원칙

이 내용은 심리학의 20가지 주요 원칙 중 원칙 5. 장기 지식과 기술의 습득은 주로 연습에 의존함을 보여 준다.

권위 있는 교실 관리 방식을 활용하라　권위 있는 양육 방식이 가장 효과적이며, 권위 있는 양육 방식은 교사를 위한 학급 관리 기술과도 일맥상통한다(Emmer & Evertson, 2017; Evertson & Emmer, 2017). 이는 학생들에게 경계를 설정하고, 규칙의 이유를 제시하고, 일관되게 실행하며, 규칙이 다른 사람의 권리와 감정을 어떻게 보호할 수 있는지를 설명해야 함을 시사한다. 시간이 갈수록 이러한 실천은 우호성·성실성과 같은 긍정적 성격 특성을 높여 줄 수 있을 것이다. (예비교사 양성 과정의 일부로 학급 관리에 대해 배울 기회가 있을 것이다. 또한 교과서 제12장에서 이를 다루고 있다. 어떤 경우든, 여기에서 배운 것보다 더 자세한 내용을 배우게 될 것이다.)

정체성 발달

3.2 정체성 발달에 대한 설명을 바탕으로 학습자의 행동을 설명할 수 있다.

다음 연습문제에 대한 답에 '옳고-그름'이나 '좋고-나쁨'은 없다. (물론 모든 항목에 대해 낮게 응답한다면 기분이 좋지는 않을 것이다.) 이 문항은 **정체성**(identity)을 측정하는 것이다. 정체성은 자신에 대한 믿음, 평가 그리고 느낌을 뜻한다. 정체성은 우리가 누구인지에 관한 것이다. 정체성 발달은 학생의 동기와 긴밀히 연결되어 있다는 점에서 중요하다. 학생들은 자기 자신에 대한 믿음에 따라 행동한다(Miller-Cotto & Byrnes, 2016). 예컨대, 학생들은 자신이 사교적이라 믿을 때, 어울릴 만한 다른 사람을 찾고자 하며, 운동을 잘한다고 믿을 때 운동에 참여한다. 만약 학생들이 스스로 성취가 높다고 생각한다면, 교실에서 더 집중하고 성실히 공부하며, 어려움에 직면하더라도 계속 공부할 것이다.

교육심리학과 당신

다음 각 특성에 대해 자기 자신을 0에서 5점으로 평정해 보자. (예를 들어, 운동 능력에 0점을 준다면, 스스로 운동을 못한다고 생각할 것이며, 5점을 준다면 스스로 매우 운동을 잘한다고 생각할 것이다.)

- 지능
- 운동 능력
- 매력
- 열린 마음
- 친절함

반대 또한 가능하다. 예를 들어, 성취 측면에서 부정적인 정체성을 가질 경우 노력을 덜 기울이고 학업을 덜 지속하며, 이는 학업에서 성공 가능성을 낮춘다. 동기와 성취, 그리고 정체성 간에 하향 나선형 구조가 나타나는 것이다(Pajares, 2009; Pop, Negru-Subtirica, Crocetti, Opre, & Meeus, 2016). 우리는 이런 악순환을 끊을 수 있는 전략에 대해 '교육심리학을 교수에 활용하기: 학생들의 정체성 발달 지원하기'에서 다룰 것이다.

정체성 발달 영향 요인

제2장에서 논의한 발달의 주요 원리 중 하나는 경험이 발달에 강력한 영향을 끼친다는 것이었으며, 이는 특히 정체성 발달에서 그러하다. 예를 들어, 학업에서 좋은 성적을 거둘 경우, 우리는 우리가 학업을 잘한다고 믿으며, 이런 믿음은 우리 정체성의 일부가 된다. 유사하게, 스포츠 활동에 참여하고 있는 사람이 스스로 공정하다고 생각한다면 이 또한 우리 정체성의 일부가 된다.

정체성 발달에 영향을 끼치는 데 중요한 사회적 요소가 있다. 첫째, 운동이나 학업 능력에 대한 우리의 생각은 기본적으로 또래와의 비교를 통해 만들어진다. 만약 우리가 학급 친구들보다 운동이나 학업을 더 잘할 경우, 그렇지 않은 경우에 비해 더 긍정적인 정체성을 발달시킨다(Miller-Cotto & Byrnes, 2016; Pop et al., 2016).

둘째, 다른 사람들로부터의 피드백 또한 사회적 요소의 하나로, 다른 사람이 나에 대해 어떻게 생각하는지를 알게 하는 데 도움을 준다(Oyserman & Destin, 2010). 예를 들어, 만약 다른 사람이 나와 동료가 되기를 원한다면, 이는 긍정적인 사회적 정체성으로 이어질 수 있다. 만약 다른 사람이 다른 누구보다 나를 축구팀의 일원이 되기를 원한다면 운동에 대한 긍정적인 정체성을 가질 수 있게 된다. 아동에 대해 어른이 가지는 기대와, 성취에 대해 아동이 받게 되는 인정 또한 긍정적 정체성을 가지는 데 도움을 준다(Pajares, 2009).

셋째, 집단 소속감은 정체성 발달에 영향을 주며, 집단 소속감의 상실은 자아에 부정적인 영향을 줄 수 있다. "개인이 타인과 어떤 관계를 맺고 있는가는 안녕감뿐만 아니라, 자신이 누구인지에 대한 감각에도 영향을 끼칠 수 있다. 높은 집단 정체감은 긍정적인 자존감에도 영향을 끼치며, 자신에 대한 불확실성 또한 줄여 준다"(Slotter & Winger, 2015, p. 15). 예를 들어, 저자 중 한 명인 폴의 딸이 고등학교 밴드부에 있었을 때, 딸은 자신이 밴드에 심취해 있다는 것에 대해 겉으로는 경멸조로 말했지만, 사실은 자부심 넘치게 표현했다. 또 다른 저자인 돈의 딸도 고등학교 배구부와 관련해 유사한 경험을 했다. 만약 학생들이 우수한 학업 집단과 관련하여 정체성을 가진다면, 그들의 학업 동기 또한 높아진다(Cross, Bugaj, & Mammadov, 2016).

이제부터는 정체성 발달에 있어 사회적 영향력에 대해 좀 더 자세히 살펴보자.

에릭슨의 정체성 발달에 대한 심리사회적 관점

발달심리학자이자 정신분석가인 에릭 에릭슨(Erik Erikson, 1902~1904)은 사람들이 자신의 사회·문화적 환경과 맺는 관계, 다른 말로 그가 심리사회적 정체성(psychosocial identity)이라 명명한 것에 관심을 가졌다(Erikson, 1968; Roeser, Peck, & Nasir, 2006). 심리사회적이란 용어는 정체성의 형성(해당 용어에서 심리적 요소)은 다른 사람과의 관계를 맺으려는 타고난 욕구에서 생겨난다는 그의 믿음에서 유래했다(Erikson, 1968, 1980). 최근 연구 또한 인간은 사회적 존재이며, 사회적 요소가 우리가 누구이며 우리가 어떻게 행동할지에 강력한 영향을 끼친다는 점을 보여 준다(Lieberman, 2013; Turkle, 2015).

에릭슨은 심리사회적 정체성 발달을 생애 전반에 걸쳐 우리가 마주하게 되는 사회적 환경, 삶의 과제인 '위기'의 연속적 단계로 묘사한다(Roeser et al., 2006). 각 위기는 발달의 기회를 제공하는 심리사회적 도전이다. 예를 들어, 영어에게는 신뢰감을 발달시키는 것이 도전이며, 유아와 아동에게는 자율성과 주도성을 계발하는 것이 도전이다. 이는 〈표 3-1〉에 제시된 에릭슨의 첫 세 단계이다. 따뜻하고, 예측 가능하며, 너무 엄격하지도 너무 관대하지도 않은 일관된 양육은 이러한 도전을 극복하는 데 도움을 준다.

학생들이 학교에 가게 되면, 유능감과 정체성을 발달시키는 것이 과제가 된다(4단계와 5단계). 학교와 교사는 이러한 도전을 극복하는 데 매우 중요한 역할을 한다. 높은 기대를 가지고 학생들이 기대를 충족시킬 수

〈표 3-1〉 에릭슨의 8가지 생애 단계

신뢰감 대 불신감(영아)	신뢰감은 지속적으로 애정 어린 보살핌을 받을 때 발달한다. 불신감은 비일관되거나 가혹한 양육에서 비롯된다.
자율성 대 수치심 및 의심(유아)	자율성은 유아가 새롭게 형성한 정신적 및 심동적 기술을 이용해 세상을 탐색할 때 발달한다. 부모는 아동의 탐구와 과업 완수를 격려함으로써 자율성을 키워 줄 수 있다. 의심은 아동의 행동을 구속하는 양육이나, 아동이 해야만 하는 일을 대신해 주거나, 아동이 저지를 수밖에 없는 실수에 대한 비판에서 생겨난다.
주도성 대 죄책감(학령 전기)	야망과 책임감을 뜻하는 주도성은 새로운 일을 찾고 도전하려는 아동의 시도를 격려해 줄 때 발달한다. 아동의 새로운 시도에 대해 지나치게 통제하거나 시도에 대해 비난하는 것은 죄책감을 불러일으킬 수 있으며, 탐색하고 나서는 것을 꺼리게 만들 수 있다.
근면성 대 열등감(초등학교 시기)	학교와 가정에서 도전적인 과업에 있어 성공을 경험하는 것은 유능성을 발달시키는 기회가 된다. 반복된 실패는 열등감으로 이어질 수 있다.
정체성 대 역할 혼돈(청소년기)	청소년은 명확하게 설정된 한계 내에서 자유롭게 다양한 역할을 실험해 본다. 역할 혼돈은 필요로 하는 구조를 제공받지 못하거나 지나치게 통제된 가정환경에서 다양한 정체성 역할을 탐험할 기회를 제공하지 못할 때 생겨난다.
친밀성 대 고립감(성인 초기)	친밀성은 다른 사람과 밀접한 관계를 맺을 때 생겨난다. 감정적 고립감은 이른 낙심. 거절. 정체성 발달의 부족에서 기인한다.
생산성 대 침체감(중년기)	생산성은 양육. 생산적인 노동. 타인이나 사회를 위한 공헌과 같은 활동을 통해 다음 세대에게 뭔가를 주려고 할 때 생겨난다. 무관심. 자기에게만 몰두하는 경향. 타인의 복지에 대해 생각하거나 기여하는 능력의 부족은 침체감으로 이어질 수 있다.
자아통합 대 절망감(노년기)	자아통합은 자신이 할 수 있는 한 최선을 다해 살았으며, 죽음의 필연적이라는 사실을 받아들일 때 생겨난다. 자신이 한 일 혹은 하지 못한 일에 대한 후회는 절망감으로 이어질 수 있다.

있도록 돕는 교사는 유능감을 촉진할 수 있으며, 긍정적인 학업 정체성은 해당 단계에서 도전을 극복하는 데 도움을 준다. 성인이 되면, 친밀성, 생산성, 그리고 온전함의 발달이 도전이 되며(마지막 단계), 사회적 관계의 질이 각 단계에서의 도전을 긍정적으로 이겨내는 데 도움을 준다.

비록 도전을 완전히 극복할 수는 없지만, 각 단계에서 도전을 잘 극복하는 것은 해당 단계에서의 건강한 정체성 형성과 다음 단계에서 긍정적 극복 가능성을 높이는 데 기여할 수 있다. 다시 말해, 각 단계에서 도전에 실패하면 해당 단계에서의 정체성 발달은 미완성 상태로 남게 된다. 예를 들어, 만약 당신이 일반적으로 사람들을 신뢰한다면 에릭슨은 당신이 신뢰 대 불신감의 위기를 잘 극복했다고 말할 것이다. 반면 이 단계에서의 도전을 극복하지 못했다면, 사람들을 경계하는 등 불신감을 보일 수 있다. 비슷하게 성실성 대 열등감의 위기를 잘 극복하면 유능감과 능력에 있어 긍정적인 정체감으로 이어질 수 있는 반면, 위기를 잘 극복하지 못할 경우 무능감과 부정적인 정체성을 가지게 된다.

특정 단계에서 위기 극복의 실패, 즉 심리사회적 도전을 극복하지 못한다고 해서 사람이 역기능적인 삶을 살 수밖에 없는 것은 아니다. 우리 모두는 개인적인 '결점'을 가지고 있다. 예를 들어, 주도성이 부족한 사람이 있지만 주도성이 핵심적이지 않은 역할을 할 때는 잘할 수도 있다. 유사하게, 직업적으로 성공하고 행복하게 살지만 스스로를 '고독한 사람'이라 묘사하는 사람도 있다.

에릭슨 이론에 대한 평가

1960년대와 1970년대에 특히 영향력 있었던 에릭슨의 이론은, 심리학 이론이 발전함에 따라 몇 가지 이유에서 비판을 받았다. 우선 문화에 대해 에릭슨의 언급에도 불구하고, 비판자들은 에릭슨의 이론이 발달에 있어 문화의 역할을 적절히 다루지 못했다고 비판한다. 예를 들어, 몇몇 문화에서는 자율성, 주도성, 자기주장 등을 격려하지 않으며, 대신 집단적 소속감과 타인에 대한 염려와 같은 것을 강조한다(Chen & Eisenberg, 2012). 문화는 실제로 모든 형태의 발달에 있어 중요한 영향 요소이다(Cole & Packer, 2011). 둘째, 에릭슨의 이론은 주로 남성에 대한 연구에 기반했다는 점에서도 비판을 받는다. 연구에 따르면 정체성 발달에 있어 여성은 다른 경로를 밟을 수도 있다(DiDonato & Berenbaum, 2013; Gilligan, 1977, 1982, 1998). 셋째, 에릭슨은 개인적인 관찰이나 내담자와의 경험에 기반하여 그의 이론을 정립했으며, 이에 따라 그의 이론을 경험적으로 타당화하기가 어렵다. 또한, 그의 작업은 그가 살고 활동했던 시대에 기반하고 있기 때문에, 과거와 매우 다른 현대 사회의 발달적 변화를 정확하게 설명하는 것은 아닐 수 있다.

그러나 에릭슨의 이론은 직관적이며, 생산적이며, 그는 행복한 성인이 되는 데 있어 정체성 형성의 역할을 처음으로 인식한 사람이다. 또한, 에릭슨의 이론은 관계에 대한 욕구, 사랑받고, 연결되며, 타인으로부터 존경받고자 하는 내적 욕구(Cerasoli, Nicklin, & Nassrelgrgawi, 2016; Deci & Ryan, 2008)에도 관심을 가지도록 해 주었다. 에릭슨의 이론은 교실에서 마주하는 문제를 이해하는 데에도 도움을 준다. 예를 들어, 이 장의 첫 번째 사례였던 숀이 다른 학생이 "자신을 공격하려고 한다"는 주장을 우리는 그가 '신뢰 대 불신감의 위기'를 해결하지 못했기 때문에 그런 것이라고 설명할 수 있다. 신뢰 대 불신감의 위기 극복에 실패한 것이 이후 자율성, 주도성, 근면성 등의 발달도 어렵게 할 수 있으며, 이는 숀이 왜 학업에 어려움을 겪는지도 이해할 수 있게 해 준다. 우리는 긍정적인 관점, 개방성, 세상을 더 낫게 만들려는 헌신 등의 이유로 존경하는 사람을 만난 적이 있다. 우리는 또한 타인을 이용하거나, 날 때부터 악마처럼 보이는 사람을 만난 적도 있다. 우리는 주도성의 부족 또는 약물 남용 등으로 인해 선한 마음이 무기력으로 변해 가는 경우도 본 적이 있으며, 무관심이나 삶에 대한 의욕이 부족한 사람을 보면 좌절하기도 한다. 에릭슨의 이론은 이와 같은 문제들을 이해할 수 있도록 도와준다. 공헌와 비판을 포함한 에릭슨 이론을 〈표 3-2〉에 요약해 두었다.

〈표 3-2〉 이론 분석하기: 에릭슨의 심리사회 발달 이론

핵심 질문	삶 전반에 걸쳐 심리사회적 발달이 어떻게 일어나는가?
핵심 개념	위기(심리사회적 도전) 발달 단계 • 신뢰감 대 불신감 　　　　• 정체성 대 역할 혼돈 • 자율성 대 수치심 　　　　• 친밀성 대 고립감 • 주도성 대 죄책감 　　　　• 생산성 대 침체감 • 근면성 대 열등감 　　　　• 자아통합 대 절망감
심리사회적 발달에 대한 묘사	심리사회적 발달은 개인이 특정 발달 단계에서의 위기(심리사회적 도전)를 긍정적으로 극복했을 때 생긴다. 특정 발달 단계에서의 위기 해결은 다음 발달 단계에서의 긍정적 극복을 돕는다.
발달의 핵심	• 삶에서 도전의 해결(또는 미해결). 이는 다양한 발달 단계마다 다르다. • 부모나 다른 양육자와 같은 사회 환경으로부터 제공되는 지지의 질
공헌	• 발달이 생애 전반에 걸쳐 지속되는 과정이라는 점을 부각시켰다. • 정체성 발달에 있어 개인을 가장 중심에 두었으며, 발달을 적극적인 과정을 묘사했다. • 우리가 볼 수 있는 타인의 다양한 행동에 대한 자세한 설명을 제공한다.
비판	• 에릭슨의 이론은 문화의 영향력에 대해 적절히 다루지 못했다(예: 몇몇 문화에서는 자율성과 주도성을 장려하기보다는 꺼려 한다.). • 에릭슨의 이론은 주로 남성들을 대상으로 했으며, 친밀감과 같은 여성의 심리사회적 도전은 정체성 형성 이전에 나타나곤 한다. • 에릭슨의 이론은 체계적인 연구보다는 그의 관찰과 경험에 의존했다. • 에릭슨의 이론은 현재 사회적 조건을 반영하지 못할 수도 있다.

출처: Berk, 2013; Erikson, 1963, 1968, 1972, 1980; Feldman, 2014.

정체성 발달에 대한 최근 관점

우리가 〈표 3-1〉에서 보듯이, 에릭슨은 정체성 형성 대 역할 혼돈을 청소년기 발달의 핵심 도전이라 생각했다. 그러나 에릭슨은 정체성 형성은 삶에서 지속되는 과정이라는 점을 알고 있었다(Erikson, 1980). 살아가다 보면 우리는 현재 나의 정체성을 흔드는 새로운 경험을 마주하게 된다. "이러한 새로운 경험은 현재의 정체성에 합치되는 정보를 찾으려는 시도에 의해 마주하게 될 수도 있고, 새로운 경험에 맞춰 정체성을 바꾸려는 것으로 나타날 수도 있다"(Carlsson, Wangqvist, & Frisen, 2015, p. 334). 예를 들어, 오랫동안 몸담아 온 회사에서 최근 실직한 사람이 "나는 더 이상 내가 누구인지 모르겠어."라고 탄식할 수 있다. "이 일은 내 삶이었어." 에릭슨은 이를 정체성 위기라 부를 것이며, 정체성 위기는 삶의 어느 시점에서나 나타날 수 있다.

최근 관점에서는 정체성 발달을 위기라 보기보다는 다양한 잠재적 삶의 방향을 탐색하고 궁극적인 행동 방향을 결정하는 지속적인 과정으로 본다(Marcia, 1980, 1987, 2010). 다음 예를 살펴보자.

고등학생 네 명이 졸업 후에 무엇을 할지에 대해서 이야기를 나누고 있다.

"나는 뭘 할지 모르겠어." 샌디(Sandy)가 말했다. "수의학과나 교사 중에 고민이야. 나는 동물병원에서 일해 봤고, 마음에 들지만 이걸 평생 할 수 있을지는 모르겠어. 내 부모님 친구 중에 교사를 하시는 분이 계시고 뭘 하는지 들어는 봤지만, 잘 모르겠어."

"나는 새 학기에 대학에 갈 거야." 네이선(Nathan)이 대답했다. "나는 변호사가 될 거야. 적어도 우리 부모님은 그렇게 믿고 계셔. 나쁜 직업도 아냐. 변호사는 돈을 많이 벌어."

"어떻게 그럴 수 있지?" 낸시(Nancy)가 의아해한다. "너는 변호사가 되고 싶지 않다고 했잖아.…… 잠깐 생각해 봐야겠는걸…… 나는 이제 열일곱 살이고 나는 아직 결정하고 싶지 않아."

"나는 간호사가 될 거야." 테일러(Taylor)가 말했다. "나는 병원에서 파트타임으로 일하고 있고, 사람들과 일하고 돕는 게 즐거워. 상담 선생님과 이야기를 나눠 봤는데, 나는 화학과 생명과학을 들어야 할 것 같아."

정체성 지위 모형은 정체성 발달을 탐구하기 위해 흔히 사용된다(Kroger & Marcia, 2011; Kroger, Martinussen, & Marcia, 2010; Schwartz, Luyckx, & Crocetti, 2015). 모형에 따르면, 청소년의 결정은 네 가지 상태 중 하나로 구분될 수 있으며, 이에 따라 건강한 정체성 발달 정도가 달라진다(Marcia, 1980, 1987, 1999, 2010). 이러한 정체성 발달 상태에 대한 설명을 〈표 3-3〉에 제시했다.

〈표 3-3〉 정체성 발달의 상태

상태	설명
정체성 혼돈(identity diffusion)	개인이 명확한 선택을 내리는 데 실패했을 때 생겨나는 정체성 상태. 이러한 상태는 서로 다른 선택지들을 무계획적으로 시도해 보는 것으로 특징지을 수 있다. 개인은 의사 결정을 하기까지 발달적으로 준비되지 않았을 수 있다.
정체성 폐쇄(identity foreclosure)	개인이 부모와 같은 타인의 관점을 성급하게 채택했을 때 나타나는 정체성 상태
정체성 유예(identity moratorium)	개인이 일시적으로 멈춰서 '대기 상태'를 유지할 때 나타나는 정체성 상태. 장기적인 헌신을 유예한 상태이다.
정체성 성취(identity achievement)	개인이 목표를 결정하고, 헌신하고 있는 정체성 상태

〈표 3-3〉에서 보듯, 정체성 혼돈(identity diffusion)은 청소년기에 흔하며, 수의사와 교사라는 매우 다른 직업 경로를 다소 생각 없이 고려 중인 샌디의 예시에서 찾아볼 수 있다. 만약 정체성 혼돈이 지속될 경우, 정체성 혼돈은 무관심과 혼란으로 이어질 수 있다(Carlsson, Wängqvist, & Frisén, 2016). 정체성 폐쇄(identity foreclosure)는 청소년이 자신의 미래에 시사하는 바 등을 철저히 검토하지 않고 타인의 목표나 가치를 미리 채택해 버리는 경우에 생긴다. 네이선의 말이 이에 해당한다. 정체성 유예(identity moratorium)는 낸시의 말과 같이 명확한 헌신 없이 적극적으로 탐색만 할 때 생겨난다. 정체성 유예는 이상적인 정체성 발달 상태인 정체성 성취(identity achievement)로 이어질 수 있는 긍정적인 상태이다(Carlsson et al., 2015). 정체성 성취는 간호사가 되고 싶은 테일러의 말에서 잘 드러난다.

정체성 지위 모형은 흔히 연속체로 존재하는 정체성 혼돈에서 정체성 성취로 나아가는 과정을 보여 주며, 이를 [그림 3-1]에 요약했다(Carlsson et al., 2015; Carlsson et al., 2016).

정체성 혼돈	정체성 폐쇄	정체성 유예	정체성 성취
약한 헌신	강한 헌신	약한 헌신	강한 헌신
적은 탐색	적은 탐색	적극적인 탐색	적극적인 탐색

[그림 3-1] 정체성 상태의 연속도

최근 연구자들은 건강한 정체성 발달은 과거 경험에 대한 기억과 자신이 바라는 미래 사이의 연결 과정을 포함한다고 강조하며, 이를 정체성 발달에 대한 내러티브적 접근이라 할 수 있다(Carlsson et al., 2015; Carlsson et al., 2016). "일관된 삶의 이야기 구성은 청소년 후기에 시작되며, 생애 전반에 걸쳐 지속된다"(Carlsson et al., 2015, p. 335). 이 책의 저자인 폴과 돈의 정체성 또한 내러티브적 접근을 반영하고 있다. 비록 폴은 시골 출신이고, 돈은 도시 출신이지만, 둘 모두 노동 계급 가정에서 성장했으며, 둘의 부모는 대학에 가고, 성공하고, 세상에 기여하기를 바라셨다. 대학 교수로서, 우리는 이런 공헌을 우리 정체성의 매우 중요한 일부분이라 생각한다. 이것이 우리 삶의 내러티브의 일부이다. 저자로서 우리의 긴 이야기 또한 우리 삶의 이야기의 일부이자 우리 정체성의 중요한 부분이다. 그러나 동시에 우리는 농담도 하면서, 노동 계급으로서 우리의 배경에 가치를 두고 있다. 다행히 우리는 정체성 형성의 단단하고 편안한 상태에 이르렀으며, 우리 삶의 이야기들이 이런 상태에 이르게 하는 데 가장 크게 기여했다.

성 정체성

자신의 성적 지향과 관련하여 자신이 누구인지에 대해 내리는 사람들의 정의를 뜻하는 **성 정체성(sexual identity)**은 정체성 형성에 있어 또 다른 중요한 요소이다. 성 정체성은 옷, 친구, 직업을 비롯하여 궁극적으로 추구하고자 하는 것까지 다양한 범위에서 학생들의 선택에 영향을 끼친다(Heck, Mirabito, LeMaire, Livingston, & Flentje, 2017).

개인이 낭만적으로 또 성적으로 이끌리는 성을 뜻하는 **성적 지향(sexual orientation)**은 성 정체성의 중요한 측면이다. 대부분의 학생에게 성적 지향은 중요한 주제가 아니지만, 인구의 3~10%에 해당할 것으로 추산되는 학생들에게는 성적 지향은 혼란스럽고 힘든 경험이다(Macionis, 2015). 비록 누군가는 동성애가 선택이라고 주장하지만, 연구자들은 압도적으로 동성애가 기원에 있어서는 유전적이라고 제시하고 있다(Berk, 2019a; Gollnick & Chinn, 2017).

LGBTQ 청소년의 정체성 발달

LGBTQ는 1990년대에 생겨난 약어로, 이전에는 '게이 커뮤니티'라고 불렸던 것을 대체한 단어이다. 이 약어는 레즈비언, 게이, 양성애자, 트랜스젠더, 그리고 자신의 정체성을 탐색 중이거나, 정체성에 대해 고민 중인 사람을 가리킨다. 이 약어는 다양한 집단을 더 포괄하기 위한 목적으로 만들어졌다(Human Rights Campaign, 2016).

자신을 LGBTQ라 생각하는 성인의 비율은 2012년 첫 조사에서 3.5%로 나타난 이후, 현재 4.5%로 증가했다. 이런 증가는 1980년에서 2000년 사이에 태어난 밀레니얼 세대 때문이다. 밀레니얼 세대 중 LGBTQ 정체성을 가진 사람의 비율은 약 8% 정도이다. 전문가들은 이 수치가 밀레니얼 세대가 자신의 성적 지향을 인정하는 것을 더 편하게 느끼기 때문이라 지적한다(Newport, 2018).

스스로 LGBTQ라 생각하는 10,000명 이상의 청년을 대상으로 한 설문 조사에서 이들이 마주하는 몇 가지 어려움이 드러났다. 예를 들어, 노숙을 하거나 위탁 보호를 받는 비율이 매우 높게 나타났고, 자신의 공동체와 단절된 정도가 높았으며, 자신의 바람과 꿈을 이루어기 위해서는 자신이 속한 공동체를 떠나야 한다고 생각하고 있었다. LGBTQ가 아닌 또래에 비해, LGBTQ 청년들의 행복감은 낮았고, 술이나 약물 중독이 높았으며, 개인적 문제가 생겼을 때 성인의 도움을 받는 정도도 낮았다(Human Rights Campaign, 2016).

LGBTQ 청소년들 또한 문제를 겪는다(Human Rights Campaign, 2016).

- 10명 중 4명 이상이 자신의 공동체가 LGBTQ 청소년을 받아들이지 않으며, 10명 중 4명은 교회나 자신의 신앙 공동체가 LGBTQ를 받아들이지 않는다고 말했다.
- LGBTQ 청소년들은 신체적으로 공격받은 적이 있다는 언급이 또래에 비해 2배 정도 높았고, LGBTQ 청소년 중 절반은 학교에서 놀림 받은 적이 있다고 대답했다. LGBTQ가 아닌 청소년 중 유사한 경험을 한 비율은 25%였다.
- 4명 중 1명 이상이 가장 큰 문제로 가족이 자신을 받아들이지 않는 것을 꼽았다.
- 90% 이상은 LGBTQ에 대한 부정적인 메시지를 들은 적이 있으며, 주로 학교, 인터넷, 또래로부터 들었다고 응답했다.

연구에 따르면 LGBTQ 학생들, 특히 여학생은 학교에서 차별적인 훈육의 대상이 되곤 한다. "이 연구는 성적 소수자인 학생이 또래에 비해 높은 비율로 차별적인 훈육을 받고 있다는 새로운 증거를 보여 준다"(Mittleman, 2018, p. 187).

이런 암울한 조사 결과에도 불구하고, 몇몇 긍정적인 요소 또한 있다. 예컨대, LGBTQ 청소년 10명 중 9명은 가까운 친구에게 자신의 성적 지향과 성 정체성에 대해 이야기했으며, 3명 중 2명 정도는 교실 내 친구에게 말했으며, 75%는 LGBTQ 정체성으로 인해 또래와 특별한 문제가 없다고 응답했다. 또한, 10명 중 8명은 상황이 나아질 것이라 믿고 있었다. 다만, 앞서 살펴본 것처럼 다수가 자신의 상황이 나아지기 위해서는 자신의 공동체를 떠나야만 한다고 생각하고 있었다(Hodges, 2016).

트랜스젠더 학생 트랜스젠더 학생(Transgender students)은 출생 시 자신에게 부여된 성별과 자신의 정체성이 맞지 않는다는 느낌을 가진 학생을 뜻한다. 특정 성별을 가지고 태어난 학생이 사춘기가 되어 반대 성에 자신이 더 맞다는 생각을 가질 수 있다. 내면적으로는 출생증명서에 명시된 성별과 다른 성 정체성이 더 편한 것이다(Kahn, 2016). 미국 성인 중 약 0.6%가 자신을 트랜스젠더로 인식하고 있었고, 이는 이전 조사에 비해 두 배 늘어난 것이다. 연구자들은 수치의 증가가 점차 트랜스젠더 정체성에 대한 인식의 상승, 트랜스젠더로서 스스로 정체화하는 정도의 증가, 그리고 조사 기법의 발달 때문이라 생각한다(Flores, Herman, Gates, & Brown, 2016). 학교에 다니고 있는 학생 중 트랜스젠더의 비율은 0.5~1.5%정도로 추정된다(Hoffman, 2016).

트랜스젠더 학생이 된다는 것은 어떤 것일까? 개인적으로는 자신의 몸이 자신의 것이 아닌 것처럼 느껴지는 불편함을 느끼며, 사회적으로는 혐오스럽다 생각하고 증오하는 사람들에 대처해야만 한다(Tritt, 2017).

트랜스젠더 학생들은 많은 어려움을 겪는다. 그들은 지속적인 편견, 차별, 괴롭힘, 그리고 성희롱에 직면한다. 거의 절반은 살면서 어떤 시점에 성폭력을 당한 적이 있다고 보고했으며, 10명 중 4명은 자살 시도를 한 적이 있고(비트랜스젠더 인구 중 자살 시도는 5% 미만임), 40%에 가까운 사람들이 심각한 심리적 스트레스를 겪고 있다고 말했다(Hodges, 2016). 10명 중 1명 이상은 수입을 위해 성매매를 한 적이 있으며, 이로 인해 트랜스젠더 커뮤니티 내 HIV 감염률이 높다. 심지어, 빈곤율은 비트랜스젠더 인구보다 두 배 정도 높다(Centers for Disease Control and Prevention, 2016a).

트랜스젠더 학생들을 둘러싼 논란은 2016년 노스캐롤라이나주가 매우 논란이 많은 '화장실 법안(bathroom bill)'을 통과시키면서 전국적인 주목을 받게 되었다. 이 법안은 트랜스젠더 학생들이 성 정체성과 일치하는 화장실이 아닌, 출생증명서에 기재된 성별에 해당하는 화장실을 사용하도록 요구하는 내용을 담고 있었다(Miller, 2016). 이 법안은 역풍을 불러일으켜, 추정에 따르면 노스캐롤라이나주가 잃은 연방 자금이 50억 달러에 달하며, 수천 개의 일자리와 수백만 달러의 세수 손실을 초래했다. 또한 이는 주지사가 재선에 실패하는 요인 중 하나로 작용했다고 볼 수 있다(Katz, 2016). 이 법은 결국 2017년에 폐지되었지만, 이 법이 트랜스젠더에 대한 차별을 지속시킬 것이라 주장하는 LGBTQ 단체들의 비판은 계속되었다(Hanna & McLaughlin, 2017).

트랜스젠더 학생들의 법적 지위는 불명확하다. 오바마 행정부 시절 교육부는 성별에 근거한 차별을 금지하는 「연방교육수정법」 4조를 인용하여, 전국의 학교에 자신이 선택한 성별에 맞게 화장실을 사용하도록 했다(Wolf, 2017). 이 지시에 항의하는 소송이 20개 이상의 주에서 제기되었다(Liptak, 2016). 오바마 행정부의 지침은 오바마가 대통령을 그만두면서 철회되었다(U.S. Department of Education, 2017). 트럼프 행정부의 법무부 장관 제프 세션스(Jeff Sessions)는 "트랜스젠더에 대한 문제는 성에 기반한 직장 내 차별을 금지하는 시민권법에 의해 보호받지 않는다는 입장을 취하도록 법무부에 지시했다"(Savage, 2017, para. 1).

우리는 무엇을 할 수 있는가? 모든 청소년들은 수용적이며 지지적인 어른을 필요로 하며, 이는 특히 LGBTQ에게 그러하다. 긍정적인 학교 환경은 LGBTQ 학생의 우울, 자살 감정, 약물 남용, 무단결석의 감소와 관련이 있다(Saewcy, Konishi, Rose, & Homma, 2014).

가장 중요한 것은 안전하고 양육적인 교실 환경을 만드는 것이다. 이를 위한 몇 가지 제안은 다음과 같다.

- 교실에서 모든 학생이 환영받고 소중하다는 것을 공개적으로 이야기하고, 모든 학생을 동등하게 대함으로써 이를 직접 보여 주기
- 서로를 존중해야 한다는 규칙을 만들고, 지키기. 어떠한 형태든 괴롭힘과 조롱은 용납할 수 없음을 분명히 하기
- 다양성에 대한 토론, 다양한 배경을 가진 학생이 자신의 경험과 감정에 대해 말하도록 요청하는 등의 교실 내 활동을 진행하기
- 안전하고, 수용적인 학교 환경을 촉진할 수 있는 학생 주도의 동아리에 참여하도록 장려하기(예: 모든 성적 지향의 청소년이 참여할 수 있는 학교 동아리인 퀴어-이성애자 동맹)

이런 제안은 트랜스젠더 학생에게 특히 중요하다. 트랜스젠더 학생을 존중하는 언어와 행동은 모든 학생에게 모델이 될 수 있다. 만약 비하하거나 상처를 주는 말을 듣는다면, 즉각 중단시켜야 한다. 성별 전환, 신체 구조, 또는 의료적 문제에 관한 개인적 질문은 피해야 한다. 학교기록 상의 법적 이름과 다르더라도 학생 자신의 성 정체성에 일치한 이름을 사용하는 것이 중요하며, 그들의 이전 이름에 대한 정보는 비밀로 유지해야 한다(Kahn, 2016).

학생들은 종종 기대 이상의 능력으로 우리를 놀라게 하곤 한다. 예를 들어, 앞서 보았듯이 LGBTQ 청소년 중 75%는 자신의 정체성으로 인해 또래와 겪는 특별한 문제가 없다고 응답했다. 개방적이고, 솔직하며, 지지적인 논의는 이 비율을 더 높일 수 있다. 우리 모두가 사랑받고 존중받기를 원하며, 친구를 가지고 싶어 하며, 우리 모두가 행복하고 생산적인 삶을 이끌고 싶어 한다는 점에서 다르기보다는 더 비슷하다는 것을 알게 된다면, LGBTQ인지 아닌지는 덜 중요해질 것이다.

자아개념의 발달

앞서 살펴보았듯이, 정체성은 자신에 대한 믿음, 평가, 그리고 감정을 반영한다. 정체성의 구성 요소인 **자아개념(self-concept)**은 학업, 신체, 그리고 사회적 역량에 대한 인지적 평가를 뜻한다. 정체성의 정의 중 평가라는 용어는 평가적 요소를 의미하며, '교육심리학과 당신'에서 본 질문에 대한 답은 자아개념의 서로 다른 측면을 반영한다(Schunk et al., 2014). 예컨대, 만약 당신이 수학을 잘한다고 생각한다면, 당신은 수학에 있어 긍정적인 자아개념을 가지고 있는 것이다. 또는 당신이 운동에 뛰어나다고 생각한다면, 긍정적인 신체적 자아개념을 가지고 있는 것이며, 자신이 남들과 잘 지낸다고 생각한다면, 긍정적인 사회적 자아개념을 가지고 있는 것이다.

정체성 발달에 영향을 끼치는 요소들은 또한 자아개념의 발달에도 영향을 끼친다(Pop et al., 2016). 예를 들어, 수학을 잘 해 본 경험이 있다면, 수학과 관련된 자아개념이 긍정적일 것이다. 만약 운동에서 성공을 해 보았다면 운동과 관련된 자아개념이 긍정적일 것이다. 만약 다른 사람과 잘 지낸다면 사회적 자아개념이 긍정적일 것이다.

이 예시들은 왜 자아개념이 성취에 있어서 중요한지를 이해하게 해 준다. 이 생각을 좀 더 자세히 살펴보자.

자아개념과 성취

학업 자아개념과 성취 사이에는 강하고 견고한 관계가 있다(Pop et al., 2016). 앞서 제시한 예시들은 그 이유를 이해하는 데 도움을 준다. 예를 들어, 우리가 수학에서 성공하면 긍정적인 수학 자아개념을 가지게 되며, 그 결과 어려운 수학 활동을 할 때도 더 열심히 노력하고 오래 견디게 된다. 그리고 더 열심히 노력할수록 수학 실력이 더 좋아지게 되며, 이는 우리의 수학 능력에 대한 믿음을 확인시켜 주고 자아개념이 더욱 긍정적으로 변하는 식으로 순환고리가 만들어진다. 이는 모든 분야에 적용된다. 예를 들어, 우리는 높은 직업 윤리를 가진 엘리트 운동선수들에 대해 들어본 적이 있다. 그들은 자신의 종목에서 뛰어나기 때문에 긍정적인 운동 자아개념을 가지고 있으며, 자신의 능력에 대한 믿음을 확인하기 위해 더 열심히 노력하여 기술이 향상되고, 이러한 순환이 다시 강화된다. 마찬가지로, 우리가 다른 사람들과 잘 지내면, 사람들과의 교류를 추구하게 되며, 이는 우리의 사회적 기술을 연습할 수 있는 추가적인 기회를 제공한다.

이러한 예시들은 자아개념이 영역 특수적이라는 것을 이해하는 데 도움을 준다. 예를 들어, 운동 능력에 대한 긍정적인 자아개념이 학업 성취에 미치는 영향은 거의 없다(Wolff, Nagy, Helm, & Möller, 2018). 우리는 모두 뛰어난 운동선수이지만 학업 성취는 그다지 높지 않은 사람들을 알고 있으며, 이는 타당하다. 운동에서의 성과는 학업 성과에 대한 피드백을 제공하지 않으므로, 학업 능력에 대한 인지적 평가에 거의 영향을 미치지 않는다.

사회적 자아개념과 성취 사이의 관계는 더 복잡하다. 예를 들어, 우리가 사회적으로 능숙하다고 믿는 것이 반드시 성취와 관련이 있는 것은 아니지만, 사회적 역량과 학업 성취 사이의 연관성은 초등학교 초기의 아이들부터 발견되었다(Walker & Henderson, 2012). 이러한 아이디어들은 이 장의 후반부에서 사회정서 발달을 논의할 때 더 자세히 살펴볼 것이다.

자아개념과 자아존중감

자아존중감(Self-esteem, 자기가치 self-worth)은 자신에 대한 감정적 반응이나 평가로, 정체성의 또 다른 구성 요소이다(Schunk et al., 2014). 정체성의 정의에서 '감정'이라는 용어는 이 구성 요소를 의미한다. 자아개념과 자아존중감은 때때로 서로 혼용되지만, 이는 오해에 기인한 것이다. 자아개념은 인지적이지만 자아존중감은 정서적이다(Schunk et al., 2014). 자아존중감이 높은 사람들은 자신이 본질적으로 가치 있는 사람이라고 믿으며 자신에 대해 긍정적으로 느낀다. 이는 중요하다. 왜냐하면 청소년기의 낮은 자아존중감은 성인이 되었을 때 좋지 않은 건강, 범죄 행동, 낮은 경제적 수준을 예측하기 때문이다(Danielsson & Bengtsson, 2016). 어린 아이들은 사회적 비교를 덜 하고, 부모로부터 지원을 받기 때문에 높은 자아존중감과 긍정적인 자아개념을 가지는 경향이 있다. 이러한 낙관주의는 어린아이들이 세상을 탐험하고 새로운 도전을 해 보도록 장려하기 때문에 바람직하다(Verschueren, Doumen, & Buyse, 2012). 자아존중감은 초등학교에서 중학교로의 전환 기간 동안 낮아지는 경향이 있는데, 이는 사춘기 때 발생하는 신체적 변화와 중학교가 개인적 가치를 존중하지 않는다는 데에 기인한다. 이후 자아존중감은 고등학교 시절 동안 다시 상승하게 되며, 이때 남학생이 여학생보다 더 큰 폭으로 상승한다(Matsumoto & Juang, 2012).

비록 자아개념이 인지적이고 자아존중감이 정서적이지만, 둘이 완전히 무관한 것은 아니다. 예를 들어, 다양한 영역에서 긍정적인 자아개념을 가진 사람들은 또한 높은 자아존중감을 가지는 경향이 있다. 그러나 이것이 항상 그런 것은 아니다. 우리는 높은 성취를 이루었지만 자신에 대해 긍정적으로 느끼지 않는, 즉 낮은 자아존중감을 가진 사람들을 알고 있다.

정체성, 자아개념, 자아존중감 간의 관계는 [그림 3-2]에 설명되어 있다.

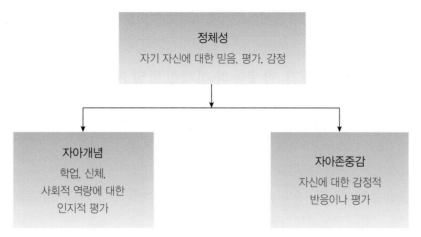

[그림 3-2] 정체성, 자아개념 그리고 자아존중감 간의 관계

다양성: 민족 정체성

"**민족 정체성**(Ethnic identity)은 개인이 특정 민족 집단에 속한다고 느끼는 것으로, 이는 문화적 유산에 의해 정의되며, 가치, 전통, 언어와 같은 속성을 포함한다"(Brittian, Umaña-Taylor, & Derlan, 2013, p. 178). 연구에 따르면 민족 정체성은 이질적인 사회에 사는 문화적 소수자들에게 특히 중요하다. 이는 다수 집단이 소수자들에 대해 부정적인 고정관념을 가질 때, 민족 정체성이 소수자들에게 소속감과 수용감을 제공하기 때문이다(Miller-Cotto & Byrnes, 2016). 이러한 소속감은 소수자들이 때때로 느끼는 사회적 평가절하의 부정적 영향을 완화하는 데 도움을 준다(Brittian et al., 2013).

긍정적인 민족 정체성은 중요하다. 긍정적인 민족 정체성을 가진 학생들은 적응을 잘하며, 학교에서 더 높은 성취를 보이며, 자신이 학문적으로 유능하다고 믿는다(Gollnick & Chinn, 2017; Miller-Cotto & Byrnes, 2016). 또한, 약물을 사용하거나 위험한 행동에 참여할 가능성이 적다(Brook, Zhang, Finch, & Brook, 2010). 이는 특히 미국 사회에서 중요하다. 미국 사회에서 문화적 소수자들은 종종 다수집단이 소수집단은 누리지 못하는 특권을 가지고 있다고 믿기 때문이다.

자아존중감은 긍정적인 민족 정체성의 중요한 부분이다. **집단적 자아존중감**(Collective self-esteem)은 개인이 속한 집단의 상대적 가치를 어떻게 인식하는지를 의미한다. 자신이 속한 집단이 사회에서 가치 있게 여겨지고 긍정적인 지위를 가지는 것으로 인식될 때, 개인의 정체성과 자아존중감이 향상된다(Jaspal & Cinnirella, 2012). 반대의 경우도 마찬가지이다. 아주 어린아이들조차 자신이 민족 소수자임을 알고 있으며, 거의 80년 전으로 거슬러 올라가는 연구에 따르면, 아프리카계 미국인(Clark & Clark, 1939), 멕시코계 미국인(Weiland & Coughlin, 1979), 중국계 미국인(Aboud & Skerry, 1984)과 같은 문화적 소수자 집단의 아이들은 자신의 민족 집단을 백인 다수 집단보다 덜 가치 있게 평가하는 것으로 나타났다. 이러한 아이들이 성장하면서, 그들은 불평등과 차별의 문제를 점점 더 인식하게 된다(Brittian et al., 2013). 이 문제는 언어 장벽을 함께 겪는 이민자들에게 특히 심각하다(Yoon et al., 2017). 많은 문화적 소수자들은 빈곤, 범죄, 약물 사용과 관련된 어려움을 겪으며, 학교가 소수자 집단 아이들에게 적절한 도움을 주지 않을 경우, 소수자 집단 아이들의 발달을 저해할 수 있다(Jaspal & Cinnirella, 2012). 예민한 교사들은 소수자 집단 학생들이 건강한 정체성을 형성하는 데 중요한 역할을 한다. 다음 절에서 긍정적인 민족 정체성 형성에 기여할 수 있는 방법을 살펴볼 것이다.

교육심리학을 교수에 활용하기: 학생들의 정체성 발달 지원하기

교사로서 우리는 학생들의 정체성 발달에 강한 영향을 미친다. 다음의 제안이 도움이 될 수 있다.

1. 학생들의 자율성과 주도성을 지원하라.
2. 높은 기대치를 유지하고 학생들에게 그들의 역량이 증가하고 있다는 증거를 제공하라.
3. 안전하고 배려하는 학습 공동체를 만들라.
4. 학생이 자신의 민족 배경이 가치 있으며, 학습에 기여할 수 있다고 이야기하라.

8학년 영어 교사인 존 아들러(John Adler)가 이 지침에 따라 학생을 대하는 것을 살펴보자.

"시험지를 나눠 줄게요."라고 아들러 선생님은 금요일에 전날 본 퀴즈를 나눠 주면서 말했다. "잘했어요, 여러분이 자랑스럽습니다. 글쓰기 실력이 정말 향상되고 있어요. 제가 기대하는 바가 많다는 것을 알지만, 여러분은 항상 그 기대에 부응해 왔어요."

"점수를 기록장에 적고 향상된 점수를 더하세요."

"누가 가장 많이 향상되었나요, 아들러 선생님?" 제러미(Jeremy)가 물었다.

"그건 중요하지 않아요."라고 아들러 선생님이 대답했다. "기억하세요, 우리는 모두 함께 이 길을 걷고 있어요. 여러분은 자신의 학습에 책임을 지고, 저는 가능한 한 많이 도와주려 애쓰며, 우리는 모두 함께 나아지려고 노력합니다. 그래서 여러분의 점수를 퀴즈의 마지막 페이지에 적은 것입니다. 그것은 여러분의 일이고, 다른 누구의 것도 아닙니다."

"이제 학급 회의를 열겠어요."라고 아들러 선생님은 다른 이야기를 꺼낸다. "어제 방과 후에 한 학생이 저에게 와서, 여러분 중 일부가 수업 외 시간에 서로를 대하는 방식에 대해 걱정된다고 말했습니다. 그 학생이 누군지 이름을 밝히지 않을 겁니다. 나는 누군가가 우리 교실이 더 좋은 곳이 되도록 뭔가 시도하는 것을 좋아합니다."

"저도 그 친구의 걱정에 공감합니다. 예를 들어, 여러분 중 한 명이 복도를 걸어가다가 넘어지는 것을 보았고, 또 다른 한 명은 식수대에서 물을 맞았습니다. 또한 바닥에 쓰레기가 더 많이 보이고 있습니다."

"저는 이러한 행동들에 실망했습니다. 우리는 서로를 돕기 위해 여기에 있습니다. 그래서 여러분의 의견을 듣고 싶습니다. 우리 교실을 더 좋게 만들기 위해 무엇을 할 수 있을까요?"

학생들은 의견을 제시하며, 수업에서 가해자를 쫓아내는 것부터, 그들과 대화하는 것, 규칙을 더 추가하는 것까지 다양한 제안을 한다. 학생들은 아들러 선생님 규칙을 공정하게 시행하려고 노력했지만, 모두가 책임감을 가지길 기대했기 때문에 일부 경우에는 너무 관대했을 수도 있다고 생각한다. 회의가 끝날 때, 학생들은 더 책임감 있게 행동하기로 결정하고, 아들러 선생님은 교실 규칙을 일관되게 시행하기 위한 노력을 새롭게 하기로 한다.

이제 아들러 선생님이 지침을 어떻게 적용했는지 살펴보자.

학생들의 자율성과 주도성을 지원하라　다양한 방식으로 학생들의 자율성과 주도성을 지원할 수 있다. 예를 들어, 유치원이나 초등학교 저학년을 가르칠 계획이라면, 아이들이 스스로 과제를 완료하도록 격려하고 주도성을 발휘했을 때 보상할 수 있다. 비록 아들러 선생님은 중학교 교사지만, 그는 어떤 심리사회적 위기도 영구적으로 해결되지 않는다는 것을 알고 있다. 그래서 그는 "나는 누군가가 우리 교실이 더 좋은 곳이 되도록 뭔가 시도하는 것을 좋아합니다"라는 발언으로 한 학생의 주도성을 공개적으로 강화했다. 이 발언은 한 학생을 대상으로 했지만, 그 긍정적인 어조는 모든 학생들에게 개인의 주도성이 그의 교실에서 가치 있게 여겨진다는 것을 전달했다.

높은 기대치를 유지하고 학생들에게 그들의 역량이 증가하고 있다는 증거를 제공하라 앞서 본 것처럼, 학생들의 정체성 발달은 주로 그들이 세상에서 경험하는 것에 달려 있으며, 그들은 자신이 얼마나 능력 있는지에 대한 피드백을 바탕으로 자아개념을 발전시킨다. 소수자 학생들에게 다문화 학습 자료를 공부하게 하거나, 아이들을 여름 캠프에 보내거나, 지지 모임을 운영하는 등의 활동을 통해 자아개념(및 자아존중감)을 직접적으로 향상시키려는 노력은 대체로 성공적이지 못하며, 잘못된 방향으로 이끌 수 있다(Schunk et al., 2014). 학생들의 자아개념이 향상되는 유일한 방법은 그들의 역량이 증가하고 있다는 증거를 보이는 것이다. 아들러 선생님과 그의 학생들에 대한 사례를 다시 살펴보자.

아들러 선생님: 시험지를 나눠 줄게요. 잘했어요, 여러분이 자랑스럽습니다. 글쓰기 실력이 정말 향상되고 있어요. 제가 기대하는 바가 많다는 것을 알지만, 여러분은 항상 그 기대에 부응해 왔어요. 점수를 기록장에 적고 향상된 점수를 더하세요.

제러미: 누가 가장 많이 향상했나요, 아들러 선생님?

아들러 선생님: 그건 중요하지 않아요. 기억하세요, 우리는 모두 함께 이 길을 걷고 있어요. 여러분은 자신의 학습에 책임을 지고, 저는 가능한 한 많이 도와주며, 우리는 모두 함께 향상하려고 노력합니다. …… 그래서 여러분의 점수를 퀴즈의 마지막 페이지에 적은 것입니다. 그것은 여러분의 일이고, 다른 누구의 것도 아닙니다.

개인적인 향상이 역량 증가에 대한 인식을 키우는 열쇠이며, 이것은 또한 학생들이 근면성–열등감 위기를 긍정적으로 해결하는 데 도움을 준다. 이것이 아들러 선생님이 실제 점수보다 향상을 강조한 이유이며, 경쟁을 덜 중요하게 여긴다는 것을 상징적으로 보여 주기 위해 학생들의 점수를 퀴즈의 마지막 페이지에 적은 이유이다. 이는 일리가 있다. 경쟁적인 교실에서는 오직 잘 하는 사람만이 지속적으로 평가에서 최고 점수를 받기 때문에, 많은 학생들이 성취감을 느끼고 학업 성취와 관련된 정체성을 향상시키는 것이 사실상 불가능하다. 우리는 학생들이 자신을 다른 사람과 비교하는 것을 막을 수 없다는 것을 알고 있지만, 경쟁을 덜 강조하고, 개인적인 향상에 중점을 둘 수 있다. 이렇게 함으로써 우리는 잃을 것이 없으며, 시간이 지나면 이러한 노력이 변화를 가져올 수 있다.

안전하고 배려하는 학습 공동체를 만들라 아들러 선생님이 그의 교실을 어떻게 안전하고 배려하는 학습 공동체로 만들려고 했는지 이해하기 위해, 그의 몇 가지 발언을 다시 살펴보자.

"이제 학급 회의를 열겠어요. 어제 방과 후에 한 학생이 저에게 와서, 여러분 중 일부가 수업 외 시간에 서로를 대하는 방식에 대해 걱정된다고 말했습니다. ······ 저도 그 친구의 걱정에 공감합니다. ······ 예를 들어, 여러분 중 한 명이 복도를 걸어가다가 넘어지는 것을 보았고, 또 다른 한 명은 식수대에서 물을 맞았습니다. ······ 또한 바닥에 쓰레기가 더 많이 보이고 있습니다. 저는 이러한 행동들에 실망했습니다. 우리는 서로를 돕기 위해 여기에 있습니다.······ 그래서 여러분의 의견을 듣고 싶습니다. 우리 교실을 더 좋게 만들기 위해 무엇을 할 수 있을까요?"

모든 학생들에게 안전한 학습 환경을 만드는 것이 학급 회의를 연 아들러 선생님의 목표였다. 허용 가능한 행동에 대한 예측 가능한 한계를 설정하는 교실 구조와, 이 시기의 불확실성을 헤쳐 나가도록 도와줄 수 있도록 적절한 공감을 결합시키는 것이 중요하다. "학생들은 교사들이 행동 기준을 명확히 하고 이를 시행하기를 원한다고 말한다. 학생들은 이것을 단지 교사의 업무의 일부분으로 보는 것이 아니라 교사가 자신들을 신경 쓰고 있다는 증거로 본다"(Brophy, 2010, p. 24). 아들러 선생님은 중학교 학생들을 가르치지만, 안전하고 배려하는 학습 공동체는 모든 수준의 학생들에게 필수적이다. 이것은 특히 LGBTQ 학생들에게 그러하며, 앞서 본 것처럼 이들은 종종 다른 학생들에 의해 학대와 차별을 경험한다(Hodges, 2016). 또래 괴롭힘은 이러한 문제의 주요 원인이며, 교사는 교실의 분위기를 조성하고 모든 학생들에게 안전한 장소가 되도록 하는 데 중요한 역할을 담당한다.

학생에게 자신의 민족 배경이 가치 있으며, 학습에 도움이 될 수 있다고 이야기하라 이해를 돕기 위해, 교사와 한 학생 사이에 실제로 있었던 사건을 바탕으로 한 예시를 살펴보자.

발도 아얄라(Valdo Ayala)라는 히스패닉 학생이 수업에서 위축되고 감정적으로 안 좋은 모습을 보이자, 미국 역사 교사인 데이비드(David Haughy)는 학년 초에 발도를 교실로 불렀다.

"발도, 어디서 왔니?" 호기 선생님이 물었다.

"······ 푸에르토리코요."

"오, 와우!" 호기 선생님이 신나서 외쳤다. "내 아내와 나는 여름에 산후안(San Juan)에 있었는데, 정말 좋았어.······ 우리는 올드 산후안으로 내려가서 현지 음식점에서 식사하고, 멋진 음악도 들었지. ······ 산후안은 정말 멋졌고, 우리는 또다시 가려고 이야기하고 있어." (이 대화는 저자 중 한 명인 폴이 그의 수업에서 한 교사와 대학원생과의 대화를 바탕으로 한 발췌문이다.)

호기 선생님의 산후안에 대한 단순한 표현이 발도 아얄라의 태도를 완전히 바꾸는 결과를 낳았다. 우리는 모두 감정적인 존재이며, 호기 선생님의 긍정적인 표현은 발도에게 자신이 교실에서 환영받고 가치 있는 존재임을 전달했다. 이제 다른 교사의 노력을 살펴보자.

마리아 로블레스(Maria Robles)는 새 학교에 들어서며 엄마의 손을 꼭 잡았다. 엄마는 복도를 걸어가는 큰 아이들을 불안하게 쳐다보는 마리아가 긴장하고 있다는 것을 알 수 있었다.

유치원 교실에 들어서자, 교사인 카르멘 아빌라(Carmen Avilla)가 그들을 맞이하러 왔다.

"Hola. ¿Como te llamas, nina?" (안녕? 너의 이름은 뭐니, 꼬마야?) 엄마 뒤에 숨은 마리아는 여전히 불안했지만 약간의 안도감을 느꼈다.

"Dile tu nombre." (이름을 말하렴) 엄마가 손을 꼭 잡고 미소를 지으며 재촉했다.

"마리아." 마리아가 주저하며 대답했다. 엄마는 재빨리 덧붙였다. "마리아 로블레스. Yo soy su madre." (저는 이 아이의 엄마입니다.)

아빌라 선생님은 명단에서 마리아의 이름을 찾아 체크한 후, 방에 들어와 스페인어로 다른 아이들과 인사하라고 초대했다. 배경음악이 흘러나오고 있었다. 마리아는 방 한쪽에서 장난감을 가지고 노는 친구 몇 명을 알아보았다.

"Maria, ven aqui y juega con nosotros." (마리아, 여기 와서 우리랑 놀자.)

마리아는 잠시 망설이다가 엄마를 올려다본 후, 친구들에게 달려갔다.

앞서 살펴보았듯이, 스페인어로 학생들을 맞이할 수는 없지만, 아빌라 선생님이 사용한 것과 같은 간단한 제스처로 학생들이 환영받는다고 느끼게 할 수 있다. 마리아에게 했던 것처럼 우리가 학생들에게 반응하는 방식은 학생들의 정체성과 문화적 자존감에 큰 영향을 미친다(Gollnick & Chinn, 2017). 소수민족의 업적을 인정하는 것도 큰 차이를 만들 수 있다. 예를 들어, 텍사스주 샌안토니오의 시장으로 선출되고 재선되었으며, 오바마 행정부에서 주택 및 도시 개발부를 이끈 멕시코계 정치인인 훌리안 카스트로(Julian Castro)의 짧은 전기를 알려 주는 것은 문화적 소수민족의 업적이 인정되고 존중받는다는 것을 전달한다. 마찬가지로, 반에 중동 배경을 가진 학생들이 있다면, 11세기와 12세기에 대수학의 원리를 확립한 페르시아 철학자이자 수학자인 오마르 하이얌(Omar Khayyán)의 공헌을 강조할 수 있다. 모든 소수민족 구성원들을 위한 예시를 찾을 수 있고, 이러한 공헌을 강조함으로써 반 학생들의 배경을 가치 있게 여기고 존중한다는 것을 보여 줄 수 있다. 이렇게 하면 그들의 정체성을 크게 향상시키고 학습에 대한 동기를 높일 수 있다.

교실과의 연계

정체성 발달을 촉진하기

1. 에릭슨은 사회적 연결이 심리사회적 발달을 촉진하는 데 중요한 역할을 한다고 생각했다. 학생들의 정체성 발달을 지원하기 위해 사회적 상호작용을 활용하라.

- **초등학교**: 유치원 학생이 식물에 물을 주다가 하나를 바닥에 쓰러뜨린다. 교사는 차분하게 말한다. "흙을 쓸고, 종이 타월로 물을 닦으렴." 학생이 이를 하면, 교사는 학생을 안아 주며 말한다. "모든 사람은 실수를 해. 중요한 것은 우리가 그것을 어떻게 대처하느냐야."

- **중학교**: 수학 교사는 모든 학생들이 성공을 경험하여 성취감을 느낄 수 있도록 수업을 설계한다. 그녀는 방과 후에 학생들과 함께 나머지 공부를 하고, 처음에 진지하게 노력한 학생들에게는 과제를 다시 제출할 수 있게 한다. 그녀는 자주 말한다, "노력만 한다면 누구나 수학을 할 수 있어!"

- **고등학교**: 생물 교사는 학생들이 모욕적인 언어를 사용하지 않고, 타인의 권리를 인식하며, 학습이 이루어지는 한 학생들의 옷차림과 속어에 크게 신경 쓰지 않는다.

2. 도전적인 과제에서의 성공은 학생들이 성취감을 느끼는 데 중요하다. 노력은 성공과 능력으로 이어진다는 것을 학생들이 이해하도록 도와라.

- **초등학교**: 2학년 교사는 주제를 신중하게 가르치고, 앉아서 푸는 과제를 주기 전에 정확한 지침을 제공한다. 그녀는 모든 학생이 올바르게 시작할 수 있도록 첫 몇 가지 항목에서 '모니터링된 연습'을 수행한다. 학생들이 어려움을 겪으면, 선생님은 학생을 따로 만나서 추가적인 도움을 제공한다.
- **중학교**: 6학년 교사는 성적 향상에 기반한 채점 시스템을 개발하여 학생들이 성적을 향상시키면 성취할 수 있도록 한다. 선생님은 정기적으로 학생들과 만나서 학습 진행 상황을 확인하는 데 도움을 준다.
- **고등학교**: 미술 교사는 포트폴리오와 개별 회의를 사용하여 학생들이 목표를 설정하고 한 해 동안의 성장을 확인할 수 있도록 돕는다. 만날 때마다 교사는 향상과 노력과 성취 간 연관성을 강조한다.

사회정서 발달

3.3 사회정서 발달에 대한 이해를 바탕으로 학생의 행동과 졸업 이후 사람들의 행동에 대해 설명할 수 있다.

교육심리학과 당신

친구나 지인들 중에서 가장 행복해 보이고 행복감을 느끼는 사람들이 지능이 높거나 학업적으로 성공한 사람들인가? 그렇지 않다면, 왜 그런 것 같은가?

대부분의 경우, '교육심리학과 당신'에 나온 질문에 대한 답은 '항상 그렇지는 않다'이다. 우리는 모두 '똑똑'하지만 여전히 삶에서 고군분투하는 사람들을 알고 있으며, 반대의 경우도 마찬가지다. 많은 사람들이 능력이 평범하지만 행복하고, 균형 잡히고, 잘 적응하는 것처럼 보인다.

여기에서 **사회정서학습**(Social-Emotional Learning: SEL)이 중요해진다. 사회정서학습은 감정 인식 및 관리, 긍정적인 목표 설정 및 성취, 타인과의 긍정적인 관계에 대한 이해 및 형성, 책임 있는 의사 결정 능력을 의미한다(Collaborative for Academic, Social, and Emotional Learning [CASEL], 2013). 사회정서 발달은 이러한 능력들의 성장을 의미한다. 예를 들어, 지능이 매우 높음에도 불구하고 삶에서 어려움을 겪을 경우, 감정을 관리하거나 우정을 쌓는 능력이 충분히 발달하지 않았을 수 있다. 이는 '교육심리학과 당신'에서의 질문에 대한 답과 관련이 있다. 지능이 높으며 동시에 삶에 균형이 있고, 행복한 사람들은 자신의 감정을 효과적으로 관리하고 다른 사람들과 잘 지내며 일도 잘할 가능성이 높다.

감정과 사회적 기술에 대한 연구는 오랜 역사를 가지고 있지만, SEL에 대한 강조는 지난 25년 동안 급격히 증가했으며, 이는 대니얼 골먼(Daniel Goleman)의 인기 있는 책 『정서 지능(Emotional Intelligence)』이 출판된 이후 더욱 그러하다(Goleman, 1995). **정서 지능**(Emotional intelligence)은 우리 자신과 다른 사람들의 감정을 인식하고 이해하며 관리하고, 정서 지식을 활용하여 인지(사고)를 향상시키는 능력이다(Goleman, 1995; van der Linden et al., 2017). 골먼의 책이 출판된 이후, 교육과 비즈니스 세계의 지도자들은 사회정서 발달의 중요성을 점점 더 강조해 왔으며, 노벨상 수상자인 제임스 헤크먼(James Heckman)과 같은 거물급 인사들도 이러한 능력을 육성하는 것이 교육 투자에서 가장 큰 이익을 가져온다고 주장했다(Heckman & Kautz, 2012).

이러한 강조는 위험에 처한 학생들(Dougherty & Sharkey, 2017; McBride, Chung, & Robertson, 2016)에서부

터 비즈니스 세계에서의 성과(NACE, 2016; Tran, 2017)에 이르기까지 사회정서 학습과 성취 간의 강력한 관계를 확인한 연구에 기반하고 있다. 또한, 사회정서 기술의 중요성은 유치원 시절부터 이미 나타난다(Jones, Greenberg, & Crowley, 2015).

사회정서 학습 프로그램에는 다섯 가지 목표가 있다(CASEL, 2013).

- 자기 인식: 개인이 자신의 생각과 감정을 이해하고, 자신의 생각과 감정이 환경에 대한 반응에 어떻게 영향을 미치는지 이해하는 능력
- 자기 관리: 사람들이 다양한 상황에서 자신의 감정, 생각 및 행동을 조절할 수 있는 능력
- 사회적 인식: 사회적·윤리적 규범을 이해하고, 다양한 배경과 문화를 가진 사람들의 관점을 이해하고 공감할 수 있는 능력
- 관계 기술: 다양한 개인 및 집단과 건강하고 의미 있는 관계를 구축하고 유지할 수 있는 능력
- 책임 있는 의사 결정: 자기 행동의 결과에 대한 이해를 바탕으로, 자신의 행동과 타인과의 상호작용에 있어 건설적인 선택을 할 수 있는 능력

이 목표들을 더 자세히 살펴보자.

자기 인식과 자기 관리

교육심리학과 당신

누군가가 나에게 무례한 말을 해서 화가 나고 "저 사람한테 한 마디 해 주고 싶다!"라고 생각한 적이 있는가? 하지만 조금 성급했다는 것을 깨닫고, "아마도 그 말이 그런 의도로 한 것은 아닐 거야"라고 생각하며 진정하고 참았을 수도 있다. 어떻게 참을 수 있었는가?

앞서 살펴보았듯이, '욱' 하는 반응은 감정적 반응, 즉 일종의 분노를 나타낸다. **감정**(Emotion)은 일반적으로 구체적이고, 단기적이며, 강렬하다(Schunk et al., 2014). 분노는 말에 대한 구체적인 반응으로, 꽤 빨리 사라지지만 경험하는 당시에는 강렬하다. 감정은 행복, 흥분, 희망과 같은 긍정적인 감정에서 지루함, 분노, 스트레스와 같은 부정적인 감정까지 다양하며, 우리 삶에서 중요한 역할을 한다. 예를 들어, 불안, 스트레스와 심혈관 질환 사이에 밀접한 관계가 있으며(Chauvet-Geliniera & Bonina, 2017; Emdin et al., 2016), 부정적인 감정은 건강에 파괴적인 영향을 끼친다(DeSteno, Gross, & Kubzansky, 2013). 또한, 긍정적인 감정은 회복력과 정신건강을 향상시키는 것과 관련 있으며(Gloria & Steinhardt, 2016), 긍정적인 감정은 낮은 만성 질환 증상과 '더 나은 면역체계와 심혈관 기능'(Yoo, Miyamoto, & Ryff, 2016, p. 1137)과 같은 신체건강과도 연관되어 있다.

APA의 20가지 주요 원칙

이 논의는 유치원-12학년(초·중등학교)까지 교수 및 학습을 위한 심리학의 20가지 주요 원칙에서 원칙 15:

정서적 안녕감은 교육 성과, 학습 및 발달에 영향을 미친다는 것을 설명한다. 감정은 '느낌'을 포함하지만, 인지적·생리적·행동적 요소도 가지고 있다(Pekrun, Goetz, Frenzel, Barchfeld, & Perry, 2011). 예를 들어, 빨간 불에 달려오는 차와 같은 즉각적인 위협에 직면했을 때, 우리가 경험하는 감정은 두려움이지만, 우리는 또한 위험을 인식하고(인지의 한 형태), 근육이 긴장하고 심장 박동이 빨라지며(생리적 반응), 충돌을 피하기 위해 브레이크를 밟을 가능성이 높다(행동적 반응).

자기 인식 '교육심리학과 당신'의 예시에서 자신이 성급했다는 것을 깨닫는 것은 감정의 인지적 요소를 보여 주며, **자기 인식**(self-awareness)과 관련이 있다(생각과 감정을 이해하는 것). 이는 SEL 프로그램의 다섯 가지 목표 중 첫 번째이다. 모든 형태의 학습과 마찬가지로, 이해는 첫 단계이다. 예를 들어, 축구에서 효과적인 코너킥을 수행하기 전에, 우리는 킥의 기본을 이해해야 하고, 정확하고 세련되게 글을 쓰기 전에 문법과 구두법, 은유와 직유의 사용과 같은 글쓰기의 기초를 이해해야 한다. 이러한 이해는 인식으로 이어진다.

노력을 통해 자기 인식을 높일 수 있다. 예컨대, 우리가 과민 반응을 하거나 명백한 이유 없이 불안을 느낀다는 것을 인식하는 것과 같이 우리가 감정에 대해 생각하고 점차 이해하게 되면, 우리는 이에 대해 무언가를 할 수 있는 위치에 있게 된다. 이는 SEL의 두 번째 목표인 자기관리로 이어진다.

자기 관리 앞에서 본 것처럼 **자기 관리**(self-management)는 사람들이 자신의 감정, 생각, 행동을 조절하는 능력을 포함한다. 예를 들어, '교육심리학과 당신'에서 감정을 가라앉힌 것은 **정서 자기조절**(emotional self-regulation, 때로는 정서 조절 또는 단순히 감정 조절이라고도 함)의 개념을 보여 준다. 이는 우리가 감정을 통제하고 표현하는 과정을 의미한다(Graziano & Hart, 2016). 정서 자기조절은 자기 관리의 일부분이다. 앞서 예에서 인지를 조절하기도 했으며("아마도 그 말이 그런 의도로 한 것은 아닐 거야"), 행동 또한 조절했다(화를 내지 않았다.).

자기 관리는 다음과 같은 요소들을 포함한다(Broekhuizen, Slot, van Aken, & Dubas, 2017).

- 사회적으로 용납되지 않는 방식으로 행동하려는 충동을 억제하기. 예를 들어, '교육심리학과 당신'의 예시에서 상대에게 한마디 해 주고 싶은 충동을 억제하는 것
- 부정적인 감정을 관리하기. 예를 들어, 무례한 발언에 처음에는 화가 났지만 진정하는 것
- 사회적으로 용납되는 방식으로 행동하기. 예를 들어, 그 발언에 대해 상대에게 차분하게 이야기하기로 결정하거나 그냥 넘기는 것
- 스트레스를 관리하기. 예를 들어, 사건을 심각해지지 않도록 함으로써 장기적인 불안으로 이어지도록 하지 않기
- 자신을 동기 부여하고 개인적 및 학업적 목표를 설정하고 이를 향해 노력하기. 예를 들어, 항상 다른 사람을 예의 바르고 존중하며 대하기로 목표를 설정하는 것

자기 관리의 필요성을 보여 주는 예는 흔하다. 예를 들어, 한 운전자가 끼어들었다는 이유로 총격을 가하고, 그 결과 두 사람의 삶이 망가지는 사건에 대해 듣게 된다. 이는 단지 둘 중 하나 또는 둘 다 충동을 억제하

지 못했기 때문이다. 친구 관계와 결혼 생활도, 화가 나서 누군가가 분노에 차서 영구적인 상처를 남기는 말을 하면 깨질 수 있다.

반면에, 심각한 역경에 직면했을 때도 균형 잡히고 긍정적인 태도로 삶을 대하는 사람들의 예시도 있다. 이것이 학생들과 우리 자신의 삶에서 목표로 삼고자 하는 것이다.

다양성: 자기 관리의 차이　예상대로, 아이들은 자기 관리 능력에서 상당한 차이를 보인다. 그리고 직관적으로 이해할 수 있듯이, 나이가 많은 아이들이 더 어린아이들보다 감정, 생각, 행동을 더 잘 조절할 수 있다 (Loman & Gunnar, 2010).

성별 차이도 존재한다. 일반적으로 여자아이들이 감정과 행동을 모두 더 잘 조절한다. 남자아이들은 분노와 공격성을 더 많이 표출하는 반면, 여자아이들은 슬픔, 두려움, 죄책감을 더 많이 느끼는 경향이 있다. 교실에서 여자아이들은 더 순응적이고 행동을 덜 하는 경향이 있다(Emmer & Evertson, 2017; Evertson & Emmer, 2017). 이러한 성별 차이에 대한 설명은 감정을 조절하는 뇌 부분이 여자아이들에서 더 빨리 발달하고(Rothbart, 2011), 여자아이들이 사회적으로 더 용납되는 방식으로 행동하도록 사회화된다는 것을 시사한다(Kennedy Root, & Denham, 2010; Weisgram, Bigler, & Liben, 2010). 이러한 차이는 남자아이들이 정서적 또는 행동적 문제로 진단 받는 빈도가 여자아이들보다 훨씬 더 많다는 사실로 나타난다(Hardman, Egan, & Drew, 2017).

문화적 차이도 존재한다. 서구 문화는 개인주의를 강조하는 경향이 있어, 개인의 감정 표현을 가르치고 장려하는 경향이 있다(B. Miller, 2016). 많은 아시아 국가에서 볼 수 있는 집단주의 문화는 순응을 장려하고, 개인이 공공선에 대해 생각하도록 하며, 집단의 이익을 위해 개인의 감정을 억누르는 경향이 있다.

빈곤도 추가적인 요인으로, 여러 가지 방식으로 정서 발달에 영향을 미친다. 예를 들어, 빈곤 속에서 자라나는 아이들이 경험하는 신체적 및 심리적 고난은 건강한 뇌 발달을 저해할 수 있다(Miller et al., 2018; Phillips, 2016). 또한, 끼니에 대해 걱정하는 학생들은 우울, 불안, 행동 문제에 더 취약하다(McCoy, 2016). 그리고 많은 빈곤 가정이 직면하는 돈이나 음식 마련의 어려움은 건강한 정서 발달에 필요한 안전한 가정환경과도 관련이 있다. 모든 아이들에게 어느 정도의 정서적 스트레스는 건강한 발달에 기여할 수 있는 도전을 제공하기 때문에 필요할 수도 있지만, 너무 큰 정서적 도전은 정서 자기조절과 전반적인 사회정서 발달에 부정적인 영향을 미칠 수 있다(McCoy, 2016; B. Miller, 2016).

사회적 인식

사회적 인식(Social awareness)은 학교와 직장에서 긍정적인 사회적 관계를 형성하는 데 중요한 능력을 포함한다. 이러한 능력에는 다음이 포함된다.

- 사회적 인지
- 공감 표현
- 조망 수용

사회적 인지

사회적 인지(Social cognition)는 사회적 상호작용을 이해하는 능력이다. 이는 "…… 우리가 사회적 세계를 이해하고 탐색하는 방식"이며(Muller, Cannon, Kornblum, Clark, & Powers, 2016, p. 192), 대인관계 기술과 사회적 발달의 기초이다(Absher, 2016). '이해가 부족한' 사람들, 즉 무관심하거나 부적절하게 행동하는 사람들은 사회적 인지가 부족하다.

모호한 사건을 평가하고 그에 따라 우리의 행동을 조절하기 위해 음성 및 비언어적 신호를 사용하는 능력인 **사회적 참조**(social referencing)는 사회적 인지의 중요한 측면이다(Blair et al., 2016). 예를 들어, 우리가 잘 알지 못하는 사람들과의 사회적 모임에서 누군가가 예상치 못한 결말로 끝나는 이야기를 한다고 가정해 보자. 우리는 웃어야 할지, 당황해야 할지 몰라서 적절하게 행동하기 위해 다른 사람들의 반응을 기다린다. 아주 어린아이들과 심지어 개도 이러한 능력을 가지고 있다(Duranton, Bedossa, & Gaunet, 2016; Stenberg, 2017). 사회적 참조 기술이 부족한 사람들은 긍정적인 사회적 관계를 발전시키는 데 어려움을 겪는다.

공감 표현

모두 알다시피, 아이들에게는 작은 나뭇가지 같은 간단한 막대기가 가장 좋아하는 장난감 중 하나이다. 여섯 살 조시(Josh)는 막대기를 찾았지만 그의 친구 매트는 자신만의 막대기를 찾을 수 없었다. 조시는 매트의 얼굴 표정을 보고, "매트, 내 막대를 나눠 줄게."라고 말하며 막대기를 두 부분으로 나누어 한 부분을 매트에게 주었다.

우리는 이 사건을 직접 관찰했으며, 그 장면을 보고는 눈물을 흘렸다. 조시는 **공감**(empathy)을 표현하고 있었다. "……다른 사람들이 느끼는 것을 추론하여 느낄 수 있는 능력"(Jordan, Amir, & Bloom, 2016, p. 1107). 매트의 얼굴 표정에서 조시는 그가 기분이 나쁘다는 것을 추론하고, 자신도 기분이 나빴으며, 문제를 해결하기 위해 매트에게 막대기의 일부를 주었다.

우리는 다양한 방식으로 표현되는 공감을 보고, 그럴 때 마음이 따뜻해진다. 만약 가까운 친구가 시험에서 A를 받았다는 것을 알게 되어 자신의 기분이 좋아질 때, 다른 친구가 체중 감량에 어려움을 겪고 있다는 것을 알고, "체중 감량이 얼마나 어려운 일인지 알아. 나도 같은 어려움을 겪고 있어."라고 말할 때, 또는 누군가가 유리 조각을 밟고 찡그리는 것을 볼 때, 각각의 경우에 우리는 공감을 느끼고 있는 것이다. 공감은 단순한 관심과 걱정을 넘어서서, 문자 그대로 다른 사람의 감정을 경험하는 것을 포함한다.

연구에 따르면 공감은 협력을 촉진하며, 공감은 연민과 도덕성의 뿌리이다(Jordan et al., 2016).

조망 수용

5학년인 민디(Mindy), 옥타비오(Octavio), 세라(Sarah), 그리고 빌(Bill)은 서부 개척에 관한 수업 발표를 준비하고 있었지만, 각자 어떤 주제를 발표할지에 대해 의견이 일치하지 않았다. 옥타비오, 세라, 그리고 빌 모두 포니 익스프레스에 대해 발표하고 싶어 했다.

"내가 먼저 생각해냈어." 옥타비오가 주장했다.

"하지만 모두가 내가 말을 좋아한다는 걸 알아." 세라가 반박했다.

"타협하면 어떨까?" 민디가 제안했다. "옥타비오, 네가 할아버지가 철도에서 일하셨기 때문에 철도에 관심이 있다고 했잖아.

할아버지에게 가서 우리가 사용할 수 있는 정보를 좀 얻어 줄 수 있겠니? 그리고 세라, 네가 말을 좋아하는 걸 알아. 평원 인디언들에게 말이 어떻게 영향을 미쳤는지 보고할 수 있겠니?······ 그리고 빌, 네가 서부로 이주한 정착민들에게 관심이 있는 걸 알고 있어. 그건 어때?"

민디가 옥타비오가 철도에 관심이 있다는 것을 깨닫고 세라가 말을 좋아한다는 것을 이해하는 것은 **조망 수용**(perspective taking), 즉 다른 사람의 생각, 감정, 행동을 이해하는 능력을 보여 준다. 이는 긍정적인 관계를 형성하는 열쇠이다(Todd, Simpson, & Tamir, 2016). 정의에서 '이해'라는 용어에 주목하자. 조망 수용은 인지적 과정이다. 예를 들어, 민디는 세라가 말을 좋아하는 것을 이해할 수 있지만, 자신이 반드시 말을 좋아할 필요는 없다. 이것이 조망 수용과 공감의 차이점이다. 공감은 실제로 다른 사람이 느끼는 것을 느끼는 것을 포함한다.

어린아이들은 모든 사람들이 자신과 같은 생각과 감정을 가진다고 믿지만, 시간이 지나면서 그들은 **마음이론**을 습득하게 된다. 이는 "다른 사람들의 마음에 대한 통찰 및 정신 상태가 행동에 어떻게 영향을 미치는지에 대한 추론"을 의미한다(Imuta, Henry, Slaughter, Selcuk, & Ruffman, 2016, p. 1192). 우리는 다른 사람들이 우리와 다른 지각, 감정, 욕망, 믿음을 가지고 있다는 것을 깨달을 때 마음이론을 습득하게 된다. 이는 조망 수용의 전제 조건이다.

일반적인 사회정서 발달과 마찬가지로, 조망 수용은 시간이 지남에 따라 천천히 발달한다(Imuta et al., 2016). 어린아이들은 일반적으로 다른 사람들의 관점에서 사건을 이해하지 못하며, 옥타비오의 주장, "내가 먼저 생각해냈어"에서 볼 수 있듯이, 이는 나이가 많은 학생들에게도 종종 결여되어 있다. 그들이 성숙하고 사회적 경험을 쌓으면서 조망 수용 능력은 나아진다.

조망 수용은 사회적 인지의 일부분이며, 공감을 잘 하고 다른 사람의 관점에서 사건을 볼 수 있는 사람들은 존경받고, 호감을 얻으며, 어려운 사회적 상황을 잘 처리할 수 있다. 반면에 덜 숙련되고 덜 공감하는 사람들은 다른 사람들을 적대적으로 해석할 가능성이 높아 갈등으로 이어질 수 있으며, 다른 사람의 감정을 상하게 했을 때 죄책감이나 후회를 느끼지 않는다(Imuta et al., 2016; Todd et al., 2016). 이는 이 장의 도입 사례 연구에서 숀이 친구들을 대한 방식에 대한 통찰력을 제공한다. 숀이 다른 아이들이 자신을 괴롭히려 한다고 믿는 것은 덜 발달된 조망 수용 능력과 관련이 있다.

관계 기술

관계 기술(Relationship skill)에는 다음과 같은 능력이 포함된다.

- 명확하게 의사소통하기: 명확한 언어를 사용하고, 간단하게 주장하며, 주제에서 벗어나지 않고 요점에 도달하는 것
- 적극적으로 듣기: 발화자와 눈을 맞추고, 약간 앞으로 기울이며, 잠재적인 방해 요소를 피하고, 명확한 질문을 하는 것
- 협력 및 사려 깊은 행동: 우호성(성격 특성−온화하고, 관대하며, 동정심이 많음), 타협하려는 의지, 논의한 주

제에 대해 정보를 제공하기 위해 이메일을 보내는 것과 같은 사려 깊음

- 또래 압력을 인식하기: 재단하거나 독선적으로 보이지 않으면서 음주 운전이나 흡연과 같은 부적절한 행동을 강요받지 않는 것
- 도움을 구하고 제공하기: 자신이 일부 능력이 부족하다는 것을 부담 없이 인정하고, 거만하거나 지나치지 않게 다른 사람에게 도움을 제공하는 것

APA의 20가지 주요 원칙

관계 기술은 유치원-12학년(초ㆍ중등학교)까지 교수 및 학습을 위한 심리학의 20가지 주요 원칙 중 원칙 14와 관련 있다. 대인관계와 의사소통은 교수-학습과정과 학생의 사회정서적 발달에 모두 중요하다.

모든 기술과 마찬가지로, 이러한 능력들은 연습을 통해 향상될 수 있다. 예를 들어, 우리는 모두 발화자와 눈을 맞추고, 명확한 질문을 하고, 누군가가 도움이 필요해 보일 때 도움을 제공하는 연습을 할 수 있다. 우리는 또한 다른 사람의 관점을 듣는 연습을 할 수 있는데, 비록 우리가 의견에 동의하지 않더라도 말이다. 어린 아이들이 또래의 말을 듣는지, 자료를 공유하는지, 도움을 주는지, 갈등 없이 또래와 문제를 해결하는지 확인할 수 있다. 조망 능력에 대한 논의의 시작 부분에 나온 짧은 이야기에서 민디는 또래들에게 만족스러운 타협안을 제안함으로써 고급 관계 기술을 보여 주었다.

APA의 20가지 주요 원칙

이 설명은 유치원-12학년(초ㆍ중등학교)까지 교수 및 학습을 위한 심리학의 20가지 주요 원칙 중 원칙 5와 관련이 있다. 장기 지식과 기술의 습득은 주로 연습에 의존한다.

직관적으로 이해할 수 있듯이, 이러한 기술들을 더 잘 계발할수록 다른 사람들과 잘 지내며 친구를 사귀고 유지하는 것이 더 쉬워질 것이다.

책임 있는 의사 결정

조이(Zoey), 코리나(Corina), 매디슨(Madison), 그리고 세이지(Sage)는 몇 주에 한 번씩 술을 마시러 나간다. 매디슨은 시각장애가 있어 밤에는 운전할 수 없기 때문에 다른 친구들 중 한 명이 매디슨을 데리러 가고, 다 같이 시내 한가운데에 있는 곳에서 만난다. 조이는 그룹의 비공식 리더로, 매번 모두가 참석할 수 있는지, 그리고 누가 매디슨을 태워 줄 것인지를 확인한다. 하지만 한 가지 문제가 있다. 세이지는 모임에 참석하겠다고 약속하고는, 심지어 자신이 매디슨을 태워 줄 차례일 때도 마지막 순간에 취소하는 것이다.

앞서 살펴본 바와 같이, **책임 있는 의사 결정**(responsible decision making)은 행동의 결과에 대한 이해를 바탕으로 자신의 행동과 타인과의 상호작용에 대해 건설적인 선택을 하는 것을 의미한다(CASEL, 2013). 세이지의 행동은 책임 있는 의사 결정이 부족한 예이다. 세이지가 매번 마지막 순간에 약속을 지키지 않는 것은 무

례하고 자기중심적이며, 집단에 부정적인 영향을 미친다. 이러한 유형의 행동은 우리의 일상생활에서 흔하다. 예를 들어, 사람들은 내일 어떤 문제나 주제에 대해 전화하겠다고 말하지만, 전화하지 않는다. 이는 매우 짜증나는 일이다. 그 사람이 가까운 친구가 아니더라도, 그것은 사회적 규범의 위반이며, 자기중심적인 행동이다. 우리는 더 잘할 수 있다.

약속을 지키는 것은 책임 있는 의사 결정의 가장 중요한 측면 중 하나이다. 따라서 친구에게 기사를 이메일로 보내겠다고 말했으면 반드시 그렇게 해야 한다. 내일 전화하겠다고 말했으면 반드시 전화를 해야 한다. 우리는 다른 사람들의 행동을 통제할 수는 없지만, 약속을 지킬 수 있으며, 사람들은 그렇게 할 때 우리를 감사하고 존중한다. 약속을 지키는 것 외에도, 책임 있는 의사 결정을 안내하는 데 도움이 될 몇 가지 질문이 있다.

- 그것은 안전한가? 예를 들어, 운전 중 문자 메시지를 보내는 것은 안전하지 않으므로, 운전 중에 문자를 보내는 것은 책임 있는 의사 결정이 아니다.
- 그것은 합법적인가? 과도하게 술을 마시고 운전하는 것은 불법이기 때문에 무책임한 행동이며, 또한 분명히 안전하지 않다.
- 그것이 다른 책임과 충돌하는가? 시험 전날 밤에 파티에 가는 것은 책임 있는 결정이 아니다. 당신은 집에 머물며 공부할 책임이 있다.
- 그것이 다른 사람에게 해를 끼치거나 불편을 주는가? 세이지가 마지막 순간에 취소하는 것은 친구들에게 불편을 주며, 약속을 지키지 않는 것은 다른 사람들에게 불편을 주거나 더 나쁜 결과를 초래할 수 있다.

이 간단한 지침들을 염두에 두면 의사 결정에 도움이 될 수 있으며, 학생들을 대할 때에도 이를 참고할 수 있다.

사회정서 발달에 영향을 미치는 요소

사회정서 발달은 다른 모든 발달 형태와 마찬가지로 경험에 의존하며, 어린이들에게 이런 경험을 제공하는 가장 중요한 출처는 부모, 형제자매, 또래들이다. 초기에는 부모와 형제자매가 가장 중요한 역할을 하지만, 아이들이 성장하고 학교에 가게 되면 또래의 중요성이 증가한다. 이제 각 집단이 미치는 영향을 살펴보자.

부모와 형제자매

이 장의 앞부분에서 논의한 양육 방식 연구에서 보았듯이, 부모는 발달에 중요한 영향을 미친다. 건강한 감정과 사회적 기술의 모델이 되고, 자녀와 대화하며, 애정과 일관적이며 예측 가능한 돌봄을 제공하는 부모는 건강한 사회정서 발달을 촉진하는 환경을 조성한다. 반면에 구조적이지 않고, 예측 가능성이 낮으며, 하루 종일 시끄러운 텔레비전이나 전자 기기에 지나치게 많은 시간을 보내는 가정환경은 사회정서 발달을 저해한다(Bobbitt & Gershoff, 2016).

연구에 따르면 양육에서는 특히 두 가지 측면, 모성적 따뜻함과 가정에서의 학습 자극이 중요하다. 즉, 모성적 따뜻함은 아이를 안아 주고, 스킨십하고, 칭찬하는 등의 애정 표현을 포함한다. 이는 건강한 사회정서 발달에 필수적인 돌봄의 기반을 제공한다. 가정에서의 학습 자극은 부모-자녀 간의 상호작용을 포함하며, 예를 들어 책 읽기, 도서관 방문, 이야기하기, 읽을 자료 제공 등이 있다(Baker & Rimm-Kaufman, 2014). '모성적 따뜻함'이라는 표현이 아버지가 중요하지 않다는 의미는 아니다. 아버지 역시 긍정적인 정체성과 자기관리 기술 계발에 필요한 구조와 모델링을 제공하는 데 필수적이다(Bobbitt & Gershoff, 2016).

형제자매도 이 과정에 도움을 준다. 어릴 때 우리는 가족과 지속적으로 접촉하고 형제자매와 자주 상호작용한다. 경쟁, 협상, 타협은 가족생활의 일부분이며, 이러한 경험은 또한 사회정서 기술을 촉진하는 데 도움이 된다(Caspi, 2012).

사회정서 발달에 있어 또래의 영향

교육심리학과 당신
중학교와 고등학교 시절 친구들을 떠올려 보라. 그들은 그 당시 나에게 어떤 영향을 미쳤는가? 또 오늘날의 나에게는 친구들이 어떤 영향을 미치고 있는가?

"방대한 문헌들은 청소년들이 또래들과 함께 있을 때 건강을 해치는 위험한 행동이 증가한다는 것을 보여 준다. 그러나 최근 연구에서는 또래의 영향이 긍정적일 수 있다고 지적한다. 예를 들어, 또래가 친사회적 발달을 강화하는 경우가 있다"(van Hoorn, Fuligni, Crone, & Galván, 2016, p. 59). 이 인용문은 또래가 사회정서 발달에 미치는 강력한 영향을 보여 준다. 또래 영향은 부정적이기도 하고 긍정적이기도 하며, 특히 청소년들에게 더욱 그렇다. 예를 들어, 친구들이 흡연이나 음주를 하면 유사한 행동을 할 가능성이 높아진다. 반면에, 또래가 도움과 협력과 같은 친사회적 행동, 즉 다른 사람을 이롭게 하려는 자발적인 행동을 보여 주고, 누군가에게 부딪쳤을 때 "죄송합니다"라고 말하는 등의 사회적 규범을 준수하면, 이러한 행동을 따라 할 가능성이 높다.

누구를 친구로 두느냐에 따라 성적, 학교 참여도, 심지어 행동 문제까지 달라질 수 있다. 예를 들어, 또래 집단이 학업에 관심을 둔다면, 노력과 성취를 촉진하지만, 학교의 가치를 부정시할 경우 학생들은 수업을 빼먹고, 학교에 결석하고, 부정행위를 하며, 심지어 약물을 사용할 가능성이 높아진다. "청소년 발달 문헌에서 가장 일관되고 강력한 발견 중 하나는 청소년과 그들의 친구들 사이 태도와 행동의 유사성에 관한 것이다"(Choukas-Bradley, Giletta, Cohen, & Prinstein, 2015, p. 2197).

또래는 또한 학생들에게 사회적 기술을 연습할 기회를 제공하며, 관계 기술이 잘 발달된 학생들은 또래에게 받아들여지고 호감을 얻어 더 많은 사회적 기술 연습 기회를 갖게 된다. 반대의 경우도 마찬가지이다. 관계 기술이 부족한 학생들은 종종 또래에게 거부당하여 사회적 기술을 연습하고 발달시킬 기회를 덜 가지게 된다(Mayeux, Houser, & Dyches, 2011). 거부당한 학생들은 충동적이고 공격적이 될 수 있으며, 시간이 지나면서 사회적으로 고립되어 파괴적인 결과를 초래할 수 있다. 예를 들어, 연구에 따르면 어린 시절의 사회적 고립과 나중의 건강 문제, 예를 들어 심혈관 질환 사이에 관계가 있다는 것을 보여 준다(Lacey, Kumari, & Bartley, 2014).

또래는 또한 정서적 지원의 원천이며, 정서적으로 지지적인 친구를 가진 학생들은 그렇지 않은 학생들보다 학업과 사회적 과업에 있어 더 성공적이다(Wentzel, Russell, & Baker, 2016). 그들은 성별, 민족, 사회경제적 지위, 학업 지향, 장기목표가 유사한 사람들로부터 지지를 찾는 경향이 있다(Kornienko, Santos, Martin, &

Granger, 2016; MacPherson, Kerr, & Stirling, 2016). 이는 우리 모두가 자신과 비슷한 사람들에게 끌리기 때문에 당연하다.

이러한 영향은 이 장에서 제기된 질문와 관련이 있다. 방금 읽은 내용을 생각해 보면, 친구들과 여러분은 태도와 가치 면에서 유사할 가능성이 높고, 친구와의 상호작용을 통해 사회적 기술을 발달시켰으며, 친구가 여러분에게 정서적 지지를 제공했다는 것을 깨닫게 될 것이다.

사회정서 발달을 저해하는 요소

건강한 사회정서 발달은 학교에서의 성공뿐만 아니라 졸업 이후 삶의 질을 위해서도 중요하다. 하지만 현대 사회에는 이러한 발달을 방해하는 여러 요소가 있다. 그중 가장 중요한 네 가지는 다음과 같다.

- 알코올과 약물
- 비만
- 또래 공격성
- 학교 폭력

알코올과 약물

국가 수준 조사에서 수집된 다음 통계를 살펴보자(Johnston, O'Malley, Miech, Bachman, & Schulenberg, 2017).

- 2016년, 설문 조사 이전 한 달 동안 8학년, 10학년, 또는 12학년 학생의 거의 5명 중 1명이 담배를 피웠다.
- 또한 2016년에, 12학년 학생의 3분의 1이 설문 조사 이전 30일 동안 알코올을 섭취했다고 보고했으며, 10학년 학생의 20%와 8학년 학생의 7%도 같은 기간 동안 음주했다고 보고했다.
- 2016년 매일(가끔이 아닌) 마리화나를 사용하는 비율은 8학년, 10학년, 12학년 각각 0.7%, 2.5%, 6.0%였다.
- 일생 동안 코카인을 사용했다고 말한 학생의 비율은 세 학년에서 각각 0.8%, 1.3%, 2.3%였다.

오피오이드 위기는 미국에 특히 부정적인 영향을 미치고 있다. 이것은 '미국 역사상 가장 치명적인 약물 위기'로 묘사되곤 한다(Salam, 2017, para. 1). 오피오이드에 의한 과다 복용은 50세 미만 미국인의 주요 사망 원인으로, 자동차 사고나 총기 사고보다 많다. 2016년에는 64,000명 이상의 사람들이 약물 과다 복용으로 사망했으며, 펜타닐 및 기타 오피오이드(하이드로코돈 및 옥시코돈 등)와 관련된 사망이 가장 급격히 증가했다(National Institute on Drug Abuse, 2017). 그리고 자료에 따르면 2017년에도 문제가 계속 악화되었다. 200만 명 이상의 미국인이 오피오이드에 의존하고 있으며, 추가로 9천5백만 명이 처방 진통제를 사용하고 있다. 이는 흡연자 수를 초과하는 수치이며, 연령, 민족, 사회경제적 경계를 넘나든다. "익명 중독자 모임 …… 에는 중산층 가정 출신의 변호사, 회계사, 젊은 성인 및 10대들이 참여하고 있다"(Katz, 2017, para. 18).

15세에서 19세 사이의 청소년에서 약물 과다 복용 사망률은 2014년에서 2015년 사이에 19% 증가했으며, 주로 오피오이드 때문이다(Kounang, 2017). 오피오이드 위기는 더 큰 영향을 미치고 있으며, 많은 학군에서 학생 결석, 행동 문제, 특수교육에 배치되는 학생 수의 증가를 보고하고 있다. 학교 관계자에 따르면 심지어 학생들은 부모가 과다 복용하는 것을 목격하고 있다고 보고했다(Superville, 2017).

이 통계는 특히 중요하다. 왜냐하면 학생들의 약물 사용, 특히 흡연과 앞에서 언급된 일부 약물 사용은 감소하고 있었지만, 태도 측면에서는 다른 방향을 보이고 있기 때문이다. 예를 들어, 8학년 학생들 사이에서의 담배 흡연은 1996년 거의 50%에서 2016년 10%로 감소했지만, 흡연에 대한 태도와 믿음이 더 좋아지지는 않았다. 8학년, 10학년, 12학년 학생들 각각 82%, 74%, 69%가 마리화나 사용을 반대한다고 말하지만, 12학년 학생들 중 80%에서 90%는 마리화나를 쉽게 구할 수 있다고 말하고, 거의 3명 중 1명은 코카인도 쉽게 구할 수 있다고 말한다(Johnston et al., 2017).

과다 복용 사망이 증가하고 있다는 것은 분명 중대한 우려 사항이며, 그 외에도 약물 사용이 인지 및 사회정서에 미치는 위험성은 잘 알려져 있다. 예를 들어, 연구에 따르면 장기적인 마리화나 사용과 낮은 IQ 사이에 관련이 나타난다(Khamsi, 2013; Rogeberg, 2013). 또한, 청소년의 알코올 사용은 자동차 사고, 비행, 불법 약물 사용, 장기적인 사회정서적 문제 및 범죄 행동과 관련이 있다(Donaldson, Handren, & Crano, 2016). 알코올 및 약물 사용자들은 운동을 덜 하며, 삶의 문제에 대처하는 적응적 메커니즘을 계발할 가능성이 낮다(Handren, Donaldson, & Crano, 2016).

학교 소속감(School connectedness), 즉 성인과 또래가 학습 및 개인으로서의 자신을 중요하게 생각한다는 믿음은 약물 및 알코올 남용에 대한 중요한 보호 요인이다. 학교에 소속감을 느끼는 청소년들은 흡연, 음주, 약물 사용, 성행위를 시작할 가능성이 적다. 그들은 또한 더 높은 성취를 이루고, 출석률이 높으며, 학교를 중도에 그만둘 가능성도 낮다(Handren et al., 2016).

우리는 학생들을 개인으로 존중하고, 학생의 이름을 불러 주고, 이름을 정확하게 발음함으로써 학교에 대한 소속감을 발전시킬 수 있다(Rice, 2017). 그리고 물리적 및 정서적으로 안전한 교실 환경을 조성하는 것은, 학교 총기 사건이 흔한 이 시대에 특히 중요하다. (이 장의 후반부에서 학교 총기 사건에 대해 다룬다.)

비만

미국에서 비만이 '유행'하고 있다는 언급이 늘어나고 있으며, 이는 과장된 것이 아니다. 예를 들어, 성인 비만율은 4개 주에서 35%를 초과하고, 25개 주에서는 30%를 초과하며, 어떤 주에서도 20% 미만이 아니다(State of Obesity, 2017).

또한, 미국 어린이의 6명 중 1명 이상이 비만이며, 전문가들은 이 수치가 그들이 35세가 될 때까지 거의 60%에 이를 것으로 추정하고 있다. 이러한 추세는 문화적 소수자, 저소득층 학생 및 LBGTQ 청소년들 사이에서 더욱 두드러진다(Ward et al., 2017).

고콜레스테롤, 고혈압, 심장병 및 당뇨병과 같은 장기적인 건강 위험은 잘 알려져 있지만, 이외에 사회정서적 비용 또한 존재한다. "비만 아동은 놀림, 체계적인 차별, 학대, 배제 및 만성적인 피해를 겪으며, 다른 이유로 낙인이 찍힌 아이들보다 또래의 거부, 피해 및 놀림을 더 많이 경험한다"(Jackson & Cunningham, 2015, p. 153).

비만 문제는 나이가 들수록 더욱 두드러진다. 예를 들어, 비만한 사람들은 게으르고, 의지가 약하며, 지저분하고, 신체적 및 성적으로 매력적이지 않다는 고정관념이 있다. 이러한 편견은 의료 전문가의 태도, 고용 관행, 대인관계 및 미디어에서 나타난다(Nutter et al., 2016).

여러 요인이 문제에 기여하지만, 운동 부족은 그중 가장 중요한 요인 중 하나이다. 많은 어린이가 학교 밖에서 거의 운동을 하지 않으며, 학교에서 받는 운동량도 충분하지 않다(Ramsletter & Murray, 2017). 지침에 따르면 학생들은 매일 최소한 1시간의 중등도에서 고강도 신체 활동을 해야 하지만, 미국 주 중 40% 미만이 초등학교 체육 시간에 특정 시간을 할애하도록 요구하며, 중학교와 고등학교에서는 그 수치가 30% 미만으로 떨어진다(Society of Health and Physical Educators, 2016).

또한, 연구에 따르면 규칙적인 운동은 뇌가 기억을 구축하고 유지하는 데 도움을 줄 수 있으며, 스트레스와 역경의 부정적 영향을 완화하는 데도 도움이 될 수 있다(Miller et al., 2018). 따라서 운동의 이점은 비만 및 신체 건강에 미치는 영향 그 이상으로, 인지 기능에도 도움을 준다.

게다가 일반적인 8~12세 아동은 하루에 4시간 반, 13~18세 아동은 하루에 6시간 반을 매체 앞에서 보낸다(Rideout, 2015). 학생들은 화면 앞에 앉아 있을 때는 운동을 하지 않는다.

교사로서 우리는 무엇을 할 수 있을까? 정보를 제공하고 좋은 모델이 되는 것이 한 방법이다. 예를 들어, 연구에 따르면 학생들은 운동과 건강한 식습관의 중요성에 대한 이해가 부족하므로, 이 주제에 대한 정보를 제공하는 것이 중요할 수 있다(Leatherdale, 2013). 운동 습관의 모범을 보이며, 운동을 하고, 우리 스스로 체중을 조절하려는 노력이(우리의 건강에도 좋으므로) 더욱 중요할 수 있다.

초등학교에서 휴식 시간의 필요성   미국 주 중 16%만이 초등학교에 휴식 시간을 제공하도록 요구하고 있다(Society of Health and Physical Educators, 2016). 이는 문제가 있다. 왜냐하면 점차 많은 연구에서 휴식 시간이 어린이들의 전반적인 교육에 중요한 기여를 하는 것으로 나타나기 때문이다. 휴식 시간은 학습에 도움을 주고, 교실 관리를 더 쉽게 해 주며, 신체적 건강에 기여하고, 사회정서적 발달을 촉진한다(Chang & Coward, 2015). 우리는 지금까지 휴식 시간을 단순히 아이들이 놀고 에너지를 발산하는 시간으로 생각했지만, 이제 학교 지도자들은 휴식 시간이 더 많은 도움을 준다는 것을 인식하고 있다. "대부분의 아이들에게 휴식 시간은 또래와 어울리며 필수적인 사회적 기술을 연습할 수 있는 환경이자 시간이다"(Locke, Shih, Kretzmann, & Kasari, 2016, p. 653).

휴식 시간은 너무나 중요해서 사실상 "모든 아이의 권리이자, 미국 소아과 학회에 따르면 아이들의 사회적 · 정서적 · 인지적 · 신체적 건강의 필수적인 부분으로 여겨진다"(London, Westrich, Stokes-Guinan, & McLaughlin, 2015, p. 53). 이는 특히 경제적으로 어려운 아이들에게 그러하다. 이들은 학교 밖에서 건강한 신체 활동을 할 기회가 적기 때문이다(London et al., 2015).

그렇다면 이런 혜택에도 불구하고 왜 그렇게 많은 학교가 휴식 시간을 줄이고 있을까? 시간 때문이다. 많은 학교가 평가와 관련된 시험 점수를 향상시키라는 압박을 받고 있어, 시험에 포함된 영역인 읽기와 수학에 많은 시간을 할애한다. 그러나 이러한 결정은 아이들의 발달에 부정적인 영향을 미치고 있다(Berk, 2019b).

휴식 시간의 유무는 학교나 학군 정책의 문제이므로, 특히 초임 교사로서 학교에 휴식 시간이 없을 때 할 수 있는 일이 거의 없어 보인다. 그러나 초등학생에게 휴식 시간이 중요하다는 연구를 공유하고, 교직원 회의에서 목소리를 내어 학교 지도자들이 휴식 시간을 추가하도록 요구하거나, 학군 지도자들에게 아이들의 전체 학교 시간에 휴식 시간을 포함하도록 압력을 가할 수 있다. 그리고 최소한, 정기적으로 교실에서 책상을 벗어나 움직이고, 줄넘기 같은 운동을 하는 짧은 휴식을 가질 수 있다. 이러한 작은 휴식조차 여러 면에서 도움이 될 수 있다.

또래 공격성

또래 공격성(Peer aggression)은 다른 학생들에게 상처를 주고, 굴욕감을 주며, 불리한 위치에 놓이도록 만드는 말이나 신체적 행동을 의미하며, 여러 형태로 존재한다. 예를 들어, 가장 흔한 **도구적 공격성**(instrumental aggression)은 줄을 새치기하거나 어린아이가 다른 아이의 장난감을 빼앗는 것처럼 물건이나 특권을 얻기 위한 행동이다. 다른 아이에게 상처를 주기보다는 이득을 얻는 것이 목표지만, 상처를 줄 수도 있다. 반면에 **신체적 및 관계적 공격성**(physical and relational aggression)은 다른 사람을 상처 주기 위한 것으로, 신체적 공격성의 경우 놀이터에서 다른 아이를 밀치는 것을 의미하며, 관계적 공격성의 경우 소문을 퍼뜨려 관계나 사회적 지위를 손상시키려는 시도를 포함한다. 흔히들 남자아이들이 신체적 공격을 많이 하고 여자아이들은 관계적 공격을 더 많이 사용한다고 하지만, 관련 연구에 따르면 특정 성별이 특정 유형의 공격을 더 많이 하는 것은 아닐 수 있다(Mulvey & Killen, 2016). 공격성은 학생들이 **의도적**(proactive)으로 공격적인 행동을 시작하는 주도적 공격성일 수도 있고, 좌절이나 인지된 공격적 행동에 대한 반응으로 나타나는 **반응적**(reactive) 공격성일 수도 있다(Donoghue & Raia-Hawrylak, 2016).

고도로 공격적인 학생들은 또래와 관계 맺는 데 어려움을 겪으며, 비행에 영향을 끼칠 수 있는 또래 집단을 찾아가거나, 극단적으로는 범죄 행동으로 이어지기도 한다(Simons & Burt, 2011). 공격적인 학생들은 종종 직장과 사회 전반에서 다른 사람들과 잘 지내기 힘든 공격적인 성인으로 자라게 된다(Martocci, 2015; van Geel et al., 2017).

유전의 역할도 있지만, 가정환경이 공격성의 주요 원인이다(Wang, 2017). 공격적인 아이들의 부모는 권위적이고, 처벌적이며, 일관성이 없고, 종종 부적절한 행동에 대해 때리거나 체벌하는 등 신체적 처벌을 사용한다. 이러한 환경은 다른 사람들의 행동을 적대적이거나 호전적으로 해석하는 경향인 **적대적 귀인 편향**(hostile attribution bias)으로 이어질 수 있다(Hubbard, Morrow, Romano, & McAuliffe, 2010). 이 장의 사례 연구에서 손이 다른 학생들이 자신을 공격하려 한다고 생각하는 것은 이런 문제를 가진 것과 관련이 있다. 적대적 귀인 편향은 또한 조망 수용, 공감, 정서적 자기조절의 부족과 관련이 있으며, 우울 및 충동성과도 관련이 있다(Gagnon, McDuff, Daelman, & Fourmier, 2015; Smith, Summers, Dillon, Macatee, & Cougle, 2016).

괴롭힘   **괴롭힘**(Bullying)은 학생들 간 체계적이거나 반복적인 권력 남용을 포함하는 신체적 또는 관계적 공격성의 한 형태이다(Barlett, Prot, Anderson, & Gentile, 2017). 괴롭힘은 보통 괴롭히는 사람이 더 크고 강하거나 사회적 지위가 더 높은 등 힘의 불균형을 포함하며, 보통 과체중, 미성숙, 불안, 신체적 발달 부족, 장애와 같은 특성으로 인해 괴롭힘을 당하는 경우가 많다. 이들은 종종 사회적으로 고립되어 있고 자신감이 부족하다(Bartlett et al., 2017; Martocci, 2015).

관련 통계가 너무 다양하기 때문에 괴롭힘 발생률에 대한 정확한 정보를 얻는 것은 어렵다. 예를 들어, 한 대규모 연구에서는 학생들의 절반이 괴롭힘을 당했다고 보고한 반면(Josephson Institute Center for Youth Ethics, 2010), 또 다른 대규모 연구에서는 35%의 학생들이 괴롭힘을 당했다고 보고했다(Modecki, Minchin, Harbaught, Guerra, & Runions, 2014). 더 최근의 연구에서는 그 수치가 20%가 넘는다고 보고했다(National Center for Education Statistics, 2016). 세 통계 결과에서 볼 수 있는 감소 패턴은 학교 내 괴롭힘이 일반적으로 감소하고 있다는 이후 연구 결과와 일치한다(Lessne & Cidade, 2015; U.S. Department of Justice, 2016).

이런 감소가 괴롭힘이 더 이상 문제가 아니라는 의미하지는 않는다. 수치가 20%라면 학교에서 5명 중 1명이 괴롭힘의 대상이라는 것을 의미하기 때문이다. 또한, 괴롭힘을 당하는 사람과 괴롭히는 사람 모두에게 괴롭힘의 결과는 파괴적이다. 예를 들어, 괴롭힘은 학업 문제, 약물 남용, 청소년기와 성인기 후기에 폭력적 행동과 관련이 깊다(Centers for Disease Control and Prevention, 2016b). 관련 연구는 또한 괴롭히는 사람들이 친화성 같은 긍정적인 성격 특성을 결여하고 있음을 보여 준다(van Geel et al., 2017).

괴롭힘을 당한 사람들은 더 큰 위험에 놓일 수 있다. "괴롭힘을 당하는 청소년은 사회적 관계, 정신건강 및 학업 성취 등이 악화된다"(Day, Snapp, & Russell, 2016, p. 416). 그리고 인종 또는 민족, 성별 및 실제 또는 인지된 성적 지향으로 인한 괴롭힘은 학업 및 사회정서적 발달에 더 부정적인 영향을 끼친다(Day et al., 2016). 또한, 반복적으로 괴롭힘 피해를 당할 경우, 피해자는 "왜 나인가?"나 "나는 괴롭힘을 당할 만한 사람인가?"라는 질문을 할 가능성이 높으며, 두통, 복통과 같은 건강 문제를 겪고 우울과 같은 파괴적인 감정을 느끼며, 극단적으로는 자살로 이어질 수 있다(Gini & Pozzoli, 2013; Martocci, 2015).

괴롭힘의 심각성 때문에 2015년까지 모든 50개 주가 반(反) 괴롭힘 법을 통과시켰고(Temkin, 2015), 많은 학군이 무관용 정책을 시행했다. 그러나 이러한 법률과 정책은 괴롭힘 사건을 줄이는 데 크게 효과적이지 않았다(Kull, Kosciw, & Greytak, 2015; Paluck, Shepherd, & Aronow, 2016). 학생들의 의견은 반-괴롭힘 프로그램이 왜 효과가 없는지를 설명해 준다. 예를 들어, 학생들은 지루한 발표, 반복적인 메시지, 부정적으로만 표현된 반-괴롭힘 메시지, 학교 외부 인물과 같은 신뢰할 수 없는 발표자, 불공정하거나 일관성이 없는 것으로 인식되는 괴롭힘 처벌 결과가 반-괴롭힘 프로그램의 효과를 제한한다고 말한다(Cunningham et al., 2016). 또한, 가해자를 처벌하는 데 초점을 맞춘 반-괴롭힘 개입도 효과적이지 않다는 연구 결과가 있다(Day et al., 2016; Kohn, 2016).

또래 배심원과 또래 상담자는 거의 사용되지 않으며, 그 효과도 불확실한 반면, 어른의 관리 감독을 증가시키고, 괴롭힘 사건 후 괴롭힘 가해자와 대화하며, 괴롭힘에 대한 즉각적이고 적절하며 일관된 결과를 포함하는 학교 차원의 노력은 효과적인 것으로 나타났다(Juvonen, Schacter, Sainio, & Salmivalli, 2016).

효과적인 개입의 핵심 요소는 인식이다. 괴롭힘에 취약한 학생들의 성격 특성이 어떤 것인지, 또 괴롭힘 행동이 무엇인지에 대해 학생들에게 인식시키는 것이 처벌에 초점을 맞춘 개입보다 괴롭힘 감소에 더 기여할 수 있다(Juvonen et al., 2016).

우리는 제12장에서 학급 관리를 논의할 때 괴롭힘 문제를 다시 살펴보고, 괴롭힘에 대응하기 위한 구체적인 방안을 제시할 것이다.

기술, 학습, 그리고 발달: 사이버 괴롭힘　스마트폰이나 다른 플랫폼을 통해 접속하든, 미국인의 약 9명 중 1명이 인터넷을 사용하며, "2014년에 18세에서 24세 사이의 개인 중 약 70%가 의도적으로 당황하게 하거나, 모욕적인 이름으로 불리거나, 반복적으로 신체적 위협을 포함한 형태의 온라인 괴롭힘을 경험했다"고 보고했다(Gibb & Devereux, 2016, p. 313). 이는 학생들이 전자 매체를 사용하여 다른 학생들을 괴롭히거나 위협하는 형태의 괴롭힘인 **사이버 괴롭힘**(cyberbullying)으로, 중요하게 다루어질 필요가 있다. 예를 들어, 한 소녀가 남자친구와 헤어지자 남자친구가 인터넷에 전 여자친구에 대한 나쁜 소문이나 사적인 사진을 퍼뜨린다. 사이버 괴롭힘은 사이버 공간에서 괴롭힘을 당한 후 자살하거나 다른 형태의 폭력으로 이어진 여러 사건으로 인해 많은 주목을 받았다. 학교 관계자들과 부모들은 이 문제에 대해 점점 더 인식하고 있다. 익명성 때문에 사이버 괴롭힘은 대처하기 어려우며, 가해자에 대한 처벌이 거의 없다.

사이버 괴롭힘은 전통적인 형태의 괴롭힘과 유사한 패턴을 따르는 경향이 있다. 놀이터에서 괴롭힘을 당하거나 괴롭히는 학생들은 사이버 공간에서도 비슷한 역할을 한다(Lapidot-Lefler, & Dolev-Cohen, 2015). 실제로, 사이버 괴롭힘 가해자의 3분의 2는 다른 상황에서도 공격적인 행동을 보인다. 인터넷의 익명성이 사이버 괴롭힘을 다른 유형과 구별시키며, 이는 가해자들이 자신의 행동이 상처를 주는 성격에 대해 더욱 무감각해지게 만들 수 있다(Whittaker & Kowalski, 2015).

사이버 괴롭힘을 예방하기 위해 여러 가지 단계를 취할 수 있으며, 이를 학생들과 공유할 수도 있다. 다음과 같은 것들이 포함된다.

- 비밀번호를 보호하라. '강력한' 비밀번호를 생성하고, 가장 가까운 친구에게도 절대 공유하지 말라.
- 게시물을 주의하라. 소셜 미디어나 인터넷에 게시한 모든 것을 전 세계 사람이 볼 수 있다는 것을 기억하라. 예를 들어, 사이버 괴롭힘 가해자가 당신이 올린 사진을 사용하여 당신의 삶을 비참하게 만들 수 있다. 또한, 게시물은 당신의 평판을 해치고 일자리, 인턴십, 또는 장학금을 잃게 할 수 있다.
- 열어 보는 것에 주의하라. 모르는 사람이나 괴롭힘 가해자로부터 온 메시지―이메일, 문자, 소셜 미디어 메시지―를 열거나 링크를 클릭하지 마라. 읽지 않고 즉시 삭제하라.
- 항상 로그아웃하라. 컴퓨터나 스마트폰을 떠날 때 로그인 상태를 유지하지 말라. 예를 들어, 도서관에서 페이스북 계정을 로그아웃하지 않으면 다음 사용자가 당신의 계정에 접근할 수 있다.
- 자신을 '구글링'하라. 주요 검색 엔진(구글, 빙, 야후와 같은 주요 검색 엔진의 월간 사용자 수는 2017년 각각 16억, 4억, 3억 명이었다 [eBiz, 2017])에 자신의 이름을 검색하라. 사이버 괴롭힘 가해자가 당신을 타깃으로 삼을 수 있는 개인 정보나 사진이 나오면, 즉시 제거할 수 있는 조치를 취하라.
- 좋은 시민이 되라. 다른 사람들이 당신에게 대하는 대로 다른 사람을 대하라. 온라인에서 잘못 행동하는 것은 사이버 괴롭힘이 용납된다는 메시지를 보내는 것이다.

당신이 사이버 괴롭힘의 대상이 되면, 출처를 확인하고 괴롭힘의 증거로 메시지를 인쇄하여 학교 선생님이나 다른 관계자와 정보를 공유하라. 이러한 조치가 모든 사이버 괴롭힘을 막을 수 있는 것은 아니지만, 효과가 있을 수도 있다. 그리고 괴롭힘 가해자가 당신이 가해자를 알 수 있다고 생각하면 괴롭힘 가능성이 줄어든다. 수업에서 사이버 괴롭힘 문제에 대해 논의하고, 다른 사람에게 가하는 상처를 강조하며, 공감하고, 공정한 놀이 및 타인과 적절히 지내도록 장려하는 것은 장기적으로 사이버 괴롭힘을 줄일 수 있다.

학교 폭력

학교 폭력은 심각한 신체 상해나 사망을 초래하는 극단적인 형태의 공격성이다. 다음은 학교 폭력에 대한 몇 가지 통계이다(Centers for Disease Control and Prevention, 2016b).

- 모든 청소년 살인 사건 중 2.6% 미만이 학교에서 발생하며, 이 비율은 지난 10년 동안 일정하게 유지되

었다. 이 수치는 작아 보이지만, 살인 사건 100건 중 2건이라도 중요하다.

- 약 10명 중 1명의 교사가 학생에게 신체적 위협을 받았다고 보고했으며, 5%는 신체적 공격을 당했다고 말했다.
- 12세에서 18세 사이의 학생들 중 약 12%가 학기 중에 학교에 갱단이 있다고 보고했다.
- 9학년에서 12학년 학생 중 거의 8%가 설문 조사가 이루어지기 전 12개월 동안 학교에서 물리적 싸움에 참여했다고 보고했으며, 6% 가까이는 안전하지 않다고 생각해서 한 번 이상 학교에 가지 않았다고 말했다.
- 4%를 조금 더 넘는 학생이 설문 조사 전 30일 동안 한 번 이상 학교에 총기, 칼, 또는 곤봉과 같은 무기를 소지했다고 보고했으며, 6%는 학교에서 무기로 위협받거나 부상을 입었다고 보고했다.
- 모든 학교는 이러한 문제를 다루기 위한 정책을 가지고 있으며, 교직에 나가게 되면 이러한 정책에 대해 알게 될 것이다.

학교 총격 사건　학교 폭력은 지난 20년 동안 발생한 널리 알려진 학교 총격 사건들 때문에 점점 더 대중의 주목을 받고 있다. 가장 두드러진 사건은 1999년 콜로라도주 컬럼바인 학살 사건으로 12명의 학생이 사망했고, 2012년 코네티컷주 뉴타운의 샌디 훅 초등학교 총격 사건으로 20명의 학생과 6명의 성인이 사망했으며, 최근에는 2018년 밸런타인데이에 플로리다주 파크랜드의 마조리 스톤맨 더글라스 고등학교에서 14명의 학생, 한 명의 교사, 한 명의 코치, 그리고 학교의 체육 감독이 19세 학생에 의해 사망했다(Gold, 2018). 3개월 후에는 텍사스주 산타페에서 8명의 학생과 2명의 교사가 총격으로 사망했다(Fernandez, Blinder, & Chokshi, 2018).

플로리다 총격 사건은 이전의 다른 학교 총격 사건 이후에 볼 수 없었던 반응을 일으켰다는 점에서 특히 주목할 만하다. 예를 들어, 이 사건은 총기 및 총기 규제 관련 학생 운동을 촉발했다. 그리고 고객의 항의 때문에 오마하 퍼스트 내셔널 은행, 허츠, 아비스, 버짓 렌터카 에이전시, 얼라이드 및 노스 아메리칸 밴 라인, 메트라이프 보험 회사, 소프트웨어 회사 시만텍, 베스트 웨스턴 호텔, 델타 및 유나이티드 항공사 등 여러 저명한 기업들이 전국총기협회(NRA)와의 관계를 끊었다. 그러나 NRA는 살인이 이어지고 있음에도 불구하고 총기를 가질 권리를 강력히 지지하여 총기와 관련된 중대한 정치적 행동을 어렵게 만들었다(The Associated Press, 2018).

플로리다 총격 사건은 또한 시행될 경우 교사들에게 큰 영향을 미칠 수 있는 제안으로까지 이어졌다. 예를 들어, 사건 이후 트럼프 행정부는 학교에서 '일부 교사를 무장시키는' 것을 제안했다(Klein, 2018). 이 제안에 대한 반응은 즉각적으로, 또 압도적으로 부정적이었다. 교사들은 일관되게 반대했고(Bosman & Saul, 2018; Gstalter, 2018; Palmer, 2018), 뉴욕시 경찰국의 전 책임자는 이런 아이디어를 '최고의 광기'라고 묘사했으며(Devaney, 2018), 다른 전문가들은 교사를 무장시키는 것이 비윤리적이라고 주장했다(Yacek, 2018).

사망과 부상은 문제의 일부일 뿐이다. 이외에 정서에 미치는 영향도 중요한 요소이다. 예를 들어, 정부 회계 감사국의 보고서(2016)에 따르면 거의 3분의 2의 학교가 이제 총격과 관련된 훈련('active shooter')을 실시하고 있으며, 거의 모든 학교에서 관련 훈련이 시행되고 있다(Will, 2018). 이러한 훈련은 교사와 학생들에게 중요한 정보를 줄 수 있지만, 어린아이들에게는 공포를 일으킬 수도 있다. "교사들은 훈련이 큰 영향을 준다고 말한다. 일부 교사들은 학교가 최악의 상황에 대비하는 것이 좋다고 말하지만, 많은 교사들은 훈련이 점점 더 비현실적이고 불안을 조장한다고 말한다"(Will, 2018, para. 5). 후속 연구에 따르면 폭력에 노출되는 것은 알코올 및 약물 사용, 우울, 불안, 두려움, 심지어 자살 등 다양한 문제로 이어질 수 있다(Centers for Disease Control and Prevention, 2016b).

교사로서의 가장 중요한 역할 중 하나는 학생들을 위해 안전하고 질서 있는 교실 환경을 조성하는 것이며, 총기 관련 훈련은 이를 더 어렵게 만든다. 그러나 널리 알려진 끔찍한 사건들에도 불구하고, 통계적으로 학교 총격 사건은 여전히 드물다는 사실에서 위안을 얻을 수 있다(Centers for Disease Control and Prevention, 2016b). 예를 들어, 96,300개 이상의 학교를 조사한 결과 240개 미만의 학교, 즉 1% 미만의 학교에서 총격 사건이 최소한 한 번 발생했다고 보고되었다(Indicators of School Crime and Safety, 2018). 이는 사건의 중요성을 결코 축소하려는 것이 아니다. 다만, 학교가 총격 사건에 연루될 가능성이 여전히 작다는 것을 상기시키기 위한 것이다. 자신과 학생들을 준비시키는 것은 반드시 필요하다. 그러나 학교 총격 사건에 연루될 가능성에 집착하지는 말아야 한다.

교육심리학을 교수에 활용하기: 학생들의 사회정서 발달 촉진하기

성격 발달에 대한 논의에서, 학생들의 성격 발달을 촉진하기 위해 다음과 같은 것을 제안했다.

- 긍정적인 성격 특성의 모델이 되라.
- 긍정적인 성격 특성을 가르치기 위해 구체적인 예와 토론을 사용하라.
- 권위 있는 학급 관리 스타일을 사용하라.

사회정서 발달을 위해서도 비슷한 제안을 할 수 있다. 모든 발달과 마찬가지로 사회정서 발달에도 인지적 요소가 있으며, 학생들의 인식과 이해라는 요소에 중점을 두어 학생들이 사회적 · 정서적으로 발달할 수 있도록 도와야 한다. 다시 말해, 우리는 사회정서적 기술을 모델링하고 명시적으로 가르치고, 토론하며, 사회적 발달을 촉진하는 학급 관리 방안을 사용할 필요가 있다.

신규 교사인 테레사 만테라스(Teresa Manteras)가 학생들의 사회적 발달을 촉진하기 위해 이런 제안을 어떻게 활용하는지 살펴보자.

"어떻게 지내요, 만테라스 선생님?" 베테랑 동료인 카를라 앰버기(Carla Ambergi) 선생님이 교사 휴게실에 들어오는 만테라스 선생님을 보고 묻는다.

"조금 낙담했어요." 만테라스 선생님이 한숨을 쉰다. "대학교 수업에서 배운 훌륭한 협동 학습 활동들을 시도해 보지만, 아이들이 서로 깎아내리고 누가 무엇을 할지에 대해 다투기만 해요. 그냥 강의만 해야 할까요."

"아이들은 조별 활동하는 것에 익숙하지 않아요." 앰버기 선생님이 미소 지으며 말한다. "그리고 협력하는 법을 배우지 못했어요. 연습이 필요해요."

"네, 알아요. …… 그런데 어디서부터 시작해야 할지 모르겠어요."

"제가 수업에 들어가 볼까요? 도와드릴 수 있을지도 몰라요."

"정말요? 그럼 정말 좋겠어요!" 만테라스 선생님이 안도의 미소를 지으며 대답했다.

앰버기 선생님은 다음 날 방과 후 만테라스 선생님과 함께 앉았다.

"먼저, 선생님이 사회적 기술을 잘 가르치고 있다고 생각해요." 앰버기 선생님이 말한다. "아이들이 어디 출신인지도 고려하고, 의견 차이를 문제해결의 기회로 삼고, 지지해 주죠. …… 하지만 선생님이 가르치는 것은 아이들 머리 위로 지나가 버려요. 학생들은 무엇을 하는지 알아차리지 못해요. 그래서 더 구체적으로 설명하는 것이 좋겠어요. 아이들에게 당신이 모델링하고자 하는 것을 알려 주고 몇 가지 예를 들어 주세요. 그리고 상호작용을 안내하는 몇 가지 규칙을 추가해 보세요. 시간이 좀 걸리겠지만, 변화가 있을 거예요."

"좋은 지적이에요." 만테라스 선생님이 고개를 끄덕인다. "그렇게 생각해 본 적이 없었어요."

앰버기 선생님은 그런 다음 만테라스 선생님이 교실에서 활용할 만한 몇 가지 규칙을 개발하는 데 도움을 준다.

1. 다른 사람이 말을 끝낼 때까지 정중하게 들어라.
2. 다른 사람의 아이디어를 예의와 존중으로 대하라.
3. 다른 사람의 아이디어에 동의하기 전에 자신의 말로 바꾸어 표현하라.
4. 모두가 참여하도록 격려하라.

만테라스 선생님은 다음 날 학생들을 조로 나누기 전에, 사회적 기술을 연습할 것이라고 말하고, 눈맞춤, 이해를 확인하기, 주의 깊게 듣기 등의 여러 예를 가르쳐 준다. 그런 다음 새로운 규칙을 제시하고 설명한 후, 자원을 받아 각 규칙의 예를 역할극으로 보여 주고, 토론을 진행한다.

그 후 학생들은 조별 활동을 시작한다. 만테라스 선생님은 조별 활동을 관찰하고 어려움이 있을 때 개입하며, 여러 조에서 비슷한 문제가 보이면 전체를 모아 설명한다. 학생들은 아직 완벽하진 않지만, 점점 나아지고 있다.

이제 만테라스 선생님의 시도를 살펴보자.

사회정서적 기술 모델링하기　다른 발달을 촉진하는 것과 마찬가지로, 사회정서적 기술을 시범 보이는 것은 학생들이 이러한 기술을 가지도록 촉진하는 가장 효과적인 방법이라고 할 수 있다. (그리고 다시 한번 이 장의 시작 부분에 나오는 "당신 스스로가 당신이 이 세상에서 보고 싶어 하는 변화가 되어라"라는 인용문의 관련성을 볼 수 있다.) 예를 들어, 만테라스 선생님은 학생들과 눈 맞춤하기, 이해를 확인하기, 주의 깊게 듣기의 시범을 보였다. 우리는 또한 조망 수용, 자기 관리, 책임 있는 의사 결정과 같은 더 고급 기술을 시범 보일 수 있다. 그리고 모든 긍정적인 특성, 태도, 행동과 마찬가지로, 이러한 시범 보이기는 거의 부가적인 시간이나 노력이 필요하지 않다. 행동 시범 보이기의 가치를 인식하는 것이 중요하며, 이 장을 쓴 목표는 이러한 인식을 촉진하는 것이다.

사회정서적 기술을 명시적으로 가르치기　이 장 초반에 히메네스 선생님이 바람직한 성격 특성과 바람직하지 않은 성격 특성을 설명하기 위해 예시를 사용하는 방법을 살펴보았다. 만테라스 선생님은 사회정서적 기술을 가르치려는 시도에서 비슷한 접근 방식을 사용했지만, 예시를 사용하여 기술을 설명하는 대신, 먼저 시범을 보이고, 그런 다음 학생들이 역할극을 통해 예를 제공하도록 했다. 만테라스 선생님은 역할극을 사용했는데, 이는 구체적이며 학생들을 적극적으로 참여시키기 때문이다.

그런 다음, 만테라스 선생님은 조별 활동 중에 학생들에게 배운 기술을 연습하게 하고 피드백을 제공했다. 학생들은 한두 번의 활동만으로 능숙해지지 않지만, 시간, 연습, 명시적인 지도를 통해 이러한 기술을 계발하고 세련되게 만들 수 있다.

토론은 이 과정의 중요한 부분이다. 흥미롭게도 학생들은 종종 자신이 어떻게 보이는지 인식하지 못하며, 기술이 향상될 필요가 있다는 사실을 처음으로 깨닫지 않으면 사회정서적 기술을 계발할 수 없다. 따라서 우리의 목표는 학생들이 사회정서적 발달이 학교에서의 성공과 만족에 미치는 영향을 이해하도록 돕는 것이다. 그리고 학생들이 이 목표에 도달하도록 돕는 과정에서 우리는 사회정서적 발달의 인지적 요소를 활용할 수 있다. 학생들의 역할극에서 나온 구체적인 예는 토론을 위한 참고 자료를 제공하며, 토론을 통해 학생들의 인식과 이해를 높일 수 있다. 예를 들어, 토론을 통해 낮은 정서 조절이 또래 거부로 이어지고, 이는 친구의 수가 줄어드는 결과로 이어질 수 있다는 것을 학생들이 깨닫도록 하면, 사회적 기술을 향상시킬 가능성이 높아진다.

학급 관리를 통해 사회정서적 발달 촉진하기 마지막으로, 만테라스 선생님은 학생들이 함께 작업할 때 도울 수 있도록 규칙을 만들었다. 만테라스 선생님은 교실 규칙을 보완하고, 적은 수의 규칙이 기억하기 쉬우므로, 단 네 가지 규칙만을 제시했다. (규칙과 규칙을 효과적으로 사용하는 방법에 대해서는 제12장에서 논의한다.)

규칙, 학생들의 역할극, 토론, 시범 보이기의 조합은 모두 학생들이 사회정서적 기술과 사회정서적 기술의 중요성에 대해 인식하고 이해하는 데 도움을 주었다. 시간과 노력, 연습을 통한 노력은 학생들의 사회적 발달에 변화를 가져올 수 있다.

교실과의 연계

교실에서의 사회정서적 발달 촉진하기

1. 자기 인식은 자신의 생각과 감정을 이해하는 능력이며, 자기 관리는 다양한 맥락에서 자신의 감정, 생각 및 행동을 조절하는 능력이다. 학생들에게 자기 인식과 자기 관리를 촉진하라.

   - **초등학교**: 한 학생이 부적절한 감정을 나타낼 때, 예를 들어 감정적으로 폭발할 때, 2학년 교사는 학습 활동을 중단하고 화를 낸 사건과 그 학생이 그때 어떻게 다르게 행동할 수 있었을지에 대해 논의한다. 그런 다음 적절한 감정 반응을 시범 보이고, 학생들이 적절한 행동을 보일 때 공개적으로 칭찬한다.

   - **중학교**: 8학년 교사는 학생이 교실에서 부적절한 행동을 보이면, 이를 자기 인식과 자기 관리의 중요성을 논의하기 위한 구체적인 참고 자료로 사용한다. 그런 다음 정기적으로 교실 및 학교 외부 활동과 같은 다양한 맥락에서 학생들에게 부적절한 감정과 행동, 적절한 감정과 행동을 역할극으로 연기하게 한다. 또래 내 수용이 중학생들에게 점점 더 중요해짐에 따라, 선생님은 자기 인식과 자기 관리 및 관계 유지 간의 관계를 강조한다.

   - **고등학교**: 10학년 교사는 자기 인식과 자기 관리의 특성을 설명하기 위해 사례 연구(이 장의 초반에 나온 히메네스 선생님의 사례 연구와 유사한)를 사용하고, 학년 내내 사례 연구에 대한 논의를 다시 살펴보며, 학교와 학교 밖에서의 성공과 자기 인식 및 자기 관리 간의 관계를 강조한다.

2. 사회적 인식은 행동에 대한 사회적 규범을 이해하고 다양한 배경과 문화를 가진 사람들에 대해 이해하고 공감을 느끼는 능력이다. 관계 기술은 다른 사람들과 건강하고 의미 있는 관계를 구축하고 유지하는 데 필요한 능력이다. 학생들에게 사회적 인식과 관계 기술을 촉진하라.

- **초등학교**: 타인의 관점을 이해하고 공감을 촉진하기 위해, 4학년 교사는 학생들이 읽은 것에 대해 토론하면서 등장인물의 동기와 감정을 분석하게 한다. 그녀는 "각 등장인물이 무엇을 생각하고 있나요? 왜 그렇게 생각하나요? 당신이 그 사람이라면 어떻게 느낄까요?"라고 묻는다. 그런 다음 각 등장인물의 관점 및 감정에 대해 토론하면서, 학생들이 '등장인물의 입장이 되어' 보도록 격려한다. 등장인물에 대해 논의하면서, 학생들이 명확하게 말하고 서로 눈을 맞추며 명확한 질문을 하는 연습을 하도록 한다.
- **중학교**: 중학교 과학 교사는 방과 후에 소규모 집단으로 모여 학생들이 공부 및 부모·친구와의 문제에 대해 이야기할 수 있는 기회를 제공한다. 학생들이 사회적 갈등에 대해 이야기할 때, 교사는 인내심을 가지고 경청하면서 다른 사람들의 동기와 감정에 대해 생각해 보도록 한다. 학생들이 문제에 대해 논의하는 동안, 그녀는 요점을 명확하고 신속하게 전달하고, 서로 방해하지 않으며, 지지적인 의견을 나누도록 한다.
- **고등학교**: 역사 교사는 학생들이 역사적 사건에 대한 보고서를 읽을 때 등장인물의 관점을 고려하도록 격려한다. 예를 들어, 학생들이 남북전쟁에 대해 공부할 때, 그는 양측이 도덕적으로는 모두 옳다고 생각했음을 상기시키고, "양측은 노예 해방 선언을 어떻게 해석했을까요? 왜 그렇게 다르게 느꼈을까요? 왜 양측이 그 문제에 대해 모두 스스로 도덕적으로 옳다고 생각했을까요?"와 같은 질문을 한다. 토론을 위한 참고자료로 그는 바람직한 관계 기술에 대해 설명하고, 학생들은 학기 내내 이 자료를 활용한다.

3. 책임 있는 의사 결정은 행동의 결과를 이해하고 이를 기반으로 자신의 행동 및 다른 사람과의 상호작용에 있어 건설적인 선택을 하는 능력이다. 학생들에게 책임 있는 의사 결정을 촉진하라.
- **초등학교**: 학생들이 다른 친구의 말을 가로막는 것과 같이 '무책임한 결정'(교사가 사용하는 용어이다.)을 내릴 때, 교사는 하던 일을 멈추고 책임 있는 의사 결정에 대해 간단히 논의한다. 선생님은 교실에서 벌어진 일을 책임 있는 의사 결정을 가르치기 위한 구체적인 참고 자료로 사용한다.
- **중학교**: 8학년 영어 교사는 때때로 협동학습에서 과제에 대한 결정을 집단에 맡기고, 그런 다음 전체 수업 활동에서 그 결정에 대해 논의한다. 교사는 학생들이 어려운 과제를 피하기로 결정할 때는 어려운 과제를 피하는 것이 학습에 미치는 영향을 강조하며, 무책임한 결정이 어떤 결과로 이어지는지를 강조한다.
- **고등학교**: 역사 교사는 약속을 지키는 것을 강조하고, 자신의 수업에서 약속을 지키는 것을 시범삼아 보여 준다. 예를 들어, 교사는 학생들에게 지정된 시간에 시험 결과를 돌려줄 것이라고 말하고, 그때 시험 결과를 돌려주며, 자신이 약속을 했으며 약속을 지킬 의무가 있다고 학생들에게 상기시킨다. 교사는 또한 책임 있는 의사 결정 부분에 나오는 질문들을 참고 자료로 사용하여 공개적으로 책임 있는 의사 결정을 가르친다.

도덕성과 사회적 책임의 발달

3.4 도덕성 발달 이론을 바탕으로 사람들의 윤리적 쟁점에 대한 반응 간 차이를 설명할 수 있다.

도덕성 발달(Moral development)은 옳고 그름에 대한 개념의 발달, 사회적 책임의 발달, 정직, 협동, 타인 지지 등 친사회적 특성에 대한 학습을 포함한다. 이 장에서 보겠지만, 도덕성은 아이들이 도덕과 관련된 문제를 접하고 그것을 이해하려고 노력하면서 자신만의 옳고 그름에 대한 감각을 구성하는 과정을 통해 발달한다(Jonas, 2016; Kretz, 2015). 도덕적 문제는 학교에서 흔히 발생한다. 간단한 예를 살펴보자.

켈링거 선생님은 학생들이 자리에서 과제를 하고 있을 때 이렇게 말한다. "잠시 교무실에 다녀올게요. 제가 돌아올 때까지 조용히 공부하세요. 몇 분이면 됩니다."

켈링거 선생님이 떠나고 종이 바스락거리는 소리가 들리는 가운데 게리(Gary)가 속삭인다. "쉿, 우리가 풀어야 할 수학 문제는 뭐야?"

"쉿! 말하지 마." 탈리타(Talitha)가 게시판에 있는 규칙을 가리키며 말한다.

"하지만 문제를 풀려면 뭘 풀지 알아야 하잖아." 크리스털(Krystal)이 대답한다. "79페이지의 짝수 문제야."

"누가 알겠어?" 제이컵(Jacob)이 중얼거린다. "선생님이 여기 안 계셔. 누가 말하는지 알지 못하실 거야."

'말하지 말라'는 규칙에 대한 탈리타, 크리스털, 제이컵 간 반응의 차이를 어떻게 설명할 수 있을까? 학생들은 인생을 살아가면서 어떻게 생각하고, 도덕적 신념에 따라 행동할까? 이것들은 모두 도덕적 문제이다.

도덕성 발달에 대한 세상의 관심

도덕성 발달은 항상 우리 사회에서 가장 관심을 두는 주제였으며, 최근 몇 년 동안의 문제 때문에 그 관심은 더욱 증가했다. 예를 들어, 이 장에서 이미 언급했듯이, 5명 중 1명의 학생이 학교에서 괴롭힘을 당했다고 보고했다(National Center for Education Statistics, 2016). 부정행위도 흔하게 나타나지만, 많은 학생들이 부정행위가 도덕적으로 문제 있다고 생각하지 않는다(Tyler, 2015).

학교 외적으로는 이번 세기 첫 10년을 마무리하는 시점에 발생한 '대침체'를 초래한, 정치적 부패와 스캔들이 금융과 미국 사회 전반에 충격을 주었다. 옥스퍼드 사전은 2016년 국제 올해의 단어로 '탈진실'—사실과 증거보다 감정과 개인적 신념이 여론 형성에 더 중요하다는 뜻—을 선정했다(Wang, 2016).

도덕적 문제는 교육과정에도 포함되어 있다. 역사 수업에서 학생들은 사건의 연대기 외에도 인간 고통, 정의, 전쟁 결정을 정당화할 수 있는지 등 도덕적 문제에 대한 사람들의 반응도 배운다. 또한, 『앵무새 죽이기』, 『주홍 글씨』, 『두 도시 이야기』와 같은 소설은 좋은 문학일 뿐만 아니라 도덕적 문제를 탐구하는 데에도 도움이 되기 때문에 오랫동안 교육과정의 필수 요소였다.

도덕성 발달은 일반적인 발달의 중요한 부분이며, 학생들의 옳고 그름에 대한 신념은 그들의 행동에 영향을 미친다. 예를 들어, 연구에 따르면 청소년들이 세상이 공정하고 정의롭다고 믿는 정도는 괴롭힘 피해자에 대한 태도에 영향을 미치며(Cunningham et al., 2016), 부정행위와 기물 파손 사건은 학생들이 그런 행동이 도덕적으로 잘못되었다고 믿으면 감소한다(Tyler, 2015). 또한, 학교의 도덕적 분위기—예를 들어, 민주적이고 친사회적인 분위기 대 권위주의적 분위기—는 도덕성 발달뿐만 아니라 학생들의 동기와 학습에 대한 가치 부여에도 영향을 미칠 수 있다(Paluck, Shepherd, & Aronow, 2016). 도덕성 발달을 이해하는 것은 이런 중요한 영역에서 학생들을 지도하는 데 도움을 줄 수 있다.

도덕성 발달에 있어 사회적 영역

교육심리학과 당신

다음 질문에 대해 생각해 보자.

아무도 스쿨버스에서 내리지 않는다면, 스쿨버스 앞에서 멈추라는 신호를 무시하고 지나가도 괜찮은가?

모두가 같은 속도로 운전하고 있다면 제한 속도보다 빠르게 운전하는 것은 괜찮은가?

교수가 지명하지 않았는데 수업 중에 대답해도 될까?

문신을 하거나 코나 눈썹에 피어싱을 하는 것은 괜찮은가?

도덕성 발달을 이해하기 위해서는 먼저 도덕적·관습적·개인적 영역을 구분할 필요가 있다. **도덕적 영역**(Moral domain)은 옳고 그름과 정의의 기본 원칙을 다루는 반면, **관습적 영역**(conventional domain)은 사회적 규범과 특정 상황에서 적절한 행동 방식을 다룬다. 예를 들어, 지명 당하지 않더라도 수업 중에 대답하는 것을 허용하는 교수도 있으며, 운동 경기에서는 소리를 지르는 것이 괜찮지만 교실에서는 그렇지 않다. 사회적 관습은 문화와 환경에 따라 다르다. 예를 들어, 어떤 문화에서는 젊은 사람들이 성인을 이름으로 부르는 것이 허용되지만 다른 문화에서는 그렇지 않다.

개인적 영역(Personal domain)은 사회적으로 규제되지 않고 다른 사람의 권리를 침해하거나 해를 가하지 않는 영역을 말한다. 예를 들어, 부모나 다른 성인들이 문신이나 신체 피어싱이 보기 흉하다고 생각할 수 있지만, 그것들은 도덕적으로 잘못된 것이 아니며 보통 복장 규정과 같은 사회적 관습의 문제도 아니다.

두 살 또는 세 살 정도의 어린아이들도 도덕적·관습적·개인적 영역을 구분하기 시작한다(Josephs & Rakoczy, 2016). 예를 들어, 규칙이 존재하든 그렇지 않든 어디에서나 누군가를 때리고 상처를 입히는 것이 잘못되었다는 것을 이해한다. 일부 연구자들은 우리가 태어나면서부터 기초적 형태의 정의감을 가지고 있으며 이는 생후 몇 개월 내에 나타난다고 주장한다(Bloom, 2010).

도덕적·관습적·개인적 영역 사이의 경계는 종종 모호하며 개인의 관점에 따라 달라진다. 예를 들어, 일부 교사는 모든 학생들을 지명하여 수업에 참여시키는 것을 평등한 접근과 공정성의 문제로 보고 도덕적 문제로 여기는 반면, 다른 교사는 단순한 학습 전략으로 보고 관습적 영역에 분류할 가능성이 더 높다. 나아가 전통적으로 일부 연구자들은 사회적 관습과 사회 규칙에 대한 사고를 도덕성 발달의 진전으로 여겨 왔다(Kohlberg, 1981, 1984).

피아제의 도덕성 발달 이론

피아제(Jean Piaget)의 연구라고 하면 인지 발달을 주로 떠올리지만, 그는 도덕성 발달도 연구했으며 아이들의 도덕적 문제에 대한 반응을 두 가지 주요 단계로 나눌 수 있음을 발견했다. 첫 번째 단계는 **외재적 도덕성**(external morality)으로, 규칙을 고정적이고 영구적이며 권위 있는 인물에 의해 시행되는 것으로 보는 단계이다. 탈리타가 "쉿! 말하지 마"라고 말하며 규칙을 가리켰을 때, 탈리타는 이 단계에서 생각하고 있었다. 게리가 단지 과제에 대해 묻고 있는 것일 뿐이라는 것은 중요하지 않았다. 규칙은 규칙이다. "누가 알겠어? 선생님이 여기 안 계셔. 누가 말하는지 알지 못하실 거야."라고 대답한 제이컵 또한 유사한 수준의 사고를 보여 주었다. 즉, 선생님이 없으므로 규칙을 지킬 필요가 없다. 외재적 도덕성은 일반적으로 10세까지 지속된다. 피아제는 어른의 권위에 대한 무조건적인 복종을 강조하는 부모와 교사가 도덕성 발달을 저해하고 학생들이 이 수준에 머물도록 무의식적으로 장려한다고 생각했다.

학생들이 피아제가 제시한 두 번째 단계인 **자율적 도덕성**(autonomous morality) 단계로 발전하면, 학생들은 도덕적 행동과 관련해, 다른 사람이 아닌 자신에게 의존하기 시작하며, 그들의 사고(인지)가 더 중요해진다. 예를 들어, 그들은 의도를 고려하기 시작하고 도움을 주려고 한 것(좋은 의도)을 우연히 도움을 준 것보다 '더 좋은' 것으로 본다(Margoni & Surian, 2017). 크리스털의 "하지만 문제를 풀려면 뭘 풀지 알아야 하잖아"라는 말은 이러한 생각의 중요성을 보여 준다. 크리스털은 게리의 속삭임을 규칙 위반이 아닌 도움 요청으로 간주했다.

콜버그의 도덕성 발달 이론

하버드의 교육자이자 심리학자인 로런스 콜버그(Lawrence Kohlberg)는 피아제의 연구를 확장시켰다. 그는 **도덕적 딜레마**(moral dilemma), 즉 사람이 도덕적 결정을 내려야 하는 모호하고 상충되는 상황을 연구의 기초로 사용했다. 한 가지 예를 살펴보자.

고등학교 졸업반인 스티브(Steve)는 어머니를 부양하기 위해 야간 아르바이트를 한다. 그는 성실하고 수업에서도 열심히 하지만, 공부할 시간이 부족하다. 야간 근무와 역사에 대한 흥미 부족으로 간신히 낙제를 면하고 있다. 만약 기말고사에서 나쁜 성적을 받으면, 그는 낙제하고 졸업하지 못할 것이다. 그는 시험 전날 밤에 근무가 없어서 공부할 시간이 있었다. 그러나 저녁에 그의 상사가 전화를 걸어 급히 병가를 낸 직원을 대신해 출근해 달라고 부탁했다. 상사의 압력에 못 이겨 스티브는 오후 8시에 출근해 새벽 2시까지 일한 후 지쳐 집에 돌아왔다. 그는 공부하려고 노력했지만, 무릎 위에 책을 올려놓고 소파에서 잠이 들었다. 그의 어머니가 아침 6시 30분에 그를 깨웠다.

스티브는 역사 수업에 가서 시험지를 보았지만, 모든 것이 뒤죽박죽이었다. 반에서 가장 우수한 학생 중 한 명인 클라리스(Clarice)가 스티브가 답안지를 볼 수 있는 위치에 두었다. 그는 거의 눈을 움직이지 않고 모든 답을 명확히 볼 수 있었다. 스티브가 부정행위를 하는 것은 정당할까?

이것은 옳고 그름의 문제를 다루기 때문에 도덕적 문제이며, 스티브가 내리는 어떤 결정이든 어떤 식의 문제를 야기하므로 딜레마이다. 부정행위를 하면 시험에 합격하겠지만, 부정행위는 잘못된 것이다. 반면, 부정행위를 하지 않으면 과목을 낙제하고 졸업하지 못할 가능성이 높아진다.

콜버그(1963, 1969, 1981, 1984)는 도덕적 딜레마에 대한 아이들의 반응을 연구의 기초로 사용했고, 이를 이론으로 발전시켰다. 피아제처럼 그는 도덕적 추론이 단계적으로 존재하며, 사람들이 더 높은 단계로 나아갈 때 발달이 일어난다고 결론지었다. 영국, 말레이시아, 멕시코, 대만, 터키에서 실시한 연구를 바탕으로 콜버그는 도덕적 추론의 발달이 문화 전반에 걸쳐 유사하다고 결론지었다.

콜버그는 도덕적 추론을 세 가지 수준으로 나눌 수 있으며, 이는 다시 각각 두 단계로 구성된다고 설명했다. 이는 〈표 3-4〉에 요약되어 있으며, 이에 대해서는 다음 절에서 논의할 것이다. 설명을 읽을 때, 도덕적 딜레마 상황에서 어떤 결정을 내리는지가 아니라 결정을 내리는 이유에 따라 도덕적 발달 수준이 결정된다는 것을 기억하라.

수준 I: 전인습적 윤리

전인습적 도덕성(Preconventional morality)은 행동의 결과가 자신에게 미치는 영향을 중심으로 하는 자기중심적 접근이다. **처벌-복종**(Punishment-obedience) 단계에서는 처벌받을 가능성에 따라 도덕적 결정을 내린다. 처벌받으면 그 행동은 도덕적으로 잘못된 것이고, 그렇지 않으면 그 행동은 옳은 것이다. 스티브가 잡힐 가능성이 낮기 때문에 부정행위가 정당화된다고 믿는 사람은 이 단계에서 추론하는 것이다. 2단계 **시장교환**(market exchange) 단계에서는 "네가 나를 위해 무언가를 하면, 내가 너를 위해 무언가를 해 줄 것이다"와 같은 상호성에 따라 행동이 도덕적으로 정당화된다고 추론한다. 미국 정치가 이와 같다. 선거에서 이기면 자신의 지지자에게 중요한 직책을 준다.

수준 II: 인습적 윤리

인습적 도덕성(Conventional morality) 수준에서는 도덕적 행동에 대한 추론은 더 이상 개인에게 미치는 결과에 의존하지 않는다. 이 수준에서는 도덕적 행동을 사회의 옳고 그름에 대한 개념 및 세상을 질서 있게 만드는 것과 연결 짓는다. 3단계 **타인과의 조화**(interpersonal harmony) 단계에서는 충성심, 타인의 기대에 부응, 사회적 관습에 기반하여 결정을 내린다. 예를 들어, 부모님을 걱정시키고 싶지 않아서 통금 시간을 지켜

〈표 3-4〉 콜버그의 도덕성 추론 단계

수준 1. 전인습 수준 (취학 전 및 초등학교 아동)	자기중심적 도덕. 주로 10세까지 아동에 해당. 전인습적 수준이라 불리는 이유는 타인에 의한 규칙을 이해하지 못하기 때문
1단계: 처벌-복종	행동의 결과는 그들에게 좋거나 나쁜지에 의해 결정. 개인은 타인의 욕구 및 감정에 대한 고려 없이 도덕적 결정을 내림
2단계: 시장 교환	"나에게 뭐가 주어지는가?"에 의한 결정. 개인에게 어떠한 이로움이 있는가에 의해 행동하고 판단
수준 2. 인습 수준(초등학교 고학년, 중학생 및 고등학생)	타인과의 도덕. 주로 10~20세에 해당. 인습적 수준이라 불리는 것은 사회적 규칙과 관습에 순응하기 때문
3단계: 타인과의 조화	도덕적 판단은 다른 사람의 의견에 의해 결정. 무엇이 다른 사람을 즐겁게 하는지, 도울 수 있는지, 다른 사람으로부터 인정을 받을 수 있는지 등에 초점을 맞추는 것이 특징
4단계: 법과 질서	도덕적인 것은 법, 질서, 사회적 요구임. 규칙과 법은 고정되어 있고, 그 자체로 복종해야 할 것임
수준 3. 후인습 수준(대학 이전에는 거의 없음. 보편적 윤리 단계는 성인 이후에도 거의 없음)	원리의 도덕. 20세 이전에는 거의 도달하지 않으며, 일부 사람만이 이 단계에 도달함. 사회적 규칙 이면의 원리에 주목
5단계: 사회적 계약	법과 질서는 사회에 이로움을 주는 행위에 대한 사람들의 합의를 반영. 더 이상 사회에 이로움을 주지 않는다면 법과 질서는 바뀔 수 있음
6단계: 보편적 원리	거의 이르기 어려운 단계. 도덕은 사회적 규범을 초월하는 추상적이며 보편적인 원리에 의해 결정

야 한다고 생각하는 10대는 이 단계에서 추론하고 있는 것이다. 3단계에서 추론하는 사람은 두 가지 관점에서 스티브의 딜레마를 바라볼 수 있다. 한 관점에서는 그가 가족을 돕기 위해 일해야 하므로 부정행위가 정당화된다고 주장할 수 있다. 반대로 사람들이 스티브를 나쁘게 생각할 수 있기 때문에 부정행위를 해서는 안 된다고 말할 것이다.

4단계인 **법과 질서**(law and order) 단계에서는 사람들은 법과 규칙의 관점에서 도덕성을 바라본다. 3단계에서처럼 다른 사람을 기쁘게 하거나 사회적 규범을 따르기 위해 도덕적 결정을 내리지 않는다. 오히려 법과 규칙이 행동을 안내하고 질서 있는 세상을 만들기 위해 존재한다고 믿으며, 이를 일관되게 따라야 한다고 믿는다. 4단계에서 추론하는 사람은 "부정행위는 규칙에 어긋나기 때문에" 또는 "사람들이 부정행위가 괜찮다고 생각한다면 어떤 세상이 되겠는가?"와 같은 이유로 스티브가 부정행위를 해서는 안 된다고 주장할 것이다.

수준 III: 후인습적 윤리

후인습적 도덕성(Postconventional morality), 또는 원칙적 도덕성은 옳고 그름의 추상적 원칙의 관점에서 도덕적 문제를 바라본다. 이 수준에서 추론하는 사람들은 개인적 및 사회적 수준을 초월했다. 즉, 4단계에서 추론하듯 규칙이라는 이유만으로 규칙을 따르지 않는다. 오히려 규칙이 원칙적 합의이기 때문에 규칙을 따른다. 전체 인구의 소수만이 이 수준에 도달하며, 대부분은 20대 중반에서 후반에 도달한다.

5단계 **사회적 계약**(social contract) 단계에서는 사람들이 사회적으로 합의된 원칙에 따라 도덕적 결정을 내린다. 5단계에서 추론하는 사람은 스티브의 부정행위가 잘못되었다고 말할 것이다. 왜냐하면 원칙적으로 성적은 공부한 대로 나타나야 하며, 부정행위는 이 합의를 위반하기 때문이다.

여섯 번째이자 마지막 단계인 **보편적 원칙**(universal principle) 단계에서는 개인의 도덕적 추론은 사회의 법을 초월하는 추상적이고 일반적인 원칙에 기반한다. 이 단계의 사람들은 내재된 보편적 기준에 따라 옳고 그름을 정의한다. '황금률'은 흔히 인용되는 예이다. 매우 소수의 사람들만이 이 단계에서 활동하며, '보편적'원칙의 존재에 대해 의문이 제기되었기 때문에 콜버그는 그의 후속 저작에서 이 단계를 강조하지 않았다(Kohlberg, 1984).

콜버그의 도덕성 발달 이론 평가

콜버그의 연구와 관련된 가장 중요한 문제 중 하나는 콜버그 이론의 초점인 도덕적 추론이 도덕적 행동에 얼마나 기여하는가이다. 일부 연구자들은 둘 사이에 사실상 아무런 관계가 없다고 주장한다(Kretz, 2015). 예를 들어, 친구에게 빌린 돈을 갚지 않는 것이 잘못이라고 말할 수 있지만, 혼잡한 시내 도로에서 제한 속도를 초과하는 것에는 거리낌이 없는 경우를 들 수 있다. 다른 연구자들은 도덕적 추론과 도덕적 행동(행동) 사이에 강력한 연관성이 있다는 연구를 인용한다. "도덕적 추론은 행동에 일관된 영향을 미친다. 이 효과는 도덕성을 향상시키기 위해 도덕적 추론을 촉진하는 전략이 필요한 전략이며 비도덕성과 도덕적 무관심을 극복하는 방법임을 나타낸다"(de Posada & Vargas-Trujillo, 2015, p. 418). 후속 연구는 후자의 입장을 뒷받침한다(English, 2016; Segev, 2017). 예를 들어, 높은 단계의 추론은 부당한 이유로 희생당한 사람을 옹호하는 것과 같은 이타적 행동과 관련이 있으며, 낮은 단계의 추론을 하는 청소년은 덜 정직하며 비행이나 약물 사용과 같은 반사회적 행동을 보일 가능성이 높다(Brugman, 2010; Gibbs, 2014).

그의 이론과 관련된 다른 문제들도 존재한다. 예를 들어, 연구에 따르면 소수의 사람들만이 4단계를 넘어 선다고 한다(Gibbs, 2014). 따라서 사람들이 도덕적으로 성숙하기 위해 후인습적 추론이 필요하다면, 거의 대부분의 사람들은 이에 미치지 못한다. 또한 도덕적 추론은 콜버그가 생각한 것보다 맥락에 더 많이 의존한다(Kretz, 2015). 예를 들어, '교육심리학과 당신'에서 제한 속도를 초과하거나 정지 중인 스쿨버스를 지나가는 것이 괜찮은지 물었을 때, 대부분의 사람들은 아이들이 버스를 타고 내리지 않더라도 스쿨버스를 지나가는 것은 용납되지 않는다고 생각하지만, 많은 사람들이 제한 속도를 초과하는 것에는 거리낌이 없다. 그리고 일부 연구자들은 애틀랜타의 시험 부정행위 스캔들을 예로 들어, 압력이 충분히 크다면 거의 모든 사람들이 부정행위를 저지를 것이라고 생각한다(Catalano & Gatti, 2017).

도덕적 딜레마에 대한 사고는 또한 영역별 지식에 의존한다. 특정 주제에 대한 지식은 도덕적 의사 결정에 영향을 미친다(Gibbs, 2014; Thornberg, 2010). 예를 들어, 교육적 딜레마에 대해 숙고하도록 요청받은 의사나 의학적 문제를 해결하도록 요청받은 교사는 전문 지식 부족으로 인해 어려움을 겪을 것이다.

마지막으로, 모든 형태의 발달이 그렇듯이 도덕적 발달은 경험에 의존하기 때문에 다양성도 하나의 요소이다(Rubin, Cheah, & Menzer, 2010). 다음 절의 도덕성에서의 성차에 대한 논의에서 이 문제를 더 살펴볼 것이다. 〈표 3-5〉에 콜버그의 이론, 공헌 및 비판을 요약했다.

〈표 3-5〉 콜버그의 도덕성 발달 이론에 대한 평가

핵심 질문	도덕적 추론의 변화는 어떻게 일어나는가?
도덕성 발달에 대한 기본적 설명	도덕성 발달은 도덕적 문제를 다루어 본 경험 및 도덕적 문제를 두고 다른 사람들과 상호작용한 결과로 생겨나는 점진적이고, 연속적인 인지적 과정이다.
변화의 핵심 기제	• 일상에서 도덕적 딜레마를 경험 • 타인과의 상호작용
핵심 개념	• 도덕적 딜레마　• 처벌-복종 단계　• 법과 질서 단계 • 전인습적 도덕성　• 시장교환 단계　• 사회적 계약 단계 • 인습적 도덕성　• 타인과의 조화 단계　• 보편적 윤리 단계 • 후인습적 도덕성
공헌	• 콜버그의 이론은 도덕성 발달이 인지 발달에 의존하는 점진적이고 건설적인 과정임을 드러낸다. • 사람들은 콜버그의 이론이 예측한 순서와 속도로 도덕적 추론 단계를 거치는 경향이 있다. • 도덕적 추론과 도덕적 행동 사이의 연관이 있다는 증거가 있다. • 콜버그의 단계는 일반적으로 옳고 그름에 대한 아이들의 생각과 일치한다. • 콜버그의 이론은 피아제의 도덕성 발달 관점과 일치한다.
비판	• 많은 사람들이 후인습적 수준에 도달하지 못하며, 이는 도덕적 성숙에 대해 의문을 가지게 한다. • 도덕적 추론은 콜버그가 생각한 것보다 맥락에 더 많이 의존한다. • 특정 단계에서의 발달은 콜버그가 제안한 것보다 더 영역별 지식에 의존한다. • 도덕적 추론과 도덕적 행동 사이의 연관성은 비교적 약하며, 사람들은 추론과 행동을 다르게 할 때가 있다. • 콜버그의 이론은 문화적 차이를 충분히 고려하지 않는다.

출처: Berk, 2019a; Feldman, 2014; Kohlberg, 1963, 1981, 1984; Piaget, 1965.

성별 차이: 배려의 도덕성

콜버그의 연구를 비판하는 일부 사람들은 콜버그가 성별에 따라 도덕성이 다를 수 있음을 충분히 고려하지 않았다고 주장한다. 콜버그의 이론을 검토한 초기 연구에서는 남성과 여성이 도덕적 딜레마에 응답하는 방식에서 차이가 있음을 확인했다(Gilligan, 1982, 1998; Gilligan & Attanucci, 1988). 남성은 정의, 규칙, 개인의 권리와 같은 추상적인 개념을 바탕으로 판단하는 경향이 더 컸고, 여성은 인간관계와 사람들이 무엇을 필요로 하냐에 주목해서 도덕적 결정을 내리는 경향이 더 컸다. 콜버그에 따르면, 이러한 차이는 도덕적 딜레마에 응답하는 여성의 발달 단계가 낮음을 시사했다.

하버드 대학교의 심리학자이자 콜버그의 동료인 캐롤 길리건(Carol Gilligan, 1977, 1982)은 이러한 연구 결과가 여성이 열등한 것이 아니라 오히려 '배려의 윤리'를 나타낸다고 주장했다. 콜버그의 설명은 여성의 사고에서 드러나는 복잡성을 충분히 설명하지 못한다는 것이다. 길리건은 배려의 도덕성이 세 단계를 거친다고 제안한다. 첫 번째 단계에서는 아이들이 주로 자신의 필요에 관심을 가지며, 두 번째 단계에서는 유아나 노인과 같이 스스로 돌볼 수 없는 사람들에 대한 관심을 보인다. 세 번째 단계에서는 개인 관계의 상호 의존적 특성을 인식하고 인류 전체 차원으로 연민을 확장한다. 이러한 발달을 장려하기 위해 길리건은 학생들이 배려와 관련된 도덕적 문제에 대해 생각하고 이야기할 수 있는 기회를 제공하는 참여적인 교육과정을 강조한다.

넬 노딩스(Nell Noddings, 2002, 2008) 역시 학교에서 배려의 중요성을 강조했다. 노딩스는 학생들이 자기 자신, 가족과 친구, 전 세계의 다른 사람들을 돌보는 것의 중요성을 강조하는 교육과정을 통해 배려의 중요성을 배워야 한다고 주장한다. 관련 연구는 이러한 입장을 뒷받침하며, 공정하고 자비로운 학교 분위기가 학생들의 도덕적 발달을 촉진할 가능성이 더 높다고 지적한다(Crystal, Killen, & Ruck, 2010).

길리건은 성별 차이에 대해 중요한 점을 지적했지만, 후속 연구에서는 엇갈린 결과가 나타났다. 일부 연구에서는 성별 차이를 발견한 반면, 다른 연구에서는 그렇지 않았다(Berk, 2019a; Kretz, 2015). 문화 간 연구와 마찬가지로, 길리건의 연구는 도덕성 발달과 관련된 문제가 복잡함을 상기시켜 준다.

감정적 요소가 도덕적 발달에 미치는 영향

궁극적으로, 우리는 사람들이 도덕적으로 사고하고 행동하기를 원한다. 감정은 우리의 도덕적 사고와 행동을 연결하는 중요한 고리이다. 어떻게 그런지 보자.

학교에서 돌아온 멜리사(Melisa)가 풀이 죽은 채 집에 들어오자 "괜찮니?"라고 엄마가 묻는다.

"정말 기분이 안 좋아요, 엄마." 멜리사가 부드럽게 대답한다. "우리가 조로 모여서 공부하고 있었는데, 제시카(Jessica)가 좀 이상한 말을 했고, 내가 '그건 멍청해. 그런 생각은 어떻게 한거야?'라고 말했어요. 제시카는 우리 조별 활동 시간 내내 아무 말도 하지 않았어요. 제시카는 성적이 별로 좋지 않아서, 내가 제시카가 멍청하다고 말한 것이 제시카의 감정을 정말 상하게 했다는 것을 알아요. 의도하지 않았어요. 그냥 그렇게 나와 버렸어요."

"당연히 네가 제시카의 감정을 상하게 할 의도가 없었다는 걸 알아, 얘야. 제시카에게 사과했니?"

"아니요, 그걸 깨달았을 때, 그냥 멍하니 앉아 있었어요. 누군가가 나에게 멍청하다고 말한다면 내가 어떻게 느낄지 알고 있어요."

"알겠구나." 엄마가 제안한다. "내일, 직접 가서 제시카에게 사과하고 다시는 그런 일이 없을 거라고 말해라."

"고마워요, 엄마. 제시카를 보자마자 할게요. 훨씬 기분이 나아졌어요."

피아제와 콜버그는 도덕적 발달에서 인지를 강조했으며, 이는 확실히 중요하지만, 멜리사와 엄마 간의 대화에서 볼 수 있듯이, 감정도 도덕성의 중요한 부분이다(Kretz, 2015). 예를 들어, 멜리사는 사람들이 자신이 좋은 행동을 하지 못했다고 인식할 때 생기는 고통스러운 감정인 수치심과, 다른 사람의 고통을 초래했음을 알 때 느끼는 불편한 감정인 **죄책감**(guilt)을 모두 느꼈다. 비록 불쾌하지만 **수치심**(shame)과 죄책감을 경험하는 것은 도덕성이 발달되고 있으며, 미래에 나아질 가능성이 높다는 것을 뜻한다.

멜리사가 "누군가가 나에게 멍청하다고 말했다면 내가 어떻게 느낄지 알아요"라고 말하는 것을, 다른 사람들이 느끼는 것을 추론할 수 있는 능력인 공감에 대해 설명하는 것으로 볼 수 있다(Jordan et al., 2016). 공감은 잘못된 행동이 없는 경우에도 도덕적이고 친사회적인 행동을 촉진한다. 사실, 일부 연구자들은 도덕적 발달이 주로 공감과 같은 감정에 달려 있다고 주장하기도 한다(Kretz, 2015).

이제 교사로서 학생들의 도덕적 발달을 안내하기 위해 할 수 있는 일들을 살펴보자.

교육심리학을 교수에 활용하기: 학생들의 도덕적 발달 촉진하기

우리는 학생들의 도덕적 발달을 촉진할 많은 기회를 가지고 있다. 다음 제안은 우리가 도덕성 발달을 촉진하고자 할 때 사용할 수 있는 틀이다.

1. 학생들과 상호작용할 때 윤리적 사고, 행동, 감정의 모델이 되라.
2. 도덕적 문제를 다루기 위한 구체적인 참조점으로 도덕적 딜레마를 사용하라.
3. 토론을 사용하여 학생들이 다른 사람들의 관점을 이해하고 존중하도록 도우라.
4. 도덕적 발달을 촉진하기 위한 도구로 학급 관리를 사용하라.

5학년 교사인 로드 레이스트(Rod Leist)가 학생들에게 이런 제안을 어떻게 사용하는지 보자.

"우리가 읽고 있던 이야기에서 지갑을 발견한 소년인 크리스(Chris)에 대해 이야기해 봅시다. 크리스는 돈이 없었으니 지갑이나 그 안에 있는 돈을 가지는 것이 잘못일까요? 졸린(Jolene)?"이라고 레이스트 선생님이 묻는다.

"아니요, 지갑은 자기 것이 아니었으니까요."

"레이(Ray)?"

"왜 가지면 안 되죠? 크리스는 지갑을 훔치지 않았어요. 그리고……."

"그건 끔찍해요," 헬레나(Helena)가 끼어들며 말한다. "지갑을 잃어버린 사람의 기분은 어떻겠어요?"

"헬레나." 레이스트 선생님은 훈계한다. "우리 모두는 다른 사람이 말을 끝마칠 때까지 기다리기로 했던 것을 기억하자."

"방해해서 미안해요. …… 레이 계속해서 말하렴." 레이스트 선생님이 덧붙인다.

"…… 지갑을 잃어버린 게 크리스의 잘못은 아니잖아요. ……그리고 크리스는 돈이 없었어요."

"그렇구나, 이번에는 헬레나, 계속 말해 보렴." 레이스트 선생님이 말한다.

"누군가가 무언가를 잃어버렸고 다른 사람이 그걸 가져갔다면 어떤 기분이 들까요? …… 그래서 저는 크리스가 지갑을 돌려줘야 한다고 생각해요."

"흥미로운 점이에요, 헬레나. 우리가 이 문제들에 대해 생각할 때, 다른 사람의 입장에서 생각해 보는 것이 좋습니다. 물론, 우리가 무언가를 잃어버렸고 돌려주지 않는다면 기분이 나쁠 것입니다. 계속해 볼까요, 후안(Juan)?"

"저도 동의해요. 돈의 액수도 컸고, 아마 크리스의 부모님은 크리스에게 돌려주라고 했을 거예요."

"그리고 만약 돈을 잃어버린 사람이 그 돈이 정말 필요하다면?" 크리스티나(Kristina)가 덧붙인다.

몇 분 더 토론을 계속한 후, 레이스트 선생님이 "다들 좋은 이야기를 해 줬네요. 이제, 여러분 각자가 지갑을 발견했을 때 어떻게 할 것인지, 그리고 지갑을 가지는 것이 옳거나 그른 이유를 설명하는 짧은 단락을 쓰세요. 내일 더 토론하겠습니다."라고 말한다.

학생들과 상호작용할 때 윤리적 사고, 행동, 감정의 모델이 되어라　다시 한번, 이 장의 주제인 "당신 스스로가 당신이 이 세상에서 보고 싶어 하는 변화가 되어라"라는 인용문이 왜 중요한지 알 수 있다. "거의 모든 도덕 교육 접근 방식은 모델링의 중요성을 강조한다. 젊은이들에게 도덕적인 사람이 되도록 가르치려면, 우리는 그들에게 도덕적 행동을 보여 줘야 한다"(Noddings, 2008, p. 168). 레이스트 선생님의 행동은 그리고 "우리가 세상에서 보고 싶어 하는 변화가 되어라"라는 간디의 충고와 일치했다. 토론을 방해한 것에 대한 레이스트 선생님의 간단하고 짧은 사과는 레이스트 선생님이 교실 규칙을 따르고 있다는 것을 보여 준다. 또한, 레이스트 선생님은 헬레나가 공감하는 것을 강화했고, "흥미로운 점이에요, 헬레나. 우리가 이 문제들에 대해 생각할 때, 다른 사람의 입장에서 생각해 보는 것이 좋습니다."라고 말하며 자신의 공감을 보여 주었다. 학생들과의 상호작용 과정에서 공정하고 책임감 있게 행동하며 민주적인 태도를 보이는 노력은 교사의 가치관과 도덕성에 대해 많은 것을 말해 주며, 연구에 따르면 따뜻하고 지지적인 교실 분위기가 교사의 노력에 도움을 줄 수 있다(Bouchard & Smith, 2017; Noddings, 2008; Poulou, 2015).

우리는 또한 도덕적 발달과 사회정서적 발달 사이의 관련성이 높다는 것을 알 수 있다. 예를 들어, 감정이나 행동을 조절하는 데 어려움을 겪거나 일관되게 무책임한 결정을 내리는 사람들에게는 도덕적 발달 또한 문제가 된다.

도덕적 문제를 다루기 위한 구체적인 참조점으로 도덕적 딜레마를 사용하라　연구에서 일관되게 제시하듯, 대부분의 사람들의 사고는 구체적 조작에 의존하며, 이는 의미 있는 이해를 위해서는 구체적인 예가 필요하다는 것을 의미한다. 도덕성과 같은 추상적인 문제를 다룰 때도 그러하며, 레이스트 선생님이 가르치고 있는 초등학교 5학년들에게 특히 그렇다.

레이스트 선생님은 이를 알고는 도덕적 문제를 알아보기 위한 구체적인 참조점으로 잃어버린 지갑 문제를 다루었다. 이는 도덕적 딜레마 문제이다. 지갑을 주운 소년 크리스는 돈이 필요했지만, 지갑과 돈은 크리스의 것이 아니었다.

도덕적 문제는 우리가 생각하는 것보다 더 자주 교실에서 발생한다. 예를 들어, 초등학교 교실에서는 운동장에서 누군가가 당신을 밀치거나 점심 식사 줄에서 끼어들었을 때 보복하는 것이 괜찮은지에 대한 질문이 생길 수 있다. 더 나이 많은 학생들을 대상으로는, 친구가 새 헤어 스타일이 좋다고 생각하냐고 물을 때 우리가 헤어스타일이 친구에게 전혀 어울리지 않는다고 생각하는 상황을 예로 다루어 볼 수 있다. 우리는 사실을 말하여 친구의 감정을 상하게 할 수 있지만, 새 헤어 스타일이 좋다고 말하는 것은 거짓말이다. 음주도 또 다른 예이다. 많은 청소년들이 술을 마시고, 우리는 음주 운전이 위험하다는 것을 알고 있다. 그러나 운전만 하지 않는다면 법적 연령 제한 전에 술을 마시는 것은 비도덕적인가? 이외에도 많은 다른 예가 존재한다.

토론을 사용하여 학생들이 다른 사람들의 관점을 이해하고 존중하도록 도와라   도덕적 발달은 사회적 과정이다(Kretz, 2015; Sherblom, 2015). 도덕적 딜레마와 문제는 구체적인 참조점을 제공하지만, 토론은 더 높은 수준의 도덕적 추론으로 이어지는 메커니즘이다. 예를 들어, 레이스트 선생님의 대화를 다시 살펴보자.

레이스트 선생님: 우리가 읽고 있던 이야기에서 지갑을 발견한 소년인 크리스에 대해 이야기해 봅시다. 크리스는 돈이 없었으니 지갑이나 그 안에 있는 돈을 가지는 것이 잘못일까요? 졸린?

졸린: 아니요, 지갑은 자기 것이 아니었으니까요.

레이스트 선생님: 레이?

레이: 왜 가지면 안 되죠? 크리스는 지갑을 훔치지 않았어요. 그리고…….

헬레나: 그건 끔찍해요. 지갑을 잃어버린 사람의 기분은 어떻겠어요?

레이스트 선생님: 헬레나…… 우리 모두 다른 사람이 말을 끝마칠 때까지 기다리기로 했던 것을 기억하자. 방해해서 미안해. …… 레이 계속해서 말하렴.

레이: 지갑을 잃어버린 게 크리스의 잘못은 아니잖아요. …… 그리고 크리스는 돈이 없었어요.

레이스트 선생님: 그렇구나, 이번에는 헬레나, 계속 말해 보렴.

헬레나: 누군가가 무언가를 잃어버렸고 다른 사람이 그걸 가져갔다면 어떤 기분이 들까요? …… 그래서 저는 크리스가 지갑을 돌려줘야 한다고 생각해요.

레이스트 선생님: 흥미로운 점이에요, 헬레나. 우리가 이 문제들에 대해 생각할 때, 다른 사람의 입장에서 생각해 보는 것이 좋습니다. …… 물론, 우리가 무언가를 잃어버렸고 돌려주지 않는다면 기분이 나쁠 것입니다. 계속해 볼까요, 후안?

후안: 저도 동의해요. 돈의 액수도 컸고, 아마 크리스의 부모님이 크리스가 돌려주라고 했을 거예요.

크리스티나: 그리고 만약 돈을 잃어버린 사람이 그 돈이 정말 필요하다면?

이 토론에서 학생들은 문제에 대해 조금씩이나마 서로 다른 관점을 제시했다. 이러한 차이를 논의하는 것은 도덕적 추론의 발달로 이어질 수 있다. 그리고 학생들은 일반적으로 올바르거나 틀린 것으로 판단 받을 위험이 없는 경우 자신의 의견을 표현하려고 한다. 따라서 토론을 통해 동기를 높일 수 있다. 게다가 레이스트 선생님이 헬레나가 레이를 방해한 것에 대해 훈계했을 때, 레이스트 선생님은 관점 수용을 촉진하고, 사회정서적으로 발달할 수 있도록 도왔다. 레이스트 선생님은 토론을 마친 후 학생들이 문제에 대한 도덕적 입장을 정당화하도록 요구하는 단락을 쓰게 했다. 연구 결과에 따르면 이런 접근 방식은 효과가 있다. 학생들에게 자신의 추론을 검토하도록 토론을 시키거나, 더 발전된 사고에 노출시키는 것은 도덕적 발달을 촉진할 수

있다(Carlo, Mestre, Samper, Tur, & Armenta, 2011).

도덕적 발달을 촉진하기 위한 도구로 학급 관리를 사용하라 이 장에서 본 것처럼, 학급 관리는 질서 있는 교실을 만드는 것 이상을 할 수 있으며, 레이스트 선생님의 학급 관리체계가 그 예이다. 예를 들어, 레이스트 선생님은 헬레나가 토론을 방해하지 못하도록 하고, 다른 사람들이 말을 마치기 전에 말을 하지 않기로 합의했다고 반 전체에게 상기시켰다. 그렇게 함으로써 레이스트 선생님은 공정성과 다양한 의견에 대한 관용을 가르쳤다. 이러한 가치를 이해하는 것은 자기조절의 중요한 부분이며, 이는 학생들이 규칙과 규칙의 중요성에 대해 이해하고, 규칙을 따르기로 동의할 때만 발전할 수 있다. 이러한 학습 환경, 즉 규칙이 합리적이기 때문에 학생들이 규칙을 따르는 환경은 자율적인 도덕성을 촉진한다(Rothbart, 2011).

이 장에서 다른 형태의 발달을 촉진하기 위한 프로그램을 검토하면서도 이런 요소가 드러났다. 예를 들어, 각 프로그램에는 인지적 요소가 있으며, 우리는 이를 활용할 수 있다. 즉, 우리는 학생들이 성격, 정체성, 사회정서적 기술, 도덕성의 다양한 측면을 이해하고, 각각이 학교와 학교생활 이후의 삶의 질에 얼마나 도움이 되는지 이해하기를 바란다. 각 경우에, 구체적인 예를 활용하여 관련 기술의 시범을 보이고 명시적으로 가르치는 것이 필수적이다. 공정성, 자기 인식, 자기 관리를 촉진하는 학급 관리와 관련 예시에 대한 토론을 결합시키는 것이 바로 각 영역의 발달을 촉진하기 위해 우리가 활용할 수 있는 수단이다. 모든 학생들에게 도움이 되지는 않을 수 있지만, 누군가에게 도움이 된다면 우리는 전체 교육에 이루 말할 수 없는 공헌을 한 것이 될 것이다.

교실과의 연계

교실에서 도덕적 발달 촉진하기

1. 도덕성 발달은 도덕적 딜레마에 대해 생각해 보고, 다른 사람의 입장을 들을 수 있는 기회를 가질 때 증진된다. 윤리적 문제가 발생할 경우, 공개적으로 토론하라.

- **초등학교**: 특수 아동이 반에 합류하기 전날, 2학년 교사는 학생들에게 자신이 새 학생이라면 어떻게 느낄지, 새 학생을 어떻게 대해야 하는지, 그리고 일반적으로 서로를 어떻게 대해야 하는지에 대해 토론하게 한다.
- **중학교**: 7학년 교사는 학생이 질문에 답하려고 할 때 학생들이 웃거나, 킥킥거리거나, 어떤 언급도 하지 못하도록 하는 교실 규칙을 두고 있다. 그녀는 학생들에게 규칙의 이유를 논의하게 하여 다른 사람들이 자신이 노력하는 모습을 보고 웃을 때 어떻게 느끼는지 생각해 보도록 강조한다.
- **고등학교**: 학생들은 부정행위를 게임으로 여기며, 어디까지 부정행위를 할 수 있는지 시험해 보곤 한다. 교사는 "여러분이 부정행위를 이렇게 생각하니까, 저는 시험 없이 누가 어떤 점수를 받을지 결정할 거예요. 여러분이 얼마나 똑똑하다고 생각하는지에 따라 점수를 줄 거예요."라고 말하면서 이 문제를 다룬다. 이 도발적인 발언은 공정성과 부정행위에 대한 활발한 교실 토론을 촉발한다.

2. 도덕성 발달은 학생들이 더 높은 수준의 도덕적 추론과 행동에 노출될 때 촉진된다. 학생들에게 도덕적이고 윤리적인 행동의 모델이 되어라.

- **초등학교**: 선거가 있는 11월에, 5학년 학생들은 교사도 투표하는지 농담 삼아 묻는다. 교사는 이를 투표의 중요성과 민주주의에서 각자의 책임에 대해 논의할 기회로 삼는다.

- **중학교**: 과학 교사는 학생들의 시험과 퀴즈를 다음 날까지 채점하겠다고 약속한다. 어느 날, 학생이 준비되었는지 묻자 그는 "물론이지…… 연초에 시험지를 다음 날 돌려주겠다고 했으니까. 약속은 지켜야 해."라고 대답한다.
- **고등학교**: 특정 집단의 학생들이 예상보다 일찍 현장 학습을 마쳤다. "조금만 더 있으면 학교로 돌아가지 않아도 돼요."라고 한 학생이 제안한다. "하지만 그건 거짓말이잖아. 그렇지 않니?"라고 교사가 반박한다. "우리는 끝나자마자 돌아오겠다고 했으니, 약속을 지켜야 해."

학교급별 적용

다양한 연령대의 학습자와 함께 개인적 · 사회적 · 정서적 · 도덕적 발달을 촉진

초등학교, 중학교, 고등학교 학생들 간에는 개인적 · 사회정서적 · 도덕적 발달에 있어 중요한 차이가 있다. 이러한 차이에 적절히 대응하는 데 도움이 될 수 있는 제안을 아래에 정리했다.

유치원 및 초등학교 학생들을 가르치기

아이들이 유치원에 들어가면, 자율성을 발달시키고 새로운 경험과 도전에 있어 주도권을 잡고자 노력하기 시작한다. "제가 도와드릴게요!"와 "제가 할래요"는 이러한 주도권의 신호이다. 비판이나 지나치게 제한적인 지시는 독립심을 저해하고, 극단적인 경우에는 죄책감과 의존감을 느끼게 한다. 또한 아이들은 자신의 행동에 책임을 지도록 배우는 것이 필요하다.

초등학교 시기에 교사들은 학생들이 성공할 수 있도록 도전적인 학습 활동을 제공하고자 한다. 그러나 이는 쉽지 않다. 너무 도전적이어서 자주 실패할 경우 열등감이 생기며, 쉬운 과제에서의 성공은 학생들이 유능하다고 느끼게 하지 못한다.

초등학교 학생들에게는 자기 관리와 책임 있는 의사 결정을 연습할 기회가 필요하다. 다른 사람들과 상호작용하고 자기 관리와 책임 있는 의사 결정 기술을 연습할 수 있는 토론과 집단 활동이 효과적이다.

초등학교 시기는 도덕적 성장과 사회적 책임의 발달을 위한 기초가 된다. 학생들에게 자신의 행동이 다른 사람에게 미치는 영향을 이해하도록 격려하는 교사들은 학생들이 전인습적 도덕성에서 벗어나 왜 학교의 규칙을 이해하고 따르는지 이해하는 인습적 도덕성으로 전환하도록 도울 수 있다.

중학교 학생들을 가르치기

청소년기는 신체적 · 정서적 · 지적 변화의 시기이며, 청소년들은 종종 새로운 성적 감정에 어떻게 반응해야 할지 어려워한다. 청소년들은 다른 사람들이 자신에 대해 어떻게 생각하는지에 관심이 많고, 외모에 집착한다. 청소년들은 독립성을 주장하고 싶어 하면서도 구조와 규율의 안정성을 갈망한다. 청소년들은 독립성을 주장하기 위해 반항하고 싶지만, 반항할 수 있는 무언가 확실한 것이 필요하다.

그러나 대부분의 청소년들은 이 시기를 성공적으로 극복하며, 다양한 역할을 탐색하고 부모, 교사, 다른 성인들과 긍정적인 관계를 유지한다. 학생들은 때때로 변덕스러운 자신의 행동에 공감하면서 동시에 명확한 행동 한계의 안전성을 제공하는 엄격하고 배려하는 교사가 필요하다(Emmer & Evertson, 2017). 학급 관리는 도덕적 추론을 전인습적 수준에서 인습적 수준으로 발전시키는 기회를 제공한다. 효과적인 교사는 명확한 교실 규칙을 만들고, 그 이유를 설명하며, 일관되게 규칙을 시행한다.

중학교 교실의 수업은 공부하는 주제에 대한 깊은 이해를 촉진하면서 동시에 학생들에게 타인의 의견을 존중하고, 정중하게 듣고, 상처를 주는 발언을 피하는 등의 친사회적 행동을 연습할 기회를 제공해야 한다. 중학교에서의 효과적인 수업은 상호작용적이며, 강의는 최소한으로 이루어지는 특성이 있다.

고등학교 학생들을 가르치기

고등학교 학생들은 지속적으로 자신이 누구인지, 무엇이 되고 싶은지를 고민한다. 또래는 학생들에게 점점 더 중요해지고, 사회적·정서적·도덕적 발달에 중요한 영향을 미친다.

이 시기의 학생들에게는 학습 내용과 자신의 삶을 연결하는 것이 특히 가치 있다. 예를 들어, 사회 과목에서 성별과 진로에 대한 생각을 살펴보거나, 수학과 과학이 그들의 미래에 어떻게 영향을 미칠 수 있는지를 알려 주는 것이 중요하다.

어린 학습자들과 마찬가지로, 고등학교 학생들은 새로운 아이디어를 시도하고, 새로운 아이디어를 자신의 자아와 연결시키는 것이 필요하다. 토론, 집단 활동, 집중적인 글쓰기 과제는 학생들이 새로운 아이디어를 자신감 있게 통합할 수 있는 귀중한 기회를 제공한다.

![제3장 요약 아이콘]

제3장 요약

1. 성격 발달을 설명하고, 이것이 학업 성취와 학교 이후의 삶에서의 성공에 어떻게 영향을 미칠 수 있는지 설명하시오.

   • **성격 특성:** 성격은 개방성, 성실성, 외향성, 우호성, 신경증이라는 다섯 가지 비교적 독립적인 특성으로 구성되며, 성격 발달은 이러한 특성들에 있어 향상을 설명한다.

   • **기질:** 주로 유전적으로 결정되는 기질은 환경에서 일어나는 사건들에 특정한 방식으로 반응하는 비교적 일관된 성향을 설명한다.

   • **부모의 영향:** 부모는 아이와의 초기 및 광범위한 상호작용 때문에 성격 발달에 가장 큰 영향을 미치며, 일부 양육 방식은 다른 양육 방식보다 더 효과적이다.

   • **문화적 차이:** 양육 방식에 대한 문화적 차이가 존재하며, 일부 문화는 개별성을 강조하고 다른 문화는 집단주의적 지향을 강조한다.

   • **아동 학대:** 아동 학대는 우리 사회의 주요 문제이며 종종 방임을 포함한다. 가족 구성원이 아동 학대를 저지를 가능성이 가장 높다.

   • **성공에 대한 영향:** 성격 발달은 학교에서의 성공과 학교 이후의 삶에서의 성공과 강하게 연관되어 있다.

2. 정체성 발달에 대한 설명을 사용하여 학습자의 행동을 설명하시오.

   • **정체성:** 정체성은 우리 자신에 대한 믿음, 평가, 감정을 의미하며, 정체성 발달은 사회적 비교, 다른 사람으로부터 받는 피드백, 집단 소속에 의해 크게 영향을 받는다.

   • **에릭슨의 관점:** 에릭슨의 심리사회적 정체성 발달 관점은 정체성 형성이 주로 다른 사람들과 연결되고자 하는 사람들의 본능적인 욕구에서 비롯된다는 믿음에 기초한다.

   • **현대적 관점:** 현대적 정체성 발달 관점은 직업적 정체성이 보통 고등학교와 그 이후에 형성된다고 제안한다. 정체성 유예와 정체성 성취는 건강한 발달 상태이며, 정체성 혼란과 정체성 폐쇄는 덜 건강한 상태이다.

   • **성적 정체성:** 성적 정체성은 성적 지향에 대한 사람들의 자기 인식을 뜻하며, 성적 지향은 개인이 성적으로나 낭만적으로 끌리는 성별을 의미한다. 학령기 일부 청소년에게 성적 지향은 혼돈과 스트레스를 줄 수 있다.

   • **LGBTQ 문제:** LGBTQ 청소년은 노숙, 지역 사회로부터의 단절, 낮은 행복 수준, 높은 알코올 및 약물 사용, 개인적인 문제, 도움을 줄 만한 성인과의 낮은 연결 등 여러 문제에서 성인 지원과의 낮은 연결성 등 여러 문제에 직면한다.

   • **자아개념과 자존감:** 자아개념은 정체성의 구성 요소로서, 학업적, 신체적, 사회적 능력에 대한 인지적 평가이며, 주로 개인적 경험을 통해 발전된다. 특정 내용 영역에서의 학업적 자아개념은 성취와 강하게 연관된다. 자아개념과 자존감은 종종 혼용되지만, 이는 오해이다. 자아개념은 인지적 평가인 반면, 자존감은 자아에 대한 감정적 반응이다.

3. 사회정서적 발달에 대한 이해를 사용하여 학생들과 학교 이후 사람들의 행동을 설명하시오.

   • **사회정서적 학습목표:** 여기에는 자기 인식, 자기 관리, 사회적 인식, 관계 기술, 책임 있는 의사 결정이 포함된다.

   • **자기 인식과 자기 관리:** 자기 인식은 사람들이 자신의 생각과 감정을 이해하고, 자신의 생각과 감정이 환경에 대한 반응에 어떻게 영향을 미치는지를 이해하는 능력을 뜻하며, 자기관리는 다양한 상황에서 감정, 생각, 행동을 조절하는 능력을 의미한다.

   • **사회적 인식:** 사회적 인식에는 사회적 및 윤리적 규범에 대한 이해뿐만 아니라 다양한 배경과 문화를 가진 사람들에 대한 공감 능력을 포함한다.

   • **관계 기술:** 관계 기술에는 다양한 개인 및 집단과 건강하고 보람 있는 관계를 형성하고 유지하는 능력을 포함한다.

   • **책임 있는 의사 결정:** 책임 있는 의사 결정에는 개인이 자신의 행동과 다른 사람과의 상호작용에 대해 건설적인 선택을 할 수 있는 능력을 포함한다.

   • **발달에 대한 영향:** 부모, 형제, 또래는 모두 사회정서적 발달에 강한 영향을 미친다. 잘 발달된 사회적 기

술을 가진 학생들은 덜 숙련된 또래보다 학교에서 더 성공적이고 만족스러워하는 경향이 있다. 비만, 알코올 및 약물 사용, 또래 공격성은 각각 건강한 사회정서적 발달을 저해한다.

- 교사의 역할: 교사는 효과적인 사회정서적 기술의 모델이 되며, 구체적인 예와 토론을 사용하고, 교실 관리를 효과적으로 사용할 때 사회정서적 발달을 촉진한다.

4. 도덕성 발달 이론을 사용하여 윤리적 문제에 대한 사람들의 반응 차이를 설명하시오.

- 도덕성 발달: 이는 옳고 그름에 대한 개념의 발전과 정직, 협력, 타인을 지원하는 등의 친사회적 특성의 발달을 포함한다.
- 피아제의 관점: 피아제는 도덕적 발달이 외재적 도덕성(권위자에 의한 규칙의 시행)에서 자율적 도덕성(합리적이고 상호적인 도덕성 인식)으로 발달한다고 제안했다.
- 콜버그의 이론: 콜버그의 도덕성 발달 이론은 사람들이 도덕적 딜레마 상황에서 어떻게 반응하는지에 주목한다. 그는 도덕적 추론을 세 가지 수준으로 설명하는 분류체계를 개발했다. 전인습적 수준에서는 사람들이 자기중심적인 도덕적 결정을 내리고, 인습적 수준에서는 행동의 결과에 초점을 맞추며, 후인습적 수준에서는 원칙에 기초한 도덕적 추론을 한다.
- 감정의 역할: 공감과 수치심, 죄책감과 같은 불쾌한 감정을 느끼는 것은 도덕적 발달의 진보를 나타낸다.
- 교사의 역할: 교사는 개인의 책임과 다른 사람의 권리를 보호하기 위해 설계된 규칙의 본질을 강조함으로써 도덕적 발달을 촉진한다.

자격증 시험 준비하기

개인적 · 감정적 · 사회적 · 도덕적 발달 이해하기
당신의 자격시험에는 학생들의 개인적 · 감정적 · 사회적 · 도덕적 발달과 관련된 항목들이 포함될 것이다. 이 책에는 시험 준비를 돕기 위해 다양한 내용을 준비했다.

이제 중학생을 가르치는 교사가 이런 중요한 발달 측면에 어떻게 기여하는지 살펴보자. 사례 연구를 읽고, 다음 질문에 답해 보자.

"정말 답답해." 7학년 교사인 헬렌 샤먼(Helen Sharman)이 방과 후 교사 휴게실에서 퀴즈를 채점하며 중얼거렸다.

"무슨 일이야?" 동료 교사인 미아(Mia) 선생님이 물었다.

"이 학생들은 생각하려고 하지 않아." 샤먼 선생님이 대답했다. "그들 중 4분의 3이 theirs에서 r과 s 사이에 아포스트로피를 넣었어. 퀴즈는 소유격에서 아포스트로피를 사용하는 것에 관한 거였어. 나는 퀴즈에 생각해야만 하는 문제를 넣을 거라고 경고했어. 그뿐만 아니라, 나는 학생들에게 같은 유형의 문제를 미리 풀게 했어. 그리고 나는 그것을 아주 자세히 설명했어." 샤먼 선생님이 한숨을 쉬며 말했다.

"실망스러운 건 몇몇 학생들은 시도조차 하지 않았다는 거야. 이것 봐, 절반은 빈칸이야. 칼(Karl)이 이러는 게 처음도 아니야. 지난번에 칼과 이야기했을 때, 칼은 '하지만 나는 영어를 잘 못해요'라고 말했어. 나는 '하지만 너는 과학과 수학은 잘하고 있잖아'라고 대답했어. 칼은 그냥 어깨를 으쓱하고 '그건 달라요. 나는 그것들은 잘해요'라고 말했어. 어떻게 그를 동기 부여할지 알

았으면 좋겠어. 칼이 농구장에서 하는 걸 봐야 되는데, 그는 아름답게 움직이지. 하지만 여기 오면, 칼은 아무것도 안 해."

"나도 그런 학생이 몇 명 있어." 미아 선생님이 고개를 끄덕이며 말했다.

"더 나쁜 것은, 몇몇 아이들이 부정행위를 했을 거라는 확신이 들어. 내가 교무실에 가기 위해 잠깐 자리를 비웠다 다시 돌아왔을 때 몇몇은 속삭이고 있었고, 얼굴에 죄책감이 가득했어."

"왜 그들이 그렇게 했다고 생각해?" 미아 선생님이 물었다.

"잘 모르겠어. 부분적으로는 성적 압박 때문일 수도 있지만, 압박이 없으면 어떻게 동기를 높이지? 몇몇은 부정행위가 아무런 문제가 없다고 생각해. 걸리지만 않으면 괜찮대."

"글쎄" 미아 선생님이 어깨를 으쓱하며 말했다. "힘내."

다음 날 아침, 퀴즈를 돌려주면서 샤먼 선생님이 말했다. "규칙을 다시 공부해야겠다. 퀴즈에서 너무 못 봤어. 나는 아주 자세히 설명했어. 너희는 공부를 열심히 하지 않은 게 틀림없어."

"다시 한번 보자." 그녀가 계속 말했다. "단수 소유격의 규칙

은 무엇이지?"

샤먼 선생님이 소유격을 만드는 규칙을 설명한 다음, "왜 퀴즈에서 그렇게 하지 않았니?"라고 물었다.

아무런 대답이 없자 그녀는 계속했다. "좋아, 퀴즈 3번 문제를 보자."

다음과 같이 나와 있다.

The books belonging to the lady were lost.

"이렇게 써야 해." 샤먼 선생님이 설명하며 칠판에 "The lady's books were lost"라고 썼다.

"샤먼 선생님." 네이선이 교실 뒤쪽에서 부른다. "왜 아포스트로피 s가 들어가나요?"

"네이선" 샤먼 선생님이 차분하게 말했다. "우리의 첫 번째 규칙이 무엇이지?"

"네, 선생님." 네이선이 조용히 말했다.

"좋아. 질문이 있을 때 소리치는 것 외에 무엇을 할 수 있지?"

"손들기요."

"좋아."

그녀는 문제를 설명한 다음, 퀴즈에서 자주 틀리는 다른 항목들도 설명하고, 복습지를 나눠 주었다. "퀴즈 문제와 똑같은 거야." 그녀가 말했다. "열심히 연습하고, 목요일에 또 퀴즈를 볼 거야. 우리 모두 더 잘해 보자. 제발 다시 나를 실망시키지 마."

"한 가지 더. 이번 시험에서 부정행위가 있었어. 목요일에 부정행위하는 사람을 잡으면, 시험지를 찢고 0점을 줄 거야. 이제 공부하자."

사례 분석을 위한 질문

이 장의 내용을 활용하여 아래 질문에 답하면서 사례를 공부하시오.

객관식 질문

1. 에릭슨의 심리사회적 발달에 근거할 때, 칼의 행동은 다음 중 어느 단계에 해당한다고 할 수 있는가?
   a. 기본 신뢰 대 불신감
   b. 자율성 대 수치심
   c. 주도성 대 죄책감
   d. 근면성 대 열등감

2. 네이선은 규칙을 어기고, 손을 들지 않은 채 교실 뒤에서 "샤먼 선생님, 왜 아포스트로피 s가 들어가나요?"라고 물었다. 사회정서 학습의 목표 중 어떤 목표 측면에서 노력이 필요하다고 할 수 있는가?
   a. 자기인식
   b. 자기관리
   c. 사회적 인식
   d. 관계 기술

주관식 질문

콜버그의 개념을 활용하여 샤먼 선생님의 부정행위 문제를 분석하라. 콜버그의 관점에서 볼 때, 샤먼 선생님은 이 문제를 어떻게 다루었는가?

중요 개념

LGBTQ

감정(emotion)

개인적 영역(personal domain)

공감(empathy)

관계 기술(relationship skill)

관계적 공격성(relational aggression)

관습적 영역(conventional domain)

괴롭힘(bullying)

기질(temperament)

도구적 공격성(instrumental aggression)

도덕성 발달(moral development)

도덕적 딜레마(moral dilemma)

도덕적 영역(moral domain)

또래 공격성(peer aggression)

마음이론(theory of mind)

민족 정체성(ethnic identity)

반응적 공격성(reactive aggression)

법과 질서(law and order)

보편적 원칙(universal principle)

사이버 괴롭힘(cyberbullying)

사회적 계약(social contract)

사회적 인식(social awareness)

사회적 인지(social cognition)

사회적 참조(social referencing)

사회정서학습(social-emotional learning)

성격(personality)

성적 정체성(sexual identity)

성적 지향(sexual orientation)

수치심(shame)

시장 교환(market exchange)

신체적 공격성(physical aggression)

아동 학대(child abuse)

양육 방식(parenting style)

외재적 도덕성(external morality)

의도적 공격성(proactive aggression)

인습적 도덕성(conventional morality)

자기 관리(self-management)

자기 인식(self-awareness)

자기존중감(자기가치)(self-esteem)(self-worth)

자아개념(self-concept)

자율적 도덕성(autonomous morality)

적대적 귀인 편향(hostile attribution bias)

적합도(goodness of fit)

전인습적 도덕성(preconventional morality)

정서 자기조절(emotional self-regulation)

정서 지능(emotional intelligence)

정체성(identity)

조망 수용(perspective taking)

죄책감(guilt)

집단적 자아존중감(collective self-esteem)

책임 있는 의사 결정(responsible decision making)

처벌-복종(punishment-obedience)

타인과의 조화(interpersonal harmony)

트랜스젠더 학생(transgender students)

학교 소속감(school connectedness)

후인습적 도덕성(postconventional morality)

학습자 다양성

이 장을 공부한 후 여러분은 다음을 할 수 있어야 한다.

4.1 문화를 설명하고 문화의 다양한 측면이 학습에 어떻게 영향을 미치는지 설명할 수 있다.

4.2 교사가 학생의 언어적 다양성을 수용할 수 있는 방법을 설명할 수 있다.

4.3 성별이 학습에 어떻게 영향을 미치는지 설명하고, 교실에서 성별 편견을 없애기 위한 단계를 설명할 수 있다.

4.4 사회경제적 지위를 정의하고, 이것이 학습에 어떻게 영향을 미치는지 설명할 수 있다.

APA의 20가지 주요 원칙

이 장에서 명시적으로 다루는 유치원–12학년(초 · 중등학교)까지 교수 및 학습을 위한 심리학의 20가지 주요 원칙은 다음과 같다.

- 원칙 1: 학생들의 지능과 능력에 대한 신념이나 인식은 그들의 인지 기능과 학습에 영향을 미친다.
- 원칙 5: 장기 지식과 기술의 습득은 대부분 연습에 달려 있다.
- 원칙 11: 교사의 학생에 대한 기대가 학생의 학습 기회, 동기 부여, 학습 결과에 영향을 미친다.
- 원칙 15: 정서적 안녕감은 교육 성과, 학습 및 발달에 영향을 미친다.

전국교사자질위원회(NCTQ)

이 장에서 구체적으로 다루는 모든 신임 교사가 알아야 할 전국교사자질위원회(NCTQ)의 필수 교수 전략은 다음과 같다.

- 전략 2: 추상적 개념을 구체적인 표현과 연결하기

당신이 여전히 고등학교에 다니고 있다고 상상해 보라. 당신의 가족이 스페인의 수도인 마드리드로 이사를 가게 되었고, 당신은 그곳에서 학교에 다닐 것이다. 어떤 장애물들을 마주하게 될까? 성공할 수 있을까? 새로운 학교에서 어떤 감정을 느낄까? 당신의 질문은 오늘날 우리나라의 학교에서 많은 학생들이 마주하는 것과 유사하다.

학습자 다양성(Learner diversity)은 우리 학생들의 집단 및 개인의 차이를 의미하며, 모든 교실에 존재하고, 학생들의 학습과 당신의 교직 생활 모두에 큰 영향을 줄 수 있다. 5학년 교사 게리 놀런(Gary Nolan)과 관련된 다음 사례 연구를 읽으면서 학급 안에 존재하는 다양성과 그것이 학생들과의 수업 활동에 미치는 영향을 생각해 보라.

오늘날 미국의 학교를 졸업하는 학생들을 보면, 그들의 배경이 역사상 그 어느 때보다 다양하다는 것을 알 수 있다. 놀런 선생님의 학급은 특히 도시 학교에서 빠르게 표준이 되고 있으며, 그는 소수집단 구성원들이 최대한 많은 것을 배우고 성장할 수 있도록 몇 가지 조치를 취했다. 이 장을 진행하면서 놀런 선생님의 노력을 더 자세히 살펴볼 것이다.

5학년 담당 교사인 놀런 선생님은 도시의 대규모 초등학교에서 수학, 과학, 사회를 가르치고 있다. 많은 도시의 학급과 마찬가지로 그가 가르치는 학생들의 배경도 매우 다양하다. 그의 학생 28명 중 9명은 히스패닉계, 7명은 아프리카계 미국인, 3명은 아시아계, 2명은 이란 출신인 바라즈(Baraz)와 에스타(Esta)이다. 6명은 영어 학습자(English language learners: ELLs)이며, 대부분 낮은 사회경제적 배경으로부터 왔다.

"너희들은 계속 나아지고 있어." 금요일 아침에 놀런 선생님은 나머지 학급 학생들이 교실로 모이는 동안 영어 학습자 학생들을 향해 미소지었다. 그는 매일 아침 30분씩 그들의 영어 공부를 돕는다.

자리에 앉은 후, 학생들은 놀런 선생님이 실물화상기로 보여 준 '오늘의 과제'를 즉시 시작한다. 오늘의 과제는 다음과 같다.

다음을 더하시오.

$$\frac{1}{3} + \frac{1}{6} =$$

그리고

$$\frac{2}{3} + \frac{3}{4} =$$

학생들은 매일 아침 상기시켜 주지 않아도 '오늘의 과제'를 완성한다. 과제를 마친 후, 놀런 선생님은 두 명의 학생에게 문제 풀이 과정을 설명하게 하고, 그들의 실수를 바로잡는다. 그리고 그는 "오늘은 누구 차례인가요?"라고 묻는다. "저요."라고 애나(Anna)가 손을 들며 대답한다.

매주 금요일에는 놀런 선생님이 그의 학생들 중 한 명에게 자신의 문화적 배경에 대한 발표를 하게 한다. 학생들은 음식, 의복, 예술, 음악 등을 예시로 가져온다. 그는 학생들이 자신의 문화적 유산이 담긴 전통 복장을 입도록 격려한다. 그리고 학생들은 자신의 이름을 교실 앞 지도에 핀으로 표시한다. "애나가 해 보세요."

애나가 발표를 시작한다. "저는 멕시코에서 태어났지만, 제 아버지는 과테말라 출신이고, 어머니는 콜롬비아 출신이에요." 그녀는 지도에 있는 나라들을 가리키며 설명한다.

"아시다시피" 놀런 선생님이 끼어들며 말한다. "과테말라 전체가 한때 마야 문명의 일부였어요. 마야인들은 예술, 건축, 그리고 천문학으로 유명했죠. 애나의 아버지께서는 이 유산을 매우 자랑스러워하실 겁니다."

놀런 선생님은 전 세계 여러 지역에서 온 반 친구들을 둔 것이 얼마나 행운인지 자주 이야기하며, 마야인에 대해 이야기하거나 "바라즈가 우리에게 페르시아의 유명한 수학자이자 천문학자, 시인인 오마르 하이얌(Omar Khayyam)에 대해 말해 준 거 기억하시나요? 그는 유럽 사람들이 몇 년이 지나서야 풀었던 수학 문제들을 이미 풀었어요. 만약 바라즈가 우리 반에 없었더라면, 우리는 그걸 절대 몰랐을 거예요."와 같은 말을 하곤 한다.

놀런 선생님의 학급에는 문화적 · 언어적 배경, 성별, 사회경제적 지위와 같은 다양성의 서로 다른 차원들이 모두 존재한다. 이는 [그림 4-1]에 요약되어 있다.

우리는 이러한 다양성을 검토하면서 전반적인 패턴을 설명하겠지만, 다양성에는 개인차도 있다는 점도 기억해야 한다. 예를 들어, 놀런 선생님의 히스패닉계 학생인 카티아(Katia)와 안젤로(Angelo)는 멕시코 출신이고, 둘 다 스페인어를 모국어로 사용하지만 카티아는 잘 적응하고 있는 반면 안젤로는 어려움을 겪고 있다. 이는 모든 형태의 다양성에 해당하는 사실이다.

우리는 문화의 개념과 그것이 학습에 어떻게 영향을 미칠 수 있는지 살펴보는 것으로 연구를 시작하겠다.

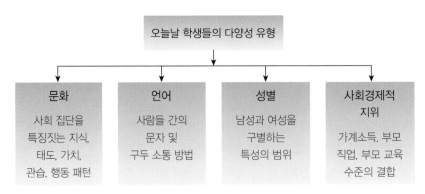

[그림 4-1] 오늘날 학생들의 다양성 유형

문화

4.1 문화를 설명하고 문화의 다양한 측면이 학습에 어떻게 영향을 미치는지 설명할 수 있다.

> **교육심리학과 당신**
> 당신이 입는 옷, 좋아하는 음악, 친구들과 공유하는 활동에 대해 생각해 보자. 또는 음식에 대해 생각해 보자. 무엇을 언제 먹는가? 당신은 나이프와 포크, 또는 젓가락, 또는 당신의 손가락까지 사용하는가?

'교육심리학과 당신'의 질문에 대한 답은 모두 **문화**(culture)에 달려 있으며, 이것은 하나의 사회 집단을 특징짓는 지식, 태도, 가치 및 관습을 포함한다(Banks, 2019; Bennett, 2019). 문화는 우리 삶에 가장 중요한 영향을 미치는 것 중 하나이며, 정치 문화, 기업 문화, 학교 문화, 사회 문화, 스포츠 팀의 문화 등 다양한 형태로 존재한다.

예를 들어, 학업 성취에 대한 높은 기대, 질서 있는 환경, 학교 내 모든 이에 대한 존중과 배려라는 비전을 채택하는 학교는 이 비전을 학교의 태도, 가치, 관습의 일부로 만들고 있다. 그리고 그것은 이 학교의 문화를 대표한다. 이는 정치, 기업, 스포츠에도 동일하게 적용되며 각각의 경우 행동에 큰 영향을 미친다.

민족성과 인종

민족성(Ethnicity)은 개인의 조상 전래 유산, 언어, 가치 체계, 그리고 관습을 포함하며 문화의 중요한 부분이다(Banks, 2019). 이민 및 기타 인구 이동으로 인해 미국 인구의 민족 구성이 극적으로 변화했으며, 전문가들은 미국에 거의 300개의 서로 다른 민족 집단이 살고 있다고 추정한다(Gollnick & Chinn, 2017).

인종(Race)은 골격 및 피부·머리카락·눈의 색깔과 같은 공유된 생물학적 특성이며, 민족을 설명하는 또 다른 방식이다. 미국은 흑인, 백인, 아시아인이라는 세 가지 주요 인종 범주가 있다고 보지만, 각 범주 내에 상당한 이질성이 존재한다. 예를 들어, 아시아인은 일반적으로 일본, 중국, 한국 출신의 개인뿐만 아니라 베트남, 필리핀, 태국 출신의 개인도 지칭하는데, 이들은 모두 고유한 관습과 문화를 가지고 있다. 그리고 인도, 파키스탄, 방글라데시, 네팔, 스리랑카 출신의 사람들을 포함한 남아시아 민족 집단 역시 상당한 다양성을 보인다.

역사적으로 인종의 개념은 오늘날보다 과거에 훨씬 더 중요했다. 많은 주에서는 학교 및 대학, 식당, 공중화장실, 식수대, 수영장, 심지어 버스 좌석과 같은 기관 및 서비스에 대한 접근을 제한하기 위하여 인종 개념을 이용했다. 그리고 1967년에 대법원 판결 이전까지, 서로 다른 인종의 부부가 결혼하거나 동거하거나 성관계를 가지는 것은 16개 주에서 불법이었다(Macionis, 2017).

이 모든 것이 변했고, 이제 더 많은 사람들이 자신을 다인종 또는 다민족으로 자신을 표현하고 있다. 예를 들어, 2013년에는 모든 신혼 부부의 12% 이상이 다른 인종과 결혼했으며, 아프리카계 미국인과 아시아계 미국인의 경우 이 수치는 각각 19%와 28%에 해당했다(Wang, 2015). 따라서 우리가 문화, 민족, 그리고 인종에 대해 생각할 때, 이것들이 단지 하나의 '꼬리표'일 뿐이며, 끊임없이 변하고 있다는 점을 기억하는 것이 중요하다. 우리는 '범주'가 아닌 '사람'을 가르친다는 사실을 잊지 말아야 한다.

이민자와 이민

이민자(Immigrants)란 일반적으로 영구적으로 거주할 의도로 다른 나라로 이주하는 사람들이다(Valenzuela, Shields, & Drolet, 2018). 과거에는 미국으로의 이민이 주로 북유럽 출신 사람들로 제한되었다. 그러나 1965년 이민 및 국적법이 이 제한을 종료시켰고, 그 이후로는 전 세계에서 이민자들이 들어와 다양한 문화적 태도와 가치를 가져왔다. 적어도 1960년 이래로 미국은 세계에서 가장 많은 이민자가 목적지로 선택한 곳이며, 2016년 기준으로 전 세계 이민자 중 약 5분의 1이 이곳에서 살고 있다. 해당 연도에 거의 4,400만 명의 이민자가 미국에 거주 중이었으며, 이는 전체 인구의 약 14%에 해당한다. 2016년에는 가장 많은 이민자가 인도에서 왔으며, 중국/홍콩, 멕시코, 쿠바, 필리핀이 그 뒤를 이었다. 2013년부터는 인도와 중국이 멕시코를 제치고 미국으로 가장 많은 이민자를 보낸 국가가 되었다(Zong, Batalova, & Hallock, 2018).

난민(Refugees)은 모국에서 안전하지 않은 환경을 피해 도피하는 특별한 이민자 집단이다. 1975년 기준으로, 300만 명 이상의 난민이 미국에 정착했으며, 이 중 절반 이상이 어린이다(Igielnik & Krogstad, 2017).

오랜 이민 역사에도 불구하고, 미국은 이민 문제를 귀중한 자원으로 보거나 큰 어려움으로 여기는 입장을 왔다 갔다 했다. 그리고 2016년경부터는 이민 문제가 정치적으로 매우 민감한 이슈로 떠오르면서, 일부 정치 당파는 이민자가 공공 안전을 위협한다고 주장하기도 했다. 그러나 증거는 이러한 주장을 뒷받침하지 않는다. 연구에 따르면, 이민자는 본토박이보다 범죄를 덜 저지르는 것으로 나타났다(Ewing, Martínez, & Rumbaut, 2015; Nowrasteh, 2015; Riley, 2015). "수년에 걸친 여러 연구에서 이민자들은 미국에서 태어난 사람들보다 범죄를 저지를 가능성이 낮다는 결론이 나왔다"(Pérez-Peña, 2017, para. 2). 또한 연구에 따르면 "국가는 이민자, 특히 인적 자본이 높은 이민자와 원주민이 하려고 하지 않는 저임금 일을 할 일시 이주자가 필요하다"(Valenzuela et al., 2018, p. 67).

이민은 미국의 학교 구성원에 강력한 영향을 미쳤다. 예를 들어, 2014년에는 학생 중 약 50%가 문화적 소수집단에 속했고, 예측에 따르면 2026년까지 이 수치는 55%로 증가할 것으로 추산되며, 히스패닉 학생이 전체 학교 인구의 약 30%로 가장 큰 소수집단을 형성할 것으로 예상된다(National Center for Education Statistics, 2017c). 또한, 2016년 기준, 미국에서 만 18세 미만 아동 4명 중 1명 이상이 최소한 한 명 이상의 이민자 부모와 함께 살았으며, 이 숫자는 급격히 증가하고 있다(Zong et al., 2018). 이것은 놀런 선생님의 학생들의 배경이 그렇게나 다양한 이유를 이해하는 데 도움이 된다. 그리고 미래에도 우리 교실에 다양한 문화적 배경을 지닌 학생들이 있을 것이다.

이민자 아이들과 이민자 부모의 자녀들은 어려움을 겪을 수 있다. 예를 들어, 그들은 이민자나 소수집단의 일원이기 때문에 차별을 느낄 수 있으며, 또한 그들의 문화적 배경으로 인해 차별을 받는다고 느낄 수도 있다(Fleming, Villa-Torres, Taboada, Richards, & Barrington, 2017; Lo, Hopson, Simpson, & Cheng, 2017). 그러나 연구는 또한 그들의 긍정적 적응과 높은 자존감에 기여하는 요인들을 알아내고 있다. 예를 들어, 영어 능력을 향상시키면 그들의 삶의 만족감이 높아지고, 이민 이후 각 세대마다 자존감이 상승한다(Lo et al., 2017). 이러한 적응과 삶의 만족감을 증진하기 위한 제언은 이 장의 후반부에 제시될 것이다.

문화와 교실

미국의 교실 대부분은 주류 중산층의 문화적 태도, 가치, 그리고 관습을 반영하고 있다. 예를 들어, 보통의 교실에서는 학생들이 발언하기 위해 손을 들어야 하고, 질문에 대답할 때에는 지정된 순서대로 대답해야 하며, 표준 영어를 사용하며, 상당한 시간 동안 독립적으로 공부해야 한다(Banks, 2019; Gollnick & Chinn, 2017). 학생들의 문화가 이러한 가치와 관습을 강조하지 않으면, **문화적 불일치**(cultural mismatch), 즉 학생의 가정 문화와 학교 문화 간의 충돌을 초래할 수 있다. 이러한 충돌은 학생들과 그들의 행동에 대한 상반된 기대를 만들어 낼 수 있다.

한 가지 예시를 살펴보자.

미국 남서부 초등학교에서 2학년 학생들을 가르치는 신시아 에드워즈(Cynthia Edwards) 선생님은 이야기를 읽고 있다. "다음에 어떻게 될 것 같아요? …… 토니(Tony)?" 에드워즈 선생님은 열심히 손을 흔들고 있는 토니에게 물어본다.

"저는 소년이 친구를 만날 것 같아요."

"그 소년이 친구를 만나게 된다면 어떻게 느낄 것 같아요?" 그녀는 계속해서 질문한다.

토니가 대답한 후, 에드워즈 선생님은 학급에서 몇 명의 북미 원주민 중 한 명인 샤론 나이트호크(Sharon Nighthawk)에게 차례를 준다. 그러나 샤론이 대답하지 않으면, 에드워즈 선생님은 다시 질문하여 그녀를 격려하려고 시도하지만, 샤론은 여전히 침묵한 채로 그녀를 바라본다.

에드워즈 선생님은 샤론이 이야기를 이해하고 즐기는 것 같지만 왜 대답하지 않는지 약간 혼란스러워한다. 샤론은 왜 대답하지 않는 것일까?

나중에 수업에 대해 다시 생각하며, 에드워즈 선생님은 이것이 하나의 패턴이라는 것을 깨닫는다. 그녀의 학급에서 북미 원주민 학생들은 수업 중 질문에 대답하는 일이 거의 없다.

에드워즈 선생님의 경험은 문화적 불일치를 보여 준다. 연구에 따르면, 일반적으로 북미 원주민 학생들은 20명 이상의 학생으로 가득 찬 교실과 같은 환경에서 말하기를 꺼린다(Gregg, 2018). 샤론의 침묵은, 자기 자신에 대한 반성, 신시아, 또는 수업에 대한 평가와는 무관했으며, 그저 단순히 불일치한 상황이었다.

일부 문화권의 학생들, 예를 들어, 북미 원주민, 히스패닉, 그리고 아시아 출신 학생들은 협력을 중요시하고 경쟁을 불필요하다고 생각하거나 거부하는 경향이 있다. 그 결과, 그들은 학생들이 질문에 답하려고 손을 들며 경쟁하는 환경에서 불편함을 느낄 수 있다. 또한, 많은 교실에서 발견되는 전형적인 교사 질문-학생 대답-교사 반응 순서는 그들이 집에서 상호작용하는 방식과 일치하지 않는다(Aronson et al., 2016).

문화적 불일치는 교사가 하는 질문의 종류에도 있을 수 있다. 예를 들어, 연구자들은 백인 어린이들이 "이 이야기의 주인공은 누구인가요?"와 같이 구체적인 답변을 요구하는 질문에 편안하게 응답하는 경향이 있다는 것을 발견했다. 이와 대조적으로, 더 개방적인 질문에 익숙한 아프리카계 미국인 아이들은 때로 구체적인 질문들에 혼란을 느낀다. 왜냐하면 그들은 가정에서 정보 제공자로 인식되지 않기 때문이다. 그리고 그들은 어른들이 이미 알고 있는 답을 묻는 질문을 받으면 특히 당황할 수 있다(Paradise & Rogoff, 2009; Rogoff, 2003).

문화적 불일치는 시간 해석에서도 발생할 수 있으며, 다양한 문화는 시간을 다르게 인식한다. 예를 들어, 지중해 연안 국가들, 주로 아랍 국가들, 그리고 일부 태평양 섬나라들에서는 약속에 늦거나 비즈니스 미팅이 시작되기까지 몇 분 정도 지체하는 것이 매우 일반적이다. 이에 비해 일본, 북유럽 대부분의 국가들, 그리고 시간 엄수를 중시하는 미국에서는 이런 행동 자체가 덜 용인된다(Pant, 2016). 예를 들어, 독일에서는 '정시에' 도착한 기차는 몇 초 이상의 지연이 없는 것을 의미하지만, 다른 일부 나라에서는 '정시'가 몇 분의 지연을 뜻할 수 있다. 예를 들어, 독일의 한 사업가는 8시 52분에 도착 예정인 기차가 정확히 8시 52분에 멈춰서는 것을 보고, 브라질에서 온 파트너들이 놀라워하는 장면을 목격했다. 남미에서는 시간에 대한 개념이 완전히 다르고, 시간 엄수에 대한 인식도 크게 다르다(Lamson, 2010).

시간 개념이 미국과 다른 문화에서 자란 젊은이들이 우리가 오해할 수 있는 방식으로 행동하는 것은 당연할 수 있다. 그들은 의도적으로 부적절하게 행동하는 것이 아니라, 자신들의 문화에 맞게 반응하고 있을 뿐이다.

문화적 불일치의 가능성을 인식하게 되면, 우리가 스페인과 같은 다른 나라로 이주했을 때, 또는 문화적 차이가 더 큰 방글라데시와 같은 나라로 이주했을 때 겪을 수 있는 반응들을 더 잘 이해하는 데 도움이 된다. 이는 우리가 잠재적인 문화적 불일치를 피하거나 수용할 수 있도록 교수법을 조정하는 데에도 도움이 된다. 우리는 나중에 '교육심리학을 교수에 활용하기: 문화적·언어적으로 다양한 학생들을 가르치기'라는 섹션에서 이를 위한 구체적인 제안을 제공할 것이다.

문화적 성취 격차

학습에 있어서 문화적 태도, 가치관, 그리고 관습이 중요한 영향을 미치는 것은 당연하다. 어떤 문화집단은 교육 분야에서 두드러진 성과를 보이는 경향이 있다. 예를 들어, 국제적으로 수학과 과학 성취도의 추이를 측정하기 위해 실시된 '수학·과학 성취도 추이변화 국제비교 연구(TIMSS)'에 따르면, 대만, 홍콩, 일본과 같은 아시아 국가의 학생들은 일반적으로 미국의 학생들보다 수학과 과학 성취도 검사에서 더 높은 점수를 얻는 것으로 나타났다(Provasnik et al., 2016). 이러한 차이는 학교 연간 교육 기간이 미국보다 긴 것과 같은 구조적 요인에 일부 기인할 수 있지만, 공부와 노력의 중요성에 대한 문화적 태도 또한 중요한 요인일 수 있다.

이러한 가치관은 아시아계 미국인 학생들에게도 영향을 미쳐, 그들 역시 성취도 검사에서 높은 점수를 받으며 대학 진학 및 졸업률이 유럽계 미국인들을 포함한 다른 집단들보다 더 높은 경향이 나타난다(National Assessment of Educational Progress, 2015). 아시아계 미국인 부모들은 종종 자녀들에 대해 높은 기대를 가지고 있으며, 대학에 진학하는 것뿐만 아니라 대학원 진학이나 전문학위 취득을 격려한다(Gollnick & Chinn, 2017). 또한, 이러한 포부를 학교에서 부여한 숙제를 보완하는 가정 내 학습 활동으로 전환시킨다.

반면에, 히스패닉, 아프리카계 미국인, 그리고 북미 원주민과 같은 일부 문화적 소수집단의 구성원들은 성취도 검사에서 일관되게 낮은 점수를 받는다(Dee & Penner, 2017; National Assessment of Educational Progress, 2015). 그러나 추가 연구에 따르면, 히스패닉 학생들은 중학교에 이르면 사회경제적 배경이 비슷한 백인 학생들의 학업 성취를 실제로 따라잡거나 능가하는 경우도 있다(Hull, 2017). 또한, 이들은 미국 역사, 시민교육, 지리 과목에서 정체된 학업 성장의 추세를 극복한 것으로 보인다(National Assessment of Educational Progress, 2014).

학생들 사이의 성취도 차이를 설명하기 위해 역사적으로 두 가지 이론이 제안되었다. 첫 번째 이론은 1960년대에 나온 견해로, 현재는 대부분 신빙성이 없다고 여겨진다. 이 이론은 인종적 · 민족적 소수집단 학생들이 학교에 입학할 때 '문화적 자본', 즉 학업 성공에 필요한 기술과 태도를 갖추고 있지 않아 성취 격차가 지속된다고 제안했다(Dee & Penner, 2017).

두 번째로, 더 지속적인 관점은 UC 버클리의 저명한 인류학 교수인 존 오그부(John Ogbu, 1992, 2003, 2008)의 연구에 기초하고 있다. 이 관점에 따르면, 문화적 소수집단의 구성원들은 종종 자신들만의 **반항적인 또래 문화**(oppositional peer culture)를 형성한다. 오그부에 따르면, 이러한 문화에서는 숙제하기, 공부하기, 수업 참여하기와 같은 학업적 노력을 '백인처럼 굴기(acting White)'로 여기며, 이를 경시한다. 이러한 관점은 반항적인 또래 문화에 속한 구성원들이 학교에서의 성공으로 이끄는 태도와 행동을 배척함으로써 자신들의 또래 집단 내에서의 정체성을 유지한다고 주장한다.

이 문제와 관련된 많은 연구가 수행되었다. 일부 연구는 반항 문화가 존재하며, 이것이 흑인 및 히스패닉 학생들의 성취를 저해한다는 주장을 지지한다(Egula, 2017). 하지만 대부분의 연구는 그렇지 않다(Dee & Penner, 2017; Harris, 2011). 사실, 연구자들은 "미국 학생 인구 전체에서 학교에 대한 태도나 학업 성취와 관련된 행동에서 백인에게 유리한 인종적 차이는 거의 없다"는 것을 발견했다(Diamond & Huguley, 2014, p. 750). 더 나아가, 다른 나라의 이민자들에 대해서도 반항적인 또래 문화 개념이 연구되었으며, 비슷한 결과가 나타났다(van Tubergen & van Gaans, 2016).

그렇다면 일부 소수집단 구성원들과 백인 및 아시아계 또래들 사이의 성취 격차를 어떻게 설명할 수 있을까? 중요한 요인 중 하나는 사실상의 분리이다. 이는 법적 요구가 아닌 '사실상의' 공립학교 내 인종 분리를 의미하며, 종종 이러한 학교가 있는 특정 지역에 문화적 소수집단이 밀집함으로써 발생한다. 예를 들어, 2014년에 미국의 흑인 학생 57%와 히스패닉 학생 60%가 소수집단 학생이 75% 이상인 학교에 다녔고, 반면에 흑인 학생의 5%, 히스패닉 학생의 6%만이 소수집단 학생이 25% 미만인 학교에 다녔다. 대조적으로, 백인 학생의 5%만이 소수집단 학생이 75% 이상인 학교에 다녔고, 절반 이상이 25% 미만인 학교에 다녔다

(National Center for Education Statistics, 2017c).

이 문제는 소수집단 학생들이 집중된 많은 학교들이 주로 도심 지역에 위치하며 빈곤한 지역을 관할하기 때문에 더 복잡해진다. 이런 상황에서 빈곤은 주요한 요인이 된다. 리어든(Reardon, 2016, p. 34)은 "특히 학교 간의 분리에서 한 측면—백인과 흑인 학생들이 다니는 학교 사이의 평균 빈곤율 격차—이 학업 성취 격차와 가장 강력하게 연관되어 있다는 명확한 증거를 찾았다"고 했다. 교사들이 이러한 학교들을 선호하지 않기 때문에, 이 학교들은 종종 소수집단 학생들의 특별한 요구 충족에 필요한 전문 지식과 기술이 부족한 경험이 적은 교사들에 의해 운영된다(Goldhaber, Lavery, & Theobald, 2015). 이 교사들은 때때로 유색인종 학생들에 대해 낮은 기대를 가질 수 있다(Gershenson, Holt, & Papageorge, 2016). 또한 이러한 학교에서는 적절한 시설이 부족할 수 있고, 학교폭력과 수업 방해가 더 빈번하며, 학부모들은 자녀의 교육에 도움이 될 자원들을 더 적게 가지고 있을 수 있다(García, 2015; Morsy & Rothstein, 2015). 이번 장의 본 섹션에서 우리의 목표는 여러분이 이러한 학생들과 함께 효과적으로 일하기 위해 필요한 전문적 지식과 기술을 습득하는 데 도움을 주는 것이다. (이 장의 뒷부분에서는 빈곤이 학업 성취에 미치는 영향을 자세히 다룬다.)

고정관념 위협

소수집단 학생들이 학교에서 적응하고 경쟁하려고 애쓰면서, 때때로 그들은 '**고정관념 위협**(stereotype threat)'을 경험하게 된다. 이는 한 집단의 일원이 자신의 행동으로 고정관념이 사실임을 보여 줄 수 있다는 우려로 인해 느끼는 불안을 말한다(Aronson, Wilson, & Akert, 2016; Dee & Penner, 2017). 문화적 소수집단의 고성취 학생들뿐만 아니라, 수학과 같이 '남성적'이라고 여겨지는 분야에서 여성들도 고정관념 위협을 흔히 경험한다(Luong & Knobloch-Westerwick, 2017). 고정관념 위협이 발생하려면, 상황의 어떤 측면이 개인이 속한 집단에 대한 부정적인 고정관념을 활성화시켜야 한다. 예를 들어, "학업 성취가 낮다고 고정관념이 형성된 아프리카계 미국인 학생들은, 시험이 지적 능력 평가로 설명될 때 백인 학생들보다 더 낮은 점수를 받았다"(Lewis & Sekaquaptewa, 2016, p. 40). 시험을 '지적 능력'의 측정으로 설명하는 것은 아프리카계 미국인 학생들에 대한 낮은 학업 성취의 고정관념을 활성화시켰다. 그리고 그 영향은 매우 클 수 있다. 예를 들어, 같은 시험이 주어졌지만 학업 능력의 측정으로 설명되지 않았을 때, 아프리카계 미국인 학생들은 백인 학생들과 마찬가지로 잘 수행했다. 연구자들은 이러한 차이가 고정관념의 비활성화로부터 발생했다고 설명했다(Lewis & Sekaquaptewa, 2016).

고정관념 위협은 주로 학력 평가의 맥락에서 연구되어 왔지만, 이는 다른 영역에도 영향을 준다. 예를 들어, 고정관념 위협은 운동 경기력에 영향을 주는 것으로 밝혀졌으며(Krendle, Gainsburg, & Ambady, 2012), 특히 인종 간 상호작용과 같은 다양한 집단 간 관계의 질에도 영향을 줄 수 있다. 예를 들어, 흑인과 백인이 상호작용할 때, 각 인종의 구성원들은 자신들의 인종에 대한 고정관념을 의식하게 된다. 흑인들은 자신이 흑인에 대한 고정관념을 보여 주는 것으로 여겨질까 봐 걱정하고, 백인들은 인종차별적으로 보일까 봐 걱정한다. 이런 상황은 불편하고 가식적인 사회적 관계를 초래할 수 있으며, 이로 인해 의사소통이 만족스럽지 못하게 되고, 미래에 더 많은 상호작용을 원하는 동기가 줄어들며, 집단 간 관계를 개선할 기회도 줄어든다(Najdowski, Bottoms, & Goff, 2015).

고정관념 위협에 대처하는 핵심은 부정적인 고정관념을 활성화할 가능성에 민감하게 대응하는 것이며, 이 과정은 실제로 매우 간단할 수 있다. 예를 들어, 능력보다 노력을 강조하고, 다른 사람들과의 경쟁보다 개선을 중시하는 것은 모든 교수-학습 상황에 현명한 접근이며, 고정관념 위협의 부정적인 영향을 줄이는 데에도 효과적이다.

언어 다양성

4.2 교사가 학생의 언어적 다양성을 수용할 수 있는 방법을 설명할 수 있다.

이 장의 첫 번째 섹션에서 우리는 이민과 문화적 다양성이 학교 구성원에 큰 영향을 미치고 있다는 것을 알게 되었다. 언어에 대한 영향은 가장 두드러지며, 이러한 다양성으로 인해 여러분의 학급에 영어가 모국어가 아닌 학생들이 있을 것이 확실하다. 심지어 영어가 여러분의 모국어가 아닐 수도 있다. 이제 이 학생들이 누구인지 살펴보자.

영어 학습자

영어 학습자(English Language Learners: ELLs)는 "영어 숙련도를 달성하고 모든 학생들이 충족해야 하는 동일한 학업 내용 및 성취 기준을 만족시키기 위해 언어 지원 프로그램에 참여하는 학생들"을 말한다(National Center for Education Statistics, 2017b, para. 2). (이들은 English Learners[ELs]라고도 불리는데, 연구 문헌에서는 ELL과 EL 둘 다 사용된다.)

2014~2015학년도에 미국 학교의 영어 학습자 인구에 관한 통계는 다음과 같다(National Center for Education Statistics, 2017b).

- 미국 학생들 중 거의 10%가 영어 학습자이다.
- 8개 주(알래스카, 캘리포니아, 콜로라도, 일리노이, 네바다, 뉴멕시코, 텍사스, 워싱턴)와 워싱턴 DC는 공립학교 인구 중 10% 이상이 영어 학습자이다. 캘리포니아는 이 비율이 20%를 넘고, 텍사스는 15% 이상으로 두 번째로 높다.
- 가장 높은 집중도는 대도시에 있으며, 이곳에서 거의 17%의 학생들이 영어 학습자이다. 농촌 지역에서는 이 비율이 5% 미만이다.
- 이들은 주로 초등학교 저학년에서 두드러지게 나타나, 유치원과 1학년에서 6명 중 1명 이상이 영어 학습자이고, 2학년에서는 거의 6명 중 1명이다. 이 비율은 11학년이 되면 20명 중 1명 미만으로 떨어진다.
- 대다수의 영어 학습자는 스페인어를 모국어로 사용하며, 이어서 아랍어, 중국어, 베트남어 순이다.

미국 학교는 언어 다양성이 증가하는 추세로 가고 있다. 예를 들어, 영어 학습자 인구는 2001년에서 2016년 사이에 27% 증가했으며, 2030년까지 전체 학생의 17%가 영어 학습자가 될 것으로 예상된다(Pope, 2016).

영어 학습자 학생들은 영어와 교과 내용을 동시에 배울 때 도전을 마주하며 어려움을 겪는다. 그 결과, 이들은 일반적으로 성취가 뒤처지며 학교를 중퇴할 가능성이 더 높다(Turnbull, Turnbull, Wehmeyer, & Shogren, 2016; Vaughn, Bos, & Schumm, 2018). 그리고 그들은 또 다른 장애물에 직면한다. "그들은 높은 빈곤율, 더 높은 이동률, 분리, 자금 부족 및 안전하지 않은 학교로 인해 고등학교 졸업에 있어 상당한 장벽을 경험하며, 이는 낮은 K−12 학업 성과로 이어진다"(Jiménez-Castellanos & García, 2017, p. 318). 학교들은 이러한 문제에 다양한 프로그램으로 대응하고 있다. 이는 〈표 4−1〉에 정리되어 있다.

〈표 4−1〉 ELL 프로그램 유형

프로그램 유형	설명	장점	단점
몰입 프로그램 (Immersion)	학생들이 오직 영어만 사용하는 교실에서 공부한다. 언어 지원은 거의 없거나 전혀 없다.	새로운 언어에 더 자주 노출되며, 이를 사용할 기회가 많다.	학생들이 버거워하거나 혼란스러워하며, 학습에 대한 의욕을 잃을 수 있다.
유지 프로그램 (Maintenance)	학생들이 모국어로 읽기와 쓰기를 계속하면서 교사가 영어를 알려 준다.	학생들이 두 언어 모두를 읽고 쓸 수 있게 된다.	모국어에 능통한 교사가 필요하며, 영어 습득 속도가 빠르지 않을 수 있다.
전환 프로그램 (Transitional)	학생들이 모국어로 읽는 법을 배우고, 교사가 영어로 추가 지도를 제공한다. 영어를 충분히 익힌 후에는 일반 교실에 들어가서 모국어로 하는 학습을 중단한다.	모국어를 계속 사용하면서, 영어로의 전환이 점진적으로 이루어진다.	모국어로 훈련받은 교사가 필요하다. 모국어 문해력이 유지되지 않고 사라질 수 있다.
ESL 분리 교육 프로그램(ESL Pullout Programs)	학생들이 정규 수업과 별개로 보충적인 영어 수업을 받는다.	다양한 언어 배경을 가진 학생들을 가르칠 때, 분리 수업 교사만이 영어 교육 전문성을 가지면 되기 때문에 실행하기가 더 쉽다.	학생들이 영어로 진행되는 수업의 내용을 이해하고 습득할 준비가 되어 있지 않을 수 있다. 또한 학생들을 분리할 수 있다.
보호 영어 프로그램 (Sheltered English)	교사들이 영어 학습자들의 요구에 맞게 수업 내용을 조정한다.	학생들이 수업 내용을 배우기가 더 쉽다.	중급 수준의 영어 능력이 필요하다. 또한, 영어 교육 전문성을 갖춘 교사가 필요하다.

ELL 프로그램 평가하기

ELL 프로그램을 검토한 연구 결과는 혼재되어 있다. 예를 들어, 어떤 연구에 따르면 유치원에서 유지 및 전환 프로그램 이후 가능한 한 빨리 몰입 프로그램으로 전환하는 것이 영어 언어 발달에 가장 효과적이었으며, 특히 남학생들에게 그러했다(Pope, 2016). 반면, 또 다른 연구에서는 전환 및 몰입 프로그램과 관련하여 비슷한 발견을 했다(Alvear, 2015). 그리고 대규모 리뷰 연구에서는 스페인어로 배운 후 영어로 전환하거나 영어로만 배운 아동들 사이에서 초등학교를 마칠 때까지의 결과에 차이가 없었다는 것을 발견했다(Cheung & Slavin, 2012).

하지만 후속 연구에 따르면, 교실에서 스페인어 원어민과 영어 원어민을 모두 포함하는 '쌍방향' 이중 언어 프로그램은 학생들이 영어와 스페인어 모두에 능통한 **이중 언어 능력**(bilingualism)을 갖추게 하는 데 도움이 될 수 있다. 이 프로그램에서는 두 언어로 수업이 진행되며, 프로그램을 마칠 때까지 스페인어 원어민과 영어 원어민은 두 언어 모두에 능통해진다(Holeywell, 2015). 이중 언어를 구사하는 학생들은 여러 가지 이점을 누린다. 예를 들어, 그들은 단어가 만드는 소리, 언어가 작동하는 방식, 그리고 언어가 의사소통에서 어떤 역할을 하는지를 더 잘 이해한다(Mertz & Yovel, 2010). 또한 지능검사와 창의력 검사와 같은 고급 인지 기능을 요구하는 과제를 더 잘 수행하는 경향이 있다(Bialystok, 2011; Yow & Markman, 2011). 또한, 모국어로 습득한 지식과 기술은 영어로의 전이를 촉진한다(Bialystok, 2011; Ukrainetz, Nuspl, Wilkerson, & Beddes, 2011), 그리고 2개 국어를 할 수 있다는 것은 오늘날의 세계에서 분명한 실용적인 이점을 지닌다(Adesope, Lavin, Thompson, & Ungerleider, 2010).

연구는 직관적으로 타당한 세 가지 추가적인 결과를 확인했으며, 이는 우리 교사들에게 중요한 시사점을 제공한다. 첫째, 효과적인 프로그램은 단순히 언어를 가르치는 것 이상을 한다. 이것은 또한 사회정서적 학습과 주류 학교 문화로의 사회적 통합을 포함한다(Przymus, 2016). 둘째, 모든 형태의 발달과 마찬가지로, 학생들이 의미 있는 경험을 할수록 그들의 성공 가능성은 더 커진다. 고품질의 유아교육 프로그램은 이러한 경험을 제공할 수 있다(Ansari & Winsler, 2016), 그리고 이러한 프로그램이 존재하지 않는 곳에서는 우리가 이 공백을 채워야 한다. 셋째, 전환, 유지, 몰입 프로그램 중 어떤 것이든 특정 프로그램 자체보다 교수의 질이 훨씬 더 중요하다(Cheung & Slavin, 2012).

일반 학생들과 마찬가지로 영어를 배우는 학생들 사이에도 상당한 차이가 존재한다(Echevarria, Vogt, & Short, 2018a, 2018b). 어떤 학생들은 책과 신문에 쉽게 접근할 수 있는 가정에서 살고 있으며, 부모가 아이들과 대화하고 책을 읽어 주는 반면, 또 다른 학생들은 부모 모두가 일하고 언어 발달 기회가 제한된 환경에서 온다. 이로 인해 영어로의 전환이 어려울 수 있다.

발달적인 차이 또한 존재한다. 어린아이들이 더 나이가 많은 아이들보다 영어와 같은 제2의 언어의 발음을 더 쉽게 배운다. 특히, 제2의 언어가 모국어와 완전히 다를 때 더욱 그렇다(Petitto, 2009). 예를 들어, 모국어가 스페인어인 사람은 모국어가 중국어인 사람보다 훨씬 쉽게 영어를 배운다. 반대로 더 나이가 많은 학생들은 언어에 대한 지식이 풍부하고 학습 전략을 더 많이 알고 있어서, 제2의 언어 학습이 더 효율적일 수 있다(Diaz-Rico, 2014). 하지만 어떤 연령대의 학생이든, 그들이 노력하고 적절한 교육을 받는다면 새로운 언어를 배울 수 있다.

영어 방언

미국을 여행해 본 사람이라면, 사람들이 영어를 사용하면서도 서로 말하는 방식이 다른 것을 알아차렸을 것이다. 때로는 그 차이가 의사소통을 어렵게 만들 정도이다. 이것은 **방언**(dialect)의 결과물이다. 이는 표준 영어의 변형으로, 특정 지역이나 사회 집단과 관련되며, 어휘, 문법, 발음에서 차이를 보인다. 모두가 방언을 사용한다. 우리는 단지 자신의 것과 다른 것에 대해 반응할 뿐이다. 그것은 우리 삶의 중요한 부분이어서 연구자들은 방언들이 트위터(현 ×)에까지 나타난다는 것을 발견했다(Eisenstein, O'Connor, Smith, & Xing, 2011).

미국에는 많은 종류의 방언이 있는데, 전문가들은 적어도 11가지 방언이 뚜렷하게 구분된다고 말한다(Owens, 2016). 그중 일부는 다른 것들보다 더 널리 받아들여지고 있다. 연구에 따르면, 교사들은 표준 영어가 아닌 방언을 사용하는 학생들에 대해 기대치를 낮게 잡고, 그들의 성적도 그에 맞춰 평가하는 경향이 있다(Thomas-Tate, Connor, & Johnson, 2013). 이러한 언어 패턴은 때때로 구술 독해 시 실수로 오해받기도 하고, 어떤 이들은 블랙 잉글리시(Black English) 같은 방언을 기준 이하로 보는 경향이 있다(Johnson, 2015). 하지만 언어학자들은 이러한 변종들도 표준 영어만큼이나 풍부하고 의미 구조가 복잡하다고 강조한다(Pearson, Velleman, Bryant, & Charko, 2009).

이제 문화와 언어 다양성, 그리고 방언이 우리 교육에 어떤 영향을 미치는지에 대해 알아보도록 하자.

교육심리학을 교수에 활용하기: 학생들과 함께 문화감응적 교수법을 최대한 활용하기

당신이 가르치게 될 학생들 중에는 문화적 소수집단에 속하는 이들이 분명 있을 것이며, 그들 중 일부는 영어를 모국어로 사용하지 않을 가능성이 높다. 이들의 배경지식은 학생마다 다를 것이지만, 근본적으로 모든 학생들은 같은 방식으로 학습한다(Otto, 2018; Schunk, 2016). 예를 들어, 문화적 배경과 상관없이 모든 학생들은 학습 활동에 적극적으로 참여해야 한다—수업에 집중하고, 생각하고, 참여하는 것이다. 또한, 그들은 추상적인 개념을 이해하기 위해 구체적인 경험이 필요하다. 예컨대, 딱정벌레와 거미를 실제로 관찰함으로써 곤충과 거미류의 차이를 이해하거나, 그림에서 음영 처리된 부분이 같다는 것을 보여 주어 동등 분수(2/6 = 1/3)를 이해하도록 돕는 것이다.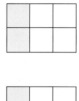

그러나 학생들이 우리의 수업에 가져오는 태도, 가치관, 관습 등은 학습에 영향을 미치는 방식이 다양할 수 있다. 예를 들어, 연구 결과에 따르면 흑인과 히스패닉 학생들이 백인 학생들보다 학교나 교사들과의 유대감이 덜한 것으로 나타났다. 이로 인해 정서적 풍토에 차이가 생기며, 이것이 학업성취도에서의 차이를 낳는 요인 중 하나가 된다(Voight, Adekanye, Hanson, & O'Malley, 2015).

연구에 따르면 **문화감응적 교수법**(culturally responsive teaching, 또는 '문화적으로 적절한 교육법'이라고도 불림)이 효과적이다. 이는 문화적 지식과 기술을 반영하고 모든 문화를 존중하며 학생들에게 학교 소속감을 심어 주는 교육 방식이다. 이러한 접근은 학교 내 소속감 문제를 해결하고, 교실 내 정서적 풍토를 개선하며, 학업 성취 격차를 줄이는 데 도움이 될 수 있다(Banks, 2019; Gollnick & Chinn, 2017; Mahatmya, Lohman, Brown, & Conway-Turner, 2016).

문화감응적 교수법은 다차원적이다. 이 방법은 학습자 공동체를 만들기 위해 노력하며, 교사와 모든 학생들이 서로 협력해 모두가 함께 배울 수 있는 환경을 조성한다. 또한, 이는 사회정서적 발달을 강조함으로써 전인적인 아동 발달에 초점을 맞춘다(Bennett, 2019).

이 방법은 단순히 학습에 소극적인 학생들을 동기 부여하는 것을 넘어선다. 학생들과의 신뢰를 쌓고, 그 신뢰를 통해 학생들이 자신의 잠재적 발달 영역에 도달할 수 있도록 정서적으로 지지하는 것이 포함된다. 높은 학업 성취 기대와 엄격한 학문적 기준도 문화감응적 교수법의 중요한 요소이다(Hammond, 2015).

APA의 20가지 주요 원칙

이 논의는 유치원-12학년(초 · 중등학교)까지 교수 및 학습을 위한 심리학의 20가지 주요 원칙 중 원칙 11을 설명한다. 교사의 학생에 대한 기대는 학생의 학습 기회, 동기 및 학습 결과에 영향을 미친다.

이 장 초반의 사례 연구에서, 우리의 교사인 게리 놀런은 그의 5학년 학생들과의 작업을 통해 이러한 면들을 잘 보여 주었다. 그의 노력을 더 자세히 들여다보고, 그가 자신의 학생들에게 문화감응적 교수법을 어떻게 적용했는지 알아보자.

1. 학생들에게 존중을 표현하고, 문화적 차이가 학습에 어떻게 긍정적인 영향을 미치는지 강조한다.
2. 모든 학생들이 학습 활동에 적극적으로 참여하게 한다.
3. 언어 발달의 기준점으로 구체적인 경험을 활용한다.
4. 학생들에게 언어 연습 기회를 제공한다.
5. 학생들이 학교 문화에 잘 적응할 수 있도록 돕는다.

학생들에게 존중을 표현하고, 문화적 차이가 학습에 어떻게 긍정적인 영향을 미치는지 강조한다 존중받는다는 느낌은 감정적인 부분이다. 우리가 학생들이 교실에서 환영받는 느낌을 갖게 할 때, 우리는 바로 이 감정에 집중한다. 놀런 선생님은 그의 학생들과 함께 금요일 아침 발표를 통해 이 문화감응적 교수법의 한 측면을 다뤘다. 이로 인해 우리는 학생들의 자부심과 소속감이 증가하는 것을 볼 수 있다. 예를 들어, 애나와 그녀의 부모가 목요일 저녁에 다음 날을 위한 전통 의상을 고르고, 애나가 금요일 아침 학교에 가져갈 음식을 준비하는 상황을 상상해 보자. 그들은 이 전체 과정에 대해 분명 긍정적인 감정적 반응을 보일 것이다.

APA의 20가지 주요 원칙

이 설명은 유치원–12학년(초·중등학교)까지 교수 및 학습을 위한 심리학의 20가지 주요 원칙에서 나온 원칙 15를 보여 준다. 정서적 안녕감은 교육 성과, 학습 및 발달에 영향을 미친다.

놀런 선생님은 "과테말라 전체가 한때 마야 문명의 일부였어요. 마야인들은 예술, 건축, 그리고 천문학으로 유명했죠. 애나의 아버지께서는 이 유산을 매우 자랑스러워하실 겁니다." 또는 "바라즈가 유명한 페르시아의 수학자, 천문학자, 그리고 시인 오마르 하이얌에 대해 이야기했을 때를 떠올려 봐요. 만약 바라즈가 우리 반에 없었다면, 우리는 그런 사실을 절대 알 수 없었을 거예요."와 같은 말로 학생들의 자부심을 더 키웠다. 이러한 접근은 모두에게 좋다. 예를 들어, 많은 미국인이 마야, 아즈텍, 잉카와 같은 고대 문명이 유럽인이 아메리카에 도착하기 훨씬 전부터 존재했다는 걸 모른다. 이런 지식을 얻는 것은 우리 모두에게 유익하다. 놀런 선생님의 학생들은 이처럼 다양한 문화가 어우러진 교실 환경에서 배울 수 있어서 정말 행운이다. 또한, 우리 모두는 감정을 가진 존재이기 때문에, 우리의 문화적 배경에 대해 좋은 감정을 느끼게 되는 것은 학생들에게 확실히 긍정적인 영향을 미친다.

놀런 선생님은 매일 아침 ELL 학생들과 추가로 시간을 갖고, 교실에 들어오는 학생들을 맞이하는 방식을 통해 그들을 학습자이자 인간으로서 중요하게 여긴다는 것을 표현했다. 간단한 인사는 작은 행동일 수 있지만, 별도의 노력 없이도 가능하며, 특히 문화적 소수집단의 구성원들과 함께할 때 매우 중요하다(Koppelman, 2017).

우리는 학생들을 개인으로 존중하는 것을 보여 주기 위해 세 가지 추가적인 조치를 취할 수 있다. 첫 번째로, 학생들의 이름을 빠르게 배워 정확히 발음하는 것이다(Okonofua, Paunesku, & Walton, 2016; Rice, 2017). 학생의 이름을 올바르게 발음하는 것은 교사에게 큰일처럼 보이지 않을 수 있지만, 학생들에게는 매우 중요하다. "학생의 이름을 잘못 발음하는 것은 신뢰를 구축하지 못하고, 노력하는 것이 중요하지 않다는 메시지를 전달하며, 무례함을 표현한다"(Rice, 2017, para. 4). 또한, 역사적·현대적 인종주의의 맥락에서 분석할 때, 연구자들은 이러한 상황들이 소수집단의 열등함을 암시하는 미묘한 모욕인 **인종적 미세공격**(racial microaggressions)이라고 주장한다(Kohli & Solórzano, 2012). 우리 모두는 자신의 이름이 올바르게 발음되기를 원하며, 이를 위해 큰 노력이 필요하지 않다. 가장 중요한 것은, 이렇게 함으로써 손해 볼 것이 전혀 없다는 점이다.

두 번째로, 학생들과의 상호작용 시 몸을 그들 쪽으로 돌리고, 앞으로 기울이며, 눈을 마주치는 등 긍정적인 몸짓을 사용해야 한다. 우리의 커뮤니케이션 신뢰도는 최대 90%가 비언어적인 방법으로 전달된다고 한다(Kar & Kar, 2017). 어깨 너머로 말하는 것과 같은 무시하는 몸짓은 무례의 표시이다. 문화적 소수집단의 구성원들은 이러한 몸짓에 특히 민감하게 반응한다(Goman, 2017).

세 번째로, 소수집단의 롤모델을 부각시켜 문화적 자부심을 높일 수 있다. 예를 들어, NBC 방송인 레스터 홀트(Lester Holt)와 천체물리학자이자 작가인 닐 디그래스 타이슨(Neil deGrasse Tyson)은 아프리카계 미국인 학생들에게 성공과 영향력의 좋은 예가 되며, 줄리안 카스트로(Julian Castro, 3종 스포츠 선수, 하버드 법대 졸업생이자 텍사스 샌안토니오 전 시장)와 안토니아 노벨로(Antonia Novello, 의사, 미국 제14대 외과의사 협회장, 그 직책을 맡은 최초의 여성 및 히스패닉)는 히스패닉 학생들에게 같은 역할을 한다. 모든 소수집단에서 비슷한 예를 찾을 수 있다. 하와이 출신의 힌두교도 털시 개버드(Tulsi Gabbard) 하원의원과 미국 의회에서 선출된 최초의 무슬림인 미네소타주 연방 키스 엘리슨(Keith Ellison) 하원의원을 들 수 있다. 간단한 인터넷 검색을 통해 이들 각각에 대한 사진과 인물 정보를 얻을 수 있다.

모든 학생들을 학습 활동에 참여시켜라 이 제안을 구체적으로 보여 주기 위해, 놀런 선생님과 그의 학생들의 시간으로 돌아가보자. 우리는 애나가 금요일 아침 발표를 마친 직후의 수업 상황에 참여하게 된다. 수학 시간에 놀런 선생님은 학생들과 함께 '이차원 도형을 속성에 따라 계층적으로 분류하기'라는 주제(공통 핵심 국가 교육 기준, 2018e)로 수업을 진행하고 있다.

애나가 다 마치고 모든 것을 정리한 후, 놀런 선생님이 "이제 수학 시간이에요."라고 말한다. "이제 다양한 도형을 분류하는 연습을 할 거예요."라고 하며 실물화상기에 다음을 표시한다.

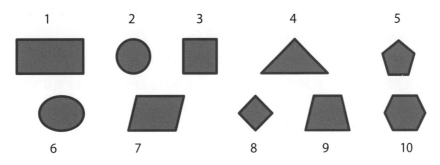

"모두 도형들을 봐 주세요. …… 이제 여러분에게 각자 관찰한 것을 말하도록 할 거예요. …… 보이는 것이라면 무엇이든 말해 보세요. …… 시작해 볼까요. 관찰한 것을 말해 보세요. …… 펠리페(Felipe)" (영어에 어려움을 겪는 영어 학습자 중 한 명).

"직선이 있어요." 펠리페가 조심스럽게 말한다.

"네, 잘했어요. 여러 도형들이 직선을 가지고 있네요." 놀런 선생님은 직선으로 이루어진 도형들을 가리키며 말을 이어 간다. "또 다른 관찰은,…… 바라즈?"

"몇 개는 변이 네 개인데, 5번은 변이 다섯 개이고 10번은 변이 여섯 개예요." 영어를 잘하는 바라즈가 대답한다.

놀런 선생님이 계속해서 질문하자, 이러한 유형의 질문에 익숙한 학생들은 다음과 같이 관찰한 것을 말한다. 예를 들어,

- 3번은 모든 변의 길이가 같다.
- 1번, 7번, 8번은 마주 보는 변의 길이가 같다. 그리고 놀런 선생님은 3번도 같은 경우에 속한다고 상기시킨다.
- 4번과 9번은 두 변의 길이가 같다.
- 10번은 세 쌍의 변이 모두 같은 길이를 가지고 있다.

관찰을 몇 분간 진행한 후, 놀런 선생님은 말한다. "이제 도형들을 구별해 볼 거예요. 그러니 연습해 봅시다. …… 1번은 직사각형이에요. 모두 '직사각형'이라고 말해 봅시다."

학생들이 일제히 '직사각형'이라고 대답한다.

"다시 한번."

학생들이 다시 "직사각형"이라고 대답한다.

놀런 선생님은 각 도형을 하나씩 구별해 가며, 그 후에 "자, 이제 도형들을 모양에 따라 분류해 볼 시간이에요. 생각해 보고 어떤 도형들을 함께 묶을 수 있을지 말해 보세요."라고 말한다.

그는 잠시 멈추고, 그 후에 "커밀라(Camila)?"라고 말한다.

"저는 2번과 6번을 함께 묶을 수 있을 것 같아요. 왜냐하면 그 두 개는 직선이 없고, 나머지는 직선이 있거든요."

"좋은 생각이에요." 그리고 놀런 선생님은 도형들을 다음과 같이 배치했다.

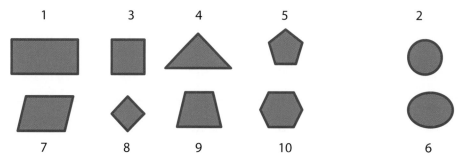

"자, 이제 친구와 함께 직선이 있는 도형들을 비슷한 도형끼리 묶어 보세요. 어떻게 시작할까요? 누구든지 말해 봐도 돼요."

몇 초 후, 투가 자발적으로 "4개의 변이 있는 도형"이라고 제안했다.

"좋아요, 잘했어요." 놀런 선생님이 미소를 지었다. "자, 이제 짝과 함께 해 보세요."

그는 실물화상기에 도형들을 표시하는 것 외에도, 각 도형의 모양으로 판지를 잘라내어 세 명씩 이루어진 모둠마다 한 세트를 나누어 준다. 학생들은 과제를 하고, 놀런 모든 학생들이 적극적으로 참여하도록 그들의 노력을 주의 깊게 관찰한다.

이제 놀런 선생님의 방식을 좀 더 면밀히 들여다보자. 그는 학생들을 두 가지 방식으로 참여시켰다. 첫 번째로, 그는 가능한 한 모든 학생들에게 공평하게 기회를 주었다. 이 단순하지만 부담이 큰 전략은 각 학생이 참여하고 배워야 한다는 신호를 보낸다. 특히, 이는 소수집단 학생들에게 환영받는 느낌과 교실 학습 공동체의 일원이라는 느낌을 주는 데 중요하다.

놀런 선생님은 **개방형 질문**(open-ended question), 즉 매우 다양한 대답이 가능한 질문들을 통해 이 과정을 촉진했다. 예를 들어, 그는 학생들에게 단순히 관찰을 하라고 요청했으며, 그림에서 볼 수 있는 무엇이든 설명하는 것이 좋은 대답이 될 수 있었다. 개방형 질문을 사용하는 것은 여러 가지 학습상의 이점이 있는데, 특히 문화적 소수집단의 구성원이나 영어 학습자와 함께 할 때 그렇다.

- 이 방법은 학생들이 답변에 대한 부담을 덜 느끼게 해 준다. 이전에 우리는 일부 소수집단 학생들이 '개방형의, 이야기를 시작하는' 형태의 질문을 선호한다고 언급했었고, 놀런 선생님은 이를 잘 활용했다(Rogoff, 2003).
- 이런 질문들은 쉽게 던질 수 있어서, 다양한 학생들에게 빠르게 질문하고 참여를 유도하기가 훨씬 쉬워진다. 개별 질문이 정확한 정답을 요구할 경우, 여러 학생들에게 질문하기 어렵다.
- 학생들의 동기 부여가 증가한다. 학생들은 자신들의 답변이 받아들여지고 선생님의 칭찬이 이어진다는 것을 알게 되면 질문에 대답하고자 하는 의욕을 느낀다.

일부 교사들은 학생들이 질문에 답하기를 꺼린다고 생각하지만, 이는 사실이 아니다. 문화적 소수집단의 구성원이든, 영어 학습자든, 모든 학생들은 자신이 대답할 수 있을 것 같다면 호명되기를 원한다. 그리고 우리는 잘못 대답하는 것도 학습 과정의 중요한 부분이라는 점을 강조할 수 있다. 제2언어를 배울 때, 듣기와 읽기는 말하기보다 쉽기 때문에 먼저 발달하는 것이 일반적이다(Pinter, 2012). 영어 학습자가 대답하는 것을 주저하는 것은 그들이 논의 중인 주제에 대해 알지 못하거나 관심이 없어서가 아니라, 영어로 자신의 생각을 말하는 데 어려움을 겪기 때문일 수 있다.

수업이 진행됨에 따라, 놀런 선생님의 '개방형' 질문은 점차 좁혀졌다. 예를 들어, 그가 관찰을 요청한 후에는 학생들에게 도형들을 묶어 보라고 했는데, 이는 가능한 답변의 범위를 줄였다. 그다음에 그는 도형들을 계층적으로 분류하도록 지도함으로써, 학생들이 교육 기준을 충족할 수 있도록 도왔다.

수업이 진행됨에 따라, 놀런 선생님은 참여를 유도하기 위한 또 다른 전략으로 모둠 활동을 활용했다. 모둠 활동은 수업 시간에 말하기를 주저하는 수줍은 학생들에게 도움이 될 수 있으며, 문화적 소수집단 학생들과 비소수집단 또래들 사이의 대인관계 장벽을 깨는 데에도 효과적이다. 모둠 구성은 우리가 결정해야 하며, 소수집단과 비소수집단 학생 모두를 포함하는 방식으로 이루어져야 한다. 연구에 따르면, 서로 다른 인종과 민족집단들 간의 접촉이 많아질수록 이들에 대한 긍정적인 태도가 강화된다(Bowman & Stewart, 2014). 이는 모둠 활동을 전략으로 사용하는 또 다른 이유이다.

학습 활동에서의 적극적인 참여는 모든 학생에게 중요하며, 이는 특히 문화적 소수집단이나 영어 학습자를 대할 때는 더욱 필수적이다. 개방형 질문과 모둠 활동은 이러한 목표를 달성하기 위한 효과적인 전략들이다.

언어 발달의 기준점으로 구체적인 경험을 활용한다 언어 발달 과정에서 우리는 대개 '개', '자동차', '엄마와 아빠'처럼 구체적인 개념을 나타내는 용어를 먼저 배운다. 영어 학습자를 가르칠 때는 가능한 한 구체적으로 설명하는 것이 더 좋다. 예를 들어, '힘'이라는 용어를 사용할 때, 책상 위에 책을 밀어내는 것과 같이 개념을 직접 시연하는 것이 그 단어를 의미 있게 만든다(Otto, 2018; Peregoy & Boyle, 2017). 또한 우리가 모국어를 배울 때처럼, 단어에 대한 지식과 언어가 어떻게 작동하는지에 대한 이해는 제2언어 학습에도 도움이 된다 (Echevarria et al., 2018a, 2018b). 놀런 선생님의 도형들은 그의 수업에서 구체적인 참고 자료로 사용되었다.

놀런 선생님은 이 제안을 또 다른 방식으로 활용했다. 이에 대해 자세히 살펴보도록 하자.

놀런 선생님은 '안녕하세요', '안녕히 가세요', '어떻게 지내세요?' 같은 흔한 단어와 문구들을 영어와 학생들의 모국어로 나타낸 차트를 마련해 두었다. 그의 학생들 중 많은 수가 스페인어를 모국어로 하기 때문에 특히 스페인어에 중점을 두었다. 교실 안의 물건들에 대해서도 같은 방법을 적용했다. 예를 들어 시계, 창문, 의자, 책상, 탁자 등과 같은 흔히 볼 수 있는 물건들을 말한다.

소수집단 학생들, 특히 영어 학습자를 대상으로 할 때, 어휘력 발달은 교육에서 매우 중요한 부분이다.

학생들에게 언어 연습 기회를 제공한다 언어 발달은 많은 노력이 필요한 과정이다. 예를 들어, 연구에 따르면 영어 학습자가 영어를 능숙하게 구사하는 데 거의 4년이 걸린다고 한다(Motamedi, 2015). 그러나 그들은 교실에서 요구되는 복잡한 학습 과제를 수행할 수 있는 수준에 도달하기 위해 더 많은 시간이 필요할 수 있다. 어휘, 특히 다양한 학문 분야에서 사용되는 전문 어휘는 모든 학생들에게 도전이 되며, 영어와 특정 교과 내용을 동시에 배우고 있는 영어 학습자들에게는 특히 그러하다(Echevarria et al., 2018a, 2018b). 이는 우리가 학생들에게 가능한 많은 언어 연습 기회를 제공해야 함을 의미하며, 이는 영어 학습자들에게 더욱 중요한 과정이다(Otto, 2018).

앞서 우리는 학생들을 참여시키는 방법으로 개방형 질문을 사용하라고 조언했고, 이러한 질문들은 어휘 발달을 촉진하는 데에도 효과적이다. 예를 들어, "여러분, 이 도형들을 보세요. 이제 여러분 각자에게 이것들에 대해 어떤 관찰을 했는지 물어볼 거예요. 뭐든 보이는 걸 말해 보세요. 시작합시다. 관찰한 것을 말해 보세요. 펠리페"와 같은 질문이나 지시는 하나의 답을 제시할 필요 없이 언어를 연습하게 해 준다(Echevarria et al., 2018a). 또한 놀런 선생님은 학생들이 어휘를 함께 말해 보는—합창식 응답—연습을 하고, 개념과 관련된 자신들의 개인적 경험을 나누도록 격려했다. (합창식 응답이 학생 참여를 촉진하는 또 다른 전략이라는 점에도 주목하자.)

APA의 20가지 주요 원칙

이 설명은 유치원-12학년(초·중등학교)까지 교수 및 학습을 위한 심리학의 20가지 주요 원칙 중 제5원칙을 설명하고 있다. 장기 지식과 기술의 습득은 주로 연습에 달려 있다.

마지막으로, 인내심은 매우 중요하다. 학생들이 교사들로부터 조바심, 더 나아가 비판이나 냉소를 느끼게 된다면, 그들은 감정적으로 소외되어 학습 활동에 참여하는 것을 꺼리게 될 것이며, 이는 그들의 언어 연습 기회를 줄여 버릴 수 있다.

학생들이 학교 문화에 잘 적응할 수 있도록 돕는다   앞서 우리는 태평양 제도 출신 배경을 가진 학교 교장과 학생들의 사례를 살펴보았다. 학생들의 성과, 특히 문화적·언어적 소수집단 학생들의 성과를 극대화하기 위해서는 우리의 교실 환경은 질서 있고 학습에 초점이 있어야 한다(Emmer & Evertson, 2017; Evertson & Emmer, 2017). 학생들은 제시간에 수업에 참석하고 주어진 과제에 집중해야 한다. 그들은 학습 활동을 방해하거나 교실을 뛰어다녀서는 안 된다. 이러한 목표를 달성하기 위해 오그부(Ogbu, 2003)는 '동화 없는 적응'이라는 과정을 설명했다. 이는 문화적 소수집단 구성원들이 언어 사용을 포함해 학교 문화에 적응하면서도 자신들의 문화적 정체성을 유지하는 것을 의미한다.

'동화 없는 적응' 과정은 방언 사용에도 적용될 수 있다. 다양한 방언들이 가정과 학교 사이에 장벽을 형성할 필요는 없다. **이중 방언 능력(Bidialectalism)**은 방언과 표준 영어를 오가며 사용하는 능력을 의미하며, 이는 두 언어 모두에 접근할 수 있게 해 준다(Gollnick & Chinn, 2017). 예를 들어, 한 고등학교 교사는 랭스턴 휴스(Langston Hughes)의 시를 읽으며 휴즈가 어떻게 흑인 영어를 사용하여 생생한 이미지를 창조했는지를 강조했다. 이 수업에서는 표준 영어와의 차이점과 두 가지 방언 간의 차이를 이용하여 다양한 목표를 달성할 수 있는 방법에 대해 논의했다. 시간이 지나면서 학생들은 학교에서 표준 영어를 사용하는 법을 배웠지만, 집에서 쓰는 다른 방언을 사용하는 것이 전혀 문제가 되지 않음을 이해하게 되었다.

소수집단의 롤모델들은 동화 없는 적응 과정을 장려하는 데 매우 중요하다. 이런 롤모델들은 학습자들에게 그들이 주류 교실에서 성공할 수 있고, 동시에 자신들의 문화적 정체성을 보존할 수 있다는 것을 보여 준다(Tiedt & Tiedt, 2010).

놀런 선생님의 사례에서 볼 수 있듯, 다양한 배경을 지닌 학생들과 함께 하는 것은 도전이다. 하지만 이 학생들은 학교와 미국 주류 문화에 적응하도록 도와주려는 진심이 담긴 노력에 대해 매우 긍정적으로 반응한다. 시간이 조금 걸릴 수 있지만, 성공적으로 가르친 학생들로부터 받는 반응은 교사로서 얻을 수 있는 가장 보람찬 경험 중 하나가 될 것이다.

이러한 제안의 두 가지 측면이 중요하다. 첫째, 추가적인 노력이 거의 들지 않는다. 예를 들어, 한번 학생들의 이름을 익히면 그들의 이름을 부르는 것은 자동적으로 된다. 그리고 학생들에게 금요일 발표를 시키는 것은 수업 시간을 소요하지만, 놀런 선생님은 추가적인 준비를 하지 않았고, 그의 개인적인 삶도 발표를 듣는 것으로 더욱 풍부해졌다. 둘째, 우리가 제안하는 대부분은 전문 교수법의 일부이다. 예를 들어, 학생들을 존중하고 배려하며, 구체적인 예를 사용하고, 학생들을 참여시키는 것은 모든 환경에서 전문 교수법의 일부이다. 그리고 또한 이론적으로 타당한 것들이다. 이론적 틀을 더 자세히 살펴보겠다.

문화감응적 교수법: 이론적 틀

문화감응적 교수법은 이론적 기반을 깊게 두고 있으며, 특히 학습과 발달, 그리고 동기이론에 중점을 둔다. 예를 들어, 동기이론에 따르면 우리 모두에게는 필수적 욕구가 있는데, 그중 존중, 소속감, 유대감이 가장 기본적이다. 이러한 틀은 우리의 첫 번째 제안에 대한 기초를 제공한다. 모든 문화를 존중하고, 문화가 학습에 미치는 영향을 인정하며 그 가치를 공유하는 것이다. 우리는 동기이론에 관해 제10장에서 더 자세히 다룰 예정이다. 학습이론에 따르면, 학생들은 학습 활동 중에 인지적으로 활동적이어야 하며, 이는 의식적으로 사고하는 것을 의미한다. 이것은 두 번째 제안, 즉 모든 학생을 학습 활동에 참여시키는 것의 기초가 된다. 학생들이 수업 중 언제든지 자신이 호명될 수 있다고 인식하면, 교사의 말을 수동적으로 듣고 있기보다는 집중하고 적극적으로 생각할 가능성이 높아진다. 또한 제2장에서 우리는 경험, 특히 구체적인 경험을 제공하는 것이 피아제의 발달이론에서 중요한 부분임을 살펴보았다. 이는 언어 발달을 위한 참조점으로서 구체적인 경험을 제공하는 제안의 이론적 토대이다.

제2장에서 또한 살펴본 바와 같이, 비고츠키는 그의 인지발달이론에서 언어 및 언어 발달에 큰 중점을 두고 있다. 이는 학생들에게 언어 연습의 기회를 제공하자는 제안의 근거가 되고 있다.

이러한 관점들은 문화감응적 교수법에 대한 이론적 틀을 제공한다.

교실과의 연계

교실에서 문화적 · 언어적으로 다양한 학생들과 함께하기

1. 학생들의 문화적 태도와 가치관은 학교에서의 학습에 강력한 영향을 미칠 수 있다. 모든 문화를 존중하고 가치 있게 여긴다는 것을 표현하고, 문화 차이가 학습에 미치는 긍정적인 영향을 강조하라.
   - **초등학교**: 한 3학년 교사는 다양한 문화를 주제로 한 '교실 축제'를 기획한다. 이 축제에는 학부모와 다른 보호자들을 초대하여 축하하고 그 축제를 더 풍부하게 만드는 데 기여하도록 한다. 또한 이 교사는 예의, 존중과 같이 모든 문화에서 공통적으로 중요시되는 가치들을 강조한다.
   - **중학교**: 남서부 지역의 한 미술 선생님은 교실을 북미 원주민 예술 작품으로 꾸미고, 이러한 예술이 어떻게 전반적인 미술에 기여하는지, 그리고 작품이 자연과의 조화, 복잡한 종교적 신념과 같은 북미 원주민의 가치들을 어떻게 전달하는지에 대해 학생들과 이야기한다.
   - **고등학교**: 도심 학교에서 근무하는 한 영어 선생님은 학생들에게 아프리카계 미국인, 중동, 남아시아, 극동아시아 작가들의 작품을 읽게 한다. 학생들은 이러한 작가들의 다양한 관점과 글쓰기 방식을 비교 분석한다.

2. 교사가 구체적인 예시를 사용해 추상적인 개념을 설명할 때 언어 발달이 촉진된다. 경험을 바탕으로 한 구체적인 참조 틀을 제공하는 활동으로 언어 발달과 개념 학습 활동을 시작하라.
   - **초등학교**: 한 5학년 교사는 분수 단원에서 학생들에게 종이를 반으로, 삼등분으로, 사등분으로, 팔등분으로 접게 한다. 각 단계에서 그녀는 학생들에게 예시가 무엇을 나타내는지 말로 표현하게 하고, 중요한 용어들을 칠판에 적는다.
   - **중학교**: 한 과학 교사는 골격계와 근육계 단원을 시작하면서 학생들에게 자신의 다리, 팔, 갈비뼈, 머리를 만져 보게 한다. 학생들이 아킬레스건 같은 신체 부위를 만질 때, 그녀는 '힘줄'이라는 용어를 반복하게 하고, 힘줄이 뼈와 근육을 연결한다는 것을 말로 표현하게 한다.
   - **고등학교**: 한 영어 교사는 독서나 토론 중 낯선 단어가 나올 때마다 그 정의와 예시를 묻는다. 그는 이러한 단어들을 게시판에 목록으로 만들어 두고 학생들이 수업이나 글쓰기에서 그 단어들을 사용하도록 격려한다.

3. 제2외국어 학습에는 학생들이 해당 언어를 말하기, 쓰기, 읽기에 사용하는 것이 필요하다. 교실에서 학생들이 언어를 연습할 수 있는 다양한 기회를 제공하라.
   - **초등학교**: 학생들에게 종이접기를 시킨 한 5학년 교사는 같은 분모와 다른 분모를 가진 분수를 더할 때 각 단계를 설명하도록 요청한다. 학생들이 이해한 내용을 말로 표현하는 데 어려움을 겪으면, 그녀는 필요한 단어나 문구를 제공하며 돕는다.

- **중학교**: 한 사회 과목 교사는 학생들이 4명씩 모둠을 이루어 발표를 준비하게 한다. 각 학생은 모둠의 다른 세 명에게 2분 동안 설명을 해야 한다. 학생들이 모둠에서 발표를 연습한 후, 각자가 맡은 부분을 반 전체에 발표한다.
- **고등학교**: 한 역사 교사는 여러 학생들을 불러 전날 수업의 요약 부분을 말하게 한다. 새로운 정보를 제시하면서, 그녀는 종종 멈추고 다른 학생들에게 그동안 논의된 내용과 이전 주제들과의 연관성을 설명하도록 요청한다.

성별

4.3 성별이 학습에 어떻게 영향을 미치는지 설명하고, 교실에서 성별 편견을 없애기 위한 단계를 설명할 수 있다.

교육심리학과 당신

이 수업을 생각해 보자. 여학생과 남학생의 비율은 어떤가? 당신이 듣고 있는 다른 수업과 비슷한가? 컴퓨터 과학이나 공학 수업이라면 이 비율이 어떻게 다를까?

우리 학생 중 일부는 남학생이고 다른 이들은 여학생이라는 사실은 너무나 당연해서 우리가 이를 알아차리지 못하는 경향이 있다. 그러나 성별은 다양성의 또 다른 형태이며, 문화 및 언어와 마찬가지로 학습, 발달, 직업 선택, 또 다른 삶의 측면들에 영향을 미칠 수 있다. 이것은 '교육심리학과 당신'의 질문과 관련이 있다. 이 수업이 일반적이라면 여성 대 남성의 비율은 2:1 이상이 될 것이며, 교육은 여성이 주도하는 직업이기 때문에 당신이 수강하는 다른 교직 수업과 성비가 유사할 것이다. 예를 들어, 2014년에는 초등학교 교사의 거의 95%가 여성이었고, 중학교에서는 여성이 교사의 3분의 2 이상, 고등학교에서는 60% 이상을 차지했다(UNESCO 통계연구소, 2017). 성별 차이는 간호 분야에서도 비슷하거나 더 뚜렷하게 나타나며, 이 분야에서 여성 대 남성 비율은 거의 10:1이다(Rappleye, 2015).

반면에 폴(Paul)의 두 형제는 둘 다 대학에서 컴퓨터과학과에 다니고 있으며, 그들은 정반대의 상황을 보여주고 있다. 학생들 중 대다수는 남성이며, 그들의 경험 역시 특정한 패턴을 보인다. STEM 내용 영역(과학, 기술, 공학, 수학)은 주로 남성이 주도한다. 예를 들어, 여성은 컴퓨터 과학 및 공학 학사 학위 5개 중 1개 미만을 취득한다(Neuhauser, 2015).

이러한 차이를 어떻게 설명할 수 있을까? 우리는 여학생과 남학생, 여성과 남성의 차이점을 알아보는 것부터 시작하겠다.

여아와 남아의 차이

여아와 남아의 차이는 거의 태어날 때부터 나타난다. 남자 아기는 여자 아기들보다 더 활동적이고 까다로운 경향이 있으며, 잠도 잘 자지 않는 경우가 많다(Brannon, 2017; Helgeson, 2017). 여자아이들은 더 빨리 성숙하고, 언어 및 운동 능력을 더 일찍 습득하고, 사회적 요소가 있는 활동을 선호하며, 더 협동적인 경향이 있다. 남자아이들은 더 거칠고 시끄럽게 놀며, 신체적으로 더 공격적이고 경쟁적인 경향이 있다(Pellegrini, 2011; Wentzel, Battle, Russell, & Looney, 2010).

여자아이들은 같은 나이와 배경의 남자아이들에 비하여 대체로 더 외향적이고, 더 불안감을 느끼며 더 사람을 믿는 경향이 있고, 덜 자기주장적이며, 약간 낮은 자존감을 가지고 있다(Berk, 2019a).

성별 정체성과 성별 고정관념

아기는 태어날 때 성기, 염색체, 호르몬과 같은 신체적 특성에 따라 남성 또는 여성으로 분류된다. 이는 아이의 성(sex)을 의미하며, 약 2세가 되면 아이들은 남자와 여자 사이의 신체적 차이를 알게 된다. 세 살이 되면 대부분의 아이들은 자신을 여자아이 또는 남자아이로 쉽게 묘사한다. 네 살이 되면 그들은 **성별 정체성**(gender identity)을 확립하기 시작하는데, 이는 여성이나 남성이 되는 것이 무엇인지와 각 성별이 어떻게 행동하는지에 대한 문화적·사회적으로 형성된 개념, 즉 소녀들이 하는 일과 소년들이 하는 일에 대한 인식을 의미한다(Cassano & Zeman, 2010; Kennedy Root & Denham, 2010). 세 살이 되면 아이들은 보통 남자아이나 여자아이들이 주로 가지고 노는 장난감을 구분할 수 있게 되며, 그 성별에 맞는 활동을 하는 또래 친구들과 함께 놀기 시작한다. 예를 들어, 여자아이들은 인형이나 소꿉놀이에 더 이끌리는 경향이 있으며, 반면 남자아이들은 자동차, 트럭, 블록과 같은 것들로 노는 것을 더 선호한다(Martin & Ruble, 2010; Thommessen & Todd, 2010). 또한 아이들은 모두 같은 성의 친구와 함께 놀기를 선호한다(Parke & Clarke-Stewart, 2011).

성별 정체성, 고정관념, 그리고 여성

마티 베인즈(Marti Banes) 교사는 그녀가 가르치는 고급화학 과목 첫 수업이 놀랍기도 하고 실망스럽기도 했다. 이 과목에 등록한 26명의 학생 중 여학생은 5명에 불과했는데, 이들은 조용히 앉아 있으면서 교사가 직접적으로 질문할 때만 대답했다. 그녀가 교직을 택한 이유 중 하나는 자신의 과학에 대한 흥미를 공유하기 위해서였지만, 이러한 상황은 그럴 기회를 거의 만들어 주지 않았다.

성별 정체성은 부모, 교사, 사회 전반을 포함한 문화적 요인에 의해 미묘하게 영향을 받는다. 그리고 특정 요인이 확고해지면, 이는 고정관념으로 이어질 수 있다. 예를 들어, 연구에 따르면 6세 무렵 자신의 성별이 뛰어나다고 생각하는 여자아이들이 남자아이들보다 적어진다. 그들이 어떤 활동들을 "자신들을 위한 것이 아니다"라고 단순히 생각하는 이유는 자신들이 충분히 똑똑하지 않다고 믿기 때문이다(Bian, Leslie, & Cimpian, 2017). 왜 그럴까? 연구자들은 미국 아동들이 어린 나이에 똑똑함에 대한 문화적 고정관념을 내면화하고 있으며, 이러한 고정관념은 여자아이들이 남자아이들만큼 똑똑하지 않음을 암시한다고 주장한다. 그들은 책, 영화, 텔레비전에서의 똑똑하고 능력 있는 캐릭터들을 예로 든다. 대부분의 경우 이러한 캐릭터들은 남자이다. 그리고 에이브러햄 링컨, 앨버트 아인슈타인, 아이작 뉴턴과 같은 뛰어난 남자들의 업적은 널리 알려져 있지만, 여성들의 업적은 그리 널리 알려져 있지 않다.

이러한 고정관념은 교사들에게도 영향을 미친다. 때때로 교사들은 물리학과 같은 과목이 남성의 영역이라는 메시지를 무심코 전달하기도 한다. 그리고 그런 경우, 여학생들은 그 과목을 수강하려는 동기를 느끼기 어렵다(Thomas, 2017). 또한 실제로 여학생들의 학교 성적이 대체로 더 뛰어남에도 불구하고(Voyer & Voyer, 2014), 교사들은 남학생들이 여학생들보다 이러한 과목에 대한 더 많은 '타고난 능력'을 가지고 있다고 생각하는 경향이 있다(Cimpian, Lubienski, Timmer, Makowski, & Miller, 2016). 그리고 이러한 고정관념은 심지어 부모에게도 분명 영향을 미친다. 예를 들어, 2014년 보고서에 따르면, 부모들은 "내 아들은 영재일까?"라는 질문을 "내 딸은 영재일까?"라는 질문보다 2.5배 더 많이 했다(Stephens-Davidowitz, 2014).

이러한 고정관념은 또한 학생들에게 영향을 미친다. 예를 들어,

- 수학 과목에서 여학생들은 초기에 셈, 산술 계산, 기본 개념과 같은 기본 기술에서 더 뛰어나지만, 나중에는 남학생들보다 뒤처진다.
- 여학생들은 대학 입학에 널리 사용되는 SAT의 수학 영역에서 남학생들보다 일관되게 낮은 점수를 받는다(College Board, 2017).
- 잠재적인 직업 선택에 관한 조사에서 10명 중 6명 이상의 남학생들은 원한다면 컴퓨터 과학을 배울 수 있다고 응답했지만, 여학생들의 절반 미만만이 그렇게 응답했다. 그리고 40% 이상의 남학생들은 컴퓨터 과학 기술이 필요한 직업을 갖게 될 것이라고 생각했지만, 여학생들은 3분의 1만이 그렇게 생각했다(OECD, 2015).

이 연구는 과학 및 공학과 같이 높은 능력을 요구하는 것으로 인식되는 분야에서 여성이 과소 대표되는(underrepresented) 이유를 설명해 준다(Storage, Horne, Cimpian, & Leslie, 2016).

성별 정체성, 고정관념, 그리고 남성

도심 지역 중학교의 학교 상담사인 로리 앤더슨(Lori Anderson)은 교직원에게 제출할 연례 보고서 작업을 하던 중 잠시 고개를 들었다. 그녀는 전통적으로 행동 문제를 겪는 남학생들이 여학생들보다 많다는 것을 알고 있지만, 지금 보고 있는 숫자들이 골칫거리이다. 모든 카테고리에서—교사의 의뢰, 결석, 지각, 다툼—남학생들의 숫자가 여학생들의 숫자보다 2대 1 이상으로 많다. 또한 특수교육 검사를 위해 그녀에게 추천된 남학생의 수가 여학생보다 훨씬 많다.

문화적 고정관념의 긴 역사는 남성들에게도 영향을 미쳤다. 예를 들면, 역사를 통틀어 이상적인 남자는 강하고, 과묵하고, 남자답고, 지혜롭게 그려졌다. 그는 가족의 가장이자 부양 책임자였다. 이 고정관념은 1954년부터 1960년까지 방영된 〈아버지는 아신다(Father Knows Best)〉와 같은 TV 프로그램과 다수의 서부극에 반영되었으며, 모두 강하고, 과묵하며, 남성적인 이미지를 부각했다. 심지어 오늘날에도 대다수의 텔레비전 프로그램과 영화에는 강인한 남자 주인공이 등장한다.

학교 교육과정 역시 이러한 고정관념을 뒷받침한다. 예를 들면, 이야기 속의 남자 캐릭터들은 대체로 강하고 모험적으로 표현되지만 따뜻하고 섬세하게 표현되는 경우는 드물다. 컴퓨터 소프트웨어 프로그램과 비디오 게임은 대부분 남자아이를 대상으로 하며, 남성 영웅이 주인공으로 등장하는 경우가 많다(Griffiths, 2010;

Hamlen, 2011).

수십 년 동안 남성들은 광산과 제조업 같은 블루칼라 직종으로 가족을 부양할 수 있었지만, 미국의 사회경제적 조건이 변화했고, 남성들은 잘 적응하지 못했다. 예를 들면,

- 2015년에는 20세부터 65세 사이의 미국 남성 중 5분의 1 이상인 약 2천만 명이 유급 직장이 없었으며, 그중 700만 명은 일자리를 찾고 있지도 않았다. 또한 노동력에 포함되지 않은 남성 중 절반이 신체적 또는 정신적 건강 문제를 겪고 있었다(Krueger, 2016).
- 남성들은 미국을 강타한 오피오이드* 유행에 특히 심각하게 영향을 받았다(Center for Behavioral Health Statistics and Quality, 2015).
- 2015년에는 전체 학부 학생의 56%가 여성이었다. 예측에 따르면 이러한 추세는 증가할 것으로 보이며, 여성의 졸업률은 더 높았다(National Center for Education Statistics, 2017d, 2017e).
- 남성과 여성 모두 중간 기술 직종의 소실로 영향을 받았다. 그러나 여성들은 자신들의 기술을 업그레이드하고 더 높은 임금의 직업을 찾았으나, 반면에 남성의 절반 이상은 임금이 낮은 직업을 선택해야 했다. 그 결과, 남성 가운데 임금 불평등이 여성보다 더 심하게 증가했다(Shierholz, 2014).
- 높은 임금을 주는 자동화하기 어려운 직종들은 점점 더 사회적 기술을 필요로 하며, 연구에 따르면 여성들은 남성들에 비해 정서 및 사회 지능검사에서 한결같이 더 높은 점수를 받는다(Deming, 2015).

이러한 변화로 인해 남성들은 불확실한 상태에 처하게 되었다. 예를 들면, 교육을 덜 받은 남성이나 사회적 기술이 부족한 남성들은 바람직한 결혼 상대자로 간주되지 않는다. "여성들은 강한 배우자에 대한 선호를 가지고 있어서, 그들보다 교육수준이 낮거나, 지능이 떨어지거나, 성공하지 못한 남성과는 교제하거나 결혼하길 원하지 않는다"(Edsall, 2017, para. 23). 그 결과, 경제적 스펙트럼의 하위 계층에 위치한 남성들의 결혼이 줄어들고 있으며, 그래서 그들은 더 긴 수명, 더 나은 건강, 더 낮은 알코올 및 마약 남용률, 그리고 덜 위험한 행동과 같은 결혼의 잘 알려진 이점들을 잃게 된다(여성 역시 건강한 결혼 생활을 통해 이득을 본다.)(Strohschein, Ploubidis, Silverwood, DeStavola, & Grundy, 2016).

이러한 사회적 요인들이 학교까지 영향을 주었다. 예를 들어, 2014~2015학년도에 16%의 남학생들이 특수교육을 받았지만, 여학생들 중에서는 오직 9%만이 특수교육을 받았다(National Center for Education Statistics, 2017a). 여학생들은 모든 과목에서 남학생들보다 더 좋은 성적을 받으며, 읽기와 쓰기에 대한 직접적인 측정과 간접적인 측정 모두에서 남학생들보다 더 높은 점수를 받는다(Parker, Van Zanden, & Parker, 2017).

가족 구조는 특히 중요한 것으로 보인다. 예를 들어, 양부모 가정에서는 남학생과 여학생 간의 학업성취도 차이가 크지 않으며, 초기 성인기에 남성이 여성보다 더 많은 수입을 얻는다. 그러나 한부모 가정에서는 남학생의 학업성취도가 여학생보다 훨씬 낮고, 문제행동 비율이 높으며, 학교를 중도 포기할 가능성이 더 높고, 청년기 취업률도 낮다 (Autor, Figlio, Karbownik, Roth, & Wasserman, 2016).

---

* 역자 주: 통증 조절에 사용하는 아편에서 유래하거나 합성된 마약성 진통제를 말한다.

성희롱 및 성폭행

교육심리학과 당신
다음 중 하나 이상을 경험해 본 적이 있는가?

• 누군가 당신 옆을 지나가면서 당신에게 손을 대거나 문지른 적이 있는가?
• 누군가 당신에게 노골적인 성적 내용의 사진이나 그림을 보낸 적이 있는가?
• 누군가 당신의 몸에 관한 불쾌한 성적 발언을 한 적이 있는가?
• 누군가 당신에게 성적 행위를 요구한 적이 있는가?

이들은 **성희롱**(Sexual harassment)의 예시이다. "가장 단순한 형태로는 …… 원하지 않는 성적 관심이나 행위로, 기관이나 개인 수준에서 발생할 수 있다"(Russ, Moffit, & Mansell, 2017, p. 391). 성희롱에는 성적 접촉, 직접적으로 성적이거나 성적 의미를 함축하는 농담, 댓글, 제스처, 성적으로 명시적인 사진, 그림, 또는 텍스트를 전시하거나 배포하는 것, 또는 개인이 어떤 성적 행위에 관여했다는 성적 소문을 퍼트리는 것과 같은 다양한 행위가 포함된다(Russ et al., 2017).

이 문제와 관련하여 2017년은 미국 역사에서 독특한 해였다. 이 해에는 연예, 비즈니스, 정치, 군사 및 주류 언론계에서 유력한 인물들—거의 모두 남성—에 대한 성희롱 혐의가 뉴스에 끊임없이 보도되었다. 몇몇은 높은 지위에서 물러났고, 많은 이들이 직장을 잃었다. 이러한 혐의, 부인, 그리고 해고 소식은 거의 매일 보도되었다. 일부 논평가들은 이때가 전환점이라고 생각하고 있다. 성희롱은 오랜 역사를 가지고 있으며, 널리 인지되어 왔지만, 많은 여성들은 개인적인 보복에 대한 두려움과 믿어 주지 않을 것이라는 걱정 때문에 나서기를 망설였다. 그러나 2017년에 이 모든 것이 변했다(Garcia-Navarro, 2017; Ghitis, 2017). 2018년에도 이 문제는 여전히 중요한 이슈로 남아 있었으며 앞으로 몇 년 동안 어떻게 전개될지는 여전히 불확실하다(Frye, 2018).

학교도 예외가 아니며, 성희롱은 교사와 학생 모두에게 영향을 줄 수 있다. "교육 분야와 같은 산업에서도 이러한 문제에서 자유롭지 않다는 것을 알리기 위해 여성들이 경고 신호를 보냈다"(Blad, 2017, 제6항). 예를 들면, 뉴욕주 앨버니 교육청은 네 명의 교사가 제기한 한 남자 초등학교 교장의 성희롱 사건에 대해 40만 달러의 합의금을 지급했다(Bump, 2017).

성희롱은 학생들의 학습과 사회정서적 발달을 방해할 수 있으며, 학교는 1972년 교육 개정법의 제9조에 따라 학생들을 보호할 법적 책임이 있다(Doty, Gower, Rudi, McMorris, & Borowsky, 2017).

성폭행

성폭행(Sexual assault)은 동의 없는 성적 접촉이나 강제적인 성행위, 예를 들어 강간, 강제 구강성교, 혹은 항문성교 등을 포함하는 성폭력의 한 형태이다. 2017년에는 성폭행 사건도 뉴스에 자주 등장했으며, 널리 알려진 사례로는 미국 체조 대표팀의 전 팀 닥터가 의료 행위를 가장해 여러 차례 성폭행을 저지른 혐의로 유죄를 인정한 것이 있다(Hobson, 2017). 2018년 1월, 그는 이 범죄로 인해 40년에서 175년의 형을 선고받았다(Hobson, 2018).

성폭행은 미국의 학교에서 많은 교육자들이 인식하는 것보다 훨씬 큰 문제이다. 연합통신(The Associated Press)이 주 교육 기록을 사용하여 1년 동안의 대규모 조사를 진행한 결과, 2011년 가을부터 2015년 봄까지 미국의 학교에서 약 17,000건의 성폭행 사건이 발생한 것을 확인했다. 실제 수치는 훨씬 더 높을 것으로 보이는데, 이는 이러한 공격이 매우 적게 보고되기 때문이다. 이 조사는 이를 '숨겨진 공포'라고 묘사했다. 상류층 교외 지역, 도심지 이웃, 또는 블루칼라 농장 지역을 막론하고, 어느 학교도 예외는 아니었으며, 교사들에 의한 성폭행보다는 학생 간 성폭행이 훨씬 더 흔했다(The Associated Press, 2017). 연합통신이 추적한 성폭력은 강간과 항문 성교에서부터 강제 구강성교와 성추행에 이르기까지 다양했으며, 종종 신입생 환영식 또는 합의된 행위로 잘못 묘사되었다. 버스와 화장실, 복도와 탈의실과 같이 학생들이 감독 없이 방치된 어디에서나 이러한 폭력이 발생했다(The Associated Press, 2017, para. 22). 5세 또는 6세의 아주 어린아이들도 피해를 입지만, 약 14세까지는 이러한 사건의 수치가 크게 증가하다가, 고등학교에 진학하면서 감소하는 경향이 있다.

성희롱, 특히 성폭행이 권력의 남용임을 이해하는 것은 중요하다. "성적 약탈 행위는 권력에 뿌리를 두고 있으며, 취약한 사람들을 대상으로 성적으로 행해진다. 그것이 성과 관련된 것이 아니라 권력과 더 관련이 있다는 것을 이해하지 않는다면, 우리는 학생들에 대한 중요한 책임을 놓치게 될 것이다"(Berkowicz & Myers, 2017, para. 3). 이러한 권력 남용은 정치 분야에서 흔하다. 젊은 인턴들의 경력 시작이 부분적으로 유력 정치인의 추천에 달려 있기 때문이다. 학교에서는 LGBTQ** 학생들이나 사회적으로 적응하지 못하는 학생들 사이에서 더 흔하게 나타난다(Doty et al. 2017).

그렇다면 우리 교사로서는 어떤 일을 할 수 있을까? 다음으로 이 질문에 대해 다루어 보겠다.

교육심리학을 교수에 활용하기: 학생들의 젠더 이슈에 대응하기

우리는 교사로서 성차별, 고정관념, 성희롱 및 성폭행을 없애기 위해 많은 노력을 할 수 있다. 다음 제안은 우리의 노력에 도움이 될 수 있다.

1. 성희롱과 성폭행을 포함한 젠더 이슈(gender issues)를 학생들과 논의하기
2. 교육 활동에서 성차별을 없애기
3. 학생들에게 고정관념에 얽매이지 않는 역할 모델을 제시하기

성희롱과 성폭행을 포함한 젠더 이슈를 학생들과 논의하기　이 부분을 시작하기 위하여 베인즈 선생님이 고급 화학 수업에서 학생들과 함께한 작업으로 돌아가겠다.

베인즈 선생님은 자신의 수업에서 젠더 이슈를 직접 다루기로 결심하고, 우선 수업에 여학생이 너무 적다는 사실부터 시작한다. 이 주제에 대한 수업 토론에서 베인즈 선생님은 학생들에게 자신의 경험을 공유한다. "나는 거의 화학을 전공하지 않을 뻔했

** 역자 주: 레즈비언(Lesbian), 게이(Gay), 양성애자(Bisexual), 트랜스젠더(Transgender), 그리고 퀴어(Queer) 혹은 고민하는(Questioning) 사람들을 포함하는 용어이다. 이 용어는 다양한 성적 지향과 성별 정체성을 가진 사람들을 포괄적으로 지칭하기 위해 사용된다.

어요. 몇몇 친구들은 나를 비웃었고, 다른 친구들은 그냥 눈만 굴렸죠. 몇몇 아이들은 '너는 온통 괴짜들 사이에 있게 될 거야.'라고 말했고, 다른 아이들은 '여자들은 화학을 전공하지 않아.'라고 덧붙였어요. 그들 모두 과학과 수학은 남자들만을 위한 것이라고 생각했어요."

"대부분 남자들이잖아요." 에이미(Amy)가 어깨를 으쓱하며 말한다. "우릴 봐요."

"그게 우리 잘못이 아니잖아." 셰인(Shane)이 대답한다. "남자들이 너희를 수업에서 쫓아내려 한 것도 아니고."

다른 학생들이 몇 가지 의견을 추가한 후, 베인즈 선생님이 계속 말한다. "나는 남자들도, 여자들도 탓하지 않아요. 그리고 여자가 엔지니어가 되지 못한다거나 남자가 간호사나 특수 교사가 되지 못한다는 규칙은 없어요."라고 그녀는 강조한다. "사실, 이 모든 직업들에 인력이 부족해요."

토론을 계속 진행하면서, 베인즈 선생님은 성별 고정관념에 관한 역사적 배경에 대해 논의하며 남학생들과 여학생들 모두에게 다양한 진로 선택을 열어 두라고 권장한다.

그녀는 다른 수업에서도 비슷한 토론을 진행한다. 학습 활동을 하는 동안, 그녀는 남학생과 여학생 모두에게 동등하게 참여하도록 격려하며, 그렇게 하는 이유를 학생들에게 설명한다. 진로 주간에는 인근 대학의 여성 화학 교수를 초대하여 여성들이 화학 분야에서 가질 수 있는 기회에 대해 이야기하게 하고, 지역 병원의 남성 간호사를 초대하여 그의 직업에서 과학의 역할과 여성이 주로 활동하는 직종에서의 경험을 공유하도록 한다.

베인즈 선생님은 학생들에게 원치 않는 성적인 접근이나 발언을 겪은 적이 있는지 물어본다. 그녀는 학교에서 발생한 성희롱에 대한 통계를 제공하며 강조한다, "아무도, 그러니까 정말 아무도 그런 행동을 참아야 할 이유가 없어요. …… 일부 학생들은 그것이 별일 아니거나, 또는 아마도 웃긴 것으로 생각할 수 있지만, 그렇지 않습니다. 다행히도 세상은 변했고, 사람들은 지금 성희롱에 대해 목소리를 내고 있습니다. 여러분은 우리나라의 미래 리더들이며, 학교나 직장에서 이런 일이 계속되지 않게 할 책임이 있습니다."

교육의 많은 측면과 마찬가지로, 일반적인 인간관계에서도 열린 대화를 통해 얻어지는 인식은 고정관념과 잘못된 인식을 없애는 데 도움이 될 수 있다. 예를 들어, 베인즈 선생님과 그녀의 학생들 간의 대화 중 일부를 다시 살펴보겠다.

베인즈 선생님: 저는 거의 화학을 전공하지 않을 뻔했어요.…… 몇몇 친구들은 나를 비웃었고, 다른 친구들은 그냥 눈만 굴렸죠. 몇몇 아이들은 "넌 온통 괴짜들 사이에 있게 될 거야."라고 말했고, 다른 아이들은 "여자들은 화학을 전공하지 않아."라고 덧붙였어요. 그들 모두 과학과 수학은 남자들만을 위한 것이라고 생각했어요.

에이미: 대부분 남자들이잖아요.…… 우리를 보세요.

셰인: 그게 우리 잘못이 아니잖아. …… 남자들이 너희를 수업에서 쫓아내려 한 것도 아니고.

베인즈 선생님: 나는 남자들도, 여자들도 탓하지 않아요.…… 그리고 여자가 엔지니어가 되지 못한다거나, 남자가 간호사나 특수 교사가 되지 못한다는 규칙은 없어요. …… 사실, 이 모든 직업들에 인력이 부족해요.

이러한 토론은 자유로운 대화를 가능하게 하고 젠더 이슈에 대한 인식을 바꾸는 데 중요할 수 있다. 예를 들어, 남학생들은 여학생들의 관점을 들었고, 그 반대도 마찬가지였다. 베인즈 선생님이 여학생에게는 공학, 남성에게 간호와 같은 진로 선택을 강조하는 것을 듣는 것은 학생들의 잠재적인 진로 선택에 변화를 가져올 수 있다(Cimpian et al., 2016).

추가적인 조치도 가능하다. 예를 들면, 우리는 흔히 '타고난 지능'이라는 개념을 덜 강조하고, 능력은 노력으로 향상될 수 있다는 '성장 마인드셋'의 개념으로 대체할 수 있다(Dweck, 2016). (우리는 제10장에서 마인드셋에 대해 자세히 살펴본다.) 전문가들은 성장 마인드셋을 채택하면 여학생들이 똑똑함을 요구하는 직업이 자신들에게 적합하지 않다는 고정관념에 맞서 더 잘 대응할 수 있다고 제안한다. 만약 타고난 능력이 부차적인 것으로 인식된다면, 이러한 고정관념의 힘은 약화된다(Bian et al., 2017).

APA의 20가지 주요 원칙

다음 설명은 유치원-12학년(초·중등학교)까지 교수 및 학습을 위한 심리학의 20가지 주요 원칙 중에서 원칙 1을 보여 준다. 학생들의 지능과 능력에 대한 신념이나 인식은 그들의 인지 기능과 학습에 영향을 미친다.

일부 전문가들이나 교육자들은 단일 성별 교실이나 학교가 성별 고정관념을 제거하는 데 도움이 될 수 있다고 제안했지만, 이러한 구성의 효과성을 검토한 연구 결과는 혼재되어 있다(Tichenor, Welsh, Corcoran, Piechura, & Heins, 2016). 더욱이 연구에 따르면 남학생들의 읽기성취도는 혼성 교실에서 더 좋은 것으로 나타났다(van Hek, Kraaykamp, & Pelzer, 2017). 또한 '현실 세계'에서는 남성과 여성이 함께 일해야 하며, 단일 성별 학교는 이러한 현실을 대비해 주지 못한다(Zubrzycki, 2012).

이것은 우리를 학교에서의 성희롱 문제로 이끈다. 연구자들은 학생들이 일반적으로 자신을 성희롱 가해자로 생각하지 않는다는 것을 발견했지만, 여학생 14%와 남학생 18%가 다른 학생에게 대면으로나 온라인으로, 또는 대면과 온라인에서 모두 성희롱을 했다고 보고했다. 성희롱 가해 학생들 중 44%가 그것을 '별일 아닌 것'으로 여겼고, 또 다른 39%는 '재미있으려고' 한 것이라고 말했다(Hill & Kearl, 2011). 마티는 학생들과의 토론에서 이 문제를 직접 다루었다.

학교는 젊은이들이 권력, 복종, 두려움 및 수치심에 대해 배우기 시작하는 곳이다. 학생들이 더 힘이 있는 사람들의 성적 학대로부터 고통받은 것에 대해 고백하는 여성과 남성의 발언을 들으면서, 그들은 성희롱 및 성폭행과 관련된 두려움과 수치심으로부터 자유로워지기 시작한다. 우리가 해야 하는 일 중 하나는 이러한 과정을 겪는 학생들을 도와주고 그들에게 선택권과 힘을 돌려주는 것이다(Berkowicz & Myers, 2017).

마지막으로, 문화감응적 교수법과 마찬가지로, 교사-학생 간 관계 및 사회적 연결은 괴롭힘과 폭력의 영향을 예방하고 완화하는 데 필수적이다. 어른들과 사회적으로 강력히 연결된 학생들은 원치 않는 성적 접근을 참지 않을 가능성이 훨씬 높으며, 만약 그러한 일이 발생하더라도, 이러한 사회적 연결은 학생들이 그러한 경험에 더욱더 잘 대처할 수 있게 하는 힘의 원천이 된다(Doty et al., 2017).

교육 활동에서 성별 편견 제거하기 이 글 전반에 걸쳐 우리는 당신이 학생들을 가능한 한 균등하게 학생들을 호명하도록 꾸준히 권장해 왔다. 이 전략은 다양한 문화적 배경과 언어적 배경을 가진 학생들을 대할 때 중요하며, 남학생과 여학생에게도 마찬가지로 중요하다. 예를 들어, 대수학 II 수업에서 여학생들이 남학생만큼 자주 호명되고 있는 것을 볼 때, 남학생들이 영미 시에 관한 단원에 참여하도록 요청받을 때, 여러분은 수학이 여학생들에게도 남학생들만큼 중요하고, 시가 남학생들에게도 여학생들만큼 의미가 있다는 메시지를 전달한다. 이러한 행동들은 구체적이면서도 상징적이며, 다른 전략들보다 고정관념을 무너뜨리는 데 더 많은 도움이 될 것이다.

우리는 여기서 학업 행동에 초점을 맞추고 있음을 강조하고 싶다. 남학생과 여학생은 분명 다르며, 누구도 그들이 똑같아야 한다거나 항상 같은 방식으로 행동해야 한다고 주장하는 것은 아니다. 그러나 학문적 측면에서는, 남학생이나 여학생, 또는 다양한 문화 및 사회경제적 배경을 가진 학생들 모두 동등한 기회와 격려를 받아야 한다.

학생들에게 비전형적인 역할 모델 제시하기   모델링은 사람들이 사고와 행동 방식에 강력한 영향을 줄 수 있다. 여성 화학 교수와 남성 간호사를 수업에 초대함으로써 베인즈 선생님은 잠재적인 직업 선택에 대한 강력한 메시지를 전달했다. 남녀가 비전형적인 분야에서 성공하고 행복할 수 있다는 것을 보는 것은 여학생과 남학생 모두의 직업적 지평을 넓힐 수 있다(Bian et al., 2017; Cimpian et al., 2016; Storage, Horne, Cimpian, & Leslie, 2016).

교실과의 연계

교실에서 성별 편견 제거하기

성별 편견은 대개 교사와 학생들의 인식 부족에서 비롯된다. 당신의 수업에서 성별 편견을 적극적으로 해소하라.

- **초등학교**: 한 1학년 교사는 그의 교실에서 성 역할과 성차를 의식적으로 강조하지 않는다. 그는 남아와 여아에게 동등하게 할 일을 주고, 남녀 간의 경쟁이나 성별에 따라 줄을 세우는 등의 성별 관련 활동을 없앤다.
- **중학교**: 한 중학교 문학 교사는 신문과 잡지에서 비전통적인 역할을 맡은 남성과 여성을 묘사하는 이야기와 신문 기사 스크랩을 고른다. 그녀는 어른이 되는 것에 대한 학급 토론 중에 비전통적인 직업에 대해 담담하게 이야기한다.
- **고등학교**: 학년 초에, 한 사회 교사는 성별 편견이 양성 모두에게 어떻게 해가 되는지 설명하고, 수업에서 성차별적인 발언을 금지한다. 그는 남학생과 여학생을 동등하게 호명하며, 토론에서의 동등한 참여를 강조한다.

사회경제적 지위

4.4 사회경제적 지위를 정의하고, 이것이 학습에 어떻게 영향을 미치는지 설명할 수 있다.

교육심리학과 당신
당신 가족에서 돈 문제가 큰 걱정거리였는가? 부모님은 대학을 나오셨는가? 어떤 일을 하시는가?

'교육심리학과 당신'의 질문들은 당신의 **사회경제적 지위**(Socioeconomic Status: SES)와 관련이 있다. 이것은 부모의 소득, 교육수준, 그리고 그들이 가진 직업의 조합이다. 사회경제적 지위는 사람들의 사회 내 상대적인 위치를 설명하며, 학생의 성취에 강력한 영향을 미치는 요인이다.

사회경제적 계층의 정의는 다양하지만, 주로 상류층, 중산층, 노동계층, 하류층으로 구분된다. 〈표 4-2〉는 이러한 계층들의 특성을 설명하고 있다.

〈표 4-2〉 사회경제적 수준별 특성

	상류층 (Upper Class)	중산층 (Middle Class)	노동계층 (Working Class)	하류층 (Lower Class)
소득	$160,000 이상	$80,000 ~ $160,000(1/2) $40,000 ~ $80,000(1/2)	$25,000 ~ $40,000	$25,000 이하
직업	기업 또는 전문직(예: 의사, 변호사)	사무직, 숙련된 기술직	일반 노동자	최저임금 비숙련 노동자
교육	대학 및 전문 학교를 졸업하고 자녀도 같은 교육을 받기를 바람	고등학교 및 대학 또는 전문학교 졸업	고등학교 졸업; 대학 진학을 장려하지 않을 수 있음	고등학교 이하; 교육비가 주요 요인
주거	고급 동네의 자가 주택 소유	보통 자가 주택 소유	절반 정도가 자가 주택 소유	임대

사회경제적 지위와 불평등

SES와 관련하여 교육의 불평등은 큰 요인이며, 대학 졸업자와 고등학교 졸업자 간의 격차는 점점 커지고 있다. 예를 들어, 대학 졸업자의 이혼율은 30% 미만이지만, 대학 학위가 없는 사람들의 경우 50% 이상이다. 또한 여성 대학 졸업자의 출산 중 10% 미만이 혼외 출산이며, 이 수치는 불평등이 크게 증가하기 시작한 1970년대의 수치와 거의 비슷하다. 그러나 고등학교만 졸업한 여성의 경우, 출산의 65%가 혼외 출산이다(Putnam, 2016).

그리고 SES는 인종보다 더 중요하다. 예를 들어, 대졸 아프리카계 미국 여성의 혼외 출산율은 1970년대 이후로 3분의 1로 감소했다. 반면 고졸 백인의 경우 그 비율은 4배로 증가했다. "따라서 계급 간 격차는 인종 간 격차가 줄어드는 동안에도 커지고 있다"(Class and Family in America, 2015, para. 3).

소득 불평등도 중요한 문제이다. 예를 들어, 다른 부유한 국가들과 비교할 때, 미국은 부유한 시민과 빈곤한 시민 간의 소득 격차가 가장 크며, 불리한 환경에 있는 미국 아동과 더 유리한 환경에 있는 아동 간의 학업 성취도 차이는 다른 부유한 국가들보다 훨씬 크다(Bradbury, Corak, Waldfogel, & Washbrook, 2016).

상위 SES 학생들은 지능 및 성취도 검사에서 하위 SES 학생들보다 더 높은 점수를 받으며, 더 높은 성적을 받고, 덜 자주 정학을 당하며, 고등학교와 대학을 졸업할 확률이 더 높다(Bartik & Hershbein, 2018; Macionis, 2017). 저소득층 학생들은 이전보다 대학에 더 많이 진학하고 있지만, 졸업하는 학생은 많지 않다(The Pell Institute, 2018).

사회적 이동성의 부족도 추가적인 문제이다. 연구에 따르면, 미국에서 빈곤하거나 불리한 환경에서 자란 사람들은 대학뿐만 아니라 직업 및 시민 생활에서도 성공할 가능성이 더 낮다. 소득 분포 하위 계층에서 자란 학생 중 10명 중 4명 이상이 세대가 바뀌어도 여전히 같은 계층에 있으며, 70%는 중산층에 도달하지 못한다(The Pell Institute, 2018).

사회경제적 지위와 가정-학교 지원

사회경제적 지위는 학생들이 가정에서 받는 학교 관련 지원에 강력한 영향을 준다. 기본적 요구와 부모의 양육 방식이라는 두 가지 요소가 학생의 학교에서의 성공에 큰 영향을 미친다.

기본적 요구

스테퍼니(Stephanie)는 1학년 학생으로, 혼자 아이를 키우는 어머니에게 미숙아로 태어났다. 스테퍼니의 어머니는 두 개의 아르바이트를 하고 있으며 건강보험은 없다. 스테퍼니는 자주 감기와 중이염에 걸리는데, 증상이 심각한 경우 어머니는 다른 의료 서비스에 접근할 방법이 없기 때문에 아이를 응급실에 데려간다. 이러한 방문은 때때로 긴 대기 시간이 필요하기 때문에 스테퍼니는 학교를 빠지게 되고, 그녀의 어머니는 일할 시간을 잃게 된다. 그 결과, 스테퍼니는 학업에서 더욱 뒤처지고 있으며, 아이 어머니는 점점 더 경제적으로 곤란해지고 있다.

스테퍼니의 상황은 불행하게도 많은 저소득 계층 학생들에게 흔히 나타나는 문제이다. 전 세계적으로 태아 10명 중 1명 이상이 미숙아로 태어나는데, 이는 임신 37주 이전에 태어난 경우를 의미한다(세계보건기구, 2017). 미국에서는 이 비율이 10명 중 약 1명으로, 경제적으로 선진국임에도 불구하고, 그리 인상적이지 않은 'C' 학점에 해당하는 수준이다(March of Dimes 재단, 2016). 이 문제는 특히 저소득층 가정에서 흔하게 발생한다. 미숙아 출생은 학습장애, 청각 및 시각 문제와 관련이 있다고 알려져 있다(Berk, 2019b). 저소득층 부모들은 주치의나 전문 간호사를 만날 가능성이 낮아, 아이가 아프면 소아과 의사에게 연락하는 것이 어렵고, 만성적이거나 특이한 건강 문제가 있는 경우 전문의의 진료를 받을 기회도 적다. 게다가 저소득층 가정의 아이들은 혈중 납 수치가 높을 가능성이 더 큰데, 그 대표적인 사례로 미국 미시간주 플린트(Flint)에서 발생한 납에 오염된 수돗물 문제가 널리 알려져 있다. 높은 혈중 납 수치는 인지 능력 감소와 충동 제어 부족부터 높은 공격성 및 폭력성에 이르는 행동 문제를 야기하는 것으로 알려져 있다(Morsy & Rothstein, 2015).

디트로이트(Detroit) 공립학교 학생들에게서 발견된 높은 납 수치는 이 도시 학생들의 낮은 시험 점수와 연관이 있다(Wilkinson, 2016). 더욱이 미국 어린이 5명 중 거의 1명은 '식량 불안정(food insecurity)'을 겪고 있는데, 이는 그들이 다음 식사를 어디서 구할 수 있을지 항상 알 수 없는 상황을 의미한다. 그리고 이 수치의 상당 부분을 문화적 소수집단과 한부모 가정의 구성원들이 차지하고 있다(Feeding America, 2013). 영양 부족은 주의력과 기억에 영향을 줄 수 있으며, 지능검사 점수의 저하로 이어질 수 있다(Berk, 2019b). 경제적 문제는 또한 가정 내 갈등과 부부간의 분쟁을 초래할 수 있으며, 이로 인해 가정의 안정성과 지원이 감소하는 결과가 나타난다. 대부분의 고소득층 자녀들은 두 명의 부모와 함께 성장하는 반면, 저소득층의 아이들은 점점 더 한 명의 부모와, 특히 대부분은 모자 가정에서 성장할 가능성이 높아지고 있다. 저소득층 가정의 아이들은 학교 공부를 하기 위한 안정감 없이 학교에 오게 된다. 그 결과, 이들은 더 유리한 환경에서 자란 또래들에 비해 우울증, 불안, 그리고 기타 정서 및 행동 문제를 더 자주 겪는 경향이 있다(Morsy & Rothstein, 2015; Putnam, 2016). 저소득층 가정은 또한 자주 이사를 하는 경향이 있다. 일부 저소득 지역의 학교에서는 이사율이 100%를 초과한다(Dalton, 2013). 가장 가난한 학생들 중 거의 3분의 1은 3학년이 되기 전까지 최소 세 개의 다른 학교를 다니는데, 중산층 학생들의 경우 10명 중 1명만이 그러하다. 이러한 잦은 이사는 학생들에게 스트레스를 주며, 교사가 학생과 돌봄 관계를 형성하는 데도 큰 어려움을 준다(Phillips, 2016).

학생들의 학교 교육을 돕는 부모의 양육 방식   SES의 영향은 또한 자녀가 학교에 잘 다니도록 준비시키는 부모의 양육 방식을 통해 전달된다. 예를 들어, 1970년대 이전에는 부모가 자녀와 독서하거나 놀아주며 보내는 시간에 계층 간 차이는 거의 없었지만, 지금은 대졸 부모의 자녀가 50% 더 많은 '양육 시간'을 받고 있다(Putnam, 2016). 양육의 일부는 부모-자녀 간 상호작용의 양과 관련이 있다(Putnam, 2016; Weisleder & Fernald, 2013). 예를 들어, 연구자들은 전문직 가정의 자녀가 시간당 2,150개 이상의 단어를 듣는 반면, 노동자 계층 가정의 아이들은 그 절반 정도, 그리고 복지 혜택을 받는 가정의 아이들은 시간당 600개 조금 넘는 단어만 듣는다는 사실을 발견했다. 3세가 되면 전문직 가정의 아이들의 어휘량은 복지 혜택을 받는 가정의 아이들의 어휘량보다 두 배 이상 많아진다(Zero to Three, 2015). 그것은 단순한 단어의 수를 넘어선 문제이다. 전문직 가정의 자녀는 두 배 더 많은 고유한 단어를 듣고, "그건 어떻게 생각했니?" 같은 격려하는 대화가 "그거 만지지 마!"와 같은 억제하는 대화보다 두 배 더 많이 이루어진다. 고소득층 부모들은 자녀에게 더 자주 질문하고, 사건의 원인을 설명해 주며, 규칙에 대한 명확한 지침과 그 이유를 제공하고, 문제해결을 장려하는 경향이 더 크다(Pace, Hirsh-Pasek, & Golinkoff, 2016). 또한, 고소득층 부모들은 학교 행사에 참석하고, 프로젝트를 도와주며, 숙제를 점검하고, 자녀와 학교에 관한 대화를 나누는 경우가 더 많다. 아이들은 부모가 독서나 공부하는 모습을 보며 그 과정을 통해 독서와 공부가 중요하다는 것을 배우게 된다. 이러한 모델링 덕분에 아이들이 독서에 더 관심을 가지게 될 가능성이 높아진다. 자녀 양육은 힘이 많이 들고 시간이 많이 필요하다. 그래서 함께 짐을 질 수 있는 지지적인 배우자가 있으면 큰 도움이 된다. 저소득층 부모들은 종종 두 개 이상의 저임금 직업에 종사하기 때문에 시간의 여유가 없다. 따라서 그들은 자녀에게 단순히 복종을 요구하는 경향이 있고, 이는 자녀가 스스로 생각하고 삶을 꾸려 나가는 능력을 기르는 데 방해가 된다. 세상이 점점 복잡해지고 뛰어난 인지 능력에 대한 보상이 증가함에 따라, 이러한 능력은 더욱 중요해지고 있다. 그 결과 사회적 이동성이 감소하게 된다(Putnam, 2016). 고소득층 가정은 자녀를 지원할 수 있는 더 많은 자원을 가지고 있다. 예를 들어, 최상위 소득 20% 가정은 최하위 소득 20% 가정에 비해 집에 두 배 더 많은 책을 보유하고 있다(Morsy & Rothstein, 2015). 단순히 책이나 언어에만 국한되지 않는다. 6세가 될 때까지 부유한 가정의 아이들은 여름 캠프, 여행, 도서관, 동물원, 박물관 방문, 조직적인 청소년 스포츠와 같은 다양한 활동에 저소득층 아이들보다 약 1,300~1,800시간 더 많이 참여한다. 이러한 활동들은 고소득 및 고학력 가정의 아이들에게 더 많은 배경지식을 제공하며, 이 배경지식은 이후의 학업 성취에 대한 가장 중요한 예측 요인 중 하나이다(Neuman & Celano, 2012).

　사회경제적 지위는 아이들이 테크놀로지를 어떻게 사용하는지에도 영향을 미친다. 연구에 따르면, 상위 SES 부모는 자녀의 컴퓨터 사용을 더 잘 모니터링하며, 결과적으로 자녀가 오락 활동에 할애하는 시간이 현저히 줄어든다(Wood & Hawley, 2012). 하위 SES 학생들은 비디오 게임이나 소셜 네트워킹과 같은 미디어에 더 많은 시간을 보내고, 숙제에는 시간을 덜 쓴다. 일부 전문가들은 이러한 차이를 '새로운 디지털 격차(new digital divide)'라고 부른다(Richtel, 2012).

　여름 방학 기간도 중요한 역할을 한다. 더 부유한 또래들이 방학 동안 책을 읽거나, 교육적인 놀이를 하거나, 가족 여행을 하는 반면, 하위 SES의 학생들은 학습을 지원하는 활동에 훨씬 적은 시간을 쓴다. 이러한 경험의 누적 효과로 인해 경제적으로 어려운 학생들은 방학 동안 학습 손실을 겪는다. 상위 SES의 부모들은 자녀에 대한 기대치가 더 높으며, 자녀가 고등학교를 졸업하고 대학에 진학하도록 격려한다. 이 부모들은 보통 대학 졸업자로서 교육의 중요성을 잘 이해하고 있다. 이들은 어떻게 학교 교육을 진행해야 하는지 잘 알고 있어 자녀를 고등학교의 고급 과정으로 유도하고, 학교에 연락하여 자녀의 학습 진척 상황에 대한 정보를 얻는 등 적극적으로 자녀의 교육에 관여한다. 반면, 하위 SES의 부모들은 자녀에 대한 기대가 낮은 경향이 있으며, 그저 흘러가는 대로 내버려두고, 다른 사람들의 결정에 의존하는 경우가 많다. 이로 인해 학생들은 적절하지 않거나 덜 도전적인 수업에 배정되어 결국 학습에서 뒤처질 수 있다(Macionis, 2017).

빈곤

키어스틴(Kirsten)은 드물게 생기는 여유 시간을 활용해 컴퓨터로 상상 속의 생물들을 그리는 것을 좋아한다(컴퓨터가 작동하지 않을 때는 종이와 연필로 그린다.). 그녀는 특히 인어, 요정, 괴물 같은 현실에서 벗어난 존재들을 그리는 것을 즐긴다. 하지만 키어스틴의 일상은 동화 같지 않다. 그녀는 학교가 끝나면 동생과 함께 서둘러 집으로 돌아와 간식을 준비하고, 숙제를 시작한다. 그 후, 그녀는 작은 아파트를 정리하고, 동생과 함께 쓰는 방을 청소하며, 아침과 전날 저녁 식사 후 남겨진 그릇들을 설거지하고, 저녁 식사를 준비한다. 5학년 학생으로서는 정말 대단한 일이다. 때때로 그녀는 배가 고프고, 자신과 어머니, 동생이 충분히 먹지 못할까 봐 걱정하기도 한다. 키어스틴이 이렇게 바쁜 이유는 그녀의 홀어머니가 하루 10시간씩 두 가지 일을 하고 있기 때문이다. 하나는 식당 서빙 일이고, 다른 하나는 집 청소 도우미 일이다. 힘들게 일한 뒤 집에 돌아온 어머니는 피곤에 지쳐 바로 소파에 쓰러진다.

키어스틴은 불행히도 빈곤 가정의 아이로 태어났다. **빈곤(Poverty)**은 충분한 물질적 소유나 돈이 부족하여 적절한 생활수준을 유지하기 힘든 상황을 의미한다. 빈곤한 가정은 사회경제적 계층의 최하층에 속하며, 앞에서 언급한 상위 SES와 하위 SES 가정 간의 차이는 빈곤한 환경에서 사는 학생들에게 더욱 극단적으로 나타난다. 이러한 학생들에게는 식품, 의복, 심지어 주거에 대한 접근이 크게 제한된다(Marx, 2015). 2017년, 미연방 정부는 4인 가족의 빈곤선(poverty level)을 연소득 24,600달러로 정의했다. 이 정의는 주로 식비를 기준으로 결정되며, 주거비, 교통비, 에너지 비용과 같은 다른 요소들은 거의 무시된다(Obamacare.net, 2017). 미국 인구조사국에서 수집한 통계에 따르면, 미국의 전체 빈곤율은 약 13% 미만이지만, 아동 빈곤율은 18%에 달한다(Federal Safety Net, 2017). 전문가들은 미국 어린이의 40%가 그들의 생애 중 어느 시점에서는 빈곤을 경험할 것이라고 추정한다(Koppelman, 2017). 그리고 소득 불평등과 마찬가지로, 미국의 빈곤율은 다른 부유한 국가들보다 훨씬 높다(OECD, 2018). 또한, 미국은 다른 선진국들에 비해 국내 총생산(GDP) 대비 복지 프로그램에 할당하는 자원이 훨씬 적다(Rank, 2018). 그리고 이것은 경제적으로 현명한 선택이 아닌 것처럼 보인다. 예를 들어, 연구에 따르면 아동 빈곤을 줄이는 데 지출된 1달러당, 최소 7달러의 경제적 비용을 절감할 수 있다고 한다(McLaughlin & Rank, 2018).

빈곤 문제는 점점 악화되고 있다. 2018년에 발표된 한 보고서는 1968년에 위탁된 보고서의 50주년 추적조사로, 빈곤과 경제적 기회 부족을 조사했다. 이 보고서에 따르면 1975년 이후 극빈층의 비율―연방 빈곤선(federal poverty level)의 절반 이하의 소득으로 생활하는 사람들―이 증가했으며, 현재 빈곤층에 속한 사람들의 수는 45년 전보다 훨씬 더 많아졌다고 한다. 2016년 기준으로 빈곤층에 속하는 사람들 중 거의 절반은 극빈층으로 분류되었으며, 이는 1975년보다 16% 증가한 수치이다. 또한 소득 불평등이 점점 심화되고 있으며, 2018년 보고서는 그 결과로 빈곤한 사람들이 열악한 주거 환경, 재정이 부족한 학교, 그 지역 주민들을 의심의 눈초리로 바라보는 법 집행기관이 있는 빈곤 지역에 갇히게 된다고 주장한다(Harris & Curtis, 2018).

〈표 4-3〉인종, 교육수준, 결혼 상태에 따른 빈곤 통계

빈곤 통계: 인종별		
인종	분류 내 미국인 (백만)	빈곤한 미국인 (백만)	빈곤율
백인, 비히스패닉	195.2	17.3	8.8%
아프리카계 미국인	42.0	9.2	22.0%
아시아계	18.9	1.9	10.1%
히스패닉계	57.6	11.1	19.4%

빈곤 통계: 교육 수준별		
교육수준	25세 이상 미국인 (백만)	빈곤한 25세 이상 미국인(백만)	빈곤율
고등학교 졸업 미만	22.5	5.6	24.8%
고등학교 졸업	62.5	8.3	13.3%
대학 중퇴	57.8	5.4	9.4%
대학 졸업 이상	74.1	3.3	4.5%

빈곤 통계: 결혼 상태별		
결혼 상태	모든 가정 (백만)	빈곤한 가정 (백만)	빈곤율
기혼	60.8	3.1	5.1%
한부모 가정: 모	15.6	4.1	26.6%
한부모 가정: 부	6.5	0.8	13.1%

출처: Federal Safety Net, 2017; Semega, Fontenot, & Kollar, 2017.

〈표 4-3〉은 인종, 교육수준, 결혼 상태별 빈곤 통계를 보여 준다.

여러분을 포함하여 교사 양성 프로그램에 참여하는 많은 학생들은 교외의 중산층 배경에서 자라 왔기 때문에 교실에서 빈곤이 잠재적인 문제가 될 수 있다는 것을 종종 깨닫지 못한다. 그러나 수년간 많은 변화가 있었고, 대도시 지역 빈곤층 인구 중 절반 이상이 이제 교외에 거주하고 있다. 이것은 당신이 어디에서 가르치는지와 관계없이 빈곤이 중요한 요인이 될 수 있다는 것을 시사한다. 더욱이 연구자에 따르면 불리한 가정 환경의 학생들이 다른 운 좋은 또래들보다 전문성을 갖춘 교사에게 배울 기회가 더 적다는 사실이 일관되게 나타나고 있다(Goldhaber et al., 2015). 이 섹션은 여러분이 경제적으로 어려운 환경의 학생들로 대부분 구성된 학교에서 교직을 시작할 경우, 그들이 필요로 하는 전문 교육을 제공할 수 있는 교사가 되도록 돕기 위해 작성되었다. 미연방 정부는 전국 학교 급식 프로그램(National School Lunch Program)을 통해 빈곤 문제의 일부를 해결하려고 노력한다. 이 프로그램은 공립 및 비영리 사립학교, 그리고 아동 복지 시설에서 운영되며, 매 등교일에 학생들에게 영양 균형이 잡힌 점심을 값싸게 또는 무료로 제공한다. 빈곤선 130% 이하 소득 가정의 아동은 무료로 아침 식사와 점심을 제공받을 수 있다. 그리고 빈곤선 130%에서 185% 사이 소득 가정의 아동은 가격이 최대 40센트로 제한된 할인 가격의 식사를 제공받을 수 있다. 2016년에는 이 프로그램에 3천만 명 이상의 어린이들이 참여했다(United States Department of Agriculture, 2017). 교사들은 배고픈 학생들이 학습에 어려움을 겪는다는 것을 알기 때문에 이 문제에 대해 걱정한다. 미국 공립학교 교사 대상 설문에 따르면, 4명 중 3명의 교사가 학교에 굶고 오는 학생들을 가르친다고 답했다. 10명 중 9명의 교사들은 배고픔이 아이들의 교육에 미치는 장기적인 영향에 대해 걱정하고 있다. 예를 들어, 교사들은 자신의 책상에 크래커, 그래놀라 바, 기타 간식을 비축해 두고, 학생들이 학교에서 무료 또는 할인된 가격의 식사 프로그램에 등록할 수 있도록 돕고 있다.

빈곤의 영향

앞서 설명한 고소득층과 저소득층 가정 간의 차이는 빈곤한 아이들에게 더욱 심화되며, 이러한 영향은 뇌가 가장 **빠르게** 발달하는 유아기부터 시작된다. 신경과학 연구에 따르면, 빈곤한 환경에서 자라는 아이들은 높은 수준의 코르티솔(스트레스 호르몬)에 노출되며, 이로 인해 뇌의 구조가 변하고 충동 조절, 작업 기억(제7장에서 자세히 다룬다.), 감정 조절, 오류 처리 및 건강한 대사 기능을 담당하는 뇌 회로가 손상된다(McCoy, 2016). 이러한 결과는 아이들이 굶주린 상태로 학교에 올 때 더욱 두드러진다(NoKidHungry, 2016). 그 결과, 빈곤 가정의 아이들은 이미 상당한 불리한 조건에서 학교 생활을 시작하며, 빈곤 관련 문제가 그들의 학습에 극적인 영향을 미칠 수 있다. 예를 들어, 이들은 성취도가 낮을 뿐만 아니라, 학교에서 정서행동적 문제를 겪을 가능성이 더 높고 또래들에 비해 정학을 당하거나 학년을 반복할 확률이 두 배 더 높다(Lesaux & Jones, 2016).

이러한 문제는 특히 홈리스 아동(homeless children)에게 두드러지게 나타나는데, 예상할 수 있듯이 이들은 정기적으로 학교에 출석하지 못해 이 모든 문제들이 더욱 악화된다. 이어서 우리는 홈리스 문제를 더 자세히 살펴볼 것이다.

홈리스

에밀리(Emily)는 시에서 운영하는 쉼터 바닥에 깔린 매트 위에서 누더기 이불을 유일한 덮개로 삼고 잔다. "추워." 그녀는 반쯤 잠든 목소리로 중얼거린다. 에밀리의 엄마는 곁에 잠든 에밀리의 동생과 여동생을 깨우지 않으려 애쓰며 낡은 겨울 코트를 그녀에게 덮어 준다.

에밀리와 그녀의 남동생, 여동생은 부모와 함께 쉼터의 한 방에서 산다. 경제 침체로 인해 아버지가 직장을 잃은 이후로 이렇게 지낸다. 에밀리의 아버지는 새 일자리를 적극적으로 찾고 있지만, 아직은 행운이 따르지 않고 있다. 에밀리의 가족들은 씻고, 화장실을 이용하기 위해 공동 세면 공간을 사용해야 한다. 방에 있는 유일한 난방기구는 옆방 사람들과 함께 써야 하는 전기 히터뿐이다. 에밀리와 형제들이 배고픈 채로 잠자리에 드는 일은 드물지 않으며, 부모는 아이들이 충분히 먹을 수 있도록 종종 식사를 거른다. 그들은 직장을 구해 다시 정상적인 삶으로 돌아갈 수 있기를 계속 희망하고 있다(Elliott, 2013에서 발췌).

이것이 아이에게 홈리스가 어떤 느낌인지를 보여 준다. **홈리스 학생**(Homeless students)은 고정되고 정기적이며, 적절한 야간 거처를 갖지 못하는 학생들로 정의된다. 그리고 이러한 상태는 학습과 발달에 강력한 부정적인 영향을 미칠 수 있다(Hardin & Wille, 2017). 홈리스는 빈곤의 직접적인 결과이며, 빈곤의 문제는 이 아이들에게 특히 심각하다. 2013~2014학년도에는 미국 학교에 등록된 홈리스 학생 수가 130만 명이 넘었으며, 이는 2009~2010학년도에 비해 38% 이상 증가한 수치이다. 캘리포니아, 텍사스, 뉴욕과 같은 이민자가 많은 주들은 홈리스 학생 수가 가장 많으며, 미취학 아동과 9학년 학생들 사이에서 가장 큰 증가율을 보였다(Jones, 2016). 미연방 정부가 이에 대응해 조치를 취했다. 우리가 제15장에서 설명하는 '모든 학생 성공법 (Every Student Succeeds Act: ESSA)'의 조항에 따라, 미국의 공립 학군들은 다음과 같은 요구 사항을 충족해야 한다(National Association for the Education of Homeless Children and Youth, 2016).

- 홈리스 학생을 찾아내고, 등록하며, 지원할 학교 인력을 선발하여 준비시키기
- 홈리스 아동의 '학교 안정성'을 높이기. 즉, 다른 쉼터나 모텔로 이동하더라도 같은 학교에 다닐 수 있도록 허용하기
- 교육을 계속하는 데 필요한 상담을 보장하고 재정 지원에 대한 접근을 제공하기
- 어린 홈리스 아동이 유아교육 프로그램에 참여할 수 있도록 돕기
- 홈리스 아동을 식별하고 지원하기 위한 학군의 노력을 지원할 수 있도록 더 많은 자금을 승인하기

교실에 홈리스 아동이 있다면, 우리는 그들이 학습하고 성장할 수 있도록 최선을 다해야 할 전문적인 의무가 있다. 이상적으로는, 그들이 홈리스 상태에서 벗어나 자신만의 길을 찾아갈 수 있도록 돕는 것이 우리의 역할이다.

위기 학생

로리 라미레스(Laurie Ramirez)는 채점 중인 시험지를 보며 고개를 젓는다. "이제 4학년인데, 이 아이들 중 일부는 '0'이 무엇을 의미하는지, 자릿값이 숫자에 어떤 영향을 미치는지도 모르고 있어. 어떤 아이들은 덧셈이나 뺄셈도 못하고, 대부분은 곱셈을 이해하지 못하고 있네. 이런 기본적인 수학 개념조차 모르는데 어떻게 문제 풀이를 가르칠 수 있을까?"

"읽기도 크게 다르지 않네."라고 그녀는 생각한다. "몇몇은 4학년 수준으로 읽기는 하지만, 다른 아이들은 'dog', 'cat' 같은 단어를 하나하나 소리 내어 읽고 있어. 이렇게 기본적인 개념에 애를 먹는 아이들에게 어떻게 독해 기술을 가르칠 수 있을까?"

모든 학교에서 학습에 어려움을 겪는 학생들을 찾아볼 수 있다. 이들 중 일부는 여러 가지 장애물이 결합되어, 오늘날 사회에서 성공하는 데 필요한 기술을 갖추지 못한 채 교육을 마치지 못할 위험에 처해 있다. 역사적으로 이러한 학생들은 저성취자(underachievers)로 불렸지만, '위기에 처한(at risk)'이라는 말은 교육 실패의 장기적인 결과를 더 분명하게 반영한다.

사회경제적 지위는 **위기 학생**(students at risk)에게 영향을 미치는 주요 요인이다. 앞서 살펴본 바와 같이 낮은 사회경제적 지위, 특히 빈곤은 학습을 저해하는 다양한 스트레스 요인을 만들어 낸다(American Psychological Association, 2018; Putnam, 2016). 또한, 문화적 소수자나 영어가 모국어가 아닌 학생들은(저소득층에 많고 빈곤과 관련된 문제를 자주 겪기 때문에) 위기 학생이 될 확률이 더 높다(Diaz-Rico, 2013; Koppelman, 2017). 이러한 요인들이 결합되면 만성적인 저성취를 초래할 수 있으며 이는 새로운 학습을 더욱 어렵게 만든다. 학생들이 새로운 학습에 필요한 배경지식과 기술을 결여하고 있기 때문이다. 저성취 문제는 학습동기 부족, 학교에 대한 무관심, 그리고 문제 행동으로 이어지기도 한다(Schunk, Meece, & Pintrich, 2014). 이 문제는 특히 양질의 교육이 가장 필요한 학생들이 종종 자격 미달 교사에게 교육받는 현실에 의해 더욱 악화될 수 있다(Goldhaber et al., 2015).

학업 중단 문제

학업 중단은 위기 학생이 겪을 수 있는 가장 해로운 결과 중 하나로, 빈곤이 주요 원인이다. 저소득층 가정 학생은 더 운이 좋은 또래들보다 학업을 중단할 확률이 다섯 배 더 높다(McCoy, 2016). 학업 중단 학생은 개인적인 성공 가능성이 줄어들고, 불안정한 거주 상태, 범죄, 약물 남용 등의 문제를 겪을 가능성이 더 높다(Macionis, 2017). 고등학교 중퇴자들은 종종 장래성이 없는 최저임금 일자리에 머무르게 된다. 2017년 1월 1일 기준으로, 미국의 최저임금은 조지아주의 최저 $5.15에서 워싱턴 DC의 최고 $12.50까지 다양했으며, 이어 매사추세츠주와 워싱턴주가 각각 $11.00로 그 뒤를 이었다. 다섯 개 주—앨라배마, 루이지애나, 미시시피, 사우스캐롤라이나, 그리고 테네시—는 최저 임금이 아예 없다(National Conference of State Legislatures, 2017).

시간당 $5.15의 임금은 주당 40시간, 연간 50주를 일할 경우 연봉 $10,300에 해당한다. 심지어 시간당 $12.50의 임금도 연봉으로는 $25,000밖에 되지 않는다. 이 금액으로 생활을 유지하는 것, 더 나아가 가족을 부양한다는 것이 얼마나 어려운 일인지 우리 모두 상상할 수 있다. 또한, 고등학교를 중퇴하면 대학 진학과 고급 훈련 및 기술 전문성을 요구하는 고임금 직업의 기회가 사라지게 된다. 과거에는 공장이나 농장 일자리가 중퇴자들에게 실질적인 대안을 제공했지만, 오늘날에는 고용주들이 다른 나라로 아웃소싱을 하고 소규모 농장들이 통합되면서 이러한 일자리는 더 이상 존재하지 않게 되었다. 다행히도, 학업 중단 통계는 긍정적인 방향으로 나아가고 있다. 예를 들어, 2000년부터 2015년까지 백인 청소년의 중도 탈락률이 6.9%에서 4.6%로, 흑인 청소년은 13.1%에서 6.5%로, 히스패닉 청소년은 27.8%에서 9.2%로 감소했다. 2000년에 백인과 흑인 청소년의 격차가 6.2%였으나 2015년에는 1.9%로 좁혀졌으며, 백인과 히스패닉 청소년의 격차도 2000년 20.9%에서 2015년 4.6%로 줄어들었다(U. S. Department of Education, National Center for Education Statistics, 2017). 교사로서 우리는 당연히 학생들이 중도 탈락하는 것을 막기 위해 할 수 있는 모든 것을 하고자 한다. 이 목표를 달성하기 위한 방법은 다음 섹션에서 다룰 예정이다.

위기 학생과 회복탄력성

위기 학생이 성공하도록 돕기 위한 노력은 이제 **회복탄력성**(resilience)을 개발하는 데 집중하고 있다. 회복탄력성은 역경에도 불구하고 학교와 이후의 삶에서 성공할 가능성을 높이는 학습자 특성이다. 연구자들은 빈곤이나 지원 서비스 부족과 같은 어려움에도 불구하고 성공한 젊은이들을 연구하면서, 회복탄력성이 있는 아이들이 잘 발달된 자아체계를 가지고 있다는 것을 발견했다. 여기에는 높은 자존감, 낙관주의, 그리고 자신의 운명을 스스로 통제한다는 느낌이 포함된다. 회복탄력성이 있는 아이들은 개인적인 목표를 세우고, 성공을 기대하며, 자신이 성공에 책임이 있다고 믿는다. 그들은 학습에 동기를 부여받고 학교생활에 만족한다(Tichy, 2017).

이러한 능력은 어떻게 발달할까? 회복탄력성이 있는 아이들은 대체로 정서적으로 지지받는 환경에서 자란다. 그리고 한 가지 눈에 띄는 특징이 있다. 거의 모든 경우, 이들은 자신에게 특별한 관심을 기울이고 높은 도덕적·학문적 기준을 기대하는 한 명 이상의 어른을 가지고 있다. 이 어른들은 그 아이가 실패하도록 내버려두지 않으려는 강한 의지를 가지고 있다. 이러한 어른은 종종 부모이지만, 때로는 나이 많은 형제자매나 교사와 같은 다른 어른들도 있을 수 있다(Edwards, Catling, & Parry, 2016). 학교 역시 회복탄력성 발달에 중요한 역할을 할 수 있다. 이제 그 방법을 살펴보자.

회복탄력성을 촉진하는 학교

연구에 따르면 회복탄력성을 촉진하는 네 가지 학교 실천 방안이 있다.

- 안전과 구조: 학교와 교실은 질서 정연하고 체계적으로 운영된다. 교사들은 학교를 안전하고 친근한 환경으로 만들기 위해 관리자들과 협력하며, 규칙과 절차를 일관되게 적용한다(Emmer & Evertson, 2017; Evertson & Emmer, 2017).
- 교사와 학생 사이의 강한 개인적 유대: 교사들은 학생들이 실패하지 않도록 끝까지 지지하는 어른이 되며, 학생들은 학교와 연결되어 있다는 느낌을 받는다(Castle Heatly & Votruba-Drzal, 2017; Kuhl, 2017).
- 높고 타협하지 않는 학업 기준: 교사들은 학습내용의 숙달을 강조하고, 단순한 출석이나 과제 완성만으로는 만족하지 않는다(Belfi, Gielen, De Fraine, Verschueren, & Meredith, 2015; Biag, 2016; Prelli, 2016).
- 지역사회와의 관계: 학교는 부모와 보호자를 학교 활동에 참여하도록 초대한다(Bryk, Sebring, Allensworth, Luppescu, & Easton, 2010; Peters et al., 2010). 그리고 지역사회와 긴밀히 협력하여 학생들과 가족들을 지원하는 서비스를 제공한다.

이러한 학교들은 학생들에게 높은 요구를 하면서도 동시에 지원을 아끼지 않는다. 많은 경우, 학교는 집과 같은 안식처 역할을 한다. 학교와 지역사회 간의 연계 강조는 학생들의 소외감을 줄이고 학업 참여 및 성취를 높일 수 있다. 학교가 주관하는 활동은 교사들이 교실 밖에서 학생들을 더 잘 이해할 수 있는 기회를 제공한다.

회복탄력성을 촉진하는 교사

학교의 효과는 그곳에서 근무하는 교사들의 역량에 달려 있다. 그렇다면 교사는 어떻게 학생의 회복탄력성을 촉진할 수 있을까? 쉬운 답은 없지만, 연구는 몇 가지 통찰을 제공한다. 학생-교사 간 관계는 회복탄력성을 키우는 토대로 작용한다. 지지적인 교사는 감정적으로 안전하고 갈등이 적은 학습 환경을 조성한다. 교사-학생 간 긍정적인 관계는 학생 참여도 증가(특히 부정적 태도를 가진 학생들조차도) (Archambault, Vandenbossche-Makombo, & Fraser, 2017), 자기조절 능력 증진(Zee & de Bree, 2017), 학업성취도 및 학교 만족도 향상(Leff, Waasdorp, & Paskewich, 2016) 등 다양한 학습 혜택과 관련이 있다. 긍정적인 교사-학생 관계는 노력, 인내, 참여를 촉진하고, 관심과 열정을 북돋우며, 분노, 좌절, 불안, 지루함과 같은 부정적인 감정을 억제하는 데 기여한다(Castle Heatly & Votruba-Drzal, 2017, p. 1043).

학생이 회복탄력성을 가지려면, 자신들의 태도나 행동에 상관없이 교사가 학생의 학습과 인격적 성장을 위하여 헌신하고 있다는 것을 의심 없이 믿어야 한다. 이 관계는 안정적이고 사랑이 넘치는 가정에서 자란 아이들과 유사하다. 그런 아이들은 부모님이 언제나 자신들을 위하여 최선을 다한다는 것을 의심하지 않는다.

그렇다면 이러한 관계는 어떻게 형성될까? 자녀를 사랑하는 부모들이 자녀에게 높은 기대를 하고, 허용 가능한 행동의 한계를 설정하며, 자주 소통하는 것처럼, 회복탄력성을 촉진하는 교사도 동일한 방식으로 학생과 관계를 형성한다. 학생들이 잘못 행동하거나, 무관심하거나, 때로는 학습하지 않으려 할 때조차도, 교사는 그들을 포기하지 않는다. 오히려 교사는 더 노력하고 때로는 학생이 성공하기 위해 필요한 '엄격한 사랑'을 보여 준다(Archambault et al., 2017).

여러분이 자라면서 부모님이 겪으신 불안과 부담을 떠올려 보면, 학생들에게 회복탄력성을 키워 주는 일이 스트레스가 많고 도전적일 수 있다는 것을 쉽게 이해할 수 있다. 성공적인 교사는 높은 수준의 사회적·정서적 역량과 감정적인 강인함을 가지고 있으며, 개인적인 안녕을 유지하며 스트레스를 관리하고 번아웃을 피할 수 있다(Jennings, Frank, Snowberg, Coccia, & Greenberg, 2013). 마지막으로, 특히 문화적 소수집단의 구성원들과 함께 할 때, 개인적인 효능감—자신이 학생들에게 긍정적인 영향을 준다는 확고한 믿음—이 필수적이다(Belfi et al., 2015; Biag, 2016; Prelli, 2016). 회복탄력성을 촉진하는 것은 감정적으로 힘들 뿐만 아니라, 시간이 많이 소요된다. 학교 수업 전후에 학생들의 학업을 돕고, 개인적인 문제나 고민, 목표에 대해 함께 이야기하기 위해 추가 시간을 할애해야 한다. 어려움을 겪는 학생들을 대하는 일부 전문가들은 '공감적 경청'이 불리한 환경에서 자란 학생들과 관계를 형성하는 데 사용 가능한 가장 중요한 개인적 전략 중 하나라고 제안한다(Warshof & Rappaport, 2013). 회복탄력성을 증진시키는 교사에 대해 우리가 또 무엇을 알고 있을까? 이들은 전문가이다. 이들은 학생들이 개인적·학업적 목표를 세우도록 격려하고(Rowe, Mazzotti, Ingram, & Lee, 2017), 학생들과 자주 상호작용하며, 높은 기대를 유지하고, 상호작용적인 교수 전략을 사용하며, 성공과 학습내용의 숙달을 강조하고, 학생들에게 긍정적인 피드백을 제공할 기회를 찾는다(Sprouls, Mathur, & Upreti, 2015).

이들은 모든 학생, 특히 위기 학생들이 학교에서 성공하기 위해 필요한 개인적·학업적 지원을 제공한다.

사회경제적 지위(SES): 교사를 위한 주의 사항 및 함의

문화, 언어, 성별과 마찬가지로, 우리가 설명하는 패턴들이 집단 간 차이를 나타내며, 집단 내 개인들의 특성은 매우 다양하다는 점을 기억하는 것이 중요하다. 예를 들어, 많은 저소득층 부모들도 자녀에게 책을 읽어 주고, 대화를 나누며, 방과 후 활동에 참여하도록 장려하고, 학교 행사에 참석한다. 우리(저자인 폴과 돈) 둘 다 저소득층 가정 출신이지만, 다행히도 우리에게는 고소득층 부모들에 대해 언급한 모든 풍부한 경험들이 주어졌다. 반대로 고소득층 가정의 일원이라 할지라도, 아이가 풍부한 경험을 하거나 애정과 관심이 많은 부모를 만난다는 보장은 없다. 우리는 특정 가정환경이 학생들이 학교에서 성공하는 데 어려움을 줄 수 있다는 것을 알고 있지만 학교와 교사가 이러한 문제들을 극복하기 위해 할 수 있는 일이 많다는 것도 알고 있다. 이제 회복탄력성을 촉진하기 위한 구체적인 제안들로 넘어가겠다.

교육심리학을 교수에 활용하기: 학생의 회복탄력성 촉진하기

우리는 교사와 학생 간의 관계가 회복탄력성이 발달하는 기반이라는 것을 알고 있다. 그렇다면 학생들에게 우리가 그들을 학습자이자 개인으로서 중요하게 여긴다는 것을 어떻게 전달할 수 있을까? 학생들이 열심히 노력하고 성공하도록 요구하는 가르침은 이 과정을 다른 어떤 것보다도 잘 전달한다. 학생들은 자신이 높은 기대를 충족하도록 도와주는 교사를 존중하고 감사하게 여긴다. 한 학생이 이렇게 말했다. "그 선생님은 저를 따로 불러서, 오로지 저만, 모든 것을 확실히 이해했는지 확인해 주셨어요. 그리고 선생님은 제가 모든 것을 확실히 이해할 수 있도록 추가로 연습을 시켜 주셨어요"(Jansen & Bartell, 2013, p. 40).

APA의 20가지 주요 원칙

이 설명은 유치원-12학년(초·중등학교)까지 교수 및 학습을 위한 심리학의 20가지 주요 원칙 중 원칙 11을 보여 준다. 교사의 학생에 대한 기대는 학생의 학습 기회, 동기 및 학습 결과에 영향을 미친다. 연구에 따르면 문화적 소수자와 특별한 요구를 가진 학생을 포함한 모든 학생들에게 효과적인 것으로 입증된 동일한 전략들이 위기 학생들에게도 회복탄력성을 촉진한다는 사실이 일관되게 나타나고 있다(Good & Lavigne, 2018; Jennings et al., 2013). 우리는 근본적으로 다른 방식으로 가르칠 필요는 없지만, 더 잘 가르칠 필요는 있다. 다음 제안들은 이러한 노력을 지원할 수 있다.

1. 예측 가능한 일과가 있는 안전한 교실 환경을 조성하고 유지하라.
2. 높은 기대치를 설정하고, 학습 진행 상황에 대해 자주 피드백을 제공하라.
3. 모든 학생을 참여시키고, 높은 수준의 성공을 촉진하는 교수 전략을 사용하라.
4. 학생들이 새로운 내용을 학습하는 데 필요한 배경지식을 제공하는 양질의 예시를 활용하라.

예측 가능한 일과가 있는 안전한 교실 환경 조성하기. 앞서 보았듯이, 위기 학생들은 종종 불확실성이 많은 환경에서 자라며, 학교는 이들에게 안전한 피난처가 되곤 한다(Henderson, 2013). 안전하고 예측 가능한 환경을 조성하는 것은 모든 학생에게 중요하지만 위기에 처한 학생들에게는 필수적이다(Emmer & Everton, 2017; Evertson & Emmer, 2017). 이 장의 도입부에서 5학년 놀런 선생님의 사례를 소개했다. 이제 그의 학생들과의 일상을 다시 살펴보며 그가 이 제안을 어떻게 적용하고 있는지 알아보자.

"좋은 아침, 투…… 멋진 머리야, 바라즈." 놀런 선생님은 매일 아침 교실 문으로 들어오는 학생들에게 인사한다.

자리에 앉은 후, 학생들은 놀런 선생님이 실물화상기로 보여 준 '오늘의 과제'를 즉시 시작한다. 오늘의 과제는 다음과 같다. 다음을 더하시오.

$$\frac{1}{3} + \frac{1}{6} =$$

그리고

$$\frac{2}{3} + \frac{3}{4} =$$

학생들은 매일 아침 상기시켜 주지 않아도 '오늘의 과제'를 완성한다. 과제를 마친 후, 놀런 선생님은 두 명의 학생에게 문제 풀이 과정을 설명하게 하고, 그들의 실수를 바로잡는다. 그리고 그는 "오늘은 누구 차례인가요?"라고 묻는다. "저요"라고 애나가 손을 들며 대답한다.

매주 금요일에는 놀런 선생님은 한 명의 학생에게 그들의 문화적 배경에 대한 발표를 하게 한다. 학생들은 음식, 의복, 예술, 음악 등을 예시로 가져온다. 그는 학생들이 자신의 문화적 유산이 담긴 전통 복장을 입도록 격려한다. 그리고 학생들은 자신의 이름을 교실 앞 지도에 핀으로 표시한다. "애나가 해 보세요."

놀런 선생님은 두 가지 방법으로 안전하고 예측 가능한 환경을 조성했다. 첫째, 그는 학생들이 교실 문으로 들어올 때마다 항상 인사를 건넸다. 이 행동은 간단하며, 학생들이 의식적으로 반응하지 않을 수도 있지만, 따뜻하고 친근한 교실 환경을 조성하는 데 중요하다. 둘째, 그의 학생들은 매일 아침 '오늘의 과제'를 완성했고, 놀런 선생님은 그들에게 피드백을 제공했으며, 실수를 수정할 시간을 주었다. 이 루틴은 예측 가능성을 높였을 뿐만 아니라 학생들이 공부하는 내용을 추가로 연습할 기회를 주었다. 위기 학생들에게는 이 문제를 푸는 일과 자체가 연습보다 더 중요할 수 있다.

놀런 선생님은 또한 금요일 아침마다 학생 한 명이 발표하게 했다. 이것은 문화적 소수집단 학생들의 자부심을 높일 뿐만 아니라, 예측 가능한 일정을 제공했다. 이는 그의 학생들처럼 안정감과 구조화가 중요한 학생들에게 긍정적인 영향을 미쳤다.

높은 기대치를 학습 진행에 대한 피드백과 결합하기 높은 기대치는 모든 학생들에게 중요하며, 특히 위기 학생들에게 더욱 중요하다(Jansen & Bartell, 2013). 이 과정은 그들이 공부하는 주제에만 국한되지 않는다. 놀런 선생님은 학생들에게 문제 풀이 과정에서 그들의 생각을 설명하도록 요구함으로써 높은 기대치를 전달했다. 이것은 모든 문제에 적용되었으며, 학생들이 실수한 부분을 수정하도록 했다. 그의 행동은 두 가지 이유로 중요하다. 첫째, 그가 학생들에게 항상 사고 과정을 설명하도록 요구함으로써, 이 과정은 추가적인 일과가 되었고, 둘째, 그는 자신의 학생들을 믿고 그들이 할 수 있다고 믿는다는 것을 보여 주었다. 이러한 믿음을 전달하는 것은 문화적 소수집단의 구성원들과 위기 학생들에게 매우 중요하다. 이들은 일반적으로 다른 학생들이 경험하지 못하는 불확실성 속에서 살아가기 때문이다.

학생들에게 자신의 생각을 설명하도록 요구하는 것은 부담이 크고 인내가 필요하다. 많은 학생들, 특히 영어가 모국어가 아닌 학생들은 자신이 이해한 것을 말로 표현하는 데 어려움을 겪는다. 포기하고 싶은 충동, 즉 "이들은 할 수 없어"라는 결론에 이르기 쉽다. 학생들이 어려움을 겪는 이유는 충분한 연습과 지원이 부족하기 때문이다. 연습을 할수록 더 나아지고, 연습은 그들이 발전할 수 있는 유일한 방법이다. 그래서 놀런 선생님이 했던 것처럼 인내심을 가지고 계속하는 것이 필수적이다.

APA의 20가지 주요 원칙

다음 설명은 다시 한번 유치원-12학년(초·중등학교)까지 교수 및 학습을 위한 심리학의 20가지 주요 원칙에 제시된 원칙 5를 보여 준다: 장기 지식과 기술의 습득은 주로 연습에 의존한다.

학생 참여와 성공 촉진을 위한 교수 전략을 사용하라 위기 학생들은 종종 불리한 배경에서 오기 때문에 학업 성공 경험이 부족하다. 따라서 이들과 함께 성공을 도모하는 것은 실패를 극복할 수 있는 학업적·정서적 역량이 더 잘 갖추어진 유리한 환경의 동료들보다 더욱 중요하다. 이제 놀런 선생님이 학생들과 함께 이차원 기하학적 도형 분류와 관련된 연습을 하는 과정에서 그가 보여 준 노력을 다시 살펴보자.

놀런 선생님은 실물화상기로 다음과 같은 도형을 보여 주었다.

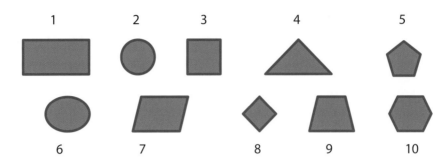

이제, 대화의 일부를 다시 살펴보자.

놀런 선생님: 모두 도형들을 봐 주세요. …… 이제, 여러분에게 각자 관찰한 것을 말하도록 할 거예요. …… 보이는 것이라면 무엇이든 말해 보세요. …… 시작해 볼까요. 관찰한 것을 말해 보세요, 펠리페.

펠리페: 직선이 있어요.

놀런 선생님: 네, 잘했어요. 여러 도형들이 직선을 가지고 있네요.…… 또 다른 관찰은요, 바라즈?

바라즈: 몇 개는 변이 네 개인데, 5번은 변이 다섯 개이고 10번은 변이 여섯 개예요.

놀런 선생님이 계속해서 질문하자, 이러한 유형의 질문에 익숙한 학생들은 다음과 같이 관찰한 것을 말한다. 예를 들어,

• 3번은 모든 변의 길이가 같다.
• 1번, 7번, 8번은 마주 보는 변의 길이가 같다. 그리고 놀런 선생님은 3번 도형도 같은 경우에 속한다고 상기시킨다.
• 4번과 9번은 두 변의 길이가 같다.

놀런 선생님은 점차 질문을 좁혀 나가면서 더 구체적인 답변을 요구했고, 결국 도형들을 분류하는 데 이르렀다.

우리는 문화적 소수자와 영어 학습자와 함께 작업할 때 개방형 질문을 사용하는 것이 참여와 성공을 촉진하는 데 효과적이라고 강조했다. 학업 성공 경험이 부족한 경우가 많기 때문에, 위기 학생들도 이 전략으로부터 큰 혜택을 받는다. 학생들이 관찰한 것이라면 무엇이든 대답할 수 있었기 때문에 성공적으로 답변할 수 있었다. 성공 경험이 부족한 학생들에게 이 경험은 정서적으로나 학업적으로 매우 강력할 수 있다(Tichy, 2017). 물론, 이 전략이 학생들이 모든 학업 경험에서 성공하게 할 수는 없지만, 중요한 출발점이 된다. 그리고 추가적인 지원이 이루어지면, 학생들은 점차 인내심을 키워 나가게 되며, 이는 장기적인 성공 가능성을 크게 높일 수 있다.

참여와 성공을 촉진하는 것은 모든 학생들에게 중요하며, 위기 학생들에게는 필수적이다(Tichy, 2017; Vaughn et al., 2018).

배경지식을 제공하는 양질의 예시 사용하기 위기 학생들은 종종 학교생활에서 성공하는 데 필요한 경험이 부족하다. 이는 우리가 이 학생들을 위해 이러한 경험을 제공해야 한다는 것을 의미한다. 놀런 선생님은 실물화상기로 도형을 보여 주며 이러한 방법을 적용했다.

양질의 예시는 모든 학생들에게 중요하지만, 위기 학생들에게는 필수적이다. 예를 들어, 유치원 교사들은 학생들 자신, 또는 반려 햄스터, 뱀, 도마뱀을 이용해 '살아 있는 것'이라는 개념을 가르칠 수 있다. 교실 주변의 물건들은 '명사'라는 개념을 설명하는 데 좋은 예시가 될 수 있고, 피아니카를 사용하여 '장조 코드'라는 음악 개념을 설명하는 것도 양질의 예시가 된다.

우리는 제9장에서 양질의 예시들과 이를 뒷받침하는 이론적 틀을 자세히 논의할 것이다.

전국교사자질위원회(NCTQ)

전국교사자질위원회(NCTQ)는 예시 사용을 모든 신임 교사가 알아야 할 6가지 필수 교수 전략 중 하나로 설명한다. '2. 추상적인 개념을 구체적인 표현과 연결하기. 교사들은 포괄적인 아이디어를 명확하게 해 주는 구체적인 예시를 제시하고, 이러한 예시와 큰 개념이 어떻게 연결되는지 설명해야 한다(Pomerance, Greenberg, & Walsh, 2016, p. vi).'

양질의 예시 사용의 핵심은 위기 학생들의 학업 성공에 필요한 경험을 제공한다는 것이다. 이는 유리한 환경에 있는 학생들이 학교에서 자연스레 접하는 경험을 대신해 주는 것이다. 위기 학생들에게 높은 기대를 유지하면서 그들의 성공을 돕는 일은 결코 쉽지 않다. 회복탄력성을 촉진하는 것은 결코 약한 사람을 위한 일이 아니며, 육체적으로도 매우 고된 작업이다. 하지만 이러한 학생들이 도전에 맞서 성공하는 모습을 보는 것은 당신이 경험할 수 있는 가장 보람찬 일 중 하나가 될 것이다. 다른 곳에서는 들어 봤을 법한 말처럼, "가장 힘들지만 가장 사랑하게 될 일"이다.

교실과의 연계

교실에서 회복탄력성 촉진하기

1. 교사의 긍정적인 기대는 학생들의 동기와 성취에 영향을 미친다. 학생들과 그들의 부모에게 긍정적인 기대를 전달하라.

- **초등학교**: 한 4학년 교사는 학기 첫 2주간 교실 규칙을 학생들에게 가르치며, 이러한 규칙이 어떻게 학습에 도움이 되는지 설명한다. 그녀는 간단한 과제를 내주고, 학생들이 과제를 제시간에 제출하는지 꼼꼼히 확인한다. 만약 과제가 누락되면 바로 학부모에게 연락한다.

- **중학교**: 한 수학 교사는 자신의 수업 진행 방식을 세심하게 설명한다. 그는 출석과 노력이 얼마나 중요한지 강조하며, 모든 학생들이 잘할 것이라고 기대한다고 전달한다. 또한, 학교에서 수업 전후로 추가적인 도움 제공 시간을 마련한다.

- **고등학교**: 한 도심 지역의 영어 교사는 학년이 시작될 때 희망찬 내용의 편지를 학부모들에게 보낸다. 이 편지에서는 그녀가 요구하는 과제와 성적 평가 방식을 설명한다. 영어가 모국어가 아닌 학부모들을 위해 학생들이 편지 내용을 번역하도록 도와주며, 부모가 편지를 읽었다는 표시로 서명해 달라고 요청한다. 또한, 부모나 보호자들이 질문이나 의견을 자유롭게 제시하도록 요청한다.

2. 위기 학생들에게는 상호작용적 교수법이 필수적이다. 학생들의 적극적인 참여와 성공을 유도하는 교수 전략을 사용하라.

- **초등학교**: 한 5학년 교사는 교실 좌석을 배치할 때 소수집단 학생들과 그렇지 않은 학생들이 섞이도록 한다. 그는 모둠 활동 및 전체 수업을 병행하며, 모둠 활동을 할 때는 성취도가 높은 학생과 낮은 학생, 소수집단 학생과 비소수집단 학생, 그리고 남학생과 여학생이 골고루 포함된 그룹을 구성한다.

- **중학교**: 한 지구과학 교사는 매일 학생들에게 간단한 퀴즈를 낸다. 그는 다음 날 피드백을 제공하고, 학생들은 자주 자신의 평균 점수를 계산한다. 교사는 이 점수들을 면밀히 모니터링하고, 뒤처지는 학생들을 돕기 위해 수업 전 시간을 할애한다.
- **고등학교**: 한 영어 교사는 질문과 예시를 중심으로 수업을 구성한다. 그녀는 "저의 목표는 수업마다 모든 학생을 최소 두 번씩 부르는 거예요. 또한, 예시를 다룰 때 많은 피드백과 강화를 사용하지요."라고 말한다.

학교급별 적용

다양한 연령대에서의 학습자 다양성

다양성의 여러 측면은 학년 간에 비슷한 점이 많지만 발달상의 중요한 차이점들이 있다. 다음 단락들은 이러한 차이점들에 어떻게 대응할지에 대한 제안들을 소개하고 있다.

유아교육 프로그램 및 초등학교에서 학생들을 지도하기

초등학생들은 제2외국어 학습 시 발달상의 도전을 마주하게 된다. 그들은 독서 및 쓰기 능력을 배우는 동시에 영어도 함께 학습해야 한다. 일부 연구에서는 어린 언어 학습자들이 나이 많은 학습자들보다 더 적응력이 뛰어날 수 있다고 제안하지만, 이들이 성공하려면 여전히 특별한 지원이 필요하다(Echevarria et al., 2018a, 2018b). 이 학생들에게는 언어를 연습하고 활용할 수 있는 기회를 극대화하는 교육이 필수적이다. 교사 게리 놀런이 '교육심리학 및 교수법: 문화적·언어적으로 다양한 학급 학생들을 가르치기'에서 사용한 전략들은 모든 연령대의 학습자들에게 효과적이지만, 특히 초등학생들에게 매우 중요하다. 영어 학습자들이 자신의 언어 능력을 발달시키는 데 도움이 되는 글쓰기 과제도 중요하다(Tompkins, 2018).

앞서 언급했듯이 남학생들은 여학생들보다 발달이 더 느리며, 여학생들은 더 발달된 언어 능력을 가지고 있다. 일부 전문가들은 남학생들이 여학생들보다 특수교육 프로그램에 더 많은 이유를 이러한 발달 지연 때문으로 설명하고 있다. 일어나서 움직일 기회를 주고, 다양한 실제 사례를 제공하며, 영어 학습자에게 효과적으로 입증된 상호작용적 교육 전략을 제공하는 것도 발달이 느린 남학생들에게 효과적이다.

중학교에서 학생들을 지도하기

사춘기와 같은 발달적 변화, 그리고 학생들이 종종 다섯에서 여섯 명의 교사를 가지며 사적인 관계 맺음이 덜한 중학교로의 전환은 다양한 배경을 가진 학생들에게 어려움을 줄 수 있다. 모든 학생들의 배경이 존중받고 중요하게 여겨진다는 메시지를 전달하는 것은 다양한 배경의 학생들로 구성된 중학교에서 초등학교보다 더욱 중요하다. 안전하고 예측 가능한 교실은 중학교 학생들에게 구조와 안정감을 제공한다(Emmer & Evertson, 2017). 적절하게 정립된 일과, 규칙의 일관된 시행, 그리고 모든 학생들에 대한 예의와 존중이 필수적이다. 학생들과 개인적인 관계를 형성하고, 학교의 목적이 학습임을 강조하며, 학생들 간의 경쟁과 차이를 부각하지 않는 것도 중요하다.

고등학교에서 학생들을 지도하기

고등학교는 학생들의 공교육 경험의 정점이자, 대학과 직업을 준비하는 중요한 전환기이다. 특히, 저소득층 가정 출신이거나 문화적 소수집단에 속하는 많은 학생들은 테크놀로지 분야와 같이 빠르게 발전하는 분야에서 열려 있는 직업 및 고등교육 기회에 대해 잘 알지 못한다. 이러한 학생들에게 학습내용을 그들의 미래와 연결하는 것은 특히 중요하다. 예를 들어, 과학 교사는 관련 분야의 직업 선택지를 논의할 수 있고, 사회 교사와 영어 교사는 테크놀로지가 우리 삶에 미치는 영향을 탐구할 수 있다.

고등학교는 남녀 모두에게 성역할 정체성을 사회적 기대와 조화시키려는 중요한 시기이다. 예를 들어, 어떤 고등학교 여학생들은 지적으로 당당한 것은 여성스러움과 양립할 수 없을까 봐 두려워하고, 반면에 남학생들은 대학에 가야 하는지 아니면 바로 직장에 들어가야 하는지에 대한 결정을 고민한다. 고등학교 학생들과의 열린 대화는 그들이 이러한 문제를 해결하는 데 큰 도움이 될 수 있다.

제4장 요약

1. 문화를 설명하고 문화의 다양한 측면이 학습에 어떻게 영향을 미치는지 설명하시오.
   - 문화는 사회집단을 특징짓는 지식, 태도, 가치 및 관습을 의미한다. 아동의 문화와 학교 문화 간의 일치는 학교에서의 성공에 강력한 영향을 미친다.
   - 민족성은 개인의 혈통과 그들 조상의 출신 국가와 동일시하는 방식을 가리킨다.
   - 문화와 민족성은 학생들이 학교에 가져오는 문화적 태도와 가치를 통해 학습에 영향을 미칠 수 있다. 어떤 가치는 학습을 촉진하고, 다른 것들은 학습을 방해할 수 있다.
   - 문화와 민족성은 또한 문화집단 특유의 상호작용 방식을 통해 학습에 영향을 미칠 수 있다. 이러한 상호작용 방식이 학교에서 요구하는 것과 유사하면 학습을 촉진하지만, 다르다면 학습을 방해할 수 있다.

2. 교사들이 학생들의 언어 다양성을 수용할 수 있는 방법을 설명하시오.
   - 미연방 법률이 출신 국가에 따른 할당량을 폐지함으로써, 더 많은 이민자들이 미국으로 오게 되었다. 이로써 우리 교실에서는 문화, 민족 및 언어 다양성이 크게 증가했다.
   - 교사들은 먼저 모든 문화가 존중되고 가치 있다는 것을 전달하고, 모든 학생들을 학습 활동에 참여시키며, 주제를 가능한 한 구체적으로 제시함으로써 이러한 다양성을 수용할 수 있다.
   - 교사들은 또한 학생들에게 언어를 연습할 기회를 제공하고 중요한 어휘를 강조함으로써 이러한 다양성을 수용할 수 있다.

3. 성별이 학습에 어떻게 영향을 미칠 수 있는지 설명하고, 교실에서 성별 편견을 없애기 위한 방법을 설명하시오.
   - 성별은 남학생 또는 여학생이 성별 고정관념을 받아들일 때 학습에 영향을 미칠 수 있다. 예를 들어, 수학이나 컴퓨터 과학이 남성의 영역이라고 믿거나, 여학생이 남학생보다 본질적으로 영어와 글쓰기를 더 잘한다고 믿는 경우가 있다.
   - 학교는 학생들이 권력과 취약성에 대해 배우는 데 중요한 역할을 하며, 성희롱과 성폭행을 근절하는 출발점이 될 수 있다.
   - 교사들은 젠더 이슈를 공개적으로 논의하고, 남학생과 여학생 모두에게 동일한 학업 행동을 기대하며, 고정관념에 얽매이지 않은 롤모델을 초대하여 성별 문제를 논의함으로써 성별 편견을 없애기 위해 노력할 수 있다.

4. 사회경제적 지위(SES)를 정의하고, 이것이 학습에 어떻게 영향을 주는지 설명하시오.
   - 사회경제적 지위란 가계 소득, 부모의 직업, 그리고 부모의 교육수준의 조합으로 인한 사회에서의 상대적 위치를 의미한다.
   - SES는 학생들의 기본적 요구에 영향을 미침으로써 학습에 영향을 미칠 수 있다. 빈곤 가정의 아이들은 종종 열악한 주거 환경에서 생활하며, 의료 서비스에 접근할 수 없는 경우가 많다.
   - 아이들은 학교 관련 경험이 부족할 수 있으며, 하위 SES를 가진 부모들은 자녀 교육에 참여하기 위해 격려와 도움이 필요할 수 있다.
   - SES는 부모의 태도와 가치관을 통해 학습에 영향을 미칠 수 있다. 많은 상위 SES 부모들은 자율성, 개인적인 책임감, 그리고 자기 통제를 장려하는 반면, 하위 SES 부모들은 복종과 순응을 더 중요하게 생각하는 경향이 있다. 또한, 상위 SES 부모들은 또한 하위 SES 부모들보다 자녀에 대해 더 높은 기대치를 갖는 경향이 있다.
   - 회복탄력성이 있는 학생들은 역경에 직면해도 성공하고 심지어 번영할 수 있다.
   - 학생이 실패하지 않도록 끝까지 지지해 주는 어른의 존재는 회복탄력성을 키운 학생들 사이에서 공통적으로 나타나는 특징이다.
   - 학교는 안전하고 질서 있는 학습 환경을 조성하고, 교사와 학생 간 강한 개인적 유대관계를 촉진하며, 높은 학업 기준을 유지함으로써 회복탄력성을 촉진할 수 있다.
   - 교사들은 모든 학생을 학습 활동에 참여시키고, 학생들의 성공에 필요한 배경 경험을 제공하는 양질의 예시를 사용함으로써 회복탄력성을 더욱 촉진할 수 있다.

자격증 시험 준비하기

학습자 다양성 이해하기

우리 학생들이 점점 다양해지고 있기 때문에 당신의 교사 자격 시험에는 학습자 다양성과 관련된 문제가 포함될 것이다. 다음에 당신의 시험 준비를 돕기 위한 연습문제가 제시되었다.

이 장에서 우리는 문화, 언어 다양성, 성별, 그리고 사회경제적 지위가 학습에 어떻게 영향을 미칠 수 있는지, 그리고 이러한 요소들의 조합이 학생들을 어떻게 위기에 처하게 하는지를 살펴보았다.

이제 다양한 배경을 가진 학생들과 협업하는 또 다른 교사의 사례를 살펴보겠다. 다음 사례를 읽고 이어지는 질문에 답해 보자.

테리 홀(Teri Hall)은 도심 지역 중학교에서 8학년 미국 역사 과목을 가르치는 교사이다. 대부분의 학생들은 저소득 가정 출신이며, 많은 학생들이 문화적 소수집단의 일원이고, 일부는 영어 학습자이다. 오늘, 그녀의 수업에서는 북미 식민지 개척에 대해 배운다. 홀 선생님은 학생들이 교실로 들어오면 출석을 부르고, 종이 울릴 때쯤 자신의 책상 위에 있는 컴퓨터에 출석 정보를 입력하는 작업을 마친다.

"어제 우리가 무슨 주제를 다루었죠?" 종소리가 울리자마자 홀 선생님이 질문한다. "디탄(Ditan)?"

"미국 식민지의 시작 부분이었어요."

"좋아요. …… 누가 나와서 지도에서 우리가 사는 곳을 가리키고, 첫 번째 영국, 프랑스, 스페인 식민지를 보여 줄 수 있나요? …… 이사벨라(Isabella)?"

이사벨라가 교실 앞으로 나가서 북미 대륙의 대형 지도에서 네 군데를 가리킨 후, 홀 선생님은 몇 분 동안 이전 수업에서 다룬 중요한 개념들을 다시 한번 복습한 후, 프로젝터로 다음 내용을 보여 준다.

1600년대 중반, 미국 식민지 개척자들은 영국에서 담배가 재배되지 않았기 때문에 담배 재배를 권장받았다. 식민지 주민들은 그것을 프랑스와 다른 나라에 판매하고자 했지만, 허가받지 못했다. 영국으로 담배를 보내는 대가로, 식민지 주민들은 영국에서 섬유 제품을 구매할 수 있었다. 그러나 섬유 제품을 직접 만드는 것은 금지되었고, 모든 물자는 영국 선박으로 운송되어야 했다.

초기 프랑스 식민지 개척자들은 열성적인 모피 사냥꾼이자 무역상이었다. 그들은 모피 의류를 제조하고 이를 스페인, 영국 등 다른 나라에 판매하려고 했으나, 프랑스 왕실과 문제가 생겼다. 왕실은 그들에게 파리의 상인들로부터 제조된 의류를 구매해야 한다고 명령했으며, 덧붙여 덫과 무기 또한 프랑스에서 제작하여 식민지로 보

내겠다고 통보했다. 식민지 개척자 중 한 명인 장 포르제(Jean Forjea)는 왕실의 명령에 따랐지만, 모피 일부를 프랑스로 운송하기 위해 네덜란드 선박을 대여한 것 때문에, 벌금을 물게 되었다.

"화면에 보이는 단락들을 읽어 보세요." 그녀가 말한다. "그런 다음 짝과 함께 프랑스 식민지 개척자와 영국 식민지 개척자 간의 비슷한 점 세 가지를 적어 보세요. 5분 동안 진행합니다." 홀 선생님은 수업에서 모둠 활동을 매우 많이 한다. 때로는 학생들이 두 명씩 활동하게 하고 때로는 네 명씩 모둠을 이루도록 한다. 학생들은 함께 앉아 있어서 신속하게 모둠으로 이동하거나 해산할 수 있다. 처음에 학생들은 친구와 가까이 앉지 못해서 좌석 배치에 불만을 제기했지만, 홀 선생님은 학습하며 다른 사람들을 알아가고 존중하는 것도 수업의 중요한 목표라고 강조했다. 홀 선생님은 이러한 방식을 밀고 나갔고, 결국 모둠 활동은 상당히 효과적으로 진행되었다.

홀 선생님은 학생들의 활동을 지켜보고, 5분이 끝나자 "좋아요, 잘 했어요. …… 이제 앞을 다시 봐 주세요. 함께 이걸 생각해 봅시다."라고 말한다. 학생들이 빠르게 앞쪽으로 시선을 돌리자, 홀 선생님은 물어본다. "세레나(Serena), 데이비드(David)와 무엇을 생각했어요?"라고 물어본다. "…… 두 단락 모두 유럽의 식민지에 관한 내용이에요." "좋아요, 에릭(Eric)과 쿄(Kyo)는 어떻게 생각해요?"

"…… 두 식민지들 모두 자국, 즉 영국과 프랑스가 원하는 것을 생산했어요. 예를 들어, 담배나 모피 같은 것들이죠.", "아주 훌륭한 관찰이에요. 두 사람." 홀 선생님이 미소 지으며 말한다. "구스타보(Gustavo)가 계속해 보세요. 구스타보와 팜(Pam)은 어떻게 생각하나요?", "그들은 물건을 자국으로 보냈어요." 구스타보가 노트를 보고 대답한다. "그리고 다른 곳에는 보낼 수 없었어요!" 티토(Tito)가 그 생각에 동의하며 덧붙인다. "모두 정말 잘했어요. 티토가 그 아이디어를 어디서 얻었을까요? 코니

(Connie)?", "단락에 바로 나와 있어요," 코니가 대답한다. "정말 훌륭해요. 여러분! 코니, 정보를 잘 활용해서 생각을 뒷받침했어요." 홀 선생님은 학생들이 단락을 분석하도록 계속 지도한다. 그녀는 수업을 이끌어 각 경우마다 식민지들이 원자재를 본국으로 보내고, 완제품을 다시 사들이며, 모든 물자를 본국의 배로 운송해야 했다는 결론에 도달하게 된다. 그런 다음 그녀는 이 정책이 '중상주의(Mercantilism)'라고 불리며 국가들이 식민지에서 이익을 얻기 위해 사용한 전략이었다고 설명한다. "중상주의는 왜 유럽이 제국주의와 식민지 개척에 관심을 가졌는지 이해하는 데 도움을 줍니다."라고 덧붙인다. "이것이 모든 것을 설명하지는 않지만, 이 시대 역사에서 중요한 요소였어요. 다른 문단을 살펴보죠. 이 설명이 중상주의를 보여 주고 있는지 생각해 보고, 왜 그런지 또는 왜 그렇지 않은지 설명할 준비를 하세요."라고 그녀가 말하며 화면에 다음 내용을 표시한다.

> **캐나다는 영연방의 일원이다. 캐나다는 대량의 곡물을 생산하고 수출하며, 이 곡물을 영국, 프랑스, 러시아 및 다른 국가에 판매하여 상당한 수입을 얻고 있다. 이 무역은 그리스, 노르웨이 및 리베리아의 해운업도 발전시켰는데, 이들 국가들이 대부분의 제품을 운송하고 있다. 그러나 캐나다는 곡물에만 의존하지는 않는다. 현재 캐나다는 의류, 첨단 장비 및 중공업 장비의 주요 생산국이기도 하다.**

학생들은 이 단락을 논의한 후, 본문의 증거를 바탕으로 이 설명이 중상주의를 나타내지 않는다고 결론을 내린다.

사례 분석을 위한 질문

이 장과 사례 분석에서 얻은 정보를 활용하여 다음 질문에 답해 보시오.

객관적 질문

1. 홀 선생님이 교실에서 성차별을 없애기 위해 사용한 전략은 다음 중 무엇인가?
   a. 소규모 모둠 활동에서 여학생을 전략적으로 리더 역할에 배정하기
   b. 남학생과 여학생을 똑같이 지목하기
   c. 공개적으로 성별 편견 문제에 대해 이야기하기
   d. 여성 롤모델을 교실로 초빙하기

2. 홀 선생님이 수업에서 학생들을 적극적으로 참여시키기 위해 사용한 두 가지 전략은 무엇인가?
   a. 질문하기
   b. 역할놀이
   c. 소규모 모둠 활동
   d. 글쓰기

주관식 질문

1. 성공과 도전은 위기 학생들을 위한 효과적인 교육에 꼭 필요하다. 홀 선생님이 이러한 요소를 제공하기 위해 시도한 방법을 평가해 보시오.

중요 개념

개방형 질문(open-ended question)
고정관념 위협(stereotype threat)
난민(refugees)
문화(culture)
문화감응적 교수법(culturally responsive teaching)
문화적 불일치(cultural mismatch)
민족성(ethnicity)

반항적인 또래 문화(oppositional peer culture)
방언(dialect)
빈곤(poverty)
사회경제적 지위(Socioeconomic Status: SES)
성(sex)
성별 정체성(gender identity)
성폭행(sexual assault)

성희롱(sexual harassment)

영어 학습자(English Language Learners: ELLs)

위기 학생(students at risk)

이민자(immigrants)

이중 방언 능력(bidialectalism)

이중 언어 능력(bilingualism)

인종(race)

인종적 미세공격(racial microaggressions)

학습자 다양성(learner diversity)

홈리스 학생(homeless students)

회복탄력성(resilience)

특수성을 지닌 학습자

제**5**장

이 장을 공부한 후 여러분은 다음을 할 수 있어야 한다.

5.1 지능에 대한 관점의 차이를 기술하고 능력별 집단편성이 어떻게 학습에 영향을 주는지를 설명할 수 있다.

5.2 특수성을 지닌 학생들을 교육하는 데 있어 필요한 법적 근거를 설명하고, 미국 「장애인교육법(IDEA)」의 조항을 설명할 수 있다.

5.3 교실에서 교사가 자주 접하는 가장 일반적인 학습 문제를 설명할 수 있다.

5.4 영재 및 재능이 있는 학생의 특징과 이러한 학생을 변별하고 가르치는 방법을 설명할 수 있다.

5.5 통합학급에서 일반학급 교사의 책임을 설명하고, 보편적 학습 설계와 어떻게 관련되는지 설명할 수 있다.

APA의 20가지 주요 원칙

이 장에서 명시적으로 다루는 유치원–12학년(초 · 중등학교)까지 교수 및 학습을 위한 심리학의 20가지 주요 원칙은 다음과 같다.

- 원칙 5: 장기 지식과 기술의 습득은 주로 연습에 의존한다.
- 원칙 7: 학생들의 자기조절은 학습에 도움이 되고, 자기조절 기술은 가르칠 수 있다.

여러분이 교직을 시작할 때, 학습 또는 행동 문제를 가진 학생들을 만나게 될 것이다. 일부는 학업적으로 또래를 따라가는 데 어려움을 겪을 것이고, 다른 일부는 집중하거나 가만히 앉아 있는 데 어려움을 겪을 것이다. 시각 또는 청각장애를 가진 학생도 있을 수 있다. 그들은 많은 면에서 다른 학생들과 비슷하지만, 교실에서 성공하기 위해 추가적인 도움이 필요하다. 다음 사례 연구를 읽으면서 이러한 문제를 생각해 보자.

대도시에 위치한 대형 초등학교인 그로브 파크 초등학교(Grove Park Elementary)의 교사 셀리나 커티스는 1학년을 담당하고 있다. 그녀는 힘든 첫 주를 무사히 보냈다. 그녀는 점차 편안해지기 시작함과 동시에 몇몇 학생들에 대해 걱정하고 있다.

"내가 로드니(Rodney)와 아멜리아(Amelia)에게 충분히 해 주고 있는지 잘 모르겠어요." 그녀는 친구이자 신뢰하는 동료교사 클라시(Clarisse)에게 털어놓았다. ADHD로 진단된 로드니는 호감 가는 아이지만 그의 에너지는 항상 최고조에 달해 있다. 그는 앉아 있는 것조차 힘들어하며 작은 방해에도 쉽게 산만해진다. 그의 어머니는 집에서도 마찬가지라고 한다.

지적장애로 진단된 아멜리아는 반 친구들을 따라가는 데 어려움을 겪어 쉽게 좌절하고 있다. 일대일 수업이 큰 도움이 되지만, 그럼에도 불구하고 여전히 어려움을 겪는다.

"이것이 현실이야." 클라시 선생님은 동정적으로 대답한다. "우리 모두는 앞으로도 계속해서 추가적인 도움과 지원이 필요한 학생들을 교실에서 만나게 될 거야. 그러나 나는 오랫동안 이 일을 해 왔고, 이러한 아이들이 성공하는 놀라운 이야기들을 많이 봐 왔어. 사실, 그들이 성공하는 것을 보는 것이 교사로서 가장 보람 있는 경험 중 하나야."

이 장에서는 로드니와 아멜리아 같은 학생뿐만 아니라 특별한 도움이 필요한 다른 학생에 대해 배우고, 일반학급 교사로서 이러한 학생들이 최대한 성장하고 발전할 수 있도록 도울 수 있는 방안을 제안할 것이다. 우리 모두 클라시 선생님이 말한 것처럼 특수한 요구를 가진 학생들과 함께 하는 것에 대한 보람을 느낄 수 있기를 바란다.

특수성을 지닌 학습자(Learners with exceptionalities)란 자신이 지닌 잠재성을 충분히 발현하기 위해 특별한 도움과 자원을 필요로 하는 학생을 말한다. 여기에는 **장애**를 가진 학생들, 예를 들어 낮은 인지 능력이나 걷기, 듣기와 같은 특정 행동을 할 수 없는 기능적 제한이 가지고 있으며 이들의 독특한 요구를 충족시키도록 설계된 수업과 같은 **특수교육**(special education) 서비스를 필요로 하는 학생들이 포함된다. 2014~2015학년도에 모든 미국 공립학교 학생의 13%가 특수교육서비스를 받았다(National Center for Education Statistics, 2017a).

또한 여기에는 완전한 잠재성을 발휘하기 위해 추가적인 지원을 필요로 하는 **영재 및 재능**(gifts and talents)을 가진 학생들도 포함된다. 추정에 따르면 미국 공립학교 학생의 약 6%가 영재 및 재능 프로그램에 등록되어 있다(National Center for Education Statistics, 2015).

지능은 특수성을 지닌 학생들을 이해하고 돕는 데 핵심적인 역할을 하므로 지능의 개념부터 살펴보자.

지능

5.1 지능에 대한 관점의 차이를 기술하고 능력별 집단편성이 어떻게 학습에 영향을 주는지를 설명할 수 있다.

우리는 지식이 풍부하고 통찰력 있으며 새로운 아이디어를 빠르고 쉽게 배우는 사람들을 똑똑하다고 생각한다. 이러한 **지능**(intelligence)에 관한 직관적인 생각들을 전문가들은 지식을 습득하고 활용하는 능력, 문제를 해결하는 능력, 추상적으로 사고하는 능력, 새로운 경험에 적응하는 능력으로 정의한다(Gläscher et al., 2010; Kanazawa, 2010).

경험으로부터 이익을 얻는 능력은 지능을 생각하는 간단한 방법이다. 예를 들어 두 사람에게 똑같은 경험을 제공한다면, 더 똑똑한 사람이 경험으로부터 더 많은 이익을 얻을 것이다.

지능에 관한 심리측정학적 관점

지능에 관한 심리측정학적 관점(Psychometric view of intelligence)에서 지능은 잘 만들어진 도구로 측정할 수 있는 단일한 특성으로 설명된다. 정신 능력을 측정하는 과정에서 심리측정학이라는 용어가 유래되었다.

지능 측정에 대한 강조는 첫 번째 실제적인 지능검사를 개발한 1900년대 초 프랑스 심리학자 알프레드 비네(Alfred Binet)의 연구에서 시작되었다(Salvia, Ysseldyke, & Bolt, 2017). 프랑스는 모든 아동의 의무교육을 법으로 정했고, 비네는 추가 교육이 필요한 학생들을 판별하는 검사를 개발하라는 의뢰를 받았다. 이에 그는 학업적 성공과 관련된 일련의 질문을 개발했고, 일부 어린 학생들은 일반적으로 나이 많은 학생들이 답하는 질문에 답할 수 있는 반면, 일부 나이 많은 학생들은 일반적으로 어린 학생들이 답하는 질문에만 답할 수 있다는 것을 발견했다. 이것이 정신연령(Mental Age: MA)이라는 개념을 가져왔다.

비네의 작업은 미국에서 주목받았고, 1916년에 첫 번째 스탠퍼드–비네(Stanford-Binet) 지능검사가 도입되었다(Bartholomew, 2004). 이 검사는 지능지수(Intelligence Quotient: IQ)라는 단일 점수로 보고되었는데, IQ는 정신연령(MA)을 실제연령(Chronological Age: CA)으로 나눈 값이다.

$$IQ = \frac{MA}{CA} \times 100$$

즉 10세 아동이 15세 아동과 동일한 수준의 수행을 보였다면 IQ는 150이 되는 것이다(15/10 × 100). 마찬가지로 10세 아동이 9세 아동과 같은 수준의 수행 수준을 보였다면 IQ는 90이 된다. 이러한 숫자가 무엇을 의미하며, 단일 숫자가 한 사람의 지능을 정확하게 반영할 수 있을까? 이러한 질문들에 대해 다음에서 다루어 보자.

IQ 점수 사용 및 해석에 대한 주의 사항

교육심리학과 당신
다음 질문들을 생각해 보자. 두 개의 버튼이 15센트라면, 12개의 버튼은 얼마일까? 망치와 톱은 어떤 면에서 비슷한가? 브라질은 어느 대륙에 있는가? 이러한 질문들에는 어떤 공통점이 있을까?

'교육심리학과 당신'에서 제시된 질문들을 생각해 보자. 이러한 질문에 답할 수 있는 능력은 지능의 지표일까? 전문가들은 그렇다고 생각한다. 오늘날 가장 많이 사용되는 지능검사인 웩슬러 아동용 지능검사−5판(Wechsler, 2014)에 유사한 문항들이 포함되어 있기 때문이다(Salvia et al., 2017). 이러한 문항들은 두 가지 이유로 중요하다. 첫째, 전문가들은 일상적인 능력 예를 들어 간단한 수학문제를 해결하는 능력, 망치와 톱 사이의 관계를 구분하는 능력, 그리고 브라질이 어느 대륙에 위치해 있는지를 아는 일반적인 지식이 지능의 지표라고 믿는다.

둘째, 아마도 더 중요한 이유는 경험이 이러한 문항에 답하는 능력에 영향을 미친다는 것이다. 지능검사 점수는 심리측정학적으로 신뢰할 수 있는 도구에 의해 결정되지만, 학생들의 학습 잠재력을 완전히 보여 주지는 않는다. 대신에 이 점수는 검사 내용에 대한 과거의 노출을 반영하며, 영어 능력 및 다양한 문화에 내재된 독특한 경험에 의해 영향을 받는다(Chen, Moran, & Gardner, 2009; Echevarria, Vogt, & Short, 2018a, 2018b; Sternberg, 2007). 피로, 불안, 검사 절차에 대한 익숙함의 부족과 같은 검사 관련 요인에 의해서도 영향을 받을 수도 있다(Popham, 2017).

이는 우리가 학생에 대한 결정을 내릴 때 IQ 점수만을 사용해서는 안 된다는 것을 시사한다. 성실성, 끈기, 학교 관련 경험에의 접근, 과거 수행 등 다른 요인들도 학업적 성공에 영향을 미치는 것이다(Grigorenko et al., 2009).

지능: 유전과 환경

경험이 지능검사 점수에 미치는 영향은 유전과 환경 이슈와도 관련이 있다. 극단적인 **지능에 관한 유전론적 관점**(nature view of intelligence)은 지능이 유전자에 의해 이미 결정되어 있다고 주장한다. 즉 지능은 부모로부터 유전되어 태어날 때 결정된다는 것이다(Horn, 2008; Toga & Thompson, 2005). **지능에 관한 환경론적 관점**(Nurture view of intelligence)은 환경의 영향을 강조하며, 지능은 유연하며 경험에 의해 변화될 수 있다고 주장한다. 방금 보았듯이, 과거 경험이 지능검사 점수에 강하게 영향을 미친다는 증거가 있으며, 추가로 신경과학 연구는 학습 잠재력이 고정되지 않았음을 시사하고 있다. 즉, 적절한 종류의 경험을 통해 학생들은 실제로 '더 똑똑해질' 수 있다는 것이다(Hohnen & Murphy, 2016; Van Dam, 2013). 이러한 증거는 교사로서 우리에게 중요한데, 이는 우리가 실제로 학생들의 지능을 향상시킬 수 있음을 의미하기 때문이다. 이것은 매우 좋은 소식이다.

다특질 지능 관점

초기 연구자들은 언어 능력이나 추상적 추론과 같은 다양한 지능 측정 점수들이 상관관계를 보였기 때문에 지능이 본질적으로 단일한 특성이라고 믿었다(Johnson & Bouchard, 2005; Waterhouse, 2006). 예를 들어, 찰스 스피어먼(Charles Spearman, 1927)은 이를 'g' 또는 일반 지능으로 설명했는데, 모든 인지 과제 수행에 영향을 미치는 기본 능력을 말한다. 이는 지능을 설명하는 단일 점수인 IQ의 개념과 일치한다.

그러나 지능에 대한 관점은 변화했고 많은 연구자는 이제 지능이 단일 특성 이상의 것으로 구성되어 있다고 보고 있다. 예를 들어, 어떤 관점에서는 새로운 상황에 적응하고 지식을 쉽게 습득하는 유연하고 문화에 구애받지 않는 능력인 **유동 지능**(fluid intelligence)과 경험과 교육에 의존하는 문화 특수적인 **결정 지능**(crystallized intelligence)을 대조하여 설명한다(Cattel, 1963, 1987). 유동 지능은 작업 기억과 실행 기능과 같은 기본적인 인지 기능과 밀접한 관련이 있다(Wang, Ren, & Schweizer, 2017). (이러한 인지 기능은 제7장에서 자세히 다룬다.) 이러한 인지 기능 훈련을 통해 유동 지능을 향상시키기 위한 개입은 혼재된 결과를 보였다. 예를 들어, 주의력 훈련에 초점을 맞춘 연구는 주의력 향상을 가져왔지만 전반적인 유동 지능에는 변화가 없었다(Sarzyńska, Żelechowska, Falkiewicz, & Nęcka, 2017). 반면 어린아이들을 대상으로 한 작업 기억 훈련은 유동 지능 점수를 높였다(Peng, Mo, Huang, & Zhou, 2017).

유동 지능은 다소 안정적인 경향이 있는 반면, 결정 지능은 새로운 지식과 기술을 습득하면서 평생에 걸쳐 증가한다. 학교 학습은 유동 지능보다는 결정 지능과 더 밀접하게 관련이 있다(Zeller, Wang, Reiß, & Schweizer, 2017).

또 다른 관점은 지능을 위계적이고 다면적인 것으로 보고 일반 능력이 위에 있고, 언어와 논리적 추론과 같은 구체적인 능력이 아래에 있다고 보았다(Ackerman & Lohman, 2006). 이러한 관점은 의사 결정 과정에서 증거를 찾는 성향과 같은 일부 인지 능력은 모든 상황에 일반화될 수 있는 반면, 다른 능력들은 특정 내용에 국한될 수 있다고 제안한다.

다른 연구자들은 다양한 유형의 지능에 초점을 맞추고 있다. 예를 들어, 많은 연구가 사람을 이해하고 함께 일하는 능력인 **사회적 지능**(social intelligence), 감정을 정확하게 인식하고 표현하며 적응하는 능력과 사고에서 감정적 지식을 활용하는 능력인 **정서 지능**(emotional intelligence), 그리고 다양한 문화적 상황에 효과적으로 적응할 수 있는 능력인 **문화적 지능**(cultural intelligence)에 관해 연구했다(Crowne, 2013; Khodadady & Hezareh, 2016). 예상할 수 있듯이, 정서 지능은 로맨틱한 관계의 성공과 연결되어 있으며(Malouff, Schutte, & Thorsteinsson, 2014), 세계가 점점 더 상호 연결됨에 따라 문화적 지능은 특히 비즈니스 세계에서 더 많은 연구의 초점을 받았다(Magnusson, Westjohn, Semenov, Randrianasolo, & Zdravkovic, 2013).

이제 지능에 대한 두 가지 주요 다특질 이론인 가드너(Gardner)의 다중지능이론과 스턴버그(Sternberg)의 삼원지능이론을 살펴보자.

가드너의 다중지능이론

하버드 심리학자 하워드 가드너(Howard Gardner)는 서로 다른 영역에서 사람들의 수행 정도를 검토해 본 결과, 'g'의 개념을 거부하고 지능이 단일한 특성이 아니라 비교적 독립적인 8개의 차원으로 구성된다고 결론 내렸다(Cherry, 2017; Gardner, 1983; Gardner & Moran, 2006). 가드너의 지능 이론은 〈표 5-1〉에 나와 있다.

가드너 이론의 적용 가드너는 학생들이 가능한 많은 종류의 지능을 활성화시킬 수 있는 방식으로 교사들이 수업내용을 제시하고, 학생들이 각각의 지능 차원에서 자신의 강점과 약점을 이해하도록 도와야 한다고 주장했다(Denig, 2003; Kornhaber, Fierros, & Veenema, 2004). 예를 들어, 대인관계 지능(앞에서 설명한 사회적 지능과 유사)을 계발하기 위해 협력 학습을 사용할 수 있고, 언어적 지능을 계발하기 위해 학생들이 자기 생각을 말로 표현하도록 격려할 수 있으며, 논리-수학적 지능을 활용하기 위해 학생들이 증거를 가지고 자신의 아이디어를 변호하는 연습을 하게 할 수 있다.

그러나 가드너는 모든 교과내용이 각각의 지능 모두에 맞추어 제시되는 것은 어렵다고 경고했다. "모든 주제가 [다양한] 방식으로 효과적으로 제시될 수 있다고 가정하는 것은 무의미하며, 그런 시도를 하는 것 자체가 시간과 노력의 낭비다"(Gardner, 1995, p.206).

가드너 이론의 비판 가드너의 이론은 교사들 사이에서 인기가 있으며 직관적으로도 이해가 된다(Cuban, 2004). 예를 들어, 어떤 사람들은 분석적으로 특별히 뛰어나진 않지만 다른 사람들과 잘 어울리는 능력이 뛰어나다. 이러한 능력은 그들에게 큰 도움이 되며, 어떤 경우에는 '더 똑똑한' 동료들보다 더 성공하기도 한다. 또 다른 사람들은 뛰어난 운동선수이거나 훌륭한 음악가일 수 있다. 가드너는 이러한 사람들은 각각 대인관계 지능, 신체운동적 지능, 음악적 지능이 높다고 설명한다.

이러한 인기에도 불구하고, 가드너의 이론을 검토한 연구는 엇갈린 결과를 보인다. 예를 들어 가드너의 이론을 비판하는 사람들은 이론이 연구를 통해 검증되지 못했으며, 인지신경과학의 지지를 받지 못한다고 지적한다(Waterhouse, 2006). 또한 그들은 음악과 같은 특정 영역에서의 능력이 하나의 분리된 개별적 지능으로 간주되어야 한다는 주장에 동의하지 않으며(McMahon, Rose, & Parks, 2004), 심지어 일부는 이것이 이론으로서 자격이 있는지도 의문을 지적하고 있다(Chen, 2004).

이에 반해 옹호자들은 교실에서 가드너의 이론을 적용하려는 시도가 성취를 높인다고 주장하며(Baş, 2016), 신경과학이 실제로 가드너의 주장을 지지한다고 주장한다(Shearer & Karanian, 2017). 그러나 가드너 이

〈표 5-1〉 가드너의 다중지능이론

차원	예시
언어적 지능 단어의 의미나 순서, 그리고 언어의 다양한 활용과 관련된 능력	• 단어의 의미 차이를 알아차리기 • 생각을 언어로 표현하거나 창의적으로 글쓰기
논리-수학적 지능 수학 및 양적 과학에서 논리적으로 추론하는 능력	• 증거를 기반으로 결론을 도출하고 변호하기 • 수학문제를 해결하고 기하학적 증명을 효율적으로 생성하기
음악적 지능 음악을 이해하고 감상하는 능력	• 음의 높이, 멜로디, 음색의 차이를 알아차리기 • 악기를 연주하거나 노래하기
공간적 지능 시공간적 세계를 정확히 지각하는 능력	• 물체의 정신적 표상을 생성하거나 그림 그리기 • 유사한 물체의 미세한 차이를 알아차리기
신체운동적 지능 자신의 몸을 능숙하게 사용하는 능력	• 농구, 축구, 테니스와 같은 스포츠를 능숙하게 하기 • 춤이나 체조 동작을 수행하기
대인관계 지능 다른 사람의 행동을 이해하는 능력	• 다른 사람의 필요, 욕구, 동기를 이해하기 • 사회적으로 받아들여지는 방식으로 다른 사람과 상호작용하기
개인 내 지능 자신의 생각, 기분, 욕구를 이해하는 능력	• 자신의 동기에 영향을 미치는 요인 이해하기 • 자기 자신에 대한 지식을 사용하여 다른 사람과 효과적으로 상호작용하기
자연 지능 물리적 세계의 패턴을 인식하는 능력	• 동물이나 식물과 같은 자연 물체를 분류하기 • 농업, 목축, 임업 또는 지질학과 같은 자연주의적 환경에서 성공적으로 작업하기

출처: Gardner & Hatch, 1989; Checkley, 1997에서 발췌.

론의 가장 강한 비판 중 하나는 지적 행동에서 작업 기억이 차지하는 중요한 역할을 설명하지 못한다는 것이다(Lohman, 2001). 우리가 정보를 처리하는 방식을 연구한 결과들은 중앙집중적인 작업 기억 체계가—기억 체계에서 의식적으로 경험을 조직하고 이해하는 부분—지능에서 특별한 역할을 한다고 제안한다(Shelton, Elliott, Matthews, Hill, & Gouvier, 2010). 예를 들어 단어 문제를 해결할 때, 작업 기억은 유사한 문제를 찾고 전략을 선택하고 해결책을 찾는 동안 문제의 구체적인 사항을 기억하는 데 도움을 준다. 이러한 인지적 조절 작업은 모든 유형의 지적 행동에서 발생한다.

작업 기억 능력은 우리나라에서 가장 널리 사용되는 두 가지 지능검사 스탠퍼드-비네와 웩슬러 아동용 지능검사(Wechsler, 2014)에서 측정된다. 가드너의 연구는 지능의 필수 구성 요소인 이 부분을 다루지 않고 있다(Lohman, 2001).

스턴버그의 삼원지능이론

또 다른 다특질 이론가인 로버트 스턴버그(Sternberg, 2017b)는 지능이 세 가지 차원으로 존재한다고 주장한다.

• 분석적, 전통적인 지능 정의와 유사하며 사고와 문제해결에 사용(Sternberg, 2003b)
• 창의적 또는 경험적, 새로운 환경을 효과적으로 다루고 익숙한 문제를 능숙하게 해결하는 능력 (Sternberg, 1998a, 1998b)

• 실제적 또는 맥락적, 일상적인 과제를 능숙하게 다루는 능력

지적 행동에는 환경에 적응하거나, 적응이 효과적이지 않으면 환경을 변화시키거나 또는 필요하다면 더 나은 환경을 선택하는 것이 포함된다(Sternberg, 2007).

최근 스턴버그는 적극적 시민의식과 윤리적 리더십(Active Concerned Citizenship and Ethical Leadership: ACCEL)도 높은 능력의 지표라고 제안했다(Sternberg, 2017a). 다른 저자들도 이 견해를 지지하며, 이 요소가 영재성의 기준에 포함되어야 한다고 제안하고 있다(Ambrose, 2017).

스턴버그의 이론은 창의적이고 실제적인 측면의 지능을 강조함으로써 다른 이론들과 차별화된다. 그는 현실 세계에서 효과적으로 기능하는 것을 지적인 행동으로 간주하며, 이러한 관점에서 지적이라고 간주될 수 있는 개인이 다른 환경이나 문화에서는 그렇지 않다고 간주될 수도 있다(Sternberg, 2004, 2006, 2007).

경험이 발달에 필수적이라는 피아제의 주장에 영향을 받아 경험이 지능에 미치는 영향을 확인한 증거들과 맥락을 같이 하여, 스턴버그는 학생들이 분석적·창의적·실제적으로 생각할 수 있는 경험을 제공하면 지능이 향상될 수 있다고 보았다. 일부 예는 〈표 5-2〉에 제시했다.

〈표 5-2〉 분석적·창의적·실제적 사고를 서로 다른 영역에 적용하기

콘텐츠 영역	분석적 사고	창의적 사고	실용적 사고
수학	숫자 44를 이진수로 표현하기	세 가지 다른 수 체계에 대한 이해를 측정하는 검사 문항 만들어 보기	이진수가 일상생활에서 어떻게 사용되는가?
언어예술	〈로미오와 줄리엣〉이 왜 비극으로 간주되는가?	〈로미오와 줄리엣〉을 희극으로 만들기 위해 결말 부분을 고쳐 보기	학교 공연 〈로미오와 줄리엣〉을 위한 TV 광고 작성하기
사회과학	미국 혁명과 프랑스 혁명이 어떻게 유사하고 다른가?	미국 혁명이 성공하지 못했다면 오늘날 우리의 삶은 어떻게 달라졌을까?	혁명 연구에서 나라들이 배울 수 있는 교훈은 무엇인가?
과학	풍선에 실온에서 1L의 공기를 채우고, 냉동실에 넣으면 무슨 일이 일어날까?	공기로 채운 풍선이 달에서 어떻게 행동할까?	고체, 액체 또는 기체를 가열하거나 냉각시킬 때 발생할 수 있는 일상적인 예를 두 가지 설명하기
미술	반 고흐와 피카소의 예술적 스타일 비교·대조하기	피카소가 만든 자유의 여신상은 어떻게 생겼을까?	지금까지 학습한 미술가 중 한 사람의 스타일을 활용하여 학생 미술 전시회를 알리기 위한 포스터 제작하기

지능이란 무엇을 의미하는가? 이론 비교

이 절에서 살펴본 세 가지 관점은 지능이 무엇을 의미하는지에 대해 다른 사고방식을 제공한다.

심리측정학적 관점은 지능을 단일 특성으로 보고, 그 특성을 흔히 종이와 연필로 이루어진 검사로 측정할 수 있다고 가정한다. 반면 가드너와 스턴버그는 지능이 하나 이상의 특성으로 구성되어 있으며, 사람마다 어떤 특성은 높고 다른 특성의 지능은 낮을 수 있다고 보았다. 예를 들어, 가드너의 개념에 따르면 논리-수학적 지능은 높을 수 있지만 신체운동적 지능은 낮을 수 있다.

스턴버그는 지능을 측정하는 데 있어 현실 세계에서의 기능, 시민의식과 윤리에 대한 강조, 그리고 지능을

생각할 때 경험과 맥락, 특히 문화적 맥락의 역할에 주목함으로써 다른 관점들과 차별화된다.

각각의 관점은 "지능이란 무엇인가?"라는 질문에 대해 서로 다른 방식으로 답변을 제공하며, 어느 것이 정답에 가까운지를 결정하는 것은 불가능하다. 세 가지 이론적 관점은 학습과 교육의 중심에 있는 복잡한 개념에 대해 서로 다른 그러나 가치 있는 관점을 제공한다. 우리의 역할은 학생들이 학교에서뿐만 아니라 학교를 졸업한 후의 삶에서도 성공할 수 있도록 준비시키는 것이다. 이러한 지능에 대한 관점들은 아동과 청소년

〈표 5-3〉 지능에 대한 이론적 관점

	전통적인 심리측정학적 지능이론	가드너의 다중지능이론	스턴버그의 삼원지능이론
주요 질문	지능은 지능검사로 측정된 학습자의 학업 과제 수행 능력에 어떻게 반영되는가?	지능의 서로 다른 차원이 다양한 과제에서 어떻게 반영되는가?	지적 행동이 문제를 생각하고 해결하는 능력, 새로운 상황에 효과적으로 대처하는 능력, 그리고 삶에서의 일상적 과제 요구를 효과적으로 수용하는 능력에 어떻게 반영되는가?
핵심 개념	지능 지수(IQ) g-일반 지능	언어적 지능 논리-수학적 지능 공간적 지능 음악적 지능 신체운동적 지능 대인관계 지능 개인 내 지능 자연 지능	분석적 지능 창의적 지능 실제적 지능
주요 인물	찰스 스피어먼 알프레드 비네 데이비드 웩슬러	하워드 가드너	로버트 스턴버그
기본적 관점	• 지능은 종이와 연필로 이루어진 검사 수행으로 측정될 수 있는 특성 • 다양한 하위 검사(예: 언어적 · 수리적)에서의 수행은 지능의 다양한 측면을 반영	지능은 비교적 독립적인 8개의 지능으로 구성된 다면적 개념	지능은 분석적 · 창의적 · 실제적 능력으로 구성되며, 사람들이 개인적 목표를 달성하기 위해 다양한 맥락에서 선택적으로 활용함
공헌	• 지능을 정의하고 측정하려는 노력을 선도 • 학습자의 지능을 측정하고 학업 문제를 진단하는 데 널리 사용되는 스탠퍼드-비네와 웩슬러 지능 척도와 같은 검사의 개발로 이어짐	• 지능이 다면적이며 맥락적 요구에 의존한다는 것을 인정 • 전문가들이 지능이 무엇을 의미하는지 고려할 때 하나 또는 둘 이상의 점수를 고려할 것을 권장	• 지능 연구의 초점을 창의적이고 실제적인 차원으로 확장 • 문화와 맥락이 지적 행동에서 중요한 역할을 한다는 것을 인정
비판	• 종이와 연필로 이루어진 지능검사에 지나치게 의존 • 지능에 영향을 미치는 문화적 및 맥락적 요소를 충분히 고려하지 않음	• 다양한 지능의 차원이 존재한다는 것을 뒷받침하는 실증적 증거가 부족 • 가드너가 제안한 특정 지능에 대한 합의가 부족	• 세 가지 지능 차원이 지적 행동을 가져오는 방식에 대한 설명이 모호 • 세 가지 지능 차원이 구별된다는 실증적 증거가 부족

출처: Berk, 2019a; Gardner, 1983, 1995; Gardner & Hatch, 1989; Gardner & Moran, 2006; Garlick, 2010; Salvia, Ysseldyke, & Bolt, 2013; Siegler & Alibali, 2005; Spearman, 1904, 1927; Sternberg, 1998a, 1998b, 2003a, 2003b, 2004, 2006, 2007, 2009; Sternberg & Grigorenko, 2001.

을 IQ와 같은 수치나 다양한 능력 범위로 환원할 수 없음을 상기시켜 준다. 이러한 이해는 우리를 해방시켜 학생들에게 최선의 결정을 내리는 데 더 나은 위치에 놓이게 한다. 이것이 우리가 가드너와 스턴버그와 같은 연구자들의 연구를 공부하는 이유이다. 〈표 5-3〉은 세 가지 이론의 공헌과 비판을 포함하여 정리한 것이다.

지능: 능력별 집단 편성

능력별 집단 편성(Ability grouping)은 비슷한 능력을 지닌 학생들을 집단으로 나누고 서로 다른 능력 집단의 필요에 맞추어 수업을 진행하는 과정으로, 지능의 개념에 대한 생각이 가장 널리 적용된 결과 중 하나이다 (Chorzempa & Graham, 2006). 초등학교에서는 능력별 집단 편성이 일반적으로 두 가지 형태로 존재한다. **학급 간 집단**(Between-class grouping)은 특정 학년의 학생들을 높은, 중간, 낮은 수준과 같이 수준별로 나누는 방식이다. 예를 들어, 75명의 3학년 학생이 있는 초등학교에서는 이들은 고성취 집단, 평균성취 집단, 저성취 집단으로 나눌 수 있다. **학급 내 집단**(Within-class grouping)은 한 학급 내에서 읽기와 수학 점수를 기준으로 집단을 나누는 방식으로, 예를 들어 2학년 교사가 읽기 능력에 따라 둘 또는 세 집단으로 나누는 것이 이에 해당한다.

중학교와 고등학교에서는 학생을 적성과 성취도를 기준으로 다른 교육과정에 배치하는 **우열반 편성** (tracking)이 일반적이며, 여러 형태의 우열반 편성이 대부분의 학교에서 운영되고 있다. 예를 들어, 고등학교에서 능력 수준이 높은 학생들은 대학 진학을 준비하는 교육과정을 따르고, 일부 경우에는 대학 학점을 취득하기도 한다. 반면에 능력 수준이 낮은 학생들은 직업훈련 또는 직업 관련 교육을 받는다(Oakes, 2005).

능력별 집단 편성: 연구가 말해 주는 것

능력별 집단 편성은 논란의 여지가 있다(Yee, 2013). 능력별 집단 편성을 옹호하는 사람들은 능력별 집단 편성이 교사들로 하여금 집단에 적절한 지도를 유지하도록 하여 학습자의 요구를 더 잘 충족시킬 수 있게 한다고 주장한다. 대부분의 교사는 특히 읽기와 수학에서 이를 지지한다. 약 70%의 초등 교사들이 읽기와 수학에서 학생을 집단으로 나눈다고 보고했는데, 이는 책무성과 고위험 평가의 압박 때문으로 보인다(Yee, 2013).

능력별 집단 편성을 반대하는 사람들은 여러 문제점을 지적하며 반박한다. 이들은 학급 내 집단은 서로 다른 수업과 과제가 필요하기 때문에 논리적 문제들을 야기하며, 부적절한 배치가 발생하고 이러한 배치가 영구화되는 경향이 있다고 주장한다(Good & Lavigne, 2018). 또한 능력 수준이 낮은 집단의 구성원들은 종종 저성취 학습자로 낙인찍히게 된다(Oakes, 2005). 가장 중요한 점은 학생들을 능력 수준에 따라 집단을 편성하는 것이 오히려 그들을 덜 성공하도록 만든다는 것이다. 예를 들어 2012년 국제학업성취도평가(PISA) 결과에 따르면 학교가 능력에 따라 집단을 나눌수록 학생들의 성취도는 전반적으로 낮아졌다(PISA, 2012). 추가 연구에서는 동질적인 집단으로 편성된 저능력 집단 학생들이 비슷한 능력 수준을 갖고 있으나 이질적인 집단으로 구성된 학생들보다 성취도가 낮았다(Good & Lavigne, 2018). 더욱이 비판자들은 낮은 능력 수준이 학생들이 높은 능력 수준의 또래 발달을 저해한다는 주장은 타당하지 않다고 주장한다. 예를 들어, 높은 능력 수준의 학생과 낮은 능력 수준의 학생이 짝을 이루면, 높은 능력 수준의 학생이 종종 '설명자' 역할을 하게 되며 이는 두 학생 모두에게 이해를 심화시키는 고급 인지 과정을 겪게 만든다(DeWitt, 2016).

능력별 집단 편성의 부정적 효과는 종종 수업의 질과 관련이 있다. 예상할 수 있듯이 대다수의 교사는 높은 능력 수준의 학생들과 일하는 것을 선호하며 낮은 능력 수준의 집단에 배치되면 열정과 헌신이 부족해지고 자율성이나 자기조절 능력의 계발보다는 동조를 강조하게 된다(Chorzempa & Graham, 2006; Good & Lavigne, 2018). 그 결과 자아존중감과 학습동기가 감소하고 결석률이 증가하게 된다. 우열반 편성은 또한 학생들 사이에서 인종적 분리를 초래할 수 있으며 이는 사회성 발달과 다양한 배경을 가진 친구를 사귈 수 있는 기회에 부정적 영향을 미칠 수 있다(Mandelman & Grigorenko, 2013; Oakes, 2005).

이질적 집단 편성은 반대의 효과를 가진다. "30년 이상 이루어진 연구들에서 확인된 사실들에 따르면 학교가 다양한 능력 수준을 포함한 집단을 편성할 경우, 포괄적인 교수 전략을 더 많이 사용하고, 학생들에게 더 높은 열망을 심어 줄 가능성이 크다"(Higgins, Kokotsaki, & Coe, 2011, para. 33).

능력별 집단 편성: 교사들에게 주는 시사

능력별 집단 편성의 문제점을 해결하기 위한 다양한 제안이 있을 수 있다. 극단적으로 비판자들은 능력별로 집단을 나누는 것이 너무나 큰 해악을 주기 때문에 이러한 제도는 없어져야 한다고 주장한다. 이보다 완화된 입장에서는 능력별 집단 편성이 읽기나 수학과 같은 몇몇 영역에서는 적절할 수 있다고 본다(Good & Lavigne, 2018).

집단 편성이 필요한 경우, 부작용을 줄일 수 있는 구체적인 방안은 다음과 같다.

- 집단 구성을 융통성 있게 하고, 학생의 성취도에 따라 다른 집단으로 다시 배치하라.
- 능력 수준이 낮은 집단에 대한 수업의 질을 높게 유지하라.
- 능력이 낮은 학생들에게 학습 전략과 자기조절을 가르쳐라.
- 능력이 낮은 학생들을 낙인찍거나 고정관념을 가지지 않도록 하라.

이러한 제안들은 까다로울 수 있으나, 우리가 가르치는 데 있어 중요한 함의가 있다. 거의 확실히 여러분은 교직 생활 중 어느 시점에서든지 능력이 낮은 학생들을 맡게 될 것이며 특히 첫해에는 그 가능성이 크다. 이는 고참 교사들이 종종 능력 수준이 높은 집단을 맡기 때문이다.

능력이 낮은 학생들을 가르치는 것은 확실히 더 어렵지만, 그들이 최대한의 성취를 이룰 수 있도록 최선을 다하는 것은 어려움을 겪는 아이가 무언가를 깨우치는 순간을 보게 될 때 보람을 느낄 수 있다.

학습 양식

전통적으로 심리학자들은 정신능력을 측정하기 위해 지능검사를 사용하고, 서로 다른 성격 유형을 기술하기 위해 내향성과 외향성 같은 개념을 사용해 왔다. 이 두 영역의 접합점에 관심이 있는 연구자들은 학습 양식에 대해 연구하기 시작했다. **학습 양식**(Learning styles)이란 학생 개인이 사고와 문제해결에 대한 자신만의 접근 방식을 말한다(Denig, 2003). 학습 양식, 인지 양식, 사고방식, 문제해결 방식과 같은 용어가 종종 혼용되어 사용되어 혼란을 가중하기도 한다.

학습 양식에 관한 한 가지 설명은 새로운 내용을 학습하는 데 있어서 심층적 접근과 피상적 접근으로 구분한다(Evans, Kirby, & Fabrigar, 2003). 예를 들어, 미국 역사의 남북전쟁을 공부할 때 북쪽과 남쪽의 지리, 경제, 정치와 연관시켜 보았는가? 그렇다면 여러분은 심층적 처리 접근을 이용하고 있었던 것이다. 반대로 당신이 중요한 날짜, 장소, 주요한 지도자를 기억하고 있다면 피상적 처리 접근을 이용하는 것이다.

예상할 수 있듯이 심층적 처리 접근이 훨씬 우수하다. 피상적 처리 접근은 시험이 사실적 지식과 암기에 중점을 둘 때만 성공할 수 있다. 더욱이 심층적 처리 접근을 사용하는 학생은 보다 더 내재적으로 동기화되고 자기조절적인 반면, 피상적 접근 방식을 사용하는 학생은 외재적으로 동기화되고 성적과 다른 사람과의 비교에 초점을 두는 경향이 있다(Schunk, Meece, & Pintrich, 2014).

다른 관점에서는 학습에 대한 시각적 접근 방식과 언어적 접근 방식을 비교한다. 시각적 학습자는 정보를 보는 것을 선호하는 반면, 언어적 학습자는 아이디어에 대한 설명을 듣는 것을 선호한다(Mayer & Massa, 2003). 이는 우리의 교수 방식에 큰 영향을 미치지 않아야 한다. 일반적으로 가능한 한 정보를 시각적 및 언어적 형태로 모두 제공해야 한다는 것이 연구에 의해 일반적으로 밝혀졌기 때문이다(Pomerance, Greenberg, & Walsh, 2016).

학습 양식과 학습 선호

학습 양식이라는 용어는 교육계에서 널리 사용되고 있으며, 많은 자문가는 교사를 대상으로 이 주제에 대한 워크숍을 진행하고 있다. 그러나 이러한 워크숍에서는 일반적으로 교실의 조명이나 소음 정도와 같은 특정 학습 환경에 대한 학생들의 선호에 초점을 두고, 자문가들은 교사들에게 교실 환경을 학생의 선호에 맞추도록 조언한다.

이러한 입장은 많은 논란을 제기하고 있다. 옹호자들은 학생들의 선호에 따라 교실 환경을 맞추는 것이 성적 향상과 학습 태도 증진을 가져온다고 보고한다(Farkas, 2003; Lovelace, 2005). 그러나 반대자들은 학습 양식이나 선호를 측정하기 위해 사용된 검사의 타당성에 대한 의문을 제기하고(Coffield, Moseley, Hall, & Ecclestone, 2004; Krätzig & Arbuthnott, 2006), 관련 연구는 학생의 선호에 따라 학습 환경을 맞추려는 시도가 학생의 성취를 높이는 데 실패했음을 보여 주고 있다(Englander, Terregrossa, & Wang, 2017). "학습 양식 접근법이 교육계에서의 매우 인기가 많은 것과 그 유용성에 대한 신뢰할 수 있는 증거가 부족한 것 사이의 대조는 놀랍고도 불안하다. 학생들의 학습 양식을 구분하는 것이 실질적인 유용성을 지니고 있다면, 그것은 아직 입증되지 않았다"(Pashler, McDaniel, Rohrer, & Bjork, 2008, p. 117). 다른 연구자들도 이러한 평가에 동의한다(Brophy, 2010; Howard-Jones, 2014; Riener & Willingham, 2010). 라이너와 윌링햄(Riener & Willingham, 2010)은 "학습 양식이 실재한다는 신뢰할 수 있는 증거는 없다"라고 단순하게 말했으며(p. 22), 브로피(Brophy, 2010)는 학습 양식 평가와 이에 기반한 차별화된 교육과정 및 교육을 지원하는 연구는 사실상 존재하지 않는다고 지적한다. 그는 또한 20명 또는 그 이상의 학생들을 담당하는 교사가 이러한 개별화된 교육을 계획하고 실행할 시간이 없다고 언급한다.

더 강력하게 비판하는 연구자도 있다. "학습 양식은 지난 20년 동안 가장 낭비적이고 오해 소지가 많은 널리 퍼진 신화 중 하나라고 생각한다"(Clark, 2010, p. 10).

학습 양식: 교사들에게 주는 시사

비록 학생들의 학습 양식에 맞춰 교육을 제공하는 시도가 많은 증거에 의해 뒷받침되지 않지만, 이 개념은 교사로서 우리에게 중요한 함의를 가지고 있다. 첫째, 교육 방법을 다양화할 필요가 있다. 왜냐하면 어떤 교수 전략도 모든 학생 심지어 동일한 학생에게 항상 효과적인 교수 전략은 존재하지 않기 때문이다(Brophy, 2010). 둘째, 학생들은 처음부터 잘하지 못하기에 학생들로 하여금 그들이 가장 효과적으로 학습하는 방식을 이해하도록 도와야 한다(Krätzig & Arbuthnott, 2006). 셋째, 학생들은 능력, 동기, 배경 경험, 필요, 불안감에서 차이가 있다. 학습 양식 개념은 이러한 차이점을 민감하게 인식하고, 학생들을 개별적으로 대하도록 격려하며, 모든 학생의 학습을 최대한 지원할 수 있도록 도와준다.

교실과의 연계

능력 차에 대한 이해를 학습에 적용하기

1. 지능검사 점수는 유전, 경험, 언어 그리고 문화와 같은 요인에 의해 영향을 받는다. 교육적 결정을 내릴 때 지능검사 점수를 주의해서 사용하고, 지능검사 점수는 능력에 대한 단지 하나의 지표일 뿐이라는 것을 기억하라.
   - **초등학교**: 도심의 학교에서 3학년을 담당하는 교사가 지능검사 점수 해석에 관해 학교 상담교사에게 자문하며, 언어와 경험이 검사 수행에 영향을 미칠 수 있음을 기억한다.
   - **중학교**: 배치 결정을 내릴 때, 표준화 검사 점수 외에도 과거의 수행과 성적도 참고한다.
   - **고등학교**: 영어 교사는 배치 추천을 할 때 적성검사 점수 외에도 성적, 동기 수준 평가 및 기타 자료를 함께 사용한다.

2. 지능은 다면적이고 광범위한 능력을 포괄한다. 학생의 배경지식, 관심사 및 능력을 극대화할 수 있는 교수 전략을 사용하라.
   - **초등학교**: 독립 전쟁 단원 학습이 끝나고 5학년 교사는 학생들이 학습한 기본 정보를 바탕으로 평가를 실시하지만, 25%의 성적은 시대별 음악과 미술을 공부하는 것과 같은 특별 프로젝트를 바탕으로 부여한다.
   - **중학교**: 8학년 영어 교사는 필수 과제와 선택 과제를 모두 부여한다. 과제의 70%는 모든 학생이 필수로 수행해야 하고, 나머지 30%는 학생들이 선택할 수 있도록 한다.
   - **고등학교**: 생물학 교사는 학생들이 심도 있게 공부할 특별 주제를 선택할 수 있게 한다. 또한 연구 보고서, 교실 발표, 포스터 세션 등 프로젝트 보고 방법을 학생들이 선택할 수 있도록 허용한다.

3. 능력별 집단 편성은 장점도 있고 단점도 있다. 능력별 집단 편성은 꼭 필요할 때만 사용하고, 집단 구성을 융통성 있게 하고, 학생들의 수행에 따라 재배치하라. 수업의 질이 각 능력 집단별로 동등하게 되도록 노력하라.
   - **초등학교**: 4학년 교사가 읽기 수업에서만 능력별 집단을 활용한다. 시와 전래동화 같은 언어 예술 주제를 학습할 때에는 전체 학급수업을 한다.
   - **중학교**: 7학년 담당교사들이 정기적으로 모여 집단 배치를 평가하고 학업 성과에 따라 학생들을 다른 집단으로 재배치한다.
   - **고등학교**: 역사 교사가 능력이 높은 집단과 표준 능력 집단에서의 교수법을 비교하기 위해 자신의 수업을 비디오로 녹화한다. 그는 흥미롭고 도전적인 질문과 과제를 통해 두 유형의 집단 모두를 지속적으로 자극한다.

특수성을 지닌 학습자를 위한 법적 근거

5.2 특수성을 지닌 학생들을 교육하는 데 있어 필요한 법적 근거를 설명하고, 미국 「장애인교육법(IDEA)」의 조항을 설명할 수 있다.

교육심리학과 당신

당신의 반에는 특수교육이 필요하다고 여겨지는 학생 세 명이 있다. 이러한 학생들에 대해 다른 모든 학생에게 요구되는 것 이상의 전문적 의무가 있는가? 만약 그렇다면, 그것은 무엇일까?

과거 장애 학생들은 종종 특수학급이나 특수학교에 배치되었다. 이러한 상황에서 수업의 질이나 학생들의 성취도는 일반학급 학생들보다 떨어졌고, 학생들은 실생활에 필요한 사회적 기술과 삶의 기술을 제대로 배우지 못했다(Smith, Polloway, Doughty, Patton, & Dowdy, 2016). 이러한 문제에 대응하여 일련의 미국 「연방법」은 교사들이 이러한 학생들을 조력하는 방법을 재정의해 왔다. 다음으로 이러한 법률을 살펴보자.

미국 장애인교육법(IDEA)

1975년 미국 의회는 공법 94-142를 통과시켰다. 이 법은 미국에서 장애를 가진 모든 학생이 무상으로 적절한 공교육을 받을 수 있게 하는 것이었다(Turnbull, Turnbull, Wehmeyer, & Shogren, 2016). 이 법은 「장애인교육법(Individuals with Disabilities Education Act: IDEA)」이라고 불리며, 여러 가지 조항을 포함하고 있다. 이러한 조항들은 〈표 5-4〉에 요약·제시했다.

IDEA 개정

1975년 이래로 IDEA는 세 차례의 개정을 거쳤다(Sack-Min, 2007). 첫 번째 개정은 1986년에 통과되었으며, 이는 특수교육이 필요한 유아에 대한 책임을 주정부에게 부여했다. 두 번째 개정은 1997년에 이루어졌으며, IDEA 97로 알려져 있다. 장애 학생에게 제공하는 서비스의 질을 명확히 규정하고 확대하려는 시도였다. 이 개정안은 검사에 있어서 차별 금지와 같은 원래 IDEA의 주요 조항을 명확히 했다. 또한 교육청이 아동의 기록을 기밀로 유지하고 부모가 요청할 경우 정보를 공유하도록 보장했다.

세 번째 개정인 IDEA 2004는 특수교육 관련 서류 작업의 부담을 줄이는 방안을 포함하고 있다. 이는 교육청이 '신체에 심각한 상해를 가하는' 학생을 교실에서 격리할 수 있는 규율 절차와 다양한 배경의 학생들이 부적절하게 특수교육에 배치되는 것을 줄이는 방안을 마련했다. 또한 경험 있는 교사가 시험 성적 이외의 것으로 자신의 자격을 입증할 수 있도록 하여 미 연방 법률의 '수준 높은 교사 자격' 요건을 충족시키는 방법을 더욱 융통성 있게 했다(Council for Exceptional Children, 2014).

가장 논란이 되는 것은 장애 학생들을 책무성 시스템에 포함하는 조항이다. 몇몇 교육자는 특수성을 지닌 학생을 표준화된 방식으로 평가하는 것은 도움보다는 상처가 될 수 있다고 경고한다(Meek, 2006)

IDEA와 개정안은 미국의 모든 학교에 영향을 주었으며, 일반교육과 특수교육 모두에서 교사의 역할을 변화시켰다. 이는 이 절의 서두 '교육심리학과 당신' 부분에서 제기된 질문과 관련이 있다. "당신은 [당신의 교실에 있는 특수교육이 필요한 학생들에게] 다른 모든 학생에게 요구되는 것 이상의 전문적 의무가 있는가?"라는 질문에 대한 대답은 명확히 "그렇다"이다. 다음 절에서는 "만약 그렇다면, 그것은 무엇일까?"이라는 두 번째 질문에 답을 하겠다. 이제 IDEA의 중요한 결과인 통합교육과 보편적 학습 설계에 대해 살펴보자.

〈표 5-4〉 IDEA의 조항

조항	설명	근거
무상의 적절한 공교육(FAPE)	FAPE는 특정 학생에게 교육적 혜택을 제공하도록 개별적으로 설계된 것이다.	모든 학생은 학습할 수 있다. 「헌법」의 14조 수정안은 법이 정하는 바에 따라 모든 시민은 동등하게 보호받을 권리를 보장한다.
최소한으로 제한된 환경	최소한으로 제한된 환경(least restrictive environment: LRE)은 학생들이 일반 교육 과정에서 성취를 이루도록 보장하기 위한 학습 환경으로, 가능한 한 일반적인 교육 환경에 특수성을 지닌 학생을 배치하는 것을 의미한다.	특수성을 지닌 학생들을 또래와 분리하는 것은 이들의 특별한 요구를 충족시키지 못한다.
공정하고 차별 없는 평가	배치를 위한 모든 검사는 자격을 갖춘 사람에 의해 학생의 모국어로 실시되어야 하며, 지능검사와 같은 하나의 검사 결과로만 배치를 결정해서는 안 된다.	전통적으로 학생들은 종종 타당하지 않은 정보를 토대로 특수교육 프로그램에 배치되곤 했다.
적법한 절차 및 부모의 권리	부모는 자녀의 특수교육 프로그램 배치에 참여하고, 학교의 기록에 접근할 수 있으며, 원하는 경우 독립적인 평가를 받을 권리가 있다. 법적인 보호는 영어를 구사하지 않는 부모에게도 제공된다.	부모는 자녀에 관한 모든 정보에 접근할 수 있어야 한다.
개별화 교육 프로그램(IEP)	IEP는 특수성을 지닌 모든 학생에게 무상의 적절한 교육을 제공하기 위한 틀을 제시하는 서면 진술서이다.	특수성을 지닌 학습자가 일반학급에서 뒤처지지 않도록 보장하려는 시도이다.

통합

일반교육과정에서의 성취는 IDEA의 요구 사항 중 하나이다. "이것은 **최소한으로 제한된 환경**(Least Restrictive Environment: LRE)의 원칙으로 이전에는 주류화(mainstreaming) 또는 물리적 통합(integration)으로 알려졌으며 이제는 포함 개념을 포함한 **통합**(inclusion)으로 알려져 있다"(Turnbull et al., 2016, p. 19). 통합교육은 특수성을 지닌 학생들을 비장애 학생들과 함께 학교의 학문적 교육과정, 교과 외 활동, 기타 경험에 참여시키는 것을 의미한다(Justice, Logan, Lin, & Kaderavek, 2014; Pilon, 2013). 통합교육에는 다음 네 가지 요소가 포함된다(Turnbull et al., 2016).

- 홈스쿨 배치
- 나이와 학년에 적합한 배치
- 자연 비율의 원칙
- 교수와 학습의 재구조화

홈스쿨 배치 통합이 이루어지면 특수성을 지닌 학습자는 비장애 학생이 다니는 학교에 똑같이 다니게 된다

(Munk & Dempsey, 2010). 예를 들어 로드니와 아멜리아는 그로브 파크 초등학교 학군지에 살고 있으므로 그들이 다녀야 할 학교는 바로 이곳이며, 그들의 특수성은 그들이 다니는 학교에 어떠한 영향도 미치지 않는다.

자연 비율의 원칙 자연 비율의 원칙은 특수교육이 필요한 학생들이 전체 인구에서의 장애인이 차지하는 비율과 동일한 비율로 학교와 교실에 배치되어야 한다는 것을 의미한다. 예를 들어, 이 절의 서두에서 언급한 바와 같이 학교의 모든 학생 중 약 13%가 특수교육 프로그램을 받고 있다(National Center for Education Statistics, 2017a).

나이와 학년에 적합한 배치 통합은 모든 학생을 그들이 장애가 없었다면 속하게 될 학년에서 교육받는 것을 지원한다. 예를 들어 로드니는 7세, 아멜리아는 6세로 이들은 비슷한 나이의 학생들과 함께 1학년에 배치되며, 학교에서의 모든 시간을 동일한 학년의 학생들과 함께 보낸다. IDEA는 통합을 지지하며, 연구는 충분한 교육과 추가적인 지원이 제공된다면 일반학급에서도 특수성을 가진 학습자가 성공할 수 있음을 보여 준다(Turnbull et al., 2016). 이는 교수와 학습의 재구조화를 통해 이루어진다.

교수와 학습의 재구조화 통합이 이루어질 때 일반교사, 특수교사, 외부 관계자, 그리고 가족이 함께 팀으로 협력한다. 특수교사의 지원을 받아 일반교사는 특수성을 지닌 학습자가 성공할 수 있도록 수업 방식과 학생과의 상호작용 방식을 수정하게 된다. 이것은 **보편적 학습 설계**(Universal Design for Learning: UDL) 개념으로 이어진다.

보편적 학습 설계

교육심리학과 당신
건물에 짧은 계단이 있는 경우, 계단 옆이나 근처에서 보통 무엇을 볼 수 있는가?

이제는 너무 흔해서 사실상 눈에 띄지 않지만 계단 옆에는 경사로가 있다. 이 경사로는 휠체어를 사용하는 사람들이 건물에 접근할 수 있도록 돕는다. 이 간단한 예는 **보편적 설계**(universal design)의 개념을 보여 준다. 이는 모든 사람이 건물이나 환경에 접근하거나 제품을 사용할 수 있도록 건물, 환경, 제품을 설계하는 것을 말한다(Null, 2013). 이 책의 저자 중 한 명인 폴(Paul)은 돈(Don)과 함께 왼손잡이로서 대학 강의실에서 왼손잡이용 책상을 사용할 수 없었기 때문에 차별을 받았다고 농담하곤 했다. 더 진지하게는 미세 운동 능력이 제한된 왼손잡이 사람들은 보통 오른손잡이용으로 설계된 가위를 사용하는 데 어려움을 겪는다는 점이다. 보편적 설계는 이러한 차이를 수용한다.

보편적 학습 설계(Universal Design for Learning: UDL)는 이 과정을 한 단계 더 발전시켜, 모든 학습자가 내용에 접근할 수 있도록 교육 자료와 활동을 설계한다(Carnahan, Crowley, & Holness, 2016). UDL은 커리큘럼과 교육 방법을 수정하고 기술을 활용하여 일반 학급에서 특수성을 지닌 학습자들이 성공할 수 있도록 돕고자 한다(Ok, Rao, Bryant, & McDougall, 2017). 이는 통합이 성공적으로 이루어지도록 보장하기 위해 설계된 과정이다.

　UDL은 세 가지 원칙에 기반을 두고 있다(National Center on Universal Design for Learning, 2014a).

　원칙 I: 다양한 표현 수단 제공(Provide Multiple Means of Representation)　이 원칙은 학습의 '무엇'으로 흔히 언급되며, 적절한 경우 인쇄된 문자와 언어적 설명의 대안을 사용하여 내용을 제시할 것을 제안한다. 예를 들어, 문자 음성 변환(TTS) 소프트웨어는 읽기에 어려움을 겪는 학생들이 문자를 소리 내어 읽을 수 있게 하며, 전자책을 오디오북으로 변환할 수 있다. 다른 상황에서는 그래픽과 비디오를 활용할 수 있으며, 구체적인 예는 모든 내용 영역에서 중요하다. 예를 들어, 수학에서 추상적 개념을 이해하기 어려운 학습자에게 수학 기호를 의미 있게 만들기 위해 학습 교구를 사용하거나, 갑각류 개념을 설명하기 위해 학생들에게 새우와 게를 보여주는 것, 과거 사건을 현재 삶과 연결 시켜 역사적 사건을 이해하게 하는 것 등이 있다(Ok et al., 2017).

　이 원칙은 수동적인 듣기의 대안으로 학생들의 능동적 참여를 요구하며, 자리에서 하는 학습과 개별 활동지를 덜 강조한다(Carnahan et al., 2016).

　원칙 II: 다양한 행동과 표현 수단 제공(Provide Multiple Means of Action and Expression)　학습의 '방법'으로 설명되는 이 원칙은 학습자가 자신이 알고 있는 것을 표현할 수 있는 융통성을 제공한다. 필기, 워드 프로세서 사용, 구두 응답과 같은 일반적인 표현 방식은 운동 능력이 약하거나 심한 난독증을 앓고 있거나 시각장애가 있는 학습자에게는 실현 가능하지 않을 수 있다. 오디오 녹음과 음성 인식 소프트웨어는 대체 표현 방식을 제공하며, 학습자가 키보드의 기울기, 각도, 높이, 지지대를 조절할 수 있는 적응형 키보드는 컴퓨터 관련 작업을 수행하는 데 융통성을 제공한다.

　원칙 III: 다양한 참여 수단 제공(Provide Multiple Means of Engagement)　학습의 '이유'로 설명되는 다양한 참여 수단은 학생들의 삶과 관련된 내용을 만들고, 가능한 한 선택과 자율성을 강조하며, 안전하고 질서 있는 학습 환경을 조성하고, 방해 요소가 없는 학습 환경을 제공할 것을 요구한다. 학습목표와 자기조절을 강조하며 자세한 피드백과 지속적인 지원을 제공하는 것은 학생이 계속 노력하도록 하는 데 필수적이다(National Center on Universal Design for Learning, 2014a).

기술, 학습 및 발달: 장애 학생을 지원하기 위한 보조 기술 사용

　앞서 우리는 UDL의 목표가 모든 학습자들이 내용에 접근할 수 있도록 하는 것이라고 했다(Carnahan et al., 2016). 이러한 목표를 달성하는 데 있어 기술 지원은 중요한 도구이다. UDL의 원칙에 기반하여, 기술은 교사들이 개별 학생의 필요에 맞게 교육과정을 맞춤화하도록 도움을 준다(National Center on Universal Design for Learning, 2014b). 교실에서 이것이 어떻게 작동하는지 살펴보자.

　줄리오(Julio)는 부분적으로 청각장애가 있어 보청기를 사용해도 말을 이해하는 데 어려움을 겪는다. 그의 7학년 과학 교사인 케리 태너(Kerry Tanner)는 자신의 교실에 배정된 특수교사와 긴밀히 협력하여 줄리오를 돕고 있다. 줄리오는 입술 읽기를 쉽게 하기 위해 교실 앞쪽에 앉아 노트북으로 수업 내용을 필기한다. 다른 학생들은 교대로 노트를 공유하여 줄리오가 부족한 부분을

채울 수 있도록 도와준다. 그는 인터넷을 통해 다른 학생들과 의사소통하는 것을 좋아하여, 이는 의사소통의 장벽을 줄이는 데 도움이 된다. 동영상을 볼 때는 소리를 증폭시키는 특수 장치와 이어폰을 사용한다.

잘리나(Jaleena)는 시력이 부분적으로 손상되어 교정 렌즈를 착용해도 시력이 20/80 이하이다. 이러한 장애에도 불구하고 4학년에서 잘 지내고 있다. 그녀의 교사인 테라 뱅크스(Tera Banks)는 잘리나가 칠판과 문서 카메라의 화면을 더 잘 볼 수 있도록 교실 앞쪽에 배치하고, 다른 학생들과 함께 프로젝트를 수행하도록 조를 편성했다. 잘리나는 확대 장치를 사용하여 대부분의 글을 읽을 수 있으며, 화면을 확대할 수 있는 컴퓨터 모니터를 사용할 수 있다. 뱅크스 선생님은 잘리나가 다음 주 금요일까지 제출해야 할 보고서를 컴퓨터에서 편안하게 작업하는 모습을 보면서 이러한 적응이 효과적임을 확신하고 있다.

줄리오와 잘리나는 장애 학생들이 학습 활동과 일상생활 과제를 지원하는 다양한 적응 도구들인 **보조 기술**(assistive technology) 덕분에 혜택을 보고 있다. 이러한 도구들은 IDEA(Individuals with Disabilities Education Act)에 따라 요구되며, 전동 휠체어, 고개 끄덕임이나 다른 근육 움직임으로 기계를 켜고 끄는 원격 제어 장치, 시각과 청각을 증폭시키는 기계 등을 포함한다(Heward, Alber-Morgan, & Konrad, 2017).

원래는 컴퓨터 적응이 보조 기술의 가장 널리 사용된 형태였으나, 모바일 기기와 앱의 등장으로 다양한 지원 형태로 확산되었다(Cook & Polgar, 2012; Lancioni, Sigafoos, & Nirbhay, 2013). 예를 들어, 새로운 기기는 시각 장애인들이 글을 읽을 수 있도록 돕는데, Google Glass처럼 착용하고 사용자가 어떤 학습 상황에서도 휴대할 수 있다(Markoff, 2013). 안경에 클립으로 부착할 수 있는 작은 카메라와 주머니에 들어가는 작은 컴퓨터로 구성되어 있다. 인쇄된 정보를 읽으면서, 골전도 스피커를 사용해 인쇄된 텍스트를 음성으로 번역한다. 이 기기는 휴대가 간편하고 사용하기 쉬울 뿐만 아니라, 자주 접하는 단어와 구문을 기억해 컴퓨터에 저장하여 더 빠르고 정확한 단어 인식을 제공한다.

다른 보조 기술의 적용은 학습 문제를 겪는 학생들을 대상으로 한다. 읽기와 수학에서 필수적인 사실과 기술을 습득하도록 돕는 여러 소프트웨어 프로그램이 존재한다(Roblyer & Hughes, 2019). 많은 프로그램이 물리적 장애로 인해 표준 기술을 사용하기 어려운 학생들을 위해 수정된 입력 및 출력 장치와 결합될 수 있다. 이러한 적응 방법을 자세히 살펴보자.

출력 장치의 적응　출력 장치의 적응은 감각 문제를 가진 학생들이 정보를 접근하고 읽기 쉽게 만든다. 예를 들어 잘리나가 사용한 것과 같은 특수 확대 모니터를 사용하여 시각 디스플레이의 크기를 키울 수 있다. 시각장애 학생들을 위해 휴대용 음성 합성기는 단어를 읽고 소리로 변환할 수 있다. 또한 특수 프린터는 말로 된 단어를 점자와 상호 변환할 수 있다(Roblyer & Hughes, 2019).

입력 장치의 적응　기술을 효과적으로 사용하려면 학생들도 자신의 아이디어를 입력할 수 있어야 한다. 이는 표준 키보드를 사용할 수 없는 시각장애 또는 다른 신체장애가 있는 학생들에게 어려울 수 있다. 키보드를 크게 하고 쉽게 볼 수 있게 하거나, 알파벳 순서로 배열하여 쉽게 찾을 수 있게 하거나, 비문자 독자를 위해 그림을 사용하는 등의 장치는 이러한 장애를 수용하는 적응이다. 근육 제어가 제한된 학생들을 위해 특별히 적용된 마우스와 조이스틱, 음성 인식 시스템은 표준 키보드를 대체할 수 있다.

보조 기술은 또한 어려움을 겪는 작가들을 도울 수 있다. 많은 소프트웨어 프로그램은 철자 검사와 단어 예측 스캐폴딩을 제공하여 발달 중인 작가를 돕는다. 학생이 단어를 마무리하는 데 주저할 때, 컴퓨터는 처음 몇 글자를 기반으로 단어를 완성하거나 제안 메뉴를 제공한다. 옹호자들은 이것이 학생들이 아이디어와 텍스트 조직에 집중할 수 있도록 해 준다고 주장한다(Roblyer & Hughes, 2019).

추가 적용은 키보드를 완전히 우회한다. 예를 들어, 음성 인식 소프트웨어는 말을 컴퓨터 화면에 텍스트로 변환할 수 있으며, 이는 손과 손가락 사용에 영향을 미치는 장애가 있는 학생들에게 매우 유용할 수 있다. 다른 적용은 고개 끄덕임과 같은 신체 움직임으로 활성화되는 스위치를 사용하여 컴퓨터와 상호작용한다. 터치 스크린은 또한 학생들이 모니터에 직접 반응을 표시할 수 있게 한다.

학생들은 학교에 출석하지 않아도 이러한 보조 기술의 혜택을 받을 수 있다.

렉시(Lexie)는 심장 질환을 가지고 태어난 3학년 학생으로, 이는 그녀의 면역체계를 약화시키고 학교생활에서의 건강 위험을 증가시킨다. 집에서의 개인 과외는 학업에 도움이 되지만, 그녀는 반 친구들과의 교류를 그리워한다. 렉시가 '프린세스(Princess)'라고 이름 붙인 네 피트 높이, 18파운드의 카메라와 인터넷이 연결된 로봇이 이 모든 것을 바꿔 놓았다. 로봇의 얼굴에는 비디오카메라와 화면이 있으며, 렉시는 집에서 컴퓨터 마우스를 사용해 이를 조종한다. 로봇은 교실을 돌아다닐 수 있고, 렉시가 선생님의 주의를 필요로 할 때 불빛을 깜빡인다. 렉시의 반 친구들은 로봇을 보고 "안녕, 렉시"라고 인사한다(Brown, 2013에서 각색).

다른 친구들이 학교에서 서로의 교류를 즐길 때 집에만 머물러야 한다는 것은 즐거운 일이 아니다. 렉시와 프린세스의 사례에서처럼 로봇 기술은 학습을 덜 외롭게 만들 수 있다.

보조 기술은 장애가 불편으로 변하는 정도를 줄이기 때문에 중요하다. 앞에서 보았듯이 기술은 학습을 위한 보편적 설계의 중요한 구성 요소이며 그 품질이 계속해서 향상됨에 따라 특수 학습자들에게 더욱 중요해질 것이다.

개별화 교육 프로그램(IEP)

통합이 효과적으로 이루어지고, UDL 원칙이 적용되며, 특수성을 지닌 학습자가 일반학교에서 뒤처지지 않도록 하기 위해 교사들은 **개별화 교육 프로그램**(Individualized Education Program: IEP)을 준비한다. IEP는 장애를 가진 모든 학생에게 무상의 적절한 공교육(FAPE)—자세한 내용은 〈표 5-4〉를 참조—을 제공하기 위한 틀을 제공하는 서면 문서이다(Alarcon & Luckasson, 2017). IEP를 개발하는 팀에는 다음이 포함된다(Turnbull et al., 2016).

- 학생의 부모
- 학생의 일반학급 교사
- 팀 리더 역할을 할 가능성이 높은 특수교사
- 특수교육서비스를 감독할 자격이 있고, 일반학급에서의 교육과정과 이용 가능한 자원에 대해 잘 알고 있는 학교 관리자

- 학교 심리학자와 같은 평가 결과를 해석할 자격이 있는 전문가

부모는 또한 특수교육과정에 익숙한 다른 가족 구성원이나 친구를 동반할 수 있으며, 학생이 문화적 또는 언어적 소수집단에 속해 있을 때 부모의 참여와 협력이 특히 중요하다(Rossetti, Sauer, Bui, & Ou, 2017). 또한 적절한 경우에는 학생도 팀에 포함될 수 있다.

IEP의 목적은 학생에게 정기적으로 특수교육서비스를 제공하는 것을 보장하는 것이며, 학교 직원과 학생의 가족 간의 효과적인 의사소통을 촉진하는 데 있다. IDEA 2004는 각 아동의 IEP에 다음 사항들이 포함되어야 한다고 요구한다.

- 아동의 성취도와 기능적 수행 능력을 설명하는 진술, 장애가 일반 교육과정에서의 진도에 어떠한 영향을 미치는지에 대한 설명 포함
- 장애와 관련된 아동의 특별한 요구를 충족시키기 위해 설계된 연간 학업 및 기능 목표 진술
- 목표 달성에 대한 아동의 진도를 측정하는 방법과 아동의 진도에 대한 보고서가 제공될 시기 설명
- 아동에게 제공될 특별 교육 및 관련 서비스에 대한 진술
- 일반학급에서 다른 아이들과 함께하지 않는 정도에 대한 설명
- 주 또는 지역 평가에서 아이의 학업 성취도와 기능적 수행을 평가하는 데 필요한 추가 시간이나 통역사와 같은 개별적 지원에 대한 진술

IEP 목표와 진행 상황 설명은 목표가 달성되고 있음을 입증할 수 있도록 명확하게 작성되어야 하며(Hauser, 2017), IEP 목표는 주의 내용 표준과 일치해야 한다(Alarcon & Luckasson, 2017). 미국 교육부는 2015년에 「장애인교육법(IDEA)」에 따라 장애가 있는 자격을 갖춘 아동을 위한 개별화 교육 프로그램(IEP)이 아동이 등록된 학년의 주 학업 내용 표준과 일치해야 한다는 내용을 명확히 하기 위해 「Dear Colleague Letter」를 발행했다(Yudin & Musgrove, 2015, p. 1). 이 서한은 특수성을 지닌 학습자에 대한 낮은 기대가 덜 도전적인 교육으로 이어져 학생들이 학년 수준에서 성공하는 데 필요한 것을 배우지 못하게 될 수 있다는 우려에서 비롯되었다(Yudin & Musgrove, 2015).

앞서 언급했듯이 교실에 특수성을 지닌 학습자가 있을 가능성이 매우 높으며, IDEA, 통합교육 개념, 보편적 학습 설계, IEP는 여러분이 이러한 청소년들의 교육에 직접 관여하게 될 것을 보장한다. 이는 벅찬 일이겠지만, 경력 중 가장 보람 있는 경험 중 일부로 이어질 수도 있다.

일반학급 교사로서 책임은 더 넓다. 이제부터 이를 살펴보자.

특수성을 지닌 학습자 변별하기

특수 지원이 필요할 수 있는 학생을 변별하기 위한 접근 방식은 팀 기반이며, 일반학급 교사는 팀의 주요 구성원이 된다. 특수교육 평가를 위해 학생을 추천하기 전에 교사는 존재한다고 믿는 문제와 그것을 해결하기 위해 시도한 전략을 문서화해야 한다(Hallahan, Kaufman, & Pullen, 2015). 문서에는 다음의 사항들이 설명

되어야 한다.

- 문제의 성격과 그것이 교실 성취에 미치는 영향
- 문제가 발생한 날짜, 장소 및 시간
- 시도한 전략
- 전략의 효과 평가

평가는 변별 과정의 필수적인 부분이다. 과거에는 특수교육 전문가들이 표준화된 지능검사에 크게 의존했지만, 앞서 보았듯이 IDEA의 검사에서의 차별 방지 조항은 지능검사만을 기준으로 결정을 내리는 것을 금지한다. 이제 교사들은 점점 더 **교육과정 기반 평가**(curriculum-based assessment)를 사용하고 있으며, 이는 학습자의 성취를 특정 교육과정 영역에서 측정하고 평가를 학습목표와 직접 연결한다(Vaughn, Bos, & Schumm, 2018).

차이 모델 대 반응-개입 모델의 구분

과거에는 학습장애 학생들을 확인하기 위해 **차이 모델**(discrepancy model of identification)을 활용했다. 차이 모델은 ① 지능검사 점수와 학업성취검사 점수의 차이, ② 지능검사 점수와 학급 내 성취도의 차이, 또는 ③ 지능검사 혹은 성취도 검사의 하위 검사 점수 간 차이를 살펴본다. 두 영역의 수행이 불일치하다면, 이는 학습 문제를 시사하는 것이다.

많은 전문가는 이러한 차이 모델이 문제가 표면에 드러난 후 때로는 오랜 시간이 지난 후에나 학습장애를 변별해 낼 수 있다는 점에서 불만을 가지고 있다(Brown-Chidsey, 2007). 대신 이들은 교사가 주요 문제가 드러나기 전에 개입할 수 있도록 조기 진단 도구가 필요하다고 주장한다. 또한 차이 모델은 학습 문제의 속성에 관한 구체적인 정보를 제공하지 못하며 이를 해결하기 위해 무엇을 해야 하는지에 대한 정보도 주지 못한다고 비판받는다(Balu et al., 2015).

반응-개입 모델(Response-to-intervention model of identification)은 이 두 가지 문제를 해결하기 위해 3단계 접근 방식을 사용한다. 첫 번째 단계에서는 모든 학생에게 효과적이라고 문서화된 지침을 사용한다. 두 번째 단계는 학습 문제가 표면화되기 시작하면, 교사는 학생의 요구를 충족시키기 위해 다른 학생들이 자습을 하는 동안 소그룹 활동이나 방과 후 도움과 같은 추가 지원을 제공한다. 세 번째 단계는 집중적인 일대일 도움과 특별 요구 평가를 포함한다(Balu et al., 2015).

반응-개입 모델은 중요한 단어 밑줄 치기, 소리 내어 읽기, 공부할 수 있는 조용한 장소 발견하기와 같은 학습기술과 학습 전략 개발을 강조한다. 이와 같은 변용이 학생들의 성취를 개선시키지 못한다면 교사는 추가적인 도움이 필요한 학습장애를 의심해 봐야 한다. 교육 방식을 변용할 때 무엇이 효과적이고 무엇이 효과적이지 않은지를 기록하여 후속 개입에 유용한 정보를 제공해야 한다.

적응 행동

우리는 학업 성과 외에도 학생들의 **적응 행동**(adaptive behavior), 즉 일상적인 학교생활 기능을 수행하는 능력을 평가하게 된다. 미국 지적 및 발달 장애 협회(Intellectual and Developmental Disabilities, 2017b)는 적응 행동을 다음과 같이 정의한다.

- 개념적 기술: 시간과 숫자의 개념, 기본 문해력, 자기 지시
- 사회적 기술: 기본 대인관계 기술, 사회적 인식 및 사회문제 해결, 규칙 준수, 자존감, 피해를 피하는 능력
- 실제적 기술: 개인 및 건강 관리, 돈 사용, 일정과 루틴, 기본 안전, 여행 및 교통, 전화 사용

학생들이 이러한 영역에서 문제가 있거나 과제 시작 및 완료, 행동 통제, 또래와의 효과적인 상호작용 등과 같은 일상적인 학교 과업을 수행하는 데 어려움을 겪는다면 문제가 있을 수 있으므로 학교 상담가 또는 학교 심리학자에게 보고해야 한다. 적응 능력을 형식적으로 평가할 수 있는 여러 타당화된 도구가 있으며, 이를 사용하여 형식적 평가를 수행할 수 있다(Heward et al., 2017).

특별 서비스 추천

학생의 학습 문제를 교육법을 조정하여 해결할 수 없는 경우 추천을 시작할 수 있다. 추천을 고려할 때는 먼저 학교의 정책을 이해하기 위해 행정 담당자나 학교 심리학자에게 확인해야 한다.

데이터가 학생이 추가적인 도움이 필요함을 시사할 때, 사전 추천 팀이 구성된다. 이 팀은 보통 학교 심리학자, 특수교사, 그리고 일반학급 교사로 구성된다. 팀은 문제를 계속 평가하고 부모와 상담하며 IEP(개별화 교육 프로그램) 준비 과정을 시작한다.

부모는 이 과정에서 중요한 역할을 한다. 그들은 학생의 교육 및 의료 역사에 대한 귀중한 정보를 제공할 수 있으며, 법적으로 요구되지 않더라도 부모에게 알리는 것은 전문가로서의 당연한 행동이다.

다양성: 판별 과정에서의 주의점

특수성을 지닌 학생들을 돕기 위해 고안된 판별 과정은 문제가 될 수 있다. 수년에 걸쳐 수집된 증거는 특정 학령기 인구 하위 그룹이 다른 그룹보다 더 높은 비율로 특수교육서비스에 의뢰된다는 사실을 보여 준다. 예를 들어, 2014~2015학년도에 미국 학교에서 모든 학생의 13%가 특수교육서비스를 받았지만, 아프리카계 미국인 학생은 15%, 아메리칸 인디언/알래스카 원주민 학생은 17%였다(National Center for Education Statistics, 2017c).

이러한 정보는 교사인 우리에게 중요하다. 왜냐하면 교사는 특수한 도움을 필요로 하는 학생들을 판별하는 데 핵심적 역할을 하기 때문이다. 다음 절에서 살펴볼 많은 범주는 전문가들이 '고도의 판단' 범주라고 부르는 것들이다(Artiles, Kozleski, Trent, Osher, & Ortiz, 2010). 예를 들어, 교사의 판단은 아동이 학습, 정서, 또는 행동장애가 있는지를 결정하는 데 중요한 역할을 한다. 이는 일반학급 교사들이 매일 학생들과 함께 지내며 잠재적인 문제를 가장 잘 파악할 수 있는 위치에 있기 때문에 이해가 된다. 그러나 이는 교사들에게 막중한 책임을 부과하며 약간의 딜레마를 만든다. 교사의 입장에서 우리는 부당한 경우 학생들을 특수 서비스에 의뢰하고 싶지 않지만, 다른 한편으로는 필요로 하는 학생들에게 특수교육서비스를 제공하지 않으면 안 된다.

이러한 이유로 민감성과 주의가 필수적이다. 예를 들어, 학생들의 문화적 및 언어적 차이는 교실에서의 성공에 영향을 미칠 수 있으며 이러한 차이는 그들의 행동과 시험 성적에도 영향을 미친다는 것을 알고 있다. 또한 교사의 문화적 배경과 편견이 교육적 결정에 영향을 미치지 않도록 주의해야 한다. 다행히도 교직 생활

을 시작하면서 이러한 문제와 씨름할 때 특수교사와 지역의 다른 전문가들로부터 도움을 받을 수 있다. (이 장 후반부에서 이러한 과정에서 우리를 도울 수 있는 협력적 상담에 대해 살펴볼 것이다.)

특수성과 학습 문제

5.3 교실에서 교사가 자주 접하는 가장 일반적인 학습 문제를 설명할 수 있다.

> **교육심리학과 당신**
> 수업 시간에 집중하는 데 어려움을 겪거나, 공부할 때 산만하고 정리되지 않은 적이 있는가? 특정 교과 영역이 특히 어렵다고 느껴지는가? 혹은 자신에게 학습 문제가 있다고 농담한 적이 있는가?

미국 학교에 등록된 전체 학생 중 약 13%의 학생이 특수교육서비스를 받고 있으며, 이들의 2/3는 비교적 가벼운 학습 문제를 가지고 있다(National Center for Education Statistics, 2017a).

미국 「연방법」은 학습 문제를 지칭하기 위한 범주를 설정했고, 교육자들은 각 학생의 요구를 충족하는 특별 프로그램을 개발하는 데 이러한 범주를 사용한다. 다음 절에서 이러한 과정과 특정 범주와 관련된 논란에 대해 살펴보도록 하겠다. 먼저 낙인(labeling) 논란부터 살펴보자.

낙인에 대한 논란

학습 문제를 가진 학습자를 식별하고 지원하기 위해 여러 범주와 명칭이 만들어졌다(Hardman, Egan, & Drew, 2017). 이상(disorders), 장애(disabilities), 핸디캡(handicaps) 등과 같은 용어가 신체적 혹은 행동적 차이를 기술하기 위해 사용되고 있다. 이들 중 가장 포괄적인 뜻을 지닌 '**이상(disorders)**'은 정신적·신체적 또는 정서적 과정의 일반적 역기능을 지칭한다. '**장애(Disabilities)**'는 낮은 인지 능력이나 걷기와 듣기와 같은 특정 활동을 수행할 수 없는 기능적 제한을 의미한다. **핸디캡(Handicap)**은 사람들의 기능에 부과되어 그들의 능력을 제한하는 조건을 의미하는데, 휠체어 없이는 건물에 들어갈 수 없는 것과 같은 것이 한 예이다. 모두는 아니지만 몇몇 장애는 핸디캡의 원인이 된다. 예를 들어 시각장애를 가진 학생이 안경을 끼거나 교실의 앞자리에 앉아야만 한다. 이를 통해 이 학생이 효과적으로 기능할 수 있다면 이 학생이 가지고 있는 시각장애는 핸디캡이 되지 않는다.

범주의 사용과 이에 따라 발생하는 낙인에 대한 논란이 있다(Friend, 2018). 옹호자들은 범주가 전문가들 사이에 의사소통할 수 있는 공통의 언어를 제공하며, 학생의 필요를 충족시켜 줄 특화된 교수법을 장려한다고 보았다(Heward et al., 2017). 반대자들은 범주가 임의적이며 한 범주 내에서도 개인 간에 많은 차이점이 존재한다고 주장한다. 또한 범주화하는 것이 학생들을 인간으로서가 아니라 그 명칭이 뜻하는 존재로 취급할 위험이 있다고 본다(National Council on Disability, 2011). 이러한 논란에도 불구하고 범주화는 광범위하게 사용되고 있으므로 그러한 용어를 숙지해야 한다.

이러한 입장에 상관없이 특수교육자들은 범주화하는 것이 학생들의 약점에 초점을 맞추지 않아야 한다는 데 동의한다. 따라서 그들은 학생을 먼저 식별하고 나중에 장애를 명시하는 **사람–중심 언어**(people-first language)를 지지한다. 예를 들어, '학습장애 학생' 대신 '학습장애가 있는 학생'이라는 표현을 사용한다. 사람–중심 언어는 모든 학생은 인간으로서 돌봄과 존중을 받아야 한다는 것을 상기시켜 준다.

특수성의 범주

특수성을 지닌 학습자를 위한 범주는 다양하다.

- 학습장애
- 의사소통장애
- 자폐스펙트럼장애
- 지적장애
- 정서행동장애
- 시각장애
- 청각장애

미국에서 특수교육서비스를 받는 장애 학생 중 90% 이상이 학습장애, 의사소통장애, 자폐스펙트럼장애, 지적장애 또는 행동장애의 범주에 속해 있다. 이들 대부분은 통합학급에 배치되어 있으며, 우리가 실제로 가장 많이 접하게 되는 학생들이다(Hardman et al., 2017; National Center for Education Statistics, 2017a).

이제 이들에 대해 살펴보자.

학습장애

중학교 사회과 교사인 타미 휠러(Tammy Fuller)는 애덤(Adam)의 첫 번째 퀴즈 점수를 보고 깜짝 놀랐다. 그는 지금까지 잘해 왔다. 결석도 거의 없고 주의 집중도 잘하고 수업에 적극적으로 참여한다. 그런데 왜 점수가 이렇게 낮을까? 휠러 선생님은 애덤을 좀 더 주의 깊게 관찰하기로 마음먹었다.

이후 수업에서 휠러 선생님은 학습을 안내할 질문을 준비했고 학생들이 모둠으로 답을 토론하도록 했다. 교실을 둘러보던 중 애덤의 공책에 아무것도 적혀 있지 않음을 발견했다. 휠러 선생님이 이에 대해 묻자 애덤은 전날 저녁에 공부할 시간이 없었다고 중얼거리듯 얘기했다. 휠러 선생님은 애덤이 과제를 끝내도록 방과 후에 자신을 찾아오라고 했다.

애덤은 시간에 맞춰 도착하여 책을 펼쳤다. 휠러 선생님이 그의 진행 상황을 점검했을 때 페이지는 비어 있었고, 10분이 지나도 여전히 아무것도 씌어 있지 않았다.

휠러 선생님이 그와 이야기하려고 자리에 앉자, 애덤은 몹시 당황하고 회피적인 반응을 보였다. 휠러 선생님은 애덤과 함께 문제를 풀려고 시도했을 때, 애덤이 글을 읽을 줄 모른다는 것을 알게 되었다.

애덤과 같은 일부 학생들은 평균 또는 그 이상의 지능을 가지고 있지만 학습장애를 갖고 있다. **학습장애**(Learning disability, 또는 특정 학습장애)는 National Center for Learning Disabilities(NCLD, 2017)에 의해 "읽기, 쓰기, 수학, 조직화, 집중, 듣기 이해, 사회적 기술, 운동 기술 또는 이들의 조합에서 발생하는 뇌 기반의 어려움"으로 정의된다(para. 5). 유전적 요인이나 임신 중 영양실조, 알코올 및 약물 사용과 같은 부적절한 환경 조건에 의한 중추 신경계 기능 장애에 의해 발생하는 것으로 여겨진다(Friend, 2018).

학습장애라는 용어는 너무 포괄적이어서 다양한 학습 문제를 포함한다. 이에 '특정 학습장애'라는 용어가 사용된다(Gregg, 2009). 예를 들어, NCLD(2017)는 이러한 범주에 맞는 예를 다음과 같이 제시한다.

- ADHD(주의력 결핍/과잉행동장애): 주의력 부족, 과잉행동, 충동성 문제
- 난산증(Dyscalculia): 숫자 개념, 기호 및 함수와 관련된 수학 문제
- 난서증(Dysgraphia): 글씨를 알아보기 쉽게 쓰고, 생각을 종이에 표현하는 데 어려움을 겪는 특정 문제
- 실행증(Dyspraxia): 가위 사용, 신발 끈 묶기, 단추와 지퍼 사용 등 세밀한 운동 기술이 필요한 작업을 계획하고 완료하는 데 어려움을 겪는 문제
- 난독증(Dyslexia): 읽기, 철자 및 인쇄된 언어 사용과 관련된 기타 기술에 대한 특정 장애
- 집행 기능 결핍(Executive functioning deficits): 계획 수립, 우선순위 설정, 개인 행동 모니터링, 활동 시작 및 작업 전환과 관련된 문제
- 비언어적장애(Nonverbal disabilities): 신체 언어 읽기, 풍자 인식 및 추상적 사고에 어려움을 겪는 문제

학습장애는 앞서 논의했던 낙인 논란과 관련이 있다. 1960년대 초반에는 이러한 범주가 존재하지 않았으나 현재는 특수교육 프로그램을 이용하는 모든 학생의 1/3 이상이 학습장애로 진단받고 있다(National Center on Education Statistics, 2017a). 학교 교사와 다른 교육자들의 1/3은 사람들이 학습 또는 주의력 문제라고 부르는 것이 단순히 게으름일 뿐이라고 믿고 있다. 낙인 문제도 있어서, 10명 중 4명 이상의 부모는 자녀가 학습장애를 가지고 있다는 사실을 다른 사람이 알기를 원하지 않는다. 자녀의 학습이나 주의력 문제에 대해 진단받기를 권장하는 의사들은 부모들이 그러한 권고를 따르는 경우가 절반을 약간 넘는 수준에 불과하다고 말한다(NCLD, 2017).

Attention-Deficit/Hyperactivity Disorder(ADHD) 앞서 본 바와 같이, NCLD(2017)는 ADHD를 주의력 부족, 과잉행동, 충동성을 특징으로 하는 특정 학습장애 유형으로 정의하고 있으며, IDEA에서는 별도의 범주로 분류되어 있지는 않다. 그러나 미국정신의학회(APA, 2013)는 『정신장애 진단 및 통계 편람(DSM-5)』에서 이를 별도의 범주로 분류하고 있다.

미국에서 ADHD를 가진 아동의 수는 주마다 크게 다르며, 네바다주에서는 6% 미만이나 켄터키주에서는 거의 20%에 이른다. 질병통제예방센터(CDC, 2017a)의 2011~2012년 부모 보고서에 따르면 미국 아동 10명 중 1명 이상이 ADHD 진단을 받았다. 연구에서는 인종 간에 중요한 차이가 있다는 것도 확인되었다. 예를 들어, 아프리카계 미국인과 히스패닉 학생들이 백인 학생들보다 ADHD로 진단받을 가능성이 훨씬 낮았다(Morgan, Staff, Hillemeier, Farkas, & Maczuga, 2013). 명확한 장애에 대한 정의와 측정 방법의 부재가 이러한 통계적 차이를 설명하는 데 도움이 된다.

ADHD는 대중매체를 통해 많은 관심을 받아 왔으며, 교사들은 ADHD로 의심되는 학생들을 많이 보아 왔을 것이다. 그러나 높은 활동 수준과 주의 집중에서의 어려움은 발달 지연을 보이는 아동들, 특히 남자아이들의 특징이기도 하다. 따라서 교사는 이러한 특성에만 의존해서 ADHD 장애 여부에 대한 결론을 내리지 않도록 주의해야 한다.

ADHD는 일반적으로 2~3세에 나타나며, 청소년기나 그 이후까지 지속되는 경우가 많다(Hirvikoski et al., 2011). 일부 전문가들은 남학생이 여학생보다 3~4배 정도 더 많이 ADHD로 진단된다고 추정한다(Hallahan et al., 2015). 예상할 수 있듯이 ADHD를 가진 청소년들은 방해 요소가 있는 상황에서 집중력과 빠른 의사 결정을 요구하는 과제, 예를 들어 운전 학습과 같은 과제에 참여할 때 상당한 장애물을 마주하게 된다(O'Neil, 2012). ADHD는 또한 성인기에도 관계 및 결혼 문제를 초래할 수 있는 심각한 문제이다(Parker-Pope, 2010).

치료 방법으로는 약물부터 행동주의에 기반한 프로그램까지 다양하다. (행동주의는 제6장에서 자세히 다룰 것이다.) 전문가들은 약물치료의 남용에 대해 경고하며, 대신 행동 문제를 다루는 구조화된 학습 환경과 조기 판별을 권장한다(Clay, 2013). 또한 운동과 충분한 수면과 같은 단순한 생활 습관의 변화도 때때로 효과가 있다. ADHD의 진단과 치료는 일반적으로 의료 및 심리 분야 전문가와의 상담을 통해 이루어진다.

학습장애를 가진 학생을 판별하고 지원하기 다른 모든 특수교육 요구와 마찬가지로, 조기 판별은 피해 효과의 축적을 방지하는 데 중요하다. 그러나 이러한 학생들을 판별하는 것은 쉽지 않다. 학습 문제를 갖고 있으나 규칙을 준수하고 과제를 제시간에 완료하는 학생들은 종종 의뢰 대상에서 제외되기 때문이다. 애덤이 중학교에 도달할 때까지 그의 읽기 영역에서의 어려움이 발견되지 않은 것도 아마 이러한 이유일 것이다.

교실에서 학습장애가 있는 학생들을 분명히 만나게 될 것이며, 이들이 성공하기 위해서는 추가적인 구조와 지원이 필요하다. 예를 들어, 정보를 시각적 및 청각적으로 모두 제시하고, 자습하는 동안 방해 요소를 제거하며, 내용 개요와 그래픽 조직자와 같은 추가 학습 도구를 제공할 수 있다. 체계적으로 학습 전략을 가르치는 것도 효과적일 수 있다(Mastoprieri & Scruggs, 2018).

이러한 논의는 앞서 '교육심리학과 당신'에서 제기한 질문들을 다룬다. 우리 대부분은 때때로 학습장애가 있는 학생들과 유사한 특성을 보인다. 우리는 공부할 때 효율적이지 않으며 종종 산만해지고 혼란스러워한다. 그러나 장애가 있는 학생들과 달리 우리의 문제는 보통 만성적이지 않으며, 적절한 적응을 통해 학습할 수 있다.

이는 교수법에 중요한 의미를 가진다. 충분한 정서적 및 교육적 지원을 제공한다면 학습장애가 있는 학생들도 학습하고 성공할 수 있다.

의사소통장애

의사소통장애(Communication disorders)는 학령기 아동에게서 두 번째로 빈번하게 발생하는 특수성으로 IDEA에 의해 지원되는 학교 인구의 거의 20%를 차지한다(Naional Center for Education Statistics, 2017a). 여기에는 두 가지 형태의 장애가 있다. 첫 번째는 소리를 형성하고 순서를 맞게 배열하는 데 문제가 있는 **말하기 장애**(speech disorder, 때로는 표현장애라고도 한다)이다. 말을 더듬거나 'I saw it'을 'I taw it'으로 잘못 발음하는 것이 그 예다. 전문가들은 말하기장애를 세 가지 종류로 구분한다(〈표 5–5〉 참조).

두 번째로 **언어장애**(language disorder)는 수용장애(receptive disorder)라고도 불리는데, 언어를 이해하거나 생각을 표현하기 위해 언어를 사용하는 데 있어서의 문제를 포함한다. 언어장애는 종종 청력 손상, 학습장애 또는 지적장애와 같은 다른 문제와도 관련되어 있다(Turnbull et al., 2016). 언어장애는 학습에 더 큰 방해가 되므로 말하기 장애보다 더욱 심각하다. 놀이 중에도 거의 말을 하지 않거나, 아주 적은 수의 단어나 짧은 문

〈표 5-5〉 말하기장애의 종류

장애	설명	예
발음장애	특정 소리를 정확하게 발음하지 못하거나, 잘못된 발음으로 대체하거나, 소리를 왜곡 또는 생략하는 문제	'rabbit'을 'wabbit'으로 'sit'을 'thit'으로 'lonely'를 'only'로
유창성장애	단어의 첫소리를 반복(말 더듬기)하며 말을 매끄럽게 하는 데 어려움을 겪는 문제	'Y, Y, Y, Yes'
목소리장애	후두 또는 코나 목의 공기 흐름의 문제	지나치게 높은 음조, 삐걱거리는 목소리 또는 콧소리

장을 사용하고, 의사소통을 위해 몸짓에 과도하게 의존하는 것이 언어 장애의 증상이다.

미국정신의학회(APA, 2013)는 DSM-5에서 새로운 범주인 사회적 의사소통장애(social communication disorder)를 제시했다. 이 범주는 사람들과 인사를 나누거나 정보를 교환하는 것과 같은 사회적으로 언어적 및 비언어적 의사소통을 하는 데 지속적인 어려움을 겪는 것이 특징이다. 여기에는 눈을 맞추는 것과 다른 사람이 말을 마칠 때까지 듣는 것과 같은 일반적인 의사소통 규칙을 따르는 것도 포함된다. 이 범주가 학교에서 어떻게 적용될지는 아직 불확실하다.

만약 말하기 혹은 언어장애가 의심된다면, 여러분은 문화의 다양성을 상기해야 한다. 많은 학습자에게 영어는 모국어가 아니다. 학생들이 제2언어와 학교 내용 모두를 학습하는 과정에서 겪는 어려움을 의사소통장애와 혼동해서는 안 된다. 교사의 인내와 이해를 바탕으로 한 풍부한 언어 환경에서 영어를 배우는 학습자들은 긍정적인 반응을 보일 것이다. 그러나 의사소통장애가 있는 학생은 언어치료 전문가의 도움이 필요하다.

자폐스펙트럼장애

자폐스펙트럼장애(Autism spectrum disorder)는 의사소통 결함과 손상된 사회적 관계와 기술을 특징으로 하는 원래 하나의 단일한 장애로 생각되었다. 빛과 소리와 같은 감각 자극에 대한 비정상적인 민감성, 반복행동, 일관성에 대한 집착, 흔들기나 단어와 문구를 반복하는 등 매우 의례적이고 비정상적인 행동도 이 장애와 관련이 있다. 이는 신경학적 이상에 의해 발생하는 것으로 생각되며, 효과적인 치료를 위해서는 조기 판별이 필수적이다(Heward et al., 2017).

통계에 따르면, IDEA에 따라 지원을 받는 3~21세의 청소년 중 약 10% 미만이 자폐스펙트럼장애로 진단받고 있다(National Center for Education Statistics, 2017a). 이 수치는 급격히 증가하고 있으며, 저소득층 및 히스패닉과 아프리카계 미국인 아동에게서 더 높은 비율을 보이고 있다(Baio et al., 2018). 자폐스펙트럼장애라는 용어는 이 장애가 포함하는 다양한 장애를 반영하기 위해 사용된다. 모든 자폐스펙트럼장애는 사회적 관계 문제를 포함하며, 언어가 심각하게 손상되고 사회적 관계가 거의 불가능한 상태에서부터 평균에서 평균 이상의 지능을 가지며 언어 능력과 사회적 관계가 중등도로 손상된 아스퍼거 증후군까지 다양하다(American Psychiatric Association, 2013; Friend, 2018). [그림 5-1]은 자폐스펙트럼의 개념을 보여 준다.

대부분의 자폐스펙트럼장애를 가진 아동은 일반학급에서 일부 또는 모든 시간을 보낸다. 이 장애를 가진 학생을 가르치기 위해 다음과 같은 두 가지 접근이 효과적일 수 있다. 첫 번째 접근은 교실 환경을 가능한 한 예측 가능하게 만드는 것이다. 규칙적으로 해야 하는 일이 있다는 것은 모든 학생에게 도움이 되며, 특히 자폐스펙트럼장애를 가진 아동에게는 필수적이다. 또한 일관성 있게 적용되는 명확한 규칙과 기대는 추가적인 지원을 제공한다.

두 번째 접근은 사회적 기술에 초점을 둔 것으로 또래와 상호작용하는 것을 배우도록 도우며, 교실에서의 사회적 요구에 적응하도록 조력하는 것이다. 자폐스펙트럼장애를 가진 학생들은 자신의 행동이 다른 사람에게 미치는 영향을 깨닫지 못하는 경우가 많다. 적절한 강화와 제재를 사용하는 것과 같은 행동주의적 접근은 사회적 및 의사소통 기술을 향상시키는 데 도움이 될 수 있다(Fein et al., 2013).

자폐스펙트럼장애를 가진 학생들은 또래와 다른 행동 패턴을 가지고 있어서 종종 괴롭힘을 당하며, 일반학급에서 그들의 특이한 행동이 눈에 띄어 문제가 가중되는 경우가 있다(Sterzing, Shattuck, Narendorf, Wagner, & Cooper, 2012). 일반학급 교사로서 우리는 이러한 아동을 보호하고, 그들의 또래에게 이해와 수용을 가르치는 데 있어 중요한 역할을 한다.

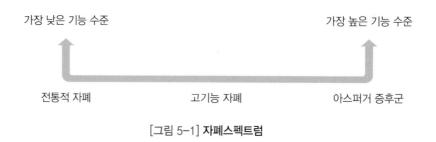

[그림 5-1] **자폐스펙트럼**

지적장애

이 절을 시작하기에 앞서 셀리나가 학생들과 함께 하는 모습을 살펴보자.

커티스 선생님은 학생들이 읽기 과제를 하고 있는 것을 둘러보고 있었다. 대부분 학생은 조용히 과제에 집중하고 있었지만, 간간이 작은 속삭임이나 웃음소리가 있기도 했다. 그런데 아멜리아는 벌써 세 번째 자리를 뜨고 있었다. 아마도 연필심을 뾰족하게 하기 위해서일 것이다. 아멜리아에게 자리에 앉아 있으라고 이미 말해 둔 터인지라 커티스 선생님은 이번에 직접 가서 무엇이 문제인지 알아보기로 했다.

커티스 선생님이 아멜리아에게 왜 아직 과제를 시작도 못하고 있는지 묻자, 아멜리아는 "못하겠어요! 이해가 안 돼요!"라고 좌절한 듯이 대답했다

아멜리아를 진정시킨 후 커티스 선생님은 잠시 아멜리아가 과제를 수행하는 것을 도와주었다. 그러나 그녀는 아멜리아의 얼굴 표정이나 과제에 대한 반응을 통해 아멜리아가 정말로 이해하지 못한다는 것을 알 수 있었다.

아멜리아처럼 몇몇 아동은 다른 아동보다 더 늦은 속도로 학습하며 또래를 따라잡지 못하면 좌절한다. 불행히도 이러한 문제는 학생이 학교에서 몇 년을 보낸 뒤에야 발견되는 경우가 많다. 많은 학생들이 경도의 지적장애를 가지고 있다(이와 관련하여 인지장애, 교육적 또는 지적장애가 있는, 그리고 지적 및 발달장애라는 용어로 얘기되며, 일부 교육자들은 이러한 용어를 선호한다.). 정신지체(Mental retardation)라는 시대에 뒤떨어진 용어는 공격적이고 낙인 찍는 것으로 간주하여 이제는 사용되지 않는다. 지적장애는 다운증후군과 같은 유전적 요인 또는 임신 중 태아의 뇌 손상으로 인해 발생한다(Heward et al., 2017). IDEA에 의해 지원받는 3~21세 학

생들 중 약 5%가 지적장애가 있는 것으로 확인된다(National Center for Education Statistics, 2017a).

미국 지적 및 발달장애 협회(AAIDD)는 **지적장애**(intellectual disability)를 "지적 기능과 적응 행동 모두에서 심각한 제한을 특징으로 하는 장애"라고 정의한다. 여기서 적응 행동은 일상적인 사회적 및 실용적 기술을 포함한다(AAIDD, 2017a, para. 1). 흔히 지능이라고 불리는 **지적 기능**(intellectual functioning)은 학습, 추론 및 문제해결과 같은 일반적인 정신 능력을 의미한다.

앞서 적응 행동은 다음과 같은 것들로 구성된다고 보았다(AAIDD, 2017b).

- 개념적 기술: 시간과 수의 개념, 기본 문해력 및 자기 방향성
- 사회적 기술: 기본적인 대인관계 기술, 사회적 인식 및 사회적 문제해결, 규칙 준수, 자존감, 피해를 피하는 능력
- 실제적 기술: 개인 및 건강 관리, 돈의 사용, 일정 및 루틴, 기본적인 안전, 여행 및 교통, 전화 사용

지적장애를 가진 학생들은 세상에 대한 일반적인 지식이 부족하고, 추상적인 아이디어를 이해하는 데 어려움을 겪으며, 운동 및 사회적 기술이 미숙하다. 이러한 특성 중 일부는 학습에 직접적인 영향을 미친다. 예를 들어, 추상적인 아이디어에 대한 어려움 등이 그렇다. 다른 특성들은 덜 직접적이지만 여전히 중요하다. 예를 들어, 미숙한 대인관계 기술은 학생이 친구를 사귀고 사회적으로 발전하는 능력에 영향을 미친다.

1960년대 이전에는 지적장애에 대한 정의가 일차적으로 평균 이하의 지능검사 점수에 토대를 두고 있었다. 그러나 이러한 접근에는 세 가지 문제점이 있었다. 첫째, 검사가 불완전하여 때때로 잘못 진단할 때가 있었다. 둘째, 미국의 경우 소수 인종 출신 또는 영어를 못하는 학생들이 지적장애로 진단되는 비율이 불균형적으로 높았다(Hallahan et al., 2015). 셋째, 동일한 지능검사 점수를 가진 사람이라도 실제 세상에 대처하는 능력에서는 큰 편차를 보인다는 점이 발견되었다. 이러한 문제 때문에 적응 행동이 지적장애를 정의하는 데 더 중요한 개념이 되었다(American Psychiatric Association, 2013).

정서행동장애

카일(Kyle)은 휴식시간 후 땀투성이가 된 채 복장을 흩뜨리고 돌아와 팔짱을 끼고는 반항스러운 태도로 교사를 바라보았다. 운동장에서 다른 학생과 한바탕 싸움을 한 직후였다. 카일은 이러한 문제를 자주 일으키는 학생이었다. 카일은 학습에도 어려움을 겪고 있지만 충분히 구조화된 환경이 주어지면 그럭저럭 해 나갈 수 있었다. 그러나 좌절을 겪으면 종종 공격적 행동을 보이고, 타인의 감정과 권리를 무시하곤 했다.

카일의 바로 옆에 앉은 벤(Ben)은 너무나 조용해서 교사는 그가 있다는 것을 거의 잊어버릴 정도였다. 벤은 결코 문제를 일으키지 않지만 수업에도 잘 참여하지도 않았다. 친구가 거의 없고 쉬는 시간에도 혼자였다. 벤은 마치 다른 아이들을 의식적으로 피하는 것 같았다.

카일과 벤은 매우 다르지만, 사실 둘 다 정서행동장애의 증상을 보이고 있다. **정서행동장애**(Emotional and behavior disorder)란 사회적 갈등과 개인적 불행을 가져올 수 있는 심각하고 지속적이며 나이에 맞지 않은 부

적절한 행동을 가리킨다. 정서행동장애는 종종 학업 실패로 이어진다. 여기서 심각하고 지속적이라는 말이 중요하다. 많은 아동은 친구들과 종종 싸움을 하며 때로는 혼자 있고 싶은 때를 경험한다. 그러나 이러한 패턴이 발달과 학교생활에 방해가 될 때 정서행동장애가 있다고 말할 수 있다.

정서행동장애라는 용어는 종종 정서장애 또는 정서적 핸디캡이라는 용어와 같은 의미로 사용되는 경우가 많으며, 이들 중 하나를 접할 수 있다. 연구자들은 정서행동장애라는 용어를 선호하는데, 이는 목표로 삼고 변화시킬 수 있는 명확한 행동에 초점을 맞추기 때문이다(Turnbull et al., 2016).

이 장애를 가진 학생들은 다음과 같은 특징을 자주 보인다.

- 충동적으로 행동하며 사회적으로 수용 가능한 방식으로 타인과 상호작용하는 데 어려움이 있음
- 행동화 경향(acting out)이 있으며 학교 또는 학급 규칙을 지키지 않음
- 낮은 자아개념
- 자신의 행동이 얼마나 심각한지에 대한 인식 부족
- 빈번한 결석(Turnbull et al., 2016)

정서행동장애를 가진 학생들은 종종 학업 문제를 겪는다. "이들의 성취는 다른 장애를 가진 학생들과 비교하여 일관되게 두 번째로 낮으며, 지적장애가 있는 학생들만이 더 낮은 점수를 보여주고 있다"(Ysseldyke et al., 2017, p. 792).

IDEA에 따라 지원되는 3~21세 어린이 중 약 5%가 이 장애를 진단받고 있다(National Center for Education Statistics, 2017a). 그러나 이 장애는 진단하기 어렵고, 인종 및 문화적 요인에 의해 복잡하다. 예를 들어, 미국인디언/알래스카 원주민 또는 아프리카계 미국인 학생들은 일반 인구의 다른 학생들보다 이 장애로 분류될 가능성이 더 크다(Heward et al., 2017).

정서행동장애는 외현적 또는 내현적 형태로 구분된다(Hallahan et al., 2015). 카일과 같은 학생들은 첫 번째 범주에 속하며, 과잉행동, 반항, 호전성, 심지어 잔인성과 같은 특성을 나타낸다. 미국정신의학회(APA)의 DSM-5는 어린 아동들의 정상적인 발달 문제와 이 장애를 구별하기 위해 행동의 빈도를 사용한다. 예를 들어 많은 아동이 짜증을 내지만, 빈번한 짜증은 장애를 시사할 수 있다. 남학생은 여학생보다 외현적 정서행동장애로 분류될 가능성이 세 배 더 높고, 낮은 사회경제적 지위와 소수 인종 출신의 아동은 다른 또래에 비해 더 자주 진단받는다(Turnbull et al., 2016).

내현화된 정서행동장애는 행동 문제를 일으키는 학생들처럼 눈에 띄지 않기 때문에 더 파괴적일 수 있으며 주목받지 못할 수 있다. 이 장애는 사회적 철회, 친구 부족, 우울증, 불안 등의 특성으로 나타나며, 타인보다 자신에게 더 많은 문제를 야기시킨다. 벤과 같은 아이들은 자신감이 부족하고 종종 수줍음 많고 소심하며 우울증을 겪으며 때로는 자살 충동을 느끼기도 한다.

자살 15~24세 청소년의 경우 자살은 사고에 이어 두 번째로 많은 사망 원인이며, 교통사고가 전체 사고의 절반 이상을 차지한다. 10~14세의 경우 자살은 사고와 암 다음으로 세 번째 주요 사망 원인이다(Centers for Disease Control and Prevention, 2017c). 물론 모든 행동장애 학생이 자살 위험에 처해 있는 것은 아니지만

우울증, 약물 남용, 스트레스, 가정 내 갈등 및 거부와 같은 행동장애와 관련된 여러 요인이 문제와 직접적으로 연결되어 있다. 또한 일부 전문가들은 소셜 미디어의 부정적인 영향도 이러한 문제에 기여했다고 믿는다 (Plemmons et al., 2018). 우울증은 자살 위험을 증가시키는데, 우울증을 경험하는 청소년들은 조용하고 내성적이며 교사들에게 눈에 띄지 않는 경우가 많기 때문이다.

매년 약 50만 명의 청소년이 자살을 시도하며 2,000명에서 5,000명이 실제로 자살에 성공한다. 그러나 자살에 대한 사회적 낙인 때문에 정확한 수치를 얻기 어렵다. 청소년 자살률은 1960년대 중반부터 1990년대 중반까지 세 배로 증가했으며, 이는 더 큰 스트레스와 가족 및 사회적 지원의 부족 때문일 수 있다. 여학생은 남학생보다 자살을 시도할 확률이 두 배 높지만, 남학생은 성공할 확률이 네 배 높다. 남학생은 스스로 총으로 쏘는 등 더 치명적인 방법을 사용하는 반면, 여학생은 약물 과다 복용과 같이 더 생존 가능성이 높은 방법을 선택하기 때문이다(Berk, 2019a).

잠재적인 자살 징후로는 다음과 같다(American Psychological Association, 2014).

- 학업 성적의 급격한 하락
- 또래 또는 학급 및 학교 활동으로부터의 철회
- 외모의 소홀 또는 성격의 급격한 변화
- 식습관 또는 수면 습관의 변화
- 학교 활동에 대한 흥미 부족
- 자살을 문제의 해결책으로 언급하는 것

학생에게 이러한 징후 중 하나라도 보인다면 즉시 학교 상담사나 심리학자에게 연락해야 한다. 조기 개입이 필수적이다.

양극성장애 양극성장애(Bipolar disorder)는 우울 상태와 조증 상태가 번갈아 나타나는 상태로 특징지어진다(Heward et al., 2017). 미국에서 약 2%의 아동이 이 장애로 진단받았으며, 청소년 인구의 약 3%에서 유병률이 보고되었다(Walker, Del Bellow, Landry, D'Souza, & Detke, 2017). 진단받은 수가 급격히 증가했지만, 전문가들은 이 증가가 아동에게 진단을 내리는 경향이 커졌기 때문이라고 믿는다. 이 같은 증가는 또한 논란의 여지가 많은데, 비판자들은 이러한 진단명이 우울하거나 강한 공격성을 보이는 아동을 지칭하는 포괄적 용어라고 주장한다(Nierengarten, 2015). 미국정신의학회(APA, 2013)는 DSM-5에서 파괴적기분조절곤란장애(disruptive mood dysregulation disorder)라는 범주를 만들어 18세 이하의 지속적인 과민성과 빈번하고 극단적인 짜증을 보이는 아동을 구별하려고 시도했다. 이 범주는 아동에게 양극성장애의 과다 진단에 대한 우려를 해결하기 위한 것이다. 학교는 주로 IDEA에 의해 지침을 받기 때문에 이러한 새로운 범주가 학교에 어떤 영향을 미칠지는 불확실하다(Heward et al., 2017).

양극성장애의 증상은 우울증이나 불안과 유사하며, 특히 ADHD와 같은 다른 문제와 종종 연관되어 있다. 치료에는 일반적으로 강한 정신과 약물이 포함되며, 이러한 약물은 대체로 증상을 줄이거나 없애는 데 성공적이지만 체중 증가와 같은 부작용이 있을 수 있다. 이 장애가 있는 학생을 만나게 되면 특수교사와 학교 심리학자들로부터 조언과 도움을 받을 수 있다.

정서행동장애를 지닌 학생 가르치기   정서행동장애를 가진 학생들에게는 참여와 성공을 장려하면서 명확하게 설명되고 일관성 있게 강제되는 규칙을 통해 구조화된 교실 환경이 필요하다.

이러한 학생들을 위해 행동 관리 전략이 자주 사용된다(Alberto & Troutman, 2017). 전략에는 긍정적 행동에 대한 보상(예: 학생이 예의 바르게 행동했을 때 칭찬하는 것), 대치할 행동 가르치기(예: 싸움 대신 감정을 말로 표현하는 방법을 학생들에게 가르치기), 학생을 짧은 시간 동안 격리시키는 방법인 시간제한(time-out) 전략 등이 포함된다.

자기관리 기술을 가르치는 것 또한 효과적이다(Heward et al., 2017). 이는 이 장의 마지막 부분에서 사례 연구를 분석할 때 예시를 통해 확인할 수 있다.

정서행동장애를 가진 학생들은 때때로 좌절을 경험할 수 있으며, 이들이 독특한 욕구를 가지고 있다는 것은 잊히기 쉽다. 여기에서 교사의 민감성과 수용이 필수적이다. 이러한 학생들에게 그들의 행동은 용납될 수 없지만, 그들이 본질적으로 가치 있는 인간이며, 교사는 그들과 그들의 학습에 관심이 있다는 것을 전달하는 것이 중요하다. 이러한 수용과 관심은 다른 어떤 형태의 개입보다 더 큰 효과를 발휘할 수 있다.

신체 및 감각 문제

신체 및 감각 문제를 가진 학생들도 학교에 다닌다. IDEA는 정형외과적 장애(orthopedic impairments)라는 용어를 사용하지만, 교육자들은 신체장애(physical disabilities)라는 용어를 선호하여 교실 성과에 영향을 미치는 건강 또는 이동성 문제를 경험하는 다양한 학생들을 지칭한다(Turnbull et al., 2016). 국립교육통계센터(National Center for Education Statistics, 2017a)에서는 '기타 건강장애'라는 범주를 설명하며, IDEA에 의해 지원되는 3~21세 아동 중 약 15%가 이러한 장애로 진단받고 있다고 언급한다. 이 장애들은 경증에서 중증까지 다양하며 매우 다르다. 다음의 예들이 포함된다.

- 후천성 면역 결핍 증후군(AIDS)
- 뇌성마비
- 발작장애

- 천식
- 당뇨
- 척수이분증

- 암
- 간질
- 척수 또는 외상성 뇌 손상

이러한 어려움을 하나 또는 그 이상을 가진 아동을 대할 때 특수교사와 다른 의료 전문가들의 지원을 받을 수 있다. 이들을 돕는 데 있어 교사의 배려와 민감성은 매우 중요하다.

시각장애   우리 중 약 5명 중 1명은 어떤 형태로든 시각 상실을 경험하고 있다. 다행히도 대부분의 문제는 안경, 수술, 또는 치료로 교정될 수 있다. 그러나 대략 3,000명 중 1명 정도의 아동은 교정이 불가능하다(Hardman et al., 2017).

이러한 조건에 처해 있는 사람들은 학습에 방해가 되는 교정될 수 없는 **시각적 손상**(visual handicap)을 가지고 있다. 많은 학생은 돋보기를 사용하거나 큰 글씨로 인쇄된 책을 통해 읽을 수 있지만, 다른 학생들은 전적으로 음성 언어 또는 점자에 의존해야 한다.

심한 시각장애의 약 2/3는 태어날 때부터 이러한 문제를 가지고 있고, 초등학교에 들어갈 때 대부분 이들의 시각적 문제가 확인된다. 그러나 어떤 시각적 문제들은 학교를 다니는 동안 나타날 수 있으므로 학생들에게 발견되지 않은 장애의 가능성에 대해 경계해야 한다. 시각문제의 증상은 다음과 같다.

- 머리를 어색한 자세로 유지하거나 책을 너무 가까이 또는 멀리 두고 읽는 경우
- 눈을 가늘게 뜨고 자주 눈을 비비는 경우
- 정보를 칠판에 쓸 때 절차에 대해 무시하거나 계속해서 질문하는 경우
- 글을 쓸 때 간격이 불규칙하고 줄을 따라 쓰기 어려워하는 경우

시각장애를 가진 학생은 공간개념 이해부터 세상에 대한 일반적 지식에 이르기까지 시력이 정상인 또래들과 다르다. 시각적 경험이 적기 때문에 단어의 의미가 풍부하거나 복잡하지 않을 수 있다. 따라서 이러한 학생들에게는 다른 학습자들보다도 실천적 경험이 더욱 중요하다.

시각장애를 가진 학생들이 학급에 있다면, 몇 가지 간단한 적응을 통해 도움을 줄 수 있다. 예를 들어 칠판이나 화면이 잘 보이는 자리에 앉히고 판서하는 동안 그 내용을 말로 설명해 주고 유인물의 글씨를 명확하게 볼 수 있도록 해 주기 등이다(Heward et al., 2017). 교사는 좀 더 큰 크기의 글자로 인쇄된 책과 확대경과 같은 도구를 제공할 수도 있다. 또래 교수는 과제와 절차를 설명하고 명확히 하는 데 도움을 줄 수 있다.

청각장애 청력 손상이 있는 학생들은 인간 언어의 정상적인 주파수 범위 내의 소리를 인식하는 데 문제가 있다. 청각장애에는 두 가지 종류가 있다. **부분적 청각 손상**(Partial hearing impairment)은 보조 청각기구를 사용하면 일반 학교 환경에서 학습할 수 있을 정도로 잘 들을 수 있다. 이에 반해 **농아**(deaf)는 청각이 매우 손상되어 다른 감각, 보통 시각을 사용하여 의사소통을 한다. 통계에 따르면, 미국 6~19세 아동 중 약 15%가 어느 정도의 청각 손상을 가지고 있으며(Centers for Disease Control and Prevention, 2017b), IDEA에 따라 지원되는 3~21세 어린이 중 약 1%가 청각장애를 가지고 있다(National Center for Education Statistics, 2017a).

청각장애는 유전, 임신 중 감염(예: 풍진), 저체중 출생, 시각장애, 지적장애, 자폐스펙트럼장애와 관련이 있다(Centers for Disease Control and Prevention, 2017b). 그러나 청각 손상의 약 40%의 경우 원인이 알려지지 않아 예방과 치료가 더 어렵다.

훈련된 전문가에게 검사를 받는 것이 청각 문제를 가진 학생들을 변별해 내는 가장 좋은 방법이지만, 모든 학교가 이러한 프로그램을 가지고 있는 것은 아니다. 또한 학생들이 이러한 선별과정에서 누락되면 이들이 가진 문제가 간과될 수 있다. 이런 경우, 교사의 청각장애 가능성에 대한 민감성이 중요하다. 청각장애의 증상들은 다음과 같다(Hardman et al., 2017).

- 지시를 잘못 이해하거나 따르지 않으며, 지시가 주어졌을 때 찡그리거나 혼란스러운 표정을 짓는 비언어적 행동을 보임
- 사람들이 방금 한 말을 다시 말해 달라고 요청함

- 단어, 특히 자음을 정확하게 발음하지 못함
- 오디오 녹음, 라디오 또는 TV를 들을 때 볼륨을 높임
- 대화 활동에 참여하기를 꺼림

말하기와 언어의 유창성 부족은 청각장애 때문에 발생할 수 있는 학습 관련 문제이다. 이러한 문제는 읽기, 쓰기, 듣기에 의존하는 학습에 영향을 미친다. 이러한 언어적 결함이 지능과 아무 상관없다는 것을 기억해야 한다. 즉 적절한 도움이 제공되면 청각장애를 가진 어떤 학습자로 성공할 수 있다.

청각장애 학생을 위한 효과적인 프로그램은 일반학급의 수업과 추가적인 지원을 통합하여 제공되고 있다. 청각장애 학생을 위한 프로그램에는 독순술, 수화법, 지화법이 포함된다. 통합적 의사소통은 수화와 잔여청각력을 통해 음성을 동시에 사용하는 방법으로 인기를 끌고 있다(Hardman et al., 2017).

교사는 또한 시각적 정보를 보충하여 청각적 수업을 보완하고 분명하게 말하고 학생들이 교사의 얼굴을 볼 수 있도록 위치를 조정하고 방해가 되는 소음을 제거하며 이해 여부를 자주 확인하는 방법으로 수업에 적응시킬 수 있다.

청각장애가 없는 학생들이 도우미 역할을 하게 하고 이들과 함께 협동적으로 작업할 수 있게 하는 것 또한 도움이 된다. 비장애 학생에게 수화법과 지화법을 가르치는 것은 이들의 교육에도 도움이 된다.

다양성: 소수집단 학생들은 특수교육에서 과대 또는 과소 표현되고 있는가

소수 문화 집단 구성원들과 특수교육 프로그램 배치에 관한 주요 논쟁이 있다. 이 논쟁은 소수 문화 집단 구성원들이 이러한 프로그램에서 과대 표현되고 있는지 또는 과소 표현되고 있는지에 초점을 둔다. 과대 표현이란 일반 인구에서의 비율보다 더 많은 수의 학생들이 특수성을 지닌 학생들을 위한 교육과정에 배치되는 것을 의미한다. 반면 과소 표현은 그 반대를 말한다. 예를 들어, 국가교육통계센터(National Center for Education Statistics, 2017b)의 자료에 따르면 2014년 미국 학교에 등록된 학생 중 16%가 아프리카계 미국인이고 25%가 히스패닉이었다. 따라서 아프리카계 미국인 학생이 16% 이상 또는 히스패닉 학생이 25% 이상 특수교육 프로그램에 등록되어 있다면 그들은 과대 표현된 것이다. 반대로 각각 16% 또는 25% 이하가 등록되어 있다면 그들은 과소 표현된 것이다.

역사적으로 소수 문화 집단 구성원들이 과대 표현된다는 가정이 있다(Morgan, Farkas, Hillemeier, & Maczuga, 2017; Samuels, 2017). 또한 이들이 지적장애와 정서행동장애와 같은 특정 학습 문제로 과대 식별된다는 주장도 제기되었다. 이는 학생들을 고정관념화하고 낙인찍을 수 있다(Office of Special Education and Rehabilitative Services, 2016). 그 결과 연방 법률, 규정, 정책은 소수 문화 집단 구성원들이 인종과 민족 때문에 과대 표현되고 있다는 우려를 점점 더 해결하고자 한다(U.S. Department of Education, 2016). 이는 일부 교육 지도자와 정치인들이 특수교육이 소수 학생들을 합법적으로 분리시키는 제도적 인종차별의 한 형태라고 믿게 만들었다(Zhang, Katsiyannis, Ju, & Roberts, 2014).

그러나 다른 연구자들은 정반대의 상황이 발생하고 있다고 주장한다. 이들은 소수 문화 집단 구성원들이 특수교육 프로그램에서 과소 표현되어 이들 프로그램이 제공할 수 있는 서비스를 누리지 못한다고 주장한

다. "최근 연구는 인종 및 소수민족 아동이 장애로 과소 변별되어 미국 학교에서 특수교육서비스를 받을 가능성이 낮다고 보고하고 있다"(Morgan et al., 2017, p. 306). 연구자들은 이러한 학생들이 유사한 특성을 보이는 백인 학생들과 비교할 때 특히 두드러진다고 주장한다(Morgan et al., 2017).

이 문제는 소수 문화 집단 구성원들이 백인 학생들보다 학업적으로 더 많은 어려움을 겪는다는 사실로 인해 더욱 복잡해진다. 이러한 어려움은 저체중 출생으로 이어지는 태아 문제, 납 노출과 같은 유해한 환경 조건에 대한 더 큰 노출, 빈곤의 파괴적인 영향과 관련이 있을 수 있다(García, 2015; Morsy & Rothstein, 2015). 빈곤한 환경에서 성장하는 아동은 높은 수준의 스트레스 호르몬인 코르티솔을 겪으며, 이는 뇌의 구조를 변화시켜 충동 조절, 정서 조절, 오류를 처리하고 오류로부터 학습하는 능력을 손상시킨다(Lesaux & Jones, 2016; McCoy, 2016). 질높은 특수교육 프로그램에 접근할 수 있는 것은 이러한 단점을 보완하는 데 도움을 줄 수 있으며, 적절한 배치를 필수적으로 만든다(Phillips, 2016).

추가 연구는 학교가 백인 아동의 어려움을 의학적으로 처리하는 반면, 소수민족 아동의 어려움은 범죄화하는 경향이 있다는 것을 나타낸다(Ramey, 2015). 예를 들어 문제행동을 하는 백인 아동은 행동장애로 진단될 가능성이 높으며, 이후 장애에 대처하는 방법을 배우도록 돕기 위한 서비스를 제공하려고 노력한다. 반면 소수민족 아동은 무책임하거나 교정 불가능하다고 여겨지는 경향이 있으며 어떤 형태의 처벌, 심지어 정학이나 구금이 더 가능성이 높은 반응이 된다. 또한 백인 아동은 유사한 성취를 보이는 소수 문화 집단 구성원들보다 영재로 식별될 가능성이 더 높다(Grissom & Redding, 2016).

이러한 논쟁은 아직 해결되지 않았다. 예를 들어, 일부 연구자들은 소수 문화 집단 구성원들이 특수성을 지닌 학습자를 위한 프로그램에서 과대 표현된다고 지속적으로 주장한다(Skiba, Aritles, Kozleski, Losen, & Harry, 2016). 반면 다른 연구자들은 정확히 반대의 주장을 계속한다(Morgan et al., 2013; Morgan et al., 2017). 이 문제는 다양한 연구자들이 기존의 자료를 해석하는 방식의 차이를 포함하고 있다.

이 논쟁은 매우 민감한 주제이며 불편할 수 있다. 학생들을 색안경 없이 보는 것은 불가능하며, 어떤 학생들이 특수교육서비스를 통해 추가적인 도움이 필요한지에 대한 결정을 공정하게 내리고자 한다. 우리의 목표는 도움이 필요한 모든 학생들이 추가적인 도움을 받을 수 있도록 돕는 것이다. 이러한 정보를 제공하는 이유는 여러분의 전문 지식을 높여 학생들에 대한 합리적인 판단을 내릴 수 있도록 돕기 위함이다. 또한 학교의 특수교육 전문가들과의 긴밀한 소통은 이러한 매우 민감한 문제를 다루는 데 도움이 될 수 있다.

영재 및 재능이 있는 학생

5.4 영재 및 재능이 있는 학생의 특징과 이러한 학생을 변별하고 가르치는 방법을 설명할 수 있다.

일반적으로 영재 및 재능이 있는 학생들을 특수성을 지닌 학생으로 생각하지 않지만, 이들은 일반학급에서 종종 자신의 잠재력을 충분히 발휘하지 못한다. 한때 영재라는 용어만 사용되었으나, 현재는 IQ 검사에서 높은 점수(일반적으로 130 이상)를 받는 학생들뿐만 아니라 수학, 창의적 글쓰기 또는 음악 등 다양한 분야에서 재능을 발휘하는 학생들도 포함되는 개념으로 확대되었다(Rimm, Siegle, & Davis, 2018).

영재 및 재능이 있는 학생들의 특징

영재 및 재능이 있는 학생들의 특성에 대한 설명은 다양하지만, 일반적으로 다음과 같은 특성을 포함한다 (Colangelo & Wood, 2015; Rimm et al., 2018).

- 고급 언어 능력과 추상적이고 어려운 개념을 빠르게 학습하는 능력
- 독창적이고 혁신적이며 새로운 아이디어를 포함하는 확산적 사고
- 강한 동기 부여, 집중력, 몰입, 그리고 높은 에너지 수준을 가지고 과제에 헌신
- 상황의 여러 측면을 동시에 고려할 수 있는 예리한 지각
- 뛰어난 기억력과 정보 회상 능력
- 추상적이고 유연한 사고
- 민감성, 타인에 대한 공감 및 동일시

마지막 특징은 점점 더 많은 주목을 받고 있다. 예를 들어 스턴버그의 지능이론에 대한 논의에서 그는 시민적 관심과 윤리적 리더십을 높은 능력의 지표로 간주한다고 언급했다(Sternberg, 2017a). 다른 저자들도 이러한 관점을 지지하며, 이 요소가 영재성을 평가하는 기준에 포함되어야 한다고 제안한다(Ambrose, 2017).

영재 및 재능 교육의 역사

미국에서 영재 및 재능 교육의 역사는 루이스 터먼(Louis Terman)과 그의 동료들에 의해 수행된 종단 연구에서 시작되었다(Terman, Baldwin, & Bronson, 1925; Terman & Oden, 1947, 1959). 교사 추천과 IQ 점수(스탠퍼드-비네 지능검사에서 140 이상)를 토대로 1,500명의 영재가 선발되었고 일생 동안 이들을 추적조사했다(연구는 2010년까지 계속되도록 예정되어 있었다.). 연구자들은 이들이 학업적으로 더 높은 성취를 보일 뿐만 아니라 어려서나 성인이 되어서도 동년배보다 더 잘 적응하고 더 많은 취미를 가지고 있으며 더 많은 독서를 하고 더 건강하다는 것을 발견했다. 보다 최근에 이루어진 연구와 함께 이 연구는 영재들이 적응을 잘 못하고 편협하다는 편견을 불식시키는 데 큰 역할을 했다.

미국 연방정부에서 사용하는 정의는 영재 및 재능이 있는 학생들을 "그들의 나이, 경험 또는 환경과 비교했을 때 매우 높은 수준의 성취를 보이거나 성취할 잠재력이 있는 뛰어난 재능을 가진 아동과 청소년"으로 설명한다(National Society for the Gifted and Talented, 2014, para. 1). 영재성에 대한 또 다른 역사적으로 인기 있는 정의는 세 가지 기준을 사용한다. ① 평균 이상의 능력, ② 높은 수준의 동기와 과제 집착력, 그리고 ③ 창의성(Renzulli & Reis, 2003). 이 장의 서두에서 보았듯이 미국 공립학교 학생 중 약 6%가 영재 및 재능 프로그램에 등록되어 있다(National Center for Education Statistics, 2015).

영재 및 재능이 있는 학생들의 사회적·정서적 요구

역사적으로 영재 및 재능이 있는 학생들에 대한 연구는 인지적 영역에 초점을 맞춰 왔지만, 최근에는 이러한 학생들의 사회적 및 정서적 요인을 조사하며 이들이 잠재력을 최대한 발휘하려면 정서지능이 중요하다고 주장하고 있다(Parker, Saklofske, & Keefer, 2017). 많은 연구와 마찬가지로 결과는 혼재되어 있다. 예를 들어, 일부 연구에서는 영재 및 재능이 있는 학생들이 우울증, 수줍음, 또래 관계 문제 등 사회적 및 정서적 문제에 더 취약하다는 결과가 나왔다(Wellisch & Brown, 2012). 반면 영재 및 재능이 있는 학생들이 일반 학생들보다 정서적 및 사회적 문제에 더 잘 대처할 수 있다는 연구도 있다(Eklund, Tanner, Stoll, & Anway, 2015).

연구자들은 또한 영재 및 재능이 있는 학생들에 대한 몇 가지 신화를 확인했는데, 그중 하나는 높은 능력을 가진 학생들이 문제와 도전에 직면하지 않는다는 것이다. "영재의 타고난 능력과 재능(보통 높은 IQ와 연결된)이 어떻게든 지루함, 스트레스, 우울증 또는 혼란을 경험하지 않도록 보호해 준다는 믿음이 있다"(Colangelo & Wood, 2015, p. 135). 연구자들은 영재 개인이 다른 사람들과 마찬가지로 불안, 질병, 이별, 이혼의 영향, 죽음 또는 상실, 또래 갈등, 학대 및 방치, 그리고 약물 남용을 경험할 가능성이 있다고 지적한다(Colangelo & Wood, 2015). 이들에 따르면, 두 번째 신화는 영재 및 재능이 있는 개인이 고유한 사회적 및 정서적 요구를 가지고 있지 않다는 것이다. 이는 모든 사람이 해결해야 할 문제가 있는 것과 마찬가지이다(Peterson, 2009).

교사로서 가장 중요한 점은 우리가 모두 근본적으로 사회적이고 정서적인 존재라는 점을 명심하는 것이다. 이러한 영역의 요구는 인지적 및 학업적 요구보다 더 근본적이며, 이는 영재 및 재능 있는 학생들에게도 마찬가지이다. 모든 학생이 자신의 복지에 관심을 기울이고 헌신하는 교사를 필요로 하듯이 영재 및 재능이 있는 학생들도 마찬가지이다.

영재 및 재능이 있는 학생 변별하기

영재 및 재능이 있는 학생들의 필요를 충족시키기 위해서는 조기 변별과 교육적 중재가 필요하다. 그렇지 못하면 지루함과 동기 부족 등의 사회적 그리고 정서적 문제를 지닌 저성취 영재로 만들 수 있다(Rimm et al., 2018). 이는 특히 불리한 배경에서 온 학생들에게 해당된다(Merrotsy, 2013). 일반적인 절차는 표준화 검사를 통해 나타난 점수와 교사의 추천에 지나치게 의존하고 있어 영재 및 재능이 있는 학생들을 종종 놓치곤 한다. 또한 여학생과 소수 문화적 집단의 학생들은 이러한 프로그램에 잘 선발되지 않는다(Gootman & Gebelhof, 2008). 예를 들어, 뉴욕시가 유치원 영재 및 재능이 있는 학생들을 변별하는 포괄적인 접근 방식에서 시험에만 의존하는 방식으로 전환했을 때, 흑인과 히스패닉 학생의 수는 46%에서 27%로 감소했다(Winerip, 2010). 이러한 문제를 해결하기 위해 전문가들은 창의성 측정, 공간능력 검사, 또래 및 부모 추천과 같은 더 융통성 있고 문화적으로 편파되지 않은 방법을 교사 추천과 함께 사용할 것을 권한다(Rimm et al., 2018).

모든 예외적인 경우와 마찬가지로, 교사는 영재와 재능이 있는 학생들과 매일 함께 지내면서 검사에서 포착해 내지 못하는 이들의 강점을 찾아낼 수 있으므로 이들을 변별하는 데에도 중요한 역할을 한다. 그러나 연구에 따르면 교사들은 영재성 또는 재능이 있음을 종종 동조, 단정함, 좋은 행동 등과 혼동한다고 한다(Colangelo & Davis, 2003). 학생들과 함께할 때, 앞서 설명한 영재 및 재능이 있는 학생들의 특성을 학생들이 어느 정도 나타내는지에 대해 생각해 볼 필요가 있다.

영재 및 재능이 있는 학생들을 위한 프로그램

영재 및 재능이 있는 학생들을 위한 프로그램은 보통 속진과 능력별 집단 편성이라는 두 가지 과정에 기반을 둔다.

속진

속진(Acceleration)은 교육과정은 동일하게 유지하되 학생들이 더 빨리 또는 일반적인 것보다 어린 나이에 교육과정을 통과할 수 있도록 하는 것이다. 다양한 종류의 속진 방법이 존재하며 다음을 포함한다(Mandelman & Grigorenko, 2013).

- 유치원 또는 1학년 조기 입학
- 연속적 진도
- 통신 과정 및 방과 후 프로그램
- 대학과 고급 과정의 이중 등록
- 중학교, 고등학교 또는 대학 조기 입학
- 학년 건너뛰기
- 자기주도학습
- 조기 졸업
- 시험을 통한 학점 취득

이 예시들에서 볼 수 있듯이 통신 과정과 방과 후 활동과 같은 일부 속진 방법은 영재 및 재능이 있는 학생들을 위한 프로그램으로 설명되는 일부 저자들에 의해 심화의 형태로도 불릴 수 있다(Rimm et al., 2018).

능력별 집단 편성

다른 가장 널리 사용되는 교육적 방안은 능력별 집단 편성이다. 학생들을 능력에 따라 다양한 구성으로 구성하는 방식이다(Mandelman & Grigorenko, 2013, p. 128). 이 방식은 '영재 영어' 또는 '영재 수학'과 같은 심화반에 학생들을 배치한다. 일반적으로 능력별 집단 편성은 논란의 여지가 있으며, 이 장의 앞부분에서 논의된 바 있다. 게다가 이 수업은 본질적으로 다른 학생들에게 제공되는 수업과 동일하지만, 학생들이 높은 능력을 가지고 있어 교육과정을 더 빠르게 진행하여 본질적으로는 속진의 한 형태가 된다. 또한 이 수업이 영재를 위한 것이기 때문에 교사들은 다른 학생들과 다르게 해야 한다고 느끼지만 무엇을 해야 할지 몰라 단순히 더 많은 과제를 부여하는 경우가 많다.

영재 및 재능이 있는 학생들을 위한 프로그램 연구

영재를 위한 프로그램의 효과를 조사한 연구는 제한적이다(Mandelman & Grigorenko, 2013). 그러나 일부 연구에서는 속진 프로그램이 성취에 미치는 영향을 조사했으며, 그 결과 속진 프로그램에 참여한 학생들이 프로그램에 참여하지 않은 또래들보다 유의미한 성장을 보였다. 또한 속진 프로그램에 참여한 학생들은 해당 과목에서 나이가 많은 동료들만큼 잘 수행했다(Kulik & Kulik, 1984; Rogers, 1991; Steenbergen-Hu & Moon,

2011).

능력별 집단 편성과 관련된 연구에서는 동일한 결과를 얻지 못했으며, 이 방식에 대한 지지는 미미했다(Kulik & Kulik, 1992; Slavin, 1987, 1990).

경제학 분야에서도 영재를 위한 프로그램에 대한 연구가 이루어졌다. 예를 들어 한 연구에서는 영재 프로그램 입학 커트라인 점수 바로 위와 아래에 있는 학생 그룹을 비교했다. 연구 결과, 한 그룹이 1년 반 동안 영재 프로그램에 등록되었음에도 불구하고 두 그룹 간의 성취도에 유의미한 차이가 없었다. 두 번째 연구에서는 추첨을 통해 마그넷 스쿨에 다니도록 배정된 학생들을 같은 추첨 풀에서 선택되지 않은 동등한 능력을 가진 또래들과 비교했을 때, 성취도에 유의미한 차이가 없었다(Bui, Craig, & Imberman, 2011). 추가 연구에서도 유사한 결과를 발견했으며, 이러한 프로그램에 등록되지 않은 비슷한 능력을 가진 학생들보다 영재 프로그램에 참여한 학생들의 성취도가 미미하게 높았다(Abdulkadiroglu, Angrist, & Pathak, 2011; Dobbie & Fryer, 2011). "영재 프로그램들이 그 프로그램에 참여한 학생들에게 영향을 미쳤다는 증거는 없었다"(Mandelman & Grigorenko, 2013, p. 130).

영재 및 재능이 있는 학생들을 위한 프로그램에 대해 부정적인 그림을 그리고 싶지는 않다. 그러나 연구는 두 가지 중요한 요소를 강조한다. 첫째, 앞서 언급한 바와 같이 영재 및 재능이 있는 학생들도 다른 모든 학생과 마찬가지로 헌신적인 교사의 지원이 필요하다. 둘째, 어떤 기관, 학교, 또는 프로그램도 그 안에 있는 사람들보다 더 나을 수는 없다. 전문 교사의 혜택을 누리는 영재 프로그램은 긍정적인 결과를 낼 것이다. 이는 일반적인 교육에서도 마찬가지이다. 어떤 학생의 교육 질도 이를 제공하는 교사의 전문성에 따라 달라진다.

통합학급에서 교사의 책임

5.5 통합학급에서 일반학급 교사의 책임을 설명하고, 보편적 학습 설계와 어떻게 관련되는지 설명할 수 있다.

교육심리학과 당신

당신은 일반학급 교사이다. 당신은 특수성을 지닌 학생들을 변별하는 과정에 참여했으며, 이제 이러한 학생들이 진단되었고, 그들의 특수성이 설명되었으며, 당신의 일반학급에 배치되었다. 이제 당신의 책임은 무엇일까?

당신의 교실에 특수성을 가진 학습자가 있을 가능성은 매우 높다. 이 장의 서두에서 특수성을 가진 학생들을 변별하는 데 있어 일반학급 교사의 역할에 대해 논의한 바 있다.

이제 '교육심리학과 당신'에서 물었던 질문에 답하기 위해 통합학급에서 이러한 학생들과 함께 일할 때 일반학급 교사로서의 책임에 대해 알아보자. 이러한 책임은 [그림 5-2]에 요약되어 있으며, 다음 절에서 이에 대해 논의하겠다. 각 분야에서 교사는 전문 지식을 가진 특수교육 교사들의 도움을 받을 것이다.

학생들의 요구에 맞도록 교육법 수정하기

보편적 학습 설계(UDL)는 특수성을 가진 학생들의 요구를 최선으로 충족시키기 위해 우리의 교육을 수정하는 데 필요한 틀을 제공한다. UDL을 가이드로 사용할 때 중요한 점을 강조하고자 한다. UDL의 원칙은 특수성을 가진 학생들뿐만 아니라 일반 학습자들에게도 가치가 있다. (여기서 계속 공부하기 전에 UDL의 원칙을 복습하는 것이 좋다.) 예를 들어 동영상, 그래픽, 조작 도구 및 기타 구체적인 예는 특수성을 가진 학생들에게 필수적이지만, 다른 모든 학생에게도 가치가 있다. 그리고 자율성 함양, 자기조절 고취, 안전하고 지지적인 학습 환경 조성은 모든 학생에게도 중요하다. UDL의 초점은 특수성을 가진 학습자에게 있지만, 그 원칙은 우리 교실의 모든 학습자에게 적용된다.

이러한 주장은 연구에 의해 뒷받침된다. 일반적으로 학생들에게 효과적인 교육은 특수성을 가진 학습자들에게도 효과적이다. "일반적으로 특수교육 학생들에게 효과적인 학급 관리 및 교육 접근 방식은 다른 학생들에게도 효과적인 경향이 있다"(Good & Lavigne, 2018, p. 324). 그러나 교사는 학생들이 실패와 좌절의 역사를 극복하고, 노력의 증가가 성공으로 이어질 것이라고 확신하도록 추가적인 지원을 제공해야 한다. 예를 들어, 대부분의 학생이 자리에 앉아 과제를 완료하는 동안 교사는 개별적으로 또는 소그룹과 함께 추가적인 지원을 제공할 수 있다. 모든 학생에게 효과적이고, 특히 특수성을 가진 학생들에게 중요한 교육방법에는 다음과 같은 내용이 포함된다.

- 구체적인 예를 사용하고, 문제와 기타 과제에 대한 해결책을 신중하게 관찰하기
- 작은 단계로 나누어 가르치고, 학습 진행 상황에 대한 자세한 피드백을 제공하기
- 질문을 포함한 수업을 개발하고, 다른 학생들만큼 자주 특수성을 가진 학생들을 부르기
- 가르치는 내용을 개요, 위계, 차트 및 기타 형식으로 조직화하여 제공하기
- 시험과 퀴즈를 대비할 수 있는 시간을 늘리기
- 고성취자와 저성취자, 특수성을 가진 학생과 그렇지 않은 학생을 모두 포함하는 학생 집단을 구성하기
- 사용 가능한 기술을 활용하기
- 학습 및 공부 전략을 가르치기

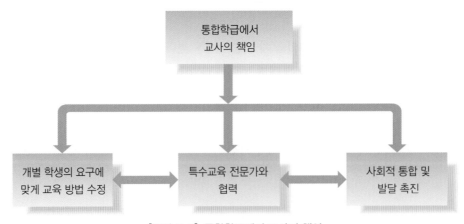

[그림 5-2] 통합학급에서 교사의 책임

이러한 교육 접근 방식은 UDL의 원칙과 일치하며, 마지막 항목은 특별히 주목받을 만하다. 이를 더 자세히 살펴보자.

전략 지도

전략(Strategies)은 학습목표를 달성하기 위해 필요한 일반적인 활동을 초과하는 인지적 작용이다(Pressley & Harris, 2006). (제8장에서 전략을 자세히 살펴볼 것이다.) 예를 들어, 요약하기는 전략이다. 왜냐하면 이는 단순히 글을 읽는 과정을 넘어, 특정 학습 목표를 달성하기 위한 시도이기 때문이다. 전략 지도는 특수성을 가진 학생들을 돕는 가장 유망한 접근 방식 중 하나이다(Hardman et al., 2017; Heward et al., 2017).

이 장의 서두에서 만난 학습장애를 가진 중학생 애덤과 함께 일하면서, 휠러 선생님은 역사책의 챕터 내용을 이해하는 전략을 개발하도록 도왔다. 휠러 선생님은 먼저 애덤이 챕터가 어떻게 구성되어 있는지 볼 수 있도록 챕터 개요를 공부하게 했고, 챕터를 읽는 동안 그 개요를 앞에 두도록 했다. 그런 다음 챕터의 일부를 소리 내어 읽고, 매 2~3단락마다 멈추어 방금 읽은 내용을 요약했다. 그런 다음 애덤이 같은 방법으로 연습하도록 했다. 애덤이 명확한 요약을 만들지 못하면, 휠러 선생님은 그가 해당 부분을 다시 읽고 다시 요약을 하도록 지시했다.

특수성을 가진 학습자들은 과제에 수동적으로 접근하거나 모든 학습내용에 똑같은 전략을 사용하는 경향이 있다. 따라서 교사는 그들이 전략을 사용하고 특정 학습 과제에 맞는 전략을 배우도록 도와야 한다(Vaughn et al., 2018). 예를 들어, 애덤이 챕터의 내용을 이해하려고 했기 때문에 휠러 선생님은 단순히 단어 목록을 외우는 경우와는 다른 전략을 가르쳤다. 학습 문제를 가진 학생들은 전략을 사용할 수 있지만, 그들은 설명과 시범을 포함한 구체적인 지도가 필요하며 전략에 익숙해질 때까지 연습해야 한다(Coyne, Carnine, & Kame'enui, 2011). 휠러 선생님이 애덤과 함께 한 일이 바로 이것이다. 이 과정은 분명히 필요하지만 특수성을 가진 학생들은 학습 문제를 해결하기 위해 추가적인 노력이 필요하다. 우리의 역할은 그들이 성공을 보장하는 데 필요한 전략을 배우도록 돕는 것이다. [이 장 마지막에 있는 사례 연구에서는 마이크 셰퍼드(Mike Sheppard)가 그의 학생들과 함께한 작업을 통해 이러한 전략의 또 다른 교실 적용을 보여 준다.]

자기조절 개발

돈(저자 중 한 명)은 그가 거주하는 도시의 지역 초등학교에서 정기적으로 학생들을 지도한다. 그가 지도하는 1학년, 2학년, 3학년 학생들은 모두 학업적으로 어려움을 겪고 있으며, 읽기와 수학에서 뒤처져 있다. 이 학생들과 함께 지내며 그들의 교사들과 대화할 때 두 가지 패턴이 일관되게 나타났다. 첫째, 학생들은 학교에서 성공할 수 있을 만큼 충분히 지능적이라는 점이다. 둘째, 그들은 자기조절 능력이 부족했다.

폴은 돈의 관찰을 뒷받침하는 일련의 경험을 했다. 프로젝트의 일환으로 그는 1학년 교실에서 일련의 관찰을 하고 있었으며, 학생들이 조용히 책을 읽는 동안 관찰한 것에 놀랐다. 일부 학생들은 45분 이상 집중해서 읽는 반면, 다른 학생들은 거의 시간을 들여 읽지 않고 대신 방을 둘러보거나 연필이나 다른 물건을 가지고 놀고 있었다. 실제로 한 번의 관찰에서 그는 한 소년이 45분 동안 책을 책상 위에 세우기 위해 노력하는 것을 보았다. 그 소년은 실제로 읽는 데 거의 시간을 쓰지 않았다. 학생들이 학년을 올라가면서, 성실하게 읽은 학생들과 그렇지 않은 학생들 사이의 격차는 점점 더 벌어질 가능성이 크다.

특수성을 지닌 학생 상당수가 과외 형태로 추가적인 도움을 받고 있지만 일반적으로 자기조절 능력, 즉 목표를 달성하기 위해 우리의 행동, 생각, 감정을 지시하고 통제하는 능력을 개발하는 데 도움이 되는 지원은 받지 않고 있다. (자기조절에 대해서는 제6장에서 자세히 다룬다.) **자기조절**(Self-regulation)은 학교 성공에 중요한 역할을 하며, 자기조절을 잘하는 학생들은 학교생활에서 더 행복해하고 더 많이 배우며 친구도 더 쉽게 사귄다(Berk, 2019a).

APA의 20가지 주요 원칙

이 절의 논의는 심리학의 주요 20가지 원칙 중 원칙 7을 설명한다. 학생들의 자기조절은 학습에 도움이 되고, 유치원-12학년(초 · 중등학교)까지 교수 및 학습을 위한 심리학의 20가지 주요 원칙 중에서 자기조절 기술을 가르칠 수 있다.

자기조절은 일반적으로 특수성을 지닌 학생들에게 잘 발달되어 있지 않다(Hallahan et al., 2015; Heward et al., 2017). 그들은 과제에 집중하고 과제를 완료하며 효과적인 학습 전략을 사용하는 데 어려움을 겪는다. 이는 폴과 돈이 직접 목격한 바 있다. 그들은 또한 교사의 설명 중간에 소리치는 것과 같은 충동을 제어하는 데 문제를 가지고 있다.

우리는 세 가지 방법으로 이러한 학생들을 도울 수 있다. 첫째, 애덤에게 휠러 선생님이 했던 것처럼 학습 전략을 가르칠 수 있다(Mastropieri & Scruggs, 2018; Vaughn et al., 2018). 둘째, 그들과 일대일로 대화하여 자신의 행동과 이러한 행동이 학습과 동료들과의 관계에 어떻게 영향을 미치는지 인식하도록 도울 수 있다. 자기 지각이 증가함에 따라, 그들은 점차 자신의 학습을 통제할 수 있음을 이해하게 될 것이다(Turnbull et al., 2016). 셋째, 인내심, 지원, 격려는 그들이 자기조절능력을 점진적으로 개발하는 데 필수적이다.

연습의 필요성

몇 년 전 한 프로 농구 슈퍼스타에 관한 이야기가 전해졌다. 그는 원정 경기에서 자신의 평소 수준에 미치지 못한 경기를 한 후 늦은 밤 집에 돌아와 새벽 2시에 체육관으로 가서 세 시간 동안 연습한 후 집에 갔다. 그리고 이 사람은 이미 농구 역사상 최고의 선수 중 하나로 평가받고 있던 사람이었다.

APA의 20가지 주요 원칙

이 절의 논의는 심리학의 주요 20가지 원칙 중 원칙 5를 설명한다. 장기 지식과 기술의 습득은 주로 유치원-12학년(초 · 중등학교)까지 교수 및 학습을 위한 심리학의 20가지 주요 원칙에 나오는 연습에 의존한다.

이 짧은 일화는 학습에서 연습의 중요성을 이해하는 데 도움이 된다. 우리는 이 이야기가 특히 특수성을 지닌 학습자들에게 중요하기 때문에 여기에 언급하고자 한다. 예를 들어, 많은 일반학급 학생들은 자연스러운 발달 과정에서 학습 전략을 습득하고 이를 거의 생각하지 않고 사용한다. 그러나 특수성을 지닌 학습자들은 그렇지 않다. 앞서 본 바와 같이 그들은 전략을 습득할 수 있지만 그 전략은 가르치고 연습해야만 사용이 거의 자동적으로 이루어질 수 있다. 많은 연습 없이는 그 전략을 충분히 활용할 수 없는 것이다.

마찬가지로 이러한 학생들은 두 자릿수의 곱셈, 일관된 문장 및 단락 작성, 집중력 유지, 과제 관리, 생각, 행동 및 감정 조절과 같은 기술에서 일반학급 학생들보다 더 많은 연습이 필요하다. 이러한 능력은 모두 연습을 통해 개발될 수 있다. 이는 하루아침에 이루어지지 않겠지만 노력과 인내를 통해 습득할 수 있다.

우리 모두 높은 수준의 능력을 개발하기 위해 연습이 필요하다. 특수성을 지닌 학습자들에게는 연습이 더욱 중요할 것이다. 장애를 극복하는 것은 많은 노력이 필요하지만 극복할 수 있다. 가능한 것이 가장 중요하다. 교사로서 우리의 역할은 그들이 이 목표에 도달할 수 있도록 배려와 지원, 연습할 기회를 제공하는 것이다.

다른 전문가들과의 협력

특수성을 지닌 학습자를 지도할 때 교사의 두 번째 책임은 다른 전문가들과 협력하는 것이다. **협력**(Collaboration)은 공통의 문제를 해결하기 위해 다른 전문가들과 함께 일하는 과정이다. 초기에는 교육자들이 통합을 추가적인 것으로 보았다. 특수성을 지닌 학습자는 일반학급에서 기능할 수 있도록 추가적인 서비스를 받았다(Turnbull et al., 2016). 점차 조정의 개념이 추가를 대체하게 되었다. 오늘날 **협력적 상담**(collaborative consultation)은 일반학급 교사와 특수교사를 하나의 팀으로 구성하여 특수성을 지닌 학습자들을 위한 경험이 통합되도록 한다. 이러한 교사 지원 팀에서는 특수교사, 읽기 전문가, 영어 발달교사, 학교 심리학자, 심지어 학교 관리자와 협력하여 교육 프로그램을 설계하고 실행하게 된다.

협력은 여러 가지 형태를 취할 수 있다.

- 교육과정 계획: 학생들과의 교육에서 UDL 원칙을 적용하면서 교육과정을 조정하여 특수성을 지닌 학습자의 능력과 요구에 맞추고 이러한 조정이 기준을 충족하도록 하는 것이 필수적인 작업이다.
- 공동교사: 특수교사는 일반학급 교사와 함께 일하면서 교육을 지원한다.
- 상담교사: 때때로 특수교사는 통합학급에서 학생들을 관찰, 평가하고 교육 계획을 도와준다.
- 보조교사의 조정: 일부 특수한 학습자에게는 추가 지원을 제공하는 보조교사가 배정된다. 이들의 노력은 지속적인 지시에 따라 계획되고 조정될 필요가 있다.
- 부모와의 협력: 부모는 모든 아이의 교육에 중요한 부분을 차지하며, 자녀의 요구와 강점에 대한 귀중한 정보와 조언을 제공할 수 있다. 부모와의 상담은 가정과 학교 간의 격차를 해소하는 데 도움이 된다(Mastropieri & Scruggs, 2018; Vaughn et al., 2018).

협력은 시간과 노력이 필요하지만, 통합과 UDL 원칙의 적용을 위해 필수적이다. 협력함으로써 전문가들은 추가적인 도움이 필요한 학생들의 성공을 보장하기 위한 안전망을 만들 수 있다. 협력은 일반적으로 학습 문제가 확인되었을 때 시작된다(Mastropieri & Scruggs, 2018; Vaughn et al., 2018). 이 장의 앞부분에서 설명한 반응–개입 모델에서, 이는 우리가 시도한 중재가 학생에게 성공적이지 않을 때 발생한다. 추가 서비스가 필요한 학습 문제가 확인되면, 전문가 팀이 모여 문제를 명확히 하고 더 강도 높은 중재를 설계, 실행 및 평가하고 IEP를 개발하고 부모와 협력한다.

사회적 통합과 발달 촉진

특수성을 지닌 학습자의 사회적 통합 및 발전을 촉진하는 것은 교사의 세 번째 중요한 책임이다. 학생들은 종종 학업성취도가 떨어지고 때때로 행동 문제를 보이며 사회적 기술이 부족할 수 있다(Hallahan et al., 2015). 그 결과 다른 학생들은 이들에 대해 부정적인 태도를 갖게 되며 이는 그들의 자신감과 자존감에 부정적인 영향을 미치게 된다. 교사는 이러한 학생들이 학습 및 교육 환경의 모든 측면에 통합될 수 있도록 특별한 노력을 기울여야 한다.

교사는 먼저 학급 친구들이 이들을 이해하고 받아들이도록 돕고, 두 번째로 학생들 간의 사회적 상호작용을 촉진하는 전략을 사용하여 이를 실현할 수 있다.

학급 친구들의 이해와 수용 개발

학생들이 특수성을 지닌 친구들에 대해 갖는 부정적인 태도는 종종 이해 부족에서 비롯되며, 장애에 대한 공개적인 논의와 정보 제공은 이러한 태도를 변화시키는 데 도움이 될 수 있다(Heward et al., 2017). 장애가 있는 사람들도 우리 모두처럼 친구를 사귀고 행복을 추구하며 성공하고자 한다는 점을 강조하는 것은 태도를 변화시키는 데 큰 도움이 될 수 있다. 이러한 논의는 특수성을 지닌 학습자들에 대한 고정관념을 줄이고 그들과 다른 학생들 사이의 장벽을 허물 수 있다. 장애인들의 투쟁과 승리를 다룬 문학 작품과 비디오는 귀중한 정보원이 된다.

또한 학생들이 자기 표현을 시도할 때 인내심을 보여 주고 그들의 말을 교정하는 것을 자제하며 동료들로부터의 어떤 형태의 경멸적인 댓글도 금지할 수 있다. 이러한 행동은 특수성을 지닌 학습자들과 그들의 반 친구들 모두에게 유익하다. 덜 운이 좋은 사람들에 대한 지지와 민감성을 보여 주고, 일반학급 학생들에게 동료 인간을 존엄성과 존중으로 대하는 것이 얼마나 중요한지를 인식시키는 것은 그들이 사람과 시민으로서 성장하는 데 큰 기여를 할 수 있다. 특수성을 지닌 학습자들을 학급 친구로 두고 그들과 긴밀히 협력하는 것은 일반학급 학생들에게 가장 귀중한 학습 경험 중 하나가 될 수 있다.

사회적 통합 및 발전을 촉진하는 전략

장애가 있는 학생들은 종종 사회적 기술과 친구를 사귀는 능력이 부족하며 다른 학생들을 피하거나 무의식적으로 그들을 멀리할 수 있다(Turnbull et al., 2016). 시범, 코칭, 학습 활동에 학생들을 참여시키는 것은 그들이 사회적 기술을 개발하는 데 도움이 될 수 있다. 예를 들어, 놀이를 시작하는 방법을 가르치기 위해 교사는 "저기 놀이터에 바넬(Barnell)이 있어요. '안녕, 바넬! 나랑 공놀이할래?'라고 말할 거예요. 이제 너도 한번 해 보고, 내가 지켜볼게."라고 말할 수 있다.

교사는 또한 사회적 문제해결을 시범 보일 수 있다. 예를 들어, "메리(Mary)가 내가 놀고 싶은 장난감을 가지고 있어요. 장난감을 공유하도록 만들려면 어떻게 해야 할까요?"라고 물을 수 있다. 이러한 직접적인 접근 방식은 공감, 관점 취하기, 협상, 자기주장과 같은 사회적 기술을 가르치는 데 성공적이었다(Vaughn et al., 2018).

학습 활동에서 가능한 한 자주 특수성을 지닌 학습자들을 부르고, 그들이 또래들처럼 참여하도록 기대하는 것은 그들의 통합과 발전을 촉진하는 가장 효과적인 방법 중 하나이다. 이렇게 하면 모든 학생들이 가치 있고 참여하고 성공할 것으로 기대된다는 메시지를 전달할 수 있다.

협력 학습도 학생들이 사회적 기술을 배우는 데 도움이 될 수 있다(Mastropieri & Scruggs, 2018). 학생들이 그룹으로 작업할 때 감정적 장벽이 종종 허물어지며, 특수성을 지닌 학습자와 비장애 학습자 모두가 자신들이 생각보다 더 비슷하다는 것을 배우게 된다. 사실 이러한 이해를 발전시키는 것은 협력 학습의 가장 중요한 혜택 중 하나일 수 있다.

우리 대부분은 아마도 특수성을 지닌 학습자가 있다는 것을 알았지만, 실제로 그들을 잘 알지는 못했을 것이다. 이것은 그들과 우리 모두에게 불행한 일이었으며, 다양한 종류의 학생들에 대해 배우고 심지어 친구가 될 기회를 제공하지 않았기 때문이다. 교사로서 우리는 모든 학생들이 우리 교실에서 환영받고 서로에 대해 배우고 알 수 있는 기회를 가질 수 있도록 많은 일을 할 수 있다.

교실과의 연계

특수성을 지닌 학생을 일반학급에서 가르치기

1. 효과적인 교사는 특수성을 지닌 학생의 욕구와 능력을 충족시키기 위해 교수법을 변용한다. 추가적인 발판을 제공하여 성공적인 학습이 일어날 수 있도록 하라.
   - **초등학교**: 3학년 교사가 자리에 앉아서 과제를 수행하고 있는 학생을 조심스럽게 모니터한다. 교사는 특수학생을 하나의 작은 집단으로 묶어서 이들에게 추가적인 도움을 제공한다.
   - **중학교**: 1학년 수학 교사가 과제 수행을 위해 학생을 네 개의 집단으로 나눈다. 각각의 학생은 한 문제씩 맡되 파트너와 협의한다. 두 학생이 일치를 보지 못할 때, 그들은 그 집단의 다른 학생 쌍과 협의한다. 교사는 집단 내 네 명 모두가 똑같이 참여할 수 있도록 집단을 면밀히 모니터한다.
   - **고등학교**: 과학 교사가 빈번히 평가를 실시하고 각 평가 항목에 대해 세세한 피드백을 제공한다. 이 교사는 어려움을 가지고 있는 학생 한 명 한 명과 개인적으로 상의할 시간을 갖는다.

2. 사회적 통합과 성장에 있어 큰 장애 중 하나는 다른 학생들의 이해 부족이다. 개방적이고 긍정적인 방식으로 '다른 것'이라는 주제를 논의하라.
   - **초등학교**: 2학년 교사가 놀림, 비웃음과 같은 것들의 문제를 설명하기 위해 역할놀이나 모델링을 활용한다. 교사는 다르게 보이거나 행동하는 학생들을 다른 학생들과 똑같이 존중해야 함을 강조한다.
   - **중학교**: 영어 교사가 개인차에 대한 논의를 촉진하기 위해 베치 바이어스(Betsy Byars, 1970)의 『백조의 여름』과 같은 문헌을 활용한다. 학생들에게 자기 자신의 특성에 대해 생각하고 그것이 그들에게 얼마나 중요한가를 생각해 보게 한다.
   - **고등학교**: 영어 교사가 학생들이 가장 좋아하는 음식, 활동, 영화, 음악에 대한 토론을 이끈다. 또한 학생들의 관심이 되고 있는 문제나 주제에 대해 논의한다. 교사는 학급이라는 하나의 지역사회 연대감을 만들기 위해 이러한 토론을 촉진제로 활용한다.

3. 특수성을 지닌 학생은 종종 학습 과제에 수동적으로 임한다. 효과적인 학습 전략을 가르치기 위해 코칭과 시범을 활용하라.
- **초등학교**: 4학년 담임교사는 수학 응용문제에 대한 해답을 확인하는 데 다음과 같은 질문을 강조한다. "이 풀이법이 문제에 대한 올바른 답을 제시할까요?", "이해가 되나요?", "자릿수가 올바른가요?" 이 교사는 이러한 과정을 한 해 동안 강화해 왔다.
- **중학교**: 수학 교사가 칠판에 수학문제를 푸는 동안 자신의 사고과정을 칠판에 적음으로써 문제해결 전략을 가르친다. 교사는 응용문제를 다음과 같은 단계로 나눈다.
  ① 읽기: 질문이 무엇인가?
  ② 다시 읽기: 나는 어떤 정보를 필요로 하는가?
  ③ 멈추고 생각하기: 무엇을 해야 하나? 더하기, 빼기, 곱하기 혹은 나누기?
  ④ 계산하기: 옳은 숫자를 투입하여 해결하기
  ⑤ 명명하고 검토하기: 어떤 답을 얻었나? 타당한 답인가?
- **고등학교**: 영어 교사가 단계별로 해결해 가는 전략을 가르치고 시범을 보인다. 한 문단짜리 에세이 쓰기 단원은 학생들에게 네 가지 단계를 활용할 것을 제안한다.
  ① 주제문을 써라.
  ② 주제문을 지지하는 세 문장을 써라.
  ③ 요약 문장을 써라.
  ④ 문단을 다시 읽고 편집하라.

4. 영재 및 재능이 있는 학생을 동기화시키기 위해서는 도전적인 학습 활동이 필요하다. 영재 및 재능이 있는 학생들이 도전감을 갖도록 추가적인 활동을 제공하라.
- **초등학교**: 5학년 교사는 영재 및 재능이 있는 학생들이 정규 교육과정의 내용을 이미 습득했다는 것을 보여 주면 자신이 선택한 프로젝트를 숙제로 대체할 수 있도록 허용한다.
- **중학교**: 수학 교사가 각 단원을 시작할 때마다 학생들에게 진단검사를 실시한다. 학생들이 개념과 기술에 숙달할 때마다 학교 미디어센터에서 대체 활동을 할 수 있는 우등 합격증을 받는다. 활동은 단원에서 가르치는 개념의 확장하거나 응용하는 것일 수도 있고 혹은 정규 교육과정에서는 잘 가르치지 않는 수학 원리나 수학사에 대한 학습이 포함될 수 있다.
- **고등학교**: 사회 교사는 "만약 영국이 독립 전쟁에서 승리했다면 오늘날 미국은 어땠을까"와 같은 가상의 문제로 매 단원을 마무리한다. 학생들은 이 문제를 해결하기 위해 모둠으로 작업하며, 보고서나 프로젝트 형식으로 이 작업을 계속하는 학생들에게는 추가적인 점수를 부여한다.

학교급별 적용

서로 다른 연령대의 특수성을 지닌 학생 가르치기

발달은 장애가 있는 학생을 이해하고 가르치는 데 중요한 역할을 한다. 다음의 논의를 살펴보면 장애가 있는 학생을 위한 효과적인 교수 실제가 학생들의 연령과 발달적 특성에 의해 영향을 받는다는 것을 알 수 있을 것이다.

유아 및 초등학생과 함께하기

유아기 및 초등학교 저학년 교사들은 학습 문제를 식별하는 데 있어 독특한 위치에 있다. 학년 초에 모든 학생을 대상으로 한 사전 검사는 미래 성장의 기준점을 제공할 뿐만 아니라 잠재적인 학습 문제를 식별하는 데 도움이 된다. 사전 검사 점수를 통해 학습 문제의 가능성을 감지하면, 문제의 성격을 식별하고 개입 시도의 기록을 상세히 작성하여 특수교사들이 효과적인 개입을 위한 도구를 마련할 수 있다.

어린 아동에게는 발달 지연의 가능성에 민감하게 반응하는 것이 특히 중요하다. 학습자 발달에 대한 연구는 학생들의 발달 속도에 상당한 차이가 있음을 나타내며, 발달 지연은 종종 더 심각한 학습 문제로 오인된다.

또한 초기 학교 성공에서 문화와 언어의 역할을 인식하는 것도 중요하다. 많은 학생이 영어가 모국어가 아니고 신문, 잡지, 책을 쉽게 구할 수 없는 가정에서 자란다. 아이를 특수교육서비스에 의뢰하기 전에 문제의 원인이 문화적 또는 언어적 차이에서 비롯되지 않았는지 확인하는 것은 중요하다.

중학생과 함께하기

중학교 시절은 모든 학생들에게 도전이 되지만 특히 특수성을 지닌 학생들에게는 더욱 어렵다. 이러한 도전은 신체적 및 감정적 변화뿐만 아니라 자립적인 초등학교 교실에서 덜 개인적인 중학교 환경으로의 이동에서 비롯된다.

과제 추적 및 노트 필기와 같은 적응 행동은 특수성을 지닌 학생들에게 특별한 도전을 제시한다. 이러한 학생들이 학습 전략을 습득할 수 있도록 돕는 노력은 특히 효과적일 수 있다.

중학생들에게는 또래의 중요성은 점점 커진다. 특수성을 지닌 학생들이 수용 가능한 행동을 배우고 상호작용과 협력을 촉진하는 전략을 배우는 것이 필수적이다. 협력 학습과 또래 지도는 효과적일 수 있지만, 특수성을 지닌 학생들은 이러한 환경에서 효과적으로 기능하기 위해 추가적인 지원이 필요하다.

고등학생과 함께하기

특수성을 지닌 학생들에게 학교가 크고 개인적인 관심이 적고 수업을 전환하는 고등학교는 특히 어려울 수 있다. 또래의 수용은 모든 고등학생에게 계속해서 중요한 과제이다.

특수성을 지닌 학생들이 자신의 다름을 고통스럽게 인식할 때도 있는 고등학교 교실에서 환영받을 수 있도록 돕는 특별한 노력이 고등학생에게 매우 중요하다. 교사들은 예의와 존중을 모범으로 삼고 학생들이 서로를 똑같이 대하도록 요구함으로써 분위기를 조성한다. 협력 학습과 소그룹 활동은 특수성을 지닌 학생들이 사회적으로 상호작용하고 동료로부터 배울 수 있는 기회를 제공한다.

학습 주제에 대한 깊은 이해를 습득하는 것과 관련하여, 특수성을 지닌 학생들이 효과적인 학습 전략을 습득할 수 있도록 돕는 것은 어린 학습자보다 고등학생에게 더 효과적이다.

제5장 요약

1. 지능에 대한 다양한 관점을 기술하고, 능력별 집단 편성이 학습에 미치는 영향을 설명하시오.

   - 지능은 과거의 경험을 통해 미래의 문제를 해결하는 능력이다. 지능은 또한 지식을 습득하고 활용하는 능력, 문제를 해결하고 추상적으로 추론하는 능력, 환경의 새로운 상황에 적응하는 능력으로 정의된다.
   - 일부 이론은 지능을 단일한 존재로 설명하고, 또 다른 이론은 지능이 여러 차원에 존재한다고 설명한다.
   - 일부 전문가들은 지능이 유전적으로 결정된다고 믿는 반면, 다른 전문가들은 경험에 의해 강하게 영향을 받는다고 믿는다. 대부분은 지능이 이 두 가지 요인의 조합에 의해 결정된다고 제안한다.
   - 가드너의 다중지능이론은 지능을 여덟 가지 비교적 독립적인 차원으로 설명한다.
   - 스턴버그는 지능을 분석적·창의적·실제적 세 가지 차원으로 설명한다. 스턴버그의 이론은 창의적 및 실제적 지능에 대한 강조로 다른 지능이론과 차별화된다.
   - 능력별 집단 편성은 학습자에게 제공되는 교육의 질과 교사들의 기대를 통해 학습에 영향을 미칠 수 있다.
   - 학습 양식은 학습자의 사고와 문제해결에 대한 개인적인 접근 방식을 설명한다. 학습 양식의 차이에 맞춰 교실을 적용하는 것을 뒷받침하는 유효한 연구는 거의 없다.

2. 「장애인교육법(IDEA)」의 조항 포함하여 특수성을 지닌 학습자를 위한 법적 근거를 설명하시오.

   - IDEA의 주요 조항은 특수성을 지닌 학습자를 위한 최소로 제한된 환경(LRE)에서의 교육, 부모 참여, 검사에서 발생할 수 있는 차별로부터 학습자를 보호하는 것, 특수성을 지닌 학습자를 위한 개별화 교육 프로그램(IEP)을 요구한다.
   - IDEA 개정안은 주정부가 특수서비스를 필요로 하는 아동을 찾는 책임을 지고, 차별 없는 평가, 적법한 절차, 개별화 교육 프로그램(IEP)에 대한 부모 참여, 학생 기록의 비밀 유지를 강화하도록 요구한다.
   - 통합교육은 특수성을 지닌 학습자를 학교의 학문적 교육과정, 방과 후 활동, 기타 경험에 일반학급 학생들과 함께 포함시킨다.

   - 보편적 학습 설계(UDL)는 교육과정과 교육방법을 수정하고 기술을 활용하여 특수성을 지닌 학습자가 일반학급에서 성공할 수 있도록 돕는 것을 목표로 한다. 이는 통합교육의 성공을 보장하기 위해 설계된 과정이다.
   - 개별화 교육 프로그램(IEP)은 장애가 있는 모든 적격 학생에게 무상의 적절한 교육을 제공하기 위한 틀을 제공하는 서면 문서이다. IEP는 통합교육이 효과적으로 이루어지도록 하고, UDL 원칙이 적용되며, 특수성을 지닌 학습자가 일반학급에서 소외되지 않도록 설계되었다.

3. 교실에서 교사가 가장 흔히 접하게 되는 학습 문제를 설명하시오.

   - 특수성을 지닌 학습자를 변별하고 지원하기 위해 범주와 명칭이 만들어졌다. 이상은 정신적·신체적·정서적 과정의 일반적인 기능장애를 의미한다. 장애는 낮은 인지 능력이나 걷기나 듣기 같은 특정 활동을 수행할 수 없는 기능적 제한을 의미한다. 핸디캡은 휠체어를 탄 사람이 건물에 들어갈 수 없는 것처럼 사람의 기능에 제한을 가하는 조건을 의미한다.
   - 낙인은 논란의 여지가 있지만 흔히 사용되며, 교사들은 교실에서 이를 접할 가능성이 매우 높다.
   - 특수교육 전문가들은 낙인이 학생의 약점에 초점을 맞추지 않도록 사람-중심 언어를 사용하여 먼저 학생을 변별하고 그 후 장애를 지정하는 방식을 지지한다.
   - 교실에서 교사가 가장 흔히 접하게 되는 학습 문제는 학습장애, 읽기, 쓰기, 추론 또는 수학 능력의 어려움; 언어장애; 자폐스펙트럼장애, 의사소통 및 사회적 상호작용에 영향을 미치는 장애; 지적장애, 지적 기능 및 적응 행동의 제한; 행동장애, 심각하고 지속적인 나이에 맞지 않는 부적절한 행동 등이 있다.
   - 교사는 시각 및 청각장애가 있는 학생들도 만날 수 있다.

4. 영재 및 재능이 있는 학생의 특징과 이들을 판별하고 교육하는 방법을 설명하시오.

   - 영재 및 재능이 있는 학생들은 빠르고 독립적으로 학

습하며 고급 언어 및 메타인지 기술을 보유하고 종종 높은 동기 부여와 높은 성취 기준을 세운다.
- 영재 및 재능이 있는 학생을 판별하는 방법에는 지능 검사와 교사, 부모, 동료의 독특한 재능 및 능력 보고가 포함된다.
- 영재 및 재능이 있는 학생을 교육하는 두 가지 일반적인 방법은 일반 교육과정을 더 빠르게 진행하는 속진과 능력에 따라 다양한 구성을 통해 학생들을 구분하는 능력별 집단 편성이 있다.
- 영재 및 재능이 있는 학생을 위한 프로그램을 조사한 연구는 혼재된 결과를 보였다. 일부는 효과적인 것으로 나타났지만, 다른 프로그램의 학생들은 프로그램에 배치되지 않은 유사한 능력의 학생들과 크게 다르지 않았다.

5. 통합학급에서 일반학급 교사의 책임과 보편적 학습 설계와의 연관성을 설명하시오.
- 통합학급에서 교사의 역할은 특수성을 지닌 학습자의 요구에 맞추어 수업을 적응시키고, 협력적 상담 팀에서 다른 전문가들과 협력하며, 그들의 사회적 통합과 성장을 촉진하는 것을 포함한다.
- 보편적 학습 설계(UDL)는 특수성을 지닌 학습자의 요구에 맞게 수업을 조정하는 틀이다.
- UDL의 원리는 특수성을 지닌 학습자에 초점을 맞추지만, 일반학급 학생들에게도 적용되며, 특수성을 지닌 학습자를 위한 효과적인 교육은 일반적으로 효과적인 교육과 유사하다. 추가적인 상호적 교수 지원을 제공하고 학습 전략을 습득하도록 도와주는 것도 유용하다.
- 전략 지도와 자기조절 개발은 통합학급에서 특수성을 지닌 학습자가 성공할 수 있도록 돕는 가장 유망한 방법 중 하나이다.
- 협력은 공통의 문제를 해결하기 위해 다른 전문가들과 협력하는 과정이며, 협력적 상담은 일반학급 교사와 특수교사가 팀을 이루어 특수성을 지닌 학습자를 위한 경험이 통합되도록 하는 것이다.
- 일반학급 학생들이 장애를 이해하고 특수성을 지닌 학습자와 비장애 학습자가 다르기보다는 비슷하다는 것을 이해하도록 돕는 것은 특수성을 지닌 학습자의 사회적 통합과 발전을 촉진할 수 있다.
- 특수성을 지닌 학습자가 사회적 기술을 개발하도록 돕고, 일반학급 학생들처럼 자주 호출하며, 협력 학습을 통해 통합학급에서 완전히 통합될 수 있도록 보장할 수 있다.

자격증 시험 준비하기

특수성을 지닌 학습자 이해하기
여러분의 교실에 특수성을 지닌 학습자가 있을 것이 거의 확실하기 때문에 자격증 시험에는 이러한 학생들과 함께 일하기 위한 모범 사례와 관련된 항목이 포함되어 있다. 여러분이 시험을 대비하여 준비하는 것을 돕기 위해 다음과 같은 연습문제를 포함했다.

다음 사례에서 한 중학교 수학 교사가 특수성을 지닌 학생을 가르치기 위해 기울이는 노력을 살펴보자. 다음 사례를 읽고 이어지는 문제에 답해 보자.

사례
셰퍼드 선생님은 케네디(Kennedy) 중학교에서 수학을 가르친다. 그는 다음 기준을 충족시키기 위해 그의 반 아이들과 비율을 포함하는 단어 문제를 함께 공부하고 있다.

CCSS.Math.Content.6.RP.A.3b 단위와 일정한 속도와 관련된 문제를 해결하시오. 예를 들어 4개의 잔디를 깎는데 7시간이 걸렸다면, 그 속도라면 35시간 동안 얼마나 많은 잔디를 깎을 수 있는가? 잔디를 깎는 속도는 얼마인가?(공

통 핵심 국가 교육 기준, 2018f).

어제 그는 1학년 대수 수업에서 응용문제를 푸는 절차를 소개했다. 그는 이 절차를 이용하여 해결할 수 있는 5개의 문제를 숙제로 내주었다.

셰퍼드 선생님은 5명의 특수학생을 포함하여 모두 28명의 학생을 가르치고 있다. 5명의 특수학생 중 에단(Ethan), 마커스(Marcus), 그웬(Gwenn)은 학습장애를 갖고 있으며, 토드(Todd)와 에이든(Aiden)은 자신의 행동을 모니터하는 데 문제를 가지고 있다. 다른 교사들이 토드에 대해 기술하고 있는 바에 따르면, 그는 욕을 하고 언어적 공격성이 있으며 자기훈육이 부족하다. 그는 과잉행동을 자주하며, 수업 시간에 자리에 앉아 있지를 못한다. 에이든은 그와 반대로 아주 부끄러움을 많이 타며 위축되어 있는 학생이다.

셰퍼드 선생님의 요청으로 에단, 마커스, 그웬은 매일 몇 분 일찍 교실에 와서 스크린에 표시된 문제를 읽고 추가 도움을 받는다. (셰퍼드 선생님은 일과의 일환으로 출석을 부른 후, 수업 시작을 위해 몇 가지 일을 마치는 동안 학생들이 풀어야 할 문제 두세 개를 스크린에 제시하고 있다.)

셰퍼드 선생님은 에단, 마커스, 그웬이 자리에 앉는 것을 확인하고 제시된 문제를 천천히 읽었다.

> **토요일 해리스(Harris) 가족은 핸더슨(Henderson)에서 뉴턴(Newton)까지 17마일을 운전해서 갔고, 거기서 차에 기름을 넣기 위해 10분을 정차했다. 그러고는 뉴턴에서 카운슬록(Council Rock)을 거쳐 길포드(Gildford)까지 약 23마일을 더 운전해 갔다. 여기까지 걸린 시간은 주유소에서 정차했던 시간을 포함하여 총 1시간 10분이었다. 돌아올 때도 같은 길을 이용했지만 카운슬록에서 점심 식사를 위해 잠시 멈추었다. 카운슬록은 길포드에서 9.5마일 떨어져 있다. 이 가족이 핸더슨까지 돌아오기 위해 얼마나 더 운전을 해야 하겠는가?**

그는 각각의 단어들을 가르치면서 읽어 내려갔다. "좋아." 그는 다 읽고 난 후 웃음을 지어 보였다.

"이 문제를 위해 무엇을 해야 할지 알겠니?"

"선생님, 마지막 부분을 한 번 더 읽어 주시겠어요? 그웬이 요청했다.

"물론이야. 나와 함께 읽어 보자." 셰퍼드 선생님은 고개를 끄덕이고, 핸더슨로 돌아오는 것에 대한 부분을 다시 읽으면서 마찬가지로 각각의 단어를 가리켰다.

"좋아, 이제 되었지. 오늘 앞줄에 앉은 너희 중 한 명에게 물어볼 테니 준비해."

그는 다시 미소를 짓고는 학습 문제를 가진 각각의 학생과 눈 마주침을 했다.

학생들은 자리에 앉아 있었고, 대부분은 벨이 울릴 때까지 과제에 몰두하고 있었다. 셰퍼드 선생님은 토드의 책상으로 걸어갔다.

"네가 한 것을 보자. 굉장히 많이 향상되었지, 그렇지?"

"예, 보세요." 토드는 자랑스럽게 다음을 보여 주었다.

	2/9–2/13	2/16–2/20	2/23–2/27
수업 중 큰 소리 내기	卌 卌 卌 卌	卌 |||| 卌 卌	卌 ||
욕설하기	卌 卌	卌 ||	||||
다른 학생 때리기/ 만지기	卌 |||	卌 ||||	|||
자리 이탈	卌 卌 卌 |||	卌 卌 卌 ||||	卌 卌 卌 |||
친구들에게 친절하게 대하기	||	||||	卌 ||

"아주 훌륭해." 그는 토드의 책상에 기대면서 그에게 속삭였다. "훨씬 나아졌다. 수업 후에 조금 더 공부하자꾸나. 수업 후에 나에게 오너라. 널 도와줄 아이디어가 있다. 꼭 와. 알았지? 이 문제에 대해 좀 더 공부해 보자." 셰퍼드 선생님은 토드에게 엄지손가락을 들어올려 보이며 교실 앞으로 돌아왔다.

"자, 너는 어떻게 했니?

"잘했어요.", "완벽하게 했어요.", "너무 어려워요." 등의 반응이 있었지만 몇몇은 반응이 없었다. "잠깐 문제를 풀어 보자. ……이와 같은 응용문제가 있을 때 우리가 해야 할 첫 번째 것은 무엇이지?"

첫 줄에 앉은 학생 중 한 명에서 시켜 보기로 한 것을 기억하며 셰퍼드 선생님은 마커스를 바라보았다. "마커스?"

"최소한 두 번은 읽어 보는 거예요." 마커스가 대답했다.

"좋아…… 바로 그것이 우리의 문제해결 계획이 말하는 바지." 선생님은 이처럼 말하며 칠판에 걸려 있는 다음 차트를 가리켰다.

"멜리사(Melissa), 그러고 나서 무엇을 해야 할까?"

> **응용문제 해결 계획**
> ① 최소한 두 번은 문제를 읽어 보자.
> ② 다음과 같은 질문을 하자.
>   • 무엇이 필요한가?
>   • 주어진 사실은 무엇인가?
>   • 우리가 가지고 있지 않은 필요한 정보는 무엇인가?
>   • 불필요한 정보가 제시되어 있는가? 그것이 무엇인가?
> ③ 그림으로 그려 보자.
> ④ 문제를 풀어 보자.
> ⑤ 답이 의미가 있는지 검토해 보자.

"무엇을 하라고 하는 것인지 살펴봐야지요."

"좋아, 레이철(Rachel), 이 문제가 요구하는 것이 무엇이지?"

"…… 얼마나 더 운전을 해서 가야 하는가요?"

"아주 훌륭해. 이제 이것에 대해 생각해 봐. 만약 내가 이 문제를 풀고 한 시간 더 가야 한다고 결정을 내렸다면, 이 답이 정확한가? 왜 그런가? 모두 이것에 대해 잠깐 생각해 봐."

"어떻게 생각하니…… 에단?" 몇 분을 기다렸다가 셰퍼드 선생님이 질문을 던졌다.

"…… 저…… 저…… 잘 모르겠어요."

"그러니, 자 핸더슨에서 길포드까지 얼마나 걸릴까?"

"…… 한 시간하고 10분 …… 아, 알겠다. 전체 여행에 한 시간이 걸렸다면, 같은 속도로 가면 여행의 일부에만 한 시간이 걸릴 수는 없지."

"훌륭한 생각이야, 에단. 봐, 네가 해낼 수 있잖아."

셰퍼드 선생님은 문제해결 과정을 계속 학생들에게 안내하고 나서 열정적으로 말했다.

"좋아, 처음 한 것 치고는 나쁘지 않아. …… 이제 숙제를 살펴보자."

셰퍼드 선생님은 숙제로 내준 문제를 이런 방식으로 각각 검토하며, 학생들에게 문제해결 계획의 단계와 부분들을 연결시켜 보라고 한 다음, 칠판에 각 단계를 쓰고, 다양한 학생들을 지목하여 구체적인 답변을 제공하고 그들의 사고 과정을 설명하게 했다.

수업 시간이 20분 정도 남았을 때, 셰퍼드 선생님은 숙제로 다섯 문제를 더 내 주었다. 학생들은 그 문제를 풀기 시작했다. 교실이 조용해지자, 그는 에단, 마커스, 그웬에게 교실 뒤에 있는 책상으로 오라고 손짓했다.

"숙제가 어땠니? 이해하겠니?"라고 셰퍼드 선생님이 물었다.

"조금은요." 그웬이 대답했다. 나머지 두 학생은 고개를 끄덕였다.

"좋아." 셰퍼드 선생님은 웃음을 지었다.

"다시 한번 풀어 보자."

5분 정도 남았을 때, 그는 세 학생에게 "이제 자리로 돌아가서 수업이 끝날 때까지 한두 문제라도 풀어 보렴."이라고 말했다.

종이 울리자 학생들은 교실 밖으로 나가기 시작했다. 셰퍼드 선생님은 토드와 눈이 마주치고, 토드는 멈추었다. 그리고 그는 토드를 교실 뒤의 작은 공간으로 데리고 갔다. 이 공간은 부분적으로 가려져 있지만 교실 앞은 바라볼 수 있다.

"우리는 이렇게 할 거야" 셰퍼드 선생님이 말한다. "자리에서 일어나고 싶으면 조용히 일어나서 여기로 와서 몇 분 동안 있어도 좋아. 네가 원하는 만큼 머물러도 되지만, 우리가 하고 있는 일에 계속 주의를 기울이면 좋겠어. 다시 자리로 돌아갈 준비가 되었다고 생각되면 어느 때고 돌아오면 된다. 내가 원하는 것은 네가 여기와 저기 사이를 조용히 이동하고 수업을 방해하지 않는 거야……. 할 수 있겠니?"

토드는 고개를 끄덕였다. 그는 그의 어깨에 손을 올려놓았다.

"넌 다른 건 모두 잘하고 있어. 내가 생각하기에 이렇게 하는 것이 도움이 될 것 같구나. 너는 훌륭한 학생이야. 계속 열심히 하길 바란다……. 이제, 밀러 선생님의 수업에 들어갈 수 있을 게다."

사례 분석을 위한 질문

이 장과 사례 연구에서 얻은 정보를 사용하여 다음 질문에 답하시오.

객관식 질문

1. 사례의 정보에 따르면, 토드는 다음 중 어떤 특수성을 가질 가능성이 가장 높은가?
   a. 학습장애
   b. 외현화된 행동장애
   c. 지적장애
   d. 주의력 결핍/과잉행동장애

2. 사례의 정보에 따르면, 에이든은 어떤 특수성을 가질 가능성이 가장 높은가?
   a. 주의력 결핍/과잉행동장애
   b. 지적장애
   c. 내현화된 행동장애
   d. 자폐스펙트럼장애

주관식 질문

1. 성공은 모든 학생에게 중요하지만, 특히 특수성을 지닌 학습자에게는 더욱 중요하다. 셰퍼드 선생님이 그의 학생들이 성공할 수 있도록 하기 위해 어떤 일을 했는지 설명하시오.

중요 개념

개별화 교육 프로그램(Individualized Education Program: IEP)

결정 지능(crystallized intelligence)

교육과정 기반 평가(curriculum-based assessment)

농아(deaf)

능력별 집단 편성(ability grouping)

말하기장애(표현언어장애)(speech disorder)(expressive disorder)

문화적 지능(cultural intelligence)

반응-개입 모델(response-to-intervention model of identification)

보조 기술(assistive technology)

보편적 설계(universal design)

보편적 학습 설계(Universal Design for Learning: UDL)

부분적 청각 손상(partial hearing impairment)

사람-중심 언어(people-first language)

사회적 지능(social intelligence)

속진(acceleration)

시각적 손상(visual handicap)

양극성장애(bipolar disorder)

언어장애(수용장애)(language disorder)(receptive disorder)

영재 및 재능(gifts and talents)

우열반 편성(tracking)

유동 지능(fluid intelligence)

의사소통장애(communication disorders)

이상(disorders)

자기조절(self-regulation)

자폐스펙트럼장애(autism spectrum disorder)

장애(disability)

적응 행동(adaptive behavior)

전략(strategies)

정서 지능(emotional intelligence)

정서행동장애(emotional and behavior disorder)

주의력 결핍/과잉행동장애(attention-deficit/ hyperactivity disorder: ADHD)

지능(intelligence)

지능에 관한 심리측정학적 관점(psychometric view of intelligence)

지능에 관한 유전론적 관점(nature view of intelligence)

지능에 관한 환경론적 관점(nurture view of intelligence)

지적 기능(intellectual functioning)

지적장애(intellectual disability)

차이 모델(discrepancy model of identification)

최소한으로 제한된 환경(Least Restrictive Environment: LRE)

통합(inclusion)

특수교육(special education)

특수성을 지닌 학습자(learners with exceptionalities)

학급 간 집단(between-class grouping)

학급 내 집단(within-class grouping)

학습 양식(learning styles)

학습장애(learning disability)

핸디캡(handicap)

협력(collaboration)

협력적 상담(collaborative consultation)

행동주의와 사회인지이론

제**6**장

학습목표

이 장을 공부한 후 여러분은 다음을 할 수 있어야 한다.

6.1 고전적 조건화를 사용하여 교실 안팎의 사건을 설명할 수 있다.
6.2 교실 안팎에서 조작적 조건화의 예를 찾을 수 있다.
6.3 모델링과 모델링의 결과가 사람들의 행동에 미치는 영향을 설명할 수 있다.
6.4 대리학습, 기대한 결과의 미발생, 자기조절 개념을 사용하여 사람들의 행동을 설명할 수 있다.

APA의 20가지 주요 원칙

이 장에서 명시적으로 다루는 유치원–12학년(초 · 중등학교)까지 교수 및 학습을 위한 심리학의 20가지 주요 원칙은 다음과 같다.

- 원칙 7: 학생들의 자기조절은 학습에 도움이 되고, 자기조절 기술은 가르칠 수 있다.
- 원칙 16: 교실에서의 행동과 사회적 상호작용에 대한 기대는 학습되며, 입증된 행동 원리와 효과적인 교실 수업을 통해 배울 수 있다.

여러분은 누군가가 여러분의 노력을 칭찬한 후에 더 열심히 해 본 적이 있는가? 혹은 다른 사람이 하는 것을 보고 새로운 춤 동작 같은 활동을 시도해 본 적이 있는가? 만약 이 질문들에 '예'라고 대답했다면, 이 장에서 다루는 내용을 통해 그 이유를 쉽게 이해할 수 있을 것이다. 우리가 세상을 경험하고 다른 사람을 관찰하는 것이 우리의 행동, 생각, 감정에 큰 영향을 준다. 다음 사례 연구에서는 고등학교 1학년 학생 팀 스펜서(Tim Spencer)가 수업 중 겪은 어려움이 그에게 어떤 영향을 미쳤는지 알아볼 것이다. 사례 연구를 읽으며 수학 퀴즈 경험이 팀에게 어떤 영향을 주었고 친구 수전(Susan)을 관찰한 것이 그의 사고와 행동을 어떻게 변화시켰는지 생각해 보자.

팀은 매주 치르는 쪽지시험에서 주로 'B'를 받을 정도로 대수학 II 과목을 잘해 왔다. 하지만 마지막 쪽지시험에서 무언가 설명하기 힘든 문제가 생겨 혼란스러워했고, 당황한 나머지 쪽지시험을 망치고 말았다. 팀은 낙담했다.

그다음 쪽지시험에서도, 시험이 시작되자 팀은 너무 긴장한 나머지 처음 몇 문제에 답을 할 때 떨리는 손으로 삐뚤삐뚤하게 동그라미를 쳤다. "내가 이걸 할 수 있을지 잘 모르겠어", "어쩌면 수학에서 낙제할지도 몰라"라고 생각했다. 화학 시험을 볼 때도 팀의 손은 떨렸지만, 다행히도 세계사 시험을 볼 때는 긴장하지 않고 시험을 잘 치렀다.

팀은 쪽지시험에서 항상 높은 점수를 받는 친구 수전에게 자신의 고민을 털어놓았다. "시험이 너무 어려워서, 나는 정말 열심히 공부해. 내가 도와줄 수 있을 것 같은데, 같이 공부해 보자." 하고 수전이 말했다.

팀은 망설이다가 동의했고, 다음 쪽지시험 전날 밤, 수전의 집에서 함께 공부했다. 수전은 연습문제와 해설을 단순히 읽는 것에 그치지 않고, 교과서에서 문제를 뽑아 적으며 풀이 방법을 점검했다. 수전이 세 번째 문제를 풀기 시작할 때 팀은 수전이 왜 또 다른 문제를 푸는지 질문했다.

"내가 할 수 있는 한 다양한 종류의 문제를 풀어 보려고 노력해. 확실하게 하면 쪽지시험을 치를 때 헤매지 않거든."이라고 설명한다. "이렇게 하면, 문제를 풀 때 더욱더 자신감이 생겨…… 이것 봐, 이것은 다른 문제야……. 가끔은 작은 도표를 그리기도 해. 난 우리가 공부한 각 문제 유형에서 최소한 세 문제씩은 풀면서 점검해. 왜냐하면 내가 어느 정도 발전하는 모습을 볼 수 있기 때문이야. 정답을 모두 맞히면 나 자신에게 아이스크림을 선물할 수도 있지."

"좋은 생각이야." 팀이 고개를 끄덕였다. "나는 보통 몇 문제만 풀어 보고 맞히면 그만두거든." 팀은 수전의 공부 습관을 받아들여 책 뒷부분에 답이 있는 문제를 골라 각 유형별로 세 문제씩 풀겠다는 자신만의 목표를 세웠다.

팀은 다음 쪽지시험에서 훨씬 더 잘해냈다. "휴, 정말 다행이야!" 팀이 스스로에게 말했다. 팀은 그다음 주 쪽지시험에서 여전히 긴장했지만 노력이 진가를 발휘해 좋은 성적을 거뒀고, 그 성적은 그해의 최고 성적이었다. '아마 계속 잘할 수 있을 거야.' 그는 미소를 지으며 속으로 생각했다.

행동주의와 사회인지이론은 팀이 시험을 망치는 안 좋은 경험을 한 후에 왜 긴장했는지, 나중에 그의 긴장이 왜 감소했는지, 그리고 왜 그의 공부 습관이 변화하고 노력을 지속했는지를 설명하는 데 도움이 될 수 있다. 여러분이 일반 심리학 과목을 수강했다면, 이 주제들이 어느 정도 익숙할 것이다.

학습에 대한 행동주의적 관점

행동주의(Behaviorism)는 학습을 설명하기 위해 관찰 가능한 행동의 변화에 초점을 두는 이론이다. 행동주의는 **학습**(learning)을 경험의 결과로 나타나는 지속적인 행동의 변화로 정의한다(Schunk, 2016; Skinner, 1953). 예를 들어, 팀은 쪽지시험에서 실패를 경험한 후 다음번 시험을 볼 때 손이 떨리는 것을 경험했다. 그는 쪽지시험을 볼 때 긴장하게 되는 것을 학습한 것이다. 그러나 그 후의 경험들을 통해 그의 긴장은 사라지게 되었다. 우리는 이 장을 학습하면서 이러한 현상이 어떻게 발생했는지 살펴볼 것이다.

행동주의라는 용어에서 알 수 있듯이, 행동주의는 관찰 가능한 행동에 초점을 두며 내적 정신 과정에 대해 설명하지 않는다. "행동주의는 사고와 같은 내적 마음 상태를 다루는 교육 연구를 포함하지 않는다……" (Stoilescu, 2016, p. 141). 이처럼 좁은 초점은 논란의 여지가 있지만, 행동주의는 특히 학급경영(Jolstead et al., 2017)과 특수교육(Perle, 2016) 분야에서 여전히 널리 활용되고 있다. (이 장 후반부에서 이러한 논란에 대해 다룰 것이다.)

행동주의에는 고전적 조건화와 조작적 조건화라는 두 가지 주요 구성 요소가 있다. 고전적 조건화는 환경 자극에 대한 정서적 및 생리적 반응에 초점을 두고, 조작적 조건화는 칭찬이나 꾸중과 같은 결과로 인한 행동 변화를 다룬다. 먼저 고전적 조건화부터 살펴보자.

고전적 조건화

6.1 고전적 조건화를 사용하여 교실 안팎의 사건을 설명할 수 있다.

'교육심리학과 당신'의 질문에 대해 생각해 보자. 이 중 하나라도 '예'라고 답했다면, 본능적 또는 반사적 반응과 유사한 비자발적 정서적 또는 생리적 반응을 학습하는 방법을 설명하는 행동주의의 구성 요소인 **고전적 조건화**(classical conditioning)를 사용하여 여러분의 반응을 설명할 수 있다.

시험에 대한 긴장감과 나쁜 경험 후 쪽지시험에 대한 팀의 반응은 일반적으로 시험 불안(test anxiety)으로 불리며, 고전적 조건화의 대표적인 예이다. 퀴즈에서 실패한 경험으로 팀은 큰 충격을 받았다. 그는 자발적으로 이런 감정을 느낀 것이 아니라, 자신의 의지와 상관없이, 통제할 수 없는 상황에 처한 것이다. 팀은 대수학 과목의 쪽지시험 실패를 자신의 실패와 연관시켰고, 그 결과 이후 쪽지시험을 볼 때 긴장을 하게 되었다. 그의 긴장감은 처음 실패했을 때 느꼈던 참담함과 비슷했다. 그는 대수학 쪽지시험을 풀 때 긴장하는 것을 학습했고, 그 결과 원래의 반응과 비슷한 감정적 반응, 즉 망연자실한 감정을 다시 경험하게 되었다.

우리는 보통 학습을 1812년 전쟁의 원인을 아는 것과 같은 지식이나 65개의 42%를 구하는 기술을 익히는 것이라고 생각하지만, 감정 또한 학습될 수 있으며 팀의 경험이 그 예가 될 수 있다.

고전적 조건화에서 자극과 반응

러시아인 과학자 이반 파블로프(Ivan Pavlov)는 타액 분비 과정을 연구하던 중 고전적 조건화를 발견했다. 그의 연구의 일환으로, 그는 연구 보조원들에게 개에게 고기 가루를 먹여 타액 분비율을 측정하게 했다. 그러나 연구가 진행됨에 따라 개들은 연구 보조원들이 고기 가루를 가지고 있지 않아도 그들을 보기만 해도 타액을 분비하기 시작했다. 이 놀라운 현상은 파블로프의 연구 방향을 바꾸었고, 현재 고전적 조건화로 알려진 분야를 열었다.

파블로프의 연구를 더 자세히 살펴보고 이것이 팀에게 어떻게 적용되는지 알아보자. 개에게 주어진 고기 가루와 팀이 처음 경험한 실패는 **무조건 자극**(unconditioned stimuli: UCS)으로, 본능적이거나 반사적인(학습되지 않은) 생리적 또는 정서적 반응을 일으키는 대상이나 사건이다. 파블로프의 개의 타액 분비와 팀이 느꼈던 충격은 **무조건 반응**(unconditioned response: UCR)이다.

개는 파블로프의 연구 보조원들을 고기 가루와 연관시켰고, 팀은 그의 대수학 쪽지시험을 실패와 연관시켰다. 그래서 개들에게는 연구 보조원들이, 팀에게는 쪽지시험이 **조건 자극**(conditioned stimuli: CS)이 되었다. 조건 자극은 원래 중립 자극이었으나 무조건 자극(고기 가루와 팀의 초기 실패)과 연관되면서 조건 자극이 된 것이다. **중립 자극**(neutral stimulus)은 처음에는 행동에 어떤 영향을 미치지 않는 대상이나 사건이다. 조수들은 원래 개들에게 아무런 영향을 미치지 않았고, 대수학 쪽지시험도 팀에게 아무런 영향을 미치지 않았다.

그러나 이러한 연관이 형성된 후, 연구 보조원들과 쪽지시험은 **조건 반응**(conditioned response: CR)을 일으켰다. 개들에게는 타액 분비, 팀에게는 긴장감 같은 생리적 또는 정서적 반응이 무조건 반응과 유사하게 나타났다.

연합은 고전적 조건화에서 학습의 핵심이다. 연합을 형성하려면 무조건 자극과 조건 자극이 근접해야 한다. 즉, 이들이 함께 발생해야 한다. 이러한 근접성이 없으면 연합이 형성될 수 없고, 고전적 조건화를 통한 학습이 일어나지 않는다.

실생활과 교실에서 고전적 조건화의 예는 쉽게 발견할 수 있다(Schunk, Meece, & Pintrich, 2014). '교육심리학과 당신'에서 질문한 내용도 이런 예에 해당한다. 마지막 질문을 생각해 보자. 특별한 데이트를 하고 있을 때 두 사람 사이에 자연스럽게 끌림과 로맨틱한 감정이 생긴다고 가정해 보자. 이 경우, 만남은 무조건 자극이고, 로맨틱한 감정은 무조건 반응이다. 만약 데이트 중에 특정한 노래가 흘러나오고 있었다면, 그 노래가 그 만남과 연합될 수 있다. 이 연합으로 인해 그 노래는 조건 자극이 되어 로맨틱한 감정을 불러일으키게 된다. 이는 원래의 감정과 유사한 조건 반응이다. 팀의 사례와 로맨틱한 만남에서의 이 메커니즘은 다음 〈표 6-1〉에 요약되어 있다.

〈표 6-1〉 일상에서의 고전적 조건화

예	자극	반응
팀	무조건 자극(US) 실패 조건 자극(CS) 쪽지시험(실패와 연합된)	무조건 반응(UR) 좌절감(비자발적이고 학습되지 않은) 조건 자극(CR) 불안(비자발적이나 학습된, 원래의 좌절감과 유사함)
우리	무조건 자극(US) 다른 사람과의 만남 조건 자극(CS) 노래(만남과 연합된)	무조건 반응(UR) 로맨틱한 감정(비자발적이고 학습되지 않은) 조건 자극(CR) 로맨틱한 감정(비자발적이나 학습된, 원래의 로맨틱한 감정과 유사함)

다른 예로, 추수감사절에 칠면조 요리 냄새를 맡으면 따뜻한 느낌을 받을 수 있고, 치과에 들어가면 불안을 느낄 수 있다. 또한 우리 대부분은 어느 정도의 시험 불안을 경험해 본 적이 있을 것이다. 이러한 사례 각각에서 우리는 고전적 조건화를 통해 정서적 반응을 학습한 것이다.

파블로프의 원래 연구는 20세기 초반에 이루어졌지만, 고전적 조건화 연구는 여전히 활발히 진행되고 있다. 이는 유아들이 특정한 맛을 선호하게 되는 것(Lumeng & Cardinal, 2007), 다양한 형태의 공포와 불안을 습득하는 것(Fanselow & Sterlace, 2014), 추위에 덜 민감해지는 것(Vaksvik, Ruijs, Røkkum, & Holm, 2016), 알코올 의존(March, Abate, Spear, & Molina, 2013), 심지어 기억(Garren, Sexauer, & Page, 2013)과 같이 다양한 영역에 걸쳐 수많은 현대 연구의 이론적 틀로 계속해서 사용되고 있다.

일반화와 변별

이 장의 초반부에서 우리는 팀이 화학 시험에서도 불안해한 것을 보았다. 그의 불안은 화학 시험으로 일반화된 것이다. **일반화**(Generalization)는 조건 자극과 유사하지만 동일하지 않은 자극이 조건 반응을 자체적으로 일으킬 때 발생한다(Ahrens et al., 2016). 팀의 화학 시험은 그가 봤던 대수학 쪽지시험과 비슷했기 때문에, 자체적으로 조건 반응인 불안을 일으켰다.

일반화는 긍정적인 결과를 가져올 수도 있다. 예를 들어, 학생들이 교실을 선생님의 따뜻함과 존중과 연관시킨다면, 그 교실은 조건 자극이 되고, 학생들은 그 반응을 다른 교실이나 심지어 학교 전체로 일반화할 수 있다. 이는 긍정적인 문화를 가진 학교에서 달성할 수 있는 이상적인 상태이다.

변별(Discrimination)은 일반화의 반대로, 관련이 있지만 동일하지 않은 자극에 대해 다른 반응을 보이는 과정이다(Schunk, 2016). 예를 들어, 팀은 세계사 시험에서는 긴장하지 않았다. 그는 세계사와 대수학을 변별한 것이다.

소거

수전과 함께 공부 방법을 바꾸고 나서, 팀의 쪽지시험 성적이 향상되기 시작했다. 그 결과, 이후 쪽지시험에서 그는 덜 긴장하게 되었다. 시간이 지나면서, 만약 그가 계속해서 성공한다면 그의 긴장은 사라질 것이다. 즉, 조건 반응이 소거될 것이다. 고전적 조건화에서 **소거**(extinction)란, 무조건 자극 없이 조건 자극이 반복적으로 발생하여 더 이상 조건 반응을 유발하지 않게 되는 결과를 말한다(Harris & Andrew, 2017; Hall & Rodríguez, 2017). 팀이 추가적인 퀴즈(조건 자극)를 실패(무조건 자극)를 경험하지 않고 치르게 되면서, 그의 불안(조건 반응)은 점차 사라지게 되었다.

교육심리학을 교수에 활용하기: 학생들에게 고전적 조건화 적용하기

감정에 관한 많은 연구가 진행되었고, 감정이 학습자의 동기와 성취도, 건강과 안녕감에 미치는 영향은 잘 알려져 있다(DeSteno, Gross, & Kubzansky, 2013; Kok et al., 2013). 예를 들어 안정감, 즐거움, 희망과 같은 긍정적인 감정은 동기 및 학습 증진과 관련이 있는 반면, 부정적인 감정은 반대의 효과를 나타낸다(Ganotice, Datu, & King, 2016). 고전적 조건화는 학생들의 긍정적인 정서를 증진하는 데 활용할 수 있는 도구를 제공한다. 다음 제안들이 도움이 될 수 있다.

1. 학생들을 따뜻하고 배려하는 태도로 일관되게 대하기
2. 교실을 개인화하여 정서적으로 안전한 환경을 조성하기
3. 학생들이 서로를 예의와 존중으로 대하도록 요구하기

이 제안들이 실제로 어떻게 적용되는지 2학년 담임교사인 샤론 반 혼(Sharon Van Horn)의 사례를 통해 살펴보자.

반 혼 선생님은 매일 아침 동일한 방식으로 학생들을 맞이한다. 학생들이 교실에 들어오면 그녀에게 악수, 포옹 또는 하이파이브를 한다. 수업 시간 동안 반 혼 선생님은 학생들을 따뜻하게 배려하면서도, 올바르게 행동하고 성실하게 공부할 것을 요구한다. 반 혼 선생님의 규칙 중 하나는 학생들이 반 친구들을 비하하거나 상처 주는 말을 하는 것을 금지하는 것이며, 일주일에 한 번씩 학급 회의를 열어 자신이 대우받고 싶은 대로 다른 사람을 대하는 것의 중요성에 대해 논의한다.

반 혼 선생님은 학생들의 디지털 사진을 찍어 교실의 대형 게시판에 게시한다. 학생들이 자기소개 글을 작성하면, 반 혼 선생님은 사진 아래에 그 글을 붙인다. 또한 반 혼 선생님은 영어가 모국어가 아닌 학생들의 문화유산을 반영한 포스터와 기타 자료를 교실에 주기적으로 전시한다. 예를 들어, 교실 한쪽 벽에는 멕시코의 화려한 프린트가 전시되어 있고, 스페인어와 영어로 된 어휘 카드가 교실 곳곳에 걸려 있다.

멕시코에서 이민 온 알베르토(Alberto)는 일주일에 세 번 아침에 보충수업을 받기 위해 교실에 온다. 오늘 아침에는 마리아치 음악이 배경음악으로 흘러나오고 있다.

"부에노스 디아스(Buenos días), 알베르토. 오늘 기분은 어때?" 반 혼 선생님이 알베르토가 좋아하는 포옹을 하기 전에 묻는다. "부에노스 디아스. 잘 지냈어요." 알베르토는 대답하며 자신의 숙제를 꺼내기 위해 책상으로 간다.

이제 반 혼 선생님이 학생들과 함께 이러한 제안들을 실행하기 위해 기울인 노력을 살펴보자.

따뜻함과 배려로 학생들을 대하기　30년에 가까운 연구 역사를 통해 따뜻하고 배려하는 교사가 학생의 동기 부여와 성취에 필수적이라는 점이 확인되었다. "배려야말로 모든 성공적인 교육의 근간이다"(Noddings, 1992, p. 27)라는 노딩스의 주장은 그 이후로 그 중요성이 꾸준히 확인되어 왔다(Broekhuizen, Slot, van Aken, & Dubas, 2017; Zhao, & Li, 2016).

고전적 조건화를 통해 이러한 연구와 반 혼 선생님이 학생들과 어떻게 상호작용했는지 설명할 수 있다. 감정이 학습될 수 있다고 앞서 말했듯이, 반 혼 선생님은 학생들이 그녀의 수업에서 편안하게 느끼는 법을 학습하도록 돕기 위해, 일관되게 따뜻하고 배려하는 태도로 학생들과 상호작용한다. 사람들은 따뜻함을 표현하면 본능적으로 긍정적인 반응을 보이기 때문에 반 혼 선생님의 태도는 무조건 자극이 되어 학생들에게 무조건 반응으로 안전감과 안정감 같은 긍정적인 감정을 불러일으킨다. 점차 학생들은 교실을 반 혼 선생님의 따뜻함과 배려와 연관 짓게 되며, 그 결과 교실이 조건 자극이 되어 안전감과 안정감 같은 조건 반응을 유발하게 된다. 시간이 지남에 따라, 교실은 학업, 나아가 학교 전체로 일반화될 수 있으며, 동기와 성취도를 높이는 유사한 긍정적 감정을 만들어 낼 수 있다(Ganotice et al., 2016). 이것이 바로 우리가 학교에서 추구하는 이상이며, 긍정적인 학교 분위기가 중요한 이유이다.

교실을 개인화하기　교실을 개인화하면 학생들에게 학교가 일상생활과 연결되어 있음을 보여 주고, 개인화가 제공하는 긍정적인 정서적 반응을 활용할 수 있다(Narciss et al., 2014). 반 혼 선생님은 학생들의 사진을 찍어 그들이 쓴 소개글을 함께 게시하고, 특히 알베르토의 경우 멕시코 음악과 사진도 추가하여 개인화가 주는 정서적 효과를 활용했다. 또한, 영어가 모국어가 아닌 학생들을 위해서도 비슷한 노력을 기울였다. 이러한 노력은 학생들이 교실에서 편안함을 느낄 수 있도록 돕기 위해 고전적 조건화를 사용한 또 다른 시도였다.

학생들이 서로를 예의와 존중으로 대하도록 요구하기　학생들이 동기 부여와 학습 향상에 관련된 긍정적인 감정을 경험하려면 교실에서 안전과 안정감을 느껴야 한다. 이를 위해서는 교사가 따뜻함과 배려를 보여 주는 것 이상의 것이 필요하다. 학생들이 서로를 예의와 존중으로 대하도록 요구하고, 정기적으로 학급회의를 열어 서로를 대하는 방식에 대해 논의하는 것은 이 아이디어를 활용한 것이다. 연구에 따르면 긍정적인 학급 환경을 조성하기 위해 규칙을 일관되게 모델링하고 적용하는 것이 필수적이다(Emmer & Evertson, 2017; Evertson & Emmer, 2017). 반 혼 선생님은 그녀의 수업 방식과 규칙 시행에 있어 이러한 연구 결과를 적용했다. (학급 규칙을 설정하고 실행하는 방법은 제12장에서 자세히 다룰 것이다.)

우리의 모든 결정에서 목표는 학습을 촉진하는 것이다. 학생들은 정서적으로 안전하고 안정된 교실에서 더 많이 배울 수 있다. 고전적 조건화는 이러한 긍정적인 감정을 촉진하기 위해 사용할 수 있는 강력한 도구이다.

교실과의 연계

고전적 조건화를 통해 긍정적인 교실 분위기 조성하기

1. 고전적 조건화는 우리가 어떻게 정서적 반응을 학습하는지를 연합 과정을 통해 설명한다. 학생들에게 조건 자극으로 긍정적인 감정을 이끌어 내려면, 안전하고 친근한 교실 환경을 조성하여 학생들이 교실에서 안정감을 느낄 수 있도록 하라.

- 초등학교: 1학년 담임교사는 매일 아침 학생이 교실로 들어올 때 따뜻한 미소로 맞이한다. 목표는 고전적 조건화를 통해 학생들이 선생님의 따뜻하고 배려하는 태도를 교실과 학업에 연합시켜 교실과 학업에 대한 긍정적인 정서적 반응을 학습하도록 돕는 것이다.

- 중학교: 1학년 담당 교사는 학생들끼리 어떤 경우라도 조롱하는 말을 사용할 수 없다는 규칙을 정하여 시행한다. 목표는 안전한 환경을 조성하여 학생들이 교실과 학업을 안전한 학교 환경과 연합시키고, 고전적 조건화를 통해 학교에 대한 긍정적인 정서적 반응을 학습하도록 하는 것이다.

- 고등학교: 수학교사는 매주 쪽지시험에서 학생들이 반드시 숙지하고 이해해야 할 내용을 명확하게 안내한다. 또한 성적을 산출할 때 가장 낮은 점수를 받은 쪽지시험은 제외해 준다. 이는 학생들의 시험불안을 줄이기 위해 소거를 활용하는 것이다.

조작적 조건화

6.2 교실 안팎에서 조작적 조건화의 예를 찾을 수 있다.

앞서 고전적 조건화가 사람들이 교실 활동과 일상생활에서 일어나는 사건에 대해 비자발적인 정서적·생리적 반응을 학습하는 방식을 설명할 수 있다는 것을 살펴보았다. 그러나 사람들은 단지 자극에 반응하기만 하는 것은 아니며, 오히려 자발적으로 행동을 시작함으로써 자주 환경을 조작한다. 이것은 조작적 조건화의 근원이 되었다. **조작적 조건화**(Operant conditioning)는 관찰 가능한 반응이 행동한 뒤에 따라오는 **결과**(consequence)에 의해 빈도나 지속시간이 변화하는 것을 의미한다. 조작적 조건화에서 역사적으로 가장 영향력 있는 심리학자로 인정받은 스키너(B. F. Skinner, 1953, 1954)는 우리의 행동이 주로 뒤따라오는 결과에 의해 통제된다고 제안했다. 예를 들어, 고속도로에서 과속을 하여 단속 경찰에게 붙잡힌 것은 행동의 결과이며, 이는 우리가 가까운 미래에 과속할 가능성을 감소시킨다. 학생의 답변 뒤에 따라오는 교사의 칭찬은 결과이며, 이 칭찬은 그 학생이 다른 질문에 또 대답하게 할 가능성을 높인다. 교실에서는 높은 시험 점수, 또래로부터 주목받는 것, 부적절한 행동에 대한 꾸중 등 수많은 결과가 존재하며, 각 결과는 학생들의 이후 행동에 영향을 미친다.

조작적 조건화와 고전적 조건화는 종종 혼동된다. 두 조건화의 중요한 차이를 명확히 하기 위해, 〈표 6-2〉에서 비교했다. 표에서 볼 수 있듯이, 행동의 변화는 둘 다 경험에서 비롯되지만 행동의 유형이 다르며, 행동과 자극의 순서가 서로 반대된다.

〈표 6-2〉 조작적 조건화와 고전적 조건화의 비교

	고전적 조건화		조작적 조건화	
	설명	예시	설명	예시
행동	비자발적(사람이 행동을 통제할 수 없음)	팀은 시험 불안을 통제할 수 없었음	자발적(사람이 행동을 통제할 수 있음)	팀은 공부방식을 통제할 수 있었음
순서	자극이 행동에 선행함		자극(결과)이 행동에 뒤따름	팀의 향상된 시험 점수(결과)는 팀이 공부하는 방식을 바꾼 뒤 나타났음
학습 발생 방식	중립 자극이 무조건 자극과 연합됨	원래 중립 자극이었던 시험이 실패와 연합되었음	행동의 결과가 후속 행동에 영향을 미침	팀의 향상된 시험 점수(결과)는 그가 계속해서 열심히 공부하도록 영향을 미침
설명할 수 있는 것	사람들이 비자발적인 정서적 혹은 생리적 반응을 학습하는 방식	우리가 개에게 물리면 개를 두려워하게 되는 방식 노래가 재생되는 동안 낭만적인 경험을 한 경우, 그 노래가 낭만적인 감정을 불러일으키는 방식	자발적인 행동이 강화되거나 약화되는 방식	학생이 질문에 답하려는 시도를 칭찬받으면 질문에 답하려는 노력을 더 많이 하게 되는 이유 학생이 수업 중 허락 없이 말해서 혼이 나면 수업 중에 조용히 앉아만 있게 되는 이유

이제 서로 다른 결과가 행동에 어떤 영향을 미치는지 살펴보자. 이는 [그림 6-1]에 요약되어 있으며 다음에서 설명할 것이다.

강화

교육심리학과 당신

수업 토론 중에 여러분이 발언을 했을 때, 교수자가 "매우 통찰력 있는 의견이네요. 좋은 생각이에요"라고 반응했다고 하자. 여러분은 이후 토론에서 어떻게 행동할 것 같은가?

만약 여러분이 자기 물건들을 대충 치우는 경향이 있다면, 가족이나 룸메이트가 제대로 치우라고 잔소리를 할 것이다. 그런 잔소리를 멈추게 하려면 여러분은 무엇을 할 것인가?

'교육심리학과 당신'에서 처음 질문한 내용을 생각해 보자. 만약 여러분의 발언에 대해 칭찬을 받는다면, 앞으로도 비슷한 발언을 하려고 할 가능성이 높다. 교수자의 칭찬은 행동이 반복될 가능성을 높이는 결과인 **강화물**(reinforcer)이며, **강화**(reinforcement)는 강화물을 사용하여 행동을 증가시키는 과정이다.

강화물을 효과적으로 사용하려면 전문적인 판단이 필요하다. 예를 들어, 사소한 질문에 대한 학생의 답변을 칭찬하는 것은 학생의 능력이 낮다는 믿음을 전달할 수 있어 동기를 저하시킬 수 있으므로 좋은 방법이 아니다. 그 대신, 통찰력 있는 답변이나 성실한 노력을 강화하여 동기를 높여야 한다(Panahon & Martens, 2013). 또한 강화물은 바람직한 행동이 나타난 후 가능한 한 빨리 제공되어야 하며, 강화물의 제공이 지연되면 그 효과가 감소한다(Melanko & Larkin, 2013).

우리는 때때로 사소한 질문에 대한 칭찬의 경우처럼 너무 많은 강화를 시도하는데, 이는 강화물을 너무 자

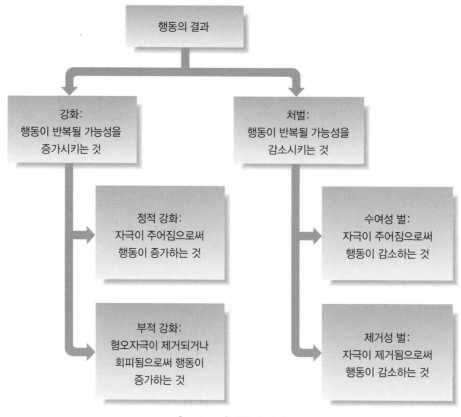

[그림 6-1] **행동의 결과**

주 사용하여 행동을 강화하는 능력을 잃게 되는 **포화**(satiation)를 초래할 수 있다. 우리가 배부르게 먹고 난 뒤 포만감을 느끼게 되는 것처럼, 칭찬의 과도한 사용은 그 효과를 감소시킨다.

반면, 행동을 충분히 강화하지 않으면, 강화하지 않은 결과로 행동이 중단되는 **소거**(extinction)가 발생할 수 있다. (조작적 조건화에서의 소거가 고전적 조건화에서의 소거와 어떻게 다른지 주목하라.) 다음 사례를 살펴보자.

고등학교 1학년인 레니타(Renita)는 학교를 좋아하고 수업 시간에 적극적으로 참여하는 것을 좋아한다. 그녀는 주의 깊게 수업에 임하며 선생님의 질문에 열심히 대답한다. 그러나 세계사 수업에서 프랭크(Frank) 선생님이 질문을 하면, 레니타는 손을 들지만, 답변을 하기 전에 다른 학생이 대답을 해 버리는 경우가 많다. 이런 일이 반복되었다.

이제 레니타는 거의 손을 들지 않으며, 수업 중 자주 멍하게 공상에 빠지는 자신을 발견하게 된다.

레니타에게는 이름이 불리는 것이 그녀의 주의와 대답하려는 시도를 강화했다. 하지만 이름이 불리지 않았기 때문에 강화되지 않았고, 그 결과 그녀의 행동(주의를 기울이고 손을 드는 것)이 소거되었다. 따라서 학생들과 수업을 할 때 과도하지 않으면서도 충분한 강화를 제공해야 한다.

이러한 내용을 염두에 두고 이제 강화의 세 가지 측면을 살펴보자.

- 일차 강화물과 이차 강화물
- 정적 강화
- 부적 강화

일차 강화물과 이차 강화물   강화물에는 두 가지 기본 유형이 존재한다. **일차 강화물**(Primary reinforcers)은 음식, 물, 공기, 수면, 성욕과 같은 기본적인 생물학적 욕구를 충족시키는 결과를 말한다. 특히, 유아에게는 신체적 애정과 접촉도 일차 강화물로 작용하며(Berk, 2019b), 특정 조건에서는 알코올과 카페인을 포함한 약물도 일차 강화물이 될 수 있다(Sheppard, Gross, Pavelka, Hall, & Palmatier, 2012).

이차 강화물(Secondary reinforcers)은 다른 강화물과의 연합을 통해 행동을 강화하는 결과를 말한다. 예를 들어, 돈은 일반적인 이차 강화물로, 사람들로 하여금 음식, 물, 수면, 그리고 특정 조건에서는 성욕까지도 충족하게 해 준다. 이차 강화물의 역할은 인터넷 중독이나 도박 중독과 같은 다양한 행동에서도 확인되었다(Alter 2017; Astur et al., 2016).

교실에서 사용되는 대부분의 강화물은 이차 강화물이다. 예를 들어, 교사의 칭찬, 관심, 토큰, 좋은 성적, 자유 시간 등은 교실에서 흔히 사용되는 이차 강화물이다.

이차 강화물은 학습된 것이며, 사회적 의존성을 지닌다. 예를 들어, 칭찬, 관심, 또는 좋은 성적이 학생들에게 가치 있게 여겨지지 않으면, 그것들은 이차 강화물로서의 역할을 하지 못한다. 이는 우리가 일반적으로 효과적이라고 생각하는 강화물, 예를 들어 칭찬이 학생들을 당황하게 하거나 어색하게 만들면 강화물로서 작용하지 않을 수 있다는 점을 상기시켜 준다(Bhutto, 2011). 다시 말해, 강화물을 사용할 때는 신중한 전문적 판단이 필요하다.

정적 강화   **정적 강화**(Positive reinforcement)는 강화물을 제시한 결과로 행동의 빈도나 지속 시간이 증가하는 과정이다. 예를 들어, 교수자가 "매우 통찰력 있는 의견이네요. 좋은 생각이에요."라고 칭찬을 하는 것은 학생이 수업에서 다시 의견을 말할 가능성을 증가시킨다.

정적 강화물에는 다음과 같은 것들이 포함된다.

- 사회적 강화물: 교사의 칭찬, 높은 시험 점수, 교사의 미소 등과 같은 말, 신호, 또는 몸짓.
- 구체적 강화물: 웃는 얼굴 모양의 도장, 토큰, 사탕, 게시판의 별모양 스티커 등과 같은 만져지거나 잡을 수 있는 물건.
- 활동 강화물: 자유 시간, 또래와 대화할 수 있는 기회 등과 같은 특권 혹은 원하는 활동.

앞의 예시들처럼, 교실에서 우리는 일반적으로 정적 강화물을 원하는 것이나 가치 있는 것으로 생각한다. 그러나 결과가 제시되어 행동이 증가하는 것은 모두 정적 강화라는 점을 기억해야 한다. 때때로 우리는 의도하지 않게 부적절한 행동을 강화하기도 한다. 예를 들어, 학생이 문제 행동을 해서 꾸짖었는데 그 학생의 문제 행동이 증가한다면, 그 꾸중은 정적 강화물이다. 행동을 멈추게 하려고 꾸짖었지만, 오히려 꾸중이 제시된 결과로 행동이 증가했기 때문에 의도치 않게 그 행동을 강화한 것이다.

우리는 **프리맥 원리**(Premack principle)를 활용할 때도 정적 강화를 사용한다. 프리맥 원리는 1965년에 이를 처음 설명한 데이비드 프리맥(David Premack)의 이름을 따서 명명된 것으로, 더 선호하는 활동이 덜 선호하는 활동에 대한 정적 강화물로 작용할 수 있음을 의미한다. 예를 들어, 방을 청소한 후에 좋아하는 영화를 보는 경우, 그 영화가 방 청소를 위한 강화물로 작용하므로 프리맥 원리를 사용하고 있는 것이다.

프리맥 원리를 학생들과 수업하는 장면에도 사용할 수 있다. 예를 들어, 여러분이 지리 교사이고 학생들이 지도를 그리는 작업을 좋아한다는 것을 알고 있다면, "요약하기를 다 마치면 지도 그리기 작업을 시작할 수 있어요."라고 말할 수 있다. 여기서 지도 그리기 작업은 요약하기를 완료하기 위한 정적 강화물로 작용한다.

우리가 가르칠 때 학생들도 우리를 강화한다. 그들의 주의 깊은 표정, 고개를 끄덕임, 그리고 손을 드는 행동은 정적 강화물이며, 우리가 그들을 지목하고 현재 하고 있는 일을 계속할 가능성을 높인다. 학생의 높은 시험성적과 학생이나 부모로부터 받게 되는 칭찬도 우리 모두에게 정적 강화물로 작용한다.

정적 강화물은 행동의 연속적인 근사치를 강화하는 과정인 **조형**(shaping)에 종종 사용된다. 예를 들어, 또래와 상호작용을 꺼리고 매우 수줍어하는 학생들이 거의 말을 하지 않는 경우, 그들의 행동을 '조형'하기 위해 처음에는 다른 사람과의 모든 상호작용에 대해 강화하고, 나중에는 교실에 들어올 때 다른 학생들에게 인사하는 것에 대해 강화하며, 마지막으로 더 긴 상호작용에 대해서만 강화할 수 있다. 원하는 행동의 연속적인 근사치를 강화함으로써, 그들의 행동을 조형하게 된다.

부적 강화　이제 '교육심리학과 당신'에서 물었던 두 번째 질문을 생각해 보자. "만약 여러분이 자기 물건들을 대충 치우는 경향이 있다면, 가족이나 룸메이트가 제대로 치우라고 잔소리를 할 것이다. 그런 잔소리를 멈추게 하기 위해 여러분은 무엇을 할 것인가? 아마도 잔소리를 멈추게 하기 위해 물건을 치울 것이다. 심지어 처음부터 잔소리를 피하기 위해 미리 치울 수도 있다. 이는 **부적 강화**(negative reinforcement)의 예로, 혐오 자극을 제거하거나 회피함으로써 행동을 증가시키는 과정이다(Dishion, 2016; Skinner, 1953). 잔소리는 혐오 자극이므로, 우리는 잔소리를 없애거나 피하기 위해 물건을 치우는 행동을 증가시킨다.

부적 강화는 일상에서 흔히 볼 수 있으며, 다음과 같이 많은 예가 있다.

- 차에 타면 안전벨트 경고음이 울리기 시작하므로 벨트를 착용하게 된다. 벨트를 매는 행동이 부적강화된 것이다. 이 경우 소음이 멈추는 것이 부적 강화물이다.
- 너무 재미없는 영화를 시청하는 중에, 지루함을 참지 못하고 중간에 자리를 떠난다. 이때 영화를 보지 않고 떠나는 행동이 부적 강화된 것이며, 지루한 영화를 피하는 것이 부적 강화물이다.
- 매우 더운 날씨에 밖에 있다가 더위를 피하기 위해 서둘러 집으로 돌아가는 경우 집으로 가려고 서두르는 행동이 부적 강화된 것이며, 더위를 피하는 것이 부적 강화물이다.

부적 강화는 사람들이 흡연이나 음주 또는 약물 남용을 끊는 데 어려움을 겪는 이유로 제시되기도 한다(Melanko & Larkin, 2013). 예를 들어, 담배를 피우는 것은 담배를 갈망하는 혐오적인 경험을 완화하는 데 도움이 되며, 중독된 개인이 술을 마시거나 약물을 사용할 때도 이와 비슷한 완화가 발생한다.

부적 강화는 교실에서도 흔히 볼 수 있다. 예를 들어, 학생들에게 "종이 울릴 때 모두 조용히 앉아 있으면 점심을 먹으러 갈 수 있지만, 그렇지 않으면 점심시간에서 5분이 줄어들 거야."라고 말하는 경우이다. 이 경우 혐오 자극인 '점심시간을 잃는 것'을 피하는 것이 바람직한 행동인 '조용히 앉아 있는 행동'에 대한 부적 강화물로 작용한다.

정적 강화와 마찬가지로, 우리는 때때로 부적 강화를 무의식적으로 학생들에게 제공하기도 한다.

캐시 롱(Kathy Long) 선생님은 과학 수업에서 학생들과 함께 골격 시스템에 대해 논의하고 있다.

"갈비뼈는 왜 이렇게 생겼다고 생각하나요? 짐(Jim)?" 그녀가 묻는다. 짐은 잠시 조용히 앉아 있다가 "모르겠어요."라고 대답한다.

"누가 짐을 도와줄래요?" 롱 선생님은 계속 묻는다.

"심장과 다른 내부 장기를 보호하기 위해서요." 라고 아테니아(Athenia)가 대답한다.

"아테니아, 잘했어요." 롱 선생님은 미소를 짓는다.

나중에, 롱 선생님은 다시 짐을 호명하지만, 짐은 재빨리 "모르겠어요"라고 대답한다.

앞의 사례에서 롱 선생님은 의도치 않게 짐(Jim)이 대답하지 않은 것을 부적으로 강화했다. "누가 짐을 도와줄래요?"라고 물었을 때 잠재적으로 불안감을 유발할 수 있는 질문을 제거했다. 짐이 두 번째로 호명되었을 때 더 빠르게 "모르겠어요."라고 대답하는 등 짐의 행동이 증가했기 때문에 강화되었음을 알 수 있다. 학생들이 질문에 답하는 데 어려움을 겪을 때, 질문을 받는 것은 혐오 자극이 될 수 있으므로, 짐처럼 질문을 피하려고 하거나, 고개를 숙이거나 눈을 마주치지 않음으로써 질문을 피할 수 있다.

이 사례는 우리의 교수 활동에 시사점을 제공한다. 우리는 롱 선생님이 짐에게 했던 것처럼 대답하지 않는 것을 강화하는 대신, 롱 선생님이 아테니아에게 했던 것처럼 학생들이 대답하는 행동을 강화하고자 한다. 다른 학생에게 질문을 돌리는 대신, 짐이 적절한 대답을 할 수 있도록 도와주는 것이 더 효과적이었을 것이며, 그런 다음 짐의 대답에 대해 정적 강화를 제공할 수 있었을 것이다.

강화계획　강화물을 사용하여 행동을 증가시키는 과정은 겉으로 보이는 것만큼 단순하지 않다. 강화물의 제공 시기와 간격이 행동 증가 속도와 지속성에 미치는 영향이 다르기 때문이다. 이러한 효과는 **강화계획**(reinforcement schedule), 즉 강화물의 빈도와 예측 가능성의 패턴으로 설명할 수 있다(Torelli, Lloyd, Diekman, & Wehby, 2017).

예를 들어, 처음에는 학생이 질문에 답하려는 모든 시도에 대해 칭찬하다가, 나중에는 가끔씩만 칭찬한다고 가정해 보자. 초기 강화계획은 **연속강화**(continuous reinforcement)로, 원하는 모든 행동이 강화된다. 하지만 나중에는 **간헐강화계획**(intermittent reinforcement schedule)으로 전환되며, 바람직한 행동 중 일부만 강화된다. 간헐강화에는 두 가지 유형이 있으며, 각각 행동에 다른 영향을 미친다. **비율계획**(ratio schedule)은 개별 행동의 횟수에 따라 달라지며, **간격계획**(interval schedule)은 시간에 따라 달라진다. 두 가지 모두 고정 또는 변동일 수 있다. 고정계획에서는 강화물이 예측 가능하게 제공되며, 변동계획에서는 강화물이 예측 불가능하게 제공된다.

예를 들어, 슬롯 머신을 돌릴 때, 동전을 넣고 버튼을 누르면 다른 동전들이 주기적으로 쟁반에 떨어진다. 동전(강화물)을 받는 것은 버튼을 누르는 횟수에 달려 있으며, 플레이 시간과는 무관하다. 또한 언제 동전을 받을 수 있을지 예측할 수 없으므로, 이것은 변동비율(variable-ratio)강화계획이다.

교사의 칭찬과 과제에 대한 코멘트는 교실에서 흔히 볼 수 있는 변동비율강화계획의 예이다. 이러한 칭찬과 코멘트는 시간과 상관없이 학생들의 행동에 따라 결정되며, 학생들은 언제 이를 받을 수 있을지 예측할 수 없다(Hulac, Benson, Nesmith, & Shervey, 2016).

고정비율강화계획은 교실에서는 흔하지 않지만, 일부 반복 연습 컴퓨터 소프트웨어에서 볼 수 있다. 예를 들어, 학생이 프로그램에 로그인하면 개인 맞춤형 인사말을 받고 세 문제를 풀게 된다. 프로그램은 "축하합니다, 안토니오(Antonio). 세 문제를 정확히 풀었군요."라고 응답한다. 만약 프로그램이 매 세 문제마다 비슷한 응답을 제공한다면, 이는 고정비율(fixed-ratio)강화계획을 사용하는 것이다.

또한, 월요일, 수요일, 금요일에 수업이 있고 매주 금요일에 쪽지시험이 있으며, 교사가 월요일에 쪽지시험 채점 결과를 나누어 준다고 가정해 보자. 학생은 일요일, 화요일, 특히 목요일 저녁에 공부하지만, 점수를 받는 다음 월요일까지 학습에 대한 강화를 받지 못한다. 학습에 대한 강화는 매주 월요일이라는 예측 가능한 간격에 발생하므로, 이는 고정간격(fixed-interval)강화계획이다. 반면에, 교사가 불시에 쪽지시험을 낸다면, 이는 변동간격(variable-interval)강화계획이다. 왜냐하면 언제 강화를 받을지 예측할 수 없기 때문이다(Hulac et al., 2016).

강화계획은 행동에 서로 다른 영향을 미치며, 각기 장단점이 있다. 예를 들어, 연속강화계획은 초기 학습(행동 증가)의 속도를 가장 빠르게 하므로 학생들이 새로운 기술을 습득할 때 효과적이다. 그러나 강화물이 제거되면 연속강화계획으로 강화된 행동은 간헐강화계획으로 강화된 행동보다 더 빨리 감소한다. "연속강화계획으로 강화된 행동은 더 이상 강화가 제공되지 않으면 높은 수준의 소거에 노출된다"(Hulac et al., 2016, p. 91).

간헐강화계획은 더 지속적인 행동을 촉진하지만, 단점도 있다. 고정계획의 경우, 강화물이 주어지기 직전에 행동이 급격히 증가하고, 강화물이 주어진 후에는 급격히 감소하며, 다음 강화물이 주어지기 직전까지 낮은 수준을 유지한다. 금요일 쪽지시험이 그 예이다. 학생들은 쪽지시험 직전에 집중적으로 공부하고, 다음 쪽지시험 직전까지는 다시 공부하지 않는 경우가 많다(Campos, Leon, Sleiman, & Urcuyo, 2017).

다양한 종류의 강화계획 간의 관계는 [그림 6-2]에 제시되어 있으며, 추가적인 교실 예시는 〈표 6-3〉에 제시되어 있다.

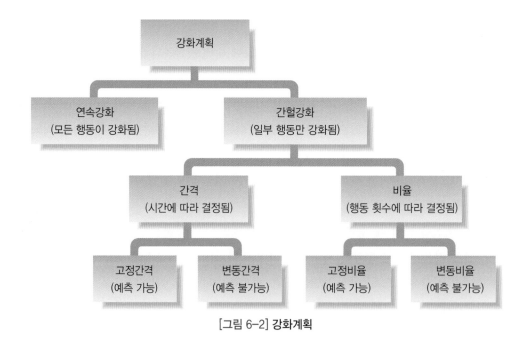

[그림 6-2] 강화계획

〈표 6-3〉 강화계획과 예

계획	예
연속	교사는 '학생들 사이를 돌아다니며' 방정식 문제를 푸는 단계를 관찰한다. 학생들은 각 단계에서 문제를 풀 때마다 칭찬을 받는다.
고정비율	수학교사는 "연속으로 두 문제를 맞히면 수업이 끝나기 전에 숙제를 시작할 수 있어요."라고 한다.
변동비율	학생들이 자진해서 손을 들어 답을 하고 무작위로 호명된다.
고정간격	매주 금요일마다 시험을 실시한다.
변동간격	불시에 시험을 실시한다.

처벌

정적 강화와 부적 강화는 행동을 증가시키는 결과이다. 반면, 행동을 약화시키고 행동의 반복 가능성을 감소시키는 결과는 **처벌물**(punisher)이라고 하며, 처벌물을 사용하여 행동을 감소시키는 과정을 **처벌**(punishment)이라고 한다.

처벌과 부적 강화는 종종 혼동되므로, 이 절을 공부할 때 다음 두 가지를 염두에 두어야 한다.

- 처벌은 행동을 감소시키는 반면, 부적 강화는 다른 모든 형태의 강화와 마찬가지로 행동을 증가시킨다.
- 부적 강화의 '부적(negative)'이라는 용어를 수학에서처럼 생각해 보자. 이는 혐오 자극을 회피하거나 제거하는 것을 의미한다. 예를 들어, 가족의 잔소리를 제거하거나 피하기 위해 물건을 치우는 행동을 증가시키는 것과 같다.

이제 이러한 개념을 염두에 두고 벌의 개념을 살펴보자. 두 가지 유형이 있다. [그림 6-1]에서 본 것처럼, **수여성 벌**(presentation punishment)은 학습자가 처벌을 받는 결과로 행동이 감소할 때 발생한다. 예를 들어, 교사가 '쉿' 하며 손가락을 입에 대는 신호를 보내면 학생들이 속삭이는 행동을 멈춘다. 학생들은 교사의 신호를 받았고, 그들의 행동(속삭이기)이 감소했다.

제거성 벌(Removal punishment)은 자극이 제거되거나 긍정적 강화를 받을 수 없는 결과로 행동이 감소할 때 발생한다. 예를 들어, 학생들이 시끄러울 때 교사가 점심시간 중 5분을 뺀다면, 이는 제거성벌을 사용하는 것이다. 일반적으로는 정해진 시간에 점심을 먹으러 가는데, 그 시간을 빼앗는 것이다.

처벌을 효과적으로 사용하기 일부 비평가들은 처벌을 받은 학생들의 부정적인 정서적 반응이 학업, 교실, 학교 전체에 일반화될 수 있다고 주장하면서 처벌을 절대 사용해서는 안 된다고 주장한다. 또한, 처벌은 바람직한 행동을 가르치지 않고 단지 바람직하지 않은 행동만 감소시키기 때문에 강화 기반 시스템이 처벌을 사용하는 시스템보다 우수하다고 주장한다(Alberto & Troutman, 2017). 그러나 모든 처벌을 제거하면 일부 학생들은 방해 행동을 할 수 있으며, 전문가들은 부적절한 행동에 대한 결과가 효과적인 학급 관리 시스템의 필수 요소라고 제안한다. 따라서 때로는 처벌이 필요할 수도 있다(Furukawa, Alsop, Sowerby, Jensen, & Tripp, 2017; Greenberg, Putman, & Walsh, 2014). 가장 현실적인 접근 방식은 적절한 행동에 대한 강화와 함께 처벌을 신중하고 절제 있게 사용하는 것이다.

일반적으로 효과적으로 여겨지는 처벌에는 다음이 포함된다.

- 제지: **제지**(desists)는 교사가 행동을 멈추기 위해 사용하는 언어적 또는 비언어적 의사소통이다(Kounin, 1970). 교사가 '쉿'이라고 신호를 보내는 단순한 형태의 수여성 벌도 제지에 해당한다. 즉시, 간결하게, 감정 없이 시행되면 다양한 부적절한 행동을 제거하는 데 효과적일 수 있다(Emmer & Evertson, 2017; Evertson & Emmer, 2017).

- 반응 비용: **반응 비용**(response cost)은 이미 제공된 강화물을 제거하는 것을 포함한다(Murphy & Lupfer, 2014). 예를 들어, 일부 교사는 학생들이 바람직한 행동을 하면 토큰이나 다른 강화물을 주는 시스템을 설계한다. 이 토큰은 학교 상점에서 물건을 사거나 자유 시간이나 다른 특권을 위해 교환될 수 있다. 부적절한 행동 때문에 일부를 빼앗는 것이 반응 비용의 한 형태이다. 추가 연구에 따르면, 사람들은 일반적으로 손실 회피 성향이 있어 손실(토큰의 손실)에 더 강하게 반응한다(Kahneman, 2011). 이 연구는 반응 비용이 효과적인 벌의 한 형태가 될 수 있음을 시사한다.

- 비배제적 타임아웃: **비배제적 타임아웃**(non-exclusion timeout)은 학생을 교사 근처나 교실 가장자리에 앉혀 다른 학생들로부터 강화물을 받지 못하게 하는 것을 목표로 한다(Ryan, Sanders, Katsiyannis, & Yell, 2007). 비배제 타임아웃은 전통적인 타임아웃의 변형으로, 학생을 같은 반 학생들과 떨어진 공간에 물리적으로 격리하는 것이다. 부모가 어린 자녀의 바람직하지 않은 행동을 교정하기 위해 자주 사용하는 전통적인 타임아웃(Alberto & Troutman, 2017)은 논란의 여지가 있다. 학생의 권리를 침해한다는 의문이 제기되었으며, 일부 경우에는 소송이 제기되기도 했다(Ryan, Peterson, & Rozalski, 2007). 결과적으로 비배제 타임아웃이 더 효과적인 처벌로 여겨지고 있다.

- 방과 후 남기기(Detention): 타임아웃과 유사하게, 주로 연령이 높은 학생들을 대상으로, 방과 후 또는 수업 전후에 일정 시간(일반적으로 30분 이상) 동안 자유 시간을 빼앗는 방식이다. 논란이 있긴 하지만(Johnson, 2004), 일반적으로 효과적이라고 평가된다(Cooper & Olsen, 2014). 학생들에게 조용히 앉아 아무것도 하지 않도록 할 때 가장 효과적인데, 이는 긍정적 강화를 받을 가능성을 차단하기 때문이다. 부모가 10대 자녀의 부적절한 행동에 대해 외출을 금지하는 것도 이러한 처벌의 한 형태이다. 그러나 방과 후 남기기에는 실질적인 문제도 있다. 일부 학생들은 방과 후에 남을 수 없거나, 집에 갈 교통수단이 없거나, 방과 후에 일을 하거나 동생을 돌봐야 하는 등의 책임이 있을 수 있다. 이러한 실질적인 문제를 해결할 수 있다면, 방과 후 남기기는 효과적인 처벌 방법이 될 수 있다.

비효과적인 처벌 신중하게 사용된 처벌은 효과적일 수 있지만, 어떤 처벌을 역효과를 낳을 수 있으므로 사용해서는 안 된다. 다음은 이러한 처벌의 유형들이다.

- 체벌: **체벌**(Corporal punishment)은 일반적으로 "아동의 행동을 교정하거나 통제할 목적으로 아동에게 상해를 입히지 않고 고통을 주려는 의도로 물리적 힘을 사용하는 것"으로 정의된다(Mendez, Durtschi, Neppl, & Stith, 2016, p. 888). 2015년 현재 미국 19개 주에서 합법적으로 시행되고 있으며, 주로 남부에 집중되어 있다(Anderson, 2015). 체벌은 광범위하게 연구되었으며, 일관되게 비효과적이고 파괴적인 것으

로 보고되어 왔다. 예를 들어, 사회정서적 발달 및 성격 발달에 부정적인 영향을 미칠 수 있으며(Holland & Holden, 2016; Mendez et al., 2016), 학생의 동기 부여와 학습에도 부정적인 영향을 미친다(Ahmad, Said, & Khan, 2013).

- 굴욕과 면박: 굴욕과 면박은 체벌과 유사한 부정적인 부작용을 초래할 수 있다. 또한 학생들의 학교에 대한 흥미를 떨어뜨리고 성공에 대한 기대를 낮출 수 있다(Ellis, Fitzsimmons, & Small-McGinley, 2010).
- 추가적인 교실학습: 교실학습을 처벌의 형태로 사용하면 학생들에게 해당 주제나 과목이 혐오스럽다는 것을 가르칠 수 있으며, 고전적 조건화를 통해 그에 대한 부정적인 감정적 반응을 유발할 수 있다(Cooper & Olsen, 2014). 학습자는 이러한 혐오감을 다른 과제, 다른 교사, 그리고 학교 전체로 일반화할 수 있다.
- 정학: 일부 학생들, 특히 학습이 부진한 학생들에게 학교는 혐오스러운 환경일 수 있으므로, 정학은 혐오스러운 환경을 제거함으로써 잘못된 행동을 부적으로 강화할 수 있다. 또한, 정학은 학습 문제를 악화시키고, 학교에 대한 정서적 애착을 떨어뜨리며, 졸업 전에 중도 탈락할 가능성을 높인다(Gregory, Skiba, & Noguera, 2010; Kennedy-Lewis & Murphy, 2016).

강화물을 사용하는 것과 마찬가지로, 처벌을 사용하는 데에도 신중한 판단이 필요하다. 예를 들어, 제지를 사용할 때 학생들이 교사의 관심을 강화물로 받아들인다면, 제지는 효과적이지 않으며, 비배제적 타임아웃과 같은 다른 전략이 필요하다. 반면에, 수업 참여를 꺼리는 학생들에게 타임아웃은 효과적인 처벌이 아니라 오히려 부적 강화물이 될 수 있다. 어떤 경우이든, 전략을 변경할 필요가 있다.

선행 자극이 행동에 미치는 영향

지금까지는 결과(강화물과 처벌)가 행동에 어떻게 영향을 미치는지 살펴보았다. 그러나 우리는 행동을 유도하는 **선행 자극**(antecedents)을 통해서도 행동에 영향을 미칠 수 있다. 환경적 조건과 촉진 신호(prompts) 및 단서(cues)가 가장 일반적인 두 가지 유형의 선행 자극이다. 이에 대해 살펴보자.

교육심리학과 당신
어두운 방에 들어가면 가장 먼저 무엇을 하는가? 그 이유는 무엇인가?

환경적 조건 '교육심리학과 당신'의 첫 번째 질문에 대한 대답은 거의 확실히 '불을 켠다'일 것이다. 어둠은 우리가 스위치를 켜게 만드는 환경적 선행 자극이다. 불이 켜지면 우리는 스위치를 켜는 행동을 강화 받게 되므로 계속 그렇게 한다. 이는 두 번째 질문에 대한 대답이기도 하다. 마찬가지로, 교통 신호등이 빨간불로 바뀌는 것은 우리를 멈추게 하는 선행 자극이다. 신호를 무시하면 벌금을 받거나 다른 차와 충돌할 가능성이 높아지기 때문이다. 일부 교사들은 학생들이 교실에 들어올 때나 소음이 너무 커질 때 불을 어둡게 하여, 실내에서 목소리와 행동을 조절해야 한다는 것을 상기시키는 환경적 선행 자극으로 사용한다. 우리는 교실 환경을 바람직한 행동을 유도하는 선행 자극으로 사용할 수 있으며, 그런 다음 이를 강화할 수 있다.

촉진 신호와 단서 촉진 신호(prompts)와 단서(cues)는 학습 활동에서 바람직한 행동을 이끌어 내기 위해

사용할 수 있는 구체적인 방법이다. 예를 들어,

- 교사가 질문을 하여 학생들이 답을 생각하도록 유도하는 것
- 교사가 학생들에게 조용히 하라고 손가락을 입에 대는 신호를 보내는 것
- 특정한 학습 활동을 시작할 시간을 알리는 종소리

이러한 촉진 신호와 단서는 바람직한 행동을 유도하고, 학습 활동의 효과를 높이는 데 도움이 된다. 다음 사례를 살펴보자.

알리시아 웬트(Alicia Wendt) 선생님은 학생들이 부사의 개념을 이해하기를 원한다. 그녀는 칠판에 다음과 같은 문장을 적는다.

"존은 자신의 이름이 호명되자 재빠르게 고개를 돌렸다."
그런 다음 묻는다. "이 문장에서 부사는 무엇일까요? …… 제이컵(Jacob)?"
" …… "
"존이 어떻게 고개를 돌렸나요?"
" …… 재빠르게."
"좋아요, 그렇다면 문장에서 부사는 무엇일까요?"
"재빠르게."
"맞아요, 잘했어요, 제이컵."

"이 문장에서 부사는 무엇일까요?"라는 웬트 선생님의 질문에 제이컵이 대답하지 않자, 웬트 선생님은 "존이 어떻게 고개를 돌렸나요?"라는 추가 질문을 통해 그의 반응을 유도했다(촉진 신호 제공). 제이컵이 "재빠르게"라고 대답하자, 웬트 선생님은 "좋아요"라고 말하며 그의 대답을 정적으로 강화했다. 그녀는 다시 "그렇다면 문장에서 부사는 무엇일까요?"라고 질문하며 촉진 신호를 제공했고, 제이컵이 대답하자, "맞아요, 잘했어요, 제이컵"이라고 말하며 그의 대답을 다시 강화했다.

다양한 단서들이 존재한다. 예를 들어, 교사가 교실 앞쪽으로 이동하거나 학생들이 앉아서 과제를 할 때 그들 사이를 걸어 다니면, 이는 학생들이 교사에게 주목하거나 과제에 집중하도록 하는 단서가 된다. 각각의 경우에 원하는 행동을 강화할 수 있다.

교육심리학을 교수에 활용하기: 학생들에게 조작적 조건화 적용하기

인지학습이론이 교수 활동을 안내하는 데 가장 일반적으로 사용되는 틀이지만, 행동주의도 기본 기술을 개발하는 도구로 사용될 수 있으며, 학급경영에서 널리 사용되고 있다(Alberto & Troutman, 2017). 다음 제안들은 조작적 조건화를 수업에 적용하는 데 도움이 될 수 있다.

1. 바람직한 행동을 유도하기 위해 선행 자극을 사용하고, 이를 강화하기
2. 학생들의 진정한 성취와 좋은 행동을 강화하기
3. 질서 있는 교실을 유지하기 위해 강화물과 처벌물을 적절하게 사용하기
4. 기본 기술을 개발하기 위해 반복 연습 기법을 활용하기

이러한 지침을 실천하는 사례로, 3학년 담임교사인 대니엘 스티븐스(Danielle Stevens)가 학생들과 수의 반올림에 대한 수업을 진행하는 장면을 살펴보자.

스티븐스 선생님은 학생들에게 10씩 세어 100까지 세게 하여 수의 반올림 주제를 소개하고, "좋아요, 10을 염두에 두고, 숫자 34와 36을 생각해 봅시다. 이 숫자들은 어떤 10에 가장 가까울까요? …… 후안(Juan)?"이라고 묻는다.

"…… 34는 30에 가장 가깝고, 36은 40에 가장 가까워요." 후안은 몇 초 생각한 후 대답한다.

"좋아요." 스티븐스 선생님은 고개를 끄덕이며 말한다. "그것이 바로 반올림이에요. 반올림은 답을 추정할 때 우리에게 도움이 되고, 우리는 올해 계속해서 반올림을 사용할 거예요."

두 가지 예시를 더 든 후, 스티븐스 선생님은 "이제, 128을 생각해 보세요. 128을 가장 가까운 십의 자릿수로 반올림해 봅시다."라고 말하며 학생들 사이 통로를 걸어가다 헨리(Henry)와 눈을 마주쳤고, 헨리가 발로 그레첸(Gretchen)의 책상을 차는 것에 대해 고개를 저으며 '안 돼'라는 신호를 보낸다.

헨리는 멈춘다.

안드레아(Andrea)가 "100이요."이라고 대답한다.

스티븐스 선생님이 "100에서 200까지 10씩 세어 보세요." 라고 지시한다.

안드레아는 100, 110, 120 등 200에 도달할 때까지 숫자를 센다. "좋아요. 그럼 128은 어떤 10에 가장 가까울까요?"

"…… 130이요." 안드레아는 망설이며 대답한다.

"아주 좋아요." 스티븐스 선생님은 고개를 끄덕이며 말한다. "네, 128은 130에 더 가깝지요. 잘했어요."

스티븐스 선생님은 학생들에게 100씩 세어 1,000까지 세게 하고, 462와 같은 숫자를 가장 가까운 백의 자릿수로 반올림하는 추가 예시를 제공하면서 수업을 계속 진행한다.

"이제, 한번 잘 생각해 봅시다." 그녀는 계속 말한다. "6,457을 가장 가까운 십의 자리로 반올림해 보세요. 모두 각자의 칠판에 답을 쓰고, 다 쓰면 들어 올리세요." (스티븐스 선생님의 학생들은 각자의 책상에 작은 개인 칠판을 가지고 있어, 수학 문제의 답을 쓰고 보여 주는 데 사용한다.)

마이클(Michael)의 칠판에 6,460이 쓰여 있는 것을 보고, 스티븐스 선생님은 말한다. "마이클, 답이 어떻게 나왔는지 모두에게 설명해 보세요."

마이클은 우리가 십의 단위를 생각하고 있기 때문에 6,457이 6,450보다 6,460에 더 가깝다고 설명한다.

"훌륭한 생각이에요, 마이클." 스티븐스 선생님은 미소 지으며 말한다. "문제를 아주 잘 이해했어요."

스티븐스 선생님은 추가 예시를 사용하여 수업을 계속 진행한 후, 문제 10개를 내준다. 그녀는 학생들이 작업하는 동안 점검하며 안드레아(Andrea), 데이비드(David), 거스(Gus), 수잰(Suzanne)이 여전히 이 과정을 어려워하고 있는 것을 발견한다. 추가 연습을 제공하기 위해, 스티븐스 선생님은 이 학생들을 교실 뒤에 있는 네 대의 컴퓨터 자리로 보내고, '수의 반올림' 프로그램에 로그인하여 수학 시간이 끝날 때까지 연습하게 한다.

수학 수업이 끝나갈 무렵, 스티븐스 선생님은 조용히 존(Jon)의 책상 옆에 무릎을 꿇고 말한다. "존, 오늘 네가 정말 자랑스럽구나. 수업 내내 집중을 잘해서 선생님이 한 번도 알려 줄 필요가 없었어. 체크를 몇 개 했니?"

"네 개요." 존이 대답한다.

"아주 잘했어, 계속 이렇게 하렴." 스티븐스 선생님은 따뜻하게 미소 지으며 말한다. 존은 ADHD가 있어 집중하고 행동을 조절하는 데 어려움을 겪고 있었다. 스티븐스 선생님은 존에게 '행동' 차트를 작성하게 했으며, 10분 동안 집중할 때마다 스스로 체크 표시를 하도록 했다.

스티븐스 선생님은 처음에 존을 세심하게 지도해야 했지만, 이제는 많이 개선되었다.

이제 스티븐스 선생님이 제안 사항을 적용하기 위해 기울인 노력을 살펴보자.

선행 자극을 사용하여 바람직한 행동을 유도하기 학생들과의 상호작용에서 선행 자극을 사용하는 것은 바람직한 반응을 이끌어 내는 데 효과적일 수 있다. 이를 설명하기 위해, 안드레아의 수업에서 일부 대화를 다시 살펴보자.

스티븐스 선생님: 이제 128을 생각해 보세요. 128을 가장 가까운 십의 자릿수로 반올림해 봅시다.

안드레아: 100이요.

스티븐스 선생님: 100에서 200까지 10씩 세어 보세요.

안드레아: [100, 110, 120 …… 200까지 센다.]

스티븐스 선생님: 좋아요. 그럼 128은 어떤 10에 가장 가까울까요?

안드레아: …… 130이요.

스티븐스 선생님: 아주 좋아요. 네, 128은 120보다 130에 더 가깝지요. 잘했어요.

안드레아가 128을 가장 가까운 십의 자릿수로 반올림하라는 질문에 100이라고 잘못 대답했을 때, 스티븐스 선생님은 100에서 200까지 10씩 세게 한 다음 "그럼 128은 어떤 10에 가장 가까울까요?"라고 물었다. 스티븐스 선생님의 지시와 질문은 안드레아가 '130'이라고 올바르게 대답하도록 도와준 선행 자극(단서)이었다.

선행 자극을 전략적으로 사용하여 학생의 행동을 형성하는 것은 거의 모든 주제와 모든 내용 영역에 적용될 수 있다. 예를 들어, 농구 코치가 팀원들에게 점프 슛의 기본기를 가르칠 때, 이에 해당하는 사진을 보여 주는 것도 하나의 방법이다.

코치: 점프 슛을 쏘는 선수를 보세요. 슈터의 기본기에서 중요한 것이 무엇일까요? …… 소냐(Sonja)?

소냐: ……

코치: 슈터의 손목을 보세요. 손목에서 무엇을 알 수 있나요?

소냐: 손목이 굽어 있고, 골대를 향해 있어요.

코치: 네, 좋아요. 점프 슛을 할 때 손목을 끝까지 따라가는 것이 중요해요.

앞의 사례에서, 코치의 "손목에서 무엇을 알 수 있나요?"라는 질문은 소냐가 점프 슛 기술의 중요한 측면에 집중하게 하고 올바르게 답할 수 있도록 하는 선행 자극이 되었다.

학생들의 진정한 성취를 강화하기   질문에 올바르게 답하는 것은 우리를 기분 좋게 만들며, 그렇게 함으로써 강화를 받는 것은 더욱 좋다. 연구에 따르면, 진정한 성취에 대한 강화는 동기와 학습을 모두 향상시킬 수 있다(Schunk et al., 2014).

스티븐스 선생님의 "아주 좋아요. 네, 128은 120보다 130에 더 가깝지요. 잘했어요"라는 반응과 코치의 "네, 좋아요. 점프 슛을 할 때 손목을 끝까지 따라가는 것이 중요해요."라는 반응이 이러한 개념을 적용한 예이다.

이 사례들에서 스티븐스 선생님과 코치의 강화는 선행 자극(단서) 후에 이루어졌다. 스티븐스 선생님은 학생들에게 6,457을 가장 가까운 십의 자릿수로 반올림해 보라고 한 후, 마이클이 6,460이라는 답을 어떻게 도출했는지 설명하자, "훌륭한 생각이에요, 마이클. 문제를 아주 잘 이해했어요."라고 말하며 적절한 강화를 제공했다.

강화물과 처벌물을 적절히 사용하여 질서 있는 교실 유지하기   연구에 따르면, 학생들의 좋은 행동을 강화하는 것은 중요한 학급경영 기술이며, 질서 있는 교실을 유지하기 위해 때로는 처벌을 적절히 사용하는 것도 필요할 수 있다(Furukawa et al., 2017; Greenberg et al., 2014). 스티븐스 선생님은 수업에서 이러한 방식으로 조작적 조건화를 적용했다. 그녀의 수업에서 몇 가지 대화를 다시 살펴보자.

APA의 20가지 주요 원칙

이 설명은 유치원-12학년(초·중등학교)까지 교수 및 학습을 위한 심리학의 20가지 주요 원칙 중 원칙 16을 보여 준다.

- 원칙 16: 교실에서의 행동과 사회적 상호작용에 대한 기대는 학습되며, 입증된 행동 원리와 효과적인 교실 수업을 통해 배울 수 있다.

스티븐스 선생님: [존의 책상 옆에 무릎을 꿇어앉으며] 존, 오늘 네가 정말 자랑스럽구나. 수업 내내 집중을 잘해서 선생님이 한 번도 알려 줄 필요가 없었어. 체크를 몇 개 했니?

존: 네 개요.

스티븐스 선생님: 아주 잘했어, 계속 이렇게 하렴.

존은 ADHD를 가진 학생으로, 주의 집중과 행동 조절에 어려움을 겪고 있어, 바람직한 행동에 대한 칭찬보다 부적절한 행동에 대한 꾸중을 더 많이 받았을 가능성이 크다. 자신의 행동을 조절할 수 있다는 것을 보여 주고 그에 대해 강화를 받는 것은 존과 같은 학생에게 큰 의미가 있을 수 있다. 이는 존의 장기적인 발전에 중요한 도움이 될 수 있다.

스티븐스 선생님은 또한 처벌을 효과적으로 사용했다. 그녀는 통로를 걸어가며 헨리와 눈을 맞추고, 헨리가 발로 그레첸의 책상을 차는 것에 대해 고개를 저으며 '안 돼'라는 신호를 보냈다. 이 신호는 간단하고 효과적인 수여성 벌(presentation punisher)로, 그의 행동을 멈추게 했고 수업의 흐름을 방해하지 않았다.

반복 연습 기법을 사용하여 기본 기술 개발하기 행동주의, 특히 조작적 조건화는 역사적으로 교실에서 기술 사용, 특히 반복 연습 소프트웨어에 큰 영향을 주었다(Hritcu, 2016; Kanive, Nelson, Burns, & Ysseldyke, 2014). 스티븐스 선생님이 수의 반올림에 대한 추가 연습을 시키기 위해 이 기법을 어떻게 사용할 수 있는지 살펴보자(IXL Learning, 2013에서 각색).

프로그램을 열면 페이지 하단에 상자가 나타난다. 왼쪽 상자를 보고 '새 문제'를 클릭하면 중간 상자에 문제가 나타난다. 오른쪽 상자에 보이는 대로 675,000을 입력하고 '정답 확인'을 클릭하면 별도의 상자에 "정답이 아닙니다. 다시 시도하세요."라는 메시지가 나타난다. 왜 답이 틀렸는지 확신이 서지 않아 '힌트'를 클릭하면, "반올림하는 자리의 오른쪽 숫자를 보세요. 그 숫자가 5 이상인가요?"라는 메시지가 나타난다. 힌트를 사용하여 676,000을 입력하면 "정답입니다!"라는 메시지가 나타난다. 만약 두 번째로 틀렸다면, "안타깝네요, 정답은 다음과 같습니다."라는 메시지가 나타난다.

여기에 행동주의가 어떻게 적용되었는지 살펴보자. 당신의 응답(행동)은 다음과 같은 결과로 인해 675,000에서 676,000으로 변경되었다. ① 첫 번째 답이 틀렸다는 것을 알게 됨("정답이 아닙니다. 다시 시도하세요"), ② 힌트에서 받은 정보, ③ 두 번째 답이 맞았다는 것을 알게 됨("정답입니다!"). "정답이 아닙니다. 다시 시도하세요"는 처벌물이고, "정답입니다!"는 강화물이다. 첫 번째 답을 반복할 가능성은 줄어들고, 두 번째 답을 반복할 가능성은 증가한다. 이러한 소프트웨어 응용 프로그램을 다양한 분야에서 학생들과 함께 사용할 수 있지만, 가장 일반적인 분야는 수학과 과학 분야이다.

많은 프로그램에서는 "반올림하는 자리의 오른쪽 숫자를 보세요. 그 숫자가 5 이상인가요?"와 같은 간단한 힌트보다 더 자세한 피드백을 제공하며, 일부 소프트웨어는 학생들이 이름이나 친구와 같은 개인 정보를 입력하도록 하여 흥미를 높이고자 한다. 예를 들어, 초등학생을 위한 수학 문제를 생각해 보자.

네 개의 물체가 있고 각 물체를 절반으로 자른다면, 총 몇 개의 조각이 생길까?

이제, 조시(Josh)라는 학생을 위해 곤잘레스(Gonzalez) 선생님이 개별화한 사례를 비교해 보자.

곤잘레스 선생님은 조시가 착한 행동을 한 것에 대해 초코바 4개를 깜짝 선물로 주었다. 조시는 이것을 친구 잭(Zach)과 나눠 먹고 싶어 각 초코바를 반으로 잘랐다. 이제 조시에게는 초코바 몇 조각이 있을까?

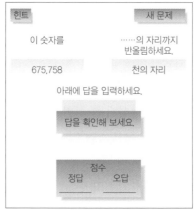
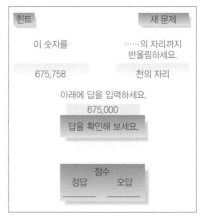

프로그램은 조시가 입력한 정보를 문제에 사용했다. 이렇게 문제를 개별화하면 학습과 동기가 모두 향상될 수 있다(Schunk et al., 2014).

조작적 조건화 원리에 기반한 반복 연습 소프트웨어는 논란의 여지가 있으며, 일부 비평가들은 이를 단순히 '전자 플래시카드'라고 설명한다(Inan, Lowther, Ross, & Strahl, 2010). 그러나 적절히 사용될 경우, 이러한 비판을 뒷받침하는 증거는 없다. 반복 연습 소프트웨어의 이점은 연구를 통해 잘 입증되었다(Roblyer & Hughes, 2019).

반올림 수업 사례에서 보았듯이, 이 소프트웨어는 학생들에게 개별화된 연습을 제공하며, 학생들이 각 질문에 답해야만 다음으로 진행할 수 있기 때문에 참여도를 높인다. 학습자들은 자신만의 속도로 진행할 수 있고, 답변과 피드백이 개별적으로 처리되므로 더 편안함을 느낀다고 보고된다(Roblyer & Hughes, 2019). 마지막으로, 컴퓨터는 인간과 달리 무한한 인내심을 가질 수 있도록 프로그래밍될 수 있다.

반복 연습 소프트웨어는 교수 활동을 보완할 수 있지만, 교사를 대체하는 것이 목적이 아니다. 예를 들어, 스티븐스 선생님의 목표는 학생들이 숫자를 반올림하는 단계들을 단순히 암기하는 대신, 반올림이 학생들에게 의미 있게 다가오도록 만드는 것이었다. 그런 다음, 그녀는 소프트웨어를 사용하여 학생들에게 추가 연습을 제공했다. 이것은 행동주의에 기반한 기법을 효과적으로 적용한 것이며, 이러한 방식으로 사용될 때 학생의 학습에 기여할 수 있다.

교실과의 연계

교실에서 조작적 조건화를 효과적으로 사용하기

강화물과 처벌물

1. 강화물은 행동을 증가시키는 결과이고, 처벌물은 행동을 감소시키는 결과이다. 가능한 한 정적 강화를 사용하고, 필요하다면 제거성 벌을 사용한다.

- **초등학교**: 1학년 교사가 학생들에게 과제를 내준 후, 조용히 과제수행을 하고 있는 학생들에게 정적 강화물로 스티커를 제공한다. 학생이 과제에 집중하도록 상기시켜야 할 경우, 교사는 학생의 스티커 중 하나를 회수하여 반응 비용(제거성 벌)의 일환으로 사용한다. 누적된 스티커는 게임을 하거나 학습센터에서 공부할 기회로 교환할 수 있다.

- **중학교**: 중학교 1학년 담당 교사는 매주 초에 모든 학생들에게 '행동 점수' 3점을 준다. 교실 규칙을 어길 경우, 교사는 행동 점수 1점을 잃게 하는 제거성 벌을 적용한다. 규칙을 어기지 않은 날에는 추가 행동 점수를 정적 강화물로 제공한다. 일주일 동안 매일 추가 점수를 얻은 학생들은 주간 학급 소식지에 발표되는 명예의 전당에 올라 학부모에게 전달된다.

- **고등학교**: 수학교사는 학생의 개인 평균 점수보다 높은 퀴즈 점수를 받은 학생들에게 보너스 점수를 부여하여 정적 강화물로서의 성적의 효과를 높인다.

행동 조형

2. 조형은 원하는 바람직한 연속적인 근사치를 강화하는 과정이다. 복잡한 기술을 개발하는 데 이 과정을 활용한다.

- **초등학교**: 유치원 교사가 한 학생에게 장난감을 공유하는 방법을 가르치려고 시도한다. 처음에는 학생이 보이는 모든 사회적 행동을 칭찬한다. 학생이 점차 발전함에 따라 실제로 놀이 중에 장난감을 공유해야 칭찬을 받을 수 있게 한다.

- **중학교**: 국어 교사는 학년 초에 학생들의 글쓰기 결과물을 채점할 때 긍정적인 평가 의견을 아낌없이 제공한다. 그러나 학생들의 글쓰기 실력이 발전함에 따라 더 높은 수준의 전문성을 보여야 칭찬을 받을 수 있게 한다.

- **고등학교**: 수학 교사는 방정식을 해결하는 초기 단계에서 학생들을 아낌없이 칭찬한다. 학생들이 발전해 감에 따라 더 높은 수준의 문제해결을 해야 칭찬을 받을 수 있게 한다.

강화계획

3. 강화계획은 반응의 획득과 소거 모두에 영향을 미친다. 연속강화계획은 행동을 가장 빠르게 증가시키지만, 간헐강화계획은 행동을 가장 잘 지속되게 한다. 목표를 달성하는 데 가장 효과적인 계획을 선택한다.

- **초등학교**: 학년 초에 1학년 교사는 모든 학생들이 성공적으로 수행할 수 있는 활동을 계획한다. 처음에는 모든 바람직한 행동을 칭찬하는 연속강화계획을 사용한다. 학생들의 능력이 발달함에 따라 행동의 지속성을 높이기 위해 간헐강화계획으로 전환한다.
- **중학교**: 1학년 담당 교사는 학생들이 성실한 노력을 보여 주고 철저하게 이해했다는 것을 보여 줄 때만 칭찬하는 변동비율강화계획을 사용한다. 또한, 학생들이 수업 활동에서 추가 노력을 기울이고 통찰력을 보일 때 학부모에게 때때로 이메일을 보내는 변동간격강화계획을 적용한다.
- **고등학교**: 수학 교사는 학생들에게 자주 쪽지시험을 공지하고 치르게 하는 고정간격강화계획을 사용한다. 고정간격계획을 사용할 때 발생할 수 있는 노력이 감소하는 현상을 줄이기 위해 매주 최소 한 번의 퀴즈를 낸다.

선행 자극

4. 선행 자극은 바람직한 행동을 유도하는 신호로, 이후 강화될 수 있다. 적절한 행동을 이끌어 내기 위해 단서를 제공한다.

- **초등학교**: 점심 시간에 급식 줄을 서기 전에 1학년 교사는 학생들에게 조용히 서 있을 것을 상기시킨다. 이것은 바람직한 행동에 대한 선행 자극으로 작용하며, 학생들이 조용히 서 있으면 교사는 그 행동을 칭찬하여 정적으로 강화한다.
- **중학교**: 과제를 내준 후, 중학교 1학년 영어 교사는 교실을 돌아다니며 학생들이 과제를 집중하여 수행하도록 격려한다. 교실을 돌아다니는 것은 성실한 작업에 대한 선행 자극으로 작용하며, 교사는 때때로 학생들을 칭찬하는 변동 간격 강화계획을 적용한다.
- **고등학교**: 화학 교사가 학생들이 답변하지 않거나 틀린 답변을 할 때, 추가 질문을 통해 적절한 답변을 할 수 있도록 돕는다. 이 질문은 선행 자극으로 작용하며, 학생들이 적절히 응답하면 교사는 미소와 고개 끄덕임으로, 혹은 더 높은 수준의 이해를 보여 줄 때는 칭찬으로 정적 강화를 제공한다.

응용행동분석

응용행동분석(Applied Behavior Analysis: ABA)은 조작적 조건화의 원리를 체계적으로 적용하여 원하는 행동을 증가시키는 과정을 의미한다(Alberto & Troutman, 2017). (역사적으로는 행동수정이라고 불렸으나, 이 용어는 일부 사람들에게 부정적인 의미를 지니기 때문에 전문가들은 여기서 사용하는 용어를 선호한다.) ABA는 예외적인 학생들이 있는 학교에서 널리 적용되며(Zoder-Martell & Dieringer, 2016), 신체 건강 증진, 공포와 공황 발작 극복, 사회적 기술 학습, 금연 등에도 사용된다(Ryan, Katsiyannis, & Peterson, 2007).

ABA에 대한 연구의 거의 절반은 자폐증이나 기타 발달 지연을 가진 학생들을 대상으로 이루어졌으며, 20%는 지적장애 학생들을 대상으로 이루어졌다. 나머지는 다양한 학습 또는 행동 문제를 다루고 있다(Shyman, 2016). ABA는 제5장에서 다룬 반응 중재와도 밀접한 관련이 있다(Zoder-Martell & Dieringer, 2016).

ABA의 단계

ABA에서 조작적 조건화 원리를 적용하는 과정은 일반적으로 다음과 같은 단계를 포함한다(Alberto & Troutman, 2017).

1. 표적 행동을 식별한다.
2. 표적 행동에 대한 기준선을 설정한다.
3. 강화물과 처벌(필요한 경우)을 선택한다.
4. 표적 행동의 변화를 측정한다.
5. 행동이 개선됨에 따라 강화물의 빈도를 점진적으로 줄인다.

이 단계들을 어떻게 실행하는지 중학교 수학 교사인 마이크 셰퍼드(Mike Sheppard)의 사례를 통해 살펴보자.

셰퍼드 선생님의 2교시 수업에는 28명의 학생이 있으며, 대부분의 교사들처럼 특수교육이 필요한 학생들도 포함되어 있다. 특히, 토드(Todd)는 자신의 행동을 통제하는 데 어려움을 겪고 있으며, 다른 교사들은 토드를 공격적인 말을 많이 하고 자기 통제가 부족한 학생으로 표현한다. 토드는 매우 활동적이며 수업 시간 동안 자리에 앉아 있는 데 어려움을 겪고 있다.

수업이 시작되자 대부분의 학생들은 화면을 보며 셰퍼드 선생님이 수업 시작 활동의 일환으로 제시한 문제를 풀고 있다. 셰퍼드 선생님은 빠르게 출석을 부르고 토드의 책상으로 다가간다.

"차트를 한번 볼까?" 셰퍼드 선생님이 말한다. "많이 나아졌지, 그렇지 않니?"

"네, 보세요." 토드는 자랑스럽게 차트를 보여 준다.

"정말 잘했어." 셰퍼드 선생님이 토드의 책상 위로 몸을 기울이며 속삭인다. "많이 좋아졌어. '자리 이탈'에 대해서는 좀 더 노력해야겠지? 선생님도 너한테 잔소리하기 싫고, 너도 싫잖아. 수업 끝나고 선생님한테 잠깐 오렴. 도움이 될 만한 아이디어가 있거든. 알겠지? 문제 풀어 보자." 셰퍼드 선생님은 토드의 어깨를 토닥이고 다시 교실 앞쪽으로 돌아간다.

셰퍼드 선생님은 수업을 진행하면서 학생들에게 다섯 문제를 내준다. "지금부터 시작해 보세요." 그는 수업 종료 15분 전에 지시한다.

종이 울리고 학생들은 교실을 나가기 시작한다. 토드는 셰퍼드 선생님의 책상으로 가고, 셰퍼드 선생님은 토드를 교실 뒤쪽의 칸막이가 있는 작은 공간으로 안내한다. 그 공간은 부분적으로 둘러싸여 있지만 교실을 향하고 있다.

"이렇게 하자." 셰퍼드 선생님이 지시한다. "자리에서 일어나고 싶을 때는 조용히 일어나서 잠시 여기로 와. 얼마나 오래 있든 상관없지만 우리가 하는 일을 주의 깊게 봐. 다시 자리로 돌아가고 싶을 때는 돌아가. 선생님이 원하는 것은 조용히 왔다 갔다 하는 거야. 어때?"

토드는 고개를 끄덕였고, 셰퍼드 선생님은 "다른 것들은 모두 잘하고 있으니까, 이 방법이 도움이 될 거야. 필요하면 자

	2/9~2/13	2/16~2/20	2/23~2/27
수업 중 큰 소리 내기	卌 卌 卌 卌	卌 IIII 卌	卌 II
욕설하기	卌 卌	卌 II	IIII
다른 학생 때리기/만지기	卌 III	卌 IIII	III
자리 이탈	卌 卌 卌 III	卌 卌 卌 IIII	卌 卌 卌 III
친구들에게 친절하게 대하기	II	IIII	卌 II

리에서 공부하는 것에 대해 선생님한테 도움을 요청하렴. 계속 노력하면 잘할 수 있을 거야. 자, 이제 밀러 선생님의 교실로 가는 통행권을 줄게."라고 덧붙였다.

이제 셰퍼드 선생님이 ABA의 단계를 어떻게 실행했는지 살펴보자.

표적 행동 식별하기　ABA의 첫 번째 단계는 변경하고자 하는 특정 행동을 식별하는 것이다. 토드의 차트

에서 보았듯이, 셰퍼드 선생님은 다섯 가지 표적 행동을 식별했다: 수업 중 큰 소리 내기, 욕설하기, 다른 학생 때리기/만지기, 자리 이탈, 친구들에게 친절하게 대하기. 일부 전문가들은 셰퍼드 선생님이 너무 많은 표적 행동을 포함했다고 주장할 수 있으며, '친구들에게 친절하게 대하기'가 충분히 구체적이지 않다고 지적할 수도 있다. 이러한 결정은 교수학습에 적용하는 대부분의 상황에서 전문적인 판단의 문제이다.

기준선 설정하기　기준선은 표적 행동을 처음 측정할 때 설정된다. 예를 들어, 기준선 기간(2월 9일부터 2월 13일까지) 동안 토드는 수업 중 20번 큰 소리를 냈고, 10번 욕설을 했으며, 다른 학생을 8번 때리거나 만졌고, 18번 자리를 이탈했으며, 다른 학생들에게 두 번 친절한 행동을 했다고 하자. 셰퍼드 선생님은 기준선을 설정하기 위해 토드의 행동을 측정했으며, 이는 나중에 진전을 기록하는 데 중요한 역할을 한다.

강화물과 처벌물 선택하기　행동을 변경하기 전에, 특정 학생에게 효과적일 가능성이 있는 강화물과 처벌물을 식별해야 한다. 이상적으로, ABA 시스템은 처벌물보다는 강화물을 기반으로 해야 하며, 이는 셰퍼드 선생님이 토드에게 사용한 방법이다. 처벌물이 필요하다면, 그것들도 미리 설정되어야 한다.

셰퍼드 선생님은 개인적인 관심과 칭찬을 주요 강화물로 사용했으며, 이는 토드의 행동이 긍정적으로 변화하는 데에 효과적이었다. 또한 토드는 자신의 행동이 개선되고 있다는 증거를 볼 수 있었으며, 이는 자체적으로 강화 효과를 주었다. 만약 바람직하지 않은 행동이 줄어들지 않았다면, 셰퍼드 선생님은 다른 강화물이나 처벌물을 시도하여 시스템을 수정해야 했을 것이다.

행동의 변화 측정하기　기준선을 설정하고 강화물과 처벌물을 식별한 후, 지정된 기간 동안 표적 행동을 측정하여 변화 여부를 확인한다. 예를 들어, 토드는 첫 주에 20번 큰 소리를 냈고, 두 번째 주에는 14번, 세 번째 주에는 7번만 큰 소리를 냈다. '자리 이탈'을 제외한 다른 행동들은 3주 동안 개선되었다.

셰퍼드 선생님의 첫 번째 중재가 토드의 자리 이탈 행동을 변화시키지 못했으므로, 그는 대안으로 토드가 자리에서 일어나고 싶을 때 갈 수 있는 교실 뒤쪽의 공간을 설계했다. 토드는 자신의 재량으로 자유롭게 이동할 수 있었으며, 이는 또한 그에게 강화 효과를 주었다.

강화물의 사용 빈도 줄이기　토드의 행동이 개선됨에 따라, 셰퍼드 선생님은 점진적으로 강화물의 사용 빈도를 줄였다. 초기에는 연속강화계획 혹은 거의 연속강화계획에 근접하게 강화물을 사용하고, 그 후, 간헐강화 계획으로 전환할 수 있다. 강화물의 사용 빈도를 줄이는 것은 바람직한 행동을 유지하고 다른 수업과 일상 활동으로 일반화될 가능성을 높이는 데 도움이 된다.

기능적 분석

앞서 설명한 절에서는 강화물과 처벌물을 사용하여 행동 변화를 측정하는 방법에 초점을 맞추었다. 그러나 일부 전문가들은 부적절한 행동을 유발하는 선행 사건과 그 행동의 결과를 식별하는 **기능적 분석**(functional analysis)이라는 전략을 포함하는 것이 좋다고 권장한다(Larkin, Hawkins, & Collins, 2016; Miltenberger, 2012). 예를 들어, 토드의 행동에 대한 기능적 분석에서 셰퍼드 선생님은 토드가 주로 수업 토론

중에 공격적인 모습을 보이는 것을 발견했고, 토드의 폭발적인 행동에 대한 관심이 그 행동을 강화하고 있다고 생각했다. 마찬가지로, 셰퍼드 선생님은 토드가 앉아서 과제를 할 때 자리에서 가장 많이 이탈한다는 것을 발견하고, 자리에서 이탈하는 것이 토드가 어려운 과제를 하는 것을 피할 수 있게 해 준다고 생각했다. 수업 토론은 공격적 행동의 선행 사건이었고, 과제수행은 자리 이탈의 선행 사건이었다. 이 분석을 적용하여 셰퍼드 선생님은 토드가 '친구들에게 친절하게 대할' 때 칭찬했다. 칭찬은 관심의 한 형태였기 때문에, 이는 토드에게 공격적인 행동이 이전에 제공했던 것과 동일한 목적을 달성하게 해 주는 강화물 역할을 했다. 그 결과, 토드의 공격적인 행동 경향이 줄어들었다. 마찬가지로, 셰퍼드 선생님은 토드에게 자리에서 일어나고 싶은 욕구가 강하게 생길 때 갈 수 있는 장소를 제공했고, 필요할 때 자리에서 공부하는 것에 대해 도움을 요청하도록 상기시켰다. 이렇게 문제 행동을 더 적절한 행동으로 대체하는 데 도움이 되는 중재를 사용하는 과정을 **긍정적 행동 지원**(positive behavior support)이라고 한다.

모든 중재와 마찬가지로, ABA가 마법처럼 작동하지는 않으며, 많은 노력이 요구된다(Alberto & Troutman, 2017). 예를 들어, 학생들이 표적 행동을 정확하게 측정할 것이라고 가정할 수 없기 때문에, 대부분의 경우 우리가 직접 행동을 모니터링해야 한다. 이는 이미 바쁜 교실을 관리하는 데 더 많은 부담을 준다.

또한, 개인적인 관심과 칭찬은 토드에게 효과적인 강화물이었지만, 만약 그렇지 않았다면 셰퍼드 선생님은 다른 강화물을 찾아야 했을 것이다. 간단하게 실행할 수 있고 학교에서 허용될 수 있는 강화물을 찾는 것은 어려운 일일 수 있다. 그러나 ABA는 기본적인 규칙과 절차 시스템과 같은 기존의 학급경영 방법이 제대로 작동하지 않을 때 사용할 수 있는 추가 도구를 제공한다.

다양성: 다양한 배경을 가진 학습자들에게 행동주의 사용하기

일부 학생들, 특히 문화적 소수집단의 구성원들에게 학교는 차갑고 불친절한 곳으로 느껴질 수 있다(Gollnick & Chinn, 2017). 행동주의가 모든 학생이 성공하고 교실에서 환영받는 느낌을 받을 수 있도록 어떻게 적용될 수 있는지 살펴보자.

초등학교 4학년인 줄리안(Julian)은 교실에 들어가 앞에 있는 키 큰 여학생 뒤에 숨어 있다. 운이 좋으면 선생님이 그가 숙제를 안 했다는 것을 발견하지 못할 것이다—12문제나 된다! 그 많은 문제를 어떻게 다 풀 수 있을까? 게다가 줄리안은 수학을 잘하지 못한다. 줄리안은 학교를 싫어한다. 그에게 학교는 낯설고 이질적으로 느껴진다. 선생님은 줄리안이 다른 학생들만큼 영어를 잘 못하기 때문에 가끔 그가 말할 때 찡그린다. 또한 줄리안은 종종 선생님이 말하는 것을 이해하기 어렵다.

심지어 점심시간도 재미가 없다. 친구 라울(Raul)이 없으면 밥을 혼자 먹는다. 한번은 다른 학생들과 함께 앉았는데, 그 학생들은 줄리안이 말하는 것을 듣고 비웃었으며, 그가 또띠아를 먹는 것을 보고 놀렸다. 그는 너무나 집에 가고 싶다.

교사와 다른 학생들이 문화적 소수집단의 구성원들을 대하는 방식은 그들의 학교에 대한 정서적 반응에 큰 영향을 미친다. 줄리안에게 학교는 긍정적인 정서와 연합되지 않았고, 학교에서 편안함, 안전함, 환영받는 느낌을 받지 못했다.

이런 결과가 피할 수 없는 것은 아니다. 예를 들어, 줄리안의 교사가 따뜻하고 지지적인 태도를 배운다면,

'교육심리학을 교수에 활용하기: 학생들에게 고전적 조건화 적용하기' 절에서 본 반 혼 선생님의 예시처럼, 줄리안은 고전적 조건화를 통해 점차 학교와 학업을 교사의 지지와 연관시킬 수 있을 것이다. 예를 들어, 반 혼 선생님의 수업에 있는 알베르토는 반 혼 선생님의 따뜻함에 본능적으로 긍정적인 반응을 보였으며, 시간이 지나면서 그녀의 교실은 그녀의 태도와 연관되어 긍정적인 감정이 조건 반응으로 나타났다. 이러한 경험은 특히 문화적 소수집단의 학생들에게 중요하며, 학생들이 서로를 함부로 대하지 못하도록 하는 규칙도 마찬가지이다(Balagna, Young, & Smith, 2013).

우리는 또한 문화적 소수집단의 구성원들에게 조작적 조건화 원리를 적용할 수 있다. 예를 들어, 학생들이 어려움을 겪을 때, 우리는 선행 자극으로 격려하고, 그들이 적절한 답을 할 때 칭찬을 강화물로 사용할 수 있다. 이러한 노력은 모든 학생들에게 효과적이지만, 특히 문화적 소수집단의 구성원들에게 중요하다. 이는 이 학생들이 우리 학급의 소중한 일원이며, 그들이 유능한 학습자라고 믿고 있음을 보여 주기 때문이다(Balagna et al., 2013).

행동주의에 대한 평가

모든 이론과 마찬가지로, 행동주의에도 찬반 양론이 있다. 비판은 주로 다음과 같은 영역에 초점을 맞춘다.

- 교수법의 지침으로서 행동주의의 비효율성
- 강화물이 내재 동기에 미치는 영향
- 고차원 학습을 설명하는 행동주의의 한계
- 학습과 교수에 대한 철학적 관점

이제 각 비판을 살펴보자.

첫째, 비평가들은 행동주의가 교수-학습과정을 왜곡하고 지나치게 단순화한다고 주장한다. 행동주의에 기반한 교육은 학생들이 관찰 가능한 행동으로 반응할 수 있도록 내용을 구성해야 하며, 이는 학생들이 올바른 반응을 제공함으로써 강화받을 수 있게 한다. 그러나 우리가 배우는 대부분의 것들은 특정 맥락에서 벗어난 정보 항목으로 존재하지 않는다. 예를 들어, 우리는 문제집에 있는 개별 문법 문제나 구두점 연습문제에 응답함으로써 글을 배우는 것이 아니라 글쓰기 연습을 통해 작문을 배우게 된다.

또한, 학습자들은 오개념을 가지고 있으며, 때로는 강화받지 않은 '엉뚱한' 아이디어를 생성하기도 한다. 이러한 아이디어는 개인에게서 비롯되기 때문에, 행동주의는 학생들이 이러한 아이디어를 어떻게 떠올리는지 설명할 수 없다. 대신, 학습자의 사고 과정을 중시하는 인지이론이 필요하다.

또한, 행동주의는 언어 발달과 같은 고차원 기능을 충분히 설명할 수 없다. 예를 들어, 노엄 촘스키(Noam Chomsky, 1959)는 사람들이 특정 행동과 강화물에 기반하여 학습해야 한다면, 어휘가 매우 적은 사람조차도 평생 동안 매 초마다 하나 이상의 문장을 배워야 한다고 지적했다. 일부 심리학자들은 촘스키의 비판이 "행동주의의 관에 못을 박았다"고까지 주장했다(Schlinger, 2008, p. 329).

비평가들은 또한 행동주의에서 보상을 강조하는 것이 학습자의 동기에 부정적인 영향을 미칠 수 있다고 주장한다. 연구에 따르면, 퍼즐 풀기나 비디오 게임과 같은 내재적으로 동기 부여된 활동에 대해 강화물을 제공하는 것이 실제로 이러한 활동에 대한 흥미를 감소시킬 수 있다(Ryan & Deci, 1996).

또한, 일부 비평가들은 학습목표와 관련된 더 큰 철학적 문제에 초점을 맞춘다. 행동주의는 환경이 행동에 미치는 영향을 중시하기 때문에, 비평가들은 역사적으로 행동주의가 학습자가 자신의 성취에 대해 스스로 책임을 지도록 길러내지 못했다고 주장해 왔다(Anderman & Maehr, 1994; Kohn, 1993). 이 비평가들은 행동주의가 의미 있는 학습을 촉진하기보다는 본질적으로 사람들을 통제하는 수단이라고 믿는다.

이러한 비판에도 불구하고, 행동주의는 여전히 건재하다. 연구 출판물에 대한 조사에 따르면, 행동주의는 최근 몇십 년 동안 약간의 성장을 이루었으며, "마크 트웨인(Mark Twain)의 말을 빌리자면, 행동주의의 죽음에 대한 보고는 크게 과장되었다"(Schlinger, 2008, p. 329). 더욱이 응용행동분석은 특히 특수교육이 필요한 학생들을 지도하는 데 활발히 활용되고 있으며, 많은 대학에서 이 분야와 관련된 석·박사 학위 과정을 운영하고 있다(Cihon, Cihon, & Bedient, 2016; Larkin et al., 2016).

행동주의 지지자들은 이러한 비판에 대해 행동주의가 효과가 있다는 점을 단순히 지적하며 응답한다. 강화물과 처벌물이 우리의 행동에 영향을 미칠 수 있으며, 동기와 성취에도 영향을 미친다는 것이다. 예를 들어, 진심 어린 칭찬은 학생의 동기와 자신에게 느끼는 감정에 긍정적인 영향을 미칠 수 있다(Brophy, 2010; Schunk et al., 2014). 교사들의 경험도 이러한 연구 결과를 뒷받침한다. 또한, 대규모 실험 연구에 따르면 금전적 보상이 고등학생의 학업성취도에 통계적으로 유의미한 긍정적 영향을 미치는 것으로 나타났다(Braun, Kirsch, & Yamamoto, 2011). 행동주의 지지자들은 또한 우리가 월급을 받지 않는다면 계속 일을 할 것인지, 그리고 단지 돈을 받는다는 이유로 일을 싫어하게 되는지에 대해 묻는다(Gentile, 1996).

또한, 행동주의는 질서 있는 교실을 만들기 위해 사용할 수 있는 도구를 제공한다. 예를 들어, 연구에 따

〈표 6-4〉 이론 분석하기: 행동주의

주요 질문	무엇이 관찰 가능한 행동의 변화에 영향을 미치는가?	
학습의 정의	경험의 결과로 나타나는 관찰 가능한 행동의 지속적인 변화	
학습을 촉진하는 요인	• 자극의 연합 • 강화 • 처벌	
주요 개념	• 무조건 자극(Unconditioned Stimuli)과 조건 자극(Conditioned Stimuli) • 무조건 반응(Unconditioned Responses)과 조건 반응(Conditioned Responses)	
	• 강화(Reinforcement) • 처벌(Punishment) • 일반화(Generalization) • 변별(Discrimination)	• 소거(Extinction) • 포화(Satiation) • 조형(Shaping)
이론에 대한 공헌점	• 환경(연합, 강화, 처벌의 형태)이 다양한 행동에 어떻게 영향을 미치는지 설명하는 데 도움이 됨 • 교실에서 학생 행동을 관리하는 개념적 틀로 널리 사용됨 • 다양한 반복 연습 컴퓨터 소프트웨어의 개념적 틀로 사용됨	
이론에 대한 비판	• 개념적 틀로서 교수 활동을 안내하는 데 일반적으로 비효과적임 • 문제해결이나 언어 습득과 같은 고차원 기능을 설명할 수 없음 • 행동주의 기술 사용이 학습자의 내재 동기를 감소시킨다는 증거가 있음 • 일부에서는 이를 기계적이고 조작적인 것으로 간주함	

르면 좋은 행동에 대한 칭찬과 나쁜 행동에 대한 결과는 효과적인 학급경영 프로그램에 포함되어야 한다 (Emmer & Evertson, 2017; Evertson & Emmer, 2017). 그리고 행동주의 전략은 다른 방법이 효과가 없을 때 효과적일 수 있다(Furukawa et al., 2017).

더 나아가, 스티븐스 선생님의 사례에서 보았듯이, 행동주의에 기반한 반복 연습 소프트웨어는 학생들에게 기본 기술을 연습할 수 있는 귀중한 기회를 제공한다. 마지막으로, 행동주의는 추론이 아닌 관찰 가능한 증거에 초점을 맞추기 때문에, 행동주의 지지자들은 행동주의가 인간 행동에 대한 유일하게 진정한 과학적 연구라고 주장한다(Bar-Yam, 2016; Nahigian, 2017).

어떤 학습이론도 완벽하지 않으며, 이는 특히 행동주의에 해당된다. 그러나 지식이 풍부한 전문가가 신중하게 적용한다면, 행동주의는 모든 학생들에게 학습 기회를 최적화하는 환경을 조성하는 데 유용한 도구가 될 수 있다.

〈표 6-4〉는 행동주의의 공헌점과 비판점을 요약하여 보여 준다.

사회인지이론

사회인지이론을 소개하기에 앞서, 다음의 세 가지 학습 경험 사례를 살펴보고 유사점을 확인해 보자.

"뭐 하고 있니?" 교실을 돌던 제이슨(Jason)은 켈리(Kelly)가 마치 야구 방망이를 휘두르는 것처럼 팔을 앞뒤로 흔드는 것을 보고 묻는다.

"야구 선수들이 하는 것처럼 공을 치려고 하는데, 아직 잘 안 돼요." 켈리가 대답한다.

"어젯밤 TV에서 경기를 봤는데요, 선수들이 야구방망이를 휘두르는 모습이 너무 쉬워 보였어요, 그런데도 공을 정말 세게 치더라고요. 저도 연습하면 할 수 있을 것 같아요."

세 살짜리 지미(Jimmy)가 책을 들고 아빠의 무릎에 앉으려고 한다. 아빠가 읽고 있던 책을 내려놓고 지미를 무릎 위에 앉히자 지미가 말한다. "아빠, 나도 읽을래요."

"후아니타(Juanita)가 빨리 준비물을 정리하고 집중할 준비를 한 모습이 정말 마음에 들어요." 2학년 담임교사인 캐런 엥글(Karen Engle)이 활동을 전환하는 동안 학생들에게 말한다. 다른 학생들도 재빨리 하던 일을 정리하고 엥글 선생님에게 주의를 기울인다.

앞의 사례들은 두 가지 측면에서 유사하다. 첫째, 각 사례에서는 다른 사람의 행동을 관찰하여 학습이 이루어졌다. 켈리는 TV에서 본 대학 야구 선수들의 스윙을 흉내 내려 했고, 지미는 아빠가 책을 읽는 모습을 보고 따라 하고 싶어 했다. 엥글 선생님의 학급에 있는 2학년 학생들은 후아니타가 자신의 물건을 정리한 것에 대해 칭찬받는 결과를 보고, 똑같이 행동했다.

둘째, 행동주의는 이러한 예시들을 설명할 수 없다. 행동주의는 학습자 외부의 직접적인 원인에 의한 행동 변화를 다룬다. 예를 들어, 이 장의 도입 사례에서, 수학 쪽지시험을 보는 것이 직접적으로 팀의 손 떨림을 유발했다. 그리고 이 절의 서두에 나오는 세 번째 사례에서, 엥글 선생님의 피드백은 직접적으로 후아니타를 강화했다. 하지만 켈리, 지미, 또는 엥글 선생님의 학급에 있는 다른 2학년 학생들에게는 직접적인 일이 발생하지 않았다. 그들의 행동 변화를 유발한 것은 다른 사람들을 관찰한 것이었다.

사회인지이론(Social cognitive theory)은 다른 사람을 관찰함으로써 발생하는 행동 변화에 초점을 두는 학습이론으로, 앨버트 밴듀라(Albert Bandura, 1925~)의 연구에서 비롯되었다(Bandura, 1986, 1997, 2001). 행동주의와 사회인지이론이 모두 행동 변화를 연구하므로, 두 이론을 비교해 보자.

행동주의와 사회인지이론의 비교

이 절을 시작하면서, "행동주의자들은 관찰 가능한 행동에 초점을 맞추고, '인지'라는 용어는 기억과 사고를 의미하는데, 왜 인지학습이론이 행동주의와 같은 장에 포함되어 있을까?"라는 질문을 던질 수 있다.

그 이유는 다음과 같다. 사회인지이론은 역사적으로 행동주의에 뿌리를 두고 있지만, 이름에서 알 수 있듯이, 수년간 더 인지적인 관점으로 발전해 왔다(Schunk et al, 2014). 일부 저자들은 행동 원칙에 초점을 맞춘 책에 사회인지이론의 측면을 포함시키기도 했다.

또한, 행동주의와 사회인지이론은 다음과 같은 세 가지 측면에서 유사하다.

- 학습의 중요한 원인으로 경험에 초점을 둔다(이후 후속 장에서 살펴볼 다른 인지이론과 마찬가지로).
- 학습에 대한 설명에 강화와 처벌의 개념을 포함한다.
- 피드백이 학습과정의 중요한 측면임을 강조한다.

하지만 두 이론 사이에는 세 가지 중요한 차이점이 존재한다. 첫째, 학습을 다르게 정의한다. 둘째, 사회인지이론은 학습에서 인지 과정―신념(beliefs), 인식(perceptions), 기대(expectations)―의 역할을 강조한다. 셋째, 사회인지이론은 환경, 개인적 요인, 행동이 상호 의존적이라는 개념인 상호 인과성(reciprocal causation)을 강조한다.

학습의 정의   행동주의자들은 **학습**(learning)을 관찰 가능한 행동의 변화로 정의하는 반면, 사회인지 이론가들은 학습을 다양한 행동을 보여 줄 수 있는 능력을 만드는 정신적 과정의 변화로 본다(Schunk, 2016). 따라서 사회인지적 관점에서 학습은 즉각적인 행동 변화를 가져오지 않을 수도 있다. 정신적 활동(인지/사고)의 역할은 위의 사례로 설명할 수 있다. 예를 들어, 켈리는 다음날까지 야구 스윙을 따라 하지 않았으므로, 그녀의 관찰이 기억에 저장되지 않았다면 그 행동을 재현할 수 없었을 것이다. 또한, 후아니타를 관찰하는 것 외에 켈리, 지미, 엥글 선생님의 2학년 학생들에게 직접적으로 일어난 일은 없었다. 그들은 직접적으로 영향을 미치는 강화물과 처벌물보다는 정신적 과정에 반응한 것이다.

기대의 역할   행동주의자들이 강화물과 처벌물이 행동을 직접적으로 유발한다고 보는 반면, 사회인지 이론가들은 강화물과 처벌물이 기대와 신념 같은 인지적 과정을 형성하고, 이러한 과정이 행동에 영향을 미친다고 믿는다. 예를 들어, 우리는 여러 날 동안 시험 공부를 하지만 점수를 받을 때까지는 강화되지 않는다. 공부에 대한 강화를 기대하기 때문에 노력을 지속한다. 엥글 선생님의 2학년 학생들도 후아니타의 예를 따르면서 칭찬을 받을 것이라고 믿었기 때문에 모두 그녀를 따라 했다. 행동주의자들은 학습에서 인지적 과정의 역할을 고려하지 않지만, 사회인지이론에서는 이것이 중심적인 요소이다.

사람들이 기대와 신념에 반응한다는 사실은 어떤 행동이 강화되거나 처벌이 될지를 인식하고 있음을 의미한다. 사회인지이론에 따르면, 학습자가 어떤 행동이 강화되고 있는지 알 때만 강화가 행동을 변화시키기 때문에 이 점이 중요하다(Bandura, 1986). 예를 들어, 팀은 자신이 공부 습관을 바꾸면 수학 점수가 향상될 것으로 기대했기 때문에 그 습관을 유지했다. 만약 그가 다른 전략이 더 효과적일 것이라고 기대했다면, 다른 전략을 사용했을 것이다.

상호 인과성 행동주의는 환경과 행동 사이의 일방적인 관계를 제안한다. 즉, 환경(고전적 조건화의 경우 무조건 자극 또는 조건 자극, 조작적 조건화의 경우 강화물과 처벌물)이 행동에 영향을 미치지만, 그 반대의 경우는 발생하지 않는다. 사회인지이론의 설명은 더 복잡하여, 행동, 환경, 개인적 요인이 상호 의존적이어서, 각각이 다른 두 가지에 영향을 미친다고 제안한다. **상호 인과성**(reciprocal causation)이라는 용어는 이러한 상호 의존성을 설명한다.

예를 들어, 팀이 수학 쪽지시험에서 낮은 점수를 받은 것(환경적 요인)은 미래 성공에 대한 그의 기대(개인적 요인)와 그의 행동(공부 습관의 변화)에 영향을 미쳤다. 그의 행동은 환경(수전의 집에서 공부함)과 그의 후속 기대(수학에 대한 자신감 증가)에 영향을 미쳤다. 그리고 환경(처음의 낮은 점수)은 그의 기대와 행동 모두에 영향을 미쳤다. [그림 6-3]은 팀의 경험을 통해 상호 인과성 과정을 설명한다.

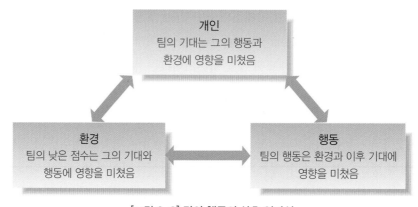

[그림 6-3] **팀의 행동의 상호 인과성**

이제 모델링부터 시작하여 사회인지이론의 핵심 개념에 대해 살펴보자.

모델링

6.3 모델링과 모델링의 결과가 사람들의 행동에 미치는 영향을 설명할 수 있다.

모델링(Modeling)은 다른 사람의 행동을 관찰하여 생기는 행동적·인지적·정서적 변화를 나타내는 일반적인 용어로, 사회인지이론의 핵심 개념이다(Schunk, 2016). 예를 들어, 팀은 수전이 시험 공부에 성공적인 접근 방식을 취하는 것을 관찰했다. 그 결과, 그는 그녀의 행동을 모방했다. 직접적인 모방은 모델링의 한 형태이며, 팀에게는 행동의 변화였다.

다른 경우에는, 사람들이 모델이 기술을 시연하면서 사고 과정을 설명하는 것을 관찰할 때 인지적 변화가 발생할 수 있다. 이를 **인지적 모델링(cognitive modeling)**이라고 한다(Schunk, 2016). 예를 들어,

---

"잠깐만" 니콜(Nicole)이 현미경 조작을 어려워하는 것을 보고 지애나 에드워즈(Jeanna Edwards) 선생님이 말한다. "선생님이 보여 줄게. 선생님이 조정하는 것을 잘 봐. 내가 먼저 생각하는 것은 슬라이드를 제자리에 놓는 거야. 그렇지 않으면 찾고 있는 것을 발견하지 못할 수 있어. 그다음, 렌즈를 내리면서 슬라이드를 깨지 않도록 옆에서 천천히 현미경을 내리는 것을 봐. 마지막으로, 렌즈를 천천히 올려서 물체에 초점을 맞춰. 너는 렌즈를 낮추면서 초점을 맞추려고 했어. 렌즈를 올리면서 초점을 맞추는 것이 더 쉽고 안전해. 한번 해 보렴."

에드워즈 선생님은 현미경을 사용하는 방법을 시연하면서 자신의 사고 과정을 모델링함으로써, 니콜의 사고 과정, 즉 인지의 변화를 일으킬 가능성을 만들었다. 모델링은 정서적(감정적) 변화도 초래할 수 있다. 예를 들어, 어떤 상황에서 누군가가 불안해하거나 긴장하는 모습을 보면, 우리도 약간의 불안함을 느낄 수 있다. 또는 TV 시트콤에서 사람들이 웃는 모습을 볼 때, 우리도 자연스럽게 미소를 짓거나 크게 웃을 수도 있다. 우리가 느끼는 감정은 모델이 감정을 표현하는 것을 보면서 경험하는 정서적 변화이다.

모델링은 직접적(direct), 상징적(symbolic), 또는 종합적(synthesized)일 수 있다. 예를 들어, 교사나 코치가 지적 기술이나 신체적 기술을 모델링할 때, 그들은 직접적인 모델이 된다. 영상으로 녹화된 예시나 영화, 텔레비전, 책, 연극의 등장인물들은 상징적 모델이며, 관찰된 행위의 다른 부분들을 결합하는 것은 종합적 모델링을 나타낸다(Bandura, 1986). 〈표 6-5〉는 이러한 다양한 형태의 모델링을 설명하고 있다.

우리는 개인적 삶과 전문적 삶 모두에서 모델링을 적용하는 많은 경우를 발견한다. 예를 들어, 개인적 차원에서, 아이들은 부모와 다른 성인들을 관찰하며 수용 가능한 행동방식을 배운다. 10대 청소년들의 헤어스타일과 옷차림은 TV와 영화에서 본 등장인물에 의해 영향을 받으며, 성인이 되어서도 다른 사람들을 보고 옷차림과 행동 방식을 결정하는 단서를 얻는다.

〈표 6-5〉 모델링의 다양한 형태

모델링의 형태	설명	예시
직접적 모델링	개인이 실시간 모델의 행동이나 사고를 모방하려고 시도함	팀이 시험공부를 할 때 수전을 따라 했다. 1학년 학생이 교사와 똑같은 방식으로 글자를 쓴다.
상징적 모델링	사람들이 책, 연극, 영화, 텔레비전, 인터넷의 등장인물들이 보여 주는 행동과 사고를 모방함	사람들이 영화배우나 영부인과 같은 영향력 있는 사람들이 보여 주는 옷차림을 따라 한다. 10대 청소년들이 인기 있는 영화나 TV에서 등장인물이 사용하는 비속어나 슬로건을 사용한다.
종합적 모델링	사람들이 다른 행위에서 관찰한 행동을 결합함	아이가 형이 책을 꺼내기 위해 의자를 사용하는 것과 엄마가 찬장 문을 여는 것을 보고, 나중에 의자를 사용해 혼자 서서 찬장문을 연다.

전문적인 차원에서, 기업은 효과적인 비즈니스 실천과 윤리적 행동의 모델이 될 수 있는 리더를 찾으려고 한다(Whitaker & Godwin, 2013; Wurthmann, 2013). 학교에서는 교사들이 수학문제 해결, 효과적인 글쓰기 기술, 비판적 사고 등 다양한 기술을 시연한다. 우리가 가르칠 때, 우리는 또한 친절함과 성실함 같은 긍정적인 성격 특성, 자기 관리, 공감, 책임감 있는 의사 결정과 같은 사회·정서적 특성, 반대 의견에 대한 관용, 학습에 대한 동기 부여, 그 외 다른 긍정적인 태도와 가치를 모델링하여 학생들이 이러한 특성을 개발할 수 있도록 한다. 운동 코치들은 배구에서 서브를 넣는 기술이나 축구에서 코너킥을 하는 기술과 같은 적절한 기술을 시연하기 위해 모델링을 사용하며, 팀워크, 공정한 경기, 승리에서의 겸손, 패배에서의 품위와 같은 중요한 개념도 모델링한다. 또한 모델링은 응용 행동 분석에서 학습자 행동을 변화시키기 위해 사용하는 가장 중요한 메커니즘 중 하나이다(Daniel, Shabani, & Lam, 2013).

모델링은 의도치 않은 결과를 초래할 수도 있는데, 다양한 분야에서 그 사례를 볼 수 있다. 예를 들어, 비즈니스 문화가 이익이나 '최종 결과'에만 초점을 맞추고, 직원들이 리더가 비윤리적 행동을 모델링하는 것을 보면, 그들도 같은 방식으로 행동할 가능성이 높아진다(Whitaker & Godwin, 2013). 학교에서는, 모델링이 동성애 혐오 공격을 조장할 수 있다고 제안되는데, 이는 학생들이 성소수자 학생들에게 부정적으로 대하는 것을 보면서 그러한 행동을 수용 가능한 행동이라고 생각할 수 있기 때문이다(Prati, 2012). 그리고 프로 운동선수와 다른 유명인사들은 종종 폭력, 공격성, 약물 및 알코올 남용과 같은 부적절한 행동을 무의식적으로 모델링하여, 이러한 행동이 수용 가능하거나 심지어 가치가 있는 것처럼 무의식적으로 메시지를 전달하기도 한다.

우리의 선택과 상관없이 교사로서 우리는 학생들에게 모델이 된다. 우리의 책임은 리더와 전문가들이 제공할 수 있는 최고의 모습을 모델링하는 것이다.

이제 모델링의 세 가지 중요한 측면을 살펴보자.

- 모델링의 결과
- 모델의 효과성
- 모델로부터 학습하는 과정

모델링의 결과

모델을 관찰할 때 어떤 일이 일어날까? 우리는 이를 모델링의 결과 또는 결과물이라고 부른다. 이러한 결과는 다른 사람의 행동을 관찰한 후에 나타나는 행동적·인지적·정서적 변화이다. [그림 6-4]에서 볼 수 있듯이, 이러한 결과는 여러 범주로 분류할 수 있다. 각각을 살펴보자.

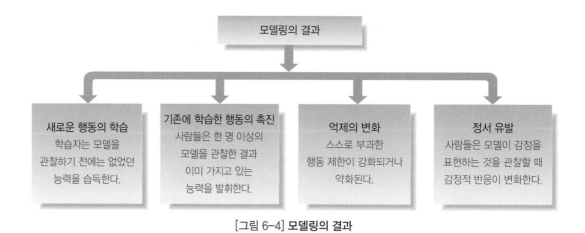

[그림 6-4] 모델링의 결과

새로운 행동의 학습 모방을 통해 우리는 모델을 관찰하기 전에는 갖고 있지 않았던 능력을 습득할 수 있다. 예를 들어, 교사가 문제해결을 시연하는 것을 보고 수학 문제를 해결하는 것, TV에서 본 새로운 레시피로 요리를 하는 것, 모범적인 글쓰기 사례를 보고 명확한 글쓰기를 배우는 것 등이 모두 이에 해당한다. 켈리의 "야구 선수들이 하는 것처럼 공을 치려고 하는데, 아직 잘 안 돼요."라는 발언은 그녀가 새로운 행동을 배우려고 노력하고 있음을 나타낸다.

기존에 학습한 행동의 촉진 콘서트에 참석했을 때, 어떤 곡이 끝난 후 누군가 일어나서 박수를 치기 시작한다. 당신과 다른 사람들도 함께 일어나서 기립 박수를 보낸다. 당신은 이미 일어나서 박수치는 방법을 알고 있었기 때문에 새로운 것을 배운 것이 아니다. 대신, 모델을 관찰함으로써 당신의 행동이 촉진된 것이다.

이 결과는 팀의 사례에서도 설명된다. 그는 쪽지시험 전에 문제를 풀었지만, "나는 보통 몇 문제만 풀어 보고 맞히면 그만두거든."이라며 인정했다. 수전을 관찰한 후, 그는 공부하는 방식을 바꾸었다. 쪽지시험 준비에 대한 수전의 접근 방식은 팀의 공부 행동을 촉진했다.

새로운 행동을 학습하고 기존 행동을 촉진하는 것은 모델링에서 볼 수 있는 '행동적' 변화의 예이다.

억제의 변화 억제(Inhibition)는 우리의 행동에 대해 스스로 부과한 제한으로, 모델의 행동과 그 결과를 관찰함으로써 강화되거나 약화될 수 있다. 기존 행동을 촉진하는 행동과 달리, 억제 변화는 교실 규칙을 어기는 것과 같이 사회적으로 용납되지 않는 행동에 초점을 맞춘다(Schunk et al., 2014). 예를 들어, 한 학생이 교실 규칙을 어기고 혼나는 것을 본 다른 학생들은 그 규칙을 어기지 않을 가능성이 높아진다. 이 경우, 규칙을 어기지 않으려는 억제가 강화된 것이다. 학급경영 연구의 선구자인 제이컵 쿠닌(Jacob Kounin, 1970)은 이 현상을 파문 효과(ripple effect)라고 불렀다. 반대로, 학생이 허락 없이 말을 했을 때 혼나지 않으면 다른 학생들도 똑같이 행동할 가능성이 높아진다. 이 경우 억제가 약화된 것이다.

억제 변화는 모델링의 결과로 발생할 수 있는 인지적 변화의 일부를 나타낸다. 앞서 본 것처럼, 인지적 모델링은 학습자에게 추가적인 인지적 변화를 가져올 수 있다.

정서 유발 마지막으로, 모델의 감정 표현을 관찰함으로써 사람의 정서적 반응을 변화시킬 수 있는데, 이것이 바로 모델링에서 볼 수 있는 정서적 변화이다. 예를 들어, 높은 다이빙대에서 다이빙하는 사람이 불안해하는 모습을 관찰하면, 관찰자도 그 다이빙대를 두려워하게 될 수 있다. 반면에, 교사가 학습 주제에 대해 논의하며 진정으로 즐거워하는 모습을 보면, 학생들도 비슷한 열정을 느낄 수 있다. 모델링으로 인해 발생할 수 있는 정서적 변화와 관련하여 흥미로운 점은, 우리가 본 감정이 반드시 유발되는 감정과 일치하지 않을 수 있다는 것이다. 예를 들어, 두 사람이 공개적으로 격렬한 논쟁을 벌이는 것을 본다면, 모델링되는 감정은 분노이지만 우리가 경험하는 감정은 당황이나 불편함일 가능성이 높다.

교육심리학과 당신

우리는 직접 만나는 사람들인 '직접적 모델'과 영화, TV, 책에서 만나는 인물 등 '상징적 모델'을 다양하게 접하게 된다. 우리는 특정 사람들의 행동, 사고, 감정을 더 모방하는 경향이 있다. 왜 그런 것일까?

모델의 효과성

'교육심리학과 당신'에서 제기된 질문은 모델의 '효과성', 즉 모델링의 결과로 행동적 · 인지적 · 정서적 변화를 경험할 가능성과 관련이 있다. 모델의 효과성은 다음 세 가지 요소에 따라 달라진다.

- 지각된 유사성
- 지각된 유능성
- 지각된 지위

지각된 유사성 우리가 모델의 행동을 관찰할 때, 그 모델이 우리와 유사하다고 인식하면 그 행동을 더 모방하려는 경향이 생긴다. 이는 학생들에게 전통적이지 않은 직업 모델을 제시하고 문화적 소수집단 구성원들의 성취에 대해 가르치는 것이 왜 중요한지를 이해하는 데 도움을 준다. 예를 들어, 공학 분야는 어느 성별이든 경력 기회를 보여 줄 수 있지만, 여학생은 남성 엔지니어보다 여성 엔지니어를 관찰할 때 공학이 유망한 직업이라고 더 잘 믿게 된다. 연구에 따르면, 여대생들은 여성 교수진에게 교육을 받을 때 자신의 능력을 더 잘 믿는다고 보고된다(Johnson, 2017). 이와 유사하게, 남학생은 남성 간호사를 관찰할 때 간호사를 잠재적인 직업으로 더 잘 고려하게 되며, 문화적 소수자는 자신과 같은 문화적 배경을 가진 성공적인 사람들의 성취를 볼 때 도전적인 목표를 달성할 수 있다고 더 잘 믿게 된다.

지각된 유능성 모델의 유능성에 대한 인식은 모델의 효과성에 영향을 미치는 두 번째 요소로, 지각된 유사성과 상호작용한다. 사람들은 유사성과 상관없이 능력이 있다고 인식하는 모델을 더 모방하려는 경향이 있다. 팀은 수전이 성공적인 학생이었기 때문에 그녀가 유능하다고 믿었다. 팀과 수전은 동급생으로 유사하지만, 수전이 성공적이지 않았다면 팀은 그녀의 공부 습관을 모방하지 않았을 것이다.

지각된 지위 지각된 지위는 세 번째 요소이다. 지위는 개인이 자신의 분야에서 다른 사람들과 구별될 때 획득되며, 사람들은 지위가 높다고 인식하는 모델을 모방하는 경향이 있다. 이는 나이키(Nike)와 같은 회사가 운동선수들에게 옷을 입히기 위해 수백만 달러를 지불하고, 연예인들이 스마트폰과 기타 상품을 홍보하면서 비슷한 보상을 받는 이유를 이해하는 데 도움이 된다.

높은 지위를 가진 모델은 추가적인 혜택을 누린다. 그들은 종종 자신의 전문 분야 외에서도 능력이 있는 것으로 암묵적으로 인정받는다. 이것이 전문 운동선수들이 영양사 대신 아침 시리얼을 홍보하고, 배우들이 엔지니어 대신 자동차와 기타 제품을 홍보하는 이유이다.

모델로부터 학습하는 과정

모델링은 어떻게 작동할까? 즉, 모델을 관찰할 때 행동적 · 인지적 · 정서적 변화가 어떻게 발생할까? 이 절에서는 이러한 질문들에 대해 다루고자 한다. 모델로부터 학습하는 과정에는 주의, 파지, 재생산, 동기의 네 가지 과정이 포함된다(Bandura, 1986). [그림 6-5]에 개요가 제시되어 있으며 다음과 같이 설명할 수 있다.

- 주의(attention): 학습자의 주의가 모델 행동의 중요한 측면에 집중된다.
- 파지(retention): 모델 행동이 기억으로 전이되고 저장되어 학습자가 나중에 이를 재생산할 수 있게 한다.

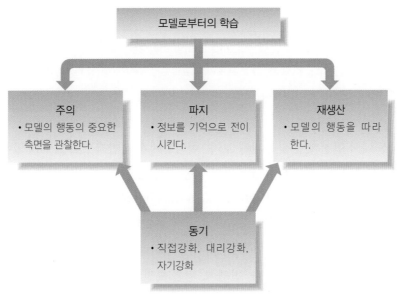

[그림 6-5] 모델로부터 학습하는 과정

- 재생산(reproduction): 학습자가 기억에 저장된 행동을 재생산한다.
- 동기(motivation): 학습자가 모델 행동을 재생산한 대가로 강화를 받을 것이라는 기대에 의해 동기 부여된다.

모델링 과정에서 세 가지 중요한 측면이 있다. 첫째, 모델로부터 학습하려면 우리의 주의가 모델링된 행동의 중요한 특징에 집중되어야 한다(Bandura, 1986). 우리가 무엇을 봐야 할지 모른다면, 어떤 행동을 기억하고 저장해야 하는지도 알 수 없다. 이는 교사 교육에서 흔히 나타나는 현상이다. 예비 교사들은 종종 학교에 가서 경험이 풍부한 교사의 행동을 관찰하지만, 수업이 원활하게 진행되다 보니 그 수업이 이렇게 운영되도록 만드는 전문가의 행동을 놓치곤 한다. 이는 우리가 모델링하려는 특정 행동을 명확히 해야 함을 시사한다.

둘째, 모델링된 행동에 주의를 기울이고 그것을 기억에 기록한다고 해서 관찰자가 이를 재생산할 수 있다는 보장은 없다. 추가적인 발판과 피드백이 제공되는 연습이 종종 필요하다. (이 문제는 이 장의 후반부 '교육심리학을 교수에 활용하기: 학생들의 학습 증진을 위한 사회인지이론의 적용 제안' 절에서 더 자세히 다룰 것이다.)

셋째, 동기는 [그림 6-5]에서 별개의 구성 요소로 나타나지만, 다른 모든 과정에 통합되어 있다. 동기 부여된 학습자는 모델의 행동에 더 주의를 기울이고, 이를 기억하며, 재생산할 가능성이 높다. 이는 '동기'에서 다른 각 과정으로 향하는 화살표로 설명된다.

모델링을 자세히 살펴보았으니, 이제 사회인지이론의 다른 핵심 개념으로 넘어가 보자. 먼저 대리학습(vicarious learning)부터 살펴보자.

대리학습

6.4 대리학습, 기대한 결과의 미발생, 자기조절 개념을 사용하여 사람들의 행동을 설명할 수 있다.

'교육심리학과 당신'에서 던진 질문을 생각해 보자. 여러분에게 직접적으로 일어난 일은 없었고, 다른 사람의 행동을 모방하지도 않았다. 단지 다른 운전자의 행동 결과(경찰에 의해 정지됨)를 관찰하고 그에 따라 자신의 행동을 조정했을 뿐이다. 이를 **대리학습**(vicarious learning)이라고 한다(Bandura, 1986; Myers, 2016). 스포츠카가 정지된 것을 보고 여러분이 속도를 줄였다면, 이는 대리처벌(vicarious punishment)이 된 것이다. 즉, 당신의 속도 위반 행동이 줄어들었다. 마찬가지로, 한 학생이 허락 없이 자리를 이탈해서 공개적으로 혼나는 것을 보면, 반 친구들도 대리처벌을 경험한다. 반면에, 팀은 수전이 쪽지시험에서 좋은 성적을 받은 것을 보고, 그녀의 성공에 의해 대리강화(vicarious reinforcement)를 경험했으며, 그의 학습 행동이 향상되었다. 또, 사회인지이론에 대한 논의를 시작할 때 소개한 사례 중 하나에서 엥글 선생님이 "나는 후아니타가 빨리 준비물을 정리하고 집중할 준비를 한 모습이 정말 마음에 들어요."라고 말했을 때, 후아니타의 반 친구들도 대리강화를 경험했다.

기대의 영향은 대리학습을 이해하는 데 도움을 준다. 팀은 수전의 행동을 모방하면 강화될 것이라고 기대했고, 엥글 선생님의 반 학생들은 자신의 물건을 정리하면 칭찬을 받을 것이라고 기대했다. 당신은 속도를 계속 높이면 벌금을 받을 것(처벌될 것)이라고 기대했기 때문에 속도를 줄였을 것이다.

기대한 결과의 미발생

앞서 기대는 사회인지이론의 핵심이며, 기대가 충족되지 않을 때도 행동에 영향을 미치기 때문에 중요하다는 것을 살펴보았다. 예를 들어, 교수자가 과제를 내주었고, 여러분이 그 과제를 열심히 했는데도 교수자가 과제를 수합하지 않았다고 가정해 보자. 기대한 강화물(과제에 대한 인정)이 발생하지 않으면, 이는 처벌로 작용할 수 있으며, 이후의 과제에 대해 열심히 노력할 가능성이 줄어든다.

기대한 강화물이 발생하지 않으면 처벌로 작용할 수 있는 것처럼, 기대한 처벌이 발생하지 않으면 강화물로 작용할 수 있다(Bandura, 1986). 예를 들어, 학생들이 규칙을 어기면 혼날 것이라고 기대하지만, 규칙을 어겼을 때 혼나지 않으면, 그들은 미래에 더 자주 규칙을 어길 가능성이 높아진다(Skatova & Ferguson, 2013). 기대한 처벌(꾸중)이 발생하지 않는 것은 그 잘못된 행동에 대한 강화물로 작용한다.

기대한 결과의 미발생은 일상생활에서 흔히 일어난다. 예를 들어, 지인에게 이메일을 보내면 답장을 기대하고, 답장을 받는 것이 강화물로 작용한다. 그러나 답장이 없으면, 이후에 그 사람에게 이메일을 보낼 가능성이 줄어든다. 스포츠팬들은 지역 팀의 경기를 보기 위해 시즌 티켓을 구매하지만, 팀이 계속해서 패배하면, 이후에 티켓을 구매할 가능성이 줄어든다. 팀의 승리가 강화물로 작용하는데, 그것이 발생하지 않으면 팬들의 시즌 티켓 구매 행동이 줄어든다.

자기조절

교육심리학과 당신
여러분은 자신의 감정을 얼마나 잘 조절하는가? 충동적인가? 목표를 설정하는가? 여러분의 삶에 영향을 미치는 사건들을 통제할 수 있다고 믿는 것이 얼마나 중요한가?

'교육심리학과 당신'의 질문에 대한 대답은 **자기조절**(Self-Regulation: SR) 개념과 관련이 있다. 자기조절은 "개인의 목표를 달성하고 환경의 요구에 대응하기 위해 생각과 행동을 통제하는 능력"을 의미한다(Butler, Schnellert, & Perry, 2017, p. 2). 이 정의의 핵심은 자기조절하는 개인이 일상 활동에 적극적으로 참여하는 것을 의도적으로 통제한다는 점이다. 자기조절은 사회인지이론의 필수 구성 요소로, 사람들은 자신의 삶에 영향을 미치는 사건들을 통제하고자 한다는 가정을 기반으로 한다(Bandura, 1997).

자기조절은 교실 안팎에서 필수적이다. "자기조절 결핍은 주의력 결핍/과잉행동장애(ADHD), 반사회적 인격장애, 중독, 섭식장애, 충동조절장애 등 많은 심리적 장애에서 발견된다"(Legault & Inzlicht, 2013, p. 123). 반면, 잘 발달된 자기조절은 사회적 관계 개선, 운동 습관 형성, 당뇨병과 같은 만성 질환의 치료, 나쁜 습관 제거 등 다양한 이점을 제공한다(Fiala, Rhodes, Blanchard, & Anderson, 2013; Plotnikoff, Costigan, Karunamuni, & Lubans, 2013).

APA의 20가지 주요 원칙

이 설명은 유치원-12학년(초 · 중등학교)까지 교수 및 학습을 위한 심리학의 20가지 주요 원칙 중 하나인 원칙 7을 잘 보여 준다.

- 원칙 7: 학생들의 자기조절은 학습에 도움이 되고, 자기조절 기술은 가르칠 수 있다.

자기조절은 특히 대학생에게 중요하다. 대학생 시기는 시간, 생각, 감정에 대한 많은 요구가 있는 시기이기 때문이다. 다음 사례를 살펴보자.

당신은 긴 하루를 학교에서 보내고 아르바이트도 한 뒤 피곤한 상태이다. 친구 몇 명이 잠시 나가자고 제안한다. 수업 과제가 하나 있지만, 그건 가장 마지막으로 하고 싶은 일이다. 처음에 든 생각은 그 과제를 그냥 포기하고 친구들과 나가고 싶다는 것이었다. 과제가 성적에 큰 영향을 미치지 않을 것 같기 때문이다.

하지만 과제를 하는 것이 중요하다는 것을 알기 때문에, 잠자리에 들기 전 최소한 절반을 끝내겠다는 목표를 세운다. 커피 한 잔을 들고 앉아 과제를 시작하고, 얼마 지나지 않아 목표를 달성한 것을 알게 된다. 기운을 차리고, 노력을 두 배로 기울여 전체 과제를 마친다.

몇몇 연구는 자기조절이 대학생의 성공이나 실패에 가장 큰 영향을 미치는 요인이라고 제안하는데, 위의 예시는 그 이유를 이해하는 데 도움이 된다(Cohen, 2012).

자기조절은 복잡하며, 이 사례에서는 여러 가지 차원을 보여 준다([그림 6-6]에 요약됨). 먼저, 과제를 하는 대신 나가고 싶은 유혹을 참아내는 것에서 충동 조절을 보여 주었고, 과제를 완료하기로 결정하며 자기 동기 부여를 보여 주었다. 또한 과제를 완료하는 것에 대한 즉각적인 보상이 거의 없었기 때문에, 나중에 더 큰 보상을 얻기 위해 즉각적인 즐거움이나 보상을 미루는 능력인 **만족 지연**(delay of gratification)을 보여 주었다. 여기서 더 큰 보상은 과제를 통해 얻는 지식과 기술, 그리고 아마도 수업에서 받게 되는 좋은 성적일 것이다.

자기조절 학습

[그림 6-6]에서 볼 수 있듯이, 자기조절 학습은 SR 모델의 구성 요소 중 하나이다. **자기조절 학습**(Self-regulated learning)은 개인 목표를 설정하고, 그 목표를 달성하기 위해 동기, 사고, 전략, 행동을 결합하는 과정이다(Zimmerman & Schunk, 2013). 이는 이 장의 도입 사례에서 팀이 자신의 학습 전략을 바꾸고 수학 쪽지시험 성적을 향상시키기 위해 사용한 과정이다. 팀은 수전이 공부를 잘하는 학생이라는 것을 알았기 때문에 그녀의 집에 가서 그녀의 행동을 관찰하고, 그녀의 모델링 결과로 그녀와 유사한 학습 전략을 채택했다. 자기조절 학습은 팀과 같은 학생들이 모델을 관찰하며 배운 것을 활용할 수 있게 해 주는 메커니즘이다(Hessels-Schlatter, Hessels, Godin, & Spillmann-Rojas, 2017).

선택은 자기조절 학습의 필수 요소이다(Schunk, 2016). 학습자가 선택권을 가지면 누구를 관찰할지, 모델

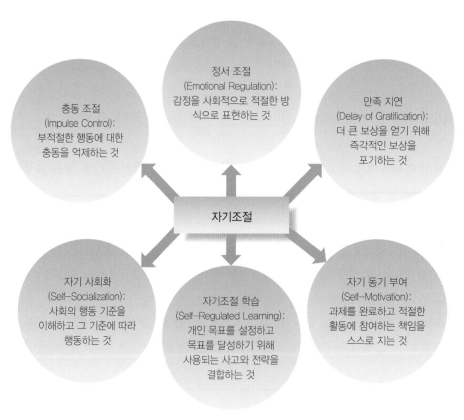

[그림 6-6] **자기조절 모델**

링된 행동을 어떻게 자신의 행동에 통합할지 결정할 수 있다. 예를 들어, 팀은 수전의 집에 가서 그녀와 함께 공부하기로 선택했고, 그녀가 모델링한 행동을 바탕으로 자신의 목표를 설정했다. 과제의 모든 측면이 통제될 때, 자기조절 학습을 개발하는 것은 불가능하지는 않더라도 어렵다. 예를 들어, 교사가 학생들에게 지정된 주제에 대해 10개의 참고문헌을 포함한 5페이지의 타이핑된 보고서를 작성하도록 요구하면, 자기조절 학습 능력을 개발할 기회는 줄어든다.

자기조절 학습에는 다음과 같은 구성 요소가 포함된다(Hessels-Schlatter et al., 2017; Zimmerman & Schunk, 2013).

- 목표 설정 • 자기 모니터링 • 자기 평가 • 전략 사용

목표 설정 목표는 우리의 행동에 방향을 제시하고 진행 상황을 측정할 수 있는 기준점을 제공한다. 우리가 선택하는 목표와 행동은 종종 다른 사람들의 모델링된 행동의 결과로 나타난다. 예를 들어, 수전은 각 유형의 수학문제를 최소한 3개씩 풀겠다는 목표를 설정했고, 팀은 그녀의 행동을 모방하여 자신의 목표를 설정했다. 다른 사람들이 운동하거나 체중 감량에 성공하는 것을 보고, 우리는 매주 25마일을 달리거나 하루에 1,800칼로리로 음식 섭취를 제한하겠다는 목표를 설정할 수 있다.

목표 설정은 자기조절 학습의 핵심이며, 이를 실행하는 것은 학생들에게 가장 어려운 측면 중 하나이다. 목표 설정을 성공적으로 하려면 학생들이 도전적이지만 현실적인 목표에 헌신해야 하며, 목표를 스스로 설정할 때 그 목표에 더 헌신할 가능성도 높아진다(Schunk et al., 2014). 그러나 많은 학생들은 처음부터 목표를 설정하는 것에 대한 동기가 부족하며, 설정된 목표가 너무 간단하고 쉽게 달성 가능한 경우가 많아 문제가 된다.

자기 모니터링 목표를 설정한 후, 자기조절 학습자는 지속적으로 자신의 행동을 모니터링한다. 예를 들어, 한 주 동안 달린 거리나 하루 동안 섭취한 칼로리 양을 기록할 수 있다. 수전은 "가끔은 작은 도표를 그리기도 해. 난 우리가 공부한 각 문제 유형에서 최소한 세 문제씩은 풀면서 점검해."라고 말했다.

학생들은 다양한 행동을 모니터링하는 방법을 배울 수 있다. 예를 들어, 공부 중에 '정신이 흐트러질' 때마다 체크를 하거나, 수업 중에 대답을 불쑥 내뱉을 때마다 체크를 하거나, 반 친구를 칭찬할 때마다 체크를 할 수 있다. 자기 모니터링과 적절한 목표를 결합하면 집중력, 공부 습관, 사회적 기술을 향상시킬 수 있다(Alberto & Troutman, 2017).

자기 평가 자기 평가는 목표 달성 정도를 판단하는 데 도움이 된다. 예를 들어, 일요일에 5마일, 월요일에 3마일, 화요일에 5마일, 목요일에 5마일을 달렸다면, 주간 목표인 25마일을 달성하기 위해 토요일까지 7마일을 더 달려야 한다는 것을 알 수 있다. 마찬가지로, 하루 동안 1,200칼로리를 섭취했지만 저녁 식사를 아직 하지 않았다면, 디저트를 포기할 수 있다.

학생들도 자기 평가를 배울 수 있다(Chappuis & Stiggins, 2017). 예를 들어, 학생들은 자신의 답을 예상과 비교하고 그 답이 타당한지 스스로에게 질문함으로써 문제에 대한 자신의 답을 평가할 수 있다. 팀이 자신의 답을 책 뒤의 정답과 비교하는 것도 자기 평가의 한 형태이다.

자기 평가는 또한 동기 부여와 개인적 만족에 기여할 수 있다. 예를 들어, 주간 목표를 달성하기 위해 7마

일이 더 필요하다는 것을 알게 되면, 달리기를 하러 나갈 동기가 생긴다. 목표를 달성하는 만족감은 종종 자기 보상으로 이어진다(Schunk, 2016). 예를 들어, 한 달 동안 주간 칼로리 목표를 달성했다면, 친구들과 함께 멋진 저녁 식사를 하거나, 새로운 옷을 사거나, 며칠 동안 다이어트를 쉬는 것과 같은 보상을 할 수 있다. 수전은 "정답을 모두 맞히면 나 자신에게 아이스크림을 선물할 수도 있지."라고 말했다. 목표를 달성하는 것은 만족스럽고, 목표가 (합리적인 범위 내에서) 도전적일수록 그 만족감은 더 커진다. 실제로 주간 목표를 더 많이 달성할수록, 미래에도 그 목표를 달성하고자 하는 동기가 더 커진다.

자기 평가는 학생들이 목표를 설정하거나, 너무 간단하고 쉽게 달성할 수 있는 목표를 설정하는 문제를 해결하는 데도 도움이 될 수 있다. 목표를 향해 나아가는 모습을 보게 되면, 동기가 높아지고, 미래에도 다른 목표에 헌신할 가능성이 높아진다.

전략 사용 전략 사용은 행동을 목표와 연결하는 것이다. 자기조절 학습자가 되기 위해서는 효과적인 전략을 목표에 맞출 수 있어야 한다. 예를 들어, 팀은 처음에는 몇 가지 연습문제를 풀고, 그 문제를 풀 수 있으면 그만두었다. 그러나 수전의 모델링 덕분에 더 다양한 문제를 선택하게 되었다. 이 간단한 변화가 더 효과적인 전략이었다.

어린 아동들도 전략을 사용할 수 있다. 예를 들어, 초등학교 1학년 학생이 이미 알고 있는 철자 단어보다 모르는 철자 단어를 더 많이 연습한다면, 그는 전략적으로 행동하고 있는 것이다.

학생들이 자기조절 학습자가 되도록 돕는 것은 강력하지만 까다로운 일이다. 예를 들어, 학생들은 도전적이지만 현실적인 목표를 설정하는 데 많은 도움이 필요하며, 처음에는 자신의 진도를 모니터링하고 자기 평가를 하며 적절한 전략을 선택하는 데 서툴 것이다(Dalland & Klette, 2016).

인지행동수정(Cognitive behavior modification)은 자기 대화와 자기 지시를 통해 행동 변화를 촉진하고 자기조절을 촉진하는 과정으로, 학생들이 이러한 능력을 개발하도록 돕는 도구가 될 수 있다(Meichenbaum, 2000). 이 과정은 인지적 모델링으로 시작한다. 예를 들어, 학생이 체계적이지 않고 산만하다면, 적절한 목표를 설정하는 데 필요한 행동과 사고를 모델링한다. 매일 연필, 공책, 교과서, 완성한 과제를 수업에 준비해 오는 것과 같은 목표를 설정하는 것이다. 우리는 또한 진행 상황을 모니터링하고 목표 달성 정도를 평가하는 과정을 모델링할 수 있다. 학생은 각 항목을 포함하는 간단한 체크리스트를 사용할 수 있으며, 교사는 매일 각 항목을 체크하는 방법을 시연할 수 있다. 인지적 모델링을 관찰한 후, 학생들은 교사의 지원을 받아 기술을 연습하고, 감독 없이 기술을 수행할 때 자기 대화를 가이드로 사용한다. 인지행동수정 전략은 특히 특수교육이 필요한 학생들에게 효과적이다(Turnbull, Turnbull, Wehmeyer, & Shogren, 2016).

우리의 최선의 노력에도 불구하고 모든 학생들이 자기조절 학습자가 되기는 어렵겠지만, 성공하는 학생들에게는 학생으로서의 성공과 일반적인 삶의 성공에 평생 기여하게 될 것이다.

다양성: 자기조절에서의 학습자 차이

모든 학습 및 발달 측면과 마찬가지로, 학생들은 자기조절 능력에 차이가 있다. 자기조절 능력은 시간이 지남에 따라 발달하며, 나이가 많은 학생들이 더 어린 학생들보다 자기조절을 더 잘한다. 그러나 동년배 학생들 사이에서도 인지, 행동, 감정을 조절하는 능력에 상당한 차이가 있으며, 이러한 차이는 유전과 환경의 영향을 받는다(Berk, 2019a). 예를 들어, 자기조절이 무너질 때, 자율성을 더 잘 발달시킨 학습자들은 사회적 · 인지적 문제해결에 대한 목표와 접근 방식을 조정하는 경향이 있다(Legault & Inzlicht, 2013). 이는 우리가 어린 학습자들과 함께 상호작용할 때 이들이 자율성과 독립성을 획득하도록 돕기 위해 최선을 다해야 함을 시사한다. 학습과정에서 선택권을 제공하고 자신의 행동에 대해 책임을 지도록 하는 것이 자율성 향상에 도움이 될 수 있다.

자기조절에서 성차도 존재하는데, 특히 파괴적인 충동을 억제하고 더 생산적인 행동으로 대체하는 능력에서 차이가 보고된다. 예를 들어, 여학생들은 의견 차이에 대해 토론하고 인지적 해결책을 찾는 경향이 더 강한 반면, 남학생들은 비슷한 상황에서 공격적으로 행동하는 경향이 있다(Walker, Shapiro, Esterberg, & Trotman, 2010). 두뇌 발달은 여학생이 남학생보다 더 빠르게 진행되는 경향이 있으며, 유치원 시기부터 자기조절에서 차이가 나타난다(Berk, 2019b).

문화적 차이도 존재한다. 예를 들어, 일반적으로 동아시아 문화권(중국, 일본, 한국) 학생들은 자기 훈련과 정서적 통제에 큰 비중을 두며, 학업 성공에 있어서 노력과 지속적인 노력을 강조한다. 이들은 목표 설정, 모니터링, 전략 사용과 같은 자기조절 학습 과정을 어린 나이에 개발한다(Chen & Wang, 2010).

다양성의 모든 측면에서 그렇듯이, 여기서 우리가 설명하는 것은 일반적인 경향이며, 많은 예외가 존재한다. 이러한 경향은 우리의 전문 지식에 기여하지만, 궁극적으로 우리는 개별 학습자를 지원하므로, 그들이 이 경향에 맞지 않더라도 개별 학습자의 최선의 이익에 부합하는 결정을 내려야 한다.

교육심리학을 교수에 활용하기: 학생들의 학습 증진을 위해 사회인지이론 적용하기

사회인지이론은 수업에 다양하게 적용될 수 있으며, 이러한 적용은 학생의 학습에 큰 변화를 가져올 수 있다. 학생들과 함께 이 이론을 적용하기 위한 제안은 다음과 같다.

- 모델링 활용하기
- 대리강화와 처벌을 학습 및 학급경영 도구로 사용하기
- 학급경영과 교육의 모든 측면에서 일관성 유지하기
- 자기조절을 촉진하기

이 제안들을 자세히 살펴보자.

모델링 활용하기   모델링은 학습에 가장 강력한 영향을 미치는 요소 중 하나이며, 사회인지이론의 핵심이다. 이를 여러 가지 방법으로 활용할 수 있다.

- 학생들을 모델링 역할에 배치하고 인지적 모델링을 강조하기
- 외부 인물을 역할 모델(guest role models)로 활용하기
- 기술, 문제해결 방법, 바람직한 행동과 감정을 신중하게 모델링하기

중학교 2학년 수학 교사인 샐리 캄페세(Sally Campese)가 모델링을 활용하여 어떻게 학생들을 가르치는지 살펴보자. 캄페세 선생님은 학생들에게 연립 방정식을 가르치고 있으며, 이를 해결하는 과정을 모델링한 후, 학생들이 모델링된 행동을 재현하여 연립 방정식을 스스로 풀어야 하는 과제를 내주었다. 이제 그녀의 수업을 살펴보자.

"서둘러야겠어." 수학 수업 교실로 이동하며 로건(Logan)이 타메카(Tameka)에게 말한다.

"캄페세 선생님이 어떤 분인지 알잖아. 선생님은 수학이 정말 중요하다고 생각하셔."

"맞아, 네가 숙제를 잘 했길 바라. 캄페세 선생님은 매일 밤 숙제하는 걸 매우 중요하게 생각하시잖아." 타메카가 답한다.

캄페세 선생님이 수업을 시작하며 말한다. "다시 한번 안내할게요. 금요일에 하비에르 산체스(Javier Sanchez)라는 분을 초청했어요. 그 분은 지역 공장에서 근무하시는 엔지니어로, 그분의 직업에서 수학을 어떻게 사용하는지 여러분에게 이야기해 줄 거예요.

"자, 여기 보세요." 캄페세 선생님이 오늘의 학습 주제로 돌아가 말한다. "숙제에서 조금 어려움을 겪었으니 몇 가지 문제를 더 살펴봅시다.

"이 문제를 풀어 보세요." 그녀가 칠판에 다음과 같이 쓴다.

$$4a + 6b = 24$$
$$5a - 6b = 3$$

캄페세 선생님은 학생들을 지켜보던 중 가브리엘라(Gabriela)가 문제를 잘 푼 것을 보고 말한다.

"가브리엘라, 칠판 앞으로 나와서 문제를 푸는 동안 생각한 과정을 설명해 주세요."

가브리엘라는 두 방정식을 더하여 $9a + 0b = 27$이 된다고 설명하며, 새 방정식을 칠판에 적는다. 캄페세 선생님은 "그래서 a의 값은 얼마인가요? 크리스(Chris)?"라고 묻는다.

"……3이요."

"어떻게 그 값을 얻었나요?"

"0b는 0이고, 양쪽을 9로 나누어서 1a가 3이 되었습니다."

"좋아요! 이제 b의 값을 찾아봅시다. 먼저 무엇을 해야 하나요? 미첼(Mitchell)?"

앞에서 캄페세 선생님이 학생들의 학습을 촉진하기 위해 모델링을 어떻게 활용했는지 살펴보자. 먼저, 그녀는 가브리엘라를 모델로 사용했으며, 가브리엘라에게 자신의 생각을 설명하게 함으로써 인지적 모델링을 활용했다. 또래 학생은 지각된 유사성 때문에 교사보다 더 효과적인 모델이 될 수 있다. 또한 캄페세 선생님은 산체스 씨를 초대하여 모델링을 활용했다. 산체스 씨는 히스패닉이었기 때문에 문화적 소수자 학생들에게 효과적인 모델이 될 수 있었다. 산체스 씨와 같은 인물을 1년에 한두 번이라도 초대하는 것은 소수자 역할 모델의 영향을 극대화하는 데 큰 도움이 될 수 있다.

마지막으로, 아마도 가장 중요한 것은 캄페세 선생님 자신이 두 가지 중요한 방식으로 긍정적인 모델이었다는 점이다. 첫째, 그녀는 연립방정식의 해법을 신중하게 모델링했으며, 학생들이 스스로 해법을 따라하는 데 어려움을 겪었을 때 단순히 내용을 다시 설명하는 대신, 그들과 상호작용하고 이름을 부르며 질문을 통해 이해를 도왔다. 이는 전문적인 교수 활동을 보여 준다.

둘째, 개인적인 차원에서 로건이 "선생님은 수학이 정말 중요하다고 생각하셔"라는 언급은 거의 확실히 캄페세 선생님이 이 주제에 진정으로 관심을 가지고 있다는 것을 모델링한 결과였다. 모델링이 모든 학생을 열정적인 학습자로 만들지는 않지만, 로건의 발언에서 볼 수 있듯이 학생들의 동기 부여에 차이를 만들 수 있다 (Brophy, 2010). 타메카가 "맞아, 네가 숙제를 잘 했길 바라. 캄페세 선생님은 매일 밤 숙제하는 걸 매우 중요하게 생각하시잖아."라는 답변은 더 많은 모델링의 증거를 제공한다. 캄페세 선생님은 학생들이 개발하기를 바라는 자기조절의 요소들을 모델링했다. 그녀는 10대 초반의 학생들과 함께 일하고 있으며, 10대들은 부모, 교사, 다른 성인들을 관찰함으로써 효과적이고 적절한 것을 배운다. 학습이 중요할 뿐만 아니라 열심히 공부하고 자기 훈련이 필요하다는 것을 말과 행동으로 전달하면, 시간이 지나면서 학생들은 그 메시지를 받아들일 것이다. 캄페세 선생님의 모델링은 아마도 학생들의 자기조절을 촉진하는 데 그 어떤 형식적인 전략보다 더 큰 도움이 되었을 것이다.

학습 및 관리 도구로서 대리강화와 처벌 사용하기　대리학습은 특히 어린 아동을 지도할 때 효과적인 도구가 될 수 있다. 예를 들어, "스테파니가 과제를 잘 하고 있네요." 또는 "페르난도가 줄을 서서 조용히 서 있는 모습이 정말 좋아요."와 같은 말은 학생들의 행동과 성취에 긍정적인 영향을 미친다.

나이가 많은 학생들에게는 목표를 향한 진전을 언급하는 피드백이 도움이 될 수 있다. 예를 들어, "결론을 뒷받침하는 증거를 잘 찾았구나, 나탈리(Natalie), 그게 우리의 목표 중 하나야."라고 말하면 학생 개개인의 행동이나 특성보다는 성취에 초점을 맞추는 데 도움이 되며, 고학년 학생들을 공개적으로 칭찬할 때 발생할 수 있는 문제를 줄일 수 있다.

학급경영 및 교육의 모든 측면에서 일관성 유지하기　"실행할 의지가 없는 규칙이나 절차는 절대 세우지 마라"는 원칙은 학급경영에 적용되는 원칙이며, 기대는 이 원칙에 적용되는 중요한 인지 과정이다. 우리는 예상되는 처벌이 발생하지 않으면 강화물로 작용할 수 있다는 것을 알고 있다. 규칙을 정하면 학생들은 규칙을 어겼을 때 꾸중을 듣거나 다른 방식으로 처벌을 받을 것이라고 기대하게 된다. 그러나 이러한 처벌이 일어나지 않는다면, 그 부재는 강화물로 작용하여 학생들이 미래에 규칙을 어길 가능성을 높이게 된다. 규칙을 일관되게 실행할 의지가 없다면, 처음부터 규칙을 만들지 않는 것이 더 낫다.

APA의 20가지 주요 원칙

이 설명은 유치원–12학년(초 · 중등학교)까지 교수 및 학습을 위한 심리학의 20가지 주요 원칙 중 원칙 16을 보여 준다.

- 원칙 16: 교실에서의 행동과 사회적 상호작용에 대한 기대는 학습되며, 입증된 행동 원리와 효과적인 교실 수업을 통해 배울 수 있다.

기대는 학업에 있어서도 중요하다. 예를 들어, 우리가 과제를 부여하면 학생들은 최종 성적에 대한 인정과 자신이 한 일에 대한 피드백과 같은 인정을 기대한다. 이러한 인정이 강화물 역할을 한다. 만약 강화물이 제공되지 않으면, 그 부재는 처벌물로 작용하여 학생들이 이후의 과제에 동일한 노력을 기울일 가능성을 낮춘다. 학급경영과 교육에서 일관성이 매우 중요한 이유이다.

자기조절 촉진하기 앞서 살펴본 바와 같이, "자기조절을 잘하는, 즉 목표 달성을 방해하는 상황과 충동을 적절하게 관리할 수 있는 사람들은, 더 행복하고 건강하며 생산적이다"(Legault & Inzlicht, 2013, p. 123). 학생들의 자기조절 능력을 개발하는 것은 우리가 교육에서 추구할 수 있는 가장 가치 있는 목표 중 하나이다.

우리는 여러 가지 방법으로 자기조절을 촉진할 수 있다. 어린 학생들에게는 반 친구가 말할 때 조용히 듣기, 발언하려면 손을 들기 등의 규칙을 정하고, 서류 제출 및 휴식 시간을 위해 줄 서기 등의 일상을 정하며, 다른 사람을 어떻게 대할지에 대해 토론하고 적절한 사회적 반응을 연습하게 하는 것만으로도 충분할 수 있다. 인지(생각)는 자기조절의 중요한 구성 요소이므로, 이러한 과정 각각에 대한 이유를 논의하는 것이 중요하다.

자기조절의 인지적 구성 요소는 자신의 행동과 감정을 제어하는 방법을 배우는 나이 많은 학생들에게 더욱 중요하다. 이들을 돕기 위한 몇 가지 제안은 다음과 같다(Miller, 2013).

- 충동 조절과 같은 자기조절의 다양한 측면의 중요성과 충동을 통제하지 못했을 때의 결과에 대해 논의하라. 청소년기는 즉각적인 만족과 통제를 무시하려는 유혹으로 가득 차 있다. 학생들이 결과를 이해하도록 돕는 것은 큰 변화를 가져올 수 있다.
- 적절한 행동에 대한 기대를 설명하라. 청소년들은 때때로 자신에게 기대되는 바에 대해 명확히 알지 못해 부적절한 행동을 보인다. 명확한 기대는 교사가 관심을 가지고 있다는 것을 전달하며 그들이 삶의 균형을 잡는 데 도움을 줄 수 있다.
- 학생들에게 긍정적인 자기 대화와 스트레스 관리 기법을 가르쳐 스트레스나 불안 상황에서 침착함을 유지하도록 지원하라. 이는 학생들이 불안감을 느끼거나 공격적으로 행동하고 싶은 충동을 느낄 때 도움이 될 수 있다.
- 신체 활동이나 스포츠 활동 참여를 장려하라. 신체 활동은 학생들이 스트레스를 해소하고 긴장을 풀 수 있게 하여 진정 효과를 준다. 또한 일반적인 건강상의 이점이 있으며, 목표 설정과 모니터링의 중요성을 가르칠 수 있다.

사회인지이론에 대한 평가

다른 모든 이론들과 마찬가지로, 사회인지이론도 한계와 강점을 가지고 있다. 다음은 몇 가지 비판점이다.

- 사회인지이론은 학습자가 일부 모델링된 행동에 주목하지만 다른 행동에는 주목하지 않는 이유를 설명할 수 없으며, 학습자가 관찰한 일부 행동을 재현할 수 있지만 다른 행동은 재현할 수 없는 이유를 설명할 수 없다.

- 단순한 기계적 능력을 넘어서는 복잡한 능력의 습득, 예를 들어 글쓰기 학습과 같은 능력의 습득을 설명하지 못한다.
- 복잡한 학습 환경에서 맥락과 사회적 상호작용의 역할을 설명할 수 없다. 예를 들어, 연구에 따르면 소그룹 내 학생 상호작용이 학습을 촉진한다는 것이 밝혀졌다(Schunk, 2016). 이러한 환경에서 발생하는 과정은 단순한 모델링과 모방을 넘어선다.

한편, 사회인지이론은 중요한 강점을 지니고 있다. 예를 들어, 모델링은 우리의 행동과 교실 학습에 영향을 미치는 가장 강력한 요소 중 하나이며, 사회인지이론은 모델링을 효과적으로 활용하는 방법을 제안해 준다. 또한 사회인지이론은 학습자의 인지, 특히 기대가 우리의 행동에 미치는 중요성을 이해하는 데 도움을 주어 행동주의의 많은 한계를 극복한다(Schunk et al., 2014). 이 이론은 모든 학생들의 학습을 극대화하는 데 사용할 수 있는 추가 도구를 제공한다.

〈표 6-6〉은 사회인지이론의 공헌점과 비판점을 보여 준다.

〈표 6-6〉 이론 분석하기: 사회인지이론

주요 질문	다른 사람을 관찰하는 것이 인지와 행동에 어떻게 영향을 미치는가?
학습의 정의	행동의 변화를 보여 줄 수 있는 능력을 만들어 내는 정신적 과정의 변화
학습을 촉진하는 요인	• 다른 사람의 행동 관찰 • 다른 사람의 행동의 결과 관찰 • 기대
주요 개념	모델링 상호 인과성 대리학습 • 대리강화 • 대리처벌 기대한 결과의 미발생 자기조절
이론에 대한 공헌점	• 다른 사람의 행동 관찰(모델링과 모델링된 행동의 결과)이 우리의 행동에 미치는 영향을 설명하며, 모델링은 인간의 행동에 가장 강력한 영향을 미치는 요소 중 하나이다. • 행동주의가 설명할 수 없는 행동 변화를 설명할 수 있다. • 학생들과의 작업 및 교육 실천에 특히 효과적인 프레임워크를 제공한다.
이론에 대한 비판	• 학습자가 어떤 모델의 행동에는 주의를 집중하지만, 어떤 행동에는 그렇게 하지 않는 이유를 분명히 설명하지 못한다. • 학습자가 관찰한 어떤 행동은 재생산할 수 있지만, 다른 행동은 재생산할 수 없는 이유를 설명하지 못한다. • 단순한 기계적 능력을 넘어서는 복잡한 능력이 획득되는 과정을 설명하기 어렵다. • 학습에 있어 맥락과 사회적 상호작용의 역할을 설명하지 않는다.

교실과의 연계

교실에서 사회인지이론 적용하기

1. 인지적 모델링은 기술에 대한 시범을 보여 줄 때 자신의 생각을 소리 내어 말하는 것이다. 수업에서 인지적 모델링을 사용하고, 학생들에게 역할 모델이 되도록 노력하라.

- **초등학교**: 유치원 교사가 칠판에 글자를 쓸 때 "나는 여기에 연필을 대고 곧게 선을 그려요."라고 말하며 알파벳 b를 쓰는 방법을 가르친다.
- **중학교**: 중학교 1학년 교사가 "나는 항상 여러분에게 예의와 존중을 다하여 대할 것이고, 여러분은 나를 예의와 존중을 다하여 대할 것이며, 여러분은 서로를 예의와 존중을 다하여 대할 것입니다."라는 대형 포스터를 교실 앞에 붙여 둔다. 학급에서 문제가 발생하면 그 문제에 대해 이야기하고, 가능한 원인과 대안을 논의한다. 교사는 이 전략을 모델링함으로써 학생들이 스스로 대인관계 문제를 해결하는 법을 학습하길 바란다.
- **고등학교**: 물리 교사가 가속도 문제를 풀 때, 칠판에 F = ma를 적고 "먼저, 물체에 가해지는 힘을 구하고 싶어. 다음으로 문제에서 주어진 정보를 생각해 보자. 리사, 문제에서 우리가 알고 있는 것 하나를 말해 줄래?"라고 말한다.

2. 효과적으로 모델링하기 위해서는 어떤 행동에 주의를 기울이고, 그 행동을 기억 속에 저장하고, 재생산해야 한다. 학생들이 이런 과정을 활용하도록 돕기 위해서는 아이들 혼자서 문제를 풀기 전에 학급 전체가 예제를 가지고 연습할 기회를 제공하라.

- **초등학교**: 5학년 학급에서 분모가 다른 분수의 덧셈을 학습하고 있다. 교사가 '1/4+2/3=?'의 문제를 칠판에 쓰고 질문했다. "무엇부터 먼저 해야 하지? ……캐런(Karen)?" 교사는 학급 전체가 문제를 다 풀 때까지 계속하고, 두 번째 문제를 같은 방법으로 수업을 진행했다.
- **중학교**: 1학년 지리 교사가 경도와 위도를 가지고 정확한 위치를 찾는 방법을 보여 준 후, 학생들에게 말한다. "서쪽으로 85도와 북쪽으로 37도에 가장 가까운 도시를 찾으려고 해. 먼저 이 숫자들은 무엇을 말하는 것이지? ……조시(Josh)?" 그는 학생들이 가장 가까운 도시로 시카고(Chicago)를 찾을 때까지 예를 통해서 안내한다.
- **고등학교**: 여러 증명 과정을 보여 준 후, 기하학 교사는 학생들에게 다음의 그림에서 1번 각도가 2번 각도보다 크다는 것을 증명해 보게 한다. 교사는 질문을 시작한다. "문제에서 주어진 것은 무엇인가요?" 학생들이 문제에서 주어진 정보를 찾아낸 후 교사는 다시 묻는다. "변 BE와 변 BD에 관해 우리가 결론지을 수 있는 것은 무엇인가요?" 그녀는 학급 전체가 증명을 완성할 때까지 계속한다.

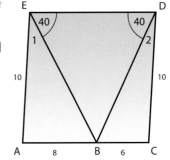

3. 학생들은 반 친구가 강화되는 모습을 관찰할 때, 대리강화를 경험하게 된다. 행동을 촉진하고 학습을 향상시키기 위해 대리강화를 사용하라.

- **초등학교**: 국어 시간에 한 모둠에 속하는 학생들이 각자의 자리로 되돌아갈 때 1학년 교사는 모든 학생이 다 들을 수 있게 큰 소리로 "나는 이 모둠이 제자리로 조용히 되돌아가서 너무 좋아요. 캐런(Karen), 비키(Vicki), 알리(Ali), 데이비드(David)에게 별 스티커를 하나씩 줄게요."
- **중학교**: 2학년을 담당하는 영어 교사가 투사기를 이용하여 (글쓴이를 밝히지 않은) 잘 작성된 여러 개의 문단을 예로 보여 준다. 교사는 말한다. "이 문단들은 아주 잘 쓴 글이에요. 글의 구조가 훌륭하고 상상력을 보여 주고 있어요."
- **고등학교**: 미술 교사가 학생들의 도자기 작품을 되돌려 준다. 교사는 잘된 작품 몇 개를 보여 주면서 설명한다. "이것들을 보세요. 아주 훌륭해요. 왜 그런지 살펴보세요."

영어 교사와 미술 교사는 세 가지를 달성했다. 첫째, 자신이 쓴 글이나 자신이 만든 도자기가 전시된 학생들은 직접적으로 강화되었다. 그러나 교사가 이름을 밝히지 않았기 때문에 누구인지 드러나지 않았다. 둘째, 학급의 나머지 학생들은 대리강화되었다. 셋째, 교사는 피드백을 주고 미래의 모방을 위한 구체적인 모델을 제공했다.

4. 자기조절 학습은 학생들이 자신의 이해를 책임지는 과정이다. 목표 설정, 전략 사용, 목표를 향한 진전을 모니터링할 기회를 제공하여 학생들이 자기조절 학습자가 되도록 가르쳐라.

• **초등학교**: 3학년 교사가 자리에 앉아 있지 못하는 학생들을 돕기 위해 자신들의 행동을 모니터링할 수 있는 체크리스트를 만들게 한다. 교사는 처음에 학생들이 자리를 이탈할 때 체크하도록 상기시키고, 나중에는 적절할 때 체크했는지 모니터링한다.

• **중학교**: 수학 교사가 학생들이 과제 진행 상황을 평가할 수 있는 평가 척도를 만들도록 돕는다. 각 과제에 대해, 학생들은 과제를 완료하고 이해했다고 믿으면 3, 완료했지만 이해가 확실하지 않으면 2, 완료하지 않았으면 1로 표시한다. 교사는 이 평가에 대한 피드백을 요청하고, 학생들이 겪은 문제에 대해 논의한다.

• **고등학교**: 영어 교사가 학생들이 학습 계획을 작성하게 하여 개인 목표를 설정하도록 돕는다. 단원이 끝날 때 그 계획으로 돌아가 각 학생이 자신의 진전에 대해 평가하게 한다.

학교급별 적용

다양한 연령대의 학습자에게 행동주의와 사회인지이론 적용하기

행동주의와 사회인지이론의 적용은 모든 학년 수준에서 적용될 수 있지만, 중요한 발달적 차이가 존재한다. 다음은 이러한 차이점을 개략적으로 설명한다.

유아 프로그램 및 초등학생 대상 교육

우리가 학생들에게 제공하는 정서적 환경은 모든 수준에서 중요하지만, 특히 어린 아동과 수업을 할 때 매우 중요하다. 이는 유치원과 1학년 교사들이 학생들과 관계를 맺기 위해 특별한 노력을 기울이는 이유를 설명한다. 예를 들어, 교실에 들어오는 아이들에게 포옹이나 '하이파이브'를 해 주는 것이다.

어린 아동들은 긍정적인 강화에 기쁨을 느끼며, 칭찬에 질리는 일이 거의 없다. 반면, 그들은 처벌에 다르게 반응한다. 그들의 도덕적 추론은 외부적 기준에 의존하기 때문에, 자신이 벌을 받으면, 자신은 나쁜 사람임에 틀림이 없다고 결론을 내린다. 따라서 처벌은 신중하게 사용되어야 한다(Berk, 2019b). 신체적 체벌과 굴욕은 교실에서 절대 사용되어서는 안 되며, 특히 어린아이들에게는 심각한 부정적인 영향을 미칠 수 있다.

모델링을 사용할 때, 주의가 중요하다. 어린 아동들은 주의가 쉽게 산만해지기 때문에 모델링이 문제가 될 수 있다. 아이들은 모델링된 행동에 주의를 기울이지 않거나 중요한 측면에 집중하지 않을 수 있다. 이는 모델링이 매우 명확하고 구체적이어야 함을 의미한다.

중학생 대상 교육

따뜻하고 지지적인 교실 환경은 중학생에게도 여전히 중요하다. 그리고 중학생은 신체적·인지적·정서적 변화를 많이 겪기 때문에 규칙과 절차를 일관성 있게 적용하는 것이 이들로 하여금 균형감을 유지하도록 도와주는 길이다. 중학생은 일관되지 않게 대우받는 것에 대해 점점 더 민감해지며, 공정성을 매우 중요하게 여긴다.

중학생은 자신이 받는 칭찬을 평가하며, 심지어는 진심 어린 칭찬이 아니거나 원하지 않는 칭찬을 받으면 그 칭찬에 대해 부정적으로 반응하기도 한다.

중학생은 언어 능력이 향상되어 인지적 모델링이 수업도구로 가치를 발휘하게 된다. 자기조절을 발달시킬 수 있게 되지만, 많은 안내와 지원을 받지 않으면, 자기조절을 잘 수행하지 못한다.

고등학생 대상 교육

교실 분위기는 고등학생에게도 중요하다. 그러나 고등학생은 존중받는 것과 자신들의 학습에 대해 진지하게 의사소통하는 것에 더 초점을 두기 시작한다. 고등학생은 여전히 공정하게 대우받는 것에 대해 민감하며, 교사가 몇몇 학생을 편애하는 것에 대해 민감하다(Emmer & Evertson, 2017).

고등학생에게 이해력이 향상되고 있다는 것을 전달하는 칭찬은 매우 효과적이며, 이들의 내재 동기를 높일 수 있다(Deci & Ryan, 2002).

고등학생은 점점 더 자기조절 능력이 향상되며 목표를 설정하고 모니터할 수 있으며, 정교한 학습 전략을 사용할 수 있다. 그러나 이들, 특히 성취도가 낮은 학생들은 광범위한 모니터링과 지원이 없다면 전략을 효과적으로 사용하지 못할 가능성이 높다(Pressley & Hilden, 2006). 따라서 효과적인 전략 사용을 모델링하는 것이 특히 중요해지며, 인지적 모델링은 자기조절을 촉진하는 데 매우 효과적인 도구가 될 수 있다.

제6장 요약

1. 고전적 조건화를 사용하여 교실 안팎의 사건을 설명하시오.
   - 고전적 조건화는 교실과 같은 중립 자극이 교사의 따뜻하고 환영하는 태도와 같은 자연 발생적(무조건) 자극과 연관되어 안정감과 같은 본능적 또는 반사적 반응과 유사한 반응을 일으킬 때 발생한다.
   - 일반화는 조건 자극과 유사한 자극이 조건 반응을 유발할 때 발생하며, 변별은 자극이 조건 반응을 유발하지 못할 때 발생한다.
   - 소거는 조건 자극이 무조건 자극 없이 충분히 자주 발생하여 조건 반응이 사라질 때 발생한다.

2. 교실 안팎에서 조작적 조건화의 사례를 찾으시오.
   - 조작적 조건화는 결과에 의해 영향을 받는 자발적 반응에 중점을 둔다. 행동을 증가시키는 결과는 강화물이다. 교사의 칭찬, 높은 시험 점수, 좋은 성적은 일반적인 강화물이다.
   - 강화계획은 초기 학습 속도와 행동의 지속성에 영향을 미친다.
   - 조형은 행동이 목표를 향해 점진적으로 근접해 가는 과정을 강화하는 것이다.
   - 선행 자극은 행동을 유발하고, 이는 강화될 수 있다. 이는 환경적 자극, 지시와 신호, 과거 경험의 형태로 존재한다.
   - 행동을 감소시키는 결과는 처벌이다. 교사의 꾸중과 학생들의 자유 시간을 빼앗는 것이 일반적인 처벌의 예이다.

3. 모델링과 모델링의 결과가 인간의 행동에 미치는 영향을 설명하시오.
   - 모델링은 사회인지이론의 핵심 개념이다. 모델링은 직접적(실제 모델로부터), 상징적(책, 영화, 텔레비전으로부터), 종합적(다른 모델의 행위를 결합하여)일 수 있다.
   - 인지적 모델링은 모델이 기술을 시연하면서 자신의 사고 과정을 설명할 때 발생한다.

   - 모델링의 결과는 새로운 행동의 학습, 이미 학습된 행동의 촉진, 억제의 변화, 정서 유발 등을 포함한다.
   - 모델의 효과성은 관찰자가 모델의 행동을 모방할 가능성을 설명하며, 이는 모델의 지각된 유사성, 지각된 지위, 지각된 유능성에 달려 있다.
   - 모델링이 발생할 때, 관찰자는 먼저 모델에 주의를 기울이고, 모델의 행동을 기억에 저장하며, 이를 재생산한다. 동기는 다른 모든 모델링 과정을 뒷받침한다.

4. 대리학습, 기대한 결과의 미발생, 자기조절 개념을 사용하여 인간의 행동을 설명하시오.
   - 대리학습은 사람들이 다른 사람들의 행동 결과를 관찰하고 이에 따라 자신의 행동을 조절할 때 발생한다. 예를 들어, 학생들이 반 친구들이 질문에 답하려는 시도를 본 후 자신의 답변 시도를 늘리거나, 수업 중 허락 없이 말한 것에 대해 꾸중을 듣는 것을 본 후 말을 멈추는 경우이다.
   - 기대한 강화물이 발생하지 않으면 처벌이 될 수 있으며, 기대한 처벌이 발생하지 않으면 강화가 될 수 있다. 예를 들어, 학생들이 규칙을 어길 때 혼이 날 것으로 예상하는데, 그렇지 않으면 예상했던 꾸중의 부재가 허락 없이 말을 하는 것에 대한 강화물이 되어, 허락 없이 말할 가능성이 높아진다.
   - 사회인지이론에서는 사람들이 자신의 삶에 영향을 미치는 사건을 통제하고 싶어 하며, 목표를 달성하기 위해 자신의 행동, 생각, 감정을 지시하고 통제함으로써 이러한 통제력을 발휘한다고 가정하는데, 이 과정을 자기조절이라고 한다. 자기조절을 잘하는 사람은 그렇지 않은 사람보다 학교생활과 이후의 삶 모두에서 더 성공적이다.
   - 자기조절에는 충동 조절, 만족 지연, 자기 동기 부여, 자기조절 학습과 같은 요소가 포함된다.
   - 자기조절의 한 측면인 자기조절 학습에는 목표 설정, 목표 달성 모니터링 및 평가, 전략 사용 등이 포함된다.

자격증 시험 준비하기

행동주의와 사회인지이론 이해하기

여러분은 행동주의와 사회인지이론을 사용하여 어떻게 학생의 학습을 설명하고 영향을 미치는지를 배웠다. 한 수업에서 교사가 이 이론들을 얼마나 효과적으로 적용했는지 살펴보자.

워렌 로즈(Warren Rose) 선생님의 5학년 학생들은 소수와 백분율에 관한 단원을 배우고 있다. 그는 목요일 수업을 이렇게 시작한다.

"이 문제를 보세요."

몇몇 학생들이 중얼거리는 소리를 들은 그는 웃으며 말한다. "소수와 백분율이 여러분이 좋아하는 주제가 아니라는 걸 알아요. 선생님도 그렇게 좋아하지는 않지만, 배워야 하니까 시작해 봅시다."

"여러분이 쇼핑몰에서 외투를 사려고 한다고 생각해 봅시다. 원래 가격이 84달러였던 외투가 25% 할인된 가격으로 표시되어 있어요. 최근에 패스트푸드점에서 아르바이트를 해서 65달러를 받았다면, 이 외투를 살 수 있을까요?"

"자, 이런 문제를 보면 먼저 '외투의 현재 가격은 얼마일까?'라고 생각해요. 가격을 계산하기 위해 먼저 84달러의 25%를 구해야 하죠. 25%를 소수로 변환해야 하는데, 25%를 보면 소수점이 5의 오른쪽에 있으니, 두 자리 왼쪽으로 옮기면 되지요. 그런 다음 0.25에 84를 곱해요."

로즈 선생님은 문제를 해결하는 과정을 설명하며 시범을 보인다. 학생들은 각자 책상에서 추가 예제를 풀고 풀이 방법을 의논한다. 이어서 로즈 선생님이 말한다.

"자, 숙제로 113페이지의 홀수 번호 문제를 풀어 오세요."

"선생님, 여덟 문제를 모두 풀어야 하나요?" 로비(Robbie)가 묻는다.

몇몇 다른 학생들도 여덟 문제는 너무 많다고 말한다. 로즈 선생님은 손을 들어 올리며 "잠깐만, 여러분. 좋아요, 1, 3, 5, 7, 9번 문제만 풀어 오세요."라고 말한다.

"예!" 학생들은 외치며 문제를 풀기 시작한다.

사례 분석을 위한 질문

이 장과 사례 연구에 나온 정보를 사용하여 다음 질문에 답하시오.

객관식 질문

1. 다음 중 로즈 선생님과 학생들과의 상호작용에서 부적 강화의 사례를 가장 잘 설명하는 것은 무엇인가?
   a. 로즈 선생님이 "백분율과 소수가 여러분이 좋아하는 주제가 아니라는 걸 알아요. 나도 그렇게 좋아하지는 않지만, 배워야 하니까 시작해 봅시다."라고 말하는 것.
   b. 로즈 선생님이 "자, 이런 문제를 보면 먼저 '외투의 현재 가격은 얼마일까?'라고 생각해요. 가격을 계산하기 위해"라고 말하는 것.
   c. 학생들이 각자 책상에서 여러 예제를 풀고 풀이 방법을 의논하는 것.
   d. 학생들이 불평하고 로즈 선생님이 숙제의 양을 줄이는 것.

2. 다음 중 로즈 선생님과 학생들과의 상호작용에서 처벌의 사례를 가장 잘 설명하는 것은 무엇인가?
   a. 학생들의 불평에 응하여 숙제의 양을 줄이는 것.
   b. 처음에 로즈 선생님이 숙제로 여덟 문제를 할당하는 것.
   c. "나도 그렇게 좋아하지는 않아요."라고 백분율과 소수에 대해 말하는 것.
   d. 학생들이 책상에서 여러 문제를 풀고 풀이 방법을 논의하도록 하는 것.

주관식 질문

1. 로즈 선생님이 학생들과의 수업에서 모델링을 적용한 것을 평가하시오. 효과적인 적용과 비효과적인 적용을 모두 포함하시오.

중요 개념

간격강화계획(interval schedule of reinforcement)

간헐강화계획(intermittent reinforcement schedule)

강화(reinforcement)

강화계획(reinforcement schedule)

강화물(reinforcer)

결과(consequence)

고전적 조건화(classical conditioning)

긍정적 행동 지원(positive behavior support)

기능적 분석(functional analysis)

대리학습(vicarious learning)

만족지연(delay of gratification)

모델링(modeling)

무조건 반응(Unconditioned Response: UR)

무조건 자극(Unconditioned Stimulus: US)

반응 비용(response cost)

변별(discrimination)

부적 강화(negative reinforcement)

비배제적 타임아웃(non-exclusion timeout)

비율강화계획(ratio schedule of reinforcement)

사회인지이론(social cognitive theory)

상호 인과성(reciprocal causation)

선행 자극(antecedents)

소거(extinction) (고전적 조건화)

소거(extinction) (조작적 조건화)

수여성 벌(presentation punishment)

억제(inhibition)

연속강화계획(continuous reinforcement schedule)

응용행동분석(Applied Behavior Analysis: ABA)

이차 강화물(secondary reinforcers)

인지적 모델링(cognitive modeling)

인지행동수정(cognitive behavior modification)

일반화(generalization)

일차 강화물(primary reinforcers)

자기조절(Self-Regulation: SR)

자기조절 학습(self-regulated learning)

정적 강화(positive reinforcement)

제거성 벌(removal punishment)

제지(desist)

조건 반응(Conditioned Response: CR)

조건 자극(Conditioned Stimuli: CS)

조작적 조건화(operant conditioning)

조형(shaping)

중립 자극(neutral stimulus)

처벌(punishment)

처벌물(punishers)

체벌(corporal punishment)

포화(satiation)

프리맥 원리(Premack principle)

학습(learning) (인지적, cognitive)

학습(learning) (행동주의, behaviorism)

행동주의(behaviorism)

학습의 인지적 관점

제**7**장

이 장을 공부한 후 여러분은 다음을 할 수 있어야 한다.

7.1 인지학습이론의 원리를 설명하고, 교실과 학교 밖 일상에서 이러한 원리의 적용을 확인할 수 있다.

7.2 인간 기억 모형의 기억 저장소를 사용하여 교실과 일상생활에서 일어나는 사건을 설명할 수 있다.

7.3 인간 기억 모형의 인지 과정을 설명하고, 교실과 일상생활에서의 응용 사례를 확인할 수 있다.

7.4 메타인지를 정의하고 교실 활동과 학교 밖 경험에서 메타인지 모니터링의 예를 확인할 수 있다.

7.5 정보처리 및 인간 기억 모형의 교실 적용 사례를 분석할 수 있다.

APA의 20가지 주요 원칙

이 장에서 명시적으로 다루는 유치원-12학년(초·중등학교)까지 교수 및 학습을 위한 심리학의 20가지 주요 원칙은 다음과 같다.

- 원칙 2: 학생들이 이미 알고 있는 그들의 학습에 영향을 미친다.
- 원칙 4: 학습은 맥락에 기반하기 때문에 새로운 맥락으로 학습을 일반화하는 것은 자발적이지 않으므로 촉진되어야 한다.
- 원칙 5: 장기 지식과 기술의 습득은 주로 연습에 의존한다.

전국교사자질위원회(NCTQ)

이 장에서 구체적으로 다루는 모든 신임 교사가 알아야 할 전국교사자질위원회(NCTQ)의 필수 교수 전략은 다음과 같다.

- 전략 2: 추상적인 개념을 구체적인 표현과 연결하기
- 전략 3: 탐구적인 질문 제기하기

이 장의 제목에 인지라는 용어가 포함되어 있고, 인지적, 혹은 인지라는 용어는 '생각'을 의미한다. 인지학습이론은 학습을 이해하고 교수법을 안내하는 주된 골조가 되었기 때문에 이 장에서는 인지학습이론의 교실 적용 사례를 제시하는 것으로 시작해 보자.

중학교 3학년 영어 교사 마이크 데이비스(Mike Davis)는 학생들이 은유, 직유, 의인화 같은 비유적인 언어의 개념을 이해하기를 바라며, 하퍼 리(Harper Lee, 1960)가 어떻게 비유적 언어를 사용하여 미국 현대 문학의 고전인 『앵무새 죽이기』를 생생하고 흥미롭게 만들었는지 학생들에게 보여 주고 싶어 한다. 그는 학생들이 다음과 같은 기준을 충족하도록 돕기 위해 노력한다.

CCSS.ELA-Literacy.RL.9-10.4 비유적·함축적 의미를 포함하여 텍스트에 사용되는 단어와 구의 의미를 결정한다(공통 핵심 국가 교육 기준, 2018g).

데이비스 선생님은 월요일 아침에 칠판에 다음과 같은 글을 써 놓았다.

"여러분은 신선한 공기 같은 존재이다."

"이 수업은 모닝커피의 설탕과도 같다."

"어떤 생각이 드나요?" 데이비스 선생님은 학생들이 문장을 의아하게 바라보는 것을 보며 묻는다. "계속해 봅시다. …… 이 문장이 여러분에게 어떤 의미인지 말해 보세요."

학생들은 "멋지네요.", "진짜인가요?", "무슨 뜻이죠?" 등의 말을 한다.

데이비스 선생님은 계속해서 "이 문장을 보면 말 그대로 신선한 공기라는 뜻인가요? 아니면 말 그대로 제 커피의 설탕 같다는 뜻인가요?"라고 묻는다. 몇몇은 고개를 흔들고 몇몇은 "그렇지 않아요."라고 답한다.

"맞아요." 데이비스 선생님이 웃으며 말한다. "저는 여러분을 모두 좋아하지만, 말 그대로 여러분이 신선한 공기라는 뜻이 아닙니다. 하지만 '여러분은 좋은 젊은이입니다.'와 같은 말보다는 '여러분은 신선한 공기입니다.'라는 말이 더 흥미롭지 않나요?"

이어서 데이비스 선생님은 "이것이 바로 비유적 언어의 의미이고, 오늘 우리가 살펴볼 내용입니다. 이어서 작가들이 어떻게 비유적인 표현을 사용하여 글을 더 흥미롭게 만드는지 살펴봅시다. 우선 은유, 직유, 의인화라는 세 가지 유형의 비유적 언어에 초점을 맞춰 봅시다."

그런 다음 문서용 카메라에 다음과 같은 내용을 표시했다.

은유는 문학적 효과를 위해 두 항목을 직접적으로 동일시하는 비유적인 언어로, '우리 수업과 신선한 공기를 동일시하는 것'과 같이 두 항목을 직접적으로 동일시한다.

직유는 "이 수업은 내 모닝커피의 설탕과 같다"와 같이 두 항목을 동일시하지 않고 '~처럼' 또는 '~과 같은'이라는 단어를 사용하여 비교하는 비유적 언어이다.

의인화는 "저 멀리서 천둥이 투덜거리며 폭풍우가 다가오고 있음을 알렸다."와 같이 인간이 아닌 사물에 인간의 특성을 부여하는 비유적 언어이다.

"아, 알겠어요……." 트로이(Troy)가 몇 초 동안 정의를 살펴본 후 말을 꺼낸다. "엄마는 항상 학교에 오기 전에 아침을 잘 먹으라고 하실 때 '네가 먹는 것이 곧 너 자신이다.'라고 말씀하세요. …… 그건 은유예요."

"좋은 예다, 트로이……. 이제 이유를 설명해 볼까요.…… 지넷(Jeanette)?" 지넷이 손을 드는 것을 보고 말했다.

"…… 그것은 우리를 음식과 동일시하는 거예요."

"그래, 좋은 생각이야, 지넷." 데이비스 선생님이 고개를 끄덕였다.

데이비스 선생님은 직유와 의인화의 예를 추가로 제시하고 학생들에게 각각에 대해 설명해 달라고 요청했다.

그리고는 "이제 각자의 짝꿍에게 돌아가서 여기 보이는 각 유형의 비유적 언어의 예를 두 가지 이상 더 생각해 보세요. 5분의 시간을 줄게요."라고 말했다. (데이비스 선생님은 종종 학생들에게 세 명씩 팀을 이루어 여기에 보이는 것과 같은 짧은 활동을 하도록 한다.)

나중에 데이비스 선생님과 그의 수업에 대해 다시 이야기하겠지만, 지금은 왜 데이비스 선생님이 칠판에 적힌 문장으로 수업을 시작하고, 학생들에게 문장의 의미를 묻고, 문서 카메라에 정의를 표시하고, 학생들과 그렇게 상호작용했는지 그의 행동에 대해 생각해 보겠다. 모두 의식적인 결정이었으며, 모두 인지학습이론을 적용한 것이다. 이 장이 전개되면서 그 방법을 살펴보도록 하겠다.

인지학습이론

7.1 인지학습이론의 원리를 설명하고, 교실과 학교 밖 일상에서 이러한 원리의 적용을 확인할 수 있다.

행동주의에 따르면 학습은 경험의 결과로 발생하는 관찰 가능한 행동의 변화로, 예를 들어 타인이 이전에 설거지를 잘했다고 칭찬한 후 거실에서 설거지를 하는 모습이나, 선생님이 대답을 잘했다고 칭찬한 후 학생이 질문에 대답하려고 시도하는 것과 같은 행동을 일컫는다.

사회인지이론은 다른 사람을 관찰하는 효과, 즉 우리 모두가 다른 사람의 행동을 모방하려는 경향에 초점을 맞춘다. 하지만 완전히 독창적인 아이디어를 떠올렸을 때를 생각해 보자. 이러한 아이디어는 강화의 결과도 아니고 모델을 본 것도 아니기 때문에 행동주의나 사회인지이론으로는 어떻게 그런 아이디어를 떠올렸는지 설명할 수 없다. 우리는 다른 설명이 필요할 것이다.

마찬가지로 행동주의나 사회인지이론으로는 트로이가 어머니의 말을 은유의 예로 파악할 수 있었던 이유를 설명할 수 없다.

문제해결과 같은 복잡한 기술의 발달, 행동주의가 언어를 배우는 방법을 설명하지 못하는 점(Chomsky, 2006), 컴퓨터의 발달에 대한 연구는 모두 학습을 설명하기 위해 지식을 습득, 조직, 저장, 사용하는 데 관련된 사고에 초점을 맞춘 이론인 인지학습이론으로의 전환으로 이어졌다(Schunk, 2016). **인지학습이론**(Cognitive learning theory)은 전화번호 기억하기와 같은 간단한 작업부터 문제 풀기처럼 복잡한 작업, 비유적 언어를 사용하여 글쓰기를 더 재미있게 만드는 작업, 정교한 컴퓨터 알고리듬 적용에 이르기까지 다양한 작업을 설명하는 데 도움이 된다. 학습과 발달을 설명하기 위해 인지이론을 사용하는 것을 강조하는 '인지 혁명'은 1950년대 중반에서 1970년대 초반 사이에 일어났으며, 그 이후로 교육에 미치는 영향은 꾸준히 증가해 왔다(Berliner, 2006). 예를 들어, 방금 살펴본 것처럼 데이비스 선생님은 자신의 강의에 인지학습이론을 여러 가지 방식으로 직접 적용했다.

인지학습이론의 원리

원리 또는 법칙(Principles or laws)은 한 학문 분야에서 일반적으로 사실로 받아들여지는 진술이다. 예를 들어, 과학에서 뉴턴의 운동 법칙 중 하나는 "움직이는 물체는 힘이 작용하지 않는 한 직선으로 계속 움직인다"는 것이다. 우리는 이 진술을 사실로 받아들이며, 운전 중 안전벨트를 착용하는 이유나 커브를 너무 빠르게 돌 때 자동차 문에 '쏠리는' 이유와 같은 일상적인 사건을 이해하는 데 도움이 된다.

학습의 원리는 사람들이 학습하고 발달하는 방식을 이해하는 데 도움이 되며, 우리가 가르칠 때 지침을 제공하는 것과 같은 목적을 가지고 있다. 인지학습이론의 기반이 되는 학습의 원리는 [그림 7-1]에 요약되어 있으며 다음 부분에서 살펴보자.

학습과 발달은 경험에 의존한다

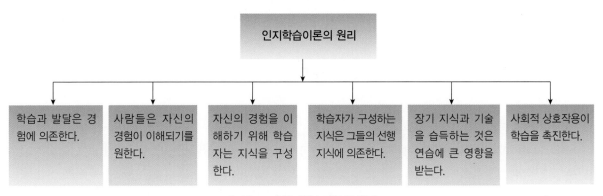

[그림 7-1] 인지학습이론의 원리

교실 안팎의 경험은 학습과 발달을 위한 원료를 제공하며, 이 원리는 교육심리학 그리고 당신에서 질문한 내용에 대한 답을 찾는 데 도움이 된다. 스마트폰이나 태블릿을 능숙하게 다룰 수 있다면 지침서를 읽고, 다른 사람들과 대화하고, 새로운 장비를 실험해 본 경험이 있을 것이다. 요컨대, 여러분의 경험은 장비를 효율적으로 사용하는 데 필요한 기술을 개발하는 데 도움이 되었다. 모든 학습과 발달도 마찬가지이다. 우리는 경험을 통해 세상이 어떻게 작동하는지 이해하는 데 필요한 배경지식을 습득할 수 있다. 데이비스 선생님의 정의와 예시는 학생들에게 비유적 언어에 대한 경험을 제공했다. 마찬가지로 글쓰기를 효과적으로 배우려면 많은 글쓰기 경험이 필요하고, 문제를 잘 해결하려면 많은 문제를 풀어야 한다. 운동선수는 운동경기에서 연습하고 경쟁하면서 경험을 쌓고, 교실에서의 수업은 교사로서 전문성을 키우는 데 도움이 되는 교육 경험을 제공한다.

이 원칙은 우리 교육에서도 중요한 의미를 갖는다. 학생들이 성장하고 발전하는 데 필요한 경험을 제공하는 것은 교사로서 우리가 하는 일의 본질이다.

사람들은 자신의 경험이 이해되기를 원한다

"이해가 된다" 또는 그 반대인 "이해가 안 돼, 말이 안 돼"와 같은 말을 몇 번이나 말하거나 들어본 적이 있는지 생각해 보자. 이러한 말들은 일상에서 너무나 흔한 말이기 때문에 우리는 보통 이런 말을 들었을 때 별다른 반응을 보이지 않는다.

우리의 경험을 이해하려는 욕구는 가장 기본적인 인지 원리이다. "지각과 인지가 세상을 이해하려고 한다는 관점은 길고 다양한 역사를 가진다"(Chatera & Loewenstein, 2016, p. 138). 고대 이집트인, 그리스인, 로마인부터 아메리카 원주민, 그리고 우리에 이르기까지 모든 사회와 문화는 삶과 그 의미, 그리고 우리가 죽으면 어떤 일이 일어날지에 대한 신념체계를 구축해 왔다. 이러한 체계는 사회가 다른 방법으로는 이해할 수 없는 경험을 이해하기 위해 사용해 온 메커니즘이다.

　이러한 요구는 교실에도 존재한다. 인지학습 이론가들은 학생들을 자신의 학습 경험을 이해하기 위해 끊임없이 노력하는 인지적으로 활동적인 존재로 묘사한다(Bransford, Brown, & Cocking, 2000). 이해가 되는 정보는 고립된 사실보다 배우고 기억하기 쉬우며, 이는 학생들이 우리가 가르친 내용을 거의 기억하지 못하는 이유를 이해하는 데 도움이 된다. 학생들이 공부한 내용 중 너무 많은 부분이 완전히 이해되지 않기 때문에 시험을 통과할 만큼만 암기하고 곧바로 정보를 잊는다. 학생들이 우리가 제공하는 경험을 이해하도록 돕는 것이 우리의 가장 중요한 목표 중 하나이다. 이 책은 그 목표를 달성하는 데 도움이 되도록 설계되었다.

자신의 경험을 이해하기 위해 학습자는 지식을 구성한다

교육심리학과 당신

다음의 그림을 보자. 던지는 사람의 손을 떠난 후 받는 사람이 잡기 전까지 공이 날아가는 모습을 생각해 보자. 각 지점(1번부터 5번까지)에서 공에 작용하는 힘을 나타내는 화살표를 그려 보자(힘이란 단순히 밀거나 당기는 것, 예를 들어 커피잔을 테이블 위에서 밀거나 의자를 바닥으로 당기는 것과 같이 단순히 밀거나 당기는 것을 말한다. 따라서 각 지점에서 공을 하나 이상 밀거나 당기는 힘을 나타내는 화살표를 그리는 것이다.). (공기 저항은 미미하므로 무시한다.)

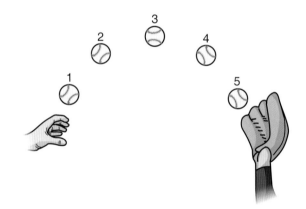

일반적인 경우 화살표는 다음과 같이 표시된다.

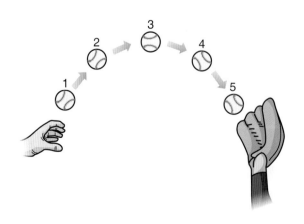

이것은 매우 일반적인 오해이다. 각 지점에서 공을 당기는 유일한 힘은 아래 그림과 같이 중력의 힘뿐이다.

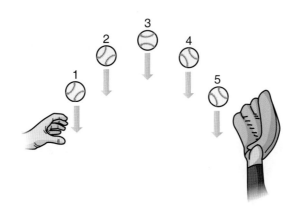

두 번째 그림에서 볼 수 있는 힘, 즉 화살표를 그린 이유는 무엇인가? 간단히 말해서, 여러분은 그 아이디어가 이해가 되었기 때문에 스스로 '구성'한 것이다. 인지학습이론에 따르면 우리는 생각하는 인간으로서 지식을 수동적으로 받아들이고 대화, 강의, 독서 등 제시된 형태로 저장하지 않는다. 오히려 우리는 정보를 정신적(인지적)으로 재구성하여 우리에게 의미가 있도록 재구성한다. 지식은 "학습자가 자신의 경험을 이해하려고 시도하면서 구성"된다(Hattie & Gan, 2011, p. 256).

또 다른 예로, 어린아이들에게 '사랑'의 정의를 물어보았다. 다음은 아이들의 의견 중 몇 가지이다. (인터넷에 널리 알려진 것이다.)

"사랑은 여자가 향수를 뿌리고, 남자는 면도한 뒤의 스킨을 바르고 나가서 서로의 냄새를 맡는 것이다" -칼(Karl), 5세

"사랑이란 밖에 나가서 식사를 할 때 누군가에게 자신의 감자튀김 대부분을 주면서도 그들의 것은 아무것도 받지 않는 것이다." - 크리시(Chrissy), 6세

"사랑이란 남자아이에게 그의 셔츠가 마음에 든다고 말했더니 그가 그 셔츠를 매일 입는 것이다." -노엘(Noelle), 7세

아이들은 이런 개념을 어디서 얻었을까? 던져진 공의 경우와 마찬가지로, 아이들은 자신들에게 이해되는 방식으로 지식을 구성했다. 이는 일반적인 지식의 경우에도 마찬가지이다.

지식의 구성 과정은 두 사람이 동일한 경험을 하고도 이를 매우 다르게 해석하는 이유를 이해하는 데 도움이 된다. 또한 왜 우리가 본질적으로 '갑자기' 아이디어를 떠올리게 되는지, 왜 오해가 생기는지 이해하는 데도 도움이 된다.

우리가 지식을 기록하는 것이 아니라 구성한다는 사실은 교육에 중요한 의미를 갖는다. 학생들에게 정보를 제시할 때, 그 정보가 이해가 되지 않는다면, 학생들은 (정신적으로) 이해가 되도록 정보를 재구성하고 잘못된 해석을 기억에 저장하게 될 것이다. 또는 가능한 한 많은 정보를 암기했다가 곧바로 잊어버릴 것이다.

학습자가 구성하는 지식은 그들이 선행 지식에 의존한다

> **교육심리학과 당신**
> 다시 한번 던져진 야구공의 예를 생각해 보자. 만약 여러분이 두 번째 그림에서 볼 수 있듯이, 전형적인 방식으로 힘(화살표)을 표현했다면, 경험을 이해하기 위한 필요성을 넘어 그렇게 표현한 이유가 무엇인가? 반면, 만약 여러분이 힘을 정확하게 표현했다면, 왜 그것을 올바르게 표현한 것인가?

우리의 경험과 이미 알고 있는 지식은 이 두 가지 질문에 답하는 데 도움이 된다. 거의 모든 경험에 따르면 물체를 특정 방향으로 움직이게 하려면 단순히 책을 탁자 위로 밀거나, 식료품 가방을 카운터 위로 들어 올리거나, 차를 길 아래로 이동하는 등 해당 방향으로 힘(밀거나 당기는 힘)을 가해야 한다는 것을 알 수 있다.

반면에 힘을 올바르게 표현했다면 물리학 수업과 같은 배경지식/경험을 통해 왜 중력만이 공에 작용하는 힘인지 이해하는 데 도움이 되었을 가능성이 높다.

우리는 모두 이미 알고 있는 지식을 바탕으로 새로운 지식을 구성한다. 예를 들어, 덧셈과 뺄셈에 대한 지식은 곱셈과 나눗셈을 이해하는 데 도움이 되고, 단순하고 서술적인 산문에 대한 이해는 비유적인 언어 사용과 같은 보다 정교한 글쓰기를 위한 틀을 제공한다.

APA의 20가지 주요 원칙

이 논의에서는 유치원-12학년(초·중등학교)까지 교수 및 학습을 위한 심리학의 20가지 주요 원칙에서 제시된 제2원칙을 보여 준다. 이 원칙은 학생들이 이미 알고 있는 것은 그들의 학습에 영향을 미친다는 것을 나타낸다.

하지만 배경지식은 양날의 검이 될 수도 있다. 예를 들어, 다음 문제를 고려해 보자.

$$\frac{1}{3} + \frac{1}{4}$$

7/12과 2/7 중 어떤 답이 더 합리적인가? 일부 학생의 경우 처음에는 2/7가 더 타당하다고 생각할 수 있다. 덧셈에 대한 이해를 바탕으로 분자를 더한 후 분모를 더하는 것은 매우 합리적으로 보인다. 또한, 분수를 곱할 때 실제로는 분자와 분모를 곱하기 때문에, 앞의 분수를 더하는 대신 곱하는 경우 답이 1/12가 된다.

마찬가지로, 불타는 벽난로나 뜨거운 난로에 가까이 다가가면 더 따뜻해지는 것과 같은 경험을 한 적이 있기 때문에, 많은 사람들은 여름에 태양에 더 가까이 있기 때문에 여름이 겨울보다 더 따뜻하다고 믿는다.

이는 좋은 교육이 왜 그렇게 복잡한지 이해하는 데 도움이 된다. 우리는 가르칠 때 단순히 경험을 제공하는 것이 아니라 학생들이 올바른 지식을 구성하는 데 도움이 되는 종류의 경험을 제공해야 한다.

장기 지식과 기술을 습득하는 것은 연습에 큰 영향을 받는다

APA의 20가지 주요 원칙

이것은 유치원–12학년(초·중등학교)까지 교수 및 학습을 위한 심리학의 20가지 주요 원칙에서 제시된 제5원칙이다. 장기 지식과 기술의 습득은 주로 연습에 의존한다.

무엇이든 잘하고 싶다면 연습을 해야 한다. 예를 들어, 좋은 글쓰기나 숙련된 문제해결을 위한 지름길은 없으며, 세계적인 운동선수나 음악가들이 자신의 기술을 연마하는 데 엄청난 시간을 투자한다는 것은 누구나 알고 있는 사실이다.

연습의 중요성은 직관적으로 이해할 수 있으며, 전문성 개발에 있어 연습의 역할을 조사한 연구 결과로 인해 학계에서 주목을 받았다(Ericsson, Krampe, & Tesch-Romer, 1993). 이후 언론인 맬컴 글래드웰(Malcolm Gladwell, 2008)이 베스트셀러인 그의 저서 『아웃라이어』에서 '10,000시간의 법칙'을 자주 언급하면서 대중화되었다. 에릭슨과 그의 동료들(Ericsson et al., 1993)이 처음 제시한 이 법칙은 단순하게 어떤 분야에서 높은 수준의 전문성을 개발하려면 10,000시간의 연습이 필요하다는 것을 나타낸다. 추가 연구에 따르면 10,000시간 법칙은 지나치게 일반화된 것으로, 어떤 기술에는 10,000시간 이상이 필요한 사람이 있는 반면, 그보다 적은 시간이 필요한 사람도 있다(Ericsson & Pool, 2016; Macnamara, Hambrick, & Oswald, 2014). 그러나 학습을 촉진하는 데 있어 연습의 중요성은 의심의 여지가 없다.

사회적 상호작용이 학습을 촉진한다

교육심리학과 당신
스마트폰에서 데스크톱 컴퓨터로 사진을 다운로드하려고 하는데 휴대전화를 컴퓨터에 연결하면 휴대전화가 인식되지 않는다. 구글(Google)에 접속해 보지만 도움이 되지 않는다.
친구가 찾아왔지만 그 친구도 잘 모르지만 함께 문제를 해결하기 시작하고 마침내 함께 문제를 해결하여 모든 휴대전화 사진을 다운로드할 수 있게 되었다.

"두 머리가 하나보다 낫다"는 말은 누구나 들어봤을 것이고, 앞의 '교육심리학과 당신'에서처럼 비슷한 경험을 해 본 적도 있을 것이다. 혼자서는 완전히 이해하지 못하거나 해결할 수 없는 문제에 대해 다른 사람과 함께 협력하여 해결책을 찾아낸다. 이러한 사례는 사회적 상호작용의 중요성을 보여 주며, 이를 통해 세 가지 학습효과를 얻을 수 있다.

- 정보 제공
- 다른 사람의 생각을 바탕으로 구축하기
- 생각을 말로 표현하기

이러한 이점을 설명하기 위해 데이비스 선생님의 강의에서 몇 가지 대화를 다시 살펴보자.

데이비스 선생님: 어떤 생각이 드나요? 계속해 봅시다. 이 문장이 여러분에게 어떤 의미인지 말해 보세요. (칠판을 가리키며 말했다.)

여러분은 신선한 공기 같은 존재이다.

이 수업은 모닝커피의 설탕과도 같다.

학생들: 멋지네요.

진짜인가요?

무슨 뜻이죠?

데이비스 선생님: 이 문장을 보면 말 그대로 신선한 공기라는 뜻인가요? 아니면 말 그대로 제 커피의 설탕 같다는 뜻인가요?

학생들: 그렇지 않아요.

그러자 데이비스 선생님은 정의를 보여 주었다.

트로이: 아 알겠어요……. 엄마는 항상 학교에 오기 전에 아침을 잘 먹으라고 하실 때 "네가 먹는 것이 곧 너 자신이다."라고 말 씀하세요.…… 그건 은유예요.

데이비스 선생님: 좋은 예다, 트로이…… 이제 이유를 설명해 볼까요.…… 지넷?

지넷: 그것은 우리를 음식과 동일시하는 거예요.

데이비스 선생님: 그래, 좋은 생각이야, 지넷.

이 간단한 대화에서, 트로이는 "아, 알겠어요. 그건 은유예요."라고 말하며 반 친구들에게 정보를 제공했다. 그런 다음 "그것은 우리를 음식과 동일시하는 거예요." 라고 말하면서 지넷은 트로이의 아이디어를 바탕으로 자신의 생각을 말로 표현했다. 트로이가 예시를 제공하고 지넷이 설명하도록 한 것은 데이비스 선생님이 직접 예시를 제공하고 설명했을 때보다 더 효과적이었는데, 학생들이 단순히 선생님의 말을 듣기만 했을 때보다 인지적으로 더 능동적으로, 더 많은 생각을 했기 때문이다. 이러한 방식으로 학생들과 상호작용하는 것은 모든 효과적인 교육에서 필수적인 요소이다(Eggen & Kauchak, 2013; Hattie, 2012; Lemov, 2015). (인지 활동의 필요성에 대해서는 이 장의 뒷부분에서 더 자세히 설명하도록 한다.)

인간 기억의 모형

교육심리학과 당신

어떤 사실이나 사람의 이름을 알고 있으면서도 순간 생각나지 않다가 언젠가 문득 떠오른 경험을 해 본 적이 있을 것이다. 그리고 "기억에 과부하가 걸렸나 봐." 또는 "허끝에 맴도는데 도저히 떠오르지 않아."와 같은 말을 한 적이 있을 것이다. 우리의 머릿속은 왜 이런 식으로 작동할까?

기억은 일상생활에 필수적인 부분이기 때문에 우리는 '기억'에 대해 거의 생각하지 않는다. 우리는 콜롬비아의 수도(보고타, Bogota)와 같은 단편적인 사실을 기억하기 위해 머리를 쥐어짜고, 문제를 해결하고, 관계를 파악하고, 결정을 내리기 위해 기억을 활용한다. 그리고 아마도 우리는 위의 '교육심리학과 당신'에서 질문했던 문제들을 거의 확실하게 겪어 본 적이 있을 것이다. 이 부분에서는 널리 받아들여지고 있는 인간 기억의 모형을 소개하고, 이 장의 나머지 부분에서는 이 모형을 자세히 살펴보자.

인지학습 이론가들은 인간 기억의 정확한 구조에 대해 완전히 동의하지는 않지만 대부분 [그림 7-2]에서 보는 것과 유사한 모형을 사용한다. 이 모형은 애킨슨(Atkinson)과 시프린(Shiffrin, 1968)이 처음 제안한 것으로, "기억에서 정보를 획득, 처리, 저장, 검색하는 과정을 설명하고 기억력을 향상시킬 수 있는 방법에 대한 지침"을 제공하는 인지학습이론인 **정보처리이론**(information processing theory)의 핵심 구성 요소가 되었다 (Tangen & Borders, 2017, p. 100). 정보처리이론과 더불이 이 모형이 처음 제안된 이후 많은 연구를 통해 상당한 정교화를 거쳤다(Schunk, 2016). (이 장의 뒷부분에서 정보처리와 이 모형에 대한 비판도 살펴볼 것이다.)

여기서 **모델**(model)은 직접 관찰할 수 없는 것을 시각화할 수 있도록 도와주는 표현이다. 이는 우리가 과학 수업에서 원자의 모형을 사용하는 것과 같은 방식으로 사용된다.

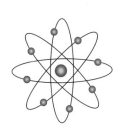

예를 들어, 원자의 핵이나 전자를 직접 관찰할 수 없는 것처럼, 우리 머릿속을 들여다보고 기억 시스템의 구성 요소를 볼 수는 없다. 그래서 우리는 이를 시각화하고 이해하는 데 도움이 되는 모형을 만들었다.

인간의 기억 모형은 크게 세 가지 구성 요소로 이루어져 있다.

- 기억 저장소: 감각 기억, 작업 기억, 장기 기억. 이러한 저장소는 정보를 가지고 있는 곳으로, 경우에 따라 매우 짧게 또는 거의 영구적으로 정보를 보유한다.
- 인지 과정: 주의, 지각, 시연, 부호화, 탐색, 인출. 이러한 과정은 정보를 한 기억 저장소에서 다른 저장소로 이동시킨다.
- 메타 인지: 정보의 저장과 정보를 한 저장소에서 다른 저장소로 이동시키는 방식을 모니터링하고 조절하는 감독 체계이다.

이 모형은 단지 하나의 표현일 뿐이지만, 우리의 생각이 어떻게 작동하는지에 대한 귀중한 정보를 제공한다. 간단한 예로, 이 모형에서는 작업 기억이 감각 기억이나 장기 기억보다 작다는 것을 알 수 있다. 이것은 작업 기억의 용량이 다른 두 저장소보다 작다는 것을 상기시켜 준다. 각 구성 요소를 살펴보면서 모형을 참조하고 모형이 왜 그렇게 구성되어 있는지 살펴보자. 모형에서도 볼 수 있듯이 기억 저장소, 인지 과정, 메타

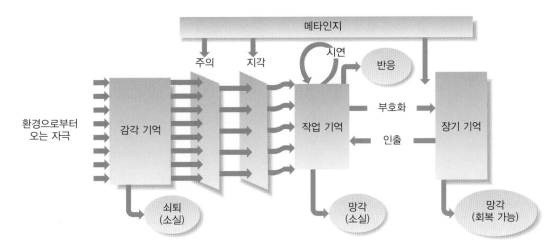

[그림 7-2] 인간 기억의 모형

인지는 서로 연결되어 있지만 명확성을 위해 다음 부분에서는 기억 저장소부터 따로 살펴보도록 하겠다.

저장소

7.2 인간 기억 모형의 기억 저장소를 사용하여 교실과 일상생활에서 일어나는 사건을 설명할 수 있다.

감각 기억, 작업 기억, 장기 기억과 같은 기억 저장소는 정보를 우리에게 적합한 방식으로 정리하고 나중에 사용할 수 있도록 저장하는 **저장소**(memory stores)이다. 이 섹션에서는 이러한 기억 저장소에 대해 살펴보도록 하자.

감각 기억

> **교육심리학과 당신**
> 손가락을 앞에 대고 빠르게 흔들어 보라. 무엇이 느껴지는가? 이제 손가락으로 팔을 꾹 누른 다음 놓아 보자. 어떤 느낌이 드는가?

방금 질문한 내용을 생각해 보자. 첫 번째 경우, 손가락이 움직일 때 손가락 뒤에 희미한 '그림자'가 보이는가? 그리고 팔을 누르는 것을 멈춘 후에도 잠시 동안 압박감이 남아 있었는가? 이러한 사건은 **감각 기억**(sensory memory)이라는 개념으로 설명할 수 있는데, 감각 기억은 환경으로부터 들어오는 자극을 가공되지 않은 날것의 형태로 잠시 저장했다가 의미를 완전히 조직화할 수 있을 때까지 저장하는 정보 저장소이다(Neisser, 1967; Vlassova & Pearson, 2013). 예를 들어, 그림자는 시각 감각 기억에 잠시 저장된 손가락의 이미지이고, 촉각 감각 기억에 잠시 저장된 압력의 느낌은 촉각 감각 기억에 잠시 저장된 것이다.

감각 기억은 학습과 일상생활에서 기능하는 데 필수적인 요소이다. 예를 들어, 친구가 "목요일 2시에 치과 예약이 있어"와 같은 간단한 말을 하면 전체 문장을 들을 때까지 청각 감각 기억에 문장의 앞부분을 잠시 기억해 두지 않으면 그 말을 이해할 수 없게 된다. 감각 기억의 용량은 거의 무제한에 가깝지만, 처리가 거의 즉시 시작되지 않으면 기억의 흔적은 빠르게 사라진다(Öğmen & Herzog, 2016; Pashler & Carrier, 1996). 감각 기억은 우리가 정보에 의미를 부여한 다음, 다음 저장소인 작업 기억으로 옮길 때까지 정보를 보관한다.

작업 기억

사람들은 자신의 경험을 이해하기 위해 지식을 구성한다는 것이 인지학습이론의 원리이며, 여기서 **작업 기억**(working memory)을 작용한다. 작업 기억은 우리 기억 체계의 의식적 구성 요소로, 사고가 일어나는 곳이기 때문에 흔히 '작업대'라고 불리며 지식을 구성하는 곳이다(Paas, Renkl, & Sweller, 2004). 우리는 감각 기억이나 장기 기억의 내용을 작업 기억으로 가져와 처리하기 전까지는 그 내용을 인식하지 못한다.

작업 기억의 모형

[그림 7-2]는 작업 기억을 하나의 단위로 표현한 것으로, 초기에는 작업 기억을 이렇게 설명했다(Atkinson & Shiffrin, 1968). 그러나 후속 연구에 따르면 작업 기억에는 정보를 처리하는 데 함께 작용하는 세 가지 구성 요소가 있다고 제안된다(Baddeley, 1986, 2001). 이러한 구성 요소는 [그림 7-3]에 설명되어 있다.

작업 기억의 구성 요소를 소개하기 위해 여기에 표시된 스케치의 면적을 계산해 보라.

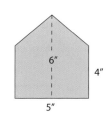

문제를 생각할 때 아마 다음과 같은 작업을 했을 것이다. 6에서 4를 빼서 스케치에서 삼각형 부분의 높이가 2인치라는 것을 확인했다. 삼각형의 넓이에 대한 공식은 다음과 같다는 것을 기억했다. 1/2(b)(h)(밑변 곱하기 높이 곱하기 1/2)이고 직사각형의 경우 (l)(w)(길이 곱하기 너비)이다. 그런 다음 삼각형 부분은 (1/2)(5)(2) = 5제곱인치, 직사각형 부분은 (5)(4) = 20제곱인치로 면적을 계산하여 그림의 총 면적을 25제곱인치로 만들었다.

이제 작업 기억의 여러 구성 요소가 어떻게 작업을 수행하는 데 도움이 되었는지 살펴보자. **음운 고리**(phonological loop)는 단어와 소리에 대한 단기 저장 구성 요소로(Papagno et al., 2017), 계산을 하는 동안 도형의 면적과 치수를 구하는 공식을 일시적으로 저장한다. 음운 고리의 장애는 언어 정보를 처리하는 데 중요한 역할을 하기 때문에 종종 읽기 장애와 관련이 된다(Kibby, Marks, & Morgan, 2004).

시각-공간 스케치판(visual-spatial sketchpad)은 시각 및 공간 정보를 위한 단기 저장 시스템으로, 문제해결 방법에 대한 결정을 내릴 때 그림을 시각화할 수 있게 해 준다. 시각-공간 스케치판과 음운 고리는 서로 독립적이기 때문에 서로의 자원을 소모하지 않고 정신적 작업을 수행할 수 있다(Baddeley, 1986, 2001).

이 두 가지 저장 시스템은 용량과 지속 시간이 제한되어 있어 1.5초에서 2초 정도에 우리가 스스로 말할 수 있는 만큼의 정보를 저장할 수 있다(Baddeley, 1986, 2001). 이 시스템은 역사적으로 **단기 기억**(short-term memory)의 기능을 수행한다. 따라서 예를 들어 '단기 기억 상실'에 대한 정보를 듣거나 읽었을 때, 이는 이러한 작업 기억 구성 요소의 감소를 의미한다.

음운 고리와 시각-공간 스케치판에 정보를 저장할 때, **중앙 집행기**(central executive)는 정보의 흐름을 통제하고 다른 구성 요소로부터 정보를 주고받는 감독 시스템으로서 문제해결을 위해 노력한다. 예를 들어, 중

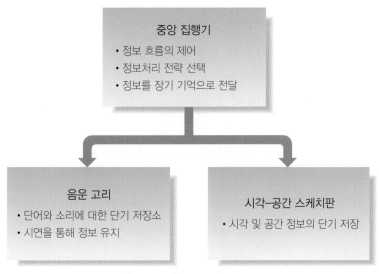

[그림 7-3] **작업 기억의 모형**

앙 집행기는 도형을 삼각형과 직사각형으로 나눈 다음 각각의 면적을 구하고 마지막으로 두 개를 더하도록 결정을 안내했다.

집행 기능 중앙 집행기는 위와 같은 간단한 문제를 해결하는 것 이상의 역할을 학교와 생활에서 수행한다. 이는 '목적 지향적이고 목표 지향적인 행동을 담당하는 인지 과정을 설명하는 데 사용되는 포괄적인 용어'인 **집행 기능**(executive functioning)을 관장하는 것이다(Cantin, Gnaedinger, Gallaway, Hesson-McInnis, & Hund, 2016, p. 66). 이것이 우리 삶에 어떤 영향을 미치는지 알아보기 위해 두 젊은 성인 간의 대화를 살펴보자.

잭(Jack)이 문을 열고 들어오자, 그의 연인 올리비아(Olivia)가 신나서 말했다. "다나(Dana)가 이번 달 말에 큰 파티에 초대하려고 전화를 했어. 꼭 참석하겠다고 했어."

"좋네." 잭이 대답했다. "그런데, 너도 알다시피 나는 이번 달 마지막 주에 출장을 가잖아. 약속하기 전에 나한테 확인을 했어야지. 파티가 언제인데?"

"잘 모르겠어. 다나와 통화 끝나자마자 적으려고 했는데, 전화가 또 와서 깜빡했어."

"우리가 참석할 수 있는지 확인하려면 알아야 해." 잭이 대답했다. "다나에게 다시 전화해서 세부적인 정보를 물어봐."

"내일 전화할게." 올리비아가 약속했다.

"두고 보자." 잭은 올리비아의 성향을 알고 있기 때문에 속으로 생각했다.

아는 사람과 비슷한가? 올리비아의 행동은 우리가 때때로 '엉성하다'고 생각할 수 있지만, 사실 이것은 그녀의 집행 기능의 문제이다. 집행 기능은 학교에서의 학업 및 사회적 성공과 학창 시절 이후의 삶의 성공 및 만족도와 관련이 있다. 예를 들어, 집행 기능이 잘 발달하면 학교에서 읽기 및 수학성취도가 높아지며(Blair & McKinnona, 2016; Cantlin et al., 2016), 사회적인 상호작용 상황에서 적절하게 행동하고 대화에서 아이러니한 점과 풍자와 같은 미묘한 차이를 감지하는 등 사회정서적 역량과도 관련이 있다(Cantlin et al., 2016; Devine & Hughes, 2013). 성인의 경우, 집행 기능 결핍은 불안 및 사회적 상호작용 문제와 관련이 있으며(Jarrett, 2016), 주의력 결핍/과잉행동장애(ADHD)를 가진 학생과 성인 모두 이 문제로 어려움을 겪는 경우가 많다(Karatekin, 2004). 이 사례에서 올리비아의 행동이 심각하지는 않겠지만, 직장에서 문제를 일으킬 수 있음을 알 수 있다.

한편 잘 발달된 집행 기능은 직장에서의 성공, 만족과 관련되어 있으며, 효과적인 집행 기능을 가진 노인의 경우 건강 및 웰빙 수준이 높다고 보고된다.

효과적인 집행 기능에는 세 가지 하위 기술이 포함된다(Cantlin et al., 2016; Fuhs, Hornburg, & McNeil, 2016).

- 효과적인 작업 기억은 정보를 기억하고 조작할 수 있는 능력이다. 올리비아가 파티 날짜를 잊어버린 것은 이 영역의 결함을 보여 준다.
- 억제 제어는 때로 자기 통제라고도 불리며, 관련된 정보에 주의를 기울이고 부적절한 행동을 억제하며, 부적절한 정보에 산만해지지 않도록 하는 능력이다. 올리비아는 잭과 상의하지 않고 서둘러 초대에 응답하여 결정을 내렸다.
- 인지적 유연성은 작업의 변경이 필요할 때 정신적으로 전환할 수 있는 능력이다. 올리비아는 전화 통화

에서 달력에 정보를 기록하는 것으로 전환하는 것이 어려웠다.

우리는 집행 기능이 학업 성공과 관련되어 있으며, 학생들의 집행 기능이 제대로 발달하지 않은 것은 교사들에게 좌절감을 안겨준다는 것을 보아 왔다. 이 장의 첫 부분에서 나오는 교사 마이크 데이비스가 학생들, 특히 집행 기능에 문제가 있는 오웬(Owen)과 함께하면서 집행 기능 문제를 어떻게 수용하는지 살펴보자.

오웬은 숙제를 학교에 가져오지 않은 적이 있으며, 짧은 지시 사항도 잊어버리는 작업 기억력에 문제가 있는 학생이다. 수업 시간에 손을 들고 말해야 한다는 규칙이 있음에도 불구하고 답변을 남발하는 경향이 있어 스스로를 통제하는 능력이 부족하다는 것을 알 수 있으며, 앞으로의 단계별로 더 많은 작업을 필요로 하는 초기의 간단한 작업을 수행할 때에도 자주 도움을 요청하는데, 이는 인지적 유연성에 문제가 있다는 것을 시사한다.

데이비스 선생님은 학년이 시작되기 며칠 전 학생들의 이러한 문제 가능성을 예상하여 학부모나 보호자에게 이메일을 보내어 첫 날에 학생이 세 개의 고리가 달린 파일을 학교에 가져올 수 있도록 해달라고 요청했다. 그런 다음 아래에 표시된 체크리스트를 학생들에게 전달하고, 첫 페이지에 넣도록 지시했다. (불가피하게 일부 학생들이 파일을 가져오지 못하는 경우, 그는 리마인더 이메일을 보내고, 그럼에도 불구하고 가져오지 않을 경우 학부모에게 전화를 건다.)

데이비스 선생님은 학생들에게 매일 아침에 집을 나서기 전에 체크리스트를 작성하도록 상기시킨다. 학생들은 매주 금요일 오후 하교 직전에 문 옆 책상 위에 놓인 더미에서 다음 주 체크리스트를 가져간다.

	월	화	수	목	금
숙제	✓				
교재	✓				
2개의 연필	✓				
지우개	✓				
3구 펀치 종이	✓				
개인용품	✓				

데이비스 선생님은 모든 숙제를 칠판에 적고 학생들에게 바인더에 복사하도록 지시한 다음, 학생들이 잘 이행하는지 지켜본다. 또한 체크리스트의 사용법을 설명하고 역할극을 하기도 한다.

그는 또한 개인의 책임을 강조하며, 가르치면서 자신의 책임을 설명하고 시범을 보여 줌으로써 모범을 보인다. 그리고 그의 학급 관리 시스템은 규칙을 준수하는 학생에게는 보상을 제공하고(예: 허락을 받지 않은 채 정답을 외치지 않기), 만성적으로 규칙을 위반하는 학생에게는 제재를 가한다.

데이비스 선생님은 학생과의 상호작용 방식을 통해 집행 기능을 촉진하려고 노력한다. 그 방법을 살펴보기 위해 우리는 이 장의 시작에서 처음 본 비유적 언어에 대한 수업으로 돌아가 보겠다. 데이비스 선생님은 방금 세 명의 팀에게 각각 비유적 언어 유형에 대한 두 가지 추가 예제를 만드는 과제를 제시했다.

이제 데이비스 선생님의 수업으로 돌아가 보자.

"이제 파트너에게 가서 은유, 직유, 의인화에 대한 예를 두 개 이상 더 생각해 보세요. 5분 남았습니다."

데이비스 선생님은 학생들이 책상을 돌려 팀 동료들을 마주 보게 하고 몇 초간 기다린 후 이렇게 묻는다. "가장 먼저 할 일은 무엇일까요? …… 아미(Amy)?"

"은유의 예를 생각해 보는 것이요."

"좋아요. …… 예를 하나 찾은 후에는 항상 무엇을 하나요? …… 모니카(Monica)?"

"받아 적어요."

"그리고 또 뭘 할까요? …… 오웬?"

"…… 다른 걸 찾아봐요."

"또 다른 것은?"

"…… 직유의 예를 찾아봐요."

"네, 좋아요, 오웬 …… 자, 다들 시작해 보세요."

우리는 학생들이 수업 시간에 행동하기를 기대하며, 또한 학생들이 개인적인 책임을 받아들이고 처음 지시를 받았을 때 우리의 지시를 따라 주기를 바란다. 많은 학생들이 그렇게 하고 있으며, 우리가 가르칠 때 학생들은 만족감을 준다.

그러나 다른 학생들은 어려움을 겪는 경우도 있기 때문에 우리는 학생들의 활동에 개입해야 하며, 이것이 데이비스 선생님이 그의 학생들에게 한 일이다. 우리는 연습이 모든 학습 형태에 필수적이라는 것을 알고 있으며, 심지어 오웬과 같은 일부 학생들에게는 작업 기억에 정보를 유지하고 부적절한 행동을 억제하며 한 과제에서 다른 과제로 유연하게 이동하는 것과 같은 간단한 능력도 연습이 필요할 수 있다. 데이비스 선생님의 체크리스트와 학생들에게 과제를 설명하도록 요구하는 것은 작업 기억 기능을 연습하도록 하고, 그의 학급 관리 시스템은 학생들이 부적절한 행동을 억제하는 법을 배우도록 하며, 그룹 과제와 관련된 질문은 학생들에게 인지적 유연성의 연습을 제공한다. 데이비스 선생님의 노력이 모든 상황에서 또는 모든 학생들에게 효과가 있는 것은 아니며, 데이비스 선생님의 노력으로 인해 오웬의 문제가 사라질 것이라고 확신할 수는 없다. 그러나 그것은 많은 학생들에게 변화를 줄 것이고, 우리가 가르칠 때 항상 하려고 노력하는 것이다.

논의를 통해 지금까지, 우리는 작업 기억이 우리의 일상생활에서 효과적으로 학습하고 기능하는 데 엄청난 역할을 한다는 것을 알 수 있다. 이렇게 중요한 요소도 한계가 있다는 것은 아이러니하게 보인다.

작업 기억의 한계

인간의 기억에 대한 논의를 시작할 때, 우리는 당신이 "기억의 과부하로 고통받고 있다"와 같은 말을 한 적이 있을 것이고 말했다. 만약 그렇다면, 이는 작업 기억의 용량이 매우 제한되어 있기 때문에 일어난 일이며, 지난 절에서 설명한 음운 고리와 시각–공간 스케치판의 한계와 직접적으로 관련이 있다(Sweller, van Merrienboer, & Paas, 1998). 초기 연구는 성인의 작업 기억이 한 번에 약 7개의 정보를 저장할 수 있고, 단지 정보를 10초에서 20초 동안만 저장할 수 있다고 제안했다(Miller, 1956). (어린아이의 작업 기억은 더 제한적이다.) 정보를 선택하고 정리하는 것도 작업 기억 공간을 사용하기 때문에, 우리는 아마도 "단순히 정보를 저장하는 것뿐만 아니라 정보를 처리해야 할 때는 두 가지 또는 세 가지 정보를 동시에 처리할 수 있을 것"이다(Sweller et al., 1998, p. 252). 우리가 [그림 7-2]에서 보았듯이, 작업 기억은 감각 기억이나 장기 기억보다 더 작게 표현되며, 이는 작업 기억 용량이 제한되어 있음을 상기시키기 위함이다. 작업 기억은 실행 기능을 담당할 뿐만 아니라, 우리의 경험을 이해하고 우리의 지식을 구성하는 곳이기도 하기 때문에 이러한 작업 기억의 제한된 용량은 분명 가장 중요한 특징이다(Clark & Mayer, 2003). 생각해 보자. 학습에서 가장 중요한 과정은 가장 제한적인 우리의 기억 시스템의 구성 요소에서 발생한다. 학생들이 중요한 정보를 놓치고, 잘못된 개념을 구성하고, 때때로 혼란스러워하는 것도 놀랄 일이 아니다. 또한 이러한 작업 기억의 한계는 우리가 간단한 일상 대화에서 말하는 것을 왜 사람들이 기억하지 못하거나 잘못 해석하는지 이해하는 데 도움이 된다.

작업 기억의 한계는 학습과 교수에서 중요한 의미를 갖는 연구 결과를 이해하는 데 도움이 된다.

- 학생들은 키보드 사용 기술이 잘 발달되어 있다면 컴퓨터를 사용하여 더 나은 에세이를 쓴다. 만약 키보드 사용 기술이 잘 발달되어 있지 않다면, 손으로 쓴 에세이가 더 우수하다(Roblyer & Hughes, 2019).
- 처음에 문법, 구두점, 철자법을 무시하도록 허용한다면 학생들의 글쓰기는 더 빠르게 향상되는 경우가 많다(McCutchen, 2000).
- 강의의 비효과성을 밝힌 연구가 있고, 더 정교하고 효과적인 교수법을 개발하려는 노력에도 불구하고 강의는 가장 일반적인 교수 전략으로 남아 있다(Brophy, 2006b; Cuban, 1993; Lemov, 2015).

작업 기억의 한계는 중요한 연구 결과를 이해하는 데 도움이 된다.

우리는 이러한 예들을 작업 기억에 부과되는 정신 활동의 양인 **인지 부하**(cognitive load)의 개념을 사용하여 설명할 수 있다. 이는 당신이 "기억의 과부하로 고통받고 있다"고 말했을 때 언급했던 것이다.

인지 부하는 두 가지 요인에 의해 결정된다. 예를 들어, 7 9 5 3 숫자열과 3 9 2 4 6 7 8 숫자열을 기억하는 것과 같이 첫 번째로 우리가 주목해야 할 요소는 정보의 수이다(Paas et al., 2004). 후자의 숫자열은 단순히 숫자가 더 많다는 점에서 전자의 숫자열보다 더 큰 인지 부하를 일으킨다.

두 번째 요인은 복잡성이다(Paas et al., 2004). 예를 들어, 잘 구성된 에세이를 작성하려고 시도하는 것은 복잡한 인지 작업이며(많은 생각을 필요로 한다.), 학습자들도 키보드에 손가락을 어디에 위치해야 할지 고민하며 작업 기억 공간을 사용한다면 인지 부하가 너무 커지고 손으로 에세이를 쓸 때 더 나은 글을 작성하게 된다. 마찬가지로 에세이를 작성하려고 노력하면서 문법, 구두점, 철자법에 대해 생각하는 것도 학생들에게 큰 인지 부하를 주기 때문에 처음에는 이러한 규칙을 무시하도록 한다면 인지 부하가 줄어들게 된다.

또한 인지 부하는 왜 그렇게 많은 교사들이 학생들과 상호작용하는 대신 강의를 하는지를 이해하는 데 도움이 된다. 질문으로 학생들의 학습을 유도하는 것과 같이 정교한 교수 전략을 위해서는 학습목표를 염두에 두면서 동시에 최상의 질문을 생각하고, 누구를 호명할지 결정하며, 학생들이 대답할 수 없을 때 어떻게 반응해야 하는지 알고, 수업 시간에 집중하지 못하는 학생들과 잘못된 행동을 하는 학생들을 감시해야 한다. 이 모든 것은 교사에게 매우 큰 인지 부하를 발생시키기 때문에, 교사는 종종 단순히 강의를 함으로써 이러한 인지 부하를 감소시키고자 한다. 이는 전문가 교육이 왜 그렇게 어려운지, 연습을 통해 모든 교사가 전문가가 되는 것은 아니라는 점을 이해하는 데 도움이 된다.

강의는 또한 학생들에게 큰 인지적 부담을 준다. 강의를 할 때, 너무 많은 정보를 너무 빨리 제시하는 함정에 빠지기 쉽기 때문에 작업 기억에 대한 인지 부하로 인해 학생들은 정보를 잘못 해석하고 일부를 완전히 놓치게 된다. 우리는 '분명 학생들에게 자세히 설명했다'고 생각하며 학생들의 이해가 부족하다는 것에 놀라게 된다. 우리는 이제 왜 이러한 문제가 그렇게 흔하게 발생하는지 알 수 있다

그렇다면 우리는 학습자이자 교사로서 작업 기억의 한계에 대해 무엇을 할 수 있을까? 우리는 다음에 이 질문을 다룬다.

인지 부하 줄이기

작업 기억의 한계를 수용하기 위해 우리의 목표는 인지 부하를 줄이는 것이다. 다음의 세 가지 전략이 이 목표를 달성하는 데 도움이 될 수 있다.

- 청킹
- 자동화
- 분산 처리

청킹 청킹(Chunking)은 별개의 항목들을 정신적으로 더 크고 의미 있는 단위로 결합하는 과정이다(Miller, 1956). 예를 들어, 9 0 4 7 7 5 0 5 8 0 7은 전화번호이고, 10자리이기 때문에 작업 기억의 용량을 초과한다. 이제, 보통 904-750-5807로 쓰여진 것처럼, 이 숫자들은 세 개의 더 큰 단위로 '청킹'되었기 때문에 더 적은 작업 기억 공간을 차지하게 되고 인지 부하를 줄이게 된다. 이것이 전화번호를 몇 개의 덩어리로 표시하는 이유이다. 이렇게 하면 읽고 기억하기에 더 쉽다.

청킹은 우리 일상생활에서 흔히 볼 수 있다. 예를 들어, 아메리칸 익스프레스 신용카드는 15자리 길이를 3단위로, 비자카드는 16자리 길이를 4단위로 각각 나눈다. 운전면허 번호, 미국자동차협회와 같은 단체의 회원 자격 번호, 컴퓨터 소프트웨어의 긴 라이선스 번호는 모두 숫자와 문자의 연속적인 문자열이 아니라 덩어리로 표시된다. 논의 후반부에 우리는 어떻게 청킹을 활용하여 인지 부하를 크게 줄일 수 있는지 살펴볼 것이다.

교육심리학과 당신

전동식 차고문 개폐기가 있다면 집이나 아파트를 나갈 때 차고문을 내렸는지 궁금해졌던 적이 있는가? 아마 당신은 차를 몰고 다시 집으로 돌아가서 차고를 확인한 후에 문 내리는 것을 깜빡하지 않았다는 것을 알게 될 것이다. 아니면 커피포트를 껐는지 궁금해졌던 적이 있는가?(제조사들은 이런 고충을 이해하고 대부분의 커피포트는 일정 시간이 지난 후 자동으로 꺼지도록 되어 있다.) 그렇다면 왜 이런 생각이 들까?

자동화 자동화(Automaticity)는 정신적인 조작을 거의 의식하지 않고 수행할 수 있는 능력이며(Feldon, 2007), 학습과 일상 생활 모두에 매우 중요하다. 예를 들어, 일단 키보드와 문법이 자동화되면, 즉 '생각하지 않고' 올바른 문법, 구두점, 철자법을 타이핑하고 사용할 수 있게 되면, 우리는 제한된 작업 기억 공간을 양질의 글쓰기를 작업을 하는 데 할애할 수 있다. 이것은 학생들이 타자치기 기술이 잘 발달되어 있다면, 왜 컴퓨터를 사용하여 더 나은 에세이를 쓰는지 이해하는 데 도움이 된다. 학생들은 자동으로 키보드를 사용한다.

마찬가지로 만약 우리가 학습목표가 분명하고 질문하기와 같은 중요한 교수법을 높은 수준까지 습득했다면 질문을 생각하고 누구를 호명할지 결정하고 제대로 된 대답을 하지 못하는 학생에게 반응하는 법은 본질적으로 자동화된다. 이렇게 되면 토론을 진행하고 학생들의 행동을 모니터링할 수 있는 작업 기억 공간이 남게 된다.

자동화는 인지 부하를 줄이는 데 필수적이며, 연구에 따르면 수학, 컴퓨터 과학, 농구 또는 교육과 같은 분야에서 고도로 숙련되거나 박식한 **전문가**(expert)들은 가능한 한 많은 기술을 자동화했다. 그리고 일상생활에서 우리는 모두 인지 부하를 줄이는 간단한 루틴을 개발한다. 예를 들어, 폴(Paul, 저자 중 한 명)은 집에 들어오는 순간 자동으로 열쇠와 지갑을 캐비닛 서랍에 넣기 때문에 그는 생각할 것이 하나 줄어들게 된다.

그러나 자동화는 양날의 검이며 이러한 사실은 앞서 살펴본 '교육심리학과 당신'에서 질문에 답하는 데 도움이 된다. 만약 당신이 어느 하나에 '예'라고 대답했다면, 그것은 당신이 차고문을 내리거나 다른 일상적인 일을 '자동적으로' 완수했기 때문이다. 즉, 그것에 대해 생각하지 않고 수행한 것이다. 다른 예로, 운전은 거의 자동적으로 이루어지기 때문에 많은 사람들이 운전 중에 매우 위험한 행동인 휴대전화나 문자로 동시에 대화하는 것이 가능하다고 믿는다(Cismaru, 2014).

분산 처리(Distributed Processing) 앞서 우리는 음운 고리와 시각-공간 스케치판이 작업 기억에서 독립적으로 작동하기 때문에 각각이 서로의 자원에 부담을 주지 않고 정신적 작업을 수행할 수 있다는 것을 확인했다. 시각적 프로세서는 언어적 프로세서를 보완하고 그 반대의 경우도 마찬가지이다. 이러한 점은 두 구성 요소에 처리 작업을 '분산'하고 인지 부하를 줄이며 작업 기억의 한계를 수용하는 데 도움이 된다. 이는 우리가 가르칠 때 언어적 설명과 시각적 표현을 결합해야 함을 시사한다. "단어와 그림의 통합은 언어적·시각적 정보를 분리하기보다는 함께 제시하는 수업을 통해 더 쉬워진다"(Clark & Mayer, 2003, p. 38). 예를 들어, 수학에서 다이어그램은 문제해결에 도움이 된다. 세포의 구성 요소가 포함된 사진은 생물학에 사용된다. 점프 슛의 올바른 기술을 보여 주는 비디오는 농구 코칭에 사용된다. 미술 수업에서는 명작의 복제품을 사용한다. 각각은 작업 기억의 능력을 활용하여 인지 부하를 분산시킨다.

장기 기억

사람들이 지식을 구성할 때 사전 지식에 영향을 받는다는 것은 인지학습의 원리이며, 바로 여기서 우리의 영구적인 정보 저장고인 **장기 기억**(long-term memory)이 작동하게 된다. 우리가 알고 있는 것은 장기 기억에 저장되며, 이 지식에 접근할 수 있는 것은 이후의 학습에서 매우 중요한 역할을 한다. 장기 기억의 용량은 방대하고 지속성이 뛰어나며, 일부 전문가들은 장기 기억의 정보가 평생 동안 남아 있다고 믿는다(Schacter, 2001; Sweller, 2003). 장기 기억에는 두 가지 중요한 지식 유형인 선언적 지식과 절차적 지식이 저장된다. 다음으로 이 두 지식을 살펴본다.

장기 기억에 저장된 선언적 지식

지금까지 이 장에서 인지학습이론의 원리, 작업 기억과 자동화와 같은 개념, 성인의 작업 기억 용량은 약

7비트 정보라는 사실 등 상당한 양의 지식을 습득했길 바란다. 또한 우리 모두는 수많은 개인적인 경험을 저장하고 있다. 이러한 정보는 **선언적 지식**(declarative knowledge)으로 존재하며, 흔히 "무엇을 알고 있다"고 표현된다.

선언적 지식을 습득하려면 다양한 정보 항목을 통합해야 한다. 인지학습이론의 원리와 인간의 기억 모형을 어떻게 통합할 수 있는지 생각해 보아라. 우리는 경험을 이해하고 싶기 때문에(학습 원리) 지식을 구성한다(학습 원리). 이 지식은 작업 기억(인간의 기억 구성 요소)에서 구성되며, 장기 기억(인간의 기억 구성 요소)에 저장되는 선행 지식(학습 원리)에 의존한다. 이렇게 통합된 정보는 장기 기억에서 정보가 조직되는 방식을 나타내는 인지 구조인 **도식**(schemas, schemata라고도 함)의 형태로 존재한다(Schunk, 2016; Willingham, 2007). [그림 7-4]는 이러한 통합을 시각화하는 데 도움이 될 수 있는 스키마를 나타낸다.

우리는 각자의 스키마를 구성하기 때문에, 그 스키마들은 우리에게 의미가 있다. 그러나 이것이 반드시 다른 누군가에게 의미가 있다는 것을 의미하는 것은 아니다. 예를 들어, [그림 7-4]의 스키마는 우리가 구성을 했기 때문에, 우리(저자 폴과 돈)에게 의미가 있다. 따라서 만약 그것이 당신에게 완전히 이해되지 않는다면, 그것은 당신이 그것을 구성하지 않았기 때문이다. 교실에서 학생들이 자신에게는 의미 있지만 교사나 서로에게는 의미가 없는 스키마를 구성할 때도 같은 일이 발생한다.

유의미성 방금 [그림 7-4]에서 인지학습이론의 원리와 인간 기억의 구성 요소가 어떻게 통합되는지 살펴보았다. 이러한 통합은 개별 항목 간의 연결에서 비롯되며, 이는 정보 항목이 서로 연결되고 관련되어 있는 정도인 **유의미성**(meaningfulness)의 개념을 보여 준다.

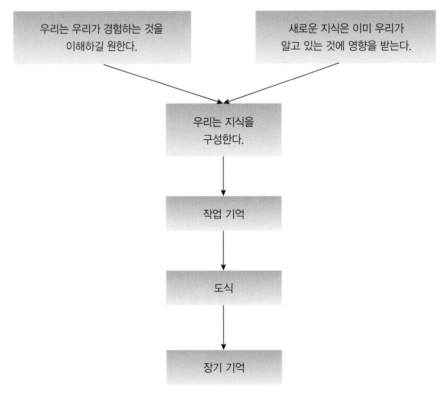

[그림 7-4] 학습 원리와 인간 기억 모형을 통합하기 위한 스키마

유의미성은 두 가지 이유로 학습에서 매우 강력한 요소이다. 첫째, 연구에 따르면 작업 기억이 저장할 수 있는 '청크'의 수는 제한되어 있지만 청크의 크기와 복잡성은 제한되어 있지 않다(Sweller et al., 1998). 스키마의 개별 항목은 서로 연결되어 있기 때문에 하나의 청크처럼 작동하기 때문에 하나의 작업 기억의 단위만 사용하며 인지 부하를 크게 줄이게 된다(Bransford et al., 2000). 둘째, 스키마가 더 의미 있는(상호 연결된) 것일수록 새로운 정보를 연결할 수 있는 공간이 더 많이 존재한다. 이는 "더 많이 배우면 배울수록 지식에 맞는 틀이 생긴다"는 마이크로소프트(Microsoft)의 공동 창립자 빌 게이츠(Bill Gates)의 말을 이해하는 데 도움이 된다(Sakr, 2013).

유의미성: 교수학습에서의 시사점　우리 모두가 공부해 온 미국 역사의 세 가지 주제인 ① 프렌치 인디언 전쟁, ② 보스턴 차 사건, ③ 미국 독립 전쟁에 대해 생각해 보자. 우리는 프렌치 인디언 전쟁이 프랑스와 영국 사이에 벌어졌고, 식민지 주민들이 보스턴 항구에 차를 버렸으며, 독립 전쟁이 미국의 독립을 가져왔다는 것을 알고 있다. 이 세 가지 사건은 별개의 중요한 개념이지만 특별히 의미가 있는 것은 아니다.

사실 세 가지 사건은 밀접하게 연관되어 있다. 1754년에서 1763년 사이에 벌어진 프렌치 인디언 전쟁은 영국에게 막대한 손실을 입혔기 때문에 세수를 늘리기 위해 식민지 주민들에게 차와 같은 상품에 대해 부담스러운 세금을 부과했다. 이로 인해 반란이 일어났는데, 그중 하나의 중요한 예는 1773년에 보스턴 항구에 차를 버린 것이었으며 궁극적으로 1775년에서 1783년 사이에 벌어진 독립 전쟁으로 이어졌다. 이제 세 가지 사건이 훨씬 더 의미 있게 다가온다.

이는 학습자로서 우리가 공부하는 주제에서 항상 연관성을 찾아야 하며, 교사로서 정보를 단절된 부분으로 제시하고 퀴즈를 통해 사실적 지식을 묻는 대신 가르치고 있는 아이디어 간의 연관성을 강조해야 함을 의미한다. 예를 들어, "프렌치 인디언 전쟁이 보스턴 차 사건에 어떠한 영향을 미쳤나요?"라는 질문은 "프렌치 인디언 전쟁에서 어느 두 나라가 싸웠습니까?"와 같은 질문이나 "보스턴 차 사건은 몇 년에 일어났나요?"라는 질문보다 의미 있는 학습을 촉진하는 데 훨씬 더 좋은 방법이다.

고립된 정보는 또한 학생들의 작업 기억에 과도한 인지 부하를 가하며, 이는 학생들이 배운 내용을 거의 기억하지 못하는 이유를 설명하는 데 도움이 된다. 아이디어를 연결하면 통합된 정보가 덩어리처럼 작동하여 인지 부하가 줄어들고 정보가 더 흥미롭고 기억하기 쉬워진다.

정서와 유의미성　다양한 정보 간의 연관성을 파악해 유의미성을 높이는 것 외에도 정보와 정서가 연결되었을 때도 유의미성을 높인다. "정서와 기억의 상호작용에 대한 연구에 따르면 감정 정보는 중립 자료보다 더 오래 기억되고 지속될 수 있는 것으로 나타났다"(Mizrak & Öztekin, 2016, p. 33). 예를 들어, 나이가 많은 우리는 2001년 9월 11일(9·11)에 발생한 악명 높은 테러 공격 소식을 들었을 때 우리가 어디에 있었고 무엇을 하고 있었는지 정확히 기억한다. 아마도 당신은 첫 데이트나 키스와 관련된 사건도 기억할 것이다. 이러한 사건은 감정과 결부되어 더욱 의미 있는 사건으로 기억된다(Sutherland, McQuiggan, Ryan, & Mather, 2017).

데이비스 선생님은 이 장의 앞부분에 소개한 사례 연구에서 다음과 같은 비유적 언어를 사용해 유의미성을 중진시키기는 데 감정의 영향력을 활용하려고 시도했다.

너희는 신선한 공기의 숨결이다(You people are a breath of fresh air).

그리고

이 수업은 내 아침 커피에 있는 설탕과 같다(This class is like the sugar in my morning coffee).

이러한 은유와 직유의 예는 개념을 의인화(personalized)하여 '별은 하늘의 창', '그녀는 아기처럼 잠든다'와 같은 '중립적인' 예보다 개념에 감정적 연관성을 부여하고 더 의미 있게 만들었다.

우리는 기회가 있을 때마다 감정의 영향력을 활용하려고 노력해야 한다. 데이비스 선생님의 사례에서 보았듯이 약간의 노력만 기울이면 더 의미 있는 학습을 할 수 있는 경우가 많다.

장기 기억에 저장된 절차적 지식

절차적 지식(Procedural knowledge)은 문제 풀이, 에세이 작성, 음악 연주, 신체 기술(예: 체조에서 공중제비 돌리기), 가르치는 것과 같은 작업을 수행하는 방법에 대한 지식으로, 장기 기억에 저장되는 두 번째 유형의 지식이다. 절차적 지식은 선언적 지식에 의존한다. 예를 들어, 이 문제를 생각해 보라.

$$\frac{1}{4} + \frac{2}{3}$$

분수를 더하기 전에 공통분모를 찾아야 한다는 것을 아는 것은 선언적 지식의 한 형태이다. 그런 다음 공통분모를 찾고 분수를 더하려면 절차적 지식이 필요하다. 절차적 지식이 필요한 에세이를 작성하려면 문법, 구두점, 철자 규칙 등 모든 유형의 선언적 지식을 이해해야 한다. 테니스에서 효과적으로 서브하려면 스트로크의 기본을 이해해야만 효과적으로 연습할 수 있다. 모든 형태의 절차적 지식도 마찬가지이다.

절차적 지식을 개발하는 우리의 목표는 자동화에 도달하는 것이며, 이를 위해서는 많은 시간과 노력, 연습이 필요하다(Colvin, 2010; Taraban et al., 2007). 한 관광객이 "카네기홀에 어떻게 가나요?"라고 묻는 오래된 농담의 근원이 바로 여기에 있다. 뉴요커 토박이는 "연습, 연습, 연습"이라고 대답한다. 좋은 작가가 되려면 연습이 필요하고, 악기를 잘 연주하려면 많은 연습이 필요하며, 훌륭한 교사가 되려면 연습을 해야 한다. 모든 형태의 절차적 지식도 마찬가지이며, 안타깝게도 지름길은 존재하지 않는다. 따라서 교사로서 우리는 학생들에게 연습할 수 있는 충분한 기회를 제공해야 한다.

APA의 20가지 주요 원칙

이 논의에서는 유치원-12학년(초 · 중등학교)까지 및 학습을 위한 심리학의 20가지 주요 원칙 중 제5원칙인 장기 지식과 기술의 습득은 주로 연습에 의존한다는 것을 다시 한번 적용한다.

최적의 연습을 위해서는 맥락이 중요하다(Star, 2004). 예를 들어, 숙련된 작가가 되려면 글쓰기의 맥락에서 문법, 철자, 구두점을 연습하는 것이 분절된 문장을 연습하는 것보다 더 효과적이며, 수학과 학생들은 단순한 연산 대신 문장제(word problems) 맥락에서 실력을 기르는 것이 훨씬 더 바람직하다(Bransford et al., 2000). 마찬가지로 훌륭한 운전자가 되려면 다양한 조건에서 자동차를 운전해야 하고, 운동선수는 경쟁의 맥락에서 자신의 기술을 발휘해야 한다.

APA의 20가지 주요 원칙

이 설명은 유치원–12학년(초 · 중등학교)까지 교수 및 학습을 위한 심리학의 20가지 주요 원칙 중 제4원칙인 학습은 맥락에 기반하기 때문에 새로운 맥락으로 학습을 일반화하는 것은 자발적이지 않으므로 촉진되어야 한다는 점을 설명한다.

다양한 기억 저장소의 특성은 〈표 7-1〉에 요약되어 있다.

〈표 7-1〉 기억 저장소의 특성

	용량	지속성	정보의 형태	인지
감각 기억	사실상 제한 없음	매우 짧음	있는 그대로의 정보, 가공되지 않음	인지하지 못함
작업 기억	상당히 제한됨	반복 연습하지 않으면 상대적으로 짧음	조직화되는 과정	인지함(우리 기억의 의식적인 부분)
장기 기억	사실상 제한 없음	오래감(어떤 학자들은 영구적이라고 주장)	개인에게 이해되는 방식으로 조직화된 스키마	인지하지 못함

기억 저장소의 발달적 차이

인간 기억 모형은 발달상의 차이를 다루지 않기 때문에 모든 연령대의 사람들이 본질적으로 동일한 방식으로 정보를 처리한다는 것을 암시하며, 이는 어느 정도는 사실이다. 예를 들어, 어린아이와 성인 모두 환경에서 받은 자극을 감각 기억에 잠시 저장하고 작업 기억에서 이해한 후에 장기 기억에 저장한다.

그러나 중요한 발달적 차이가 존재한다. 예를 들어, 나이가 많은 아이들은 어린아이들에 비해 감각 기억의 흔적을 더 오래 유지한다(Nelson, Thomas, & De Haan, 2006). 따라서 예를 들어, 초등학교 1학년을 가르칠 계획이라면 지시 사항은 간단하고 구체적이어야 한다. 또한 아동은 나이가 들수록 작업 기억의 용량과 효율성이 모두 증가한다(Berk, 2019a). 예를 들어, 더 많은 절차적 지식이 자동적으로 습득되어 정보를 더 빨리 처리하고 복잡한 작업을 더 효율적으로 처리할 수 있다(Feldman, 2014; Luna, Garver, Urban, Lazar, & Sweeney, 2004). 또한, 나이가 많은 아동은 더 많은 경험을 했기 때문에 학습 활동에 더 많은 사전 지식을 가지고 있는데, 이러한 사전 지식은 새로운 학습을 의미 있게 만드는 데 더 도움이 된다.

경험은 같은 연령대의 학습자 간에도 차이를 가져올 수 있다. 예를 들어, 어떤 초등학교 3학년 학생은 독해력이 뛰어난 반면, 다른 학생은 읽은 내용에서 의미를 거의 파악하지 못할 수 있다.

기억의 인지 신경과학

인지 신경과학자들은 기억을 우리 뇌의 내부 표상을 유지, 재활성화, 재구성(필요한 경우)하는 것으로 간주한다(Oudiette, Antony, Creery, & Paller, 2013). 예를 들어, 트로이는 어머니의 '네가 먹는 것이 바로 너야(you-are-what-you-eat)'라는 말을 은유로 파악하는 과정에서 개념의 내적(정신적) 표상을 만들었는데, 이는 문학적 효과를 위해 두 정보를 동일시하는 은유의 특성과 어떻게 은유가 직유와 같은 개념과 관련성을 보이는지 파악하는 것을 포함한다. 이러한 정신적 표상은 필요할 경우에 다시 활성화되고 재구성할 수 있게 기억 속에 저장(유지)된다. 인지 신경과학자에게 이렇게 내적 표상을 유지하고, 재활성화하고, 재구성하는 과정은 뉴런에 의존하는 신경학적 과정이다.

제2장에서 살펴본 바와 같이 뉴런은 세포체와 세포체에서 뻗어 나와 다른 뉴런으로부터 메시지를 수신하는 짧은 가지 모양의 구조물인 수상돌기 그리고 세포체에서 뻗어 나와 메시지를 전송하는 긴 가지인 축삭으로 구성된 신경세포이다. 메시지는 뉴런 사이의 작은 공간인 시냅스를 통해 전달되어 축삭에서 수상돌기로 신호를 보낼 수 있다. 우리 두뇌의 학습 능력은 이러한 신경 연결의 강도와 영속성에 달려 있다(Feldman, 2014).

학습과 발달의 다른 모든 측면과 마찬가지로 신경 연결의 형성은 우리의 경험에 따라 달라진다(DiSalvo, 2011; Seung, 2012). 예를 들어, 런던의 택시 운전사를 대상으로 한 고전적인 연구에 따르면 미로와 같은 거리를 탐색하면 뇌의 시각 공간 부분이 성장하고, 이러한 거리를 오래 운전할수록 해당 부분이 더 성장하는 것으로 나타났다(Maguire et al., 2000). 또 다른 연구에서는 수학 문제해결 활동 중 중국어와 영어 사용자의 뇌 기능에 차이가 있음을 발견했다(Tang et al., 2006). 중국어 사용자의 뇌는 수학문제를 생각할 때 운동 또는 움직임 영역의 활동이 증가한 반면, 영어 사용자의 뇌는 언어 영역의 활동이 증가한 것으로 나타났다. 연구진은 이러한 차이가 중국 학생들이 역사적으로 신체적 움직임과 공간적 위치를 필요로 하는 계산 도구인 주판을 사용해 왔던 것과 관련이 있다고 결론 내렸다.

이러한 연구 결과는 다양한 종류의 정신 활동과 두뇌 성장 및 발달 사이의 관계를 규명한 다른 연구 결과를 뒷받침한다(Kurzweil, 2012; Seung, 2012). 신체 운동, 특히 달리기, 자전거 타기, 수영과 같은 지속적인 유산소 운동이 두뇌의 신경 활동에 미치는 영향에 대한 추가 연구도 존재한다(Alkadhi, 2018; Slusher, Patterson, Schwartz, & Acevedo, 2018). 운동은 뇌에 산소와 영양분을 공급하고 신경 활동, 즉 뉴런 간의 연결을 개선하는 데 도움이 된다(Erickson et al., 2011; Ruscheweyh et al., 2009). 이 연구는 학교에서 쉬는 시간이나 체육 시간과 같은 활동이 단순히 스트레스를 풀거나 체중을 조절하는 데 도움이 되는 것 이상의 이점이 있음을 시사한다. 말 그대로 학업성취도를 향상시킬 수 있으며, 특히 작업 기억의 실행 기능에 대한 이점이 두드러지게 나타난다(van der Niet et al., 2016). 나이가 들어도 운동은 우리 모두에게 긍정적인 영향을 미친다. 연구에 따르면 노년층의 운동과 일반적인 인지 기능 사이에 긍정적인 연관성이 있는 것으로 나타났다(Bootsman et al., 2018; Karssemeijer et al., 2017).

연구자들은 또한 신경 활동과 학생들의 학습 접근 방식 사이의 연관성을 발견했다(Delazer et al., 2005). 예를 들어, 문제해결책을 암기한 학생들은 언어적 정보 검색과 관련된 뇌 부분에서 더 많은 신경 활동을 보인 반면, 인지적 전략을 구현한 학생들은 뇌의 시각적·공간적 부분에서 더 많은 활동을 보였다. 그렇다면 이 정보는 교사로서 우리에게 무엇을 시사하는가? 많은 것을 시사한다. 첫째, 우리는 학생들에게 고품질의 경험을 제공해야 한다. 이 경험은 학생들의 뇌에서 신경 연결의 수를 늘릴 수 있으며, 궁극적으로 런던 택시 운전사의 뇌 성장과 같은 영구적인 연결의 형성으로 이어질 수 있다(Dubinsky, Roehrig, & Varma, 2013). 예를 들어, 프렌치 인디언 전쟁, 보스턴 차 사건, 미국 독립 전쟁 간의 관계를 강조하는 것은 단순히 사건과 그 사건이 발생한 날짜를 설명하는 것보다 더 양질의 경험이다. 그리고 그것은 유의미성이 왜 그렇게 중요한 개념인지 이해하는 데 도움이 된다. 학생들이 서로 다른 아이디어 간의 관계를 연구할 때, 그렇지 않으면 만들어지지 않았을 신경 연결을 형성한다. 이러한 연결은 장기 기억에 정보를 보다 효율적으로 저장하는 결과를 가져오고, 새로운 맥락으로 이해를 전달하는 데 도움이 된다(Mayer, 2008).

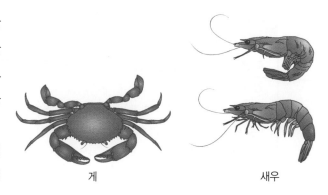

게   새우

마찬가지로, 만약 여러분이 과학 선생님이고 학생들이 갑각류의 개념을 이해하기를 원한다면, 학생들이 진짜 게와 진짜 새우를 보고 만지도록 하는 것이 단순히 동물을 설명하거나 심지어 그들의 사진을 보여 주는 것보다 훨씬 더 양질의 경험이 될 것이다. (물론, 사진을 보여 주는 것이 단순히 동물을 설명하는 것보다 더 낫다.)

그런 다음 실제 동물을 설명과 연결하면 전체 학습 경험을 의미 있게 만드는 신경 연결이 생성된다.

둘째, 이 정보는 우리가 잘 설계된 연습이 왜 그렇게 중요한지 더 잘 이해할 수 있도록 도와준다. 연습은 특정 시냅스를 반복적으로 사용할 것을 요구하며, 이는 신경 메시지의 전송을 능률적으로 만들고 속도를 높이는 '신경 연결'로 이어지는데, 이는 궁극적으로 자동화를 초래한다. 예를 들어, 신경 메시지에 대해 아무 생각 없이 7 × 8 = 56이라고 말할 수 있거나, 우리가 타자를 칠 때 손가락을 어디에 넣었는지 생각하지 않고 키보드를 사용할 수 있다(Kuhl, 2004).

교수와 학습의 많은 측면과 마찬가지로, 이 간소화, 능률화의 과정은 또 다른 양날의 칼이며, 이것이 우리가 '잘 설계된' 연습이라는 용어를 사용한 이유이다. 예를 들어, 축구의 기본기가 갖추어지지 않은 상태에서 코너킥을 연습하는 것은 역효과를 낳는다. 바람직하지 않은 신경 연결이 형성될 것이기 때문이다. 이것은 키보드를 치는 동안 같은 실수를 하는 것과 같은 나쁜 습관이 왜 그렇게 깨기 어려운지 이해하는 데 도움을 준다.

일부 신경 연결이 간소화되면 다른 연결은 사용 부족으로 위축된다. 전문가들은 제2외국어 학습이 성인 학습자들에게 어려운 이유 중 하나라고 말한다. 제1외국어에 대한 신경 경로가 새로운 연결이 제2외국어에 대한 연결보다 강하기 때문이다(Kuhl, 2004). 지나치게 조정된 신경 연결도 전달을 방해할 수도 있다. 이는 새로운 정보가 다양한 방식으로 연결되도록 다양한 맥락에서 새로운 내용을 제시해야 한다는 것을 시사한다. 예를 들어, 서로 다른 연산이 필요한 다양한 단어 문제를 제시하고 동일한 연산이 필요한 경우 문제를 다르게 표현하면 서로 다른 신경 경로를 만들고 새로운 기술이 미래에 새로운 상황으로 전달될 가능성을 높이는 데 도움이 된다. 모든 콘텐츠 영역에서 동일한 과정이 적용된다.

신경과학 연구는 우리가 이미 가르치고 배우는 것에 대해 알고 있는 많은 부분을 강화한다. 예를 들어, 그것은 학습자들에게 양질의 경험의 중요성과 의미 있는 학습의 필요성을 강화하고 학습 내용을 실제 상황에서 적용하는 것의 중요성을 강화하며 연습의 필요성을 확인한다. 또한 이 장에서 우리가 제안한 적용 방법의 정당성을 입증한다.

교실과의 연계

학생들의 학습 촉진을 위한 기억 저장소의 특성 활용하기

감각 기억

1. 감각 기억은 정보를 처리할 수 있을 때까지 환경에서 들어오는 자극을 잠시 보관한다. 학생들이 중요한 정보를 잃지 않도록 하려면 두 번째 메시지를 제시하기 전에 한 가지 메시지에 주의를 기울이도록 하라.
   - **초등학교**: 2학년 교사는 한 번에 한 가지 질문을 하고 두 번째 질문을 하기 전에 답을 받는다.
   - **중학교**: 한 예비 대수학 교사가 두 개의 비슷한 문제를 문서 카메라(the document camera)에 표시하고 학생들이 문제를 받아 적을 때까지 기다렸다가 논의를 시작한다.
   - **고등학교**: 지리 교사는 문서 카메라에 지도를 놓고 "교실 앞쪽에 있는 이 지도에 있는 국가의 지리를 살펴볼 시간을 드리겠습니다. 그런 다음 여러분이 알게 된 것에 대해 토론하겠습니다."라고 말한다.

작업 기억

2. 작업 기억은 학습자가 의식적으로 정보를 처리하는 곳이며, 그 용량은 제한적이다. 학습자의 작업 기억에 과부하가 걸리는 것을 피하기 위해 질문으로 수업을 구성하고 장시간 강의하는 것을 피하라.
   - **초등학교**: 3학년 교사가 칠판에 자율학습 대한 지침을 적는다. 그는 다른 학생들에게 자율학습을 시작하기 전에 지침을 설명하도록 요청한다.
   - **중학교**: 목공 수업의 교사가 "같은 종류의 나무에서 나온 목재의 밀도는 강우량에 따라 다릅니다."라고 말하면서 시작한다. 그는 잠시 기다렸다가 두 개의 나무 조각을 들어 올리고 "이 조각의 고리에서 무엇을 알아차렸습니까?"라고 말한다.
   - **고등학교**: 대수학 II 교사는 다른 학생에게 문제해결의 각 단계를 설명하도록 하여 학생의 문제해결을 '안내'한다.

3. 자동화(Automaticity)는 의식적인 노력을 거의 하지 않고 과제를 수행하는 능력이다. 학생들에게 자동성을 기르기 위해서는 여러 번의 연습을 제공하고 언어적 형태와 시각적 형태로 정보를 제시하라.
   - **초등학교**: 1학년 교사가 학생들에게 전날 저녁의 사건에 대해 매일 두 문장을 쓰도록 하여 쓰기 연습을 하게 한다. 학생들이 글쓰기를 연습할 때, 그는 글을 어떻게 쓰는지 보여 주고 올바른 글쓰기 절차를 말로 설명한다.
   - **중학교**: 작업 기억의 분산 처리 능력을 활용하기 위해 8학년 역사 교사가 남북전쟁으로 이어지는 사건의 흐름도를 준비한다. 그녀는 학생들에게 질문을 던질 때 사건에 대한 도표를 보여 주고 학생들에게 도표를 사용하여 노트를 정리하는 방법을 알려 준다.
   - **고등학교**: 물리 교사가 같은 높이에서 테니스공과 소프트볼을 함께 떨어뜨린다. 그런 다음 학생들에게 자신의 생각을 말로 표현하는 연습을 제공하기 위해, 학생들에게 본 것을 글로 설명하고 중력 가속도에 대한 결론을 내리게 한다. (공이 바닥에 동시에 떨어지므로 중력 가속도는 무게와 무관하다.)

장기 기억

4. 학습자들의 장기 기억 속에 정보가 스키마로 구성되어 있다. 이러한 스키마(도식)를 학생들이 의미 있게 만들 수 있도록 학습자들이 공부하는 아이디어 간의 관계를 찾도록 유도하라.
   - **초등학교**: 이야기 시간 동안 2학년 교사는 '어떻게', '언제', '왜' 질문을 사용하여 학생들이 이야기 속 사건들이 어떻게 관련되어 있는지 설명하고 이런 것들이 어떻게 결론에 영향을 미쳤는지 확인하도록 유도한다.
   - **중학교**: 중학교 사회과 교사는 학생들에게 1차 자료와 2차 자료의 예를 제공하고, 이 둘 사이의 유사점과 차이점을 조사하고 확인하도록 한다.

- **고등학교**: 학생들이 인과관계를 이해하도록 돕기 위해, 한 세계사 교사는 "고대 그리스에서 해운이 왜 그렇게 중요했는가?", "트로이의 위치가 왜 그렇게 중요했는가?", "이런 질문들이 오늘날 대도시의 위치와 어떻게 관련이 있는가?"와 같은 질문들을 던진다.

인지 과정

7.3 인간 기억 모형의 인지 과정을 설명하고, 교실과 일상생활에서의 응용 사례를 확인할 수 있다.

감각 기억에서 작업 기억으로, 작업 기억에서 장기 기억으로 어떻게 정보가 이동하는가? 더 중요한 것은 학생들이 학습하기를 원하는 정보를 가장 효율적으로 저장하도록 어떻게 도울 수 있는가? 이러한 질문에 답하기 위해 처음 [그림 7-2]에서 보았던 모델과 유사하지만 이번에는 주의, 지각, 부호화, 인출과 같은 인지 과정을 강조한 [그림 7-5]를 살펴보자. [그림 7-5]를 [그림 7-2]와 비교하면서 이러한 과정에 초점을 맞추고 다음 절을 공부하면서 인지 과정이 한 기억 저장소에서 다른 기억 저장소로 정보를 이동하는 역할을 한다는 것을 기억하라.

주의

교육심리학과 당신
쿼터(동전)를 생각해 보자. 우리 주(State) 동전의 한 면에는 무엇이 있을까? 동전의 반대 면에는 무엇이 있을까?

'교육심리학과 당신'에서 우리의 질문에 대해 생각해 보라. 우리는 일상적으로 쿼터를 사용하지만, 우리 대부분은 동전의 양면에 무엇이 있는지 모르고, 각 주(state)가 고유한 동전의 모습을 보이고 있다는 사실도 모를 수 있다. 우리는 이 정보에 주의를 기울이지 않는다. 주의(Attention)란 우리가 오감을 통해 경험하는 모든 것, 즉 다른 자극을 무시한 채 환경의 한 자극에만 선택적으로 집중하는 과정이다(Radvansky & Ashcraft, 2014). 우리가 마주치는 모든 자극([그림 7-5]에서 모델의 왼쪽에 있는 화살표로 표시)에 주의를 기울이는 것은 불가능하며, 이러한 주의의 선택적 주의 집중의 기능은 모형에서 화살표가 왼쪽보다 오른쪽에 더 적게 표시된 것으로 확인할 수 있다. 이 선택적 주의 집중 기능이 없다면, 우리는 끝없는 자극의 흐름에 압도될 것이다(Davidson, 2012).

주의에는 학습에 영향을 줄 수 있는 몇 가지 중요한 특징이 있다. 첫째, 정서에 영향을 받는다. 우리는 감정적 요소가 없는 자극보다 감정을 일으키는 자극에 주의를 기울일 가능성이 더 높다(Sutherland et al., 2017). 둘째, 개인차가 있지만 우리 모두의 주의는 제한적이다(Jiang, Swallow, & Rosenbaum, 2013; Sutherland et al., 2017). 예를 들어, 우리가 대화에 직접 참여했을 때조차 대화의 일부를 놓치고, 아무리 설명이 명확하더라도 학생들은 설명의 일부를 놓친다. 셋째, 우리는 쉽게 주의가 산만해진다. 우리의 주의는 한 자극에서 다

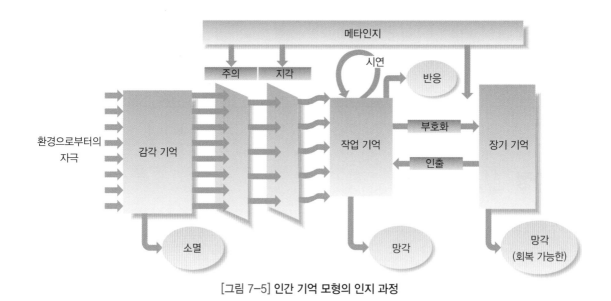

[그림 7-5] 인간 기억 모형의 인지 과정

른 자극으로 옮겨 가고, 종종 깨닫지 못한 채 표류한다. "불행히도 우리는 우리의 생각이 언제 표류하는지 항상 알지 못한다. 왜냐하면 그렇게 하는 경향은 자발적이고 종종 인식하지 못한 채 발생하기 때문이다"(Xu & Metcalfe, 2016, p. 681). 연구에 따르면 우리는 최대 50%의 시간 동안 주의를 기울이지 않으며 생각의 표류를 막는 것은 어렵다(Xu & Metcalfe, 2016).

넷째, 주의는 사회적 과정이다. 사람들은 다른 사람들의 시선에 강한 민감성을 보이며, 다른 사람들의 시선을 따르는 경향이 있다(Gregory & Jackson, 2017). 따라서, 예를 들어 한 학급에서 적은 수의 학생들이라도 딴짓을 하면 다른 학생들도 같은 행동을 할 가능성이 더 높다.

이러한 요인들은 왜 학생들이 배워야 하는 것보다 적게 배우는지 이해하는데 도움을 준다. 수많은 방해 요소들이 존재하는데, 다른 학생들 (특히, 청소년의 경우에는 이성의 학생들), 방 안팎의 소음, 복도의 사람들 등이 그중에서도 그렇다. 이러한 것들 중 어느 것이든 학생들의 주의를 딴 데로 돌리고 수업의 일부를 놓치게 할 수 있다. (교육심리학을 교수에 활용하기라는 장의 마지막 부분에서, 우리는 학생들의 주의를 끌고 유지하기 위한 방법을 제안을 한다.)

기술, 학습 및 발달: 기술이 주의에 미치는 영향

주의에 대한 기술의 영향은 많은 연구의 주제이며, 많은 연구가 운전 중 주의력이 산만해지는 위험을 연구하고 있다. 예를 들어, 질병통제예방센터(2016)와 도로교통안전국(2017)의 통계에 따르면 다음과 같다.

- 2015년에는 지난 30일 동안 운전을 한 고등학생 10명 중 4명 이상이 운전 중 문자나 이메일을 보냈다고 보고했다. 문자를 자주 한다고 보고한 학생들도 안전벨트를 덜 착용하고 음주운전을 할 가능성이 더 높았다.
- 10건의 치명적인 충돌 사고 중 1건과 15%의 부상 사고가 주의 산만과 관련된 것으로 보고되고 있다.
- 주의분산 관련 치명적인 충돌사고의 비중은 20세 미만 운전자가 가장 높다.
- 주의를 산만하게 하는 모든 치명적인 충돌 사고의 거의 15%가 휴대전화로 통화하거나 조작하는 것과

관련이 있다

휴대전화로 문자를 보내거나 통화하는 사람들은 분명히 그들의 운전에 충분한 주의를 기울이지 않고 있으며, 이에 대응하여 2017년 6월 현재 14개 주와 컬럼비아 특별구는 운전자가 휴대전화 사용을 금지하고 있으며, 46개 주와 컬럼비아 특별구는 운전 중 문자를 보내는 것을 금지하고 있다(Insurance Institutes for Highway Safety, 2017). 이러한 법의 영향은 아직 확인되지 않았다.

그리고 기술이 주의에 미치는 영향은 산만한 운전 외에도 다양하다. 예를 들어, 매기 잭슨(Maggie Jackson, 2009)은 그녀의 저서 『주의력 상실: 주의력 상실과 다가오는 암흑시대』에서 우리가 집중력을 유지하는 능력을 제한하는 일종의 주의결핍장애를 초래했다고 주장한다. 예를 들어, 중요한 글쓰기 프로젝트에 몰두해 있을 때, 우리는 새로운 이메일이 왔다는 것을 알려 주는 익숙한 '핑' 소리가 들리면 확인하지 않을 수 없다. 그런 다음 우리는 메모를 읽고 답장하는 데 시간을 보내고, 심지어 인터넷을 잠깐 하기도 하며, 깨닫기도 전에 글쓰기 프로젝트와 거리가 먼 활동에 한 시간을 사용한다. 일부 연구자들은 이러한 끊임없는 자극이 중독성이 있는 흥분을 유발하고, 이러한 자극이 없으면 사람들은 지루함을 느낀다고 주장한다(Alter, 2017).

멀티태스킹　멀티태스킹(Multitasking), 즉 동시에 두 가지 이상의 활동에 참여하는 과정은 주의력에 영향을 미치는 기술과 관련된 요인이다. 새로운 것은 아니지만 미디어의 포화와 이용 가능한 다양한 기술은 멀티태스킹을 특히 젊은 사용자들 사이에서 점점 더 중요하게 만들었다(Magen, 2017). 몇몇 증거는 10대들이 학교 밖 시간에 무려 여섯 종류의 다른 미디어를 동시에 사용한다는 것을 시사한다. 그 결과, 그들은 모든 것에 '지속적으로 부분적인 주의'를 기울이지만 어떤 것에도 온전히 주의를 기울이는 데 어려움을 겪는다(Rosen, 2012).

멀티태스킹은 역설(paradox)이다. 멀티태스킹의 인기가 계속 높아지고 있지만, 점점 더 많은 증거가 멀티태스킹이 학습과 성취를 저해한다는 것을 보여 준다(Chen & Yan, 2016; Magen, 2017). 이 장에서 논의하는 데 가장 중요한 점은 멀티태스킹이 주의, 계획, 자기 모니터링 및 감정 조절을 제한하여 실행 기능에 부정적인 영향을 미친다는 것이다. 연구자들은 멀티태스킹이 일상적인 목표 지향 행동의 많은 측면에서 결손과 관련이 있다고 제안한다(Magen, 2017).

멀티태스킹이 왜 그렇게 인기가 있을까? 연구자들은 다음의 세 가지 요소가 중요하다고 생각한다. 첫째, 멀티태스킹은 어렵지 않다. 예를 들어, 오늘날 우리는 스마트폰으로, 의자에서 일어나지 않고도 동시에 친구와 이야기하고, 대화에 관련된 정보를 찾아보고, TV를 볼 수 있다.

둘째, 멀티태스킹 경험은 감정적으로 만족스럽다. 예를 들어, 우리는 대화를 즐기고 그 과정에서 새로운 것을 배운다. TV를 보면서 공부하는 학생들에게, TV를 보는 것은 공부를 더 즐겁게 만들었다. 그리고 감정적인 만족은 멀티태스킹이 효율적이고 생산적이라는 잘못된 인식으로 이어진다. 예를 들어, 운전 중에 업무와 관련된 주제를 논의하는 것은 어떤 업무를 처리하는 효율적인 방법처럼 보일 수 있지만, 산만한 운전은 앞서 언급했듯이 심각한 안전 문제이다.

셋째, 기술은 지속적으로 연결되고자 하는 욕구를 촉진한다. 기술 덕분에 우리는 그 어느 때보다 사회적으로 연결되어 있으며, 많은 사람들에게 이러한 연결은 중요한 것을 놓칠까 봐 두려워하는 결과를 초래할 수 있다(Zagorski, 2017).

그렇다면 학습자와 교사로서 우리는 무엇을 해야 할까? 기술과 기타 방해 요소를 그냥 제거할 수는 없다. 이는 특히 중 · 고등학생의 삶에 스며들어 있다. 그리고 친구와 대화하는 동안 새로운 것을 배우는 것과 같이 일부 형태의 멀티태스킹은 긍정적이다. 우리는 학생들에게 한 가지 작업에서 다른 작업으로, 한 기술에서 다른 기술로 적절하게 주의를 전환할 수 있는 기술을 습득하고 가르쳐야 한다. 이러한 기술을 촉진하기 위한 제안은 다음과 같다.

- 공부하는 동안 컴퓨터 스피커를 음소거하고 휴대전화를 끄거나 최소한 휴대전화를 진동 모드로 설정하라.
- 학생들이 교실에 들어올 때 휴대전화와 기타 전자 기기를 끄도록 하라.
- 자녀가 공부하고 숙제를 할 때 방해 요소를 제거하도록 부모에게 안내하라.
- 할 일이나 공부 목록을 만들고, 그 안의 항목에 우선순위를 정한다. 첫 번째 항목부터 시작하여 목록을 훑어본다. 항목을 완료할 때마다 지우면 각 작업을 완료한 만족감이 커진다. 한 작업 목록에서 완료할 수 없는 작업이 있는 경우 다른 활동으로 넘어가기 전에 최대한 많이 처리한다.
- 이메일, 문자 메시지, 전화에 답할 시간을 따로 마련한다(아마도 업무가 끝나갈 무렵). 이런 것들이 작업이나 공부를 방해하지 않도록 한다.
- 멀티태스킹을 피한다. 연구에 따르면 멀티태스킹은 학습을 방해한다(Chen & Yan, 2016; Magen, 2017).

더 나아가, 일부 연구자들은 기술적으로 멀티태스킹이 존재하지 않는다고 제안한다(Chen & Yan, 2016; Visser, 2017). 오히려 우리가 일반적으로 멀티태스킹이라고 부르는 것은 "개인이 한 번에 하나의 자극만을 처리하지만 자극들 사이에 빠르게 오가며 주의를 전환하는 것"이다(Chen & Yan, 2016, p. 35). 이렇게 주의를 전환하는 것은 더 많은 처리 시간이 걸리고 일부 정보를 놓치는 결과를 초래한다(Chen & Yan, 2016; Visser, 2017).
기술은 이제 우리 삶의 필수적인 부분이 되었고, 우리의 생활 방식을 혁명적으로 바꾸어 놓았다. 그 영향에 적응하면서, 우리는 기술이 우리를 위해 작동하고 있는지, 그 반대가 아닌지 확실히 하고 싶어 한다.

지각

교육심리학과 당신
이 그림을 보자.
꽃병이 보이는가 아니면 마주하고 있는 두 얼굴이 보이는가?

이 고전적인 예는 사람들이 자극에서 의미를 찾기 위해 사용하는 과정인 **지각**(perception)의 본질을 보여 준다(Feldman, 2014). 예를 들어, 꽃병을 '본' 사람들에게 이것은 당신이 그림에 붙인 의미이며, 두 개의 얼굴을

'본' 사람들에게도 마찬가지이다. 엄밀히 말하자면, 우리는 "당신은 꽃병이나 두 개의 얼굴을 '지각'하나요?"라고 묻고 있었다. 우리의 일상 세계에서 지각이라는 용어는 우리가 물체와 사건을 해석하는 방식을 묘사하기 위해 일반적으로 사용된다(Way, Reddy, & Rhodes, 2007). 예를 들어, 우리 중 일부는 그림을 꽃병으로 '해석'했지만, 다른 사람들은 그것을 두 개의 얼굴로 '해석'했다.

지각은 우리의 과거 경험과 기대에 의해 영향을 받는다(Cole, Balcetis, & Zhang, 2013; Huan, Yeo, & Ang, 2006). 이러한 영향을 살펴보기 위해 같은 학교에서 교직 면접을 본 두 젊은 여성의 대화를 살펴보자.

"면접은 어땠어?" 에마(Emma)가 친구 켈리(Kelly)에게 물었다.

"끔찍했어." 켈리가 대답했다. "면접관이 나를 심문하면서 특정 주제를 어떻게 가르칠 것인지, 두 학생이 수업을 방해할 경우 어떻게 할 것인지 구체적으로 물었어. 마치 내가 아무것도 모르는 것처럼 대했어. 그곳에서 가르치는 내 친구 매디슨(Madison)이 그 사람에 대해 말해 줬어……. 너는 어땠어?"

"맙소사, 내 면접은 괜찮았을 것 같았어." 에마가 대답했다. "면접관은 내게 같은 질문을 했지만, 나는 그 면접관이 우리를 고용한다면 우리가 가르치는 것에 대해 어떻게 생각할지 알아내려고 하는 줄 알았어. 다른 학교에서 면접을 봤는데, 교장선생님이 거의 같은 질문을 했어."

켈리와 에마의 지각, 즉 면접을 해석하는 방식은 매우 달랐다. 켈리는 이를 '다그치는 것'으로 보았지만 에마는 이를 긍정적으로 해석했다. 켈리는 친구 매디슨의 영향을 받아 부정적인 기대감을 가지고 면접을 예상했다. 반면 에마의 기대는 다른 학교에서의 경험에 영향을 받았다. 지각은 개인적으로 구성되므로 사람마다 다르다. [그림 7-5]에서 '지각' 오른쪽에 있는 화살표는 곡선으로 표시되어 학생들의 인식이 다를 수 있음을 상기시켜 준다.

학습 활동에서 정확한 지각은 필수적이다. 학생들이 보고 듣는 것에 대한 지각이 작업 기억으로 들어가기 때문이다. 이러한 지각이 부정확하면 궁극적으로 장기 기억에 저장된 정보도 부정확할 것이다. 학생들이 우리가 제시하는 정보를 정확하게 지각하는지 확인하는 가장 기본적인 방법은 학생들에게 묻는 것이다. 예를 들어 지리를 가르치고 여러 나라의 경제에 대해 토론하는 경우 "**경제**(economy)라는 용어는 무엇을 의미합니까?"라고 간단히 질문하여 학생들의 지각을 확인할 수 있다.

데이비스 선생님은 이 장의 시작 부분에서 학생들에게 간단한 지각 검사를 했다. 다시 살펴보자.

데이비스 선생님이 칠판에 다음과 같은 문장을 적었다.

여러분은 신선한 공기와 같습니다.

이 수업은 아침 커피에 들어가는 설탕과 같습니다.

데이비스 선생님: 어떻게 생각하세요? …… 계속하세요. …… 이 문장들이 여러분에게 무슨 의미인지 말해 주세요.

　　학생: 좋은 말씀이네요. 정말 그런 뜻인가요? 무슨 말씀이신가요?

데이비스 선생님: 이 문장들을 보면, 제가 여러분이 정말…… 문자 그대로 신선한 공기와 같다고 생각하시나요? 아니면 문자 그대로 커피에 들어가는 설탕과 같다고 생각하시나요?

학생: 그렇지 않습니다. (고개를 저으며)

데이비스 선생님은 학생들에게 칠판에 적힌 표현이 자신에게 무슨 의미인지 말하게 함으로써 학생들의 지각을 점검했다. 그리고 그는 "…… 내가 당신이 정말로 ……라고 말하는 것 같아요? 아니면 문자 그대로 신선한 공기의 숨결인 거 같아요……?"라고 물으면서 그 과정을 계속했다. 지각을 점검하는 습관을 들이는 데는 약간의 연습만 있으면 된다. 하기 쉬운 일이기 때문에 금방 자동화될 것이고, 학생들이 배우는 양에 상당한 차이를 만들어 낼 것이다.

지각은 퀴즈나 시험에서 학생들의 성과에 영향을 미친다. 학생들은 흔히 퀴즈, 시험, 숙제에서 질문을 잘못 인식하거나 오해한다. 그래서 자주 틀리는 항목을 논의하고 모든 학생의 과제에 피드백을 제공하는 것이 중요하다(Hattie, 2012).

부호화와 부호화 전략

정보에 주의를 기울이고 이를 인지하여 작업 기억 속에서 이해할 수 있도록 정리한 후, 우리는 정보를 **부호화**(encode)한다. 이는 정보를 장기 기억에 저장하는 것을 의미한다(McCrudden & McNamara, 2018; Radvansky & Ashcraft, 2014). 부호화의 예로, 이번 장의 시작 부분에 나왔던 데이비스 선생님의 수업을 다시 생각해 보자. 그는 은유 개념의 정의를 다음과 같이 제시했다.

문학적 효과를 위해 두 가지 항목을 직접적으로 동일시하는 비유적 언어, 예를 들어 우리 학급과 신선한 공기를 동일시하는 것.

그러자 트로이가 "아, 이제 알겠어요. 엄마가 항상 학교 가기 전에 아침을 잘 먹으라고 하시면서 '네가 먹는 것이 바로 너야'라고 말씀하세요. 그게 은유네요."라고 말했다.

트로이는 데이비스 선생님의 정의와 어머니의 말씀을 작업 기억 속에서 연결한 후, 이를 장기 기억에 저장했다. 이는 부호화 과정을 보여 주는 예이다. 의미 있는 부호화를 촉진하기 위해 설계된 세 가지 가장 일반적인 전략은 [그림 7-6]에 나와 있으며, 이 절에서 논의된다.

- 시연
- 정교화
- 조직화

데이비스 선생님이 유의미한 부호화 전략을 어떻게 적용하는지 보기 위해, 그의 수업을 계속 살펴보자. 이번 장의 시작 부분에서 본 것처럼, 그는 월요일에 비유적 언어에 대한 수업을 진행했다. 그 후 화요일과 수요일에는 『앵무새 죽이기』에 대해 토론했다. 이제 목요일의 그의 수업으로 다시 돌아가 보자.

"좋아요, 여러분" 데이비스 선생님이 미소 지으며 말했다. "오늘은 우리가 작업해 온 몇 가지 아이디어를 종합해 볼 거예요. 월요일에 은유, 직유, 의인화 개념에 대해 논의하고 각각의 예를 찾아본 것을 기억하지요. 오늘은 『앵무새 죽이기』에서 이 개념들의 예를 찾아보면서 소설이 어떻게 더 흥미로워지는지 살펴볼 거예요."

"잠시 복습해 볼까요. 은유가 무엇인지 말해 주고 예를 들어 보세요. 에버렛(Everett)?"

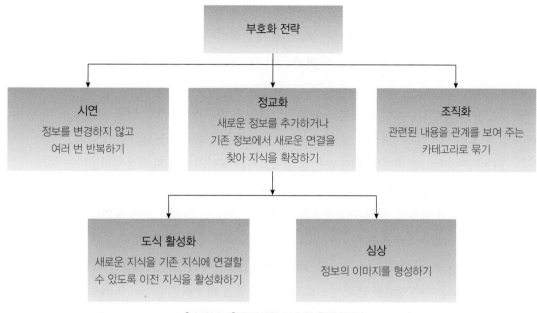

[그림 7-6] 유의미한 부호화 촉진 전략

에버렛이 정의와 예를 말하고, 데이비스 선생님은 직유와 의인화도 같은 방식으로 복습을 이어 간다.

그는 칠판을 가리키면서 다음 내용을 표시하고 말한다. "오늘의 작업을 위해 이것을 가이드로 사용할 거예요."

"자, 이제" 데이비스 선생님이 계속 말한다. "파트너와 함께『앵무새 죽이기』에서 각각의 비유적 표현의 예를 최소 두 가지씩 찾아보세요. 20분 시간을 주겠습니다." (데이비스 선생님은 예를 찾기 위해 소설의 페이지 번호를 제공하여 과제를 좁히도록 돕는다.)

"내가 이런 과제에 직면했을 때" 그가 계속 말한다. "옆에 친구가 이야기하는 것을 주의 깊게 듣도록 노력해요. 그래야 그들이 말하는 것을 확실히 이해할 수 있어요. 그리고 우리가 찾은 정보를 적어 둡니다. 그렇게 하면 잊어버리지 않을 거예요. 자, 이제 시작하세요."

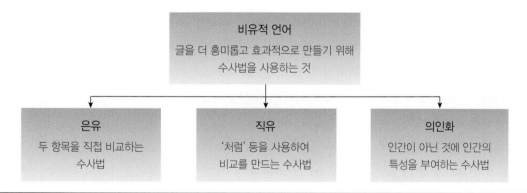

데이비스 선생님의 수업으로 다시 돌아가 우리 논의가 어떻게 전개되는지 살펴보자. 이제 그가 부호화 전략을 그의 가르침에 어떻게 적용했는지 보자.

시연

시연(Rehearsal)은 정보를 변경하지 않고 여러 번 반복하는 과정으로, 예를 들어 $7 \times 9 = 63$을 반복하는 것과 같다. 이 과정은 두 가지 중요한 기능을 한다. 첫째, 정보가 사용되거나 잊혀질 때까지 작업 기억 속에 정보를 유지하는 데 사용될 수 있다. 예를 들어, 전화번호를 반복해서 외운 후 전화를 걸기 전까지 기억하는 것과 같다. 보통 전화를 걸고 나면 그 번호를 잊어버린다. (이 과정은 [그림 7-2]와 [그림 7-5]에서 작업 기억 위의 '고리'로 표현된다.)

그러나 충분히 오랫동안 반복하면, 정보는 강제적으로 장기 기억에 전송될 수 있다. 이는 원시적이지만 널리 사용되는 부호화 전략이다. 예를 들어, 우리는 모두 시연을 사용하여 동사가 행동이나 상태를 나타내는 품사라는 정의나, 8 × 9 = 72, 혹은 남북전쟁 동안 에이브러햄 링컨이 미국의 대통령이었다는 등의 사실 정보를 기억한다.

데이비스 선생님의 수업에서, 에버렛이 은유의 정의를 제공할 수 있었던 것은 시연의 결과일 가능성이 높다. 그는 정의를 여러 번 반복해서 장기 기억에 부호화한 것이다. 중요한 사건이나 수학적인 사실과 같은 일부 사실 정보를 아는 것은 중요하며, 플래시 카드를 사용해 정의와 기타 사실 정보를 기억하는 것은 일반적인 시연 형태이다. 그러나 이는 정보를 단편적으로 저장하는 **암기 위주의 학습**(rote learning)으로 이어질 수 있으므로 비효율적인 부호화 전략이다(Lin, 2007; Mayer, 2002). 그래서 이를 원시적인 전략이라고 부른다.

그러나 시연은 기억해야 할 사실 정보를 다른 사실과 연결함으로써 더 의미 있게 만들 수 있다(Bruning, Schraw, & Norby, 2011). 예를 들어, 학생들이 대서양의 위치를 기억하도록 돕기 위해, 대서양이 아프리카와 아메리카 대륙 사이에 있다는 것을 상기시키고, 이 세 단어가 모두 'a'로 시작한다는 점을 연결 지을 수 있다. 또 다른 예로, 어떤 숫자에 9를 곱한 결과의 각 자리 숫자의 합은 항상 9와 같다는 것을 기억할 때도 비슷한 방법을 사용할 수 있다(예: 6 × 9 = 54 [5 + 4 = 9]; 8 × 9 = 72 [7 + 2 = 9]). 연구는 단순히 강제적으로 암기하는 것보다 위와 같은 방식으로 정보를 의미 있게 만드는 것이 장기 기억 유지에 더 유리하다는 것을 밝혀냈다(Schunk, 2016).

기억술 기억술(Mnemonics)은 획득해야 할 지식과 익숙한 정보 사이에 연관성을 만들어 사실 정보를 기억하는 데 사용할 수 있는 전략이다(Schunk, 2016). 연관성을 만들어 내기 때문에, 기억술은 어휘, 이름, 규칙, 목록 등 사실 정보를 기억하는 데 강제적으로 반복해서 암기하는 것을 보다 더 효과적이다. 기억술은 다양한 내용 영역과 다양한 학습자들에게 효과적인 것으로 입증되었다(Brehmer & Li, 2007; Bruning et al., 2011). 예를 들어, 기억술은 노인의 인지 능력을 향상하게 시키는 데 사용되었으며(Willis et al., 2006), 한 연구는 너무 성공적이어서 대중매체에 보도되기도 했다(Begley, 2010).

기억술은 여러 형태를 취할 수 있다. 우리는 북미 5대 호수의 이름(Huron, Ontario, Michigan, Erie, and Superior)을 기억하기 위해 HOMES와 같은 약어를 사용할 수 있고, 높은음자리표의 음표 이름(E, G, B, D, and F)을 기억하기 위해 'Every good boy does fine'과 같은 구문을 사용할 수 있다. 추가적인 기억술은 〈표 7-2〉에 나와 있다.

하지만 정보를 반복해서 암기하는 것의 한계 때문에, 데이비스 선생님은 학생들에게 반복하는 것을 제한되게 강조했다. 이제 더 효과적인 전략으로 넘어가 보자.

〈표 7-2〉 기억술의 유형과 예

기업법	설명	예
장소법	거실의 의자, 소파, 전등 및 탁자처럼 익숙한 환경의 특정 장소에 심상 연결시키기	학생들은 처음의 일곱 원소를 순서에 따라 수소는 의자, 헬륨은 소파, 리튬은 전등과 같은 방법으로 기억하려 한다.
peg-word법	장소 대신 숫자를 사용하여 정보가 포함된 것을 '첫째는 샌드위치', '둘째는 신발(one is bun, two is a shoe)'과 같이 운을 만들어 기억하기	식료품점에서 피클과 당근을 구입하는 것을 기억하고 싶은 학습자가 빵에 담긴 피클과 신발에 박힌 당근을 시각화한다.
연결법	시각적으로 항목에 연결시켜 기억하기	학교에 가져올 항목을 기억하기 위해 학생은 책과 함께 묶여 있는 노트와 고무줄로 묶여 있는 연필과 펜 속에 고정된 숙제를 시각화한다.
핵심어법	익숙지 않은 단어를 심상과 단어의 운을 만들어 기억하기	학생은 스페인어로 밀인 Trigo를 기억하기 위해 나무에서 발음을 이용하여, 나무에서 튀어나와 있는 한 단의 밀을 시각화한다.
두문자법	기억할 항목의 단어의 첫 글자로 한 단어를 만들어 기억하기	학생이 미국의 6명의 초기 대통령(Washington, Adams, Jefferson, Madison, Monroe, & Adams)을 기억하기 위해 Wajmma라는 단어를 만든다.

정교화

시끄러운 파티에 있을 때 대화의 일부를 놓치면, 불완전한 메시지를 이해하기 위해 세부 정보들을 채워 넣을 것이다. 텍스트를 읽거나 강의를 들을 때도 마찬가지이다. 현재의 기대와 이해에 맞추기 위해 정보를 확장하고 때로는 왜곡하기도 한다. 이러한 모든 경우에서 당신은 메시지 또는 이미 알고 있는 것에 대해 정교화를 하는 것이다.

정교화(Elaboration)는 기존 지식에 새로운 정보를 추가하거나 기존 정보에 새로운 연결성을 만드는 부호화 전략이다(Schunk, 2016). 정교화는 강력한 부호화 전략이며, 데이비스 선생님은 이를 그의 수업에서 광범위하게 사용했다. 예를 들어, 그는 월요일에 학생들에게 은유, 직유, 의인화의 정의를 제시한 후, 각각의 예를 찾아보게 했다. 이러한 예들은 정의와의 연결을 만들어 각각의 개념에 대한 학생들의 도식을 더 의미 있게 만들었다. 그 후, 그는 학생들의 이해를 더 정교화하도록 했다. 이를 어떻게 했는지 보기 위해, 우리는 데이비스 선생님의 목요일 수업에서 학생들이 『앵무새 죽이기』에서 은유, 직유, 의인화의 예를 찾으려고 시도한 후 상황으로 돌아가 보자.

20분이 끝나자, 데이비스 선생님은 다시 학생들을 모아 "자, 무엇을 찾았는지 봅시다. 에마, 이사벨라(Isabella), 미겔(Miguel) 그룹부터 시작하죠."라고 말한다.

"우리는 은유의 예가 48페이지에 있다고 생각해요." 에마가 말했다. "거기에 '여름은 우리의 최고의 계절이었다……. 마른 풍경 속의 천 가지 색깔이었다'라고 쓰여 있어요."

"좋아요." 데이비스 선생님이 고개를 끄덕인다. "이 예에 대해 어떻게 생각하는지 봅시다. 동의하는 사람? 몇 초 동안 제시된 예에 대해 생각해 보세요."

잠시 후, 그가 계속 말한다. "에단, 말해 보세요."

"우리는 동의해요……. 여름을 천 가지 색깔에 비유하고 있지만 실제로 천 가지 색깔은 아니잖아요……. 그래서 그래서 은유인 것 같아요."

"좋아요, 잘했어요." 데이비스 선생님이 미소 지으며 말한다. "그리고 눈을 감고 여름의 색깔을 상상할 수 있겠죠. 이 은유를 사용함으로써 작가는 우리가 여름을 다르게 생각하도록 유도하고 있어요……. 이것이 작가들이 비유적 언어를 사용하는 이유입니다."

데이비스 선생님은 토론을 계속하고, 학생들은 다른 예들을 찾아 설명한다. 각 경우마다, 그는 학생들이 그가 은유의 예시에서 했던 것처럼, 의견에 대해 동의하는지 동의하지 않는지를 설명하게 한다.

이 토론에서 데이비스 선생님은 학생들에게 『앵무새 죽이기』에서 개념의 예를 찾아보게 했다. 학생들이 소설에서 찾은 예들은 월요일에 제공된 정의와 예와 연결되어, 개념에 대한 스키마를 더욱 복잡하고 의미 있게 만들었다. 이것이 정교화의 본질이다.

예를 찾거나 만드는 것은 가장 강력하고 의미 있는 정교화 형태 중 하나이다. 주제에 대한 경험이 부족한 학생들에게 예는 새로운 지식을 구성하는 데 필요한 배경지식을 제공한다. 그래서 우리는 이 교재에서 예의 사용을 강력히 강조하며, 제시하는 모든 아이디어에 대해 예를 제공하려고 노력한다. 이 장에서 데이비스 선생님과 그의 학생들과의 사례 연구는 이 부호화 전략을 활용하려는 시도이다.

예가 없을 때, 관계의 유사성을 설명하는 **유추**(analogy)를 사용하는 것은 효과적인 정교화 전략이 될 수 있다(Radvansky & Ashcraft, 2014). 예를 들어, 다음과 같은 과학 유추를 고려해 보자.

우리의 순환계는 혈액을 몸 전체로 운반하는 펌핑 시스템과 같다. 정맥과 동맥은 파이프이고, 심장은 펌프이다.

정맥과 동맥은 파이프와 유사하지만 동일하지 않으며, 심장은 일종의 펌프이다. 이 비유는 새로운 정보를 학습자가 이해하고 있을 것으로 가정되는 펌핑 스테이션이라는 아이디어와 연결하기 때문에 효과적인 정교화의 형태이다.

도식 활성화 도식 활성화(Schema Activation)는 관련된 기존 지식을 활성화하여 새로운 정보를 그와 연결할 수 있도록 하는 정교화의 한 형태이다(Mayer & Wittrock, 2006).

예를 들어, 데이비스 선생님이 수업을 소개할 때 다음과 같이 말했다.

"잠시 복습해 보죠. 은유가 무엇인지 말해 주고 예를 들어 보세요, 에버렛."

학생들에게 은유, 직유, 의인화 각 개념의 정의와 예를 말하게 함으로써, 데이비스 선생님의 복습은 이러한 개념, 정의 및 이전 예들을 '활성화'하여 학생들이 새롭게 추가된 예를 이와 연결할 수 있게 했다.

가장 좋은 교사를 떠올려 보면, 대부분 수업을 복습으로 시작했을 것이다. 잘 구조화된 복습이 학습을 촉진하는 데 효과적이라는 것은 오랜 연구 역사에 의해 뒷받침된다(Good & Lavigne, 2018; Hattie, 2012; Rutter, Maughan, Mortimore, Ouston, & Smith, 1979).

학생들의 기존 지식을 활성화하는 가장 효과적인 방법은 그들이 해당 주제에 대해 이미 알고 있는 것을 묻거나, 주제와 관련된 개인적인 경험을 떠올리게 하는 것이다. 학생들이 이미 알고 있는 것과 배워야 할 것 사이에 개념적 다리를 형성하도록 돕는 모든 교수 전략은 도식 활성화의 한 형태이다.

교육심리학과 당신

두 발췌문을 보자.

1. 미국 중서부에서 캘리포니아로 가는 철도 여행은 즐거운 경험이다. 식당 칸에 앉아 있으면 흥미로운 사람들을 만날 수 있고, 편안하며, 기차가 레일을 달리는 소리를 들을 수 있다.
2. 옆 테이블에서는 한 여자가 소설에 몰두하고 있었고, 대학생은 노트북을 두드리고 있었다. 이 모든 것 위로 깔리는 사운드트랙: 촉-촉-촉, 촉-촉-촉, 캘리포니아로 향하는 암트랙 열차가 선로를 달리는 메트로놈 같은 리듬 소리(Isaacson, 2009).

이 두 발췌문은 어떻게 다른가?

심상   이제, '교육심리학과 당신'에서의 질문을 다시 생각해 보자. 첫 번째 발췌문은 다소 밋밋하지만, 두 번째 발췌문에서는 소설을 읽고 있는 여자와 컴퓨터를 사용하고 있는 대학생을 우리의 마음속으로 거의 '볼' 수 있고, 레일의 소리를 거의 들을 수 있다. 이는 **심상**(Imagery)을 활용한 것으로, 아이디어의 마음속 이미지를 형성하는 과정을 이용한 정교화의 한 형태이다(Schunk, 2016; Schwartz & Heiser, 2006). 이는 소설가나 다른 작가들이 그들의 이야기를 생생하고 흥미롭게 만들기 위해 흔히 사용하는 전략이다.

데이비스 선생님은 다음과 같이 말할 때 심상을 활용했다.

"자, 상상해 보세요. 눈을 감고 여름의 색깔을 떠올려 보세요. 이 은유를 사용함으로써 작가는 우리가 여름을 다르게 생각하도록 초대하고 있어요."

데이비스 선생님은 학생들에게 정보를 더 의미 있게 만들기 위해 심상을 사용하도록 권장했다. 심상은 코치들이 축구의 코너킥이나 농구의 점프 슛, 올림픽 경기에서의 퍼포먼스 등 다양한 기술을 개발하도록 돕기 위해 널리 사용된다(Clarey, 2014; Glover & Dixon, 2013; Guillot, Moschberger, & Collet, 2013). 코치들은 선수들에게 그들이 개발하려는 기술을 성공적으로 수행하는 모습을 시각화하도록 권장한다.

심상은 우리의 장기 기억이 언어 정보와 이미지를 위한 별도의 시스템을 가지고 있으므로 효과적인 부호화 전략이다(Paivio, 1991; Sadoski & Paivio, 2001). 공, 집, 개와 같이 시각적으로나 언어적으로 표현할 수 있는 아이디어는 정직이나 진실과 같이 시각화하기 어려운 개념보다 기억하기 쉽다(Paivio, 1986). 우리가 기억 체계의 구성 요소를 읽고 [그림 7-2]와 [그림 7-5]의 모형을 시각화할 수 있다는 사실은 장기 기억의 두 시스템을 활용하는 데 도움을 준다. 모형에 있는 정보는 단순히 언어로만 설명하는 것보다 더 의미 있게 부호화된다(Clark & Paivio, 1991). 장기 기억의 이중 저장 시스템은 언어 정보를 시각적 표현으로 보충하는 것과 그 반대의 중요성을 다시 상기시켜 준다(Igo, Kiewra, & Bruning, 2004).

우리는 가르칠 때 여러 가지 방법으로 심상을 활용할 수 있다(Schwartz & Heiser, 2006). 예를 들어, 그림과 다이어그램을 사용할 수 있고, 학생들에게 그들이 공부하는 아이디어의 마음속 이미지를 형성하도록 요구할 수 있으며, 학생들이 배우는 아이디어에 대해 자신의 다이어그램을 그리도록 할 수 있다. 심상은 문제해결에 특히 도움이 된다(Bruning et al., 2011; Schunk, 2016). 작업 기억에 대한 논의에서 제시된 오각형의 면적 문제를 해결하는 것은 그림이 없었다면 더 어려웠을 것이다. 그림으로 된 오각형을 보는 것은 단순히 밑변이 5인치, 옆면이 4인치, 꼭대기가 6인치인 오각형의 면적을 찾으라고 하는 것보다 더 효과적이다. 이것은 또한 왜 심상이 정교화의 한 형태인지 이해하는 데 도움을 준다. 그림은 원래 문제를 정교화한다.

조직화

이제 데이비스 선생님의 수업을 다시 살펴보자. 그는 학생들에게 각 개념의 정의와 예를 제공하도록 요청한 후, 자신의 계층 구조를 표시하며 "오늘의 수업을 위해 이것을 가이드로 사용할 것입니다."라고 말했다. 그는 일부 학생들이 정의와 예를 말할 수 있다고 해서 모든 학생이 그렇게 할 수 있는 것은 아님을 깨달았다. 그의 계층 구조는 이러한 격차를 메우기 위해 설계되었다.

데이비스 선생님의 계층 구조는 **조직화**(Organization)의 한 형태로, 관련된 내용을 관계를 보여 주는 카테고리로 묶는 부호화 전략이다. 그의 계층 구조는 은유, 직유, 의인화가 모두 비유적 언어의 형태이며, 각각 글쓰기를 더 흥미롭게 만들도록 설계되었지만, 각기 다른 특성이 있음을 나타낸다.

잘 조직된 내용은 그 요소 간의 연결을 포함하고 있기 때문에 인지적 부하를 줄여 주고, 부호화(그리고 나중의 검색)가 더 효율적으로 이루어진다.

읽기, 기억, 교실 수업에 관한 연구는 학습 촉진에 있어 조직화의 가치를 확인시켜 준다(Mayer, 2008). 연구는 또한 전문가들이 초보자들보다 더 효율적으로 학습하는 이유가 장기 기억 속의 지식이 더 잘 조직되어 있어 새로운 정보를 더 잘 접근하고 연결할 수 있기 때문임을 시사한다(Radvansky & Ashcraft, 2014; McCrudden & McNamara, 2018).

우리는 여러 가지 방법으로 학생들이 정보를 조직하도록 도울 수 있다.

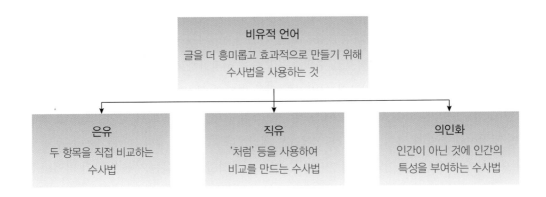

- 계층 구조(Hierarchies): 새로운 정보가 기존 아이디어 아래에 포함될 수 있을 때 효과적이다. 데이비스 선생님의 계층 구조가 그 예이며, [그림 7-6]에서는 이 절에서 논의하는 인코딩 전략을 조직하기 위해 계층 구조를 사용했다.
- 차트와 매트릭스(Charts and Matrices): 많은 양의 정보를 카테고리로 조직하는 데 유용하다. 예를 들어 〈표 7-1〉은 기억 저장소에 대한 정보를 당신에게 의미 있게 만들기 위한 우리의 시도이다.
- 모형(Models): 직접 관찰할 수 없는 관계를 나타내는 데 도움이 된다. 이 장의 [그림 7-2]와 [그림 7-5]에 있는 인간 기억 모형이 그 예이다.
- 개요(Outlines): 작성된 자료의 조직화된 지식 구조를 나타내는 데 유용하다. 이 책의 상세한 목차가 그 예이다.

다른 내용 조직 방법에는 그래프, 표, 흐름도, 지도 등이 있다. 학생으로서, 공부하는 정보를 의미 있게 만들기 위해 이러한 조직화 도구들을 사용할 수 있다.

* 주의 사항: 사람들은 자신에게 의미 있는 방식으로 지식을 구성하기 때문에, 우리가 제공하는 조직화된 지식의 구조가 학생들에게 의미가 없으면, 그들은 다음 세 가지 방법의 하나로 반응할 것이다. ① 자신에게 맞는 방식으로 (정확하든 아니든) 정보를 (정신적으로) 재조직하고 부호화한다; ② 가능한 한 많이 암기하고 나중에 즉시 잊어버린다; ③ 완전히 무시한다. 이러한 가능성을 피하는 유일한 방법은 학생들이 우리가 제시한 조직화된 지식의 형태를 어떻게 인식하는지 확인하는 것이다. 이를 위해 학생들과 상호작용해야 하며, 그들이 정보를 정확히 인식하고 있는지 알아내는 유일한 방법은 질문하는 것이다.

인지 활동: 부호화의 본질

인지 활동(Cognitive activity)은 현재의 학습 과제에 대해 신중하게 생각하고 참여하는 과정이다. 예를 들어, 답을 작성하는 것은 당신이 장기 기억에서 연결을 검색하고 응답을 구성하도록 독려한다. 이는 답에 대해 신중하게 생각하도록 요구하며, 집중된 사고는 인지 활동의 본질이다. 아무리 노력해도 단순히 질문과 피드백을 읽기만 하면 답에 대해 깊이 생각하지 않을 가능성이 높다. 이는 덜 인지적으로 활동적이며, 장기 기억 속의 정보와의 연결이 적고 의미 있는 학습이 적어진다. 비슷하게, 학생들에게 개념의 추가적인 예를 생각하도록 요구하는 것은 우리가 예를 제공하는 것보다 그들을 더 인지적으로 활동적으로 만든다(Bransford et al., 2000). 우리가 사용하는 부호화 전략에 상관없이, 스스로 인지적으로 활동적으로 만드는 것이 중요하다.

망각

망각(Forgetting)은 기억에서 정보를 잃거나 불러올 수 없는 상태를 말하며, 이는 교실 학습과 일상생활 모두의 실제적인 부분이다. 망각을 이해하기 위해 [그림 7-2]에서 처음 제시된 모형을 다시 보자. 감각 기억과 작업 기억에서 잃어버린 정보는 영구적으로 사라진다. 이는 우리가 정보를 장기 기억으로 전송하지 않았기 때문에 말 그대로 사라진 것이다. 그러나 장기 기억에 있는 정보는 인코딩되었다. 왜 우리는 이를 기억하지 못할까?

간섭으로 인한 망각

망각을 설명하는 한 가지 방법은 **간섭**(interference) 개념을 사용하는 것이다. 이는 이전 또는 이후에 학습한 내용이 이해를 방해하여 정보를 잃는 것이다(Howe, 2004). 예를 들어, 학생들이 영어의 소유격을 형성하는 규칙을 배울 때 "One of the car's fenders was bent"와 같이 단수 명사에 아포스트로피 s를 추가한다고 배운다. 이후에 "The boys' lockers were all in a mess" 또는 "The children's clothes have been washed and folded"와 같이 복수 명사의 소유격을 형성하는 규칙을 배우게 된다. 단수 명사의 소유격을 형성하는 규칙에 대한 이해가 이후에 복수 명사의 소유격 (또는 축약형)을 형성하는 규칙에 대한 이해를 혼란스럽게 하거나, 복수 명사의 소유격을 형성하는 규칙이 이전의 이해를 혼란스럽게 하면, 간섭이 발생한 것이다.

우리는 영어 소유격을 형성하는 규칙, 형용사와 부사, 경도와 위도, 유사한 분모와 다른 분모를 가진 분수를 더하는 것과 같이 밀접하게 관련된 아이디어를 함께 가르침으로써 간섭의 가능성을 줄일 수 있다. 이의 경우 목표는 학생들이 단수와 복수 명사의 소유격을 형성할 때 아포스트로피가 다르게 사용되는 방법과 같이 유사점과 차이점을 인식하도록 돕는 것이다. 또한, 유사한 분모를 가진 분수 문제를 연습한 후 다른 분모를 가진 분수로 이동하는 등 도식 활성화를 활용하는 복습을 통해 간섭을 줄일 수 있다. 쉽게 혼동되는 정보를 함께 공부하는 것은 학생들이 혼동될 수 있는 유사점을 식별하고 정교화를 촉진하는 데 도움이 된다.

인출 실패로 인한 망각

인출(Retrieval)은 장기 기억에서 작업 기억으로 정보를 끌어오는 과정이며, 이는 [그림 7-2]와 [그림 7-5]에서 장기 기억에서 작업 기억으로 돌아오는 화살표로 표현된다. 우리는 모두 이름이나 사실을 알고 있지만, 단순히 떠올릴 수 없는 경험을 해 본 적이 있다. 즉, 정보를 인출할 수 없는 것이다. 많은 연구자들은 '망각'이 실제로는 장기 기억에서 정보를 찾을 수 없는 우리의 무능력이라고 믿는다(Williams & Zacks, 2001). 인출 실패는 망각에 대한 두 번째 설명이다.

> **교육심리학과 당신**
> 1년의 달을 빠르게 말해 보자. 이제 같은 일을 하되, 이번에는 알파벳 순서로 나열해 보자. 왜 두 번째는 훨씬 더 느렸을까?

맥락의 역할과 인출   인출은 맥락과 우리가 정보를 처음으로 부화화한 방식에 달려 있으며, 이는 '심리학과 당신'에서 제기한 질문에 대한 답을 제공한다(Williams & Zacks, 2001). 우리는 연도의 달을 순차적으로 부호화하는데, 이는 우리가 배워 온 방식이기 때문에 자동적이다. 알파벳순으로 말하려고 하면, 이는 다른 맥락과 다른 인출 도전 과제가 된다. 할 수는 있지만, 힘든 과정을 거쳐야 한다. 마찬가지로, 학교에서 아는 사람의 이름을 파티에서 보았을 때 기억하지 못하는 경우가 있다. 그의 이름은 학교 맥락에서 부호화되었고, 파티 맥락에서 이를 인출하려고 하는 것이다.

이 예시는 인출 과정이 정보가 처음 학습된 맥락에 크게 의존한다는 것을 보여 준다. 이는 교육 현장에서 학생들이 학습한 내용을 다른 상황에서도 잘 인출할 수 있도록 다양한 맥락에서 학습 기회를 제공하는 것이 중요함을 시사한다.

APA의 20가지 주요 원칙

이 설명은 원리 4를 보여 준다. 학습은 맥락에 기반하기 때문에 새로운 맥락으로 학습을 일반화하는 것은 자발적이지 않으므로 유치원-12학년(초 · 중등학교)까지 교수 및 학습을 위한 심리학의 20가지 주요 원칙에서 촉진되어야 한다.

의미는 인출의 열쇠이다. 우리의 지식이 장기 기억 속에서 더 의미 있고 상호 연결될수록 인출이 더 쉬워진다. 데이비스 선생님은 은유, 직유, 의인화의 정의를 먼저 제공하고, 학생들이 그 정의에 연결할 수 있는 예를 생성하게 한 다음, 『앵무새 죽이기』의 맥락에서 추가 예를 식별하게 함으로써 비유적 언어에 대한 정보를 의미 있게 만들려고 시도했다. 이를 통해 그는 부호화 전략으로서 정교화를 강하게 강조했다.

자동화에 이를 정도로 연습하는 것도 인출을 촉진한다(Chaffen & Imreh, 2002). 예를 들어, 수학적 사실이 자동화되면, 학생들은 이를 문제해결에 쉽게 활용할 수 있어 작업 기억 공간을 문제해결에 집중할 수 있게 한다. 이는 우리가 연도의 달을 자동으로 기억하는 방식과 같다. 자동적으로 기억된 정보는 쉽게 인출되고, 이는 더 복잡한 문제해결을 위한 작업 기억을 확보해 준다.

인지 과정에서 발달적 차이

기억 저장소와 마찬가지로, 우리의 인지 과정에서도 발달에 따른 차이가 존재한다(Feldman, 2014; Nelson et al., 2006). 가장 중요한 것 중 하나는 주의력이다. 이는 일상생활의 요구를 처리하는 데 필수적이기 때문이다(Atkinson & Braddock, 2012). 발달 차이는 두 살 무렵부터 나타날 수 있으며, 주의 집중을 잘할 수 있는 아이들이 나중에 우수한 언어 능력을 발달시킨다(Beuker, Rommelse, Donders, & Buitelaar, 2013). 시간이 지나면서, 아이들은 점차 주의를 집중하고 방해 요소를 피하는 법을 배우지만, ADHD와 같은 학습장애가 있는 학생들은 이 영역에서 발달이 지연되는 경향이 있다(Bental & Tirosh, 2007; Davidson, 2012).

발달 차이는 지각에서도 존재한다. 나이가 많은 학생들은 더 많은 배경 경험이 있으므로, 더 정확한 지각을 할 가능성이 크다. 부호화에서도 차이가 있다. 예를 들어, 학생들은 일반적으로 2학년 또는 3학년쯤에서야 시연을 사용하기 시작하며(Jarrold & Citroën, 2013), 더 발달함에 따라 조직화, 정교화, 심상과 같은 더 고급의 (그리고 효과적인) 부호화 전략을 배우게 된다(Pressley & Hilden, 2006). 어린아이들을 가르칠 계획이라면, 주의 집중과 지각 점검과 같은 인지 과정을 모델링하고, 이를 사용하도록 격려하며, 특히 좋은 예를 칭찬하는 방식으로 그들의 발달을 촉진할 수 있다. 예를 들어, 동급생이 지각의 차이에 대한 인식을 보여 주는 사례를 칭찬하는 것이다. 이러한 발달 변화는 시간과 노력이 필요하지만, 1년 동안 학생들의 상당한 성장을 보게 될 것이다.

다양성: 다양성이 인지에 미치는 영향

학생들의 다양성은 그들의 인지에 강력한 영향을 미치며, 그들의 사전 지식과 경험은 가장 중요한 두 가지 요소이다. 간단한 예로, 트로이는 어머니에게 "네가 먹는 것이 바로 너야"라고 듣는 경험을 했기 때문에, 이를 은유의 예로 식별할 수 있었다. 그는 반 친구들이 가지고 있지 않은 개인적인 경험이 있었다. 또 다른 예로, 폴(Paul, 이 책의 저자 중 한 명)은 미국 몬태나의 시골, 상대적으로 낮은 사회경제적 환경에서 자랐고 매우 작은 고등학교에 다녔다. 그 결과, 고급 수학 및 과학 과목, 외국어, 기술 등 풍부한 교육 경험을 접할 기회가 제한되었다. 대학에 진학했을 때, 그는 더 큰 학교 출신의 학생들과 경쟁하며 자신의 부족한 점을 극복하기 위해 더 열심히 노력해야 했다. 또 돈(Don, 이 책의 또 다른 저자 중 한 명)은 시카고 외곽의 가난한 지역에서 학생들을 가르쳤는데, 그의 많은 학생들은 부모의 직장 압력, 가족 문제 및 기타 요인들로 인해 지역에서 제공되는 교육 기회를 활용할 기회를 얻지 못했다. 예를 들어, 세계적인 수준의 박물관, 플라네타륨, 수족관에서 한 시간도 채 걸리지 않는 거리에 있었지만, 많은 학생들은 그것들이 존재한다는 사실조차 몰랐다. 반면에, 더 혜택을 받은 학생들은 이러한 장소들을 자주 방문하며, 그들의 학업 성취는 그들이 받은 교육적 혜택에 영향을 받았다.

이러한 차이에도 불구하고, 우리는 학생들의 배경지식의 다양성을 활용하기 위해 많은 노력을 할 수 있다(Huan et al., 2006).

- 학생들에게 주제에 대해 알고 있는 것을 물어보는 방식으로 학생들의 사전 지식과 인식을 평가하기. 예를 들어, 최근 이민 온 학생들이 많은 3학년 교사는 공동체에 대한 단원을 시작하면서 "이 나라에 오기 전에 살았던 공동체에 대해 말해 보세요."라고 말한다. 그런 다음 이 정보를 현재 학생들이 살고 있는 공동체에 대한 학습의 틀로 사용한다.
- 학생들의 사전 경험을 보완하기 위해 정교화를 통해 의미 있는 부호화를 촉진할 수 있는 양질의 예시를 제공하기. 예를 들어, 유치원 교사는 식물, 애완용 햄스터, 그리고 돌을 교실에 가져와서 학생들이 이를 관찰하고 비교하게 함으로써 생물에 대한 이해를 돕는다.
- 학생들 스스로의 경험을 통해서 학급 모든 학생들의 배경지식을 증대시키는 데 사용하기. 예를 들어, 현대 유럽을 공부하는 수업에서 교사는 "셀리나(Celeena), 너는 유럽에 살았었지. 동유럽 국가들의 사람들의 생각에 관해 이야기해 줘."라고 말한다.

각 경우에서, 교사는 학생들의 기존 배경지식을 수업의 출발점으로 사용한다. 연구에 따르면 이러한 방식으로 정보를 공유하는 것은 협력적 부호화로 이어지며, 이는 학생 혼자서는 정보를 부호화할 수 없는 방식이다(Harris, Barnier, & Sutton, 2013). 이러한 능력은 다양한 배경을 가진 학생들과 작업할 때 특히 가치가 있으며, 그들은 학습 활동에 풍부한 사전 경험을 가져온다. 이러한 방식을 수업에 적용하는 능력은 교사 전문성의 중요한 구성 요소이다.

교실과의 연계

학생들이 인지 과정을 활용하여 학습을 증진하도록 돕기
주의력
1. 주의(Attention)는 학습의 시작점이다. 수업을 시작하고 진행할 때 주의를 끌고 유지하도록 하라.
- **초등학교**: 모든 학생들이 수업에 주의를 기울이고 있는지 확인하기 위해, 3학년 교사는 학생이 손을 들지 않았더라도 모든 학생에게 질문을 한다.

- **중학교**: 압력 개념을 소개하는 과학 교사는 학생들이 책상 옆에 서서 먼저 두 발로, 그다음 한 발로 서 보게 한다. 그런 다음 앞의 두 경우에서 바닥에 가해지는 힘과 압력에 대해 논의한다.
- **고등학교**: 학생들이 중요한 내용에 주의를 기울이게 하도록, 세계사 교사는 강조를 사용한다. "여러분, 지금부터 잘 들어야 합니다. 유럽에서 제1차 세계 대전이 발발한 세 가지 중요한 이유를 살펴볼 것입니다."

지각

2. 지각(Perception)은 우리가 주의를 기울이는 정보에 의미를 부여하는 과정이므로, 정확한 지각은 이해에 필수적이다. 학생들이 예시나 다른 표현들을 정확하게 지각하는지 자주 확인하라.
- **초등학교**: 생물에 대한 수업에서, 초등학교 교사는 큰 화분 식물을 들고 "식물에 대해 무엇을 관찰했나요?"라고 묻고, 여러 어린이에게 그들이 관찰한 것을 말하게 한다.
- **중학교**: 지리 교사는 인터넷에서 수집한 다양한 지형의 사진을 학생들에게 보여 주고, 학생들에게 각 사진에서 나타나는 특징을 설명하게 한다.
- **고등학교**: 학생들이 글을 읽다가 "혁명은 종종 무정부 상태에 근접했고, 시민들은 통제 불능이었다."라는 구절을 접했을 때, 교사는 잠시 멈추고 학생들에게 "작가가 '무정부 상태'라는 말로 무엇을 의미하나요?"라고 묻는다.

의미 있는 부호화

3. 의미 있는 부호화(Meaningful encoding)는 새로운 정보를 장기 기억에 이미 있는 정보와 연결하는 과정이다. 부호화를 돕기 위해, 제시하는 정보를 신중하게 조직하고 학생들과 상호작용하여 인지 활동을 촉진하라.
- **초등학교**: 초등학교 4학년 교사는 열이 팽창을 일으킨다는 것을 학생들에게 설명하기 위해, 풍선을 덮은 유리병을 뜨거운 물이 담긴 냄비에 넣고, 병이 가열되기 전후의 공기 분자의 간격과 움직임을 보여 주는 그림을 제시한다. 그런 다음 질문을 통해 학생들이 열, 분자 활동, 팽창 간의 관계를 이해하도록 도움을 준다.
- **중학교**: 수학 교사는 학생들이 문장으로 되어 있는 수학문제를 해결할 때 스스로 물어봐야 할 일련의 질문(예: 무엇을 알고 있는가? 무엇을 찾으려고 하는가?)이 포함된 흐름도를 제시한다. 수업 중 문제를 해결하면서, 그는 학생들에게 자신의 사고과정을 설명하고 흐름도에서 자기 생각이 지금 어디에 있는지 말하도록 한다.
- **고등학교**: 역사 교사는 다양한 이민자 그룹, 그들이 이민 온 이유, 겪었던 어려움, 동화율 등을 비교하는 매트릭스를 제시한다. 학생들은 차트의 정보를 통해서 유의미한 패턴을 찾는다.

정교화

4. 학습자는 학습 중인 정보 항목 간의 새로운 연결을 만들 때 이해를 정교화(elaboration)한다. 학생들이 정보를 서로 연관시키고 가능한 한 자주 마음속 이미지를 형성하도록 격려하라.
- **초등학교**: 초등학교 1학년 교사는 계절에 따른 다양한 옷과 활동을 보여 주는 차트를 표시한 후, "계절에 대해 무엇을 배울 수 있을까요? 차트를 보고, 서로 다른 계절에서 비슷한 점과 다른 점을 말해 보세요."라고 말한다.
- **중학교**: 지리 교사는 학생들에게 위도를 생각할 때 지구 위의 평행선을, 경도를 생각할 때 북극과 남극에서 만나는 수직선을 시각화하도록 한다. 그런 다음 학생들에게 이를 비교하도록 지시한다.
- **고등학교**: 국어 교사는 학생들에게 소설 등장인물의 외모를 영화 버전으로 캐스팅한다고 상상하도록 한다. 그런 다음 각 역할에 적합한 실제 배우들을 추천해 보라고 지시한다.

인출

5. 인출(Retrieval)은 학습자가 장기 기억에서 작업 기억으로 정보를 끌어올 때 발생하며, 간섭이 이 과정을 방해할 수 있다.

간섭을 방지하고 인출을 돕기 위해 밀접하게 관련된 아이디어들을 함께 가르치라.

- **초등학교**: 초등학교 5학년 교사는 넓이와 둘레를 가르치기 위해 학생들이 정사각형을 나란히 놓아 넓이를 설명하고, 조각 주위를 측정하여 둘레를 설명하게 한다.
- **중학교**: 영어 교사는 칠판에 동명사와 분사 형태가 포함된 구절을 표시한 후, 학생들에게 동명사가 명사이고 분사가 형용사로 사용되는 방식을 비교하게 한다.
- **고등학교**: 생물 교사는 동맥과 정맥에 대한 단원을 시작하면서, "우리는 모두 동맥 경화에 대해 들어봤지만, '정맥 경화'에 대해서는 들어보지 못했어요. 왜 그럴까요?"라고 말한다.

이러한 접근 방식을 통해 학생들이 정보를 서로 연결하고 시각화하며, 밀접하게 관련된 아이디어를 함께 가르쳐 간섭을 방지함으로써 정보 인출을 촉진할 수 있다.

메타인지: 지식과 인지의 조절

7.4 메타인지를 정의하고 교실 활동과 학교 밖 경험에서 메타인지 모니터링의 예를 확인할 수 있다.

교육심리학과 당신
"오늘 정말 피곤하네. 수업 전에 커피 한 잔 마셔야겠어." 또는 "졸지 않으려면 앞자리에 앉아야겠어"와 같은 말을 해 본 적이 있는가? 이러한 말은 당신의 학습 접근 방식에 대해 무엇을 시사하는가?

만약 앞의 첫 번째 질문에 예라고 대답했거나 학습에 대해 유사한 생각을 해 본 적이 있다면, 이는 메타인지적이었다는 의미이다. **메타인지**(Metacognition)는 흔히 '사고에 대한 사고'라고 설명되며, 우리의 인지에 대한 지식과 조절을 의미한다(Medina, Castleberry, & Persky, 2017). 졸음이 집중력에 영향을 미칠 수 있다는 것을 아는 것과 같은 **메타주의**(meta-attention)는 메타인지의 한 유형이다. 당신은 학습에 있어서 집중의 중요성을 알고, 커피를 마시거나 교실 앞자리에 앉음으로써 이를 조절했다. 기억 전략에 대한 지식과 조절인 **메타기억**(metamemory)도 메타인지의 또 다른 형태이다.

우리가 '교육심리학과 당신'에서 본 예들 외에도 일상생활 속에서 많은 다른 예들이 존재한다. 예를 들어, 폴은 자신이 열쇠를 잘 잃어버린다는 것을 알고(인지에 대한 지식), 차고에서 들어오면 바로 열쇠를 책상 서랍에 넣어 둔다(인지 조절). 자칭 건망증이 심한 교수인 돈은 결혼기념일이나 자녀 생일 같은 중요한 날짜를 잊어버리는 경우가 많다는 것을 알고 있어서, 컴퓨터에 알림을 설정해 둔다. 그리고 거의 모든 사람이 시장에 갈 때 살 것을 정리한 목록을 준비한다. 사실 모든 경우에서 우리는 우리의 인지(사고)를 인식하고, 목록이나 다른 전략을 통해 이를 조절하고 있다.

메타인지에 대한 연구

지난 반세기 동안 메타인지에 대한 집중적인 연구가 진행되었고, 다양한 응용 분야에서 그 성과를 발견할 수 있다. 예를 들어, 메타인지는 스트레스, 부정적 사고, 걱정 등 정서적 문제를 해결하는 도구로서 성인과 어린이 모두에게 강조된다(Kertz & Woodruff-Borden, 2013; McEvoy, Moulds, & Mahoney, 2013). 또한, 메타인지가 의사 결정, 협력, 사회적 상호작용에 긍정적인 영향을 미치는 것으로 밝혀졌다(Pescetelli, Rees, & Bahrami, 2016).

우리의 논의에서 가장 중요한 점은 메타인지가 교실 학습에서 중요한 역할을 한다는 것이다. "메타인지는 학습과 학업 성취에서 중심적인 역할을 한다는 것이 잘 밝혀져 있다"(Hessels-Schlatter, Hessels, Godin, Spillmann-Rojas, 2017, p. 110). 메타인지는 우리의 사고를 통제하고 안내함으로써 이 중요한 역할을 수행하며 (Medina et al., 2017), 사실 메타인지는 저소득층과 빈곤과 관련된 많은 단점을 극복할 수 있을 만큼 중요하다 (Callan, Marchant, Finch, & German, 2016).

메타인지는 큰 노력이나 작업량의 증가 없이도 성취를 향상할 수 있다(Tullis, Finley, & Benjamin, 2013). 우리가 학생들에게 메타인지적이 되도록 가르칠 때, 우리는 그들에게 더 '열심히'가 아니라 더 똑똑하게 학습하라고 요구하는 것이다. 그리고 메타인지는 일반적인 학업 능력과 비교적 독립적이다. "연구 결과에 따르면 메타인지적 인식은 부족한 능력과 지식을 보완할 수 있다"(Bruning et al., 2011, p. 82). 예를 들어, 과제에 집중하는 것이 중요하다는 것을 깨닫는 것은 능력에 의존하지 않는다. 이러한 깨달음은 학생들이 단순히 교실 앞쪽으로 이동하거나 집에서 공부할 때 휴대전화와 TV를 끄는 등 산만함이 없는 개인 학습 환경을 조성하게 할 수 있다.

메타인지는 복잡하다. 예를 들어, 연구에 따르면 메타인지는 정서의 영향을 받으며, 희망과 낙관주의는 긍정적인 영향을 미치고 불안은 부정적인 영향을 미친다(González, Fernández, & Paoloni, 2017). 그리고 메타인지는 특히 성실성과 같은 성격 특성과 긍정적으로 연관되어 있다(Kelly & Donaldson, 2016).

예상대로, 메타인지는 과제의 난도에 영향을 받는다. 과제가 어려울 때, 작업 기억에 대한 인지 부하가 너무 커서 효과적인 메타인지적 모니터링이 불가능할 수 있다. 이는 우리가 학생들에게 어려운 과제를 더 작고 수행할 수 있는 부분으로 나누어서 제공해야 한다는 것을 시사한다(Kalyuga, 2010).

마지막으로, 대학생을 포함한 학생들이나 성인들 모두 메타인지적 모니터링에 능숙하지 않지만(Medina et al., 2017), 교육과 노력을 통해 크게 향상될 수 있다(Bruning et al., 2011). 이는 모든 학생에게 메타인지를 가르치는 것이 중요하며, 특히 학습 수준이 낮은 학습자에게는 더 중요하다는 것을 시사한다. 그들이 스스로 메타인지 능력을 개발할 가능성이 적기 때문이다.

메타인지를 촉진하는 가장 효과적인 방법은 학생들에게 메타인지를 모델링하게 하는 것이다. 간단한 예로, 데이비스 선생님이 말할 때 모델링을 하고 있었다.

"이제, 여러분 내가 조별 과제를 마주했을 때, 조 구성원들이 이야기하는 것을 주의 깊게 듣도록 노력해. 그래서 내가 그들이 말하는 것에 주의를 기울이고 있다는 것을 스스로 확신할 수 있어. 그리고 우리 조에서 찾은 정보를 적어 둬. 그렇게 하면 내가 잊어버리지 않도록 확실히 할 수 있어."

데이비스 선생님의 행동은 간단했고 추가적인 노력이 거의 들지 않았다. 이 행동이 모든 학생들을 즉시 메타인지적이 되게 하지는 않겠지만, 시간이 지나면서 많은 학생들에게 변화를 가져올 것이다. 이것이 우리가 가르칠 때 하고자 하는 일이다.

기억 모형의 메타인지 구성 요소는 [그림 7-7]에 설명되어 있다.

메타인지의 발달적 차이

예상할 수 있듯이, 어린 학습자들의 메타인지 능력은 제한적이다. 어린아이들은 메타인지 모니터링이나 통제를 할 수 있음을 거의 찾아보기 어렵다(O'Leary & Sloutsky, 2017). 예를 들어, 그들은 학습 활동에서 주의를 기울여야 한다는 필요성을 종종 인식하지 못하지만, 나이가 더 많은 학생들은 주의 집중하는 것이 중요하다는 것을 인식하는 경우가 더 많다. 그러나 교사의 지원을 받으면 어린아이들도 학습에 대해 더 전략적으로 된다. 예를 들어, 초등학교 3학년 정도의 학생들도 몇 단락을 읽은 후 자신이 읽은 내용을 스스로 물어보는 등의 메타인지 전략을 배울 수 있다. 하지만 이들은 특히 주어진 과제가 어려울 때 자기 능력을 과대평가하는 경향이 있다(Metcalfe & Finn, 2013).

조직화, 정교화, 심상과 같은 고급 부호화 전략을 의식적으로 사용하는 것과 같은 더 정교한 메타인지는 청소년 초기에 나타나기 시작하며, 나이가 들수록 발전하고 성인이 되면 안정화된다(Weil et al., 2013). 앞서 언급했듯이, 이러한 발달에 따른 차이에도 불구하고 고학년 학습자들과 대학생들조차도 자신들의 학습에 대해 기대만큼 또는 필요만큼 메타인지적이지 않다(Medina et al., 2017; O'Leary & Sloutsky, 2017). 따라서 중학교나 고등학교에서는 학생들이 메타인지 능력을 개발하는 데 많은 지침과 지원이 필요할 것이다. 마지막으로, 일반적인 학습과 발달의 관계와 마찬가지로 메타인지의 발달에도 사회적 요소가 중요하다. 따라서 학생들과 더 많이 상호작용하고, 메타인지를 강조하고 모델링할수록 학생들의 메타인지 발달이 더 진전될 것이다(Brinck & Liljenfors, 2013).

다양성: 성별, 문화, 그리고 특수 학습자들의 메타인지 차이

모든 학습과 발달과의 관계에서와 마찬가지로, 메타인지에서도 학생들 간에 차이가 존재한다. 예를 들어, 일부 증거에 따르면 여자 학생들이 남자 학생들보다 학습에 있어 더 메타인지적 경향이 있다고 한다(Weil

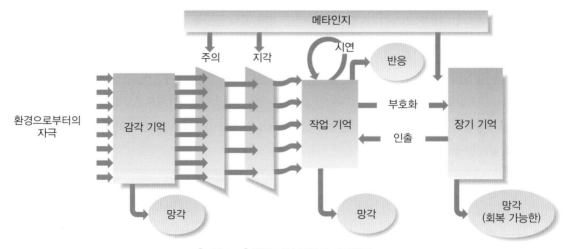

[그림 7-7] 인간 기억 모형의 메타인지

et al., 2013). 예상할 수 있듯이, 학생들의 문화적 신념도 메타인지에 영향을 미친다. 예를 들어, 아시아 학생들은 학습이 많은 인내를 필요로 하는 어려운 과정이라고 믿는 경향이 있다. 또한, 능력이 노력으로 향상될 수 있다고 믿기 때문에 메타인지 전략을 사용할 가능성이 크다. 반면, 주류 미국 문화의 학생들은 능력이 본질적으로 고정되어 있다고 믿는 경향이 있어 이러한 전략을 찾고 사용하는 데 덜 적극적이다(Chen & Trommsdorff, 2012; Li, 2005).

제2언어 학습자들에게도 문제가 있다. 예를 들어, 이들은 공부하는 주제 외에도 영어를 배우고 있기 때문에 작업 기억에 대한 인지 부하가 크다. 그 결과, 메타인지 모니터링이 즉각적인 과제에 밀려 뒷전으로 밀릴 수 있다(Wright, 2012).

특수 학습자들은 또 다른 다양성의 측면을 대표한다. 예를 들어, 학습장애나 행동장애가 있는 학생들은 종종 '인지적으로 비활성' 상태에 있으며, 이는 그들이 또래와 같은 방식으로 정상적인 발달 과정을 통해 메타인지 전략을 습득하지 못함을 의미한다. 그러나 노력과 연습을 통해 이들은 메타인지적으로 배울 수 있으며, 이러한 능력의 발달을 촉진하는 것은 특수 학습자들과 함께 교육하는 데 있어서 가장 유망한 교육적 흐름 중 하나를 대표한다(Hardman, Egan, & Drew, 2017).

이 부분을 요약하면서, 우리는 앞에서 언급한 경향들이 모든 경우를 설명하는 것은 아님을 강조하고자 한다. 예를 들어, 모든 아시아 학생들이나 모든 주류 미국 학생들이 우리가 앞서 언급한 경향성을 보이지는 않는다. 하지만 모든 학생들은 교실에서 메타인지 인식을 가르치는 우리의 노력으로 혜택을 받을 수 있다. 모든 학습과 교육의 측면에서처럼, 우리는 과도한 일반화와 고정관념에 대해 주의할 필요가 있다.

교실과의 연계

학생들의 메타인지 촉진하기

1. 메타인지는 우리가 공부하고 배우는 방식을 인식하고 통제하는 것이다. 메타인지적인 학습자는 더 많이 배우고 정보를 더 오래 기억한다. 메타인지를 활용하려면, 메타인지 전략을 수업에 통합하고 자신의 메타인지를 모델링하라.

- **초등학교**: 수업 중의 4학년 교사는 "집중하고 있다면 손을 들어 보세요"라는 문장이 적힌 카드를 들어 올린다. 그는 손을 든 학생들에게 수업 중에 집중력을 유지하기 위해 그들이 사용하는 전략이 무엇인지 학급에 공유하도록 지시한다.
- **중학교**: 사회 과목 교사는 메타기억을 강조하며, "책을 읽고 있는데, 자본주의와 사회주의 사이에 세 가지 중요한 차이점이 있다고 적혀 있다고 가정해 봅시다. 무엇을 해야 할까요?"라고 말한다.
- **고등학교**: 경제학 교사는 "내가 새로운 것을 읽을 때마다, 항상 '이것이 내가 공부해 온 것과 어떻게 관련이 있을까?'라고 자문한다. 예를 들어, 자유주의 경제 의제는 보수주의 경제 의제와 어떻게 다를까요?"와 같이 이야기하며 메타인지 전략을 모델링한다.

정보처리 및 인간 기억 모형에 대한 평가

정보처리와 인간 기억 모형은 우리가 배우고 발달하는 방식을 이해하는 데 중요한 역할을 한다. 그러나 모든 이론과 마찬가지로, 이러한 이론에는 장점과 단점이 있다. 다음 섹션에서는 몇 가지 주요 비판점을 바탕으로 이론들을 검토하고자 한다.

정보처리 및 인간 기억 모형에 대한 비판

비평가들은 초기에 [그림 7-2]에서 제시된 모형이 정보처리와 새로운 정보 학습과 관련한 복잡성을 단순화했다고 주장한다. 예를 들어, 이 모형은 주의를 감각 기억과 작업 기억 사이의 필터로 제시하지만, 중앙 집행기가 우리의 주의와 정보 인식 방법에 영향을 미친다는 증거가 있다는 것이다. 따라서 들어오는 자극에 주의를 기울이고 의미를 부여하는 것은 이 모형이 제안하는 단방향 흐름처럼 간단하지 않다(Kiyonaga & Egner, 2013; Shipstead & Engle, 2013). "간단히 말해서, 작업 기억(WM)과 주의는 더 이상 분리된 시스템이나 개념으로 간주되어서는 안 되며, 같은 제한된 자원에 의존하기 때문에 서로 경쟁하고 영향을 미치는 것으로 간주해야 한다"(Kiyonaga & Egner, 2013, p. 228). 더 나아가, 일부 연구자들은 작업 기억과 장기 기억 모형이 제안하는 것처럼 명확히 구분되는지 의문을 제기하며, 일부는 이들이 단지 다른 활성 상태를 나타낸다고 주장한다. 즉, 개인이 단일 기억 정보를 얼마나 적극적으로 처리하고 있는지에 대한 차이인 것이다. 이 관점에 따르면, 사람들이 정보를 처리할 때, 정보는 활성 상태에 있으며, 우리가 일반적으로 작업 기억에 있다고 설명하는 정보를 의미한다. 주의가 이동함에 따라 다른 정보가 활성화되고 이전 정보는 비활성화된다. 우리 기억 속의 대부분의 정보는 비활성 상태이며, 우리가 일반적으로 장기 기억에 있다고 설명하는 정보이다(Baddeley, 2001; Radvansky & Ashcraft, 2014).

기억 모형은 학습이 일어나는 사회적 맥락뿐만 아니라 학습에 영향을 미치는 문화적·개인적 요인들, 예를 들어 학생들의 감정(Nasir, Rosebery, Warren, & Lee, 2006)을 충분히 고려하지 못한다는 비판도 받는다. 비평가들은 또한 학습자들이 자신의 지식을 구성하는 정도를 충분히 설명하지 못한다고 주장한다. 이는 인지 학습이론의 기본 원칙이다(Kafai, 2006).

마지막으로, 인간 기억 모형은 메타인지에 의해 지배되는 논리적이고 순차적인 정보처리 시스템으로 가정된다. 이 모형은 정보가 의식적으로 처리된다고 가정한다. 즉, 우리는 정보에 주의를 기울이고, 인지를 통해 그것에 의미를 부여하며, 의식적으로 작업 기억에서 조직하고 이해한 후 장기 기억에 인코딩하고 저장한다. 그러나 여러 증거를 통해 우리는 많은 결론과 결정을 생각하지 않고 내린다는 것을 알 수 있다(Kahneman, 2011; Thaler & Sunstein, 2008; Vedantam, 2010). 어떤 연구자들은 우리가 하는 많은 것이 우리의 인식 수준 아래에서 일어난다고 주장한다(Aronson, Wilson, & Akert, 2016). 우리의 일상생활과 교실에서의 예는 이러한 관점을 뒷받침한다. 예를 들어, 마케팅 연구 결과, 우리가 무의식적으로 배치된 상품을 더 구매할 가능성이 높기 때문에, 소매업자들은 제품을 눈높이에 진열하기 위해 슈퍼마켓에 큰돈을 지불한다. 유제품은 보통 뒤쪽에 있어 우리가 우유 한 팩을 얻기 위해 매장을 통과해야 하며, 슈퍼마켓에서 보내는 시간이 많을수록 더 많은 돈을 쓸 가능성이 높다(Urban, 2014).

교실에서도 무의식적인 정보처리가 존재한다. 예를 들어, 오랜 연구를 통해, 교사들이 물리적으로 매력적인 학생들을 그렇지 않은 학생들보다 더 지능적이고 사회적으로 숙련된 것으로 평가한다는 것을 확인했다. 그리고 교사들은 매력적인 학생들에 대해 다른 기대를 가지고 있는데, 이는 두 그룹 간의 성취 차이를 초래할 수 있다(Ritts, Patterson, & Tubbs, 1992; Talamas, Mayor, & Perrett, 2016; Tartaglia & Rollero, 2015). 이러한 무의식적인 평가는 또한 교사들의 인종 및 문화 그룹에 대한 인식에 영향을 미친다. 예를 들어, 한 연구에서는 교사들이 다른 그룹보다 매력이 없는 흑인 남성 학생들을 능력과 사회적 기술에서 낮게 평가했다는 것을 발견한 연구도 있다(Parks & Kennedy, 2007). 교사들은 분명히 이러한 평가를 의식적으로 하지 않으며, 정보처리와 인간 기억 모형은 이러한 발견을 설명할 수 없다.

정보처리 및 인간 기억 모형의 장점

이러한 비판에도 불구하고, 학습에 대한 거의 모든 인지적 설명은 인간 기억의 기본 구조, 즉 제한된 용량의 작업 기억, 조직된 형태로 정보를 저장하는 장기 기억, 정보를 한 저장소에서 다른 저장소로 이동시키는 인지 과정, 그리고 메타인지의 규제 메커니즘을 포함한다(Bransford et al., 2000; Schunk, 2016). 이러한 구성 요소들은 다른 이론들이 설명할 수 없는 학습의 측면들을 설명하는 데 도움을 준다.

아마도 교사의 업무와 관련하여 가장 중요한 것은, 이 학습이론이 다른 어떤 이론보다도 지도를 위한 더 많은 지침을 제공한다는 점이다. 예를 들어, 우리에게 왜 다음과 같은 것이 중요한지 이해시켜 준다.

- 학생들의 주의를 얻고 유지하는 것이 필수적이다.
- 학생들의 인식을 확인하는 것이 필요하다.
- 복습은 의미 있다.
- 예제는 학습에 있어 중요하다.
- 단순히 강의하는 대신 학생들과 상호작용하는 것이 중요하다.

그리고 메타인지를 통해, 의식 수준 아래에서 일어나는 처리를 다루기 위한 메커니즘을 제공한다. 예를 들어, 교사들이 매력적인 학생들을 그렇지 않은 학생들보다 더 잘 대하는 경향을 인지하는 것만으로도, 모든 학생들을 더 공정하게 대할 가능성이 높아진다. (다음 장의 다음 섹션에서 교육에서 이 이론을 적용하기 위한 구체적인 제안을 제공한다.) 〈표 7-3〉은 이 정보를 요약한다.

교육심리학을 교수에 활용하기:
정보처리 및 인간 기억 모형을 학생들과 함께 적용하기

7.5 정보처리 및 인간 기억 모형의 교실 적용 사례를 분석할 수 있다.

이 장을 통해 우리는 데이비스 선생님이 정보처리 및 인간 기억을 어떻게 적용했는지 보았다. 이 섹션에서는 교육에서 이 이론을 사용하기 위해 다음과 같이 구체적인 제안을 제공한다.

- 도식을 활성화하고 인식을 확인하기 위해 복습을 실시한다.
- 학생들의 주의를 끌고 유지한다.
- 양질의 예시와 다른 내용의 표현을 통해 학생들의 배경지식을 발전시킨다.
- 인지 활동을 촉진하고 인지 부하를 줄이기 위해 학생들과 상호작용한다.
- 유의미 학습을 촉진하기 위해 부호화 전략을 활용한다.

- 메타인지를 모델링하고 장려한다.

이러한 제안들은 서로 중복되고 상호작용하며, 우리는 각각을 논의해 볼 것이다.

〈표 7-3〉 이론 분석: 정보처리와 인간 기억 모형

주요 질문	사람들은 어떻게 정보를 수집, 조직 및 기억에 저장하는가?
정보 저장소 감각 기억(SM) 작업 기억(WM) 장기 기억(LTM)	정보를 보유하는 저장소: • 대용량이지만 짧은 지속 시간(SM)에서부터, 소용량이며 상대적으로 짧은 지속 시간(WM)에 이르기까지, 그리고 대용량에 장기간 지속되는(LTM)까지 다양함 • 초기 입력(감각 기억)에서 정보의 의식적 조직자(작업 기억)에 이르기까지, 그리고 영구적 정보 저장소(LTM)까지 기능에서 다양함
인지 과정 주의 인지 시연 부호화 인출	한 정보 저장소에서 다른 저장소로 정보를 이동시키는 과정 • 처음에는 자극에 집중함(주의) • 자극에서 의미를 찾음(인지) • 작업 기억에 정보를 유지하거나 장기 기억으로 이동시키기 위해 정보를 반복함(시연) • 장기 기억에 조직된 정보를 나타냄(부호화) • 더욱 처리하기 위해 장기 기억에서 정보를 작업 기억으로 다시 가져옴(인출)
메타인지	• 인지 과정을 제어함 • 메모리 시스템을 통한 정보의 흐름과 저장을 조절함
효과적인 처리를 위한 촉매	• 인지 부하 감소-작업 기억에 부과되는 정신 활동의 양을 줄임 • 자동성 개발-인지 작업을 과잉 학습하여 생각하지 않고도 수행할 수 있게 함 • 부호화 전략 사용-정보를 의미 있게 하고 인지 부하를 줄이는 정보 항목 간의 관계를 찾음
주요 개념	• 감각 기억 　　• 청킹 　　• 부호화 • 작업 기억 　　• 주의 　　• 인출 • 장기 기억 　　• 인지 　　• 메타주의 • 인지 부하 　　• 시연 　　• 메타 기억 • 자동화
정보처리이론의 비판	• 사회적 맥락, 문화, 감정과 같은 학습에 중요한 영향을 충분히 설명하지 못함 • 정보를 메모리 저장소를 통해 단방향으로 전달하는 것처럼 보이게 함으로써 정보를 수집, 조직 및 저장하는 과정을 과도하게 단순화함 • 지식 습득에서 구성적 과정을 충분히 설명하지 못함 • 모든 정보처리를 의식적이고 고의적인 과정으로 간주하지만, 상당한 양의 처리가 의식 수준 아래에서 이루어진다는 증거가 있음
정보처리이론의 기여	• 우리가 감각을 통해 정보를 수집하고, 그것을 조직하고, 기억에 저장하는 방법을 설명함 • 제한된 용량의 작업 기억과 조직된 정보를 저장하는 장기 기억, 한 저장소에서 다른 저장소로 정보를 이동시키는 인지 과정, 그리고 메타인지의 규제 메커니즘을 포함하는 우리 메모리 시스템의 이 기본 구조를 대부분의 학습 설명이 받아들임 • 지도 및 구현 지침을 설계하는 데 중요한 함의를 제공함

도식 활성화 및 인지 점검을 통한 복습 실시

새로운 학습은 학생들이 이미 알고 있는 것과 관련이 깊으며, 복습은 부호화 전략으로서 스키마 활성화를 활용한다. 복습은 학생들이 장기 기억에서 지식을 다시 작업 기억으로 끌어내어 새로운 지식과 연결할 수 있도록 도와준다. 예를 들어, 데이비스 선생님은 학생들이 『앵무새 죽이기』에서 예를 찾기 전에 은유적 언어에 대한 복습을 실시했다.

다시 한번 살펴보자.

"잠시 복습해 봅시다. 은유(metaphor)가 무엇인지 말해 보고 예를 들어 보세요. ……에버렛?"

에버렛은 정의와 예를 제공하고, 데이비스 선생님은 비유와 의인화에 대해서도 같은 방식으로 복습을 계속한다.

그런 다음 에버렛은 문서 카메라에 다음을 표시하며, "오늘 우리가 배울 내용의 가이드로 이것을 사용할 것입니다."라고 말한다.

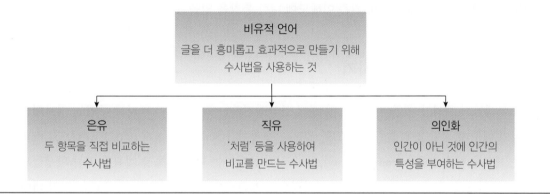

놀랍게도, 교사들은 종종 수업을 시작할 때 복습해 주지 않는다. 이는 의식적으로 소홀했다기보다는 생각하지 않았기 때문일 가능성이 더 크다.

우리는 "복습하자"라고 간단히 말하는 것부터 더 복잡한 활동에 이르기까지 다양한 방법으로 복습할 수 있다. 가장 직접적인 방법으로는 다음의 네 가지가 있다.

- 이전에 가르친 개념의 정의를 요청하는 것이다. 앞서 데이비스 선생님이 한 일이다. 그는 학생들에게 은유, 직유, 의인화의 정의를 제공하도록 했다.
- 학생들에게 예를 묻는 것이다. 데이비스 선생님이 또한 학생들에게 수사법의 예를 제공하도록 했다. 예를 제공하는 것은 도식 활성화뿐만 아니라 확장을 활용하기 때문에 특히 효과적이다. 이는 정의와 예를 유의미하게 만든다.
- 학생들에게 문제를 해결하거나 적용을 제공하도록 안내한다. 예를 들어, 서로 다른 분모를 가진 분수 덧셈을 소개하려면 같은 분모를 가진 하나 이상의 문제를 해결함으로써 복습할 수 있다. 또는, 학생들과 문장 부호 작업을 하고 있다면, 다음 문장을 제시할 수 있다. "여자의 가방은 끈이 끊어져서 그 여자는 여성용 가게에 들어가 세일 중인 세 개의 가방을 마음에 들어 했다." 그리고 나서 다음과 같이 물어볼 수 있다. "이 문장의 문장 부호가 올바르게 사용되었습니까? 어떻게 알 수 있나요?"

전국교사자질위원회(NCTQ)

미국의 전국교사질위원회(NCTQ)는 모든 신임 교사가 알아야 할 6가지 필수 교수 전략 중 하나로 탐구적인 질문을 할 것을 주장한다. 학생들에게 '왜', '어떻게 알았나요', '만약에'와 같은 질문을 하면 그들이 서로 아이디어를 연결하도록 장려하며, 이는 그들이 공부하는 주제를 더 의미 있게 만든다(Pomerance et al., 2016).

- 이전 날의 수업에 대한 요약을 하게 한다. 예를 들어, 소설 『주홍 글씨』에 대해 논의하는 교사는 "어제 우리는 소설 속 인물에 대해 이야기했습니다. 각각의 가장 중요한 특징은 무엇이었나요?"라고 말한다.

앞의 내용은 단지 예시일 뿐이며, 학생들의 이전 이해를 활성화하는 어떤 형태의 복습도 효과적일 수 있다. 이러한 방식으로 복습을 실시하면 학생들의 인식을 점검할 수도 있다. 왜냐하면 그들이 우리의 복습 질문에 어떻게 답하는지를 통해 그들의 기존 이해도에 대한 통찰을 얻을 수 있기 때문이다.

학생들의 주의를 끌고 유지하기

우리는 학생들의 주의가 제한되어 있으며 쉽게 산만해진다는 것을 안다. 그리고 주의는 정보처리가 시작되는 곳이기 때문에, 학습을 위해 주의를 끄는 것은 필수적이다(Sutherland et al., 2017). 그러므로 우리가 복습을 따르는 새로운 **학습 활동**(learning activity), 즉 우리가 준비하는 학습 활동을 계획할 때는 학생들의 주의를 끌 수 있는 방식으로 이 활동을 시작하도록 의식적으로 계획해야 한다. 그런 다음, 우리는 수업 내내 그들의 주의를 유지하려고 노력해야 한다.

우리는 항상 예기치 않은 사건으로 수업을 시작할 수는 없지만, 여전히 학생들의 주의를 끌기 위해 여러 방법을 시도해 볼 수 있으며, 이러한 시도들은 큰 노력을 필요로 하지 않는다. 예를 들어, 이 장의 사례 연구에서 데이비스 선생님은 학생들의 주의를 끌기 위해 개인적인 예시를 활용했다.

여러분은 신선한 공기와 같습니다.

그리고

이 반은 내 아침 커피 속의 설탕과 같습니다.

를 칠판에 적었다. 연구에 따르면 이런 식으로 개인적인 예시를 활용하는 것은 학생들의 주의를 끄는 데 효과적이다(Walkington & Bernacki, 2015). 그런 다음 데이비스 선생님은 그가 학생들과 상호작용하는 방식으로 학생들의 주의를 유지하려고 시도했다. 그가 학생들에게 비유적 언어의 예를 찾는 과제를 수행한 후의 대화 중 일부를 다시 살펴보자.

데이비스 선생님: 그러니까, 잠깐만 기억하세요……. 처음에 뭘 할 건가요? 에이미?

(학생들이 책상을 팀원들을 향해 돌리게 몇 초 기다린 후)

에이미: 은유의 예를 들 수 있습니다.

데이비스 선생님: 좋아요, 잘했어요. …… 하나를 찾았다면, 항상 뭘 하나요? …… 모니카?

모니카: 적어 둡니다.

데이비스 선생님: 그다음엔? …… 오웬?

오웬: …… 다른 걸 찾아봅니다.

데이비스 선생님: 아니면?

오웬: …… 비유의 예를 찾아봅니다.

데이비스 선생님: 네, 잘했어요, 오웬……. 자, 모두 시작해 보세요.

이 대화는 몇 초밖에 걸리지 않았지만, 데이비스 선생님은 에이미, 모니카, 오웬 각각을 이름으로 부르며 세 명의 학생을 차례로 불렀다. 또한 경우에 따라 그는 먼저 질문을 하고, 모든 학생들이 답을 생각할 시간을 갖도록 잠깐 멈췄다가, 그다음에 차례대로 에이미, 모니카, 오웬을 불렀다. 학생들은 자신이 불릴 가능성이 높다고 알고 있을 때, 그들은 훨씬 더 주의를 기울일 가능성이 높다. 이 전략은 오랜 기간 일관되게 연구에 의해 확인되었다(Good & Lavigne, 2018; Kerman, 1979; Lemov, 2015; McDougall & Granby, 1996). 주의를 끌기 위한 추가 전략들은 〈표 7-4〉에 개요로 나와 있다.

〈표 7-4〉 주의를 끌기 위한 전략

유형	예시
이례적인 사건	• 보통 보수적으로 옷을 입는 세계사 교사가 고대 그리스 토론을 시작하기 위해 시트, 샌들, 그리고 왕관을 쓰고 수업에 온다. • 과학 교사가 두 장의 종이 사이를 불었지만, 종이들이 서로 떨어지는 대신에 가까워진다.
그림	• 영어 교사가 20세기 미국 소설을 소개하며 수염 난 어니스트 헤밍웨이의 사진을 보여 준다. • 미술 교사가 아방가르드 예술 운동인 큐비즘을 소개하기 위해 파블로 피카소의 〈아비뇽의 처녀들〉을 전시한다.
문제	• 수학 교사가 말한다. "우리는 토요일 밤에 콘서트에 가고 싶어요. 하지만 우리는 돈이 없어요. 티켓은 $80이고, 먹을 것에는 $25가 더 필요해요. 우리는 파트타임 직업으로 시간당 $7.50을 법니다. 콘서트 비용을 지불하기 위해 우리는 몇 시간을 일해야 할까요? • 경제학 교사가 말한다. "샐리(Sally)는 친구 크리스틴(Kristen)과 음료를 마시며 대화를 나누는데, 크리스틴이 콜라를 권하지만 샐리는 "하나 마시고 싶지만, 오늘은 물을 마시는 것이 낫겠어. 그래서 패스할게."라고 답한다. 물을 마시는 것의 기회비용은 무엇일까요?"
생각을 자극하는 질문	• 역사 교사가 제2차 세계 대전에 대한 토론을 "독일이 전쟁에서 이겼다면 지금 세계는 어떻게 달라졌을까요?"라는 질문으로 시작한다. • 4학년 교사가 말한다. "우리가 두 분수를 더하면 더 큰 분수가 되지만, 분수를 곱하면 더 작은 숫자가 됩니다. 이게 어떻게 될 수 있죠?"
강조	• 체육 교사가 "비디오에서 사람이 구르는 방식에 주의 깊게 집중하세요."라고 말하며 체조 동작을 보여 주는 비디오 클립을 준비한다. • 음악 교사가 "이제 두 악기의 조화를 주의 깊게 들어보세요."라고 말한 직후에 음악을 재생한다.

학생들의 배경지식을 양질의 예시 및 다른 내용 표현을 통해 발전시키기

이 장에서 여러 번 언급했듯이, 모든 새로운 학습은 학생들이 이미 알고 있는 것에 의존한다. 그렇다면 그들이 배경지식이 부족할 때 우리는 무엇을 할까? 단순히, 우리는 그 지식을 제공해야 한다. 그리고 예시는 이 지식을 제공하는 가장 효과적인 방법이다. 우리가 계획할 때, 안내 질문은 "학생들에게 무엇을 보여 줄 수 있을까요?" 또는 "이 아이디어를 설명하기 위해 학생들이 무엇을 할 수 있게 할까요?" 등이 있다. 데이비스 선생님은 칠판에 쓴 문장들(그의 은유와 비유의 예시들)로 이 질문에 답했고, 그는 학생들이 제공한 예시뿐만 아니라 『앵무새 죽이기』에서의 예시들로 이 문장들을 자세히 설명했다. 이러한 예시를 제공하는 것은 많은 노력을 요하지 않았으며, 학습을 촉진하기 위해 매우 중요하다.

전국교사자질위원회(NCTQ)

전국교사자질위원회(NCTQ)는 예시 사용을 모든 신임 교사가 알아야 할 6가지 필수 교수 전략 중 하나로 설명한다.

"2. 추상적 개념을 구체적 표현과 연결하기. 교사들은 포괄적인 아이디어를 밝혀 주는 구체적인 예시를 제시해야 하며, 또한 예시와 큰 아이디어가 어떻게 연결되는지 설명해야 한다"(Pomerance, Greenberg, & Walsh, 2016, p. vi).

일부 주제에는 구체적인 예시가 존재하지 않기 때문에, 우리는 이 섹션의 제목에서 "……그리고 다른 내용의 표현"이라고 말한다. 예를 들어, 학생들이 남북전쟁으로 이어진 요인들을 이해하는 것을 목표로 하는 역사 교사라고 가정해 보자. 그러면 다음에 제시되는 차트와 지도를 그들에게 제시할 수 있다.

다음에 제시된 차트와 지도는 학생들에게 두 지역의 사람들, 땅과 기후, 경제 및 지리에 대한 정보를 제공한다. 이 정보는 학생들이 예를 들어, 지리와 경제, 그리고 경제와 땅 및 기후 사이의 관계를 식별하는 데 도움을 줄 수 있다. 이러한 표현은 학생들이 왜 미국의 노예제가 북부가 아닌 남부에서 초기에 발생했는지 이해하는 데 도움을 준다. 이러한 표현이 없다면, 이 정보를 강의를 통해 제공해야 하며, 이는 덜 의미 있을 것이다. 〈표 7-5〉는 교사들이 학생들의 배경지식을 발전시키려고 시도하는 다양한 방법의 추가 예시를 제공한다.

	사람	땅과 기후	경제
북부 주	작은 마을 종교적 교육에 가치를 둠 협동적	숲이 우거진 빙하의 잔해 반약한 토양 짧은 재배 기간 추운 겨울	시럽 럼주 목재 조선업 어업 작은 농장들
남부 주	귀족적 고립된 사회 계급 차별	비옥한 토양 더운 날씨 긴 재배 기간	대규모 농장 담배 면화 숙련되지 않은 노동자들 하인들과 노예들

학생들과 상호작용하여 인지 활동을 촉진하고 인지 부하를 줄이기

오랜 연구를 통해 강의는 가장 일반적으로 사용된 교수 전략이었으며 여전히 그러하다는 것을 알 수 있다 (Cuban, 1982; Goldsmith, 2013; Kaddoura, 2011). "이러한 전통적인 접근 방식은 나름의 자리가 있지만, 우리는 이에 너무 자주 의존한다"(Goldsmith, 2013, p. 49).

정보처리와 인간 기억과 관련하여, 강의식 수업은 두 가지 문제가 있다. 첫째, 교사가 종종 너무 빠르게 너무 많은 정보를 제공하여, 학생들의 제한된 작업 기억이 과부하되고 정보가 손실된다(Marois & Ivanoff, 2005). 둘째, 강의는 학생들을 인지적으로 수동적인 역할에 놓이게 한다. 이는 학생들이 내용에 대해 주의 깊게 생각하지 않고 듣거나, 심지어는 멍하게 앉아 새로운 정보를 이미 알고 있는 것과 연결하지 않는다는 것을 의미한다. 결과적으로 학습은 덜 의미 있게 된다(Latif & Miles, 2013).

학생들과의 상호작용의 중요성은 연구를 통해 확인되어 왔다(Vandenbroucke, Split, Verschueren, Piccinin, & Baeyens, 2018). 그리고 질문하기는 상호작용을 촉진하기 위해 우리가 사용할 수 있는 가장 널리 적용 가능한 전략이다. 질문하기에는 두 가지 강점이 있다. 첫째, 이는 인지 부하를 줄인다. 왜냐하면 교사들은 학생들이 우리의 질문에 답할 수 있는 만큼만 학습 활동을 진행할 수 있기 때문이다. 만약 학생들이 교사의 질문에 올바르게 답한다면, 그들은 정보를 처리하고 있으므로 그들의 작업 기억은 과부하되지 않는다. 둘째, 질문에 성공적으로 답하기 위해서는 학생들이 진정으로 생각해야 한다. 이 생각하기는 인지 활동의 본질이다. 우리가 데이비스 선생님이 학생들과 함께 한 일의 설명에서 본 것처럼, 그는 질문을 통해 각 학습 활동을 개발했고, 거의 강의를 하지 않았다. (이 내용과 관련하여 제13장에서 질문하기를 자세히 논의할 예정이다.)

그룹 활동은 인지 활동을 촉진하기 위해 효과적일 수 있는 두 번째 전략이다. 데이비스 선생님이 그의 학생들이 세 명의 팀으로 먼저 자신들의 은유, 직유, 그리고 의인화의 예를 식별하게 하고, 나중에 『앵무새 죽이기』에서 각 개념의 예를 식별하게 했을 때, 그는 그룹 활동을 활용했음을 알 수 있다.

〈표 7-5〉 학생들의 배경지식 키우기

영역 및 목표	예시/제시
음악: 학생들이 장조와 단조 코드를 이해하기 위함	피아니카(튜브를 통해 불어서 작동)로 연주된 장조 및 단조 코드의 예시
건강: 학생들이 건강한 음식과 건강하지 않은 음식을 식별하기 위함	왼쪽 열에 음료수, 감자칩, 채소, 과일, 그리고 고기와 같은 인기 있는 식품들을, 다른 열에는 지방, 단백질, 섬유질, 설탕, 그리고 소금의 양을 보여 주는 행렬
과학: 학생들이 힘과 작업의 개념을 이해하기 위함	교사가 학생들에게 책상을 누르게 하고 손으로 불어서 힘이 밀기와 결합된 것임을 보여 주는 시연과 의자를 끌어올리게 함으로써 힘이 또한 당기기임을 설명하는 시연. 교사가 책을 책상 위로 미끄러지게 해서 작업이 힘과 움직임의 결합임을 보여 주는 시연
체육: 학생들이 테니스에서 효과적인 서브의 메커니즘을 이해하기 위함	올바른 서비스 동작을 시연하는 다양한 테니스 선수들의 비디오 클립 제시
수학: 학생들이 연립방정식을 푸는 방법을 이해하기 위함	연립방정식의 세트와 방정식을 단계별로 해결하는 작업 예시를 보여 주는 예제
언어 예술: 학생들이 민담을 이해하기 위함	학교의 다른 선생님들에 대한 민담으로, 민담의 특성을 포함하여 작성된 이야기들

그러나 단순히 학생들을 그룹으로 나눈다고 해서 그들이 인지적으로 활동적이 되는 것을 보장하지는 않으므로, 우리는 그들의 그룹 작업을 주의 깊게 모니터링해야 한다. 그들은 활동하는 동안 서로 이야기할 수 있지만, 그들이 무엇을 하고 있는지에 대해 진정으로 생각하는 것은 아닐 수 있다. 그룹 활동은 학교에서 인기가 있지만, 이러한 활동이 주의 깊게 구조화되고 모니터링되지 않는다면, 그것들은 딱딱한 강의만큼 효과적이지 않을 수 있다(Brophy, 2006a; Mayer, 2004).

의미 있는 부호화 전략 활용하기

도식 활성화, 조직, 정교화, 그리고 이미지화는 모두 유의미한 부호화를 촉진하는 데 효과적이다. (시연은 부호화 전략이지만, 유의미한 학습을 초래할 수도 있고 그렇지 않을 수도 있다.) 우리는 복습으로 수업을 시작할 때 도식 활성화를 활용하며, 우리가 수업을 진행하는 방식으로 다른 부호화 전략을 촉진한다. 예를 들어, 데이비스 선생님이 단순한 계층 구조로 은유적 언어를 설명하는 것은 조직의 한 형태였다.

그런 다음 그는 학생들이 먼저 자신의 은유적 언어 예제를 식별하고 그다음 『앵무새 죽이기』에서 예제를 찾게 함으로써 설명을 활용했다. 앞서 보았듯이, 예제들을 서로 및 정의와 연결하는 것은 강력한 설명의 형태이다.

우리는 또한 역사 교사가 미국의 남북전쟁 전의 북부와 남부 주에 대한 정보를 조직하기 위해 행렬과 지도를 사용하는 방법을 보았다. 그리고 이러한 방식으로 내용을 표현하는 것은 또한 이미지화를 활용하는 데 도움이 된다. 예를 들어, 지도에서 학생들은 두 지역의 지리적 차이를 시각화할 수 있다. 차트와 지도의 연구를 계속함에 따라, 학생들은 땅과 기후가 두 지역의 경제에 어떻게 영향을 미쳤는지 볼 수 있으며, 이러한 연결을 만드는 것은 설명을 촉진한다.

이 논의는 이 섹션의 시작 부분에서 제시한 제안들이 서로 내용적으로 비슷하고, 각각의 내용을 서로 강화한다는 것을 보여 준다.

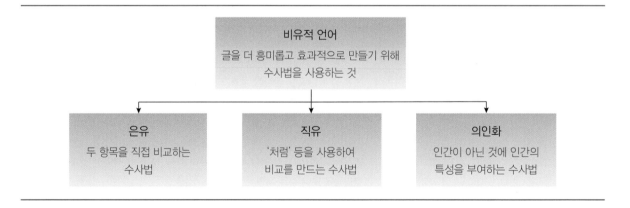

모델링과 메타인지 장려하기

앞서 보았듯이, 모델링은 학생들에게 메타인지를 촉진하는 가장 효과적인 방법이다(Bruning et al., 2011). 그리고 우리는 데이비스 선생님이 다음과 같이 말함으로써 메타인지를 모델링하는 방법을 확인했다.

"이런 작업을 직면했을 때, 저는 제 파트너들이 말하는 것을 주의 깊게 듣도록 노력해서, 제가 그들이 말하는 것에 집중하고 있다는 것을 확실히 보여 줍니다. 그리고 나서 우리가 찾은 정보를 적습니다. 그러면 저는 제가 읽은 것을 잊지 않을 거라고 확신할 수 있습니다."

우리는 메타인지를 다른 주제와 마찬가지로 설명하고 토론함으로써 메타인지를 직접 가르칠 수도 있다. 예를 들어 보자.

노마 레이턴(Norma Layton)은 언어 예술 교사이다. 학생들이 공부 기술을 개발하도록 돕고자 하며, 그녀의 다큐멘터리에 다음의 짧은 이야기를 보여 준다.

대니얼(Danielle)은 그녀의 과학 교과서에서 어려운 장을 읽고 있습니다. 그녀는 먼저 장의 구성을 살펴 주요 주제와 각 주요 제목 아래에 속하는 소주제를 식별할 수 있습니다. 그런 다음 그녀는 첫 번째 주요 제목 아래 섹션을 읽고 멈춘 후 자신에게 묻습니다. "좋아, 이 섹션은 무엇에 대한 것이었지?" 그녀는 장의 각 섹션에 대해 이 과정을 반복합니다.

"나는 이런 식으로 공부해야 해."라고 그녀는 친구인 진저(Ginger)에게 말합니다. "이렇게 하지 않으면 읽은 것을 아무것도 기억하지 못해."

"정말?" 진저가 대답합니다. "나는 대부분 그냥 읽고 최대한 많이 기억하려고 해."

"자, 이 짧은 이야기를 봅시다." 레이턴 선생님이 말한다. "대니얼이 그녀의 공부에 접근하는 방식과 진저가 그녀의 공부에 접근하는 방식에서 어떤 차이가 있나요?"

학생들이 짧은 이야기를 가지고 토론함에 따라, 점차 대니얼 자신이 공부하고 배우는 방식에 더 인식하고 있으며, 그녀의 공부를 조절하기 위한 조치를 취한다는 결론에 도달한다. 그런 다음 레이턴 선생님은 이것이 모든 사람이 공부에 접근해야 하는 방식이며, 가장 중요한 것은, 그들에게 가장 잘 맞는 방식을 생각하는 것이라고 강조한다.

이런 식으로 메타인지를 발달시키고자 노력하는 것(즉, 다른 주제를 가르치듯이 직접 가르치는 것)은 학생들에게 "당신이 하는 일에 대해 생각해 보세요"라고 단순히 격려하는 것보다 더 효과적이다. 학생들은 교사들로부터 많은 제안을 듣고, 결과적으로, 가끔 무시하기도 한다. 레이턴 선생님이 한 것처럼 개념적 접근을 사용하는 것이 더 효과적이다(Bruning et al., 2011).

학교급별 적용

다양한 나이대의 학생들을 위한 인간 기억 모형

인지학습이론과 인간 기억 모형은 모든 학년에서 적용되지만, 중요한 발달적 차이가 존재한다. 다음 지침은 이러한 차이에 대응하는 방법을 설명한다.

유아 프로그램 및 초등학생 가르치기

인간의 주의는 제한되어 있으며, 이러한 제한은 어린아이들에게 더욱 두드러진다. 어린아이들은 수업 중에 주의를 활성화하고 유지하는 방법을 배우지 못했다(Berk, 2019b). 어린아이들을 가르칠 계획이라면, 수업을 시작할 때 주의를 끌 수 있는 활동으로 시작하는 것이 매우 중요하며, 수업 중에 주의를 지속적으로 모니터링해야 한다. 어린아이들의 주의를 유지하기 위해, 학습 활동은 짧고 자주 변경되어야 한다.

또한 모든 작업에 대한 지시 사항을 단순하고 정확하게 만들고, 작업 요구 사항에 대한 아이들의 인식을 지속적으로 확인하여 그들이 당신이 원하는 것을 이해하고 있는지 확인해야 한다. 복잡한 작업은 더 짧고 간단한 것들로 나누어져야 하며, 다음 것으로 넘어가기 전에 각각을 완료해야 한다(Trawick-Smith, 2014).

어린아이들의 사고는 구체적인 경향이 있으므로, 추상적인 아이디어는 구체적이고 개인적인 예시로 설명되어야 한다. 아이들의 언어는 발달 중이기 때문에, 자신이 이해한 내용을 말로 표현하는 연습할 기회를 주는 것이 필요하다.

메타인지를 모델링하고 아이들이 그들의 학습에 영향을 미치는 요소들에 대한 인식을 개발하도록 돕는 것은 어린 학생들에게 특히 도움이 된다. 주의가 학습에 어떻게 영향을 미치는지를 인식하게 된 아이들은 평생 동안 사용할 수 있는 학습 기술을 습득하게 된다.

중학생 가르치기

중학생들은 자신들의 메타인지 능력이 학습에 어떠한 영향을 미치는지 이해하기 시작한다. 학생들의 학습을 모니터링하는 능력이 향상된 것을 활용하기 위해, 효과적인 학생들이 메타인지를 강조하는 학습 전략을 발전시킬 수 있도록 돕는다. 학생들에게 스스로 질문을 하도록 격려하는 것, 예를 들어 "이 아이디어가 이전 아이디어와 어떻게 비슷하고 다른가?", "이 아이디어의 실제 예는 무엇일까?" 등의 질문은 학습을 크게 향상시킬 수 있는 효과적인 학습 전략이다.

그러나 중학생들의 사고는 여전히 대부분 구체적인 경우가 많다. 특히, 주제가 새롭거나 추상적일 때 더욱 그렇기 때문에 구체적인 예시를 계속 사용하고 질문을 통해 분석할 필요가 있다. 그리고 학습의 많은 부분이 언어적이므로, 학생들이 자신이 이해한 내용을 말로 표현하도록 지도하는 것은 학습을 증진시킬 뿐만 아니라 언어 발달도 촉진한다.

고등학생 가르치기

고등학생들은 정교한 학습 전략을 사용할 수 있지만, 이러한 전략이 모델링되고 장려되지 않으면 이를 사용할 가능성은 줄어든다(Pressley & Hilden, 2006). 고등학교 교사라면, 조직, 정교화, 이미지화와 같은 부호화 전략의 사용을 모델링하는 것이 교실에서 이러한 전략의 사용을 촉진하는 효과적인 방법이다. 그러나 고등학생들도 어려운 내용을 배울 때 복습을 전략으로 사용할 가능성이 높으므로, 다른 전략들에 대한 연습이 중요하다.

학생들을 인지적으로 활발하게 하는 질문하기와 소그룹 활동 같은 교수 전략들이 중요하다. 안타깝게도 많은 고등학교 교사들은 '알려 주기'가 교육이라는 잘못된 믿음으로 인해 강의에 의존하는 경향이 있다. 고등학생들은 사회적인 존재이며 누가 누구와 데이트하고 주말에 무슨 일이 일어나는지에 대해 이야기하는 것을 무엇보다 좋아한다. 사회적으로 활동적인 학생들이 인지적으로도 활동적이도록 그룹 활동을 주의 깊게 구조화하고 모니터링하는 것이 중요하다.

고등학생들은 추상적인 사고와 문제해결이 가능하지만, 그렇게 하도록 지도하는 것이 학생들이 질문을 심도 있게 검토하고 인과관계를 고려하도록 도와주어야 한다.

제7장 요약

1. 인지학습이론의 원리를 설명하고, 학교와 학교 외부 생활에서 이 원리들의 적용 사례를 찾아보시오.
   - 학습과 발달은 경험에 의존한다. 교사들은 학생들에게 질 좋은 경험을 제공함으로써 이 원칙을 적용한다.
   - 사람들은 자신의 경험이 유의미하길 바란다. 이 원칙은 학교 안팎에서 자주 사용되는 "이해가 가" 또는 "이해가 안 가"와 같은 표현에서 잘 드러난다.
   - 경험을 이해하기 위해, 사람들은 지식을 구성한다. 이는 사람들이 외부 자원에서 얻지 않은 원래의 아이디어를 어떻게 만들어 내는지를 이해하는 데 도움을 준다.
   - 사람들이 구성하는 지식은 그들이 이미 알고 있는 것에 의존한다. 지식은 공허한 공간에서 구성되지 않는다. 숙련된 교사들은 새로운 지식을 학습자가 이미 가지고 있는 정보와 연결한다.
   - 장기 지식과 기술을 습득하기 위해서는 주로 연습이 중요하다. 어떤 영역에서든 지식이나 기술을 얻으려면 상당한 양의 의도적인 연습이 필요하다.
   - 사회적 상호작용은 학습을 촉진한다. 사회적 상호작용은 학생들이 자신의 아이디어를 말로 표현하도록 장려하고 다른 사람들의 관점에 접근할 수 있게 함으로써 학습에 기여한다. 숙련된 교사들은 학생들을 그들의 학습 활동에 참여시키기 위한 다양한 전략을 사용한다.

2. 기억 모형의 기억 저장소를 사용하여 학교와 우리 일상생활에서의 사건들을 설명하시오.
   - 감각 기억은 환경으로부터의 자극을 잠시 동안 저장하는 곳으로, 이 자극들이 처리될 수 있을 때까지 유지한다.
   - 작업 기억은 우리 정보처리 시스템의 의식적인 부분이며, 그 용량은 제한적이다. 작업 기억의 한계는 학습자들이 강의에서 정보를 놓치는 이유, 그리고 일반 사람들이 주기적으로 '기억 과부하'를 경험하는 이유를 설명한다.
   - 작업 기억의 한계를 수용하기 위해 기술을 자동화 수준으로 발전시키고, 정보를 더 큰 덩어리처럼 작용하도록 조직화하고 상호 연결하여, 처리를 분산시키기

위해 시각적 및 언어적 정보를 결합한다.
   - 장기 기억은 우리의 영구적인 정보 저장소이며, 지식이 더 많은 처리가 필요할 때까지 저장된다.
   - 장기 기억 속의 정보는 사람들에게 더 많은 의미를 갖고, 의미 있게 조직될 때 더 쉽게 검색되고 사용된다.

3. 인간 기억 모형에서 인지 과정을 설명하고, 교실 및 일상 사건에 적용할 수 있는지를 확인하시오.
   - 주의와 지각은 감각 기억에서 정보를 작업 기억으로 이동시킨다. 주의는 자극에 의식적으로 집중하는 과정이며, 지각은 자극에 의미를 부여한다.
   - 사람들은 작업 기억의 음운 루프에서 정보를 유지하기 위해 시연을 사용하며, 집중적인 시연은 정보를 장기 기억으로 이동시킬 수 있다.
   - 부호화는 장기 기억에 있는 정보를 의미한다. 학습자는 정보를 시각적·언어적으로 둘 다 표현할 경우 효과적으로 부호화한다.
   - 인출은 장기 기억에서 정보를 작업 기억으로 다시 가져와 문제해결이나 추가 처리를 위해 사용된다.
   - 학생들의 인지 과정 사용은 발달함에 따라 개선되며, 연령이 높은 학습자는 더 나은 주의 집중력을 가지고 의미 있는 부호화를 촉진하기 위한 전략을 더 효과적으로 사용한다.

4. 메타인지를 정의하고, 교실 활동 및 학교 밖 경험에서의 메타인지에 대한 예를 제시하시오.
   - 메타인지는 개인의 인지에 대한 지식과 조절이다.
   - 메타인지는 학습자가 공부하고 배우는 방식을 인식하고 학습을 늘리는 전략을 제공함으로써 학습에 영향을 미친다.
   - 메타인지는 발달적이며, 어린아이들은 자신의 인지 활동에 대해, 연령이 높은 사람들보다 덜 알아차린다.

5. 정보처리 및 인간 기억 모형을 교실에 활용할 수 있는 방법에 대해 제시하시오.
   - 이전에 학습한 내용을 검토하여 수업을 시작하면 사전 지식을 활성화시키고 학생들이 새로운 정보를 기존의 이해와 연결하는 데 도움이 된다.

- 학생들의 관심을 끄는 사건으로 학습 활동을 시작하면 학생들이 적절한 자극에 집중하고 관련 없는 정보를 무시하는 데 도움이 된다.
- 학습 활동 중에 가르칠 내용의 예와 다른 표현을 사용하면 학생들이 유의미한 지식을 구축하는 데 필요한 배경지식을 습득하는 데 도움이 된다.
- 학습 활동 중 학생들과 상호작용하면 그들을 인지적

으로 활발한 역할에 놓이게 하고 인지 부하를 줄일 수 있다.
- 도식 활성화, 조직, 확장, 이미지 활용 등은 학생들이 정보를 의미 있게 부호화하는 데 도움이 될 수 있다.
- 메타인지를 모델링하고 장려하는 것은 학습자가 최상의 학습 방법을 인식하도록 도와줄 수 있다.

자격증 시험 준비하기

정보처리와 인간 기억 모형 이해하기

여러분이 접하게 될 임용 시험에는 정보처리와 인간 기억 모형에 관련한 정보가 포함되고, 객관식과 주관식 문제가 모두 포함될 것이다. 임용 시험을 대비한 연습을 위해, 다음 연습문제들을 포함시켰다. 이 책과 이 연습문제들은 시험 준비 기간에 도움이 될 수 있다.

수 서덤(Sue Southam)은 고등학교 영어 교사로, 1600년대 보스턴에서 벌어진 비극적이고 불법적인 사랑 이야기를 서술한 소설인 『주홍 글씨』의 다양한 캐릭터들을 학생들에게 설명한다. 이 소설은 여주인공 헤스터 프린(Hester Prynne)과 목사 아서 딤스데일(Arthur Dimmesdale) 사이의 사랑 이야기를 다룬다. 소설의 제목은 '간통자(adulterer)'를 의미하는 문자 A를 가리키며, 이 문자는 헤스터가 간통 행위로 인한 벌로서 퓨리턴 사회가 그녀에게 부과한 형벌로서 사용된다. 서덤 선생님은 이 소설을 사용하여 학생들이 다음 기준을 이해하도록 돕고자 한다.

CCSS.ELA-Literacy.RL.11-12.3 작가가 이야기나 드라마의 요소를 어떻게 개발하고 관련시키는지에 대한 선택의 영향을 분석한다(예: 이야기가 설정된 위치, 행동이 어떻게 배치되었는지, 캐릭터가 어떻게 소개되고 발전되었는지 등)(공통 핵심 국가 교육 기준, 2018).

이 수업은 여러 날 동안 그 책을 논의한 후, 딤스데일 목사의 성격을 조사하는 것이다. 서덤 선생님은 소설에서 딤스데일을 묘사하는 구절을 읽으며 시작하고, 학생들에게 그 묘사의 가장 중요한 측면을 적어 보도록 하고, 그런 다음 그가 회중 앞에서 하는 연설을 읽는다. 이 연설에서 딤스데일은 헤스터를 대면하여 그녀가 비밀 연인이자 죄악의 동료를 밝히도록 충고한다(그러나 그동안은 항상 헤스터가 고백하지 않고 그를 그녀의 애인으로 불리지 않길 바란다.). 그런 다음 서덤 선생님은 학생들을 '딤스데일 팀'과 '헤스터 팀'으로 나누고, '딤스데일 팀'에게 그가 연설하는 동안 딤스데일이 무엇을 생각하고 있는지 쓰도록 지시하고, '헤스터 팀'에게는 헤스터가 듣고 있는 동안 헤스터가 무엇을 생

각하고 있는지 쓰도록 한다. 학생들이 각각 쓴 후, 서덤 선생님은 두 명의 헤스터와 두 명의 딤스데일로 구성된 그룹으로 나누고, "각 그룹에서, 딤스데일이 연설의 첫 부분에서 무엇을 생각하는지 말하는 것으로 시작하고, 그런 다음 헤스터가 뭐라고 대답할까요? 그런 다음, 다시 딤스데일의 다음 부분을 말하고, 헤스터의 반응, 이런 식으로요.…… 여러분 그룹 내서 생각을 공유해 보세요."라고 말한다.

서덤 선생님은 학생들에게 자신들의 관점을 공유할 시간을 5분 준 후, 이렇게 말한다. "자, 들어보죠. 딤스데일 팀부터 시작하죠. 연설하는 동안 무엇을 생각했나요? …… 마이크(Mike)?"

"제가 생각했던 것은 '오, 신이여, 나를 도와주세요. 그녀가 아무 말도 하지 않기를 바랍니다. 내가 그것이 내가 범인이라고 밝히면 망할 것이기 때문에'라는 것이었습니다." 마이크는 그의 그룹 파트너인 니콜(Nicole)에게 돌아섰다.

"나는 '착한 사람이네요. 그렇죠. 그럼 왜 고백하지 않으세요? 당신도 유죄를 알고 있잖아요. 나는 내 사랑을 고백했지만 당신은 그렇지 않았죠. 그냥 나와서 말하면 되잖아요?'라고 썼어요." 니콜이 말한다.

"흥미롭네요! 더 발표할 사람 있나요? 다른 헤스터에 대해 어떻게 생각하세요? …… 세라(Sarah)?" "저는 그냥 '아니요, 절대 말하지 않을 거예요. 아직도 당신을 사랑하고 영원히 당신의 비밀을 지킬 거예요.'라고 썼어요." 세라가 말한다.

서덤 선생님은 잠시 멈추고 방을 둘러보며 말한다. "헤스터에 대한 두 가지 다른 견해가 얼마나 다른지 주목하세요. …… 니콜은 그녀를 매우 화가 나 있는 사람으로, 반면에 세라는 그녀를 아

직도 그를 사랑하는 사람으로 보고 있죠."

서덤 선생님은 다시 잠시 멈추고, 캐런(Karen)이 손을 올리자 고개를 끄덕인다. "헤스터가 아무 말도 하지 않는 이유는 사람들이 그를 목사라고 믿지 않을 것이기 때문일 거예요." 캐런이 말한다. "그녀는 그냥 거기에 있어서 그의 죄를 상기시키며 복수를 하는 겁니다."

"하지만 그녀가 그를 비난하면 사람들은 그가 부인할 것을 기대하지 않을까요?" 브래드(Brad)가 덧붙인다. "아마도 그녀가 아직 그를 사랑하기 때문에 그를 비난하지 않을 거예요." 줄리(Julie)가 말한다. "잠깐만요" 제프(Jeff)가 반박한다. "저는 그가 나쁜 사람이라고 생각하지 않아요. 그는 모든 것에 대해 죄책감을 느끼고 있지만 그저 그 모든 사람 앞에서 고백하는 용기가 없을 뿐이에요."

학생들은 딤스데일의 성격에 대한 분석을 계속하며, 그가 악당인지 비극적인 인물인지에 대한 논쟁도 한다.

"흥미로운 생각이에요." 서덤 선생님이 그날의 토론을 마무리하며 말한다. "오늘 한 얘기들을 기억해 주세요. 그리고 내일은 우리가 헤스터의 남편을 분석하기 시작하는 제4장을 읽기 바라요."

사례 분석을 위한 질문

아래 질문에 대답할 때 우리가 이 절에서 배운 내용을 사용하여 구체적으로 답변하시오.

객관식 질문

1. 서덤 선생님이 수업을 진행하는 동안, 다음 중 학생들에게 내용을 의미 있게 만들기 위해 어떤 부호화 전략을 적용했는가?
   a. 시연
   b. 도식 활성화
   c. 조직화
   d. 세부 확장

2. 다음 중, 정보처리이론과 인간 기억 모형을 적용하는 제안 사항 중 서덤 선생님이 학생들과 수업할 때 가장 유사하게 적용한 것은 무엇인가?
   a. 도식을 활성화하고 지각을 점검하기 위해 검토를 진행함
   b. 학습 활동을 눈길을 끄는 경험으로 시작함
   c. 학생들과 상호작용하여 인지 활동을 촉진하고 인지 부하를 줄임
   d. 메타인지를 모델링하고 장려함

주관식 질문

3. 서덤 선생님이 수업에서 정보처리이론과 인간 기억 모형을 얼마나 적용했는지 평가하시오. 평가에는 강점과 약점 모두를 포함하시오.

중요 개념

간섭(interference)
감각 기억(sensory memory)
기억 저장소(memory store)
기억술(mnemonics)
단기 기억(short-term memory)
도식(schema, schemata)
도식 활성화(schema activation)
망각(forgetting)
멀티태스킹(multitasking)
메타기억(metamemory)

메타인지(metacognition)
메타주의(meta-attention)
모형(model)
부호화(encoding)
선언적 지식(declarative knowledge)
시각–공간 스케치판(visual-spatial sketchpad)
시연(rehearsal)
심상(imagery)
암기 위주의 학습(rote learning)
원리 또는 법칙(principles or laws)

유의미성(meaningfulness)

유추(analogy)

음운 고리(phonological loop)

인지 부하(cognitive load)

인지 활동(cognitive activity)

인지학습이론(cognitive learning theory)

인출(retrieval)

자동화(automaticity)

작업 기억(working memory)

장기 기억(long-term memory)

전문가(expert)

절차적 지식(procedural knowledge)

정교화(elaboration)

정보처리이론(information processing theory)

조직화(organization)

주의(attention)

중앙 집행기(central executive)

지각(perception)

집행 기능(executive functioning)

청킹(chunking)

학습 활동(learning activity)

복잡한 인지 과정

제**8**장

학습목표

이 장을 공부한 후 여러분은 다음을 할 수 있어야 한다.

8.1 개념을 정의하고 학생들의 개념학습을 돕기 위한 전략을 설명할 수 있다.

8.2 잘 정의된 문제와 잘 정의되지 않은 문제의 예를 들고, 교실에서 문제해결을 가르치는 전략을 설명할 수 있다.

8.3 학습 전략과 비판적 사고의 적용을 확인할 수 있다.

8.4 학습전이에 영향을 주는 요인을 확인할 수 있다.

APA의 20가지 주요 원칙

이 장에서 명시적으로 다루는 유치원–12학년(초 · 중등학교)까지 교수 및 학습을 위한 심리학의 20가지 주요 원칙은 다음과 같다.

- 원칙 2: 학생들이 이미 알고 있는 것은 학습에 영향을 미친다.
- 원칙 4: 학습은 맥락에 기반하기 때문에 새로운 맥락으로 학습을 일반화하는 것은 자발적이지 않으므로 촉진되어야 한다.
- 원칙 5: 장기 기억과 기술의 습득은 주로 연습에 의존한다.
- 원칙 6: 학생들에 대한 명확하고, 설명적이며, 시의적절한 피드백은 학습에 중요하다.
- 원칙 8: 학생의 창의성은 촉진될 수 있다.

전국교사자질위원회(NCTQ)

이 장에서 구체적으로 다루는 모든 신임 교사가 알아야 할 전국교사자질위원회(NCTQ)의 필수 교수 전략은 다음과 같다.

- 전략 1: 그래픽과 단어 짝짓기
- 전략 2: 추상적인 개념을 구체적인 표현과 연결하기
- 전략 3: 탐구적인 질문 제기하기
- 전략 4: 학생들에게 예시 제공하기
- 전략 5: 연습 분산시키기
- 전략 6: 학습 평가하기

'복잡한 인지 과정'은 이 장의 제목이며, 인지는 '생각'을 의미한다. 그러므로 이 장에서 개념학습, 문제해결, 개념적으로 요구되는 자료를 읽고 이해하는 것을 포함하는 복잡한 형태의 사고에 초점을 맞춘다. 우선 우리는 수학 교과에서 학생들과 함께 넓이에 대한 문제해결 활동을 하고 있는 초등학교 4학년 교사 로라 헌

터(Laura Hunter)의 사례를 살펴보자.

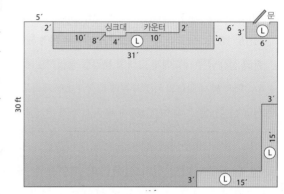

헌터 선생님은 면적과 둘레 개념을 복습하면서 다음과 같은 연습문제를 포함했다.

"다음 도형의 면적과 둘레를 구하시오."

헌터 선생님의 지시에 학생들은 도형이 직사각형임을 인식하고, 마주 보는 변들이 같다는 것을 알아채고, 변들의 길이를 더해 34피트의 둘레와 길이와 너비를 곱해 70제곱피트의 면적을 구했다.

추가 연습문제를 몇 개 더 한 후, 학생들이 개념에 익숙해지자, 헌터 선생님은 수업 진도를 나가면서 다음과 같이 말했다. "우리는 교실 환경을 개선하기 위해서 카펫을 교체할 생각인데, 얼마만큼의 카펫을 주문해야 할지 알아내야 해요. 여기 우리 교실의 도면이 있어요." 로라 선생님은 교실 프로젝터로 아래와 같은 교실의 도면을 학생들에게 보여 주었다.

헌터 선생님은 학생들에게 도면에 L로 표시된 부분이 리놀륨으로 덮여 있다고 설명하고, 교실을 돌아다니며 해당 지역을 가리켰다.

"그래서, 우리의 문제는 정확히 무엇인가요……? 우리가 알아내려고 하는 것은 무엇인가요?"라고 그녀가 물었다. 학생들은 도면을 살피고, 잠시 후, 야쇼다(Yashoda)가 "우리는 필요한 카펫의 양을 알아내야 해요."라고 말했다.

"좋아요." 헌터 선생님은 미소 지으며 말했다, "그럼 우리의 문제를 조금 더 어렵게 만드는 것은 무엇인가요?"

잠깐의 논의 후, 학생들은 도면에 L로 표시된 지역에는 카펫이 필요 없다고 결론지었다. 헌터 선생님은 "그러면, 우리가 실제로 필요한 카펫의 양을 어떻게 알아낼 수 있을까요?"라고 물었다.

추가 논의 후, 학생들은 전체 교실의 면적을 구한 다음 리놀륨으로 덮인 면적을 빼야 한다고 결정했다.

헌터 선생님은 학생들을 세 명씩 그룹으로 나눠 각각의 면적을 찾아보도록 했다. 그녀는 이 작업을 완료하는 데 15분을 주었다. 그녀는 그룹별로 관찰하면서 각 그룹의 학생들이 매우 다양한 답을 얻고 있는 것을 보았다. 예를 들어, 한 그룹은 교실 카펫 부분에 대해 1,600제곱피트라는 답을 구했다. 이는 전체 교실 면적보다 넓은 것이었다. 이에 헌터 선생님은 그 그룹에 교실 치수가 48피트 × 30피트라는 것을 상기시키고, 다시 답을 생각해 보도록 했다. 헌터 선생님은 다른 그룹의 학생들에게도 같은 일을 했고, 그들이 구한 답에 대해서 생각해 보도록 격려했다.

15분이 끝나자, 헌터 선생님은 각 그룹을 모아 결과를 논의하기 시작했다.

"그래서, 우리가 먼저 알아내야 했던 것은 무엇이었나요?"

학생들은 전체 교실의 면적을 찾아야 한다는 데 동의했고, 헌터 선생님은 에이버리(Avery)를 칠판으로 불러서 어떻게 전체 면적을 찾았는지 보여 주도록 했다. 그는 30 x 48을 계산하여 1,440제곱피트의 면적을 구한 것을 보여 주었다.

"이제 무엇을 했죠?" 헌터 선생님이 물었다. "다음에 우리가 한 것은 무엇이지요?"

학생들은 'L'로 표시된 부분을 빼야 한다고 동의하며, 대부분은 도면의 상단부터 시작했다고 말했다.

"이 부분의 면적을 어떻게 구할 수 있나요? …… 프레드(Fred)?" 헌터 선생님은 도면의 상단을 가리키며 물었다.

"…… 31 x 5를 곱합니다."

"왜 그렇죠? …… 투(Tu)?" 헌터 선생님이 물었다.

"…… 그 부분은 직사각형이고, 길이가 31피트, 너비가 5피트이므로, …… 그것들을 곱합니다."라고 투가 대답했다.

"그럼 2는 어떻게 하죠?" 조이(Zoey)가 도면에서 싱크대와 카운터를 가리키며 물었다.

"그것에 대해서는 어떻게 할까요?" 헌터 선생님이 물었다.

"…… 그것은 그냥 한 부분이에요." 오드리(Audrey)가 설명했다. "모든 바닥 아래에 리놀륨이 있어서, 그래서 31 x 5가 되는 거예요……. 2는 중요하지 않아요."

"그래서 우리가 얻은 것은 무엇인가요? …… 에이든(Aiden)?"

헌터 선생님은 그룹 활동 중에 조금 불확실한 모습을 보였던 에이든에게 질문을 던졌다.

"…… 155피트." 에이든이 31 x 5를 곱한 후 몇 초를 기다린 후에 대답했다.

헌터 선생님은 학생들이 문을 향한 부분에서 18제곱피트, 오른쪽 아랫부분에서 81제곱피트를 구하도록 지시했다.

"이제 무엇을 해야 할까요? …… 네피(Nephi)?" 헌터 선생님이 물었다.

"155, 18, 81을 더하고, 그것을 1,440에서 빼야 해요."

헌터 선생님은 네피에게 그녀의 생각을 설명하도록 하고, 학생들은 155, 18, 81을 더하여 총 254제곱피트를 얻고, 이를 1,440에서 빼서 교실의 카펫 부분에 대한 1,186제곱피트의 면적을 구했다.

헌터 선생님은 그 후 학생들에게 세 가지 추가 문제를 제시하고, 학생들이 문제를 푸는 동안 진행 상황을 주의 깊게 관찰했다.

앞 사례에 나타난 헌터 선생님의 교수법은 세 가지 중요한 측면을 보여 준다. 첫째, 그녀는 학생들에게 현실 세계의 문제인 교실의 카펫 면적을 제시함으로써 활동을 의미 있게 만들려고 했다. 둘째, 그녀는 학생들이 성공할 수 있도록 적절한 조치를 취했다. 셋째, 그녀는 수업에서 인지학습이론의 원칙들을 적용했다. 이 장이 전개됨에 따라 우리는 그녀가 어떻게 이를 수행했는지 알아볼 것이다.

제7장에서 처음 살펴본 인지학습 원칙들은 다음과 같다.

- 학습과 발달은 경험에 의존한다.
- 사람들은 그들의 경험이 의미 있기를 바란다.
- 자기 경험을 이해하기 위해서 사람들은 지식을 구성한다.
- 사람들이 구성하는 지식은 그들이 이미 알고 있는 것에 기반한다.
- 장기적인 지식과 기술을 습득하는 것은 주로 연습에 의존한다.
- 사회적 상호작용은 학습을 촉진한다.

앞에서 언급한 원칙들을 적용되는 개념학습부터 살펴보자.

개념학습

8.1 개념을 정의하고 학생들의 개념학습을 돕기 위한 전략을 설명할 수 있다.

교육심리학과 당신

다음에 있는 첫 번째 단어 목록 16개를 10초 동안 보자. 목록을 가리고, 기억나는 단어를 순서에 상관없이 적어 보자.

그런 다음, 두 번째 단어 목록 16개로 같은 작업을 해 보자. 어떤 목록이 기억하기 쉬웠는가? 왜 그렇게 생각하는가?

첫 번째 목록이다.

broom(빗자루)	work(일)	salary(급여)	some(일부)
sooner(더 빨리)	plug(플러그)	jaw(턱)	fastener(고정 장치)
jug(단지)	president(대통령)	friend(친구)	evening(저녁)
planet(행성)	else(그 외의 것)	salmon(연어)	destroy(파괴하다)

이제 두 번째 목록이다.

north(북쪽)	blue(파란색)	cucumber(오이)	quarter(25센트 동전)
celery(셀러리)	west(서쪽)	nickel(5센트 동전)	purple(보라색)
red(빨간색)	penny(1센트 동전)	brown(갈색)	east(동쪽)
dime(10센트 동전)	carrot(당근)	south(남쪽)	cauliflower(콜리플라워)

대부분 사람들처럼, 여러분은 첫 번째 목록보다 두 번째 목록에서 더 많은 항목을 기억할 수 있었을 것이다. 이는 두 번째 목록의 항목들이 방향, 색깔, 채소, 동전이라는 네 가지 범주로 분류될 수 있기 때문이다. 첫 번째 목록은 분류하기 어려워서 기억하기가 더 어렵다.

이제 여러분의 경험이 어떻게 인지학습이론의 원칙과 관련되는지 살펴보도록 하자. 학습과 발달은 경험에 의존한다는 것이 인지학습의 첫 번째 원칙이다. 우리는 모두 경험을 하며, 그 경험에 의미를 부여하려고 한다는 것이 두 번째 원칙이다. 그리고 세 번째 원칙은 우리가 의미를 부여한 경험을 바탕으로 지식을 구성한다는 것이다. **개념**(Concept), 즉 범주의 정신적 표상은 우리가 구성하는 지식의 가장 기본적인 형태 중 하나이다(Schunk, 2016). "인간은 독특한 객체와 생명체가 끝없이 다양한 세상에서 의미를 찾는 작업에 직면해 있다. 이 끝없는 독특함을 정신적으로 관리할 수 있는 것으로 줄이기 위해, 사람들은 개념을 형성한다" (McDonald, 2016, para. 1).

각 범주—방향, 색깔, 채소, 동전—는 하나의 개념이다. 범주를 형성하는 것이 위 항목에 나열된 목록을 단순화시킨 것처럼, 개념을 구성하는 것은 세상을 단순화하는 데 도움을 주며, 이는 우리의 작업 기억에 대한 인지 부하를 줄여 준다. 예를 들어, '동전'이라는 개념을 기억하는 것은 페니(penny), 니켈(nickel), 다임(dime), 쿼터(quarter)를 따로 기억하는 것보다 훨씬 쉬우므로 인지 부하가 낮다.

개념은 우리 사고의 기본 구성 요소이며, 문제해결과 같은 더 복잡한 인지 과정을 위한 기초를 제공한다 (Schunk, 2016). 예를 들어, 헌터 선생님의 학생들이 교실의 카펫 부분의 면적을 찾기 위해서는, 면적이라는 개념이 표면의 크기를 설명하는 물리적 수의 양을 의미함을 이해했어야 한다. 면적이라는 개념을 통해 우리는 차원이나 방향과 관계없이 도형의 표면을 생각하고 비교할 수 있다.

개념은 학교 교육과정의 중요한 부분이며, 〈표 8-1〉에는 언어, 사회과학, 과학, 수학의 개념에 대한 예시가 있다. 그 외에도 음악의 리듬과 템포, 미술의 원근법과 균형, 체육의 유산소 운동과 등장성 운동과 같은 많은 다른 예시들이 있다. 그리고 정직, 편견, 사랑, 내부 갈등과 같은 개념들은 교육과정 전반에 걸쳐 나타난다.

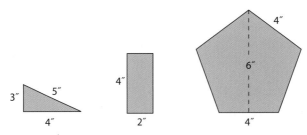

[그림 8-1] 다양한 다각형의 영역

〈표 8-1〉 다양한 콘텐츠 영역의 개념

어학	사회학	과학	수학
형용사	문화	산	소수
동사	경도	침엽수	동치분수
글의 구조	공화주의자	원소	집합
직유	민주주의	힘	덧셈
부정사	이민자	관성	포물선

개념학습이론

이론가들은 사람들이 개념을 어떻게 구성하는지에 대해 다양한 설명을 제공한다. 이 부분에서는 서로 다른 방식으로 개념학습을 설명하는 규칙지향이론과 사례이론을 살펴볼 것이다.

개념학습의 규칙지향이론

개념학습의 규칙지향이론은 개념을 정의하기 위해서 개념의 핵심 요소, 즉 개념의 **특성**(characteristic)을 사용한다. 사각형(square), 경도(longitude), 부사(adverb)와 같은 개념들은 특성이 잘 정의되어 있다. 예를 들어, '닫힌', '등변', '등각'은 정사각형이라는 개념의 특징이다. 우리는 정사각형이 이러한 속성을 가지고 있어야 한다는 규칙에 근거해서 정사각형의 예를 판단할 수 있다. 여러 도형을 사이에서 정사각형을 판단할 때 크기, 색깔 등과 같은 다른 특성은 중요하지 않으므로 이를 고려하지 않는다. 이러한 규칙지향이론은 초기의 연구자들에 의해 연구되었는데(Bruner, Goodenow, & Austin, 1956), 이들은 사람들이 각각의 개념을 구분하는 특성에 기초하여 개념을 식별한다는 것을 발견했다. 예를 들어, 부사는 동사, 형용사, 또는 다른 부사를 수정해야 한다는 규칙을 기억하는 것은 우리가 많은 수의 부사를 식별하고 정확하게 사용할 수 있게 하므로, 작업기억에 큰 부담을 주지 않는다. 이는 사례에 기반한 개념학습보다 규칙에 기반을 둔 개념학습을 더 쉽게 만든다.

개념학습의 사례이론

그러나 많은 개념은 잘 정의된 특성이 없으며, 여러 개념을 구분하기 위한 규칙을 만들어 내는 것도 어렵다. 예를 들어, 민주당원 그리고 공화당원의 개념 특성은 무엇인가? 정치적으로 자주 언급하는 용어임에도 불구하고, 많은 사람은 '민주당원'과 '공화당원'을 정확히 정의하지 못한다. '자동차'와 같은 일반적인 개념조차 정확히 구분할 수 있는 특징이 없다. 어떤 사람들은 레저용 SUV(스포츠 유틸리티 자동차)를 자동차로 설명하지만, 다른 사람들은 승용차를 자동차로 설명하기도 한다. 소형 벤이나 기차는 어떠한가?

개념학습의 두 번째 이론은 사람들이 개념을 **사례**(exemplars), 즉 개념의 가장 전형적인 예시를 기반으로 구성한다고 주장한다(Radvansky & Aschcraft, 2014). 예를 들어, 민주당원이나 공화당원에 대한 사례로 유명한 정치인들이 있을 수 있으며, 인기 있는 자동차들, 예를 들어 토요타 캠리나 포드 머스탱은 자동차 개념에 대한 사례로 제시될 수 있다. 그리고 어린이는 골든 리트리버, 코커 스패니얼, 콜리, 독일 셰퍼드와 같은 사례를 통해서 개 개념을 구성할 수 있다.

사례이론은 잘 정의되지 않은 특징을 가진 개념의 구성을 설명하는 데 도움이 되지만, 두 가지 단점이 있다(Schunk, 2016). 첫째, 장기 기억에 많은 수의 사례를 저장할 수도 있지만, 이를 인출할 때, 작업 기억에 높은 인지 부하를 가하게 된다. 이는 정사각형이나 부사에 대한 규칙을 단순히 인출하는 것보다 개념에 대해서 더 정교화하는 데 어려움을 유발한다.

둘째, 학습자는 불완전한 사례를 저장하거나 잘못된 사례를 저장할 수 있다. 예를 들어, 어린이가 독수리, 매, 로빈, 카디널을 조류에 대한 개념의 사례로 장기 기억에 저장하고, 펭귄이나 타조(비행할 수 없는 새)를 저장하지 않았다면, 그 아이는 조류의 개념에 대한 불완전한 사례들을 기억하게 된다. 반면에 어린이가 돌고래를 어류에 대한 개념의 사례로 장기 기억에 저장했다면, 그 아이는 어류에 대한 개념의 오류를 가지게 된다. 왜냐하면 돌고래는 어류가 아니라 포유류이기 때문이다.

각 이론은 개념학습의 서로 다른 측면을 설명한다. 예를 들어, 정사각형이나 홀수와 같은 개념들은 그들의 특성을 기반으로 구성될 가능성이 높고, 반면에 자동차나 개와 같은 개념들은 아마도 사례를 통해서 표현될 것이다.

개념학습: 복잡한 인지 과정

이 부분을 읽으면서, 여러분은 "개념학습은 매우 간단하게 보이는데, 왜 복잡한 인지 과정으로 묘사되는가?"라고 생각할 수 있다. 사실, 개념을 구성하는 데 관련된 사고는 표면적으로 보이는 것보다 종종 더 많은 것을 필요로 한다. 예를 들어, 폴(이 책의 네 번째 저자 중 한 명)은 4학년 학년생들에게 절지동물이라는 개념을 가르쳤다. 절지동물은 곤충(예: 딱정벌레), 거미류(예: 거미), 갑각류(예: 게와 바닷가재)와 같이 외골격, 세 부분으로 이루어진 몸, 관절이 있는 다리를 특징으로 하는 동물들이다. 폴은 학생들에게 게, 딱정벌레, 거미를 보여 주며 절지동물의 특징을 식별하는 데 도움을 주었다. 그 후 폴은 학생들에게 조개를 보여 주며 이것이 절지동물인지 물었다. 몇몇 학생들이 조개의 딱딱한 껍데기가 외골격이라는 이유로 절지동물이라고 대답했다. 그 학생들은 절지동물이 되기 위해서는 모든 필수 특징(외골격, 세 부분으로 이루어진 몸, 관절이 있는 다리)을 충족해야 한다는 것을 깨닫지 못했다. 폴은 학생들에게 자신이 절지동물인지 물었고, 다시 몇몇 학생들이 폴이 관절이 있는 다리가 있다는 사실에 중점을 두며 그가 절지동물이라고 대답했다.

그러면 이제, 위, 큰, 멀다, 오른쪽과 같은 개념을 생각해 보자. 이 개념들은 '상대적'으로, 다른 개념들과의 관계에서만 의미가 있다(Schunk, 2016). 예를 들어, 위는 아래와 관계에서만 존재하며, 큰 것은 작은 것과 비교될 때만 존재한다. 이러한 개념의 복잡성에도 불구하고, 우리는 이와 같은 개념을 〈세서미 스트리트〉를 보는 모든 아이가 배우기를 기대한다. 예를 들어, 버트(〈세서미 스트리트〉에 나오는 인형)가 화분 옆에 앉아 "지금, 나는 가까이에 있다"고 말한 다음 멀리 달려가 "지금, 나는 멀리 있다"고 말한다.

이러한 개념들은 향후 학습에 중요한 역할을 한다. 예를 들어, 다음 문제들을 생각해 보자.

$$\begin{array}{r} 76 \\ -24 \\ \hline \end{array} \quad \text{and} \quad \begin{array}{r} 74 \\ -26 \\ \hline \end{array}$$

아이들이 상대적인 개념을 이해하지 못해서 위치를 고려하지 못하고 위 문제를 푼다면, 두 문제 모두에서 6에서 4를 빼서 답을 모두 52라고 할 수 있다.

다른 개념들도 마찬가지로 복잡하다. 예를 들어, 정수라는 개념은 음수, 양수, 또는 0일 수 있다. 다항식은 단일 숫자(예: 4), 숫자와 변수의 조합(예: $4x$), 또는 더 복잡한 표현(예: $4x^2 + 2x + 3$)이 될 수 있다. 이와 같은 개념의 복잡성을 나타내는 사례들은 왜 개념학습이 복잡한 인지 과정으로 분류되는지 이해하는 데 도움이 된다.

교육심리학을 교수에 활용하기: 학생들이 개념을 학습하는 데 도움 주기

개념은 학교 교육과정의 중요한 부분이기 때문에, 효과적인 개념학습은 학생들에게 필수적이다. 다음은 교실에서 효과적인 개념학습에 관한 제안들이다.

1. 개념을 정의하고 관련된 개념들과 연결함으로써 의미 있는 학습을 촉진한다.
2. 개념의 다양한 예시와 비예시를 제공하라.
3. 가장 전형적인 예시에서 시작하여 가장 낯선 예시로 끝나는 순서로 예시를 제시하라.
4. 실생활의 예시를 제공하라.
5. 인지 활동을 촉진하기 위해서 학생들과 상호작용하라.

초등학교 6학년 교사인 마리아 로페즈(Maria Lopez)는 학생들이 '사실', '의견', '근거 있는 판단'이라는 개념을 이해하도록 돕기 위해서 위의 제안들을 어떻게 적용했는지 살펴보자. 그녀는 학생들이 '사실', '의견', '근거 있는 판단'이라는 개념을 이해하도록 돕기 위해 노력했다. 이 개념들은 교육과정 일부로 다음과 같은 기준에 중점을 둔다.

CCSS.ELA-Literacy.RH.6-8.8 글에서 사실, 의견, 그리고 근거 있는 판단을 구별한다(공통 핵심 국가 교육 기준, 2018i).

로페즈 선생님은 미국의 남북전쟁이 발발하게 된 계기가 되는 사건들을 학생들의 개념학습에 활용했다.

로페즈 선생님은 수업을 시작하면서, "학교에서뿐만 아니라 학교 밖의 일상생활에서도 사실, 의견, 그리고 근거 있는 판단을 구별하는 능력은 중요합니다. …… 그래서 오늘 우리가 이와 관련해서 학습할 것입니다." 그리고 로페즈 선생님은 교실 프로젝터로 다음과 같은 내용을 학생들에게 제시했다.

사실: 관찰 또는 직접 증명에 기반한 진술.

예시: 다이어트 음료에는 일반 탄산음료보다 설탕이 적게 들어 있다.

의견: 개인의 관점, 감정, 또는 욕구에 따라 달라지는 신념을 설명하는 진술.

예시: 다이어트 음료는 일반 탄산음료와 비교하면 맛이 밋밋하다.

근거 있는 판단: 객관적 정보에 의해 뒷받침되는 주장 또는 결론.

예시: 다이어트 음료는 칼로리가 더 적기 때문에 일반 탄산음료보다 선호된다.

학생들에게 각 개념의 정의와 예시를 몇 분간 공부하게 한 후, 로페즈 선생님은 학생들이 서로 세 개념 간의 차이를 논의하도록 했다. 학생들의 논의가 끝난 후 로페즈 선생님은 다음과 같은 내용을 학생들에게 보여 줬다.

1793년 엘리 휘트니(Eli Whitney)는 조면기를 발명했다. 이는 목화씨를 목화 섬유에서 분리하는 데 걸리는 시간을 줄였다. 결과적으로 목화 재배가 매우 수익성이 좋아졌으며, 이로 인해서 미국 남부는 목화에 의존하는 단일 작물 경제가 되었다. 하지만 이와 같은 남부 경제의 다양성 부족은 큰 실수였다.

에이브러햄 링컨(Abraham Lincoln)은 미국 역사상 최고의 대통령이었다. 그는 1861년부터 암살당한 1865년까지 대통령이었다. 링컨의 주요 업적 중 하나는 노예제도를 영구적으로 금지한 수정헌법 13조를 통과시킨 것이다.

"여기 보이는 정보를 살펴보세요……. 생각해 보고 사실의 예를 하나 찾아보세요……. 후아니타(Juanita)?"

"…… 엘리 휘트니가 1793년에 조면기를 발명했습니다." 후아니타가 대답했다.

로페즈 선생님은 학생들에게 텍스트에서 다른 사실들을 식별하도록 한 후, 의견과 근거 있는 판단을 식별하도록 지시했다.

제러미(Jeremy)가 "링컨의 주요 업적 중 하나는 수정헌법 13조를 통과시킨 것이다"라는 진술을 근거 있는 판단으로 식별한 후, 로페즈 선생님은 "이것이 근거 있는 판단인 이유는 무엇인가요?"라고 크리스티(Kristie)에게 물었다.

"…… '노예제를 영구적으로 금지했다는 것'이라는 정보가 링컨의 업적에 대한 결론을 뒷받침하고 있기 때문입니다." 크리스티가 대답했다.

그런 다음 로페즈 선생님은 학생들이 식별한 다른 예시들에 대한 근거를 제공하도록 하고, 그들이 한 일을 요약하고, 각 개념에 대한 추가 두 가지 예시를 만들어 오는 숙제를 내주며 수업을 마쳤다.

이제 로페즈 선생님이 개념학습의 원리를 어떻게 적용했는지 살펴보자.

개념 정의 및 관련 개념과 연결하기 로페즈 선생님은 수업을 시작하며 학생들에게 '사실', '의견', '근거 있는 판단'을 구분하는 능력이 학교 안팎에서 모두 중요하다고 강조했으며, 세 개념의 정의와 각각의 예시를 보여 주었다. 각 정의는 개념의 필수적 특징을 포함하고 있었다. 또한, 의미상으로 서로 밀접하게 관련되어 있고 때때로 혼동될 수 있는 '사실', '의견', '근거 있는 판단'의 개념에 대한 정의를 함께 제시함으로써, 이 개념들을 학생들이 서로 연관 지어서 이해할 수 있도록 했다.

개념에 대한 양질의 예시와 비예시 다양하게 제시하기 양질의 예시(High-quality examples)는 학생들이 개념에 대한 지식을 구성하는 데 필요한 모든 정보를 포함한다.

개념의 복잡성이나 개념학습을 설명하는 이론에 상관없이, 학생들은 주어진 개념을 잘 나타내는 예시와 개념을 밀접하게 연관된 다른 개념들과 구별하는 데 도움이 되는 비예시를 결합하여 이해를 구성하게 된다(Rawson, Thomas, & Jacoby, 2015). 예를 들어, 만약 '파충류'라는 개념을 학생들에게 가르치고자 한다면, 이상적인 양질의 예시들은 실제 악어, 거북이(모든 파충류가 육지에 산다는 결론을 내리지 않도록 바다와 육지에 사는 거북이), 도마뱀, 뱀이 될 것이다. 실제 악어나 바다거북을 교실 안으로 가져올 수는 없으므로, 생생한 사진 자료는 좋은 대안이 될 수 있다. 모든 경우에 가능한 한 현실적인 예시를 제공하는 것이 중요하다.

전국교사자질위원회(NCTQ)

전국교사자질위원회(NCTQ)는 예시 사용을 모든 신임 교사가 알아야 할 6가지 필수 교수 전략 중 하나로 명시하고 있다. "2. 추상적인 개념을 구체적인 표현과 연결하기. 교사는 포괄적인 아이디어를 밝히는 구체적인 예시를 제시하고, 예시와 포괄적인 아이디어가 어떻게 연결되는지 설명해야 한다"(Pomerance, Greenberg, & Walsh, 2016, p. vi).

앞에서 언급한 파충류에 대한 개념을 설명하기 위한 예시 제공에 있어서, 많은 사람이 개구리를 파충류로 오해하는 경우가 종종 있으므로 비예시로 개구리를 포함하여 학습자들이 파충류의 개념을 좀 더 명확하게 이해할 수 있도록 도울 수 있다.

이와 유사하게 은유라는 개념을 학생들에게 가르친다면, 다양한 은유와 관련된 예시를 학생들에게 제시하는 한편, 은유와 밀접하게 관련되어 있고 학생들이 많이 혼동하는 개념인 직유를 비예시로 제시하여 은유에 대한 개념을 더 명확하게 학생들이 이해할 수 있도록 할 것이다.

예시는 학생들이 지식을 구축하는 데 필요한 경험을 제공하며, 학생들의 이해를 확장하고 심화하는 데 필요한 배경지식을 쌓는 데 도움을 준다. 그러나 많은 교사들은 정의만을 사용하여 학생들이 개념을 학습하도록 한다(İlhan, 2017). 정의는 아무리 명확하게 제시하더라도 추상적이며, 학생들이 개념을 구성하는 데 필요한 구체적인 지식을 얻기 어렵다.

로페즈 선생님은 사실, 의견, 그리고 근거 있는 판단의 정의를 예시와 함께 학생들에게 제시함으로써 개념 학습에서 많은 교사가 저지르는 실수를 피할 수 있었다. 이렇게 함으로써, 의견과 근거 있는 판단의 예시는 사실의 비예시로서 기능했고, 다른 두 개념에도 같은 효과가 적용되었다. 개념은 개별적으로 가르치는 것보다 다른 예시들과 함께 같이 가르치는 것이 더 효과적이다(Sana, Yan, & Kim, 2017). 이러한 방식이 로페즈 선생님의 수업을 효과적으로 만들었고, 학생들 또한 개념을 더 의미 있게 학습할 수 있었다.

로페즈 선생님은 사실, 의견, 근거 있는 판단의 개념을 학생들에게 가르칠 때 적어도 두 가지 예시를 사용했다. 예를 들어, 다음은 로페즈 선생님 사실에 대한 개념을 설명할 때 사용한 예시들이다.

- 엘리 휘트니는 1793년에 조면기(면화 쉽고 빠르게 분리하는 기계)를 발명했다.
- 이것은 면화 씨앗을 면화 섬유에서 분리하는 데 걸리는 시간을 줄였다.
- 에이브러햄 링컨은 1861년부터 그가 암살당한 1865년까지 대통령이었다.

의견에는 다음과 같은 예시들이 포함되었다.

- 미국 남부 경제의 다양성 부족은 큰 실수였다.
- 에이브러햄 링컨은 미국 역사상 최고의 대통령이었다.

그리고 다음은 근거 있는 판단의 예시들이다.

- 미국 남부는 목화에 의존하는 단일 작물 경제가 되었다.
- 에이브러햄 링컨의 주요 업적 중 하나는 「헌법」 제13조를 통과시킨 것이다.

개념을 가르칠 때, 일부 전문가들은 우리가 예시의 순서를 제시하고 학생들이 개념을 구성하도록 안내해야 한다고 이전부터 제안했으며, 이는 제롬 브루너(Jerome Bruner, 1966)가 지지한 접근법이다. 다른 이들은 정의를 제시한 다음 예시로 설명하는 것이 더 효과적이라고 제안했으며, 이는 데이비드 오수벨(David Ausubel, 1977)이 선호하는 접근법이다. 로페즈 선생님은 오수벨이 지지한 전략을 선택했지만, 양질의 예시가 사용된다면 어느 쪽이든 효과적일 수 있다(Rawson et al., 2015).

가장 전형적인 예시부터 시작하여 가장 낯선 예시로 끝나도록 예시를 순서대로 배열 로페즈 선생님은 또한 강한 명백한 사실인 "엘리 휘트니는 1793년에 조면기를 발명했다"는 예시를 처음에 제시하고, "링컨의 주요한 성과 중 하나가 「헌법」 제13조를 통과시킨 것이었으며, 이는 영구적으로 노예제를 금지했다"와 같이 사실과 근거 있는 판단이 모두 포함된 더 낯선 예시를 나중에 제시하도록 순서를 배열했다. 이러한 방식으로 예시를 배열하는 것은 명확하고 구체적인 예시들이 덜 명확한 예시를 연결하는 데 도움이 되는 방식으로 인지전략에서 정교화에 의한 부호화 방식의 활용이다(Sana et al., 2017).

실제 세계 맥락에서 예시를 제시함 로페즈 선생님은 예시와 비예시를 역사적 글의 맥락에 포함함으로써 학생들이 학교 밖의 세계에서 사실, 의견, 근거 있는 판단이 어떻게 적용되는지를 보도록 도움을 주었다. 이것은 또한 그녀가 학습자들이 글 속에서 개념들을 구별해야 한다는 표준에 집중하는 데 도움이 되었다.

APA의 20가지 주요 원칙

"학습은 맥락에 기반하기 때문에 새로운 맥락으로 학습을 일반화하는 것은 자발적이지 않으므로 촉진되어야 한다." 이 설명은 유치원-12학년(초·중등학교)까지 교수 및 학습을 위한 심리학의 20가지 주요 원칙 중 원칙 4를 적용한 것이다.

로페즈 선생님은 인지학습이론의 원칙과 인간 기억에 대한 이해를 바탕으로 수업을 구성했다. 로페즈 선생님의 예시는 학생들이 개념의 지식을 구축하는 데 필요한 경험을 제공했다. 또한 학생들은 주어진 예시를 이해할 수 있었고, 개념의 이해를 구축하는 데 필요한 배경지식을 제공했다.

학생들과 상호작용은 인지 과정을 촉진한다 마지막으로, 로페즈 선생님은 사회적 상호작용이 학습을 촉진한다는 인지학습 원칙을 적용하여, 질문을 사용해 학생들을 인지적으로 더 활동적으로 참여할 수 있는 역할을 부여했다. 즉, 학생들이 무엇을 하고 있는지 지속적으로 생각하게 했다. 학생들을 적극적으로 참여시킴으로써 로페즈 선생님은 학생들의 작업 기억에 대한 인지적 부담을 줄였다. 왜냐하면 학생들이 로페즈 선생님의 질문에 정확하게 답을 할 수 있을 때만 학습 활동을 진행할 수 있었기 때문이다. 그리고 로페즈 선생님이 제공하는 예시와 학생들의 사회적 상호작용이 결합하여 정보를 의미 있게 만들었고, 학생들이 개념을 부호화하여 장기 기억에 저장하는 데 도움이 되었다.

교실과의 연계

개념학습을 교실수업에 적용하기

1. 사례는 학습자들이 개념을 구성하는 데 필요한 경험을 제공한다. 개념을 현실과 연결하기 위해, 학습자들이 개념을 이해하는 데 필요한 모든 정보를 포함하는 현실적이고 일상에서 경험할 수 있는 예시를 제공하라.
   - **초등학교**: 포유류 개념을 설명하기 위해, 초등학교 2학년 교사는 수업에 햄스터를 수업에 데려와서, 학생들이 햄스터를 만지고 쓰다듬게 했다. 교사는 또한 말, 개, 박쥐, 돌고래, 물개의 사진을 보여 주었다. 독수리, 도마뱀, 연어와 같은 포유류의 비예시 사진도 포함해서 보여 주었다.
   - **중학교**: 중학교 2학년 영어 교사는 학생들에게 동사의 변화형—동명사, 분사, 부정사—의 예시를 제공하여 이들의 문법적 기능과 특정 문장에서 어떻게 표현되는지 이해시킨다.
   - **고등학교**: 테니스 코치는 학생들이 서브하는 방법을 배우도록 돕는다. 코치는 좋은 서브 기술을 가지고 있는 사람들과 덜 숙련된 서브 기술을 가지고 있는 사람들을 비디오로 촬영한다. 코치는 촬영한 영상을 학생들에게 보여 주고 서브 기술의 차이를 학생들이 식별할 수 있도록 한다.

2. 개념을 의미 있게 만들기 위해, 새로운 개념을 연관된 개념들과 연관 지어라.
   - **초등학교**: 한 초등학교 교사는 자신의 반 학생들이 생물이 많은 다양한 형태로 존재한다는 것을 이해하기를 원했다. 이에 교사는 학생들에게 그들 자신, 반려동물, 교실에서 키우는 식물들도 모두 생물이라고 말했다. 그리고 토론을 통해서 학생들이 생물의 두 가지 공통적 특징인 '성장하고 변화하는 능력'과 '식량과 물이 필요함'을 식별할 수 있도록 했다.
   - **중학교**: 국어 교사가 학생들에게 설명적 글쓰기와 설득적 글쓰기 사이의 관계를 이해시키고자 한다. 이를 위해서 설명적 글쓰기와 설득적 글쓰기의 예시 문단을 제시하고, 각 문단 사이의 유사점과 차이점을 찾아보게 한다.
   - **고등학교**: 사회과목 교사가 학생들에게 문화혁명을 산업혁명, 미국혁명, 기술혁명과 같은 다른 혁명들과 비교하도록 하고, 각 혁명 사이의 유사점과 차이점을 생각해 볼 수 있도록 한다.

문제해결

8.2 잘 정의된 문제와 잘 정의되지 않은 문제의 예를 들고, 교실에서 문제해결을 가르치는 전략을 설명할 수 있다.

교육심리학과 당신
다음 상황들의 공통점은 무엇인가?

- 뉴욕으로 이사한 친구에게 생일 카드를 보내고 싶지만, 친구의 주소를 모른다.
- 애인과의 관계가 만족스럽지 않다.
- 학업과 일을 병행해서 항상 시간이 부족하다.

'교육심리학과 당신'에서의 예시를 살펴보자. 각각은 **문제**(problem)를 보여 준다. 문제는 사람들이 목표를 가지고 있지만, 그것을 달성하기 위한 명백하거나 자동적인 방법이 없을 때 발생한다(Schunk, 2016). 예를 들어, 목표는 친구의 주소를 찾는 것, 애인과의 만족스러운 관계를 형성하는 것, 그리고 생활에서 더 많은 자기만의 시간을 갖는 것이다. 이 장의 시작 부분에서 헌터 선생님의 학생들도 문제에 직면했으며, 그 목표는 교실의 카펫 부분의 면적을 찾는 것이었다. 문제는 우리 일상생활의 일부이며, 이러한 넓은 관점의 문제해결은 우리가 효과적인 전략을 적용하여 그것들을 해결하는 데 도움이 된다.

잘 정의된 문제와 잘 정의되지 않은 문제

전문가들은 명확한 목표, 하나의 정확한 해결책, 그리고 해결을 위한 확실한 방법을 가진 문제들을 **잘 정의된 문제**(well-defined problem)라고 구분하며, 모호한 목표, 여러 가지 가능한 해결책, 그리고 해결을 위한 정확한 해결책이 없는 문제들을 **잘 정의되지 않은 문제**(ill-defined problem)라고 정의한다(Mayer & Wittrock, 2006; Radvansky & Aschcraft, 2014).

'교육심리학과 당신'에서의 첫 번째 예시는 잘 정의된 문제이다. 친구에게는 오직 하나의 주소만 있으며, 그것을 찾는 데에는 명확한 전략이 존재한다. 수학, 물리학, 화학에서 많은 문제가 잘 정의된 문제이다.

반면에, 만족스럽지 않은 관계와 시간 부족은 정의가 모호한 문제들이다. 왜냐하면 목표가 명확하지 않기 때문이다. 예를 들어, 여러분이 관계를 더 만족스럽게 만들고 싶다고 했을 때, 그것이 무엇을 의미하는가? 아마도 관계를 만족스럽게 만든다는 것은 더 개방적으로 소통하고 싶거나, 함께 시간을 더 많이 보내고 싶거나, 함께 있을 때 감정적으로 더 교류하고 싶은 것을 의미할 수 있다. 하지만 명확히 어떤 것이 관계를 더 만족스럽게 만드는 것인지 목표가 모호하다.

세 번째 예시에서, 시간 부족도 목표가 모호하다. 시간이 부족하다는 의미가 공부를 위한 더 많은 시간이 있어야 하는 것을 의미하는가? 운동을 위한 시간을 의미하는가? 아니면 그냥 휴식을 취하기 위한 시간이 필요하다는 것을 의미하는가?

명확하게 정의되지 않은 문제들은 목표가 모호하므로 명확한 해결책이 존재하지 않는다. 예를 들어, 연인 관계의 경우 관계를 더 좋게 만들기 위해서, 연인과 당신의 감정에 관해서 이야기를 나누거나, 연애 상담을 고려해 볼 수도 있으며, 심지고 연인관계를 끝내는 것도 고려할 수 있다. 시간 부족의 경우 가능하다면 아르바이트하는 시간을 줄이거나, 수업을 하나 포기하거나, 심지어 학교를 한 학기 쉬는 것을 고려할 수 있다.

문제해결과 관련해서 모순이 존재한다. 문제해결과 관련된 학습이 대부분 학교에서 이루어지는데, 우리가 학교에서 배우는 문제들은 잘 정의된 문제들이다. 예를 들어, 초등학교 학생들에게 다음과 같은 문제를 해결하라고 해 보자.

제러미와 멜린다(Melinda)는 좋아하는 노래를 아이튠즈(iTunes)에서 구매하기 위해 돈을 모으고 있다. 필요한 금액은 15달러다. 제러미는 5달러를 저축했고, 멜린다는 7달러를 저축했습니다. 그들이 15달러를 모으기 위해 얼마나 더 저축해야 하는가?

고등학생들은 다음과 같은 문제를 해결한다.

연애 중인 켈시(Kelsey)와 미치(Mitch)는 서로 다른 도시에 살고 있지만 같은 휴대전화 요금제를 사용하고 있습니다. 어느 한 달 동안 켈시는 통화량이 많은 주요 사용 시간 동안 45분 휴대전화를 사용하고 통화량이 적은 비주요 사용 시간 동안 59분 휴대전화를 사용했다. 켈시의 휴대전화 요금은 27.75달러였다. 미치는 주요 사용 시간 동안 70분 휴대전화를 사용했고 비주요 사용 시간 동안 30분 휴대전화를 사용했다. 미치의 휴대전화 요금은 36달러였다. 켈시와 미치의 휴대전화 요금제에서 주요 사용 시간과 비주요 사용 시간의 요금은 각각 얼마인가?

고등학생을 대상으로 한 두 번째 문제가 더 복잡하더라도, 앞의 두 문제는 모두 잘 정의된 문제이다.

우리가 일상생활에서 직면하는 돈, 직업, 사회적 관계, 개인적 행복과 같은 문제들은 대부분 잘 정의되지 않은 문제들이다. 많은 사람이 이러한 문제를 해결하는 데 경험이 부족하여서 어려움을 겪는다(Ansari, Fathi, & Seidenberg, 2016; Cheek, Piercy, & Kohlenberg, 2015).

문제해결 과정

일부 전문가들은 대부분의 인간 학습이 문제해결을 포함한다고 믿는다(Radvansky & Ashcraft, 2014). 그리고 이것은 학습과 교수법 연구에서 가장 철저하게 연구된 영역 중 하나이다. 현재 기술 과학이 강조되면서 문제해결 능력에 대한 중요성이 증가하고 있다(Hämäläinen, De Wever, Malin, & Cincinnato, 2015).

문제해결에는 여러 가지 접근 방식이 있으며, 그중에는 수학자 조지 폴리아(George Pólya)의 역사적으로 유명한 『문제 해결하기』(1957)뿐만 아니라 다른 유명 연구자들의 더 최근의 방식(예: Bransford & Stein, 1993; Mayer & Wittrock, 2006)도 포함된다. 약간 다른 언어가 사용될 수 있지만, 접근 방식은 비슷하며 일반적으로 [그림 8-2]에 제시된 단계를 포함한다. 전문가들은 이러한 단계들을 수학 및 과학의 잘 정의된 문제(Wong & Ho, 2017)부터 학교 리더십에 관한 잘 정의되지 않은 문제(Canter, 2004), 비즈니스의 비용 관리(Ansari et al., 2016), 심지어 가족치료(Williamson, Hanna, Lavner, Bradbury, & Karney, 2013)에 이르기까지 다양한 문제에 적용했다. 아래에서 이러한 단계들에 대해 살펴보도록 하자.

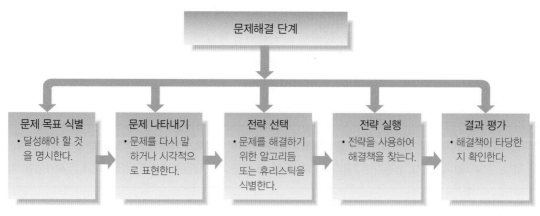

[그림 8-2] 문제해결 단계

문제 확인하기

문제해결은 문제를 해결해야겠다는 목표를 가지고 있지만 그 목표에 도달하는 명확한 방법이 없을 때 시작된다. 따라서 문제를 이해하고 정확히 목표를 식별하는 것이 첫 번째 단계이다. 작업 기억에서 장기 기억으로 정보의 흐름을 제어하는 감독 시스템인 **중앙 집행기**(central executive)는 이 과정에서 중요한 역할을 한다. 예를 들어, 장기 기억에서 적절한 정보를 검색해야 하며, 문제의 의미를 부호화해야 한다. 중앙 집행기가 이 과정을 제어하지만, 때때로 잘못될 수 있다. 예를 들어, 다음과 같은 문제가 초등학교 2학년 학생들에게 주어졌다고 생각해 보자.

배에는 양 26마리와 염소 10마리가 있다. 이 배 선장의 나이는 몇 살인가?

한 연구에서 아이들의 75%가 36이라고 대답했다(1989년 Prawat 인용)! 분명히, 학생들은 문제를 이해하지 못했다.

예를 들어, 헌터 선생님의 수업에서처럼 어떤 경우에는 문제의 목표를 식별하는 것이 간단하다. 하지만 특히 잘 정의되지 않은 문제를 다룰 때, 문제의 목표를 식별하는 것은 문제해결의 어려운 측면 중 하나가 될 수 있다. 심지어 대학교 고학년 학생들(Naci, 2013)과 비즈니스 세계의 경험이 풍부한 사람들(Wedell-Wedellsborg, 2017)조차도 문제의 목표를 식별하는 것에 어려움을 겪는다.

잘 정의되지 않은 문제를 해결하려고 할 때, 하위 목표를 식별하는 것은 유용한 시작점이 된다. 그런 다음, 각 하위 목표에 도달함에 따라 마침내 문제를 해결할 수 있다. 예를 들어, 만족스럽지 못한 관계의 경우, 함께 더 많은 시간을 보내기, 의사소통을 개선하기, 그리고 감정적으로 더 나아지는 것을 하위 목표로 정했다고 가정해 보자. 이렇게 함으로써 만족스럽지 못한 관계라는 문제를 더 명확하게 정의할 수 있다. 일반적으로 잘 정의되지 않은 문제를 해결하는 것은 잘 정의되지 않은 문제를 명확한 목표를 가진 잘 정의된 하위 문제로 변환하는 것을 포함한다.

문제를 표상하기

문제가 복잡한 경우, 그것을 더 의미 있게 표현하는 방법들이 유용할 수 있다. 예를 들어, 더 친숙한 용어로 문제를 서술하거나, 이전에 해결한 문제와 관련지어 설명하거나, 가능하다면 문제를 시각적으로 나타내는 것이다. 헌터 선생님은 수업을 시작하면서 교실의 전체 면적 그림을 보여 주고 이를 문제해결을 위한 시각적 틀로 사용했다.

예를 들어, 다음과 같은 문제를 생각해 보자.

3인치 밑변, 2인치 수직 높이, 그리고 총 높이 4인치인 오각형의 면적을 구하시오.

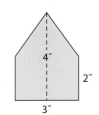

여기서 보이는 도형의 그림이 없이는 일부 학생들이 어려움을 느낄 수 있지만, 도형 그림이 있으면 문제가 간단해지고 훨씬 쉽게 해결할 수 있다.

전략 선택하기

문제를 확인하고 표상한 뒤에, 우리는 문제해결을 위한 전략을 선택해야 한다.

헌터 선생님의 수업에서 학생들은 그녀의 지도하에 교실의 총면적을 찾고 그 후에 리놀륨으로 덮인 면적을 빼기로 하는 간단한 전략을 선택했다. 문제가 잘 정의되어 있다면, 그것을 해결하기 위한 구체적인 단계나 일련의 단계인 알고리듬을 사용할 수 있다. 예를 들어, 사각형의 면적을 찾기 위해 우리는 간단한 알고리즘—길이와 너비를 곱하기—을 사용하며, 서로 다른 분모를 가진 분수를 더하거나 할인된 소매 품목의 가격 하락률을 찾을 때도 다른 간단한 **알고리듬**(algorithm)을 사용한다. 마찬가지로, 컴퓨터 전문가들은 복잡하지만, 잘 정의된 프로그래밍 문제를 해결하기 위해 알고리듬을 사용한다.

문제가 명확하게 정의되지 않았거나 잘 정의된 문제일지라도 알고리듬이 존재하지 않기 때문에, 문제 해결자들은 **발견법**(heuristics), 즉 일반적이고 널리 적용할 수 있는 문제해결 전략을 사용한다(Chow, 2015). 특히, 작업이 더 복잡하고 낯선 경우, 발견법의 필요성은 더욱 커진다(Youssef-Shalala, Ayres, Schubert, & Sweller, 2014). 발견법에는 여러 유형의 적용 가능한 발견법이 존재한다. 시행착오는 비록 기본적이고 비효율적이지만, 많은 사람이 낯선 문제를 해결하려고 시도할 때 첫 단계로 사용하는 하나의 방법이다(Davidson & Sternberg, 2003).

유추하기(Drawing analogy)는 이미 해결한 문제와 현재 해결하고자 하는 친숙하지 않은 문제를 비교하는 활동을 통해 문제를 해결하고자 하는 두 번째 발견법이다. 하지만 학습자들이 종종 자신이 해결하고자 하는 문제와 유사한 문제를 식별하지 못하거나 두 문제 사이에 부적절한 연결을 만들기 때문에 실행하기 어려울 수 있다(Langley, Pearce, Barley, & Emery, 2014).

수단목표 분석(Means-ends analysis)은 문제를 하위 목표로 나누고 각각에 대해 순차적으로 작업하는 전략으로, 잘 정의되지 않은 문제를 해결하는 데 효과적인 발견법이다. 당신의 불만족스러운 연인과의 관계 문제를 해결하려고 시도할 때 이 방법을 사용할 수 있지만 쉽지는 않다. 당신은 애인과 더 많은 시간을 함께 보내고, 의사소통을 개선하고, 정서적으로 더 나아지는 것을 하위 목표로 정했다. 그렇다면 정서적으로 더 나아지기 위해 어떤 전략을 사용해야 하는가? 이 질문에 대한 쉬운 답은 없지만, 명확하고 실현할 수 있는 전략을 식별해야만 해당 하위 목표에 도달할 수 있다. 이는 많은 정의하기 어려운 문제들에 해당된다. 발견법을 가르치는 것은 학생들의 문제해결 능력을 향상시킬 수 있다(Langley et al., 2014), 하지만 궁극적으로, 문제해결과 관련된 선행 지식과 연습이 전략을 성공적으로 선택하는 데 필수적이며, 어떤 발견법도 이를 대체할 수 없다(Lester, 2013).

전략 실행하기

전략을 선택한 이후, 문제를 해결하고자 하는 사람들은 이제 그것을 실행할 준비가 되어 있다. 목표가 명확하고, 문제가 효과적으로 표현되었으며, 그 목표에 도달하기 위한 전략이 구체적으로 설정되었다면, 전략을 실행하는 것은 간단하다. 이러한 상황은 헌터 선생님의 학생들에게도 해당하지만, 그럼에도 불구하고 어려움이 발생할 수 있다. 헌터 선생님의 수업에서 나온 대화를 다시 살펴보자.

학생들은 교실 도면에서 'L'로 표시된 부분을 빼야 한다는 데 동의했으며, 대부분은 교실 상단부터 시작해야 한다고 이야기했다.

헌터 선생님: 이 부분의 면적을 어떻게 찾을까요? …… 프레드, (교실 도면의 상단을 가리키며)

프레드: …… 31곱하기 5를 해요.

로라 선생님: 왜? …… 투?

투: …… 그 부분은 사각형이고, 길이가 31피트이며 폭이 5피트예요. …… 그래서 우리는 그것들을 곱해요.

조이(Zoey): 그럼 2는 어떻게 하죠? (교실 도면에서 싱크대와 카운터를 나타내는 2를 가리키며)

헌터 선생님: 2는 어떤 거죠? …… 오드리?

오드리: …… 그건 그냥 부분이에요. 모든 면적 아래에 리놀륨이 있으니까, 그래서 31곱하기 5예요……. 2는 상관없어요.

헌터 선생님: 그럼, 우리가 얻은 건 뭐죠? …… 에이든?

에이든: …… 백오십오. (31곱하기 5를 몇 초간 계산한 후)

학생들이 마주하는 대부분 문제에서, 전략을 실행할 때 그 문제가 제공하는 모든 정보를 사용하려는 경향이 있다. 하지만 문제해결과 관련이 없는 정보들의 경우 조이의 반응에서 볼 수 있듯이 도움이 되지 않고 학생들을 혼란스럽게 할 수 있다. 따라서 학생들에게 문제와 관련 있는 정보와 관련 없는 정보를 식별하는 경험을 제공해야 한다. 이는 특히 학교 밖의 실제 생활에서 문제해결에 있어서 매우 중요하다.

결과 평가하기

결과를 평가하는 것은 문제해결 과정의 마지막 단계로, 학생들에게 생각할 것을 요구한다(Lester, 2013; Mayer & Wittrock, 2006). 종종 학생들은 생각하지 않는다. 우리가 배에 있는 양과 염소의 수를 더해서 선장의 나이를 구하는 초등학교 2학년 학생들의 예에서 본 것처럼 그리고 헌터 선생님의 수업에서 한 그룹의 학생들이 처음에 교실의 카펫 넓이에 대해서 전체 교실의 면적보다 160제곱피트 더 많은 1,600제곱피트라고 답했던 것과 같이 깊이 있게 생각하지 않는다. 이러한 경향은 교사들에게 당연히 화가 날 수 있는 부분이지만, 이 또한 교실 현실의 일부분이다. 또한 학생들은 계산기에 나타나는 답을 그것이 옳은지에 대해서 따져보지 않고 그냥 받아들이는 경향이 있다. 이와 같은 문제는 학생들이 기본적인 수학 연산을 점점 더 계산기와 같은 기술 도구에 의존하면서 더욱 두드러진다(Lester, 2013). (이러한 문제들을 다루는 방법에 대한 제안은 이 장의 뒷부분에 있는 '교육심리학을 교수에 활용하기: 학생들이 더 나은 문제 해결자가 되도록 도움 주기' 부분에서 다룬다.)

창의성

앞서 언급했듯이, 우리가 일상생활에서 마주하는 문제 대부분은 잘 정의되지 않았으며, 이를 해결하기 위해서는 종종 독창적인 사고와 해결책이 필요하고 이는 창의성의 개념으로 이어진다. **창의성(Creativity)**은 생산적이고 과제에 적합한, 기존에 없던 독창적인 것 혹은 문제해결책을 생산하는 능력이다(Malycha & Maier, 2017). 독창적인 것은 다른 사람들에게 배운 것이 아니라는 것을 의미하며, 생산한다는 의미는 결과물이나 해결책이 현재 우리에게 유용하다는 것을 시사한다. 그리고 과제에 적합하다는 것은 문제해결책, 생산물, 문서 또는 새로운 아이디어가 특정 과제 요구 사항을 충족한다는 것을 의미한다.

다음에 있는 교육의 예시를 살펴보자.

물리 교사인 댄 스티븐스(Stevens)는 과학 실험실에서 학생들의 창의성을 촉진하려고 한다.

기본적으로 주어진 과학 실험을 마친 후, 스티븐스 선생님은 학생들에게 기존의 실험 내용에는 없는 새로운 실험 방법을 스스로 고안하고 실행해 보도록 제안했다. 학생들은 그의 과제를 성공적으로 해냈으며, 직접 실험을 디자인하고 실행하는 과정이 가장 즐겁고 흥미로웠다고 이야기했다.

(이 내용은 이 책의 저자 중 한 사람인 폴이 자신의 수업 중 한 교사와 나눈 대화를 바탕으로 한다.)

이 간단한 예시는 창의성 발현의 기준을 충족시킨다. 스티븐스 선생님의 학생들은 전에 없던 독창적인 실험을 만들어 내야 했다. 학생들은 아이디어를 다른 사람에게서 얻지 않았다. 그리고 학생들이 새롭게 고안한 실험 방법은 유용한 결과를 낳았으며, 스티븐스 선생님이 제시한 실험 규칙을 따랐기 때문에 주어진 과제에 적합했다고 할 수 있다.

창의성에 관한 연구는 널리 이루어졌으며, 일부 연구에서는 특히 외향성과 개방성(Puryear, Kettler, & Rinn, 2017)과 같은 개인의 성격 특성과 관련이 있다는 증거를 제시했다. 그리고 추가적인 연구는 창의성이 많은 부분 사회적 과정이라고 보고한다. 사람들이 다른 이들의 아이디어에서 영감을 받을 수 있으므로, 개인보다는 그룹이 창의적일 가능성이 더 높다(Binyamin & Carmeli, 2017). 기존의 생각했던 것과는 반대로, 적절하게 이루어진다면 창의성 발현에 대해서 외부적 보상을 제공하는 것은 창의적 과정을 억압하는 것이 아니라 오히려 강화한다(Gong, Wu, Song, & Zhang, 2017). 우리가 예상할 수 있듯이, 창의성은 아무것도 없는 상태에서 나타나는 것이 아니다. 오히려 창의성이 발현되기 위해서는 풍부한 선행 지식과 동기가 필요하다(Gong et al., 2017; Malycha & Maier, 2017).

창의성은 연속선상에 존재한다. 예를 들어, 창의성은 한 시대를 풍미한 교향곡, 위대한 예술 작품, 퓰리처상을 받은 문학작품 또는 아인슈타인의 상대성 이론과 같은 과학에 대한 공헌이 될 수 있다. 다른 한편으로 창의성은 학생의 독특한 문제해결 방법이나 직원이 회사를 위해서 새로운 마케팅 전략을 설계하는 것 같은 간단하고 개인적인 해석을 포함할 수 있다. 연속선상의 양쪽 끝과 그 사이의 모든 것은 중요하며, 학교와 일상생활에서 존재하는 대부분의 창의성은 비교적 간단한 개인적인 해석과 관련되어 있다(Beghetto & Kaufman, 2013). 예를 들어, 개념학습에 대한 논의에서 우리는 예시의 중요성을 보았고, 독특하고 재치 있는 예시를 생성하는 능력은 교수학습에서 교사의 개인적인 창의성을 보여 주는 가장 좋은 방법의 하나이다.

창의성을 길러 주는 환경

연구에 따르면, 학생들의 창의성은 교육을 통해서 길러질 수 있다(Binyamin & Carmeli, 2017; Malycha & Maier, 2017; Yadav & Cooper, 2017). 또한, 창의성과 정규 교육과정은 경쟁 관계가 아니라 서로를 보완하는 관계에 있다. "창의성이 독창성과 과제의 적합성을 모두 결합한다는 것을 이해하는 교사들은, 교과 학습과 경쟁하기보다는 상호 보완하는 방식으로 정규 교육과정에 학생들의 창의성 발달 교육을 통합할 수 있다"(Beghetto & Kaufman, 2013, p. 12). 스티븐스 선생님이 그의 물리 수업을 듣는 학생들과 함께한 실험실 활동이 이 아이디어를 잘 보여 준다.

APA의 20가지 주요 원칙

이 논의는 유치원-12학년(초·중등학교)까지 교수 및 학습을 위한 심리학의 20가지 주요 원칙 중 원칙 8인 '학생의 창의성은 촉진될 수 있다'를 보여 준다.

그렇다면 학생들의 창의성을 어떻게 촉진할 수 있는가? 몇 가지 제안은 다음과 같다.

- 정서적으로 안정적인 환경 조성하기: 창의성을 펼치려는 노력은 때로 위험을 동반한다. 예를 들어, 한 학생이 독특한 문제 해결책을 제안할 때 다른 학생들로부터 비웃음을 받거나 교사로부터 무시당할 수 있다. 학생들은 자신의 독창적인 생각으로 인해 위험에 처할 수 있다는 사실을 알게 되면, 이러한 생각을 공유하는 것이 가치가 없다고 결론지을 수 있다. 결과적으로, 학생들이 창의성을 발휘하기 위해서는 정서적으로 안전한 분위기를 조성해야 한다(Kuhl, 2017; Zee & de Bree, 2017).
- 학생들의 배경지식 개발하기: 앞서 살펴보았듯이, 창의성이 발현되기 위해서는 상당한 양의 배경지식을 요구한다. 지식이 없이는 창의성이 발현되는 것은 불가능하다(Gong et al., 2017; Malycha & Maier, 2017). 예를 들어, 스티븐스 선생님의 물리 수업을 듣는 학생들이 실험실과 실험에 대한 지식이 없었다면, 처음부터 학생들은 실험을 확장하여 새로운 실험 방법을 생각해내지 못했을 것이다.
- 창의성을 장려하고 보상하지만, 경쟁과 사회적 비교는 피하기: 예를 들어, 스티븐스 선생님은 학생들의 창의성을 장려했지만, 실험실에서 학생 그룹 간의 비교는 피했다. 창의성 발현에 대해서 경쟁과 사회적 비교의 방식이 아니라도 보상을 제공할 수 있으며, 특히 평범하지 않은 생각에 대한 열정적인 반응은 창의성이 가치 있다는 메시지를 제공한다(Gong et al., 2017).
- 창의성의 사회적 측면 활용하기: 학생들이 함께 협력하여 문제에 대한 독특한 예시나 대안적 해결책을 생성하게 하는 것은 창의성을 촉진할 수 있다(Binyamin & Carmeli, 2017). 예를 들어, 헌터 선생님의 학생들은 교실의 총면적을 찾은 다음 리놀륨으로 덮인 면적을 빼기로 결정했다. 학생들 중 일부는 내부 직사각형의 면적을 찾은 다음 추가된 카펫 면적을 더하는 대안적인 해결책을 제시했다.
- 제약 조건 제시하기: 제약 조건을 설정하는 것이 창의성 발현에 더 효과적일 수 있음이 입증되었다. 예를 들어, 한 실험에서 참가자들에게는 '생일 축하해', '감사합니다', '행운을 빕니다', '미안합니다', '새해 복 많이 받으세요', '축하합니다', '기운 내세요', '사랑해요'와 같은 메시지를 전달하는 창의적인 운문을 작성하도록 요청했다. 각 메시지는 두 줄로 제한되었을 때, 제약이 없을 때보다 더 창의적이었다(Haught-

Tromp, 2017).

교사들은 종종 표준화된 고위험 평가로 인해서 학생들이 창의성을 발휘하려는 기회가 줄어든다고 불평한다. 하지만 우리가 스티븐스 선생님과 그 학생들의 사례에서 보았듯이 꼭 그런 것은 아니다. 그리고 스티븐스 선생님이 준비한 수업에는 많은 추가적인 시간과 노력이 요구되지 않았다. 학생들의 창의성 발현을 위한 교육은 주로 교사가 어떤 학습 환경을 조성하는가에 따라 달라질 수 있다.

문제중심학습

문제중심학습(Problem-based learning)은 문제를 이용하여 학습 내용, 기술, 그리고 자기조절을 개발하는 교육 전략이다(Akcay, 2017; Servant, & Schmidt, 2016). 이는 의학 교육과 공중 보건(de Jong, Verstegen, & Tan, 2013; Wardley, Applegate, & Van Rhee, 2013)에서부터 컴퓨터 프로그래밍(Tiantong & Teemuangsai, 2013)과 비즈니스(Smart, Hicks, & Melton, 2013)에 이르기까지 다양한 영역에서 널리 사용되고 있다.

문제중심학습 활동은 다음과 같은 특성을 가진다(Horak & Galluzzo, 2017; Sipes, 2016).

- 수업은 문제로 시작하고, 그 문제를 해결하는 것이 수업의 초점이다.
- 학생들은 문제해결 전략을 설계하고 해결책을 찾는 데 책임이 있다.
- 모든 학생이 문제해결 과정에 참여할 수 있도록, 일반적으로 3명 또는 4명으로 구성된 소규모 그룹을 만들어 활동한다.
- 교사는 질문과 기타 여러 가지 형태의 도움을 제공하여 학생들이 학습할 수 있도록 도움을 제공한다.

일부 연구들은 문제중심학습이 직접 교수보다 학습내용을 더 오래 기억하고 더 잘 전이시키는 결과를 가져오는 것으로 나타났다(Horak & Galluzzo, 2017; Mayer & Wittrock, 2006). 또한, 학생들은 문제중심학습에서 더욱 동기 부여를 받는 것으로 확인되었다(Fukuzawa, Boyd, & Cahn, 2017). 하지만 문제중심학습에 관한 대부분의 연구는 고학년 학생들 또는 학업성취도 높은 학생들을 대상으로 시행되었고, 교사의 지도가 부족한 문제중심학습 수업은 오개념과 피상적인 학습을 초래한다는 증거가 있다(Kirschner, Sweller, & Clark, 2006). 더욱이 일부 연구는 대학생을 포함한 학생들이 문제를 해결할 때, 강사나 교사에 의해서 세심한 감독이 이루어지지 않을 경우, 주로 피상적인 문제해결 전략을 사용한다는 것이 밝혀졌다(Loyens, Gijbels, Coertjens, & Côté, 2013).

사전지식은 문제중심학습에서 또 다른 문제로 작용할 수 있다. 충분한 배경지식이 없는 경우 문제중심학습 활동은 성공적이지 못하다. 학생들이 충분한 배경지식을 갖추지 못한 상태에서 문제중심학습이 이루어질 경우, 그들은 헤매고 시간을 낭비할 가능성이 크다.

문제해결을 촉진하기 위한 기술 활용

학생들의 문제해결 능력 개발을 위한 다양한 기술적 지원이 있으며, 교직을 시작하면 이 중 일부를 접하게 될 것이다. 예를 들어, 키보드나 마우스로 조작하는 **가상 조작물**(virtual manipulatives)이 이제는 기존의 초등 교실의 주류를 이루었던 쿠즈네르 막대(Cuisenaire rods)나 블록과 같은 물리적 조작물을 흔하게 대체하고 있다(Roblyer & Hughes, 2019; Shin et al., 2017). 그리고 이러한 가상 도구들이 종전의 구체적 대응물만큼 효과적이라는 증거가 있다(Satsangi, Bouck, Taber-Doughty, Bofferding, & Roberts, 2016).

시뮬레이션, 예를 들어 Geometer의 Sketchpad(Informer Technologies, Inc., 2017)는 학생들이 분수, 수선, 그리고 기하학적 패턴을 조작하고 결과를 관찰할 수 있게 한다. 중 · 고등학생들은 비율과 비례, 물리적 사건의 그래픽 표현(예: 떨어지는 공)과 선형 및 삼각함수를 탐구할 수 있다. 이 소프트웨어는 매우 매력적이며, 학생들의 참여와 동기 부여에 기여한다(Roblyer & Hughes, 2019). Sketchpad와 기타 시뮬레이션은 컴퓨터로 연결된 큰 디스플레이 형태의 **대화형 전자칠판**(interactive whiteboards)과 호환된다. 프로젝터가 컴퓨터의 데스크톱에서 정보를 칠판의 표면에 표시하고, 교사나 학생이 정보를 제어할 수 있다.

학생들에게 코딩 가르치기

최근, 중학생 또는 고등학생에게 문제해결을 위한 주요 방안으로 코딩을 가르치는 것이 학교 현장에 도입되고 있다. **코딩**(Coding)은 프로그래머들이 앱, 웹사이트, 소프트웨어를 디자인하는 데 사용하는 언어이다. 코딩 교육은 애플의 최고경영자인 티모시 쿡(Timothy Cook)이 말한 바와 같이, 오늘날 우리가 필요로 하는 "거대한 기술적 결핍을 해결하는 데" 도움을 주기 위해 고안되었다(Singer, 2017, para. 1에서 인용). 이러한 강조는 부분적으로 미국 기술 회사들이 외국 엔지니어에 대한 큰 의존성 때문에 촉발되었으며, 트럼프 행정부의 이민에 대한 반감으로 인해 더욱 시급해졌다(Wingfield & Wakabayashijan, 2017). 쿡과 같은 기술 전문가들은 코딩이 모든 학교에서 필수 과목이 되어야 하며, 정부는 학생들이 컴퓨터 프로그래밍을 배우도록 하는 데 주요한 역할을 해야 한다고 주장한다. 많은 사람이 모든 고등학교에서 학생들에게 코딩을 가르치지 않아서 미국 내의 학생들이 실패하고 있다고 강력하게 주장했다(Kohli, 2015).

실리콘 밸리를 통해 코딩 교육을 촉진하기 위한 주요한 움직임이 시작되었는데, 이는 2012년에 설립된 산업 지원 비영리 단체인 Code.org에서 비롯되었다. Code.org는 컴퓨터 공학에 대한 접근성을 확장하고 여성 및 소수민족의 참여를 증가시키는 데 전념하는 단체이다.

이 단체의 목표는 모든 학교의 모든 학생이 대수학, 생물학, 화학 수업을 듣는 것처럼 컴퓨터 공학을 배울 기회를 제공하는 것이다. Code.org는 암호화가 광합성만큼 학생들이 학습해야 할 기초라고 주장한다(Code.org, 2017).

설립 이래, Code.org는 경제적 · 교육적 · 정치적으로 주요한 영향력을 발휘했다. 예를 들어, 마이크로소프트, 페이스북, 구글과 같은 회사들로부터 6천만 달러 이상을 모금하여 코딩 교육 및 컴퓨터 프로그래밍 활성화 방안을 지원했고, 무료 온라인 코딩 수업을 만들고, 교육과정을 개발하며, 교사들을 위한 훈련을 제공했다.

정치적으로 Code.org의 이러한 노력은 성과를 거두었다. 예를 들어, Code.org는 미국의 20개 이상의 주들이 교육 정책을 변경하도록 설득했으며(Singer, 2017), 공립학교 학생들을 위한 코딩 대회가 이제 점점 더 흔해지고 있다(D'Amico, 2017).

하지만 Code.org의 코딩 교육 지원 사업은 논란을 불러일으켰다. Code.org를 비판하는 사람들은 Code.

org가 그들의 회사에 필요한 소프트웨어 엔지니어를 양성하기 위해서 사업을 하는 것으로 그 동기가 의심스럽다고 비판했다(Singer, 2017). 분명 Code.org의 지원 사업은 그들의 회사에 이로운 방향으로 설계되었으며, 교육자들은 이와 같은 교육 지원이 학생들에게 부정적인 영향을 미칠 수 있는지에 대해서 확인해야 한다.

이러한 논란에도 불구하고, 다른 회사들도 학생들의 코딩 교육 지원 사업에 참여하고 있다. 예를 들어, 2016년 애플은 Swift라는 프로그래밍 언어의 기초 코딩을 가르치는 데 도움이 되는 무료 앱인 Swift Playgrounds를 제공했다. 2017년에는 미국 고등학교와 전문대학에 Swift로 앱 디자인을 가르치는 1년짜리 과정을 소개했다(Apple Inc., 2017). 또 다른 예로, 2011년에 설립된 교육 기술 회사인 EdSurge는 교육 기술을 구현하거나 구축하려는 사람들을 위한 최신 자료를 제공한다고 자신을 소개했다. 이 회사는 신문을 발행하고 교사, 학교 관리자 등이 접근할 수 있는 데이터베이스를 운영한다(EdSurge, 2017).

앞에서 언급한 사례들은 단지 몇 가지 예이며, 기술이 발전하는 속도를 감안할 때, 현재도 다양한 코딩 및 컴퓨터 교육에 대한 방안들이 새롭게 나타나고 있을 것으로 예상된다. 가장 중요한 것은, 학교에서 문제해결 방식이 새로운 전환점을 맞이하게 될 가능성이 크다. 디지털 리터러시나 코딩과 같은 능력이 전통적인 읽기, 쓰기, 수학과 같이 기본적인 학습 능력이 될 가능성이 커졌다. 이러한 변화는 교육하는 내용과 방법 모두에 영향을 미칠 것이다.

의심의 여지없이, 기술의 발전은 교실 안팎에서 우리의 삶을 변화시키고 있다. 하지만 아무리 기술이 고도로 발전한다고 할지라도, 기술 자체가 학습을 증가시키지는 못한다. 학생들의 학습 증진은 항상 기술을 사용하는 교사의 전문적 능력에 달려 있다. 교사의 전문적 능력과 함께 기술이 사용될 때, 기술은 학습에 큰 기여를 할 수 있을 것이다. 그러나 만약 부적절하게 기술이 사용될 경우, 학생들은 귀중한 학습 시간의 대부분을 낭비하게 될 것이다. 따라서 기술이 앞으로 계속 발전한다고 해도 기술이 아닌 교사와 교사의 전문성이 학생들의 학습에 가장 큰 영향을 미칠 것이다.

교육심리학을 교수에 활용하기: 학생들이 더 나은 문제 해결자가 되도록 도움 주기

우리 앞에는 우리 스스로의 잘 정의되지 않은 문제가 있다. 우리는 학생들이 문제해결 능력을 키우기를 원하지만, 이것은 쉬운 일이 아니다. 실제로, 문제해결을 학생들에게 가르치는 것은 우리가 직면한 가장 어려운 도전 중 하나이다(Lester, 2013). 다음의 제안들은 이러한 도전을 극복하는 데 도움이 될 수 있다.

1. 실제 세계 맥락에서 문제를 제시하고, 문제 목표를 식별하는 연습을 제공하라.
2. 풀이 예(worked examples)를 사용하여 학생들의 배경지식을 확장하라.
3. 의도적 연습을 통해 학생들의 전문성을 개발하라.
4. 사회적 상호작용을 활용하여 학생들의 참여를 유도하고 이해도를 평가하라.
5. 학생들이 문제를 해결하면서 의미를 파악하도록 도움을 주어라.

이러한 제안들이 교실에서 어떻게 적용되는지 살펴보자.

실제 세계 맥락에서 문제를 제시하고, 문제 목표를 식별하는 연습을 제공하라 학습과 발달은 경험에 의존한다는 것은 인지학습이론의 원칙이며, 문제해결 능력의 발달은 두 가지 유형의 경험을 필요로 한다. 첫 번째로, 학생들은 실제 세계 맥락에서 문제를 해결해야 한다(Budwig, 2015; Jurow, 2016). 헌터 선생님이 제시한 문제와 같은 문제들은 추상적인 덧셈, 뺄셈, 곱셈, 나눗셈 문제들을 푸는 것보다 더 깊고 유용한 이해를 가능하게 한다.

APA의 20가지 주요 원칙

개념학습과 마찬가지로, '학습은 맥락에 기반하기 때문에 새로운 맥락으로 학습을 일반화하는 것은 자발적이지 않으므로 촉진되어야 한다'는 유치원–12학년(초 · 중등학교)까지 교수 및 학습을 위한 심리학의 20가지 주요 원칙 중 원칙 4를 의미한다.

둘째, 사람들은 심지어 잘 교육받은 성인이라고 해도 문제 목표를 식별하는 데 능숙하지 않다(Wedell-Wedellsborg, 2017). 그래서 헌터 선생님 또한 그녀의 학생들에게 이 분야의 경험을 제공하려고 시도했다. 어떻게 했는지 알아보기 위해, 그녀의 수업에서 나온 일부 대화를 다시 살펴보자.

헌터 선생님: 우리는 교실 환경을 바꾸려고 해요, 그래서 카펫을 교체할 생각인데, 얼마나 주문해야 하는지 알아내야 해요. ……
그래서 정확히 우리의 문제는 뭐죠? …… 우리가 알아내려고 하는 것은 무엇인가요? (교실의 도면을 보여 주고, 리놀륨으로 덮인 부분이 L로 표시되어 있다고 설명한 후)

야쇼다: 우리는 필요한 카펫 양을 알아내야 해요.

헌터 선생님: 잘했어요.…… 그리고 우리의 문제를 어렵게 만드는 것은 뭐죠?

나탈리(Nataile): 도면에 L로 표시된 부분은 카펫이 필요하지 않아요.

헌터 선생님: 그럼 우리가 실제로 필요한 양을 어떻게 알아낼 수 있죠?

앞과 같이 약간의 변형을 가미하여 문제를 제시함으로써 헌터 선생님은 학생들에게 문제 목표를 식별하는 데 가치 있는 경험을 제공했다.

학생들에게 문제를 제시할 때, 요구하는 문제 유형을 혼합하는 것도 도움이 될 수 있다(Taylor & Rohrer, 2010). 예를 들어, 초등학생들이 분수 덧셈을 배울 때, 학생들은 일반적으로 같은 분모를 가진 문제들로 연습을 시작한 다음 다른 분모를 가진 문제들로 넘어간다. 이것은 뺄셈, 곱셈, 나눗셈 연습으로 이어진다. 단순히 이러한 문제들을 혼합하는 것으로도 학생들에게 문제 목표를 식별하는 초기 경험을 제공할 수 있다. 예를 들어, 다음 문제들의 목표는 각각 분수를 빼고, 더하고, 나누고, 곱하는 것이며, 두 번째 문제는 공통분모를 찾는 것도 필요하다.

$$\frac{3}{5} - \frac{2}{5} = \qquad \frac{2}{3} + \frac{3}{4} = \qquad \frac{4}{7} \div \frac{3}{4} = \qquad \frac{5}{6} \times \frac{2}{3} =$$

앞과 같은 연습을 한 후에 학생들은 실제 세계의 문제들을 해결할 수 있다. 이와 같은 전략은 즉시 학생들이 문제 목표를 잘 식별하게 만들지는 않지만, 첫 단계이다. 또한 학생들에게 수학의 맥락 바깥에 있는 문제들을 제시할 수 있으며, 이러한 유형의 문제들이 종종 잘 정의되지 않았다는 것이 하나의 이점이다. 예를 들어, 학생들에게 다음과 같은 문제를 해결하도록 지시할 수 있다.

최근에 로잘리나(Rosalina)라는 새로운 소녀가 우리 반에 전학을 왔다. 그녀는 스페인어를 모국어로 하고 있으며 영어에 어려움을 겪고 있다. 그녀는 꽤 수줍음을 타며, 우리 반에서 적응하는 데 어려움을 겪고 있는 것 같다. 그렇다면 우리는 무엇을 할 수 있을까?

이것은 잘 정의되지 않은 실제 세계의 문제이며, 이러한 문제를 해결하는 연습은 학생들에게 문제 목표 식별과 사회적 문제해결 모두에서 귀중한 경험을 제공한다. 문제해결은 초등학교에서 수학에 국한되거나 고등학교에서 수학, 화학, 물리에 국한될 필요는 없다.

풀이 예를 사용하여 학생들의 배경지식을 확장하라　우리는 지금까지 배경지식의 필요성을 강조했으며, 학생들의 선행 지식 부족은 교사들이 직면하는 가장 골치 아픈 문제 중 하나이다. 우리가 다루는 문제들이 잘 정의되었든 잘 정의되지 않았든, 그 문제들을 해결하기 위해서는 배경지식이 필수적이며, 문제해결을 가르칠 때 배경지식의 부족은 거의 항상 문제가 된다(Lester, 2013). [그림 8-2]에 제시된 단계들은 문제해결을 위한 개념적 틀을 제공하지만, 특정 문제를 해결하기 위해서 필요한 배경지식이 부족하다면 이 단계들은 대체로 의미가 없다.

APA의 20가지 주요 원칙

'학생들이 이미 알고 있는 것이 그들의 학습에 영향을 미친다'는 유치원-12학년(초·중등학교)까지 교수 및 학습을 위한 심리학의 20가지 주요 원칙 중에서 원칙 2를 나타낸다.

풀이 예(Worked examples), 즉 완성된 해결책이 포함된 문제는 학생들이 숙련된 문제 해결자가 되는 데 필요한 배경지식을 습득하는 데 도움이 되는 도구를 제공한다. 다른 분모를 가진 분수의 덧셈과 뺄셈을 가르치고 있는 초등학교 6학년 교사인 데이비드 선생님의 예를 살펴보자.

전국교사자질위원회(NCTQ)

전국교사자질위원회(NCTQ)는 풀이 예를 모든 신임 교사가 알아야 할 6가지 필수 교수 전략 중 하나로 설명한다. "4. 해답이 제공된 문제와 학생들이 풀어야 할 문제를 번갈아 제시한다. 해답이 동반된 문제들에 대한 설명은 학생들이 문제해결의 기계적인 부분을 넘어서 기본 원리를 이해하도록 도움을 준다"(Pomerance et al., 2016, p. vi).

CCSS.Math.Content.5.NF.A.1 다른 분모를 가진 분수(혼합수를 포함하여)를 더하고 빼는 방법은 주어진 분수를 동등한 분수로 바꾸어 같은 분모를 가진 분수의 동등한 합이나 차를 생성하는 것이다(공통 핵심 국가 교육 기준, 2018k).

데이비드 선생님이 학생들에게 다음과 같은 정보를 제공하면서 수업을 시작했다.

우리는 파티에 초대받았다. 파티의 주최자는 피자를 제공하려고 한다. 그녀는 여러 피자를 주문하는데, 모두 같은 크기이지만 일부는 여섯 조각으로, 다른 일부는 여덟 조각으로 잘랐다. 여러분이 여섯 조각으로 잘린 피자 두 조각과 여덟 조각으로 잘린 피자 한 조각을 먹었다면 얼마나 많은 피자를 먹었는가?

Step 1:

$$\frac{2}{6} + \frac{1}{8} =$$

Step 2:

$$\frac{2}{6} = \frac{8}{24}$$

Step 3:

$$\frac{1}{8} = \frac{3}{24}$$

Step 4:

$$\frac{8}{24} + \frac{3}{24} = \frac{11}{24}$$

"이제, 문제를 살펴봅시다." 데이비드 선생님이 학생들에게 말했다. "문제를 읽고 나서 1단계를 보세요." 그는 몇 초 기다린 후에 물었다, "1단계에서 2/6과 1/8은 어디서 나왔나요? 레노어(Lenore)?"

"…… 우리가 먹은 피자의 양이에요. 우리는 한 피자의 여섯 분의 두 조각과 다른 피자의 여덟 분의 한 조각을 먹었어요."

"이제 2단계와 3단계를 보세요. 우리는 왜 이 단계들을 수행했나요? 왜 필요했나요? …… 몇 분간 짝과 상의해 보고 이유를 알아보세요. 데릭(Derek), 너와 너의 짝은 어떤 결론을 내렸지?"

"…… 같은 분모가 필요해요." 데릭이 몇 초간 단계들을 살펴본 후 주저하며 대답했다.

데이비드 선생님은 학생들을 계속 안내하며 그들이 각 단계를 설명하도록 요청하고, "그래서 무엇을 알아냈나요? …… 후아니타?"

"우리는 전체적으로 24분의 11을 피자를 먹었어요."

데이비드 선생님은 그다음 학생들이 스스로 문제를 풀도록 과제를 내주고, 그들의 진행 상황을 모니터링하며 피드백을 제공했다. 학생들이 문제를 풀고 논의한 후에, 데이비드 선생님은 또 다른 풀이 예를 제시하고 학생들은 위 과정을 반복한다.

풀이 예는 수학, 물리학, 화학에서 가장 흔하게 사용되지만, 다른 교육 영역에서도 활용될 수 있다. 예를 들어, 최소 세 가지 다른 유형의 은유적 언어를 포함한 짧은 글을 쓰라는 과제에 직면한 학생들에게 다음과 같은 예시를 제시할 수 있다.

"가젤처럼 날쌘 에이드리언(Adrian)이 트랙을 질주하며, 움직임 속에서 생생한 속도의 소용돌이를 만들었다. "그녀는 세계 최고의 운동선수야!" 그녀의 코치가 말한다, "출발 지점에서 솟아오른 불사조처럼, 신화 속 날개 달린 새처럼 하늘을 날아오른다.“

이 짧은 글에서 학생들은 비유(가젤처럼 날쌘, 신화 속 날개 달린 새처럼), 두운법(생생한 속도의 소용돌이), 과장("세계 최고의 운동선수야!"), 그리고 은유('출발 지점에서 솟아오른 불사조')를 볼 수 있으므로 실제로 문장에 네 가지 예시가 포함되어 있음을 볼 수 있다. 이를 예시로 사용하면 학생들이 자신의 과제를 시작하는 데 도움이 될 수 있다.

풀이 예의 사용은 인지학습이론을 적용한 것이다. 예를 들어, 데이비드 선생님은 학생들에게 절차를 이해하는 데 필요한 경험을 제공하고, 각 단계를 이해할 수 있게 도움을 주었다. 또한 사회적 상호작용을 활용한 질문으로 학생들의 이해를 도왔다.

연구에 따르면 초등학생부터 대학생까지 문제해결 능력을 개발하는 데 있어 전통적인 지도보다 풀이 예를 사용하는 것이 더 의미 있고 동기 부여가 되는 것으로 발견했다(Lee & Chen, 2016; ter Vrugte et al., 2017).

특히, 학생들이 처음으로 절차를 배우거나 내용이 어려울 때 풀이 예는 중요하다(Ngu & Yeung, 2013). 앞서 우리가 학교에서 코딩을 가르치는 방안을 검토했는데, 코딩의 복잡성과 배우기 위해서 필요한 많은 요구 사항으로 인해 학생들에게 코딩 기술을 가르치는 데 풀이 예를 활용하는 것은 특히 효과적일 것이다. "특히 어려운 내용에 대해, 해결되지 않은 각 문제에 대해 여러 해결 방안을 제시하는 것이 도움이 된다. 학생들이 더 숙련되면서, 선생님들은 해결된 예시를 따라 학생들이 스스로 문제를 해결할 수 있는 문제의 수를 늘릴 수 있다"(Pomerance et al., 2016, p. 23).

의도적 연습을 통해 학생들의 전문성을 개발하라　모든 학교 교육의 목표는 학습자의 전문성을 증가시키는 것이다. **전문가**(Expert)란 수학, 역사, 체스, 또는 교육과 같은 특정 분야에서 매우 높은 지식이나 기술을 가진 개인을 의미한다. 여기서 '특정 분야'라는 용어는 중요하다. 예를 들어, 수학에서 전문가일 수 있는 사람이 교육이나 역사에서는 초보자일 수 있다. 왜냐하면 전문성을 개발하기 위해서는 많은 시간과 노력이 요구되기 때문이다. "전문가는 태어나는 것이 아니라 만들어지는 것이다. 이는 지적 능력과 재능이 존재하지 않거나 중요하지 않다는 것을 의미하는 것이 아니라, 노력, 의도적 연습, 그리고 전문가로부터의 피드백이 고수준의 전문성 개발에 필수적인 것을 의미한다"(Schraw, 2006, p. 255).

앞서 언급된 인용구는 체육, 음악, 미술, 그리고 글쓰기나 문제해결과 같은 학문적 기술을 포함한 다양한 능력의 발전을 위한 체계적 접근법인 **의도적 연습**(deliberate practice)을 언급한다. "의도적 연습―도전적이지만 매우 효과적인 연습 형태―은 여러 분야에서 세계적인 수준의 성공을 이끌어 낸다. 심지어 기술 향상의 다른 중요한 결정 요소들, 예를 들어 재능을 지적하는 비판자들조차도 성공의 '의심할 여지 없이 중요한' 예측 요소로 의도적 연습을 인정한다"(Eskreis-Winkler et al., 2016, p. 728).

APA의 20가지 주요 원칙

'장기 지식과 기술의 습득은 주로 연습에 의존한다'는 유치원―12학년(초·중등학교)까지 교수 및 학습을 위한 심리학의 20가지 주요 원칙 중에서 원칙 5를 적용한 것이다.

의도적 연습은 다음과 같은 구성 요소를 가지고 있다(Eskreis-Winkler et al., 2016; Panero, 2016).

- 특정 분야의 수행 능력을 개선하기 위한 명확하게 정의된 목표를 가지고 있어야 한다. 예를 들어, 분모가 다른 분수의 덧셈과 뺄셈을 할 수 있게 되는 것이 데이비드 선생님의 학생들을 위한 구체적인 목표였다.
- 도전의 정도는 학습자의 현재 수행 수준을 조금 넘어서야 한다. 데이비드 선생님의 학생들은 아직 분모가 다른 분수의 덧셈과 뺄셈에 숙련되지 않았었다.
- 학습자는 수행 능력을 개선하는 방법에 대해 자세한 피드백을 제공해야 한다. 학생들이 분수 문제를 스스로 해결할 때, 데이비드 선생님은 그들의 진행 상황을 면밀히 모니터링하고 피드백을 제공했다.
- 학습자는 오류를 수정하고 수행 능력을 발전시키기 위해 반복적으로 집중해야 한다. 데이비드 선생님은 학생들이 스스로 해결할 것으로 예상되는 문제의 난이도를 점차적으로 높였다.

연습의 두 가지 추가적인 측면이 중요하다. 첫째, **분산 연습**(distributed practice), 즉 시간을 두고 연습을 분산시키는 과정은 짧은 기간 동안 집중시키는 것보다 더 효과적이다(McCrudden & McNamara, 2018). 예를 들어, 4일 동안 매일 30분씩 연습하는 것이 한 번에 2시간 연습하는 것보다 더 효과적이다. 연습할 때, 정보는 기억 속에서 활성화되고, 연습을 멈추면 비활성화되며, 다음 연습 기간이 시작될 때 다시 활성화된다. "활성화−비활성화−재활성화의 주기는 인간의 뇌 신경 경로를 강화해 나중에 정보에 대한 접근을 증가시키기 때문에 기억에 유익하다"(McCrudden & McNamara, 2018, p. 46).

둘째, **교차 연습**(interspersed practice), 즉 서로 다른 기술을 섞어서 연습하는 것은, 한 기술을 광범위하게 연습한 다음 다른 것으로 넘어가는 것보다 더 효과적이다. 예를 들어, 초등학생들이 재배치가 필요한 뺄셈 문제(예: 45 − 27)를 연습하는 경우, 재배치가 필요하지 않은 뺄셈 문제(예: 74 − 43)와 재배치가 필요한 덧셈 문제와 그렇지 않은 문제도 함께 주어진다면 그들의 학습이 향상될 것이다. 이것은 모든 분야에 적용된다. 예를 들어, 축구 연습은 몇 분 동안 드리블 연습을 하고, 다음 몇 분 동안 패스 연습을 하고, 추가 시간 동안 슛 연습을 한 다음 각 기술로 다시 돌아가는 것이 특정 기술을 집중적으로 연습한 다음에 다음 다른 기술로 넘어가는 것보다 더 효과적이다. "학생들에게 다양한 유형의 문제를 해결할 기회를 제공해야 함 그들의 문제해결 능력이 향상될 것이다"(Lester, 2013, p. 272).

연습을 대체할 수 있는 것은 없으며, 이것은 모든 분야에 적용된다. 뛰어난 음악가들은 매일 몇 시간씩 연습하고, 위대한 운동선수들도 마찬가지이다. 학생들이 문제해결 전문성을 개발하려면, 학생들에게 연습, 연습, 그리고 더 많은 연습을 할 기회를 제공해야 한다. 그리고 이것은 장기간에 걸쳐 다양한 문제를 해결하는 연습을 포함한다.

전국교사자질위원회(NCTQ)

전국교사자질위원회(NCTQ)에서는 모든 신임 교사가 알아야 할 6가지 필수 교수 전략 중 하나로 소개한다. 학생들은 지식과 기술을 개발하기 위해 상당한 연습이 필요하며, 이 연습을 시간에 걸쳐 분배하는 것은 기억을 저장하는 것을 더 효율적으로 만들고 유지력을 향상시킨다(McCrudden & McNamara, 2018).

사회적 상호작용을 활용하여 학생들의 참여를 유도하고 이해도를 평가하라   문제해결에 관련된 단계를 논의하면서, 우리는 헌터 선생님의 수업에서 나온 일부 대화를 살펴보았다. 다시 한번 살펴보도록 하자.

헌터 선생님은 학생들이 조별로 나누어 교실의 카펫 부분의 면적을 찾은 후 다시 조를 모두 모으고, 에이버리를 칠판 앞으로 보내 30과 48을 곱해 총면적이 1,440제곱피트임을 보여 주었다.

헌터 선생님: 그다음엔 뭐였죠? …… 다음에 우리가 무엇을 했나요?

학생들은 'L'로 표시된 부분을 빼야 한다는 데 동의했고, 대부분은 교실 도면 상단부터 시작해야 한다고 말했습니다.

헌터 선생님: 이 부분의 면적을 어떻게 찾을까요? …… 프레드?(교실 도면의 상단을 가리키며)

프레드: …… 31과 5를 곱합니다.

헌터 선생님: 왜죠? …… 투?

투: ……그 부분은 직사각형이고, 길이가 31피트, 너비가 5피트이므로…… 그래서 우리는 그것들을 곱합니다.

조이: 그럼 2는 어떻게 되나요? (교실 도면에서 싱크대와 선반을 나타내는 2를 가리키며)

헌터 선생님: 2는 어떻게 되나요? ……. 오드리?

오드리: …… 그건 그냥 부분이에요. 리놀륨이 그 아래 전부 있으니까 31곱하기 5가 되는 거예요……. 2는 상관없어요.

헌터 선생님: 그럼, 우리가 얻은 것은 무엇인가요?……에이든?

에이든: …… 155입니다. (31과 5를 곱하는 데 몇 초 걸린 후)

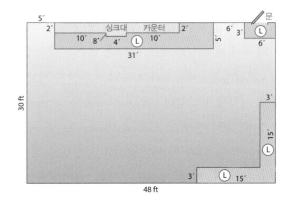

사회적 상호작용이 학습을 촉진하는 것은 인지학습의 원리를 따르며, 헌터 선생님은 학생들에게 이를 적용했다. 헌터 선생님은 리놀륨으로 덮인 각 조각의 면적을 어떻게 찾아야 하는지 단순히 설명하는 데 그치지 않고, 질문을 통해 학생들을 그 과정으로 안내했다. 학생들과의 상호작용의 중요성은 특히 조이가 싱크대와 선반의 치수를 계산에 포함하지 않은 이유에 대해 확신이 없었던 점에서 잘 드러난다. 헌터 선생님이 단순히 해결책을 설명했다면, 조이는 아마 자신이 잘 모르는 것에 대해서 질문을 하지 않았을 것이다.

학습내용과 주제에 관계없이 학생들과의 상호작용은 필수적이다. 예를 들어, 로페즈 선생님이 개념학습 수업에서 학생들과 어떻게 상호작용했는지 보았고, 데이비드 선생님이 풀이 예를 단순히 제시하고 설명하는 것에 그치지 않고 사회적 상호작용을 통해 학생들을 안내한 것도 목격했다.

학생들이 문제를 해결하면서 의미를 파악하도록 도움을 주어라 학생들이 말하는 답이 말이 되는지 아닌지에 상관없이, 학생들이 답을 받아들이는 경향은 문제해결을 가르치는 과정에서 가장 답답한 문제 중 하나이다. 양과 염소의 수를 더하여 선장의 나이를 구한 초등학교 2학년 학생들이 이러한 경향을 보여 주며, 교실의 카펫 면적이 교실의 총 면적보다 크다는 초기 답을 얻은 헌터 선생님 학생들의 사고도 이를 보여 준다. 이는 학생들이 더 나은 문제 해결자가 되도록 돕기 위한 시도에서 생겨나는 지속적인 문제이다.

학생들이 문제를 피상적인 전략으로 해결하려는 태도를 가지는 것도 문제해결을 가르치는 과정에서 또 다른 어려움이다(Gamo, Sander, & Richard, 2010). 예를 들어, 학생들은 수학문제를 풀 때, '모두 함께'와 같은 핵심 단어를 보면 덧셈을, '얼마나 더 많은가?'와 같은 표현을 보면 뺄셈을 문제풀이 전략으로 사용한다. 다른 피상적인 전략으로는 가장 최근에 배운 연산을 사용하거나, 교재의 목차를 보고 각 장의 제목에서 단서를 찾는 방법이 있다. 이러한 전략들은 이해 과정을 완전히 우회할 수 있지만, 종종 상당히 성공적이다(Hunt & Empson, 2015). 그리고 학생들이 계산기와 같은 기술에 점점 더 의존하게 되면 문제가 악화될 수 있다. 계산기 화면에 나타나는 것이 정답이라고 무조건 받아들이게 되기 때문이다.

이와 같은 문제에 대한 간단한 해결책은 존재하지 않지만, 두 가지 전략이 도움이 될 수 있다. 첫째, 학생들을 가르칠 때 의미 파악을 강조하고 직접 어떤 의미인지 학생들에게 이해시켜 줄 수 있다. "지금, 이게 말이 되나요?"와 같은 간단한 질문을 하고 왜 그런지 혹은 그렇지 않은지를 논의하는 것이 시간이 지남에 따라 차이를 만들 수 있다. 둘째, 학생들이 스스로 답을 추정하게 하는 것이 매우 효과적일 수 있다. 예를 들어, 헌터 선생님 교실의 카펫 면적에 대한 합리적인 추정은 교실의 총 면적인 1,440제곱피트보다는 적을 것이다. 이러한 추정은 카펫 면적으로 1,600을 얻은 학생들이 "잠깐만요. 이건 맞을 수 없어요."라고 말하게 할 수 있다. 시간과 연습을 거치며, 그들은 점점 더 발전할 것이다. 그런 다음, 추정과 의도적 연습을 결합하는 것은 의미 파악을 촉진하는 강력한 도구가 될 수 있다.

교실과의 연계

학생들의 문제해결 능력 개발하기

학습과학은 실제 세계의 적용이 중요하다고 제안하며, 인지학습이론의 원리는 사회적 상호작용이 학습을 촉진한다고 밝히고 있다. 실제 세계의 맥락에 문제를 배치하고, 학생들의 문제해결 능력을 향상시키기 위해 높은 수준의 상호작용을 사용하라.

- **초등학교**: 초등학교 4학년 담임교사는 학생들을 짝지어 주고, 각 짝에 12개의 정사각형 조각으로 구성된 초콜릿을 준다. 교사는 1/4과 1/3에 관련된 문제를 주고 학생들이 특정 수의 조각을 떼어내어 전체 초콜릿에 대해서 분수로 숫자를 표현하도록 한다. 교사는 각 경우에 대해서 학생들이 스스로 자신의 생각을 설명하도록 한다.
- **중학교**: 중학교 교사가 매주 학생들에게 해결해야 하는 문제를 가지고 오도록 했다. 학생은 매주 실생활에서 마주하는 문제를 하나씩 가져와야 하며, 그 문제는 수업에서 공부하는 내용과 관련이 있어야 한다. 교사는 그중에서 문제를 선택하고, 반 전체가 그것들을 해결한다.
- **고등학교**: 물리 교사가 학생들에게 "자유투를 하며 공을 45도 각도로 발사한다면, 공이 골대를 통과하기 위해 공에 얼마나 많은 속도를 줘야 하는가?"와 같은 문제를 제시한다. 학생들이 문제를 시도한 후, 교사는 질문을 사용하여 학생들이 해결책을 찾을 수 있도록 한다.

학습자는 문제해결 능력을 개발하기 위해 광범위한 연습과 교수 지원이 필요하다. 학생들이 문제를 해결하는 연습을 하면서, 학생들에게 비계를 제공하고 학생들이 이해하는 것을 말로 표현할 수 있도록 하라.

- **초등학교**: 초등학교 2학년 교사가 수업에서 파티를 계획하고 있다고 이야기하면서, 숫자를 활용해서 도표를 그리는 것

에 대한 수업을 시작했다. 학생들에게 친구들이 가장 좋아하는 젤리 맛을 어떻게 결정할 수 있는지 묻는다. 교사는 학생들이 문제를 식별하고 이를 어떻게 표현하고 해결할 수 있는지 안내한다.

- **중학교**: 중학교 수학 교사가 방정식에서 단어 문제를 분석하기 위한 비계설정을 위해서 '우리가 알고 있는 것'과 '우리가 알아야 할 것' 같은 카테고리를 사용한다. 학생들은 교사 설정한 비계를 활용하여 매일 최소 두 개의 단어 문제를 해결한다.
- **고등학교**: 통계 및 확률 단원에서, 교사는 학생들이 문제를 해결하기 전에 추정치를 만들도록 한다. 그런 다음 학생들은 해결책을 그들의 추정치와 비교한다.

전략적 학습자

8.3 학습 전략과 비판적 사고의 적용을 확인할 수 있다.

교육심리학과 당신
대학 강의를 듣는 동안, 교수님의 강의 내용을 배우기 위해 보통 무엇을 하는가?
이 교재를 공부하면서, 내용을 더 잘 이해하기 위해 보통 어떤 것을 하는가?

'교육심리학과 당신'의 첫 번째 질문에 '노트 필기를 한다'라고 대답했다면, 그것은 전형적인 반응이다. 강의는 대학에서 가장 흔한 교수 방법이며, 거의 모든 학생들이 노트 필기를 한다(Bui, Myerson, & Hale, 2013). 그리고 두 번째 질문에 대한 당신의 대답은 아마도 '주요 내용 밑줄 긋기' 또는 이와 비슷한 것일 것이다. 노트 필기와 주요 내용 밑줄 긋기는 학습 **전략**(strategies)으로 학습목표를 달성하는 데 필요한 일반적인 활동을 초과하는 인지적 작업이다(Pressley & Harris, 2006). 노트 필기는 단순히 교수님의 말을 듣고 기억하려는 일반적인 활동을 넘어서는 학습 전략이고, 주요 내용 밑줄 긋기 또한 단순히 글을 읽는 것을 넘어서서 글을 이해하기 위해서 사용되는 초과적인 노력이므로 학습 전략이라고 할 수 있다. 노트 필기, 주요 내용 밑줄 긋기, 요약, 자기 질문, 개념도 작성 등 많은 학습 전략이 존재하며, 각각은 학습을 증진시킬 수 있다(Alexander, 2006).

메타인지: 전략적 학습의 기초

'교육심리학과 당신'에서 물었던 질문들을 다시 생각해 보자. 여러분은 아마도 노트 필기하는 것이 강의를 더 잘 기억할 수 있게 해 준다고 믿기 때문에 노트 필기를 할 것이다. 그리고 이와 같은 과정에서 여러분은 메타인지를 활용했다. **메타인지**(Metacognition)는 '생각에 대한 생각'으로 종종 묘사되며(Medina, Castleberry, & Persky, 2017), 우리들의 인지에 대한 지식과 조절을 의미한다. 강의 내용을 더 잘 기억하기 위해 노트 필기를 하는 것이 효과적이라고 생각하는 것(인지에 대한 지식)과 실제로 인지적 조절을 통해서 노트 필기 과정을 진행한다. 메타인지는 전략을 목표에 맞추어 사용하는 메커니즘이다. 메타인지를 활용하는 학생들은 그렇지 않은 학생들보다 학습 과제를 더 잘 수행한다(Callan, Marchant, Finch, & German, 2016).

예를 들어, 메타인지를 활용하는 학습자들은 노트 필기를 할 때 다음과 같은 질문을 한다.

• 내가 중요한 내용을 받아 적고 있는가, 아니면 사소한 세부 사항만 적고 있는가?
• 충분히 필기할 내용을 적고 있는가, 아니면 너무 많은 내용을 적고 있는가?
• 공부할 때 단순히 노트한 내용을 읽고 있는가, 아니면 그것을 구체화하기 위해서 예시를 사용하거나 혹은 스스로 질문을 하고 있는가?

메타인지적 모니터링 없이는 전략 사용이 효과적이지 않다. "학습 전략을 선택하는 문제는 복잡한데, 이는 장기 기억에 도움이 되는 학습 전략에 대한 메타인지적 지식이 학습 전략을 선택하는 요건이기 때문이다"(Medina et al., 2017, p. 2). 배경지식의 중요성에 대해서는 반복적으로 강조되었으며, 이는 학습 전략 사용에서도 필수적이다(Pomerance et al., 2016). 배경지식은 학습자들이 무엇을 공부해야 할지, 어떻게 학습목표를 달성할지에 대한 더 나은 결정을 내리는 데 도움을 준다(O'Leary & Sloutsky, 2017).

또한, 전문적인 문제 해결자들이 다양한 문제에 대한 풍부한 경험을 활용하는 것처럼, 효과적인 전략 사용자들은 다양한 전략을 활용할 수 있다(Su, Ricci, & Mnatsakanian, 2016). 예를 들어, 그들은 노트 필기를 하고, 내용을 훑어보며, 굵은 글씨와 이탤릭체를 사용하고, 예시를 활용하며, 개념도를 만든다. 이러한 다양한 전략 활용에 대한 경험이 없이는, 특정한 과제에 맞는 전략을 적절히 활용하기가 어렵다.

전략적 학습자가 되기 위해서는 시간과 노력이 필요하며, 설사 교육을 받았다고 하더라도 많은 학습자는 교사의 유도가 있을 때만 전략을 사용한다(Pressley & Harris, 2006). 또한 대학생을 포함한 대부분 학생은 자료의 난도에 상관없이 가장 기본적인 전략을 사용하는 경향이 있다. '여러 연구는 학생들이 학습효과가 낮은 아주 기초적인 학습전략인 노트 다시 읽기나 노트의 주요 내용 밑줄 긋기를 사용하는 것을 보여 준다'(Medina et al., 2017, p. 2).

학습 전략

학습 전략(Study strategy)은 학습자가 글로 작성된 교재와 교사가 제시해 주는 것에 대해 자신의 이해력을 높이기 위해 사용하는 구체적인 기술을 의미한다. 가장 많이 활용되는 전략은 다음과 같다.

• 노트 필기하기   • 텍스트 신호 사용하기   • 요약하기
• 정교한 질문하기   • 개념도 그리기

노트 필기하기

노트 필기는 아마도 가장 일반적인 학습 전략이며, 가장 널리 연구되었고, 잘 수행될 때 학습성취도를 높일 수 있다. 대부분 학생은 이를 잘 수행하지 못한다(Bui et al., 2013; Peverly et al., 2013). 효과적인 노트는 강의나 교재에서 제시된 주요 생각과 주장을 뒷받침하는 세부 사항을 모두 포함해야 하지만, 대학생을 포함한 많은 학생은 이 두 가지 모두 또는 한 가지에서 실패하는 경우가 많다(Kiewra, 2016). 노트 필기는 정보 목록

을 위한 글머리 기호 항목(Olive & Barbier, 2017)과 같은 간단한 도움말을 사용하여 더 효율적으로 만들 수 있으며, 협력적 노트 필기, 즉 학생들이 그룹에서 노트를 비교하고 수정하는 것이 노트 필기의 질을 향상할 수 있다는 증거가 있다(Ahn, Ingham, & Mendez, 2016).

인간의 인지처리 모형은 노트 필기의 긍정적 효과를 설명하는 데 도움이 된다. 첫째, 노트 필기는 주의 집중을 유지하도록 돕고 학습자가 인지적으로 활동하도록 한다. 둘째, 노트는 외부 저장의 형태를 제공하여 작업 기억의 인지적 부담을 줄여준다(Bui & Myerson, 2014).

작업 기억에서 정보를 저장할 수 있는 용량이 제한되어 있으므로 종종 정보를 부호화하여 장기 기억에 저장하기 전에 잃어버릴 수 있다. 또한 우리는 우리에게 더 잘 이해가 되는 방식으로 정보를 이해하려는 과정에서 논리적이지 않고 부정확한 방식으로 정보를 저장할 위험이 있다. 이때 노트는 우리의 기억을 확인할 수 있도록 도움을 주는 정보의 자원으로 활용할 수 있다.

우리는 **안내된 노트**(guided notes)를 통해서 학생들이 노트 필기하는 기술을 증진하도록 도움을 줄 수 있다. 안내된 노트는 가르치고자 하는 핵심 아이디어와 이들의 관계를 기록할 수 있도록 단서와 함께 학생들의 생각을 기록할 공간을 제공하는 유인물을 의미한다. 안내된 노트 사용은 저성취 학생부터 대학생에 이르기까지 학생들의 성취도를 높일 수 있다(Boyle, 2013). [그림 8-3]은 미국의 다양한 기후 지역에 대한 지리 수업

1. 다음 각 항목이 기후에 어떤 영향을 미치는지 예를 들어 설명하시오.
위도 _____
바람 방향 _____
해류 _____
지형 _____

2. 각 기후를 설명하고, 이 기후를 가진 최소 한 개 주를 식별하시오. 그다음 이 기후에서 서식하는 한 종류의 식물과 두 종류의 다른 동물을 식별하시오.
지중해 기후 _____
_____ 주 _____
식물_____ 동물들 _____
해양 서해안 기후 _____
_____ 주 _____
식물_____ 동물들 _____
습윤 아열대 기후 _____
_____ 주 _____
식물_____ 동물들 _____
습윤 대륙성 기후 _____
_____ 주 _____
식물_____ 동물들 _____

[그림 8-3] 미국 지리 수업의 안내된 노트

에 사용된 안내된 노트 양식을 보여 준다.

또한, 안내된 노트는 개념의 모형이 되고, 주제의 핵심(points of topic)을 짚으며, 학생들이 경험을 습득할 때 그들이 스스로 적용할 수 있는 조직적인 기술(organizational skills)을 점진적으로 개발하도록 돕는다.

텍스트 신호 사용하기

텍스트 신호(Text signal)란, 중요한 개념을 강조하거나 내용의 구성을 전달하는 데 사용되는 요소들을 의미한다(Clariana, Rysavy, & Taricani, 2015). 일반적인 텍스트 신호는 다음과 같다.

- 제목: 예를 들어, 이 장에서 '노트 필기', '텍스트 신호 사용하기', '요약하기'는 '학습 전략'이라는 제목 아래의 소제목으로 구성되어 있고 각각이 학습 전략이다.
- 번호가 매겨진 목록과 글머리 기호 목록: 예를 들어, 지금 읽고 있는 글머리 기호 목록은 다양한 텍스트 신호를 나타낸다.
- 밑줄이 그어진, 굵은 글씨, 또는 이탤릭체 텍스트: 예를 들어, 이 텍스트에서 중요한 개념은 각각 굵은 글씨로 강조되어 있다.

전략적 학습자들은 이러한 신호들을 사용하여 공부하고 있는 주제를 이해하는 데 도움을 받는다(Vacca, Vacca, & Mraz, 2014). 우리는 학생들에게 주제의 구성에 대해 논의하고 정보를 의미 있게 만드는 데 도움이 되는 다른 텍스트 신호들을 상기시키며 이 전략을 사용할 수 있도록 할 수 있다.

요약하기

요약하기(Summarizing)는 주어진 내용에 대해서 간단명료하게 서술하는 과정을 의미한다(Saddler, Asaro-Saddler, Moeyaert, & Ellis-Robinson, 2017). 이는 읽거나 들은 내용을 제대로 **이해했는지 확인**(comprehension monitoring)하는 데 유용한 방법이다. 요약 능력을 키우기 위해서는 교육, 시간, 그리고 노력이 필요하다(Alexander, 2006). 학생들의 요약하기 능력을 키우기 위한 훈련에는 글의 주요 부분 확인하기, 서로 관련이 있는 주요 아이디어 연결하는 문장 만들기, 중요한 정보 도출하기, 전반적인 설명을 구성해 보기 등이 있다(Pressley & Harris, 2006).

예를 들어, 이 장에서 소개한 문제해결 부분을 다음과 같이 요약할 수 있다.

문제를 해결하기 위해서 문제의 목표를 식별하고, 문제를 표현하며, 해결하기 위한 전략을 선택 및 실행하고, 해결책이 타당한지 확인한다. 학생들이 문제해결을 잘하도록 돕기 위해서는 예제를 사용하고, 충분한 시간과 노력을 들여서 연습할 수 있도록 하며, 문제해결 과정에서 의미 파악에 초점을 맞추도록 한다.

연구에 따르면 요약은 학생들이 공부하는 주제에 대한 이해도와 그들의 메타인지 기술 모두를 증가시킨다. 주어진 글에서 핵심을 포착하는 핵심 용어를 학생들이 도출하도록 하는 것은 이해력을 높일 수 있는 수정된 형태의 요약이다(Saddler et al., 2017).

정교한 질문하기

정교한 질문하기(Elaborative questioning)는 추론을 도출하고, 사례를 식별하며, 학습 중인 자료 내에서 관계를 형성하는 과정이다. 정교한 질문하기는 전통적인 글로 구성된 텍스트와 온라인 텍스트 모두에서 정보의 이해를 높이는 효과적인 전략이다(Chen, Teng, Lee, & Kinshuk, 2011). 학습자가 공부하는 자료 내에서 의미의 연결을 만들도록 장려하므로, 이해도를 확인하는 데 효과적이다.

아래 세 가지 유형의 정교한 질문은 특히 효과적이다.

- 이 아이디어의 또 다른 예는 무엇인가?
- 이 주제는 이전 내용의 주제와 어떻게 비슷하거나 다른가?
- 이 아이디어는 내가 공부해 온 다른 아이디어와 어떻게 관련이 있는가?

예를 들어, 이 장에서 문제해결과 과련된 내용을 학습하면서 다음과 같은 질문들이 도움이 되었을 것이다.

- 이 수업에서 잘 정의된 문제의 또 다른 예는 무엇인가?
- 잘 정의되지 않은 문제의 예는 무엇인가?
- 잘 정의된 문제와 잘 정의되지 않은 문제를 어떻게 구분할 수 있는가?
- 문제해결과 학습 전략은 어떻게 비슷하고 어떻게 다른가?

앞과 같은 질문들은 새로운 정보와 장기 기억 속의 지식 사이의 연결을 만들어, 둘 모두를 학습자에게 더 의미 있는 지식으로 만든다.

개념도 만들기

개념도(Concept map)는 개념 간의 관계를 시각적으로 표현한 것이다. 개념도에서 개념은 종종 원이나 상자 안에 포함되어 있으며, 개념들 사이의 관계는 서로를 연결하는 선으로 나타낸다(Harris & Shenghua, 2017). 선 위의 단어들, 즉 연결어는 개념들 사이의 관계를 명시적으로 나타낸다.

개념도는 도로 지도에 고속도로와 도시의 위치를 나타내거나, 회로도가 전기 기기의 작동 원리를 나타내는 것과 유사하다. [그림 8-4]는 이 장에서 논의한 복잡한 인지 과정에 대한 개념도이다.

개념도를 만드는 것은 두 가지 이유에서 효과적인 학습 전략이다. 첫째, 개념도는 정보를 시각적이며 동시에 언어적으로 나타날 수 있게 한다. 둘째, 개념도는 효과적인 부호화 과정을 촉진한다(Rye, Landenberger, & Warner, 2013). 시각적 표현은 상상력을 촉진하며, 개념도를 만드는 과정에서 주어진 정보를 조직화한다. 학습자의 학습내용에 관한 이해가 증가함에 따라 개념도는 수정되고 더 정교해진다. 연구에 따르면, 개념도를 만드는 것은 학습 초기의 효과성을 높이고, 지속해서 개념의 변화를 학습할 수 있게 한다(Harris & Shenghua, 2017).

전국교사자질위원회(NCTQ)

전국교사자질위원회(NCTQ)는 정보를 시각적으로 뿐만 아니라 언어적으로 제시하는 것을 모든 신임 교사가 알아야 할 6가지 필수 교수 전략 중 하나로 설명한다. "1. 그래픽과 단어 짝짓기. 어린이든 어른이든, 인간은 모두 두 가지 주요 경로, 즉 청각적(말로 된 단어) 그리고 시각적(문서에 쓰인 단어 및 그래프 또는 이미지로 된 표현)으로 정보를 받아들인다. 교사가 새로운 자료를 두 경로를 통해 제공할 때 학생의 학습이 증진된다" (Pomerance et al., 2016, p. vi).

개념적 계층 구조(Conceptual hierarchy)는 상위 개념, 하위 개념, 그리고 동등한 관계에 있는 개념들 사이의 관계를 시각적으로 도식화한 개념도이다. 각 하위 개념이 그 위의 개념의 부분 집합이기 때문에, 계층 구조 속 개념들 간의 관계는 명확하여 연결 단어가 필요 없다. 숫자 체계, 동물 및 식물 왕국, 언어 구조, 비유적 언

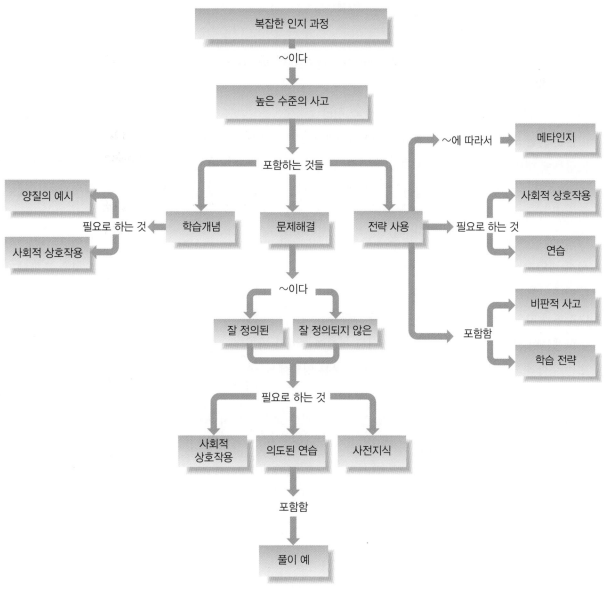

[그림 8-4] 복잡한 인지 과정 개념도

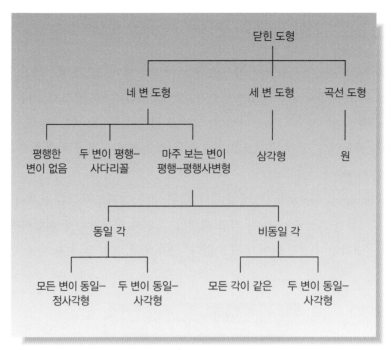

[그림 8-5] 닫힌 도형을 위한 개념도

어와 같은 많은 개념을 계층적으로 조직할 수 있다.

닫힌 평면 도형 개념에 대한 개념적 계층 구조는 [그림 8-5]에서 설명된다. 닫힌 평면 도형은 계층 내 다른 도형들에 대한 상위 개념이다. 사각형, 삼각형, 곡선형 도형은 닫힌 평면 도형에 속하는 하위 개념들이다(모두 부분집합임). 그리고 사각형, 삼각형, 곡선형 도형은 서로 동등한 관계에 있다. 계층 내 다른 개념들 사이에도 비슷한 관계가 존재한다.

개념도는 또한 효과적인 평가 도구가 될 수 있다(Dougherty, Custer, & Dixon, 2012). 예를 들어, [그림 8-5]에서 개념적 계층 구조를 만든 학생은 네 개 이상의 변을 가진 도형이나 원 이외의 곡선형 도형을 포함하지 않았다. 만약 학생이 만든 개념도를 통해서 닫힌 평면 도형에 대한 이해가 불완전하다는 것을 확인한다면, 다각형과 타원형과 같은 추가적인 예시를 제공할 수 있다.

학생들이 사용하는 개념도 유형은 개념들 사이의 관계를 가장 잘 설명하는 것이어야 한다. 개념적 계층 구조는 수학과 과학에서 종종 가장 효과적이다. 다른 영역에서, 예를 들어 읽기나 사회과학에서는 전통적인 개념도가 종종 더 효과적이다.

대부분 학생은 학습 전략을 배울 수 있으며, 학습 전략 교육은 특히 어린 학생들과 학업성취도가 낮은 학생들에게 매우 유용하다. 왜냐하면 이 학생들은 사용할 수 있는 학습 전략의 유형이 적고, 학습 전략을 자발적으로 사용할 가능성이 작기 때문이다(Bruning, Schraw, & Norby, 2011). 그러나 학습 전략의 효과는 학습자의 동기, 관련된 배경지식을 활성화할 수 있는 능력, 그리고 그들의 메타인지에 달려 있다. 이 요소 중 하나 이상이 빠진다면 어떤 전략도 효과적이지 않다.

학습 전략에 대한 연구

교육심리학과 당신

어떻게 공부하는가? 한 주제에 대해서 확실히 공부한 후에 다음 주제로 넘어가는가? 집에서 공부하는 공감이 따로 있는가? 한 번에 긴 시간 동안 공부하는가, 아니면 시간을 짧게 나누어서 하는가? 당신이 생각하기에 자신의 공부 전략이 효과적이라고 생각하는가?

기존에 상식으로는 한 주제를 완전히 이해할 때까지 공부하고 나서 다음 주제로 넘어가는 것이 효과적인 학습으로 알려져 있다. 또한, 방해 요소가 없는 특정한 공부 장소를 마련해야 한다고도 한다. 그러나 이러한 기존의 상식들 모두 맞는 것은 아니다. 예를 들어, 40년 이상 전에 수행된 고전적인 연구에서 연구자들은 학생들이 공부하는 환경을 단순히 다양화하는 것만으로도 같은 장소에서 공부하는 것보다 더 나은 학습효과를 가져왔다는 것을 발견했다(Smith, Glenberg, & Borg, 1978). 이는 때때로는 집에서 그리고 다른 시간에는 도서관에서, 심지어는 카페에서 공부하는 것이 항상 같은 장소에서 공부하는 것보다 더 효과적임을 시사한다. 연구는 또한 한 번의 공부할 때, 서로 관련된 다른 주제들을 공부하는 것이 한 주제에 집중하는 것보다 더 효과적임을 나타낸다(Taylor & Rohrer, 2010). 예를 들어, 인간의 기억에 대해서 공부할 때, 인지학습 원리와 인간의 기억이 어떻게 인지학습 원리와 연관되는지를 따로 구분해서 각각 학습하는 것보다, 한 번에 같이 공부하는 것이 더 효과적이다. "동일한 자료에 대해 뇌가 여러 가지 연결을 만들도록 강제함으로써, 실질적으로 그 정보가 더 많은 신경적 자극을 받게 될 수 있다"(Carey, 2010, para. 11).

또한 이 장의 앞부분에서 의도적 연습에 대해서 언급했듯이, 한정된 기간 집중적으로 암기하는 것 보다 공부 시간을 분산시켜서 암기하는 것이 훨씬 효과적이다. 따라서 오늘 밤 한 시간, 내일 또 다른 한 시간, 주말에 한 시간 학습내용을 암기하는 것이, 시험 직전에 한 번에 세 시간을 암기하는 것보다 더 좋은 학습 결과를 가져온다. 인지 과학자들은 또한 어떤 정보를 기억나지 않는 것처럼 하고 나중에 기억하기 위해서 애쓰는 것이 더 학습에 도움이 된다고 제안한다. 실제로 학습자는 정보를 잊어버리지 않으며, 재학습은 더 깊고 철저한 이해를 가져온다(McCrudden & McNamara, 2018). 이와 같은 연구 결과는 어떻게 학습하는 것이 효과적인가에 대해서 생각하게 한다.

비판적 사고

비판적 사고(Critical thinking)는 다양한 방식으로 설명되었지만, 대부분의 정의는 개인의 증거에 기반한 결론을 내리고 평가하는 경향과 능력에 초점을 맞춘다. 이는 비판적으로 사고하는 사람들이 사실에 기반한 정보로 그들의 결론을 정당화할 수 있음을 의미한다―"정당화야 말로 우리가 무언가를 '알고 있다'고 말할 수 있는 가장 중요한 요소이다"(Lack & Rousseau, 2016, p. 15).

비판적 사고는 분명 복잡한 인지 과정이며, 학교와 학교 밖의 사회에서 그 필요성이 어느 때보다 강조된다. 더욱이 82%의 학부모는 공립학교가 비판적 사고를 가르치는 것이 매우 중요하다고 생각한다. 하지만 학부모의 29%만이 학교가 비판적 사고를 가르치는 것을 매우 잘하고 있다고 생각한다(Langer Research

Associates, 2016). 왜 그런지 알아보자.

비판적 사고: 음모론, 탈진실, 가짜 뉴스, 그리고 사운드 바이트

교육심리학과 당신

2012년 12월에 발생했다고 소개된 샌디 후크 초등학교 총격 사건은 실제로 일어나지 않았다. 이는 더 엄격한 총기 통제 법안을 촉진하기 위해 연방정부가 자행한 속임수였다. 2001년 9월 11일 뉴욕시 쌍둥이 빌딩에 대한 공격은 사실 미국 정부가 아프가니스탄과 이라크를 공격할 명분을 제공하고 미국의 지정학적 이익을 더욱 증가하기 위해 자행된 것이었다.
이러한 주장들에 대해 어떻게 생각하는가?

'교육심리학과 당신'에 나온 내용은 음모론에 대한 예시이다. **음모론**(Conspiracy theory)은 특정 사건을 정부나 다른 영향력 있는 사람들이 악의적인 목적을 위한 음모나 계획에 의해서 일어났다고 설명한다(Hagen, 2018). 음모론은 기본적인 사실이나 알려진 사건에 대한 진실과 모순되며, 그 피해는 단순한 진실의 부재를 훨씬 넘어선다. 예를 들어, 샌디 후크에서 자녀를 잃은 여러 부모들이 음모론자들에 의해 괴롭힘을 당했다(Wiedeman, 2016). 음모론으로 의한 잔혹함은 이해할 수 있는 수준을 넘어선다. 실제 샌디 후크 초등학교 총격사건의 피해자 부모들은 어린 자녀를 잃었을 뿐만 아니라, 이 사건 자체를 의심하는 사람들의 잔인함과 악의에도 견뎌야 했다. 음모론이 이전에 없었던 것은 아니지만, 단순한 거짓을 넘어 잠재적으로 심각한 결과를 초래할 수 있는 경향이 현재 우리가 사는 세계에서 증가하고 있다.

오늘날 또 다른 문제는 **탈진실**(post-truth)이다. 탈진실은 "객관적 사실 보다는 대중 의견을 형성하는 데 감정과 개인적 믿음이 더 영향력이 있는 상황"을 의미한다(Peters, 2017, p. 563). 탈진실은 2016년 옥스퍼드 사전의 '올해의 단어'였지만, 전문가들은 사실을 감정과 믿음에 종속시키는 경향이 그 이전부터 시작되었다고 주장한다(Bowell, 2017; Lack & Rousseau, 2016).

정치적·경제적·사회적 이득을 위해 과장되고 시선을 끄는 헤드라인을 사용하는 고의적인 잘못된 정보인 **가짜 뉴스**(fake news) 역시 우리가 직면한 새로운 문제이다. "가짜 뉴스의 핵심적 문제는 그 정보가 거짓이라는 것이다. 더 나아가, 가짜 뉴스를 퍼트리는 사람들은 의도적으로 또는 알면서도 거짓 정보를 퍼트린다. 가짜 뉴스를 퍼트리는 사람들은 자신들이 퍼트리는 정보가 진실이라고 합리적으로 믿지 않는다"(Klein & Wueller, 2017, p. 6).

사운드 바이트(sound bite)란 독자나 시청자의 관심을 끌고, 발언자나 저자가 전달하고자 하는 핵심 메시지의 본질을 담으려는 목적으로 만들어진 짧은 문장이나 구절을 의미한다. 1970년대 미국에서 미디어에 의해 처음 사용된 이 용어는 정치인들과 마케팅 전문가들 사이에서 자신들의 주요 메시지를 효과적으로 전달하기 위한 수단으로 점점 더 활용되고 있다. 간결하고, 명료하며, 기억하기 쉬운 구조로 의도적으로 만들어졌기 때문에, 사운드 바이트는 종종 전체적인 정보의 맥락을 숨기며, 이에 따라 오해를 불러일으키거나 부정확한 정보를 제공할 수 있다(Rinke, 2016). 예를 들어, 선거 운동 중인 정치인이 "당신의 재산세를 낮추고 싶다면, 나를 선택하십시오."라고 말할 수 있다. 이 문구를 반복적으로 사용함으로써, 그의 이름을 낮은 재산세와 연결시켜, 선거에서의 승리 가능성을 높인다. 그러나 이러한 과도한 단순화는 실제로 재산세를 낮추는 데 필요한 경제적·인구학적·정책적 변화를 고려하지 않음으로써, 잘못된 이해를 초래할 위험이 크다.

이러한 잘못된 정보에 직면했을 때 우리는 어떻게 반응해야 할까? 많은 연구와 논평은 우리가 음모론을 식별하거나, 탈진실을 인식하거나, 가짜 뉴스를 가려내거나, 사운드 바이트 이면의 정보를 인식하는 데 능숙하지 않다는 것을 나타낸다(Fernbach & Sloman, 2017; Lack & Rousseau, 2016; Lynch, 2016; Sloman & Rabb, 2016). 일부 비평가들은 "증거가 있음에도 불구하고 우리의 생각을 바꾸는 것에 대한 꺼림칙함이 너무 만연하여 우리가 '고의적 무지의 시대'에 살고 있다"고 강하게 주장한다(McIntyre, 2015, p. 8). 다시 말해, 우리는 비판적으로 생각하는 데 능숙하지 않다는 것이다. 아래에서 그 이유를 설명하려고 한다.

우리는 왜 비판적으로 사고하지 못하는가

그렇다면 사람들은 왜 비판적 사고에 그토록 능숙하지 않은가? 많은 원인이 있지만, 연구에 따르면 세 가지 주요한 문제를 확인했다.

- 인터넷
- 감정의 힘
- 인간의 인지 구조

인터넷 정보 접근의 용이성은 오늘날의 세계를 혁명적으로 변화시켰다. 예를 들어, 친구들과 대화를 나누는 도중, 생소한 정보에 대한 질문이 나올 때, 우리는 스마트폰을 꺼내 대화의 흐름을 방해하지 않을 정도로 빠르게 답을 찾는다. 심지어 손가락을 사용하지도 않고 단순히 질문을 하고 음성 인식이 이를 처리한다. 이와 같은 일이 가능했던 적은 이전에 없었다.

그러나 이것은 양날의 검이다. 왜냐하면 좋은 정보든 나쁜 정보든, 소셜 미디어와 인터넷을 통해 무엇이든 공유될 수 있기 때문이다. 우리가 얼마나 기이하거나 비현실적인 정보를 마주치든, 우리가 이미 가진 믿음을 뒷받침하는 자료를 찾는 것이 가능하다. 예를 들어, 샌디후크 초등학교 총격 사건이나 9·11 테러에 대한 음모론을 신봉한다면, 그러한 믿음을 강화할 수 있는 정보를 인터넷상에서 쉽게 찾아낼 수 있다.

이러한 상황은 우리에게 소셜 미디어가 어떻게 페이스북, 구글, 트위터 등을 통해 가짜 뉴스를 퍼뜨리며, 그 결과로서 우리가 살고 있는 '거품 같은 세계'를 조성하는 경향이 있음을 보여 준다. 여기서 선택한 뉴스 소스는 단지 우리의 기존 선입견을 더욱 공고히 할 뿐이다(Peters, 2017, p. 564). 이러한 경향성은 2016년에 발표된 한 연구 결과를 통해 이해할 수 있다. 해당 연구에서는 "대체로, 젊은 세대가 인터넷상의 정보를 판단하는 능력을 한 마디로 요약하면 '매우 부족하다'고 할 수 있다"라고 결론지었다(Stanford History Education Group, 2016, p. 4). 인터넷은 엄청난 정보의 보고이자 동시에 오류로 가득 찬 정보의 원천이기도 하다. 중요한 것은 이 둘 사이의 차이를 구별할 줄 아는 것이다.

교육심리학과 당신

여러분은 테러리즘과 총기 사건 중에서 어떤 것을 더 무서워하는가? 상어인가, 아니면 개인가? 비행인가, 아니면 운전인가? 여러분의 느낌이 일반적인 사람들의 생각과 어떻게 비교된다고 생각되는가?

감정의 힘 두려움은 우리가 가지고 있는 강렬한 감정 중 하나이며, 우리의 인식에 깊은 영향을 미친다(Guess, McCardell, & Stefanucci, 2016). 그리고 바로 이 점이 '교육심리학과 당신'에서 질문의 핵심이다. 대부

분 사람은 각각의 쌍에서 첫 번째 선택지—테러리즘, 상어, 비행—를 더 두려워한다. 그러나 실제 데이터는 전혀 다른 이야기를 한다. 예를 들어, "2014년에 미국 내외에서 테러로 사망한 미국인 수에 비해 총기 사건으로 인한 사망자 수가 천 배 이상 많았다"(Bower, 2016, para. 6). 2015년에는 전 세계적으로 비행기 사고로 471명이 사망했고(Pemberton, 2017), 같은 해에 미국에서는 자동차 사고로 35,000명 이상이 목숨을 잃었다 (Insurance Institute for Highway Safety, 2017). 상어 공격으로 사망할 확률은 370만 분의 1보다 낮으나, 개에 의한 사망 확률은 약 11만 분의 1이다. 개에 의해서 사망할 확률이 상어 공격으로 사망할 확률보다 33배 더 높은 수치이다.

이와 같은 두려움을 어떻게 설명할 수 있을까? 우리가 이성적으로 생각하는 능력을 가졌음에도 불구하고, 사실이 그것을 명백히 반박한다면 어떻게 될까? 여기에 대한 답은 다음과 같다. 인간은 이성적인 생각을 할 수 있는 능력을 가지고 있지만, 본능적으로 이성적인 존재는 아니다. 대신, 우리는 근본적으로 감정을 중심으로 움직이는 동물이며, 사람들과 사건들에 대한 우리의 첫 반응은 감정적이다. 이것은 첫째, 우리의 삶에서 '탈진실'의 시대가 도래한 이유와, 둘째, 비판적 사고가 왜 그렇게 어려운지를 이해하는 데 도움을 준다 (Lack & Rousseau, 2016). 예를 들어, 연구에 따르면 무력감을 느끼고, 개인적 및 사회적 스트레스가 높은 사람들—두 가지 모두 감정적 요소가 큰—은 음모론이나 가짜 뉴스를 더 쉽게 믿게 된다(Prooijen, 2017; Radnitz & Underwood, 2017; Swami et al., 2016). 또 다른 예로, 한 고등학생이 기후 변화에 대한 정보에 강한 감정적 반응을 보이며, 수업을 뛰쳐나가고 다시 돌아오지 않은 사건이 있었다(Harmon, 2017).

인간의 인지 구조   방금 우리는 사람들이 음모론을 믿는 경향성의 이유를 이해하는 데 감정이 어떻게 도움이 되는지 살펴보았다. 연구에 따르면, 복잡한 문제에 대한 간단한 해답을 찾으려는 인간의 경향 또한 이러한 믿음에 기여한다고 밝히고 있다(Prooijen, 2017).

인간의 정보 처리 체계와 인지 부하의 개념은 이 현상을 이해하는 데 도움이 된다. 이전 장(제7장)에서 인간의 인지 구조가 감각 기억, 제한된 용량의 작업 기억, 그리고 장기 기억의 저장소로 이루어져 있으며, 정보를 한 저장소에서 다른 저장소로 이동시키는 인지 과정으로 구성되어 있음을 학습했다.

복잡한 문제와 해결책을 이해하는 것은 제한된 용량의 작업 기억에 큰 인지 부하를 주지만, 간단한 해결책을 받아들이는 것은 이 부하를 줄여준다. 이는 인간의 인지 구조가 사운드 바이트에 취약한 이유를 이해하는 데도 도움이 된다. 사운드 바이트는 간단하고 이해하기 쉽고 기억하기 쉬워, 작업 기억에 낮은 인지 부하를 줄여 준다.

확신 편향(Confirmation bias)은 사람이 자신의 믿음을 확인하는 정보에만 집중하고, 그 믿음에 반하는 증거를 무시하는 경향을 의미한다. 이는 비판적 사고에 또 다른 장애물이 된다(Lack & Rousseau, 2016). 기후 변화는 이와 같은 현상에 대한 가장 뚜렷하고 논란이 많은 예 중 하나이다. 대부분의 과학적 증거는 인간 활동으로 인해서 기후 변화가 일어났다는 것을 지지하지만, 소수의 연구는 그렇지 않다고 주장한다. "4,000여 개의 연구가 인간의 책임을 제시하는 반면, 80여 개의 연구는 인간과 기후변화는 무관하다고 주장한다 "(Dickerson, 2015, para. 2). 기후 변화를 부정하는 사람들은 80개의 연구에 초점을 맞추고 나머지 4,000개의 연구를 무시하는 경향이 있다.

확신 편향은 법의학, 건강, 심지어 순수 학문 연구와 같은 많은 분야에서 문제가 되며, 이와 같은 현상의 이유를 인간의 인지 체계를 통해 이해할 수 있다. 기존의 믿음을 유지하는 것은 인간의 사고를 변경하는 것보다 훨씬 적은 인지 부하를 주며, 기존의 믿음을 유지하면 인간은 안정적인 상태에 머물 수 있다.

일부 연구자들은 우리가 단순히 생각하기 위해 설계되지 않았다고 주장한다. "인간은 거의 생각하지 않는다. 왜냐하면 우리의 뇌는 생각하기 위해 설계된 것이 아니라, 생각을 피하기 위해 설계되었기 때문이다"(Willingham, 2009, p. 4). 우리는 인지 부하가 낮고 자동적으로, 본능적으로, 의식적인 생각 없이 작업을 수행할 때 더 효율적으로 기능한다(Willingham, 2009).

그렇다면 학생들의 비판적 사고 능력 부족을 어떻게 개선할 수 있을까? 아래에서 이 질문에 대한 답변을 모색해 보자.

교육심리학을 교수에 활용하기: 학생들을 전략적 학습자와 비판적 사고자로 성장시키기

인지학습이론은 학생들이 더 나은 학습 전략을 사용하고 비판적으로 생각할 수 있도록 돕는 제안을 제시한다. 다음 제안들은 교육의 질을 높이는 데 도움이 될 수 있다(Prooijen, 2017).

1. 학습 전략을 명시적으로 가르치기
2. 교사가 비판적 사고의 모범을 보이고, 질문과 토론을 통해 학생들의 비판적 사고를 촉진하기
3. 평가와 피드백을 학습 도구로 활용

이러한 접근 방식에 대해 더 자세히 살펴보도록 하자.

학습 전략을 명시적으로 가르치기　우리가 배우려고 시도하는 것이 무엇이든—농구 드리블 같은 신체 기술, 예술 또는 음악 공연, 비판적 사고, 또는 개념학습이나 문제해결 같은 학문적 기술—명시적 지시와 모델링 그리고 우리 사고의 조절(메타인지)은 배움을 극대화하기 위해 필수적이다(Peverly et al., 2013; Prooijen, 2017). 이것은 학습 전략에도 적용된다.

예를 들어 보자.

중학교 사회 교사인 도나 에번스(Donna Evans)는 학생들이 요약하는 방법을 가르쳐서 다음과 같은 기준을 충족시키려고 한다.

　　CCSS.ELA-Literacy.RI.7.2 글에서 두 개 이상의 중심 아이디어를 결정하고, 글의 전개 과정에서 아이디어가 어떻게 전개되는지 분석하며 글의 객관적인 내용을 요약한다(공통 핵심 국가 교육 기준, 2018i).

에번스 선생님은 지리 수업을 시작하며, 학생들에게 교재에서 낮은 위도, 중간 위도, 높은 위도 기후를 설명하는 부분을 읽도록 지시했다. "더 효과적인 독자가 되는 한 가지 방법은 우리가 읽은 정보를 몇 마디의 짧은 문장으로 요약하는 것입니다."

에번스 선생님의 교실 프로젝트를 사용해서 칠판에 "요약은 글의 내용을 짧고 간결하게 설명하는 것을 준비하는 과정입니다"라고 학생들에게 보여 주고 말했다. "요약은 우리가 글의 내용을 기억하기 쉽게 만들고, 한 기후대가 다른 기후 지역과 어떻게 비교되는지 이해하는 데 도움이 될 것입니다. 요약은 비단 우리 수업뿐만 아니라, 모든 수업에서 활용할 수 있습니다……. 이제

237페이지의 글 내용을 읽고 저위도 기후의 특징을 식별해 보세요."

반 학생들이 에번스 선생님이 지시한 글의 내용을 읽은 후에, 에번스 선생님 "나는 글을 읽으면서 이렇게 생각했습니다." 그녀는 다음 정보를 칠판에 표시하면서 자기 생각을 설명했다.

저위도 지역은 덥고 습하거나 덥고 건조할 수 있다. 적도에 가까울수록, 습한 열대 기후는 1년 내내 덥고 습하다. 더 멀어지면, 여름에는 습하고 겨울에는 건조하다. 건조한 열대 기후에서는 고압대가 사막을 만들어 내는데, 사하라 사막이 그 예이다.

에번스 선생님은 이어서 말했다. "이제, 교제에서 중위도 기후에 대한 부분을 가지고 모두 요약을 시도해 봅시다. 내가 했던 방식으로 그 부분을 읽고 요약해 보세요.…… 요약을 작성하고, 여러분이 작성한 것을 공유해 보도록 하겠습니다."

학생들이 모두 요약을 마친 후, 에번스 선생님은 학생 중 한 명이 자신이 요약한 것을 자원해서 발표해 줄 것을 요청했다. 카리가 자원해서 그녀의 요약문을 프로젝터를 사용해서 칠판에 띄웠다. 에번스 선생님과 다른 학생들이 카리가 작성한 내용에 대해서 추가적인 정보와 의견을 추가했다. 이어서 에번스 선생님은 다른 두 명의 학생에게 그들의 요약문을 다른 학생들에게 공유하게 하고, 다음 시간에는 고위도 기후에 대한 교제 내용을 통해서 다시 연습시켰다. 학기 내내, 에번스 선생님은 학생들이 교과서에서 새로운 정보를 접할 때마다 요약하는 연습을 계속하도록 시켰다.

에번스 선생님의 노력은 학습 전략을 학생들에게 명확히 가르치는 것이었다. 에번스 선생님은 요약 기술의 중요성을 강조하며, 이를 통해 정보를 더욱 쉽게 기억할 수 있도록 하는 방법을 학생들에게 직접 설명하고 시연했다. 예를 들어, 그녀는 "읽은 내용을 몇 문장으로 간결하게 요약하는 것이 바로 효과적인 독자가 되는 길입니다. 이 방식은 정보를 기억하기 쉽게 만들어요……."라고 말함으로써, 정보처리 과정을 구체적으로 학생들에게 설명했다. 또한, 그녀는 자기 생각 과정을 "읽으면서 이런 생각이 들었습니다……."라고 표현함으로써, 학생들에게 직접적으로 사고 과정에 대한 모델링을 제공했다. 연구에 따르면 이런 명시적 지도 방식은 학생들이 자신의 학습과정에 대해 더 깊이 생각하게 만들 수 있음을 보여 준다(Alexander, Johnson, & Leibham, 2005).

학생들이 자신의 요약 능력을 연습할 수 있도록 에번스 선생님은 실습 기회를 마련했고, 학생들 모두 동일한 내용을 요약하도록 하여, 그 예시를 전체 반에 공유했다. 이후, 반의 학생들이 요약 내용에 대해 토론하고 서로 피드백을 주는 시간을 가졌다. 이러한 토론과 상호작용은 학생들이 학습 전략을 활용하는 능력을 키우는 데 매우 중요한 역할을 한다. 더욱이 도나 선생님은 이 같은 과정을 학년 내내 지속함으로써, 학생들이 전략적으로 학습하는 방법을 내면화할 수 있도록 했다.

에번스 선생님은 요약 기술에 초점을 맞추었지만, 그녀의 방식은 학습 전략 전반에 걸쳐 적용될 수 있다. 예를 들어, 학생들이 개념도를 활용하기를 바란다면, 개념도 작성법을 설명하고 시연하는 것과 마찬가지로 노트하는 방법, 텍스트 신호를 활용하는 방법, 탐구적 질문을 하는 방법 등도 같은 접근 방식으로 가르칠 수 있다. 실습의 중요성은 아무리 강조해도 지나치지 않다. 학생들이 전략을 더 많이 연습할수록, 그 전략을 활용하는 데 더 능숙해진다. 에번스 선생님의 지속적인 노력 덕분에, 그녀의 학생들은 전략적 학습자로서 자신의 능력을 발전시키기 위한 충분한 연습 기회를 얻을 수 있었다.

비판적 사고의 모델링 및 촉진하기 우리는 앞서 비판적 사고 능력이 학생들 뿐 만 아니라 일반 대중에게도 크게 부족하다는 점을 지적했다. 그러나 이 문제에 대한 해결책이 전혀 없는 것은 아니다. 실제로, 비판적 사고 기술을 체계적으로 교육하는 것이 학생들이 음모론이나 가짜 뉴스를 감별하는 능력을 향상시키고, 감정적 반응을 줄이며, 기존의 신념에만 의존하는 경향을 개선할 수 있다는 연구 결과가 있다(Prooijen, 2017). 또한, 확신 편향과 같은 인지적 오류에 직접적으로 대처하는 것이 이러한 경향성을 줄이는 데 유익하다는 추가적인 증거가 있으며(Niu, Behar-Horenstein, & Garvan, 2013), 이는 정규 교육과정에서 실습과 피드백을 통해 학생들의 비판적 사고 능력을 증진시킬 수 있음을 시사한다.

비판적 사고의 발전은 인식에서 시작된다. 예를 들어, 강한 반증에도 불구하고 어떤 믿음에 집착하는 우리 자신의 경향을 인지하게 되면, 그것이 우리가 가지고 있는 생각을 바꾸게 될 가능성을 높인다(Prooijen, 2017).

다음으로, 우리는 호기심, 정보에 대한 갈망, 그리고 우리와 다른 의견을 존중하는 의지와 같은 사고의 태도를 본보기로 제시할 수 있다. 우리가 교육하는 데 있어 가장 중요한 것은, 우리가 내린 결론에 대한 근거를 제공하는 일이다. 예를 들어, "신문에서 의견 기사를 읽을 때, 가장 먼저 스스로에게 묻는 질문은 '이 작가가 어떤 근거를 제시하는가?'이다."라는 발언은 시간이 지남에 따라 학생들이 의견이나 결론을 들었을 때 근거를 찾는 습관을 형성하는 데 중요한 변화를 일으킬 수 있다.

또한, "왜" 또는 "어떻게 알았나요?"와 같은 질문을 학생들에게 제시함으로써, 학생들로 하여금 자신의 결론에 대한 증거를 제공하도록 요구할 수 있다. 이러한 질문은 종종 다른 이들의 질문을 자연스럽게 유도한다. 다음의 예를 살펴보자.

중학교 교사인 리사 애덤스(Lisa Adams)는 학생들과 함께 문장 내에서 다른 품사로 기능하는 동사 형태인 동명사와 분사에 대한 수업을 진행하고 있다. 애덤스 선생님이 학생들에게 제시한 예시는 다음과 같다.

"수영과 달리기는 훌륭한 운동 방법입니다. 만약 달리기를 좋아한다면, 준비 과정은 간단합니다. 우리가 해야 할 일은 달리기 복장을 착용하고, 바로 출발하는 것뿐이죠."

이후, 그녀는 학생들에게 다음과 같이 지시한다. "우리 예제에서 분사를 찾아보세요." 라몬은 "세 번째 문장에서 '달리기'가 분사입니다."라고 답했다. 애덤스 선생님은 더 깊이 파고들며, 니콜(Nicole)에게 물었다. "그것이 왜 분사인지 어떻게 알았나요?" 니콜은 다음과 같이 설명했다." '달리기'는 본래 동사 형태이지만, 여기서는 '장비'라는 명사를 수정하는 역할을 하므로 형용사처럼 작용합니다. 그리고 동사 형태가 형용사처럼 작용할 때, 그것을 분사라고 부릅니다."

학생들이 처음에는 니콜처럼 완전하고 구체적으로 설명하는 능력을 갖추지 못할 수 있다. 하지만 교사의 질문을 통한 지도와 함께라면, 학생들의 이해력과 비판적 사고 능력은 점진적으로 향상될 것이다. 증거를 말로 표현하는 연습을 하면서, 학생들은 자신의 이해를 깊게 하고, 비판적으로 사고하는 기술을 동시에 개발할 수 있다.

전국교사자질위원회(NCTQ)

전국교사자질위원회(NCTQ)는 모든 신임 교사들이 알아야 할 6가지 필수 교수 전략 중 하나로 탐구적 질문하기를 꼽는다. "3. 탐구적인 질문 제기하기. '왜', '어떻게', '만약에', '어떻게 알았니?'와 같은 질문을 학생들에게 던짐으로써, 그들이 중요한 개념에 대한 지식을 분명히 하고 서로 연결 지어 생각할 수 있도록 유도한다"

(Pomerance et al., 2016, p. vi).

질문뿐만 아니라, 학생들이 충분한 배경지식을 갖추고 있으면, 수업 토론을 통해 서로 다른 관점을 탐색할 수 있으며, 이는 비판적 사고를 촉진하는 데 매우 효과적일 수 있다(Resnick, Asterhan, & Clarke, 2015). 예컨대, 만약 대다수의 반 학생이 어떤 음모론을 강력하게 반박한다면, 그 반의 학생들은 음모론을 신뢰하지 않을 것이다. 교사는 학생들이 토론에 집중하도록 만들고, 그들의 주장에 대한 증거를 제시하도록 함으로써 토론에 기여할 수 있다.

마지막으로, 만약 여러분이 증거를 단순히 받아들이기를 거부하는 학생들을 만난다면, 고등학생이 그녀의 과학 교사의 기후 변화 지도에 강한 감정적 반응을 보인 예와 같이, 여러분은 모든 학생이 자신만의 믿음을 가질 권리가 있지만, 여러분이 가르치고 있는 내용, 즉 존재하는 증거와 사실 정보를 이해해야 한다는 책임이 있다는 것을 강조할 수 있다. 학생이 내용을 배우기를 거부한다면, 여러분은 할 수 있는 모든 것을 했으며, 전문적으로 행동했고, 양심이 맑다.

마지막으로, 예를 들어 어떤 고등학생이 기후 변화에 대한 과학 교사의 설명에 강한 감정적 반응을 보이며 증거를 받아들이지 않는 상황이 발생한다면, 교사는 우선 모든 학생이 자신의 믿음을 가질 권리가 있음을 인정하되, 가르치는 내용, 즉 존재하는 증거와 사실에 대한 이해는 필수라는 점을 강조할 수 있다. 만약 학생이 학습 내용을 받아들이지 않는다고 해도, 교사는 자신의 역할을 전문적이고 양심에 거리낌 없이 다 해내야 한다.

평가와 피드백을 학습 도구로 활용하라 연구에 따르면, 교사들이 즉각적으로 활용할 수 있는 효과적인 학습 도구가 바로 평가이다. 평가는 단순히 지식의 수준을 측정하는 것이 아니라, 그것을 변형시키기도 하며, 평가가 단순한 사실 암기를 넘어설 때는 보다 심층적인 이해가 도출된다(Chappuis & Stiggins, 2017). 평가는 학습 기법과 비판적 사고력에 직접적인 영향을 미친다. 학생들은 대개 자신들이 어떻게 평가되는지에 따라 학습하고 공부하는 경향이 있기 때문이다(Gonzalez & Eggen, 2017). 이러한 관점은 30년이 넘는 연구로 뒷받침된다. "학생들의 학습 행동을 바꾸는 가장 직접적인 방법은 평가 체계를 변경하는 것이다"(Crooks, 1988, p. 445). 또한, 퀴즈와 같은 평가를 통한 학습은 단순히 내용을 복습하거나 다시 읽는 것보다 더 많은 학습 성과를 가져온다는 추가적인 연구 결과가 있다(Rohr & Paschler, 2010).

이와 같은 연구는 학생들의 학습을 자주 그리고 철저하게 평가해야 하며, 이러한 평가는 단순히 사실적 정보의 회상을 넘어서야 한다는 것을 시사한다. 예를 들어, 평가가 학생들에게 주요 개념의 관계를 파악하고 결론을 뒷받침하는 증거를 찾도록 요구한다면, 학생들은 개념도 작성이나 정교화된 질문하기와 같은 심층적 학습 전략을 활용하게 될 것이다. 즉, 평가 방식은 학생들이 비판적 사고 능력을 발전시키고 효과적인 학습 전략을 채택하도록 독려하는 중요한 수단이 될 수 있다(Chappuis & Stiggins, 2017).

전국교사자질위원회(NCTQ)

전국교사자질위원회(NCTQ)는 학생 학습을 증진하기 위한 평가 과정의 활용을 모든 신임 교사가 알아야 할 6가지 필수 교수 전략 중 하나로 소개한다. "6. 학습 유지력 향상을 위한 평가…… 학생들이 자료를 회상하도록 요구하는 평가는 정보를 더 오래 기억하게 만든다"(Pomerance et al., 2016, p. vi).

모든 평가에는 반드시 피드백이 동반되어야 한다. "피드백이 학습 성과 발달에 미치는 강력한 영향력에 대한 증거가 많다……. 피드백의 효과는 평균적으로 교육에서 가능 높은 영향력을 지닌 방식 중 하나이다……" (Hattie & Gan, 2011, p. 249). 피드백의 일반적인 형태로는 퀴즈나 시험에서 자주 틀린 문항에 대한 논의, 학생들이 글로 작성한 내용에 대한 서면 피드백이나 모범 답안 제공, 학생 발표에 대한 코멘트, 체크리스트 또는 평가 척도 등이 있다. 예를 들어, 퀴즈 문항에 대해 논의하는 경우, 학생들의 관심이 높아 피드백을 통해 원래 계획한 학습 내용보다 더 많은 학습이 이루어지곤 한다(Hattie & Gan, 2011).

APA의 20가지 주요 원칙

'학생들에 대한 명확하고, 설명적이며, 시의적절한 피드백은 학습에 중요하다'는 설명은 이 설명은 유치원-12학년(초 · 중등학교)까지 교수 및 학습을 위한 심리학의 20가지 주요 원칙 중에서 원칙 6을 의미한다.

교실과의 연계

교실에서 전략적 학습 촉진하기
학습 전략

1. 학생들이 글로 된 자료와 교사의 설명을 더 잘 이해할 수 있도록 학습 전략의 활용은 필수적이다. 교육과정 전체와 학년 내내 지속해서 학습 전략을 교육하는 것이 가장 효과적인 방법이다.

- **초등학교**: 초등학교 2학년 교사가 탐구적 질문을 하는 것을 학생들에게 모델링하고, 학생들에게 각 수업이 무엇에 관한 것이며 수업에서 무엇을 배웠는지 스스로에게 묻도록 독려한다.
- **중학교**: 한 중학교에서 교사가 학습 전략 중 노트 필기의 중요성을 학생들에게 소개했다. 그 후, 그는 자신의 사회 과목 수업에 사용할 수업 개요를 정리한 자료를 학생들에게 노트 필기를 위한 지침으로 제공했고, 학생들이 이를 바탕으로 직접 노트 필기를 연습할 수 있도록 했다.
- **고등학교**: 생물 교사는 각 수업을 마칠 때 학생들이 수업의 가장 중요한 부분에 대해 요약하도록 지시했다. 교사는 학생들의 요약 내용이 불완전한 경우 자료를 추가해 주었다.

비판적 사고

2. 학생들이 증거에 기반한 결론을 내리고, 평가하는 방법을 배우게 함으로써 비판적 사고를 향상시킬 수 있다. 정규 교육 과정에는 교과 내용에 대한 학습과 비판적 사고 능력 개발이 함께 포함되어 있다.

- **초등학교**: 초등학교 4학년 교사는 ① 무엇을 관찰합니까? ② 이것들은 무엇이 같거나 다릅니까? ③ A가 B와 다른 이유는 무엇입니까? ④ 만약 ~한다면 어떤 일이 일어날까요? ⑤ 어떻게 알았습니까?와 같은 질문을 학생들에게 하는 것을 중요하게 생각한다.
- **중학교**: 중학교 지리 교사는 예시, 도표, 그래프, 표를 사용하여 수업을 준비했다. 교사는 학생들이 일상에서 얻는 정보에 관한 관찰, 비교, 결론을 통해서 수업을 개발하며, 학생들이 그들의 결론에 대한 증거를 제공하도록 요구한다.
- **고등학교**: 영어 시간에 교사는 학생들이 문학작품을 분석하도록 도와준다. 한 작품에 대해서 학생들이 서로 이야기를 할 때 교사는 규칙적으로 "어떻게 그걸 알게 되었나요?", "이 작품에서 여러분의 생각을 뒷받침해 줄 수 있는 부분은 어디인가요?"라고 질문한다.

학습의 전이

8.4 학습전이에 영향을 주는 요인을 확인할 수 있다.

> **교육심리학과 당신**
> 여러분이 친구와 함께 수업 퀴즈를 준비하면서 진행한 활발한 토론 끝에, "이렇게 대화하며 공부하는 것이 정말 도움이 된다. 혼자 할 때보다 훨씬 이해가 잘 된다."라고 말했다. 이러한 의견은 교육심리학에서 어떤 개념을 잘 설명하는가?

여러분의 앞의 '교육심리학과 당신'에서 나온 질문에 대해서 어떻게 답변했는가? 교육심리학 관점에서 볼 때, 이 이야기는 '사회적 상호작용을 통한 학습 증진'이라는 인지학습 원리를 잘 드러내는 예시이다. 만약 여러분이 이 질문에 대해 인지학습 원리가 잘 반영되었다고 답변했다면, 여러분은 한 상황에서 얻은 지식이나 이해를 다른 상황에 적용하는 **전이**(transfer)의 능력을 보여 주는 것이다(Mayer & Wittrock, 2006).

"교육의 핵심 목표 중 하나는 학습된 지식을 미래의 새로운 상황에 적용하는 것이다"(Kaminski, Sloutsky, & Heckler, 2013, p. 14). 새로운 예시를 인지하거나 제시하는 것, 특별한 문제를 해결하는 것, 새로운 상황에서 학습 전략을 적용하는 것 등 모두 전이의 사례에 해당한다.

단순히 기억에서 정보를 꺼내는 것은 전이에 해당하지 않는다. 예를 들어, 교육심리학 수업에서 교수님이 예전에 '교육심리학과 당신'에서 언급된 사례를 언급했었고, 여러분이 단지 교수님이 이야기한 것을 기억하는 경우 이는 단지 정보를 기억하는 것에 불과하다.

전이는 긍정적이거나 부정적일 수 있다. 한 맥락에서의 학습이 다른 맥락에서의 학습을 돕는 경우 긍정적인 전이가 일어나는 반면, 이전 학습이 앞으로의 학습을 방해하는 경우 부정적인 전이가 발생한다(Mayer & Wittrock, 2006). 예를 들어, 학생들이 포유류가 폐로 숨을 쉬고 새끼에게 젖을 먹인다는 사실을 알고 고래가 포유류라는 결론을 내리는 경우 긍정적 전이가 일어난다. 하지만 학생들이 바다에 사는 동물은 모두 어류라고 생각해 고래를 물고기로 잘못 분류할 때는 부정적 전이가 발생한다.

일반전이와 특수전이

한때, 교육자들은 라틴어, 수학과 같은 과목을 배우는 것은 정신을 훈련시키기 위해서라고 주장했다. 만약 그들이 이러한 목적을 성취했다면, 한 맥락에서 배운 지식이나 기술을 다양한 다른 맥락에 적용하는 능력인 **일반전이**(general transfer)가 일어난 것이라고 할 수 있다. 예를 들어, 체스 게임과 수학 모두 논리가 있어야 해서 체스 게임을 하는 것이 수학을 배우는 데 도움을 준다면 일반전이가 일어난 것이다. **특수전이**(specific transfer)는 한 맥락에서의 정보를 원래의 맥락과 비슷한 다른 맥락에 적용하는 능력이다. 예를 들어, 어떤 학생이 사진은 그리스어로 '빛'을 의미한다는 것을 알고 있을 때 '사진학'이라는 개념을 더 잘 이해할 수 있게 되었다면 특수전이가 일어난 것이다.

수년간의 연구는 일반전이가 사실상 존재하지 않는 것을 일관되게 밝히고 있다(Barnett & Ceci, 2002;

Thorndike, 1924). 예를 들어, 라틴어를 공부하면 영어 단어의 라틴어 어원에 대한로 특수전이가 발생하지만, 일반적인 사고력을 향상시키는 데는 거의 도움이 되지 않는다. 마찬가지로, 체스를 배우는 것은 학생들의 수학 능력을 향상시키는 데는 거의 도움이 되지 않는다.

학습전이에 영향을 끼치는 요인

학생들의 전이 능력에 영향을 미치는 요인들은 다음과 같다.

- 이해의 깊이: 정보가 더 깊고 의미 있게 부호화될수록, 지식이 새로운 맥락에 전이될 가능성이 크다. 이는 기술 습득에서도 마찬가지이다. 절차적 지식이 자동화 단계에 도달할수록 전이가 일어날 가능성이 커진다.
- 유사성: 이전에 학습한 내용과 새롭게 학습하는 내용이 서로 근접하게 연결되었을 때 전이가 더 쉽게 일어난다.
- 지식의 유형: 개념적 지식, 즉 개념, 원리, 이론과 같은 내용은 개별적 사실에 비해 전이될 가능성이 더 높다.
- 실제 세계 적용: 지식과 기술이 실제 세계의 맥락에서 학습되고 적용될 때, 그것들은 더 쉽게 다른 상황으로 전이될 수 있다.

이해의 깊이　전이는 이전에 일어난 학습에 대한 높은 수준의 이해를 요구한다. 또한 학생들이 처음부터 주제를 완전히 이해하지 못하거나, 학습내용을 의미 있게 받아들이지 못했다면, 전이가 일어날 가능성은 낮다(Honke et al., 2015; Kulasegaram et al., 2017). 학생들이 공부하는 주제에 대해서 더 많이 연습하고 피드백을 제공받으면, 전이가 일어날 가능성이 높아진다(Moreno & Mayer, 2005).

유사성　두 학습 상황이 서로 밀접하게 관련될수록 전이가 일어날 가능성이 더 높다(Kaminski et al., 2013). 예를 들어, 1학년 학생들이 다음과 같은 문제를 해결해야 한다고 가정하자.

앤지(Angi)는 사탕을 두 개 가지고 있다. 김이 앤지에게 사탕을 세 개 더 준다. "앤지는 지금 몇 개의 사탕을 가지고 있는가?"와 같은 문제가 주어지면, 학생들은 다음에 이어지는 문제를 잘 해결할 수 있다.

브루스(Bruce)는 연필을 세 자루 가지고 있다. 브루스의 친구 올랜도(Orlando)가 그에게 연필 두 자루를 더 주었다. 브루스는 지금 몇 자루의 연필을 가지고 있습니까?

그러나 첫 번째 문제를 받은 학생들이 다음과 같은 문제를 받는다면 그들은 잘 해결하지 못할 것이다.

소피(Sophie)는 쿠키를 세 개 가지고 있다. 플라비오(Flavio)는 쿠키를 네 개 가지고 있다. 그들은 함께 쿠키를 몇 개 가지고 있습니까?

첫 번째와 두 번째 문제는 첫 번째와 세 번째 문제보다 더 관련되어 있다. 따라서 처음 두 문제 사이에서 전이가 일어나기 쉽다.

이와 유사하게, 만약 아동에게 개, 말, 쥐, 그리고 사슴과 같은 포유류를 본 적이 있다면, 바다표범보다는 소를 포유류로 간주할 것이다. 왜냐하면 바다표범보다는 소가 다른 예들과 유사하기 때문이다. 이러한 결과는 전이가 특수하게 일어나는 것을 더욱 잘 보여 준다.

지식의 유형 금의 화학적 기호가 Au이고, 에이브러햄 링컨이 남북전쟁 기간 중 미국 대통령이었으며, 레오 톨스토이(Leo Tolstoy)가 『전쟁과 평화』를 저술했다는 등의 사실들은 학습에 있어 중요한 요소이다. 그러나 이러한 사실들이 개별적으로 제공될 때는 전이에 크게 영향을 미치지 않는다. 반면에, 경도와 위도의 특성을 이해하거나, 움직이는 물체는 힘이 작용하지 않는 한 직선으로 계속 움직인다는 원리와 같은 개념적 지식은 전이가 일어날 가능성이 더 높다(Bransford & Schwartz, 1999). 예를 들어, 우리가 경도와 위도를 이해할 때, 우리는 지구상의 어떤 위치든 식별할 수 있고, 움직이는 물체가 힘이 작용하지 않는 한 계속 움직인다는 것을 이해하면, 도로 위에서 앞서가는 차량과 안전한 거리를 유지해야 하는 이유를 알게 된다. 이처럼 교육에 있어서 개별적인 사실들보다는 개념과 원칙을 가르치는 데 더 큰 비중을 두어야 한다.

실제 세계 적용 우리 일상생활에 적용되는 내용은 추상적이고 관념적인 아이디어보다 전이될 가능성이 더 높다(Botma, Van Rensburg, Coetzee, Heyns, 2015). 예를 들어, 움직이는 물체는 직선으로 계속 움직인다는 원리는 우리가 차에 안전벨트가 있는 이유와 과속으로 인해서 커브를 제대로 돌지 못하는 이유를 이해하는 데 도움이 된다.

마찬가지로, 학생들의 문법 능력은 단편적인 문장이 아닌 글이 쓰인 문맥 안에서 개발될 때 더 전이가 잘 일어난다. 수학 능력 역시 현실 세계의 문제를 적용하여 연습할 때 더 효과적이다. 이 원칙은 모든 교육 분야에 적용된다.

다양성: 복잡한 인지 과정의 전이에 영향을 미치는 학습자의 개인차

개념학습과 문제해결 그리고 전략 학습에 포함된 기본적인 과정은 모든 학생에게 동일하게 필수적이다. 그러나 그들의 문화적 지식과 문제해결에 대한 접근, 그리고 태도와 신념은 다양할 것이고 이는 전이에 영향을 미친다. 예를 들어, 알래스카(Alaska) 서쪽의 베링 해(Bering Sea)에 사는 유픽(Yu'pik) 사람들은 얼음에 대해서 99가지의 다른 개념을 가지고 있다(Block, 2007). 이러한 지식은 그들에게는 중요한 문화적 지식이지만, 우리에게는 아니다. 따라서 그들이 날씨와 여행에 대해 생각할 때, 그들에게서 일어나는 지식의 전이는 우리와 다르다.

문화적 차이는 사람들의 개념학습에 대한 접근 방법에서도 존재한다. 예를 들어, 서구문화의 사람들은 동물을 한 범주에 넣고, 음식을 다른 범주로, 또 도구를 세 번째 범주에 넣는 것과 같이 사물을 분류학적으로 나눈다. 그러나 어떤 문화권의 사람들은 삽과 감자를 한 범주로 넣는다. 이는 사물을 기능적 범주로 구분하는 것인데 삽으로 감자를 캐기 때문이다(Luria, 1976).

태도와 신념 또한 문화적 차이에 영향을 받는다. 예를 들어, 학습에 관련된 태도와 신념은 일본 학생들의 인상적인 문제 해결력에 대한 설명이 될 수 있다. "그들은 성취에 대한 태도는 (타고난 능력이 아니라) 성공이란 열심히 공부했기 때문이라고 생각한다. …… 교사들은 깊이가 얕은 문제를 많이 풀기보다 심도 있는 몇 개의 문제를 활용하며 학생들의 실수는 학급 전체의 배운의 도구로 활용된다"(Rogoff, 2003, pp. 264–265). 이러한 교육을 받은 학생들은 수학에 대해서 개별 사실과 암기를 강조하는 교육을 받은 학생들과 비교해서 다른 관점을 가지게 된다.

놀라운 학업 성취를 보이는 일본을 보면, 일본의 유아교육 시스템이 학업보다는 사회적 발달에 초점을 두고 있다는 것이 놀랍다(Abe & Izzard, 1999). 몇몇 전문가는 이러한 사회성의 강조가 아이들로 하여금 집단의 일원으로 느끼게 하고 여기에 책임감을 갖도록 돕는다고 생각한다. 그 결과 학생들이 배우는 주제에 대해 더 많이 집중하며 학급 관리의 문제를 더욱 용이하게 만드는 결과를 이끌어 낸다고 믿는다(Rogoff, 2003).

문화는 또한 전략 학습에도 영향을 끼친다. 예를 들어, 학생들은 그들의 문화적 경험과 관련된 내용으로 쓰인 글을 접할 때 더욱 효과적인 이해 점점 전략을 사용한다(Pritchard, 1990). 이는 다시금 배경지식의 중요성을 생각하게 한다.

흥미롭게도 실제 세계 맥락에 있는 과제에서는 기억 수행에 있어서 문화적 차이가 거의 없음이 발견되었다. 예를 들어, 상인이나 목수나 체중을 조절하는 사람들이 실용적인 목적을 위해서 수학을 사용할 때, 그들은 이해되지 않는 답을 얻는 경우가 거의 없다. "학교 교육에서는 문제의 의미를 충분히 고려하지 않아 터무니없는 오류가 자주 발생한다고 한다"(Rogoff, 2003, p. 262). 헌터 선생님의 수업에서도 이를 볼 수 있었다. 학생들이 교실의 카펫 면적을 계산하는 실제적 과제에 직면했음에도 불구하고, 일부는 비합리적인 답변을 받아들이는 경향이 있었다. 이는 모든 학습자들에게, 문화적 배경과 무관하게, 메타인지를 촉진하고 그들이 경험을 더 잘 이해할 수 있도록 충분한 지원을 제공해야 함을 시사한다.

경험, 그리고 문화적·종교적 믿음은 또한 비판적 사고에 영향을 줄 수 있다. 많은 양의 암기 과제를 경험한 저학년 학생들은 시연과 같은 초기 단계의 학습 전략을 사용하기 쉽고, 다양한 경험을 가진 또래 학생들보다 비판적 사고를 하는 학생들이 되기 어렵다. 단순 암기 수준의 과제는 대도시 학교 학생들에게 일반적이다. 그리고 대도시에 있는 학교에는 소수민족 학생이 많이 다니기 때문에 이들은 복잡한 인지 과정을 연습할 기회가 상대적으로 부족하다(Kozol, 2005). 또한 어른을 공경하도록 가르침을 받은 문화권의 사람들과 강한 권위주의 종교적 믿음을 가진 학습자들은 비판적 사고를 하는 경향이 적을 수 있다(Kuhn & Park, 2005; Richey, 2017).

이러한 차이에도 불구하고, 학습 경험을 실제 세계의 맥락에 연결하고, 학습자 간의 상호작용을 증진시키며, 학습자가 경험을 이해하는 데 도움이 되는 지원을 제공하는 것은 학생들의 문화적 배경에 상관없이 필수적이다.

교육심리학을 교수에 활용하기: 학생들의 전이 촉진하기

전이를 촉진하기 위한 우리의 목표는 가르치는 주제를 학생들에게 가능한 한 의미 있게 만드는 것이다. 다음 제안들은 이 목표를 달성하는 데 도움이 될 것이다.

- 학생들에게 다양한 양질의 예시와 경험을 제공하라.
- 학습내용을 실제 세계 맥락에 적용하라.
- 적극적인 상호작용을 통해 학습을 촉진하고 학생들이 배우는 주제에 대해 다양한 시각을 제공하라.

이 장에서 다룬 교사들—사실, 의견, 그리고 근거 있는 판단 개념을 가르치는 로페즈 선생님, 문제해결 능력을 키우는 헌터 선생님, 공부 기술을 개발하려는 에번스 선생님—이 어떻게 이 제안들을 실천에 옮겼는지 분석해 보자.

다양한 양질의 예시와 경험 제공하기 로페즈 선생님이 학생들에게 사실, 의견, 근거 있는 판단의 개념을 설명하기 위해 사용한 사례들을 다시 살펴보자.

> 1793년 엘리 휘트니는 조면기를 발명했다. 이는 목화씨를 목화 섬유에서 분리하는 데 걸리는 시간을 줄였다. 결과적으로 목화 재배가 매우 수익성이 좋아졌으며, 이로 인해서 미국 남부는 목화에 의존하는 단일 작물 경제가 되었다. 하지만 이와 같은 남부 경제의 다양성 부족은 큰 실수였다.
>
> 에이브러햄 링컨은 미국 역사상 최고의 대통령이었다. 그는 1861년부터 암살당한 1865년까지 대통령이었다. 링컨의 주요 업적 중 하나는 노예제도를 영구적으로 금지한 수정헌법 13조를 통과시킨 것이다.

예를 들어, 학생들은 "엘리 휘트니가 1793년에 조면기를 발명했다"는 사실이며, "에이브러햄 링컨은 미국 역사상 최고의 대통령이었다"는 의견이라는 것을 확인할 수 있었고 이는 근거 있는 판단의 예시에서도 마찬가지였다. 이러한 예시들은 그녀의 학생들이 개념에 대한 지식을 구축하는 데 필요한 경험을 제공했으며, 이러한 방식으로 예시를 사용하는 것은 인지 학습 원칙 "학습과 발달은 경험에 의존한다", "사람들은 자신의 경험이 의미 있기를 원한다", "경험의 의미를 이해하기 위해 학습자는 지식을 구성한다"를 적용했다.

또한, 앞의 예시는 전이를 촉진하는 데 필수적인 다양한 예시를 제공했다(Renkl, 2011; Schwartz, Bransford, & Sears, 2005). 예를 들어, "그는 [링컨] 1861년부터 암살될 때까지 대통령이었다"는 또 다른 사실의 예시이며, "결과적으로, 남부 경제의 다양성 부족은 큰 실수였"는 두 번째 의견의 예시이다. 각 예시는 정보를 추가하며, 의미 있는 경험을 할 가능성을 증가시키고, 정교화를 부호화 전략으로 활용했다.

문제해결에 있어서 전이도 유사하다. 학생들이 뛰어난 문제 해결자가 되기 위해서는 다양한 유형의 문제들을 해결해 보는 경험이 필요하며, 풀이 예를 통한 학습이 이 과정에서 큰 도움이 된다. "학습 및 교수 과정에서 예시를 통한 접근 방식의 지지자들은, 하나 혹은 그 이상의 핵심 원리(예: 수학적 정리 등)를 분명히 소개한 뒤, 여러 구체적 예시들을 학습자들에게 제공해야 한다고 주장한다"(Renkl, 2011, p. 273). 헌터 선생님은 이러한 제안을 활용하여, 학생들로 하여금 학교 주차장, 교실의 특정 부분, 불규칙한 형태의 책상 등 학교 환경에 속하는 다양한 대상들의 면적을 구해 보게 할 수 있다.

전략적 학습에서도 비슷한 원칙이 적용된다. 앞서 살펴본 바와 같이, 에번스 선생님은 학생들이 1년 동안 요약을 연습하도록 했다. 그녀는 요약을 통해 보여 준 것처럼, 학생들이 다른 학습 전략을 동일한 방식으로 연습할 수 있도록 해당 전략들을 직접 보여 주고 연습하게 할 필요가 있다.

실제 세계 맥락에 내용 적용하기 로페즈 선생님의 사례에서도 이 권장 사항이 적용되었다. 그녀의 사실, 의견, 그리고 근거 있는 판단에 관한 예시들은 단편적인 문장들의 나열보다는 더 '현실적'인 문단 속에 통합되어 있었다. 이와 유사하게, 헌터 선생님이 학생들에게 학교 주차장이나 학교 환경의 다른 부분들을 측정하게 하는 것은, 그냥 교과서에 나온 문제를 풀게 하는 것보다 실제 현실 세계에 더 밀접하게 연관되어 있다. 또한, 에번스 선생님이 학생들을 다양한 학습 영역에서 공부 기술을 연습하게 지도하는 것 역시 같은 목표를 충족시키기 위함이다.

APA의 20가지 주요 원칙

'학생들에 대한 명확하고, 설명적이며, 시의적절한 피드백은 학습에 중요하다.' 이 설명은 유치원–12학년(초·중등학교)까지 교수 및 학습을 위한 심리학의 20가지 주요 원칙 중에서 원칙 6을 의미한다.

학습은 맥락에 기반하기 때문에, 새로운 맥락으로의 학습 일반화는 자동적으로 이루어지지 않고 대신 촉진되어야 한다는 설명은 유치원–12학년(초·중등학교)까지 교수 및 학습을 위한 심리학의 20가지 주요 원칙 중에서 원칙 4를 다시 보여 준다.

높은 수준의 상호작용을 활용하라. 학습은 대체로 사회적 과정(Aronson, Wilson, & Akert, 2016)이고 "사회적 상호작용은 학습을 촉진한다"는 것은 인지학습의 원칙이다. 이는 이치에 맞는다. 우리 모두 혼자서 어떤 아이디어를 이해하는 것은 어렵지만, 다른 사람들과 대화를 통해 아이디어를 이해한 경험이 있다. 이 장에서 예시를 든 교사들도 수업 중에 학생들과 상호작용함으로써 이 원칙을 적용했다. 예시를 사용하고, 그것들을 실제 세계의 맥락에 연결하며, 상호작용을 촉진하는 것은 서로 상승효과를 일으킨다.

"예시 기반 교육의 잠재력을 완전히 활용하기 위해서는 학습자로부터 설명을 이끌어 내야 한다"(Renkl, 2011, p. 273). 이 세 가지 제안의 결합은 각각의 부분들의 합보다 더 큰 효과를 낳는다. 전이를 촉진하는 것은 교육의 최종 목표이다. 이를 달성하기까지는 시간이 소요되지만, 노력을 통해 가능하다. 교사로서 우리의 임무는 이러한 노력을 기울이는 것이다.

교실과의 연계

교실 수업에서 전이 촉진하기

1. 전이는 하나의 맥락에서 학습한 지식이 다른 맥락에 적용될 때 일어난다. 전이를 촉진하기 위해서, 여러분이 가르친 내용을 다양한 맥락에서 응용할 수 있도록 하라.

   • **초등학교**: 초등학교 4학년 교사가 문법과 구두법의 규칙을 가르치기 위해 학생들이 작성한 글의 일부를 선택한다. 그

리고 교실 프로젝터로 선택된 예시를 보여 주고 수업을 위한 기초 자료로 사용한다.

- **중학교**: 한 과학 교사가 왜 안경을 쓰면 안 쓸 때보다 더 잘 볼 수 있는지 학생들에게 물으며 굴절에 대한 토론을 시작한다. 그는 물이 담긴 유리컵에 연필을 넣어 물 위와 아래에서 연필이 다르게 보이는 것을 보여 주고 학생들에게 확대경을 통해 물체를 관찰하도록 한다.
- **고등학교**: 한 교사가 기하학 시간에 건축을 예로 들어 수업에서 가르치려는 내용의 적용 사례를 보여 준다. 이 교사는 또한 어떻게 수학에서 개념이 실생활과 관련되는지 잡지에서 가위로 오려서 얻은 사진을 예로 들어 설명한다.

2. 좋은 예는 학습자들이 지식을 구성하기 위해 필요로 하는 경험을 제공하고 전이를 촉진한다. 양질의 예시와 표상의 사용은 여러분이 가르치는 주제에 대한 전이를 촉진한다.

- **초등학교**: 5학년 수업 시간에 한 교사가 부피 개념을 설명하기 위해 세로 4cm, 가로 3cm, 높이 2cm의 상자에 정육면체를 넣는 것을 보여 준다. 이 교사는 학생들에게 상자가 24개의 정육면체로 채워질 때까지 상자 속에 넣은 정육면체가 몇 개인지 세어 보게 한다. 그리고 그는 부피를 알게 하도록 활동을 공식과 관련시킨다.
- **중학교**: 역사 시간에 한 교사가 중상주의와 같은 교과서에 나와 있는 설명만으로는 이해하기 어려운 개념을 설명하기 위해서 짧은 사례를 써 준다. 이 교사는 개념의 중요한 특징을 확인하도록 도와주면서 학생들이 각 경우를 분석하도록 이끈다.
- **고등학교**: 영어 시간에 한 교사가 셰익스피어(Shakespeare)의 여러 희곡에 대한 등장인물, 배경, 주제를 보여 주는 구조도를 준비한다. 학생들은 이 정보를 사용하여 셰익스피어의 작품에 대해 요약하고 결론을 도출한다.

학교급별 적용

다양한 연령의 학습자를 대상으로 복잡한 인지 기술 발달시키기

모든 연령대의 학습자는 높은 수준의 인지 기술을 개발할 수 있지만 중요한 발달적 차이점은 있다. 다음은 이러한 차이점들을 요약하며, 교육자들이 학생들의 발달 단계에 적합한 교육 방안을 채택할 수 있도록 지침을 제공한다.

유아교육 및 초등학교 교육과정에서의 접근 방법

교육과정에서 다루는 개념들은 대체로 구체적이고, 이는 개념학습의 규칙지향이론에 의해 잘 설명된다. 예를 들어, 우리가 삼각형, 원, 반려동물 그리고 농장동물 등과 같은 기본적인 개념들을 유아들에게 가르치는 이유가 여기에 있다. 어린 학습자들은 종종 거미를 벌레로 분류하는 것과 같은 과도한 일반화를 한다. 또는 영어 문법에서 '–ly'로 끝나는 단어를 부사로만 한정하는 과소일반화를 하기도 한다. 이와 같은 경향으로 인해, 다양하고 양질의 예시들을 제공하고, 이에 대해 깊이 있게 논의하는 것이 어린 학습자들에게 중요하다.

또한 어린 학습자들이 두드러진 정보에 집중하는 경향은 문제해결 방식에도 영향을 미친다. 예를 들어, 어린아이들은 문장으로 된 수학문제를 풀 때, '모두'라는 단어를 보면 덧셈을 연상하거나, '얼마나 더 많은가'와 같은 표현을 통해 뺄셈을 유추하는 등, 표면적인 전략을 사용하는 경향이 있다. 이러한 전략들은 종종 성공적일 수 있지만, 실제 그 내용을 이해하는 것을 어렵게 만들 수 있다. 이러한 발달적 특성을 고려하여, 어린 학습자에게는 그들이 문제를 어떻게 해결했는지, 그리고 그들의 생각을 어떻게 단어로 표현할 수 있는지 설명하도록 하는 것이 중요하다. 이때 학생들에게 많은 비계가 필요하며, 이를 제공하기 위해서는 인내심과 지속적인 노력이 필수적이다.

중학생들과 함께 작업하기

중학교 학생들의 성숙은 그들이 문화와 정의와 같은 추상적 개념을 구성할 수 있게 한다. 이러한 학습은 원형과 전형 이론에 의해서 잘 설명된다. 그러나 경험이 부족한 학생들은 추상적 개념을 유의미하게 만들기 위해서 가능한 한 구체적으로 표현하는 것이 중요하다. 예를 들어, 한 중학교 사회 교사는 다음과 같은 예시를 사용하여 문화 개념을 설명한다.

> 페드로는 멕시코의 작은 마을에 사는 소년이다. 그는 학교까지 2km를 걸어가야 해서 매일 일찍 일어난다. 그는 콩과 옥수수가루로 만든 빵으로 아침을 먹고 집을 나서서 걷기 시작한다.
>
> 그는 걷는 것을 좋아한다. 왜냐하면 그는 가족의 음식과 생활비를 제공하는 옥수수 밭에서 매일 일하는 아빠에게 손을 흔들 수 있기 때문이다.
>
> 페드로가 학교에서 집에 돌아오면, 그는 종종 마을의 친구들과 축구하고, 숙제하고, 저녁 식사 후에는 보통 어머니가 기타를 치며 아빠가 노래한다.

앞의 예시와 같이 주제에 대한 구체적인 표현은 단순히 그것을 설명하는 것보다 중학생들에게 훨씬 의미가 있다.

또한 중학생들은 그들 자신의 문제해결 과정을 감시하는 데 필요한 메타인지가 부족한 경향이 있다. 예를 들어, 13세 학생들에게 다음과 같은 문제가 제시되었다.

> 1대의 군용 버스에 6명의 군인을 태울 수 있다. 1,128명의 군인이 훈련장으로 이동해야 한다면, 몇 대의 버스가 필요한가?

13세 학생 중 1/4이 안 되는 학생들만이 정확하게 대답했다. 대다수의 다른 학생들은 1/3 버스는 의미 없으므로 무시하고 나머지를 빠뜨리거나 31과 1/3이라고 대답할 것이다(O'Brien, 1999). 중학생들을 가르칠 때, 교사들은 문제해결 결과를 평가하여 그 결과가 타당한지 확인해야 한다.

중학생들은 고급 학습 전략을 사용할 수 있지만, 교사들이 이러한 전략을 모델링하고 장려하지 않으면 거의 상용하지 않는다. 앞서 기술된 에번스 선생님이 사례에서 보았듯이 교사의 노력은 매우 효과적일 수 있다('교육심리학을 교수에 활용하기: 학생들을 전략적 학습자와 비판적 사고자로 성장시키기' 참조).

고등학생과 함께 작업하기

피아제(Piaget)는 고등학생들의 연령은 형식적 조작기라고 했지만, 대부분은 그렇지 않다. 이러한 사실은 유추 사용하기, 역할놀이하기, 가상현실, 그리고 과민증에 대해 설명한 것과 같은 묘사는 추상적 개념을 학생들에게 유의미하게 만드는 데 여전히 중요하다.

문제해결의 관점에서 의미 있는 활동과 실제 세계의 적용은 경험의 유용성을 알기 원하는 학생들에게 특히 중요하다.

고등학생같이 나이 든 학생들은 밑줄 긋기를 할 때 무엇이 가장 강조할 만한 것인지에 관해 자신이 결정하기보다는 소극적인 전략을 활용한다. 고등학생들은 종종 자신들이 잘 이해하고 있는지에 대해 확인하는 것에 실패한다. 이는 그들 자신이 공부하는 주제에 관해서 과대평가하도록 만든다. 이러한 이유로, 전 교육과정에 걸쳐서 학습 전략을 촉진하는 것과 메타인지에 대한 강조가 중요하다.

제8장 요약

1. 개념을 정의하고, 개념학습이론의 응용을 확인하시오.
   - 개념은 범주에 대한 예시와 비예시를 확인하게 하는 생각의 구조 또는 범주에 관한 표상이다.
   - 개념학습의 규칙지향이론은 둘레의 길이, 형용사, 경도(latitude)와 같이 잘 정의된 개념을 학습할 때 적용된다.
   - 개념학습의 원형이론은 학습자들이 사물의 조합을 가장 잘 표상해 주는 원형에 근거해 개념을 구성할 때 적용된다.
   - 개념학습이론은 실제 세계 맥락에서 개념의 예시와 비예시를 제공하고, 예시를 가장 전형적인 것에서 가장 익숙하지 않은 것으로 순차적으로 배열하며, 개념을 관련된 다른 개념과 연결함으로써 교실 수업에 적용할 수 있다.

2. 잘 정의되지 않은 문제와 잘 정의된 문제의 예를 확인하시오. 그리고 교실에서 문제해결을 가르치는 전략을 기술하시오.
   - 문제는 목표를 가졌지만, 그것을 달성하는 구체적 방법을 알지 못할 때 발생한다.
   - $3x + 4 = 13$의 답을 구하는 것과 같이 잘 정의된 문제는 하나의 해결책을 가지며, 이것을 찾기 위한 확실한 방법이 존재한다.
   - '학생들이 자신의 학습에 대한 개인적인 책임감을 받아들이는 데 실패함'과 같이 잘 정의되지 않은 문제는 하나 이상의 애매한 목표를 가지며, 하나 이상의 가능한 해결책이 있다. 그리고 해결책을 찾기 위해 일반적으로 합의된 전략이 없다.
   - 일반적인 문제해결 모델은 문제 확인하기, 문제 표상하기, 전략 선택하기, 전략 수행하기, 그리고 결과 평가하기와 같은 문제해결의 단계를 포함한다.
   - 풀이 예, 즉 문제 해결책을 포함한 예시는 학생들의 배경지식을 개발하는 데 도움이 될 수 있다.
   - 문제해결에 있어 전문성을 개발하기 위해, 특히 초보 문제 해결자들에게는 의도된 연습이 중요하다.

   - 사회적 상호작용과 의미 파악에 대한 강조는 학생들이 문제해결 능력을 개발하는 데 중요하다.

3. 학습 전략과 비판적 사고의 응용을 확인하시오.
   - 전략은 과제를 수행하는 데 필요한 일반적인 활동을 뛰어넘는 인지적 조작이다. 예를 들어, 노트 필기하는 것은 학습자가 듣거나 읽는 것을 잘 기억하도록 돕는 인지적 도구이기 때문에 전략이라고 할 수 있다.
   - 전략을 효과적으로 사용하는 학습자들은 그들의 학습 접근에 있어서 메타인지적이다. 그들은 또한 다양한 전략과 공부하는 주제에 대한 사전 지식을 가지고 있다. 비효과적인 전략을 사용하는 학생들은 메타인지가 떨어지고, 사전 지식이 부족하고 사용할 수 있는 전략이 적다.
   - 비판적 사고는 증거에 근거해서 결론을 내리고 평가하는 과정이다.
   - 인터넷의 정보, 사건과 타인에 대해서 감정적으로 먼저 반응하는 사람들의 경향, 그리고 인간의 인지 구조는 비판적 사고를 어렵게 만든다.
   - 교사들은 학생들에게 그들의 생각을 정의하고 결론에 대한 근거를 제시하도록 요구함으로써 비판적 사고를 촉진한다.

4. 학습전이에 영향을 주는 요인 분석하시오.
   - 전이는 학습자들이 이미 학습한 정보를 새로운 맥락에서 적용할 수 있을 때 발생한다. 특수전이는 원래의 상황과 밀접하게 관련된 새로운 상황에 적용하는 것을 포함한다. 일반전이는 원래의 상황과 새로운 상황이 상당히 다를 때 발생한다.
   - 교사들은 실제 세계 맥락에 다양한 양질의 예시를 포함해 학생들에게 제공함으로써 학습전이에 영향을 주는 요소를 적용한다. 이러한 예는 학습자들이 그들의 지식을 구성하고 새로운 상황에 이를 적용하는 경험을 제공한다.

자격증 시험 준비하기

복잡한 인지 과정 이해하기

교실에서 정식으로 학생들을 가르치기 위해서, 여러분은 반드시 자격증 시험을 통과해야 한다. 이 시험은 개념학습, 문제해결, 학습 전략 및 지식의 전이와 같은 주제들을 다루며, 객관식 및 서술형 문제 형태로 구성된다. 본 교재와 수록된 연습문제들은 여러분이 해당 시험을 준비하는 데 중요한 자료가 될 것이다.

다음의 사례 연구에서는 수 브러시(Sue Brush) 선생님이 그녀의 초등학교 2학년 학생들을 대상으로 다음과 같은 기준을 충족시키기 위한 그래프 수업을 진행하고 있다.

CCSS.Math.Content.2.MD.D.10 최대 네 가지 범주를 포함하는 데이터 세트를 대표하기 위해 그림 그래프와 단위당 단일 척도 막대 그래프를 작성하라. 이 표준은 막대 그래프에서 제공되는 정보를 이용하여 간단한 결합, 분해, 비교 문제들을 해결할 수 있는 능력을 키우는 것을 목표로 한다(공통 핵심 국가 교육 기준, 2018j).

사례 연구를 읽고 나서, 이어지는 질문들에 답해 보자.

브러시 선생님은 수업을 시작하며, 학급 파티를 계획하고 있지만, 반 친구들이 가장 좋아하는 젤리빈 맛이 무엇인지 모르기 때문에 문제가 있다고 학생들에게 이야기했다.

학생들은 문제를 해결하기 위한 제안을 했다. 그들은 다양한 맛의 젤리빈을 맛보고 가장 좋아하는 것을 표시하기로 결정했다.

이에 브러시 선생님은 7가지 다른 맛의 젤리빈이 든 플라스틱 가방을 준비해 각 학생에게 하나씩 주었다. 학생들이 각각 맛을 본 후, 그녀는 "좋아요, 여러분의 도움이 필요해요. 우리 반 전체가 결과를 살펴볼 수 있게 하려면 어떻게 정보를 조직할 수 있을까?"라고 말했다.

학생들은 여러 제안을 했고, 브러시 선생님은 "우리가 할 일은 이것입니다. 스테이시(Stacey)가 이전에 정보를 그래프로 나타낼 수 있다고 언급했고, 우리 교실 앞쪽에 빈 그래프가 있습니다."라고 말하며 교실 앞으로 이동해 그래프의 윤곽을 보여 주었다.

가장 인기 있는 젤리 빈

빨간색　주황색　노란색　초록색　분홍색　검은색　흰색

그녀는 학생들에게 교실 앞으로 오도록 요청하고, 자신들이 가장 좋아하는 젤리빈을 나타내는 색깔 조각을 그래프에 붙이게 했다.

가장 인기 있는 젤리 빈

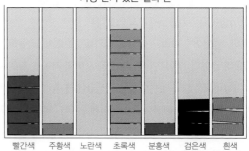

빨간색　주황색　노란색　초록색　분홍색　검은색　흰색

"이제 여기를 보세요." 브러시 선생님이 미소를 지으며 말했다. "우리가 정보를 수집하고 조직했으니, 이제 분석할 차례예요. 그래프를 보고 우리가 무엇을 알 수 있는지 말해 주세요. 캔디스(Candice)?", "사람들은 초록색을 좋아해요." 캔디스가 대답합니다.

"초록색을 좋아하는 사람은 몇 명이죠?", "아홉 명이요."

"아홉 명이 초록색을 좋아해요. 그걸 어떻게 알았나요? 이리로 와서 그래프를 어떻게 읽었는지 다른 친구들에게 보여 주세요." 캔디스는 그래프 앞으로 가서 아래에서부터 손을 올리며 아홉 개의 초록색 사각형을 세었다.

브러시 선생님은 학생들에게 그래프를 해석하게 하고, 수업의 방향을 바꾸며, "자, 초록색을 빨간색보다 더 많이 좋아한 사람은 몇 명일까요? 그래프를 보고 종이에 문제를 써 보세요."라고 말했다.

학생들이 그래프를 보고 문제를 작성하는 것을 지켜본 후에, 브러시 선생님은 "답을 친구들과 공유할 사람. 도미니크(Dominique)?"

"9 더하기 5는 14예요." 도미니크가 대답했다.

"도미니크는 9 더하기 5는 14라고 해요. 확인해 볼까요." 브러시 선생님은 도미니크에게 그래프 앞으로 가서 자신의 답이 어떻게 나왔는지 반 친구들에게 보여 주도록 지시했다.

도미니크가 교실 앞으로 걸어가는 중에 브러시 선생님은 도미니크에게 "초록색을 빨간색보다 더 많이 좋아한 사람은 몇 명인데, 14명이라고 답했죠? 초록색을 더 많이 좋아한 사람이 14명 더 많다. 그게 맞나요?"라고 말했다.

도미니크는 잠시 그래프를 보고 나서 "제 말은 9에서 5를 빼는 거예요."라고 말했다.

"도미니크가 앞으로 나오면서 생각을 바꿨어요." 브러시 선생님은 반의 다른 학생들에게 미소를 지으며 말했다. "다른 친구들에게 말해 주세요." "9에서 5를 빼면 4예요." 도미니크가 대답했다.

브러시 선생님은 "9에서 5을 빼면 4예요, 그럼 초록색을 빨간색보다 더 많이 좋아한 사람은 몇 명인가요? 카를로스?"라고 말했다. "4명이요." 카를로스가 대답했다.

"좋아, 잘했어." 브러시 선생님이 카를로스에게 따뜻하게 미소 지으며 말했다. "중요한 건, 두 숫자 사이의 차이를 찾아야 한다는 거였어요." 브러시 선생님은 학생들에게 추가 문제를 제공하고, 그들이 문제를 해결하고 설명하게 한 후, "하나 더 문제가 있고, 그다음에는 다음 내용으로 넘어갈게요. 가장 좋아하는 젤리빈 맛 고르기에 참여한 사람은 몇 명이었나요?"라고 물었다.

브러시 선생님은 몇 분 동안 문제를 고민하는 학생들을 지켜보고 나서, "매트? 몇 명이었나요?"라고 말했다. "24명이요.", "매트가 24명이라고 했어요. 다른 답을 얻은 사람 있나요? 그럼 비교해 볼게요. 로버트?"

"22명이요." 로버트가 말했다.

브러시 선생님은 로버트에게 "문제를 어떻게 풀었나요?"라고 물었다.

"9 더하기 5 더하기 3 더하기 3 더하기 1 더하기 1은 스물둘이에요."라고 로버트가 그래프의 모든 사각형을 더해서 대답했다.

브러시 선생님은 로버트에게 "그 숫자들은 어디서 나온 거죠?"라고 물었다.

로버트는 그래프를 가리키면서 말했다. "가장 높은 것부터 낮은 것까지 더했고, 답은 22이었어요."

브러시 선생님은 다음으로 학생들을 조별로 나누어 막대그래프로 정보를 수집하고 요약하도록 지시했다. 학생들은 각 달에 생일을 맞이하는 학생 수를 집계하고 그래프로 나타냈다. 그리고 반 친구들이 가장 좋아하는 탄산음료에 대해서 조사하고, 비슷한 피자의 가격을 비교하기 위해 피자 배달 업체에 전화를 걸어보기도 했다.

점심 시간이 다가오면서, 브러시 선생님은 각 조를 다시 모으고, 자리에 앉은 후, "오늘 아침 수학에서 무엇을 배웠는지 말해 줄 수 있는 사람은 손을 들어 보세요."라고 말했다. "막대그래프를 어떻게 구성하는지요." 제니가 대답했다.

브러시 선생님은 "맞아요, 그래프는 정보를 조직해서 우리가 보고, 이야기할 수 있게 하는 방법이에요. 나중에는 정보를 조직하는 또 다른 방법들을 살펴볼 거예요."라고 이야기하면서 수업을 마쳤다.

사례 분석을 위한 질문

이 장에서 학습한 내용과 사례 연구를 바탕으로 다음 질문에 답하시오.

객관식 질문

1. 다음 중, 브러시 선생님의 수업에서 학생들의 문제해결 능력을 개발하기 위해 가장 두드러지게 보여 준 제안은 무엇인가?

   a. 문제를 실제 상황에 맞춰 제시하고 문제의 목표를 식별하는 연습을 제공한다.

   b. 의도적인 연습과 작업 예시를 통해 학생들의 전문성을 개발한다.

   c. 사회적 상호작용을 활용하여 학생들을 참여시키고 학습 진행 상황을 확인한다.

   d. 문제해결 과정에서 의미 파악을 장려한다.

2. 다음 중, 브러시 선생님의 수업에서 전이를 촉진하는 데 가장 효과적인 측면은 무엇인가?

   a. 학생들에게 실생활의 경험을 제공할 수 있는 젤리빈 활동을 사용하여 막대그래프를 설명하는 것으로 수업을 시작한 것.

   b. 학생들에게 젤리빈 맛 고르기에 참여한 사람이 몇 명인지 물어본 것.

c. 도미니크가 처음에 빨간 젤리빈을 좋아하는 아이들보다 녹색 젤리빈을 좋아하는 아이들이 몇 명 더 많은지 알아내기 위해 9와 5를 더하자고 제안했을 때 스스로 정정하도록 한 것.
d. 젤리빈을 사용한 학습 활동과 학생들에게 조별 활동을 하도록 함으로써 학습 경험에 다양성을 추가한 것.

주관식 질문
브러시 선생님의 수업에서 비판적 사고를 어느 정도 촉진했는가? 학생들이 비판적 사고에 더 많은 연습을 할 수 있도록 그녀가 무엇을 할 수 있었을까? 구체적인 제안을 제시하시오.

중요 개념

가상 조작물(virtual manipulative)
가짜 뉴스(fake news)
개념(concept)
개념도(concept map)
개념적 계층구조(conceptual hierarchy)
교차 연습(interspersed practice)
대화형 전자칠판(interactive whiteboard)
메타인지(metacognition)
문제(problem)
문제중심학습(problem-based learning)
발견법(heuristics)
분산 연습(distributed practice)
비판적 사고(critical thinking)
사례(exemplars)
사운드 바이트(sound bite)
수단목표 분석(means-ends analysis)
안내된 노트(guided note)
알고리듬(algorithm)
양질의 예시(high-quality examples)
요약하기(summarizing)
유추하기(drawing analogy)

음모론(conspiracy theory)
의도적 연습(deliberate practice)
이해했는지 확인하기(comprehension monitoring)
일반전이(general transfer)
잘 정의되지 않은 문제(ill-defined problem)
잘 정의된 문제(well-defined problem)
전략(strategies)
전문가(expert)
전이(transfer)
정교한 질문하기(elaborative questioning)
중앙 집행기(central executive)
창의성(creativity)
코딩(coding)
탈진실(post-truth)
텍스트 신호(text signal)
특성(characteristic)
특수전이(specific transfer)
풀이 예(worked examples)
학습 전략(study strategy)
확신 편향(confirmation bias)

지식 구성과 학습과학

제**9**장

이 장을 공부한 후 여러분은 다음을 할 수 있어야 한다.

9.1 지식 구성과 관련된 프로세스를 설명하고 이러한 프로세스를 설명하는 사례를 분석할 수 있다.

9.2 오개념의 의미, 오개념이 어떻게 발생하는지, 그리고 오개념을 어떻게 제거할 수 있는지 설명할 수 있다.

9.3 지식 구성을 교육에 적용하기 위한 제안을 설명하고, 이러한 제안이 학습과학에 어떻게 근거를 두고 있는지 설명할 수 있다.

APA의 20가지 주요 원칙

이 장에서 명시적으로 다루는 유치원–12학년(초·중등학교)까지 교수 및 학습을 위한 심리학의 20가지 주요 원칙은 다음과 같다.

- 원칙 2: 학생들이 이미 알고 있는 것은 그들의 학습에 영향을 미친다.
- 원칙 4: 학습은 맥락에 기반하기 때문에 새로운 맥락으로 학습을 일반화하는 것은 자발적이지 않으므로 촉진되어야 한다.
- 원칙 6: 학생들에 대한 명확하고, 설명적이며, 시의적절한 피드백은 학습에 중요하다.

전국교사자질위원회(NCTQ)

이 장에서 구체적으로 다루는 모든 신임 교사가 알아야 할 전국교사자질위원회(NCTQ)의 필수 교수 전략은 다음과 같다.

- 전략 2: 추상적인 개념을 구체적인 표현과 연결하기
- 전략 6: 학생 유지율 향상을 위한 평가하기

제7장에서는 다음과 같은 인지학습이론의 원리에 대한 논의로 시작했다.

- 학습과 발달은 경험에 달려 있다.
- 사람들은 자신의 경험이 의미가 있기를 원한다.
- 학습자는 자신의 경험을 이해하기 위해 지식을 구성한다.
- 학습자가 구성하는 지식은 이미 알고 있는 것에 따라 달라진다.
- 장기적인 지식과 기술을 습득하는 것은 대체로 연습(실천)에 달려 있다.
- 사회적 상호작용은 학습을 촉진한다.

우리는 세 번째 원칙, 즉 학습자는 자신의 경험을 이해하기 위해 지식을 구성한다는 원칙에 특별히 초점을 맞

취 이 장을 다시 살펴본다. 앞으로 살펴보겠지만, 지식의 구성은 우리가 가르치는 방식에 엄청난 영향을 미친다. 우리는 4학년 학생들이 저울의 균형을 맞추는 문제를 탐구할 때 나타나는 사고를 살펴보는 것부터 시작한다. 수업의 목표는 저울의 한쪽에 놓여 있는 물체의 무게와 받침점(저울의 균형점)으로부터의 거리를 곱한 값이 저울의 다른 쪽에 있는 물체의 무게와 받침점으로부터의 거리를 곱한 값과 같을 때 저울은 수평을 이룬다는 것을 학생들이 이해하는 것이다(무게$_1$ × 거리$_1$ = 무게$_2$ × 무게$_2$).

다음의 사례를 읽으면서 인지학습이론의 원리와 학생들의 사고를 주의 깊게 살펴보길 바란다.

교사인 제니 뉴홀(Jenny Newhall)은 학급을 4개의 그룹으로 나누고 각 그룹에 다음과 같이 타일을 올려 균형을 맞추는 것으로 시작한다(모든 타일의 무게는 동일함).

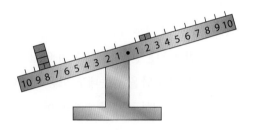

뉴홀 선생님은 학생들에게 저울의 균형을 맞추는 방법을 알아내야 한다고 말하면서, 저울에 타일을 추가하는 실험을 하기 전에 가능한 해결책을 기록하고 자신의 해결책이 효과가 있을 것이라고 생각하는 이유를 같은 그룹에 속한 친구들에게 설명해야 한다고 말한다. 학생들이 작업하는 동안 뉴홀 선생님은 교실을 돌아다니며 문제해결을 시도하는 수잰(Suzanne), 몰리(Molly), 테드(Tad), 드렉설(Drexel)의 그룹을 하나하나 둘러본다. 토론 중에 수잰은 다음과 같은 해결책을 제시한다. "눈금 8 위에 타일 네 개가 있고 2 위에 타일 하나가 있어. 나는 10에 타일 세 개를 올리고 싶어. 그러면 양쪽에 타일이 네 개씩 될 테니까." 수잰이 제안한 해결책은 다음과 같다.

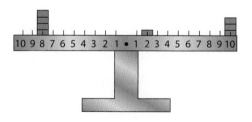

몰리는 수잰이 제안한 방식으로 저울이 균형을 이룰 것이라고 동의하지만 다른 설명을 제시한다. "나는 눈금 10 위에 타일 세 개를 올려야 한다고 생각해. 눈금 8 위에 타일 네 개가 있는 쪽은 32가 되기 때문이야. 그리고 반대쪽에는 눈금 2 위에 타일 한 개만 있기 때문에 이를 동일하게 만들어야 해. 그러니까 눈금 10에 타일 세 개를 추가하면 30에 2를 더한 것이 되고, 양쪽이 모두 32가 되는 거야."

이 장 뒷부분에서 이 수업에 대해 다시 논의하겠지만 잠시 다음과 같은 질문에 대해 생각해 보자.

1. 수잰은 저울 양쪽의 타일 수가 같다면 저울이 균형을 이룰 것이라는 생각을 어디서 얻게 되었을까?
2. 몰리와 수잰의 생각 차이를 어떻게 설명할 수 있을까?

우리는 이러한 질문들에 답하고, 지식을 구성하는 과정을 검토하면서 이것이 우리의 수업에 주는 시사점을 논의한다.

지식의 구성

9.1 지식 구성과 관련된 프로세스를 설명하고 이러한 프로세스를 설명하는 사례를 분석할 수 있다.

구성주의(constructivism)는 학습자가 다른 사람으로부터 직접 지식을 얻는 것이 아니라 스스로 지식을 구성한다는 학습관이다. "…… 구성주의는 지식을 학습자가 자신의 경험을 이해하려고 시도하면서 구성하는 것으로 간주한다"(Hattie & Gan, 2011, p. 256). 이 기본적인 생각은 뉴홀 선생님의 수업에서 수잰이 보인 사고 과정에서 잘 드러났는데, 이는 우리의 첫 번째 질문인 "저울 양쪽의 타일 수가 같다면 저울이 균형을 이룰 것이라는 생각을 수잰은 어디서 얻었을까?"에 대한 답을 얻는데도 도움이 된다. 간단히 말해서, 수잰은 스스로 잘못된 이해(오개념)를 구성했는데, 왜냐하면 그러한 이해가 수잰의 이치에 맞았기 때문이다.

인지적 구성주의에서 사회적 구성주의로의 전환

역사적으로 이론가들은 지식 구성의 과정에 대해 완전히 합의하지 못했다. 처음에 이론가들과 연구자들은 피아제의 연구를 토대로 흔히 인지적 구성주의라고 불리는 것에 주목했다.

인지적 구성주의

인지적 구성주의(Cognitive constructivism)는 지식을 구성하는 과정을 개인의 내부 과정으로 설명하는 지식 구성의 관점이다(Bozkurt, 2017). 이는 제2장에서 연구한 장 피아제(Jean Piaget)의 업적에 기반을 두고 있다. 인지적 구성주의는 개인이 환경과 상호작용하고 기존 이해를 지속적으로 시험하고 수정하면서 자신의 경험을 이해하려는 개인의 노력을 강조한다.

인지적 구성주의는 뉴홀 선생님의 수업에서 수잰의 생각을 이해하는 데 도움이 된다. 수잰은 저울 양쪽에 놓인 타일의 수가 같다면 저울이 균형을 이룰 것이라는 생각을 했고, 이는 뉴홀 선생님이나 자신의 친구들로부터 아이디어를 얻은 것이 아니라 스스로 생각해 낸 것이다. 인지적 구성주의의 핵심은 바로 이것이다.

인지적 구성주의자들은 사회적 상호작용의 역할을 설명하지만, 사회적 상호작용의 역할은 개인의 인지적 갈등을 촉진하는 촉매제를 제공하는 것이다. 사회적 상호작용의 역할을 실제적으로 확인하기 위해 다른 교실에서 학생들의 사고를 살펴보자.

알리시아 에번스(Alicia Evans) 선생님은 3학년 학생들과 대명사 일치에 대해 공부하고 있다. 에번스 선생님은 학생들에게 다음과 같은 문장을 제시하고, 괄호 안의 단어 중 어느 것이 옳은지를 골라 보라고 한다.

Each of the boys has (his, their) own lunch box with pictures of cars on (it, them).

에번스 선생님: 어떤 것이 옳다고 생각해? 그리고 왜 그렇게 생각하니······ 브리타니(Brittany)?

브리타니: 제 생각에는 boys라고 써 있고 boys는 두 명 이상을 의미하기 때문에 'their'이어야 한다고 생각해요. 'his'는 한 명을 뜻하니까, 그건 맞지 않아요.

에번스 선생님은 학생들에게 브리타니의 답에 대해 생각해 볼 수 있는 몇 초의 시간을 준다. 그리고 이후 카를로스(Carlos)가 손을 든 것을 알아본다.

카를로스: 제 생각에는 'his'여야 한다고 생각합니다. 왜냐하면 문장에 each라고 쓰여 있고, each는 하나(단수)를 뜻하는데, 'his'도 한 명을 뜻하기 때문입니다.

몇 번의 추가적인 논의 끝에, 학생들은 답이 'his'여야 한다고 동의한다.

에번스 선생님: 이건 어때? [문장 끝에 있는 (it, them)을 가리킨다.]

브리타니: 나 알 것 같아. 'it'이 맞아.

에번스 선생님: 이유를 말해 주렴.

브리타니: 문장에서는 도시락 하나에 대해 이야기하고 있는데, 'it'은 하나를 의미하기 때문에 'them'일 수 없습니다.

인지적 구성주의자들은 카를로스의 의견과 그 후의 토론이 브리타니의 인지적 평형상태(equilibrium)를 깨뜨렸고, 브리타니는 카를로스와 다른 학생들이 제시한 새로운 근거를 수용하기 위해 자신의 생각을 재구성함으로써 문제를 개인적으로 해결했다고 해석할 것이다.

인지적 구성주의 입장을 있는 그대로 해석하면 경험을 기반으로 하고 발견을 지향하는 학습 활동이 강조된다. 예를 들어, 이러한 인지적 구성주의의 관점은 수학개념을 교사나 다른 전문가가 제시하는 것보다 블록이나 막대기 같은 구체적인 물체를 스스로 조작하면서 수학개념을 발견한다면 가장 효과적으로 학습할 수 있을 것이라고 본다.

인지적 구성주의 관점은 우리가 직접 학생들을 가르치거나 생각을 강요하는 것을 피해야 한다고 제안하지만, 많은 사람들은 이러한 인지적 구성주의의 교수학습 관점에 의문을 제기한다(Bozkurt, 2017; Clark, Kirschner, & Sweller, 2012; McWilliams, 2016). 그 결과, 수업을 지도하는 틀로서 인지적 구성주의는 지식 구성의 사회적 과정에 더 초점을 두는 대안적 관점으로 대체되었다.

사회적 구성주의

교육심리학과 당신

당신과 친구는 어떤 문제에 대해 골몰하고 있지만, 혼자서는 온전히 문제를 이해하지도 못하고 혼자서 문제를 해결할 수도 없다. 그러나 당신과 친구는 계속해서 고민하고 문제를 논의하면서 점차 해결책에 도달한다. 혼자서는 문제를 해결할 수 없는데 왜 함께 문제를 풀 수 있었을까?

우리는 모두 '교육심리학과 당신'의 사례와 유사한 경험을 한 적이 있다. 그리고 질문에 대한 답은 다음과 같다. 교실 밖 학습은 본질적으로 대체로 사회적이다. 연구에 따르면, "······ 공식적인 학교 교육을 벗어나면 거의 모든 학습은 복잡한 사회적 환경에서 발생하며, 학습을 고립된 학습자의 머릿속에서 일어나는 정신적 과정으로 생각한다면 학습을 이해하기 어려운 것으로 나타났다"(Sawyer, 2006, p. 9).

이는 학습자가 먼저 사회적 맥락에서 지식을 구성한 후 개인적으로 내면화한다는 **사회적 구성주의**(social constructivism)의 기본 전제를 보여 준다(Barak, 2017). 제2장에서도 학습한 레프 비고츠키(Lev Vygotsky)는 사회적 구성주의의 영감을 준 사람이다. 그는 "아이의 문화적 발달에서 모든 기능은 처음에는 사회적 차원에서, 나중에는 개인적 차원에서 두 번 나타난다……. 모든 상위 기능은 개인 간의 실제적 관계에서 비롯된다"(Vygotsky, 1978, p. 57)고 보았다.

예를 들어, 에번스 선생님의 수업에서 브리타니와 카를로스의 대화를 다시 생각해 보자. 브리타니가 개별적으로 문제를 해결했다고 해석하는 인지적 구성주의자들과는 대조적으로, 사회적 구성주의자들은 브리타니의 사고가 토론의 직접적인 결과로 변화했다고 제안할 것이다. 직접적으로 대화를 통해 브리타니는 대명사-선행사 일치(pronoun-antecedent agreement)를 더 명확하게 이해할 수 있었고, 토론 후에 **적절한 이해**(appropriating understanding)의 과정을 거치며 개인적으로 배움을 내재화했다(Li et al., 2007).

사회적 구성주의는 학교 교육을 설계하고 전달하는 기본 틀이 되었다(Martin, 2006). 이는 학습자가 스스로 모든 것을 발견해야 한다는 의미도 아니며, 교사가 자신의 생각을 학생들과 공유해서는 안 된다는 의미도 아니다. 오히려 교사가 수업과 관련된 전통적인 질문, 즉 학습을 계획하고, 학습 활동을 하고, 학습을 평가하는 모든 것을 고려해야 한다는 것을 시사한다. 그러나 중요한 것은 학습자가 수동적으로 수업을 듣고 단순히 교사가 수업 내용을 설명하는 대신 교사는 사회적 상호작용을 촉매제로 사용하여 학습자의 지식 구성을 촉진해야 한다는 것이다. 사회적 구성주의 관점에서 교사의 필수적 역할은 학습자가 타당한 아이디어를 구성하고 내재화하는 과정에서 인지적으로 능동적인 학습 환경을 조성하는 데 있다.

이제 다음의 것들을 검토하면서 이러한 학습 환경을 어떻게 조성하는지 살펴보도록 한다.

- 사회문화적 학습이론(Sociocultural Learning Theory)
- 학습자 공동체로서 교실(The Classroom as a Community of Learners)
- 인지적 도제(Cognitive apprenticeships)

사회문화적 학습이론　**사회문화이론**(Sociocultural theory)은 학습의 사회적 측면을 계속 강조하면서도 학습이 발생하는 더 큰 문화적 맥락을 더욱 강조한다(Beck, 2017; Ramos, 2017). 가정에서의 상호작용 패턴은 이러한 강조를 잘 보여 준다. 예를 들어, 일부 문화에서는 아이들을 적절한 대화 상대로 여기지 않는데, 그 결과 아이들은 자발적으로 손을 들고 교사의 질문에 대답하는 것을 꺼릴 수 있다. 그리고 교사가 직접 질문에 대답을 하도록 지명할 때조차 아이들은 대답하기를 주저할 수 있다. 학생들이 학교에서 보이는 문화적 경험, 태도, 가치관에도 차이가 존재하며, 이 모든 것은 학습에 영향을 미친다(Rogoff, 2003). 교사로서 우리는 이러한 차이에 민감하게 반응하고, 학생들이 우리 교실의 문화를 이해하고 적응하도록 도와주어야 한다.

학습자 공동체로서 교실　학습에 대한 사회문화적 관점은 강조점을 개인에서 집단으로, 지식 습득 자체에서 학습자 공동체 내에서의 소속, 참여, 의사소통으로 전환한다. **학습자 공동체**(community of learners)는 교사와 학생이 함께 협력하여 모든 사람이 학습할 수 있도록 돕는 학습 환경이다(Moser, Berlie, Salinitri, McCuistion, & Slaughter, 2015; Sewell, St. George, & Cullen, 2013). 이러한 관점은 교사의 관리, 규칙과 절차, 학생들과 상호작용하는 방식이 협력적이고 매력적이거나 경쟁적이고 위협적인 미시적 교실 문화를 만든다는 점을 시사한다.

학습공동체에서는

- 모든 학생들은 학습 활동에 참여한다. 참여를 촉진하기 위해 뉴홀 선생님은 학생들이 그룹을 이루어 활동하도록 했으며, 학급의 모든 학생들이 참여했다.
- 학습을 촉진하는 것은 교사 혼자만의 책임이 아니라 교사와 학생들이 서로 협력하여 학습을 돕는다. 이 장의 뒷부분에서 살펴보게 되겠지만, 수잰은 자신의 그룹원들과 교류함으로써 자신의 생각을 크게 변화시킨다.
- 학생 간의 상호작용은 학습과정에서 중요한 부분을 차지한다. 뉴홀 선생님은 학생들이 그룹원들에게 왜 자신의 해결책이 효과가 있을 것이라고 생각하는지 설명하도록 요청하면서 이러한 상호작용을 촉진했다.
- 교사와 학생은 관심사, 사고, 발전의 차이를 존중한다. 몰리는 수잰의 생각에 동의하지 않았지만, 수잰의 설명이 끝날 때까지 문제에 대한 해결책을 제시하지 않았다.
- 답만큼이나 학습 활동에 관여하는 사고가 중요하다. 뉴홀 선생님은 단순히 답 자체를 찾는 것이 아니라 답에 대한 설명을 강조했다.

이러한 학습공동체의 각 특성은 지식이 먼저 사회적으로 구성되고 그 다음 개인에 의해 전유되고 내면화된다는 생각에 근거한다. 학습자 공동체를 만들기 위해 학생들이 '우리 모두가 함께한다'고 느낄 수 있는 교실 문화를 조성하려고 노력하고 있다. 우리(교사)는 최선을 다해 학습을 지원하고 학생들은 가능할 때마다 서로를 돕는다. 시험 및 퀴즈 점수와 성적은 학생들이 서로 얼마나 잘 경쟁하는가를 반영하는 것이 아니라 학생들이 학습내용을 숙달한 정도를 반영한다.

인지적 도제   역사적으로 도제 제도는 초보자들이 스스로 배울 수 없었던 기술을 습득하는 데 도움을 주었다(Lerman, 2016). 도제 제도는 배관, 직조, 또는 요리와 같은 직업 분야에서 흔히 볼 수 있지만, 악기를 연주하는 법을 배우거나 예술 작품을 만드는 것과 같은 분야에서도 사용된다. **인지적 도제**(Cognitive apprenticeship)는 덜 숙련된 학습자들이 독해, 글쓰기, 또는 문제해결과 같은 인지적 기술을 개발하기 위해 전문가들과 상호작용하는 과정에서 발생하는 사회적 학습과정이다(Essary, 2012; Peters-Burton, Merz, Ramirez, & Saroughi, 2015).

인지적 도제는 사고를 발달시키는 데 초점을 맞추고 있으며, 다음과 같은 구성 요소를 포함한다.

- 모델링: 교사 또는 지식이 풍부한 학생들은 문제해결 방법과 같은 기술을 시연하는 동시에 자신의 생각을 큰 소리로 설명함으로써 자신의 생각을 모델링한다.
- 스캐폴딩: 학생들이 과제를 수행하면서 교사가 질문을 하고 지원을 제공하며, 학생들의 숙련도가 높아짐에 따라 교사의 지원은 감소한다.

- 언어화: 학생들은 발전 중인 이해를 말로 표현하도록 권장되며, 이를 통해 교사들은 발전 중인 학생의 사고를 평가할 수 있다.
- 복잡성 증가: 학생들의 숙련도가 높아짐에 따라 교사는 학생들에게 더 어려운 과제와 문제를 제시한다.

우리는 사회적 상호작용이 필수적임을 알고 있다. 이는 인지학습이론의 원리이다. 불행하게도 교실에서는 그런 일이 아주 드물다. 교사는 수업 시간의 대부분을 강의하고 설명하거나 학생들에게 자리를 배정하는 데 쓴다(Pianta, Belsky, Houts, & Morrison, 2007). 인지적 도제의 두 가지 필수 구성 요소인 스캐폴딩과 언어화는 우리(교사)가 가르치는 주제를 단순히 설명하는 경우에는 불가능하다. 우리 모두에게 적용되는 경험 법칙은 다음과 같다. 만약 교사가 아이디어를 설명하면 학생들은 그 아이디어를 '이해'할 수도 있고 이해하지 못할 수도 있다. 그러나 학생들이 교사에게 아이디어를 설명해 준다면 우리는 학생들이 잘 이해했다는 것을 알 수 있다.

학습과학

교육심리학과 당신

1. 392 ÷ 14 = 또는 360 ÷ 12 = 2 중 어떤 문제의 답이 더 클 것인가?
2. 이제, 이 문제를 생각해 보자. 제이퍼(Jennifer)는 고향에서 392마일 떨어진 마을에 있는 대학 친구를 만나러 여행을 간다. 그녀의 차는 여행에 14갤런의 휘발유를 사용한다. 크리스티나(Christina)는 집에서 360마일 떨어질 곳에서 대학을 다니고 있는데, 봄 방학을 맞아 집에 가고 있다. 그녀의 차는 여행에 12갤런의 휘발유를 사용한다. 제니퍼와 크리스티나 중 누구의 차가 연비가 더 좋을까?

어떤 문제가 더 의미가 있다고 생각하는가? 왜 그렇게 생각하는가?

이제 '교육심리학과 당신'에 있는 문제들을 살펴보자. 우리는 두 개의 질문에 모두 답하기 위해 간단히 392를 14로 나누고 360을 12로 나눈다. 그러나 대부분의 사람들은 두 번째 문제를 더 의미 있게 생각하는데, 왜냐하면 두 번째 문제가 일반적인 실제 문제에 초점을 맞추기 때문이다. 우리는 모두 기름 값에 돈을 지불하기 때문에 우리가 소유한 차의 연비가 얼마나 좋은지 알고 싶어 한다.

위의 두 번째 문제와 같은 실제 상황에서 학습을 연구하는 것이 **학습과학**(learning sciences)의 초점이다. 이는 "실제 환경에 존재하는 학습과 기술 유무에 관계없이 학습이 어떻게 촉진될 수 있는지에 초점을 맞춘 연구 분야"이다(International Society of the Sciences, 2017, para. 1).

학습과학 분야의 선구자들은 학교가 전통적으로 학생들이 "링컨은 남북전쟁 당시 대통령이었습니다"와 같은 사실과 앞서 살펴본 '교육심리학과 당신'의 첫 번째 문제를 해결하는 방법을 습득할 수 있도록 설계되었다고 말한다. 전통적으로 학습과학의 선구자들은 "학교 교육의 목표는 사실적 지식과 절차를 학생의 머릿속에 심어 주는 것이고 사람들은 이러한 사실과 절차를 많이 습득했을 때 잘 교육받은 것으로 여겨진다"(Sawyer, 2006, p. 1)고 주장한다. 학교 교육은 학생들이 얼마나 많은 사실적 지식과 절차를 표준화 검사에서 식별하거나 생산해 낼 수 있는지를 바탕으로 평가된다(Sawyer, 2006). 이러한 접근법은 과거 산업화된 경제에 학생들이 적응하는 데 도움을 주었으나 많은 연구자와 교육자들은 우리가 기술과 지식 기반의 지향으로

21세기로 접어들면서 이러한 접근법이 부적절하다고 생각한다.

학습은 대체로 사회적 과정이며, 학습자들이 지식을 받는 것이 아니라 구성한다는 것을 알고 학습과학자들은 학습과 교수에 관한 몇 가지 결론에 도달했다(Yoon & Hmelo-Silver, 2017). 관련하여 [그림 9-1]에 개요를 설명하고 다음 절에서 이에 대해 논의한다.

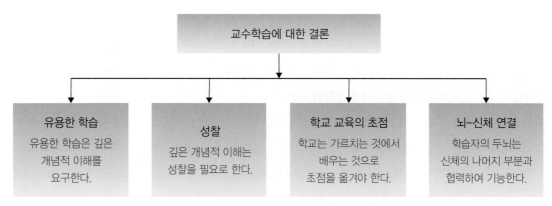

[그림 9-1] 학습 및 교육에 대한 학습과학 결론

유익한 학습을 위해서는 깊은 개념적 이해가 필요하다

'교육심리학과 당신'의 두 가지 문제는 이러한 논의를 잘 반영한다. 첫 번째 문제는 단지 암기된 절차만 필요한 반면, 두 번째 문제는 다른 중요한 개념과 연결된 학습으로 이어진다. 그리고 이러한 강조점은 모든 내용 영역에 적용된다. 예를 들어, 학창 시절 우리 모두는 마르코 폴로(Marco Polo)의 극동 방문, 항해사 헨리 왕자(Prince Henry)와 바스쿠 다가마(Vasco DaGama)와 같은 포르투갈 탐험가의 이름, 1492년 콜럼버스(Columbus)의 신대륙 여행에 대해 배웠다. 앞서 가르치고 배우는 것에 대해 전통적인 교육이 강조한 것처럼 대개 우리는 이러한 지식을 개별적 지식으로 학습했다.

그러나 해당 지식은 개념적으로 연결되어 있다. 마르코 폴로의 여행과 그가 이후에 쓴 영향력 있는 책 때문에, 포르투갈 탐험가들을 포함하여, 많은 상인과 무역상은 극동으로 진출하기를 원했다. 그러나 아프리카의 끝을 돌아 인도양을 통과하는 항해는 위험했기 때문에, 콜럼버스는 서쪽으로 여행하며 극동으로 가려는 생각을 하게 되었다. (물론, 콜럼버스는 자신이 대신 아메리카 대륙으로 갈 것이라는 것을 깨닫지는 못했다.) 마르코 폴로의 여행, 포르투갈 항해사들, 그리고 콜럼버스의 신세계로의 여행 간의 연관성을 이해하는 것은 모든 정보를 훨씬 더 연결되고 의미 있게 만든다. 학습과학은 모든 교육이 사실과 암기된 절차 대신 이런 종류의 이해에 집중해야 한다고 주장한다(Penuel, Bell, Bevan, Buffington, & Falk, 2016).

깊은 개념적 이해를 위해서는 개인적인 성찰이 필요하다

"학생들은 대화를 통해, 혹은 논문이나 보고서, 다른 산출물을 만드는 과정에서 학습 중인 지식을 표현하고 현재 지식의 수준을 성찰하며 분석할 수 있을 때 더 잘 배운다"(Sawyer, 2006, pp. 2-3). 이것은 학생들이 지식을 발달시키는 과정에서 '무엇인가를 해야만' 한다는 것을 시사한다. 이는 배운 지식을 다른 지식과 연결하거나, 실제 세계의 문제를 해결하거나, 혹은 학습한 내용을 실생활에 적용하는 것이다. 간단한 예로, 뉴홀 선생님은 학생들이 자신이 이해한 개념을 시소와 다른 레버 문제에 적용하도록 했다.

학교 교육의 초점을 가르치는 것에서 배우는 것으로 바꿔야 한다

이 진술은 역설적으로 보일 수도 있다. 학교는 항상 배움에 초점을 맞추지 않는가? 표면적으로는 그렇다. 그러나 우리가 콜럼버스의 항해 사례에서 보았듯이, 조금 더 깊이 살펴본다면 그다지 그렇지는 않다. "이는 학생의 학습 상황을 교사가(그리고 바람직하게는 학생이) 잘 확인할 수 있도록 교사가 최적의 환경과 활동을 구성할 필요가 있다는 것이다"(Hattie & Gan, 2011, p. 257). 우리는 뉴홀 선생님의 수업에서 이러한 생각이 잘 드러나 있는 것을 보았다. 같은 그룹의 학생들은 수잰과 몰리의 생각을 모두 확인할 수 있었다. (이 장의 뒷부분에서 우리는 수잰의 생각 변화와 그 변화의 원인을 보게 될 것이다.)

학습자의 두뇌는 신체의 나머지 부분과 협력하여 기능한다

우리의 뇌는 분명히 우리 몸의 일부이며, 우리가 너무 피곤하거나 영양실조 상태에 있다면 잘 생각하지 못한다. 그러나 덜 분명한 것은 인지(우리의 사고)가 신체의 특성에 따라 달라지고 신체가 정보를 처리하는 방식에 큰 영향을 미친다는 개념인 **체화된 인지**(embodied cognition)의 개념이다(McMorris, 2016; Skulmowski & Günter, 2017).

그러나 체화된 인지의 개념, 인지(우리의 사고)는 우리 몸의 특성에 따라 달라지며, 우리 몸은 우리가 정보를 처리하는 방식에 중요한 영향을 미친다는 개념은 덜 명백하다(McMorris, 2016; Skulmowski & Günter, 2017).

많은 예가 있다. 가령 연구자들은 스트레스에 직면하여 똑바로 앉아 있으면 구부정한 자세에 비해 자존감을 유지하고 부정적인 기분을 줄이며 긍정적인 기분을 높일 수 있다는 것을 발견했다. 또한 똑바로 앉아 있으면 말하기 속도가 증가하고 자아에 대한 집중도가 감소한다(Nair, Sagar, Sollers, Consedine, & Broadbent, 2015). 연구자들은 똑바로 앉아 있는 것이 스트레스 회복력을 키우는 데 도움이 되는 간단한 행동 전략일 수 있다고 믿는다(Nair et al., 2015). 또 다른 예로, 사람들은 자신이 걸어온 거리를 더 멀게 인식하고, 언덕을 더 가파른 곳으로 인식한다(Proffitt, 2006). 또한, 사람들이 평가하는 얼굴 표정을 그대로 따라 하면 다른 사람의 얼굴에 표현된 감정을 더 빨리 감지할 수 있다(Balcetis & Dunning, 2007).

이 모든 것은 적절한 경우 학생들이 과제에 반응할 때 몸을 사용하도록 격려하는 것이 학생들의 사고를 향상시킬 수 있음을 시사한다. 예를 들어, 단순히 손가락으로 평행사변형 모양을 만들거나 지도 위에서 손을 움직이는 것만으로도 문제에 대해 생각하고 거리를 시각화하는 데 도움이 될 수 있다(Alibali, Spencer, Knox, & Kita, 2011).

상황적 인지

앞에서 살펴보았듯이 학습과학은 학습이 실제 상황에서 이루어지는 연구에 초점을 맞추고 있다. 여기서 더 나아가 **상황적 인지**(situated cognition, 또는 상황 학습)는 학습이 발생하는 상황에 의존하며, 그것과 분리될 수 없다는 것을 시사한다(Morgan, 2017; Robbins & Aydede, 2009). 예를 들어, 학습과학이 시사하는 바와 같이 지식과 이해를 실제 상황에 적용하는 것이 중요할 뿐만 아니라, 상황적 인지 연구자들은 말 그대로 실제 상황에서 다른 종류의 학습이 발생한다고 제안한다.

APA의 20가지 주요 원칙

이번 논의는 유치원–12학년(초·중등학교)까지 교수 및 학습을 위한 심리학의 20가지 주요 원칙 중 제4원칙을 설명한다. 이는 학습은 맥락에 기반하기 때문에 새로운 맥락으로 학습을 일반화하는 것은 자발적이지 않으므로 촉진되어야 한다는 것이다.

예를 들어, 상황인지론의 지지자들은 '교육심리학과 당신'의 첫 번째 문제와 비교하여 두 번째 문제를 풀 때 다른 종류의 학습이 일어난다고 주장할 것이다(Williamson, 2016). 마찬가지로, 학습이론을 사례 연구 및 교실 예시에 적용할 때, 추상적으로 그것들을 공부하는 것과는 다른 수준의 이해를 얻게 된다.

상황적 인지는 극단적으로 말하면, 한 맥락에서 습득한 이해를 다른 맥락에 적용하는 능력인 **전이**(transfer)가 불가능하지는 않지만 어렵다는 것을 시사한다. 예를 들어, 시골에서 운전을 배우는 사람들은 운전 전문 지식이 시골 환경에서 형성되었기 때문에 교통량이 많은 대도시에서 운전을 하는 데 어려움을 보일 수 있는 것이다. 그러나 전이는 실제로 존재한다. 전이가 일어나지 않으면 우리는 모든 것을 매일 새롭게 배워야 할 것이다(Mayer & Wittrock, 2006). 예를 들어, 무수히 많은 상황에서 운전할 수 있는 능력이 발생하며, 연습을 통해 사람들은 시골 지역, 대도시 및 심지어 다른 나라에서도 편안한 운전을 할 수 있다.

마찬가지로 우리는 학습이 일어나는 상황을 의식적으로 변화시킴으로써 학교에서의 전이를 촉진할 수 있다(Vosniadou, 2007). 예를 들어, 수학을 전공하는 학생들은 다양한 실세계 문제를 해결하는 연습을 해야 하고, 언어를 전공하는 학생들은 각 내용 영역에서 글쓰기 연습을 해야 한다(Mayer & Wittrock, 2006). 상황적 인지는 맥락이 중요하다는 것을 알려 주며, 우리는 학생들에게 다양한 맥락에서 발전하는 지식을 적용하게 할 수 있다. 이 모든 것은 학습과학과 일치한다.

다양성: 지식 구성에 미치는 영향

학생들의 다양성은 학교에서 학생들이 보여 주는 신념에 강하게 영향을 미치며, 이는 학생들이 우리의 교육에 반응하고 지식을 구성하는 방식에 영향을 미칠 수 있다. 예를 들어, 무슬림과 유대인 학생들은 서로 다른 신념 때문에, 역사적인 아랍–이스라엘 분쟁, 이라크와 아프가니스탄에 대한 미국의 개입, 그리고 이란 핵협정과 같은 중동의 문제들에 대해 매우 다른 이해를 구성할 가능성이 있다. 또한, 종교적 신념이 지구가 45억 년이나 되었다는 과학자들의 설명이나 인간이 더 원시적인 종에서 진화했다는 생각과 상충하는 학생들은 진화론을 거부하는 생각을 구성할 수 있다(Tracy, Hart, & Martens, 2011).

다양성, 특히 학생들의 문화는 지식 구성을 수정하기 위해 피드백을 사용하는 방식에도 영향을 미친다. "집단주의 문화(예: 유교 기반 아시아, 남태평양 국가)의 학생들은 간접적이고 암시적인 피드백, 그룹 중심의 피드백을 선호하고 개인 수준의 피드백을 선호하지 않았다. 개인주의/소크라테스식(Socratic) 문화(예: 미국)의 학생들은 개인 중심의 자기 관련 피드백을 더 선호했다"(Hattie & Gan, 2011, p. 262).

그렇다면, 학생들이 우리의 학습 활동에 다른 신념을 가지고 있고 피드백 선호도가 다르다는 것을 깨닫고 어떻게 해야 할까? 우리는 어떤 믿음이 무효하다는 강력한 증거가 없는 한, 학생들이 생각을 바꾸지 않을 것이라는 것을 알고 있고, 이 증거가 있더라도 학생들은 때때로 원래의 신념을 유지할 것이다(Harmon, 2017).

그리고 서로 다른 정치적 견해에서 볼 수 있듯이, 완전히 설득력 있는 증거는 대게 존재하지 않는다.

이러한 인지적 갈등에 대한 가장 효과적인 접근법은 학생들에게 어떤 아이디어, 이론, 해석을 스스로 믿든 믿지 않든 이해할 책임이 있음을 분명히 전달하는 것이다(Southerland & Sinatra, 2003). 예를 들어, 진화론이 일부 학생들에게 논란이 되고 있다고 해서 그들이 진화론의 원리를 이해하지 말아야 한다는 것을 의미하는 것은 아니다. 학생들이 원리를 수용할지 여부는 학생들에게 달려 있다.

피드백과 관련하여 우리는 필요할 때마다 간접적인 피드백(전체 학급에 제공되는 피드백)과 직접적인 피드백을 모두 제공할 수 있다. 만약 우리가 모두 함께 이 일에 참여하는 수업 분위기가 조성된다면, 간접적이고 암묵적인 피드백을 선호하는 학생들은 교사가 자신의 편임을 깨닫게 될 것이고, 교사가 의도하는 바에 따라 교사의 직접적인 피드백을 받아들일 것이다.

교실을 학습 공동체로 생각하는 것은 모든 형태의 다양성을 다룰 때 중요하다. 모든 학생들에게 자신의 신념을 공유할 수 있는 기회가 주어져야 하고, 사고의 다양성이 존중되어야 한다. 학급 친구들이 상호작용과 피드백에 대해 자신과 다른 신념을 가지고 있고 다른 선호를 가지고 있다는 것을 인식하고, 그 차이를 인정하며 존중하는 학습은 그 자체로 학습 경험의 가치가 있다.

오개념: 학습자가 잘못된 지식을 구성할 때

9.2 오개념의 의미, 오개념이 어떻게 발생하는지, 그리고 오개념을 어떻게 제거할 수 있는지 설명할 수 있다.

> **교육심리학과 당신**
> 당신은 우뇌형인가, 좌뇌형인가? 당신이 우뇌형이라고 생각한다면, 당신은 논리적이고 객관적인 것보다(일반적으로 좌뇌형의 특징으로 알려진 것처럼) 더 직관적이고 주관적이라고 믿는가? 당신의 좌뇌 또는 우뇌 성향은 당신이 세상을 살아가는 방식에 어떤 영향을 미치는가?

여기서 '교육심리학과 당신'의 질문들을 생각해 보라. 우리가 우뇌형이거나 좌뇌형인 경향이 있다는 생각은 1970년대에 수행된 연구에서부터 대중화되었다. 그러나 그것은 신화, 혹은 잘못된 생각이다(Boehm, 2012; Tatera, 2015). 그 잘못된 생각은 우뇌형인 사람들은 자발적이고 창의적인 반면, 좌뇌형인 사람들은 논리적이고 분석적이라는 것을 암시한다. 그러나 이것은 신화에 불과하며, 사람들이 수학과 같은 내용 영역에서 어려움을 겪는 이유는 그 분야의 논리적·분석적 성향 때문이지 우뇌형이기 때문이 아니다(Tatera, 2015).

오개념(Misconception)은 증거나 일반적으로 받아들여지는 설명과 일치하지 않는 이해이다. 오개념은 과학에서 가장 흔하지만 다른 내용 영역에도 존재한다. 과학, 수학, 역사, 언어 예술에서의 오개념 예는 〈표 9-1〉에 정리되어 있다.

〈표 9-1〉 수학, 수학, 역사, 언어에서의 오개념

과학	수학	역사	언어
• 여름은 태양에 더 가깝기 때문에 더 따뜻하다. (계절은 지구의 기울기에 의해 발생하며 여름에는 태양쪽으로 기울어진다.) • 우리는 동물에게 먹이를 주는 것과 거의 같은 방식으로 식물에게 '먹이'를 준다. (식물은 스스로 영양분을 생산한다.) • 달의 위상은 지구가 달의 일부에 그림자를 드리우기 때문에 발생한다. (달의 위상은 지구와 태양, 달의 위치에 따라 발생한다.) • 일정한 속도로 움직이는 자동차(예: 시속 70마일로 일정한 속도로 움직이는 물체)를 앞으로 미는 힘은 뒤로 미는 힘보다 크다. (힘은 동일하다.)	• .1 × .1 = .1 (.1 × .1 = .01.) • 곱하면 더 큰 숫자가 되고, 나누면 더 작은 숫자가 된다. (첫 번째 예에서 .01은 .1보다 작으며 .1/.1= 10이다.) • 분수는 1의 부분이고 1보다 크지 않다. (분수 3/2는 1보다 크다.) • 분수에 관해서는 여러 가지 오개념이 있다. 학생들에게 4/5, 1/3, 5/4, 4/9, 1/2의 분수를 가장 작은 것부터 가장 큰 것 순서대로 정렬하라고 요청했을 때, 2%만이 1/3, 4/9, 1/2, 4/5, 5/4로 정확하게 순서를 매겼다(Alghazo & Alghazo, 2017).	• 콜럼버스(Columbus)는 아메리카를 발견했다. (대륙에는 아메리카 원주민이 거주했으며 바이킹은 대륙을 방문한 최초의 유럽인이다.) • 세일럼(Salem) 마녀 재판이 진행되는 동안 사람들이 화형에 처해졌다. (어떤 사람들은 교수형을 당했지만 불에 탄 사람은 없었고, 분명히 마녀도 없었다.) • 벤저민 프랭클린(Benjamin Franklin)은 전기를 발견했다. (프랭클린이 실험을 수행하기 전에 많은 사람들이 전기에 대해 알고 있었다. 그러나 그는 전기에 대한 이해를 크게 확장했다.) • 폴 리비어(Paul Revere)는 말을 타고 매사추세츠 시골 지역을 지나가며 "영국군이 오고 있습니다! 영국인들이 오고 있어요!"라고 외쳤다. (그와 다른 사람들은 영국인에 대해 경고하기 위해 조용히 집집마다 다녔다.)	• 부사는 'ly'로 끝나는 단어이다. (많은 부사가 'ly'로 끝나지만, 많은 부사들은 그렇지 않다. 예를 들어, "They soon left for the game"는 문장에서 soon은 동사를 수식하는 부사이다.) • 형용사는 수식하는 명사 앞에 붙는다. (그들은 종종 명사 뒤에 붙는다. 예를 들어, "The game was incredibly exciting."이라는 문장에서 exciting은 명사 game을 설명하는 형용사이다.) • 문장은 전치사로 끝나서는 안 된다. ("거의 모든 문법학자들이 문장을 전치사로 끝내는 것이 좋다는 것에 동의한다.") (Fogarty, 2011, p. 45). • 정통(전문) 영어에서는 축약형이 적합하지 않다. (이것은 "영어 사용의 큰 신화" 중 하나이다) (Walsh, 2004, p. 61).

교수학습에서의 오개념

교수와 학습에서 여러 가지 오개념이 존재하며, 특히 그중 두 가지가 중요하다. 첫 번째는 학생들의 어떤 주제에 대해 잘 이해하도록 돕는 가장 효과적인 방법은 학생들에게 해당 주제를 설명하는 것이라는 생각인데, 이는 가장 치명적인 오개념이다. 연구 결과에 따르면 단순히 강의하고 설명하는 것보다 학생과의 상호작용이 더 많은 학습을 가져온다는 사실이 일관되게 나타났음에도 불구하고 많은 교사는 이러한 오개념을 계속해서 고수하고 실천하고 있다(Kunter et al., 2013; Mosher, Gjerde, Wilhelm, Srinivasan, & Hagen, 2017).

두 번째는 효과적인 교사가 되기 위해 필요한 것은 수학, 영어 또는 역사와 같은 내용에 대한 지식일 뿐이라는 것이다. 교육 지도자와 정치인을 포함한 많은 사람들이 이러한 오개념을 가지고 있으며, 이들은 주로 교육 정책을 수립하는 사람들이기 때문에 중요한 문제이다. 물론 내용에 대한 지식도 중요하지만, 교육 전문성은 학생들이 학습하고 발전하는 방법, 이해할 수 있는 방식으로 내용을 표현하는 방법, 교실을 구성하고 관리하는 방법 등 훨씬 더 많은 것을 필요로 한다(Hattie, 2012; Kunter et al., 2013; Sadler, Sonnert, Coyle, Cook-Smith, & Miller, 2013).

이밖에도 교수와 학습에 대한 다른 많은 오개념이 존재한다.

• 교사의 근무일은 3시에 끝난다. 사실상 모든 교사들이 밤과 주말에 근무한다.
• 교사는 여름방학이 있다. 교사는 종종 여름 동안 전문성을 개발하고, 많은 교사가 월급을 보충하기 위해

부업을 한다.
- 학생의 학습은 전적으로 교사의 책임이다. 학생의 동기 부여와 학부모의 지지가 필수다.

학습자 발달에 대한 오개념도 존재한다. 예를 들어, 중 · 고등학생의 생활연령에 비추어 보았을 때 이들은 형식적 조작기에 해당하는 사고가 가능할 것이라고 짐작할 수 있기 때문에, 일부 교사들은 자신이 가르치는 개념을 학생들이 이해하도록 돕는 과정에서 단어만 사용해서 추상적으로 가르칠 수 있다고 믿는다(İlhan, 2017). 이는 피아제(Piaget, 1970, 1977)의 발달이론에 대한 일반적인 오개념이다. 어떤 주제와 관련된 경험이 부족하다면, 모든 연령대의 학습자들은 주제를 이해하는 데 도움이 되는 구체적인 경험이 필요하다.

오개념의 기원

우리는 인지학습이론의 원리로 오개념의 기원을 설명할 수 있다. 간단히 말해서, 우리는 오개념을 구성하는데, 이는 우리가 이해할 수 있는 것이기 때문이다. 그리고 우리가 구성하는 오개념은 주로 우리의 사전 지식과 경험에 달려 있다. 예를 들어, 〈표 9-1〉의 첫 번째 과학 예제를 보면, 우리는 모두 뜨거운 난로에 손을 가까이 대면서 점점 더 뜨거워지는 열기를 느껴 본 경험이 있기 때문에 여름에 더 따뜻해지는 것은 태양에 더 가깝기 때문이라고 이해할 수 있다. 또한 첫 번째 수학 예제를 보면, 우리의 사전 지식은 $1 \times 1 = 1$이기 때문에 $.1 \times .1 = .1$로 이해할 수 있다. 그리고 역사에서 우리는 콜럼버스의 날을 콜럼버스가 아메리카 대륙에 도착한 날로 기념하기 때문에, 콜럼버스가 아메리카 대륙을 '발견'했다고 이해하는 것이 비약은 아니다. 우리의 경험에 따르면 많은 경우 부사가 실제로 ly로 끝나는 것을 알 수 있다. 이러한 오개념은 각각 잘못 적용된 사전 지식에 근거를 두고 있다.

경험은 또한 교수와 학습에 대한 우리의 잘못된 인식에 영향을 미친다. 예를 들어, 강의는 특히 고등학교와 대학교에서 가장 일반적인 수업 방식이기 때문에(Andrew, 2007; Mosher et al., 2017), 우리는 강의를 효과적인 수업 방식이라고 생각한다.

APA의 20가지 주요 원칙

이번 논의는 유치원-12학년(초 · 중등학교)까지 교수 및 학습을 위한 심리학의 20가지 주요 원칙에서 두 번째 원리인 '학생들이 이미 알고 있는 것은 그들의 학습에 영향을 미친다'는 것을 보여 준다.

언어와 겉모습, '직관적인 매력(intuitive appeal)'도 오개념을 야기한다. 예를 들어, 언어와 관련하여 우리는 납과 수은을 '중금속'이라고 부르는데, 이는 무게, 질량 및 밀도 개념 간의 관계에 대한 오해를 불러일으킬 수 있다. 그리고 우리는 해와 달을 '떠오르는 것'과 '지는 것'으로 묘사한다. 게다가 둘 다 하늘을 가로질러 움직이면서 떠오르고 지는 것처럼 보이기 때문에 아이들은 해와 달이 지구 주위를 돈다고 믿게 된다.

'직관적인 매력'의 예로, '교육심리학과 당신'의 예를 다시 생각해 보라. 우뇌-좌뇌 우세라는 개념은 직관적으로 매력적이고, 일부 영리한 사람들은 이러한 개념을 이용하기도 한다. "우뇌에 대한 매혹적인 아이디어와 아직 활용되지 않은 창의적 잠재력 역시 사이비 심리학을 유포하는 자조 전문가들의 표적이 된 오랜 역사를 가지고 있다"(Jarrett, 2012, para. 2). 그리고 자기계발 비디오 게임과 스마트폰 앱을 만드는 사람들은 이러한 오개념을 영속화한다. "뇌의 우뇌와 좌뇌가 각기 다른 인간의 특성을 조절한다는 것을 알고 있었나요? 과학적 연구들은 우뇌와 좌뇌가 우리가 생각하고 행동하는 방식에 각기 다른 영향을 미친다는 것을 보여 주었습니다"(Mirpuri, 2014, para. 1)와 같은 진술은, 타당한 연구 증거가 부족하지만, 설득력이 있을 수 있다.

학습 양식(Learning styles), 즉 사고와 문제해결에 대한 학생들의 개인적인 접근 방식은 직관적인 매력을 지닌 또 다른 오해이다. 예를 들어, 사람들이 다르게 배운다고 믿는 것은 합리적이므로, '학습 양식'이라는 개념은 직관적으로 매력적이다. 그러나 연구는 학생들이 배우는 양과 학생들의 학습 양식을 수용하려는 교사들의 노력 사이의 연관성을 밝혀내지 못했다. 또한, 전문가 교사들은 일반적인 관행에 따라 시각적·언어적 형태, 그리고 적절한 경우 촉각의 형태로 정보를 제시한다. 학습 양식에 대한 개념은 연구를 통해 크게 신빙성이 없음이 드러났다(Howard-Jones, 2014). 그리고 일부 비평가들은 더 나아가 "학습 스타일이 지난 20년 동안 널리 퍼져 있던 가장 쓸모없고 오해를 불러일으키는 신화 중 하나라고 생각한다"(Clark, 2010, p. 10).

오개념의 변화에 대한 저항

교사로서 우리는 일반적으로 잘못된 개념에 반하는 증거를 제공함으로써 학생들의 오개념을 수정하려고 노력한다(Rich, Van Loon, Dunlosky, & Zaragoza, 2017). 그러나 이것은 종종 효과가 없는데, 이는 학생들 자신이 만들어 낸 오개념이 스스로에게 의미가 있고 아마도 교사의 설명보다 자신이 만들어 낸 오개념이 더 의미가 있기 때문이라고 볼 수 있다.

학생들이 잘못된 생각을 포기하기를 꺼리는 예를 보기 위해, 장의 첫머리에 수잰, 몰리, 테드, 드렉셀 네 명의 학생 그룹으로 돌아가 보자. 뉴홀 선생님이 학생들에게 저울 위에 타일을 올려놓고 왜 이러한 타일의 배치가 균형을 만드는지를 설명하는 과제를 부여했다는 것을 기억하라.

뉴홀 선생님은 여기에 나와 있는 것처럼 각 그룹에 저울과 타일을 주었다.

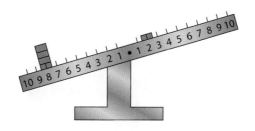

토론 중에 수잰은 다음과 같은 해결책을 제시한다. "눈금 8 위에 타일 네 개가 있고 눈금 2 위에 타일 하나가 있어. 나는 눈금 10에 타일 세 개를 올리고 싶어. 그러면 양쪽에 타일이 네 개씩 될 테니까." 수잰이 제안한 해결책은 다음과 같다.

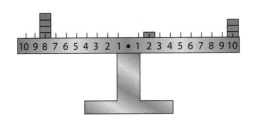

몰리는 수잰이 제안한 방식으로 저울이 균형을 이룰 것이리고 동의하지만 다른 설명을 제시한다. "나는 눈금 10 위에 타일 세 개를 올려야 한다고 생각해. 눈금 8 위에 타일 네 개가 있는 쪽은 32가 되기 때문이야. 그리고 반대쪽에는 눈금 2 위에 타일 한 개만 있기 때문에 이를 동일하게 만들어야 해. 그러니까 눈금 10에 타일 세 개를 추가하면 30에 2를 더한 것이 되고, 양쪽이 모두 32가 되는 거야."

우리는 지금 수업에 다시 참여한다.

수잰과 몰리가 자신의 해결책과 설명을 제시한 후 그룹은 이에 대해 토론하고 뉴홀 선생님은 학생들이 균형에 대한 아이디어를 시험해 보도록 한다. 그런 다음 그녀는 학생들을 다시 모이게 하고 문제를 올바르게 푼 마빈(Mavrin)에게 뉴홀 선생님이 칠판에 그린 여기 보이는 스케치를 사용하여 칠판으로 가서 설명하도록 한다.

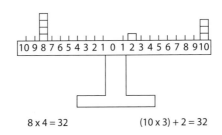

$$8 \times 4 = 32 \qquad\qquad (10 \times 3) + 2 = 32$$

마빈은 스케치를 참조하여 받침점 왼쪽의 $8 \times 4 = 32$가 오른쪽의 $(10 \times 3) + 2 = 32$와 같다고 설명한다. 뉴홀 선생님은 그것을 검토하고 마빈의 생각을 설명하며 "마빈이 수식을 잘 설명하고 있다"고 말한다.

인근 대학의 면접관이 수업을 참관하고 있으며 수업이 끝난 후 수잰, 몰리, 테드, 드렉설과 함께 저울 균형에 대한 이야기를 나눈다. 그는 학생들에게 다음과 같은 문제를 주고 몇 초 동안 생각할 시간을 준 다음 "수잰, 저울의 균형을 맞추기 위해 타일을 어디에 놓을지 알려 주세요."라고 말한다.

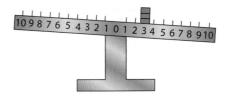

수잰은 다음과 같은 해답을 내놓는다.

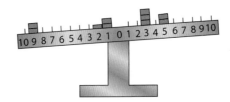

수잰은 "여기에 2개를 올렸습니다(수잰이 저울의 오른쪽에 타일 2개를 추가했음을 나타냄). 2 더하기 3은 5가 됩니다. 여기서는 2 더하기 1 더하기 2이므로 5가 됩니다"(받침점 왼쪽에 타일 5개를 놓았다는 의미)라고 설명한다.

앞의 설명은 학생들의 생각에 대해 많은 것을 알려 주며, 면접관은 인터뷰를 진행하는 과정에서 수잰이 보인 추론에 놀라게 된다. (저자 중 한 명인 폴이 인근 대학의 면접관이었다.)

이는 놀라운 일이다. 수잰은 몰리가 그룹 토론에서 답을 설명하고, 마빈이 칠판의 스케치를 참조해서 설명을 하는 과정에서, 그리고 뉴홀 선생님이 학생들의 답을 검토하는 과정에서 저울의 균형을 잡는 방법에 대해 세 가지 올바른 설명을 들었다. 그러나 수잰의 생각은 조금도 변하지 않았다. 수잰은 받침점 양쪽의 타일 수가 동일하면 저울이 균형을 이룰 것이라는 믿음을 유지했다.

인지학습이론의 원리와 피아제의 평형 개념은 왜 오개념이 수정되기 어려운지 이해하는 데 도움이 된다. 앞서 말했듯이, 우리는 오개념이 우리에게 이해되기 때문에 오개념을 생성한다. 그리고 오개념이 타당하다고 여길 때 우리는 인지적 평형 상태에 있다(Sinatra & Pintrich, 2003). 생각의 변화, 즉 적응은 우리의 이해를 재구성할 것을 요구하는데, 이는 인지적 불평형을 초래한다. 경험을 기존의 이해에 동화시키는 것이 더 간단하고 인지 부하가 낮기 때문에 우리는 오개념을 유지하는 경향이 있다. 수잰은 저울의 양쪽에 있는 타일의 수가 동일하면 저울에 균형이 이루어질 것이라고 믿었을 때 인지적 평형상태를 경험했기 때문에 이러한 오개념을 유지했다.

오개념의 복잡성은 '지혜는 말로 전달될 수 없다(Wisdom can't be told)'는 학습에 관한 또 다른 본질적인 개념을 보여 준다. 이 개념은 원래 찰스 그래그(Charles Gragg, 1940)에 의해 제안되었으며, 그 이후로 연구자들에 의해 반복적으로 강조되었다(Loveland, 2014; Mosher et al., 2017). 이 간단하지만 강력한 아이디어는 우리에게 일반적으로 학습을 촉진하고 특히 학생들의 사고를 변화시키기 위한 전략인 강의와 설명이 종종 비효과적인 이유를 이해하는 데 도움이 된다.

학생들이 학습을 경험하는 과정에서 오개념을 생성하고 이러한 오개념이 변화에 저항한다는 사실을 인식하면 우리는 어떻게 대응할 수 있을까? 이 질문은 다음 절에서 다룬다.

교육심리학을 교수에 활용하기: 학생들의 타당한 지식 구성하기

9.3 지식 구성을 교육에 적용하기 위한 제안을 설명하고, 이러한 제안이 학습과학에 어떻게 근거를 두고 있는지 설명할 수 있다.

우리는 이전 절에서 교수학습 상황에서 잘 나타나는 오개념을 포함하여 다양한 오개념에 대해 논의했다. 그러나 이 밖에도 구성주의와 관련된 오개념이 존재한다. 그것은 학습자는 지식을 스스로 구성하기 때문에 교사는 학생의 학습을 촉진하는 역할을 줄여 왔다는 것이다. 이는 사실이 아니다. 사실, 수업을 계획하고, 학습 활동을 수행하고, 학생들의 이해를 평가하는 전통적인 교사의 역할은 '전통적인' 수업보다 구성주의가 기반이 된 수업에서 훨씬 더 중요하다(Donovan & Bransford, 2005; Sawyer, 2006). 교사로서 우리의 역할은 더 복잡하고 까다롭다. 우리가 수잰의 예에서 보았듯이, 단순히 내용을 설명하는 것(가장 일반적인 교육 방법)이 종종 잘 작동하지 않는다는 것을 깨닫기 때문이다.

우리는 학생들이 스스로 지식을 구성한다는 것을 알고 있으며, 학생들이 종종 오개념을 형성한다는 것을 알고 있다. 이를 염두에 두고 이제 학생들이 타당한 지식을 구성할 수 있도록 돕기 위한 다음의 제언을 살펴본다.

- 학생들에게 깊은 이해를 촉진하는 경험을 제공한다.
- 상호작용을 교육의 필수적인 부분으로 삼는다.
- 학습내용을 실세계와 연결한다.
- 평가를 통해 학습을 촉진한다.

이러한 제안들을 좀 더 자세히 살펴보도록 하겠다.

학생들에게 깊은 이해를 촉진하는 경험을 제공한다

학습과 발달은 경험에 의존하고, 사전 경험은 학생들이 교실에서 보이는 지식에 영향을 미친다. 그렇다면 학생들이 경험이 부족하고, 사전 지식이 불충분하거나 심지어 부정확할 때 우리는 어떻게 해야 할까? 답은 간단하다. (그러나 종종 쉽지는 않다.) 우리는 필요한 경험을 학생들에게 제공해야 한다는 것이다.

일반적으로 이러한 경험은 양질의 예시, 즉 학생들이 주제를 이해하는 데 필요한 모든 정보를 포함하는 **양질의 예시**(high-quality examples)의 형태로 존재한다. 여기서 볼 수 있듯이 저울 예시에는 학생들이 저울의 균형을 만드는 요소를 이해하는 데 필요한 모든 정보가 포함되어 있다.

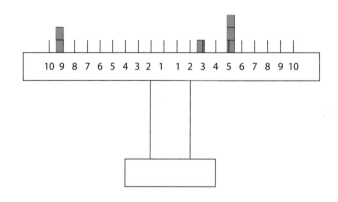

전국교사자질위원회(NCTQ)

전국교사자질위원회(NCTQ)는 모든 신임 교사들이 알아야 할 6가지 필수 교수 전략 중 하나로 예시의 사용을 다음과 같이 설명하고 있다. "2. 추상적 개념을 구체적인 표현과 연결하기. 교사는 중요한 아이디어를 조명하는 실질적인 사례를 제시하고 사례와 큰 아이디어가 어떻게 연결되는지 설명해야 한다"(Pomerance,

Greenberg, & Walsh, 2016, p. vi).

양질의 예시를 사용하기 위한 이론적 근거를 이해하려면 학교 밖의 세계에서 우리가 경험한 것을 생각해 보자. 예를 들어, 실제로 어린아이들은 친근한 개를 보고, 쓰다듬고, 놀면서 점차적으로 개라는 개념을 구축한다. 아이들이 만나는 개는 하나의 예이며, 아이들이 경험한 예가 다양할수록 개에 대한 개념은 더욱 완전하게 발전한다. 우리 모두가 자연스러운 경험을 통해 얻는 수많은 다른 개념도 마찬가지다. 또 다른 예로, 아이와 함께 〈세서미 스트리트(Sesame Street)〉를 잠시 시청해 보자. 예를 들어, 엘모(Elmo)는 꽃밭 위로 뛰어오르며 "나는 꽃 위에 있어요."라고 말한다. 그러다가 불쑥 꽃 아래로 나타나 "이제 나는 꽃 아래에 있어요."라고 말했다. 엘모는 단순히 위와 아래의 개념에 대한 예를 제공하고 있다. 어린이 교육 프로그램은 영리하고 매력적으로 예시를 사용하면서 모든 것을 가르친다.

〈표 9-2〉 다양한 학습내용 영역에서 교사의 예시 사용

내용 영역	학습목표	예시와 주제
언어: 화법	학생들이 비교급과 최상급 형용사를 이해할 수 있도록 한다.	하나는 '더 길고' 다른 하나는 '가장 길다'는 것을 보여 주기 위한 길이가 다른 학생들의 연필 하나는 '더 어둡고' 다른 하나는 '가장 어둡다'는 것을 보여 주는 학생들의 머리 색깔
사회과: 경도와 위도	학생들이 경도와 위도를 이해한다.	경도선과 위도선이 그려진 비치볼(그림 참조)
수학: 소수점과 백분율	학생들이 온스당 비용을 계산하여 소수점과 백분율을 이해하고 어떤 제품이 가장 좋은 구매인지 결정한다.	12온스 청량음료와 그 가격 16온스 청량음료와 그 가격 청량음료 6팩과 가격 
과학: 물질의 성질	학생들이 밀도 개념을 이해할 수 있도록 한다.	음료수 컵에 눌러 담은 솜 뭉치 부피에 대한 무게의 비율이 동일함을 보여 주기 위한 크기가 다른 나무토막 저울 위에 있는 동일한 양의 물과 식물성 오일 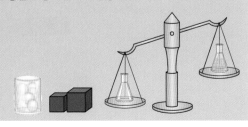

우리가 학생들과 함께 예시를 사용할 때 우리는 아이들이 실제 세계에서 예시를 사용하는 것과 동일한 과정을 거친다(Rawson, Thomas, & Jacoby, 2015). 그러나 우리는 학생들이 특정 학습목표와 기준에 도달할 수 있도록 돕기 위해 구체적인 예시를 만들기도 한다. 말 그대로 우리의 사례는 학생들이 지식을 구성하는 데 사용하는 경험을 제공한다. 양질의 예시는 학습과학에서 필수적이라고 언급되는 깊은 수준의 이해를 촉진하고 특히 학생들이 새로운 아이디어에 맞닥뜨렸을 때 모두에게 중요하며, 학교에서 통용되는 언어(*영어)에 능숙하지 않고 또래 친구들이 학교에서 경험하는 것을 충분히 경험하지 못한 학생들에게 영향력이 크다(Echevarria & Graves, 2015).

〈표 9-2〉는 다른 학습내용 영역에서 교사가 사용한 추가적인 예시를 보여 준다.

상호작용을 교육의 필수적인 부분으로 삼는다

비록 본질적이기는 하지만, 양질의 예시가 반드시 학습을 낳지는 않을 것이다. 저울과 관련한 수잰의 사고에서 보았듯이, 학생들은 사례를 잘못 이해하거나 오개념을 생성하게 만드는 부분에 초점을 맞추기도 한다.

상호작용이 얼마나 중요한지 보기 위해 수잰, 몰리, 테드, 드렉설의 인터뷰로 돌아간다.

앞서 수잰은 다음과 같은 해결책을 제시했는데, 이는 우리가 아래에서 보는 것처럼 수잰의 사고가 변하지 않았음을 보여 준다.

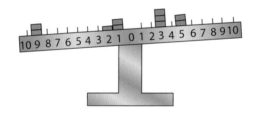

수잰이 해결책을 제안한 후 면접관은 "몰리, 그 해결책에 대해 어떻게 생각하니?"라고 묻는다.

"소용없을 거예요." 몰리가 대답한다. "타일이 몇 개인지는 중요하지 않아요. 타일이 어디에 있는지가 중요해요."

면접관은 드렉설과 테드에게 어떻게 생각하는지 묻는다. 드렉설은 몰리의 답에 동조한다. "몰리의 추론처럼 단순히 타일의 문제가 아니에요. 타일의 어디에다 놓는지도 중요해요.

테드는 잘 모르겠다고 어깨를 으쓱거린다.

학생들은 수잰이 제시한 해결책을 실제로 해 보는데, 저울은 왼쪽으로 기운다.

수잰은 저울의 끝쪽에 있는 타일이 저울을 왼쪽으로 기울게 만든다고 생각하면서 저울 눈금 9위에 있는 타일을 떼어내자고 제안한다. 이는 예시를 보고 그룹원들과 상호작용한 결과, 수잰의 생각이 바뀌기 시작했음을 보여 준다.

면접관은 고개를 끄덕이지만 아무런 설명도 하지 않고 학생들에게 다음과 같은 문제를 제시하고 해결책을 묻는다.

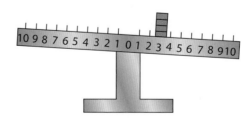

몰리는 "눈금 8에 타일 한 개를 놓고 눈금 1 위에 타일 4개를 놓아요."라고 제안한다.

"어떻게 생각해, 테드?" 면접관이 묻는다.

테드는 몇 초 동안 저울을 응시하며 답이 옳다고 결론짓고, 자신의 생각을 설명해 달라는 질문에 "오, 알겠어요……. 3 곱하기 4는 12 ……4 곱하기 1은 4, …… 그리고 8곱하기 1은 8이고 8 더하기 4는 12에요."라고 말한다.

학생들은 추론한 답을 실제로 해 보고 저울이 균형을 이룬 것을 발견한다. 이후 면접관은 다른 해답이 없는지 물어봤고 드렉설이 "눈금 2 위에 타일 1개를 놓고 눈금 10 위에 타일 1개를 놓아요."라고 대답한다.

"좋아, 이 답이 맞을지 아니면 틀릴지 수잰이 대답해 볼래?"

"제 생각에는 답이 맞을 것 같아요."

"좋아. 왜 답이 맞을지 설명해 줄래?"

"왜냐면 10 곱하기 1은 10이고…… 2곱하기 1은 2이고, 그리고 10 더하기 2는 12니까요……. 그래서 저울 양쪽이 같아질 거예요."

몰리, 테드, 그리고 드렉설은 답을 확인한 후, 아래에 보는 것처럼 실제로 저울에 타일을 올려보았다.

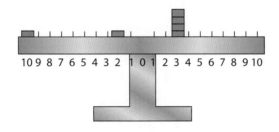

이후 면접은 종료되었다.

친구들과 동일한 사례를 경험했음에도 불구하고 수잰은 자신의 오개념을 유지했는데, 이는 사례만으로는 오개념을 수정하는데 충분하지 않은 이유를 이해하는 데 도움이 된다. 상호작용이 없으면 학생들은 예를 잘못 해석하거나 주제에 대한 적절한 이해를 구성하는 데 필수적인 예의 특징을 인식하지 못할 수 있다.

수업의 필수적인 부분으로 상호작용에 주목하는 것은 다음의 세 가지 중요한 학습목표에 도움이 된다. 첫째, 상호작용은 학생들을 인지적으로 능동적인 역할을 수행하도록 만든다. 앞에서 보았듯이, 수잰은 세 가지의 명확하고 타당한 설명을 들었지만, 수잰의 생각은 조금도 변하지 않았다. 수잰은 계속해서 타일의 수에 집중하고 받침점과의 거리를 무시했다. 수잰은 교사의 설명 중에 많은 학생들이 그러하듯이 인지적으로 수동적인 태도를 유지했다. (여기서 우리는 당신이 학생들에게 주제를 설명하면 안 된다고 말하는 것이 아니라는 것을 강조하고 싶다. 오히려 우리는 당신이 어떤 아이디어를 학생들에게 설명했기 때문에 당신의 학생들이 그것을 이해했다고 단정하지 말라고 말하는 것이다. 학생들과 상호작용하는 것은 필수적이다. 설명을 하는 과정에서 학생들의 생각을 조사하는 질문 함께 하게 되면 학생들의 지식 구성이 적절한지 확인하는 데 도움이 될 것이다.)

둘째, 상호작용은 학생들의 사고를 가시화하고, 이를 통해 학생들의 학습 진행 상황을 비공식적으로 평가하고 오개념을 해결할 수 있다. (평가에 대해서는 추후 논의에서 좀 더 자세히 설명한다.) 예를 들어, 수잰에게 자신의 이해를 설명하도록 하지 않았다면 면접관은 수잰의 오개념을 인식하지 못한 채 있었을 것이다. 그리고 학습자의 오개념을 제거하는 유일한 방법은 오개념이 더 이상 이해되지 않음을 경험하게 만드는 것이다(Rich et al., 2017). 이를 위해서는 궁극적으로 원래의 오개념보다 더 의미 있는 새로운 개념을 생성하는 양질의 예시와 상호작용의 조합이 필요하다.

셋째, 상호작용은 친구들과 교사의 피드백을 효과적으로 만든다(Hattie, 2012). 예를 들어, 학생들이 상호작용하고 있었기 때문에 몰리와 드렉셀은 둘 다 설명을 할 수 있었고, 이는 수잰에게 자신의 생각을 바꾸는 데 필요한 피드백을 제공했다.

APA의 20가지 주요 원칙

이 설명은 유치원−12학년(초 · 중등학교)까지 교수 및 학습을 위한 심리학의 20가지 주요 원칙에서 제6원칙, 즉 학생들에 대한 명확하고, 설명적이며, 시의적절한 피드백은 학습에 중요하다는 것을 보여 준다.

상호작용과 피드백의 혜택을 극대화하기 위해서는 긍정적이고 지지적인 교실 분위기가 필수적이다. 학생들은 정서적으로 안전함을 느끼고 주기적인 나타나는 오개념이 학습의 정상적이고 긍정적인 부분이라고 믿어야 한다. 그러면 피드백을 통해 불완전하거나 부정확한 이해를 정리할 수 있다(Hattie & Gan, 2011).

그룹 활동을 사용하여 상호작용을 촉진하기

질문하기는 수업에서 상호작용을 촉진하기 위해 주로 사용하는 도구이다. (제13장에서 질문하기에 대해 자세히 살펴본다.) 질문하기는 전체 학급 수업에서 효과적이고 광범위하게 사용되지만, 학급에 20명 이상의 학생이 있으면 그 수가 너무 많아서 학생들을 모두 질문하기 활동에 참여시키기가 어렵다. 자신감이 떨어지거나 자기주장이 약한 학생들은 참여할 기회가 거의 없을 수 있기 때문에 걸 돌게 된다

뉴홀 선생님의 수업에서 살펴본 바와 같이, 그룹 활동은 학습 활동에서 학생들 간의 상호작용 수준을 높이기 위해 사용할 수 있는 대안을 제시한다. 그룹 활동은 유치원생들이 가라앉는 것과 뜨는 것을 구분하는 활동에 참여하는 것에서 문장제(word problem) 수학문제를 풀거나 다양한 능력 수준을 보이는 학생들이 작성한 글을 비평하는 활동에 참여하는 것까지 널리 활용될 수 있다. 우리는 뉴홀 선생님이 수업에서 어떻게 그룹 활동을 구성하여 학생들의 참여를 극대화하는지 살펴보았다. 그룹 활동은 학습에 매우 중요한 사회적 상호작용을 촉진하는 것 외에도 우리의 수업 방법에 다양성을 더하고 수업에 주기적인 변화는 동일한 방식으로 가르치는 것보다 더 효과적이다(Good & Lavigne, 2018).

개방형 토론을 사용하여 상호작용을 지원하기

뉴홀 선생님의 학생들은 저울의 균형을 만드는 데 필요한 것이 무엇인지 결론을 내릴 때 일종의 토론에 참여했지만 토론은 구체적인 옳고 그름에 중점을 두었다. 궁극적으로 학생들은 저울이 균형을 이루려면 받침점 한쪽의 무게와 거리의 곱이 반대쪽의 무게와 거리의 곱과 같아야 한다는 결론을 내려야 했다.

이와 대조적으로, 개방형 토론(open-ended)은 틀에 박히지 않고 의견의 차이가 나타날 수 있는 주제를 포함한다. 예를 들어, 영어로 된 소설의 등장인물과 줄거리에 대한 분석, 미국 정부의 문제, 줄기세포 연구, 기후 변화, 심지어 진화와 같은 논쟁의 여지가 있는 주제가 포함될 수 있다.

적절하게 수행된다면 그룹 활동의 많은 이점이 개방형 토론에 작용된다. 개방형 토론은 상호작용을 촉진하는 것 외에도 학생들이 예의, 다른 의견에 대한 관용, 증거에 대한 존중, 토론 중인 주제만큼 중요할 수 있

는 사회, 정서적 결과를 배우도록 돕는다.

토론은 고학년 학생들에게 가장 일반적으로 사용되며, 토론이 의미가 있으려면 배경지식이 필수적이다. 학생들의 배경지식이 부족하면 성공적인 토론은 불가능하며 그렇게 하려는 시도는 시간 낭비이다.

사회적 상호작용에 대한 강조는 그룹 활동과 개방형 토론 모두에서 공통된 맥락이며, 둘 다 학습이 기본적으로 사회적 과정이라는 사실을 활용한다.

상호적 교수 능력을 개발하기

학생들과 상호작용하는 법을 배우는 것은 교사로서 발전하는 데 가장 어려운 측면 중 하나이다. 그 이유는 두 가지이다. 첫째, 학습자로서 우리가 경험하는 대부분의 교육에는 강의 또는 '말하는 방식으로 가르치는 것'이 포함된다. 특히, 대학 수준에서 교수자가 상호작용을 교육의 필수적인 부분으로 여기는 수업을 듣는 경우는 거의 없다. 따라서 본받을 만한 모델이 많지 않다. 결과적으로 많은 교사들은 강의와 설명이 학생들의 학습을 돕는 가장 좋은 방법이라고 계속 믿고 있다.

둘째, 높은 수준의 전문 지식(학생과의 상호작용이 본질적으로 자동으로 이루어질 정도로 전문 지식이 개발됨)을 획득할 때까지는 그 과정이 까다롭다. 질문을 통해 학생들을 지도하는 것은 단순히 학생들에게 알려 주고 싶은 것을 말하는 것보다 훨씬 더 어렵다. 이는 왜 그렇게 적은 교사만이 질문에 능숙하게 대처할 수 있는지를 설명하는 데 도움이 된다.

우리는 당신이 최소한의 노력으로 학생들을 참여시킬 수 있을 때까지 인내하고 질문과 다른 상호작용 기술을 연습할 것을 강력히 권장한다. 당신의 전문 지식이 여기까지 발전되면, 학생들은 더 주의를 기울이고 동기화될 것이며 더 많이 배울 것이고, 당신의 가르침에 더 만족스러움을 경험할 것이다. 대부분의 사람들은 적절한 강의를 전달하는 방법을 배울 수 있지만 학생들과 효과적으로 상호작용하는 데 필요한 기술을 개발하려면 진정한 전문가가 필요하다.

학습내용을 실세계와 연결한다

우리는 학생들에게 동기를 부여하고 전이를 촉진하기 위해 우리가 가르치는 주제를 가능한 한 실제 세계와 연결하고자 한다. 이는 사회적 구성주의 학습이론, 학습과학, 특히 상황적 인지를 통해 뒷받침된다 (Morgan, 2017; Robbins & Aydede, 2009).

많은 경우 학습내용을 실세계와 연결하는 것은 어렵지 않다. 예를 들어, 뉴홀 선생님의 학생들은 저울 균형 대한 학습을 레버와 시소에 연결 지을 수 있다. 앞에서 주어-동사와 대명사-선행사 일치를 통해 살펴본 예제에서, 단락에 올바른 문법을 포함하는 것이 분절된 문장을 사용해서 배우는 것보다 더 현실적이다.

다른 내용 영역에서는, 예를 들어 지리학과 학생들이 시간을 많이 보내는 장소의 위치에 경도와 위도를 연결하고 과학을 전공하는 학생들이 관성을 자동차의 안전벨트와 관련 짓거나, 미술 전공자가 가족의 초상화를 그리고 수학과 학생들이 학교 매점에서 구입한 물건의 값을 지불하기 위해 필요한 최소의 동전 개수를 구하기 위해 다양한 단위의 동전을 조합하는 문제(making-change problem)를 해결할 때, 추상적으로 관련 주제를 공부하는 것보다 더 의미 있는 배움이 된다. 그리고 이와 같은 경험은 학습과학에서 뒷받침된다(Penuel et al., 2016). 〈표 9-2〉의 교사들에게도 마찬가지이다. 교실 사례 연구를 중심으로 장의 내용을 구성하는 것은 이 책을 집필하면서 이러한 점을 적용하려는 우리의 노력이다.

형성평가를 통해 학습을 촉진한다

만약 우리 학생들이 기록 장치처럼 행동한다면, 가르치고 배우는 일은 간단할 것이다. 우리는 그저 어떤 주제를 정확하게 설명할 수 있을 뿐이고, 우리 학생들은 그 정보를 같은 형태로 기록할 것이다. 간단하면서도 복잡하지 않다. 그러나 우리는 교수학습의 세계가 이런 식으로 작동하지 않는다는 것을 안다. 대신에 학생들은 자신의 지식을 만들어 자신에게 이해가 되는 형태로 해당 지식을 기억에 저장하고, 그렇게 하기 때문에 공부하는 주제에 대한 개인의 이해는 달라질 것이다. 예를 들어, 우리는 수잰이 저울의 균형을 맞추는 것에 대해 잘못된 개념을 형성하고, 세 가지 명확한 설명에도 불구하고 오개념을 유지한 것을 보았다.

그러나 우리가 가르칠 때 학생들은 20명 이상이기 때문에 모든 학생들이 어떻게 생각하고 있는지 알 수 없다. 뉴홀 선생님은 면접관처럼 수잰, 몰리, 테드, 드렉설 네 명의 학생들과만 상호작용할 수 없기 때문에 수잰이 오개념을 가지고 있다는 점을 알았을 가능성은 매우 적다. 수업에서 상호작용이 매우 활발할 때에도 모든 학생을 항상 상호작용에 참여시킬 수는 없기 때문에 학생들의 지식 구성이 어느 정도 유효한지 판단할 수 있는 방법이 필요하다. 이는 학생들을 **평가**(assessment)하고 학생들의 정보를 수집하며, 학생들의 학습 진행 상황에 대한 결정을 내리는 과정으로 이어진다. 우리는 평가를 시험을 보고 성적을 부여하는 것으로 생각하는 경향이 있지만, 평가는 그 이상이다. 그것은 전체 교수-학습과정의 필수적인 부분이다(Chappuis & Stiggins, 2017).

학습이 향상되었지를 판단하기 위해 평가를 지침으로 사용할 때, 우리는 형성평가를 사용한다. "**종합평가** (Formative assessment)는 학습의 다음 단계로 넘어가는 것이 적절한지 파악하기 위해 교사와 학생이 사용하는 공식적, 그리고 비공식적 정보수집"이다. 학생들이 연습하고 향상하는 동안 형성평가는 학습 중에 일어난다"(Chappuis & Stiggens, 2017, pp. 20-21). (형성평가는 학습자 성취 수준에 대한 결론을 내리는 데 사용되는 정보 수집 과정인 종합평가와 다르며 일반적으로 성적을 부여하는 기초 정보로 사용된다. 형성평가와 총괄평가는 제14장에서 자세히 살펴본다.) 예를 들어, 뉴홀 선생님이 칠판을 보고 설명하는 마빈을 관찰했을 때, 교실을 돌아다니면서 학생들의 토론을 듣는 동안 뉴홀 선생님은 형성평가를 진행했다.

전국교사자질위원회(NCTQ)

전국교사자질위원회(NCTQ)는 모든 신임 교사가 알아야 할 6가지 필수 교수 전략 중 하나로 학생들의 학습을 향상시키기 위한 평가 프로세스를 설명한다. "6. 기억력을 높이기 위한 평가하기 ······ 학생들에게 중요한 정보를 기억하도록 요구하는 평가는 정보가 머릿속에 '딱 달라붙도록' 한다"(Pomerance et al., 2016, p. vi).

형성평가는 단순히 학생들을 관찰하거나 듣는 것이다. 칠판 스케치를 참고해서 마빈이 내 놓은 답을 통해 뉴홀 선생님은 마빈이 저울이 균형을 이루는 원리를 이해했다는 것을 알았지만 나머지 학생들이 같은 원리를 이해했는지에 대해서는 알 수 없었다. 그리고 뉴홀 선생님은 인터뷰 중에 학생들의 반응이 어땠는지 알

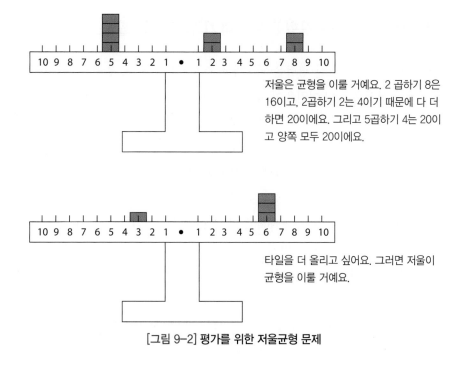

저울은 균형을 이룰 거예요. 2 곱하기 8은 16이고, 2곱하기 2는 4이기 때문에 다 더하면 20이에요. 그리고 5곱하기 4는 20이고 양쪽 모두 20이에요.

타일을 더 올리고 싶어요. 그러면 저울이 균형을 이룰 거예요.

[그림 9-2] 평가를 위한 저울균형 문제

수 없었다. 모든 학생들의 정보를 얻지 못했다는 것을 깨달은 뉴홀 선생님은 나머지 학생들의 이해도를 평가하기 위해 두 가지 추가 문제를 제시했다. 테드의 답변과 함께 문제가 [그림 9-2]에 나와 있다.

테드의 답은 테드가 저울의 균형 원리를 알아가고 있는 중임을 보여 준다. 테드는 첫 번째 문제에서는 저울이 균형을 이룰 것이라고 판단할 수 있었지만 두 번째 문제에서는 답을 그리거나 쓸 수 없었다. 이는 테드만의 문제는 아니다. 뉴홀 선생님의 평가에 따르면 다른 몇몇 학생들도 비슷한 문제를 해결하는 데 여전히 확신이 없는 것으로 나타났다.

평가에 기초하여, 뉴홀 선생님의 다음 단계는 꽤 간단하다. 뉴홀 선생님은 먼저 두 문제를 논의하고 정답을 맞힌 학생들이 자신의 생각을 설명해서 반 친구들을 위한 인지 모델 역할을 하도록 함으로써 다른 학생들에게 피드백을 제공할 수 있다. 이 과정은 우리가 이 장의 앞에서 살펴보았던 인지적 도제와 일치하는 과정이다. 이후 뉴홀 선생님은 학생들에게 추가적인 연습문제들을 줄 수 있고, 문제에 대한 피드백도 제공할 수 있다. 이 과정을 통해 모든 학생들이 저울의 균형을 완전히 이해할 수 있다고 단언할 수는 없지만 적어도 학생들의 이해가 향상될 것이라는 점은 확실하다. 이것은 유효한 지식 구성을 촉진하는 데 있어서 평가가 보이는 필수적인 역할이다.

APA의 20가지 주요 원칙

이 설명은 유치원-12학년(초 · 중등학교)까지 교수 및 학습을 위한 심리학의 20가지 주요 원칙 중 여섯 번째 원칙, 즉 학생들에 대한 명확하고, 설명적이며, 시의적절한 피드백은 학습에 중요하다는 원칙을 다시 설명한다.

기술, 학습 및 발달: 의미 있는 경험을 제공하기 위한 기술 활용

학생들이 지식을 구성하는 데 필요한 경험을 제공하는 것은 까다로우며, 우리가 가르치는 많은 주제에 대한 양질의 예시를 찾거나 생성하는 데 어려움이 있다는 점이 기술을 활용하는 주된 이유이다. 학생들이 학습 주제를 배우기가 어려운 것은 쉽게 사용할 수 있는 예제가 부족하기 때문이다(Rawson et al., 2015). 이러한 경우, 기술은 가치 있는 도구가 될 수 있다(Roblyer & Hughes, 2019). 예를 들어, 우리는 무게에 관계없이 모든 물체가 같은 속도로 낙하한다는 것을 보여 주기 위해 야구공과 골프공을 떨어뜨릴 수 있지만, 실제 가속도를 보여 주는 것은 사실상 불가능하다.

여기서 기술은 효율적일 수 있다(Roblyer & Hughes, 2019). 예를 들어, [그림 9-3]은 일정한 시간 간격으로 떨어지는 공의 위치를 보여 준다. 우리는 이미지 사이의 거리가 점점 더 커지는 것을 볼 수 있는데, 이는 공이 점점 더 빠르게 떨어지는 것을 나타낸다. 이 시뮬레이션은 기술을 사용하지 않고 표현하는 것이 불가능한 가속의 예를 보여 준다.

직접적으로 표현하기 어려운 아이디어를 설명하기 위해 우리가 사용할 수 있는 다양한 기술 시뮬레이션이 존재한다. 예를 들어, 생물학 교사라면 실제 개구리를 사용하는 대신 소프트웨어를 사용하여 개구리 해부를 시뮬레이션 할 수도 있다. 시뮬레이션이 학생들에게 실제 개구리를 함께 해부하는 경험을 제공하지는 못하지만, 시뮬레이션은 반복해서 해부를 해 볼 수 있기 때문에 비용이 덜 들고, 해부한 개구리를 다시 해부 전의 상태로 되돌릴 수 있기 때문에 더 유연하며, 과학을 위해 동물을 희생하는 것을 막을 수 있다(Roblyer & Hughes, 2019).

주제를 설명하는 데 사용할 수 있는 시뮬레이션은 모든 콘텐츠 영역에 존재한다. 예를 들어, 언어 영역에서 시뮬레이션은 문자와 문자의 일치하는 소리, 단어와 의미, 어휘 발달을 설명한다. 수학에서 기하학자의 스케치판과 같은 소프트웨어(Informer Technologies, 2017)는 추상적인 수학 개념의 시각적 표현을 제공하고,

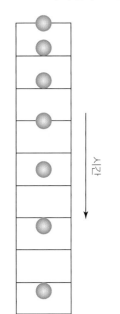

[그림 9-3] 떨어지는 물체의 시뮬레이션

사회 과목에서는 소프트웨어를 통해 학생들이 **가상 견학**(virtual field trips)을 할 수 있고 인터넷 사이트를 방문하여 고대 이집트 피라미드와 같이 실제 생활에서는 볼 수 없는 장소를 경험할 수 있다. 예술 분야에서는 인터넷과 CD 컬렉션을 통해 다양한 예술 형식에 접근할 수 있다. 이것은 단지 예시일 뿐이며, 시뮬레이션은 여기에서 볼 수 있는 예시부터 특수교육, 외국어, 음악, 체육에 이르기까지 다양한 콘텐츠 영역에 존재한다(Roblyer & Hughes, 2019). 학생들을 가르치기 시작하고 자신의 강의실을 갖게 되면 자신의 콘텐츠 영역에 사용할 수 있는 자원을 탐색할 수 있을 것이다. 그리고 소프트웨어의 품질이 향상됨에 따라 표현은 더욱 정교해지고 시뮬레이션은 더욱 상호작용을 촉진하게 되면서 학생의 동기와 이해도 더욱 높아질 것이다.

강의실 컴퓨터는 작성한 예제를 저장하는 데에도 효율적인 도구가 될 수 있다. 다음에 예제를 사용하고자 할 때 강의실 컴퓨터에서 예제를 불러오기만 하면 된다. 일단 작성한 예제는 단순히 파일에 접근하는 것 이상의 추가적인 준비가 필요하지 않다. 예제를 개선해야 한다고 생각하면 쉽게 수정할 수도 있다. 교사의 시간과 노력 측면에서 이러한 효율성은 필수적이다. 가르치기 시작하면 업무량이 엄청나기 때문에 업무량을 줄이기 위

해 학습을 희생하지 않고 할 수 있는 모든 것은 매우 귀중하다. 이 과정에서 중요한 것은 예제를 효율적으로 저장하고 검색할 수 있다는 것이다. 기술이 교사와 교사의 수업 전문성을 결코 대체하지는 않겠지만, 기술은 학생들이 의미 있는 지식을 구성하고 학습과학이 요구하는, 깊은 수준의 개념적 이해를 발전시키는 데 필요한 경험을 제공하는 데 도움을 주는 귀중한 도구가 될 수 있다.

학교급별 적용

다양한 연령대의 학생들의 지식 구성 지도하기

모든 연령대의 학생들이 지식을 구성하고 학습이론이 모든 연령대의 학습자에게 적용되지만 발달에는 많은 개인 차이가 존재한다. 다음 절에서는 이러한 차이점에 대응하기 위한 제안 사항을 간략하게 설명한다.

유아와 초등학생 지도하기

어린아이들은 자신이 사는 세상을 이해하기 위해 모든 연령대의 학습자들과 마찬가지로 지식을 구성한다. 그러나 어린아이들은 나이 든 학생들이 습득한 많은 경험을 경험하지 못한 경우가 많기 때문에, 구체적인 사례를 제공하는 것은 유아와 초등학생을 가르치는 데 매우 중요하다.

어린아이들은 브리타니처럼 가장 지각적으로 명백한 사물과 사건의 측면에 초점을 맞추는 경향이 있다. 예를 들어, "Each of the boys has (his, their) own lunch box with pictures of cars on (it, them)"는 브리타니는 문장에서 'boys'라는 단어에 초점을 맞추며, 그 결과 오개념 혹은 불완전한 이해를 형성한다. 또한 어린아이들은 문자 그대로 생각하는 경향이 있으며, 이로 인해 오개념을 형성하기도 한다. 예를 들어, 어린아이들은 크기와 나이를 동일시하는 경향이 있으며, 사회과에서는 위도와 경도의 선이 실제로 지구에 존재한다고 생각할 수 있다.

그 결과 모호한 설명이 초등학생에게는 효과가 없는 경우가 많다. 유아를 가르칠 때에는 나이가 많은 학습자보다 구체적이면서 양질의 예시를 제공하는 것이 더 중요하다. 뿐만 아니라 상호작용이 강조되는 수업은 교사가 현재 학생들이 가지고 있는 생각을 조사하고 학생들이 새로운 아이디어를 구성할 때 도움을 줄 수 있다.

언어를 사용하여 자신의 세계를 묘사하고 서로 소통하는 것은 단순히 언어 능력을 키울 뿐만 아니라 의미 있는 학습을 촉진하기도 한다. 언어는 추후 학습에 매우 중요하며, 어린아이들이 언어를 연습하고 사용할 수 있는 기회가 많을수록 좋다.

어린아이들 역시 스스로 학습에 책임감을 가지고 또래와 긍정적으로 상호작용하는 방법을 배울 필요가 있다. 이는 어린 학생들이 도전적인 활동에서 또래와 상호작용할 수 있는 학습과제가 필요함을 보여 준다. 이러한 또래와의 상호작용 기회는 이후 학습에 밑거름이 된다.

중학생 지도하기

중학생은 사건을 문자 그대로 해석하는 경향을 상당 부분 극복하지만, 지식 구성 과정에서 사물과 사건 간의 관계를 인식하지 못하는 경우가 많다. 예를 들어, 직사각형과 정사각형이 평행사변형의 부분집합이라는 것을 인식하는 대신, 종종 두 도형을 다른 범주로 분류한다.

또한 중학생은 관점 수용(perspective taking), 사회적 문제해결과 같은 사회적 상호작용 기술을 발달시키고 있다. 이러한 이유로 수업에서 사회적 상호작용을 촉진하기 위해 협력 학습과 다른 소그룹 활동을 사용할 수 있다. 학생들이 소그룹으로 다른 학생들과 함께 활동하는 인지적 도제는 학생들이 새로운 아이디어에 대해 생각하고 이야기할 수 있는 기회를 제공할 수 있다. 학생들이 학습 활동을 하는 동안 발달하는 이해를 언어로 표현하도록 격려하는 것은 학습을 촉진하는 데 중요하다. 그러나 전문가들은 학생들이 인지적으로 활발히 과제에 참여하고 과제에 집중할 수 있도록 하기 위해 교사가 신중하게 소그룹 활동을 구성하고 모니터링해야 한다고 강조한다.

고등학생을 지도하기

고등학생의 경험은 지식 구성의 유효성을 높이는 풍부한 사전 지식으로 작용한다. 그러나 고등학생은 특히 상징과 추상적인 생각을 가지고 사고할 때, 계속해서 다양한 오개념을 만들어 낸다. 예를 들어, 2 + 5 × 3 − 6을 풀 때, 학생들은 정답인 11 (5 × 3 = 15; 15 + 2 = 17; 17 − 6 = 11)을 도출하는 대신에 15 (2 + 5 = 7; 7 × 3 = 21; 21 − 6 = 15)를 답이라고 말하는 경우가 있다.

학생들이 고등학교에서 물리학, 화학, 미적분학과 같은 고급 수업을 이수하는 과정에서 상호작용을 수업의 필수적인 부분으로 만드는 것은 훨씬 더 중요하다. 수업에서 교사들은 강의가 가장 일반적인 수업 전략인 대학 강사처럼 행동하는 경향이 있다. 고등학교 교사들은 때때로 강의가 효율적이고 학생들이 대학에서 강의를 듣게 될 것이기 때문에 이러한 수업 방식에 '적응'하는 것이 좋을 것이라고 믿고 수업에서 상호작용을 강조하는 것에 반대한다. 그러나 이는 타당하지도, 현명하지도 않다. 학생들이 더 복잡하고 어려운 내용을 학습할 수 있도록 가장 효과적인 방법은 학생들이 더 추상적이고 정교한 주제를 이해하는 데 필요한 배경지식을 습득하도록 돕는 것이다. 그리고 양질의 예시를 사용하고, 학습내용을 실제 세계와 연결하며, 상호작용을 수업의 필수적인 부분으로 만들고, 평가를 학습의 도구로 사용하는 것은 다른 발달 수준에 있는 학생들에게도 그런 것처럼 고등학생들이 배경지식을 습득하는 데 중요하다.

고등학생도 교실 토론에 참여하여 다른 사람의 생각을 바탕으로 자신의 생각을 다듬을 수 있는 기회를 얻을 수 있다. 모든 형태의 교육과 마찬가지로 고등학교 교사는 토론이 학습목표에 부합하는지 확인하기 위해 토론을 면밀히 구성하고 모니터링해야 한다.

구성주의 평가하기

인지학습이론에 따르면 사람들은 자신의 경험을 이해하기 위해 지식을 구성한다고 한다. 구성주의는 사람들이 기록 장치처럼 행동하지 않는다는 것을 알려 주며, 오개념의 근원을 이해하는 데 도움을 주기 때문에 학습에 대한 우리의 이해에 중요한 기여를 한다. 구성주의는 학습에 대한 유일한 관점으로, 오개념이 존재하는 이유와 오개념을 만드는 이유를 설명할 수 있다. 또한 구성주의는 배경지식, 사회적 상호작용, 학생들의 사고를 가시적으로 보여 주는 것이 학습과정에서 왜 그렇게 중요한지 이해하도록 돕는다. 우리는 학생들은 자신의 경험이 이해되길 원하고, 학생들이 스스로 지식을 구성한다는 것을 알기 때문에 학생들이 여러 번 논의된 개념을 이해하지 못하고, 중요하다고 강조한 것을 무시하는 것처럼 보이는 이유와 직접적으로 반박된 오개념을 왜 유지하는지 더 잘 이해하게 된다.

그러나 구성주의 자체에 대한 오개념도 존재한다. 가장 널리 퍼져 있는 것 중 하나는 학습이론으로서의 구성주의와 교육에 대한 접근 방식으로서의 구성주의를 혼동하는 것이다. "…… 많은 교육자들은 세상을 배우고 보는 방법에 대한 이론인 '구성주의'를 가르치는 방법에 대한 처방과 혼동한다"(Clark et al., 2012, p. 8). 그리고 앞서 제시한 것처럼 구성주의에 대한 또 다른 오개념은 교사가 학생의 학습을 적극적으로 지도하기보다는 학생들이 스스로 개념과 원리를 발견하도록 해야 한다는 것이다. 이러한 오개념은 널리 알려져 있다(Clark et al., 2012). 이는 또한 소그룹 활동, 협력 학습, 발견, 실습 활동과 같은 교육 방법이 '구성주의적'인 반면, 학급 전체 토론과 같은 다른 방법은 그렇지 않다는 것을 의미한다. 그러나 이 역시 잘못된 생각이다. 효과적으로 수행된 대규모 그룹 수업은 지식 구성을 촉진할 수 있지만, 부적절하게 수행된 협력 학습은 그렇지 않을 수 있다.

특히, 실습 활동은 문제가 많다. 학생들이 모둠별로 활동하면서 행동적으로 능동적이라면 인지적으로도 능동적이라는 것을 쉽게 짐작할 수 있다. 이는 그럴 수도 있고 그렇지 않을 수도 있다. "간단히 말하면 인지 활동은 행동 활동이 있을 때나 없을 때나 일어날 수 있으며, 행동 활동이 어떤 식으로든 인지 활동을 보장하지는 않는다"(Clark et al., 2012, p. 8). 우리는 이러한 예시를 뉴홀 선생님의 수업에서 보았다. 수잰은 수업이 진행되는 동안 수업에 직접 관여하기 전까지 인지적으로 수동적인 태도를 유지했다.

학습에 대한 설명으로서 구성주의 역시 불완전하다. 가령 구성주의는 인간의 기억 체계가 작동하는 방식, 기술을 개발하는 데 있어서 실천의 중요한 역할, 동기와 학습에 대한 감정의 영향력 등을 고려하지 않는다. 이러한 것들은 다른 이론들과 함께 할 때 더 잘 이해될 수 있다.

그러나 학습자가 수동적으로 지식을 기록하는 것이 아니라 스스로 지식을 구성한다는 개념은 학습에 대한 우리의 이해에 중요한 진보를 의미하며, 이는 우리의 교육에 중요한 시사점을 준다.

〈표 9-3〉은 구성주의를 요약하고 그 공헌과 비판을 정리한 것이다.

〈표 9-3〉 이론 분석: 구성주의 평가

기본 질문	사람들이 자신의 경험을 이해하려는 시도에 관련된 과정은 무엇인가?
학습을 위한 촉매제	• 물리적 · 사회적 세계에 대한 경험 • 배경지식 • 사회적 상호작용과 언어
핵심 개념	• 학습자 공동체 • 인지적 도제 • 적절한 이해 • 상황적 인지 • 오개념
주요 이론가	• 비고츠키 • 피아제
교사를 위한 제언	• 학생들에게 유효한 지식을 구성하는 데 필요한 경험을 제공한다. • 학습내용을 실제에 적용, 연결한다. • 상호작용을 교육의 필수적인 부분으로 삼는다. • 평가를 학습 향상을 위한 도구로 활용한다.
기여점	• 학습자가 어떻게 독창적인 아이디어를 개발하고 오개념을 형성하는지 설명한다. • 사전(배경) 지식이 학습에 중요한 이유를 이해할 수 있도록 도와준다. • 학습 촉진에 있어 사회적 상호작용의 필수적인 역할을 보여 준다. • 평가가 교수-학습과정에서 필수적인 부분인 이유를 이해하는 데 도움을 준다.
비판점	• 때로는 학습이론이 아닌 교수이론으로 잘못 해석되기도 한다. • 기억 시스템의 영향, 특히 작업 기억의 한계를 고려하지 않는다. • 기술 개발에 있어서 연습의 역할을 설명하지 않는다. • 정서적 반응이 어떻게 발달하는지 또는 감정이 학습에 어떻게 영향을 미치는지 설명하지 않는다. • 학습에 있어서 칭찬과 기타 강화물의 역할을 설명하지 않는다.

교실과의 연계

학생들이 올바른 지식을 구성할 수 있도록 돕기

1. 학생들은 자신의 지식을 구성하며, 학생들이 구성하는 지식은 자신이 이미 알고 있는 것에 의존한다. 사전 지식의 차이를 수용하기 위해 학생들이 학습하는 내용에 대한 다양한 예시와 기타 표현을 제공하라.

   - **초등학교**: 화학적 · 물리적 변화에 대해 가르치는 5학년 교사는 물리적 변화를 설명하기 위해 학생들에게 얼음을 녹이고, 종이를 구기고, 설탕을 녹이고, 이쑤시개를 부수도록 한다. 그런 다음 교사는 화학적 변화를 가르치기 위해 학생들에게 종이를 태우게 하고, 베이킹 소다에 식초를 붓고, 소다 크래커를 씹게 한다.

   - **중학교**: 한 영어 교사는 내적 갈등을 설명하기 위해 다음 발췌문을 제시한다.
     켈리(Kelly)는 어떻게 해야 할지 몰랐습니다. 그녀는 수학여행을 고대하고 있었지만, 간다면 장학금 자격시험을 볼 수 없을 것입니다. 캘빈(Calvin)은 딜레마에 빠졌습니다. 그는 제이슨(Jason)이 올론조(Olonzo)의 계산기를 가져가는 것을 보았지만, 스티븐스(Stevens) 부인에게 자신이 본 것을 말하면 제이슨은 도난 신고를 한 사람이 자신임을 알게 것이라는 것을 알고 있었습니다.

   - **고등학교**: 대공황에 대해 가르치는 동안, 한 사회 교사는 학생들에게 분노의 포도에서 발췌한 내용을 읽게 하고, 사람들이 빵 줄에 서 있는 비디오를 보여 주며, 주식 시장의 폭락 이후 자살 사건에 대한 통계를 공유하고, 현재의 경기 침체가 대공황과 어떻게 비슷하고 어떻게 다른지에 대해 논의한다.

2. 지식 구성은 학습자가 실제 경험을 할 때 가장 효과적이다. 현실적인 문제를 중심으로 학습 활동을 전개하라.

   - **초등학교**: 4학년 교사는 지리와 우리의 생활방식에 관련된 수업에서, 학생들이 자신이 가장 좋아하는 여가활동을 위해 어떻게 옷을 입는지 설명하도록 한다. 교사는 또한 다른 지역에서 이주한 학생들에게 이주 전의 모습을 재현하도록 한다. 그리고 나서 교사는 학생들이 지리가 문화와 생활방식에 어떠한 영향을 미치는지에 관한 지식을 구성할 때 학생들의 이해를 돕는다.

   - **중학교**: 퍼센트 증가 및 감소 단위를 가르치기 위해 수학 교사는 학생들에게 쇼핑하는 동안 표시된 옷의 예를 찾도록 한다. 또 교사는 신문 광고를 가져온다. 수업에서는 예시를 토론하고 각 사례에서 절약되는 금액을 계산한다.

   - **고등학교**: 학생들이 설득하는 글쓰기의 중요성을 이해하도록 돕기 위해 영어 교사는 동일한 주제에 대해서 '편집자에게 보내는 편지'의 세 가지 예를 가져온다. 학생들은 편지에 대해 토론하고, 어떤 것이 가장 효과적인지 결정하며, 교사의 지도에 따라 효과적인 설득력 있는 글쓰기의 특징을 식별한다.

3. 학습에 대한 사회적 구성주의의 관점은 지식 구성 과정에서 사회적 상호작용의 역할을 강조한다. 사회적 상호작용을 수업의 필수적인 부분으로 만들고, 학습을 촉진하기 위해 설명에 너무 많이 의존하는 것을 피하라.

   - **초등학교**: 4학년을 지도하는 교사는 학생들이 지도의 축척 개념을 이해하기를 원한다. 교사는 학생을 소그룹으로 나누고 그들의 책상 지도를 만들도록 했다. 그런 다음 교사는 학생들에게 자기 방의 지도를 그리게 하고, 마지막으로 밖으로 나가서 놀이터의 지도를 그리게 한다. 활동이 끝나면 지도가 어떻게 유사하고 다른지 학생들이 이해할 수 있도록 학급 토론을 진행한다.

   - **중학교**: 6학년을 지도하는 과학 교사는 학생들에게 동일한 나무 큐브 8개를 가져와서 5개짜리 큐브 더미와 3개짜리 큐브 더미를 만들도록 한다. 교사는 학생들에게 두 나무 큐브 더미의 질량, 부피, 밀도에 대해 토론하게 한다. 그런 다음 교사는 질문을 통해 5개 큐브 더미의 질량과 부피가 3개 큐브 더미의 질량과 부피보다 크지만 두 큐브 더미의 밀도는 동일하다는 결론을 내리도록 이끈다.

   - **고등학교**: 수학 교사는 수학 문제를 푸는 과정에서 학생들이 수학문제를 어떤 단계를 거쳐 해결했고, 왜 각 단계가 문제를 해결하는 데 중요한지 설명하도록 하면서 학생들의 문제해결을 '안내'한다. 학생들이 어려움에 맞닥뜨렸을 때, 교사는 학생들이 문제해결 단계를 이해할 수 있도록 추가적인 질문을 던진다.

제9장 요약

1. 지식 구성에 관련된 과정을 설명하고 이러한 과정을 설명하는 사례를 분석하시오.

   - 학습과 발달은 경험에 달려 있다. 사람들은 자신의 경험이 의미가 있기를 원하며, 자신의 경험을 이해하기 위해 지식을 구성한다.
   - 인지적 구성주의는 개인의 지식 구성에 중점을 둔다. 인지적 구성주의자들은 경험이 개인의 인지적 균형을 깨뜨리면 이를 다시 확립하기 위해 이해를 재구성한다고 믿는다.
   - 사회적 구성주의는 개인이 먼저 사회적 환경에서 지식을 구성한 다음 이를 자신의 것으로 만든다는 점을 강조한다. 지식은 사회적 상호작용을 통해 직접적으로 발달한다. 우리나라 학교에서 사회적 구성주의는 수업을 지도하는 주요한 틀이 되었다.
   - 사회문화이론, 학습자 공동체, 인지적 도제, 상황적 인지에 대한 강조는 모두 사회적 구성주의를 교육에 적용한 것이다.

2. 오개념과 오개념이 어떻게 발생하는지, 그리고 오개념이 어떻게 제거될 수 있는지를 설명하시오.

   - 오개념은 증거나 일반적으로 통용되는 설명과 일치하지 않는 믿음이다.
   - 사전 경험, 피상적인 모습, 언어의 오용, '직관적인 호소' 등이 모두 오개념의 원인이 될 수 있다.

   - 오개념을 수정하는 것이 어려운 것은 오개념을 수정하는 것이 개인의 인지적 균형을 깨뜨리고, 오개념은 일상적인 경험과 일치하는 경우가 많으며, 개인이 새로운 정보와 기존 신념 사이의 불일치를 인식하지 못하기 때문이다.

3. 지식 구성을 교수에 활용하기 위한 제안을 설명하고, 학습과학의 기초가 되는 방법을 설명하시오.

   - 양질의 경험은 학습자가 자신에게 이해가 되는 지식을 구성하기 위해 사용하는 예시 및 기타 표현을 포함한다.
   - 학습내용을 실제 세계와 연결하는 것은 실제 세계에 존재하는 학습에 초점을 맞추는 학습과학의 주요한 강조점을 적용한 것이다.
   - 상호작용을 수업의 필수적인 부분으로 만드는 것은 학습이 주로 사회적 과정이라는 전제에 근거한다.
   - 학습을 촉진하기 위해 평가를 사용하면 학습자의 지식 구성이 다양한 양상을 보이며, 이러한 학습자의 지식 구성이 때로는 유효하지 않을 수 있음을 인식하게 된다. 평가를 사용하면 학습자가 지식을 재구성하고 이해를 높이는 데 도움을 줄 수 있다.
   - 기술은 다른 방식으로 표현하기 어려운 주제를 표현하기 위한 효과적인 도구가 될 수 있다.

자격증 시험 준비하기

지식 구성 과정 이해하기

당신은 당신의 교실에 들어가기 전에 자격시험을 치러야 한다. 이 시험은 지식 구성 과정들과 관련된 정보를 포함할 것이고, 객관식과 서술형 질문들을 모두 포함할 것이다. 우리는 당신이 시험을 연습하는 것을 돕기 위해 다음 연습문제들을 제시한다. 이 책과 이 연습문제들은 당신이 시험을 준비하는 데 도움이 될 것이다.

장 전반에 걸쳐 우리는 학생들의 사고를 조사하고, 지식 구성 과정을 살펴보고, 이러한 과정을 촉진하기 위한 제안을 살펴봤다.

다음 사례에서 중학교 과학 교사인 소얼 소얼(Scott Sowell)은 학생들이 실험을 설계하고 변수를 통제하는 방법을 이해하기를 바란다. 그렇게 하기 위해 그는 학생들이 단진자(simple pendulum)의 진동수(frequency)에 영향을 미치는 요인을 조사하기 위한 연구를 설계하고 수행하기를 원했다. 사례 연구를 읽고 다음 질문에 답해 보자.

학생들이 목표를 달성할 수 있도록 소얼 선생님은 변수를 통제하는 과정을 주의 깊게 설명하고, 식물을 사용한 실험을 통해 변수를 통제하는 방법을 설명하고 시연하며, 식물의 성장은 세계의 식량 공급을 유지하는 데 필수적임을 설명한다. 그리고 나서 그는 학생들에게 소그룹으로 단순한 진자로 변수를 통제하는 추가적인 경험을 주기로 결정한다.

소얼 선생님은 먼저 종이 클립을 끈 조각에 붙인 단진자를 시연하는 것으로 시작한다. 그는 진동수가 특정 시간 동안 왕복운동 횟수를 의미한다고 설명하고 학생들에게 어떤 요인들이 진동수에 영향을 미칠 것이라고 생각하는지 묻는다. 어느 정도 논의를 거친 후에 학생들은 길이, 무게, 각도를 가능한 가설로 제시한다. (실제로는 진자의 길이만이 진동수를 결정한다.)

"좋아요, 그룹 활동에서 여러분의 역할은 실험을 설계하는 것입니다."라고 소얼 선생님이 말한다. "각 변인이 진동수에 어떻게 영향을 미치는지 살펴볼 수 있는 실험 방법을 생각해 보세요. 여러분의 책상에 있는 장비를 사용하여 실험을 설계하고 수행하세요."

네 명으로 구성된 한 그룹[마리나(Marina), 페이지(Paige), 웬슬리(Wensley), 조너선(Jonathan)]은 링 스탠드에 끈을 묶고 길이를 잰다.

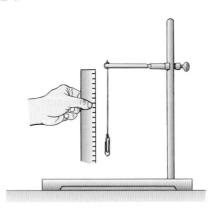

학생들은 끈의 길이를 49cm로 측정하고, 종이 클립 하나를 무게로 사용하여 진자가 흔들리는 시간으로 15초를 선택한다. 마리나는 21번의 왕복운동을 센다.

몇 분 후 소얼 선생님은 다시 그룹 옆으로 걸어가서 결과를 검토하고 이렇게 말한다. "지금까지 한 가지 실험을 완료했어요. …… 다음에는 무엇을 할 건가요? …… 다음 실험이 끝나면 어떻게 실험이 진행되었는지 살펴보러 다시 올 거예요."라고 말한 뒤 다른 그룹으로 이동했다.

이 그룹은 줄을 짧게 하고, 두번째 클립을 추가하여 두 번째 테스트를 수행한다(이는 한 번에 하나의 변수만 변경하는 원칙을 위반함).

"선생님, 우리는 줄이 짧고 무거울수록 더 빨리 움직인다는 것을 알았어요."라고 마리나가 그룹을 다시 찾아온 소얼 선생님에게 말한다.

이어 소얼 선생님은 길이와 무게, 두 변수 중 어느 것이 진동수의 변화를 설명하는지 묻고, 웬슬리와 조너선은 동시에 "둘 다 영향을 미친다"고 말한다.

"그 문제에 대해 생각해 보세요. 길이, 무게, 각도 각각이 어떻게 진자의 진동수에 영향을 미치는지 결론을 내려야 해요."라고 소얼 선생님이 그룹에서 그룹으로 이동하면서 학생들에게 상기시킨다.

학생들은 세 가지 변수[길이, 무게, 높이(각도)]를 조사하는 과정에서 이 중 두 가지 변수를 계속해서 동시에 변경하면서 실험 결과를 통제하지 못했다. 그리고 소얼 선생님은 그룹에서 그룹으로 이동하면서 대부분의 그룹이 비슷한 방법으로 실행을 진행하고 있음을 발견했다. 그 결과, 일반적으로 학생들은 길이, 무게, 높이(각도) 세 가지 변수가 진자의 진동수에 영향을 미친다는 결론을 내린다.

이러한 오개념에 대응하여 소얼 선생님은 학생들을 다시 불러 모아 전체 수업 시연을 한다. 소얼 선생님은 시연 테이블 위에 링 스탠드를 놓으며 "여기에 주목하겠습니다."라고 말한다. 그는 진자에 종이 클립을 부착하고 움직이게 한 다음 학생에게 왕복운동의 수를 세어 보라고 말한다. 그는 두 번째 종이 클립을 추가하고 다시 학생들에게 수를 세어 보라고 말한다. 학생들은 진자의 왕복운동 횟수가 1개, 2개, 3개, 4개의 종이 클립에서 동일하다는 것을 발견했는데, 이는 무게가 진동수에 영향을 미치지 않는다는 것을 보여 준다. 그는 무게가 진동수에 영향을 미치지 않는다는 결론을 학생들이 말하게 하고 그것을 칠판에 적는다. 그런 다음 그는 각도가 진동수에 영향을 미치지 않는다는 것을 보여 주기 위해 다양한 각도를 사용하여 두 번째 시연을 수행하고, 칠판에 실험의 결과를 적을 수 있도록 다시 학생에게 실험의 결론을 내리게 한다.

시연 후, 소얼 선생님이 말한다. "이제 누군가가 실험 설계에 대해 배운 내용과 실험을 설계할 때 어떻게 변수를 사용하는지에 대해 이야기해 주었으면 해요. 누가 이야기하고 싶어요? …… 웬슬리? 실험을 설정하는 방법에 대해 배웠던 것을 말해 보세요. 우리는 시연에서 무엇을 배웠나요?"

"각 실험을 수행할 때마다 변수 중 하나만 변경해요."라고 웬슬리는 설명한다.

"왜 그럴까요?"

"선생님은 한 번에 한 가지만 확인하고 있어요. 두 가지를 한 번에 확인하면 어떤 것이 변화를 일으켰는지 알 수 없어요."라고 웬슬리는 말한다.

"맞아요, 어떤 것이 원인인지 알 수 없겠죠? …… 진자의 운동이 빨라지겠지만, 이게 무게 때문인지 길이 때문인지 궁금할 거예요."

수업 시간이 거의 끝나가는 것을 보고 소얼 선생님은 질문이 없는지 묻고, 아무도 질문을 하지 않자 마리나에게 실험 설계에 대해 배운 내용을 요약하게 한다. 이후 소얼 선생님은 수업 종료 벨소리를 듣고 수업을 끝낸다.

사례 분석을 위한 질문

이 장과 사례 연구에서 얻은 정보를 사용하여 다음 질문에 답하시오.

객관식 질문

1. 소얼 선생님의 학생들은 실험을 설계할 때 길이와 무게를 동시에 바꾸는 등 한 번에 두 개 이상의 변수를 변경했다. 다음 중 소얼 선생님이 변수를 통제하는 과정을 설명했음에도 불구하고 학생들이 두 개 이상의 변수를 변경한 이유를 가장 잘 설명하는 것은 무엇인가?

   a. 학생들은 조별 과제를 하는 동안 인지적으로 소극적이었다.

   b. 학생들은 한 번에 한 가지 이상의 변수를 변화시키는 것이 타당하다고 생각했기 때문에, 한 번에 한 가지 이상의 변수를 변화시키는 개념을 구성했다.

   c. 학생들은 관련된 과정을 성찰하지 못하여 부적절한 기법을 사용했다.

   d. 소얼 선생님은 학습 활동의 근거를 사회적 구성주의가 아닌 인지적 구성주의에 두었기 때문에 학습 활동이 효과적이지 못했다

2. 소얼 선생님은 변수를 통제하는 과정을 설명했고, 그 과정을 설명하기 위해 식물을 사용해 시연을 했다. 그러나 그의 반 학생들은 진자를 사용해 그룹 활동을 했

을 때 변수를 통제하는데 실패했다. 다음 중, 학생들이 계속해서 변수를 통제하지 못하는 이유를 가장 잘 설명하는 진술은 무엇인가?

   a. 소얼 선생님은 변수를 통제하는 방법을 설명하는 양질의 예시를 학생들에게 제공하지 못했다.

   b. 소얼 선생님은 식물과 관련된 주제를 실제 세계와 연계하지 않았기 때문에 단진자로 수업을 진행하는 과정에서 학습과학의 제안을 제대로 적용하지 못했다.

   c. 소얼 선생님은 사회적 상호작용을 자신의 수업에서 필수적인 부분으로 만드는 데 실패했다.

   d. 소얼 선생님이 변수를 통제하는 과정을 설명해서 학생들은 인지적으로 수동적인 태도를 유지하고 있었기 때문에 수업에서 배운 내용은 학생들에게 의미가 없었다.

주관식 질문

3. 소얼 선생님의 학생들은 변수 통제에 대해 몇 가지 오개념을 가지고 있었다. 예를 들어, 학생들은 길이를 일정하게 유지하면서 무게를 변경하지 못했다. 소얼 선생님은 수업에서 학생들의 오개념을 얼마나 효과적으로 해결했는가? 사례 연구의 정보를 사용하여 답을 서술해 보시오.

중요 개념

가상 견학(virtual field trips)

구성주의(constructivism)

사회문화이론(sociocultural theory)

사회적 구성주의(social constructivism)

상황적 인지(situated cognition)

양질의 예시(high-quality examples)

오개념(misconception)

인지적 구성주의(cognitive constructivism)

인지적 도제(cognitive apprenticeship)

적절한 이해(appropriating understanding)

전이(transfer)

체화된 인지(embodied cognition)

평가(assessment)

학습 양식(learning styles)

학습과학(learning sciences)

학습자 공동체(community of learners)

형성평가(formative assessment)

동기와 학습

이 장을 공부한 후 여러분은 다음을 할 수 있어야 한다.

10.1 동기를 정의하고, 학습자의 동기에 대한 다양한 이론들을 설명할 수 있다.

10.2 학습자의 욕구가 무엇이며, 학습동기에 어떠한 영향을 미치는지 설명할 수 있다.

10.3 학습자의 믿음이 학습동기에 어떻게 영향을 미치는지 설명할 수 있다.

10.4 학습자의 목표가 학습동기에 어떻게 영향을 미치는지 설명할 수 있다.

10.5 흥미와 감정이 학습동기에 어떻게 영향을 미치는지 설명할 수 있다.

APA의 20가지 주요 원칙

이 장에서 명시적으로 다루는 유치원-12학년(초·중등학교)까지 교수 및 학습을 위한 심리학의 20가지 주요 원칙은 다음과 같다.

- 원칙 1: 학생들의 지능과 능력에 대한 신념이나 인식은 그들의 인지 기능과 학습에 영향을 미친다.
- 원칙 5: 장기 지식과 기술의 습득은 주로 연습에 의존한다.
- 원칙 9: 학생들은 외재 동기보다는 내재 동기가 더 클 때 학습을 즐기고 더 잘하는 경향이 있다.
- 원칙 10: 학생들은 수행목표보다는 숙달목표를 가질 때, 도전적인 과제에서 끈질기게 노력하며 정보를 더 깊이 있게 처리한다.
- 원칙 12: 목표를 단기적이고(근접한) 구체적이며, 적당히 도전적인 목표를 설정하는 것은 장기적이고(원거리의) 일반적이고 지나치게 도전적인 목표를 설정하는 것보다 동기를 더 높일 수 있다.
- 원칙 15: 정서적 안녕감은 교육 성취, 학습 및 발달에 영향을 미친다.

전국교사자질위원회(NCTQ)

모든 신임 교사가 알아야 할 전국교사자질위원회(NCTQ)의 필수 교수 전략 중에서 이 장에서 다루는 주요 내용은 '전략 6: 학습 평가하기'이다.

학생이라면 누구나 좋아하는 과목과 덜 좋아하는 과목이 있다. 왜 그럴까? 그리고 친구와 이야기하기, 책 읽기, 운동 등 특정 활동을 즐기는 이유는 무엇일까? 학습에 가장 큰 영향을 미치는 요소 중 하나라 할 수 있는 '동기'가 그 답이다. 유치원-12학년(초·중등학교)까지 교수 및 학습을 위한 심리학의 20가지 주요 원칙에서도 동기를 중요하게 다룬다. 여기서도 볼 수 있듯이, 20가지 전략 중 6번째 전략이 이 장에서 강조된다.

교사로서 학생들의 동기를 이해하는 것은 필수적인 전문 지식이다. 이는 교사에게 성공적인 학년이 될지 혹은 기억하고 싶지 않은 학년이 될지의 차이를 만들 수 있다. 다음 세계사 수업 사례를 읽으면서 학생들의 동기에 대해 살펴보고 캐시 브루스터(Kathy Brewster) 선생님이 이에 어떤 영향을 미치는지 생각해 보자.

수전(Susan)과 짐(Jim)은 중세 시대, 르네상스, 십자군 전쟁을 포함하는 11세기부터 16세기 시대를 다루는 브루스터 선생님의 수업에 가고 있다. 수전은 교실 문 앞에 다다르자 짐에게 "어서 가자. 종이 곧 울릴 거야. 브루스터 선생님이 이 과목에 얼마나 중요하다고 생각하는지 알잖아?"라고 재촉했다.

짐은 "숙제 다 했어?"라고 묻고는 바로 말을 멈추었다. "내가 무슨 소리를 하는 거지? 너는 항상 숙제를 잘 하잖아."

수전이 "사실 나는 항상 역사를 좋아했고, 과거에 대해 아는 것을 좋아했어……. 게다가 난 역사를 꽤 잘하는 편이야……. 가끔 아빠가 도와주시기도 해. 아빠는 세상에 뒤처지지 않으려고 하신대."라며 웃으며 말했다.

짐은 "몇몇 수업에서는 그냥 적당한 성적을 받을 만큼만 공부를 하지만, 여기서는 그렇지 않아."라고 대답했다." 전에는 역사가 싫었는데, 브루스터 선생님은 너무 재미있게 가르쳐 주셔서 가끔 미리 예습을 하기도 하지. 선생님은 정말 열정적이시고, 선생님께서 아주 오래전에 일어난 일이 어떻게 지금 우리랑 연관되는지 설명해 주시는 것이 진짜 재밌어. 나는 이런 식으로 생각해 본 적이 없었거든."

"휴우, 브루스터 선생님, 숙제가 정말 어려워요." 메이슨(Mason)이 교실로 들어오면서 투덜대고 말했다. "선생님이 저희를 죽이려고 하세요."

브루스터 선생님이 웃으며 말씀하셨다. "그렇다면 그건 너에게 좋은 일이란다. 나는 네가 얼마나 힘들지 알고 있단다. 하지만 그만큼 값진 일이지. 네 노력의 결과로 글쓰기와 생각하는 능력이 얼마나 향상되었는지 보렴……. 열심히 하는 것이 모든 것 중 가장 중요하단다. 그리고 너도 글쓰기가 얼마나 중요한지 잘 알고 있지 않니."

이 장의 전반에 걸쳐 우리는 브루스터 선생님의 수업에 대해 언급할 것이다. 공부를 하면서 다음 질문들에 대해 생각해 보자.

1. 수전의 동기는 짐의 동기와 어떻게 다른가?
2. 브루스터 선생님 과목에서의 짐의 동기는 다른 과목에서와 어떻게 다른가?
3. 브루스터 선생님은 학생들의 동기에 어떤 영향을 미쳤을까?

동기란 무엇인가

10.1 동기를 정의하고, 학습자의 동기에 대한 다양한 이론들을 설명할 수 있다.

동기(Motivation)는 목표를 향한 활동이 시작되고 유지되는 과정이다"(Schunk, Meece, & Pintrich, 2014, p. 5). 예를 들어, 어려운 수학 문제를 풀기 위해 혹은 완벽한 테니스 서브를 위해 노력하고 있다면, 우리는 각각의 경우에 동기가 부여된 상태이다. 문제 풀기와 테니스 서브 완성이 목표가 되고, 동기는 이 목표를 달성하기 위해 지속적인 노력을 기울이도록 도와준다.

예상한 바와 같이, 동기가 부여된 학생들은 학업에 대해 더 긍정적인 태도를 가지고, 어려운 과제에 더 오래 집중하며, 정보를 보다 심층적으로 처리한다(Schunk et al., 2014). 간단히 말해서, 동기화된 학생들은 그렇지 않은 학생들보다 더 많은 것을 배운다. 이것이 바로 이 장의 제목을 '동기와 학습'으로 정한 이유이다.

외재 동기와 내재 동기

교육심리학과 당신

현재 수강하고 있는 수업을 떠올려 보자. 당신은 공부의 목적을 성적 향상에 두고 있는가? 아니면 수업 내용 자체의 이해를 더 중요하게 생각하는가? 내용 자체에 큰 관심이 없더라도 내용을 이해하는 것이 중요하다고 생각하는가?

동기는 크게 두 가지 범주로 나눌 수 있다. 첫째는 **외재 동기**(extrinsic motivation)로서, 이는 특정 목표를 달성하기 위한 수단으로 과제에 참여하려는 동기이다. 둘째는 **내재 동기**(intrinsic motivation)로서, 그 활동 자체의 가치를 인정하여 참여하려는 동기를 의미한다(Schunk et al., 2014). 만약 앞의 '교육심리학과 당신' 질문에 좋은 성적을 얻기 위해 주로 공부한다고 답변했다면, 당신은 외재적으로 동기화된 것이다. 반대로 강의 내용 이해를 더 중요하다고 생각한다면, 내재적으로 동기화된 것이다. 우리는 이를 통해 수전과 짐이 가진 동기의 차이를 이해할 수 있으며, "수전의 동기는 짐의 동기와 어떻게 다른가?"라는 첫 번째 질문에 답을 얻을 수 있다. 짐의 "어떤 과목에서는 그냥 적당한 성적을 받기 위해 최소한 노력만 한다."라는 말은 외재적 동기를 반영하는 반면, 수전의 "나는 항상 역사를 좋아했고 과거에 대해 알기를 좋아한다."라는 말은 내재 동기를 반영한다. 예상할 수 있듯이, 내재 동기는 학습과 이해에 중점을 두기 때문에 더 바람직하며, 이는 학습의 전 과정에서 영향을 미친다. 학생들을 대상으로 한 연구에서는 "긍정적인 학업 성취를 촉진하는 학습 및 공부 기술 중 가장 영향력 있는 단일 요소는 내재 동기 수준"이라고 제시한다(Griffin, MacKewn, Moser, & VanVuren, 2013, p. 53).

APA의 20가지 주요 원칙

이 논의는 유치원–12학년(초·중등학교)까지 교수 및 학습을 위한 심리학의 20가지 주요 원칙에서의 원칙 9. '학생들은 외재 동기보다는 내재 동기가 클 때 학습을 즐기며 더 잘하는 경향이 있다'와 관련된 것이다.

동기는 또한 맥락 중심적이며 시간이 지남에 따라 변할 수 있다(Cleary & Kitsantas, 2017). 예를 들어, 우리는 짐이 다른 과목에서는 외재 동기에 의해 움직이는 것으로 보이지만, 브루스터 선생님의 과목에서는 "나는 때때로 미리 공부하기도 하고, 좀 재미있기도 해요."라는 말을 통해 내적으로 동기화된 모습을 확인할 수 있다. 이는 앞서 제기했던 두 번째 질문인 "브루스터 선생님 과목에서 짐의 동기는 다른 과목과 어떻게 다른가?"에 대한 답을 제공한다.

내재 동기를 증진시키는 경험에는 다음과 같은 요소들이 하나 혹은 그 이상 포함되는 경향이 있다(Schunk et al., 2014).

- 도전: 도전을 극복하는 것은 감정적으로 만족스러운 경험이며, 적당히 어렵고 성공이 보장되지 않은 목표는 도전의 요소를 가지고 있다.
- 자율성: 일반적으로 사람들은, 특히 학생들은, 자신들의 운명에 영향을 미칠 수 있거나 통제할 수 있다고 느낄 때 더욱 동기화된다.

- 호기심 자극: 개별적이고 특수한 경험이나 새롭거나, 놀랍거나 혹은 예상하지 못한 사건들은 호기심을 자극시킨다.
- 판타지 유발: 어린아이들이 〈세서미 스트리트(Sesame Street)〉와 같은 프로그램에 매료되는 것이나 〈해리포터(Harry Potter)〉 시리즈와 같은 책이나 공상과학 소설의 성공을 본다면 사람들이 판타지에 의해 동기화된다는 것을 알 수 있다.

이러한 요소들은 브루스터 선생님의 교실 상황을 이해하는 데에도 도움이 된다. 짐의 "브루스터 선생님은 생각하게 만들어 줘."라는 말이나 메이슨의 "브루스터 선생님, 과제가 정말 어려워요."라는 말에서 우리는 학생들이 브루스터 선생님 과목에서 도전에 마주하고 있음을 보여 준다. 또한 짐의 "선생님께서 아주 오래전에 일어난 일이 어떻게 지금 우리랑 연관되는지 설명해 주시는 것이 진짜 재밌어."라는 말을 통해 브루스터 선생님의 수업이 호기심을 자극했음을 알 수 있다. 이 모두는 학생들의 내재 동기에 영향을 미쳤다.

사람들은 일반적으로 외재 동기와 내재 동기를 단일 연속선의 두 끝단으로 생각하는 경향이 있다. 즉, 외재 동기가 높을수록 내재 동기는 낮고, 반대로 내재 동기가 높을수록 외재 동기는 낮다고 여긴다. 하지만 최근 연구에 따르면 외재 동기와 내재 동기는 서로 다른 연속선 위에 존재하며, 독립적으로 높거나 낮을 수 있다는 사실이 밝혀졌다(Schunk et al., 2014). 예를 들어, 우리는 당신에게 "공부하는 이유가 내용을 이해하고 싶어서인지 좋은 성적을 얻기 위한 것인지" 물었다. 많은 학생들이 그러한 것처럼, 당신도 좋은 성적을 원할 수 있지만 동시에 내용 이해도 중요하게 생각할 수 있다. 이는 당신이 외재 동기와 내재 동기 모두 높을 수 있음을 시사한다. 실제로 사람들은 외재 및 내재 동기 모두 높거나, 둘 다 낮거나, 혹은 한쪽만 높고 다른 쪽은 낮을 수 있다.

외재 동기와 내재 동기 사이의 관계는 [그림 10-1]에 요약해서 제시했다.

몰입

무언가에 너무 빠져서 시간조차 잊어버린 경험이 있는가? 이런 경험을 **몰입**(flow)이라고 부른다. 몰입은 개인이 도전적인 활동에 완전히 빠져들어 주의를 집중하는 강렬한 형태의 내재 동기를 의미한다(Csikszentmihalyi, 1990, 1996, 1999). 몰입은 사람들을 즐거움, 만족감, 참여의 복합적인 상태로 이끈다(Chen & Sun, 2016). 음악가들이 '음악에 빠져 있다'고 느끼거나 운동선수들이 '극한의 집중 상태'에 있는 경험과 같다. 그리고 내재 동기는 높은 성과와 연관 있기 때문에, 몰입의 개념은 리더가 직원들의 생산성을 높이고자 하는 기업 분야에서도 관심을 가지고 있다(Cranston, & Keller, 2013).

저자인 우리들 역시 이 책을 작업하면서 때때로 몰입의 상태를 경험했다. 실제로 시간 가는 줄 모르고, 공부와 집필에 가장 몰입할 때는 식사도 하기 싫은 정도였다. 쉽게 설명하기 어렵지만, 운좋게 몰입 상태를 경험하게 되면 그 순간은 정말 소중하다.

예상하겠지만 몰입은 드문 경험이며, 다음과 같은 전제 조건이 필요하다.

- 자율성: 우리는 스스로 선택한 활동에서 타인이 요구하는 활동에서보다 더 강한 내재 동기를 가질 가능성이 높다(Chang, Chen, & Chi, 2016).

- 전문성: 우리의 이해력과 기술이 높은 수준으로 발전되었을 때만 몰입과 관련된 동기가 발생될 수 있다 (Csikszentmihalyi, 1999).
- 적절한 수준의 도전: 시시한 작업을 할 때는 몰입을 경험할 수 없다(Schunk et al., 2014).

일부 연구에서는 몰입과 성격 특성 간의 연관성을 밝혔다. 그 결과에 따르면, 융통성 있고 성실한 사람일수록 몰입을 더 자주 경험하는 반면, 비관적인 사람일수록 몰입을 덜 경험하는 것으로 나타났다(Ullén et al., 2012). 몰입은 활동이 단순히 자발적이며 즐거울 때 나타나는 '흐름에 맡기기(going with the flow)'와 같지 않다. 이 장의 뒷부분 '교육심리학을 교수에 활용하기: 학생들의 학습동기 향상을 위한 요구 사항 활용하기' 부분에서는 몰입 경험을 촉진하는 데 도움이 될 만한 정보를 제공한다.

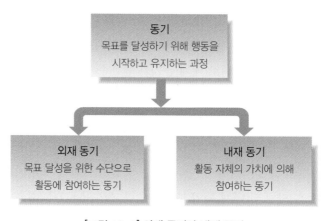

[그림 10-1] 외재 동기와 내재 동기

학습동기

우리는 학생들이 항상 내적으로 동기화된다면 매우 좋으며, 때때로 재미있는 수업만 제공하면 학생들의 내재 동기가 저절로 생길 것이라고 믿는다. 이는 이상적인 상황이지만, 거의 대부분의 학습 활동에 대해 현실적으로 적용하기는 어렵다. 그 이유는 다음과 같다(Brophy, 2010).

- 학교는 의무교육이며, 학습내용은 학생들이 스스로 선택하는 것이 아니라 사회가 학생들이 배워야 한다고 정한 내용들로 구성된다.
- 교사들은 많은 학생들을 동시에 지도해야 하며, 각 학생의 개별적인 요구 사항을 항상 충족시키기 어렵다.
- 학생들의 성취는 성적으로 평가되어 학부모나 보호자에게 보고되기 때문에 학생들은 경험 자체에서 얻을 수 있는 개인적인 만족보다는 외부적인 요구 사항을 충족시키는 데 집중할 수밖에 없다.

제레 브로피(Jere Brophy, 2010)는 이에 대해 대안을 제시한다. "나는 교사가 학생들의 **학습동기**(motivation to learn)를 계발하고 유지하는 것이 현실적으로 가능하다고 믿는데, 이는 학생들이 학업 활동을 의미 있고 가치 있다고 느끼고, 그러한 활동을 통해 의도된 학습효과를 얻으려고 노력하는 경향을 가질 때 가능하다" (Brophy, 2010, p. 11). 학습동기는 우리가 앞서 '교육심리학과 당신'에서 던졌던 두 번째 질문인 "당신은 내용 자체에 큰 관심이 없더라도, 내용을 이해하는 것이 중요하다고 생각하는가?"와 관련이 있다. 만약 당신이 예라고 답변했다면, 당신의 학습동기는 높은 것이다. 이 장에서는 학습동기를 주요 내용으로 다루게 되는데, 학생들의 내재 동기가 이 과정에서 증가한다면 더욱 좋을 것이다.

동기에 대한 이론적 관점

학습과 마찬가지로 학생들의 학습동기를 이해함에 있어서도 다양한 이론적 관점이 도움이 된다(Schunk et al., 2014). 이러한 이론적 관점들을 [그림 10-2]에 개괄적으로 제시했으며, 다음의 절에서 자세히 논의하기로 한다.

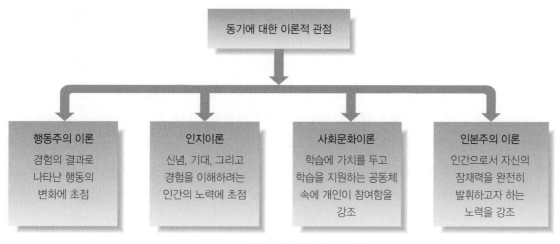

[그림 10-2] 동기에 대한 이론적 관점

동기의 행동주의적 관점

행동주의는 학습을 경험의 결과로 나타나는 관찰 가능한 행동의 변화로 간주하며, 동기도 같은 방식으로 바라본다. 예를 들어, 공부 시간이 늘어나는 것은 동기의 증거로 간주하며, 칭찬이나 숙제에 대한 피드백, 좋은 성적과 같은 강화물은 동기 유발자(motivator)로 간주한다.

비판가들은 보상을 사용하는 것이 동기나 학습에 대한 잘못된 메시지를 전달할 수 있다며 주장하는데, 그 증거로 보상이 내재적으로 동기 부여를 하는 과제에 대해 흥미를 실제로 감소시킨다는 연구를 인용한다 (Ryan & Deci, 1996).

또한 일부 비판가들은 행동주의가 동기를 충분히 설명하지 못한다고 주장한다(Perry, Turner, & Meyer, 2006). 예를 들어, 만약 우리가 어려운 과제를 해내지 못한다고 믿는다면, 우리는 그 과제를 열심히 수행할 가능성이 낮다. 동기는 우리의 신념에 의해 영향을 받는데, 이는 행동주의자들이 고려하지 않는 인지적 요소이다.

이러한 비판에도 불구하고, 교실에서는 일반적으로 보상이 동기 부여 요소로 사용되고 있다. 예를 들어, 초등학교 교사들은 칭찬, 사탕이나 컴퓨터 게임과 같은 오락거리를 보상으로 사용하며, 중·고등학교 교사들은 학생들의 동기를 유발하기 위해 시험 성적, 활동에 대한 피드백, 휴식 시간, 작은 칭찬 등을 사용한다.

분별력 있게 보상이 사용된다면 효과적일 수 있다는 연구 결과도 있다. 예를 들어, 진정한 성취에 대한 칭찬과 학습 능력 향상을 인정하는 보상은 내재 동기를 높인다(Cameron, Pierce, & Banko, 2005). 이 주제는 이장의 뒷부분에서 다시 다룰 것이다.

동기의 인지주의적 관점

"자, 가자!" 멜라니(Melanie)는 친구 옐레나(Yelena)에게 재촉하며 말한다. 이들은 숙제를 막 끝마치려는 중이다.

"잠깐만, 이 문제 잘 이해가 안 되는데······." 옐레나가 중얼거린다.

"오늘밤에 같이 풀자. 다들 가고 있어." 멜라니가 다시 한번 재촉한다.

"너 먼저 가, 조금 있다가 쫓아갈게. 나는 이 문제 풀 수 있을 것 같아······. 지금 당장 이해가 되지 않을 뿐이야."

옐레나의 행동은 어떻게 설명할 수 있을까? 옐레나는 문제를 이해하는 데 어려움을 겪고 있지만 계속해서 도전하고 있으며, 외부적인 강화 요소는 없는 상태이다. 그래서 행동주의 이론으로는 그녀의 노력을 설명할 수 없다. 또한 그녀는 "나는 이 문제 풀 수 있을 것 같아."라고 말하며, 자신이 문제를 해결할 수 있다는 믿음이 있음을 보여 준다. 믿음은 행동주의가 학습이나 동기 부여에서 고려하지 않는 인지적 요소 중 하나이다.

사람은 본능적으로 자신의 경험을 이해하기를 원하는데, 이러한 신념은 인지학습이론과 인지적 동기 이론의 핵심이다. "개인은 사건을 이해하기 위해 동기화된다"(Hillebrandt & Barclay, 2017, p. 747). 그리고 "세계를 이해하고자 하는 인식과 인지(cognition)는 길고 다양한 역사를 가지고 있다"(Chatera & Loewenstein, 2016, p. 138). 경험을 이해하려는 욕구는 옐레나의 "지금 당장 이해가 되지 않을 뿐이야."라는 말 속에서 알 수 있으며, 이것이 그녀가 계속해서 노력하는 이유를 보여 준다.

사회인지이론은 학습자의 믿음과 기대, 다른 사람을 관찰하는 것이 우리의 동기에 미치는 영향을 강조함으로써 인지주의 관점을 더 확장한다(Schunk & Pajares, 2004). 이 이론은 짐이 브루스터 선생님에 대해 "선생님은 정말 열정적이시고, 선생님께서 오래전에 일어난 일이 어떻게 지금 우리랑 연관되는지 설명해 주시는 것이 진짜 재밌어."라고 말한 것을 이해하는 데 도움을 준다. 짐의 동기는 브루스터 선생님의 열정과 그녀가 가르치고 있는 주제에 대한 관심을 관찰하게 되면서 증가하게 되었다.

동기의 사회문화적 관점

사회문화이론은 교사와 학생이 함께 협력하여 모든 학생의 학습을 돕는 '학습 공동체'에 초점을 맞추고 있으며, 동기에서도 사회적 상호작용의 중요성을 강조한다(McInerney, Walker, & Liem, 2011). 이 이론은 경쟁적인 환경보다 서로 지지하고 협력하는 교실에서 학생들이 더 많은 동기를 갖게 된다고 제안한다. 또한 이 이론은 왜 사람들은 주변 사람들이 같은 활동을 하고 있을 때 더 열정적으로 그 활동에 참여하도록 동기화되는지 이해하는 데에도 도움이 된다.

일부 전문가들은 **동기적 근접발달영역**(motivational zone of proximal development)이 존재한다고 말한다(Brophy, 2010). 이 개념은 학습 활동과 학습자의 선행 지식 사이의 적합성을 의미하는데, 이는 흥미를 유발하기에 충분히 가까우면서도 너무 익숙해 지루하거나 의미 없다고 느껴지지 않아야 한다. 예를 들어, 243 × 694와 같은 문제나 달의 근지점과 원지점이 지구 조석에 미치는 영향을 계산하는 문제는 우리에게 동기를 부여하지 않는다. 전자는 너무 사소하며, 후자는 대부분의 사람들이 이해하거나 접근하기 어려울 정도로 어렵기 때문이다. 이들 모두는 동기적 근접발달영역 밖에 있는 것이다.

사회문화적 관점에서 볼 때, 교사의 임무는 학생들이 충분히 활동의 가치를 인식할 수 있는 친숙한 학습 경험을 설계하는 것이지만, 너무 쉬워서 도전감을 제공하지 못해서도 안 된다.

동기에 대한 인본주의적 관점

동기를 설명하는 데 있어, 행동주의는 보상(강화)에 초점을 맞추며 인지주의 이론은 우리의 경험을 이해하기 위한 사고 과정에 집중한다. 20세기 중반에 유행한 인본주의적 관점은 이 두 가지 접근 방식이 모두 너무 제한적이라고 지적한다. 인본주의적 관점은 생각과 행동에 더해 사람들의 욕구, 감정, 태도, 심지어 신체 상태까지 고려하지 않고는 동기를 완전히 이해하는 것이 불가능하다고 주장한다(Whitehead, 2017). 이 관점은 '전인적 인간(whole person)'에 초점을 두고, 동기를 인간이 총체적인 잠재력을 발휘하고 '자기실현적(self-actualized)'이 되기 위한 노력이라고 보았다(Schunk et al., 2014).

인본주의 심리학은 다시 주목받고 있다. "지난 50년 동안 인본주의 운동의 가장 위대한 부활 중 하나는⋯⋯ 기업과 업계에서는 '소프트 스킬(soft skills)'이라는 용어로, 교육에서는 '사회정서 학습(social-emotional learning)'이라 불리는 인본주의적 기술들에 대한 세계적 관심이다"(Starcher & Allen, 2016, p. 227). (제3장에서 배운 사회정서 학습에 대해 복습할 수 있다.)

인간-중심적 심리치료를 창시한 심리학자 칼 로저스(Carl Rogers)와 욕구위계이론으로 유명한 에이브러햄 매슬로(Abraham Maslow)는 인본주의 사조에서 가장 저명한 두 명의 선구자이다. (위계에 대해서는 이 장의 다음 절에서 논의할 것이다.) 두 사람 모두는 자기실현적이 되기 위한 인간의 노력을 강조했다(Maslow, 1968, 1970; Rogers, 1963). 로저스는 **무조건적 긍정적 존중**(Unconditional Positive Regard: UPR)의 개념을 소개했다. 이는 사람들, 특히 학생들이 그들의 행동과 관계없이 스스로를 타고난 존재로 가치 있게 여기는 태도를 의미하며, 로저스는 이러한 태도가 사람들이 최대한의 잠재력을 발휘하는 데 필수적이라고 주장했다(Rogers & Freiberg, 1994).

무조건적 긍정적 존중을 제공하는 것은 생각보다 쉬운 일이 아니다. 부모가 대개 자녀가 어린아이일 때는 그렇게 하리라 생각하지만, 아이가 자라면서 부모의 존중은 종종 '조건적'이 되어 자녀가 좋은 점수를 받거나 훌륭한 배우자나 직업을 선택하는 것과 같은 요인에 관심을 기울일 수 있다(Kohn, 2005a). 가정이 아닌 바깥 세상에서는 존중이 거의 항상 조건부이며, 학교에서도 성적이 좋은 학생과 품행이 단정한 학생이 그렇지 않은 학생보다 더 긍정적으로 평가받으며 음악이나 스포츠 같이 과외 활동에서 뛰어난 학생도 마찬가지이다.

하지만 무조건적 긍정적 존중이 주어질 때, 더욱 강력한 성과가 나타날 수 있다. 연구들에 따르면 가정에서 무조건적 긍정적 존중을 받는 아이일수록 자율성이 높으며(Roth, Kanat-Maymon, & Assor, 2016), 성실함과 융통성과 같은 더 긍정적인 성격 특성들을 보인다(Rocha Lopes, van Putten, & Moormann, 2015). "교사로부터 무조건적으로 수용된다고 느끼는 학생들은 학습에 흥미를 느끼고, 단지 해야 하기 때문에 공부를 하기보다는 도전감을 자극하는 학습 과제를 즐길 가능성이 더 높다"(Kohn, 2005b, p. 21). 일부 학자들은 이 점을 더욱 강력하게 지적한다. "권위 있는 어른에게 인정받고 긍정적인 평가를 받는 것은 청소년에게 삶을 바꿀 수 있는 경험이 될 수 있다"(Benson, 2016, p. 23). 무조건적 긍정적 존중은 교사가 학생에 대한 기대치를 낮추거나 학생들이 마음대로 행동하도록 허용하는 것을 의미하지는 않는다. 예를 들어, 오히려 중학교 교사가 불량한 행동을 하는 학생을 복도로 데리고 가서, 그의 행동이 용납할 수 없으며 용납되지 않을 것이라고 분명하게 말해 줄 수 있다는 것을 의미한다. (이때 초점은 학생자체가 아니라 학생의 잘못된 행동에 두어야 한다는 점을 유의해야 한다.) 그런 다음, 학생이 다시 교실로 들어오면 그들의 관계는 사건 전과 동일해진다. 즉, 학생의 잘못된 행동에 대한 지적은 학생의 인간으로서의 본질적인 가치에 대한 평가가 아니기에, 교사가 학생을 향한 태도는 사건 전과 기본적으로 동일한 것이다.

지금까지 살펴본 이론적 관점들은 동기를 좀 더 자세히 이해하기 위한 이론적 틀을 제공한다. 이러한 틀을 사용하여 [그림 10-3]에 나열된 주제들을 살펴보기로 하자. 각 주제는 학습동기에 영향을 미치며, 모두 우리가 방금 논의한 이론적 관점에 기반을 두고 있다. 먼저 욕구(needs)에 대해 살펴보도록 하자.

학습동기에 있어 욕구의 영향

10.2 학습자의 욕구가 무엇이며, 학습동기에 어떠한 영향을 미치는지 설명할 수 있다.

교육심리학과 당신
당신은 "정리를 해야 해.", "살을 좀 빼야 해." 또는 단순히 "우유 사러 마트에 가야 해."라고 말한 적이 몇 번이나 있을지 생각해 보자. 이런 말들은 당신의 동기에 어떤 영향을 미칠까?

'교육심리학과 당신'에서 보듯이, **욕구**(need)라는 개념은 우리 삶에서 깊이 자리 잡고 있으며 너무나 자주 사용하는 단어이기에, 아마 우리가 생각해 본 적이 없을 것이다. 동기이론에서 욕구는 특정 상태나 대상을 얻거나 피하려고 하는 내적인 힘(force)이나 추동(drive)을 의미한다(Schunk et al., 2014). 욕구가 동기에 어떻게 영향을 미치는지 살펴보면, 예를 들어 "정리해야 해."라고 말할 때, 욕구는 우리를 원하는 상태, 즉 정리된 상태에 도달하도록 밀어붙일 수 있다(동기를 부여할 수 있다.).

음식, 물, 성적 행위는 생존에 필수적이기 때문에 모든 종에서 가장 기본적인 욕구로 간주된다. 이러한 욕구를 충족시키려는 것이 원동력이 되며, 생존이 바람직한 상태가 된다. 그러나 인간의 욕구는 이보다 훨씬 복잡하다. 이번 절에서는 다음 세 가지 욕구가 학습동기에 미치는 영향을 살펴보기로 한다.

- 매슬로의 욕구위계이론
- 자기결정성에 대한 욕구
- 자기가치 보존에 대한 욕구

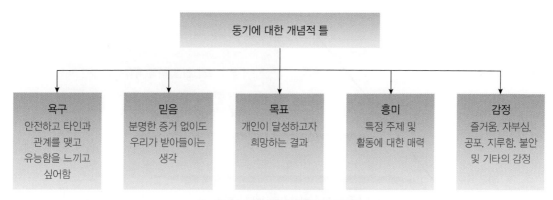

[그림 10-3] 동기에 대한 개념적 틀

매슬로의 욕구위계이론

앞서 살펴본 인본주의적 동기 이론에서는 신체적 · 사회적 · 정서적 · 지적 · 미적 등 전인적 인간을 강조한다. 매슬로(1968, 1987)의 욕구위계이론은 이러한 전인적 관점에 기반을 두고 있다. [그림 10-4]의 매슬로의 욕구위계를 살펴보면, 전인적 인간이 반영되어 있음을 알 수 있다. 예를 들어, 생존과 안전의 욕구에서 육체적 인간, 소속감의 욕구에는 사회적 인간, 자존감의 욕구에는 감정적 인간, 그리고 자기실현의 욕구에는 지적이고 미적인 인간이 반영되어 있다.

매슬로(1968, 1970)는 인간의 욕구를 결핍 욕구와 성장 욕구라는 두 유형으로 분류했다.

결핍 욕구

결핍 욕구(Deficiency needs)는 충족되지 않을 때 사람들로 하여금 이를 충족하고자 노력하게 만드는 욕구를 의미한다. 결핍 욕구는 생존, 안전, 소속감, 그리고 자존감의 욕구이며, 매슬로에 따르면 위계상으로 사람들은 아래 단계의 욕구가 충족되지 않으면 더 높은 단계의 욕구로 나아가지 않는다. 예를 들어, 만약 사람들의 안전 욕구가 충족되지 않는다면 소속감 욕구나 그 이상의 욕구 단계로 나아가지 않을 것이라는 뜻이다. [그림 10-4]에서 결핍 욕구를 일련의 단계로 표현한 것은 이러한 점을 의미하는 것이다.

성장 욕구

모든 결핍 욕구가 충족된 후에야 사람들은 **성장 욕구**(growth needs)로 나아갈 수 있다. 성장 욕구는 사람들이 경험을 쌓으면서 증대되는 지적 성취와 심미적 감상에 대한 욕구를 의미한다. 궁극적으로 이러한 성장은 **자기실현**(self-actualization)으로 이어질 수 있는데, 이는 우리의 잠재력을 모두 발휘하고, 우리가 될 수 있는 최고의 모습을 향해 나아가는 것을 말한다. 결핍 욕구와는 다르게 지적 성취와 심미적 감상에 대한 욕구는 결코 완전히 '충족'되지 않는다.

예를 들어, 실제로 사람들이 문학에 대한 이해가 깊어질수록 그들의 문학에 대한 흥미는 감소하기보다 오히려 증가한다. 매슬로의 욕구위계에서 볼 때, 우리는 이것을 지적 성취에 대한 욕구에 반응하고 있다고 말할 수 있다. 마찬가지로, 사람들이 계속해서 미술이나 음악을 경험하고 싶어 하는 것도 미적 감상에 대한 자신의 욕구를 충족하고 있다고 표현할 수 있을 것이다. 이러한 활동에 참여하는 것은 즐거움을 주며, 매슬로

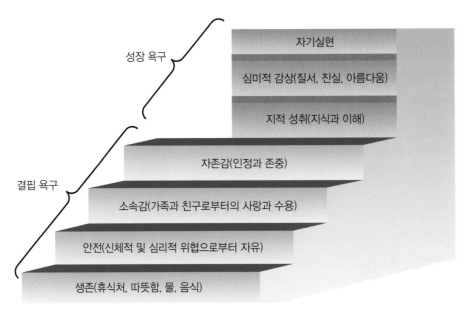

[그림 10-4] 매슬로의 욕구위계

출처: Maslow, Abraham H., Frager, Robert D. (Editor), Fadiman, James (Editor), *Motivation and Personality*, 3rd ed., ⓒ 1987. Pearson Education, Inc., Upper Saddle River, New Jersey의 허가를 받아 인쇄 및 전자 복제되었다.

가 제안한 개념인 절정 경험(peak experiences)에 이르게 할 수 있다.

매슬로 연구에 대한 평가

매슬로의 이론은 크게 세 가지 이유로 비판을 받아 왔다. 첫째, 사람들의 행동을 일관되게 예측하지 못한다. 예를 들어, 세계적으로 유명했지만 신체장애가 있었던 이론물리학자 스티븐 호킹(Stephen Hawking) 박사처럼, 우리는 질병이나 장애에도 불구하고 뛰어난 업적을 달성하는 사람들을 알고 있다. 매슬로의 이론으로는 결핍 욕구가 충족되지 않으면 성장 욕구로 나아가지 않기에, 이러한 경우가 발생할 수 없다고 예측할 것이다.

둘째, 매슬로의 위계 구조는 전통적인 연구 방법으로 검증하기가 어렵다. "욕구위계가 과학적 검증이 불가능하다는 이유로 많은 비판을 받아 왔다"(Winston, 2016, p. 143).

셋째, 최근에는 매슬로가 말하는 자기실현의 초점이 타인과의 관계적 측면이 아닌 개인 내면에서 오는 자기만족이나 행복에 대한 접근에 맞춰지고 있음에 대한 비판이 있다. 비판가들은 "행복한 삶의 가장 강력하고 일관된 예측 지표는 좋은 사회적 관계임을 수많은 연구에서 보여 주고 있다"고 주장한다(Whippman, 2017, para. 13). 또한 이러한 개인 내적 측면에 대한 지나친 강조는 실제로 미국인들이 다른 사람들과 시간을 보내는 것을 점점 줄여 나가는 결과를 가져왔다고 지적한다. 예를 들어, 우리 중 많은 사람들이 다른 사람들과 함께 식사하는 것보다 혼자서 식사를 하고, 10대나 젊은 밀레니얼(Millennials) 세대는 과거처럼 친구들과 시간을 보내는 것이 아니라 태블릿과 스마트폰으로 실제 상호작용을 대신한다(Whippman, 2016). 비평가들은 이것이 쓸쓸하고, 비인간적이며, 불만족스러운 형태의 자기만족이라고 말한다. 결론적으로, 그들은 "매슬로의 욕구위계이론은 너무 쉽게 자기 고립으로 전락시킨다. 이제 그만 내려놓을 때가 되었다."라고 주장한다(Brooks, 2017b, para. 16).

반면, 매슬로의 이론은 직관적으로 이해하기 쉬우며 매력적이고, 우리 삶의 많은 사건들을 설명하는 데 도움이 된다. 예를 들어, 누군가를 처음 만난 후, 우리는 "그 사람은 정말 똑똑한 것 같다"라고 하기보다는 "그 사람은 정말 좋은 것 같다"(혹은, "정말 못된 사람 같다"는 말은 하지 않기를 바란다.)라고 말할 가능성이 높다. 우리는 사람들이 얼마나 똑똑하거나 성공한 사람인지가 아닌, 얼마나 친근하고, 사교적이며 '인간적인지'에 먼저 반응한다. 이는 여러분의 선생님에게도 마찬가지로 적용될 수 있다. 여러분은 선생님이 가진 지적 능력이나 업적이 아닌 그의 성격이나 얼마나 지지적이고 도움을 주는지에 먼저 반응한다. 매슬로의 위계 구조는 개인적·사회적·정서적 욕구가 지적 욕구보다 앞선다고 제시하고, 우리의 일상 경험은 이러한 점을 확증해 주고 있으며, 연구 결과는 감정이 동기와 학습 모두에서 중요하다는 점을 지지한다(Dougherty & Sharkey, 2017; McBride, Chung, & Robertson, 2016). (감정이 동기에 미치는 영향에 대해서는 이 장의 뒷부분에서 자세히 살펴본다.)

아마도 가장 중요한 점은 배고프거나, 피곤하거나, 신체적으로나 정서적으로 안전하지 않은 상태에서 학생들의 학습 능력이 저하된다는 사실이다. 따라서 학교는 무료 또는 저렴한 아침 식사와 점심 식사를 제공하며, 학교 안전을 우리 사회에서 최우선 순위로 두어야 한다. 매슬로의 이론은 교육에서 인간적인 측면이 필수적이며, 이를 무시한다면 동기 부여와 학습 모두에 부정적인 영향을 미칠 것임을 상기시켜 준다.

자기결정에 대한 욕구

자기결정(Self-determination)은 자신의 환경에 따라 행동하고 환경을 통제하고자 하는 욕구이며, 선택권과 결정권을 가지게 된다면 본질적으로 내재적으로 동기화된다(Ryan & Deci, 2000). 자기결정성이론에 따르면, 사람들은 유능성, 자율성, 관계성이라는 세 가지 내적인 심리 욕구를 가지고 있다(Levesque, Stanek, Zuehlke, & Ryan, 2004; Ryan & Deci, 2000). 이러한 요소들이 어떻게 동기에 영향을 미치는지 살펴보자.

교육심리학과 당신

수업 시간에 동료들과의 상호작용을 떠올려 보자. 얼마나 자주 그들이 자신이 주제에 대해 얼마나 알고 있는지, 어떤 기술에 능숙한지, 또는 단순히 '똑똑한지'를 보여 주려고 노력할까? 왜 그런다고 생각하는가?

유능성 욕구

'교육심리학과 당신'에서의 질문에 대해, 자기결정성이론은 그들이 **유능성**(competence), 즉 환경에서 효과적으로 기능하는 능력에 대한 욕구를 충족시키기 위해 노력하고 있기 때문이라고 답한다. 유능성 욕구는 원래 로버트 화이트(Robert White, 1959)의 고전 논문에 소개되었다. 이에 따르면, 사람들은 특정 분야에서 능숙하게 행동할 수 있는 능력과 기술을 습득하는데, 이는 "환경에 대처해야 하는 내적인 욕구를 만족시킬 수 있기 때문이다"(p. 318).

유능성 욕구는 여러 수준에서 설명될 수 있다. 가장 기본적으로, 하나의 유기체가 환경에서 효과적으로 기능하지 못한다면 그 유기체는 살아남을 가능성이 거의 없다. 유능한 사람은 직장에서 성공하고 성장하는 반면, 덜 유능한 사람은 정체되고 도태된다. 유능한 학생들은 성공적인 학습자이며, 학교를 만족스럽고 보람 있는 곳이라고 생각한다(Schunk et al., 2014).

지식과 기술이 증가하고 있다는 증거는 학생들의 유능성에 대한 인식에 영향을 미치는 가장 중요한 요인이며, 이는 왜 교사의 높은 기대, 도전적인 활동, 호기심을 불러일으키는 경험이나 진정한 성취에 대한 칭찬이 동기를 일으키는지 설명하는 데 도움이 된다. 기대나 도전을 만족시키고, 낯설거나 헷갈리는 문제들을 이해하거나, 혹은 칭찬을 받는 경험은 우리의 유능성이 증가하고 있다는 증거가 된다. 반면에, 사소한 과제를 해내고, 예측 가능한 문제를 해결하고, 받을 자격이 없는 성적을 받는 경험은 유능성 발달에 대한 증거를 거의 제공하지 않으므로 동기를 증진시키지 않는다.

자율성 욕구

당신은 집, 도서관, 카페 중 어디에서 공부하는 것을 선호하는가? 누군가가 어디서, 어떻게 공부해야 하는지 강요한다면 거부하고 싶은가? 이 질문들은 **자율성**(autonomy), 독립성, 그리고 필요할 때 환경을 바꿀 수 있는 능력과 관련이 있으며, 이는 자기결정성이론에 의해 설명된 인간의 두 번째 선천적 욕구이다. 자율성의 결핍은 스트레스를 유발하고 내재 동기를 감소시킨다. 예를 들어, 조립부품 노동자가 생산라인에서 받는 스트레스는 자신이 환경을 거의 제어할 수 없기 때문에 발생한다고 널리 알려져 있다(Park & Jang, 2017). 그리고 이러한 극심한 스트레스는 유해하고 파괴적일 수 있다. "그래서 죽음에 이르게 하는 스트레스는…… 자신의 운명에 대한 통제력이 없다는 특징을 가지고 있다"(Velasquez-Manoff, 2013, para. 7). 우리는 스스로 자신의 삶을 통제하고 있다는 느낌을 원하고, 그렇지 않을 때 동기는 감소한다.

자율성과 유능성은 강한 연관이 있다. 학습자의 유능성이 증가하면 자율성에 대한 인식도 높아진다(Bruning, Shraw, & Norby, 2011). 따라서 학생들이 유능성을 느끼도록 도울 수 있다면, 이는 자율성을 느끼는 데에도 도움이 되고, 동기와 학습이 모두 향상된다(이 절의 뒷부분에서 학생들의 자율성 지각을 높일 수 있는 몇 가지 방법을 제안할 것이다.).

관계성 욕구

관계성(Relatedness)은 자기결정성이론에서 설명하는 세 번째 선천적 욕구이며, 사회적 환경 속에서 다른 사람들과 연결되어 있고 사랑과 존경받을 가치가 있다고 느끼는 것을 의미한다. 관계성은 매슬로가 설명한 소속감과 유사한 개념으로 사용된다. 관계성 욕구는 또한 초기 동기 연구자들이 설명한 친애(affiliation)에 대한 욕구와 유사하다(예: Exline, 1962; Terhune, 1968).

우리는 학생들의 관계성 욕구를 충족시키기 위해 무조건적인 긍정적 존중을 전달하고 학습에 대해 진정한 헌신을 하는 것이 필요하다. 학생들은 교사가 자신을 좋아하고, 이해하고, 공감해 준다고 믿을 때 행동적·인지적·정서적 측면에서 수업 활동에 더 열심히 참여한다. 또한 그러한 학생들은 수업 활동에서 더 많은 흥미를 보고하며, 더 사회적으로 책임감 있는 방식으로 행동하고, 필요할 때 도움을 요청할 가능성이 더 높다(Cornelius-White, 2007).

사회문화이론에서 제시한 것처럼, 우리는 학습 활동에 학생들을 참여시키고, 소외되는 사람이 없도록 하며, 학생들이 서로 예의와 존중으로 대하는 교실 환경을 조성함으로써 학생들의 관계성 욕구를 충족하도록 도울 수 있다.

자기결정성이론은 강력하며 널리 적용되고 있는 이론으로, 사람들의 정서적 웰빙(Emery, Heath, & Mills,

2016)에서부터 신임 교사의 만족도(Green & Muñoz, 2016), 학생들의 신체적 건강 상태(Cuevas, García-López & Serra-Olivares, 2016)나 환경 활동주의(environmental activism)(Cook, Fielding & Louis, 2016)에 이르기까지 광범위한 주제를 이해하기 위한 이론적 틀로써 사용되어 왔다. 이 이론은 이 장의 뒷부분에서 살펴볼 교수법에도 중요한 영향을 미친다.

다양성: 자기결정 욕구에 있어 학습자 차이

자기결정성이론은 사람들의 유능성, 자율성, 관계성 욕구에서 일반적인 경향성을 설명하며, 문화, 성별, 사회경제적 지위에 관계없이 사실상 모든 사람은 이러한 욕구를 가지고 있다고 설명한다. 그러나 이들 요소가 어떠한 방식으로 동기에 영향을 미치는지는 집단과 개인에 따라 다를 수 있다(Rogoff, 2003). 예를 들어, 유능성과 관련하여, 본인이 학교나 직장에서 충분한 지식을 갖추고 숙련되어 있다는 점을 보여 주는 것은 자기향상(self-improvement)에 보다 큰 가치를 두는 동아시아 문화보다는 미국 주류 문화에서 더욱 선호되는 경향이 있다(Li, 2005; Sedikides & Gregg, 2008).

성별의 차이도 존재한다. 예를 들어, 여학생들은 남학생들보다 쉽게 실패에 좌절하는 경향이 있고(Bian, Leslie, & Cimpian, 2017), 여학생들의 성적이 일반적으로 더 높다는 사실에도 불구하고 이들보다는 남학생들이 자신의 능력에 대해 더 높게 인식하는 경향이 있다(Voyer & Voyer, 2014).

자율성에 관한 연구에 따르면, 일부 미국 원주민 부모는 어린 자녀들이 의사 결정을 할 때 더 많은 자율성을 부여하는 반면(Ayers, Kulis, & Tsethlikai, 2017), 아프리카계 미국인 부모는 자녀들에게 더 적은 자율성을 부여하는 경향이 있다(Smetana & Cottman, 2006). 또한, 선택권을 주는 것이 학습자의 자율성이 높아지게 하지만, 아시아 학생들의 경우 부모나 교사처럼 자신이 신뢰하는 사람들이 대신 선택을 해 주는 것을 더 선호할 수 있다(Vansteenkiste, Zhou, Lens, & Soenens, 2005).

학습자의 관계성 욕구에도 차이가 존재한다. 예를 들어, 일부 아시아 학생들은 학교에서 우수함을 보이고 그들의 부모와 교사의 인정을 받음으로써 이러한 욕구를 충족시킨다(Li, 2005). 부모와 교사의 인정에 대한 욕구는 일부 문화권에서 다른 문화권에 비해 높게 나타날 수 있지만, 이는 사실상 모든 학생들에게 중요하다(Wang, Hill, & Hofkens, 2014).

테크놀로지, 학습, 그리고 발달: 자기결정에 대한 테크놀로지의 영향력

이 책의 저자 중 한 명인 폴은 최근 아내와 식당에서 식사를 하던 중, 근처 테이블에 앉아 있는 젊은 커플 네 쌍이 전혀 대화하지 않고 스마트폰을 열심히 들여다보고 있는 모습을 보고 놀란 경험이 있다. 여덟 명 모두 자신의 휴대전화에 완전히 집중해 있었고, 이러한 행동은 우리 주변에서도 꽤 흔하게 볼 수 있다. 어디를 가든 개인은 휴대전화, 태블릿, 노트북에 몰두해 있으며, 휴대전화를 귀에 붙인 채 운전하며 일부 경우에는 법을 위반하기도 한다. 심지어 헬스장에서도 사람들은 운동 기구 중 하나에서 운동을 하면서(보통은 천천히 운동을 하면서) 동시에 휴대폰을 들여다보는 경우가 많다.

일부 연구자들은 테크놀로지가 문자 그대로 중독성을 지니고 있다고 지적하며 예시로 인스타그램을 든다. "일부 사진은 많은 '좋아요'를 받지만 다른 사진은 그렇지 않는다. 사용자들은 '좋아요'를 받기 위해 사진을 연지속적으로 게시하며 친구들을 응원하기 위해 정기적으로 사이트를 방문한다"(Alter, 2017, p. 9). 또 다른 연구자들은 많은 사람들이 '페이스북 중독 신드롬'을 경험한다고 말한다(Rosen et al., 2013).

이와 관련된 우려들도 증가하고 있다. 익명성 속에서의 친밀감은 우리로 하여금 소셜 미디어 친구들이 진짜 친구라고 느끼게 할 수 있지만, 실제로는 그렇지 않은 경우가 많다(Zagorski, 2017). 또한, 최근 연구 결과는 소셜 미디어가 결혼 생활 및 다른 대인관계에 악영향을 미칠 수 있다는 것을 보여 준다(McDaniel, Drouin, & Cravens, 2017). 또한 젊은 세대의 정신건강에도 영향을 미치고 있는데, 예를 들어, 여러 소셜 미디어 플랫폼 사용의 증가와 우울증 및 불안의 증가 사이에 강한 연관성이 있다는 사실을 여러 연구들을 통해 확인되었다(Primak et al., 2017). 또 다른 연구에 따르면 스마트폰 사용이 일반화된 이후 청소년들은 연애를 하거나 일을 하지 않으려고 하며, 친구와 어울리기보다는 방 안에서 혼자 소셜 미디어를 하며 시간을 보내는 경향을 보인다(Twenge, 2017).

주요 언론 매체에서도 테크놀로지와 우울증 및 불안과의 관련성을 지적하며, 테크놀로지가 우리 삶에 부정적인 영향을 미치고 있다고 경고하면서 '과연 테크놀로지는 악인가?'라고 반쯤은 농담으로 질문을 던지기도 한다(Brooks, 2017a; Douthat, 2017). "[온라인 생활은] 과도한 자기애, 소외감, 우울증을 양산하며, 창의성과 깊이 있는 사고를 하지 못하게 만든다"(Douthat, 2017, para. 8).

하지만 의심할 여지없이 사람들은 인터넷, 특히 소셜 미디어에 많은 시간을 보내도록 동기 부여된다. 왜 그런 것일까? 테크놀로지가 중독 수준까지 동기를 부여하는 이유는 무엇일까? 자기결정성이론은 몇 가지 가능한 답변을 제공한다. 첫째, 강한 사회적 연결은 행동 중독의 한 측면이다(Alter, 2017). 테크놀로지를 통해 다른 사람들과 연결된다는 것은 보람 있으며, 세상에서 혼자라는 느낌을 줄여 준다. 자기결정성이론은 이것이 우리의 관계성 욕구를 충족시킨다고 설명한다. 그리고 자신에 대해 이야기하고, 조언을 하고, 자신을 돋보이게 하는 정보를 공유하는 것은 우리의 자기가치를 높이게 된다. (자기가치 욕구에 대한 내용은 다음 절에서 살펴볼 것이다.).

테크놀로지가 동기에 미치는 영향을 설명하는 데 있어 유능성 욕구를 충족시켜 준다는 점도 중요하다. 낯선 도시에서 지도 없이 까다로운 위치를 빠르고 편리하게 찾거나, 편안한 의자나 커피숍에서 거의 모든 주제에 대한 정보에 쉽게 접근하거나, 새로운 앱을 다운로드하여 사용하는 등 한때는 힘들었던 작업을 쉽게 수행하도록 장치를 조작하는 능력은 우리를 '똑똑하다'고 느끼게 하고 능력에 대한 인식에 기여한다(Nikou & Economides, 2017). 이러한 기기의 사용의 편의성은 또한 사람들이 이러한 장치를 사용하려는 동기를 높일 수 있다(Jeno, Grytnes, & Vandvik, 2017). 우리는 테크놀로지가 삶을 편리하게 만들어 주고 기술에 능숙해지면 유능하다고 느끼기 때문에 테크놀로지를 활용하는 것을 좋아한다.

특정한 형태의 교육 관련 테크놀로지는 또한 유능성의 감정을 느끼는 데에 기여한다. 예를 들어, 반복 암기 소프트웨어는 학습자가 자신의 속도에 맞게 학습을 진행할 수 있도록 하고, 자신에게 적합한 피드백을 제공하며, 학습 진도를 강화시킴으로써 유능성에 대한 인식을 높여 준다.

자율성 또한 중요한 요소이다. 스마트폰과 태블릿을 사용하는 사람들은 완전한 자율성을 가지고 있다. 언제, 어디서, 얼마나 오래 장치를 사용할지 선택할 수 있으며, 토론이나 질문의 주제도 스스로 선택할 수 있다(Bakke & Henry, 2015).

일반적 혹은 소셜 미디어에서 활용되는 테크놀로지는 우리에게 인간으로서 또한 교사로서 당면한 난제를 제공한다. 중독은 건강하지 않으며, 식당에서의 경험에서 알 수 있듯이 우리는 대면으로 이루어지는 의사소통을 잃고 싶지 않아 한다(Whippman, 2016, 2017). 대화는 "가장 인간적이고 인간화시키는 행위이자, 듣는 법을 배우는 곳이자, 공감 능력을 발달시키는 방법이기도 하다. 하지만 요즘 우리는 대화를 피하는 방법을 찾는다"(Turkle, 2015, p. 3). 우리는 소셜 미디어를 통해 끊임없이 연결되어 있지만 서로 반쯤 숨어 있기도 하다. 우리는 이제 전자 기기를 내려놓고 서로 이야기해야 한다(Turkle, 2015; Whippman, 2017).

테크놀로지는 또한 교사인 우리에게도 난제를 제공한다. 예를 들어, 우리가 바깥세상에서 기기 사용과 관련하여 누리는 자율성은 학교에서는 존재하지 않는다. 학생들은 배울 주제를 거의 선택하지 못하며, 테크놀로지 사용 시간이나 장소들도 학생에 따라 달라진다. 이를 통해 왜 교실에서의 테크놀로지 사용이 많은 사람들이 생각하는 것처럼 널리 사용되지 못하며 동기 부여가 못하는지를 이해할 수 있을 것이다(Stanhope & Rectanus, 2015). "수많은 새로운 기술이 교실에 유입되었음에도 불구하고 교사들은 가르치는 방식을 획기적으로 변화시키는 속도가 매우 느리다. 에듀테크 지지자들이 생각하는 학생 중심, 실습 중심, 개인 맞춤 교육은 여전히 매우 제한적으로 이루어지고 있다"(Herold, 2015, para. 2).

우리의 목표가 테크놀로지에 대한 암울한 그림을 그리는 것이 아니다. 우리는 테크놀로지가 동기 부여가 되기도 하며, 어떤 경우에는 중독 수준까지 이른다는 것을 알고 있으며, 자기결정성이론은 그 이유를 이해하는 데 도움을 주고 있다. 또한 테크놀로지는 사실상 무제한의 정보원이며 우리의 삶과 가르침을 더 쉽고 효율적으로 만들 수 있는 잠재력이 있다는 것도 알고 있다. 이러한 이슈들은 이 책의 각 장에서 살펴보도록 하겠다.

자기가치 보존에 대한 욕구

"난 천재야. 난 정말 천재야!" 방과 후 집안으로 뛰어 들어오며 8학년인 앤드류(Andrew)가 엄마를 향해서 소리쳤다. "역사 시험에서 97점 받았어요. 제대로 공부하지도 않았는데 난 정말 천재인 것 같아요. 진짜 천재라고요."

우리는 앤드류의 행동을 **자기가치**(self-worth, 일반적인 용어로, 자아존중감)의 개념을 사용하여 설명할 수 있다. 자기가치는 자기에 대한 정서적 반응이나 평가이다(Schunk et al., 2014). 자기가치이론에 따르면 사람들은 자기가치를 보호하고 있는 그대로의 자신을 받아들이고자 하는 선천적 욕구를 가진다. 앞서 살펴본 자기결정성이론에 따르면, 우리 모두는 유능감에 대한 기본적인 욕구를 가지는데, 이는 '똑똑하게 보이려는' 노력으로 주로 나타난다.

자기가치 이론가들은 앤드류의 행동을 열심히 노력하지 않고도 과제를 완수한다면 더 높은 능력을 가졌다고 보이기에, 즉 더 똑똑하게 보이기 위해 나타나는 행동으로 설명한다(Covington, 1992). 앤드류는 자신이 공부를 하지 않고 높은 점수를 받았음을 강조함으로써 높은 능력이 있다는 점을 전달했고, 이는 앤드류의 자기가치감을 고양시켰다.

노력과 능력에 대한 학습자의 인식에 관한 연구에서는 발달적인 측면에서 몇 가지 흥미로운 양상을 보여준다. 예를 들어, 이에 대한 질문을 받으면 대부분의 유치원생들은 자신이 똑똑하다고 말한다. 어린아이들은 열심히 노력하는 사람이 똑똑하고, 똑똑한 사람은 열심히 노력한다고 생각한다. 하지만 학령기에 들어서면서, 그들은 노력을 낮은 능력과 동일시하기 시작하며, 동시에 똑똑하게 보이려는 욕구가 증가한다(Bishop

& Johnson, 2011). 예를 들어, 우리 모두는 "그 아이는 그렇게 똑똑하지 않지만 정말 열심히 노력한다."와 같은 말을 들어 본 적이 있을 것이다.

능력이 있는 것으로 인식되고자 하는 욕구로 인해 고학년 학생들은 그들이 시험공부를 열심히 했다는 사실을 숨길 수도 있다. 그래야만 높은 점수를 받았을 때 최소한 또래들의 눈에는 성공의 원인을 능력으로 돌릴 수 있기 때문이다. 일부 학생들은 자기가치를 보호하기 위해 자기장애(self-handicapping) 전략을 사용하기도 한다. 예를 들어, 미루기("더 잘 할 수 있었는데, 새벽까지 공부를 시작하지 못했어."), 변명하기("시험이 너무 까다로웠어."), 걱정하기("내용은 이해했는데 시험 볼 때 너무 긴장했어."), 혹은 노력하지 않았다는 것을 강조하는 것 등이 있다. 자기장애 행동들은 학업 영역에서 많이 관찰되며, 체육 영역에서도 관찰되기도 한다(Standage, Treasure, Hooper, & Kuczka, 2007). 이러한 자기장애 행동은 낮은 성취 학생들에게 나타나는 일반적인 현상으로, 이들은 도움이 필요할 때 거의 도움을 요청하지 않는다(Marchand & Skinner, 2007).

이러한 경향성에 대해 우리가 어떻게 대응해야 하는지에 대해 다음 절에서 다루어 보고자 한다.

교육심리학을 교수에 활용하기: 학생들의 학습동기 향상을 위한 요구 사항 활용하기

학생의 학습동기를 증진하고자 노력하는 교사들에게 학습자의 욕구를 이해하는 것은 중요한 의미를 가진다. 당신이 교실에서 이를 적용할 때 다음의 지침이 도움을 줄 수 있다.

- 우선적으로 학생들을 인간으로 대한다.
- 학생들의 노력과 성취의 증거들을 칭찬한다.
- 의사 결정에 학생들을 관여시킨다.
- 학생들 간의 사회적 비교를 피한다.

우선적으로 학생들을 인간으로 대한다 "우선적으로 학생들을 인간으로 대하라"는 말에는 우리가 가장 중요하게 고려해야 하는 점이 학생들을 그들의 행동과 관계없이 모든 사람이 마땅히 받아야 할 존중을 받을 자격이 있는 인간으로서 바라보아야 한다는 것을 의미한다. 학생들을 인간으로 대하는 것은 그들의 소속감/관계성에 대한 욕구를 충족시키는 데 도움이 되며(Cornelius-White, 2007), 무조건적 긍정적 존중의 개념 또한 적용된다. 방과 후 브루스터 선생님과 메이슨(Mason)의 대화를 살펴보자.

방과 후 브루스터 선생님께서 교실에서 일을 하고 있을 때, 메이슨이 고개를 들이밀며 말을 걸었다.

"들어오렴." 그녀는 미소를 지으며 말했다. "우리 미래의 작가 선생님, 좀 어떠니?"

"그냥 잠깐 들렀어요. 선생님이 저한테 화나지 않으셨는지 걱정돼서요. 제가 모든 일에 불평을 많이 한 것 같아요."

"전혀 그렇지 않아. 그런 생각은 조금도 안 했단다."

"선생님이 저를 위해 얼마나 많은 일을 해 주셨는지 잘 알고 있어요……. 세상 모두가 저를 포기했을 때, 저를 믿어 주셨죠……. 이제 제 약물 관련 기록도 지워졌고, 이제는 괜찮아요. 선생님 없이는 못 해냈을 거예요. 저를 공부하게 만들어 주셨고 저를 위해 많은 시간을 따로 내주셨죠. 제가 스스로를 포기하지 않게 도와주셨어요. 과거에는 문제아였지만 이제는…… 저 대학에 간답니다."

"우리 모두는 때로는 도움이 필요하지." 브루스터 선생님은 미소를 지었다. "그게 내가 여기 있는 이유야. 이런 말을 듣는 건 감사하지만, 이건 내가 한 것이 아니야. 너 스스로 해낸 것이지…… 자, 이제 가 보렴. 내일 내어 줄 과제를 만들고 있거든."

"정말 대단하세요, 브루스터 선생님." 메이슨은 문 밖으로 나가며 손을 흔들었다.

학생들은 선생님이 그들을 한 인간으로써 진심으로 대하는지를 알아차릴 수 있다. 방과 후 한 학생이 평소 모습과 달라 보여 잠깐 들르라고 부르는 것도 이러한 예시가 될 수 있으며, 메이슨의 약물 관련 전력을 그의 타고난 가치와 분리하여 바라보는 것도 또 다른 예시가 된다. 일부의 연구는 이러한 진심을 보이는 교사의 태도가 남학생들에게 특히 더 중요할 수 있다고 설명한다. "……남학생들에게는 학습에 본인의 노력을 투자하기에 앞서 선생님의 따뜻함, 숙련도, 영감을 느끼는 것이 필요하다"(Reichert, 2010, p. 27). 브루스터 선생님은 메이슨과 다른 학생들에게 무조건적 긍정적 존중을 보여 주었는데, 이는 일상에서는 드물지만 우리 모두에게 중요한 것임은 분명하다.

교사가 학생들을 '우선적으로 사람으로' 대우한다는 것은 학습이나 행동 기준을 낮추는 것을 의미하지 않는다. 메이슨이 브루스터 선생님이 학생들을 너무 열심히 공부하게끔 만든다고 웃으며 투덜거린 것에서처럼 말이다. 브루스터 선생님은 높은 기준을 유지하며, 학생들이 기준을 달성하도록 돕고, 학습내용의 가치를 강조함으로써 학생들에 대한 헌신을 보여 주었다. 또한 그녀는 자신이 그러한 것처럼 학생들이 그녀와 다른 이들에게 존중을 갖추고 대하기를 기대했다.

의사 결정에 학생들을 관여시킨다 학생들을 의사 결정에 참여시키는 것은 학생들의 자율성 욕구를 만족시키고 긍정적인 교실 환경을 조성하는 데 도움이 될 수 있다.

"확인 차 다시 이야기할게." 브루스터 선생님은 수업 시간이 끝날 무렵 학생들에게 말했다. "르네상스에 대한 조별 발표는 목요일과 금요일에 진행될 거야. 그 날 어떤 조가 발표할지 여러분들이 결정하게 된단다. 기억하렴. 우리 모두는 최선을 다하고 있으며 서로 경쟁하는 것이 아니야. 또한 조별 발표 대신에 르네상스에 대한 글쓰기를 선택한 학생들은 제출 마감일이 금요일임을 꼭 기억해야 해."

브루스터 선생님은 학생들이 의사 결정에 참여할 수 있는 간단한 두 가지 방법을 활용했다. 첫째, 그녀는 학생들에게 조별 발표를 하거나 글쓰기를 할 수 있는 선택권을 주었고, 둘째, 조별 발표 순서를 학생들이 정하도록 했다. 이러한 간단한 방법들은 학생들의 동기를 높일 수 있다. 또한, 중요한 점은 학생들에게 결정권을 주는 데 브루스터 선생님이 별다른 노력을 들이지 않아도 된다는 것이다. 왜냐하면 가르치는 것 자체로도 많은 시간과 에너지를 요구하기 때문이다.

학생들의 의사 결정 참여를 통해 자율성 향상의 경험을 하도록 도울 수 있는 추가적인 방법에는 다음과 같은 것들이 있다.

- 교실 규칙과 절차를 만들 때 학생들의 의견을 수렴한다.
- 학생들이 자신의 학습목표를 설정하고 모니터링하도록 장려한다.
- 교실 토론 중에 다른 의견을 내도록 독려하고 이를 수용한다.

- 학생들의 행동이나 타인을 대하는 태도 등과 같은 문제를 논의하기 위해 학급 회의를 진행한다. 어린아이들이라 할지라도 충분히 의견을 낼 수 있다.
- 노력과 전략 사용이 성취에 미치는 영향을 모델링하고 강조한다.

모델링은 학생들이 노력을 능력 부족과 동일시하는 행동을 다루는 데 가장 강력한 전략 중 하나이다. 브루스터 선생님이 수업 토론 중에 언급한 또 다른 내용을 살펴보자.

브루스터 선생님은 학생들에게 십자군과 르네상스에 대한 많은 사실들을 설명했다. 제러미(Jeremy)가 "와, 브루스터 선생님, 이 모든 것을 어떻게 아세요?"라고 말했다. 브루스터 선생님은 "간단해. 나는 열심히 공부를 하지."라고 말한다. "나는 매일 밤 여러분들처럼 공부를 해. 더 열심히 공부할수록 더 똑똑해진다는 것을 느끼지. 공부에 어려움을 겪을 때면, 두 배 더 노력하고 문제 해결 방법을 바꿔 보기도 한단다. 그리고 마침내 이해가 되면 정말 기분이 좋아."

반대되는 경우가 있기는 하지만, 대체로 교실 분위기가 긍정적이고 학생들이 교사를 존중한다면 교사는 학생들로부터 존경받게 된다. 브루스터 선생님의 경우가 분명히 그렇다. 존경받는 교사가 노력과 능력 향상 간의 관계를 모범적으로 보여 줄 때, 학생들은 노력의 의미를 마음으로 받아들일 수 있게 된다. 또한 자기가치 욕구를 다룰 때 등장했던 앤드류가 보여 준 것처럼, 노력 없이 성취를 원하는 학생들의 욕구를 감소시킬 수 있다. 이것은 교사가 가진 가장 강력한 도구이며, 브루스터 선생님이 사용한 학생들의 의사 결정 참여처럼 별다른 노력을 필요로 하지 않는다.

학생들의 노력과 성취의 증거들을 칭찬한다 메이슨이 방과 후 브루스터 선생님의 방으로 들어오면서 나누었던 짧은 대화를 다시 살펴보도록 하자.

"휴우, 브루스터 선생님 숙제가 정말 어려워요." 메이슨이 교실로 들어오면서 투덜대고 말했다. "선생님 저희를 죽이려고 하세요."

브루스터 선생님이 웃으며 말씀하셨다. "그렇다면 그건 너에게 좋은 일이란다. 나는 네가 얼마나 힘들지 알고 있단다. 하지만 그만큼 값진 일이지. 네 노력의 결과로 글쓰기와 생각하는 능력이 얼마나 많이 향상되었는지 보렴……. 열심히 하는 것이 무엇보다 중요하단다."

브루스터 선생님은 메이슨에게 "네 노력의 결과로 글쓰기와 생각하는 능력이 얼마나 많이 향상되었는지 보렴."이라고 말하면서 그의 성취를 칭찬하는 동시에 향상된 능력과 노력을 연결했다.

진정한 성과에 대한 칭찬은 학습 의욕을 증진시킬 수 있다. 왜냐하면 칭찬은 학생들에게 자신의 능력이 발전하고 있다는 증거를 제공하기 때문이다(Cameron et al., 2005). 능력에 대한 인식을 향상시키는 것은 가장 강력한 동기 부여 요인 중 하나이며, 실제로 우리가 모든 학생들이 자신을 유능하다고 느끼게 만들 수만 있다면 동기나 학습에 대한 이슈들은 사라질 것이다.

우리는 브루스터 선생님이 "네 노력의 결과로 글쓰기와 생각하는 능력이 얼마나 많이 향상되었는지 보렴."

이라고 말했지, "너의 글쓰기 능력이 얼마나 뛰어난지 보렴." 또는 "네가 얼마나 훌륭한 사고를 할 수 있는지 보렴."이라고 말하지 않았음을 유의해야 한다. 이는 미묘하지만 중요한 차이이기 때문이다. 연구에 따르면 "너는 똑똑한 아이야."와 같이 '개인(person)'이 반영된 칭찬은 학습자가 나중에 실패를 경험할 경우 동기를 감소시킬 수 있는 반면, "너는 열심히 노력했구나." 또는 "네가 좋은 방법을 찾았구나."와 같이 '과정(process)'이 반영된 칭찬은 동기를 증진시킬 수 있다(Zentall & Morris, 2012). 이러한 패턴은 엄마가 자녀들과 상호작용할 때에도 적용될 수 있다(Pomerantz & Kempner, 2013).

자기가치이론은 우리가 이러한 연구 결과를 이해하는 데 도움을 준다. 예를 들어, 아이들이 '똑똑하다'고 듣고 나중에 실패한다면, 그 실패는 그들이 결국 그렇게 똑똑하지 않을 수도 있다는 것을 시사하여 자기가치를 떨어뜨리고 나아가 동기를 감소시킬 수 있다. 반면에, 열심히 노력했다는 칭찬을 받고 나중에 실패한다면, 그 실패는 지능이 아니라 노력이 원인이라고 시사하며, 더 많은 노력을 하거나 혹은 전략을 변경함으로써 성공할 수 있다는 것을 의미하게 된다. 어느 쪽이든 동기는 증가하게 된다.

학생들 간의 사회적 비교를 피한다　학생 간 사회적 비교는 내용 습득 대신 경쟁을 강조하기 때문에 해롭다. 점수 분포를 게시판에 올리거나 시험에서 A를 받은 사람 수를 발표하는 등의 행동은 학급을 승자와 패자로 분열시키고, 지속적으로 하위권에 속하는 학생들의 동기는 감소시킨다(Shin, Lee, & Seo, 2017). 대부분의 사람들은 지속적으로 패배하는 게임을 계속하지 않는다. 자기가치를 유지하기 위해, 학생들은 배우는 것이 중요하지 않다고 생각하고 포기하게 된다.

반면에 브루스터 선생님처럼 "기억해. 우리 모두 최선을 다하고 있으며, 서로 경쟁하는 것이 아니야."라고 말하는 것은 학생들에게 노력을 다하고 유능감을 향상시키는 것이 '승리'보다 더 중요하다는 것을 상기시켜 준다. 이러한 말을 지속적으로 강조하면 시간이 지나면서 동기와 학습 모두에 차이를 만들어 낸다.

지금까지 제안한 내용 전부가 항상 모든 학생에게 효과가 있다고 보장할 수는 없다. 또한 현실 세계에서 모든 학생을 의욕적인 학습자로 만들 수도 없다. 하지만 많은 학생들에게 변화를 가져올 수 있으며, 그들의 삶에 엄청난 기여를 할 수 있다.

교실과의 연계

학습자 욕구에 대한 이해를 교실에 적용하기

매슬로의 욕구위계

1. 매슬로는 인간 욕구위계에서 결핍 욕구(생존, 안전, 소속, 자아존중감)를 자기실현에 대한 성장 욕구에 선행하는 것으로 설명했다. 당신의 교수법을 적용할 때와 학생들과 상호작용하는 방식에서 학생들의 결핍 욕구와 성장 욕구를 활용해 보라.

- **초등학교**: 한 4학년 교사는 학생들이 학급 공동체에서 소속감을 느끼도록 각 학생의 이름을 불러 주었다. 그는 학생들이 질문에 대답하지 못할 때 그들을 도와주어, 학생들이 교실에서 안전감을 느끼도록 했다.
- **중학교**: 학습자의 소속에 대한 욕구를 충족해 주기 위해 한 7학년 교사는 학급에서 인기 있는 두 학생에게 새로 전학 온 학생을 다른 학생에게 소개하도록 하고, 그 학생이 다른 학생들과 더 친해질 때까지 도와주도록 지도했다.
- **고등학교**: 학습자의 성장 욕구를 다루기 위해서, 한 사회 교사는 신문에서 흥미로워 보이는 정치 칼럼을 스크랩하여 학생들에게 그 이슈에 대한 의견을 물었다.

학습자의 자기결정에 대한 욕구

2. 자기결정성이론은 인간이 유능성, 자율성, 관계성에 대한 선천적 욕구를 가진다고 제안한다. 학생들이 완수했을 때 유능성이 향상되었다고 느낄 수 있을 만한 도전적인 과제를 제공하고, 학생들이 성공한다면 그 성취에 대해 강조하라.

- **초등학교**: 한 5학년 수업에서 교사는 물이 든 컵에 얼음 한 조각을 떨어뜨리고, 다른 무색의 알코올 액이 담긴 컵에도 얼음 한 조각을 떨어뜨린다. 그리고 학생들에게 왜 얼음이 어떤 컵에서는 뜨고 다른 컵에서는 가라앉는지를 알아보자고 말한다. 교사는 학생들이 문제를 해결할 때까지 노력할 수 있도록 돕고, 학생들의 생각에 대해 칭찬한다.
- **중학교**: 한 수학 교사는 학생들에게 '이번 주의 문제'로 풀기 어려운 문제들을 제공한다. 그는 학생들이 문제를 풀 수 있도록 도우며, 그들이 얼마나 어려운 문제를 점점 더 잘 풀어 가고 있는지에 대해 알려 준다.
- **고등학교**: 한 생물 교사는 골격계에 대한 토론을 통해 학생들이 두개골, 갈비뼈, 그리고 다른 뼈의 기능을 이해할 수 있도록 한다. 그리고 학생들에게 신체 구조에 대한 분석 능력이 향상되고 있다고 알려 준다.

3. 교사가 학생들에게 학급의 여러 절차에 직접 관여하도록 하고, 학습 활동에 참여시키며, 평가 시 정보적 피드백을 줄 때 학습자의 자율성에 대한 인식은 증가한다. 학습자의 자율성 욕구를 충족시키는 데 도움이 되는 학급 환경을 조성하라.

- **초등학교**: 한 4학년 교사는 학생들이 서로 어떻게 대해야 하는지와 같은 이슈를 토론하는 정기적 회의를 개최한다. 그는 학생들에게 학급 환경을 개선시키기 위한 의견을 내도록 격려한다.
- **중학교**: 한 수학 교사는 시험이나 간단한 퀴즈를 치른 다음 날 결과를 나누어 주고 학생들이 많이 틀린 문제에 대해서 자세히 알려 준다. 그녀는 자주 학생들에게 잘 하고 있다고 말한다.
- **고등학교**: 한 세계사 교사는 학생들에게 신석기 시대와 비교했을 때 구석기 시대에만 나타나는 구체적인 인류학적인 증거들을 찾아보도록 한다. 과제를 잘 수행했을 때, 교사는 학생들에게 증거를 토대로 결론을 내리는 능력이 매우 향상되었다고 격려한다.

4. 학습자의 관계성 욕구는 교사가 학생들을 사람으로서 그리고 학습자로서 대하고 헌신한다는 것이 전달될 때 충족된다.

- **초등학교**: 한 1학년 교사는 매일 아침 교실문에 서서 학생들을 안아주거나, 하이파이브 또는 악수를 하면서 반겨 준다. 그녀는 학생들에게 얼마나 좋은 하루가 될 건지 말해 준다.
- **중학교**: 한 7학년 담임교사가 학생의 행동과 태도가 변한 것 같아 부모님에게 전화를 걸어 걱정을 전달했다.
- **고등학교**: 도시의 한 고등학교 수학 교사는 매주 월요일부터 목요일까지 방과 후 보충학습 시간을 마련하고 있다. 또한 그는 학생들에게 개인적 삶과 미래에 대한 희망에 대해 이야기하도록 격려한다.

자기가치를 보존하려는 학습자의 욕구

5. 자기가치이론은 인간이 본능적으로 자기가치를 보존하기 위해 노력한다고 설명한다. 자기가치는 노력의 결과이고 능력은 노력을 통해 증가할 수 있다는 것을 강조하라.

- **초등학교**: 한 2학년 교사는 학생들이 자습시간 동안 단어 문제를 잘 푸는 경우, "너희는 우리가 배우고 있는 것을 정말 잘 이해하고 있구나. 너희가 열심히 한 성과가 나타나고 있네. 그렇지 않니?"라고 격려해 준다.
- **중학교**: 한 생물 교사가 "동물의 신체 구조와 적응 능력 간의 연관성을 정말 잘 파악하고 있네. 이 개념은 이해하기 어려운 부분인데, 이해했다니 스스로를 자랑스러워해도 된단다."라고 말한다.
- **고등학교**: 한 화학 교사는 학생들이 평형방정식(balancing equation)에 대해서 더 잘 이해하게 되자, "평형방정식은 화학에서 중요하지만 쉽지 않다는 걸 알고 있어. 하지만 너희들은 정말로 이 영역에서 점점 잘해 가고 있어."라고 말한다.

학습동기에 대한 믿음의 영향

10.3 학습자의 믿음이 학습동기에 어떻게 영향을 미치는지 설명할 수 있다.

다음 문장들은 무엇을 의미하는 것일까?

- "만일 내가 다음 시험에서 더 열심히 공부한다면, 나는 더 잘할 거야."
- "외국어를 배우는 것은 너무 어렵지만 조금만 더 노력한다면 연말쯤에는 잘할 수 있을 거야."
- "나는 대수학을 아주 좋아하지는 않지만 잘할 필요가 있어. 대학에서 공학을 전공하려면 반드시 필요해."

각 문장들은 **믿음**(belief), 즉 지지할 만한 증거가 분명하지 않아도 우리가 진실이라고 받아들이는 인지적 생각을 의미한다. 욕구와 마찬가지로, 사람들의 믿음은 학습동기에 큰 영향을 미친다(Brady et al., 2016). 이 절에서는 이러한 영향력을 자세히 살펴볼 것이다.

- 기대: 미래 결과에 대한 믿음
- 자기효능감: 능력에 대한 믿음
- 귀인: 수행의 원인에 대한 믿음
- 마인드셋: 지능에 대한 믿음
- 달성가치, 유용가치, 비용: 가치에 대한 믿음

기대: 미래 결과에 대한 믿음

교육심리학과 당신
게임을 좋아하는가? 모든 게임을 좋아하는가 아니면 특정 게임만 좋아하는가? 왜 어떤 게임은 좋아하고 다른 게임은 싫어하는가? 어떤 게임에서는 성공하는 것이 다른 게임에서 성공하는 것보다 더 중요한가?

이 문장을 다시 살펴보자. "만일 내가 다음 시험에서 더 열심히 공부한다면, 나는 더 잘할 거야."라는 이 문장은 **기대**(expectation), 즉 미래 결과에 대한 믿음을 설명하고 있다(Schunk & Zimmerman, 2006). 동기에 있어 기대의 영향은 종종 **기대 × 가치이론**(expectancy × value theory)으로 설명된다. 기대 × 가치이론에서는 인간은 자신이 성공할 것이라는 기대에 그 성공에 대해 개인이 부여하는 가치를 곱한 값만큼 동기화된다고 본다 (Wigfield & Eccles, 1992, 2000). (동기에 대한 가치의 영향은 뒤에서 살펴볼 것이다.) 이 이론에서 '×(곱하기)'는 중요하다. 영(0)에 어떤 수를 곱해도 영(0)이기 때문이다. 만일 학습자가 성공을 기대하지 않는다면 그 활동이 자신에게 얼마나 가치 있는지와 상관없이 학습에 대해 동기가 부여되지 않을 것이다. 유사하게, 만일 학습자가 과제에 가치를 두지 않는다면, 성공이 보장된다 할지라도 동기는 낮을 것이다. 이는 '교육심리학과 당신' 에서 던졌던 질문과도 관련이 있다. 대부분의 사람들에게 있어, 가장 즐기는 게임은 일반적으로 성공하는 게임, 즉 자주 이기는 게임이다. 사람들은 성공에 대한 기대치가 매우 높으며, 게임에서 자주 지게 되면 게임을 그만두는 경향이 있다. 지속적으로 패배할 경우에도 게임을 계속하는 사람은 드물다.

성공에 대한 기대가 높은 학생들은 그렇지 않은 학생들에 비해 과제를 오래도록 지속하며, 보다 도전적인 학습 활동을 선택하며, 높은 성취를 보인다(Eccles, Wigfield, & Schiefele, 1998; Wigfield, 1994).

과거 경험은 기대에 영향을 주는 주요한 요인이다. 성공을 자주 경험하는 학생은 대체로 미래에 성공할 것이라고 기대하며, 성공하지 못한 학생은 그렇지 않다. 이는 성취가 낮은 학생들의 학습동기를 증진하는 것이 왜 어려운지를 이해하는 데 도움을 준다. 그들은 대체로 실패경험이 많기 때문에 성공을 별로 기대하지 않기에 학습동기가 낮은 것이다. 이것은 자기가치를 보존하려는 학습자의 욕구와 결합되어 교사를 두 배로 어렵게 만든다.

교사가 성공 기대가 낮은 학생의 학습동기를 높일 수 있는 유일한 방법은 어느 정도의 성공 경험을 제공할 수 있는 학습 경험을 설계하는 것이다. 이것은 매우 어렵지만 교사가 적절한 시기에 노력을 기울인다면 낮은 기대수준을 가진 학생의 학습동기를 높일 수 있다.

마인드셋: 지능에 대한 믿음

지능에 대한 믿음도 동기에 영향을 미칠 수 있다. 이 절을 시작하기에 앞서 수학 능력에 대한 자신의 믿음을 설명하고 있는 중학교 2학년 세라(Sarah)의 "남동생과 나, 엄마는 수학에 소질이 없어. 우리는 엄마에게 '수학을 못하는 유전자'를 물려받았어. 나는 영어는 잘하지만 수학은 못해."라는 말에 대해 생각해 보자(Ryan, Ryan, Arbuthnot, & Samuels, 2007, p. 5).

APA의 20가지 주요 원칙

이 절에서는 유치원–12학년(초·중등학교)까지 교수 및 학습을 위한 심리학의 20가지 주요 원칙에서 원칙 1: 학생들의 지능과 능력에 대한 신념이나 인식은 그들의 인지 기능과 학습에 영향을 미친다에 초점을 맞춘다.

세라는 고정 마인드셋(fixed mindset), 즉 사람의 지능이나 능력이 본질적으로 안정적이고(고정되어 있고) 시간이 지나도 혹은 다른 과제 상황에서도 별로 변하지 않는다는 믿음을 보여 준다(Dweck, 2008, 2016). (지능에 대한 실체적 관점은 고정 마인드셋과 같은 의미로 사용되는 용어이다.) 세라는 "누구는 가졌지만 누구는 가지지 못했어."라고 말하며, 그것에 대해 자신이 할 수 있는 것은 거의 없다고 믿는다.

대조적으로, 이 절의 초반에 기술된 두 번째 문장인 "외국어를 배우는 것은 너무 어렵지만 조금만 더 노력한다면 연말쯤에는 잘할 수 있을 거야."를 살펴보자. 이는 지능에 대한 성장 마인드셋(growth mindset, 또는 지능에 대한 증가적 관점이라 불린다.), 즉 지능 또는 능력은 고정되어 있지 않고 노력으로 증가될 수 있다는 믿음을 반영한다. 성장 마인드셋을 가진 사람들은 본질적으로 능력과 학습을 동일시한다(Schunk et al., 2014).

마인드셋이라는 개념은 캐럴 드웩(Carol Dweck)에 의해 처음 제시되었으며, 그녀의 저서 『마인드셋: 성공의 새로운 심리학』(2016)은 학계와 대중매체 모두에서 큰 반향을 불러왔다. 드웩의 연구에 따르면 마인드셋은 동기 부여에 강력한 요인이며 어린 시절부터 나타나 학업 성취부터 직장, 스포츠, 육아, 그리고 대인관계에 이르기까지 우리 삶의 모든 영역에 영향을 미친다. 예를 들어, 성장 마인드셋을 가진 사람들은 직장에서 더 성공할 가능성이 크다. "우리는 직원들의 마인드셋이 직무 성과와 직접적인 관계가 있다는 것을 발견했다. 성장 마인드셋을 가진 직원들이 더 높은 직무 성과를 보였다"(Zingoni & Corey, 2017, p. 42). 또 다른 연구에 따르면 마인드셋은 개별 기술보다 훨씬 더 중요하다. 왜냐하면 기술은 습득할 수 있지만, 마인드셋은 사람들의 전체적인 근무 접근 방식에 영향을 미치기 때문이다(Kennedy, Carroll, & Francoeur, 2013). 마인드셋은 소비자의 행동에도 영향을 미치는데, 성장 마인드셋을 가진 사람들은 목표를 달성하거나 개인의 성장이나 학습에 도움을 줄 수 있는 제품을 찾는 경향이 있다는 연구 결과가 있다(Murphy & Dweck, 2016).

마인드셋은 부모, 교사, 그리고 학습자 모두에게 중요한 시사점을 던진다. 드웩의 연구(2008, 2016)에 따르면, 아이에게 지능이 높다고 반복적으로 말하면 실패에 민감해지고, 새로운 도전을 회피하며, 노력은 능력이 부족하다는 것을 의미한다고 믿게 된다. (앞선 예시인 "그는 그렇게 똑똑하지 않지만 정말 열심히 노력한다."에서도 볼 수 있다.) 결과적으로, 아이의 성취는 떨어지게 된다. 이보다는 드웩은 부모가 아이가 조절할 수 있는 특성들, 예를 들어 집중력, 노력, 사용하는 전략 등을 칭찬해야 한다고 강조한다.

성장 마인드셋을 가진 학생들은 고정 마인드셋을 가진 학생들보다 더 성실하게 참여하며, 실수를 바로잡으려고 노력한다(Schroder et al., 2017). 마인드셋은 또한 학습자가 자기장애 행동에 빠지는 이유를 이해하는 데 도움이 된다. 실패는 능력 부족을 의미하기 때문에, 고정 마인드셋을 가진 학생들은 자신의 능력에 부정적인 영향을 미칠 수 있는 상황을 회피하여 자기가치를 보호하려고 하며, 그 결과 동기와 학습이 감소하게 된다. 반면에 학습자가 능력은 노력을 통해 증가할 수 있다고 믿는 성장 마인드셋을 가질 경우, 도전과 실패는 단지 더 많은 노력이나 더 나은 전략이 필요하다는 신호로 받아들이게 된다. 결과적으로 그들의 동기와 학습이 증가하며, 성공에 대한 경험은 그들의 능력이 향상되고 있다는 증거를 제공한다(Schunk & Zimmerman, 2006).

우리가 이 절을 작성한 주된 목표는 인식을 만들어 보자는 것이다. 예를 들어, 우리의 뇌는 가소성이 있으며, 질적으로 우수하고 구체적이며, 의미 있는 경험은 뇌를 다시 연결하여 말 그대로 우리를 더 똑똑하게 만들 수 있다. 이러한 사실을 이해한다면 성장 마인드셋을 받아들일 가능성이 높아진다. 사실 우리 저자들은 공부할 때마다 "공부하면 더 똑똑해지는 거지."라고 서로에게 말하곤 한다. 만약 뇌 가소성과 성장 마인드셋의 힘을 알지 못했다면, 아마 이런 생각을 하지 않았을 것이다. 희망하건대, 이러한 정보를 학생들에게 전달함으로써 그들에게도 변화를 가져올 수 있기를 바란다.

자기효능감: 능력에 대한 믿음

이 절을 시작하기에 앞서 동기의 인지적 관점을 소개했을 때 등장한 멜라니와 엘레나의 대화를 다시 떠올려 보자.

"자, 가자!" 멜라니는 친구 엘레나에게 재촉하며 말한다. 이들은 숙제를 막 끝마치려는 중이다.

"잠깐만, 이 문제 잘 이해가 안 되는데……." 엘레나가 중얼거린다.

"오늘밤에 같이 풀자. 다들 가고 있어." 멜라니가 다시 한번 재촉한다.

"너 먼저 가, 조금 있다가 쫓아갈게. 나는 이 문제 풀 수 있을 것 같아……. 지금 당장 이해가 되지 않을 뿐이야."

엘레나는 자신이 끈기 있게 노력한다면 문제를 풀 수 있다고 믿고 있다. 이는 자기효능감, 즉 개인이 특정한 과제를 수행할 수 있다는 믿음(Bandura, 1997, 2004)을 의미한다. 자기효능감, 자아개념(self-concept), 성공에 대한 기대(expectation for success)는 밀접하게 연관되어 있지만 동의어는 아니다(Schunk, 2016). 예를 들어, 엘레나가 전반적으로 수학을 잘한다고 믿는다면 이는 수학에 관해 긍정적 자아개념을 가지고 있다고 말할 수 있다. **자기효능감**(Self-efficacy)은 보다 구체적이다. 엘레나는 이 문제나 비슷한 문제들은 해결할 수 있다고 믿지만, 반드시 모든 수학문제나 다른 영역, 예를 들어 작문과 같은 분야에서도 성공할 수 있다고 믿는 것은 아니다. 또한 이 문제를 풀 수 있다고 믿는다는 것이 그녀가 공부나 숙제를 하지 않고도 다음 수학 시험에서도 성공할 것이라고 기대하는 것은 아니다.

자기효능감이라는 개념은 광범위한 분야에서 적용되고 있는데, 특히 건강과 복지 분야에서 매우 중요하다. 연구 결과에 따르면, 인공 관절 치환 수술 후 완전히 회복할 수 있다고 믿는 환자, 즉 높은 자기효능감을 가진 환자는 그렇지 않은 환자에 비해 재활 치료에 훨씬 더 성실하게 참여하며, 결과적으로 더 완벽하고 빠르게 회복되었다(Fiala, Rhodes, Blanchard, & Anderson, 2013). 또 다른 연구에 따르면 자기효능감은 자기조절로 이어지는데, 이는 청소년들이 정기적으로 운동을 할지 여부에 영향을 미치는 주요 요인이 된다(Dewar, Lubans, Morgan, & Plotnikoff, 2013).

연구에 의하면 자기효능감은 [그림 10-5]에서처럼 네 가지 요소에 영향을 받는다. 성공에 대한 기대와 관련하여, 비슷한 과제에 대한 과거 경험은 매우 중요하다. 예를 들어, 발표를 성공적으로 한 경험은 발표 영역에 대한 개인의 자기효능감을 증가시킨다. 훌륭한 발표를 하는 사람을 관찰하는 것과 같은 모델링은 기대를 증가시키고 발표에 어떤 기술이 필요한지에 대한 정보를 제공받음으로써 자기효능감을 증가시킨다(Bandura, 1997; Kitsantas, Zimmerman, & Cleary, 2000).

비록 효과가 제한적이라 할지라도, "나는 네가 발표를 잘할 것이란 것을 알아."와 같은 교사의 말, 즉 언어적 설득은 학생들에게 도전적인 과제를 시도하게 함으로써 자기효능감을 증가시킨다. 또한 이러한 시도가 성공할 경우 학생들의 효능감은 증가된다. 자기효능감은 정서적 상태와 피곤함이나 배고픔과 같은 생리적 요인에 의해 영향을 받을 수 있다. 예를 들어, 학생들이 불안감을 느끼면 실패에 대한 생각이 작업 기억의 용량을 차지함으로써 성공할 가능성이 낮아지고, 결과적으로 자기효능감이 감소하게 된다(Linnenbrink-Garcia &

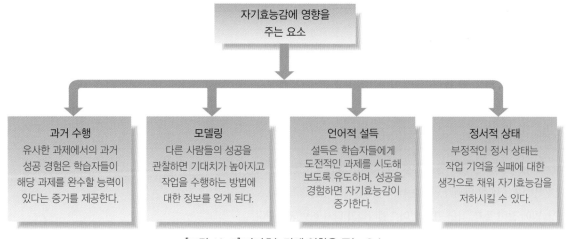

[그림 10-5] 자기효능감에 영향을 주는 요소

Pekrun, 2011). 또는 너무 피곤하여 공부할 수 없는 경우에도 자기효능감이 일시적으로 감소할 수 있다.

자기효능감은 사회인지이론(social cognitive theory)의 핵심 요소이다. "자기효능감은 사회인지이론의 주요 동기 변인이며 과제 활동 선택, 노력, 지속성에 영향을 미칠 수 있다"(Schunk et al., 2014, p. 145). 예를 들어, 자기효능감이 높은 학습자들은 그렇지 않은 학습자에 비해 더 어려운 과제에 도전하고, 더 많은 노력을 기울이며, 더 오래 지속하며, 더 효과적인 전략을 사용하며, 일반적으로 더 우수한 성적을 보인다(Bandura, 1997; Schunk & Ertmer, 2000).

달성가치, 유용가치, 비용: 가치에 대한 믿음

가치(Value)는 개인이 활동에 참여함으로써 유발될지 모른다고 믿는 이득이나 혜택을 의미한다. 이는 기대가치이론의 두 번째 구성 요소이다.

학습자 동기에 영향을 주는 가치에는 세 가지 유형이 있다(Wigfield & Eccles, 2000, 2002).

- 달성가치
- 유용가치
- 비용

달성가치　　달성가치(Attainment value)는 개인들이 특정 과제에서 잘하는 것에 얼마나 중요성을 두는지를 나타낸다(Wigfield & Eccles, 2000, 2002). 우리는 자신이 그 분야에 재능이 있다거나, 그 분야에 능숙해지고 싶다고 생각할 때 그 과제에 더 큰 중요성, 즉 달성가치를 부여한다. 예를 들어, 이 책의 저자 중 한 명인 돈(Don)에게는 수영을 제한시간 안에 해 내는 것이 중요하다. 왜냐하면 그는 자신이 수영을 잘한다고 믿기 때문이다. 또 다른 저자인 폴(Paul)에게는 테니스에서 이기는 것이 중요한데, 왜냐하면 그 또한 자신이 테니스를 잘한다고 믿고 있기 때문이다. 성공은 그들의 능력에 대한 믿음을 입증해 준다(Anderman & Wolters, 2006). 반면 체스에서 이기는 것은 두 사람 모두에게 중요하지 않다. 왜냐하면 둘 다 자신이 체스를 잘한다고 믿지 않고, 체스를 잘할 생각이 없기 때문이다.

달성가치는 우리가 앞서 '교육심리학과 당신'에서 물었던 마지막 질문, "어떤 게임에서 성공하는 것이 다른 게임에서 성공하는 것보다 더 중요한가?"를 이해하는 데 도움이 된다. 그 대답은 거의 확실히 '예'인데, 당신이 게임을 잘한다고 믿거나 게임에서 능숙해지기를 원한다면 성공은 당신에게 더 중요할 것이다.

유용가치　　여러분의 교육심리학이나 이 책의 공부 경험을 떠올려 보자. 저자들은 여러분이 이 책을 그 자체로 흥미롭게 여기길 바라지만, 더 중요한 것은 이 책의 내용을 이해하는 것이 여러분을 더 훌륭한 교사로 만들 것이라고 믿게 되기를 바란다. 만약 여러분이 그렇게 생각한다면, 이 책은 **유용가치**(utility value)가 높다고 말할 수 있다. 유용가치는 어떤 활동이나 학습 과정이 미래의 목표, 특히 직업 목표를 달성하는 데 유용하다고 믿는 것을 말한다(Wigfield & Eccles, 1992). 교육심리학을 배우면 더 훌륭한 전문가가 될 수 있다고 믿는 것은 교육심리학을 공부할 동기와 유용가치를 높일 수 있다.

비용　　과제가 너무 많아서 그 수업을 포기한 적이 있는가? 우리 중 많은 사람들이 그런 경험이 있으며, 이는 **비용**(cost)의 개념을 사용하여 설명할 수 있다. 비용은 활동에 참여하기 위해 우리가 포기해야 하는 것을 의미한다(Wigfield & Eccles, 2002). 예를 들어, 엄청난 과제 양은 너무 높은 비용으로 인식되기 때문에 해당 수업을 수강할 동기가 사라지게 한다.

미래 결과에 대한 믿음(기대), 지능, 능력(자기효능감), 가치는 왜 학습자들이 과제에 참여하고 지속하는지, 또는 그렇지 않은지를 이해하는 데 도움을 준다. 또한 학습자가 자신의 성취 원인에 대해 가지고 있는 믿음은 그들의 동기에 영향을 줄 수 있다. 이는 귀인에 대한 논의로 이어진다.

귀인: 수행의 원인에 대한 믿음

왜 몇몇 학습 과제에서는 성공적인데 다른 과제에서는 그렇지 않을까? 성공하지 못했을 때 그 이유는 무엇일까? 성공과 실패에 대한 스스로의 반응이 우리의 학습동기에 어떻게 영향을 미치는지 보기 위해 네 학생의 시험 결과에 대한 반응을 살펴보도록 하자.

"밥(Bob), 요즘 어떻게 지내니?"라고 앤(Anne)이 물었다.

"무척 안 좋아. 나는 도대체 못하겠어. 결코 할 수 없을 거야." 라고 밥이 힘없이 말했다.

"나도 그렇게 잘하진 못했어. 난 그럴 줄 알고 있었어. 열심히 공부하지 않았거든. 앞으로 이런 일이 일어나지 않도록 할 거야." 라고 앤이 말했다.

"믿을 수 없어! 도대체 무슨 일이 일어난 거야. 내가 B를 받았네. 난 운이 좋았어." 아르만도(Armando)가 덧붙였다.

애슐리(Ashley)는 머리를 흔들며 말했다. "내 생각에는 시험이 너무 어려웠던 것 같아. 시험지를 봤을 때 눈앞이 깜깜했어. 내가 생각할 수 있었던 것이라곤, '이건 내가 본 적이 없는 거야. 어디서 이런 게 나왔지?'밖에 없었어. 나는 토할 것 같았어."

각각의 학생들은 **귀인**(attribution), 즉 수행의 원인에 대한 믿음을 보여 주고 있다. 예를 들어, 밥은 자신의 형편없는 수행이 능력 부족 때문이라고 믿은 반면, 앤은 노력 부족 때문이라고 믿었다. 아르만도는 운이 좋아서 성공적이었다고 믿었으며, 애슐리는 시험이 너무 어려웠다고 생각했다. **귀인이론**(Attribution theory)은 성공과 실패의 원인에 대한 학습자의 믿음과 이러한 믿음이 학습동기에 어떠한 영향을 끼치는지에 대해 체계적으로 설명하고자 했다. 이는 인지적 동기 이론으로, 사람들이 자신의 경험에 대한 의미를 찾고자 한다는 가정을 바탕으로 하고 있기 때문이다(Weiner, 1992). "학생들은 세상을 이해하고 환경을 다시 통제하기 위해 귀인 과정에 참여한다"(Fishman & Husman, 2017, p. 560). 학생들이 왜 자신들이 그렇게 수행했는지 이해하는 것은 목표를 달성하는 데 도움을 주며, 또한 왜 자신의 수행에 대한 정보를 찾고자 하는지 설명하는 데 도움이 된다(Savolainen, 2013).

전통적으로 학업 성취와 관련된 귀인 연구들은 성공과 실패의 원인을 네 가지에서 찾는다. 이는 능력, 노력, 운, 과제 난이도이다. 최근 연구들은 이러한 원인들을 더욱 확장시켰다(Schunk et al., 2014). 〈표 10-1〉에는 다양한 영역에서의 귀인 사례가 간략하게 설명되어 있다. 표에서 다양한 예시들이 있지만, 귀인이론은 이들을 세 가지 인과적 차원으로 분류한다(Weiner, 1992, 2000).

- 안정성: 원인이 변할 수 있는지 아닌지를 의미한다. 예를 들어, 〈표 10-1〉에 신체적 기술 영역에서 타고 난 능력은 안정적이라 볼 수 있는데, 이는 변화하지 않기 때문이다.
- 소재(locus): 원인이 개인의 내부 혹은 외부에 있는지를 의미하는 것이다. 예를 들어, 학업 성취 영역에서 능력과 노력은 개인의 내부에 있지만(내재적), 운과 과제 난이도는 외재적이다.
- 통제성: 우리가 그 요소를 바꿀 수 있는지 아닌지와 관련된 것이다. 각 분야에서 볼 때, 우리는 노력을 통해 학업 성취를 좌우할 수 있고, 연습량으로 신체 기술을 향상시킬 수 있으며, 개인 위생은 대인관계에 영향을 미치고, 개인적 습관은 건강과 웰빙에 영향을 미칠 수 있다. 그러나 이들 영역에서, 우리는 교사의 공정성, 코칭의 질적 수준, 사회적 지위, 유전과 같은 요소들을 통제할 수 없다.

일반적으로 사람들은 성공을 내부적 요인, 즉 학업 성취의 경우 높은 능력이나 노력과 같은 요인에 기인하고, 실패를 외부적 요인, 즉 신체 기술의 경우 코칭의 질적 수준이나 대인관계의 경우 상대방의 성격에 기인하는 경향이 있다(Rhodewalt & Vohs, 2005). 이는 꽤 합리적이라 볼 수 있는데, 학업 분야에서 성공을 능력과 같은 내부적 요인에, 실패를 질적으로 낮은 수준의 교수법과 같은 외부적 요인에 기인한다고 생각하는 것은 자기가치를 유지할 수 있게 해 준다.

또한 귀인은 마인드셋과도 관련이 있다. 예를 들어, 성장 마인드셋을 가진 사람들은 고정 마인드셋을 가진 사람보다 학업 실패를 노력 부족에 기인한다고 생각할 가능성이 더 높다. 왜냐하면 그들은 노력을 통해 능력을 향상시킬 수 있다고 믿기 때문이다.

이 절에서는 학업 성취에 초점을 맞추고 있지만, 귀인 이론은 훨씬 더 광범위하게 적용된다. 예를 들어, 사람들은 자신의 직업적 성공, 건강과 웰빙, 심지어 사회적 관계를 포함하는 다양한 경험들 속에서 귀인을 형성한다(Hillebrandt & Barclay, 2017).

〈표 10-1〉 여러 영역에서의 귀인

학업 성취	신체적 기술	대인관계	건강과 웰빙
능력	타고난 능력	성격	유전
노력	연습량	외모	운동
과제 난이도	코칭의 질	사회적 지위	운
운	기본 체력	돈	직업적 상태
흥미	식이법	개인 위생	개인적 습관
교수법의 질적 수준	신체구조	여유(availability)	태도
교사의 공정성	감정적 성향(Emotional makeup)	상대방의 성격	
피곤함			
타인의 도움			

출처: Weiner, 2000에서 발췌.

감정, 인지, 동기에 대한 귀인의 영향

귀인은 세 가지 방식으로 동기에 영향을 미친다(Weiner, 2000, 2001).

- 정서: 성공과 실패에 대한 감정적 반응
- 동기: 미래에 들일 노력
- 인지: 미래 성공에 대한 기대

이들이 어떻게 학업에 영향을 주는지 살펴보기 위해, 앤과 밥의 귀인을 다시 살펴보자. 앤은 자신의 낮은 점수를 노력의 부족으로 귀인했는데, 이 경우 자신의 노력에 대한 책임이 있기 때문에 앤은 죄책감이라는 감정을 느낄 것이다. "앞으로 이런 일이 일어나지 않도록 할 거야."라는 말에서 보듯이, 앤이 노력을 더 기울일 것이고 결국 성취는 향상 될 것이다.

밥은 자신의 실패를 능력 부족으로 귀인했다. 그는 고정 마인드셋을 가지고 있으며, 이는 "나는 결코 할 수 없을 거야."라는 말에서 알 수 있다. 밥은 자신이 낮은 능력을 가지고 있다고 생각했기에, 그의 감정적 반응은 죄책감이 아닌 부끄러움과 수치스러움이다. 그의 말에서 우리는 밥이 앞으로 노력을 기울일 가능성이 낮으며 결과적으로 성취가 낮아질 것이라고 예상할 수 있다. 앤이 그랬던 것처럼, 학생들이 실패를 비효율적인 전략이나 노력 부족으로 귀인할 경우에 동기는 증가하는 경향이 있다. 전략 사용이나 노력은 통제가능하기 때문이다. 반면 실패를 불운이나 능력 부족에 귀인하는 경우에, 특히 고정 마인드셋을 가진 경우 동기는 감소하는데, 이들은 통제할 수 없기 때문이다(Weinstock, 2007).

학습된 무력감

실패를 능력 부족으로 귀인하는 것이 반복된다면 **학습된 무력감**(learned helplessness), 즉 과제를 달성할 능력이 없고 환경을 거의 통제할 수 없다고 믿게 되어 개인을 무력화시키는 믿음이 야기될 수 있다. 밥의 "나는 결코 할 수 없을 거야"라는 말은 학습된 무력감의 가능성을 보이는 사례이다. 이는 극도의 부끄러움과 자기 불신의 감정을 유발하여 동기를 해치는 결과를 가져올 수 있다.

학습된 무력감에는 감정적 요소와 인지적 요소가 존재한다. 감정적으로, 학습된 무력감에 빠져 있는 학생들은 낮은 자아존중감을 가지며, 불안과 우울로 고통받는다(Graham & Weiner, 1996). 인지적으로 이들 학생들은 "실패의 원인으로 개인적인 부족함, 예를 들어 낮은 지능이나 부족한 기억력이나 문제해결 능력 등으로 귀인하기 시작한다"(Sorrenti, Filippello, Costa, & Buzzai, 2015, p. 923). 그들은 실패를 기대하기 때문에 거의 노력을 기울이지 않고 비효과적인 전략을 사용하여 결과적으로 성공 경험은 적고 대부분 실패를 경험하게 된다(Sorrenti et al., 2015).

다행히도 이를 개선하고자 하는 개입의 노력은 성공적이라고 알려져 있다.

귀인 훈련

학습자가 효과적으로 귀인할 수 있는 능력은 훈련을 통해 향상될 수 있다(Robertson, 2000). 드웩(Dweck, 1975)의 초창기 연구에서는 학습된 무력감을 보이는 학생들에게 성공적인 경험과 성공적이지 못한 경험을 모두 제공했다. 학생들이 실패를 경험했을 때 실험자는 노력 부족이나 비효과적인 전략 때문에 실패했다고 명확하게 언급해 주는 훈련이 제공되었다. 비교집단 학생들에게는 실패 경험이 주어졌으나 훈련은 제공되지 않았다. 훈련이 끝난 후, 자신의 노력과 전략에 대한 훈련을 받은 학습자는 더 끈기 있게 과제를 하고 더 효과적인 전략을 사용함으로써 실패에 대해 보다 적절하게 반응했다. 이후 추가적인 연구들이 이루어졌고, 드웩의 결과를 뒷받침했다(Schunk et al., 2014).

교육심리학을 교수에 활용하기: 학생들의 학습동기를 향상시키기 위해 믿음에 대한 이해 활용하기

우리는 지금까지 학생들의 믿음이 학습동기에 미치는 영향에 대해 알아보았다. 하지만 이는 어떻게 활용할 수 있을까? 이 절에서는 학생들의 믿음을 이해하는 것을 동기를 유발하기 위해 어떻게 적용시킬 수 있을지 몇 가지 제안을 해 보도록 한다.

- 성장 마인드셋, 성공에 대한 내적 귀인, 실패에 대한 통제 귀인을 모델링하도록 한다.
- 효과적인 교수법을 통해 성공에 대한 기대와 자기효능감을 증진시킨다.
- 지금 배우고 있는 것들에 대한 유용가치를 강조한다.

성장 마인드셋, 성공에 대한 내적 귀인, 실패에 대한 통제 귀인을 모델링하도록 한다　이 절을 시작하기 전에 이전 학습 활동에서 브루스터 선생님이 한 말을 다시 한번 떠올려 보자.

브루스터 선생님은 학생들에게 십자군과 르네상스에 대한 많은 사실들을 설명했다.

제러미: "와, 브루스터 선생님, 이 모든 것을 어떻게 아세요?"

브루스터 선생님: "나는 열심히 공부를 하지. 나는 매일 밤 여러분들처럼 공부를 해. 더 열심히 공부할수록 더 똑똑해진다는 것을 느끼지. 공부에 어려움을 겪을 때면, 두 배 더 노력하고 문제해결 방법을 바꿔 보기도 한단다. 그리고 마침내 이해가 되면 정말 기분이 좋아."

브루스터 선생님은 "……더 열심히 공부할수록 더 똑똑해진다는 것을 느끼지……."라고 말하면서 성장 마인드셋을 모델링하도록 했고, 자신의 '똑똑해짐'이 노력의 결과라고 제안하여 성공에 대한 내적 귀인 또한 모델링하도록 했다. 그리고 "공부에 어려움을 겪을 때면, 두 배 더 노력하고 문제해결 방법을 바꿔 보기도 한단다." 라고 자신이 통제하고 있다는 점을 제시하며, 실패에 대한 통제 가능한 귀인을 모델링하도록 했다.

이러한 모델링은 학생들이 같은 방식으로 생각하도록 격려하는 동시에 긍정적인 마인드셋과 건강한 귀인을 촉진하는 데 가장 효과적인 전략이다. 또한, 실패를 비효과적인 전략 탓으로 돌리도록 학생들을 격려하는 것은 이미 열심히 노력하고 있다고 믿는 학생들에게 특히 효과적이다. 그리고 학생들이 자신들의 유능감이 증가하는 것을 확인할 때, 학습동기도 함께 증가한다.

효과적인 교수법을 통해 성공에 대한 기대와 자기효능감을 증진시킨다   유사한 과제에서의 성공 경험은 자기효능감과 성공에 대한 기대에 영향을 미치는 가장 중요한 요인이다. 왜냐하면 자기효능감이나 성공 기대가 높은 학생들은 그렇지 않은 학생들에 비해 더 어려운 과제를 선택하고, 더 오래 끈기 있게 노력하며, 일반적으로 더 많이 배우기 때문이다.

이러한 믿음을 향상시키는 것은 분명히 어려운 일이며, 특히 낮은 학업 성취를 지속적으로 경험하는 학생들에게는 더욱 그러하다. 하지만 절망적이지만은 않다. 우리는 효과적인 교수법의 구성 요소인 다음의 제안 사항들을 통해 변화를 만들어 낼 수 있다.

- 명확한 목표를 설정하고, 학습 활동, 숙제나 평가를 목표와 관련 있도록 구성하라. 학생들이 배우는 내용을 정확히 알수록 성공할 가능성이 높아지고, 이와 함께 기대나 자기효능감도 높아진다.
- 학생들의 능력을 개발할 수 있는 연습을 제공하라. 예를 들어, 브루스터 선생님이 메이슨에게 "노력의 결과로 글쓰기 능력과 사고력 모두 얼마나 많이 향상되었는지 보렴"이라고 말한 것은 그녀가 학생들에게 글쓰기 연습을 많이 제공했다는 것을 암시한다. 기술과 능력을 개발하는 데는 연습을 대체할 수 있는 것이 없으며, 일부 전문가들은 의도적인 연습이 타고난 능력보다 더 중요하다고 말한다(Eskreis-Winkler et al., 2016).

APA의 20가지 주요 원칙

이 논의는 유치원-12학년(초 · 중등학생)까지 교수 및 학습을 위한 심리학의 20가지 주요 원칙에서 원칙 5. 장기 지식과 기술의 습득은 주로 연습에 의존한다를 적용한 것이다.

- 과제 및 평가를 부여한 후에는 자세히 논의하며, 학생들이 능력을 향상시키는 데 필요한 정보인 피드백을 제공하라.
- "열심히 공부한다면, 퀴즈에서 잘할 수 있을 거라는 걸 알아", "이 과제는 조금 어렵지만 너는 분명히 해낼 수 있을 거야.", "지난 퀴즈에서 조금 어려움을 겪었지만, 조금 더 열심히 노력하면 다음번에는 더 나아질 거야."와 같은 말을 하라. 이러한 말들은 "지난 퀴즈에서 네가 무슨 생각을 했는지 모르겠네.", "공부를 열심히 하지 않으면 내년에 다시 이 과목을 듣게 되겠지?", "너의 문제점이 무엇인지 잘 모르겠어."와 같은 말을 하는 것보다 동기에 훨씬 더 긍정적인 영향을 미친다. 우리가 사용하는 언어는 학생들의 학습동기에 중요한 영향을 미친다.

자기효능감이 동기에 미치는 영향력이 크다는 점을 고려해 볼 때, 학생들의 자기효능감을 높이는 것은 우리의 가장 중요한 목표 중 하나이며, 효과적인 교수법은 우리에게 최고의 도구가 된다. 우리는 제13장에서 효과적인 교수법에 대한 자세한 내용을 살펴볼 것이다.

지금 배우고 있는 것들에 대한 유용가치를 강조한다   앞선 논의에서, 유용가치는 주제, 활동 또는 학습과정이 미래 목표 달성에 유용할 것이라는 믿음이라는 점을 이해했다. 브루스터 선생님이 유용가치를 강조한 것은 이 장의 첫 부분의 사례 연구에서 수전이 "어서 가자. 종이 곧 울릴 거고, 브루스터 선생님이 이 과목에 얼마나 중요하다고 생각하는지 알잖아?"라고 말한 것에서 드러난다. 교사가 가르치는 것을 중요하고 가치 있다고 믿는다고 해서 학생들도 자동적으로 같은 생각을 하지는 않겠지만, 지금 다루는 주제가 별로 중요하지 않다고 미묘하게 암시하는 것만으로도 학생들의 동기는 감소할 것임은 분명하다. 따라서 우리가 가르치는 것이 가치 있다는 믿음을 학생들에게 전달하는 것은 전혀 손해 볼 것이 없으며, 이렇게 하기 위해 우리가 들여야 할 추가적인 시간이나 에너지 역시 거의 없다.

브루스터 선생님이 수업 초반에 나눈 메이슨과의 대화에서 "너도 글쓰기가 얼마나 중요한지 잘 알고 있잖니."라고 말한 것은 유용가치의 본질을 담고 있다. 이 대화를 다시 한번 살펴보자.

메이슨: "휴우, 브루스터 선생님 숙제가 정말 어려워요." 메이슨이 교실로 들어오며 투덜대면서 말했다. "선생님이 저희를 죽이려고 하세요."

브루스터 선생님: "그렇다면 그건 너에게 좋은 일이란다. 나는 네가 얼마나 힘들지 알고 있단다. 하지만 그만큼 값진 일이지. 네 노력의 결과로 글쓰기와 생각하는 능력이 얼마나 향상되었는지 보렴……. 열심히 하는 것이 모든 것 중 가장 중요하단다. 그리고 너도 글쓰기가 얼마나 중요한지 잘 알고 있잖니."

"왜 이걸 배워야 하지?"는 학생들이 자주 묻는 질문이다. 우리가 가르치는 것에 대한 유용가치를 전달하는 것은 이러한 문제를 해결하는 데 도움이 될 수 있다.

학생들의 욕구에 대한 이해와 마찬가지로, 믿음에 대한 이해를 적용하는 방법들도 역시 서로 시너지 효과를 가진다. 즉, 이러한 제안들을 함께 사용하면 개별적으로 사용하는 것보다 더 큰 효과를 얻을 수 있다는 의미이다. 예를 들어, 학생들이 교사인 우리가 사람으로서나 학습자로서 그들을 진심으로 신경 쓴다고 믿는다면, 우리의 성장 마인드셋을 모델링하는 것을 진지하게 받아들일 가능성이 더 높다. 마찬가지로, 학생들을 의사 결정 과정에 참여시킬 때 그들은 자신들이 존중받는다고 느끼며, 우리가 가르치는 것의 유용가치를 강조할 때 이를 더 신뢰하게 된다. 이러한 시너지 효과는 우리가 제안하는 모든 방법들에 해당된다.

교실과의 연계

학습자의 믿음에 대한 이해를 교실에 적용하기

1. 기대는 미래 결과에 대한 믿음이고, 자기효능감은 특정 과제를 수행하는 우리의 능력에 대한 믿음을 설명한다. 학생들에게 도전적인 과제를 하면서 발전되고 있음을 확증해 주는 충분한 비계를 제공함으로써 성공에 대한 기대와 자기효능감을 발달시켜라.

   • **초등학교**: 한 4학년 교사는 한 가지 단어 문제를 내준 후 시도해 보도록 하고, 충분한 안내를 해 주어 성공적인 성취 경험으로 이끈다.

   • **중학교**: 한 7학년 영어 교사가 학생들에게 단락 쓰기 연습을 시킨 후, 몇몇 학생들의 글을 익명으로 스크린(document camera)에 띄운 후 개선 사항들을 제안한다.

   • **고등학교**: 한 미술 교사는 학생들에게 자신의 작품을 모은 포트폴리오를 만들도록 한 후 그들의 작품이 발전하기 위해

주기적으로 재검토하도록 지도한다.

2. 성장 마인드셋을 가지고 있는 학습자는 노력으로 능력이 증가할 수 있다고 믿는다. 학생들에게 성장 마인드셋을 강조하라.
   - **초등학교**: 한 2학년 수학 교사는 학생들에게 일련의 문제를 풀게 한 후, "여러분 모두는 아주 똑똑해지고 있어. 내가 다음에는 너희에게 더 어려운 문제를 주어야 할 것 같구나."라고 말한다.
   - **중학교**: 한 7학년 지리역사 교사가 학생들에게 다음과 같이 말한다. "지리학이 국가의 경제와 정치에 어떤 영향을 미치는지 이해하려는 여러분의 노력은 정말 큰 도움이 된단다. 나는 다른 선생님들에게 우리 반에 얼마나 훌륭한 지리학 전문가들이 있는지 자랑하고 다녀."
   - **고등학교**: 한 화학 교사는 자신이 매일 저녁 공부한다는 점을 강조한다. "더 열심히 공부할수록 나는 점점 더 똑똑해진단다."라고 그는 웃으며 말했다. "너희도 똑같이 할 수 있단다."

3. 유용가치는 어떤 과목이나 활동이 미래의 목표에 도달하는 데 유용할 것이라는 지각이다. 학생들이 공부하는 주제의 유용가치를 강조하라.
   - **초등학교**: 한 5학년 교사는 학생들에게 우리의 몸을 이해하는 것은 건강을 유지하기 위한 올바른 결정을 내리는 데 중요하다고 강조한다.
   - **중학교**: 한 7학년 수학 교사는 백분율 개념을 설명하기 위해 가격인하 광고지를 교실에 가져왔다. 학생들은 원래 가격에서 얼마나 인하되었는지를 계산했고, 교사는 사람들이 물건을 살 때 얼마나 절약했는지를 이해하는 것이 실생활에서 중요하다고 얘기한다.
   - **고등학교**: 한 영어 교사는 학생들이 잘 쓴 문장(또는 잘못 쓴 문장)의 예를 보여 주면서 논쟁을 벌이도록 한다. 그녀는 다른 사람과의 대화와 마찬가지로 글로써 자신을 분명하게 표현할 수 있는 것의 가치를 강조할 수 있는 예시를 사용한다.

4. 귀인은 수행의 원인에 대한 믿음을 설명한다. 학생들에게 성공을 능력의 증가에 귀인하고, 실패를 노력의 부족이나 비효과적인 전략 사용으로 귀인하도록 본보기를 보이고 격려하라.
   - **초등학교**: 단어 문제를 처음 가르칠 때 한 3학년 교사는 자습시간 동안 주의 깊게 학생들의 노력을 관찰한다. 노력의 흔적이 보이는 과제를 보면 그 학생에게, "너는 매번 발전하고 있구나."라고 말해 준다.
   - **중학교**: 한 6학년 국어 교사가 말한다. "선생님은 오랫동안 문법을 잘못했단다. 그렇지만 계속 노력했고 그 결과 내가 할 수 있다는 것을 알게 됐어. 지금은 문법과 작문 모두 잘하잖니. 너희도 역시 잘하게 될 거야. 하지만 너희가 열심히 노력해야겠지."
   - **고등학교**: 한 화학 교사는 말한다. "우리가 화학 평형방정식을 접근하는 방식이 더 효과적이게 되었어. 그렇지 않니? 너희가 이전에 각 단계를 외우려고 노력해서 지금 너희가 하고 있는 것을 잘 이해하고 있는거야. 그리고 너희는 점점 더 잘하고 있단다."

학습동기에 대한 목표의 영향

10.4 학습자의 목표가 학습동기에 어떻게 영향을 미치는지 설명할 수 있다.

이 절을 시작하기에 앞서, 브루스터 선생님의 수업 시간에 르네상스를 주제로 조별 발표를 준비하는 동안 학생들이 하고 있는 생각들을 살펴보자.

수전: 이 과제 재미있을 것 같아. 르네상스 시대에 대해서 아는 것이 많지 않지만 이 시대는 세계사에서 아주 새롭고 중요한 시대야. 선생님이 우리한테 책임을 많이 주셨으니까 우리가 제대로 해내야 해. 선생님이 흡족해하실 만한 발표를 해야지.

데이미언(Damien): 나는 아버지께 도와달라고 해야겠어. 아버지는 역사를 아주 잘하시니까. 우리 발표는 우리 반에서 최고일 거야. 다른 애들이 완전히 감동받겠지.

실비아(Sylvia): 어떡하지? 조원이 똑똑한 애들뿐이야. 내가 뭘 할 수 있지? 아이들은 나를 조에서 제일 멍청한 애라고 생각할 거야. 같이 준비할 때 그냥 조용히 있어야겠다.

샬럿(Charlotte): 재미있을 것 같아. 우리 중 한 명의 집에서 모이면 되겠구나. 이 프로젝트를 빨리 끝내 버릴 수 있다면 데이미언과 친해지는 시간이 생길지도 몰라.

앤토니오(Antonio): 이 주제에 대해 아무것도 모르겠어. 조미팅 전에 공부를 좀 하는게 좋을 것 같아. 다른 아이들이 내가 내 책임을 다하지 않는다고 생각하게 하고 싶진 않으니까.

패트릭(Patrick): 난 조 활동이 쉬워서 좋아. 항상 조원 중 누군가가 프로젝트 대부분을 맡아서 열심히 하거든.

학생들의 생각에는 **목표(goal)**, 즉 개인이 달성하고자 희망하는 결과(Anderman & Wolters, 2006)가 반영되어 있다. 수전의 목표는 르네상스 시대를 이해하고 선생님을 기쁘게 하는 것이고, 샬럿은 다른 아이와 친해지기를 원했으며, 패트릭은 되도록 일을 적게 하기를 원했다. 이러한 다른 유형의 목표가 동기와 학습에 어떠한 영향을 미치는지 살펴보자.

숙달목표와 수행목표

교육심리학과 당신
수업에서 시험을 보거나 퀴즈를 풀 때, 당신은 다른 학생들과 비교해서 어느 정도 수준인지 알고 싶은가? 그 이유는 무엇이라고 생각하는가?

대부분의 목표에 대한 연구는 숙달목표와 수행목표의 차이점을 이해하는 데에 초점을 맞추어 왔다. **숙달목표(mastery goal,** 때로는 학습목표라고 한다)는 과제를 달성하고 이해를 증진시키는 것에 초점을 맞추며, **수행목표(performance goal)**는 능력이나 타인과의 비교에 초점을 맞춘다(Chatzisarantis et al., 2016; Shin & Seo, 2017). 예를 들어, 수전의 르네상스 시대를 이해하려는 욕구는 숙달목표이다.

수행목표는 두 가지 형태로 존재한다(Sommet, Darnon, & Butera, 2015). **수행접근목표**(Performance-approach goal)는 유능하게 보이는 것과 다른 사람으로부터 호의적인 평가를 받는 것을 강조한다. 발표를 가장 잘하기를 바랐던 데이미언이 그 예에 해당된다. 실비아가 생각한 "아이들은 나를 조에서 제일 멍청한 애라고 생각할 거야. 같이 준비할 때 그냥 조용히 있어야겠다."는 **수행회피목표**(performance-avoidance goal), 즉 무능력하게 보이는 것과 호의적이지 않은 평가를 피하고자 하는 노력을 반영한다. 이러한 목표를 가진 학생들은 자신감이 부족하고, 평가에 대한 불안감을 많이 느끼며, 도전적인 과제를 피하려고 한다(Sommet et al., 2015). 또한 이들은 교사가 시키는 것을 피하기 위해 자리에 웅크리고 있거나 숨어들려고 하는 학생들이다. 교사의 시험 점수 분포표를 게시하거나 학급 평균을 보여 주는 과정 관리 시스템을 사용하는 등의 행동들은 학생들을 수행목표 성향으로 이끌 수 있다. '교육심리학과 당신'에서 우리가 던졌던 질문들은 성취 목표와 관련이 있으며, 첫 번째 질문에 '예'라고 답변했다면 보통의 학생이라 볼 수 있다(Sommet, Pillaud, Meuleman, & Butera, 2017). 학생들은 나이가 들수록 능력을 더 중요하게 여기고 다른 학생들과 비교하여 자신의 성취도를 확인하는 경향이 있기 때문이다.

수행목표를 지향하는 것은 어느 정도 불가피하지만, 수행목표는 숙달목표보다 효과가 떨어진다. 왜냐하면 숙달 지향 학생들은 도전과 어려움 앞에서도 꾸준히 노력하며, 성공을 노력에 기인한다고 생각하며, 효과적인 학습 전략(예: 자기질문하기)을 사용하고, 수업이 끝난 후에도 꾸준히 관심과 노력을 유지한다(Sommet et al., 2017). 수행접근목표를 가진 학생들은 자신감이 넘치고 자기효능감이 높은 경향이 있지만, 암기와 같은 피상적인 전략을 사용하는 경우가 많다. 목표가 어려워질수록, 이들은 목표를 달성할 수 있다는 확신이 없을 때 자기장애 행동을 통해 노력을 줄이는 행동을 하거나 심지어는 부정행위를 하기도 한다(Brophy, 2010). 수행회피 지향은 동기와 학습에 가장 치명적인 영향을 미친다(Ryan et al., 2007). 예를 들어, 실비아에게는 배우는 것은 중요하지 않고 단지 '멍청해 보이지 않기'만을 원한다.

APA의 20가지 주요 원칙

이 논의는 유치원-12학년(초 · 중등학교)까지 교수 및 학습을 위한 심리학의 20가지 주요 원칙에서 원칙 10. 학생들은 수행목표보다는 숙달목표를 가질 때, 도전적인 과제에서 끈질기게 노력하며 정보를 더 깊이 있게 처리한다를 적용한 것이다.

고정 마인드셋을 가진 학생들은 수행목표를 선호하는 경향이 있는 반면, 성장 마인드셋을 가진 학생들은 숙달목표를 추구하는 경향이 더 많다(Dweck, 2016). 이는 다음과 같은 이유로 이해할 수 있다. 예를 들어, 수업에서 가장 훌륭한 발표를 하고 싶다는 데이미언의 수행접근목표는 높은 능력을 보여 주는 지표가 될 수 있는데, 이는 특히 능력을 고정적인 것으로 생각하는 사람들에게 중요하다. 하지만 이러한 목표 설정은 문제가 될 수 있다. 왜냐하면 우리는 누구나 때때로 실패하기 때문이다. 반대로 성장 마인드셋을 가진 사람들은 더 어려운 과제에 도전하고 끈기 있게 노력할 가능성이 더 높다. 왜냐하면 그들에게 실패는 단지 더 많은 노력이 필요하다는 것을 알려주는 신호일 뿐이며, 노력을 통해 능력과 실력을 향상시킬 수 있다고 생각하기 때문이다.

사회적 목표

다시 한번 학생들의 생각을 살펴보도록 하자. 샬럿은 "이 프로젝트를 빨리 끝내버릴 수 있다면 데이미언과 친해지는 시간이 생길지도 몰라."라고 생각했으며, 앤토니오는 "이 주제에 대해 아무것도 모르겠어. 조미팅 전에 공부를 좀 하는 게 좋을 것 같아. 다른 아이들이 내가 내 책임을 다하지 않는다고 생각하게 하고 싶진 않으니까."라고 생각했다. 두 사람 모두는 특정한 사회적 결과를 얻기 위한 목표인 **사회적 목표**(social goal)를 가지고 있다(Wentzel, 2005). 더 구체적으로, 앤토니오의 경우는 사회적 책임목표라고 할 수 있다.

사회적 목표는 학습동기를 증가시킬 수도 또는 감소시킬 수도 있다(Horst, Finney, & Barron, 2007). 예를 들어, 샬럿이 프로젝트를 빨리 끝내고 데이미언과 친해지고 싶어 하는 것은 그녀의 학습동기를 감소시켰다. 일반적으로 높은 성취를 보이는 사람보다는 낮은 성취 수준을 보이는 사람들에게서 이러한 성향이 자주 보고된다(Wentzel, 2005). 반면, 앤토니오의 예처럼 사회적 책임목표는 높은 학습동기와 성취 모두와 관련되어 있다(Goncalves, Niemivirta, & Semos, 2017).

사회적 책임목표가 숙달목표와 결합될 때 학습동기는 가장 높아진다(Goncalves et al., 2017; Wentzel, 2005). 이것은 수전의 생각인 "이 과제 재미있을 것 같아. 르네상스 시대에 대해서 아는 것이 많지 않아(숙달목표). 선생님께서 우리에게 책임을 많이 주셨으니까 우리가 제대로 해내야 해. 선생님이 흡족해 하실 만한 발표를 해야지.(사회적 책임목표)"에서 설명된다.

과제회피목표

"난 조활동이 쉬워서 좋아. 항상 조원 중 누군가가 프로젝트 대부분을 맡아서 열심히 하거든."이라는 패트릭의 말은 **과제회피목표**(work-avoidance goal)를 보여 준다.

숙달목표 및 수행목표와 과제회피 지향은 다른데, "이는 과제회피 지향은 성취목표의 부재로 대변되기 때문이다. 과제회피목표를 가진 학생들에게 '성공'은 최소한의 노력 지출로 정의되지 어떠한 유능감과는 관련이 없다"(King & McInerney, 2014, p. 43). 이러한 지향성을 가진 학생들은 학습 활동을 참여하지 않는 경향을 보인다. 결과적으로, 이들은 집단 활동에 최소한의 기여만 하며, 필요하지 않은 경우에도 도움을 요청하며, 도전적인 과제에 대해 불평하며, 전체 학급 수업에 참여하는 것을 회피한다. 패트릭과 같은 학생들은 교사들에게 좌절감의 원인이 될 수 있다.

〈표 10-2〉에서는 다양한 목표 유형과 그것들의 동기와 성취에 미치는 영향을 요약했다.

다양성: 목표 지향에 따른 학습자 차이

학습과 동기와 관련하여 목표 지향은 문화적 배경과 성별에 따라 차이를 보인다. 연구 결과를 살펴보면, 아시아계 미국 학생들은 미국 주류 학생들보다 성장 마인드셋을 가질 가능성이 더 높고, 아시아계 미국 학생과 아프리카계 미국 학생들은 숙달목표를 중시하는 반면, 미국 주류 학생들은 수행목표 지향을 보이는 경향이 있다(Qian & Pan, 2002). 하지만 문화적 배경과 상관없이, 숙달목표 지향은 동기와 성취에 긍정적인 영향을

〈표 10-2〉 목표, 성취, 동기

목표유형	예시	동기와 성취에 미치는 영향
숙달목표	르네상스가 미국 역사에 미친 영향 이해하기	지속적 노력, 높은 자기효능감, 도전을 받아들이는 자세, 높은 성취를 보임
수행접근목표	르네상스 시대에 대한 에세이를 반에서 가장 잘 쓰기	자신감 있는 학생은 계속해서 노력하고, 높은 자기효능감을 가지며, 높은 성취를 보일 수 있음 도전을 받아들이고자 하는 동기를 저해할 수 있으며 이것은 낮은 성적으로 이어짐
수행회피목표	선생님과 다른 학생 앞에서 능력 없어 보이는 것 피하기	동기와 성취를 저해함(특히, 자신감이 부족한 학생)
사회적 목표	믿음직하고 책임감 있어 보이기 친구 사귀기	동기와 성취를 높이거나 혹은 낮출 수 있음. 숙달목표와 결합된다면 사회적 책임목표는 학습동기와 성취를 높일 수 있음 시간 제약 속에서 사회적 목표가 학습목표의 갈등을 일으키면서 동기와 성취를 저해할 수 있음
과제회피목표	최소한의 노력으로 숙제 마치기	노력을 기울이지 않고 자기효능감이 낮음 성취가 심각하게 저해됨

미친다(King, McInerney, & Nasser, 2017).

성별과 관련된 목표 지향 연구 결과는 일치하지 않는다. 몇몇 연구에서는 성별 간 차이를 발견했지만, 다른 연구에서는 그렇지 않았다. 일부 연구에 따르면, 여학생이 일반적으로 남학생에 비해 숙달목표 지향이 더 강하며, 이러한 경향은 학업 성취와 밀접한 관련이 있는 자기조절의 한 요소인 학업적 자기평가(self-assessment)에 더 많이 참여할 가능성을 높인다(Yan, 2018). 또 다른 연구 결과에 따르면, 여학생과 남학생 모두 중학교에 진학하면 사회적 목표 지향이 급격히 증가한다(Dawes & Xie, 2017). 하지만 이러한 사회적 목표 지향은 성별 간에 약간의 차이가 있다. 여학생들의 사회적 목표는 친한 친구관계 형성과 바람직한 사회적 행동에 더 초점을 맞추는 반면, 남학생은 사회적 수용이나 타인에게 이상하거나 바람직하지 않게 보이는 것을 피하는 데 더 집중하는 경향이 있다(Ben-Eliyahu, Linnenbrink-Garcia, & Putallaz, 2017).

반면, 여학생과 남학생 모두에게 있어서 주요한 목표 지향으로 숙달목표를 선택하는 것은 수행목표나 사회적 목표보다 높은 학업 성취를 이끌고 학교의 주요 목적이 학습이라는 인식을 갖는 데 긍정적인 영향을 미친다(Jones, 2017).

이러한 정보를 교수법에 활용할 때는 물론 이것이 일반적인 패턴이기는 하나 집단 내 개인 간에는 상당한 차이가 있음을 명심해야 한다. 우리는 어떤 집단의 구성원을 모두 똑같다는 고정관념을 가지고 생각하는 것을 피해야 한다.

그릿: 장기목표를 달성하기 위한 헌신

이 절을 시작하기 전에, 제러미가 "와, 브루스터 선생님, 이 모든 것을 어떻게 다 아세요?"라고 물었을 때 선생님의 답변을 다시 한번 살펴보자.

브루스터 선생님은 "간단해. 나는 열심히 공부를 하지."라고 말한다. "나는 매일 밤 여러분들처럼 공부를 해. 더 열심히 공부할수록 더 똑똑해진다는 것을 느끼지. 공부에 어려움을 겪을 때면, 두 배 더 노력하고 문제해결 방법을 바꿔 보기도 한단다. 열심히 노력만 하면 결국에는 이해할 수 있다고 생각해. 그리고 마침내 이해가 되면 정말 기분이 좋아."

브루스터 선생님은 제러미에게 "열심히 노력만 하면 결국에는 이해할 수 있다고 생각해."라고 답변하며 그릿(grit)을 보여 주고 있다. 그릿은 장기적인 목표 달성을 위한 열정과 헌신을 지속적으로 발전시키고 유지하는 능력을 말한다. 전직 초등학교 수학 및 과학 교사이자 펜실베이니아 대학교 심리학자인 앤절라 더크워스(Angela Duckworth)에 의해 처음 제시된 그릿의 개념은(Duckworth, Peterson, Matthews, & Kelly, 2007), 성장 마인드셋, 숙달목표, 높은 수준의 끈기, 만족지연, 그리고 단순히 즐거움만을 추구하는 것에 대한 낮은 관심과 연관이 있다고 알려져 있다(Von Culin, Tsukayama, & Duckworth, 2014). 이 개념은 처음 등장한 이후 많은 연구가 진행되었다(예: Aelenei, Lewis, & Oyserman, 2017; Fisher & Oyserman, 2017; West et al., 2016). 최근 더욱 대중적인 이슈가 된 것은 더크워스의 저서 『그릿: 열정과 끈기의 힘』(2016) 때문인데, 이 책에서 그녀는 자신의 그릿 개념에 대한 연구를 소개하고 설명한다. 또한 그녀의 연구와 저서는 『워싱턴 포스트』(McGregor, 2016)와 『뉴욕 타임스』(Shulevitz, 2016)와 같은 유명 언론 매체에서도 다루어졌다.

최근 교육 분야에서 자기조절 및 사회정서 기술에 대한 중요성이 강조됨에 따라 그릿은 교사와 정책 입안자들에게 낯선 개념이 아니게 되었다. (제3장에서 다룬 사회정서 학습에 대한 연구를 다시 살펴볼 수 있다.) 심지어 학생 성적 평가에도 그릿이 반영되고 있는데(Blad, 2017), 교사는 학생들을 다음과 같은 요소로 평가하도록 요구받는다(Character Growth Card, 2017).

- 시작한 활동을 끝까지 완료했는지
- 실패를 경험한 후에도 열심히 노력했는지
- 포기하고 싶은 마음이 들더라도 계속 열심히 노력했는지
- 몇 주 이상 프로젝트 또는 활동에 집중했는지
- 목표에 계속해서 헌신했는지

물론 더크워스의 연구는 논란의 여지가 있다. 일부 연구자들은 그릿이 본질적으로 성격 특성인 성실성과 동일한 개념이며, "오래된 포도주를 새로운 병에 담은 것"에 불과하다고 주장한다(Credé, Tynan, & Harms, 2016; Ion, Mindu, & Gorbănescu, 2017; Ivcevic & Brackett, 2014). 이에 대해 더크워스는 성실성은 개인 내적인 특성이지만 그릿은 학습할 수 있는 기술이라고 반박한다(Engber, 2016). 어떠한 논란이 있든, 브루스터 선생님의 예시처럼 '열심히 견디는' 성향과 능력, 즉 극도의 도전과 어려움 앞에서도 장기적으로 끈기를 발휘하는 능력은 타고난 능력보다 더 가치가 있다고 더크워스(2016)는 주장한다. 그릿이 실제 기술이라고 한다면 우리 교사들은 학생들의 그릿과 더 넓은 의미의 숙달목표 지향을 함양하기 위해 무엇을 할 수 있을까? 이 질문은 다음 절에서 다루도록 한다.

교육심리학을 교수에 활용하기: 학생들의 학습동기 향상을 위한 목표 활용하기

앞서 살펴본 것처럼, 일반적으로 학년이 올라갈수록 수행목표 지향이 높아지고 숙달목표 지향은 낮아지는 경향이 있다. 또한 학생들에게 성적이 중요하지 않다고 이야기하는 것은 현실적이지 않다. 부모는 자녀의 성적을 중요하게 여기고, 대학 지원에도 내신성적(GPA)이 반영되며, 학생 자신도 남들보다 좋은 성적을 얻기를 원한다. 하지만 교사는 수행목표 지향을 과도하게 강조하지 않도록 다음과 같은 노력을 할 수 있다.

- 학습 자체가 학교 교육의 목표라는 점을 강조하여 숙달목표 지향과 사회적 책임 지향을 함양한다.
- 성장 마인드셋을 모델링할 수 있게 해 주고 학생들에게 의도적인 연습 기회를 제공한다.
- 평가 시 내용에 대한 심층적인 이해 정도를 측정하고, 사실 정보 확인에 과도하게 초점을 맞추지 않는다.
- 학생들이 측정 가능하고 단기적이며 적당히 도전적인 목표를 설정하고 모니터링할 수 있도록 독려한다.

학습 자체가 학교 교육의 목표라는 점을 강조하여 숙달목표 지향과 사회적 책임 지향을 함양한다 어쩔 수 없이, 학생들은 서로 사회적 비교에 마주하고 적어도 반 친구들과는 경쟁을 할 수밖에 없다(Chatzisarantis et al., 2016). 이러한 경향을 완전히 없앨 수는 없지만, 브루스터 선생님이 "우리는 모두 최선을 다하고 있어. 서로 경쟁하는 것이 아니야."라고 했던 말을 활용하거나, 혹은 예를 들어 "지난 시험에서 A를 받은 사람은 4명뿐이야." 또는 "캐런(Karen)과 리암(Liam)이 이번 퀴즈에서 최고 점수를 받았어."와 같이 수행목표 지향을 부추기는 말을 피함으로써 숙달목표 지향을 함양하는 데 기여할 수 있다.

또한 우리는 시험지 마지막 페이지에 점수를 써 주어 남들이 보지 못하게 하거나 학생들에게 서로 점수를 공유하지 말라고 이야기하는 등의 추가적인 조치를 취할 수 있다. 물론 이러한 '공유하지 말기' 방법을 강제로 시행할 수는 없지만, 이러한 방법은 교사가 학업 성적보다는 학습 자체에 초점을 두고 있다는 점을 학생들에게 암묵적으로 전달할 수 있다. 또한 학생들의 사회적 목표 달성을 돕는 소규모 집단 학습과 수행접근 지향 학생들이 선호하는 전체 학급 지도를 결합할 수 있다(Goncalves et al., 2017). 그리고 '우리 모두 함께 한다'는 정서적 분위기를 전달하는 학습 공동체를 만들어 사회적 책임감을 키울 수도 있다. 더욱이 우리가 가르치는 주제에 대한 심층적인 이해를 강조한다면 학생들은 결국 내용을 이해한다면 성적은 저절로 따라올 것이라는 것을 깨닫게 될 것이다. 이것이 우리가 지향하는 이상적인 상황이다.

성장 마인드셋을 모델링할 수 있게 해 주고 학생들에게 의도적인 연습 기회를 제공한다 앞서 살펴본 바와 같이, 성장 마인드셋을 가진 사람들은 숙달목표를 가지는 경향이 있다. 어려운 도전과 역경에 직면하더라도 장기적인 목표에 대한 노력, 즉 앞서 언급한 그릿을 유지하기 위해서는 성장 마인드셋이 필수적이다. 만약 우리가 노력의 결과로 '더 똑똑해지거나', (운동 능력이나 음악 실력과 같은) 기술이 더 향상된다는 것을 믿지 않는다면, 장기적인 목표에 대한 지속적인 노력은 어려울 것이다(Duckworth, White, Matteucci, Shearer, & Gross, 2016). 브루스터 선생님은 "나는 공부를 해…… . 여러분처럼 매일 밤 공부를 하지. 더 열심히 공부할수록 더 똑똑해지지."라는 말을 통해 성장 마인드셋의 본보기를 보여 주었다. 이것이 우리가 학생들에게 제시하고 싶은 지향점이다. 하지만 단순히 학생들에게 노력을 계속하도록 격려하고, 심지어 모델링만 하는 것은 충분하지 않을 수 있다. 학생들에게는 노력의 결과가 나타나고 있다는 증거를 제공받을 수 있는 기회가 필요하다. 의도적인 연습이 매우 중요하다는 의미이다. 제8장에서 살펴본 것처럼 의도적인 연습에는 다음과 같은 특징들이 포함된다(Eskreis-Winkler et al., 2016).

- 명확하고 정확한 목표
- 이해와 의미 파악에 중점(암기 훈련이 아닌)
- 실제와 같은 상황에서 빈번하되 간격을 두고 실시하는 연습
- 심층적이고 상세한 피드백

우리는 충분히 연습하면 반드시 발전하며, 이는 모든 형태의 학습에 적용된다는 사실을 잘 알고 있다. 그리고 학습자들이 자신의 이해력과 기술이 향상되는 것을 볼수록 자신의 능력에 대한 인식이 증가하고, 이는 다시 동기를 극적으로 높일 수 있다는 점도 확실하다(Schunk et al., 2014).

APA의 20가지 주요 원칙

이 논의는 유치원-12학년(초 · 중등학교)까지 교수 및 학습을 위한 심리학의 20가지 주요 원칙에서 원칙 5. 장기 지식과 기술의 습득은 주로 연습에 의존한다를 적용한 것이다.

효과적인 평가를 만들어라   도전적인 문제를 해결하거나, 새로운 아이디어를 만들어 내거나, 이전에 생각하지 못했던 정보 간의 관계를 발견한 후 어떤 느낌이 드는가? 거의 모든 사람들에게 이 느낌은 '좋다' 이다. 이때 우리는 다른 사람이나 그들과의 비교에 대해 고려하지 않는다. 그저 열심히 노력한 끝에 무언가를 알아 냈다는 그 자체 때문에 기분이 좋을 것이다. 실제로 신경과학 연구에 따르면, 우리가 어려운 과제를 성취할 때, 특히 열심히 노력한 결과로 성취를 이끌어 냈을 때 뇌의 쾌락 중추가 활성화된다(Zink, Pagnoni, Martin-Skurski, Chappelow, & Berns, 2004).

이는 교실에서 평가의 중요성과 관련이 있다. 학생들의 숙달목표 지향을 함양시키기 위해 가장 효과적인 방법은 학생들에게 이해력이 증가하고 있다는 증거를 제공하는 것이고, 평가는 이러한 증거를 제공하는 데 있어 우리가 가진 가장 강력한 도구가 된다(Rohrer & Pashler, 2010). 효과적인 평가를 사용하기 위한 방법에는 다음과 같은 것들이 있다(Schunk et al., 2014).

- 학생들에게 무엇을 기대하는지 명확하게 알려 주고, 평가는 그 기대치와 일치하도록 구성한다.
- 단순한 지식과 재현(recall) 이상의 수준을 평가한다.
- 자주 평가하고, 평가가 가진 이점을 강조하며, 평가가 처벌이나 통제 수단처럼 보이게 하는 언어 사용을 피한다.
- 틀린 문제들에 대해 자주 논의하며, 답변 자체만큼이나 답변의 이유도 강조한다.
- 평가 점수를 매길 때 학생들의 가장 낮은 시험 점수 또는 퀴즈 점수 중 1~2개를 제외한다.

명확한 기대치와 이와 일치되는 평가는 학생들의 성공 가능성을 높여준다. 그리고 심화 학습 정도를 측정하는 평가에서 성공적인 성과를 내는 것은 학생들이 유능감을 갖게 해 주는 효과적인 도구가 된다. 학생들이 스스로 더 유능하다고 느낄수록, 다른 사람들과 비교하여 자신의 성취정도를 걱정하는 행동은 줄어들게 된다.

또한 명확한 기대치는 학생들의 자율성 인식에도 기여한다. 학생들이 자신에게 무엇을 요구하는지 알고 있다면 공부할지 말지를 선택할 수 있으며, 공부하지 않는다면 나타날 결과에 대해서도 이해할 수 있다. 어떤 식으로든 학생들이 통제권을 갖게 된다.

자주 평가를 실시한다면 학생들의 부담감은 감소하게 된다. 왜냐하면 단일 평가가 과도하게 많은 비중을 차지하는 것을 방지하기 때문이다. 틀린 문제를 자주 논의하면 학생들에게 이해력을 높이는 데 필요한 정보(피드백)를 제공할 수 있다. 이는 학생들의 유능성과 자율성 인식을 모두 더욱 높이는 데 도움이 된다(El, Tillema, & van Koppen, 2012). 그리고 평가 점수 계산 시 퀴즈 한두 개를 제외하는 것은 평가의 목적은 학습 향상에 있다는 것을 학생들에게 전달할 수 있다(Chappuis & Stiggins, 2017). 이러한 요소들 각각은 숙달목표 지향을 함양하는 데 기여한다.

전국교사자질위원회(NCTQ)

학습 평가하기는 모든 신임 교사가 알아야 하는 6가지 필수 교수 전략 중 하나라고 전국교사자질위원회(NCTQ)는 설명하고 있다. 평가는 학습의 도구이며, 평가와 피드백은 학생들이 정보를 효과적으로 저장하고 유지하는 데 도움이 된다(Chappuis & Stiggins, 2017).

학생들이 목표를 설정하고 모니터링하도록 격려하라 목표 설정은 다양한 분야에서 동기와 성취를 향상시키기 위해 널리 사용되어 왔다. 예를 들어, 체중 감량 프로그램인 웨이트 와처스(Weight Watchers)의 기반이 되는 목표 설정은 연구 결과 매우 효과적이라는 사실이 밝혀졌다(Graham et al., 2017). 또한 목표 설정 및 모니터링은 건강 관련 분야(Mann, de Ridder, & Fujita, 2013), 기업(Crossley, Cooper, & Wernsing, 2013), 스포츠(Guan, Xiang, McBride, & Keating, 2013), 그리고 학업 상황(Schunk et al., 2014)에서도 활용되고 있다.

효과적인 목표는 세 가지 특성을 지닌다.

- 구체적(전반적이거나 일반적인 것과는 대비되는)
- 즉시 또는 가까운 미래(먼 것과 대비되는)
- 적당히 도전적인

APA의 20가지 주요 원칙

이 논의는 유치원-12학년(초·중등학교)까지의 교수 및 학습을 위한 심리학의 20가지 주요 원칙에서 원칙 12: 목표를 단기적이고(근접한) 구체적이며, 적당히 도전적인 목표를 설정하는 것은 장기적이고(원거리의) 일반적이고 지나치게 도전적인 목표를 설정하는 것보다 동기를 더 높일 수 있다를 적용한 것이다.

예를 들어, 일주일에 20마일씩 조깅을 하겠다는 목표는 효과적이다. 왜냐하면 구체적이고, 즉각적이며, 모니터링하기 쉽기 때문이다. 일요일과 월요일에 각각 4마일씩 조깅하고, 화요일에는 휴식하고, 수요일에는 5마일을 달리고, 목요일에는 다시 휴식하고, 금요일에는 4마일을 달린다고 가정해 보자. 토요일에는 달리기가 싫지만 목표 달성에 3마일이 더 필요하기 때문에 어쨌든 달리러 나가게 된다. 이것이 목표 설정이 어떻게 동기를 높일 수 있는지 보여 주는 예시가 된다.

효과적인 목표를 보여 주는 추가적인 예시들은 다음과 같다.

- 이 책의 각 장에 있는 모든 자가진단(Self-Check) 질문에 답변하고 이해하기
- 새로운 어휘나 용어를 볼 때마다 구글로 검색하여 정의를 적어 두기
- 각 퀴즈 전에 최소 5개의 연습문제 풀기
- 수업 시간이 끝난 후 짧게 요약을 작성하여 수업에서 다룬 중요한 내용을 간략하게 정리하기

우리가 조깅 예시에서 살펴본 목표들은 구체적이고, 접근이 가까우며, 모니터링하기 쉽기 때문에 효과적이다. 반면에 '체중 감소', '운동 상태 개선', '이 수업에서 더 많이 배우기'와 같은 목표는 일반적이고 달성하는 것이 먼 미래이기 때문에 비효과적이라 볼 수 있다.

학생들이 목표 달성 진행 상황을 모니터링하면서 목표에 대한 노력을 증가할 가능성이 높다. 왜냐하면 이를 통해 자기효능감과 유능감 인식이 높아지기 때문이다. 교사는 몇 가지 구체적인 도구를 활용하여 학생들의 노력을 지원할 수 있다. 예를 들어, 학생들이 풀었던 숙제의 문제 수를 모니터링할 수 있는 개인 차트를 만들도록 할 수 있다. 또한 학생들에게 새로 배운 어휘를 공유하도록 요청하고, 매 수업 시간 종료 몇 분 전에 학생들이 요약문을 작성하고 토론하도록 할 수 있다. 교사는 부모가 자녀들이 목표를 설정하고 모니터링하도록 도울 수 있게 그들을 격려할 수 있다.

적절한 도전 수준의 목표를 설정하는 것에는 판단이 필요하다. 예를 들어, 일주일에 20마일 달리는 것은 마라톤 선수에게는 충분한 도전이 되지 않지만, 갓 운동을 시작하는 사람에게는 너무 어려운 목표일 수 있다.

저자들의 개인적인 경험을 이야기하자면, 목표를 설정하고 모니터링하는 것은 목표에 대한 의지가 있다면 매우 동기 부여가 되는 방법이 될 수 있다(Schunk et al, 2014). 예를 들어, 이 책의 저자인 돈과 폴은 둘 다 목표 설정을 통해 운동량을 늘리고 체중 감소를 이루었다.

교사의 최선의 노력에도 불구하고 모든 학생들이 학습목표를 설정하거나 이를 지속적으로 유지하지는 않을 것이다. 하지만 그렇게 하는 학생들에게는 이러한 방법을 적용하는 것은 교사가 할 수 있는 가장 강력한 동기 부여 요인 중 하나를 활용하게 된다는 점은 분명하다. 이 학생들은 교사의 노력이 가치 있었음을 실감하게 만들어 줄 것이다(Kanfer, Frese, & Johnson, 2017).

학습동기를 향상하기 위해 목표 이용하기

1. 목표는 학습자가 성취하고자 희망하는 결과이다. 학생들에게 숙달목표를 강조하라.
   - **초등학교**: 한 5학년 담임교사가 작문 프로젝트를 시작하면서 "우리의 목표는 글쓰기를 향상시키는 것이지. 글쓰기가 좋아지면 성적은 저절로 올라갈 거야."라고 말한다.
   - **중학교**: 한 8학년 역사 교사는 학생들의 시험 점수를 시험지 마지막 페이지에 쓰고 "각자의 점수는 각자의 사정이지. 우리는 서로 경쟁하는 게 아니라 배우기 위해 여기 있는 거야."라고 말한다.
   - **고등학교**: 한 생물학 교사는 학생들이 지난 시험에서 A가 몇 개나 나왔는지 묻자 "그건 중요하지 않아. 오히려 여러분의 이해력이 향상되고 있는지 스스로에게 물어보렴."이라고 말한다.

2. 숙달목표와 사회적 책임목표의 조합은 가장 높은 수준의 학습동기를 이끌 수 있다. 학생들에게 사회적 책임을 강조하라.
   - **초등학교**: 한 3학년 교사는 학생들에게 짝을 지어 일련의 수학문제를 풀도록 지도한다. "문제를 풀도록 열심히 노력하렴."이라고 말하며, "그러면 너희의 짝이 도움이 필요할 때 도움을 줄 수 있을 거야."라고 강조한다.
   - **중학교**: 한 중학교 2학년 국어 교사가 『앵무새 죽이기』라는 책에 대한 토론을 준비하고 있다. "우리가 이 책을 최대한 배우고 활용하기 위해서 우리 모두는 학급 토론에 기여할 책임이 있어. 나는 너희 모두가 준비된 상태로 수업에 와서 토론에 참여하기를 기대한단다."라고 강조한다.
   - **고등학교**: 한 역사 교사가 학생들에게 4명이 한 그룹이 되어 미국, 프랑스, 러시아 혁명을 비교하는 프로젝트를 준비하도록 했다. 각 구성원에게 특정한 책임을 할당하면서 "기억하렴. 프로젝트의 질은 각자가 최종 산출물에 기여하기 위해 자신의 부분을 책임을 다해 완성하는 데에 달려 있다는 것을……."이라고 말한다.

3. 그릿은 장기적인 목표 달성에 대한 지속적인 헌신을 의미한다. 학생들에게 성장 마인드셋을 강조하고 의도적인 연습 기회를 제공하여 그릿을 함양하도록 도와라.
   - **초등학교**: 한 유치원 교사는 매일 '오늘의 초성'이라는 루틴 프로그램을 진행한다. 매일 학생들은 'ㄱ' 소리와 같은 특정 소리로 시작하는 단어 예시를 제공받는다(예: 고양이, 개, 국화, 가방 등). 교사는 학생들이 활동지에 '오늘의 초성'으로 시작하는 모든 단어에 동그라미 표시하는 활동을 할 수 있도록 준비한다.
   - **중학교**: 한 7학년 수학 교사는 매 수업을 시작할 때 비율 및 비례 문제와 같은 주제에 대한 문제를 제시한다(예: "사람이 매 1/4 시간마다 1/2 마일을 걷는다면, 이 사람의 시속 도보 거리는 얼마인가?"). 학생들이 문제를 풀고 나면 교사는 문제에 대해 상세하게 설명하며, 학생들에게 같은 유형의 추가 문제 한 개를 더 풀도록 한다. 교사는 "우리 모두는 수학을 잘 할 수 있어. 단지 연습만 하면 된단다."라고 강조한다.
   - **고등학교**: 한 사회 교사는 매 수업 시간 마지막 10분 동안 학생들이 그날 논의한 주제에 대한 간략한 요약문을 작성하게 한다. 요약문에는 주요 내용과 세부 사항이 포함되어야 한다. 교사는 요약문을 수집하여 검토하고 다음 날 (학생 이름을 가린 상태로) 잘 작성된 요약문을 게시하며, 왜 잘 작성되었는지 설명하고, 이를 당일 수업 내용의 서두로 활용한다. 시간이 지날수록 교사는 학생들의 글쓰기가 얼마나 향상되었는지, 노력과 연습이 훌륭한 글쓰기 능력의 열쇠라는 점을 강조한다.

학습동기에 대한 흥미와 감정의 영향

10.5 흥미와 감정이 학습동기에 어떻게 영향을 미치는지 설명할 수 있다.

학습자가 과제에 몰두하도록 동기 부여 되는 이유 중에서 '흥미롭기 때문에'는 직관적으로 합리적인 답이다. 교사들이 학생들의 동기를 유발하는 가장 일반적인 방법은 우리가 가르치는 내용에 대한 학생들의 흥미를 높이는 것이다(Carmichael, Callingham, & Watt, 2017; Yang, 2016). 이제 흥미라는 개념을 더 자세히 살펴보자.

> **교육심리학과 당신**
>
> 텔레비전에 경찰 드라마가 많은 이유는 무엇일까? 혹은 영화나 드라마에 노골적인 성관계나 은근히 감추어진 성적 암시가 많이 등장하는 이유를 생각해 본 적이 있는가?

개인적 흥미와 상황적 흥미

이 절을 시작하기에 앞서 이 장 초반에 나왔던 사례 연구로 돌아가 보자. 브루스터 선생님의 수업에 들어가면서 수전은 "나는 항상 역사를 좋아했고 과거에 대해 아는 것을 좋아했어……. 게다가 난 역사를 꽤 잘하는 편이야."라고 하자, 짐은 "몇몇 수업에서는 그냥 적당한 성적을 받을 만큼만 공부를 하지만, 여기서는 그렇지 않아. 선생님께서 아주 오래전에 일어난 일이 어떻게 지금 우리랑 연관되는지 설명해 주시는 것이 진짜 재밌어."라고 말했다.

두 학생은 모두 브루스터 선생님의 수업에서 느끼는 흥미를 말하고 있지만, 이들 흥미의 본질은 다르다. 수전은 **개인적 흥미**(personal interest), 즉 "개인이 지속적으로 좋아함, 마음이 끌림, 또는 영역, 학과 분야, 주제, 활동에 대한 개인적 선호(Anderman & Wolters, 2006, p. 374)"를 보이는 반면 짐은 **상황적 흥미**(situational interest), 즉 개인의 현재 상태의 즐거움, 기쁨, 또는 당면한 환경에 의해 유발된 만족감을 보여 준다(Flowerday & Shell, 2015).

개인적 흥미는 상대적으로 안정적이며 사전 지식의 수준에 의존한다(Renninger, 2000). 안정성과 사전 지식은 "나는 항상 역사를 좋아했어. 게다가 난 역사를 꽤 잘하는 편이야."라는 수전의 말에 나타나 있다. 반면 상황적 흥미는 빨리 변하며 그때그때의 상황에 의존적이다.

죽음, 위험, 힘, 돈, 연애, 성과 같은 주제는 보편적으로 상황적 흥미를 이끌어 낸다(Hidi, 2001). '교육심리학과 당신'에서의 질문도 이러한 연장선에서 생각해 볼 수 있다. 좀 더 어린 학생들에게는 판타지, 유머, 동물역시 상황적 흥미를 유발하는 것으로 알려져 있다.

우리가 개인적 흥미보다는 상황적 흥미에 더 관심을 가지는 것은 상황적 흥미를 통제하기가 더 쉽기 때문이다(Carmichael et al., 2017; Patall, Vasquez, Steingut, Trimble, & Pituch, 2016; Yang, 2016). 또한 학습자가 주제에 대해 느끼는 유용가치와 상관없이, 최소한 약간의 상황적 흥미가 없다면 어려운 과제를 끈기 있게 풀어가기는 쉽지 않다(Tullis, & Fulmer, 2013). 하지만 개인의 전문성이 발달함에 따라 상황적 흥미는 종종 개인적 흥미로 이어지므로, 우리가 가르치는 주제에 대해 학생들이 최대한 많은 전문성을 습득하도록 도움으로써 학생들의 개인적 흥미를 발전시킬 수 있다. 학생들의 학습 의욕을 증진시키기 위한 흥미와 감정 이해를 활용할 수 있는 전략은 이 절의 뒷부분 '교육심리학을 교수에 활용하기: 학생들의 학습동기를 향상시키기 위해 흥미와 감정 활용하기' 부분에서 살펴보도록 하자.

감정과 동기

교육심리학과 당신
당신은 다음 경험에 대해 개인적으로 어떻게 반응할 것인가?

- 어려운 수학문제를 지금 막 풀었다.
- 선생님이 테러리스트에 의한 일어난 잔혹상을 상세히 묘사한 신문 기사를 가져왔다.
- 시험에 대비해서 철저하게 공부했는데 여전히 점수가 낮다.

'교육심리학과 당신'에 나온 첫 번째 경험에서 당신은 성취감과 자부심을 느끼며, 두 번째 경험에서는 분노의 감정이 유발되며, 세 번째 경험에서는 실망감과 좌절감을 느낄 것이다. 각각의 경험은 **감정**(emotion)을 담고 있는데, 이는 특정하고 강렬하며 짧은 느낌을 의미한다(Schunk et al., 2014). 감정은 학습동기에 강력한 영향을 미친다.

우리는 일반적으로 감정을 단순히 '느낌(feelings)'이라고 생각하지만, 감정은 인지적·신체적·행동적 요소들로 구성된다(Pekrun, Goetz, Frenzel, Barchfeld, & Perry 2011). 예를 들어, 크고 으르렁거리는 개를 마주했을 때와 같은 즉각적인 위협에 처했을 때 우리가 경험하는 감정은 두려움이지만, 우리는 또한 위험을 인지(인지 과정)하고, 근육이 긴장되고 심박수가 빨라지며(생리적 반응), 도망칠 것이다(행동 반응).

감정이 학업 성취에 미치는 잠재적 영향력 때문에, 최근 학습 상황에서 학생들의 감정에 대한 학문적 관심이 높아지고 있다(Linnenbrink-Garcia & Pekrun, 2011). 예를 들어, 즐거움, 희망, 자부심과 같은 긍정적인 감정은 학습동기와 성취를 증진시킨다(Graziano & Hart, 2016; Pekrun et al., 2011).

이러한 긍정적인 감정은 다음과 같은 방식으로 학습동기와 성취를 높인다(Broekhuizen, Slot, van Aken, & Dubas, 2017).

- 마인드셋: 긍정적인 감정을 가진 학습자는 성장 마인드셋을 갖게 될 가능성이 더 높다.
- 목표 지향성: 긍정적인 감정은 숙달목표 지향과 관련이 있다.
- 자기조절: 긍정적인 감정을 가진 학습자는 공부할 때 좀 더 메타인지를 활용하며, 전략적으로 시험을 준비하며, 숙제에 더 많은 노력과 지속성을 쏟을 가능성이 높다.
- 정보처리: 감정은 정보와 함께 암호화되어 저장되기 때문에, 학습 정보를 떠올릴 때 긍정적인 감정도 함께 나타난다.

APA의 20가지 주요 원칙

이 논의는 유치원-12학년(초·중등학교)까지 교수 및 학습을 위한 심리학의 20가지 주요 원칙에서 원칙 15: 정서적 안녕감은 교육 성과, 학습 및 발달에 영향을 미친다를 적용한 것이다.

부정적인 감정의 영향은 좀 더 복합적이다. 예를 들어, 지루함, 절망감, 그리고 수치심(특히, 수치심이 능력 부족에 대한 믿음과 관련이 있다면)은 동기와 성취를 저해한다(Broekhuizen et al., 2017; Pekrun et al., 2011). 반면에 죄책감(특히, 학생들이 충분히 노력하지 않았다고 생각하는 데서 비롯된 죄책감)은 어려운 과제에 대한 끈기를 높일 수도 있다(Tullis & Fulmer, 2013). 이 장의 앞부분에서 귀인 이론에 대한 논의를 시작할 때 나온 앤과 밥의 대화를 다시 살펴보자.

앤: 밥, 요즘 어떻게 지내니?

밥: 무척 안 좋아. 나는 도대체 못하겠어. 결코 할 수 없을 거야.

앤: 나도 그렇게 잘하진 못했어. 난 그럴 줄 알고 있었어. 열심히 공부하지 않았거든. 앞으로 이런 일이 일어나지 않도록 할 거야.

앤과 밥 모두 부정적인 감정을 경험했지만, 그 감정이 학습동기에 미치는 영향은 아마도 매우 다를 것이다. 밥은 희망이 없는 것 같은 무력감을 표현했는데, 이는 동기와 성취의 감소와 관련이 있을 것이다. 반면에 앤은 노력 부족에 대한 죄책감을 느꼈는데, 이는 동기와 성취의 증가와 관련이 있을 것이다.

예상할 수 있듯이, 교실 분위기와 교사의 지지에 대한 인식은 학생들의 감정에 중요한 영향을 미친다. 예를 들어, 질적으로 우수한 수업, 교사의 열정, 그리고 성취에 따른 피드백(예를 들어, 성취에 대해 칭찬하고 실패에 대해 지원하는 것)은 즐거움과 긍정적인 관련이 있다. 반면에 교사의 처벌과 비효과적인 수업에 대한 인식은 지루함과 관련이 있다(Yang, 2016).

동기와 불안

귀인에 대한 논의에서 소개된 대화에서 애슐리는 다음과 같이 말했다.

"내 생각에는 시험이 너무 어려웠던 것 같아. 시험지를 봤을 때 눈앞이 깜깜했어. 내가 생각할 수 있었던 것이라곤, '이건 내가 전에 본 적이 없는 거야. 어디서 이런 게 나왔지?'밖에 없었어. 나는 토할 것 같았어."

애슐리는 **불안**(anxiety), 즉 불확실한 결과가 도출되는 상황과 연관된 전반적인 걱정과 긴장감을 경험했다. 우리는 모두 한 번쯤은 특히 시험 상황에서 이러한 불안을 경험한 적이 있을 것이다. 불안은 동기와 학습에 관한 연구에서 감정과 관련하여 가장 많이 연구된 주제이다.

불안, 동기, 성취 사이의 관계는 비선형(curvilinear)을 이루고 있다. 즉, 약간은 좋지만 너무 많으면 해로울 수 있다((Strack, Lopes, Esteves, & Fernandez-Berrocal, 2017; Tullis & Fulmer, 2013). 예를 들어, 약간의 불안은 공부를 열심히 하게 하고 능력을 발전시킨다. 잘 훈련된 운동선수에서 볼 수 있듯이, 상대적으로 높은 불안은 과제에 대한 수행을 향상시켜 우리의 전문성을 발달시킨다(Schaefer, Velly, Allen, & Magee, 2016). 하지만 너무 높은 불안은 동기와 성취를 감소시킬 수 있는데, 특히 평가에 대한 위협이 높은 교실에서는 불안이 야기된다(Durmaz & Akkus, 2016). 인간이 가진 기억력의 특징은 불안이 가져오는 악영향을 설명해 준다. 첫째, 불안감이 많은 학생들은 집중에 어려움을 겪으며, 실패에 대한 걱정이나 실패할 것이라는 예상 때문에 보고 듣는 정보를 종종 잘못 해석하기도 한다. 또한 시험불안이 높은 학생들은 암기하기와 같은 피상적인 학습방법을 사용하는 경우가 많고, 스스로 질문해 보기와 같은 상대적으로 효과적인 방법을 사용하지 않는다(Ryan et al., 2007). 시험불안이 높은 학생들이 가진 근본적인 문제는 이들은 처음부터 내용을 제대로 학습하지 못해서 시험을 칠 때 불안감이 더욱 커진다는 점이다. 그리고 "이건 내가 전에 본 적이 없는 거야. 어디서 이런 게 나왔지?"라는 애슐리의 말과 같이, 시험 도중에 이와 유사한 생각을 하느라 작업 기억 공간을 낭비하게 되어 집중해야 할 과제에 쓸 수 있는 인지적 에너지와 공간이 줄어들게 된다.

몇몇의 흥미롭고 실용적인 연구들에서는 시험 불안을 다루고 있다. 연구자들은 시험 직전 10분 동안 시험과 관련된 걱정에 대해 간단히 글을 쓰는 것만으로도 시험 점수를 향상시켰으며, 특히 중요한 시험일 경우 더욱 그 효과가 뚜렷이 나타났다(Ramirez & Beilock, 2011). 연구자들은 학생들이 시험에 대한 걱정을 글로 쓰는 과정을 통해 작업 기억을 차지하고 있던 생각들을 해제시켜, 시험 과제에 집중할 수 있는 작업 기억력 공간을 늘려준다고 결론 내렸다.

시험 불안을 해결하는 방법은 간단하지만 쉽지는 않다. 이는 비록 불안감을 가지더라도 좋은 성적을 거둘 수 있도록 철저히 내용을 공부하라는 것이다. 이 책의 저자 중 한 명인 폴은 학창 시절 시험불안이 많았던 학생이었다. 대학원 재학 시 폴이 아내에게 한 말은 그의 공부를 접근하고 있는 방식을 잘 보여 준다. "나에게 물어볼 수 있는 것 중 내가 모르는 것은 없어." 물론 이 말은 완전히 사실은 아니었지만, 그는 매우 열심히 공부했고, 불안에도 불구하고 성공적인 결과를 가져왔다.

교육심리학을 교수에 활용하기: 학생들의 학습동기를 향상시키기 위해 흥미와 감정 활용하기

학습자의 흥미와 감정을 이해하는 것은 학생을 가르치는 방식에 대해 중요한 시사점을 가진다.

앞서 살펴보았듯이, 학생들이 지속적으로 노력하게 만들려면 상황적 흥미는 필수적이다(Tullis, & Fulmer, 2013). 우리는 죽음, 위험, 권력, 돈, 로맨스, 성과 같은 주제들은 보편적으로 흥미를 이끌어 낸다는 사실을 살펴보았다(Hidi, 2001). 이러한 주제를 중심으로 수업을 전개하기는 어렵지만 다른 방식으로 상황적 흥미를 높일 수도 있다(Carmichael et al., 2017; Kiemer, Gröschner, Pehmer, & Seidel, 2015; Yang, 2016).

- 주제를 학생들의 삶에 연결시킴으로써 내용을 개인화시킨다.
- 실제 세계로의 적용에 초점을 맞춘다.
- 학생들의 높은 참여를 유도한다.
- 우리가 가르치는 주제에 대한 관심을 스스로 모델이 되어 보여 준다.

내용을 개인화하고 주제를 실제 세계와 연결하는 것은 학생들의 즐거움을 증가시킴으로써 감정을 활용할 수 있는 방법이다. 그리고 학생들을 참여를 이끄는 것은 동기에 가장 해로운 감정 중 하나인 지루함의 가능성을 근본적으로 없애 준다(Pekrun et al., 2011). 학생들이 주제에 대한 개인적 흥미가 높지 않더라도 참여해야 하고 질문 받을 가능성이 있다고 생각한다면 지루해하기 어렵다. 이러한 제안들이 적용되는 예시를 살펴보기 위해, 다음 브루스터 선생님의 수업을 살펴보자.

"우리는 며칠 동안 십자군 전쟁에 대해 논의해 왔지……. 어떻게 이야기를 시작했었지?" 브루스터 선생님이 말했다.

"링컨 고등학교(링컨은 현재 학생들이 다니고 있는 학교 이름이다.)가 방과 후 활동을 없애야 한다고 믿는 사람들에게 점령당했다고 상상해 보았어요." 카니샤(Carnisha)가 자원해서 말했다.

"좋아요……. 그리고 어떻게 했죠?" 브루스터 선생님이 말했다.

"우리는 그들과 대화하기로 결정했어요……. 우리는 그들의 마음을 바꾸고 우리 학교를 구하기 위한 '십자군'이 되었어요."

"…… 아주 좋아……. 그럼, 실제 십자군 전쟁은 무엇에 대한 전쟁이었을까? …… 설리나(Selena)?"

"음, 기독교인들은 성지를 무슬림들로부터 되찾고 싶었지만, 우리가 처음 공부한 암스트롱(Amstrong, 2001)의 책에 따르면 종교라는 이름 아래 수행된 많은 잔혹한 전쟁들이 있었어요……. 이것이 오늘날까지도 중동에서 우리가 여전히 보는 기독교인, 유대인, 무슬림 간의 문제에 기여했어요."

"훌륭한 분석이구나……. 그것에 대해 생각해 보자. 거의 천 년 전의 십자군 전쟁은 오늘날 우리에게 영향을 미치고 있지." 그녀는 활기차게 말을 이어 나갔다. "자, 다른 관점은 어떨까? …… 다른 저자인 애즈브리지(Asbridge, 2012)는 무엇을 말했을까? …… 베키(Becky)?"

"그의 책은 거의 모험 소설처럼 읽혔어요. 그는 리처드(Richard) 1세나 살라딘(Saladin)과 같은 지도자들의 역할에 더 초점을 맞추고 있어요."

"그들은 어떤 사람들이었니…… 미구엘(Miguel)?"

"리처드 1세는 잉글랜드의 왕이었고, 살라딘은 십자군과 싸운 위대한 무슬림 지도자였어요."

"저자인 애즈브리지는 또 무엇이라고 했지? …… 누가 대답해 보겠니?"

몇 초간 침묵 후 조시(Josh)가 자원했다. "그는 십자군 전쟁의 종교적 측면이 권력 유지와 같은 세속적인 정치와도 밀접하게 연결되어 있다고 말했어요."

"그리고 그는 중세 시대에 그들이 어떻게 그토록 위험한 전쟁을 벌였는지에 대해 많은 이야기를 제공했어요. 단 한 번의 전투가 전쟁의 흐름을 바꿀 수도 있었어요." 애슐리가 덧붙였다.

"전쟁의 흐름을 바꾼 다른 역사적 전투 예시를 생각해 볼 수 있니?"

학생들은 남북전쟁 당시 게티스버그 전투와 같은 몇 가지 가능성들에 대해 논의하고, 심지어 책은 제2차 세계 대전의 벌지 전투(Battle of the Bulge)를 가능성으로 제시했다.

"모두 정말 훌륭해." 브루스터 선생님이 미소를 지으며 말했다. 그리고 그녀는 계속해서 "자, 오늘의 과제는 두 책을 비교하는 분석을 작성하는 것이었지."라고 말했다.

"그럼, 우리가 어떻게 했는지 한번 살펴보자……. 니키(Nikki)?" 브루스터 선생님은 세 명의 학생에게 자신의 입장을 발표하도록 한 다음 토론을 마무리하며 "얼마나 흥미롭니. 수백 년 전에 살았던 사람들의 영향을 받는 우리를 확인할 수 있었지……. 이것이 바로 역사의 모든 것이란다."

"브루스터 선생님은 이런 것을 좋아하는구나." 데이비드(David)가 켈리에게 속삭였다.

브루스터 선생님은 "지금까지 우리는 니키, 스티브, 마이크(Mike)의 발표를 들어보았어. 하지만 나머지 학생들은 아직 분석 내용에 대한 피드백을 받지 못했지. 그래서 짝꿍과 서로 과제를 교환하고, 니키, 스티브(Steve), 마이크의 분석에 대해 진행했던 논의를 바탕으로 서로에게 피드백을 해 주렴."

이제부터 브루스터 선생님이 위의 제안들을 어떻게 활용했는지 살펴보자.

주제를 학생들의 삶에 연결시킴으로써 학습내용을 개인화한다   많은 연구들에서 학습내용을 개인화하는 것은 학생들의 동기가 증가시킨다는 것을 확인했다(Narciss et al., 2014; Høgheim & Reber, 2015). 브루스터 선생님은 학생들이 방과 후 활동을 학교에서 없애지 않도록 캠페인 활동을 하는 것을 실제 십자군 전쟁에 대한 은유로 사용하여 이 요소를 활용했다.

학습내용을 개인화하는 것은 생각보다 어렵지 않다. 예를 들어, 단순히 학생들의 이름을 예시, 적용 활동, 심지어 퀴즈 및 시험에 넣는 것은 간단하면서도 긍정적인 첫 번째 시도가 될 수 있다. 학습내용을 개인화하는 것에 대한 필요를 인식한다면, 계획을 세울 때 주제를 개인화하는 추가적인 방법을 생각해 볼 수 있을 것이다.

주제를 실제 세계와 연결한다   학생들이 지금 배우는 주제가 실제 세계와 어떻게 연결되는지 알게 되면 학습동기도 증가한다. 방과 후 활동을 없애지 않기 위한 학급의 '십자군' 운동 역시 이러한 제안을 활용한 것이다. 수학에서의 단어 문제는 쉽게 실제 세계에 적용할 수 있고, 작문은 실제 세계와 관련된 주제에 초점을 맞출 수 있으며, 조금만 고민해 보면 대부분의 주제는 오늘날 우리가 사는 방식과 연결될 수 있다. 학습내용의 개인화와 마찬가지로, 실제 세계와 주제를 연결하는 것에 대한 인식을 가지고 있다면 빠르게 아이디어를 개발할 수 있다.

학생들의 참여를 최대한 유도한다   브루스터 선생님은 두 가지 방법으로 학생들을 참여시켰다. 첫째, 토론 중에는 학생들의 이름을 직접 불러 그들의 의견을 물었다. 학생들이 질문 받을 것으로 예상하면 더욱 주의를 기울이며, 흥미를 느끼고, 이에 따라 지루함은 감소된다(Lemov, 2015). 브루스터 선생님은 또한 학생들에게 짝을 지어 각자 서로의 분석내용을 비평하도록 하여 참여를 유도했다. 전체 학급 지도와 소집단 활동을 결합한다면 학습 활동에 다양성을 더할 수 있고 지루함의 가능성도 줄이는 데에도 도움이 된다.

우리가 가르치는 주제에 대한 관심을 스스로 모델로써 보여 준다   마지막으로 브루스터 선생님은 다음과 같은 말로 그녀 자신의 주제에 대한 흥미를 표현했다.

"그것에 대해 생각해 보자. 거의 천 년 전의 십자군 전쟁은 오늘날 우리에게 영향을 미치고 있지"와 "얼마나 흥미로우니. 수백 년 전에 살았던 사람들의 영향을 받는 우리를 확인할 수 있었지⋯⋯. 이것이 바로 역사의 모든 것이란다."

데이비드의 반응이었던 "브루스터 선생님은 이런 걸 좋아하는구나"라는 말은 교사가 자신의 흥미를 모델화하는 것이 학생들에게 미칠 수 있는 영향력을 잘 보여 주고 있으며, 연구들은 이러한 영향력을 증명했다(Kim & Schallert, 2014).

또한 교사는 학생들에게 요구하는 기대치를 명확하게 하고, 평가를 자주 그리고 철저하게 실시하며, 평가에 대한 구체적이고 상세한 피드백을 제공하여 학생들의 불안감을 줄이기 위한 조치를 취할 수 있다(Rohrer & Pashler, 2010). 특히, 고학년 학생들을 가르치는 경우, 시험 전 몇 분 동안 그들의 걱정에 대해 글을 쓸 수 있는 기회를 제공할 수도 있다. 앞서 살펴본 바와 같이, 이 과정은 불안의 부정적인 영향을 줄이는 데 도움이 될 수 있다(Ramirez & Beilock, 2011).

이 장에서 설명한 제안들은 모든 상황이나 모든 학생들에게 학습동기를 증가시키지는 못하지만 많은 학생들의 동기와 학습을 증진시킬 수는 있다. 이것이 바로 전문성의 본질이다. 우리는 가능한 많은 학생들의 동기와 학습을 극대화하기 위해 최선을 다해야 한다.

동기이론 요약 및 평가

동기 연구는 복잡하다. 이 주제는 광범위하고 개별적인 이론들이 많이 존재하기 때문이다. 행동주의, 사회인지이론, 정보처리이론과 같은 단일 이론은 동기이론에는 존재하지 않는다. 게다가 서로 다른 이론의 개념들이 서로 겹친다. 예를 들어 자아가치감과 자존감은 서로 혼용되며, 매슬로의 욕구위계이론에서 나온 소속감과 자기결정성이론에서의 관계성은 본질적으로 같다. 또한 자기결정성이론의 유능감과 자기효능감은 때때로 동일하게 간주된다(Schunk et al., 2014). 더욱이 성공에 대한 기대, 자기효능감, 자아개념과 같은 개념들은 너무 밀접하게 관련되어 있어 대부분의 사람들은 구분하기가 어렵다.

또한 불일치한 점도 존재한다. 예를 들어, 욕구 개념은 이 분야의 가장 저명한 학자들 중 일부에 의해 비판을 받기도 했다. "이러한 문제점 때문에, 욕구는 최근 연구들에서 자주 다루어지지 않는다. 하지만 욕구를 목표로 재개념화함으로써, 현대 인지이론은 전통적인 욕구이론보다 발전된 모습을 보여 준다"(Schunk et al., 2014, p. 174). 한편, 가장 눈에 띄고 강력한 동기이론 중 하나인 자기결정성이론에서는 우리 모두 유능성, 자율성, 관계성에 대한 욕구를 가지고 있다는 전제에 기반을 두고 있다. 물론 매슬로의 욕구위계이론은 이 분야에서 여전히 중요한 위치를 차지하고 있으며, "코빙턴(Covington, 1992)은 자아가치감에 대한 욕구가 모든 개인의 기본적인 욕구라고 제안했다"(Schunk et al., 2014, p. 224). 따라서 욕구는 여전히 동기이론에서 중요한 위치를 차지하고 있다.

동기이론이 가진 복잡하고 중복되며 불일치한 점들에 불구하고, 이들 이론은 우리의 행동과 감정에 대한 많은 것을 설명하는 데 도움이 되며, 몇 가지 예가 〈표 10-3〉에 요약되어 있다. 또한 이러한 이론은 우리의 삶과 가르치는 방식 모두에 많은 영향을 미친다. 예를 들어, 우리는 어떤 일에 있어 자신이 얼마나 똑똑한지 또는 얼마나 뛰어난지를 보여 주려는 사람들을 흔히 볼 수 있다. 그리고 아프고 난 뒤에 나의 상태를 물어주는 사람에게 누구나 감사하게 여기고, 누군가가 다시 전화하겠다고 말하고 난 뒤 전화하지 않으면 우리 모두는 짜증이 난다. 자기결정성이론의 유능성과 관계성의 개념은 이러한 이유를 이해하는 데 도움이 된다.

또 다른 간단한 예로, 우리는 당연히 이전에 비슷한 활동에서 성공한 적이 있다면 그 활동에 참여하려는 동기를 가지며, 우리 모두는 다른 과제들에서 왜 성공하거나 혹은 실패하는지 이해하기를 원한다. 자기효능감과 귀인이론은 이러한 경향을 이해하는 데 도움이 된다. 목표를 설정하고 모니터링하는 것은 목표 달성에 대한 의지가 있다면 쉽게 동기 부여가 될 수 있다. 우리가 즐기는 활동에는 더 오래 지속적으로 부지런히 참여하고, 지루할 때는 더 빨리 포기하는 것도 당연하다. 이 밖에도 많은 예시들이 있다.

저자인 폴과 돈은 경력의 대부분을 동기를 연구하는 데 보냈다. 이 주제는 도전적이지만 매우 흥미로우며, 일상생활과 교실에서 동기이론이 실현되는 것을 보는 것은 엄청난 보람이 된다.

〈표 10-3〉에서는 동기에 관련된 변인들, 이들 변인의 기본 전제, 관련된 예시, 그리고 이들 변인을 지원하는 이론적 틀을 개괄적으로 설명했다.

교실과의 연계

학습동기를 향상하기 위해 학생들의 흥미와 감정을 이용하기

1. 구체적이고 개별화된 예를 사용하고 학생 참여를 촉진함으로써 학습 활동에서 흥미를 향상시켜라.
   - **초등학교**: 한 4학년 교사는 학생들의 이름을 단어 문제에 사용한다. 그는 사용한 이름을 기록하고 이를 추적하여 모든 학생의 이름을 사용될 수 있도록 주의를 기울인다.
   - **중학교**: 한 지리 교사는 학생들에게 좋아하는 장소의 정확한 위치를 친구에게 알려 주는 방법을 물으면서, 경도와 위도에 대한 학습을 시작한다.
   - **고등학교**: 한 물리 교사는 학생들이 걷어차 낸 축구공의 속도와 운동량을 사용하여 문제를 만들고, 학생들이 공을 가로채기 위해 선수들이 뛰어야 하는 가속도와 속력을 결정하도록 요구한다.

2. 불안을 감소시키기 위해 점수보다 시험 내용을 이해하는 것을 강조하고, 연습할 기회를 제공하며, 학생들에게 평가를 마칠 충분한 시간을 주어라.
   - **초등학교**: 한 2학년 교사는 학생들이 퀴즈를 보는 동안 학생들을 모니터한다. 그가 학생들의 주의가 산만해지는 것을 볼 때면 그 주제에 대해 지금까지 다루었던 주제를 상기시키면서 퀴즈에 집중하도록 한다.
   - **중학교**: 한 8학년 수학 교사는 학생들에게 시험문제와 비슷한 유형의 대수학 연습문제를 많이 풀 수 있는 기회를 제공한다.
   - **고등학교**: 한 미국 역사 교사는 학생들이 학년 말 시험에 통과하는 것에 대해 긴장하고 있다는 사실을 알고 있다. 그는 자주 학생들에게 "너희들이 내용을 제대로 이해하고 있다면 시험에서 좋은 결과를 얻을 수 있을 거야. 그러니까 공부할 때 정보를 단순히 암기하지 말고 아이디어들을 연결시켜 보렴."이라고 상기시킨다.

학교급별 적용

다양한 연령에서의 학습동기

수준 높고 개별화된 예시 사용하기, 학생들 참여시키기, 안전하고 정돈된 학습 환경 만들기와 같은 방법에는 동기이론이 적용된 것으로, 모든 학년의 학습자에게 적용할 수 있다. 그러나 발달적 차이는 분명히 존재한다. 다음에서는 이러한 차이와 관련된 몇 가지 제안점을 설명한다.

유치원생이나 초등학생들의 활동

고학년 학생과는 다르게 어린아이들은 노골적으로 칭찬받는 것을 즐기며 그 칭찬이 타당한지에 대해 거의 평가하지 않는다. 이들은 또한 지능에 대한 증가적 관점을 가지며 숙달목표를 설정하는 경향이 있다. 이러한 요소를 고려하여, 모든 학생은 배울 수 있다는 것을 강조하고, 사회적 비교를 피하고, 학생의 노력을 칭찬하고, 학생들에게 '열심히 노력하면 똑똑해진다'는 것을 상기시킴으로써 동기를 증진할 수 있다.

중학생들의 활동

학습자가 성장함에 따라 수행 지향은 증가하는 반면, 숙달 지향은 감소하는 경향이 있다. 따라서 지능이 증가한다는 믿음을 본보기로 보여 주며, 노력, 증가된 유능성, 능력 간의 관계를 강조하는 것이 중요하다. 중학생은 또래 집단과의 관계를 통해 소속감과 관계성에 대한 욕구를 충족시키고, 그들에게는 사회적 목표가 중요해지는 경향이 있다. 전체 그룹 활동과 소그룹 활동을 병행하는 것이 이런 욕구와 목표가 충족될 수 있도록 도와준다. 중학생은 자율성 욕구 역시 증가하기 때문에 이들에게 교실 규칙을 정하는 데 의견을 내도록 하는 것과 같이 자율성에 대한 지각을 높이는 활동에 참여시키는 것이 효과적일 수 있다.

고등학생들의 활동

고등학생은 자신의 미래에 대해 생각하기 시작한다. 그래서 학생들이 공부하는 주제와 발달시키려는 기술에 대한 유용 가치를 강조함으로써 이들의 학습동기를 증진할 수 있다.

고등학생은 비디오 게임, 인터넷과 같이 쉽게 접근할 수 있는 경험이 너무 많기 때문에. 학교에서 배우는 주제에 대한 흥미를 유발하는 것이 어려울 수 있다. 그러나 구체적이고 개인적인 예를 사용하고 수준 높은 상호작용을 촉진하는 것은 여전히 효과적이다. 자신의 능력이 증가하고 있다는 증거는 고등학생에게 중요하다. 그러므로 진심 어린 칭찬이나 진정한 성취를 의미하는 다른 지표들이 동기를 증가시킬 수 있다.

〈표 10-3〉 동기에 영향을 미치는 변인

동기에 영향을 미치는 변인	기본 전제	관련 예시	이론적 틀
욕구			
욕구 • 생존 • 안전 • 소속감 • 자기존중감 • 지적 성취 • 심미적 감성 • 자아실현	사람들은 결핍 욕구를 충족시키기 위해 그리고 성장 욕구에 대한 지속적인 경험을 갖기 위해 동기화된다.	왜 우리는 '똑똑한' 사람보다는 '착한' 사람에게 먼저 반응하는가?(소속감의 욕구) 왜 어떤 사람들은 끊임없이 배우고 싶어 하는 열망이 있는가?(지적 성취에 대한 지속적인 경험)	매슬로의 욕구위계이론
욕구 • 유능성 • 자율성 • 관계성	사람들은 유능성, 자율성, 관계성의 욕구를 충족시키기 위하여 동기화된다.	왜 진정한 성취에 대한 칭찬은 동기를 높이지만 사소한 과제를 완료하는 것에 대한 칭찬은 동기를 높이지 못하는가?(유능성 인식) 왜 대기업의 리더들은 직원들보다 스트레스를 덜 받을까?(더 높은 수준의 자율성) 왜 우리는 처음 만나는 사람들에게도 인간적으로 대할까?(관계성 욕구)	자기결정성이론
욕구 • 자기가치 보호	사람들은 자기가치와 자신이 높은 능력을 가지고 있다는 인식을 유지하기 위해 동기화된다.	왜 학생들은 공부하지 않고도 성공하는 것을 중요하게 여기는가?(높은 능력의 증거) 왜 학생들은 때때로 수행을 방해하는 자기장애 행동을 하는가?(실패 시 높은 능력 인식 유지하기 위해)	자기가치이론

믿음

• 미래에 대한 결과 (기대)	활동에 성공할 수 있을 것이라는 기대가 높아지면 해당 활동에 참여하려는 동기가 증가한다.	왜 우리는 성공할 것으로 기대할 때 더 오래 지속하고 더 어려운 과제를 선택하는가?	기대가치이론
• 지능/능력 (마인드셋)	노력을 통해 지능이 향상될 수 있다고 믿을 때 동기가 증가하는 경향이 있다.	왜 "타고난 사람이 있고 그렇지 않은 사람이 있다"라고 믿는 사람들이 어려운 과제를 피함으로써 높은 능력에 대한 인식을 전달하려고 하는가?(높은 지능 인식 유지를 위해) 왜 "더 열심히 노력할수록 더 똑똑해진다"고 믿는 사람들이 어려운 과제를 선택하고 끈기 있게 노력하는가?(실패는 단지 더 많은 노력이나 더 나은 전략이 필요하다는 신호로 인식)	자기가치이론 귀인이론
• 수행 능력 (자기효능감)	사람들이 특정 과제를 완수할 능력이 있다고 믿을 때 동기가 증가한다.	왜 80타 이상의 높은 점수를 꾸준히 받는 사람이 골프를 더 잘 칠 수 있을 것이라고 스스로 믿는가? (과거 성공 경험이 능력에 대한 믿음의 근거로 작동) 왜 교사가 노력과 끈기를 보여 줄 때 학생들이 더 열심히 노력하는가?(역할 모델링이 자기효능감에 영향을 미침)	자기효능감이론 (사회인지이론)
• 달성가치 • 유용가치 • 비용	활동이 중요하고 미래에 이익이 있으며 참여 비용이 적을 때 동기는 증가한다.	왜 테니스 선수가 자신을 훌륭한 선수라고 믿으면 이기려는 동기가 높아지지만, 뛰어난 선수가 아니라고 생각하면 그렇지 않은가?(높은 달성가치) 왜 공학 전공을 희망하는 학생이 대학 진학을 위해 수학 수업을 추가로 수강하는가?(높은 유용가치) 왜 아픈 부모를 돌봐야 하는 학생이 과목 수강을 포기하는가?(너무 높은 비용)	기대가치이론
• 수행의 원인	사람들은 자신의 수행에 대한 원인을 이해하기 위해 동기화된다.	왜 학생들이 시험, 퀴즈 및 과제에 대한 피드백을 받지 못하면 화가 나는가?(수행에 대한 원인을 이해하고 싶어 하는 욕구) 노력 부족으로 인해 성적이 저조할 때 왜 동기가 생길까? (내적 통제 귀인)	귀인이론

목표

• 숙달목표 • 수행목표 • 사회적 목표 • 과제회피목표	이해와 발전에 초점을 둔 구체적이고, 적당히 도전적이며, 가까운 미래에 달성할 수 있는 목표는 학습동기를 증가시킨다.	하루 1,500칼로리 이하를 섭취하겠다는 목표를 세운 사람이 쿠키를 먹지 않는 것은 해당 목표가 측정 가능하고 단기목표이기 때문이다(단기적이고 구체적인 목표) 왜 체중 감량을 하겠다는 목표를 세운 사람이 실패하는가?(먼 거리에 있고 일반적인 목표)	목표이론

흥미(특히, 상황적 흥미)

• 성과 폭력 • 권력과 돈 • 관여 • 개인화	사람들은 재미있다고 느끼는 활동에 참여하려는 동기를 가지고 있다.	텔레비전에서 경찰 드라마가 많이 나오며, 성(섹스)이 판매를 촉진한다는 말이 왜 등장하는가?(본능적인 흥미) 왜 개인적이며 실생활에 적용할 수 있는 지식을 습득하는 것이 만족감을 주는가?(내적 흥미 증진) 왜 사람들은 직접 참여할 때 대화를 즐거워하지만 그렇지 못할 때 흥미를 느끼지 못하는가?(내적 흥미 증진)	기대가치이론

감정

• 즐거움 • 희망 • 자부심 • 화 • 지루함	긍정적인 감정은 동기와 학습을 촉진하며, 부정적인 감정은 일반적으로 동기와 학습을 저하시킨다.	왜 우리는 좋아하는 활동을 오래 지속하는가? 왜 우리는 자신의 학습과정에 대해 자부심을 느낄 때 숙달목표를 세우고 학습을 조절하는가? 왜 우리는 우리가 지루하다고 느낄 때 주의를 집중하지 못하고 비효율적으로 정보처리를 하는가?	정보처리이론 사회인지이론

제10장 요약

1. 동기를 정의하고, 학습자의 동기에 대해 다양한 이론으로 설명하시오.
   - 동기는 목표 지향적 활동이 유발되고 유지되는 과정이다.
   - 외재 동기는 목표에 이르는 수단으로 활동에 관여하는 동기이고 내재 동기는 그 자체로서 활동에 관여하는 동기다.
   - 행동주의는 동기와 학습을 같은 방식으로 설명한다. 즉, 행동의 증가가 학습과 동기의 증거다.
   - 동기에 대한 인지이론은 학습자의 믿음, 기대, 경험을 이해하고자 하는 욕구에 초점을 둔다.
   - 동기에 대한 사회문화적 관점은 학습 공동체에 개인이 참여하는 것에 중점을 둔다.
   - 동기에 대한 인본주의적 관점은 사람들이 인간으로서 그들의 총체적 잠재력을 실현하기 위해 동기 부여된다는 전제를 기반으로 한다.

2. 학습자의 욕구가 무엇이며, 학습동기에 어떠한 영향을 미치는지 설명하시오.
   - 욕구는 특정한 상태나 대상을 얻거나 피하기 위한 내부적 힘이나 추동이다.
   - 매슬로에 따르면, 모든 인간은 생존, 안전, 소속, 자기존중에 대한 욕구를 가진다. 이들 욕구가 충족되고 나면 사람들은 인간으로서 자신의 잠재력을 실현하기 위해 동기 부여된다.
   - 자기결정성이론에 따르면, 모든 사람은 유능성, 자율성, 관계성 욕구를 가진다. 이들 욕구가 충족되도록 돕는다면 학생들의 동기가 증가한다.
   - 자기가치이론은 모든 사람이 자기가치를 보호하려는 욕구를 가진다는 점을 제안한다. 자기가치는 자신이 높은 능력을 가지고 있다는 인식 정도에 의존한다.

3. 학습자의 믿음이 학습동기에 어떻게 영향을 미치는지 설명하시오.
   - 믿음은 그것을 지지하는 분명한 증거 없이도 우리가 진실로 받아들이는 인지적 생각이다.
   - 학습동기는 성공할 것이라고 기대할 때 증가한다.

   - 학습자가 능력이 자신의 노력으로 증가할 수 있다고 믿는 성장 마인드셋을 가질수록 능력이 고정되어 있다고 믿는 고정 마인드셋을 가진 학습자에 비해 동기가 높다.
   - 특정한 과제를 달성할 능력이 있다고 믿는 학생들은 높은 자기효능감을 가지고 있고, 이들은 자기효능감이 낮은 학생들에 비해 더 학습하고자 동기 부여된다.
   - 이해를 높이는 것이 미래의 목표 달성을 도와줄 것이라고 믿는다면 학생들의 학습동기는 증가한다.
   - 노력과 능력이 성공의 원인이라고 혹은 노력 부족이 실패의 원인이라고 믿는 학생들은 학습하고자 하는 동기가 부여될 가능성이 높다.

4. 학습자의 목표가 학습동기에 어떻게 영향을 미치는지 설명하시오.
   - 목표는 개인이 달성하고자 희망하는 결과이다.
   - 과제의 숙달, 향상, 증가된 이해에 중점을 두는 학습자는 사회적 비교에 목표를 두고 있는 학습자보다 학습동기가 높다.
   - 사회적 목표가 오로지 사회적 요인에만 초점을 둔다면 학습동기를 감소시킬 수 있다. 그러나 사회적 책임목표, 특히 숙달목표와 사회적 책임목표가 결합하면 지속적인 동기와 성취를 이끌 수 있다.
   - 그릿은 개인이 장기적인 목표 달성을 위해 극한의 도전과 역경에 직면하더라도 굴하지 않고 계속 노력하는 의지를 말한다.
   - 우리는 학생들에게 성장 마인드셋을 강조하고 의도적인 연습 기회를 많이 제공하여 그릿을 키울 수 있다.

5. 흥미와 감정이 학습동기에 어떻게 영향을 미치는지 설명하시오.
   - 예상할 수 있듯이, 학습자가 흥미로워하는 주제를 공부할 때 동기가 증가한다.
   - 공부하고 있는 주제나 과정에 대해 개인적인 흥미가 높은 학생들은 일반적으로 해당 주제와 관련된 광범위한 배경지식을 가지고 있으며, 그들의 흥미는 일반적으로 매우 안정적이다.
   - 상황적 흥미는 직접적인 상황에 따라 달라지며 빠르

게 변할 수 있다.

- 개인화된 주제, 실제 세계에 적용, 참여, 그리고 관련된 모델을 보여 주는 것은 모두 상황적 흥미에 기여한다.
- 즐거움, 희망, 자부심과 같은 긍정적인 감정은 일반적으로 학습동기와 성취를 모두 증가시키는 반면, 분노,

좌절, 특히 지루함과 같은 부정적인 감정은 학습동기를 감소시킨다.

- 긍정적인 감정을 가진 학습자는 부정적인 감정을 가진 학생보다 숙달목표를 지니고, 학습을 자기조절하며, 성장 마인드셋을 가질 가능성이 더 높다.

자격증 시험 준비하기

학습과 동기와의 관계 이해하기

당신이 교육 현장에 들어가기 위해서는 교사 자격증 시험을 보아야 할 것이다. 이 시험에는 학습동기와 관련된 내용이 포함되며, 단답형과 서술형 문제 모두 출제된다. 이 책과 연습문제는 시험 준비에 도움이 되는 자료이다.

이 장에서는 브루스터 선생님이 동기와 학습의 관계를 이해하고 이를 가르침에 어떻게 활용했는지 살펴보았다. 이제 십자군 전쟁을 다루는 다른 세계사 교사 사례를 살펴보자. 다음 사례를 읽고 질문에 답변해 보자.

마이클 젠슨(Michael Jensen) 선생님은 학생들이 모두 자리에 앉도록 기다린 후 말했다.

"모두 잘 듣도록. 지난 금요일 시험 결과를 가져왔어. 리오라(Liora), 이반(Ivan), 린(Lynn), 세군도(Segundo), 아주 잘했어. 안타깝지만 이 학생들만 A를 받았다."

시험지를 돌려주면서 젠슨 선생님이 다시 말했다. "이번 시험에서 7명이 D 또는 F를 받았어. 그렇게 어려운 시험도 아니었는데 말이지…… 2주 후에 또 시험이 있다는 것을 기억해. A를 받은 친구들을 한번 따라잡아 보도록 하자…… 아마 이것이 여러분을 공부하겠끔 자극할지도 모르겠네."

"……수업시작하자. 오늘 배울 것이 아주 많단다. 꽤 많은 내용을 다루어야 해…… 어제 배운 것처럼 십자군 전쟁은 서유럽의 기독교 세력이 현재의 중동 지역을 무슬림으로부터 탈환하려는 시도였지. 1095년 우르바누스(Urban) 2세 교황은 예루살렘 주변의 성지를 기독교인들이 다시 접근할 수 있도록 첫 번째 십자군 전쟁을 선언했고, 십자군 전쟁은 200년 동안 계속되었지만 결국 실패로 끝났어. 왜냐하면 알다시피, 오늘날 중동 지역은 여전히 대부분 무슬림 종교를 믿고 있기 때문이지."

젠슨 선생님은 십자군 전쟁에 대한 설명을 계속하다가 수업시간이 20분 남았음을 알아차렸다.

"많은 내용을 받아써야 했을 걸 알아." 젠슨 선생님이 말을 이었다. "날짜와 장소를 배우는 것이 재미있는 일은 아니라는 것도 알지만, 익숙해질 필요가 있어. 너희가 대학에 가면 이런 식으로 배우게 될 것이거든. 게다가 다음 시험에도 나올 거니까 말이지."

"자, 남은 시간 동안 십자군 전쟁의 주요 인물, 사건, 그리고 중요성을 요약하는 글을 써 보도록 하자. 시간 안에 끝낼 수 있어야 한단다. 하지만 만약 못 끝낸다면 내일 수업 시작 때 제출하도록 하렴. 필기 노트 참조도 가능하다. 시작해 보렴."

학생들의 모습을 살피다가 젠슨 선생님은 제러미가 종이에 단지 몇 개의 단어만 쓴 것을 보게 되었다.

"시작하는 데 어려움이 있니?" 젠슨 선생님이 조용히 물었다.

"네, 어떻게 시작해야 할지 잘 모르겠어요." 제러미가 우물거렸다.

"나도 작문 과제가 힘들다는 것을 알고 있단다……. 도와줄게." 젠슨 선생님이 말했다.

그는 빈 종이를 집어 들고 제러미가 지켜보는 가운데 글을 쓰기 시작했다. 종이에 몇 문장을 쓰고 나서 말했다.

"보렴, 어렵지 않지? 이런 식으로 하면 된단다. 가서 시작해 보렴. 이걸 가져가서 선생님이 어떤 것을 요구하는지 참고해도 된단다. 자리로 돌아가서 다시 한번 시도해 봐."

사례 분석을 위한 질문

이 장과 사례 연구를 토대로 다음 질문에 답변하시오.

객관식 질문

1. 젠슨 선생님은 학생들의 동기를 북돋우려고 시험에서 A를 받은 학생들의 이름을 언급하고 나머지 학생들에게 "A를 받은 친구들을 한번 따라잡아 보도록 하자." 라고 말했다. 다음 중 젠슨 선생님의 학생 동기 부여 전략의 효과성에 대한 가장 적합한 평가는 무엇이라고 생각하는가?

   a. 효과적인 전략이다. 학생들이 더 열심히 노력하도록 독려했기 때문이다.

   b. 효과적인 전략이다. 학생들에게 학업 성취에 대한 피드백을 제공했기 때문이다.

   c. 효과적인 전략이다. 성적이 좋은 학생들은 높은 능력 덕분이라고 생각하도록 하고, 성적이 좋지 않은 학생들은 노력 부족 때문이라고 생각하도록 하여 학습동기를 유발했기 때문이다.

   d. 비효과적인 전략이다. 사회적 비교를 조장하여 학습동기를 저하시키기 때문이다.

2. 젠슨 선생님은 수업 시간 대부분을 강의 형식으로 십자군 전쟁에 대해 설명했다. 하지만 강의는 지속적으로 비효과적인 교수 방법으로 지적되어 왔다. 학습동기를 고려할 때, 왜 젠슨 선생님의 강의가 학생들의 학습동기에 부정적인 영향을 미칠 수 있을까?

   a. 강의는 자기결정성이론과 부합하지 않다. 왜냐하면 강의는 학생들에게 자신들의 유능성을 높이는 데 도움이 되는 정보를 제공할 수 없기 때문이다.

   b. 강의는 보통 지루할 수 있으며, 지루함은 학습동기를 저하시키는 부정적인 감정으로 알려져 있다.

   c. 강의는 기대가치이론과 부합하지 않으며, 학생들이 유용하다고 생각하는 정보를 제공할 수 없기 때문이다.

   d. 강의는 학생들이 교사의 강의를 들을 때 숙달목표를 세울 수 없기 때문에 학습동기를 저하시킨다.

주관식 질문

1. 젠슨 선생님이 주제(십자군 전쟁)에 대한 상황적 흥미를 얼마나 촉발했는지 평가하시오. 사례 연구와 본 장의 내용을 근거로 답변을 뒷받침하시오.

중요 개념

가치(value)

감정(emotion)

개인적 흥미(personal interest)

결핍 욕구(deficiency needs)

고정 마인드셋(fixed mindset)

과제회피목표(work-avoidance goal)

관계성(relatedness)

귀인(attribution)

귀인이론(attribution theory)

그릿(grit)

기대 × 가치이론(expectancy × value theory)

기대(expectation)

내재 동기(intrinsic motivation)

달성가치(attainment value)

동기(motivation)

동기적 근접발달영역(motivational zone of proximal development)

목표(goal)

몰입(flow)

무조건적 긍정적 존중(unconditional positive regard)

믿음(belief)

불안(anxiety)

비용(cost)

사회적 목표(social goal)

상황적 흥미(situational interest)

성장 마인드셋(growth mindset)

성장 욕구(growth needs)

수행목표(performance goal)

수행접근목표(performance-approach goal)

수행회피목표(performance-avoidance goal)

숙달목표(mastery goal)

외재 동기(extrinsic motivation)

욕구(need)

유능성(competence)

유용가치(utility value)

자기가치(self-worth)

자기결정(self-determination)

자기실현(self-actualization)

자기효능감(self-efficacy)

자율성(autonomy)

학습동기(motivation to learn)

학습된 무력감(learned helplessness)

학습동기를 높이는 교실 모형

제**11**장

이 장을 공부한 후 여러분은 다음을 할 수 있어야 한다.

11.1 숙달 지향 교실과 수행 지향 교실의 차이를 설명할 수 있다.
11.2 학생의 학습동기를 높이는 교사의 개인 특성을 설명할 수 있다.
11.3 학생의 학습동기를 높이는 학습 환경의 속성을 정의할 수 있다.
11.4 다양한 교수 요인이 학생의 학습동기를 높이는 방식을 설명할 수 있다.

APA의 20가지 주요 원칙

이 장에서 명시적으로 다루는 유치원–12학년(초 · 중등학교)까지 교수 및 학습을 위한 심리학의 20가지 주요 원칙은 다음과 같다.

- 원칙 6: 학생들에 대한 명확하고, 설명적이며, 시의적절한 피드백은 학습에 중요하다.
- 원칙 11: 교사의 학생에 대한 기대는 학생의 학습 기회, 동기 및 학습 결과에 영향을 미친다.
- 원칙 14: 대인관계와 의사소통은 교수–학습과정과 학생의 사회정서적 발달에 모두 중요하다.

전국교사자질위원회(NCTQ)

이 장에서 구체적으로 다루는 모든 신임 교사가 알아야 할 전국교사자질위원회(NCTQ)의 필수 교수 전략은 다음과 같다.

- 전략 2: 추상적 개념을 구체적인 표현과 연결하기
- 전략 6: 학습 평가하기

제10장에서는 동기이론 및 학생들과 이러한 이론을 적용하기 위한 제안들을 살펴보았다. 이 장에서는 '학습동기를 높이는 교실 모형'이라는 제목으로 제10장에서 다룬 핵심적인 동기이론에 대한 지식을 확장할 것이며, 학습동기를 학생들과 함께 증진하는 작업에 적용할 수 있는 동기 관련 개념들을 구체적으로 다룰 것이다. 어떤 학생들은 동기가 부족해 보이지만, 교사는 대부분까지는 아니더라도 상당히 많은 변화를 만들 수 있다. 이 장에서 살펴볼 교실 모형은 이러한 목표를 성취하기 위해 설계되었다.

우선 초등학교 5학년을 맡은 데본 램프킨(DeVonne Lampkin) 선생님의 수업 상황에서 논의를 시작해 보자. 수업 사례를 읽으면서, 학생들의 동기와 램프킨 선생님의 영향이 어떠한지 생각해 보자.

절지동물은 딱정벌레(곤충), 거미(거미류), 게, 바닷가재, 새우(갑각류)와 같은 동물이며, 램프킨 선생님은 이러한 절지동물이 우리의 일상에 상당히 자주 출몰한다는 점에서 학생들이 이 개념을 이해하길 기대하고 있다. 램프킨 선생님은 절지동물의 예와 비예를 사용하여 학생들의 개념 이해를 돕고, 이어서 절지동물과 인간의 신체 구조를 비교해 보기로 한다.

램프킨 선생님은 냉장고에서 살아 있는 바닷가재를 꺼내는 것으로 수업을 시작한다.

학생들은 꿈틀거리는 동물을 보면서 "아", "와"라고 소리친다. 램프킨 선생님은 스테파니(Stephanie)에게 반 친구들이 보고 만질 수 있도록 바닷가재를 들고 교실을 한 바퀴 돌아달라고 부탁한다.

스테파니가 교실을 돌자, 램프킨 선생님은 학생들에게 "무엇을 보았는지 이야기해 보라고 할 테니, 잘 보세요."라고 이야기한다.

학생 모두가 바닷가재를 관찰하고, 램프킨 선생님은 "좋아요, 무엇을 봤어요?"라고 묻는다.

투(Tu)는 "딱딱해요."라고 대답하고, 살레이나(Saleina)는 "분홍색과 녹색이네요."라고 말한다.

케빈(Kevin)은 "축축해요."라고 덧붙인다.

램프킨 선생님은 학생들이 관찰한 내용을 칠판에 나열하고, 이를 바탕으로 바닷가재가 딱딱한 외골격, 세 부분으로 구분되는 몸통, 분절된 다리를 가지고 있다는 결론을 내리도록 안내한다. 이러한 목록을 작성하면서 "이것들이 바닷가재의 핵심적인 특징이에요."라고 설명한다.

이어서 램프킨 선생님이 병에서 바퀴벌레를 꺼내자 교실에는 킥킥거리는 소리가 더욱 커진다. 램프킨 선생님은 바퀴벌레를 핀셋으로 들고 교실 안을 거닐면서 자신이 들고 있는 것이 절지동물인지 물어본다.

바퀴벌레가 외골격을 가진 것이 맞는지 불확실하므로 이를 해결하기 위한 토론이 진행되고, 학생들은 바퀴벌레가 외골격을 가지고 있다고 결론 내린다. 그리고 최종적으로 절지동물이라고 결정한다.

다음으로 램프킨 선생님은 냉장고에서 조개를 하나 꺼내서 "이것은 절지동물인가요?"라고 묻는다. 어떤 학생들은 딱딱한 껍질을 가지고 있으므로 절지동물이라고 추론한다.

에이제이(A. J.)가 "하지만…… 이건 다리가 없잖아."라고 이야기하자, 토론이 좀 더 진행된다. 학생들은 조개는 절지동물이 아니라고 결론짓는다.

램프킨 선생님은 "그러면 샙(Sapp) 교장선생님은 절지동물일까요? 그런지 아닌지, 그 이유는 무엇인지 이야기해 주세요."라고 말한다.

학생들 일부는 키득거리고, 또 다른 학생들은 교장선생님이 분절된 다리를 가지고 있으므로 절지동물이라고 결론을 내린다. 다른 학생들은 교장선생님이 바닷가재나 바퀴벌레처럼 보이지 않는다며 반대 의견을 낸다. 토론이 잠시 진행된 후, 투는 "교장선생님은 외골격이 없어요."라고 관찰한 내용을 언급했고, 학급 전체가 절지동물이 아니라는 결론에 동의한다.

이후 램프킨 선생님은 학생들을 짝지어 새우를 나누어 준다. 흥분한 학생들을 진정시킨 후, 새우를 유심히 관찰하고 절지동물인지 판단해 보도록 한다. 이어서 전체 그룹 토론이 진행되는 동안, 램프킨 선생님은 몇몇 학생들이 아직 외골격을 확실하게 알지 못한다는 것을 발견한다. 이에 새우 껍질을 벗겨서 새우의 머리와 껍질을 느껴 보도록 한다. 벗겨진 껍질을 본 후, 학생들은 새우가 외골격을 가지고 있다고 판단한다. 그리고 토론을 좀 더 진행한 후, 새우는 절지동물이라고 결론을 짓는다.

이 장 전체에서 램프킨 선생님의 수업을 다시 살펴보겠지만, 이 수업은 학생들의 참여도가 높고 동기가 형성되어 있다. 이러한 학생들의 반응은 비디오 에피소드에서 보다 명확하게 확인될 것이다. 우리는 램프킨 선생님이 학습동기를 높이는 교실 모형을 개념적 틀로서 어떻게 수업에 적용했는지 이해할 것이다. 먼저, 제10장에서 다룬 주제를 다시 살펴보자.

숙달 지향 교실 만들기

11.1 숙달 지향 교실과 수행 지향 교실의 차이를 설명할 수 있다.

우리는 학생의 숙달목표 지향성에 대해 논의하고자 한다. 숙달목표 지향은 학생의 성장과 이해 수준의 향상을 강조하는 반면, 수행목표 지향은 학생의 능력에 집중하고 타인과의 비교를 강조한다. 이러한 아이디어는 노력하기, 실수하고 교정하기, 꾸준히 성장하기, 이해 수준 높이기를 강조하는 교실 환경인 **숙달 지향 교실**(mastery-focused classrooms)을 살펴봄으로써 교실 맥락으로 확장될 것이다. 숙달 지향 교실은 성적 향상, 능력 과시, 정답 반응, 타인 비교를 강조하는 교실 환경인 **수행 지향 교실**(performance-focused classrooms)과 비교할 수 있다(Chatzisarantis et al., 2016; Sommet, Pillaud, Meuleman, & Butera, 2017). 교사-학생 간의 수준 높은 상호작용 및 학생-학생 간의 상호작용은 숙달 지향 교실에서 가능하다. 이때, 학생들은 스스로의 학습에 대한 책임을 느끼고, 교사와 학생은 '이 교실에서 함께' 서로가 서로의 학습이 촉진되도록 만든다.

램프킨 선생님은 다음의 세 가지 방법으로 숙달 지향 교실 만들기를 시도했다. ① 동기 부여와 학습에 필요한 긍정적인 교사-학생 관계를 이끌 수 있는 개인의 자질을 보여 주었다. ② 안전하고 질서정연한 교실 환경에서 학생들이 도전적인 과제에 성공하도록 도왔다. ③ 바닷가재, 바퀴벌레, 새우를 이용하여 상황적 흥미를 유발하고, 학생들을 학습 활동에 참여시키고, 주제에 대한 이해를 심화했다. 숙달 지향 교실과 수행 지향 교실의 차이는 〈표 11-1〉에 정리되었다.

학습동기를 높이는 교실 모형

학습동기를 높이는 교실 모형은 숙달 지향과 관련된 이론적 틀과 학습 및 동기이론이 통합되어 토대가 마련되었다. [그림 11-1]에 핵심 요소 세 가지를 포함하여 모형의 개요를 제시했다.

1. 교사: 학생의 학습동기를 증진시키는 개인의 자질 보여 주기
2. 학습 환경: 학습동기를 유발하는 환경 만들기
3. 교수: 학습 활동에 대한 흥미 키우기

핵심 요소마다 네 가지 요인이 존재하며, 모형의 요인들은 상호 시너지를 만들어 낸다. 즉, 각 요인들의 총합보다 서로 통합되어 상호작용할 때 나타나는 효과가 훨씬 크다는 것이다. 또는 다른 요인들이 생략되면 하

나의 요인만으로 효과적으로 작동할 수 없다는 의미이기도 하다.

〈표 11-1〉 숙달 지향 교실과 수행 지향 교실

	숙달 지향	수행 지향
성공이란……	숙달, 개선	높은 점수, 타인보다 우수해지는 것
가치로운 것은……	노력, 개선	높은 점수, 우수한 능력 증명하기
만족하는 이유는……	도전적이고 어려운 과제를 경험해서	타인보다 잘해서, 최소한의 노력으로 성공해서
교사의 관심은……	학생의 학습	학생의 성취
실수는……	학습의 정상적인 일부분	염려와 불안이 발생하는 원인
노력의 이유는……	더 많이 이해하기 위해	높은 점수를 얻기 위해, 다른 사람보다 잘하기 위해
능력이란……	성장하는 것, 변화하는 것	타고난 것, 고정된 것
평가의 목적은……	설정된 기준에 도달한 상황을 측정하려고, 피드백을 제공하려고	성적을 결정하려고, 학생들 간의 비교를 위해

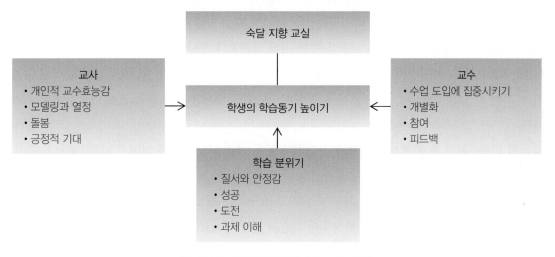

[그림 11-1] 학습동기를 높이는 교실 모형

출처: Andeman, E. M., & Wolters, C. A. (2006). Goals, values, and affect: Influences on motivation. In P. A. Alexander & P. H. Winne (Eds.), *Handbook of education psychology* (2nd ed., pp. 369-389). Mahwah, NJ: Erlbaum.

학생-교사 관계

긍정적인 교사-학생 간의 관계는 동기 전반의 기반이 되며, 동기를 부여하는 교실과 학교의 필수 특성 중 하나이다(Kuhl, 2017). 지지적인 교사는 정서적으로 안전하고 갈등이 적은 교실 환경을 조성하며, 교사와 학생의 긍정적인 관계는 학생들의 학교 참여를 높이는 등 여러 측면에서 학습에 도움이 된다. 즉, 학생의 자기 조절 수준에서의 향상(Zee & de Bree, 2017), 성취도 증가 및 학교 만족도 향상(Leff, Waasdorp, & Paskewich, 2016)이 가능한데, 부정적인 태도를 가진 학생들에게도 효과가 있다(Archambault, Vandenbossche-Makombo, & Fraser, 2017). 긍정적인 교사-학생 관계의 이점은 "노력, 인내, 참여를 자극하고, 흥미와 열정을 유발하며, 화, 좌절, 불안, 지루함과 같은 부정적인 정서를 감소시키는 것"이라 여겨진다(Castle Heatly & Votruba-Drzal, 2017, p. 1043).

APA의 20가지 주요 원칙

이제부터 살펴볼 내용은 유치원–12학년(초 · 중등학교)까지 교수 및 학습을 위한 심리학의 20가지 주요 원칙 중에서 14번째 원칙, '대인관계와 의사소통은 교수–학습과정과 학생의 사회정서적 발달에 모두 중요하다'와 관련된다.

긍정적인 교사–학생 관계는 주어진 맥락 속에서 학습자의 동기를 지원하는 것은 물론, 미래의 동기와 성취를 이끄는 기반을 제공한다. 나아가 교사의 사회적 · 정서적 지원은 학업적으로 위기에 놓인 아동, 저소득 및 소수민족의 배경을 가진 학습자들에게 특히 중요하다(Liew, Chen, & Hughes, 2010). 긍정적 교사–학생 관계의 이점은 이론적 근거를 가진다. 연구자들은 "우리의 연구 결과는 애착이론 및 자기결정성이론과 일관되고, 학업적으로 위험에 놓인 학습자들이 교사의 지지를 인식하는 것은 교실에서의 학업적 노력과 학업 능력에 대한 자신감에 긍정적인 영향을 미친다는 사실을 보여 준다"고 주장한다(Hughes, Wu, Kwok, Villarreal, & Johnson, 2012, p. 362).

학생들과 긍정적 관계를 조성하는 교사들은 가르치는 것이 개인의 노력이 아닌, 일종의 대인관계 속의 모험임을 이해하고 있으며, 의도적으로 학생들과 가까워지고 배려하는 관계를 형성하려는 '관계적 목표'를 설정한다. 이러한 목표 지향성을 가진 교사들은 수행 지향 접근보다 숙달 지향 접근을 실천한다. 즉, 이해도를 높이는 데에 집중하고, 학생들이 내용을 이해했다면 스스로 성적을 관리하는 것을 강조하며, 학생들 사이의 사회적 비교는 지양하는 동시에, 학습 증진을 평가하는 도구를 사용한다(Chatzisarantis et al., 2016; Sommet et al., 2017).

긍정적인 교사–학생 관계 형성은 학생들의 성취나 행동 기준을 낮추라는 의미가 전혀 아니다. 교실은 성실하고 엄격한 학습을 지향하는 곳이지, 거칠게 놀며 과제 이외의 행동들을 하는 장소가 아니다. 또한 긍정적인 교사–학생 관계는 교사가 학생의 '친구'가 되라고 요구하는 것도 아니다. 오히려 교사는 인간이며 학습자인 학생들에게 헌신하는 성인으로서, 학생들의 학습과 발달을 이끌고 지원하는 존재가 되는 것이다.

학습동기를 높이는 교실 모형의 요인들을 살펴볼 때, 교사–학생 관계가 각 요인들 및 그 사이의 상호 의존성에 대한 근거를 제공하는 정서적 구조를 가지고 있다는 점을 기억해야 한다.

이제 학생들의 학습동기를 촉진하는 교사들의 개인적 특성을 살펴보도록 하자.

교사: 학습동기를 높이는 개인의 자질

11.2 학생의 학습동기를 높이는 교사의 개인 특성을 설명할 수 있다.

교육심리학과 당신
당신의 최고 선생님들을 떠올려 보자. 그 선생님들의 특징은 무엇이었는가? 그분들이 만든 학습 환경은 어떠했는가? 무엇이 수업을 흥미롭고 가치 있게 만들었는가?

부모 이외에 교사는 학생들의 학습과 동기에 가장 중요한 영향을 미치는 사람이다. 교사의 개인적 특성은 이러한 영향력을 결정하기도 한다. 교사에게는 숙달 지향 학습 환경 및 정서적으로 긍정적인 분위기를 조성하고, 효과적인 교수를 실시하며, 동기와 학습 모두에 지지적인 교사-학생 관계를 수립해야 할 책임이 있다. [그림 11-2]에서 강조한 교사의 자질이 부족하다면, 모형의 다른 구성 요소들 역시 효과를 가질 수 없다. 이러한 특성들을 살펴보도록 하자.

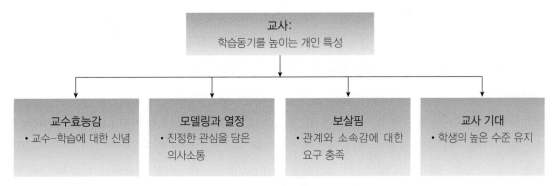

[그림 11-2] 교사: 학습동기를 높이는 개인 특성

교수효능감: 교수-학습에 대한 신념

자기효능감은 특정 과제를 성취하는 자신의 능력에 대한 개인의 신념이다. **개인의 교수효능감**(Personal teaching efficacy)은 교사가 자신이 이전 지식, 능력, 개인 배경과 상관없이 모든 학생들의 학습을 촉진할 수 있다고 믿는 것으로, 자기효능감이라는 개념이 확장된 것이다(Summers, Davis, & Woolfolk Hoy, 2017).

효능감이 높은 교사와 낮은 교사 사이에는 상당한 차이가 존재한다. 효능감이 높은 교사는 학생의 학습에 책임감을 가진다. 일정 수준 이상의 기대를 유지하는 동시에, 공정하게 접근하고, 수업 시간을 최대로 활용하며, 학생들의 역량 향상을 칭찬하면서 성취가 낮은 학생들과 함께 지속적인 노력을 기울인다. 반면, 효능감이 낮은 교사는 학생들의 저성취를 낮은 지능, 불우한 가정환경, 또는 교실 이외의 원인에 돌리는 경향이 있다. 효능감이 낮은 교사들은 학습 활동에 기대가 낮고, 시간을 덜 투자하며, 저성취 학생들을 포기한다. 또한 학생의 실패에 더욱 비판적으로 반응한다. 효능감이 높은 교사와 비교하여 이들은 학생에 대한 통제 수준이 높지만, 자율성은 덜 강조한다(Ware & Kitsantas, 2007).

두 교사 사이에는 목표 지향성의 차이가 존재한다. 효능감이 높은 교사들은 주로 숙달 지향목표를 가진다. 소속된 학교가 중요한 시험에서 높은 성취를 얻는 목표를 강조하더라도 숙달 지향목표 지향성을 유지한다. 효능감이 낮은 교사들은 수행 지향목표를 가지는 경향이 있다(Yoon & Sungok, 2013). 이러한 경향성이 나타나는 이유는 쉽게 이해된다. 교사가 모든 학생에게 영향을 미칠 수 있다고 믿는다면, 가르치는 시간을 최대한 활용하고 학생들에게 더 많은 것들을 요구하며 어려움을 겪는 학생들에게 보다 많은 시간을 할애하려고 할 것이다. 학생들은 학교와 교사가 가진 목표 지향성과 동일한 목표 지향성을 수용하는 경향이 있다. 즉, 학생들은 학교와 교사가 숙달 지향목표를 추구한다고 믿을 때, 대체로 이러한 목표 지향성을 가진다(Sommet et al., 2017).

선행연구에 따르면 "자기효능감이 높은 교사들은 교사 자신이나 학생들이 실시한 평가에서 인지 활성화, 교실 운영, 개별화 학습 지원이라는 세 가지 차원에서 더 높은 수준의 교수를 보여 준다"(Holzberger, Philipp, & Kunter, 2013, p. 782). 이러한 높은 자기효능감은 동기는 물론 학습에도 영향을 미친다. "교사가 높은 교수 효능감을 가진 교실에서 학습 수준이 높아진다"(Tanel, 2013, p. 7).

효능감은 학교 전체의 학습 분위기에도 영향을 미칠 수 있다. 교원 전체가 학생의 학습에 긍정적인 영향을 미친다고 믿는 **집단효능감**(collective efficacy)을 가지는 것이 학생들에게 도움이 되는데, 특히 다양한 배경을 가진 학생들에게 중요하다(Belfi, Gielen, De Fraine, Verschueren, & Meredith, 2015; Prelli, 2016). 집단효능감이 높은 학교의 저소득층 학생들은 집단효능감이 낮은 학교의 고소득층 학생들과 거의 유사한 학업 성취를 보인다(Lee, 2000). 집단효능감이 높은 학교의 교사들은 환경이 유복한 학생들과 열악한 학생들의 성취 격차를 줄일 수 있다.

자기효능감처럼, 교수효능감은 교사의 배경 및 경험, 학교 문화와 리더십에 따라 달라진다(Pierce, 2014). 폭넓은 전문 지식을 가진 교사들은 지식이 적은 동료들보다 교수효능감이 높다(Tanel, 2013). 이는 교사가 지속적으로 전문 지식을 개발하고, 학생들이 평생학습에 대한 열망을 가지기를 기대하는 모습을 보여 주어야 한다는 사실을 시사한다.

모델링과 열정: 진정한 관심을 담은 의사소통

사회인지이론은 교사의 모델링이 학생의 흥미에 가장 강력한 영향을 미치는 요인 중 하나인 이유를 설명한다. 전문성을 겸비한 교사는 학생 동기에 영향을 미치는 교수-학습의 여러 측면에서 모델이 된다(Kim & Schallert, 2014; Schunk, Meece, & Pintrich, 2014).

- 성장 마인드셋: 지능이나 능력은 노력을 통해 향상될 수 있다는 믿음
- 숙달목표 지향성 및 사회적 책무 지향성: 학습과 성장, 그리고 타인에 대한 의무를 다하는 것에 집중
- 내재적 귀인: 자신의 성공과 실패를 스스로 통제할 수 있다는 믿음
- 노력과 자기 가치의 관계: 자신의 가치는 노력에 의해 결정되며, 겉으로 드러나는 우수한 능력과는 무관하다는 관점

전문성을 가진 교사는 열정을 보여 주는 모델이 되는데, 교사의 열정은 동기와 학습 모두와 관련이 있다. "교사의 열정은 무엇보다 학생의 동기, 정의적 결과(예: 즐거움, 흥미)와 관련성을 가진다. 반면, 성취는 열정과 간접적인 관계가 있는데, 수업 중 학생의 동기나 주의 집중 수준이 둘의 관계를 매개한다"(Keller, Goetz, Becker, Morger, & Hensley, 2014, p. 29). 다시 말하면, 교사의 열정은 학생의 동기에 직접적으로 영향을 미치며, 결과적으로 학생의 동기가 증가함으로써 더욱 주의를 기울여 학습에 참여할 수 있다.

열정은 교사가 유머를 사용하고 개인적인 경험을 설명하거나 에너지가 넘쳐 신난 모습을 보여 주는 등 여러 방식으로 드러날 수 있다. 그러나 교사가 항상 이야기할 만한 경험을 가지고 있을 수 없고, 늘 유머나 활기를 보여 줄 수도 없다. 따라서 교사가 지속적으로 열정을 보여 줄 수 있는 가장 적절한 방법은 가르치는 주제

에 대한 진정한 관심을 학생들에게 전달하는 것이다(Keller et al., 2014). 누구나 다른 성격을 가지고 있어서, 누군가는 보다 에너지 넘치고 외향적일 수 있다. 대신 누구라도 학생의 동기를 높이기 위해 "지리학은 우리의 삶에 큰 영향을 끼칩니다. 예를 들어, 뉴욕, 시카고, 샌프란시스코와 같은 주요 도시들은 대부분 지리적 위치로 인해 중요해졌어요." 또는 "참나무 잎과 비교하여 선인장의 가시를 떠올려 보세요. 이것들은 사실 서로 관련이 있고 환경에 적응한 것입니다. 이 부분이 흥미롭죠."와 같은 이야기를 할 수 있다. 개인의 성격과 상관없이, 이러한 설명은 학생들이 해당 주제에 흥미를 느끼고 이 내용이 가치가 있으며 학습할 만한 것이라고 믿도록 만들 가능성이 높다(Keller, Hoy, Goetz, & Frensel, 2016). 여기에 별도의 준비나 에너지는 필요하지 않다. 더욱이 약간의 관심과 연습만으로 거의 자동적으로 이루어질 수 있다. 학생이나 학습 활동 모두에 효과적이지 않을 수 있으나, 여러 학생들에게 효과가 있을 것이며 적어도 손해가 발생하지는 않을 것이다.

보살핌: 관계와 소속감에 대한 요구 충족

초등학교 1학년 교사는 아침마다 학생들과 포옹, 악수, 또는 하이파이브로 인사를 한다.

초등학교 5학년 교사는 학생 중 한 명이 숙제를 제출하지 않거나 연속 두 번 이상 결석을 하면, 즉시 부모님께 전화로 알린다.

수학 교사는 학기 시작 첫 주에 자신이 맡은 다섯 반의 학생 이름을 외우고, 점심 시간에는 교실에 머물면서 어려움을 겪는 학생들은 돕는다.

앞의 교사들은 각각 **보살핌**(caring)을 실천하고 있는데, 여기서 보살핌이란 학생들의 보호와 발달에 대한 교사의 공감과 투자 정도를 의미한다(Noddings, 2013; Roeser, Peck, & Nasir, 2006).

개인 특성으로서 '보살핌'의 중요성은 철학과 이론 모두에 근거를 두고 있다. '보살핌의 윤리'는 인간은 모두 연약하고 상호 의존적이라고 바라보는 하나의 철학적 기조로서, 교사가 학생 모두를 가치 있는 대상으로 대해야 한다고 제안한다(Gilligan, 2008; Noddings, 2013). 이론적으로 보살핌을 베푸는 사람은 타인의 소속 욕구를 충족시켜 준다. 소속의 욕구는 매슬로(Maslow)의 욕구위계에서 생존과 안전 다음으로 충족되어야 할 욕구이며, 보살핌은 자기결정성이론이 강조하는 관계성에 대한 욕구의 충족과도 관련이 있다(Deci & Ryan, 2008).

학교에서 보살핌은 중요한 문제이다. 부모라면 누구라도 자신의 자녀를 소중히 보살피는 교사를 원하고, 보살핌은 교장이 교사를 새로 채용할 때 요구하는 우선 조건 중 하나이다(Engel, 2013). 또한 보살핌을 실천하는 교사가 학생들의 동기와 학습에 강한 영향을 미친다는 증거들이 확인된다. "교사가 자신을 소중하게 여기는 것을 인식한 학생들은 보다 친사회적이며, 사회적 책임을 담은 목표, 학업적 노력, 내재적 통제에 대한 신념과 같은 긍정적인 동기가 나타난다"(Perry, Turner, & Meyer, 2006, p. 341). 학생들은 교사가 학습자로서뿐만 아니라 인간으로서도 자신을 보살펴 주길 원한다.

보살핌은 특히 남학생(Kimmel, 2018)과 갓 이민을 온 청소년(Suarez-Orozco, Pimentel, & Martin, 2009)에게 중요하다. 남학생들은 겉으로 보기에 강인하고, 회복을 잘 하며, 감정적으로 보이고 싶어 하지 않기 때문에, 이러한 주장을 의아하게 여길 수 있다. 그러나 연구에 따르면, 특히 남학생들은 자신들이 원하는 감정과 보살핌에 대한 요구가 높다(Chu & Gilligan, 2015).

보살핌이라는 개념은 종종 학습보다 감정과 자존감을 우선시하기에, '과도하게 감성적'이고 허술한 교육이라는 오해를 받을 수 있다. 그러나 실제로는 정반대이다. 보살핌의 기본은 학생들에게 적절한 행동을 요구하고 높은 학업 기준을 유지하도록 만드는 것이다. 보살핌을 실천하는 교사들은 때때로 '따뜻하게 요구하는 사람'이라고 묘사된다(Poole & Evertson, 2013). 더욱이 보살핌은 "학생이 높은 학업 수준에 스스로 책임지도록 함으로써 학교와 연결된다는 인식을 강화한다"(Biag, 2016, p. 36). 높은 학업 기준은 음주, 흡연, 대마 흡입과 같이 건강에 위험한 행동을 감소시킨다는 증거들도 확인된다(Hao & Cowan, 2017).

존중은 보살핌의 중요한 요소이다. 교사는 학생들에게 존중을 보여 주는 모델이며, 학생들이 교사를 존중하길 기대한다. 또한 학생들이 서로 존중하길 원한다. 존중과 행동의 적절한 기준은 서로 연관성을 가진다. '모두를 존중으로 대하라'는 규칙은 보편적으로 적용되어야 한다. 어쩌다 한 번의 무례함은 넘어갈 수 있지만, 교사나 다른 학생들에 대한 지속적인 무례함은 허용되어서는 안 된다. 보살핌을 강조하는 교실 환경에서는 절대 불가능한 일이다.

교사 기대: 유능감과 긍정적인 특성 키우기

학생의 동기를 높이는 모형([그림 11-1])을 보면, 교사가 높은 기대를 보여 주는 것은 교사의 중요한 자질이다. 교사의 높은 기대와 학생의 성취 간의 관련성은 연구를 통해 확인되고 있다. "학업에 대하여 강한 압박이 주어지면, 학생들은 평균적으로 학습 과제에 시간을 더 투자하고 노력을 보다 기울이며 더욱 높은 수행을 나타낸다"는 증거들이 제시되고 있다(Biag, 2016, p. 36).

APA의 20가지 주요 원칙

앞의 설명은 유치원-12학년(초 · 중등학교)까지 교수 및 학습을 위한 심리학의 20가지 주요 원칙 중, '교사의 학생에 대한 기대는 학생의 학습기회, 동기 및 학습 결과에 영향을 미친다'는 제11원칙을 보여 준다.

이 원칙의 효과는 크다. "초등학교 1학년 때 교사가 능력을 과소평가했던 고등학생들은 표준화 검사에서 유의하게 낮은 성적을 받았다. 반대로 어린 시절에 능력이 과대평가된 경우, 고등학생들은 기대보다 좋은 성취를 냈다(Sorhagen, 2013, p. 472). 초등학교 1학년 시기에 전달된 교사의 기대가 10년 후의 학생 성취에 영향을 미칠 만큼, 학생에 대한 교사의 신념은 매우 중요하다.

이러한 결과를 이해하는 데에 자기결정성이론은 도움이 된다. 이론에 따르면, 학생들이 교사의 기대를 만족시킬 때 타고난 심리적 욕구 세 가지 중 하나인 유능감에 대한 지각이 높아지고, 이로써 학습동기도 증가하게 된다.

교사의 기대는 교사와 학생의 상호작용 방식에 영향을 미친다. 교사들은 종종 고성취자로 인식하는 학생과 저성취자라고 여겨지는 학생들을 다르게 대하는 경향이 있다. 이러한 차별적 대우는 다음과 같은 네 가지 방식으로 나타난다(Good & Lavigne, 2018).

- 정서적 지원: 교사들은 고성취자로 인식된 학생들과 더 많이 상호작용한다. 즉, 상호작용 방식과 비언어적 행동이 보다 긍정적이고, 고성취 학생들의 자리를 보다 교실의 앞쪽에 배정한다.

- 노력: 교사들은 고성취자들과 함께할 때 보다 열정적이며, 더욱 철저하게 가르친다. 또한 학생들에게 보다 완전하고 정확한 응답을 요구한다.
- 질문: 교사들은 고성취자로 인식하는 학생들에게 더 자주 질문하며, 답변 시간도 더 허용한다. 이 학생들이 답변을 못하더라도 많은 도움과 단서를 제공한다.
- 피드백과 평가: 교사들은 고성취자로 인식하는 학생들에게 칭찬을 더 많이 하고 비판은 덜 한다. 또한 평가할 때 더욱 완성도 있는 피드백을 제공한다.

극단적으로 학생에 대한 교사의 기대는 **자기충족적 예언**(self-fulfilling prophecies)이 되어서 자신의 능력에 대한 신념이 개인의 수행 결과를 결정한다(Lòpez, 2017). 이러한 자기충족적 예언의 강한 영향력은 비즈니스 세계를 포함하여 광범위하게 연구되어 왔다(Russo, Islam, & Koyuncu, 2017).

그렇다면 교사의 기대가 어떻게 작용하는지 살펴보자. 긍정적인 기대를 보여 주어 학생들이 성공할 것이라는 인상을 전달하면, 실제로 학생들이 성공을 이루었을 때 유능감에 대한 인식 및 동기가 증가한다. 그리고 결과적으로 성취가 증가한다. 그 반대도 마찬가지이다. "과소평가된 학생들은 과대평가된 학생들보다 성공에 대한 기대와 자기개념이 낮고 시험불안을 많이 보인다(Zhou & Urhahne, 2013, p. 283). 낮은 기대를 보여 주면 학생들은 노력을 덜 하므로 성취 역시 낮아질 수 있다. 이러한 경험은 학생들이 자신의 능력을 인식하는 데에 영향을 미친다. 자신에 대한 교사의 기대가 낮다고 믿는 학생들은 성공의 원인을 운과 같은 외부 요소에 귀인하거나, 실패를 능력 부족과 같은 내부 요인으로 귀인하는 경향이 있다(Zhou & Urhahne, 2013). 이들 모두는 동기에 부정적인 영향을 미치므로, 학생들이 자신의 성공을 노력에 귀인하길 기대해야 한다. 교사의 높은 기대는 이러한 노력에 도움이 된다.

전 연령의 아동이 교사의 기대를 인식한다. 1990년대에 실시된 연구에서도 "매우 어린 학생들도 단지 교사와 10초간 마주하기만 하면 교사가 학생에 대해 우수하다고 이야기하는지, 미흡하다고 이야기하는지를 감지할 수 있다"는 결론을 내렸다(Babad, Bernieri, & Rosenthal, 1991, p. 230). 이후 연구에서는 "통상적으로 교사가 공정하고 객관적으로 학생을 대한다고 여기지만, 학생들은 종종 암묵적으로 또는 의도치 않게 전달되는 교사의 차별적인 대우를 민감하게 지각하고 이것이 학생들의 자기개념에 영향을 미친다"고 보았다(Zhou & Urhahne, 2013, p. 276).

교사의 학생에 대한 기대는 종종 교사의 의식적인 통제에서 벗어난다. 예를 들어, 고성취자들이 답변을 잘할 가능성이 높기 때문에 교사들은 학습 활동 중에 별다른 생각 없이 이 학생들에게 질문을 던지는 패턴에 빠지곤 한다. 그런데 질문에 제대로 답을 못하면 놀라면서 힌트를 주고 답을 유도한다. 반대로, 저성취자가 질문에 답을 못하면 당황하지 않고 별도의 조치 없이 "여기 도와줄 사람?"이라면서 다른 학생에게 질문을 넘기는 경향이 있다.

이처럼 학생들은 교사의 다른 모습을 인식하는데, 이것이 학생들의 유능감 인식에 부정적으로 작용한다. 결과적으로 학생들의 동기와 성취에도 영향을 미친다.

이 장에서는 먼저 학생에 대한 기대가 동기와 학습에 미치는 영향을 살펴보았다. 그리고 교사의 기대가 종종 의식하지 못하는 수준에서 발생함을 확인했다. 이를 참고하면 교사는 가능한 모든 학생에게 같은 방식으로 질문을 함으로써 학생에 대한 높은 기대를 적절하게 유지할 수 있다.

이러한 논의는 이 장을 시작하면서 '교육심리학과 당신'에서 다룬 첫 번째 질문인 "당신의 최고 선생님은 어떤 분이었나요?"에 대한 답을 찾는 데에 도움이 될 것이다. 아마도 그 선생님은 당신을 개인으로, 그리고 학생으로서 보살폈을 것이고, 당신의 학습 능력에 대한 믿음을 전달했을 것이며, 열정적으로 당신의 모든 면에 높은 기대를 가지고 있었을 것이다. 이러한 특징들이 교사가 학생들에게 보여 주길 기대하는 자질이다.

교육심리학을 교수에 활용하기: 학생들의 학습동기를 높이는 교사의 자질 보여 주기

학습동기를 촉진하는 개인의 자질은 여러 방식으로 적용될 수 있다. 다음의 제안 사항들은 교사의 자질을 학생들에게 보여 주는 노력에 도움이 될 수 있다.

- 교수효능감을 높게 유지하기
- 모든 학생에게 적절하게 높은 수준으로 기대를 가지기
- 가르치는 주제에 대한 책임감, 노력, 흥미를 보여 주는 모델 되기
- 학생들의 학습에 보살핌과 헌신을 보여 주기

램프킨 선생님이 학생들과 수행한 작업들을 통해, 앞 제안의 실제를 확인해 보자.

"와, 정말 일찍 오셨네요."

어느 이른 아침, 동료 교사인 클라라 어틀리(Karla Utley) 선생님이 램프킨 선생님에게 인사를 건네자, 램프킨 선생님이 답한다.

"아이들이 곧 올 거예요. 어제 글쓰기 수업을 하고, 학생 몇 명이 서로의 문단에 대한 평가를 했어요. (램프킨 선생님의 글쓰기 수업은 이 장의 마지막에서 사례 연구로 다룰 것이다.) 투와 살레이나와 같은 몇몇 아이들은 정말 잘했어요.…… 그런데 몇 명은 뒤처지네요. 그래서 저스틴(Justin), 파이시(Picey), 로사(Rosa)가 오늘 아침 수업 전에 와서 함께 공부할 거예요. 이 친구들이 지금은 최고의 학생들이 아니지만, 제가 지금보다 더 많은 것들을 이 아이들에게서 끌어낼 수 있으리라 생각해요. 모두 좋은 아이들인데, 그저 조금 늦을 뿐이거든요."

수업 시작 30분 전에 램프킨 선생님이 책상에서 준비를 하는 동안, 학생 세 명이 문을 열고 들어온다. 선생님은 미소를 지으며 이야기한다. "우리는 글쓰기를 좀 더 연습해 볼 거예요. 모두가 좋은 작가가 될 수 있다고 생각해요. 나도 마찬가지로 계속 연습했었고, 이제 내 노력이 결실을 보고 있거든요. 우리의 실력이 좋아질수록 글쓰기도 재미있어질 거예요. 나도 이전보다 더 재미있더라고요. 학생들도 그럴 거라고 생각해요. 자, 우리 각자가 쓴 문단을 다시 살펴볼까요?"

조시(Josh)라는 한 소년이 있었습니다. 그는 지붕이 무너지고 창문이 깨진 집에서 지냅니다. 벽에는 구멍이 뚫려 있고 비가 천장에서 샜습니다. 그러나 다시 말하면 그 집 주변에는 항상 비가 오고 번개가 쳤습니다. 그는 너무 이상했기 때문에 아무도 그의 집에 가지 않았습니다. 사람들은 그를 뱀파이어라고 말합니다.

램프킨 선생님은 저스틴이 쓴 문단을 모니터로 보여 주면서 묻는다. "좀 더 개선하기 위해 우리가 제안했던 것은 뭐였지?" (저스틴의 문단이 처음 평가를 받은 수업은 이 장 마지막의 '자격시험 준비하기'에 제시된 사례 연구에 해당하므로, 다시 확인하게 될 것이다.)

"저스틴은 소년이나 집 중 하나에 집중해야 해요." 로사가 이야기한다.

램프킨 선생님은 고개를 끄덕이며 "좋아요. 주제에 집중하는 것이 중요해요."라고 말한다.

교사와 학생들은 함께 각자의 원래 문단을 살펴보면서 구체적인 개선 방안을 제안한다.

이후 램프킨 선생님은 "좋아요. 이제 각자의 제안을 바탕으로 문단을 다시 써 보세요. 마치면 다시 살펴보도록 하죠."라고 말한다. 학생들은 문단을 다시 쓰고, 결과물에 대해 또 이야기를 나눈다.

램프킨 선생님은 학생들이 작업을 마친 후 이야기를 한다. "많이 개선되었네요. 계속 노력하면 결국 이룰 거예요. 내일 아침에 또 만나요."

그럼, 램프킨 선생님의 사례를 위의 제안에 적용해 보자.

교수효능감을 높게 유지하기 확인한 것처럼, 높은 교수효능감을 가진 교사들은 학생들의 개인적인 학습 상황과 상관없이 학습을 촉진할 수 있다고 믿는다. 램프킨 선생님이 "제가 지금보다 더 많은 것들을 이 아이들에게서 끌어낼 수 있으리라 생각해요. 모두 좋은 아이들인데, 그저 조금 늦을 뿐이거든요."라고 한 말은 그녀의 신념을 보여 준다. 동시에 그녀의 노력을 통해 이 신념이 드러났다. 이 부분에 첫 번째 제안이 적용된 것이다.

교수효능감을 높게 유지하는 것은 하나의 도전일 수 있다. 우리는 교사로서 수업에 관심이 없어 보이고, 숙제를 하지 않으며, 교사가 최선을 다해 수업을 하더라도 주의를 기울이지 않는 학생들과 수업을 하게 될 것이다. 이러한 상황이 주는 좌절감은 충분히 그려진다. 그러나 학생의 차이를 만들 수 있다고 믿고 이를 유지한다면, 변화가 가능할 것이다. 어떤 학생들은 다른 학생들보다 분명 더 성공적인 결과를 얻을 것이다. 그러함에도 불구하고 모든 학생들에게 최선을 다한다면, 교사는 기대한 역할을 다하는 것이다.

모든 학생에게 적절하게 높은 수준으로 기대 가지기 교사는 저스틴, 파이시, 로사에게 글쓰기 연습을 하러 30분 일찍 등교하라고 권하며 "모두가 좋은 작가가 될 수 있다고 생각해요."라고 이야기함으로써 학생들에 대한 긍정적인 기대를 보여 주었다.

때때로 학생들은 별도의 도움을 받으러 교사를 찾아가길 거부할 수 있다. 반면, 이 상황에서는 교사가 할 수 있는 최선을 다한 것이다. 전문가로서 기대되는 모든 노력을 다했다는 확신이 든다면 안심해도 좋겠다.

가르치는 주제에 대한 책임감, 노력, 흥미를 보여 주는 모델 되기 저스틴, 파이시, 로사와 수업을 하면서 램프킨 선생님은 "나도 마찬가지로, 계속 연습했었고, 이제 내 노력이 결실을 보고 있거든요. 우리 실력이 좋아질수록 글쓰기도 재미있어질 거예요. 나도 이전보다 더 재미있더라고요."라고 이야기했다. 이러한 말은 글쓰기에 대한 책임감, 노력, 흥미를 보여 주는 모델이 된 것이다. 모든 학생에게 항상 적용되는 것은 아니지만, 많은 학생에게 영향을 미칠 것이다. 더욱이 이러한 특성들을 모델로서 보여 주는 것은 교사의 추가적인 노력을 거의 필요로 하지 않으므로 손해 볼 일이 없다.

학생들의 학습에 보살핌과 헌신을 보여 주기   마지막으로, 아마도 가장 중요한 부분은 램프킨 선생님이 추가적인 지원이 필요한 학생들을 돕기 위해 30분 먼저 학교에 도착하고 개인 시간을 할애하여 보살핌과 헌신을 보여 준 것이다. 그녀는 공부 시간을 즐겁게 유지했고, 학습동기에 필수적인 학생을 향한 존중을 표현했다.

또한 우리는 다른 방식으로 학생들에게 관심을 보여 줄 수 있다. 다음의 예시를 살펴보자(Aaron, Auger, & Pepperell, 2013).

- 학생들의 이름을 빠르게 파악하고 이름을 불러주거나, 원한다면 별명을 부르기
- 학생 개인을 이해하기 위해 가족, 친구, 활동과 관련된 것들을 묻거나 의견 나누기
- 눈맞춤, 미소, 편안한 보디랭귀지를 보여 주거나, 이야기할 때 가까이 다가가기
- 수업 활동이나 과제에 대해 이야기할 때, '너'보다는 '우리'라는 표현 사용하기
- 학생들과 시간 보내기

특히, 마지막 항목을 강조하고 싶다. 우리 모두에게는 하루에 정확히 24시간이 주어지는데, 이 시간을 할당하는 방식을 보면 각자의 우선순위를 명확하게 판단할 수 있다. 램프킨 선생님처럼 학생 개인이나 소집단을 위해 시간을 할애하는 것은 다른 무엇보다도 보살핌을 실천하고 있다는 메시지를 전달하는 수단이 된다. 과제에 어려움을 겪는 학생을 돕거나 방과 후에 학부모에게 연락을 하는 것도 교사가 학생을 학습자로서 신경 쓰고 있음을 전달하는 것이다. 바뀐 머리 스타일에 칭찬을 하거나 동생에 대한 질문을 하면서 개인 시간을 할애하는 것도 학생들을 한 사람으로 여기며 관심을 가진다는 의미가 된다.

개인의 다른 자질과 마찬가지로, 보살핌이 모든 학생의 동기 증진에 도움이 되지는 않을 것이다. 그러나 학생에 대한 관심은 교사가 학생을 온전한 인간으로 존중하고 최고가 되길 바란다는 강력한 신호가 된다. 교사는 자신의 영향을 받은 학생들의 삶에 가치 있는 기여를 하게 될 것이다.

교실과의 연계

학생의 동기를 촉진하기 위한 모델에서 개인적 특성 보여 주기

보살핌

1. 보살핌을 실천하는 교사는 교실에서 소속감과 관계성을 촉진하며, 학생들이 한 사람의 인간이자 학습자로서 발전하는 데에 기여한다. 학생들을 존중하고 학생들에게 개인 시간을 할애하면서 보살핌을 드러내 보자.
- **초등학교**: 2학년 교사는 매일 아침 교실 문 앞에서 학생들의 이름을 부르며 개별적으로 인사를 건넨다. 또한 되도록 자주 학생들과 개인적인 주제로 이야기를 나누려고 노력한다.
- **중학교**: 지리 교사는 학생이 학습이나 개인적 측면에 문제가 있는 것을 발견하면 즉시 학부모에게 연락한다. 교사는 문제해결을 위해 학부모의 도움을 청하고, 동시에 도움을 제공하기도 한다. 또한 학부모에게 전화를 걸어서 성적 향상이나 바람직한 행동 변화와 같이 눈여겨볼 만한 '긍정적인' 변화를 알린다.
- **고등학교**: 대수 II 담당 교사는 방과 후에 매주 세 번 도움 프로그램을 운영한다. 학생들은 숙제나 학교에 대한 고민을 의논하러 이 프로그램에 참여할 수 있다.

모델링과 열정

2. 교사는 수업에 대한 자신의 흥미를 보여 주는 모델이 되어 열정을 드러낸다. 가르쳐야 할 주제에 대한 흥미를 전달해 보자.

- **초등학교**: 4학년 교사는 학생들이 개별적으로 독서하는 시간에 자신이 관심이 있는 책에 대해 코멘트를 하거나 자신도 책을 읽는다.
- **중학교**: 생명과학 교사는 지역신문에서 과학 관련 기사를 가지고 와서 학생들에게 똑같이 해 보도록 한다. 또한 기사에 대하여 수업 중 토론을 진행하고, 학생들이 읽을 수 있도록 기사를 게시판에 붙여 둔다.
- **고등학교**: 세계사 교사는 수업 주제와 현실의 관련성 및 영향에 대해서 자주 설명한다.

긍정적 기대

3. 교사의 기대는 동기와 학습에 강력한 영향을 미친다. 모든 학생에게 적절하게 높은 수준의 기대를 가지고 이를 유지하자.

- **초등학교**: 3학년 교사는 모든 학생이 가급적 균등하게 학습 활동에 참여하도록 한다. 그리고 학생이 대답을 어려워하면 조언과 힌트를 제공한다.
- **중학교**: 수학 교사는 학생들이 어려움을 호소할 때, 문제를 해결하는 것이 각자의 삶에 얼마나 중요한지 떠올리게 한다. 매일 최소 두 번은 수학을 서술문으로 풀면서 제시되는 어려운 문제에 도전하는 활동을 진행한다.
- **고등학교**: 학생들이 산만하게 작성한 글을 제출하면, 역사 교사는 화면에 제대로 작성된 예시를 보여 주고 이에 대해 토론을 하면서 수정해 나가도록 이끈다.

학습 분위기: 동기를 촉진하는 학습 환경 조성하기

11.3 학생의 학습동기를 높이는 학습 환경의 속성을 정의할 수 있다.

학생들은 교실이 학습하기에 안전하고 긍정적인 공간인지 빠르게 파악하고, 교사와 학생은 **긍정적인 학습 분위기**(positive learning climate)에서 서로가 성취를 이루는 하나의 공동체로서 협력한다(Boersma, Dam, Wardekker, & Volman, 2016). 이러한 교실은 학생들이 성공과 도전의 경험 속에서 학습내용을 이해할 수 있다는 믿음을 형성하고, 이를 바탕으로 안전하다는 느낌을 가질 때 조성된다([그림 11-3] 참고).

이제부터 이러한 학습 환경의 구성 요소를 살펴보도록 하자.

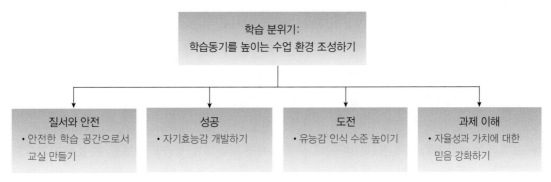

[그림 11-3] 학습동기를 높이는 학습 분위기 특성

질서와 안전: 안전한 학습 공간으로서 교실 만들기

교실 분위기를 결정하는 중요한 요인 중에서 '**질서와 안전**(order and safety)'은 예측이 가능한 학습 환경을 조성함으로써 신체적·정서적 안정감을 제고한다. 안전하고 질서를 갖춘 교실의 중요성은 오랜 연구를 통해 검증되었고(Korpershoek, Harms, de Boer, van Kuijk, & Doolaard, 2016) 이후 연구에서는 안전한 환경이 특히 문화적 소수자들에게 중요하다고 주장하고 있다(Cooper, 2013). 이러한 환경을 조성하는 교사의 능력이 학교장에게는 최우선 관심사이므로, 새로운 교사를 채용할 때 먼저 요구하는 조건 중 하나이기도 하다(Engel, 2013).

질서와 안전이 동기 증진에 중요한 이유를 이해하는 데에는 다음의 네 가지 이론적 관점이 도움이 된다.

- 피아제의 평형화 개념: 피아제 인지발달이론의 기본 개념인 평형화(equilibrium)에 따르면, 학생들이 어떤 경험을 이해하려는 요구를 충족하는 데에 안전하고 질서를 갖추어 예측이 가능한 교실이 도움이 된다(Piaget, 1977).
- 매슬로의 욕구위계이론: 매슬로의 욕구위계이론(1970)에서 안전은 생존 다음으로 반드시 해소되어야 하는 결핍 욕구이다.
- 자기결정성이론: 자기결정성이론에 따르면, 안전한 환경에서 학습자는 보다 자율성을 느낀다(Deci & Ryan, 2008).
- 인간의 기억: 안전한 환경에서 학습자들은 제한된 작업기억 공간을 학습에 집중하는 데에 더 잘 사용할 수 있다. 혼란스러운 환경에서는 학생들이 위협, 비판, 비웃음에서 벗어나는 방법을 찾느라 이 귀한 사고능력의 일부를 소비한다(Schunk et al., 2014).

이처럼 긍정적인 교사-학생 관계를 형성하고 상호 존중하는 모형을 구축하여 적용하는 방식으로, 교실에서 예측할 수 있는 패턴을 수립하고 적절한 행동 규칙 및 기준을 일관되게 시행할 수 있다. 결과적으로 질서와 안전의 방향성을 설정할 수 있다(Jones, Jones, & Vermete, 2013).

성공: 자기효능감 개발하기

특정 과제를 성취할 능력이 있다고 믿는 자기효능감은 가장 강력한 동기 요인 중 하나이다. 이러한 신념에 영향을 미치는 가장 핵심적인 요인은 성공이다. 안전하고 질서를 갖춘 학습 환경을 구축했다면 학생들이 성공하도록 돕는 것이 교사의 가장 중요한 목표가 된다. 이러한 사실은 초등학교부터 대학까지 모든 학습자에게 해당된다(Fong et al., 2017; Scogin, 2016). 자기효능감을 가지려면, 학생들은 자신의 학습에 진전이 있다고 믿어야 한다. 동료들보다 퀴즈 점수가 높은 것은 이러한 신념을 일시적으로 높일 수 있지만, 이런 성공은 일시적으로만 유효할 뿐이다. 학생들의 노력과 상관없이 항상 다른 친구들보다 높은 점수를 받을 수는 없기 때문이다. 그러나 개인의 학습에서 진전을 확인하는 것은 가장 확실하게 성공을 경험할 수 있는 기회이므로 자기효능감을 가지도록 만들 수 있다.

이러한 과정에서 학생들이 실패에 대한 일종의 내성을 가지는 것은 중요하다. 우리 모두는 주기적으로 실패를 경험한다. 따라서 학생들에게 실패는 피할 수 없고 오히려 가치가 있는 것임을 이해하도록 도와야 한다. 실수나 실패는 학습에서 정상적인 부분이며, 이를 이해하고 인내하는 학생들이 장기적으로 성공하는 학습자가 된다(Zhou & Urhahne, 2013).

도전: 유능감 인식 수준 높이기

교육심리학과 당신
어려운 문제를 해결하거나, 컴퓨터 어플리케이션을 작동시키거나, 복잡한 사건을 해결할 때 어떤 느낌인지 생각해 보자. 왜 우리는 이런 감정을 느낄까?

자기결정성이론에 의하면, 유능감을 키우는 것은 우리 모두가 가진 타고난 욕구이며, 자신의 유능감이 증가하는 것을 확인함으로써 기본적인 동기 부여가 이루어진다(Deci & Ryan, 2008). "동기가 없어 보이는 학생조차도 다른 사람들에게 유능하고 능력 있는 사람으로 보이길 원한다"(De Castella, Byrne, & Covington, 2013, p. 861).

앞의 내용은 '교육심리학과 당신'의 질문에 대한 답을 찾는 데에 도움이 된다. 어려운 문제를 풀고, 컴퓨터 어플리케이션이나 복잡한 사건을 해결하는 것은 유능감에 대한 인식을 높여 준다. "도전적인 목표를 달성하면 학습자들은 자신이 보다 유능해졌음을 알게 된다. 이로써 자기효능감이 증가하고, 결과에 대한 통제 수준을 높게 인식하는 것이다. 따라서 학습자들은 새롭게 도전적인 목표를 설정할 가능성이 높아지며, 내재적 동기를 유지하는 데에도 도움이 된다"(Schunk et al., 2014, p. 268). 뇌과학 연구는 도전에 성공적으로 대처할 때 뇌의 쾌감을 자극하는 도파민 보상이 발생할 수 있다고 소개한다(Zink, Pagnoni, Martin-Skurski, Chappelow, & Berns, 2004). 즉, 도전적인 과제를 시도하고 성공하는 것이 개인적 보상이 되는 셈이다.

이로써 우리는 왜 성공만으로 동기 부여가 되지 않는지를 이해할 수 있다. 우리는 모두 사실과 규칙을 적은 목록을 성공적으로 암기하거나 반복적인 문제를 잘 해결할 수 있지만, 이러한 성공은 유능감 인식 향상에 별다른 도움이 되지 않으며 만족감도 주지 않는다. 스스로 도전적이라고 인식한 활동에서 성공을 경험해야 한다(Hung, Sun, & Yu, 2015). 더욱이 도전적인 과제를 성공할 때 학생들은 이 공부가 미래의 목표를 달성하는 데에 유용하다는 믿음이 강해진다(Akers, 2017).

학생들에게 공부하는 주제들의 관계를 정의하고 그 시사점을 확인하도록 요구함으로써, 동기를 높이는 요소들의 특징을 파악할 수 있다(Brophy, 2010). 예를 들어, 램프킨 선생님은 학생들에게 절지동물이 외골격, 세부분의 몸통, 분절된 다리를 가지고 있다고 바로 설명하지 않았다. 대신 스스로 이러한 특성들을 파악하도록 유도했다. 그런 다음 바퀴벌레, 조개, 교장선생님이 절지동물인지 관찰하고 직접 판단하도록 했다. 이러한 방식으로 선생님은 처음에 조개와 교장선생님이 절지동물이라고 결론을 내려 버린 학생들에게 도전의 기회를 제시한 것이다.

이러한 방식이 동물의 특성을 암기하는 것보다 풍부한 경험을 제공하고 동기를 자극하는 접근임을 알 수 있을 것이다. 도전적인 과제를 받으면 처음에 학생들은 불평할 수 있지만, 성공할 때의 성취감은 훨씬 크다. 또한 학생들의 유능감 인식과 학습동기 증진을 이끈다(Hung et al., 2015).

과제 이해: 자율성과 가치에 대한 믿음 강화하기

학생들이 무엇을 학습해야 하고 왜 학습이 중요한지 이해하는 것 또한 학습동기를 높인다. 램프킨 선생님의 절지동물 수업 다음 날의 상황을 살펴보자.

램프킨 선생님이 이야기를 시작한다.

"자, 잠시 복습해 봅시다. 어제 확인한 절지동물의 특징은 무엇이었죠?"

"외골격이요." 살레리나가 대답한다. "세 부분으로 나눠진 몸통이요." 투가 덧붙인다. "관절 다리요." 케빈도 한 마디 더한다.

"좋아요. 그럼 절지동물의 예를 몇 가지 생각해 볼까요?"

학생들은 게, 바닷가재, 바퀴벌레, 딱정벌레, 거미 등을 예로 들었고, 램프킨 선생님은 이어서 "이런 동물들을 연구하는 것이 중요한 이유가 뭘까요?"라고 묻는다.

스테파니는 잠시 주저하다가 "우리가 새우 같은 것들을 먹으니까요."라고 말한다. 램프킨 선생님은 웃으면서 "실제로 절지동물은 중요한 식재료이지요. 곤충은 고기만큼 영양가가 높고, 많은 문화에서 조리하거나 생으로 먹고 있다는 사실을 알고 있나요?"라고 이야기한다.

학생들이 "우웩", "역겨워요", "헉"과 같은 반응을 보이자 램프킨 선생님은 설명을 이어 간다. "동물의 80% 이상이 절지동물이고, 백만 종 이상이 존재해요……. 생각해 보세요. 지구상의 동물 10마리 중 8마리 이상이 절지동물이라는 거에요… 그리고 식물의 수분이 이루어지기 위해 절지동물이 꼭 필요해요. 절지동물이 없으면 음식을 충분히 확보할 수 없을 거예요. 우리는 규모가 방대하고 중요한 역할을 하는 이웃에 대해 이해해야 해요."

앞의 상황은 램프킨 선생님이 **과제 이해**(task comprehension), 즉 학습자가 무엇을 배워야 하는지, 그리고 이것의 중요성이나 가치가 무엇인지 인식하는 것을 강조하고 있음을 보여 준다.

만일 학생들에게 과제를 이해함으로써 얻을 수 있는 의미와 가치에 대한 믿음이 없다면, 도전적인 과제는 동기를 높이는 데에 효과가 없을 것이다(Akers, 2017). 예를 들어, 램프킨 선생님은 단순히 "다음 시험에 나올 거니까 절지동물의 특성과 예시를 알아야 해요."라고 말할 수도 있었다. 교실에서 이러한 발언은 흔히 볼 수 있다. 그러나 그녀는 절지동물을 공부하는 이유가 일상의 삶에 큰 영향을 미치기 때문이라고 설명했다. 학습하는 내용이 실제 적용할 수 있다는 것을 확인할 때, 학습자의 과제 이해는 높아진다.

기대 × 가치이론(expectancy × value theory)으로 과제 이해의 중요성을 설명할 수 있다. 우리가 어떤 주제를 공부하는 이유를 알면, 명백한 이유를 모르고 공부하는 것보다 가치를 느낄 수 있다.

과제 이해를 높일 수 있는 여러 방법이 있다. 예를 들면, 램프킨 선생님은 절지동물이 인간의 식량 공급에 어떤 이바지를 하는지 강조했다. 삼각법과 미적분을 익히기 위해 대수를 공부하는 것처럼, 심화 학습을 위한 선행 학습이 필요한 것이 또 하나의 사례가 될 수 있다. 학습한 주제들은 어떤 일을 하거나 진로를 준비하는 데에 도움이 될 수 있다(도구적 가치). 이 책으로 교육심리학을 공부하면 더 나은 교사가 될 수 있다고 믿는 것과 같다.

어떤 주제에 대해서는 본질적으로 흥미로워서 공부한다. 이러한 이유들은 모두 가치 있으므로 교사로서 학생들과 공유하는 것이 중요하다. 이것이 바로 과제 이해의 본질이다.

교사의 자질과 마찬가지로, 교실 분위기의 요소들도 서로 영향을 주고받는다. 예를 들면, 학생들이 비판이나 놀림에 대한 두려움 없이 자기 생각을 공유할 만큼 안전감을 느낀다면, 도전이 동기에 미치는 효과는 증가할 것이다. 같은 맥락으로, 학생들이 어떤 주제를 공부하는 이유를 안다면 그 이유를 모를 때 보다 성공 경험이 더 즐거울 것이다.

교육심리학을 교수에 활용하기: 분위기 요인을 이해하여 교실에 적용하기

학습동기를 높이는 교실 분위기를 조성하는 것은 교수–학습의 모든 측면이 그렇듯 어려운 과업이다. 특히, 저성취 이력을 가진 학습자들에게는 더욱 그렇다. 다음은 이러한 어려움에 대처하는 데 도움이 되는 제안들이다.

- 안전하고 질서가 있는 교실 환경 조성하기
- 도전을 활용하기
- 학생의 성공을 이끄는 교수 전략 사용하기
- 특정 주제의 학습 '이유'를 이해하도록 돕기

안전하고 질서가 있는 교실 환경 조성하기　안전하고 질서가 있는 학습 환경의 조성은 학급 관리의 문제로서 신임 교사의 주요 관심사 중 하나이다(Emmer & Evertson, 2017; Evertson & Emmer, 2017). 교사 양성 교육과정은 이와 관련된 내용을 집중적으로 다루는 프로그램을 운영하며, 여러 교직 과목 중 하나 이상은 학급 관리에 중점을 두고 구성된다. (예비 교사가 수강하는 교육심리학과 같은 과목은 학급 관리를 하나의 주제로 다루며, 이 책의 제12장에서도 학급 관리를 특별히 소개하고 있다.) 관련 주제를 학습할 때, 안전하고 질서가 있는 교실과 학생의 동기 사이에 밀접한 관계가 존재한다는 사실을 기억하자.

학생의 성공을 이끄는 교수 전략 사용하기　학생의 성공을 촉진하는 것은 확실히 교사에게 요구되는 어려운 과제 중 하나이다. 만약 쉬웠다면, 주요 매체에서 학교 중퇴율에 대해 한탄하거나 교사들이 학습과 미래에 대해 학생의 관심이 없다고 불평하는 등 학습동기와 관련된 여러 문제를 목격되지 않았을 것이다.

단, 교사는 학생의 성공 가능성을 높이는 교수전략을 사용할 수 있다. 가장 중요한 두 가지 전략은 ① 개방형 질문 사용하기, ② 양질의 예시 사용하기이다.

개방형 질문(Open-ended questions)이란, 다양한 답변이 허용되는 질문이다. 예를 들어, 램프킨 선생님의 수업에서 스테파니가 바닷가재를 가지고 교실을 돌아다니며 한 이야기를 다시 떠올려 보자.

램프킨 선생님: 무엇을 보았는지 이야기해 보라고 할 테니, 잘 보세요……. 좋아요, 무엇을 봤어요?

투: 딱딱해요.

살레리나: 분홍색과 녹색이네요.

케빈: 축축해요.

램프킨 선생님은 "무엇을 봤어요?"라는 간단하고 직접적인 질문을 했다. 여기에 투, 살레리나, 케빈은 각각 다른 대답을 했다. 이처럼 "무엇을 관찰했나요?", "무엇이 보여요?"와 같은 질문들은 학생들이 성공을 경험하도록 돕는 데에 매우 효과적인데, 특히 답변을 어렵게 느끼는 학생들에게 도움이 된다. 학생들의 거의 모든 대답이 수용될 수 있기 때문이다.

개방형 질문 사용하기는 익숙해지기까지 시간이 다소 소요될 수 있다. 학생들은 특정한 답을 요구하는 질문을 주로 받기 때문에 처음에는 대답하길 주저할 수 있다. 개방형 질문에 학생들이 "선생님이 원하는 답을 모르겠어요."라고 말하는 경우가 있다면, "네가 생각한 거라면 뭐든지 좋다"라고 알려 주면 된다.

우리는 경험을 통해 개방형 질문의 효과를 익히 알고 있다. 예를 들어, 어떤 교사는 5학년 교실에서 처음에 대답을 주저하는 학생들이 몇 분 안에 자발적으로 손을 들고 대답하도록 만드는 경험을 할 수 있다. 개방형 질문이 성공의 만병통치약은 아니지만, 수업에서 대답하고 참여하는 즐거움을 거의 경험하지 못한 학생들에게는 효과적인 전략이 될 수 있는 것이다. 학생들의 자신감이 증가함에 따라 교사는 점진적으로 질문의 인지적 수준을 높임으로써 결과적으로 학습에 효과를 얻을 수 있다.

양질의 예시(high-quality examples)란 학생들이 어떤 주제를 이해하는 데에 필요한 모든 정보가 포함된 예시이다. 램프킨 선생님의 수업에서 바닷가재는 양질의 예시였다. 그녀는 학생들이 절지동물은 외골격, 세 부분의 몸통, 분절된 다리를 가지고 있다는 사실을 이해하길 기대했다. 바닷가재라는 예시로 이러한 특성들을 놓치지 않고 모두 확인할 수 있었으므로, 학습의 성공을 보장할 수 있었다.

전국교사자질위원회(NCTQ)

전국교사자질위원회(NCTQ)는 양질의 예시가 모든 신임 교사가 알아야 할 6가지 필수 교수 전략 중 하나인 "2. 추상적인 개념을 구체적인 표현과 연결하기: 교사는 일반적인 아이디어를 명확히 하는 구체적인 예시를 제시하고 해당 예시와 포괄적인 아이디어가 어떻게 연결되는지 설명해야 한다"(Pomerance, Greenberg, & Walsh, 2016, p. vi)에 해당한다고 제안한다.

양질의 예시와 결합한 개방형 질문은 학생들이 처음 답변하기 어려울 때에도 도움이 된다. 교사의 대화를 다시 살펴보자.

램프킨 선생님: (바닷가재를 들어 보이며) 바닷가재의 다리와 관련해서 무엇이 보이나요?…… 데이미언(Damien)?

데이미언: 다리가 길어요.

램프킨 선생님: (다리를 흔들며) 다리가 하나로 되어 있나요, 아니면 여러 부분으로 나뉘어 있나요?

데이미언: 여러 부분으로 나뉘어 있어요.

램프킨 선생님: 좋아요. 이렇게 다리가 나누어져 있을 것을 '세분화되었다'라고 말해요.

데이미언은 성공적으로 대답할 수 있었고, 램프킨 선생님은 "좋아요"라고 응답했다. 이는 사실 작은 성공이지만 데이미언에게 이러한 경험이 충분히 쌓이면 동기가 점차 증가할 것이다.

수학 및 언어와 같이 다른 영역에서 학생들이 문제해결이나 문법·철자법을 익혀야 한다면, 학생들의 성공을 기대하기에 앞서 연습을 통한 스캐폴딩을 제공하는 것이 도움이 된다.

여기서 '연습을 통한 스캐폴딩'의 예시는 다음과 같다. 비율의 증가나 감소를 가르치는 상황에서 다음의 문제를 학생들에게 제시했다고 가정해 보자.

상점에서 70달러인 멋진 셔츠를 보았는데, 이제 50달러로 할인되었습니다. 몇 퍼센트 감소했는지 어떻게 계산할까요?

교사는 학생들이 문제해결을 하도록 하고 그동안 학생들을 모니터링한다. 활동이 완료되면 해결책에 대해 토론하고, 이어서 학생들에게 다른 문제를 제시한다. 학생 대부분이 이 과정을 이해할 때까지 반복한다. 다음으로 학생들에게 숙제를 준다. 대부분의 학생이 숙제를 하는 동안, 추가 도움이 필요한 학생들은 소규모 집단에서 지원한다. (대여섯 명 이상에게 추가 지원이 필요하다면, 전체 수업이 불충분했을 가능성이 있다. 즉, 교사는 학생 전체를 대상으로 해당 주제를 다시 가르쳐야 한다.) 이러한 스캐폴딩은 교사가 학생들의 성공을 극대화하는 가장 효과적인 전략 중 하나이다.

성공 촉진은 학습동기를 높이는 모형의 요소 간에 일어날 수 있는 시너지 효과도 보여 준다는 점에서 중요하다. 예를 들어, 개방형 질문과 연습을 통한 스캐폴딩은 안전하고 질서 있는 교실 환경에서만 효과적이다. 학생들은 다른 사람들이 자신을 비웃을 것이라는 두려움을 느낀다면 대답하지 않을 것이다. 또한 학생들이 숙제를 하는 대신 장난을 치면, 도움이 필요한 학생들에게 적절한 지원이 불가능해질 것이다. 마찬가지로, 학생들은 교사가 자신의 학습에 진심으로 전념하고 한 사람으로서 존중한다는 믿음이 있을 때 더 큰 노력을 기울일 것이다. 이러한 방식으로 모형을 구성하는 요인들 간의 상호 의존성을 다시 한번 확인할 수 있다.

도전을 활용하기 앞에서 언급한 바와 같이, 성공 경험만으로 학생들의 학습동기를 높일 수는 없다. 학생들은 자신에게 의미와 가치가 있는 과제에서 성공해 나가고 있다고 믿어야 한다.

먼저, 도전에 해당하지 않는 것들을 점검해 보자. 교사라면 누구나 학생들에게 도전의 기회를 제공한다고 믿고 싶지만, 어떻게 제공하는지는 모를 수 있다. 이에 잘못된 시도로 학생들의 부담만 증가시킬 수 있다. 예를 들어, 도전이라는 명목으로 10문제 대신 15문제를 숙제로 주거나, 읽기 과제를 20쪽 대신 40쪽을 준다. 이러한 시도의 결과는 애초의 의도와 반대로 나타난다. 학생들이 연습을 의미 없이 바쁘기만 한 과업이라 여기거나 처벌의 한 방식이라고 해석하여 동기를 높이기는커녕 감소시킬 수 있는 것이다(Geraci, Palmerini, Cirillo, & McDougald, 2017).

과업의 양을 추가하는 대신, 학생들이 주제를 보다 심층적으로 학습하고, 아이디어들을 서로 연계하여 문제해결 방법을 발견하도록 요구해야 한다. 본질적으로 도전은 학생들에게 '생각하기'를 요구하는 것이다.

이것은 어렵지 않다. 점점 익숙해질 것이다. 예를 들어, 램프킨 선생님이 학생들에게 조개나 교장선생님이 절지동물인지 질문한 것은 간단하게 도전을 적용한 것이었다. 학생 중 일부는 그렇다고 생각했다. 즉, 조개의 딱딱한 껍데기에 집중하거나, 교장선생님의 관절 있는 다리에 초점을 맞춰서 절지동물이라고 결론을 지었다. 이런 방식의 도전은 추가적인 효과를 가진다. 램프킨 선생님의 학생들은 절지동물에 대해 더 심층적으로 이해했으며, 하나의 개념은 조개의 딱딱한 껍데기처럼 단 하나의 특성뿐만 아니라 본질적인 특성 전체를 포함해야 한다는 사실을 학습했다.

학생들에게 추측한 내용을 설명하거나 제시하도록 요구하는 방식의 심층적인 질문은 훌륭한 도전의 기회가 된다. 다시 비율의 증가 및 감소를 가르치는 상황으로 돌아가서, 다음과 같은 문제를 제시한다고 가정해 보자.

40달러에서 30달러로 할인된 물건은 25% 감소이지만, 30달러에서 40달러로 오른 물건은 33%가 증가한 것입니다. 어떻게 된 일인가요?

학생들은 종종 이런 유형의 문제를 어려워하지만, 도전하게 되면 결국 유능감은 현저하게 증가하고 동기도 높아질 것이다.

같은 맥락에서, "우리는 조개껍질이 두 개인 것을 알고 있어요. 만약 세 개라면 어떨까요? 그런 동물은 절지동물일까요?"와 같은 탐색적인 질문을 제시하면 학생들은 가설에 근거하여 사고함으로써 도전을 경험한다. 나아가 해당 주제에 대한 심층적인 이해를 촉진할 수 있다.

전국교사자질위원회(NCTQ)

전국교사자질위원회(NCTQ)는 모든 신임 교사가 알아야 할 6가지 필수 교수 전략 중 하나로 '탐구적인 질문 제기하기'를 제안한다. "학생들에게 '왜', '어떻게', '만약에', 그리고 '어떻게 생각해' 등을 질문하는 것은 학생들이 핵심 아이디어에 대한 지식을 명확하게 정리하고 서로 연결하도록 만든다"(Pomerance et al., 2016, p. vi).

학생들이 도전하도록 만들면 추가적인 이점을 가진다. 가르치는 것이 보다 즐거워지며, 놀라운 결과로 이어질 수 있다. 종종 성취가 낮은 학생들이 기대하지 못한 아이디어를 만들기도 한다. 결과적으로 교사와 학생 모두 성공을 경험하게 된다. 즉, 학생들은 이해도와 동기 수준이 증가하므로 성공하는 것이고, 교사는 보다 즐기면서 자신의 교수효능감을 향상시킬 수 있다는 점에서 성공하는 것이다.

특정 주제의 학습 '이유'를 이해하도록 돕기   수업을 시작할 때 흔히 듣게 될 질문 하나는 "왜 이걸 배워야 해요?"라는 질문이다. 학생들이 어떤 주제를 공부해야 하는 이유를 이해할 수 있는 가장 효과적인 방법은 직접 일상에 적용해 보는 것이다. 예를 들면, 램프킨 선생님은 학생들에게 절지동물에 대해 공부하는 것이 중요한 이유를 질문한 후, 절지동물이 중요한 식량자원이고 식물의 수분이 이루어지는 데 필수적이라는 점을 언급했다.

교사가 가르치는 거의 모든 주제는 공부해야 하는 타당한 이유가 있으며, 교사는 그 이유를 학생들에게 전달하기만 하면 된다. 교사는 주제의 중요성을 알고 있으므로, 학생들이 이를 그대로 이해하도록 해야 한다. 모두가 동의하지 않을 수 있겠지만, 동기에 대한 논의에서 여러 차례 다룬 것처럼 이러한 시도는 최소한의 노력으로 가능하고 교사가 손해를 감수할 부분도 없다.

교실과의 연계

수업에서 긍정적인 학습 분위기 촉진하기

질서와 안전

1. 질서와 안전은 예측할 수 있는 학습 환경을 조성하고 학습자의 자율성과 안정감을 보장한다. 안전하고 안정적인 학습 환경을 구축하자.
   - **초등학교**: 1학년 교사는 일상의 루틴을 수립하고 이를 연습시켜서 학생들이 자동화되어 어떤 행동을 할지 예측할 수 있을 정도로 만든다.
   - **중학교**: 2학년 역사 교사는 학생들이 공부하고 싶은 환경은 어떠해야 하는지에 대한 토론을 진행한다. 학생들은 빈정거리고 무례한 발언은 금지되어야 한다는 결론에 도달한다. 교사는 이렇게 합의된 내용을 일관되게 적용한다.
   - **고등학교**: 영어 교사는 특정 주제와 관련된 모든 의견을 환영하고 아이디어 전체를 수용하는 모델이 된다. 그리고 학생들에게 친구들이 이야기할 때 경청하도록 요청한다.

성공과 도전

2. 도전적인 과제에 성공하는 것은 자기효능감을 높이고 유능감을 개발하는 데에 도움이 된다. 학생들이 도전적인 과제에 성공하도록 수업의 구조를 수립하자.
   - **초등학교**: 4학년 교사는 "분수 계산을 점점 잘 해내고 있네요. 모두 고민해 봐야 할 문제가 하나 있어요. 조금 어려울 수 있지만, 잘 풀 수 있을 거예요."라고 이야기한다. 교사는 학생들이 문제를 풀어 보고 문제와 여러 해결 방법에 대해 토론하도록 이끈다.
   - **중학교**: 1학년 영어 교사는 매일 전체 학생에게 두세 개의 과제를 주고 풀어 보도록 하는데, 학생이 개별적으로 풀어 보기 전에 토론의 시간을 가진다.
   - **고등학교**: 물리 교사는 제출한 과제를 돌려주면서 실수를 가장 많이 하는 문제에 대한 풀이 방법을 제시한다. 그리고 학생들에게 매주 보는 퀴즈를 모은 포트폴리오에 이 해결책을 포함하도록 한다.

과제 이해

3. 과제 이해는 학생들이 무엇을 학습해야 하고 해당 과제가 왜 중요하며 가치 있는지를 이해하는 것을 의미한다. 학습 활동과 과제를 해야 하는 이유를 설명함으로써 과제 이해의 수준을 높이자.
   - **초등학교**: 3학년 교사는 매일 수학 숙제를 내주면서 "수학이 우리의 삶에서 어떻게 적용되는지 이해하는 것은 정말 중요하지요. 그래서 우리가 매일 서술형 문제 풀기를 연습하는 거예요."라고 설명한다.
   - **중학교**: 1학년 영어 교사는 과제와 마감일을 꼼꼼하게 설명하고 해당 내용을 판서한다. 이때마다 과제가 중요한 이유, 다른 학습내용과 어떻게 연결되는지 함께 설명한다.
   - **고등학교**: 생물 교사가 모니터로 "우리는 단지 관심이 있어서 편형동물에 관해 공부하는 것이 아니에요. 그들이 환경에 적응하는 방식을 통해서 우리에게 주는 통찰을 얻을 수 있기 때문이지요."라는 내용을 보여 준다. 이어서 교사는 "우리는 이 생각을 되새기면서 왜 각각의 생물을 공부하는지 상기하도록 할게요."라고 이야기한다.

교수 요인들: 학습 활동에 대한 흥미 키우기

11.4 다양한 교수 요인이 학생의 학습동기를 높이는 방식을 설명할 수 있다.

동기에 대한 일반적인 프레임워크에는 교사의 자질과 학습 분위기를 결정하는 요인들이 포함된다. 이러한 맥락에서 교사는 학생의 학습 경험이 학습동기를 높이도록 여러 시도를 할 수 있다. 교수적 관점에서 학습동기를 가진 학생은 곧 학습 활동에 적극적으로 참여하는 학생이다(Brophy, 2010). 동기를 높이고 학습을 촉진하기 위해서는 처음부터 전체 학습 활동 중에 학생들의 주의 집중과 참여를 유도하고 이를 유지시켜야 한다. [그림 11-4]에는 이러한 목표를 달성하는 방법이 개관되어 있다.

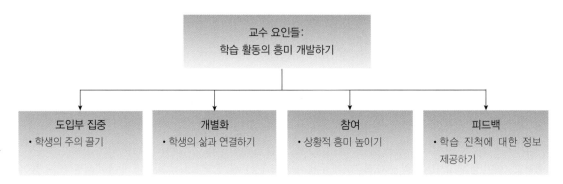

[그림 11-4] 학생의 동기를 높이는 교수 요인들

도입부 집중: 학생의 주의 끌기

주의(Attention)는 모든 학습의 시작점이므로, 학생의 주의를 끄는 것은 학습 활동의 필수적인 첫 단계라 할 수 있다. **도입부 집중(Introductory focus)**이란, 수업을 시작할 때 학생의 주의를 이끌고 학습 활동에 대한 개념적인 틀을 제공하는 것을 의미한다(Lemov, 2015). 도입부 집중에서는 동기를 촉진하는 활동의 본질적인 속성에 해당하는 호기심과 새로움을 적용함으로써 효과를 기대할 수 있다(Adams & Willis, 2015; Goodwin, 2014). 예를 들어, 램프킨 선생님은 절지동물에 대한 수업을 실제 바닷가재를 가지고 와서 시작했다. 학생들이 "오우", "와아" 소리 내는 모습을 보면 학생들의 주의를 끌었음을 알 수 있다. 그렇다면 다른 예시도 살펴보자.

도시와 그 위치에 대한 학습의 시작 단계에 사회과 머리사 앨런(Marissa Allen) 선생님은 가상의 섬이 포함된 지도를 배부한다. 지도에는 호수, 강, 산과 같은 지형적 특성이 나타나 있고, 고도, 강수량, 연중 평균 기온에 대한 정보도 포함되어 있다.

앨런 선생님은 "이 활동의 제목은 생존이에요. 우리 반은 이 섬에 방금 파견되었고 여기에 정착해야 합니다. 우리는 이 섬의 기후와 지형적 특성에 대한 정보를 가지고 있지요. 어디에 처음 정착해야 할까요?"라는 설명으로 수업을 시작한다.

앨런 선생님의 생존 과제와 같이 독특한 문제는 학생들의 주의를 끌 수 있다. 예를 들어, 역설적인 질문("로마가 그렇게 강력하고 선진화된 문명이었는데, 왜 멸망했을까?"), 상충하는 것으로 보이는 상황 제시("서로 무게가 다른 공 두 개를 떨어뜨리고, 동시에 두 공이 떨어지는 것 관찰하기), 램프킨 선생님이 활용한 바닷가재처럼 시선을 사로잡는 사례 활용하기(Goodwin, 2014), "이 이야기에서 김(Kim)이 정말 행복하다고 생각한 이유는 무엇인가요?"와 같이 감정을 자극하는 질문하기 등이 이에 해당한다(Sutherland, McQuiggan, Ryan, & Mather, 2017).

교사들은 효과적인 수업 도입을 적용하지 않는 경향이 있으나(Brophy, 2010), 어렵지 않게 시도할 수 있다. 각 수업의 내용을 학생들의 사전 지식 및 흥미와 연결하려는 노력만 있으면 된다. 이 장의 후반부에 '교육심리학을 교수에 활용하기: 학생에게 교수 요인 적용하기'에서 도입부 집중에 적용할 수 있는 여러 다른 사례들을 살펴보자.

학생들이 일단 수업에 참여하고 수업의 개념적 구조를 가지게 되면, 교사는 학생들의 주의를 유지하고 학습 진척에 대한 정보를 제공해야 한다. 개별화, 참여, 피드백은 이러한 목표 달성에 도움이 될 수 있다.

개별화: 학생의 삶과 연결하기

2학년 수학 교사 수 크롬프턴(Sue Crompton)은 학생들의 키를 측정하면서 그래프에 대한 수업을 시작한다. 크롬프턴 선생님은 학생들에게 스티커를 나누어 주고, 그래프상에서 자신의 키에 해당하는 위치에 붙이도록 한다. 활동 결과에 대해 논의한 후, 머리카락 색깔로 유사한 활동을 진행하여 그래프에 대한 아이디어를 다시 학습시킨다. 과학 교사인 크리스 에머리(Chris Emery)는 유전학과 관련된 단원을 시작하면서 "리앤(Reanne), 눈동자가 무슨 색이에요?"라는 말을 던진다.

리앤은 "파란색이요."라고 대답한다.

"그럼 에디(Eddie)는 무슨 색이죠?"라는 질문에 에디는 "초록색이요."라고 대답한다.

에머리 선생님은 "재미있지요. 유전학 단원을 마치면, 리앤의 눈이 파란색이고, 에디의 눈은 초록색인 이유를 알게 될 거예요. 그리고 우리의 외모와 관련된 많은 것들을 알 수 있을 겁니다."라고 이야기한다.

크롬프턴 선생님과 에머리 선생님은 모두 인지적으로, 또는 정서적으로 관련이 있는 예시를 사용하는 **개별화(personalization)** 과정을 통해서 학생들의 흥미를 높이려고 노력했다. 램프킨 선생님도 절지동물에 대해 왜 공부해야 하는지, 절지동물이 우리의 삶에 어떤 영향을 미치는지 설명하고, 교장선생님이 절지동물인지 아닌지 질문하는 방식으로 개별화를 적극 활용했다.

우리의 실제 경험은 물론, 많은 이론 및 연구는 개별화가 동기를 촉진하는 전략으로서 가치가 있음을 보여 주고 있다(Ertem, 2013; Narciss et al., 2014). 우선, 개별화는 직관적으로 쉽게 이해되고(우리 모두는 자신과 관련된 것을 학습하기 좋아한다.), 여러 영역에 적용될 수 있다. 경험이 많은 교사들은 이것이 학습 활동에 대한 흥미를 높이는 가장 중요한 방법 중 하나라고 설명한다(Schraw & Lehman, 2001).

정보처리이론 및 자기결정성이론도 개별화의 중요성 이해에 도움이 된다. 개별화된 학습 내용은 학생들이 새로운 정보를 장기기억의 구조에 연결하도록 돕는다는 점에서 의미가 있다(Moreno & Mayer, 2000). 결국 모든 학습은 개인적인 것이고, 새로운 정보를 자신이 이미 알고 있는 내용에 연결하는 학습자의 능력은 반드시 개발되어야 한다. 또한 학생들은 개인적으로 관련성을 가진 주제를 학습할 때, 자기결정성이론에서 기본 욕구로 정의하는 자율성이 증가하는 것으로 느낀다.

도입부 집중에서처럼, 이 장의 후반부의 '교육심리학을 교수에 활용하기: 학생에게 교수 요인 적용하기'에서 학습내용을 개별화하는 사례들을 추가로 살펴보기로 하자.

다양성: 다양한 배경을 가진 학생들의 동기를 높이기 위한 학습내용의 개별화

나바호 인디언 보호구역(Navajo Nation reservation)의 고등학교에서 생물 교사로 근무하는 잭 셀처(Jack Seltzer) 선생님은 학생들의 배경 경험을 활용하여 이해하기 어려운 과학 개념을 설명한다. 그는 나바호족이 음식과 양모를 얻는 지역품종인 추로양(Churro sheep)을 활용하여 유전학의 원리를 설명한다. 식물을 공부할 때는 선조들이 수 세기 동안 재배한 재래종 호박과 옥수수를 집중적으로 다룬다. 또한 화성암, 퇴적암, 변성암을 설명할 때는 근처 모뉴먼트 밸리(Monument Valley)의 지질 형성 사례를 활용한다(Baker, 2006).

매슬로 이론에서 설명하는 소속감과 자기결정성이론이 제시하는 관계성은 학생들의 학습동기에 강한 영향력을 가지는데, 실제로 학교에 대한 소속감이나 정체성을 형성하지 못한 학생들의 중도 탈락률이 높다는 사실은 익히 알려져 있다(Geraci et al., 2017). 이러한 문제는 특히 문화적 소수자와 빈곤한 학생들에게 치명적이다(Wentzel & Wigfield, 2007). 더욱이 학교 교육과정으로 인해 비주류 학생들의 학교 이탈이 종종 악화되는데, 이는 주류, 중산층, 비소수자 학생들로 인해 발생하는 것이다(Anderson & Summerfield, 2004).

지금부터는 셀처 선생님과 나바호족 학생들의 상황을 살펴보도록 하겠다. 선생님은 개별화를 통한 동기부여 효과를 최대한 활용하여 수업에서 소속감과 흥미를 조성하는 노력을 기울인다. 이 요인은 모든 학생에게 중요하지만, 특히 자신이 학교에 소속되지 못했다고 여기거나 환영받지 못하고 있다고 이야기하는 문화적으로 소수인 학생들에게 효과적일 수 있다(Geraci et al., 2017). 셀처 선생님이 시도한 것처럼, 학생들에게 자신의 삶과 직접 관련된 예시 및 경험을 제시하면 학생들의 흥미와 소속감은 유의하게 증가될 수 있다.

참여: 상황적 흥미 높이기

교육심리학과 당신

친구들과 점심을 먹거나 함께 파티에서 시간을 보낸 경험을 생각해 보자. 주변을 맴돌고 있을 때와 대화를 함께 할 때를 비교하면 기분이 어떤가?

앞의 질문은 **참여**(involvement)라는 주제를 다루고 있다. 참여는 사람들이 어떤 활동에 직접 관여하는 정도를 의미한다. 예를 들어, 우리는 주변에서 겉돌고 있을 때와 비교해서, 직접 이야기하고 경청할 때 이 대화에 보다 주의를 기울이며 흥미 역시 높아진다. 교실에서도 마찬가지이다. 참여하면 상황적 흥미가 증가하고, 이로써 학생들이 인지적으로 활동적인 상태가 되도록 이끈다. 또한 인간의 기억에 대한 연구를 참고하면, 인지적 활동이 의미 있는 학습을 하는 데에 필수적임을 알 수 있다(Vandenbroucke, Split, Verschueren, Piccinin, & Baeyens, 2018).

기대 × 가치이론은 참여의 중요성을 이해하는 데에 도움이 된다. 이 이론에 따르면 내재적 흥미는 학습 활동의 과제 가치를 높이는 요인 중 하나인데, 참여가 내재적 흥미를 높인다. 이론적으로 타당한 설명이다. '교육심리학과 당신'에서 제안한 것처럼, 사람들은 대화에 참여하면 해당 주제의 토론에서 흥미를 가질 수밖에 없다.

질의응답은 학생의 참여를 강화하는 가장 일반적인 방법이다. 학생들은 질문에 대한 답을 생각하고 답변할 때 가장 주의를 기울인다. 반면, 교사가 혼잣말하는 도중에는 주의 집중이 떨어진다. 이 장의 초반에 학생의 성공을 촉진하는 전략에 대해 논의하면서, 개방형 질문에 대한 설명과 함께 이러한 질문이 성공을 촉진하는 것은 물론 학생의 참여 독려에도 효과적임을 다루었다. "무엇이 보이나요?"와 같은 질문은 쉽게 던질 수 있으며, 일단 학생들이 익숙해지면 여러 학생에게 빠르게 적용할 수 있다.

일반적인 질문이나 특정한 개방형 질문뿐만 아니라, 직접 수행하는 활동 기회를 제공하는 것은 참여를 효과적으로 촉진하는 두 번째 전략이다. 예를 들어, 수학 수업의 학습 교구들, 과학 수업의 실제 재료들, 지리 수업의 지도와 지구본, 또는 어학 수업의 컴퓨터를 다루는 경험은 종종 학생들의 흥미 수준을 상당히 향상시킨다. 램프킨 선생님 수업에서 학생들은 새우를 직접 관찰할 때 참여도가 가장 높았다. 주기적으로 직접 수행하는 활동을 도입하면 학습 활동에 다양성을 더할 수 있고, 이러한 다양성이 학습자의 흥미를 높일 수 있다 (Perry et al., 2006).

학생들이 공통의 학습목표를 추구하는 집단 활동은 참여를 강화하는 세 번째 전략이다(Slavin, 2011; Wentzel & Watkins, 2011). 집단 활동은 학생들이 상호작용하고 서로 아이디어를 비교하는 기회를 제공하며, 이로써 흥미를 높일 수 있는 것이다. (제13장에서 집단 활동 및 협력 학습에 대해 살펴보기로 하자.)

피드백: 학습 진척에 대한 정보 제공하기

우리는 새로운 것을 배울 때 자신의 학습 경과를 알고 싶어 하는데, 현재의 이해 수준에 대한 정보는 자신의 노력 정도를 이해하는 데에 도움이 된다. 피드백은 이러한 정보를 제공하여 동기를 부여한다(El, Tillema, & van Koppen, 2012). 사실 피드백은 동기와 학습을 향상하는 데에 가장 강력한 요인 중 하나이다(Hattie, 2012; Hattie & Timperley, 2007). 피드백의 가치는 다음과 같이 여러 측면에서 설명될 수 있다.

- 자기결정성이론: 자신의 능력이 향상되고 있다는 피드백은 자기결정성을 높인다.
- 귀인이론: 피드백은 우리의 학습 방식을 이해하는 데 도움이 되며, 결과적으로 자신의 경험을 이해하도록 돕는다.
- 지식 구조: 피드백은 지식 구조의 타당성에 대한 정보를 제공하며, 필요할 때 사고를 바꾸고 이해를 재구성하도록 만든다.
- 자기조절학습: 피드백은 목표 달성의 진척 정도에 대한 정보를 제공한다. 목표가 달성되면 자기효능감이 증가하고, 달성하지 못하면 학습자는 노력을 더 기울이거나 전략을 변경할 수 있다.

피드백의 유형은 중요하다. 학습 진척과 관련된 정보는 동기를 높이지만, 우수한 성적이나 사회적 비교를 강조하는 수행 지향적인 피드백은 동기를 감소시킬 수 있다(Brophy, 2010; Schunk et al., 2014). 수행 지향적인 피드백은 능력이 부족한 학생들에게 특히 부정적인 영향을 미치며, 고성취자와 저성취자 모두의 내재적 동기를 감소시킨다.

APA의 20가지 주요 원칙

유치원-12학년(초·중등학교)까지 교수 및 학습을 위한 심리학의 20가지 주요 원칙 중에서 6번째에 해당하는 '학생들에 대한 명확하고, 설명적이며, 시의적절한 피드백은 학습에 중요하다'에 대해 논의해 보자.

교육심리학을 교수에 활용하기: 학생에게 교수 요인 적용하기

이 장에서는 학생의 동기를 높이는 모형의 교수 요인에 중점을 두었으나, 전체 장에서 각 요인들이 상호 의존적임을 강조하고 있다. 교사의 개인적 자질과 분위기 요인이 없다면, 교수 요인들만으로 동기를 높일 수 없다.

이러한 관점에서, 다음의 제안들은 수업에서 교사가 학생의 동기를 높이기 위해 교수 요인들을 적용하는 데에 도움이 될 수 있다.

- 호기심을 자극하는 예시, 질문, 활동으로 학생들의 관심 끌기
- 학습 주제를 학생들의 삶과 연결하기
- 학습 활동 중 학생의 참여 수준을 높게 유지시키기
- 평가를 통해 학습 촉진하기

데이비드 크라우포드(David Crawford) 선생님의 수업을 살펴보면서, 교사가 앞의 제안들을 어떻게 적용할 수 있는지 확인해 보자.

크라우포드 선생님은 학생들의 증거 검증력을 개발하는 수업을 진행하고 있다.

학생들은 손에 노트를 들고 자리에 앉아 있고, 종소리와 함께 수업이 시작된다. 크라우포드 선생님은 교실 앞으로 이동하며 이야기를 시작한다. "여기 탁자 위의 물건 몇 개를 보여 줄게요. 이 물건들을 보면서 질문의 답을 생각해 보세요. 이 물건들은 인류의 기술과 어떤 관계가 있을까요?"

크라우포드 선생님은 상자 안에 손을 넣어 동물의 두개골 두 개, 직물 조각 하나, 그리고 돌로 만든 날카로운 창촉을 꺼낸다. 그리고 교실 앞의 탁자에 올려놓는다. 이어서 그는 날카롭지만 작은 또 하나의 창촉과 작은 동물 뼈 두 개, 동물 피부 조각을 처음 꺼낸 물건들 옆에 둔다.

학생들은 물건들을 살펴보며 불명확한 아이디어 몇 개를 제시했고, 이어서 크라우포드 선생님은 "오늘날 우리에게 흔한 기술의 형태는 무엇일까요? 브렌다(Brenda), 이야기해 볼까요?"라는 질문으로 수업을 시작한다.

학생들은 컴퓨터, 스마트폰, 태블릿과 같은 예시를 든다. 크라우포드 선생님은 "좋은 예시네요. 기술이라고 하면 최근 것을 생각

하기 쉽지만, 기술은 인류 역사에 계속 존재해 왔어요. 우리는 유물들을 통해서 문명에 대해 알 수 있을 겁니다."라는 설명을 이어 간다.

그는 **유물(artifact)**이 무엇인지 정의하고 나서 "오늘은 몇 가지 유물을 살펴보면서 이런 유물들이 인류가 남긴 기술에 대해 무엇을 보여 주는지 살펴볼게요. 우리가 세계사에서 연구하는 문명을 이해하는 데에 유용한 생각의 도구가 될 것입니다."라고 말한다.

그는 재료들을 가리키면서 "이것은 A 문명, 저것은 B 문명이라고 할게요."라고 한다.

크라우포드 선생님은 "이 유물들에서 무엇을 알게 되었죠?…… 켈리(Kelly)부터 시작해 볼까요?"라고 지시한다.

그가 질문하면 학생들은 관찰한다. 이어서 선생님의 안내로 학생들은 두개골은 소와 양의 것이고, 뼈는 영양이나 사슴의 다리와 늑골이라고 결론짓는다.

크라우포드 선생님은 미소를 짓는다. "자, 이제 우리는 고고학팀이고 이 현장을 발견했다고 가정해 봅시다. 여러분은 팀원들과 함께 작업을 하면서 물건 집합들 각각마다 관련된 사람들에 대해서 최대한 많은 결론을 내려 보세요. 두 집합에 대한 어떠한 비교도 좋아요. 예를 들어, 어느 쪽이 더 발전된 것으로 보이는지 적어 보세요. 의견마다 결론에 대한 근거를 제시해 주세요."

주어진 시간이 지나자, 크라우포드 선생님은 "좋아요. 다들 어떤 결론을 내렸나요?"라고 묻는다.

로리(Lori)가 이가 나간 듯 깨진 창촉을 가리키면서 "우리는 이것들이 더 최근 것이라고 생각했어요. 촉이 날카롭고 약간 예술품 같아요."라고 말한다.

학생이 손을 든 것을 보고, 크라우포드 선생님이 묻는다. "로드니(Rodney)는 어떻게 생각해요?"

로드니는 창촉의 가장자리를 짚으면서, "저는 조금 다르게 생각하는데요. 이건 연마된 것처럼 보여요. 연마 기술은 깨뜨리는 것보다 발전된 기술일 것 같아요."라고 답한다.

유물에 대한 토론 수업이 계속되고, 학생들은 소와 양의 두개골 및 천 조각을 근거로 A 문명이 가축을 기르고 직조하는 기술을 가지고 있었다는 결론을 내린다. 또한 영양의 뼈와 가죽을 보고 B 문명은 수렵 채집 부족들이 이룬 것으로 판단한다.

토론을 마무리한 후, 크라우포드 선생님은 "좋아요, 오늘 수업 후에는 교재 35쪽에서 44쪽의 구석기, 중석기, 신석기 시대에 대해 읽고 이 유물들이 어느 시대에 속하는지 판단해 보세요. 오늘 정말 멋진 활동을 했네요. 모두 적절한 근거를 가지고 훌륭한 결론을 내렸어요."라고 정리한다.

이제 크라우포드 선생님이 위의 제안을 어떻게 적용했는지 확인해 보자.

호기심을 자극하는 예시, 질문, 활동으로 학생들의 관심 끌기　크라우포드 선생님은 학생들의 주의를 끌기 위해 예시로서 유물들을 보여 주고 "이 물건들은 인류의 기술과 어떤 관계가 있을까요?" 등의 질문을 하는 지속적인 노력으로 수업을 시작했다. 보통 두개골, 뼈, 창촉을 기술의 지표로 간주하지 않으므로 이러한 예시와 질문의 결합은 도입부의 집중에 훌륭한 역할을 했다.

동기를 형성하는 수업의 시작은 상당한 수준의 추가 작업이나 준비를 필요로 하지 않는다. 처음에는 조금

〈표 11-2〉도입부 집중을 위한 도구와 테크닉

도구/테크닉	예시
문제와 질문	• 문학 교사는 어니스트 헤밍웨이(Ernest Hemingway)의 사진을 보여 주며, "이 사진에서 우리는 모든 영광을 만끽한 그를 볼 수 있어요. 그는 명성, 모험, 로맨스 등 모든 것을 다 가진 것으로 보이지만, 극단적 선택을 했어요. 왜 이런 일이 일어났을까요?"라고 질문한다. • 과학 교사는 학생들에게 두 장의 종이를 나란히 놓고 입으로 불었을 때 왜 아래쪽이 서로 붙는지(멀어지지 않는지) 그 이유를 설명해 보라고 한다. • 사회인지이론을 소개하는 교육심리학 강사가 다음의 짧은 시나리오를 제시한다. 　당신은 시속 75마일로 운전 중인데, 표지판의 제한 속도는 시속 65마일이다. 다른 차가 당신을 추월한다. 1분 후, 고속도로에서 경찰관이 그 차를 멈춰 세운 것이 보인다. 당신은 즉시 속도를 줄인다. 행동주의 심리학에서는 당신이 속도를 줄인 이유를 어떻게 설명할까?
귀납적 순서로 제시	• 영어 교사가 다음 예시를 제시한다. 　어젯밤에 숙제가 정말 많았어요! 세상에서 가장 아름다운 소녀와 데이트 약속이 있었기 때문에 화가 났어요! 그래도 괜찮았어요. 그녀는 세상에서 제일 추한 옷을 입고 있었거든요! 　학생들은 예시 글에서 하나의 패턴을 발견하면서 과장법의 개념을 이해한다. • 교육심리학 강사는 다음의 질문으로 인간의 발달에 대한 토론을 시작한다. 　무엇인가 이해되지 않을 때 짜증이 났나요? 　세상이 예측할 수 있길 바라나요? 　교수자가 수업에서 요구 사항, 수업 일정, 평가 방법의 개요를 구체적으로 명시할 때 더 편안한가요? 　일반적으로 당신은 무작위 경험보다 정해진 패턴을 따르는 삶을 살고 있나요? 　수업에서는 패턴을 확인하고 평형화 개념을 이해한다.
구체적인 예시	• 초등교사는 살아 있는 개구리를 가지고 양서류에 대한 단원의 학습을 시작한다. • 지리 교사는 비치볼에 선을 그으면서 경도선이 극에서 만나고 위도선은 서로 평행하다는 것을 설명한다. • 교육심리학 강사가 힘든 운동 후에 불편함을 감소시키려고 진통제를 복용하는 경향성을 설명하면서 부적 강화의 개념을 소개한다.
목표와 근거	• 수학 교사는 "오늘은 가격의 단위에 대해서 공부할 거예요. 어떤 상품이 더 나은지 결정하는 데에 도움이 될 것입니다. 이로써 절약을 실천하는 더 나은 소비자가 될 수 있어요."라는 설명으로 수업을 시작한다. • 세계사 교사는 "오늘은 중상주의(Mercantilism)에 대해 알아보겠습니다. 이 개념은 유럽이 신대륙에 도착하고 아시아 남부와 아프리카로 이동한 역사적 이유를 이해하는 데에 도움이 될 것입니다."라고 설명한다. • 교육심리학 강사는 "우리는 학습자가 정보를 기억하고 이해한다기보다 구성한다는 사실을 알고 있죠. 오늘은 이러한 원칙이 효과적인 교수법에 전하는 시사점을 살펴보도록 하겠습니다."라고 이야기한다.

더 생각해야 할 필요가 있겠지만, 이러한 사고에 익숙해지면 프로세스는 거의 자동화될 것이다.

도입부의 집중을 유도하는 그 밖의 예시는 〈표 11-2〉에 개관했다.

학습 주제를 학생들의 삶과 연결하기　크라우포드 선생님은 현재의 기술들을 예시로 들면서 수업을 시작했고, 학생들에게 고고학자의 역할을 부여함으로써 학습 활동의 개별화를 적용했다. 도입부의 집중처럼 학습 내용을 개별화하는 것은 약간의 고민이 필요하지만, 상당한 정도의 계획이나 노력을 필요로 하지는 않는다.

기대×가치이론을 참고하면 학습내용의 개별화가 동기에 어떤 영향을 줄 수 있는지 이해할 수 있다. 학생들은 자신과 멀리 떨어져 있거나 관련 없는 주제보다는 개인적으로 영향을 받을 수 있고 관련성을 가진 주제에 대해서 성공할 때 그 가치를 더 높게 평가한다.

〈표 11-3〉 주제의 개별화를 위한 교사의 노력

주제	예시
막대 그래프	초등학교 2학년 교사가 학생들이 가장 좋아하는 젤리 사탕이 무엇인지를 큰 막대그래프로 그려서 교실 앞에 둔다.
'인구밀도' 개념	한 교사가 테이프로 교실 바닥에 모양이 같은 영역 두 개를 그려 둔다. 그리고 한 영역에는 학생 세 명이 서 있게 하고, 다른 영역에는 학생 다섯 명이 서 있게 한다. 이렇게 해서 두 번째 영역의 인구밀도가 더 높다는 것을 보여준다. 이어서 학생들이 살고 있는 도시와 다른 도시들의 인구밀도를 찾아본다.
비교급과 최상급 형용사	어학 담당 교사가 학생들에게 길이가 서로 다른 연필로 판서를 하도록 한다. 　데본(Devon)은 긴 연필을 가지고 있다. 　안드레아(Andrea)는 더 긴 연필을 가지고 있다. 　스티브(Steve)는 가장 긴 연필을 가지고 있다. 이후 교사는 학생들에게 비교급과 최상급 형용사의 특징을 확인하도록 한다.
등가 분수 찾기	수학 교사는 교실의 책상 24개를 각각 6개씩 4줄로 배치하되, 두 줄만 서로 가깝게 배치한다. 그리고 학생들에게 책상 두 줄이 전체의 12/24에 해당한다는 결론을 내리도록 유도한다. 이후 책상 두 줄은 전체 책상의 1/2을 차지한다는 사실도 도출하도록 이끈다. 이로써 12/24와 1/2이 동등하다는 결론에 도달한다.
십자군 전쟁	세계사 교사는 학교에서 비교과 활동이 지속적으로 유지되도록 진행하는 일종의 캠페인을 '십자군 전쟁'이라고 명명하여, 역사 속의 실제 십자군 전쟁을 비유하여 이해하도록 한다.
셰익스피어	문학 교사는 〈햄릿(Hamlet)〉에 대한 단원을 소개할 때, "당신이 몇 년간 집을 떠나 있었다고 생각해 보세요. 집으로 돌아왔을 때, 아버지는 돌아가시고 어머니가 삼촌, 즉 아버지의 형제와 결혼했다는 사실을 알게 됩니다. 이후 당신은 삼촌이 아버지의 죽음에 관여했다는 단서를 찾기 시작합니다."라고 소개한다(Brophy, 2010).

〈표 11-3〉은 교사가 수업에서 다루는 주제를 개별화하는 예시를 추가로 제시하고 있다.

학습 활동 중 학생의 참여 수준을 높게 유지시키기　크라우포드 선생님의 수업 방식을 다시 떠올려 보자. 다음의 세 가지 측면은 의미가 있다.

- 선생님은 "여기 탁자 위의 물건 몇 개를 보여 줄게요. 이 물건들을 보면서 질문의 답을 생각해 보세요. 이 물건들은 인류의 기술과 어떤 관계가 있을까요?"라는 이야기로 수업을 시작했다.
- 이어서 "오늘날 우리에게 흔한 기술의 형태는 무엇일까요?"라고 물었다.
- 탁자 위의 물건들을 가리키며 "이 유물들에서 무엇을 알게 되었죠?"라고 질문했다.

앞의 질문들은 여러 학생을 쉽고 빠르게 학습에 참여하도록 만드는 열린 질문이었다. 이러한 질문은 학생들의 참여를 이끄는 데에 널리 사용되는 전략이다. 수업에서 개방형 질문을 사용할 때, 적절한 답변이 여러 개 있는 질문 모두가 학생 참여에 효과적임을 기억하자. 예를 들어, 셰익스피어의 〈줄리어스 시저(Julius Caesar)〉에 관한 수업에서 교사는 다음과 같은 질문을 할 수 있다.

"이 연극에서 지금까지 어떤 일이 벌어졌죠?"

"중요한 사건들은 무엇이 있나요?"

"브루투스(Brutus)와 마크 앤터니(Marc Antony)는 얼마나 비슷한가요? 얼마나 다른가요?"

"1막과 2막의 설정을 비교하면 어떤가요?"

다른 예로, 양서류와 파충류에 대한 수업에서는 다음과 같은 질문이 가능하다.

"개구리와 도마뱀은 얼마나 비슷한가요?"
"개구리와 두꺼비는 서로 어떻게 비슷한가요? 혹은 다른가요?"

개방형 질문은 교사가 학생들이 어떠한 사고를 하는지 이해하는 통찰을 제공하고, 학생들의 사전 지식을 활용하도록 돕는다. 예를 들어, 학생들에게 관찰 기회를 주었는데 그 내용이 교사가 파악하길 원하는 특성과 거의 관련이 없거나 아예 무관하다면, 학생들이 관련된 배경지식이 부족한 상태임을 알 수 있다. 그렇다면 교사는 배경지식을 제공하도록 노력할 수 있다.

개방형 질문 이외에도 크라우포드 선생님은 문명에 대한 결론을 도출하는 과정에서 동료 학습자들과 함께 논의하도록 했다. 이러한 간단한 그룹 활동과 이어지는 전체 토론을 위해 학생들이 개인적인 노력을 기울였다는 점에서 상당히 높은 수준의 참여가 이루어진 것이다. 이로써 학생들은 자신의 아이디어에 대한 반 친구들의 반응에 강한 흥미를 느꼈다.

참여를 촉진하는 그 밖의 전략 몇 가지를 〈표 11-4〉에 제안했다. 각 전략은 인지적 참여를 자극할 수 있다. 일반적으로 반복 연습은 일상적인 학습 활동에 게임과 유사한 새로운 요소를 추가하는데, 개인이 성장함에 따라서 자기효능감이 향상된다. 학생들이 책상에 앉아서 칠판을 사용하는 것은 종이에 문제를 푸는 것과 유사하지만, 칠판을 사용함으로써 아이디어 공유와 토론이 가능해지며 종이 위에서는 시도하지 않았을 만한 문제를 풀어 볼 수도 있다.

〈표 11-4〉 학생 참여 전략

테크닉	예시
반복 연습	학생들에게 곱셈 문제 10개가 적힌 종이 한 장을 제시한다. 학생들이 문제를 푸는 속도와 정확도를 점수화하여 개인의 성장을 반영한 점수를 부여한다.
게임	학생들의 수준이 균일하게 두 팀으로 나눈 후, 교사의 질문에 게임 형식으로 답을 맞힌다.
개인별 학습 공간	수학 문제를 풀고 개념별 예시를 정리할 수 있도록 자신만의 칠판을 학생들에게 제공한다. 학생들은 문제를 풀었거나 해당 개념의 예시가 떠오르면 칠판을 든다. 칠판에 자신만의 예시를 작성하거나 그릴 수도 있다.
집단 활동	학생들은 짝을 이루어 과학 실험을 관찰하고, 관찰한 내용을 가능한 한 많이 적는다.

평가를 통해 학습 촉진하기 피드백은 학생의 동기를 높이는 모형의 마지막 요소이다. 피드백은 평가와 통합하여 이야기될 수 있다. 평가는 학습과 동기에 가장 강력한 영향을 미치는 요인 중 하나이기 때문이다 (Gonzalez & Eggen, 2017; Rohrer & Pashler, 2010).

이러한 영향을 이해하기 위해, 크라우포드 선생님의 수업 사례를 다시 살펴보자.

다음 날, 크라우포드 선생님은 다음과 같이 수업을 시작한다.

"어제 수업은 물론, 올해의 목표 중 하나는 증거와 결론을 분석할 수 있는 능력을 키우는 것입니다. 어제 모두 잘했지만, 좀 더 연습이 필요해요. 학생 몇 명이 제시한 증거와 결론을 보여 줄게요…… 왜 이 활동을 진행하는지 그 정신을 기억해 주세요. 우리는 단지 학습과 성장을 위해 활동을 하고 있어요. 누구도 비난하기 위해서가 아닙니다……. 작성자의 이름을 가려서 익명으로 처리했어요……. 두 그룹에서 작성한 내용을 살펴볼게요." 그리고 선생님은 모니터에 다음 내용을 게시한다.

> **결론:** 사람들이 천을 가지고 있었다.
> **증거:** A문명 쪽에 천이 있다.
> **결론:** A문명 사람들은 더 많이 생존했을 가능성이 있다.
> **증거:** 소와 양이 있었으므로 야생동물을 찾지 않아도 되었다. 천 조각을 보면 그들은 천을 짰으므로 동물 가죽에 의존하지 않았을 것임을 알 수 있다.

"두 가지 결론에 대해 의견을 말해 볼까요?"

"첫 번째 것은 진짜 결론은 아니에요. 천을 봤으니까, 그 사실을 말했을 뿐이잖아요."라고 샨테(Shantae)가 답한다.

"샨테, 좋은 관찰이에요. 맞아요. 결론이란 사실을 근거로 진술하는 것인데, 사실 그 자체는 아니지요."

이어서 수업은 두 번째 예시에 관한 토론으로 이어져서, 결론은 증거에 근거해야 한다는 데에 의견을 모은다.

크라우포드 선생님은 이야기한다. "우리가 살펴보고 있는 것이 바로 그거예요. 여러분 모두 이러한 사고를 할 수 있다는 사실을 확인했으니, 다음 예시로 넘어가 볼게요."

선생님은 수프 캔 몇 개를 꺼내서 학생들에게 이러한 유물을 생산한 문명에 대한 결론을 도출하고, 각 결론을 지지하는 증거를 제시해 달라고 한다.

학생들은 이 과정을 이해하기 시작하면서 여러 의견을 제시하고, 크라우포드 선생님은 학생들이 제안하는 결론과 그 증거들을 칠판에 적는다.

평가 방식 중 하나는 학생들의 보고서를 모아서 읽는 것인데, 이러한 시도는 학습에서 상세한 피드백과 함께 필수적이다. 크라우포드 선생님의 수업에서 증거를 기반으로 결론을 도출하는 경험이 제한적이었으므로, 피드백과 함께 제시되는 평가가 없었다면 학생들이 좋은 결론과 나쁜 결론의 차이를 이해하기 어려웠을 것이다. 이는 단순 기억 과제 이상의 모든 학습에서 동일하게 적용될 수 있다.

전국교사자질위원회(NCTQ)

전국교사자질위원회(NCTQ)는 학습 평가하기가 모든 신임 교사가 알아야 할 6가지 필수 교수 전략 중 하나라고 설명한다. 평가는 학습 도구이자, 평가와 피드백은 학생들의 정보를 효과적으로 보관하고 유지하는 데 도움이 된다(Chappuis & Stiggins, 2017).

시험이나 퀴즈와 같이 전통적인 평가에 대한 상세한 피드백도 역시 중요하다. 학생들이 자주 놓치는 시험이나 퀴즈의 문항들에 대해서는 그 이유를 알 수 있도록 자세한 내용을 충분히 담아 논의해야 한다. 여기에 시간이 많이 들 수 있더라도 결국은 이것이 시간을 제대로 사용하는 것이다. 질문이 계속된다면, 학생들에게 시험과 퀴즈에 대해 일대일로 토론할 기회를 제공할 수 있다.

피드백은 학생들이 자신의 활동에 대한 질을 높이도록 돕는다는 점에서 동기 부여에 중요성을 가진다. 학생들이 자신의 자질이 향상되는 것을 확인하면서, 유능감, 자기결정성, 내재 동기도 높아진다. 이 모든 것은 지속적인 평가와 피드백이 없이는 불가능하다.

교실과의 연계

학습동기를 높이는 교수 요소 활용하기

도입부 집중

1. 도입부 집중으로 학생들의 관심을 끌고 수업에서 다루는 개념의 큰 그림을 제공한다. 이 요소를 활용하기 위해 수업에 대한 소개를 준비하자.

- **초등학교**: 5학년 교사가 케이크 만드는 법과 필요한 재료를 준비하여 측정에 대한 수업을 소개하면서, 만약 수업의 모든 학생이 케이크를 한 조각씩 받으려면 재료를 변경해야 한다고 설명한다. 그리고 교사는 "우리 모두가 한 조각의 케이크를 받을 수 있도록 충분한 양을 만들고 싶은데요. 오늘 이를 주제로 공부하게 될 거예요."라고 말한다.
- **중학교**: 물리 교사는 간단한 시범으로 수업을 시작한다. 예를 들어, 줄 끝에 물이 담긴 컵 하나를 매달고 머리 위로 휘휘 돌리면서 "왜 물이 컵 밖으로 쏟아지지 않을까요? 이것에 대해 알아볼게요."라고 설명하면서 수업을 시작한다.
- **고등학교**: 영어 교사는 작품 『태양 속의 건포도(A Raisin in the Sun)』(Hansberry, 1959)를 소개할 때, "디트로이트의 무슬림 가족을 생각해 보세요. 9·11 사건 이후 그들은 어떤 기분이었을지 상상해 볼까요? 이 작품을 읽으면서 이러한 질문들을 고려해 보세요."라고 이야기한다.

개별화

2. 개별화는 인지적으로, 또는 정서적으로 관련이 있는 예시를 사용하여 주제를 설명하는 것이다. 학습내용과 학생의 삶 사이의 관련성을 만들어 보자.

- **초등학교**: 4학년 교사는 외골격을 가진 동물과 내골격을 가진 동물을 비교하는 수업을 시작하면서 학생들에게 자기 다리를 꾹 눌러 보라고 한다. 이로써 사람의 뼈가 몸 안에 있음을 보여 준다. 이어서 가재 몇 마리를 나누어 주고 인간과 비교해 보도록 한다.
- **중학교**: 1학년 교사는 지역신문에서 컴퓨터 게임과 제품을 광고하는 지면을 준비하여 백분율에 대한 수업을 시작한다. 광고에는 '10~25% 할인'이라고 적혀 있다. 이 수업에서는 인기 있는 컴퓨터 게임을 얼마나 할인받을 수 있는지 문제로 풀어 보도록 한다.
- **고등학교**: 역사 교사는 베트남 전쟁에 대한 공부를 하면서, 이 시기에 군복무를 한 사람을 대상으로 인터뷰를 하도록 한다. 그리고 이 인터뷰 결과로 전쟁의 '인간적' 측면에 대해 상기하는 기회를 얻는다.

참여

3. 참여는 학생들이 수업에 적극적으로 관여하는 정도를 의미한다. 모든 학습 활동에서 참여 수준을 높여 보자.

- **초등학교**: 2학년 교사는 매일 수학문제 20개가 담긴 시험지를 배부한다. 학생들은 빠르게 답안을 적고 채점한다. 전날보다 성적이 오르거나, 20개 문제를 모두 맞힌 학생은 수학 평균 점수에서 추가 점수를 받는다.
- **중학교**: 1학년 교사는 대수학 수업 전에 학생들이 짝지어 앉아 과제를 마치도록 지시한다. 이때 학생들은 각 문제를 개별적으로 해결한 후 서로 확인하되, 서로 해결 방안의 합의가 어려우면 교사에게 도움을 요청한다.
- **고등학교**: 영어 교사는 학생들이 손을 들었는지와 상관없이, 모두에게 동일하게 무작위 질문을 한다. 학년을 시작하면서, 그는 이러한 방식이 학생들의 참여를 독려하고, '주목받는 것'에 대한 불안감을 빠르게 극복하도록 도울 것이라 설

명한다. 그리고 학생들이 적절한 대답을 할 수 있을 때까지 계속 답을 요구한다.

피드백

4. 피드백은 학생들에게 자신의 학습 진척에 대한 정보를 제공한다. 학습 진행 상황에 대한 정보를 포함하는 신속한 피드백을 제시하자.
- **초등학교**: 4학년 교사는 숙제와 퀴즈에서 가장 자주 틀리는 문제들에 대해 살펴보면서, 각각에 대하여 상세한 정보를 제공한다.
- **중학교**: 1학년 교사는 학생들의 보고서에 "아주 좋은 아이디어네요. 이제 문법적으로 정확하게 다듬어야겠어요. 제가 적은 메모를 살펴보세요."라는 메모를 적는다.
- **고등학교**: 세계사 교사는 숙제와 시험 문항마다 '이상적인 답안'을 선정하여 모니터로 보여 준다. 학생들은 이러한 이상적인 답변과 비교하면서 자신의 답안을 개선하는 제안 사항들을 메모한다.

학교급별 적용

다양한 연령의 학습자에게 학습동기를 높이는 모형 적용하기

학습동기를 높이는 모형의 요소들은 모든 학년에 적용된다. 예를 들어, 보살핌을 실천하는 교사, 안전하고 질서가 있는 환경, 성공 경험, 높은 수준의 학생 참여는 모든 학생에게 중요하다. 그러나 발달에 따른 차이가 존재한다. 이러한 차이를 여기에서 간략히 소개하도록 하겠다.

유치원 아동 및 초등학생

초등학생들은 반짝이는 눈을 가지고 긍정적인 태도로 학교에 입학하며, 무엇을 하고 어떤 것을 배우게 될지 모르기에 모호한 생각들만 가지고 있다. 반면, 학교 생활은 아동이 처음으로 집과 부모로부터 분리되는 경험이므로, 낯선 것에 대한 불안감이 발생할 수 있다. 이러한 아동들에게 교실을 학습할 수 있는 장소로 조성하는 데에 추가 시간을 투입하는 것이 중요하다.

흥미는 초등학생에게 강력한 동기 부여 요인이 될 수 있다. 동물, 만화 캐릭터, 스포츠, 공룡, 판타지와 같은 주제는 어린이 대부분에게 흥미롭다. 이러한 주제를 읽기, 쓰기, 수학 과제와 통합하는 것은 효과적일 수 있다.

초등학생들이 목표를 설정하고 학습 전략을 활용하는 능력은 대부분 아직 발달되지 않았지만, 메타인지와 모델링을 가르친다면 노력을 기울임으로써 자기조절을 시작할 수 있다.

중학생

중학생들은 규칙과 절차, 그리고 학교의 '게임'에 대해 알게 된다. 청소년에게 중학교 환경으로 전환하는 것은 어렵게 느껴질 수 있고, 동기와 학습 문제에 자주 힘들어할 수도 있다. 수업의 규모는 더 큰 반면, 개인적 접촉은 적다. 학생은 선생님 한 명이 제공하는 안정성에서 벗어나 여러 교실과 선생님을 만나기 위해 이동하는 일정을 따르게 된다. 학생들과 개인적인 관계를 형성하기 위해 시간을 할애하면서 보살핌을 실천하는 교사가 이 시기에 중요하다.

중학교 시기의 또래 관계는 더 중요해지고, 협력 학습과 집단 작업은 참여와 동기 수준을 높이는 효과적인 수단이 된다. 그러나 또래의 영향력이 커지는 만큼 집단 작업 중에 비생산적인 행동이 나타날 수 있다. 따라서 학생들의 활동을 신중하게 구조화하고 모니터링하며, 학생들이 자신의 결과물에 책임을 지도록 하는 것이 중요하다.

중학생에게 도전과 과제 이해와 같은 요인들은 초등학생 시기보다 중요해진다. 또한 자신이 공부하는 것의 관련성과 가치를 평가하기 시작하므로, 개인화 역시 점점 더 중요한 요인이 된다.

고등학생

고등학생은 더 성숙하지만, 아직까지 자기조절 수준이 높은 수준에 이르지는 못한다. 자기조절을 모델링하고 효과적이며 정교한 학습 전략을 가르치려는 의식적인 노력은 고등학생들이 자기결정성의 요구를 충족하는 데에 도움이 될 수 있다.

고등학생들은 자기 인식을 잘하고 고등학교 이후의 미래에 대해 생각한다. 따라서 공부하는 주제의 가치에 대해서 자주 평가한다. 더욱이 고등학생은 유능감과 자율성에 대한 요구가 두드러지게 강해진다. 결과적으로, 도전과 과제 이해와 같은 분위기 요인, 그리고 개인화와 피드백과 같은 교수 요인의 중요성은 더욱 강조된다.

제11장 요약

1. 숙달 지향 교실과 수행 지향 교실의 차이점을 설명하시오.
   - 숙달 지향 교실은 노력과 이해의 수준이 높아지는 것을 강조한다. 수행 지향 교실은 우수한 능력을 확인하는 것이나 학생들 사이의 비교를 강조한다.
   - 숙달 지향 교실은 학생들의 학습동기를 높이는 반면, 수행 지향 교실은 최상위 학습자를 제외한 학생 모두의 학습동기를 저하시킬 수 있다.

2. 학생의 학습동기를 높이는 교사의 개인 자질을 설명하시오.
   - 교수효능감이 높은 교사는 자신이 학생들의 이전 지식이나 다른 요인의 영향과 상관없이 학습을 도울 수 있다고 믿는다.
   - 모델로서 예의와 존중을 보여 주는 것은 동기 부여에 중요하며, 가르치려는 주제에 대한 교사의 진정한 관심을 나누는 것은 곧 교사의 열정을 드러내는 것이다.
   - 교사는 개인적인 시간을 투자하고 개별 학생들을 존중하는 모습을 보여 줌으로써 학생들에게 관심이 있다는 사실을 표현한다. 학생들에게 높은 기준을 요구하는 것은 교사가 학생 모두가 성공하길 기대하고 있음을 보여 주는 가장 효과적인 방법 중 하나이다.

3. 학생들의 학습동기를 높이는 학습 환경의 속성을 정의하시오.
   - 안전하고 질서가 있어 학습에 집중할 수 있는 장소가 동기를 높이는 장소이다.
   - 학생이 도전적이라고 인식한 과제에서 성공하는 것은 학습동기를 높인다. 도전에 직면하는 경험은 유능감이 증가한다는 증거가 되며, 자율성을 느끼도록 만든다.
   - 동기를 부여하는 환경에서 학생들은 자신이 무엇을 배워야 하는지 이해한다. 무엇을, 왜 배우고 있는지 이해하면 자율성에 대한 인식이 높아지고 과제 가치를 높일 수 있다.

4. 여러 교수 요인으로 학생의 학습동기를 높이는 방법을 설명하시오.
   - 교사는 학생의 주의를 끄는 예시, 활동, 질문으로 수업을 시작하고, 이어서 정보의 구조를 제공함으로써 학습동기를 높일 수 있다.
   - 교사가 학습내용을 학생 개인별로 관련성을 가지도록 만들고 학습 활동에 지속적으로 참여시킬 때 학생들의 주의와 흥미가 유지된다.
   - 교사는 학습 진척에 대한 피드백을 제공함으로써 학생들의 학습동기를 높일 수 있다. 능력이 향상되고 있다는 피드백은 자기효능감 및 자기결정성 모두를 높이고, 내재 동기를 증가시킨다.

자격증 시험 준비하기

학생 동기 이해하기

예비교사로서 교사 자격 취득을 위한 평가 준비가 필요할 것이다. 이 평가에는 학생들의 동기와 관련된 내용을 다룰 것이며, 선택형 및 서술형 문항이 포함될 것이다. 여기서는 해당 평가의 준비를 위한 연습문제를 제공하고자 한다.

본 교재와 연습문제가 준비에 유용한 자원이 되길 바란다. 이 장을 시작하면서 램프킨 선생님이 절지동물이라는 개념을 가르쳤던 상황을 살펴보았다. 이제부터는 그 이후 이루어진 문단 구조에 대한 수업에 대해 읽어 보자. 제시된 사례를 확인한 후 질문에 답해 보자.

램프킨 선생님은 5학년 작문 수업을 진행하고 있다. 이 수업에서는 문단을 작성하고 3점 척도로 자기평가를 실시할 계획이다.

램프킨 선생님은 "오늘은 좋은 문단 작성하기를 좀 더 연습해 보겠습니다. 우리가 이제 좋은 문단의 특성을 알고 있지만, 잠시 점검을 해 볼게요…… 잘 구성된 문단에는 어떤 특징을 발견할 수 있지요?"라고 이야기를 시작한다.

"주제 문장이요."라고 몇몇 학생이 바로 대답한다.

"좋아요. 또 무엇이 있을까요?"

"주제와 관련된 문장들이 있어요." 다른 학생들이 추가로 답한다.

"네, '주제와 관련되었다'라는 것은 주제 문장을 지원한다는 의미입니다. 주제를 지원하는 문장은 적어도 세 개가 필요해요."

램프킨 선생님은 정확한 문법과 철자를 사용해야 한다고 상기시키고, 다음과 같은 문단을 보여 준다.

컴퓨터는 여러 모양과 크기를 가지고 있습니다. 최초의 컴퓨터 중 하나인 UNIVAC은 방 하나를 가득 채울 만큼 컸습니다. 오늘날에는 큰 컴퓨터라도 냉장고만 합니다. 책만큼 작은 것들도 있습니다. 일부 컴퓨터는 바지 주머니에 들어갈 만큼 작습니다.

앤(Ann)의 가족은 새 텔레비전을 샀습니다. 화면 크기가 54인치입니다. 색상과 밝기를 조절하는 기능이 있습니다. 앤은 경찰 이야기를 좋아합니다. 소리를 조절하는 기능도 있습니다.

학생들은 토론 후, 첫 번째 예시가 적절한 문단의 기준에 부합하는 반면, 두 번째 예시는 부적절하다고 결론 내린다. 두 번째 예시는 주제 문장을 지원하는 문장 네 개가 포함되어 있지 않으며, "앤은 경찰 이야기를 좋아합니다"라는 내용은 주제와 관련이 없기 때문이다.

램프킨 선생님은 이어서 "지금부터 여러분이 선택한 어떤 주제라도 좋으니, 이와 관련된 문단을 작성해 보세요. 이후에 여러분의 글을 평가해 봅시다."라고 말한다. 램프킨 선생님은 몇몇 학생들이 "좋았어!"라고 외치는 소리를 듣고 미소를 짓는다.

학생들이 활동을 마치자, 램프킨 선생님은 말한다. "좋아요. 이제부터는 문단을 평가해 볼게요."

그녀는 3점 척도 기준을 검토한 후, "자, 누구부터 할까요?"라고 묻는다.

"저요!" 몇몇 학생이 외친다.

램프킨 선생님은 웃으면서 "자, 투부터 나와 볼까요?"라고 말한다.

투는 작성한 문단은 모니터에 띄우고 크게 읽는다.

퀴디치(Quidditch)*는 마법 세계에서 유명한 마법 스포츠입니다. 각 팀에는 선수 7명이 허용됩니다. 경기장에는 공이 4개 있습니다. 쿼플(Quaffle)은 빨간 축구공입니다. 블러저(bludger) 2개로는 선수들의 빗자루를 쳐내야 합니다. 마지막으로, 골든 스니치(Golden Snitch)는 매우 작은

것이고, 잡히면 팀이 150점을 얻습니다. 그러면 그 팀은 대부분 승리합니다. 따라서 퀴디치는 매우 재미있는 스포츠입니다.

학생들은 토론을 통해 이 문단이 3점을 받을 만하다고 합의한다. 이어서 몇몇 학생이 "제가 다음에 할게요! 저요! 저요!"라고 외친다.

램프킨 선생님은 저스틴에게 작성한 문단을 발표해 달라고 요청한다.

조시(Josh)라는 한 소년이 있었습니다. 그는 지붕이 무너지고 창문이 깨진 집에서 지냅니다. 벽에는 구멍이 뚫려 있고 비가 천장에서 샜습니다. 그러나 다시 말하면 그 집 주변에는 항상 비가 오고 번개가 쳤습니다. 그는 너무 이상했기 때문에 아무도 그의 집에 가지 않았습니다. 사람들은 그를 뱀파이어라고 말합니다.

그녀는 손을 들어서 점수를 정해 보자고 제안한다. 학생들의 준 점수는 1점과 2점이 섞여 있다.

램프킨 선생님은 토론을 시작하며 묻는다. "서맨사(Samantha), 왜 2점을 주었나요?"

이에 서맨사는 "저스틴은 주제에서 벗어났어요. 소년이나 집 중 하나에만 주장했어야 해요."라고 지적한다.

램프킨 선생님은 다른 학생에게 다시 묻는다. "하자르(Haajar)? 저스틴에게 1점을 주었네요. 이유를 설명해 줄래요?"

"조시라는 소년이 나왔는데, 이어서 집에 대한 이야기를 시작했어요. 그리고는 날씨와 다시 소년에 대해 이야기를 했어요."라고 하자르가 답한다.

몇몇 학생들이 추가 의견을 제시하고, 학생들은 저스틴이 1.5점을 받을 만하다고 합의한다. 이어서 램프킨 선생님은 다른 지원자가 있는지 묻는다.

"저요! 저요! 제가 하고 싶어요!"라고 여러 학생이 손을 들고

* 역자 주: 해리포터 시리즈에 나오는 빗자루를 타고 날아다니면서 골든 스니치를 잡는 게임.

외친다. 램프킨 선생님은 살레이나에게 작성한 문단을 보여 달라고 했고, 학생들은 3점이 적절하다고 합의한다. 이에 램프킨 선생님은 이야기한다. "정말 대단하네요. 여러분 모두의 작품이 훌륭해요. 좋아요, 딱 한 사람 더 해 보죠. 조슈아(Joshua)?"

그러자 학생들은 "아니요! 계속해요!"라면서 이 활동을 계속해서 자신의 문단을 읽고 싶다고 표현한다.

"알았어요. 조슈아 다음에 한 사람만 더 하죠." 램프킨 선생님

은 미소를 지으며 학생들의 요구를 수용한다.

조슈아 이후에 한 명에 대한 평가를 더 한다. 수업을 마치기 직전에 여러 학생이 "선생님, 우리 내일 다시 할 수 있어요?"라고 묻는다.

램프킨 선생님은 미소를 지으면서 내일 다른 학생들을 문단을 살펴보자고 약속한다.

사례 분석을 위한 질문

이 장의 내용을 참고하여 앞의 사례에 대한 질문에 답해 보시오.

객관식 질문

1. 학생들은 자신의 문단을 소개하고 싶은 마음이 강했다. 다음 중, 학생의 동기를 높이는 모형에서 어떤 요소가 그 이유를 가장 잘 설명할 수 있는가?
   a. 교사 모델링과 열정　　b. 개별화
   c. 도입부 집중　　　　　d. 과제 이해

2. 학생들이 자신의 문단을 발표한 이후, 이에 대해 토론하고 1~3점으로 평가했다. 학생의 동기를 높이는 모형의 요인들 중 이 과정을 가장 잘 설명하는 것은 무엇인가?
   a. 긍정적 기대　　　　　b. 질서와 안전
   c. 과제 이해　　　　　　d. 피드백

주관식 질문

자신의 문단이 공개적으로 평가되고 있지만, 학생들은 자신의 글을 발표하고 싶었다. 이들의 열정적 태도에 대해 학생의 동기를 높이는 모형의 요인을 활용하여 설명하시오.

중요 개념

(개인의) 교수효능감(personal teaching efficacy)
개방형 질문(open-ended question)
개별화(personalization)
과제 이해(task comprehension)
긍정적 학습 분위기(positive learning climate)
도입부 집중(introductory focus)
보살핌(caring)

수행 지향 교실(performance-focused classroom)
숙달 지향 교실(mastery-focused classroom)
양질의 예시(high-quality examples)
자기충족적 예언(self-fulfilling prophecy)
질서와 안전(order and safety)
집단효능감(collective efficacy)
참여(involvement)

학급 관리:
자기조절 학습자 개발

이 장을 공부한 후 여러분은 다음을 할 수 있어야 한다.

12.1 학급 관리의 목표, 교실에서 적용할 목표를 정의할 수 있다.

12.2 학급 관리 계획과 관련된 과정을 설명할 수 있다.

12.3 학부모의 참여를 위한 효과적인 의사소통 전략을 설명할 수 있다.

12.4 효과적인 개입을 설명하기 위하여 인지 및 행동주의 학습 이론을 사용할 수 있다.

12.5 공격적 행동이 발생했을 때 이러한 행동에 대응하여 법적·전문적인 직무 책임으로 대응할 수 있는 조치를 설명할 수 있다.

APA의 20가지 주요 원칙

이 장에서 명시적으로 다루는 유치원–12학년(초·중등학교)까지 교수 및 학습을 위한 심리학의 20가지 주요 원칙은 다음과 같다.

- 원칙 16: 교실에서의 행동과 사회적 상호작용에 대한 기대는 학습되며, 입증된 행동 원리와 효과적인 교실 수업을 사용하여 가르칠 수 있다.
- 원칙 17: 효과적인 학급 관리는 ① 높은 기대 설정 및 전달, ② 일관성 있는 긍정적 관계 형성, ③ 높은 수준의 학생 지원을 제공하는 것을 기반으로 한다.

학급 관리(Classroom management)는 교사들이 취하는 모든 조치를 포함하여 학습, 자기조절, 그리고 사회정서적 발달을 지원하는 환경을 조성하는 것이다. 정의에서 확인할 수 있듯이, 이는 단순히 질서 있는 교실을 유지하는 것 이상이며, 가장 중요한 것은 오랜 시간 이어져 온 연구를 통해 학생들이 이러한 질서 있는 교실에서 더 많은 것을 배우며, 배우고자 하는 동기가 더 높다는 것을 시사한다(Back, Polk, Keys, & McMahon, 2016). 이러한 연구는 다양한 연령대(Morris et al., 2013), 내용 영역(Adeyemo, 2013), 그리고 문화 그룹(Adeyemo, 2013; Balagna, Young, & Smith, 2013)에서 모두 일관성을 보인다. 다음의 사례 연구를 읽을 때 이러한 점을 염두에 두고 중학교 교사인 주디 해리스(Judy Harris)가 학급 관리 사건을 어떻게 다루는지 살펴보자.

해리스 선생님의 중학교 1학년 지리 수업에서는 중동 문화 단원을 다루고 있다.

학생들이 교실에 들어오면 큰 지도와 함께 다음과 같은 지시 사항이 화상기에 표시되어 있다.

더매스커스(Damascus)와 카이로(Cairo)의 경도와 위도를 구별하시오

해리스 선생님의 학생들은 매 수업이 시작될 때 복습문제를 풀고 그동안 해리스 선생님은 출석을 부르고 제출받은 과제를 다시 나누어 준다. 학생들은 뒷자리에서 넘어온 과제 위에 자신의 이번 시간 과제를 더해서 다시 앞 학생에게 넘겨준다.

해리스 선생님은 학생들이 이러한 활동을 마치기를 기다렸다가 수업을 시작했다.

"더매스커스의 위도는 대략 몇 도이지? 버니스(Bernice)가 대답해 볼까?"

해리스 선생님이 한 분단의 곁을 따라 걸으며 질문한다.

"제 생각에는 대략 북위 34도 정도 되는 것 같아요." 버니스가 대답했다.

해리스 선생님의 교실은 24명의 학생을 수용할 수 있지만 30명의 학생들로 분단 사이는 좁았다. 해리스 선생님이 대런 (Darren)의 옆을 지나가고 있는데 대런은 손을 뻗어 켄드라(Kendra)를 연필로 찔렀다.

"대런, 그만해!"라며 켄드라는 소리쳤다.

해리스 선생님은 몸을 돌려서 대런에게 다가와 근처에 서서 계속 수업을 진행했다.

"잘했어, 버니스. 더매스커스는 북위 34도 가까이에 있지."

"그 지역은 여름에 우리 지역보다 더 더울까 아니면 더 추울까? 대런?" 대런을 쳐다보며 물었다.

"제 생각에는 더 더울 것 같아요." 대런은 처음에 질문을 듣지 못했기 때문에 해리스 선생님이 다시 질문을 하고서야 대답한다.

"좋아, 잘 생각했어. 그런데 왜 더 더울까? 짐(Jim)이 대답해 볼까?"

해리스 선생님은 짐의 대답을 기다리면서, 데버라(Deborah)에게 귓속말을 하고 휴대전화를 가지고 놀고 있는 레이철 (Rachel)에게 다가갔다. 해리스 선생님은 무릎을 꿇고 눈높이를 맞추며 게시판에 표시된 학급의 규칙을 가르키며 조용하지만 단호하게 이렇게 말했다.

"우리는 다른 사람이 말할 때 경청하는 것이 중요하다는 것에 모두 동의했어. 그리고 규칙을 존중해야 한다는 것을 알고 있어……. 집중하지 않는다면 배울 수 없단다." 그리고 레이철이 휴대전화를 넣은 후 해리스 선생님은 일어났다.

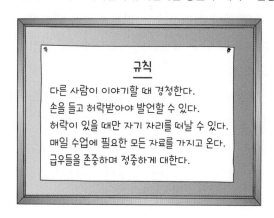

"더매스커스는 우리 지역보다 남쪽이고 또 사막지대에 있어서 더 더워요."라고 짐이 대답했다.

"잘했어, 짐. 이제 카이로를 살펴보자."

해리스 선생님은 레이철이 지도를 보고 있는지 확인하고 말했다.

학생들과 협력하면서 해리스 선생님은 질서 있는 환경을 조성하고 동시에 학생들의 학습과 발전을 촉진할 수 있는 몇 가지 조치를 취했다. 이 장에서는 이러한 조치들을 구체적으로 검토하고 대부분의 학급에서 유사한 환경을 만들 수 있는 방법도 살펴볼 것이다. 먼저, 학급 관리의 목표를 살펴볼 것이다.

학급 관리의 목표

12.1 학급 관리의 목표, 교실에서 적용할 목표를 정의할 수 있다.

> **교육심리학과 당신**
> 당신이 처음 교단에 섰을 때를 생각한다면 가장 걱정스러운 것은 무엇일지 생각해 보자. 그렇게 생각한 이유는 무엇인가?

만약 당신이 일반적인 사람이라면, 첫 질문에 대한 답은 학급 관리일 것이다. 우리가(저자인 폴과 돈) 초 · 중등학교에서 가르칠 때도 그랬고, "신임 교사들은 도전적 행동, 학급 관리가 가장 필요한 전문성 개발 분야라고 보고한다"(Rispoli et al., 2017, p. 58)는 언급과 같이 대부분의 초임 교사들은 이것을 가장 심각한 과제라고 생각한다. 이러한 점은 베테랑 교사들에게도 피로와 직무 불만족의 주요 원인 중 하나가 되기도 한다(Aloe, Amo, & Shanahan, 2014).

행정가들은 이러한 우려를 이해하고 있으며, 질서 정연하고 학습을 중심에 두는 교실을 만들고 유지하는 능력을 교사의 가장 중요한 특성 중 하나로 여긴다. 이러한 능력은 내용에 대한 지식과 교수 기술보다 높게 평가된다(Engel, 2003). 역사적으로 그래 왔듯 이것은 여론조사에서도 여전히 학교의 가장 어려운 문제 중 하나로 인식되고 있다(Langer Research Associates, 2017).

학생들과 함께하는 복잡성은 학급 관리가 어려운 이유를 이해하는 데 도움이 되며, 이는 '교육심리학과 당신'에서 제기한 두 번째 질문(학급 관리가 가장 큰 걱정이 되는 이유)에 대한 답을 제공한다. 예를 들어, 해리스 선생님은 대런과 레이철의 문제 행동에 대처하면서 수업의 흐름을 유지해야 했다. 그리고 대런과 켄드라 사이에 일어난 일이 커지는 것을 방지하기 위해서 대런에게 즉시 대응하는 동시에 레이철의 어긋난 행동에 개입해야 할지에 대한 여부도 결정해야 했다. 또한 가해자인 대런 대신에 켄드라를 질책했다면 해리스 선생님은 수업 시간에 무슨 일이 일어나는지 모르는 것으로 보일 수 있었다.

이러한 교실에서의 복잡성을 수용하고 '학습, 자기조절, 사회 및 정서 발달'을 촉진하는 교실을 조성하기 위해 학급 운영에서 가져야 하는 목표는 다음과 같다.

- 학습자의 자기조절 능력 개발
- 긍정적인 교실 분위기 조성
- 교수 및 학습 시간의 극대화

우리는 이러한 점들에 대해 살펴볼 것이다.

학습자의 자기조절 능력 개발

교사들은 종종 학생들이 자신의 학습에 대해서 노력을 별로 기울이지 않고, 책임을 지고자 하는 의지, 즉 자기조절 부족에 대해 안타까워한다.

캐시 휴스(Kathy Hughes) 선생님은 점심 식사 중 친구이자 동료 교사인 메르세데스 블런트(Mercedes Blount)에게 "우리 아이들은 너무 무책임해."라고 투덜댄다. "책을 가져오지도 않고, 사물함에서 공책을 가져오는 것도 잊어버리고, 연필도 없이 수업에 들어와⋯⋯. 아이들이 숙제를 미리 읽게 하는 것은 고사하고 수업 준비를 시키는 것도 어려워."

"나도 알아." 블런트 선생님이 쓴 웃음을 지으며 말했다. "일부 학생들은 너무 부주의하고, 또 다른 학생들은 아무것도 신경 쓰지 않는 것 같아."

이 문제의 해결책은 간단하거나 쉽지는 않지만, 학생의 자기조절 능력을 개발하는 것이다. **자기조절**(Self-regulation)은 학문, 혹은 개인적 목표를 달성하기 위해서 행동과 생각, 정서를 조절하고 통제하는 능력이다(Berk, 2019a; Schunk, 2016). 우리는 먼저 제6장에서 자기조절을 다루었는데, 자기조절이 다음과 같은 구성 요소를 가지고 있다는 것을 알아보았다.

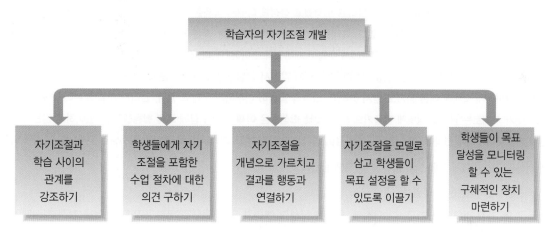

[그림 12-1] 학습자의 자기조절 개발

- 자기 동기 부여: 과제를 완성하고 적절한 활동에 참여하려는 책임을 지는 것
- 만족 지연: 나중에 더 큰 보상을 얻기 위해 즉각적인 보상을 포기하는 것
- 정서 조절: 정서를 사회적으로 적절하게 표출하는 것
- 자기 사회화: 사회의 행동 기준을 이해하고 그 기준에 따라 행동하는 것
- 자기조절 학습: 개인적인 학습목표를 설정하고 목표를 달성하기 위해서 사용되는 사고와 전략을 함께 고려하는 것

자기조절을 개발하는 데에는 많은 시간과 노력, 그리고 교사의 지원이 필요하다(Hessels-Schlatter, Hessels, Godin, & Spillmann-Rojas, 2017). 학생들을 위해 이러한 지원을 제공하기 위한 제안 사항은 [그림 12-1]에 소개되어 있으며, 이어서 제시되는 사례 연구를 통해 살펴볼 수 있다.

중학교 수학 교사인 샘 쿡(Sam Cook)은 학기 첫날을 시작하면서 학생들을 환영하고, 그들에게 자신을 소개하도록 하고 나서 말했다. "가능한 한 많이 배우기 위해서, 우리는 서로 협력할 필요가 있어요. 예를 들어, 나는 우리가 무엇을 달성할지에 대해 생각해 볼 필요가 있고, 주제에 대해 여러분의 이해를 도울 수 있는 예를 생각해 올 필요가 있습니다. 그것이 내가 해야 할 일이라면 여러분이 해야 할 일은 무엇일까요?

쿡 선생님의 지도로 학생들은 매일 수업에 책과 다른 준비물을 가져와야 한다는 결론을 내렸다. 또한 종이 울리면 자리에 앉아야 하고, 다른 학생들이 말을 마칠 때까지 친구의 말을 귀담아 들어야 하고, 다른 친구들의 노력을 응원하고, 과제를 단순히 끝내는 것이 아니라 이해하려고 노력해야 한다는 것을 깨달았다.

"자, 이 모든 것에 대한 책임은 누구에게 있나요?"라며 쿡 선생님이 물었다.

"우리요" 몇몇 학생들이 동시에 대답했다.

"맞아요. 나는 내 일에 책임이 있고, 여러분은 여러분의 일에 책임이 있어요. 사람들이 책임을 다하지 않는다면, 어떤 일이 발생하는지 살펴봅시다." 쿡 선생님은 다음과 같은 예시를 보여 주었다.

조시(Josh)는 학교에 모든 준비물을 가져가려고 노력했고 정성을 다해서 숙제를 했다. 조시가 준비물을 챙겼는지, 숙제를 이해했는지를 체크하는 리스트를 가지고 있었다. 숙제를 할 때 이해가 되지 않는 부분이 있으면 다음날 선생님께 여쭈어 보았다.

조시는 수업에서 공부를 많이 했고, 친구들에게 수업이 재미있다고 이야기한다. 선생님은 조시의 노력을 존중한다.

앤디(Andy)는 종종 책, 노트, 연필 등을 수업에 가져오지 않아서 선생님과의 사이에 문제가 있다. 앤디는 때때로 숙제를 하는 것도 잊어버려서 숙제에 대한 평가도 받지 못하고, 그 결과 학습이 이루어지지 않고 있다. 앤디는 조별 토론에서 또래 친구에게 화를 내거나 때로는 감정을 상하게 만들기도 한다. 몇몇 학생들은 이제 앤디와 함께 조별 활동을 하고 싶어하지 않는다. 앤디의 선생님은 어머니에게 전화를 걸어 앤디가 책임감이 없다고 이야기 했고, 그 벌칙으로 앤디는 일주일간 TV를 볼 수 없게 되었다.

쿡 선생님은 학생들에게 글을 읽을 시간을 준 뒤에 물었다.

"조시와 앤디의 차이점은 무엇일까요?"

학생들은 몇 가지 이야기를 했고, 그 과정에서 어떤 학생이 앤디가 많이 배우지 못하고 있다는 것을 지적했을 때 로니스(Ronise)가 "그건 앤디의 잘못이에요."라고 말했다.

"맞아요." 쿡 선생님이 고개를 끄덕였다. "만약 우리가 우리 자신에 대해 책임을 지지 않고, 자신의 행동과 정서를 통제하지 않았을 때, 우리가 배우지 못한 것은 누구의 잘못이죠?"

주 차: _____ 이름: _____					
자기조절 목표	월요일	화요일	수요일	목요일	금요일
깎은 연필 가져오기					
공책 가져오기					
교과서 가져오기					
벨이 울릴 때 자리에 앉아 있기					
급우가 말하는 동안 주의 깊게 듣기					
예의 있게 행동하기					
학습목표	월요일	화요일	수요일	목요일	금요일
숙제 끝내기					
숙제 이해하기					

[그림 12-2] 모니터링 리스트

"우리 잘못이요." 몇몇 학생이 대답했다.

"맞아요, 우리는 모두 우리 자신에 대해 책임이 있어요." 쿡 선생님은 강조하며 말했다.

쿡 선생님의 지도로 학생들은 책임감을 가지고 스스로를 통제하는 데 도움이 될 수 있는 목표를 세우고, 다음 날 쿡 선생님은 전날의 토론에서 만들어진 모니터링 리스트([그림 12-2] 참조)를 나누어 주었다. 그는 학생들에게 이것을 노트 맨 앞장에 붙이고 매일 아침 가장 먼저 체크할 수 있도록 했다. 이 리스트가 쌓이게 되면 학생들은 자신의 진척 사항을 기록하는 '책임감 포트폴리오'를 갖게 된다.

그런 다음 쿡 선생님은 학생들에게 숙제를 이해했는지 어떻게 확인할 것인지 묻고, 학생들은 이를 수업에서 설명하거나 부모님께 설명할 수 있어야 한다고 의견을 모았다. 마지막으로, 매주 책임감 목표에 대해서 18개 이상의 항목과 학습목표 8개 이상의 항목을 체크한 학생들에게 금요일에 자유시간을 주기로 결정했다. 책임감 목표에서 15개 항목보다 적게 체크한 학생들은 그 기간 동안 혼자서 '자숙의 시간'을 보낼 것이고, 학습목표 8개보다 적게 체크한 학생들은 개선이 필요한 부분에 대해 선생님과 함께 활동할 것이다.

이제 쿡 선생님이 [그림 12-1]의 제안을 어떻게 적용했는지 알아보자. 먼저, 학기 초부터 선생님은 학생들이 배우기 위해 학교에 왔고, 가능한 많이 배우고자 한다면 자기조절이 필요하다고 강조했다. 둘째, 쿡 선생님은 학생들로부터 수업 과정에서 의견을 제시하도록 요청했는데, 이것은 학생들이 성실하게 지킬 가능성을 높여 준다. 의견을 제공하도록 요청하는 것은 학생들의 자율성을 증대시키고, 이는 자기결정성이론에 따르면 우리 모두에게 필요한 기본적인 심리 욕구이다(Deci & Ryan, 2008).

셋째, 쿡 선생님은 책임감을 하나의 개념으로 다루었고 그것에 대한 적절한 예(조시)와 그렇지 못한 예시(앤디)를 설명했다. 학생들이 때때로 자기조절이 부족한 이유는 무책임하게 행동하거나 충동과 정서를 조절하지 못하는 것을 깨닫지 못하기 때문이다. 또한 그들은 때때로 행동과 결과 사이의 관계를 인식하지 못할 수도 있다. 쿡 선생님은 자기조절적인 행동, 그렇지 않을 경우에 대한 결과를 설명함으로써 이해를 촉진하는 데 도움을 주었다(Korpershoek, Harms, de Boer, van Kuijk, & Doolaard, 2016).

그런 다음, "나는 우리가 무엇을 달성할지에 대해 생각할 필요가 있고, 또 주제에 대한 여러분의 이해를 도울 예를 생각해 올 필요가 있습니다." 라고 말함으로써 쿡 선생님은 개인적으로 책임감에 대한 본보기를 보였으며, 학생들이 목표를 세우는 데 도움을 주었다. 마지막으로, 쿡 선생님은 학생들이 진행 상황을 모니터링하는 데 도움이 되는 구체적인 수단(자기모니터 리스트)을 준비했다. 우리는 학생들이 이러한 절차를 따르는 데 대한 책임을 점차적으로 받아들이기 원하며, 또한 자신의 학습을 증진시킬 결정을 내릴 수 있는 방법을 배우길 원한다. 이렇게 함으로써 학생들은 자기조절의 길에서 점차 진전을 이루게 될 것이다.

APA의 20가지 주요 원칙

이 논의는 16번째 원칙과 관련되어 있다. 교실에서의 행동과 사회적 상호작용에 대한 기대는 학습되며, 입증된 행동 원리와 효과적인 교실 수업을 통해 배울 수 있으며, 이는 유치원-12학년(초·중등학교)까지 교수 및 학습을 위한 심리학의 20가지 주요 원칙 중 하나이다.

쿡 선생님의 학생들은 초기에 보상(자유시간)을 받고 처벌(혼자 자숙의 시간 보내기)을 피하기 위해서 목표를 달성했다. 학생들의 자기조절이 발달함에 따라 학생들은 목표를 설정하고 모니터링하는 것이 학습을 증진할 수 있다는 것을 깨닫기 때문에, 목표를 스스로 설정하기 시작할 것이다.

얼마나 열심히 노력했는가와 관계없이, 해리스 선생님의 수업에서 대런과 레이철의 경우와 같이, 일부 학생들은 문제를 일으키고, 책임감을 수용하지 않을 수 있다. 그러나 자기조절 행동이 가능한 학생들에게는 그들의 평생 지속되는 학습과 전반적인 안녕감에 도움을 줄 수 있을 것이다.

긍정적인 교실 분위기 조성

앞서 본 것처럼 학급 관리는 학문적, 사회, 정서적인 학습을 지원하는 것이다. **교실 분위기(Classroom climate)**는 허용 가능한 행동의 기준을 설정하고 학생과 교사 간, 그리고 학생들 간의 상호작용을 형성하는 공유된 신념, 그리고 가치와 태도를 일컫는다. 교실 분위기는 이러한 목표를 얼마나 달성할지에 중요한 영향을 미친다(Gage, Larson, Sugai, & Chafouleas, 2016; Joe, Hiver, & Al-Hoorie, 2017).

교실 분위기와 관련한 연구들은 광범위하게 진행되었는데, 긍정적 환경의 학생들은 동기가 높고, 교사와 또래 간의 상호작용이 긍정적이며, 방해하려는 행동을 할 가능성이 낮고, 더 많이 학습한다(Back, Polk, Keys, & McMahon, 2016; Çengel & Türkoğlu, 2016). 긍정적인 교실 분위기는 괴롭힘과 약물 사용의 감소와 관련된 것으로 나타났다(Gagne et al., 2016). 신체적으로, 정서적으로 안전하다고 느끼는 것이 긍정적인 교실 분위기의 주요 특징이다. "학생들이 정서적으로 취약할 수 있는 여유가 있는 학교와 교실 분위기가 필요하며, 이러한 취약성이 학생들의 타인에 대한 친절과 관심을 갖는 행동을 하려는 학생들의 의지로 확장될 수 있는 교실 환경이 필요하다"(Nucci, 206, p. 716). 더욱이 긍정적인 정서 환경에서 학생들은 또래와 교사로부터 존중받고 정서적으로 연결되어 있다는 느낌을 받게 된다(O'Connor, Dearing, & Collins, 2011).

교실 분위기가 긍정적일 때 학생들이 더욱 참여하려고 하며, 사회적인 상호작용이 두드러지고, 학생들은 교사를 지지적이라고 인식한다(Kearney, Smith, & Maika, 2016). 지지적인 교사에 대해 좀 더 자세히 알아보자.

교사와 학생 관계

교사-학생 관계는 긍정적인 교실 분위기의 기반이 된다(Kuhl, 2017). 긍정적인 교사-학생 관계는 "……노력, 인내, 참여를 촉진하며, 흥미와 열정을 일으키고, 분노, 좌절, 불안, 또는 지루함과 같은 부정적인 정서를 억제한다"(Castle Heatly & Votruba-Drzal, 2017, p. 1043). 그렇다면 어떻게 학생들과 긍정적인 관계를 유지하고 지지적이라는 것을 전달할 수 있을까?

우리는 네 가지 방안을 제안하고자 한다. 첫째, 학생들의 이름 혹은 선호하는 닉네임을 빠르게 익히고, 이름을 불러주며, 정확하게 발음해야 한다. 이는 우리가 학생들을 한 인간으로써 관심을 가지고 있음을 전달하는 것이다(Okonofua, Paunesku, & Walton, 2016). 아래는 대학원 수업 중 한 교사가 학생들과 함께 한 노력을 설명하면서 보고했던 내용의 예시이다.

켈시 애덤스(Kelsey Adams)(가명) 선생님은 5개 반의 총 150명의 학생들을 가르치고 있다. 선생님은 첫 주가 끝날 때까지 모든 학생들의 이름을 외우기로 약속했다. 금요일이 되자 애덤스 선생님은 이렇게 말했다. "좋아요, 이제 외워 볼게요." "내가 분

단의 줄을 따라 가면서 여러분의 이름을 맞혀 볼게요. 혹시 내가 이름을 잘못 발음하면 알려 주세요." 그런 다음 애덤스 선생님은 학생의 어깨를 가볍게 두드리고 학생의 이름을 말하면서 지나갔다.

애덤스 선생님은 지난 6년 동안 학기의 첫 주가 끝날 때마다 매 학생의 이름을 외우고 제대로 발음할 수 있었다고 자랑스럽게 말했다. 또한 애덤스 선생님은 학생들의 이름을 모두 알지 못한 채 학년을 지내는 동료 교사가 있다는 것을 안타깝게 여겼다. 이름은 우리의 일부이며, 모두는 독특한 개인으로 인식되기를 원한다. 이렇게 간단하지만 강력한 전략은 우리가 모든 학생들을 중요하고 가치 있으며 환영받는 존재라는 것을 전달하며, 한 해 동안의 상호작용에 대한 분위기를 조성한다.

둘째로, 학생들과 개인적인 수준에서 상호작용해야 한다. 예를 들어서 절뚝거리는 학생을 발견하면 괜찮은지 확인하는 것, 부모님이나 형제자매에 대해 묻는 것, 새로운 머리 스타일이나 옷에 대해서 언급하는 것, 단순히 최근 일어난 일에 대해서 농담을 하는 것 등은 긍정적인 정서를 촉진할 수 있는 관심이며 민감함, 그리고 단순한 '인간성'이다.

세 번째, 학생들과 의사소통할 때 긍정적이거나 적어도 중립적인 어조를 사용하여 존중감을 보여야 한다. 비꼬거나 비하하는 발언, 거만한 발언은 피해야 한다. "많은 연구에서 권위 있는 인물에 대한 존경을 느끼고 존경을 느낀 인물에게 존경받는 것이 특히 갈등 상황에서 그 인물이 정한 규칙을 따르도록 동기를 부여할 수 있다"(Okonofua et al., 2016, p. 5221). 학생들을 존중하면, 학생들이 교사와 서로를 존중해야 한다는 기대는 더 큰 의미를 갖게 되며, 불가피하게 학생들의 문제 행동이 발생했을 때에도 순응성을 높일 수 있을 것이다 (Kearney et al., 2016).

넷째로, 학생들에게 높은 학업 기준을 유지해야 한다. 이것은 교사가 학생들을 유능한 학습자로 보고 그들과 그들의 능력 모두를 존중한다는 것을 전달할 수 있다. 교사가 학생들에게 전하는 이러한 신념, 가치 및 태도는 교실 분위기에 필수적 요소이다. 그러나 우리는 단순히 학생들에게 높은 기준을 요구하는 것이 아니라 그들이 그런 기준을 충족할 수 있도록 도움이 되는 지원을 제공해야 한다. "많은 연구에서 보여 주듯이 교사에게서 지원을 받는 학생들은 그렇지 못한 학생에 비하여 학업에 더욱 열심히 참여하고 학교에서 선생님과 훈계를 위한 상호작용을 덜 하는 것으로 나타났다"(Gregory, Skiba, & Mediratta, 2017, p. 261).

우리는 다음의 여러 가지 방법으로 이러한 지원을 제공할 수 있을 것이다.

- 학습목표를 명확하게 설정하고 지시를 목표와 일치시키기
- 주제를 의미 있게 만들기 위해서 양질의 예시와 콘텐츠 활용하기
- 학습 참여를 촉진하기 위해 학생들과 상호작용하기
- 형성평가를 활용하여 학습의 진행 상황을 확인하고 피드백 제시하기

APA의 20가지 주요 원칙

이 논의는 17번째 원칙과 관련되어 있다. 효과적인 학급 관리는 ① 높은 기대 설정 및 전달, ② 일관성 있는 긍정적 관계 형성, ③ 높은 수준의 학생 지원을 제공하는 것을 기반으로 한다. 이는 유치원-12학년(초 · 중등

학교) 교수 및 학습을 위한 심리학의 20가지 주요 원칙이다.

우리는 제13장과 제14장에서 이러한 각각의 지원 형태에 대해서 자세히 살펴볼 것이다.

교수 및 학습 시간의 극대화

학생들의 자기조절 능력이 발달하고 긍정적인 교실 분위기가 조성되면 잘못된 행동이 줄어들기 때문에 교실 관리의 세 번째 목표인 교수와 학습에 더 많은 시간을 할애할 수 있다. 하지만 '시간'은 겉으로 보이는 것만큼 단순하지 않으며, 다양한 유형이 존재할 수 있다.

- **할당된 시간**(Allocated time): 초등학교에서 수학 시간에 하루 1시간을 할당하거나 중·고등학교에서 55분 수업 시간을 배정하는 등 교사 또는 학교가 내용 영역 또는 주제에 할당한 시간의 양
- **교수 시간**(Instructional time): 일상적인 관리 및 행정 업무가 완료된 후 교육에 할당한 시간의 양
- **투입 시간**(Engaged time): 학생이 학습 활동에 주의를 기울이고 참여한 시간의 양
- **교과학습 시간**(Academic learning time): 학생들이 학습 활동에 참여하면서 성공한 시간의 양

교육 개혁가들이 수업 일수나 학년을 늘리고자 제안할 때, 할당된 시간의 증가를 제안하는 것이다. 그러나 그 가치는 그것이 얼마나 효율적인가에 달려 있다. 예를 들어, 잘못된 행동을 제지하기 위해 수업 시간이 줄어든다면 할당된 시간의 이점이 줄어들게 되고, 학생들이 주의를 기울이지 않는다면 투입 시간이 줄어들게 되며, 학생들이 혼란스러워하고 성공 경험을 하지 못한다면, 교과학습시간이 감소하게 된다.

우리가 추구하는 이상은 교육, 참여, 교과 학습 시간을 극대화하여 할당된 시간 중 가능한 많은 시간을 교육과 학습에 할애하는 것이다. 비록 출석 체크나 숙제를 걷는 것과 같은 반복되는 활동에 시간을 할애해야 하지만, 우리는 이 이상적인 상태에 가능한 가까이 갈 수 있도록 노력한다. 예를 들어, 매일 해리스 선생님이 출석을 확인하고 과제를 수거하고 돌려주는 동안 학생들은 복습을 마친다. 이러한 연습 활동은 학생들의 사전 지식을 활성화하고, 그날의 주제에 집중할 수 있도록 돕고, 교육에 활용하지 않는 시간들을 없애 줄 수 있다. 해리스 선생님은 대런과 레이철의 문제 행동을 동시에 처리하면서 수업의 흐름을 유지했다. 이는 우리가 이번 장의 처음에 언급한 내용과 관련되어 있다. "학생들과 협력하면서 해리스 선생님은 질서 있는 환경을 조성하고 동시에 학생들의 학습과 발전을 촉진할 수 있는 몇 가지 조치를 취했다."

다양한 유형의 시간은 학급 관리가 동기 부여와 학습에 필수적인 이유를 이해하는 데 도움을 준다. 학생들이 참여하고 성공할 수 있는 교실에서는 성취가 높고, 학습자들은 자신감과 효능감을 느끼며 주제에 대한 흥미가 증가하게 된다(Korpershoek et al., 2016).

학급 관리 계획

12.2 학급 관리 계획과 관련된 과정을 설명할 수 있다.

제이컵 쿠닌(Jacob Kounin, 1970)이 수행한 이 분야의 초기 연구 중 일부는 질서 정연한 교실의 학생이 문제가 발생한 후에 대응하는 **훈육**(discipline)이 아니라 질서 문제를 예방하는 교사의 능력에 있다는 것을 발견했다. "효율적인 교사는 교실을 관리합니다. 비효율적인 교사는 교실을 훈육합니다"(Lester, Allanson, & Notar, 2017, p. 410). 이러한 주장과 쿠닌의 결과는 여러 해 동안 일관되게 검증되었다(Hochweber, Hosenfeld, & Klieme, 2013).

우리의 목표는 나중에 처리해야 할 문제의 발생을 최소화하기 위해 가능한 많은 문제들을 예방하는 것이다. 이를 위해서는 계획이 필요하지만, 초임 교사들은 계획하는 데 걸리는 시간과 에너지의 양을 과소평가하는 경향이 있다. 때로는 충분히 신중하게 계획하지 않기 때문에, 교사들은 계속해서 문제에 대응해야 하고 이는 교사들의 불확실성과 스트레스를 증가시킨다(Dicke, Elling, Schmeck, & Leutner, 2015).

학급 관리를 위한 계획 과정을 검토하기 전에, 먼저 학급 관리에서 효과적인 교육의 역할을 살펴보자.

수업 계획

교육심리학과 당신
학생으로서의 경험을 되돌아보면, 어떤 수업에서 가장 주의를 기울이기 쉬운가? 어떤 수업에서는 주의를 기울이기 어려워서 친구에게 문자를 보내거나 옆 사람과 이야기하기 쉬운가?

'교육심리학과 당신'에서의 질문을 생각해 보자. 일반적으로 동기 부여가 되지 않은 경우에 우리는 주의를 기울이지 않을 가능성이 높다. "학생들이 참여할 기회가 제한된 지루한 수업은 학생들의 동기를 약화시키고, 이것이 관리의 문제가 시작되는 때이다"(Evertson & Emmer, 2017, p. 131). 우리가 학생이었을 때에도 이것은 분명한 사실이었고, 당신도 비슷한 경험을 했을 것이다. 해리스 선생님의 경우, 가르침이 효과적이지 않았다면 질서 정연한 교실을 유지하는 것은 사실상 불가능했을 것이다. "어떤 학교의 복도를 걷다 보면, 가장 엄격한 규칙을 가진 교사가 아니라 가장 친근하고 재미있는, 그리고 도전적인 수업 계획을 갖춘 교사가 가장 훌륭한 행동을 하는 학생들을 둔다는 것을 알게 될 것이다"(Kraft, 2010, p. 45).

관리와 교육 간의 밀접한 관련은 연구에서 일관되게 확인되었고, 이는 초등학교, 중학교, 고등학교 모두에서 마찬가지이다(Korpershoek et al., 2016). 이는 학급 관리를 계획할 때 교육도 동시에 계획해야 한다는 것을 시사한다(Greenberg, Putman, & Walsh, 2014). 이러한 계획은 다음과 같다.

- 학습목표를 명확히 하고, 가르칠 주제에 대한 예시를 준비하고 교육이 바로 시작될 수 있도록 자료를 준비하는 것이 중요하다. 예를 들어, 해리스 선생님이 준비한 지도는 학생들이 교실로 들어올 때 이미 표

시되어 있었고, 쿡 선생님은 수업을 시작할 때 사례가 준비되어 있었다.

- 수업과 활동을 정시에 시작하는 것도 중요하다. 해리스 선생님은 학생들이 교실로 들어올 때 워밍업 활동을 준비해 두었다. 이 활동은 수업에 가장 방해가 될 수 있는 '불감 시간(dead time)'을 없앴다.
- 잘 정립된 일상을 만드는 것도 중요하다. 해리스 선생님의 학생들은 매일 워밍업 활동을 하며, 누가 시키지 않아도 스스로 시작한다. 이러한 일상은 학생들의 균형을 유지하고 교사와 학생들은 작업 기억에 대한 인지 부하를 줄이며, 학습에 집중할 수 있도록 돕는다. 일부 전문가들은 효과적인 일상이 학급 관리의 기초라고 주장한다(Lester et al., 2017).
- 빠르고 원활한 전환이 필요하다. 이는 모둠의 구성원들을 서로 가까이 앉게 해서 전체 모둠 활동에서 소모둠 활동으로 이동하고 다시 돌아올 때 좌석에서 돌아서면 되도록 하는 것과 같은 것들을 포함한다. 만약 학생들이 모둠 활동을 위해 일어나야 할 경우 시간이 낭비되고 방해물이 발생할 가능성이 높아지기 때문이다.
- 학생들의 참여를 계획하는 것은 학생들이 주의를 기울이기 쉽게 만든다. 해리스 선생님은 학생들이 워밍업 활동을 마치자마자 질문을 통해 수업을 시작했다.

수업 계획을 세심하게 세웠으니, 이제 학년별 학급 관리에 대한 구체적인 계획 과제를 고려해야 한다.

초등학교에서의 학급 관리 계획

초등학교, 중학교 또는 고등학교 어디에서 수업을 계획하는지 상관없이, 명확한 **규칙**체계, 허용 가능한 행동 기준 및 **절차**(procedure), 과제 제출과 같은 반복적인 활동을 위한 지침, 다른 활동으로 전환하기 등은 학급 관리 시스템의 필수적인 요소이다(Emmer & Evertson, 2017; Evertson & Emmer, 2017). 그러나 만약 초등학교에서의 수업을 준비하고 있다면, 규칙과 절차는 중고등학생들과는 다를 것이다. 그 이유를 이해하기 위해서 1학년 학생들과 함께한 교생 선생님의 경험을 살펴보자.

초등교육을 전공하고 있는 짐 크래머(Sam Cramer) 교생 선생님은 1학년 학급에서 교육실습을 시작했다. 그것은 재앙이었다. 학생들은 자신의 자리에서 벗어나 교실을 돌아다녔다. 교생 선생님이 교과의 주제를 설명하기 위해 애쓰는 동안 학생들은 탁자 위의 학습 자료를 가지고 놀기 시작했다. 학생들은 협동학습 활동에서 각자의 역할에 대해 논쟁했다. 주의 집중을 위한 노력은 효과가 없었다. 학생들이 파괴적이거나 의도적으로 잘못 행동하는 것은 아니었다. 그들은 단지 어린아이일 뿐이었다. 학급의 지도교사는 학급 관리에 다소 여유롭게 대처하였고, 학생들이 집중하지 못하는 것에 대해 신경 쓰지 않는 것 같다.

어린아이들의 발달 특성은 크래머 교생 선생님의 경험이 순탄치 못한 이유를 이해하는 데 도움이 된다.

초등학교 아이들의 발달 특성

우리가 알고 있듯이, 어린아이들의 사고는 구체적이고 실질적인 것에 집중하는 경향이 있고 주의력이 제한되어 있다(Jiang, Swallow, & Rosenbaum, 2013; Piaget, 1970). 사회정서적으로, 그들은 선생님을 기쁘게 하기 위해 노력하며, 주위의 비판이나 가혹한 대우에 취약하다(Carter & Doyle, 2006).

가정에서 학교 환경으로 이동하면서 개인이 가진 자율성을 발달시키는 것이 아이들의 가장 중요한 임무 중 하나이다. 예측 가능한 교실 환경은 가정에서 느끼는 안정성을 할 수 있기 때문에 중요하다. 안정감을 갖지 못하는 아이들에게는 질서정연한 교실이 신뢰와 안전감을 형성하는 데 도움이 되는 긍정적인 힘이 될 수 있다(Watson & Ecken, 2003).

어린아이들은 주도성을 키우기 위해 충분한 자유가 필요하지만, 균형감각을 유지할 수 있는 충분한 구조도 필요하다. 초등학교의 학년을 거칠수록, 그들은 여전히 타인에 의해 받아들여지고 인정받는 것을 필요로 하며, 이는 그들이 자신의 일에 대한 책임감과 자신감을 발전시키는 데 도움이 된다. 이것은 어려울 수도 있다. "문제행동을 보이는 아이의 자율성, 소속감, 역량에 대한 욕구를 충족시키고, 안전하고 생산적인 교실을 유지하기는 어려운 일이다"(Watson & Ecken, 2003, p. 3).

우리의 규칙과 절차는 이러한 도전 과제들을 해결하는 데 도움이 된다. 다음에는 이것에 대해 살펴보자.

초등학교 교실에서의 규칙과 절차: 이론적 틀

대부분의 학습, 교육의 측면과 마찬가지로 초등학교 교실에서의 규칙과 절차는 인지학습이론에 근거를 두고 있다. 사람들은 자신의 경험을 이해하기 원하며, 그렇기 때문에 효과적인 규칙과 절차는 학생들도 이해할 수 있어야 한다. 다음은 한 초등학교 교사가 정한 규칙이다.

- 말하기 전에 손을 들기
- 선생님의 허락을 받고 자리에서 일어나기
- 몸가짐을 바르게 하기
- 다른 사람이 말할 때 경청하기
- 줄서기

이러한 규칙들은 이해하기 쉽다. 예를 들어, 말할 때 기다리기, 동급생이 말할 때 들어주기, 허락을 받기 전에는 자리에서 일어나지 않기 등은 두 가지 학급 관리의 목표인 학습 시간을 극대화하고 자기조절에 기여한다. 예의 바르게 서서 몸가짐을 바르게 하는 것은 사회, 정서적인 발달에 기여한다. 반대로 답변이나 의견을 즉흥적으로 내놓거나 다른 사람의 이야기를 듣지 않고, 줄을 서는 동안 친구를 건드리는 것과 같은 행동은 자기조절력의 부족과 사회·정서학습이 아직 발달하지 않았다는 것을 나타낸다.

연구는 규칙이 사회·정서적 발달을 촉진하는 데 중요하다는 증거를 제공한다. 예를 들어, 연구자들은 반 친구들의 배제를 방지하는 규칙을 시행하는 것이 배제된 아이들을 돕기 위한 개인적인 노력보다 더 크게 사회적 수용을 촉진한다는 것을 발견했다(Schwab & Elias, 2015).

앞의 규칙들은 예시일 뿐이며, 교육을 시작할 때 규칙에 대하여 직접 결정을 내리게 될 것이다. 규칙과 절차를 만드는 데 대한 구체적인 제안은 후반부의 '교육심리학을 교수에 활용하기: 규칙을 만들고 가르치기' 섹션에서 제공될 것이다.

초등학교 교실에서 물리적 환경 배치하기

물리적 환경은 다양한 활동이 이루어지는 공간이기 때문에 초등학교 교실에서 역시 중요하다. "교실을 정리하여 질서 있게 움직이게 하고, 주의가 방해 요소를 최소화하며, 가능한 공간을 효율적으로 활용할 수 있도록 배치한다면, 이러한 활동을 촉진할 수 있다"(Evertson & Emmer, 2017, p. 32). 테이블, 의자, 사물함, 카펫이 깔린 구역, 식물, 이젤, 블록 및 선반은 물리적으로 전체, 모둠 및 개별 학습을 물리적으로 수용할 수 있어야 하며, 유연하고 적응적이어야 한다.

모든 교실은 서로 다르게 보이겠지만, 다음과 같은 제안들이 우리의 교실 배치를 생각하는 데 도움이 될 수 있을 것이다.

- 모든 학생이 칠판, 화상 카메라 및 화면을 볼 수 있는지 확인하라. 만약 이를 위해 학생들이 이동하거나 목을 길게 곧추세워야 한다면 혼란이 일어나기 쉽다.
- 당신이 모든 학생을 관찰할 수 있도록 교실을 계획하라. 학생들의 행동을 관찰하는 것은 학습과 학급 관리에 중요하다.
- 학생들이 다른 학생을 방해하지 않고 자주 사용되는 자료에 접근할 수 있는지 확인하라.
- 학생들이 자주 이동하는 곳은 방해물을 두지 말고 학생들의 이동을 위한 충분한 공간을 제공하라.

[그림 12-3]은 한 초등학교 교실의 물리적 배치 상태를 보여 준다. 이것이 앞의 지침을 얼마나 잘 반영하여 계획되었는지 살펴보라. 이것은 순전히 한 예일 뿐이며 당신의 교실을 다른 방식으로 정리할 수 있다.

중학교와 고등학교에서의 효과적인 학급 관리 계획

중학교와 고등학교 수업은 청소년으로 구성되어 있으며, 이들은 초등학생보다 더 발달했다. 따라서 중·고등학교에서 가르친다면, 이러한 발달적 변화도 고려해야 한다. 다음을 보자.

중·고등학교 학생들의 발달 특징
학생들이 상급 학교에 진학하면서 몇 가지 발달적 경향이 중요해진다.

- 또래의 영향이 증가한다.
- 정체감의 추구가 시작된다.
- 소속과 사회적 수용 욕구가 증가한다.
- 자율성과 독립성 욕구가 증가한다.

학습이론과 동기이론은 이러한 추세가 수업 관리에 미치는 영향을 이해하는 데 도움을 준다. 예를 들어 첫 번째로, 사회인지이론은 왜 학생들이 학업, 운동, 일탈행동에서의 성취를 보이는 또래를 모방하려는 경향이 있는지 설명한다(Kidron & Fleischman, 2006). 대리강화와 처벌은 학생들이 일관성 있다고 믿을 때, 즉 이해할 수 있을 때 효과적일 수 있다. 이 장 서두의 사례에서 대런과 레이철에 대한 해리스 선생님의 개입이 그 예이다. 학급 학생들은 그들이 받아들였던 규칙을 대런과 레이철이 깨뜨렸고 해리스 선생님이 그 규칙을 공정하게 집행하고 있음을 볼 수 있다.

둘째, 매슬로의 이론과 자기결정성이론은 모든 학생들에게 소속감과 관계성이 중요하며, 청소년기에 들어

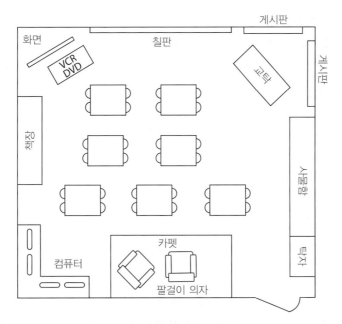

[그림 12-3] 초등학교 교실의 물리적 배치

서 동료의 수용에 대한 필요성이 증가한다는 점을 일깨워 준다. 이는 왜 그들이 말투, 옷차림, 행동에서 어른들의 기준에서 이상하게 보일지라도 따르려고 하는지를 이해하는 데 도움이 된다.

셋째, 청소년은 정체감을 추구하기 시작하고 자율성과 독립성에 대한 욕구가 증가한다. 이것은 반항적이고 변덕스럽게 보이는 행동의 시도로 이어질 수 있다. 이러한 경향을 이해하면, 청소년들이 안정성과 지지를 필요로 하며, 수용 가능한 행동에 대한 명확한 한계를 설정한 배려 깊은 교사의 엄격한 손길에서 나온 안정감과 지원을 필요로 한다는 것을 상기시켜 준다.

중등학교 교실에서의 규칙과 절차: 이론적 틀

중학교와 고등학교 학생들을 대상으로 규칙과 절차를 지도하는 이론적인 틀은 초등학교와 많이 유사하지만 몇 가지 차이가 있다. 예를 들어, 학생들이 성숙해짐에 따라 모든 것이 학생들에게 의미 있어야 한다는 점이 더욱 중요해지며, 공정성, 부당한 대우, 그리고 교사의 '편애' 혹은 '좋아하는 학생을 두는 것' 등에 대한 인식도 증가한다. 학생들이 이러한 문제에 대해 점점 더 예민해지기 때문에 규칙이 존재하는 이유를 이해하도록 하고 그들에게 일관되게 시행하는 것이 점점 더 중요해진다.

자기결정성이론은 우리 모두에게 자율성이 필요하고 학생들의 의견을 수렴하여 규칙과 절차를 정하는 것이 이 욕구를 충족시키는 데 도움이 된다고 제안한다.

다음은 중학교 1학년 학급 규칙의 일부이다.

- 종이 울리면 조용히 자리에 앉는다.
- 지시를 받으면 바로 이행한다.
- 매일 교과서, 공책, 펜, 연필, 계획서를 수업에 가져온다.
- 말을 하거나 자리에서 일어날 때에는 허락을 받는다.

- 몸가짐을 바르게 하고 자신의 물건은 몸 가까이에 둔다.
- 선생님이 수업을 끝내고 난 뒤에 교실에서 나간다.

초등학교 교실 규칙의 예와 마찬가지로 중학교 학생들의 발달 특성을 고려하여 이해 가능하고, 학급 관리의 목표를 달성하는 데 도움이 되는 규칙들이다. 예를 들어, 중학교 학생들은 '사회적'인 경향이 있으므로, 첫 번째 규칙은 이러한 경향에서 발생할 수 있는 잠재적인 문제를 함께 포괄한다. 그리고 학생들이 점차 적절하게 사회성을 배우고, 자시를 따르며, 필요한 자료들을 수업에 가져오는 것을 배울수록 자기조절 능력이 발달하게 된다. 그리고 몸가짐을 바르게 하고 자신의 물건은 가까운 데에 두도록 함으로써 자기조절력과 사회, 정서적 학습에 모두 도움이 될 것이다.

초등학교 교실과 마찬가지로 당신이 제정하는 구체적인 규칙은 당신의 전문적 판단에 달려 있다. 예를 들어, 세 번째 규칙이 너무 구체적으로 보일 수도 있지만, 이 규칙을 만든 교사는 실제로 학생들이 수업에 필요한 자료를 가져오도록 확실히 해두기 위해 구체적인 내용이 필요했음을 밝혔다.

학생들이 고등학교에 진학함에 따라 행동이 점차 안정화되고, 성인 수준에서 더 효과적으로 의사소통하며, 명확한 것에 일반적으로 잘 반응한다.

다음은 고등학교 1학년 교실에서 발췌한 규칙이다.

- 교실 밖에서 옷차림을 모두 다듬는다.
- 수업종이 울리기 전 자리에 앉는다.
- 수업 시간 중에는 자리를 떠나지 않는다.
- 매일 모든 수업 자료를 가지고 온다. 수업 자료에는 교과서, 공책, 펜과 연필, 그리고 종이 등이 포함된다.
- 토의 중에는 타인의 말에 집중하며 자신이 말할 차례를 기다린다.
- 종료종이 아니라 교사가 해산하라고 할 때 자리를 떠난다.

다시 말해서, 이러한 규칙은 보다 성숙한 학생들의 특성을 고려하여 설계되었다. 예를 들어, 상급 학생들은 때로는 자신의 외모에 집착하고 수업 토론 중에도 머리를 빗는 행동을 한다. 이것이 "교실 밖에서 옷차림을 모두 다듬는다"라는 규칙의 이유가 될 것이다. 종소리가 울릴 때 학생들은 자리에 앉아 있어야 하고, 자리에 앉아 있도록 하는 규칙은 자기조절력을 높여 준다. 또한 동급생의 말을 주의 깊게 들으면 사회적이고 정서적인 학습을 도울 수 있다.

중학교와 고등학교 교실의 물리적 환경 조성

중학교, 고등학교 교실의 물리적 환경은 보통 교실 정면을 향해 책상의 열을 맞추거나 반원 형태로 배열한 전통적 배치에 가까운 경향이 있다. [그림 12-4]와 [그림 12-5]는 이러한 배치를 나타낸 것이다.

전체 학생 혹은 소규모 모둠의 지도를 함께 운영하는 경우, [그림 12-6]에 나와 있는 것과 같이 교실을 배치하는 것이 좋을 수 있다. 학생들은 조원들과 함께 앉아 있기 때문에 이동할 필요가 없다. 그런 다음 학습 활동이 모둠에서 전체로 이동할 때, 학생들은 쉽게 머리를 돌려서 교사나 칠판 및 화상 카메라를 볼 수 있다.

단일 배치가 모든 상황에 적합한 것은 아니며, 최상의 결과를 얻기 위해 당신은 실험을 해 보아야 할 것이다. 고등학교 교실의 배치에 대한 제안은 다음과 같다(Emmer & Evertson, 2017).

- 교실 배치가 교육목표와 일관성을 가져야 한다.
- 교실 내에서 이동이 많은 지역은 혼잡하지 않도록 해야 한다.
- 교사가 모든 학생을 쉽게 볼 수 있고, 학생들도 화면을 쉽게 볼 수 있도록 해야 한다.
- 자주 사용되는 자료나 기자재에 쉽게 접근이 가능해야 한다.

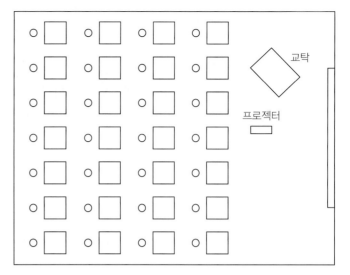

[그림 12-4] 전통적인 행의 교실 배치

개성적인 교실 만들기

많은 교실, 특히 중·고등학교 교실은 개성적이지 않으며, 그곳에서 시간을 보내는 사람들에 대해 거의 알려 주는 것이 없다(Emmer et al., 2006).

우리는 학생들이 제작한 개인이나 학급의 사진, 미술 작품, 시 등과 같은 개성적인 물품을 게시판이나 포스터에 전시한다면 교실을 더 환영하는 분위기로 만들 수 있을 것이다. 게시판의 한 부분은 지난 시험에 비해 이번 시험에서 향상을 보인 학생들의 이름을 걸거나 모든 학생이 명예를 느낄 동등한 기회를 주는 다른 형태의 인정하는 사항을 게시할 수 있다.

우리는 또한 학급 배치에 대한 결정에 학생들을 참여시킴으로써 교실을 개성화할 수 있다. 학생들이 학습 촉진이 목표라는 것을 알고, 자기조절이 강조된다면, 주인의식을 갖게 되어 안정감, 소속감, 자율성에 대한 인식이 높아질 것이다.

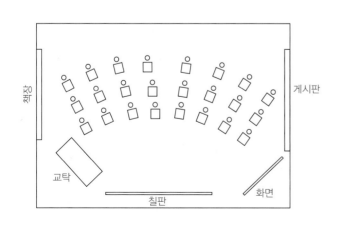

[그림 12-5] 반원형의 교실 배치

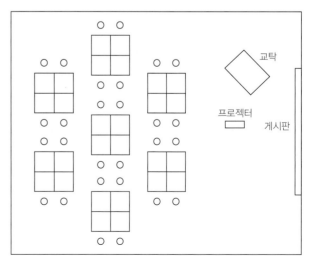

[그림 12-6] 그룹 작업을 위한 좌석 배치 샘플

첫날을 위한 계획

연구는 전체 학년의 행동 패턴이 학년이 시작된 처음의 며칠 동안에 형성된다는 것을 일관되게 보여 준다(Jones & Jones, 2016). 초등학교에서는 "학년의 처음이 학급 관리에 대한 중요한 시기이다. 학생들은 그 해 나머지 기간에 교실 분위기에 영향을 미칠 태도, 행동 및 작업 습관을 배울 것이다"(Evertson & Emmer, 2017, p. 95). 또한 학생들이 자신에게 기대되는 것과 학교 과제를 성공적으로 수행하는 데 필요한 것이 무엇인지 배우는 시기이다. 중학교, 고등학교 학생들에게도 학년 초반은 유사하지만, 추가로 "각 학생이 학교의 과제가 가치 있으며 성공할 수 있다는 믿음을 강조"(Emmer & Evertson, 2017, p. 90)하고자 한다. 우리가 이전에 다루었던 긍정적인 교사-학생 관계는 이러한 믿음에 기여할 수 있다.

두 중학교 교사의 학기 시작 방식에 따른 차이점을 살펴보자.

중학교 2학년 교실의 도넬 알렉산더(Donnell Alexander) 선생님은 학생들이 교실에 들어오자 준비해 온 유인물을 들고 문 앞에서 학생들을 기다리고 있다. 알렉산더 선생님은 유인물을 나눠 주면서 "빨리 자리에 앉으세요. 책상에 자신의 이름을 찾을 수 있을 거예요. 1분 안에 종이 울릴 테니 모두 자기 책상에 앉아 종이 울릴 때까지 책상에 앉아 조용히 있기를 바랍니다. 기다리는 동안 유인물을 읽어 주세요."

알렉산더 선생님은 종소리가 울리자 교실 앞쪽에 서서 학급을 둘러보았다. 종소리가 멈추자 알렉산더 선생님은 "여러분, 좋은 아침입니다."라는 말로 시작했다.

알렉산더 선생님의 맞은편 교실에서 학생들을 가르치고 있는 비키 윌리엄스(Vicki Williams) 선생님은 학생들이 교실에 들어올 때 유인물을 정리하고 있었다. 몇몇 학생들은 자리에 앉고 다른 학생들은 이리저리 돌아다니며 집단별로 이야기를 나누었다. 종이 울리자 윌리엄스 선생님은 고개를 들어 학생들의 웅성거리는 소리 너머로 "모두 자리에 앉으세요. 몇 분 후에 시작하겠습니다."라고 말하며 다시 자료 정리를 시작했다.

이 처음 몇 분 동안, 알렉산더 선생님의 학생들은 자신이 자리에 앉아서 수업을 시작할 준비를 해야 한다는 것을 배웠지만 윌리엄스 선생님의 수업은 정반대였다. 학생들은 이러한 차이를 금방 이해하며, 윌리엄스 선생님이 이러한 패턴을 바꾸지 않는다면, 만성 비염과 같이 극적이지는 않지만 만성적이고, 낮은 수준에서 사라지지 않는 문제를 겪게 될 것이다. 이러한 문제들은 다른 어떤 것보다도 교사의 스트레스와 피로를 유발한다(Jones & Jones, 2016). 학기 초의 며칠 동안을 위한 구체적 제안은 다음과 같다.

- 기대의 확립: 첫 수업 요구 사항과 성적 체계에 대한 설명서를 배포한다. 교사가 내린 모든 결정은 학습을 촉진하기 위한 것임을 강조한다.
- 규칙과 절차 가르치기: 첫날 규칙과 절차를 가르치는 것은 기대치를 확립하는 일부이다. 처음 며칠 동안 추가적으로 빈도와 규칙에 대해 토론하고 연습한다.
- 구조화된 교수 계획: 시선 접촉과 동기를 부여하는 학습 활동으로 지도를 시작하고, 처음 며칠 동안은 그룹 작업을 피한다.
- 학부모와 소통을 시작하기: 학부모에게 편지를 쓰되, 수업 요구 사항과 규칙, 절차를 포함하고 이를 학생

들이 볼 수 있도록 게시한다. 또한 이를 이메일로 보내어 답변을 요구한다. (학부모가 이메일을 사용할 수 없는 경우, 학생들에게 복사본을 제공하고 다음 날 학부모의 서명이 있는 편지를 가져올 수 있도록 하기)

기대치를 확립하고 학부모와 즉시 소통함으로써 교실을 주도하고 조직되어 있다는 것을 보여 줄 수 있다. 효과적인 지도와 결합된다면, 학급 관리의 문제를 예방하는 데 가장 효과적일 것이다.

교육심리학을 교수에 활용하기: 규칙을 만들고 가르치기

앞서 살펴본 것처럼 명확하고 구체적인 규칙과 절차는 학습, 자기조절, 그리고 사회, 정서적 발달을 촉진한다. 효과적인 가르침과 결합된다면, 규칙들은 효과적인 학급 관리 시스템의 기반이 될 수 있다. 다음은 규칙을 효과적으로 만들고 가르치는 데 도움이 될 수 있는 제안이다.

- 긍정적인 언어로 제시된 몇 가지 규칙을 만든다.
- 규칙을 설정할 때 학생들의 의견을 듣고 받아들인다.
- 규칙에 대한 이유를 강조한다.
- 규칙과 절차를 설명하기 위해 구체적인 예시를 사용한다.
- 규칙과 절차가 자동화될 때까지 지속적으로 관찰하고 연습한다.

(이 부분에서 대부분 규칙에 중점을 두지만, 각 제안들은 절차에도 동등하게 적용된다.)
학년 초부터 해리스 선생님이 규칙을 만들고 가르친 방법을 돌이켜 보자.

해리스 선생님은 자신을 소개하고 학생들이 나누기를 원하는 개인적 항목을 포함하여 자신을 소개하는 것으로 새 학기 수업을 시작했다.

학생들의 소개가 끝나자 해리스 선생님이 말했다. "이 수업에서 우리의 목적은 세계의 지리에 대해 그리고 그것이 우리 삶의 방식에 얼마나 영향을 미치는지에 대해 배우는 것이에요. 가능한 많이 배우기 위해 우리가 어떻게 수업을 운영할 것인지를 안내하는 몇 가지 규칙이 필요합니다. 따라서 우리 모두에게 합리적이고 공정한 규칙에 대해 생각해 보면 좋겠어요. 조니크(Jonique)부터 말해 보세요."

"…… 우리는 집중해서 들어야 해요." 조니크가 몇 초간 생각한 뒤 제안했다.

학급 학생들은 그 규칙이 합리적이라는 데 동의했고 해리스 선생님은 그것을 칠판에 적은 후 다시 물었다.

"왜 이 규칙이 중요할까요?"

"…… 서로 경청하지 않거나 누군가 얘기할 때 끼어든다면 무례한 행동이기 때문이에요." 에니타(Enita)가 말했다.

"물론이에요." 해리스 선생님이 웃으며 응답했다. "가장 중요한 이유는 무엇일까요?"

"배우기 위해서입니다." 안토니오(Antonio)가 이 토론의 첫머리에서 해리스 선생님이 말한 것을 기억하며 답했다.

"맞아요, 그것이 학교에서 해야 할 일이에요. 우리가 경청하지 않는다면, 우리는 배울 수 없어요. …… 우리는 우리 자신의 행동에 대해 책임을 져야 하고, 이것은 우리가 목표를 달성하는 데 도움이 될 거예요. …… 그리고 주의 깊게 듣는 것은 예의와 존중으로 모든 사람을 대하는 한 방식이 될 거예요."

학생들은 자신이 모두 정중하게 대접받기를 원한다는 데 동의했고, 해리스 선생님은 그것을 칠판에 적어 놓았다. 그리고 해리스 선생님은 그림에서 볼 수 있듯이 규칙 목록이 다 나올 때까지 계속해서 토의를 이끌었다.

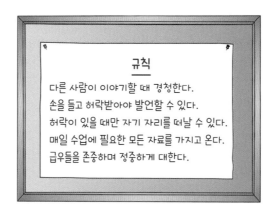

모든 규칙에 대해서 해리스 선생님은 왜 그 규칙이 중요한지, 그리고 그것이 학습을 얼마나 촉진시킬 수 있는지, 그리고 규칙이 그들 자신의 행동에 대한 책임을 지는 데 도움이 될 수 있음을 강조했다.

한 해 동안, 특히 첫 몇 주 동안 한 학생이 다른 학생을 괴롭히는 것과 같은 행동이 일어날 때 해리스 선생님은 그들의 행동을 제지하고, 규칙을 상기시켰고, 학생들에게 규칙이 중요한 이유에 대해 다시 물었다. 학생들은 점차 규칙에 적응했고 학급환경에 익숙해졌다.

학교 수업을 마친 뒤, 해리스 선생님은 규칙을 학급의 모든 학부모님들에게 이메일로 전송했다.

이제 해리스 선생님이 제시된 제안들을 어떻게 적용했는지 살펴보자.

긍정적인 언어로 제시된 몇 가지 규칙을 만든다 첫 번째 제안은 규칙 자체에서 설명되고 있다. 해리스 선생님은 다섯 가지 규칙만을 만들었고, 그것들을 긍정적으로 명시했다. 적은 수의 규칙은 학생들의 작업 기억에 대한 인지적 부담을 줄이고 규칙을 기억할 가능성을 높여 준다. 학생들은 규칙을 자주 어기곤 하는데(특히, 초등학교 교실에서) 이는 단순히 규칙을 잊었기 때문이다.

규칙을 긍정적인 언어로 명시하는 것은 인지학습이론에 근거한다. 규칙은 학생들에게 기대되는 행동을 설정하고, 학생들은 이것을 도식으로 장기기억에 부호화할 수 있다. 부정적으로 명시된 규칙은 학생들이 '하지 말아야 할 것'을 단순히 식별하여 도식화하는 데 도움이 되지 않는다. 또한 규칙을 긍정적으로 명시함으로써 자기조절, 사회, 정서적 발달을 지원하는 교실 환경을 촉진하는 데 도움이 된다.

학생의 의견 받아들이기 해리스 선생님은 두 번째 제안인—규칙 설정 과정에서 학생들의 의견을 듣고 받아들인다—를 "가능한 많이 배우기 위해 우리가 어떻게 수업을 운영할 것인지를 안내하는 몇 가지 규칙이 필요합니다. 따라서 우리 모두에게 합리적이고 공정한 규칙에 대해 생각해 보면 좋겠어요. 조니크(Jonique)부터 말해 보세요."라고 말하면서 적용했다. 학생들의 의견을 요청하는 것은 사회적인 계약을 형성하여 도덕성 발달, 학생들의 자율감, 그리고 학습동기를 증진시킬 수 있다(Brophy, 2010; Deci & Ryan, 2008). 이 제안은 학생들이 자신의 행동에 책임을 져야 한다는 생각을 강화할 수 있기 때문에 초등학교보다 중·고등학교 학생들에게 더 중요하다. 그러나 몇몇 교사들은 학생들의 의견을 듣지 않고 규칙과 절차를 만드는데, 이 과정 또한 효과적일 수 있다(Emmer & Evertson, 2017; Evertson & Emmer, 2017).

규칙에 대한 이유를 강조한다 이 글의 전반에 걸쳐 반복적으로 강조한 것과 같이, 경험을 이해하는 것은 기본이며, 규칙에 대한 이유를 제공함으로써 학생들이 규칙을 이해하는 데 도움을 줄 것이다. 예를 들어, 모든 형태의 학습이 우리가 학교에 있는 이유임을 강조하고, 학생들이 답변이나 의견을 함부로 말하면 학습에 방해가 될 것임을 이해한다면, 규칙을 이해할 수 있기 때문에 함부로 말을 할 가능성이 줄어들게 된다. 규칙을 이해할 수 있다면, 학생들은 규칙을 따르려는 경향이 높아지며, 자기를 제어함으로써 자기조절과 사회정서적 발달에 기여할 수 있다.

이제 해리스 선생님이 이 제안을 어떻게 적용했는지 다시 살펴보자.

해리스 선생님: 왜 이 규칙(잘 듣는)이 중요할까요?

에니타: 서로 경청하지 않거나 누군가 얘기할 때 끼어든다면 무례한 행동이기 때문이에요.

해리스 선생님: 물론이에요. ⋯⋯ 가장 중요한 이유는 무엇일까요?

안토니오: 배우기 위해서입니다.

이 짧은 대화에서 알 수 있듯이, 규칙이 중요한 이유에 대해 논의하기만 한다면, 그 근거를 쉽게 제시할 수 있다. 시간이 많이 걸리지 않고 예상보다 더 큰 이점을 얻을 수 있는 경우가 많다.

학생들이 의견을 반영하건 아니건 간에 규칙을 만드는 과정에서 이유를 제시하는 것이 중요하다. 이유가 없다면 학생들은 규칙을 무작위적이거나 심지어 처벌로 보게 되어 규칙을 무시하거나 위반할 가능성이 높아진다.

규칙과 절차를 설명하기 위해 구체적인 예시를 사용한다. 해리스 선생님은 네 번째 규칙을 설명하기 위해 일반적인 학습 활동 중에 교실에서 발생한 사건을 사용했다. 예를 들어, 이 장의 시작 부분에 있는 사례 연구를 검토해 보자.

해리스 선생님은 짐의 대답을 기다리면서, 데버라에게 귓속말을 하고 휴대전화를 가지고 놀고 있는 레이철에게 다가갔다. 해리스 선생님은 무릎을 꿇고 눈높이를 맞추며 게시판에 표시된 학급의 규칙을 가르치며 조용하지만 단호하게 이렇게 말했다.

"우리는 다른 사람이 말할 때 경청하는 것이 중요하다는 것에 모두 동의했어. 그리고 규칙을 존중해야 한다는 것을 알고 있어.⋯⋯ 집중하지 않는다면 배울 수 없단다."

여기서 해리스 선생님은 레이철이 주의를 기울이지 않는 행동을 규칙 "다른 사람이 말할 때 경청해야 한다."를 강화하는 기회로 활용했다. 이러한 방식으로 예를 활용하는 것은 즉각적·구체적이며 개인적이기 때문에 효과적일 수 있다. 시간이 지나면 학생들은 규칙이 왜 중요한지를 이해하게 되고 방해 행동이 점차 감소하게 될 것이다.

규칙과 절차가 자동화될 때까지 지속적으로 관찰하고 연습한다. 우리는 자동화가 인지 부담을 줄이는 데 중요하다는 것을 알고 있다. 이는 과제를 제출하거나 점심을 먹기 위해 줄을 서는 것과 같은 절차들이 학생들이 생각하지 않고 수행할 수 있을 정도로 연습되어야 한다는 것을 의미한다. 예를 들어, 해리스 선생님의 학생들은 매일 준비 활동을 하기 때문에 이번 장의 시작 부분에 있는 활동을 수업이 시작하면 자동적으로 할 수 있게 된다.

해리스 선생님은 중학교 교사이다. 한 초등학교 교사의 노력을 살펴보자.

초등학교 1학년 교사인 마사 오크스(Martha Oakes)는 학생들이 문제지를 정리하는 방법을 이해할 수 있도록 돕고 있다.

"저는 학생들의 이름과 제 이름을 이 교실 벽장에 붙여 두었습니다. 그 후 학생들이 지켜보는 동안 저는 짧은 문제지 하나를 완성하고 벽장으로 걸어가서 제 이름이 붙은 선반에 그것을 얹으면서 크게 말했습니다. 저는 제 문제지를 끝냈어요.…… 이제 무엇을 할까요? …… 벽장 선반에 얹어 두어야겠어요. 만약 그렇게 하지 않는다면 선생님은 그것을 검토하지 못하기 때문에 그렇게 하는 것이 중요해요.…… 이제 다음 과제를 하겠어요."

"그리고 나서 저는 학생들에게 같은 문제지를 나누어 주었고, 문제지를 완성하면 조용히, 그리고 개인적으로 각자의 선반에 가져다 두도록 지시했습니다. 학생들이 그 일을 마친 후, 과제를 마치면 즉각 완성된 문제지를 벽장 선반에 얹어 두고, 벽장으로 가고 제자리로 돌아오는 동안 다른 학생들에게 말하거나 건드리지 않고, 다시 학습을 시작하는 것에 대한 이유를 우리는 몇 분 동안 토의했습니다. 다시 저는 학생들에게 다른 문제지를 나누어 주었고, 무엇을, 왜 해야 하는지 묻고 그것을 실행하도록 했습니다. 그 후 만약 우리가 문제지를 제자리에 놓지 않을 때 어떤 일이 일어날 수 있는지에 대해 이야기를 나누었습니다."

"매일 하루 일과를 마치기 직전 학급 회의를 했습니다. 학급에서의 생활에 대해 토의하고, 보다 나아지기 위해 필요한 제안을 내놓았습니다. 어떤 사람들은 1학년 학생들이 이와 같은 활동을 해낼 수 있을지에 대해 회의적이겠지만 아이들은 할 수 있었습니다. 이것은 또한 제가 학생들이 우리의 규칙을 항상 새롭게 일깨울 수 있도록 돕는 방법입니다."

우리는 오크스 선생님의 접근 방식이 인지학습이론에 기초한다는 것을 알고 있다. 먼저, 오크스 선생님은 문제지를 선반에 가져다 놓는 과정을 모범으로 보여 주었고, 자신이 하는 것을 언어로 표현함으로써 인지 모델링을 활용했으며, 학생들에게 똑같이 하는 것을 연습하도록 했다. 1학년인 오크스 선생님의 학생들에게는 구체적이고, 상세한 예시가 필수적이며, 이러한 행동은 학생들이 절차를 이해하고 자기조절을 증가시킬 수 있는 구체적인 예시가 될 수 있다. 충분한 연습을 통해서 절차는 자동화되어 오크스 선생님과 아이들의 인지 부담을 줄일 수 있을 것이다.

교실과의 연계

학급에서 규칙과 절차를 계획하고 가르치기
규칙과 절차 계획하기

1. 효과적인 학급 관리는 계획으로 시작된다. 첫 수업을 시작하기 전에 규칙과 절차를 잘 계획하라.

- **초등학교**: 3학년 교사는 학생들과 학부모들을 위한 안내문을 준비하고 수업 첫날 학생들에게 배포했다. 학생들은 안내문을 집으로 가져가 다음날 부모의 확인 서명을 받아 왔다.

- **중학교**: 대수학 예비 과목의 교사는 첫날 수업을 시작하기 전 짧게 기술된 규칙 목록을 준비했다. 교사는 학생들이 모든 이들의 학습 기회를 증진시킬 추가 규칙을 제안하도록 했다.
- **고등학교**: 영어 교사는 학생들의 원고가 다루어지는 방식과 학급에서 원고를 향상시킬 동료의 의견을 활용하는 방식에 대한 설명서를 준비했다. 선생님은 수업 첫날 이 방식을 보여 주고 토의했다.

규칙과 절차 가르치기

2. 초등학교, 중학교, 고등학교 단계에서의 발달 특성은 교사의 관리 전략에 영향을 준다. 규칙과 절차를 가르칠 때 학생들의 발달수준을 고려하라.

- **초등학교**: 학년 초, 1학년 교사는 매일 몇 분씩 할애하여 학생들이 학습 자료의 제출, 점심시간 줄서기와 같은 일의 절차를 익히도록 했다. 학생들이 다시 일깨우지 않아도 절차를 수행할 수 있을 때까지 반복하여 익히도록 했다.
- **중학교**: 중학교 1학년 교사는 "모든 사람을 존중하라"라는 규칙을 정했다. 교사는 구체적 사례를 제시했고, 학생들에게 사례가 사람들을 존중하는 모습을 보여 주는지 아닌지를 토론하도록 했다.
- **고등학교**: 화학 교사는 한 수업 전체를 실험실의 안전 절차를 가르쳤다. 올바른 절차의 모델링을 보여 주었고, 학생들이 실험실에서 작업하는 모습을 주의 깊게 관찰했다.

학부모와 소통하기

12.3 학부모의 참여를 위한 효과적인 의사소통 전략을 설명할 수 있다.

"학생들은 일어나 있는 시간의 25%정도만 학교에서 보낸다. 따라서 미국에서의 교육 성취 차이 대부분은 학교 외적인 요인에 의해 발생한다"(Kraft & Rogers, 2015, p. 49). 다시 말해, 학생들의 성취에 있어 부모는 중요하며, 연구들은 학교에서 학생들의 성공과 부모님의 개입 사이에 정적인 관계가 있음을 지속적으로 확인했다. 부모님이 개입하는 자녀는 긍정적인 태도와 장기적인 성취도, 출석률, 자기조절 능력이 높은 것으로 나타났다(Kraft, 2016). 또한 대학에 진학할 가능성이 높았다(Page & Scott-Clayton, 2016).

이러한 결과는 다양한 것에 영향을 받는다. 예를 들어, 부모가 개입할 때 아이들은 더 동기가 높아지고, 높아진 동기는 더 높은 성취에 영향을 준다. 그리고 부모의 학교 활동 참여, 자녀에 대한 높은 기대, 그리고 교사들이 학습자의 가정환경을 더 잘 이해하는 것도 높은 성취에 영향을 준다(Adamski, Fraser, & Peiro, 2013). 또한 일부 연구는 부모의 개입이 학생들의 인지 능력을 증가시킬 수 있다고 제안한다(Phillipson & Phillipson, 2012).

다양한 배경을 가진 많은 학생들이 있는 교실에서 부모의 개입은 특히 중요하다. 언어 장벽과 부모의 참여가 환영받을 수 있을지에 대한 요인 때문에 문화적 소수자인 부모들은 자녀의 교육에 개입하기를 주저할 수 있다. 우리는 이러한 부모들의 가정-학교 간의 소통을 시작하고 유지하기 위해 특별한 노력을 기울여야 한다(Walker & Hoover-Dempsey, 2015).

학부모와 교사 협력은 교사들에게도 장기적 이익을 준다. 예를 들어, 부모의 개입을 촉진하는 교사는 수업과 학교에 대해 보다 긍정적 정서를 보고한다. 그들은 또한 학부모에 대한 더 높은 기대를 가지고 자신들이 더 많이 도움이 되고 마무리를 잘한다고 평가한다(Weinstein & Romano, 2015).

부모는 종종 제대로 활용되지 못하며(Kraft, 2016; Kraft & Rogers, 2016), 교육 자원으로 활용하는 것이 어려울 수 있다. 예를 들어, 일부 연구에 따르면 10%의 교사만이 자신의 학부모가 적극적으로 개입한다고 보고한다. 부모의 유연하지 않은 근무 일정과 같은 여러 요인들이 부모의 개입 부족에 영향을 미친다(Smith, 2015).

그렇다면 부모의 개입을 증가시키기 위해 어떻게 해야 할까? 이 질문을 다루어 보자.

학부모 참여를 위한 전략

모든 학교는 학교 개방 행사(일반적으로 학년의 첫 2주 동안 열린다.)와 같은 공식적 의사소통 통로가 있다. 이것은 학교 전체에 유용하며, 그것 이상일 수 있다. 초등학교 5학년 교사 하신타 에스코바(Jacinta Escobar)가 학부모와의 소통을 향상시키기 위해 어떻게 시도하는지 살펴보자.

매년, 에스코바 선생님은 학부모의 이메일 주소에 접근할 수 있는 즉시, 이메일 그룹을 만들고 학부모들에게 생산적이며 흥미로운 한 해를 기대한다는 내용과 자신의 기대와 교실 절차를 개요로 보여 주며, 학부모들의 지원을 요청하는 편지를 보낼 준비를 한다. 에스코바 선생님은 이 편지를 학년 첫날에 학생들과 공유하고, 왜 부모님의 참여가 중요한지를 설명한다. 또한 편지에 포함할 규칙과 절차에 대해 학생들이 제안할 수 있도록 요청한다. 에스코바 선생님은 편지를 집에 가져가서 수정한 뒤에 부모님들에게 이메일로 사본을 보내어 그들의 지지를 보여 주는 형태로 이메일에 회신하도록 요청한다. 답장이 오지 않을 경우 이메일이나 전화로 추가적인 확인을 한다.

에스코바 선생님이 보낸 편지는 [그림 12-7]과 같다.

에스코바 선생님은 1년 동안 격주로 워크시트와 성적이 매겨진 과제물을 집으로 보내 부모가 확인하고 서명하도록 했다. 에스코바 선생님은 부모가 자녀의 과제 목록이나 과제에 대해 궁금한 점이 있으면 전화, 문자 또는 이메일로 연락하도록 격려했다.

에스코바 선생님은 또한 학부모에게 종종 문자나 이메일을 보내 자녀의 향상에 대해 알도록 했다. 학생들이 과제를 두 개 이상 해 오지 않을 경우 우려를 표명하는 쪽지를 보냈다. 또한 학생이 기대보다 더 잘했거나, 어려움을 극복했거나, 반 친구에게 친절한 행동을 하는 등의 좋은 소식을 이메일로 알렸다.

에스코바 선생님은 세 가지 방법으로 부모님과의 소통을 증진했다. 첫 번째로 편지를 보냈다. 편지를 통해 소통을 시작하고, 긍정적인 기대를 표출하고, 학급 규칙(가이드라인으로 표현)을 명시하고, 숙제, 결석 및 추가 점수에 대한 절차를 간략하게 설명했다.

또한 이 편지는 학부모의 회신을 요청했기 때문에 학부모의 개입을 요청하는 계약이 된다. 답장은 보장되지는 않았지만 약속을 상징하고, 학부모와 학생이 약속을 지키려고 노력할 가능성을 높인다. 또한 학생은 편지의 내용에 대해 의견을 제시할 수 있기 때문에 이 과정에서 주인의식이 증가할 수 있다.

편지에 문법, 구두점 및 철자에 오류가 없는지 확인해야 한다. 교사는 가끔 오류가 있는 편지를 집으로 보내기도 하지만 그렇게 해서는 안 된다. 첫인상은 중요하고 기억에 오래 남는다. 첫 번째 편지는 여러분의 역량에 대한 인식을 형성할 수 있고, 오류는 여러분의 신뢰도를 떨어뜨릴 수 있다.

2018년 8월 27일

친애하는 학부모님,

저는 생산적이고 활기찬 한 해를 기대하며 여러분의 참여와 지지를 이끌어 내기 위해 이 편지를 씁니다. 여러분은 항상 여러분 자녀의 교육에서 가장 중요한 사람이고 앞으로도 그럴 것입니다. 우리는 여러분 없이 교육을 이끌어 갈 수 없습니다.

우리가 가장 효과적으로 학생들을 교육하기 위해 몇 가지 지침이 필요합니다. 학생들의 도움을 받아 우리는 여기에 몇 가지 지침을 준비했습니다. 이것을 상세하게 읽어 보시고 "이 지침을 읽고 동의합니다."와 같은 간단한 글을 이메일로 회신하여 주십시오.

질문이 있으시면 언제든 저에게 전화 주십시오. Southside 중학교(444-5935) 또는 저녁에는 저의 개인 전화번호(221-8403)로 연락해 주십시오.

존경을 표하며,

담임 하신타 에스코바

부모로서 저는 다음 지침을 따르기 위해 노력할 것입니다.
저는 아이들에게 매일 학교생활에 대해 물어보겠습니다(저녁 시간이 좋겠습니다). 저는 아이들에게 무엇을 공부하고 있는지 물어보고, 그것에 대해 배워 보려고 노력하겠습니다.
매일 저녁, 과제를 수행할 조용한 시간과 장소를 마련하고, 자녀가 과제를 수행하는 동안에 저도 작업하거나 공부, 독서하는 등의 모습을 보이겠습니다.
자녀가 과제를 마친 후에는 과제를 확인해 보고, 아이들이 이해했는지 확인하기 위해 일부를 설명하도록 요구하겠습니다.

성공을 위한 학생 지침:
자기조절 지침:

저는 수업 종이 울릴 때 교실에 앉아 있겠습니다.
저는 지시가 처음 주어질 때 따르겠습니다.
저는 교과서, 노트, 종이, 그리고 깎은 연필 두 자루를 매일 가져오겠습니다.
저는 발언하거나 자리에서 일어나기 전에 먼저 손을 들어 허락을 받겠습니다.
저는 손과 발, 그리고 소지품을 가지런히 정리하겠습니다.

숙제를 위한 지침

우리 반의 급훈은 '나는 항상 노력하고 포기하지 않을 것이다.'입니다.
저는 모든 과제를 끝낼 것입니다. 과제를 늦게 제출한 경우 그 과제에 대한 점수를 받지 않는다는 것을 알고 있습니다.
만약 결석한 경우, 등교하자마자 수업 시작 전 보충을 받겠습니다.
결석한 경우 하루씩 결석을 보충할 수 있는 시간이 있다는 것을 알고 있습니다.
저는 추가 점수를 받을 수 있는 과제가 없다는 것을 알고 있습니다. 요구된 과제를 완성한다면 추가 점수는 필요하지 않습니다.

학생 서명 _____

[그림 12-7] 학부모에게 보내는 편지

소통을 촉진하기 위한 두 번째 방법으로, 에스코바 선생님은 홀수 주차에 학생들의 과제물 묶음을 집으로 보냈고 학부모님들에게 서명하여 반환해 달라고 요청했다. 이 과제물 묶음은 가정과 학교 간의 연대를 만들어 주는 것뿐만 아니라, 부모님들에게 자녀의 진전 상황에 대한 기록을 지속적으로 제공하는 것이다.

셋째, 정기적으로 부모님들에게 이메일을 보내서 효과적으로 의사소통을 유지하고 협조를 요청했다 (Thompson, Mazer, & Flood, 2015). 개인적인 시간 중 일부를 부모님들에게 문자나 이메일을 보내는 데 할애하는 것은 다른 방법보다 돌봄을 더 잘 보여 주는 것이다.

여기서는 전화보다 문자 메시지와 이메일을 더 강조한다는 점을 유념해야 한다. 전화하지 않는 것을 제안하는 것이 아니지만, 종종 학부모님들은 다양한 이유로 인해 전화를 받지 않는다. 교사들을 대상으로 실시한 설문조사에 따르면 전화를 하는 것이 효과적이지 않았다(Smith, 2015). 전화로 부모에게 연락할 수 있다면 그렇게 해야 한다. 전화에는 몇 가지 뚜렷한 장점이 있다. 예를 들어, 학부모와 대화함으로써 학생이 필요한 것을 구체적으로 설명할 수 있고 지원을 요청할 수 있는 기회를 제공한다. 만약 학생이 숙제를 잊은 경우, 그 이유를 알 수 있고 부모님들에게 자녀의 공부 습관을 더욱 주의 깊게 관찰해 달라고 요청할 수 있다.

부모님과 대화할 때, 긍정적이고 협조적인 분위기를 조성하여 공동으로 노력하는 토대를 마련하는 것이 좋다. 다음을 고려하자.

"안녕하세요? 재러드(Jared) 어머니? 저는 재러드의 선생님인 하신타 에스코바입니다."

"아 혹시 어떤 문제가 있나요?"

"전혀 그렇지 않습니다. 제가 어머님과 몇 가지 정보를 나누기 위해서 전화를 드렸습니다. 재러드는 밝고 힘이 넘치는 아이이고, 매일 교실에서 재러드를 보는 것이 즐겁습니다. 다만, 몇 가지 과제를 제출하지 않았습니다."

"재러드의 숙제가 있는지 몰랐습니다. 숙제를 집으로 가지고 오지 않았거든요."

"그게 아마 문제의 한 부분일 수 있을 것 같아요. 아마도 해야 할 일이 있다는 것을 잊은 것 같습니다. 제가 한 가지 제안을 드리고 싶습니다. 저는 학생들에게 매일 과제를 노트에 적도록 합니다. 저녁에 재러드에게 노트를 보여 달라고 요청하시고, 숙제를 했는지 확인해 주세요. 그리고 재러드와 대화했는지 확인할 수 있도록 서명을 해 주세요. 그렇게 하면 도움이 될 것 같습니다. 어떻게 생각하세요?

"물론입니다. 그렇게 하겠습니다."

"좋습니다. 재러드가 뒤처지지 않았으면 합니다. 만약 숙제에 문제가 있다면, 수업 전이나 후에 제가 돕겠습니다. 또 다른 도움이 필요하신 것은 없으신가요? 없으시다면 조만간 뵙게 되기를 기대하겠습니다."

이 대화는 긍정적이며, 가정과 학교 간의 협력을 조성하고 구체적 행동 계획을 제공했다.

부모님에게 전화, 문자 또는 이메일로 언제 연락할 것인지를 결정하는 것은 전문적 판단에 달려 있다. "해당 문제가 학습에 어느 정도 영향을 미치는가?"라는 질문은 좋은 지침이 된다. 예를 들어, 아마도 학생이 교실에서 욕설을 사용하는 것은 직접 처리할 수 있는 문제일 것이다. 반면에, 학생의 언어나 행동이 다른 학생의 학습을 방해한다면, 부모님에게 연락해야 할 것이다.

끝으로, 성취를 강조하는 것은 모든 유형의 학부모와의 의사소통에서 가장 중요하다. 당신이 학부모와 문제점에 대해 이야기할 때 가능하다면 먼저 성취와 향상된 것에 대해 이야기하려고 노력하라. 에스코바 선생님이 이메일에서 한 것처럼 단지 좋은 소식을 전하는 것으로 의사소통을 시작할 수 있다. 모든 부모님은 자녀로부터 자랑스러움을 느끼길 원하고, 성취를 공유하는 것을 통해 학교와 가정의 협력관계를 보다 증진시킬 수 있을 것이다.

기술이 계속 진보함에 따라 의사소통을 개선할 수 있는 방안을 제공해 준다. 예를 들어, 대부분의 학교는 정보를 제공하는 웹 사이트를 갖추고 있으며, 이메일을 통해 부모님들에게 지속적으로 안내할 수 있다. 또한 전자로 견본을 만들어 학생들에게 정보를 입력하게 할 수 있으며, 이를 학급 소식지로 활용할 수 있다. 이런 것들이 일상화되면, 최소한의 시간과 노력을 들여 효율적으로 부모님들과 소통을 유지할 수 있게 된다.

의사소통과 관련한 마지막으로, 앞서 우리는 문서를 통한 의사소통에서 꼼꼼히 검토해서 문법, 구두점, 맞춤법의 오류가 없는지 확인해야 한다고 강조했다. 또한 부모님의 문의에 빠르게 답변하는 것이 매우 중요하다는 점을 강조하고 싶다. 학부모님은 글이나 이메일을 보내고 제때에 답변을 받는 경우 긍정적으로 반응한다. 이는 여러분이 학부모의 자녀에 대한 헌신을 전하고 소통을 지속하려는 의사를 보여 주는 것이다. 사실, 학부모님은 여러분의 응답 속도에 따라 여러분의 역량과 전문성을 판단할 가능성이 높다. 여러분이 가장 창의적인 수업을 하더라도, 학부모님이 보낸 글이나 이메일에 답장하지 않는다면, 학부모는 여러분을 좋은 선생님이 아니라고 결론을 내릴 것이다. 학부모님이 '성가신' 사람이 될 정도로 많은 의사소통을 하는 경우는 거의 없을 것이다. 여러분의 응답성이 매우 중요하다.

학부모-교사 간 면담

학부모-교사 간 면담은 교사나 부모 어느 쪽이든 먼저 시작할 수 있으며, 독특하고 중요한 의사소통 형태로, 특히 젊거나 초임 교사의 경우 스트레스일 수 있다(Khasnabis, Goldin, & Ronfeldt, 2018; Walker & Legg, 2018). 왜냐하면 부모에 의해 면담이 요청된 경우 이유를 알 수 없는 등의 불확실한 요소가 있기 때문에 교사가 먼저 요청한 경우보다 더 스트레스를 유발할 수 있다.

면담을 요청하는 쪽이 누구인지와 관계없이, 면담을 진행하는 과정에서 잠재적인 스트레스를 줄일 수 있는 조치를 취할 수 있다(Ediger, 2016).

면담 준비하기   학부모와 교사 간의 면담을 위한 최고의 준비는 지속적인 의사소통이다. 예를 들어, 이전의 논의한 제안들을 적용해 보자면, 집으로 과제물을 보내거나 이메일을 보내거나 학급 소식지를 보내는 것과 같은 방법을 활용할 수 있다. 이렇게 하면 학부모님들은 정보를 받게 되고, 갈등이 있는 면담의 가능성을 가능한 줄일 수 있다.

둘째로, 세부적으로 기록해야 한다. 예를 들어, 만약 학생의 지속적인 문제 행동에 대하여 학부모님의 도움을 구하기 위해 면담을 시작했다면, 문제행동을 문서화하는 것이 중요하다. 특정한 행동들의 구체적인 설명, 발생 일자와 같은 사실적인 정보들을 기록하는 것이 중요하다. 문제가 과제를 제출하지 않은 것과 같은 학업적인 경우, 학부모님에게 보여 줄 과제 사본을 가지고 있는 것도 중요하다.

증거물보다 더 설득력 있고 마음을 누그러뜨릴 수 있는 것도 없다. 만약 학부모님에게 사실적인 내용, 세부적인 기록, 표준화 시험 결과와 그 결과의 의미 등과 같은 정보들을 제공할 수 있다면, 면담이 성공할 가능성이 높아지고 면담을 예상할 때의 스트레스 수준도 낮아질 것이다. (표준화 검사와 시험 점수의 해석에 대해서는 제15장에서 논의하겠다.)

면담 진행하기 실제 면담에서는 어떻게 행동하는지에 따라 성공적인 면담이 될 수 있다. 우리가 만나 본 몇몇 베테랑 교사들은 학생을 면담에 참여시키거나 최소한 일부라도 참여하게 하는 것이 좋다고 제안하기도 하지만, 다른 교사들은 학생들을 면담에 참여시켜서는 안 된다고 주장한다. 학생을 포함할지 여부는 학교의 정책, 그리고 교사 자신의 전문적 판단에 따라 결정할 문제이다. 다음은 성공적인 면담을 위해 제안하는 몇 가지 사항이다.

- 먼저 따뜻하고 친근한 태도를 보이고 부모와 여러분 사이에 책상과 같은 장애물을 두지 말고 학부모가 편안함을 느낄 수 있도록 노력해야 한다. 이렇게 하면 면담이 덜 형식적이고 더 친근하게 느껴질 것이다.
- 참석한 학부모님들께 감사의 인사를 전하고 자녀 교육에 부모의 참여가 얼마나 중요한지 연구 결과를 통해 확인되었다는 점을 알려야 한다. 부모와 여러분은 자녀의 잠재력을 최대한 발휘할 수 있도록 돕는 협력관계임을 상기시켜야 한다.
- 학생에 대해서 긍정적인 말로 면담을 시작하고, 구체적 예를 들어 설명하여야 한다. 예를 들어, "콜린(Colin)이 수업에 참여하는 것이 즐겁습니다. 얼마 전에 같은 반 친구가 바닥에 수업 재료를 흘렸는데, 하던 일을 멈추고 치우는 것을 도와주었어요."와 같은 견해들을 더하면 "콜린이 수업에 참여하는 것이 즐겁습니다." 보다 더 설득력 있게 전달할 수 있을 것이다.
- 언어 사용에 신중을 기해야 한다. 예를 들어, "왜 면담을 원하셨나요?"라는 질문보다는 "구체적으로 논의하고 싶으신 내용이 무엇인가요?"라는 질문이 더 환영하는 질문이 될 수 있다. 또는 행동 문제에 초점을 맞춘 면담이라면, "네이선(Nathan)은 허락을 받지 않고 자리에서 일어나 교실을 돌아다녀요."라는 말이 "네이선은 잘못된 행동을 하는 경향이 있어요."라는 말보다 더 효과적이다(문서와 함께 제시해야 한다.). 전술된 표현은 행동에 집중하는 반면, 후술된 표현은 성격에 대한 비난으로 해석될 수 있다.
- 기본적으로 학부모가 원하는 만큼 이야기할 수 있도록 해야 한다. 그렇게 한다면 부모님이 면담을 예상하면서 느낄 수 있는 방어적인 느낌을 줄이고, 공감하고 지지하는 것처럼 느끼는 데 도움을 줄 수 있다. 학부모가 비판적이거나 적대적인 태도를 보이더라도 차분하고 침착한 태도를 유지하는 것도 중요하다.
- 만약 면담이 행동 또는 학업 문제에 초점을 맞추는 경우 해당 문제 또는 문제를 해결하기 위한 계획을 제안하고 학부모가 동의할 때까지 논의를 해야 한다.
- 학업을 보충하기 위해 부모가 자녀와 함께할 수 있는 간단한 활동의 예시를 제시해야 한다.
- 면담 중에 메모를 작성하고 계획과 제안된 보충 활동을 포함한 후 학부모에게 이메일로 사본을 보내어 면담 내용과 제안한 기록들을 제공해야 한다.
- 만약 면담이 논쟁의 여지가 있다고 생각되면 동료 교사나 관리자의 참석을 요청해야 한다. 일부 학교에서는 면담에 한 명 이상의 교사가 참여하도록 하는 정책을 가지고 있다. 학년의 사전 계획을 세울 때 면담과 관련한 학교의 정책에 대해 배우게 될 것이다.

학부모–교사 간의 면담은 일반적으로 문제나 쟁점을 해결하기 위해 실시하기 때문에 학부모에게는 정서적인 시간이며, 면담을 예상하거나 면담 자체에서 방어적이고 불편한 정서를 경험할 수 있다. 선생님의 행동방식은 부모들이 선생님을 긍정적이고, 지지적이며, 자녀의 행복을 위해 헌신하고 있다고 믿고 학교를 떠나게 하는 데 많은 영향을 미친다(Pillet-Shore, 2016).

교실과의 연계

학부모와 효과적으로 의사소통하기

1. 학부모와의 의사소통은 효과적인 학급 관리를 위해 필수적이다. 새 학년의 첫 며칠 동안 의사소통을 시작하고 학년이 끝날 때까지 유지하라.
   - **초등학교**: 한 유치원 교사는 새 학년의 첫 주 동안 모든 학부모에게 이메일을 보내서 자녀들을 맡게 되어 얼마나 행복한지, 그리고 자녀들에 대해 가능한 많은 것을 알아보고 있으며, 언제든 연락할 수 있도록 격려했다.
   - **중학교**: 매주 1학년 사회 교사는 학생들이 배우게 될 주제를 기술한 '학급통신'을 집으로 보냈고, 거기에 학부모들이 자녀들을 도울 때 따를 수 있는 제안을 함께 담았다. 학생들은 거기에 자신들의 노력과 진보를 기술하는, 부모님께 드리는 짧은 글을 작성했다.
   - **고등학교**: 기하학 교사는 학년 초에 과제와 평가 기준을 담은 편지를 가정으로 보냈다. 그는 하나라도 과제가 제출되지 않으면 학부모에게 전화를 걸었다.

2. 학부모와의 효과적 의사소통은 긍정적이고 명확하며 간결해야 한다. 비전문적 언어로 의사소통하고 부모들에게 자녀를 다루기 위한 구체적 제안을 하라.
   - **초등학교**: 3학년 교사는 학부모들이 ① 1시간씩 TV를 끄고 자녀들이 과제하는 시간을 지정하고, ② 매일 과제를 다 했는지 자녀들에게 보여 줄 것을 요구하고, ③ 격주로 집으로 보내는 과제물에 대해 자녀들에게 묻고 확인하고 서명하는 것에 대해 동의하는 계약서에 서명할 것을 요청했다.
   - **중학교**: 중학교 1학년 교사는 학부모에게 보낼 편지에 대해 학생들과 토의했다. 선생님은 학생들에게 편지의 각 부분이 무엇을 이야기하고 있는지 설명하도록 했고, 학부모들에게 그 편지를 읽고 설명하도록 요구했다.
   - **고등학교**: 고등학교 1학년의 기초 수학 교사는 학년 초에 특수반의 학부모님들에게 학생들의 요구에 맞추어 학급을 어떻게 변화시킬 것인지를 설명하기 위해 특별한 노력을 기울였다. 학부모들이 자녀의 과제를 관찰하고 가능하다면 도움을 주도록 강력히 권고했다.

3. 소수 인종 아이들의 학부모들과 의사소통에 더 많은 관심을 가져라.
   - **초등학교**: 도심 학교의 2학년 교사는 이중 언어를 구사할 수 있는 교사의 도움을 받고 있다. 가정통신문을 보낼 때 이 교사들에게 학부모들을 위해 통신문의 번역을 도와줄 것을 요청한다.
   - **중학교**: 시험 기간이 시작되면 중학교 1학년 교사는 집으로 각 학생의 모국어로 된 편지를 보내서 시험 주제와 시험과 대략적인 시험 시간, 필요한 특별 과제에 대해 설명한다.
   - **고등학교**: 영어를 거의 하지 못하는 부모를 둔 학생들이 많은 생물교사는 학생들이 자신의 향상 정도를 보고하는 학생 주도 회의를 연다. 선생님은 회의 때마다 참석하고 학생을 번역자로서 봉사하게 한다.

규칙 위반 행동이 일어났을 때의 개입

12.4 효과적인 개입을 설명하기 위하여 인지 및 행동주의 학습 이론을 사용할 수 있다.

지금까지 우리는 관리 문제를 예방하기 위한 노력에 중점을 두었다. 하지만 최선의 노력에도 불구하고 일부 학생들은 주기적으로 문제 행동을 일으키거나 부주의한 행동을 보이는 경우가 있다. 예를 들어, 첫 번째 사례에서 해리스 선생님은 규칙과 절차를 주의 깊게 계획했고, 잘 조직했으며, 학습 활동에 학생들의 참여를 독려했지만, 대런과 레이철에게 개입해야 했다. 이는 교실에서 흔하게 일어나는 일이다.

다음 부분에서는 정서적·인지적·행동주의적 관점에서의 개입에 대해 살펴볼 것이다. 각 관점은 우리의 이해를 돕고 가장 효과적인 개입 방법에 대한 결정을 내릴 때 지침을 제공할 것이다.

개입의 정서적 요소

교육심리학과 당신
다른 사람들 앞에서 비난을 받거나 공개적으로 논쟁을 벌인 적이 있는가? 그때 기분은 어땠을까? 그 후 기분이 어땠을까?

동기 부여에 대한 인본주의적 관점, 특히 매슬로의 연구를 통해 우리는 정서적 안전을 포함한 안전이 우리 모두에게 중요한 욕구라는 것을 이해했다. 이러한 욕구는 '교육심리학과 당신'의 질문과 관련되어 있다. 우리 모두는 동료들 앞에서 굴욕감을 느끼지 않기를 원하고 이는 교실에서도 마찬가지이다. 우리가 개입할 때의 정서적 어조는 학생들이 개입을 따를 가능성, 그리고 그 후에 우리의 수업에 대한 태도 모두에 영향을 미친다(Goodboy, Bolkan, & Baker, 2018). 공개적이고 큰 소리의 질책, 비판, 비꼬는 말은 학생들의 안전감을 낮추고, 특히 취약하고 교사의 인정을 구하는 초등학교 아이들에게 파괴적이다. 중·고등학교 학생들은 분노를 일으키고 학급 분위기를 해치며 들키지 않고 방해할 수 있는 창의적인 방법을 찾는다(Kearney et al., 2016; Okonofua et al., 2016).

유사하게, 규칙의 해석이나 규칙 준수에 대해 학생들과 논쟁을 벌이는 것도 교실의 정서적인 분위기를 해칠 수 있다. 우리는 학생들과의 논쟁에서 절대 '승리'하지 않는다. 권위를 행사할 수는 있지만 그렇게 하는 것은 학기 내내 지속될 수 없고, 종종 분노가 부작용으로 나타나며 큰 갈등으로 확대될 수 있다(Pellegrino, 2010).

교사가 지속적으로 문제 행동을 보이는 학생에게 이동을 지시한 후 발생한 다음 사건을 살펴보자.

학생: 저는 아무것도 안 했어요.

교사: 넌 잡담하고 있었고, 학급 규칙에 따르면, 다른 사람이 말할 때는 들어야 한다고 되어 있잖아.

학생: 잡담을 금지하고 있지는 않아요.

교사: 규칙이 무슨 뜻인지 알고 있잖아. 몇 번이고 반복해서 그것에 대해 이야기했지.

학생: 하지만 이건 불공평해요. 다른 학생들이 잡담할 때는 자리를 이동하라고 하지 않았잖아요.

교사: 다른 사람이 이야기할 때도 경청하지 않았어. 이동해.

학생들은 규칙이 무엇을 의미하는지 알고 있으며, 학생과의 논쟁에 휘말리는 교사와 장난을 하려는 것이다. 이와는 대조적으로 다음을 살펴보자.

교사: (첫 줄의 빈 책상을 가리키며) 이쪽으로 자리를 옮겨.

학생: 저는 아무것도 안 했어요.

교사: 우리 규칙 중 하나는 다른 사람이 이야기할 때 경청하는 것이에요. 이 문제에 대해 논의하고 싶다면 수업이 끝난 후에 저를 만나러 오세요. 이제 자리를 옮기세요. (학생이 자리를 옮기자마자 수업을 다시 시작한다.)

이 교사는 평온한 태도를 유지하면서 논쟁이나 짧은 토론에 휘말리지 않았다. 사건을 신속하고 효율적으로 다루었고 나중에 학생과 논의하겠다고 제안한 후 즉시 수업으로 되돌아갔다.

학생들의 논쟁적인 성향은 종종 교실의 정서적 분위기에 따라 달라진다. 규칙과 절차가 학생들에게 합리적이고 일관되게 시행된다면 학생들은 논쟁할 가능성이 줄어든다. 학생이 규칙을 어겼을 때는 단순히 규칙과 규칙이 중요한 이유를 상기시키고, 해리스 선생님이 레이철에게 했던 것처럼 규칙 준수를 요구하는 것만으로도 경미한 일들은 끝나게 된다. (반항이나 공격성과 같은 심각한 문제는 이 장의 뒷부분에서 살펴보겠다.)

인지적 개입

앞서 규칙과 절차가 학생들에게 이해되어야 한다고 언급했듯이, 개입도 이해될 수 있어야 한다. 그렇게 된다면 심각한 관리 문제가 발생할 가능성도 급격하게 줄어든다. 또한 합리적인 개입은 자기조절에도 기여할 수 있다. 학생들이 자신의 행동이 학습과 타인에게 미치는 영향을 이해한다면 자신의 행동과 정서를 조절할 가능성이 높아질 것이다. 다음의 개입 방법을 살펴볼 때 이러한 점을 염두에 두자.

파악하고 있음을 보여 주기

'파악(Withitness)'은 교사가 항상 교실의 모든 곳에서 무슨 일이 일어나고 있는지 항상 인식하고, 알고 있음을 학생들에게 전달하는 것으로 성공적 개입의 필수 요소이다(Emmer & Evertson, 2017; Evertson & Emmer, 2017; Kounin, 1970). 파악은 종종 '머리 뒤에도 눈이 있는 것'으로 묘사된다. 이러한 것을 이해하기 위하여 두 교사를 비교해 보자.

론 지어스(Ron Ziers) 선생님은 중학교 1학년 학생들에게 백분율을 구하는 과정을 설명하고 있다. 선생님이 절차를 설명하는 동안 교실 두 번째 줄에 앉은 스티브(Steve)는 맞은편에 앉은 카틸리아(Katilya)를 계속 건드리고 있다. 카틸리아는 발로 스티브를 차는 것으로 보복했다. 카틸리아의 뒤에 앉은 빌(Bill)은 연필로 카틸리아의 팔을 찌른다. 지어스 선생님은 학생들의 행동을 무시한다. 카틸리아를 한 번 더 찌르자 카틸리아는 팔을 뒤로 휘둘러서 빌의 어깨를 잡았다. "카틸리아!" 지어스 선생님이 엄하게 말했다. "손을 함부로 휘두르면 안 돼요!⋯⋯ 진도를 어디까지 나갔죠?"

칼 위크스(Karl Wickes) 선생님은 생명과학 수업에서 학생들을 가르친다. 위크스 선생님은 꽃이 핀 식물을 그린 그림을 화상 카메라에 띄웠다. 반 학생들이 정보에 대해서 토론을 하는 동안 배리(Barry)가 줄리(Julie)에게 무언가를 속삭이는 것을 발견했고, 스티브가 카틸리아를 찌르고 카틸리아는 스티브를 발로 차며 "그만둬."라고 이야기하는 것을 보았다. 위크스 선생님이 "열매를 맺는 식물의 부위는 어디죠?"라고 물으며 스티브의 책상 앞으로 다가갔고 몸을 숙이고 조용하지만 단호하게 "교실에서는 다른 사람을 괴롭히면 안 돼요."라고 말했다. 그런 다음 교실 앞으로 이동하면서 스티브를 지켜본 후 "배리, 이 도해에서 어떤 식물을 보고 있니?"라고 물었다.

우리는 왜 파악이 인지적 개입인지 알 수 있다. 지어스 선생님의 수업에서 카틸리아는 자신이 결백한데 질책을 받는 이유를 이해하지 못했지만, 위크스 선생님이 스티브의 잘못된 행동에 즉시 반응하는 경우는 달랐다. 이것이 바로 파악이 중요한 이유이다.

위크스 선생님은 세 가지 방식으로 파악하고 있다는 것을 입증했다.

- 즉시 잘못된 행동을 파악하고 스티브 근처로 이동하여 신속하게 대응했다. 지어스 선생님은 문제가 다른 학생들에게 확산될 때 까지 아무것도 하지 않았다.
- 문제 행동의 원인으로 정확히 스티브를 지목했다. 반면, 지어스 선생님은 카틸리아를 질책했고, 학생들은 선생님이 교실에서 어떤 일이 일어나고 있는지 모르고 있다는 느낌을 받게 했다.
- 더 심각한 문제 행동에 먼저 대응했다. 스티브의 찌르는 행동이 배리의 속삭임보다 더 방해가 되기 때문에 위크스 선생님은 먼저 스티브에게 개입한 뒤 배리를 호명하여 활동에 참여하게 함으로써 더 이상의 개입이 필요하지 않았다.

파악은 그 이상이다(Hogan, Rabinowitz, & Craven, 2003). 집중하지 않거나 혼란스러운 학생을 관찰하고 "몇몇은 당황한 표정이네요? 다시 질문할까요?"와 같이 응답하는 것도 포함한다. 또한 집중하지 않는 학생에게 다가가거나 호명하여 수업에 참여할 수 있도록 유도하는 것도 포함한다.

수업의 복잡성으로 인하여 인지적 부담이 가중되어 학생들의 행동을 지속적으로 관찰하는 과정을 어렵게 만들기 때문에 초임 교사들에게 파악의 결여 문제가 발생할 수 있다(Wubbels et al., 2015). 이러한 문제를 가장 잘 해결할 수 있는 방법은 잘 정립된 일상을 만들고 신중하게 수업 계획을 세우는 것으로, 이는 수업 중에 발생하는 인지 부하를 줄이고 자신감을 높이는 데 도움이 된다(Greenberg et al., 2014). 경험이 쌓이면 학생들에게 민감해지고 학생들이 최대한 참여하고 성공할 수 있도록 조정하는 방법을 배우게 될 것이다.

일관성 유지하기

'일관성 유지하기'는 진부할 정도로 강조되지만, 그럼에도 불구하고 반드시 지켜야 할 원칙이다. 예를 들어, 한 학생이 규칙을 어겨서 질책을 받았는데, 다른 학생에게는 그렇게 하지 않는 경우, 학생들은 일관성이 없는 이유를 이해할 수 없을 것이다. 학생들은 교사가 무슨 일이 일어나고 있는지 모른다고 생각하거나 편애한다고 생각할 수 있으며, 이는 모두 학급 분위기를 해칠 수 있다.

일관성이 중요하지만 현실에서 완벽하게 일관성을 유지하는 것은 사실상 불가능하기 때문에 학생과 상황에 맞게 개입을 조정해야 한다. 예를 들어, 대부분의 교실에는 교사의 허락을 받고 발언해야 한다는 규칙이 있다. 이때, 교사가 학생들의 자습을 지켜보는 동안 한 학생이 다른 학생에게 과제에 대해 질문한 뒤에 바로 다시 자습을 한다고 가정해 보자. 이 학생에게 자습 중에는 대화가 허용되지 않는다는 것을 상기시키지 않는 것은 엄밀히 말하면 일관성이 없는 것이지만 이 경우 개입은 필요하지 않다. 반면, 반복적으로 귓속말을 하는 학생은 방해가 되므로 개입이 필요하다. 학생들은 그 차이를 이해하며, '비일관성'은 적절하고 효과적일 수 있다.

말한 바를 지키기

말한 바를 지킨다는 것은 규칙 준수를 보장한다는 의미이다. 말한 바를 지키지 않는다면, 교사가 질서 있는 환경을 유지하는 데 책임을 지지 않는 다는 것을 학생들이 인식하게 되어 관리 시스템이 붕괴될 수 있다. 이는 학생들에게 혼란과 불확실성을 야기할 수 있다.

학생들에게 말한 바를 지키지 못한다면, 학생들의 자제력을 낮추어 실제로는 문제 행동을 증가시킬 수 있다(Skatova & Ferguson, 2013). 사회인지이론에서 제시한 기대의 개념은 그 이유를 이해하는 데 도움을 준다. 학생들은 규칙을 어기면 질책을 받는다는 것을 기대한다. 기대했던 처벌인 질책이 일어나지 않는다면, 오히려 강화인의 역할을 하여 학생들이 계속해서 문제 행동을 일으킬 가능성이 높아진다.

다시 강조하지만, 학기의 첫 며칠이 중요하다. 이 기간 동안 꾸준히 말한 바를 지킨다면, 남은 기간 동안 규칙과 절차를 시행하는 것이 훨씬 쉬워질 것이다.

언어적-비언어적 행동의 일치

개입이 학생들이 이해할 수 있으려면 언어적 행동과 비언어적 행동이 일치해야 한다(Doyle, 2006). 다음의 개입을 비교해 보자.

중학교 2학년 캐런 윌슨(Karen Wilson) 선생님의 학생들이 숙제를 하는 동안, 윌슨 선생님은 학생들 사이를 돌고 있다. 윌슨 선생님이 재스민(Jasmine)의 숙제를 돕고 있는데, 제프(Jeff)와 마이크(Mike)가 뒤에서 큰 소리로 떠든다.

윌슨 선생님이 어깨를 돌려 쳐다보며 "제프, 마이크. 떠들지 말고 숙제를 시작하자."라고 말했다.

둘은 목소리를 낮추었고, 윌슨 선생님은 재스민 쪽으로 돌아섰다. 곧 두 남학생은 다시 조금 전처럼 대화를 하며 떠들기 시작했다.

윌슨 선생님은 다시 어깨를 돌려서 짜증이 난 목소리로 "내가 떠들지 말라고 이야기 했잖아." 라고 말했다.

두 학생은 윌슨 선생님을 잠깐 보고는 재빨리 다시 떠들기 시작한다.

이사벨 로드리게스(Isabel Rodriguez) 선생님도 예비 대수학 수업의 학생들과 비슷한 상황에 처했다. 로드리게스 선생님이 비키(Vicki)를 도와주고 있을 때 켄(Ken)과 랜스(Lance)는 교실 뒤에서 장난을 시작했다.

로드리게스 선생님은 양해를 구하고 돌아서서 남학생들에게 다가갔다. 랜스의 눈을 보면서 "랜스, 점심 전에 해야 할 과제가 많아요. 소란은 다른 사람의 작업을 방해할 수 있어요. 지금부터 과제를 시작하세요."라고 말한 뒤, "켄, 마찬가지예요. 시간이 정해져 있으니, 시간을 낭비하지 마세요."라고 말했다. 로드리게스 선생님은 두 학생이 조용히 과제를 할 때까지 잠시 기다렸다가 비키에게 돌아갔다.

두 교사의 의도는 비슷했지만, 행동의 영향은 매우 달랐다. 윌슨 선생님이 아이들을 질책하면서 어깨 너머로 흘끗 쳐다보고는 제대로 조치를 취하지 않았을 때 교사의 소통방식은 혼란스러웠다. 교사의 언어와 몸짓은 달랐다. 메시지가 일관되지 않을 때, 사람들은 말보다는 목소리의 톤과 몸짓을 더 신뢰한다(Aronson, Wilson, Akert, & Sommers, 2016).

이와는 대조적으로, 로드리게스 선생님의 소통은 명확하고 일관되었다. 선생님은 즉시 반응했고, 학생들을 직접 마주 보며 그들의 행동이 학습에 어떻게 방해가 되는지 설명했다. 또한 비키에게 돌아가기 전에 학생들이 과제에 집중하고 있는지 확인했다. 로드리게스 선생님의 언어적·비언어적 행동이 일치했고, 메시지를 이해할 수 있었다.

이 과정에서 학생들과의 눈맞춤은 중요한 요소이다. 연구에 따르면, 가장 효과적인 교사들은 그렇지 않은 교사에 비해 학생들과 더 많은 눈맞춤을 한다고 지적한다(McIntyre, Mainhard, & Klassen, 2017). 눈맞춤은 학습자의 주의를 증가시키고 학생들에 대한 존중을 전달한다(Jarick, Laidlaw, Nasiopoulos, & Kingstone, 2016).

효과적인 비언어적인 소통의 특성은 〈표 12-1〉에 요약되어 있다.

〈표 12-1〉 효과적인 비언어적 표현의 특징

비언어적 표현	사례
다가가기	교사가 주의 집중하지 않는 학생에게 다가간다.
시선 마주치기	지시할 때 교사가 딴짓 하는 학생을 똑바로 쳐다본다.
몸을 향하기	교사가 어깨너머로 보거나 옆으로 보기보다는 학습자 쪽으로 똑바로 몸을 향한다.
얼굴 표정	수업을 방해받을 때 얼굴을 살짝 찌푸리고, 재미있는 상황에서는 얼굴을 밝게 하고 다른 학생을 도우려는 학생의 노력에는 칭찬의 미소를 보낸다.
몸짓	다른 학생이 발언하고 있을 때 끼어드는 학생에게 교사는 손바닥을 펴 내민다(그만해!).
음조의 변화	강조할 때 목소리의 크기, 속도, 음색을 변화시키며 에너지와 열정을 나타낸다.

건설적인 자기주장 유지하기

자기주장은 일반적으로 공격적이지 않으면서도 자기 확신적이며 자신감 있는 태도로 묘사된다. 대부분의 전문가들은 선천적으로 이러한 성향이 없더라도 자기주장은 학습할 수 있는 기술이라고 주장한다(Pfafman & McEwan, 2014). 학급 관리의 맥락에서 **건설적인 자기주장**(constructive assertiveness)은 "우려되는 사항을 명확하게 전달하고, 잘못된 행동을 시정하도록 요구하며, 강압이나 조종에 저항하는 것"을 포함한다(Emmer & Evertson, 2017, p. 188). '건설적' 요소는 어떤 상호작용에서도 학생을 공격하거나 비하하거나 인격적으로 비판하는 것을 피한다는 것을 강조한다. 우리는 행동에 초점을 맞추고, 그 행동이 허용될 수 없는 이유를 명확하게 전달하며, 학생들과 논쟁하지 않고 학생이 규정을 준수하도록 후속 조치를 취한다.

이 장의 앞부분에서 살펴본 해리스 선생님과 레이철의 상황을 다시 한번 살펴보자.

해리스 선생님은 짐의 대답을 기다리면서, 데버라에게 귓속말을 하고 휴대전화를 가지고 놀고 있는 레이철에게 다가갔다. 해리스 선생님은 무릎을 꿇고 눈높이를 맞추며 게시판에 표시된 학급의 규칙을 가르치며 조용하지만 단호하게 이렇게 말했다.

"우리는 다른 사람이 말할 때 경청하는 것이 중요하다는 것에 모두 동의했어. 그리고 규칙을 존중해야 한다는 것을 알고 있어.

…… 집중하지 않는다면 배울 수 없단다." 그리고 레이철이 휴대전화를 넣은 후 해리스 선생님은 일어났다.

해리스 선생님은 여기서 건설적인 자기주장을 보여 주었다. 선생님은 명확하게 의사소통하고, 언어적 · 비언어적 행동을 일관되게 유지했으며, 레이철이 휴대전화를 넣을 때까지 기다렸다. 해리스 선생님의 의사소통 방식은 레이철에게 자신의 행동이 용납될 수 없는 것임을 상기시키는 동시에 개인적인 비난을 피할 수 있게 했다. 또한 "집중하지 않는다면 배울 수 없다"는 규칙과 그 규칙이 왜 중요한지 레이철에게 상기시켜 주었다. 해리스 선생님의 소통은 모든 효과적인 인지 개입의 경우와 마찬가지로 이해될 수 있다. 그리고 시간이 지남에 따라 레이철의 자기조절 향상에 도움이 될 것이다. 가장 중요한 것은 해리스 선생님 자신이 학급을 책임지고 있으며 학습이 가장 중요하다는 것을 전달했다는 점이다. 교사의 자기주장은 인내, 일관성과 결합하여 전문적 학급 관리의 일부이다(Jones & Jones, 2016). 또한 일부 연구에 따르면 교사의 자기주장은 수줍음을 많이 타거나 위축된 학생에게 모델을 제시하는 동시에 동료를 지배하려는 경향이 있는 학생의 공격 행동을 감소시켜 사회성 발달에 기여할 수 있다(Martinez, Justicia, & Fernandez, 2016).

논리적인 결과의 적용

논리적 결과(Logical consequence)는 문제행동과 개념적으로 관련된 결과로, 학습자가 자신의 행동과 그에 따른 결과를 연결하여 개입을 이해하도록 도와준다. 예를 살펴보자.

난폭한 성향을 가진 초등학교 6학년 앨런(Allen)이 복도를 따라서 급식실로 뛰어가고 있다. 모퉁이를 돌다가 알리샤(Alyssia)와 부딪혀서 알리샤 책을 떨어트렸다.

"어머!"라고 앨런이 대답한 뒤에 다시 뛰기 시작했다.

복도를 보고 있던 더그 램지(Doug Ramsay) 선생님이 "잠깐만 앨런"이라고 이야기한 뒤, "돌아가서 알리샤가 책을 줍는 걸 도와주고 사과하세요."라고 말했다.

앨런은 알리샤에게 돌아가서 책을 줍는 것을 도와주고 중얼거리며 사과했다. 앨런이 급식실 쪽으로 돌아서자 램지 선생님이 다시 앨런을 막았다.

"자, 선생님이 왜 그렇게 하게 했을까?"라고 물었다.

"우리는 뛰면 안 되니까요."

"물론이지, 하지만 더 중요한 것은 복도에서 뛰면 누군가와 부딪힐 수 있고, 부딪혀서 누군가 다칠 수도 있어요. …… 자신의 행동에 대한 책임은 자신에게 있다는 것을 기억해야 해요. 자신이나 다른 사람을 다치게 하고 싶지 않다는 점을 생각하고 다음번에는 선생님이 여기 있든지 없든지 걸어야 해요……. 이제 점심 먹으러 가세요."

램지 선생님은 이 사건에서 논리적 결과를 적용했고, 그 이유를 알 수 있다. 알리샤와 부딪힌 후 알리샤의 책을 주워야 했던 것은 앨런에게 이해 가능한 것이며, 이것이 바로 논리적 결과를 적용하는 우리의 목표이다. 이는 학생들이 자신의 행동이 다른 사람에게 미치는 영향을 이해하고 자기조절을 촉진하는 데 도움이 된다(Watson & Battistich, 2006).

행동주의적 개입

이해가 가능하며 자기조절에 기여하는 개입이 우리가 추구하는 이상점이지만, 현실에서는 일부 학생들이 자신의 행동과 정서를 통제할 수 없거나 의지가 없는 것처럼 보인다. 이러한 경우 강화나 적절한 처벌을 적용하는 행동주의가 필요할 수 있다(Rispoli et al., 2017). 또한 현실 세계에서 행동에는 결과가 따르며, 잘못된 행동에 대한 결과가 존재한다는 것을 배우는 것은 학생의 전체 교육 중 일부이다(Greenberg et al., 2014). 전문가들은 특정 문제에 대한 단기적인 해결책으로 행동 중재를 사용할 것을 권장하며, 장기적인 목표는 자기조절 능력의 발달이다(Emmer & Evertson, 2017; Evertson & Emmer, 2017).

초등학교 1학년 교사인 신디 데인즈(Cindy Daines)가 학생들에게 행동주의적 개입을 사용하는 방법을 살펴보자.

데인즈 선생님은 학생들이 하나의 활동에서 다른 활동으로 유연하고 질서 있게 전환하는 것과 관련한 문제를 경험했다.

상황을 개선하기 위해서 데인즈 선생님은 판지로 '티켓'을 만들었고, 지역 업체로부터 경품으로 사용할 수 있는 물건을 기증 받아서 책상 위 어항에 진열했다. 그런 다음 데인즈 선생님은 "우리가 다른 활동으로 넘어갈 때 얼마나 조용히 할 수 있는지 알아보는 작은 게임을 할 거예요.…… 다음 활동으로 넘어갈 때마다 1분간 시간을 줄 것이고, 시간이 되면 종을 울릴 거예요."라고 설명하며 직접 종을 울리는 시범을 보였다. "종을 울릴 때 책을 꺼내놓고 조용히 기다리고 있는 학생은 이 티켓 하나를 받게 될 거예요. 금요일 오후에 티켓을 제출하면 이 어항 안에 있는 상품을 받을 수 있어요. 티켓이 많을수록 더 좋은 상품을 받을 수 있어요."

그 후 며칠 동안 데인즈 선생님은 교실을 돌아다니며 티켓을 나누어 주고 "메리(Marry)가 공부할 준비가 된 모습이 좋네요.", "테드(Ted)가 책을 벌써 꺼내놓고 조용히 준비하고 있네요.", "빨리 수학 시간을 준비해 주다니 고마워요." 등의 표현을 전달했다.

데인즈 선생님은 학생들 사이에서 "쉿!", "조용히 해!"라는 이야기를 하는 것을 들었을 때 자신의 전략이 효과가 있다는 것을 깨달았고, 학생들이 더 책임감 있게 행동하게 되면서 보상의 주기를 넓힐 수 있었다.

데인즈 선생님은 행동주의와 사회인지이론의 개념을 모두 개입체제에 활용했다. 티켓과 상품은 빠르고 조용한 전환에 대한 정적인 강화물이었고, "메리가 공부할 준비가 된 모습이 좋네요.", "테드가 책을 벌써 꺼내놓고 있네요."와 같은 말은 다른 아이들을 위한 대리 강화물이었다.

강화물은 행동을 변화시키는 데 처벌보다 더 효과적이므로, 가능하면 정적인 강화물을 활용하는 것이 좋다(Alberto & Troutman, 2017). 하지만 일부 학생은 처벌이 완전히 제거되었을 경우 오히려 지장을 초래할 수 있기 때문에 때로는 처벌이 필요할 수 있다(Furukawa, Alsop, Sowerby, Jensen, & Tripp, 2017; Greenberg et al., 2014). 이러한 경우 효과적인 처벌 방법에는 교사가 행동을 멈추기 위해 사용하는 언어적·비언어적 의사소통, 예를 들어 손가락을 입술에 대고 "쉿"이라고 신호를 보내는 것과 같은 **제지**(desist)나, 학생의 자유 시간(일반적으로 30분 이상)을 박탈하여 수업 전이나 수업 후에 학교에 남게 하는 **방과 후 남기기**(detention), 학생을 교사 근처나 교실 가장자리에 앉아 강화물을 받지 못하게 하는 **비배제적 타임아웃**(non-exclusionary timeout) 등이 있다. 다음은 개입에서 처벌을 사용하기 위한 지침이다.

• 처벌은 가능한 자주 사용하지 않는다.

- 처벌은 해당 행동에 즉각적이고 직접적으로 적용해야 한다.
- 처벌은 잘못된 행동을 없앨 수 있을 정도로만 사용한다.
- 처벌은 냉정하게 적용하고 분노를 표출해서는 안 된다.
- 다른 바람직한 행동을 설명하고 시범을 보인다.

이러한 지침의 목표는 교실에서 처벌의 효과를 극대화하는 동시에 학생에게 미치는 부정적 영향을 최소화하는 것이다.

체벌

체벌(Corporal punishment)은 잘못된 행동에 대응하여 의도적으로 학생에게 고통을 가하는 처벌의 형태이다. 체벌은 우리 문화에서 흔히 볼 수 있으며, 90%이상의 부모가 유아에게 체벌을 가한다고 응답했다(Simons, Simons, & Su, 2013).

그러나 전 세계적인 추세는 체벌을 멀리하고 있으며, 2016년 현재 50개국에서 체벌이 불법화되었다(Lansford et al., 2016). 미국의 학교에서는 체벌의 사용이 감소하고 있지만, 주로 남부를 중심으로 21개 주에서 여전히 체벌이 합법이며, 미시시피주는 매 또는 다른 형태의 체벌을 허용하는 학교 수에서 국가의 선두이다(Saprks & Harwin, 2016).

체벌은 논란의 여지가 많고, 전문가 단체와 교육계의 지도자들은 어떤 이유로든 어린이를 때리는 것을 한결같이 반대하고 있다(American Academy of Pediatrics, 2011; Simons et al., 2013). 일부에서는 체벌이 부도덕적이고 완전히 금지되어야 한다고 주장한다(Lenta, 2012).

체벌의 파괴적 영향은 여러 연구를 통해 밝혀졌다. 예를 들어, 2016년 16만 명의 어린이를 대상으로 실시한 50년간의 연구를 분석한 연구에 따르면 손바닥으로라도 매를 많이 맞을수록 학교에서의 성취도가 낮아지고 추후 어른에게 반항하고, 정신건강장애를 보이거나 공격적이고 반사회적인 행동을 보일 가능성이 높아지는 것으로 나타났다. 매나 벨트와 같은 도구를 사용할 경우 그 영향은 더욱 심각했다(Gershoff & Grogan-Kaylor, 2016). 또한 가정에서 체벌을 받은 아이의 경우 성인이 되어 가해자가 될 가능성이 높다는 결과도 있다(Afifi, Mota, Sareen, & MacMillan, 2017).

이전의 연구에 따르면 3년 동안 정기적으로 매를 맞은 청소년은 자기 통제, 문제해결과 관련된 뇌의 회백질이 줄어들었으며(Tomodo et al., 2010), 학교에서 품행문제를 보이는 학생의 경우 이 부분의 회백질의 부피가 더 작은 것으로 나타났다(Rogers & DeBrito, 2016).

이론적인 근거를 바탕으로 체벌을 반대하는 주장도 제기될 수 있다. 예를 들어, 모델링을 통해 체벌이 부적절한 행동에 대한 적절한 반응으로 사람을 때리는 것이 용납될 수 있다는 것을 암시할 수 있다. 이는 충동 조절, 부적절한 행동에 대한 충동의 저항, 사회적으로 적절한 방식으로 정서를 표현하는 등 학생들의 자기조절 능력을 키우려는 목적에 맞지 않다. 우리는 학생들을 때리는 방식으로 이러한 특성들을 가르쳐서는 안 된다.

우리는 이러한 모든 주장을 지지하며, 어떤 상황에서도 체벌은 결코 허용될 수 없는 행동 개입이라는 점을 글을 읽는 여러분에게 전하고 싶다. 행동을 관리하고 자제력을 가르칠 수 있는 더 좋은 방법이 있다.

학생을 교실에서 나가게 하기

안타깝게도 현실에서 몇몇 학생이 교훈을 얻지 못하고 수업에 방해가 되어 교실에서 나가게 하는 경우가 있다. 그러나 자신의 행동에 대한 책임을 인정할 수 없거나 인정하지 않는 학생은 종종 퇴실(교실에서 쫓아내는) 시킨 교사를 비난하기 때문에, 이러한 관행은 겉으로 보이는 것만큼 간단하지 않다.

이는 궁극적으로 학생을 교실에서 내보내야 한다고 생각하는 경우에 시사하는 바가 있다. 학생을 교실에서 내보내기로 결정하기 전에 먼저 학생의 행동이 용납될 수 없음을 상기시키고, 상기시켜도 효과가 없는 경우 비배제적 타임아웃과 같은 허용 가능한 형태의 처벌을 사용하여 학생을 처벌해야 한다. 둘 다 효과가 없어 학생을 내보내야 하는 경우, 학생과 후속 면담을 통해 퇴실이 필요한 이유를 설명해야 한다. 이러한 과정에서 잘못된 행동이 학급 친구들에게 미치는 영향과 학습, 교실의 정서적 분위기에 미치는 영향에 대해 강조해야 한다(Lewis, Romi, & Roache, 2012).

가능하다면 학생을 교실에서 내보내지 않도록 노력하는 것이 이상적이다. 연구에 따르면 배타적인 훈육 전략(학생을 교실에서 내보내는 것)의 빈번한 사용은 훈육 문제의 발생 빈도가 높고, 교실 분위기와 교사-학생 관계에 긍정적이지 않은 것으로 나타났다(Mitchell & Bradshaw, 2013). 극단적인 상황을 제외하고는 학생을 교실에서 내보내는 것은 개입의 최후의 수단이 되어야 한다(Skiba & Raush, 2015).

행동적 관리체제의 설계와 유지

명확한 규칙과 기대, 그리고 일관되게 적용되는 결과(강화인과 처벌인)는 행동 관리체제의 기초이다. 행동주의에 입각한 관리체제의 설계에는 다음과 같은 단계를 포함한다.

- 허용되는 행동을 명확하게 정의하는 구체적인 규칙 목록을 준비한다.
- 〈표 12-2〉와 같이, 각 규칙을 준수할 경우 받게 되는 강화물과 위반할 경우 받게 되는 처벌인을 지정한다.
- 규칙을 알리고 결과를 설명한다.
- 일관성 있게 결과를 적용한다.

〈표 12-2〉 규칙을 따르거나 위반했을 때의 대가의 예

규칙 위반에 대한 처벌	
첫 번째 위반	규칙 위반자의 이름을 적기
두 번째 위반	이름 옆에 표시하기
세 번째 위반	이름 옆에 두 번째 표시하기
네 번째 위반	30분간의 격리
다섯 번째 위반	보호자에게 이메일 보내기
규칙을 지켰을 경우 보상	
위반 사항이 발생하지 않는 날마다 이름에 표시한 것을 제거한다. 이름만 남고 위반 사항이 없다면 이름을 지운다.	
명단에 이름이 없는 모든 학생에게는 금요일 오후에 45분의 자유 시간이 주어져서 원하는 것을 할 수 있다. 유일한 제한 사항은 교실 안에서 자유 시간을 보내야 하며, 자유 시간을 얻지 못한 학생을 방해해서는 안 된다.	

행동주의 체제는 학습자의 의견을 반영하여 규칙을 만들거나 규칙의 근거를 제시하는 것을 배제하지 않는다. 그러나 이해와 자기조절을 강조하는 인지적 접근 방식과는 달리 행동 지침을 명확하게 지정하고 결과를 적용하는 데 중점을 둔다.

종합적인 관리체제를 설계할 때 교사는 인지적 접근 방식과 행동주의적 접근 방식의 요소를 모두 결합한다. 행동주의 체제는 즉시 적용할 수 있다는 장점이 있으며, 특히 어린 학생들에게 바람직한 행동을 유도하는 데 효과적이고, 만성적으로 잘못된 행동을 줄이는 데 유용하다. 또한 행동에는 결과가 따르고 우리 모두는 자신의 행동에 대한 책임이 있다는 것을 학생들이 이해하는 데 도움을 준다(Greenberg et al., 2014). 인지적 체제는 결과를 도출하는 데 시간이 오래 걸리지만 학습자의 자기조절 능력을 개발할 가능성을 높여 준다.

긍정적인 행동 지원

교수를 시작하면 특정 학습장애나 행동장애와 같은 예외적인 특성을 가진 학생이 수업에 참여할 것이다. 이러한 학생을 포함한 모든 학생의 요구를 충족하는 교실 환경을 조성해야 한다. 실제 교실의 모습을 살펴보자.

경미한 형태의 자폐증 진단을 받은 타냐(Tanya)라는 학생이 있다. 타냐는 사회적 기술에서의 발달이 부족했고, 의식적 행동을 많이 보이고, 특정 성인에 대한 강한 정서적 애착을 보이는 등 자폐의 전형적 행동을 보였다. 예를 들어, 조별 과제를 할 때 다른 학생에게 폭력적인 행동을 하는 경우가 있어서 조별 활동에서 제외하는 경우가 있다. 또한 자주 화를 내고 학생들이 다음날 숙제를 시작할 때 주기적으로 소리를 지르고 교실에서 나가려고 하기도 한다.

학교 특수교육 전문가의 도움을 받아서 타냐의 행동을 분석한 결과, 타냐가 다른 아이들을 대하는 행동과 방에서 뛰쳐나가는 행동은 ① 불편한 사회적 상황을 피하고, ② 주의를 끌기 위한 두 가지 목적이 있다는 결론을 내렸다.

분석을 바탕으로 타냐가 조별 활동 중에 적절한 의견을 말하고 질문하는 방법을 배울 수 있도록 돕고, 타냐가 적절한 행동을 할 때 원하는 간식으로 교환할 수 있는 점수를 획득할 수 있도록 체제를 설계한다. 또한 타냐가 자습하는 데 추가 시간을 할애하고, 과제에서 휴식이 필요하다고 느낄 때 언제든지 갈 수 있는 개인 공간을 교실 뒤편에 마련한다.

이러한 당신의 개입은 학생의 문제 행동을 동일한 목적을 가지고 있는 대안적이고 적절한 행동으로 대체하는 **긍정적 행동 지원**(positive behavior support), 개입의 예시가 될 수 있다(Scheuermann & Hall, 2016). 예를 들어, 타냐는 폭력적 행동에 대하여 부정적인 강화를 받았는데(불편한 상황에서 벗어날 수 있도록 조별 활동에서 제외), 특정 상호작용 기술을 배우면서 부정적인 강화가 긍정적인 강화(점수)로 대체되었다. 마찬가지로, 타냐가 소리를 지르고 방을 나가려고 할 때 받았던 관심은 타냐와 함께 활동하면서 받는 당신의 관심으로 대체되었다.

긍정적 행동 지원은 널리 사용되고 있으며 일반적으로 학교 전체에서 시행된다(Allen & Steed, 2016). 연구에 따르면 일반적으로 기존의 학급 관리 체제로는 해결할 수 없는 문제를 처리하는 데 효과적이다(Lewis, Mitchell, Trussell, & Newcomer, 2015). 교수 활동을 시작할 때 긍정적 행동 지원에 참여하게 될 가능성이 높으며, 특수 교육자와 교직원의 경험을 통해 이를 효과적으로 구현하는 데 필요한 추가적인 도움을 받을 수 있을 것이다.

개입의 연속성

학급 관리와 교육 모두를 계획하기 위해 최선을 다하더라도 학생들은 그릇된 행동을 할 수 있기 때문에, 이 장의 앞부분에 등장한 사례 연구에서 해리스 선생님이 그랬던 것처럼 주기적으로 개입해야 한다.

수업을 방해하는 행동은 한 학생이 옆자리의 학생과 잡담하는 것과 같이 일회적인 사건부터 다른 학생들을 반복적으로 찌르거나 심지어 싸우는 것과 같은 만성적인 규칙 위반까지 다양하다. 위반의 심각성이 다양하기 때문에 개입 방법도 다양해야 하며, 인지적 요소와 행동적 요소를 모두 포함해야 한다.

수업 시간을 최대로 확보하기 위해서는 가능한 개입이 수업을 방해해서는 안 된다. [그림 12-8]에는 개입의 연속성을 요약한 것이며, 다음 부분에서 논의할 예정이다.

[그림 12-8] 개입의 연속성

바람직한 행동에 대한 칭찬   바람직한 행동을 조장하는 것이 중요한 목표이기 때문에 바람직한 행동을 보이는 학생을 칭찬하는 것은 현명한 첫 번째 개입이며, 전문가들은 바람직한 행동에 대한 칭찬이 모든 효과적인 학급 관리체제의 일부가 되어야 한다고 제안한다(Greenberg et al., 2014). 칭찬은 생각보다 자주 일어나지 않으므로, '좋은 행동을 포착'하려는 노력은 특히 예방의 수단으로써 가치가 있다. 초등학교 교사는 공개적으로 자유롭게 칭찬할 수 있고, 중학교, 고등학교 교사는 '이번 주 너의 과제물은 아주 감명 깊었다. …… 계속 노력하렴"과 같은 칭찬을 하거나 학생의 과제와 행동을 칭찬하는 쪽지를 작성할 수 있다. 일부 연구에 따르면 중학교 학생에게 칭찬하는 메모를 주는 것이 학생이 징계를 받을 가능성을 크게 줄이는 것으로 나타났다(Greenberg et al., 2014).

부적절한 행동과는 양립 불가능한 행동을 강화하는 것은 이 견해를 확장하는 것이다(Alberto & Troutman, 2017). 예를 들어, 학습 활동에 참여하는 것은 공상에 빠지는 것과 함께 일어날 수 없으므로, 주의를 기울이지 않는 학생을 질책하는 것보다는 학생을 호명하여 질문에 답하려는 노력을 강화하는 것이 더 효과적이다.

부적절한 행동 무시하기   강화되지 않은 행동은 사라진다. 사소한 규칙 위반 행위에 대해 훈계를 들을 때 학생들이 받은 관심은 종종 강화가 되기 때문에 그런 행동을 무시한다면 무심코 제공할 수 있는 강화의 효과를 제거할 수 있다. 예를 들어, 두 학생이 잠시 귓속말을 하다가 곧 멈추는 경우 이 방법이 효과적일 수 있다. 바람직한 행동에 대한 칭찬, 양립할 수 없는 행동에 대한 강화, 그리고 규칙 위반 행동에 대한 무시를 결합하는 것이 사소한 수업 방해 행동에 효과적일 수 있다.

간접 단서의 사용　잘못된 행동을 무시할 수는 없지만 직접 언급하지 않고도 중지하거나 주의를 돌릴 수 있는 경우, 근처로 다가가거나 주의를 전환하는 방법, 대리 강화물과 같은 간접적인 단서를 활용할 수 있다 (Jones & Jones, 2016). 예를 들어, 해리스 선생님은 켄드라(Kendra)의 불평을 듣고 대런의 근처로 가서 대런을 불렀다. 해리스 선생님이 다가가자 잘못된 행동이 중단되었고, 대런을 부르는 것을 통해 다시 수업에 집중할 수 있게 했다.

일부 교육자들은 해리스 선생님이 대런에게 한 것과 같이 주의를 집중하지 않는 학생을 부르는 것을 동의하지 않는다. 그러나 해리스 선생님의 행동은 처벌적인 것이 아니었고, 선생님의 어조는 사실적이었으며, 목표는 단순히 대런의 관심을 다시 끌어들이는 것이었다. 오랜 연구를 통해 학습 활동 중에 학생을 부르고, 학생에게는 부름을 받을 것이라는 기대감을 심어 주는 것이 효과적이라는 사실을 확인했다. 연구에 따르면 이러한 기대가 형성되면 학생들은 더 많은 주의를 기울이고 더 높은 성취를 보이는 것으로 나타났다(Good & Lavigne, 2018; Kerman, 1979; McDougall & Granby, 1996).

대리강화 또한 효과적일 수 있다. 초등학교 교사는 종종 학생을 본보기 삼아서 "첫 번째 분단이 조용히 공부하고 있는 모습이 정말 좋아요." 또는 "알리샤가 이미 과제를 시작했어요."와 같은 말로 나머지 학생을 대리강화하는 경우가 많다. 중학교나 고등학교에서는 대리 강화물을 사용할 수도 있지만, 고학년 학생의 경우 때로 동료들 앞에서 주목을 받는 것을 불편해하기 때문에 학생들의 반응에 민감하게 반응하는 것이 좋다.

제지하기　앞서 이야기했듯이 제지는 언어적·비언어적 의사소통으로 교사가 행동을 멈추도록 하기 위해 사용하는 의사소통이다(Dhaem, 2012; Kounin, 1970). "글레니스(Glenys), 허락이 있을 때만 자리를 떠날 수 있단다", "글레니스!", 그리고 손가락을 입술에 대거나 엄한 표정을 짓는 것은 모두 제지의 표현이다. 이러한 것들은 잘못된 행동에 대한 교사의 가장 일반적인 반응이다.

제지를 위해서는 명확성과 어조가 중요하다. 예를 들어, "랜디(Randy), 그렇게 행동하면 윌리(Willy)가 어떻게 느낄 것 같니?"는 행동을 규칙 또는 행동의 효과와 연결하기 때문에 "랜디, 그만해"보다 더 효과적일 수 있다. 학생들은 이러한 미묘한 차이에 반응하고 교사의 명령보다는 규칙 및 결과를 떠올려 주는 것을 선호한다 (Alberto & Troutman, 2017).

제지의 어조는 단호하지만 화를 내지 않아야 하고, 건설적인 자기주장의 개념과 일치해야 한다. 쿠닌 (Kounin, 197)에 따르면 유치원생이 거친 제지로 통제된 경우 실제 더 수업을 혼란하게 하고, 고학년 학생들은 교실에서 무례한 제지에 불편해한다. 반대로 단호하거나 질책, 대안적인 행동을 제안하는 것, 학습 활동에 대한 학생의 참여를 유지하도록 하는 질문 등은 대부분의 교실에서 학습이 아닌 것에 사용되는 시간을 줄일 수 있다.

언어적·비언어적 행동의 일치, 교실에서 일어나는 일에 대한 인식(파악), 효과적인 수업을 포함한 명확한 의사소통은 제지의 사용에 필수적이다. 그러나 이러한 요소가 갖추어져 있더라도 단순한 제지만으로는 충분하지 않을 수 있다.

대가의 적용　개입 상황에서 다른 모든 전략을 시도해도 효과가 없는 경우 대가를 적용해야 한다. 논리적인 귀결이 가장 바람직하고 먼저 시도해야 하지만, 교실 상황은 복잡하고 분주하기 때문에 항상 논리적 귀결로 학급 관리 문제를 해결할 수 있는 것은 아니다. 이러한 경우에는 행동을 빠르고 효율적으로 바꾸기 위해 행동주의의 결과를 적용하는 것이 효과적일 수 있다(Alberto & Troutman, 2017). 다음의 예시를 살펴보자.

제이슨(Jason)은 영리하고 활동적인 초등학교 5학년 학생이다. 그는 이야기하기를 좋아하고 아귈라(Aguilar) 선생님이 그에게 화를 내기 전 어느 정도까지만 얘기를 해야 하는지 알고 있는 것 같다. 제이슨은 규칙과 그 이유를 이해하고 있지만 말하는 것에 대한 관심이 더 우선인 것 같다. 제이슨을 무시하는 것은 효과가 없다. 부모님에게 전화한 것이 일시적으로 도움이 되었지만, 곧 다시 평소와 같은 행동으로 돌아왔기 때문에 아귈라 선생님이 대응할 필요는 없었지만 항상 신경이 쓰였다.

결국 아귈라 선생님은 제이슨에게 경고를 주기로 마음먹었다. 제이슨이 두 번째로 잡담을 하면, 정규 수업 활동에서 제외된다. 아귈라 선생님은 제이슨을 만나 규칙을 설명했다. 다음 날 수업이 시작되자 제이슨은 즉시 잡담을 시작했다.

"제이슨, 네가 잡담하는 동안 너는 학습 활동에 참여할 수 없고 다른 학생들의 학습 활동을 방해하고 있어. 학습에 집중하렴." 아귈라 선생님은 경고의 말을 했다.

제이슨은 잠시 말을 멈췄지만 몇 분 후 다시 말을 이어 갔다. "제이슨" 아귈라 선생님이 다시 그의 책상으로 가서 조용히 말했다. "교실 뒤에 나가 있으렴."

일주일 후 제이슨은 다른 학생들과 조용히 학습하게 되었다.

제이슨과 같은 행동은 특히 초등학교와 중학교에서 흔히 볼 수 있으며, 흔히 보이는 폭력이나 신체적인 위해보다도 교사에게 더 많은 스트레스를 유발한다(Friedman, 2006). 이러한 행동은 방해가 되기 때문에 무시할 수 없고, 바른 행동에 대한 칭찬은 어느 정도 도움이 되지만 학생들은 대부분 친구로부터 강화받고, 제지는 잠깐의 효과가 있지만 교사가 지속적으로 관찰해야 하기 때문에 피곤한 일이다. 아귈라 선생님은 제이슨에게 행동에 따른 대가를 적용할 수밖에 없었다.

일관성은 제이슨과 같은 학생들에게 변화를 촉진하는 열쇠가 될 수 있다. 제이슨은 무엇을 하고 있었는지 이해했고, 스스로를 통제할 수 있었다. 제이슨은 자신의 행동이 어떤 결과를 초래할지 예측할 수 있었을 때 그 행동을 그만두었다. 제이슨은 두 번째 위반을 할 경우 수업에서 제외된다는 것을 알고 있었고, 실제 그렇게 되자 재빨리 자신의 행동을 변화시켰다. 어떠한 논쟁도 없었고 시간도 거의 소모되지 않았으며 수업에 방해가 되지도 않았다.

다양성: 문화적 소수자와 함께하는 학급 관리

학습자의 다양성은 수업을 하는 교사에게 독특한 어려움을 준다. 오랜 연구 결과에 따르면 이러한 학생들에 대한 징계 요청이나 처벌에서 차이가 있음을 보여 준다. "지난 30년 동안 이루어진 연구에 따르면 징계 처분에 있어 인종적 격차가 지속적으로 발생했다. 동일한 행위를 한 백인 학생보다 아프리카계 미국인 학생에게 더 자주, 더 무거운 처벌이 내려진다"(Ware, 2017, p. 39). 또한, 백인 학생은 흡연, 무단 조퇴, 욕설 등 관찰 가능한 위반에 의해 징계를 받는 경우가 많지만, 흑인 학생은 무례함, 반항, 수업 방해 등 교사의 해석이 필요한 행위로 징계를 받는 경우가 더 많다. 또한 연구에 따르면 이러한 격차가 줄어들기는커녕 오히려 증가하고 있는 것으로 나타났다(Office for Civil Rights, 2018).

이러한 문제는 아프리카계 미국인뿐만 아니라 다른 인종과도 관련이 있다. "불균형한 징계에 대한 기록은…… 라틴계, 아메리칸 인디언, 특수교육 대상자들"(Gregory et al., 2017, p. 253)이라는 문건뿐만 아니라, 레즈비언, 양성애자, 게이, 성전환 학생들이 불균형한 제재를 받을 위험이 높다는 추가적인 결과도 있다(Mittleman, 2018).

연구에 따르면 교사와 영어 학습자(English Language Learners) 간의 의사소통이 원활하지 않아서 학생들이 실제로 한 말이 아니라 교사가 들었다고 생각한 말에 따라 처벌을 받는 경우도 있다고 제안한다. 일부 연구자들은 대부분의 교사가 백인, 중산층의 여성인 반면, 영어 학습자는 문화적 소수자이며 사회경제적 지위가 낮은 가정 출신인 경우가 많기 때문에 이러한 잘못된 의사소통이 발생한다고 보고한다(Kirylo, Thirumurthy, & Spezzini, 2010).

문화감응적 학급 관리(Culturally responsive classroom management)는, 문화적인 지식과 교사 개인적 편견 가능성에 대한 인식을 결합했기 때문에 이러한 문제를 극복하는 데 도움이 될 수 있다. 이 문제를 해결하기 위해 고안된 문화적으로 반응하는 학급 관리 모형에는 네 가지 필수 요소가 있다.

- 문화적 편견 가능성에 대해 개인적으로 인식할 것
- 학생의 문화적 유산, 이웃, 가정환경에 대해 배울 것
- 포용적인 학습 환경을 조성할 것
- 일관성을 유지할 것

문화적 편견 가능성에 대해 인식하기　인식은 중요한 첫 단계이다. "새로운 연구 결과는 교육자의 징계 결정이 인종적 고정관념과 관련된 무의식적인 부정적 생각, 즉 암묵적인 인종 편견의 영향을 받을 수 있다는 가능성을 제시한다"(Gregory et al., 2017, pp. 261-262). 우리 자신의 무의식적인 편견 가능성을 인식하고 학생들의 상호작용 패턴을 이해하게 되면, 위협적이거나 무례하게 보이는 학생의 반응이 그런 의도가 아님을 깨달을 수 있다(Okonofua & Eberhardt, 2015).

학생의 배경에 대해서 이해하기　이 장의 앞부분에서 학급 관리와 동기 부여, 학습에 있어서 교사와 학생 관계의 중요성을 강조했다. 학생들의 문화적인 유산과 그들의 이웃, 가정환경에 대해서 이해하려는 시도는 학생과의 긍정적인 관계를 증진하는 데 큰 도움이 될 수 있다. 또한 문화적인 소수자의 경우 학교에서 환영받지 못한다는 인식을 불식시키는 데에도 많은 도움이 될 수 있다(Voight, Hanson, O'Malley, & Adekanyel, 2015).

때로는 교사와 학생 간의 상호작용, 심지어 짧고 단순한 상호작용도 학생의 불안감을 줄이는 데 큰 도움이 될 수 있다.

고등학교 1학년 오웬 잭슨(Owen Jackson) 선생님의 학생 중 한 명인 클라리벨 토레스(Claribel Torres)는 수업 시간에 종종 부정적인 행동을 보인다. 때로는 반항에 가까운 행동을 하기도 하고, 때로는 반응이 없는 경우도 있다. 행동마다 특성이 다르다.

어느 날 클라리벨이 방과 후에 교실에 들어와 잃어버린 물건을 찾고 있었다. 기회를 엿보던 잭슨 선생님은 물었다. "잘 지내고 있니, 클라리벨?"

"괜찮아요." 클라리벨이 고개를 숙인 채 중얼거렸다.

"억양이 잘 들리지 않네." 잭슨 선생님이 다시 물었다. "가족은 어느 나라에서 왔니?"

"푸에르토리코요." 클라리벨이 다시 중얼거렸다.

"우와!" 잭슨 선생님이 감탄했다. "나는 아내와 함께 작년에 산후안(San Juan)에 갔었어. 정말 좋았거든. 올드 산후안(Old San Juan)의 명소에 가서 사람들과 이야기도 나누고 정말 즐거운 시간을 보냈어. 사람들은 모두 훌륭하고 친절했고 따뜻했어. …… 혹시 어느 지역에서 왔니?"

"섬 반대편 폰스(Ponce) 근처에서 왔어요." 클라리벨은 눈에 띄게 밝아진 표정을 지으며 대답했다.

그러자 잭슨 선생님은 클라리벨의 배경에 대해서 여러 가지 질문을 던졌다.

대학원 수강생 중 한 명인 잭슨 선생님은 이 대화를 통해 클라리벨이 180도 변화했다고 설명했다. 우리 모두는 감정적인 존재이며, 다른 사람들이 자신을 배려하고 존중해 주기를 원한다. 잭슨 선생님의 단순한 행동은 이러한 배려와 존중을 보여 주었고, 노력이 많이 들지도 않았으며, 클라리벨과의 관계에 큰 변화를 가져왔으며 클라리벨이 교실에서 환영받는다는 느낌을 주었다. 모든 학생에게 효과적인 것은 아니지만 이런 노력을 기울인다고 손해 볼 것은 없다.

포용적인 환경 만들기 교실 배치와 학생의 참여 방식을 통해서 포용적인 학급 환경을 조성할 수 있다. 그리고 간단하지만 중요한 요소 중 하나는 자리 배정이다. 일부 교사는 학생들에게 자유를 준다는 생각으로 학생들이 스스로 자리를 선택할 수 있도록 허용하지만, "대부분의 학생들은 자유로운 자리 배치를 자유가 아닌 포기의 한 형태라고 인식한다. 경직된 사회적 위계와 또래와의 경쟁에 시달리는 청소년들에게 정해진 자리 배치가 없는 교실은 선택의 환상만을 제공한다"(Toshalis, 2015, p. 39). 소수 문화의 학생들을 비소수 문화 학생들 옆에 앉히고 집단을 형성하게 함으로써 학생들이 자신의 사회 집단이나 파벌에 속하지 않은 다른 사람과 어울릴 수 있도록 장려해야 한다.

그런 다음 학생들과 소통하는 방식에서 포용성을 갖추기 위해 더 노력할 수 있다. 간단하지만 중요한 또 다른 하나는 소수 문화의 학생과 비소수 문화의 학생을 포함한 모든 학생에게 가능한 동등한 요구를 하도록 노력하는 것이다. 이러한 과정은 모든 학생이 참여하고 배우기를 기대하며, 모든 학생이 유능한 학습자라고 믿고 있다는 신호를 보내는 것이다. 가능한 동등하게 학생들에게 요구하고, 다른 방법으로는 학생들을 동등하게 참여시키는 것은 문화적인 집단 간의 차별을 없애는 데 중요한 걸음일 수 있다(Lawyer, 2018).

일관성 유지하기 끝으로, 잘못된 행동에 대처할 때 일관성을 유지하는 것이 가장 중요하다. 앞서 인지적 개입의 일관성을 강조했지만, 문화적 소수인 학생들에게는 일관성이 더욱 중요하다. 특히, 연령이 증가할수록 학생들은 불평등한 대우에 대한 인식에 민감해지며, 교사가 자신을 대할 때 더 엄격하거나 가혹하다고 생각하면 교사-학생 관계와 교실 분위기가 모두 악화될 수 있다. 학생이 교사가 불평등했다고 주장하는 경우, 솔직하고 열린 대화를 통해 자신의 감정을 표현하고 심지어 '분출'할 수 있도록 허용하면 잠재적으로 문제가 될 수 있는 사고와 사건을 완화하는 데 도움이 될 수 있다.

이 장에서 설명한 학급 관리 전략은 모든 학생에게 효과적이며, 특히 문화적 소수자인 학생들에게 중요하다. 모든 전략이 그렇듯 모든 문제를 해결하지는 못하지만 학생들의 학업 및 사회정서적 학습에 도움이 될 것이다.

교육심리학을 교수에 활용하기: 잘못된 행동에 효과적으로 대응하기

교실에서 불가피하게 잘못된 행동이 발생할 수 있다. 다음의 제안 사항은 효과적인 개입에 도움이 될 수 있다.

- 잘못된 행동이 일어날 경우 개입하는 동안 수업의 흐름 유지하기
- 개입할 때 학생의 정서적인 안전을 보호하기
- 가능하면 인지적 개입을 사용하고, 필요한 경우 행동주의적 개입을 나중에 사용하기
- 필요한 때에만 개입의 연속선상에서 개입 강도를 높이기

개입하는 동안 수업의 흐름 유지하기 가능하다면 수업의 흐름을 방해하지 않는 선에서 개입해야 한다. 예를 들어, 이 장의 시작 부분에 있는 사례 연구에서 해리스 선생님의 행동을 다시 살펴보자.

해리스 선생님: 더매스커스의 위도는 대략 몇 도이지? 버니스가 대답해 볼까?

버니스: 제 생각에는 대략 북위 34도 정도 되는 것 같아요

해리스 선생님: 잘했어, 버니스. 더매스커스는 북위 34도 가까이에 있지. …… 그 지역은 여름에 우리 지역보다 더 더울까 아니면 더 추울까? 대런?(대런이 켄드라를 연필로 찌르는 것을 보고 대런에게 다가가며)

해리스 선생님: 그런데 왜 더 더울까? 짐이 대답해 볼까?(레이철에게 다가가 다른 자리로 옮기라고 말하며)

이 간단한 사례에서 해리스 선생님은 대런과 레이철에게 모두 개입하면서도 수업의 흐름을 끊지 않았는데, 이 작업을 **중복 작업**(overlapping)이라고 한다(Kounin, 1970). 이는 한 번에 두 가지 일을 하는 것과 같아서 교사에게 과중한 인지적인 부하를 주기 때문에 당장은 익숙하지 않을 수 있다. 하지만 수업과 학급 관리 모두에 대한 세심한 계획과 연습을 통해 점차적으로 쉬워질 수 있다. 해리스 선생님의 사례가 그 예이다. 해리스 선생님은 고도로 발달된 전문 지식 덕분에 질문이 거의 자동으로 이루어져 작업 기억 공간의 대부분을 학생들의 행동을 관찰하는 데 할당할 수 있었다.

학생들의 정서적인 안전 보호하기 앞서 다루었듯 개입할 때는 학생의 정서적인 반응을 고려해야 한다. 우리 모두는 인간이기 때문에 때로는 학생들에게 화를 낼 수밖에 없으며, 심지어 화내는 것을 인정하는 것이 적절하다. 그러나 가혹하고 비판적이며 냉소적인 개입은 문제행동을 없애는 데 거의 도움이 되지 않고, 교실 분위기를 심각하게 해칠 수 있다. 연구에 따르면 교육이 효과적이라 할지라도 조금의 적대감을 통해 학생들의 동기와 참여를 감소시킬 수 있다(Goodboy et al., 2018). 화가 날 때는 나중에 후회할 행동을 하기 전에 몇 초 동안 진정할 시간을 가져야 한다. 해리스 선생님은 개입할 때 고른 태도를 유지하여 학생들이 정서적으로 안전하다고 느끼도록 도왔으며 수업의 흐름을 흐트리지 않고 개입했다.

가능하다면 인지적인 개입 사용하기 어떤 경우든 교사는 학습자가 이해할 수 있는 개입을 사용하기 위해 최선을 다해야 한다. 그렇게 하면 가장 문제가 되는 학생을 제외한 모든 학생이 우리가 개입하는 이유를 이해하기 때문에 개입에 순응할 가능성이 높아진다.

해리스 선생님의 개입은 주로 인지적인 개입이었다. 예를 들어, 대런이 켄드라와의 사건에서 가해자임을 인식하는 데 있어 '함께'했고, 레이철이 순응하는지 확인하기 위해 일관성을 유지했으며, 대런을 부를 때는 대런을 직접 바라보고, 레이철과 대화할 때는 눈을 맞추는 등 언어적·비언어적 행동의 일관성을 유지했으며, 건설적인 자기주장으로 레이철에게 대응했다. 또한 레이철과 대화할 때는 무릎을 꿇어 눈높이까지 맞추었다. 이러한 행동은 학생에게 문제가 있으며 교사가 함께 문제를 해결하고 있음을 암묵적으로 전달한다 (Dhaem, 2012).

필요한 만큼만 개입의 연속선상에서 강도 높이기 개입할 때는 필요한 만큼만 해야 한다. 예를 들어, 단순한 개입을 통해 잘못된 행동을 멈출 수 있다면, 여기까지만 개입해야 한다. 개입에 대해 자세히 설명한다면 사건에 더 많은 중요성을 부여하게 된다. 해리스 선생님은 대런과 레이철에게 간접적인 단서를 사용하는 데까지 노력하는 것으로 충분했다. 해리스 선생님은 대런에게 다가가서 대런을 부르고, 레이철에게 학급 규칙을 언급하고 레이철이 이를 지키도록 했으며, 두 행동 모두 수업의 흐름을 방해하지 않았다.

학급 관리를 위한 세심한 계획과 자기조절을 촉진하기 위한 노력을 결합한다면, 많은 학급 관리 문제를 미리 예방할 수 있으며, 여기에서 논의한 제안들을 적용하면 대부분의 문제를 빠르게 해결할 수 있다. 하지만 종종 안타깝게도 심각한 문제가 발생할 수 있다. 이에 대해서는 다음 절에서 논의할 것이다.

교실과의 연계

교실에서 성공적으로 개입하기

1. 인지적 개입은 학습자가 자신의 경험을 이해하려는 욕구에 목표를 두고 있다. 논리적 결과를 사용하여 학생들의 책임감을 키울 수 있도록 도와야 한다. 방과 후나 개인적으로 공정성, 형평성에 관한 토론을 진행해야 한다.

- **초등학교**: 매일 교실 청소 시간에 1학년 학생 두 명이 청소용 걸레를 놓고 다투다가 화분을 깨뜨렸다. 선생님은 두 학생과 이야기를 나누고 화분을 치우기로 협의하고 다음 주 등교 전에 교실에 새 화분을 구입하는 대가로 학급의 일을 할 것이라고 부모님에게 쪽지를 쓴다.
- **중학교**: 사회 교사는 위반된 규칙을 확인하고 그 규칙이 존재하는 이유를 설명함으로써 학습 경험이 되도록 중재했다. 모호한 상황에서는 학생들과 개인적으로 대화했다.
- **고등학교**: 10분 동안 두 차례나 잡담을 중지할 것을 지시받은 고등학교 1학년 학생 중 한 명은 자습할 내용이 무엇인지 물은 것이라며 항의했다. 교사는 그 학생이 상황에 대해 다시 생각하도록 하고 그의 행동이 수업을 방해했음을 지적했고 더 이상의 논의 없이 학생을 질책했다. 수업 후 교사는 학생과 대화를 나누며 규칙이 존재하는 이유를 설명하고 자신의 행동에 대한 책임을 져야 한다는 점을 상기시킨다.

2. 정적 강화는 적절한 행동을 증가시키는 데 사용될 수 있다. 바람직한 행동을 시작하고 가르치기 위해 정적 강화를 사용하라.

- **초등학교**: 1학년 교사는 많은 학생이 점심 식사 후의 수업 시간을 힘들어한다는 것을 알고 수업 종이 울린 후 1분 동안

학생들이 자리에 앉아 수업자료를 꺼내도록 한다. 학생들이 이 요건을 잘 따랐을 때 자유 시간을 얻을 수 있는 점수를 받는다.

- **중학교**: 학생들이 실험실을 빨리 정리하도록 하기 위해 과학 교사는 실험실을 제시간에 정리하면 5분의 자유 시간을 주어 자리에서 대화를 나눌 수 있도록 한다. 제시간에 청소를 하지 않은 학생은 조용히 기다려야 한다.
- **고등학교**: 고등학교 1학년 기초 수학 교사는 학생들이 소집단 활동을 조용하게 하는 데 어려움을 겪는다. 선생님은 학급 학생들과 문제를 논의하고 집단을 면밀히 관찰하여 학생들이 원활하게 작업하고 있을 때 칭찬과 강화를 제공한다.

3. 행동과 그 결과를 연결하면 학생이 자신의 행동과 다른 사람에게 미치는 영향 사이의 연관성을 파악하는 데 도움이 된다. 학생이 행동과 결과 사이의 논리적 연결을 파악할 수 있도록 하려면, 방해가 되는 행동이 발생한 경우 일관적으로 대응하고, 대응에 대하여 설명해야 한다.

- **초등학교**: 2학년 교사는 점심 시간과 화장실 가는 시간이 간혹 혼란스럽다는 것을 알게 되었다. 선생님은 학급 학생들과 이 문제에 대해 이야기를 나누고, 다른 활동으로 전환하는 시간 동안 '말하지 않기'라는 규칙을 만들고 이 규칙을 신중하게 이행한다.
- **중학교**: 중학교 1학년 교사는 수다로 수업을 방해하는 학생 두 명에게 추후 안내가 있을 때까지 다른 자리에 앉으라고 말하며 자리를 분리했다. 다음 날, 종이 울리려고 하자 두 학생은 예전 자리에 그대로 앉았다. 선생님은 즉시 "내가 어제 왜 너희 둘의 자리를 옮겼는지 알고 있니?"라고 말했다. 잠시 멈칫하던 두 학생은 고개를 끄덕였다. "그럼 이제 빨리 자리를 옮겨서 앉고 내일도 바꾼 자리에 앉도록 해. 너희가 말하는 것에 대한 책임을 받아들일 준비가 되었다고 생각될 때 나와 함께 이야기를 나누어야 한단다."
- **고등학교**: 고등학교 2학년 역사 선생님은 수업종이 울리면 자리에 앉아 있어야 한다고 상기시켰다. 다음 날 종이 울리자 두 명의 여학생이 여전히 서서 이야기를 나누고 있다. 선생님은 두 학생을 향해 "미안하지만 어제 내 말을 잘 이해하지 못했나 보군요. 출석 인정을 받기 위해서는 종이 울릴 때 자리에 앉아 있어야 해요. 교무실로 가서 지각 확인증을 받아 오세요."

관리에서 심각한 문제: 반항과 공격성

12.5 공격적 행동이 발생했을 때 이러한 행동에 대응하여 법적·전문적인 직무 책임으로 대응할 수 있는 조치를 설명할 수 있다.

교육심리학과 당신

우리는 모두 학교 총격 사건이나 교사가 학생에게 폭행을 당한 사건에 대해 많이 들어본 적이 있을 것이다. 첫 교직 생활을 앞두고 이러한 가능성에 대한 걱정을 하고 있는가?

'교육심리학과 당신'에서의 질문에 '예'라고 답했다면, 여러분은 다른 많은 초임 교사와 마찬가지이다. 제3장에서 학교 총격 사건과 그것이 교사와 학생의 정서와 취약성에 미치는 영향에 대해 논의했다. 여기서는 초임 교사들이 자주 걱정하는 또 다른 주제인 반항과 공격성에 대해 살펴보겠다.

다행히도 학교에서 교사에 대한 반항과 공격 사건은 드물며, 통계에 따르면 2011~2012년도에 초등학교 교사의 10%, 중학교 교사의 9%가 학생에 의한 신체적 공격 위협을 받았고, 각각 8%와 3%가 실제로 공격을 받았다(Musu-Gillette, Zhang, Wang, Zhang, & Oudekerk, 2017). 그러나 통계가 보여 주는 대로, 이러한 사건은 발생할 수 있기 때문에 이러한 사건이 발생할 가능성을 인식하고 대비하는 것이 중요하다.

반항적인 학생에 대한 반응

당신의 학생 중 한 명인 잭(Zach)은 학업에 집중하고 집중력을 유지하는 데 어려움을 겪고 있다. 잭은 수업 시간에 자주 시끄럽게 하고 부적절한 발언을 하며 학습 활동을 방해한다. 당신은 그에게 경고를 하여 방해 행위가 허용되지 않는다는 것을 상기시키고, 부적절한 발언을 하면 뒤로 내보낼 것이라고 알려 주었다.

1분이 지나기 전에 잭이 다시 발언을 했다.

차분하게 "뒤로 나가세요."라고 말했다.

"안 가요, 그리고 선생님도 강요할 수 없어요." 잭이 반항적으로 말했다. 그리고 그는 팔짱을 끼고 자리에 앉아 있었다.

잭과 같은 학생이 "안 가요, 그리고 선생님도 강요할 수 없어요."라고 말할 때 우리가 해야 할 일은 무엇일까? 전문가들은 두 가지 제안을 한다(Skvorak, 2013; Wilson, 2014). 첫째, 힘의 다툼을 피하기 위해서 침착해야 한다. 교사의 자연적인 경향은 화를 내고 학생들은 '벗어날 수 없다'는 것을 보여 주기 위해 힘을 행사한다는 것이다. 침착함을 유지함으로써 우리는 분노를 통제할 시간을 가질 수 있으며, 이러한 침착함을 유지하는 선생님을 마주할 때 학생들의 기분은 분노와 허세에서 공포와 후회로 변하게 될 가능성이 높다(Skvorak, 2013).

둘째, 가능하다면 나머지 학생들에게 간단한 과제를 주고 문제 학생을 조용히, 그러나 확고하게 당신의 말대로 교실 밖으로 나도록 하여 대화할 수 있다. 단호하지만 위협적이지 않은 음조로 의사소통해야 한다.

반항은 종종 부정적인 학생-교사 간 관계의 결과로 나타나며(Archambault, Vandenbossche-Makombo, & Fraser, 2017), 공격성, 기질적 분노 표현, 충동적 과잉 행동과 같은 외적 문제를 지닌 학생과의 사이에서 가장 빈번하게 일어난다. 이러한 학생들과 문제가 발생할 때는 반응하기 전에 교실 외부와 같은 곳에서 비공개 면담을 통해 학생들이 마음속에 있는 것을 다 털어놓을 수 있도록 해야 한다. 끝으로, 학생과 수업 시간 전후에 만나서 반항을 문제로 학생과 교사 모두에게 수용 가능한 해결책을 찾아보아야 한다.

학생이 교실에서 나가기를 거부하거나 신체적으로 위협을 가하는 경우 즉시 교무실로 누군가를 보내서 도움을 청해야 한다. 현재 대부분의 학교에는 교실에서 통신 체계를 통해 즉시 부를 수 있는 보안 요원이 있다. 이 경우 즉시 보안 담당자에게 연락해야 한다. 이러한 수준의 반항은 정신건강 전문가의 도움이 필요할 수 있다.

싸움에 대한 대응

초등학교 4학년 학생들과 함께 조별 프로젝트를 진행하던 중에 갑자기 트레이(Trey)와 닐(Neil) 사이에 싸움이 벌어졌다. 고함소리가 들리고 트레이가 닐을 공격하고 있고, 닐은 트레이의 공격을 막으려고 하고 있다. 트레이는 종종 공격적인 언행을 보이고 때로는 다른 학생들을 위협한다.

당신은 어떻게 해야 할까?

교사에 대한 위협보다 학생들이 서로를 공격하는 사건이 훨씬 더 흔하지만 통계에 따르면 이러한 사건은 감소하고 있는 것으로 나타났다. 예를 들어, 중학교 3학년~고등학교 3학년 학생 중 어디든 상관없이 싸움을 한 적이 있다고 답한 학생의 비율은 1993년 42%에서 2015년 23%로 감소했으며, 같은 기간 동안 학교 내에서의 싸움은 16%에서 8%로 감소했다(Musu-Gillette et al., 2017).

트레이와 닐의 경우와 같은 상황에서는 법에 따라 개입해야 한다. 만약 개입을 하지 않는다면, 학생을 부상으로부터 보호하는 데 충분한 주의를 기울이지 않은 **과실**(negligence)로 인해 교사와 학교가 소송을 당할 수 있다(Schimmel, Stellman, Conlon, & Fischer, 2015). 그러나 법은 교사가 직접 싸움에 물리적으로 개입하는 것을 요구하는 것이 아니라 학교 관리자에게 이를 보고하는 것을 허용한다.

싸움에 대해 효과적으로 대응하기 위해서는 세 가지 단계가 필요하다. ① 가능한 경우 사건을 중지시키고, ② 피해자를 보호하고, ③ 도움을 요청해야 한다. 예를 들어, 교실에서 난투극이 일어난 경우 소리를 지르거나 박수를 치거나 의자를 바닥에 내리치는 등 큰 소리를 내면 학생들이 놀라서 멈추는 경우가 많다(Evertson & Emmer, 2017). 그런 다음에 학생과 대화를 시작하고 피해자가 괜찮은지 확인한 뒤 도움을 받을 수 있는 교무실로 학생을 데려갈 수 있다. 교사의 개입에도 싸움이 멈추지 않는다면 즉시 싸움에 관여하지 않은 학생을 보내 도움을 요청하라.

자신이나 학생에게 위험이 없는 경우에만 학생들을 분리하는 것을 시도해야 한다. 교사는 먼저 다른 학생들과 자신의 안전, 두 번째로 싸움에 연루된 학생의 안전, 마지막으로 기자재 안전에 대한 책임이 있다.

괴롭힘에 대한 대응

맷(Matt)은 중학교 1학년 학생 중 한 명으로, 소심하고 나이에 비해 체구가 작은 편이다. 오늘 아침에 맷이 교실에 들어올 때, 흐트러지고 우울해 보였다. 걱정이 된 선생님은 아이를 교실 한쪽으로 데려가 무슨 일이 있었는지 물어보았다. 맷은 등교 전에 학교 운동장에서 남학생 두 명이 자신을 지속적으로 밀치고 게이라고 놀렸다고 말했다. "저는 학교가 싫어요."라고 덧붙였다.

어떻게 대응할 수 있을까?

학생들 사이에서 체계적이고 반복적인 권력 남용을 수반하는 또래 공격의 한 형태인 **괴롭힘**(bullying)은 학교의 심각한 관리 문제이다. 2015년에는 약 20%의 학생이 지난 12개월 동안 학교 내에서 괴롭힘을 당한 적이 있다고 응답했으며, 자신을 게이, 레즈비언 또는 양성애자라고 생각하는 학생의 경우 그 비율이 3분의 1 이상으로 훨씬 더 높았다. 또한 같은 해 미국 초등학교 5학년 학생의 약 15%와 중학교 2학년 학생의 7%가 한 달에 한 번 이상 괴롭힘을 경험했다고 보고했다(Musu-Gillette et al., 2017).

최근 몇 년 동안 괴롭힘에 대한 관심이 크게 높아졌는데, 이는 부분적으로는 학생들이 전자 매체를 이용해 다른 학생을 괴롭히거나 협박하는 **사이버 괴롭힘**(cyberbullying)이 빈번하게 발생했기 때문이다. 통계에 따르면 고등학생의 15% 이상, 중학생 네 명 중 한 명이 사이버 폭력을 당하는 것으로 나타났다(Center for Disease Control, 2015).

또한 괴롭힘을 당한 후, 특히 사이버 괴롭힘을 당한 후 자살한 학생의 사례가 널리 알려지면서 이에 대한 관심이 높아졌다(Almasy, Segal, & Couwels, 2013; Low & Espelage, 2013).

우리 사회의 전반과 특히 학교 관계자들은 이제 괴롭힘이 심각한 문제라는 것을 인식하고 있다. "법원은 학교 공동체의 모든 구성원이 괴롭힘 행위를 감시하고 신고해야 한다는 점을 매우 명확히 하고 있다. …… 괴롭힘을 '장난'이라고 부르는 것은 더 이상 허용되지 않는다"(Padgett & Notar, 2013, p. 88). 괴롭힘은 분명히 학생들의 안전함을 감소시키고 가해자와 피해자 모두에게 심각한 문제를 야기할 수 있다. 연구에 따르면 많은 성인들이 학교 교육을 마친 후 수년이 지나도 괴롭힘을 당했던 사건을 생생하게 기억하고 있으며(Cooper & Nickerson, 2013), 괴롭힘의 장기적인 영향은 어린 시절의 학대만큼이나 큰 피해를 줄 수 있다(Lereya, Copeland, Costello, & Wolke, 2015).

49개 주에서 괴롭힘 방지법을 통과시켰고, 많은 지역에서 무관용 정책을 시행하고 있다. 그러나 이러한 법과 정책의 영향은 혼재되어 있다(Cosgrove & Nickerson, 2017; Cunningham et al, 2016). 또한 무관용 정책이 체포 기록의 증가, 낮은 학업성취도, 높은 중퇴율로 이어지고, 특히 소수문화의 학생들에게 영향을 미친다는 사실이 밝혀지면서 전국의 많은 학군에서 경미한 범죄를 중심으로 이러한 정책에서 멀어지고 있다(Alvarez, 2013).

교사는 괴롭힘을 근절하기 위한 학교의 노력에서 중심이기 때문에 이 과정에서 중요한 역할을 담당한다(Perron, 2013). 교사는 학생들과 함께 최전선에서 활동하게 되기 때문에, 다른 학교 당국보다 괴롭힘 사건을 관찰할 수 있는 더 좋은 위치에 있으며, 이 심각한 문제에 대처할 준비가 되어 있어야 한다. 개입에는 세 가지 수준이 존재한다.

첫 번째 단계에서는 즉시 개입하여 가해 학생에게 적절한 처벌을 적용해야 한다. 예를 들어, 트레이는 자신의 공격적인 행동이 용납되지 않는다는 것을 이해해야 한다. 이러한 행동을 즉시 중단하는 것이 필수적이므로 특히 단기간에 행동 개입이 필요할 수 있다(Kuppens, Laurent, Heyvaert, & Onghena, 2013). 가장 중요한 것은 괴롭힘 가해자가 자신의 행동이 용납될 수 없다는 사실을 깨달아야 한다는 것이다.

두 번째 단계에서는 괴롭힘에 대한 공개적이고 솔직한 토론을 통해 괴롭힘 가해자의 부정적인 개인, 사회적 특성에 대한 정보를 제공하면 다른 학생들 사이에서 그들의 사회적 지위를 낮출 수 있다. 예를 들어, 연구에 따르면 괴롭힘 가해 학생들은 일반적으로 다음과 같은 특성을 보이는 경향이 있다.

- 공감 능력이 부족하고 자신의 행동이 타인에게 미치는 부정적인 영향을 이해하지 못한다(Craig & Pepler, 2007).
- 학업 성적이 저조하고 학교에 잘 적응하지 못하는 경향이 있다(Dake, Price, & Telljohnn, 2003).
- 다른 학생들보다 약물 남용, 범죄 행위, 비행 및 교내에서의 비행 문제가 있을 가능성이 더 높다(Merrell, Gueldner, Ross, & Isava, 2008).

우리의 목표는 이러한 토론을 통해 괴롭힘을 사회적으로 용납할 수 없는 관행으로 만드는 것이다. 우리 모두는 인간이고 감정이 있으며, 다른 학생들이 자신을 다른 사람을 배려하지 않는 비지성적인 비행 청소년으로 볼 수 있다는 사실을 깨닫게 되면 괴롭힘 행동을 하기가 더 어려워질 것이다. 이러한 토론에서 옳고 그름에 대한 생각, 타인에 대한 적절한 대우, 차이에 대한 관용, 권력 남용과 같은 주제를 다룰 수도 있다. 또한 충동 조절, 정서 조절, 자기 사회화와 같은 자기조절의 측면에 초점을 맞출 수도 있다.

또한 괴롭힘 가해 학생들과 개인적으로 대화하고, 또래 친구들에게 이런 방식으로 보이고 싶은지 묻고, 사회적으로 더 수용할 수 있는 방식으로 자신을 표현할 수 있는 방법에 대해 논의할 수 있다. 괴롭힘 행동은 자녀의 행동에 제한을 두지 않고 자녀를 통제하기 위해 신체적 훈육을 사용하는 경향이 있는, 좋지 않은 역할 모델의 부모를 둔 가정에서 발생하는 경향이 있기 때문에(Merrell et al., 2008; Veenstra et al., 2005), 교사는 가르침과 정서적 지지를 요청할 수 있는 유일한 성인일 수 있다(Kuppens et al., 2013).

괴롭힘 가해자의 부적응적 특성에 대해 공개적으로 논의하는 것이 극단적으로 보일 수 있지만, 예를 들어 괴롭힘을 재미있거나 멋지다고 생각하는 덩치 큰 남학생에게 매일 괴롭힘을 당하는 나이에 비해 체구가 작은 남학생이나 종잡을 수 없는 이유로 사회적인 배척을 당하는 여학생을 보는 것은 가슴 아픈 일이다. 괴롭힘은 심각한 문제이며 우리는 이것을 막기 위해 필요한 조치를 취해야 한다. 보다시피 괴롭힘은 우리가 강력하게 느끼는 문제이다. 우리는 괴롭힘을 실제로 목격했고, 그 폐해를 실감할 수 있다. 괴롭힘은 반드시 멈춰야 하며, 여러분은 개입의 선봉에 서게 될 것이다.

세 번째 단계에서, 장기적으로 괴롭힘에 대한 가장 효과적인 대응은 학교 전체가 참여하는 것이며 학교 공동체의 모든 구성원(관리자, 교사, 학생, 직원, 관리인, 학부모 단체, 버스 기사, 매점 직원, 학부모 등)을 포함한다. 이러한 프로그램은 시간과 에너지가 많이 들고 힘들지만 효과적이다(Padgett & Notar, 2013). 예를 들어, 학생들이 하굣길에 버스 기사님이 괴롭힘 사건을 신고하고 그에 따른 처벌이 있을 것이라는 사실을 알고 있다면 괴롭힘을 저지를 가능성이 줄어든다. 교내 매점, 학교 운동장, 교외 활동에서 발생한 사건도 마찬가지이다.

중장기적인 개입은 시간이 걸리고 모든 학생에게 영향을 미치지는 못한다. 그러나 이러한 개입은 변화를 가져올 수 있고, 당신의 학생과 학교, 그리고 도달점의 결과는 자기조절력 향상, 개인의 건강한 사회성 발달, 모든 학생에게 더 안전하고 긍정적인 학교 환경이라는 결과를 가져올 수 있다.

학교급별 적용

다양한 연령대의 학습자를 위한 학급 관리

배려하는 교실 공동체 조성, 학습자의 책임감 발달, 신중한 계획 등 학급 관리의 많은 측면이 초 · 중 · 고등학교 전반에 걸쳐 적용되지만 발달의 단계에 따라 차이가 존재한다. 다음 부분에서는 이러한 차이에 대응하기 위한 제안을 간략히 소개한다.

유아 프로그램 및 초등학교 아이들의 활동

이 장의 앞부분에서 초등학생에게 규칙과 절차를 가르치는 것의 중요성에 대해 설명했다. 어린아이들은 규칙과 절차에 대해 잘 모르고 그것이 어떻게 학습에 기여하는지 이해하지 못하는 경우가 많다. 인지 발달 단계가 전조작기에 해당할 가능성이 높기 때문에 규칙의 중요성과 개인적 책임감, 학습과의 연관성을 설명하는 노력이 필수적이지는 않더라도 도움이 된다.

어린아이들은 신뢰가 부족하고 연약하기 때문에 비판과 가혹한 질책은 특히 해로울 수 있다. 칭찬에는 잘 반응하지만, 부적절한 행동을 무시하거나 간접적 단서를 활용하는 것은 더 나이가 든 학생들에 비해 효과가 떨어진다. 만약 과도하지만 않다면 만성적인 방해 행위에 대하여 교실 밖에 나가 있기 등과 같은 행동주의적 개입이 효과적일 수 있다. 행동에 대한 개인적인 책임감을 기르는 것은 장기적으로 중요한 목표가 되어야 하며 학습자가 상급 학교에 진학하면서도 도움이 될 것이다.

중학교 학생들의 활동

학생들은 성장함에 따라 인지적 · 개인적 · 사회적으로 더 많은 인식을 가지게 된다. 따라서 일관성과 논리적 결과가 점점 더 중요해지고 효과적이다. 중학생은 지속적으로 배려하는 교사를 필요로 하며, 허용되는 행동에 대한 명확한 기준과 일관되게 시행되는 기준은 이러한 학생을 배려하는 지표이다. 시기적절하고 신중한 칭찬은 여전히 중요하지만, 부적절한 행동을 무시하고 간접적인 단서를 사용하는 것도 사소한 규칙 위반에 효과적일 수 있다.

또래의 중요성이 커지면서 중학교에서는 도전과 기회가 동시에 주어진다. 귓속말, 메모 전달, 일반적인 사교의 시도가 문제가 될 수 있으므로 명확하고 일관되게 적용되는 규칙이 필수적이다. 중학생들은 규칙 설정에 참여하는 것을 좋아하며, 정기적인 학급 회의는 학급 규칙과 절차에 대한 학생들의 헌신과 협조를 이끌어 내는 데 효과적이다.

고등학교 학생들의 활동

고등학생은 성인으로 취급받을 때 잘 반응한다. 개인적인 책임감을 키우는 것이 중요하며, 책임감에 호소하는 사적인 만남이 효과적일 수 있다. 또래는 계속 행동에 강력한 영향력을 행사하기 때문에 또래들 앞에서 당혹하게 하지 않는 것이 중요하다. 종종 되새겨 보도록 하거나 열심히 하라는 단순한 요구가 필요한 모든 개입이 되기도 한다.

고등학교 학생들은 비언어적·사회적 단서를 알아차리는 데 점점 더 능숙해지고 있기 때문에 언어적·비언어적 통로 간의 일치가 중요하다. 문제를 직접적으로 해결하고 학생의 존엄성을 그대로 유지하면서 헌신과 해결 의지를 전달하는 솔직한 개입이 매우 효과적이다.

긍정적인 학생-교사 관계는 여전히 효과적 관리체제의 기초이며 고등학생은 새 옷, 머리 모양에 대한 칭찬, 혹은 부모 병환이나 새 형제자매에 대한 안부 등과 관련한 질문과 같이 개인적 언급에 잘 반응한다.

제12장 요약

1. 학급 관리의 목표를 정의하고 학급에서 목표 적용을 파악하시오.
- 자신의 행동과 정서를 조절할 수 있는 능력인 학생의 자기조절 능력을 증진하는 것은 학급 관리의 주요 목표이다.
- 학생들이 수용 가능한 방식으로 행동하고 충동을 조절하는 법을 배우면 긍정적인 교실 분위기, 즉 학생들이 수치심이나 조롱에 대한 두려움 없이 자신의 생각을 안전하게 공유할 수 있는 정서적 환경이 조성된다.
- 학습자가 스스로를 조절하고 정서적 분위기가 긍정적인 교실에서는 학습에 활용할 수 있는 시간이 극대화 된다.

2. 학급 관리 계획과 관련된 과정에 대해 설명하시오.
- 학급 운영 계획에는 학생의 발달 특성을 고려하는 과정도 포함된다.
- 어린아이들의 사고는 지각적이고 구체적이며, 교사를 기쁘게 하고 싶어 하고 비판과 가혹함에 취약하다.
- 초등학교의 유능한 교사는 규칙과 절차를 가르치고 이를 실천할 수 있는 구체적인 기회를 제공함으로써 질서 있고 예측 가능한 환경을 조성하여 신뢰를 쌓고 자율성을 기를 수 있다.
- 중학생은 또래의 영향을 점점 더 많이 받으며 사회적 수용과 독립에 대한 욕구가 증가한다.
- 중학교의 효과적인 교사는 학생들을 무조건적으로 긍정적으로 대하며, 허용되는 행동에 대한 명확한 기준을 설정하는 엄격한 지도를 제공한다.
- 고등학교에 진학하는 학생들은 성인 수준에서 보다 효과적으로 의사소통하며, 자신에게 맞는 규칙과 절차에 대한 명확한 근거 제시에 잘 반응한다.

3. 학부모를 참여시키기 위한 효과적인 소통 전략에 대해 설명하시오.
- 학부모와의 효과적인 소통은 학기 초부터 시작하여 학기 내내 관계를 유지할 수 있다.
- 가정과 학교의 협력은 학생들의 성취를 높이고, 과제를 하려는 의욕을 높이며, 태도와 행동을 개선하고 출석률, 졸업률을 높인다.
- 학부모-교사 간 면담은 독특한 형태의 소통이다. 지속적인 소통을 유지하고 면담에 사용할 수 있는 상세한 기록을 하는 것이 교사와 학부모 간의 성공적인 면담의 핵심이다.

4. 인지주의 및 행동주의 학습이론을 활용하여 효과적인 개입을 설명하시오.
- 인지학습이론은 사람들이 경험에서 의미를 추구한다는 전제에 기초를 두고 있다.
- 인지적 개입에는 파악하고 있음을 보여 주기, 일관성 유지, 언어적 메시지와 비언어적 메시지 일치시키기, 논리적 결과 적용하기가 포함된다.
- 바람직한 행동에 대한 칭찬, 부적절한 행동에 대한 무시, 제지하기, 대가의 적용 등은 질서 있는 학급을 유지하기 위해 강화, 소거, 처벌 등의 행동주의적 개입을 활용한다.

5. 공격적인 행동이 발생할 경우 법적·전문적인 책임과 반항과 공격에 대응하여 취할 수 있는 조치를 설명하시오.
- 교사는 폭력이나 공격이 발생한 경우에 법에 따라서 개입해야 한다.
- 싸움에 대응하는 첫 번째 단계는 상황을 중단하고, 피해자를 보호하고, 도움을 요청하는 것이다.
- 즉각적으로 대응하고 적절한 조치를 취하는 것이 괴롭힘 사건에 대한 가장 효과적인 대응이다.

자격증 시험 준비하기

학급 관리 이해하기

자신의 학급을 구성하기 위해서는 임용 시험을 치러야 한다. 이 시험에는 학급 관리와 관련된 정보가 포함되며 객관식, 주관식 문제가 모두 포함된다. 해당 주에서 시험을 준비하는 데 도움이 되는 연습문제가 포함되어 있다. 이 책과 연습문제는 해당 주에서 시험을 준비할 때 유용한 자료가 될 것이다.

첫 번째 사례에서 주디 해리스 선생님이 어떻게 질서 정연하고 학습에 집중하는 교실을 유지했는지 살펴보았다. 다음 사례 연구에서는 저넬 파워스(Janelle Powers)라는 또 다른 중학교 1학년 지리 교사가 중동 지역에 관한 수업을 진행하고 있다. 저넬의 학급 관리 방법을 분석하고 다음 질문에 답해 보자.

오늘 아침 교실에서 시작종이 울리자마자 샤이아나(Shiana)가 교실 문으로 들어온다.

"빨리 자리에 앉으세요. 샤이아나." 파워스 선생님이 지시했다. "이제 시작해야 합니다. …… 좋아요. 모두 잘 들으세요." 파워스 선생님은 계속 말한다. "알리(Ali)?"

"여기요."

"게일런(Gaelen)?"

"여기요."

"추(Chu)?"

"여기요."

파워스 선생님은 출석을 다 확인한 후 교실을 돌아다니며 과제물을 되돌려 주었다.

"과제를 아주 잘했어요."라고 파워스 선생님이 말했다. "앞으로도 계속 열심히 합시다. …… 하워드(Howard)와 매니(Manny), 내가 과제물을 되돌려 주고 있는 동안 잡담하지 마세요. 1분도 가만히 있지를 못하나요?"

잡담하던 소년들은 교실 정면으로 돌아섰다.

"자." 파워스 선생님이 수업을 계속 진행하며 교실 앞쪽으로 돌아서며 말한다. "우리는 중동에 대해 공부하여 왔는데, 이제 잠시 동안 복습하겠습니다.…… 지도를 보고 카이로(Cairo)의 위도와 경도를 확인하세요. 잠시 시간을 내서 바로 적으세요. 몇 분 후에 걷도록 할게요."

파워스 선생님이 서류 보관함으로 가서 학생들에게 화상 카메라로 보여 줄 자료를 꺼내는 동안 학생들은 과제를 시작했다.

"그만해, 데이먼(Damon)." 파워스 선생님 뒤에서 레일라(Leila)가 하는 말을 들었다.

"레일라." 파워스 선생님은 단호하게 대답했다. "수업 시간에 는 그렇게 말하지 않아요."

"저를 찌르고 있어요. 선생님."

"레일라를 찔렀니? 데이먼?"

"……"

"그랬니?"

"아니요."

"네가 찔렀잖아." 레일라가 불만스럽게 말했다.

"너희 둘 다 그만해." 파워스 선생님이 경고했다. "또다시 그렇게 소리 내면, 레일라 네 이름을 칠판 위에 적을 거야."

"다들 끝났나요?"

"네." 매니가 대답했다.

"그럼 모두 끝날 때까지 조용히 하세요." 파워스 선생님은 이렇게 지시하고 돌아가 다시 자료를 정리했다.

"모두 조용히 하세요." 교실의 웅성거리는 소리에 파워스 선생님은 고개를 들어 물었다. "다들 끝났나요? 좋아요. 자료를 앞으로 전달해 주세요.…… 자신의 자료를 맨 앞에 놓으세요. 로베르도(Roberto), 뒤에서 자료가 올 때까지 기다렸다가 앞으로 전달하세요."

파워스 선생님은 자료를 모아서 책상 위에 올려놓고, "중동의 지리에 대해 살펴보았는데, 이제 기후에 대해 좀 더 살펴보고자 합니다. 기후는 지역마다 다소 차이가 있어요. 예를 들어, 시리아는 여름에는 매우 덥지만 겨울에는 실제로 꽤 시원합니다. 일부 지역에서는 눈이 내리기도 합니다."

파워스 선생님은 남은 시간 동안 중동에 대한 정보를 계속 설명하면서 매니와 하워드에게 말을 멈추고 집중해 달라는 말을 하기 위해서 두 번이나 수업을 멈췄다.

사례 분석을 위한 질문

이 장과 사례에서 제시된 정보를 활용하여 다음 질문에 답하시오.

객관식 질문

1. 파워스 선생님이 먼저 출석부를 받고 과제를 돌려주며 수업을 시작한 방식에 대해 생각해 보라. 다음 중 학급 관리와 관련하여, 파워스 선생님의 수업 시작에 대한 가장 좋은 평가는 무엇인가?

   a. 지각 종이 울리자마자 출석을 불렀기 때문에 효과적이었다.

   b. 출석이 끝나자마자 즉시 과제를 돌려주기 시작했기 때문에 효과적이었다.

   c. 종이 울리자마자 샤이아나에게 빨리 앉으라고 말했기 때문에 효과적이지 않았다.

   d. 출석을 부르고 과제를 돌려주는 데 소요되는 시간 동안 매니와 하워드가 대화하는 등 과제와 관련되지 않은 행동을 허용했기 때문에 효과적이지 않았다.

2. "그만해. 데이먼"이라는 레일라의 말에서 시작하여 파워스 선생님이 "또다시 그렇게 소리 내면, 레일라 네 이름을 칠판 위에 적을 거야."라고 말하는 것으로 끝나는 데이먼과 레일라의 만남을 생각해 보라. 다음 중 이 사건에 대한 파워스 선생님의 대처를 가장 잘 평가한 것은 무엇인가?

   a. 혼란을 막기 위해 즉시 개입했기 때문에 효과적이었다.

   b. 파워스 선생님이 레일라를 질책한 것은 교실 상황을 인식하는 능력이 부족하다는 것을 보여 주었기 때문에 효과적이지 않았다.

   c. 파워스 선생님이 레일라에게 공격적이거나 수동적으로 대응하지 않고 단호하게 대응했기 때문에 효과적이었다.

   d. 파워스 선생님이 레일라에게 응답할 때 '나'-대화법(I-message)을 사용하지 않았기 때문에 비효과적이었다.

주관식 질문

1. 학급 관리 및 학급 관리와 수업 간의 상승 효과와 관련하여 파워스 선생님의 전반적인 효율성을 평가하라. 사례 연구의 증거를 제시하여 평가를 뒷받침하시오.

중요 개념

건설적 자기주장(constructive assertiveness)
과실(negligence)
괴롭힘(bullying)
교과학습 시간(academic learning time)
교수 시간(instructional time)
교실 분위기(classroom climate)
규칙(rule)
긍정적 행동 지원(positive behavior support)
논리적 결과(logical consequence)
문화감응적 학급 관리(culturally responsive classroom management)
방과 후 남기기(detention)

비배제적 타임아웃(non-exclusionary timeout)
사이버 괴롭힘(cyberbullying)
자기조절(self-regulation)
절차(procedure)
제지(desist)
중복작업(overlapping)
체벌(corporal punishment)
투입 시간(engaged time)
파악(withitness)
학급 관리(classroom management)
할당된 시간(allocated time)
훈육(discipline)

학습과 효과적인 교수

제**13**장

이 장을 공부한 후 여러분은 다음을 할 수 있어야 한다.

13.1 기준 기반 환경에서의 수업 계획을 포함하여 수업 계획의 단계를 설명할 수 있다.

13.2 수업 실행 과정을 설명하고, 이 과정에서 효과적인 교사의 개인적 자질과 필수 수업 기술을 어떻게 통합하는지 설명할 수 있다.

13.3 수업 모형을 설명하고, 수업 모형과 필수 수업 기술 간의 관계를 설명할 수 있다.

13.4 효과적인 평가의 핵심적인 특성을 확인할 수 있다.

APA의 20가지 주요 원칙

이 장에서 명시적으로 다루는 유치원–12학년(초 · 중등학교)까지 교수 및 학습을 위한 심리학의 20가지 주요 원칙은 다음과 같다.

- 원칙 2: 학생들이 이미 알고 있는 것은 그들의 학습에 영향을 미친다.
- 원칙 5: 장기 지식의 기술을 습득은 주로 연습에 의존한다.
- 원칙 6: 학생들에 대한 명확하고, 설명적이며, 시의적절한 피드백은 학습에 중요하다.
- 원칙 11: 교사의 학생에 대한 기대는 학생의 학습 기회, 동기 및 학습 결과에 영향을 미친다.

전국교사자질위원회(NCTQ)

이 장에서 구체적으로 다루는 모든 신임 교사가 알아야 할 전국교사자질위원회(NCTQ)의 필수 교수 전략은 다음과 같다.

- 전략 2: 추상적인 개념을 구체적인 표현과 연결하기
- 전략 3: 탐구적인 질문 제기하기

'좋은' 혹은 '효과적' 수업이란 무엇인가? 여러분이 교실 뒤쪽에 앉아 학생들과 함께 활동하는 교사를 관찰한다면 그 교사의 수업이 '좋은' 것인지, '효과적'인지 어떻게 판단할 수 있을까? 이것을 확인하기 위해 무엇을 살펴보아야 할까? 어떤 것을 기대하고 바라봐야 할까?

이러한 질문들을 염두에 두면서, 이 장에서는 중학교 과학 교사인 스콧 소얼(Scott Sowell)의 수업을 살펴보겠다.

소얼 선생님은 다음 주 수업을 준비하기 위해 토요일 오후 동안 자신이 사용하는 교과서를 보고, 중학교 과학 교과를 위한 지역 기준을 검토했으며, 이 주제에 대한 자신의 과거 경험을 고려했다. 이러한 정보를 바탕으로 그는 두 가지 주제에 집중하기로 결정

했다. ① 힘의 개념, ② 비행기가 어떻게 날 수 있는지를 이해하는 데 도움을 주는 원리인 베르누이(Bernoulli)의 원리. (만약 여러분이 베르누이의 원리를 완전히 이해하지 못한다면, 아래 링크를 사용하여 자세한 설명을 참조하라. 학생들과 즐겁게 할 수 있는 간단한 활동들도 준비되어 있다.)

소얼 선생님은 네 가지 학습목표를 정했다. 학생들을 위한 목표는 다음과 같다.

- 힘이 밀거나 당기는 것임을 알고 힘의 개념을 정의할 수 있다.
- 힘의 예시를 식별할 수 있다.
- 두 힘이 한 물체에 작용할 때, 그 물체는 더 큰 힘의 방향으로 움직일 것이라는 것을 이해할 수 있다.
- 베르누이의 원리에 대한 예시를 설명할 수 있다.

그는 이 정보를 자신의 수업 계획안에 입력한다([그림 13-3]에 나타나 있음).

"이제 학생들에게 몇 가지 힘의 예시를 제시해야겠군." 소얼 선생님은 혼자 생각하며 계속해서 계획안을 작성한다. "학생들에게 힘의 예시를 몇 가지 보여 주고, 두 가지 이상의 힘이 작용할 때 물체가 어느 방향으로 움직일지 물어봐야지. 그리고 몇 가지 그림을 보여 주고, 각각의 경우에 힘의 방향을 그리게 해서 설명하도록 할 거야. 이렇게 하면 학생들이 목표에 도달했는지 확인할 수 있겠지."

그 후, 소얼 선생님은 힘의 개념, 여러 힘이 작용할 때 물체가 움직이는 방향, 그리고 베르누이의 원리를 설명하기 위해 사용할 일련의 예시를 준비한다. "이 수업은 유도된 발견(guided discovery)이 완벽하게 어울릴 거야. 그리고 학생들과의 상호작용을 촉진할 좋은 기회가 될 거야."라고 소얼 선생님은 생각한다.

우리는 이 장을 통해 소얼 선생님의 작업을 계속 살펴볼 것이지만, 지금은 모든 학생들의 학습을 극대화하는 **효과적인 교수법**(effective teaching)에 대한 아이디어를 소개하고자 한다. 이 장의 목표는 효과적인 교사가 학생들의 학습을 극대화하기 위한 활동이 무엇인지 확인하고, 그들의 행동이 여러분이 이미 배운 인지학습이론과 어떻게 관련되는지를 살펴 여러분의 학급에서 효과적으로 가르치는 데 도움을 주는 것이다.

우리는 학생들과 함께 진행한 소얼 선생님의 활동을 이 장의 논의를 전개하는 기본 틀로 활용할 것이다.

효과적인 교수법은 다음과 같이 세 가지 상호 의존적 단계로 요약할 수 있으며, 이는 [그림 13-1]에 개요로 제시되었다. 이 과정은 계획에서 시작되며, 지금부터 이에 대해 자세히 살펴볼 것이다.

교수 계획: 역방향 설계

13.1 기준 기반 환경에서의 수업 계획을 포함하여 수업 계획의 단계를 설명할 수 있다.

> **교육심리학과 당신**
> 당신의 아파트나 집의 거실을 새롭게 꾸미는 등과 같은 완료하고 싶은 개인 프로젝트가 있다고 가정해 보자.
> 당신이 가장 먼저 생각하는 것은 무엇인가? 또 무엇을 고려하는가?

'교육심리학과 당신'에서 묻는 질문에 대해 생각해 보자. 프로젝트를 검토한 후, 당신은 아마 세 가지 질문을 스스로에게 던질 수 있다. 첫 번째 질문은 "내가 이 일을 하는 목적 또는 목표는 무엇인가?"이다. 아마도 당신은 공간을 더 효율적으로 사용하고 싶거나, 자신과 손님 모두에게 더 편안하고 매력적인 초대받은 느낌을 주는 공간을 원할 것이다. 어쩌면 둘 다일 수도 있다.

둘째, 당신은 목표를 달성했는지 판단하기 위해 어떤 증거를 사용할 것인지 생각하게 된다. 즉, 공간을 더 효율적으로 사용하고 있는지, 또는 공간이 더 매력적으로 되었는지 어떻게 알 수 있을까? 예를 들어, 어수선함이 적으면 공간을 더 효율적으로 사용하고 있다는 것을 나타낸다고 판단할 수 있으며, 또는 손님들이 방 배치 방식에 대해 어떻게 얘기하는지 댓글을 확인하면서 판단할 수도 있다.

마지막으로, 목표를 달성하기 위해 구체적으로 무엇을 할 것인지에 대한 결정을 내린다. 예를 들어, 가구를 옮기거나, 작은 소파나 안락의자 같은 아이템을 추가하는 것과 같은 조치를 취할 수 있다.

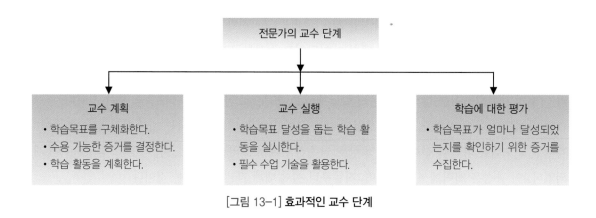

[그림 13-1] 효과적인 교수 단계

여러분이 해 온 생각은 우리가 수업에 대해 생각하는 방식과 유사하며, 그것은 **역방향 설계**(backward design) 개념을 설명하고 있다. 역방향 설계는 수업 계획 과정에서 학습목표, 평가 및 학습 경험을 식별하는 체계적인 수업 설계 접근 방식이다(Wiggins & McTighe, 2006). 이 접근 방식은 초·중등 교육수준에서 가장 많이 사용되지만 대학에서도 점점 더 보편화되고 있다(Michael & Libarkin, 2016; Reynolds & Kearns, 2017).

역방향 설계에는 다음과 같은 세 가지 요소로 구성되어 있으며, 이는 '교육심리학과 당신'의 개인 프로젝트와 소얼 선생님이 계획한 사고 과정에도 나타난다(Wiggins & Mc Tighe, 2006).

1. 원하는 결과를 확인하라: 당신의 경우 리모델링 프로젝트의 목적, 그리고 소얼 선생님의 학습목표와 같다.
2. 수용 가능한 증거를 결정하라: 당신의 경우 덜 혼잡함 또는 손님의 댓글 의견, 소얼 선생님의 경우 학생들이 힘의 예시와 적용을 식별하고 설명하는 능력과 같은 것이 수용 가능한 증거로 활용된다.
3. 학습 활동 계획하라: 목표를 달성하기 위해 설계된 경험들. 소얼 선생님이 선택한 사례와 그가 사용하기로 결정한 유도된 발견과 상호작용의 강조는 그가 설계한 학습 활동이다. 당신의 경우, 기술적으로 '학습' 활동을 설계한 것은 아니지만, 목표를 달성하기 위한 방법을 결정하는 과정이다.

소얼 선생님의 계획에서 높은 수준의 상호작용을 고려하는 것은 그의 교수 전문성을 증명한다. 연구에 따르면, 교사와 학생 사이의 상호작용의 양은 교수 전문성의 중요한 지표 중 하나이다(Stringfield, Teddlie, & Suarez, 2017). 이것이 바로 우리가 상호작용을 강조하는 이유이다.

역방향 설계는 기존의 전통적인 계획과는 어떻게 다른가

역방향 설계는 계획할 때 사고하는 방식에서 기존의 전통적인 계획과 다르다. 이 접근법을 사용할 때, 우리의 사고는 학습목표, 수용 가능한 증거, 그리고 학습 활동 순으로 집중한다. 전통적인 계획에서는 일반적으로 주로 활동이나 내용의 범위에 주로 집중하게 되는데, 이는 학생들이 무엇을 알고, 이해하며, 할 수 있어야 하는지—즉, 활동에 참여하거나 내용을 공부함으로써 습득해야 할 지식이나 기술이 무엇인지—에 대해 명확하게 고려하지 않고 진행된다.

활동 중심 접근 방식에서, 교사들은 종종 교사와 학생 모두가 즐길 수 있는 '재미있고', 매력적인 활동을 준비한다. 교사와 학생 모두 좋아하고, 학생들은 적극적으로 참여하지만, 참여를 통해 무엇을 배워야 하는지는 명확하지 않을 수 있다. 다음의 예를 살펴보겠다.

유치원 교사는 아이들이 컵에 얼굴을 그리고 그 컵에 풀씨를 심게 한다. 씨앗이 싹이 트면서 마치 머리카락이 자라는 것처럼 보이고, 아이들은 '컵인형'에 풀이 자라면서 머리를 다듬어 주는 미용 놀이를 한다.

이것은 충분히 좋은 활동이지만, 그 목적이 명확하지 않다. 아이들이 왜 발아를 이해해야 하는 것일까? 식물이 자라기 위해 필요한 조건을 알아야 하는 것일까? 아니면, 컵을 관리함으로써 책임감을 배워야 할까? (참고로, 소얼 선생님의 수업에서 몇 가지 매력적인 활동들이 사용되었지만, 그 사용 목적은 매우 명확했다.)

내용 중심 접근 방식에서는 교과서에 내용이 제시되었기 때문에 교사들은 이를 '다루어야 한다'고 느끼며, 이것은 일반적으로 강의의 형태로 이루어진다. 이 경우의 예를 살펴보자.

한 미국 역사 교사는 학생들과 함께 남북전쟁(Civil War)에 관해 수업을 진행하고 있다. 그는 전쟁 전반에 영향을 미친 원인, 남부와 북부 각각이 가진 장점, 중요한 전투, 날짜, 지도자들 그리고 링컨 암살에 대한 정보를 제시하고 있다.

유치원 활동처럼, 학생들이 습득해야 할 지식이나 기술이 명시되지 않았기 때문에 어떤 학습이 일어나는 지 불확실하다.

활동 중심 접근 방식은 초등학교와 중학교의 저학년에서 더 일반적이지만, 내용 중심 접근은 중등학교와 대학교에서 더 흔히 나타난다. "어느 경우에도 학생들은 다음과 같은 질문에 대답하지 못한다. 이것은 어떤 의미일까? …… 이를 통해 우리가 무엇을 이해하거나 할 수 있게 되는가? 이것은 무엇과 관련이 있는가? 왜 이것을 배워야 하는가?"(Wiggins & McTighe, 2006, p. 16).

역방향 설계는 학습목표를 구체화하고, 목표 달성 정도를 확인하기 위한 증거를 식별하며, 학생들이 목표 를 달성하는 데 도움을 주는 학습 경험을 설계함으로써 이러한 문제를 해결하려고 시도한다. 역방향 설계는 흥미로운 참여형 활동이나 명확한 강의를 제거하거나 배제하려는 것이 아니라, 학생들이 그로부터 무엇을 배워야 하는지에 중점을 둔다. 이제 각 역방향 설계의 하위 요소에 대해 더 자세히 살펴볼 것이다.

원하는 결과 식별하기: 학습목표 구체화

수업 계획을 세울 때 교과서, 교육과정 지침서, 교육 기준, 과거의 경험을 바탕으로 우리가 가르치고자 하 는 주제에 대한 결정을 내린다. 우리 교과서에는 일반적으로 한 학년 내에 다룰 것으로 예상되는 것보다 더 많은 주제들을 포함하고 있어 우리는 가르쳐야 할 가장 중요한 주제를 식별해야 한다. 교육과정 지침서와 기 준들이 우리가 이러한 결정을 내리는 데 도움을 주며, 그다음에는 전문적인 판단에 의지한다.

주제를 식별한 후, 그다음 교사들은 학습자들이 주제와 관련하여 무엇을 알기를 원하는지 혹은 무엇을 할 수 있기를 원하는지를 의미하는 **학습목표**(learning objective)를 구체화하는 것이 첫 번째 설계 결정이다. 명확 한 학습목표는 수업 계획 결정의 나머지 단계를 안내하는 지침이 되므로 중요하다. 명확한 목표 없이는 교사 들은 학습 활동을 어떻게 구성해야 할지 알 수 없고 적절한 평가 방법도 만들어 낼 수 없다. 성공적으로 수업 을 하지 못하는 것은 종종 교사들이 명확한 학습목표를 가지고 있지 않았기 때문이다.

인지 영역에서의 목표

소얼 선생님은 계획에서 네 가지 목표를 설정했다. 그는 학생들이 ① 힘(concept force)이라는 개념의 정의 를 알고, ② 힘의 예시를 식별하며, ③ 두 개의 힘이 물체에 작용할 때 물체가 더 큰 힘의 방향으로 움직인다 는 것을 이해하고, ④ 베르누이 원리의 예를 설명할 수 있기를 원했다.

이것은 **인지 영역**(cognitive domain)에서의 목표로, 학생들의 사고와 지식 습득, 적용, 분석하는 과정에 초 점을 맞추는 학습 영역이다. 또한, **정서 영역**(affective domain)에서의 목표는 사람들의 태도, 가치, 감정에 초 점을 둔 학습 영역이고, **정신운동 영역**(psychomotor domain)에서의 목표는 신체적 기술에 초점을 둔 학습 영 역이다.

그러나 우리나라 학교에서 대부분의 정규 교육이 인지 영역에 초점을 맞추고 있고, 태도, 정서 및 신체적 기술에도 인지 요소가 관련되어 있기 때문에 이 학습 영역에 대한 논의에 초점을 맞추고자 한다.

인지 목표 분류체계

소얼 선생님의 목표에 대해 다시 생각해 보자. 목표는 모두 사고를 필요로 하기 때문에 인지 영역에 속하지만, '각각은 학습자에게 요구되는 특정한 인지(사고) 과정에서 차이가 있다'. 이러한 차이를 구별하기 위해 연구자들은 목표, 질문, 평가 항목을 분류하기 위한 체계를 개발했다. 그 결과 반세기 이상 교육의 초석이 되어 온 유명한 '블룸의 교육목표 분류체계(Bloom's Taxonomy)'이다(Bloom, Englehart, Furst, Hill, & Krathwohl, 1956). 이 체계에 포함된 범주는 다음과 같다.

- **지식(Knowledge)**: 사실, 정의 및 기타 형태의 암기된 정보를 아는 것, 예를 들어 힘 개념의 정의를 아는 것: 힘은 밀거나 끌어당기는 것(소얼 선생님의 첫 번째 목표).
- **이해(Comprehension)**: 정보를 단순히 기억하는 것을 넘어 그 의미를 파악하고, 설명할 수 있는 것, 예를 들어, 자신의 말로 문제를 설명하거나 개념의 원래 예시를 식별하는 능력(소얼 선생님의 두 번째 목표).
- **적용(Application)**: 알고 있는 것을 사용하여 새로운 문제를 해결하는 것, 예를 들어 서로 다른 힘이 물체에 작용할 때 어떤 일이 일어날지 판단하는 것(소얼 선생님의 세 번째 목표).
- **분석(Analysis)**: 정보를 구성 요소로 분해하고 결론을 뒷받침하는 증거를 제시하는 능력, 예를 들어 베르누이 원리의 예시를 설명하는 것(소얼 선생님의 네 번째 목표).
- **종합(Synthesis)**: 정보를 결합하여 독창적 과정이나 결과물을 만드는 것, 예를 들어 문제해결을 위한 독특한 과정을 구성하는 것
- **평가(Evaluation)**: 일련의 기준을 바탕으로 작업의 타당성이나 품질에 대한 판단을 내리는 것, 예를 들어 두 가지 문제해결 접근 방법 중 어느 것이 더 효율적인지 결정하는 것.

본래의 분류체계가 만들어진 20세기 중반 이후 연구자의 학습과 교수에 대한 이해가 더욱 깊어지면서 이 분류법은 수정되어 지금은 학습과 교수에 대한 인지학습이론의 영향을 보다 더 잘 반영하고 있다(Anderson & Krathwohl, 2001). 이 개정된 분류체계는 학생들의 인지 과정을 기반으로 목표를 설명하고 학생들이 알아야 할 내용을 나타내기 위해 지식이라는 용어를 사용한다(Anderson & Krathwohl, 2001). 예를 들어, 소얼 선생님의 첫 번째 목표인 '힘이 밀거나 당기는 것임을 안다'에서 힘은 지식이고 안다는 것은 인지 과정이다.

그 결과, 이 분류체계는 4가지 지식 유형과 6가지 인지 과정이 교차하는 24개의 칸으로 이루어진 행렬로 표현된다(Anderson & Krathwohl, 2001). 개정된 분류체계는 [그림 13-2]에 제시되었다.

이 목표 분류체계를 이해하기 위해 소얼 선생님의 목표를 다시 살펴보자.

- 힘이라는 개념의 정의를 이해한다. —힘은 밀거나 당기는 것임을 이해한다.
- 힘 개념의 예시를 식별한다.
- 두 힘이 물체에 작용하면 물체는 더 큰 힘의 방향으로 움직인다는 것을 이해한다.
- 베르누이 원리의 예를 설명한다.

지식 차원	인지 과정 차원					
	1 기억	2 이해	3 적용	4 분석	5 평가	6 창조
A. 사실적 지식						
B. 개념적 지식						
C. 절차적 지식						
D. 초인지적 지식						

[그림 13-2] 학습, 교수와 평가를 위한 분류체계

출처: Bloom의 『교육목표 분류체계』 개정판, 요약판, Anderson 외의 제1판의 '학습, 교육 및 평가를 위한 분류체계'를 기반으로 한다. 저작권 ⓒ 2001: Anderson/Krathwohl/Cruikshank/Mayer/Pintrich/Raths/Wittrock. 뉴저지주 Upper Saddle River 소재 Pearson Education, Inc.의 허가를 받아 인쇄 및 전자적으로 복제되었다.

첫 번째 목표는 힘 개념에 초점을 두며 기억(memory)을 요구하므로, 개념적 지식과 기억이 교차하는 칸에 놓여진다. 두 번째 목표인 힘 개념의 예시를 식별할 수 있는 능력은 이해(understand)를 요구하기 때문에, 개념적 지식과 이해(underestand)가 교차하는 칸에 놓여진다. 세 번째 목표인 '두 힘이 물체에 작용할 때, 물체는 더 큰 힘의 방향으로 움직일 것이다'는 절차적 지식의 적용(apply)이 필요하기 때문에 절차적 지식과 적용(apply)이 교차하는 칸에 속한다. 네 번째 목표인 '베르누이 원리의 예시를 설명하기'는 학습자가 표면 위를 통과하는 공기의 영향을 분석해야 하므로, 절차적 지식과 분석(analyze)이 교차하는 칸에 놓여진다.

이 분류체계는 학습의 복잡성을 이해하는 데 도움을 준다. 이것은 또한 우리가 학생들에게 단순한 사실적 지식을 기억하는 것 이상의 것을 할 수 있기를 기대해야 함을 상기시켜 준다. 안타깝게도 학교교육은 교차하는 나머지 23개 칸과 관련한 유형의 학습보다는 가장 기본적 유형의 학습에 더 집중하는 경향이 있다.

21세기에는 다른 형태 지식과 고급 인지 과정이 더 중요해지고 있으며 사고와 의사 결정하기 그리고 문제 해결 능력이 더욱 강조되고 있다.

수용 가능한 증거 결정하기: 평가

수업의 학습목표를 설정한 후에는 다음 단계로 학생들이 학습목표를 달성했는지 확인하는 방법을 결정해야 한다. 이것이 어떻게 작동하는지 살펴보기 위해 다시 소얼 선생님의 사고 과정을 살펴보겠다. 그는 다음과 같은 목표를 구체화했다.

- 힘이라는 개념의 정의를 이해한다. —힘은 밀거나 당기는 것임을 이해한다.
- 힘 개념의 예시를 식별한다.
- 두 힘이 물체에 작용하면 물체는 더 큰 힘의 방향으로 움직인다는 것을 이해한다.
- 베르누이 원리의 예를 설명한다.

그리고 나서 그는 이렇게 생각했다.

"힘의 정의를 복습하고, 학생들에게 힘의 정의를 물어볼 것이다. 그런 다음 학생들로 하여금 힘의 몇 가지 예시를 제시하도록 하고, 두 개의 힘이 물체에 작용하는 몇 가지 예시를 들어보게 할 것이다. 예를 들어, 학생 중 한 명이 스테이플러를 들고 반대 방향으로 당기는 경우이다. 이때 물체가 어느 방향으로 움직일 것인지, 왜 그런지 이유를 물어볼 것이다. 그리고 학생들에게 몇 가지 그림을 보여 주고 각각의 경우에 힘을 그려서 설명하게 할 것이다. 이렇게 하면 학생들이 목표를 달성했는지 확인할 수 있을 것이다."

소얼 선생님의 사고 과정은 학생들이 학습목표에 도달했는지를 판단하기 위해 그가 사용할 증거를 확인했으며, 이것은 교수와 학습에서 학생들의 학습 진행 상황에 대한 결정을 내리는 정보(증거) 수집 과정인 **평가**(assessment)의 역할을 보여 준다.

첫 번째와 두 번째 목표에 대한 증거는 간단하다. 학생들은 단순히 힘의 정의를 설명하고, 예시를 제시하기만 하면 된다. 세 번째 목표의 경우 물체가 어떤 방향으로 움직일지를 식별하고 그 이유를 설명할 수 있으면 충분하며, 네 번째 목표의 경우 힘을 그림으로 그리고 그림 속의 힘을 설명할 수 있는 능력이 수용 가능한 증거가 될 것이다. (평가 과정에 대해 자세한 내용은 제14장에서 검토할 것이다.)

이러한 형태의 평가 방식이 중요한 이유는 다음과 같다. 만약 소얼 선생님의 학생들이 힘의 예시를 제시할 수 있다면, 그는 수업을 계속 진행할 것이다. 그러나 만약 학생들이 그렇게 할 수 없다면, 그는 수업을 잠시 멈추고, 학생들이 힘의 개념을 이해할 수 있도록 몇 가지 추가적인 예시를 제시할 것이다. 이것이 바로 '학생들의 학습 진행 상황에 대한 결정을 내릴 때' 평가를 활용하는 방법이다.

소얼 선생님이 계획을 하면서 사고한 방식은 이 과정에서 가장 중요한 측면이다. 전통적인 계획 및 수업에서 흔히 볼 수 있는 것처럼 먼저 주제를 가르친 후에—수업이 완료된 어느 시점에—퀴즈나 검사 같은 일반적인 평가를 고려하는 것이 아니라, 소얼 선생님은 계획 단계에서부터 증거, 즉 평가에 대해 생각했다. 이를 통해 평가는 교수–학습 과정의 중요한 부분이 되었으며, 이것이 역방향 설계의 핵심 요소이다.

학습 활동 계획

학습 활동(Learning activity)은 학생들이 학습목표를 달성하는 데 도움을 주기 위해 제공하는 모든 경험과 활동들이다. 모든 경우에 학생들이 무엇을 알아야 하고, 이해해야 할 것이며, 또는 할 수 있기를 원하는지—즉, 우리의 목표들—에 따라 이러한 활동들을 계획할 때 사고의 방향을 결정한다.

계획 과정은 다음의 세 단계로 이루어진다.

1. 학생들이 이해해야 할 주제의 구성 요소(개념, 원리, 그리고 그들 사이의 관계) 파악하기
   소얼 선생님은 학생들이 힘의 개념, 두 힘이 작용할 때 물체가 더 큰 힘의 방향으로 움직일 것이라는 힘의 개념, 그리고 베르누이 원리를 이해하기를 원했다.
2. 구성 요소를 순서대로 배열하기
   소얼 선생님은 학생들이 베르누이 원리를 이해하기 위해서는 먼저 '힘'이라는 개념과 물체에 작용하는

다양한 힘의 효과를 이해해야 한다는 것을 알고 있었다. 그래서 그는 먼저 힘에 대해 가르친 다음에는 힘 사이의 관계를 설명하고, 마지막으로 원리 자체를 가르치기로 계획했다.

3. 가장 구체적이고 명확한 사례가 먼저 제시되도록 순서대로 배열하기

앞서 소얼 선생님은 베르누이 원리에 대한 설명에서 사용하려고 계획한 예시들을 살펴보았다. 그는 먼저 '힘'의 개념을 시연한 다음, 두 힘이 작용할 때, 물체가 어떻게 움직일지를 보여 주고 설명할 것이며, 마지막으로 베르누이 원리의 예시들을 제시하기로 계획했다.

이 과정에서 예시는 필수적이다. 예시는 학습자가 지식을 구성하기 위해 사용하는 경험이며, 주제에 익숙하지 않은 학생들이 내용을 의미 있게 만드는 데 필요한 정보를 제공한다.

전국교사자질위원회(NCTQ)

전국교사자질위원회(NCTQ)에서는 모든 신임 교사가 알아야 할 6가지 필수 교수 전략 중 하나로 예시의 사용을 언급한다. "2. 추상적인 개념을 구체적인 표현과 연결하기. 교사들은 일반적인 개념을 명확하게 하는 구체적인 예시를 제시하고, 이러한 예시와 주요 개념이 어떻게 연결되는지도 설명해야 한다"(Pomerance, Greenberg, & Walsh, 2016, p. vi).

이러한 단계와 학습 활동을 계획할 때 소얼 선생님의 사고 과정은 내용을 구성 요소로 나누고, 이러한 구성 요소를 순서화하는 과정인 **과제 분석**(task analysis)을 보여 준다. 과제 분석은 다양한 형태가 존재하지만, 스콧이 사용한 것과 같은 주제 분석이 교실에서 가장 일반적이다(Alberto & Troutman, 2017).

수업 일체화

교육심리학과 당신
친구와 시험공부를 하다가 수업 시간에 다룬 주제에 대해 생각하면서 "이건 시험에 나올까?"라고 물어본 적이 있나요?

우리는 '교육심리학과 당신'의 질문에 대한 대답이 '그렇다'라고 확신한다. 우리가 학생이었을 때도 그랬고, 지금도 그럴 가능성이 높다. 이 문제는 **수업 일체화**(instructional alignment) 부족 문제로, 학습목표, 학습 활동 및 평가 사이의 일치가 이루어지지 않은 경우를 말한다. 예를 들어, 수업에 참석하고 강사의 강의를 듣고 난 다음 시험을 치르지만 어떤 내용이 시험에 나올지 확신하지 못하는 경우가 있다. 이러한 불확실성은 아마도 강사가 강의 이후 또는 어느 정도 시간이 지난 후까지 시험에 대해 고려하지 않기 때문일 가능성이 높다. 결과적으로 강의에서 강조된 주제가 시험에서는 최소한으로만 다루어질 수 있으며, 강의에서는 피상적으로 다룬 주제가 시험에서 광범위하게 다루어질 수 있다. 이러한 상황은 특히 고등학교 및 대학교 수준에서 흔히 발생한다(Abrams, Varier, & Jackson, 2016).

수업이 일체화되지 않으면, 무엇을 배우고 있는지 알기가 어렵다. 예를 들어, 시험 결과가 좋지 않은 경우 "우리는 ① 학생들이 알아야 할 필요한 내용을 가르쳤지만, 그것을 배우지 못한 것인지, 아니면 ② 학생들에게 필

요한 내용을 가르치지 않았는지 알 수가 없다"(Hess & McShane, 2013, p. 63).

역방향 설계는 명확한 학습목표를 정하고, 이러한 목표가 달성되었음을 확인할 증거를 결정한 다음 학생들이 목표를 달성하는 데 도움이 되는 학습 활동을 설계하는 것으로 수업 일체화를 보장하는 데 도움이 된다. 이것은 학습을 촉진하기 위해 중요하며, 연구에 따르면 고품질 수업의 필수 요소 중 하나라고 본다(Early, Rogge, & Deci, 2014). 소얼 선생님의 교수를 안내하는 수업 계획은 [그림 13-3]에 요약되어 있다.

주제: 힘과 베르누이의 원리

학습목표: 학생들은 다음을 수행할 수 있을 것이다.

1. '힘' 개념을 정의할 수 있다.
2. '힘' 개념의 예시를 식별할 수 있다.
3. 두 개의 힘이 물체에 작용할 때, 물체가 더 강한 힘의 방향으로 움직인다는 것을 이해할 수 있다.
4. 베르누이 원리의 예시를 설명할 수 있다.

학습 활동:

1. 힘의 개념을 설명하기 위해 힘의 사례를 제시한다.
2. 대상 물체를 앞뒤로 잡아당기면서 물체는 더 강한 힘의 방향으로 움직이는 것을 시연한다.
3. 학생이 한 장의 종이 위로 바람을 불고 이를 관찰하도록 하며, 이때 이 종이가 떠오르는 것을 관찰하도록 이끄는 질문을 사용한다.
4. 학생들에게 두 장의 종이 사이로 바람을 불어넣도록 하고, 그 결과 종이들이 서로 붙게 되는 것을 관찰하도록 한다.
5. 학생이 깔때기 위에 놓인 탁구공에 깔때기 목을 통해 바람을 불어넣었을 때, 탁구공이 깔때기 밖으로 나가지 않고 깔때기 속에 떠 있음을 관찰하게 한다.
6. 학생들이 각각의 경우 더 큰 힘이 작용한 곳은 어디인지 확인하게 하고, 이 예를 칠판 위에 그리도록 한다. 학생들이 종이 아래의 힘, 두 종이의 바깥 측면에 작용하는 힘, 그리고 공 앞쪽에 작용하는 힘이 종이 위의 힘, 두 장의 종이 사이의 힘, 그리고 탁구공 뒤에 작용하는 힘보다 더 크다는 결론을 내릴 수 있도록 이끌어 준다.
7. 학생들이 각각의 경우에 공기 흐름이 더 빠른 곳이 어디인지를 확인하게 한다.
8. 학생들이 공기 흐름이 더 빠른 곳에서 힘이 더 작다(반대편의 힘이 더 크다)는 결론을 내릴 수 있도록 돕는다. 이 관계를 '베르누이의 원리'라 명명한다.

평가:

1. 학생이 각 사례에 대해 표면 위의 공기 흐름을 그리도록 하고 속도와 힘 사이의 관계에 대한 설명을 기술하는 과제를 수행하도록 한다.
2. 학생이 베르누이의 원리를 사용하여 비행기가 어떻게 날 수 있는지 설명하도록 한다.

[그림 13-3] 소얼 선생님의 중학교 과학 수업 계획

기준에 따른 환경에서의 계획

다음의 짧은 진술을 살펴보자.

CCSS.Math.Content.1.OA.B.3 덧셈과 뺄셈에 대한 전략으로 연산의 속성을 적용한다.

예: 8 + 3 = 11 이라는 것을 알고 있다면, 3 + 8 = 11도 알 수 있다(덧셈의 교환 법칙).

2 + 6 + 4를 더할 때, 두 번째와 세 번째 두 수를 더하면 10이 되기 때문에 2 + 6 + 4 = 2 + 10 = 12가 된다(덧셈의 결합

법칙)(공통 핵심 국가 교육 기준, 2018p).

CCSS.ELA-Literacy.L.3.1f 주어-동사 및 대명사-선행사 일치를 보장한다(공통 핵심 국가 교육 기준, 2018o).

CCSS.ELA-Literacy.RH.9-10.8 텍스트 내의 추론과 근거가 저자의 주장을 얼마나 뒷받침하는지 평가한다(공통 핵심 국가 교육 기준, 2018q).

이러한 진술은 학생들이 정해진 학습 기간이 끝난 후 무엇을 알아야 하는지, 또는 무엇을 할 수 있어야 하는지에 대한 내용을 나타내는 기준(standards)이다. 첫 번째는 초등학교 1학년 수학, 두 번째는 3학년 언어, 세 번째는 9~10학년 역사/사회과학 문해력 기준이다.

여기에서 볼 수 있는 예시들은 **공통 핵심 국가 교육 기준**(Common Core State Standards Initiative: CCSSI)에 의해 설정된 것이며, 이것은 제1장에서 처음으로 살펴본 바 있다. 2015년 현재 42개 주가 공통 핵심 국가 교육 기준을 채택했으므로 교사로서 강의를 시작할 때, 이러한 기준들을 접하게 될 가능성이 높다(공통 핵심 국가 교육 기준, 2018u). 그러나 공통 핵심을 채택하지 않은 주들도 자체 기준을 개발했으므로 어느 주에서 가르치더라도 기준은 교수 활동에 영향을 미친다. 이것은 교사들이 이 기준을 학습 활동 계획에 통합할 수 있어야 함을 의미한다. 기준은 본질적으로 목표에 대한 진술이다. (우리가 살펴보았듯이 기준의 정의는 사실상 목표의 정의와 동의어이다.) 그러나 기준은 그 구체성에 있어서 다양하기 때문에 먼저 기준의 의미를 이해한 다음 이 이해에 기초하여 교사 자신의 구체적인 학습목표를 구성하여야 한다. 예를 들어, 위의 첫 번째 기준을 다시 살펴보자. 다음은 첫 번째 기준이다.

CCSS.Math.Content.1.OA.B.3 덧셈과 뺄셈에 대한 전략으로 연산의 속성을 적용한다.

예: 8 + 3 = 11이라는 것을 알면 3 + 8= 11도 알 수 있다(덧셈의 교환 법칙).

2 + 6 + 4를 더할 때 두 번째와 세 번째 두 수를 더하면 10이 되기 때문에 2 + 6 + 4 = 2 + 10 = 12가 된다(덧셈의 결합 법칙)(공통 핵심 국가 교육 기준, 2018p).

이 경우, 기준은 구체적이고 명확하기 때문에 해석하기 매우 쉽다. 다음의 두 가지 목표는 논리적으로 도출된다.

1. 학생들이 덧셈이 교환 법칙을 따른다는 것을 이해할 수 있다.
2. 학생들이 덧셈이 결합 법칙을 따른다는 것을 이해할 수 있다.

이 기준을 기반으로 한 수업 계획은 [그림 13-4]에 제시되었다.

이제 두 번째 기준을 다시 살펴보자.

CCSS.ELA-Literacy.L.3.1f 주어-동사 및 대명사-선행사 일치를 보장한다(공통 핵심 국가 교육 기준, 2018o).

이 기준은 목표, 수용 가능한 증거 및 학습 활동에 대한 좀 더 많은 해석과 고찰이 필요하다. 예를 들어, "주어-동사 및 대명사-선행사 일치를 보장한다"가 무엇을 의미하는지 어떻게 해석해야 할까? 하나의 해석은

주제: 덧셈의 교환 법칙과 결합 법칙

기준: CCSS.Math.Content.1.OAB3 덧셈과 뺄셈에 대한 전략으로 연산의 속성을 적용한다. 예: 8 + 3 = 11을 알면 3 + 8 = 11도 알 수 있다(덧셈의 교환 법칙). 2 + 6 + 4를 더할 때, 두 번째 세 번째 두 숫자를 더하면 10이 되기 때문에 2 + 6 + 4 = 2 + 10 = 12가 된다(덧셈의 결합 법칙).

학습목표:
1. 덧셈이 교환 법칙을 따른다는 것을 이해할 수 있다.
2. 덧셈이 결합 법칙을 따른다는 것을 이해할 수 있다.

학습 활동:
교환 법칙:
1. 각 학생에게 12개의 플라스틱 원형 디스크를 지급한다.
2. 학생들에게 8개의 디스크를 세어 한 집단에 넣도록 하고, 그다음으로 세 개의 디스크를 더 세어 별도의 집단에 넣도록 한다.
3. 학생들에게 디스크가 모두 몇 개 있는지 묻는다.
4. 학생들에게 무엇을 했는지 말로 설명하도록 하고, "우리는 처음에 8개의 디스크를 세고, 그다음에는 3개의 디스크를 더 세어 모두 11개의 디스크가 되었어요."라고 말하도록 안내한다.
5. 칠판에 8 + 3 = 11이라고 적는다.
6. 이제 학생들에게 디스크 3개를 세어 한 집단으로 넣어 묶도록 한 다음 디스크 8개를 세어 다른 한 집단에 넣고, 모두 몇 개가 있는지 세어 보도록 한다. 다시 한번 학생들에게 자신이 한 것을 말로 설명하도록 하고, "우리는 처음에 3개의 디스크를 세고, 그런 다음 8개의 디스크를 세어서 모두 11개의 디스크를 얻었어요."라고 말하도록 안내한다.
7. 8 + 3 = 11이라고 쓰고 바로 아래에 3 + 8 = 11이라고 쓰도록 한다.
8. 학생들에게 두 문제에서 무엇을 발견했는지 물어보고, 둘 다 11이라는 결론을 내리도록 이끈다. 덧셈을 할 때, 숫자의 순서는 중요하지 않다는 결론을 내리도록 이끈다. 그런 다음 8 + 3 = 3 + 8이라고 쓰고, 이러한 원리는 모든 숫자에 적용된다고 알려 준다. 이것이 숫자의 교환 법칙이라고 알려 주고, 이와 유사한 예제 몇 가지를 추가로 진행한다.
결합 법칙:
1. 학생들에게 디스크 2개를 세어 집단별로 넣도록 한다. 그런 다음 6개의 디스크를 세어 두 번째 집단에 넣고, 4개의 디스크를 세어 세 번째 집단에 넣도록 한다.
2. 학생들에게 모두 몇 개의 디스크가 있는지 물어보고, 그들이 무엇을 했는지 말로 설명하도록 요청한 다음, 2 더하기 6 더하기 4를 더해서 합계 12개가 됐다는 결론을 내리도록 이끈다.
3. 칠판에 2 + 6 + 4 = 12라고 적는다.
4. 학생들에게 디스크 2개를 세어 한 집단에 넣고, 6개의 디스크를 세어 그 집단에 넣도록 한다. 그런 다음 그들이 모두 몇 개가 있는지 물어보고, 칠판에 2 + 6 = 8이라고 쓴다.
5. 그런 다음 디스크 4개를 더 세어 넣고 모두 몇 개인지 묻는다. 2 + 6 + 4 = 12 바로 아래에 8 + 4 = 12를 쓴다.
6. 학생들에게 무엇을 했는지 설명하도록 하고, 먼저 2개와 6개를 집단화하여 8개를 얻은 다음 8개와 4개를 집단화하여 12를 얻었다고 말하도록 이끈다.
7. 먼저 6과 4를 집단화하여 10을 얻고, 그런 다음 10과 2를 더하는 과정을 반복한다.
8. 이것은 모든 숫자에 적용된다고 말하고 이것을 숫자의 결합 법칙이라고 알려 준다.
9. 몇 가지 추가 예제를 수행한다.

평가:
1. 다음 문제가 적힌 워크시트를 제공한다.: 5 + 2 =   7 + 1 =   3 + 8 =
   학생들이 워크시트에 교환 법칙의 성질을 증명하도록 한다.
2. 동일한 워크시트에 다음과 같은 문제를 제시한다.: 5 + 2 + 4 =   3 + 1 + 6 =
   학생들이 워크시트에 결합 법칙의 성질을 증명하도록 한다.
3. 속성을 올바르게 시연한 학생들은 교실 앞쪽으로 가서 각각의 경우에 대해 설명하도록 한다.

이 기준에 따른 수업 계획은 [그림 13-6]에 제시되어 있다.

기준을 해석하고 그에 기반한 목표를 생성하는 작업에 처음 직면하게 되면 다소 부담감을 느낄 수 있다. 그러나 기준을 해석하고 학습 활동을 만드는 경험을 쌓을수록 이 작업은 훨씬 쉬워질 것이다. 이 절이 그 과정을 시작하는 데 도움이 되기를 바란다.

[그림 13-4] 공통 핵심 국가 교육 기준에 기반한 1학년 수학 수업 계획

학생들이 주어– 동사 및 대명사–선행사 일치의 올바른 예와 잘못된 예를 식별할 수 있어야 한다는 것을 의미한다. 또 다른 해석은 학생들이 자신의 글쓰기에서 이 두 가지 일치 형태를 올바르게 시연할 수 있어야 한다는 것이다.

이러한 해석에서 논리적으로 이어지는 목표는 다음과 같다.

1. 학생들은 단수 및 복수 주어에 맞는 올바른 동사를 선택할 수 있다.
2. 학생들은 선행사에 맞는 올바른 대명사를 선택할 수 있다.
3. 학생들은 글쓰기에서 올바른 주어-동사와 대명사–선행어 일치를 사용할 수 있다.

첫 번째 목표에 대한 수용 가능한 증거는 수업 중에 학생들에게 평가로 제시될 수 있는 다음과 같은 연습문제일 수 있다.

Bill (brings, bring) his lunch to the cafeteria when it's time to eat. His friend, Leroy, and his other friend, Antonio, (takes, take) theirs to the cafeteria too. The boys (eats, eat) their lunch together, but each of the boys (leaves, leave) the table clean and clear of clutter. Bill doesn't like apples, so he will give his to anyone else who (wants, want) it

---

이와 유사한 연습문제를 두 번째 목표로 설계할 수 있으며, 세 번째 목표에 대해 수용 가능한 증거로는 학생이 작성한 올바른 주어–동사 및 대명사–선행사 일치를 보여 주는 짧은 문단일 수 있다. [그림 13–5]에서는 이 기준의 주어–동사 구성 요소에 대한 수업 계획이 포함되어 있다.

마지막으로 앞의 세 번째 기준을 살펴보자.

CCSS.ELA–Literacy.RH.9–10.8 텍스트 내의 추론과 근거가 저자의 주장을 얼마나 뒷받침하는지 평가한다(공통 핵심 국가 교육 기준, 2018q).

이 기준을 기반으로 하는 목표는 다음과 같다.

1. 학생들은 저자가 자신의 글에서 제시한 주장을 뒷받침하는 근거를 어느 정도 제공하는지 판단할 수 있다.
2. 학생들은 저자의 추론이 자신의 글에서 제시한 주장을 어느 정도 잘 뒷받침하는지를 판단할 수 있다.

주제: 주어–동사 일치

기준: CCSS.ELA–Literacy.L.3.1f 주어–동사 및 대명사–선행사 일치를 보장한다.

학습목표: 학생들은 다음을 할 수 있다.
1. 단수형과 복수형 주어에 맞는 동사를 선택할 수 있다.
2. 글을 쓸 때 올바른 주어–동사 일치를 사용할 수 있다.

학습 활동:
1. 단수 주어에는 단수 동사를 사용하고, 복수 주어에는 복수 동사를 사용한다고 설명한다. 다음 문장을 보여 준다.
   Susan runs to the store. Susan and Kelly run to the store.
   He plays soccer. They play soccer.
   This shirt is too small for me. These clothes are too big for me.
2. 학생들에게 각 문장에서 주어와 동사를 식별하도록 한다.
3. 학생들은 'Susan'이 단수이고, 'runs'도 단수라는 결론을 내릴 수 있도록 이끈다.
4. 다른 문장에서도 동일한 과정을 반복한다.

평가:
1. 다음을 제시한다.
   Bill (brings, bring) his lunch to the cafeteria when it's time to eat. His friend, Leroy, and his other friend, Antonio, (takes, take) theirs to the cafeteria too. The boys (eats, eat) their lunch together, but each of the boys (leaves, leave) the table clean and clear of clutter. Bill doesn't like apples, so he will give his to anyone else who (wants, want) it.
2. 학생들에게 괄호로 묶인 각 동사 쌍 중에서 올바른 동사를 찾게 한다.
3. 결과를 확인하고, 연습 내용을 논의한다.
4. 결과에 따라 추가 예시를 제공하거나 학생들에게 주어–동사 일치의 예제가 적어도 세 개 포함된 짧은 단락을 작성하도록 한다.

[그림 13–5] 공통 핵심 국가 교육 기준에 기반한 3학년 언어 수업 계획

교실과의 연계

교실에서 효과적인 계획 세우기
1. 역방향 설계를 통해 평가와 학습 활동이 수업목표와 일치되도록 보장한다. 수업 계획을 할 때 학습목표를 구체화하고 수용 가능한 증거를 확인하며, 계획한 대로 학습 경험을 준비하라.
   - **초등학교**: 4학년 교사는 학생들이 두개골이 단단한 이유, 갈비뼈가 몸통 주위를 감싸는 이유, 대퇴골이 신체에서 가장 큰 뼈인 이유 등 인간 골격계의 여러 부분의 서로 다른 기능에 대해 이해하기를 원한다. 학습목표 달성의 수용 가능한 증거로, 학생들에게 다음과 같은 질문에 응답하도록 계획한다. "인간이 침팬지와 고릴라처럼 네 발로 걷는다고 가정해 보세요. 인간의 골격이 지금 우리의 골격과 어떻게 다른지 설명해 보세요." 그런 다음 골격 모형을 전시하고 학생들에게 관찰하도록 한 다음, 다양한 골격의 여러 부분에 대한 결론을 이끌어 내도록 안내할 계획이다.
   - **중학교**: 지리 교사는 학생들이 지리적 조건이 도시의 위치에 어떠한 영향을 미치는지 이해하기를 원한다. 학습목표 달성의 수용 가능한 증거로, 교사는 학생들에게 다양한 산맥, 바람의 방향, 해류, 위도 및 경도가 표시되어 있는 가상의 섬에 대한 지도를 제공할 계획이다. 이를 기반으로 학생들에게 섬에서 가장 큰 도시가 어디에 위치할 것으로 생각되는지 찾아내어 설명하도록 할 계획이다. 그런 다음 뉴욕, 시카고, 샌프란시스코 및 마이애미와 같은 미국의 주요 도시의 지도와 사진을 보여 주고 각 도시의 지리적 특징에 대해 논의할 계획이다.
   - **고등학교**: 생물 교사는 학생들이 생물체의 신체 구조와 환경에 대한 적응 사이의 관계를 이해하기를 원한다. 수용 가능

한 증거로, 교사는 학생들에게 방사형 대칭을 가진 생물체와 양측 대칭을 가진 다른 생물체 두 가지 유기체를 제시하고, 진화 관점에서 가장 진보된 것을 식별하고, 그 선택에 대해 설명하도록 할 계획이다. 학습 활동으로는 교사는 학생들에게 다양한 종류의 벌레의 예시를 제시하고, 그 특징에 대해 논의할 계획이다.

2. 지식은 사실적인 지식에서 메타인식 지식까지 다양할 수 있으며, 인지 과정은 기억에서 창조까지 다양하다. 학생들에게 단순히 사실적인 지식을 기억하는 것 이상을 수행해야 하는 학습목표를 준비하라.
- **초등학교**: 4학년 교사는 단순히 골격계의 구체적인 뼈를 다른 부분과 식별하고, 특정 뼈의 이름을 외우는 대신, 골격계의 서로 다른 부분의 기능에 중점을 둔다. 이 과정에서 학생들은 기본 정보를 습득한다.
- **중학교**: 지리 교사는 다양한 지리적 특징의 이름과 위치를 식별하는 것, 예를 들어, 주 이름 및 록키 산맥과 그레이트 프레인즈와 같은 다양한 지리적 특성의 이름과 위치를 단순히 식별하는 것보다 도시 위치에 미치는 지리적인 영향에 중점을 둔다. 학생들은 선행 지식으로 이름과 위치를 미리 알고 있어야 한다.
- **고등학교**: 생물 교사는 생물체의 이름과 구조를 외우는 대신 환경에 대한 생물체의 적응에 초점을 둔다. 생물체의 이름과 구조는 학생들이 습득하는 부수적인 지식의 일부가 되며, 학생들은 이 부수적인 정보도 알아야 한다.

주제: 근거와 추론

기준: CCSS.ELA-Literacy.RH.9-10.8 텍스트 내의 추론과 근거가 저자의 주장을 얼마나 뒷받침하는지 평가한다.

학습목표: 학생들은 다음을 할 수 있다.
1. 저자가 자신의 글에 제시한 주장을 뒷받침하는 근거를 어느 정도 제공하는지 판단할 수 있다.
2. 저자의 추론이 자신의 글에서 제시된 주장을 어느 정도 뒷받침하는지를 판단할 수 있다.

학습 활동:
1. '근거'라는 개념을 주장이나 결론과 관련된 사실 또는 관찰로 정의한다.
2. 주장이나 결론을 뒷받침하는 근거의 예를 제공하고, 근거가 주장이나 결론을 반박하는 추가적인 예를 제시한다.
3. 학생들에게 워싱턴 레드스킨스(Washington Redskins) 프로 미식축구팀 명칭 논란에 대해 잘 알고 있는지 물어본다. 잘 알지 못하는 경우 다음과 같이 설명한다. 어떤 사람들은 레드스킨(Redskin)이라는 이름이 본질적으로 인종 차별적이라고 주장하는 반면, 다른 사람들은 그렇지 않다고 주장하는 사람들이 있다는 것을 설명한다.
4. 두 개의 칼럼을 제시한다. 하나는 ESPN.com 스포츠 기자인 리키 레일리(Rick Reilly, 2013)가 작성한 것이고, 다른 하나는 워싱턴포스터 칼럼니스트인 캐슬린 파커(Kathleen Parker, 2013)가 작성한 것으로 두 글 모두 워싱턴 레드스킨스(Washington Redskins)라는 이름과 관련된 논란을 다루고 있는데, 레드스킨스(Redskins)라는 이름을 변경할 필요가 있는지 여부에 대한 주장을 제시한다.
5. 학생들에게 두 개의 칼럼을 읽도록 하고, 두 저자의 이름 변경의 필요성과 관련하여 자신의 주장을 뒷받침하는 정도를 짝을 지어 평가하도록 한다.
6. 집단별로 학급 전체에 보고하게 한다.
7. 집단이 보고할 때, 각 저자의 주장을 뒷받침하는 근거로 간주되는 항목을 칠판에 적는다.
8. 집단 전체가 항목에 대해 논의한다.

평가:
1. 학생들에게 이민 및 이민 개혁 문제와 관련된 칼럼을 제공한다(Bandow, 2013).
2. 학생들에게 저자가 근거와 타당한 추론을 통해 자신의 주장을 어느 정도 뒷받침하는지를 평가하는 단락을 작성하도록 한다.

[그림 13-6] 공통 핵심 국가 교육 기준에 기반한 중학교 사회과 문해력 수업 계획

수업 실행

13.2 수업 실행 과정을 설명하고, 이 과정에서 효과적인 교사의 개인적 자질과 필수 수업 기술을 어떻게 통합하는지 설명할 수 있다.

교육심리학과 당신

이미 당신은 거실 인테리어에 대해 고민하고 필요한 결정을 내렸다. 다시 말해, 목표를 확인하고 인테리어 과정을 계획했다. 이제 무엇을 해야 할까?

'교육심리학과 당신'의 질문에 대한 답은 계획을 실제로 실행하는 것이다. 예를 들어, 계획을 한 후에는 실제로 페인팅을 하거나 가구를 재배치하거나 예술 작품을 추가하는 등의 계획한 것을 실제로 실행한다.

가르치는 것도 이와 비슷하다. **수업 실행**(Implementing instruction)은 계획 중에 내린 결정을 실제 행동으로 구현하는 과정이다. 계획은 일련의 순차적 사고 과정과 필요한 자료 수집을 결합한 것이며, 실행은 행동에 중점을 둔다. 실행하는 과정에서도 많은 생각이 필요하지만, 신중하게 계획을 세우면 실제로 학습 활동을 진행할 때 우리의 작업 기억에 가중 부하가 크게 줄어든다.

학습 활동 수행

앞서 학습 활동이 학생들이 학습목표에 도달하는 데 도움을 주는 모든 경험과 행동을 포함한다는 것을 살펴보았다. 이러한 활동은 간단한 강의부터 복잡한 시뮬레이션까지 그리고 그 사이의 모든 작업에 이르기까지 다양할 수 있다. 여기에는 예시 제시, 학생들에게 질문하기, 집단 작업 지도하기, 평가를 위한 피드백 작성 및 제공하기, 그리고 학생들이 학습목표에 도달하는 데 도움을 주기 위한 모든 활동이 포함된다.

이 장의 첫 절에서 독자들은 소얼 선생님이 수업을 어떻게 계획했는지 살펴보았다. 이제 독자들은 그가 계획을 실현하면서 학습 활동을 어떻게 수행했는지 살펴볼 것이다. 소얼 선생님은 월요일에 힘의 개념과 두 개의 힘이 물체에 작용할 때 물체는 더 큰 힘의 방향으로 물체가 움직인다는 것을 설명하는 원리에 대해 가르쳤다. 그의 화요일 수업의 시작을 살펴보면, 그는 복습으로 수업을 시작한다.

"우리가 어제 공부한 것을 복습해 보자." 소얼 선생님은 시작종이 울리자마자 바로 수업을 시작했다.

"힘이란 무엇이지? …… 샨테(Shantae)?"

"밀기나 당기는 것입니다." 그녀는 잠깐 동안 생각한 후 대답했다.

"잘 대답했다." 소얼 선생님은 미소를 지으며 칠판을 밀어붙이거나, 그의 책상 위에 있는 물체에 바람을 불어 보이며, 왜 이런 것들이 힘인지 학생들에게 설명하도록 요청하면서 힘의 개념을 복습했다.

다음으로 계속해서 그는 스테이플러를 들고 데이미언(Damien)에게 그것을 잡아당겨 보라고 하면서 물체는 더 큰 힘의 방향으로 움직인다는 개념을 복습하게 했다.

그는 학생들에게 "이 개념을 기억해 두세요."라고 환기시키며, 목소리를 높여 요점을 강조한 후, 각 학생에게 두 장의 종이를 나누어 주었고 그중 한 장의 종이를 집어, 그림에서와 같이 종이 위에 입바람을 불었다.

그는 학생들에게 이와 같이 해 보라고 지시한 후 물었다.

"우리가 종이 위로 입바람을 불었을 때 무엇을 관찰했니? ······ 데이비드(David)?"

"종이가 움직였어요."

"종이가 어떻게 움직였지? ······ 한 번 더 조금 전처럼 해 보렴."

데이비드는 다시 종이의 표면 위로 입바람을 다시 불었고 소얼 선생님은 반복하여 물었다.

"종이에 어떤 일이 일어났니?"라고 반복적으로 물어봅니다.

"······ 그냥 종이가 위로 올라왔어요."

"그래."

소얼 선생님은 힘주어 고개를 끄덕였다.

"네가 종이 표면 위로 입바람을 불었을 때 종이는 위쪽으로 올라왔지."

그런 다음 그는 학생들이 종이 두 장을 모두 집어들게 하고, 두 장의 종이 사이로 어떻게 입바람을 부는지를 그림에서처럼 시범을 보여 준 후 질문했다.

"여기서 너희는 무엇을 관찰했니? 샤론(Sharon)?"

" ······ 종이끼리 밀착했어요."

"좋아. 이 점을 기억해 두렴, 조금 후에 그것에 대해 이야기할 거야."

소얼 선생님은 미소 지었다.

"자, 이제 한 가지를 더 관찰해 보자······. 나는 여기에 깔때기와 탁구공을 가지고 있단다. 내가 깔때기에 바람을 불면 공이 트리스탄(Tristan)의 머리를 맞출 거야."

그는 학생 중 한 명을 가리키면서 농담했다.

그는 깔때기를 통해 바람을 불자 학생들은 깜짝 놀랐다. 탁구공은 깔때기 안에 그대로 머물러 있었기 때문이다.

소얼 선생님은 학생들이 그가 한 것을 반복하게 하고 관찰 결과를 기록하게 한 다음 칠판 위에 세 가지 사례의 그림을 그리고 말했다.

"이것들을 살펴보렴." 첫 번째 그림을 언급하면서 소얼 선생님은 물었다.

"내가 위쪽과 아래쪽 중 어느 쪽 위로 입바람을 불었지? ······ 레이철(Rachel)?"

"위쪽으로 불었어요."

"그때 거기에서 무슨 일이 일어났지? ······ 헤더(Heather)?"

"종이가 위로 떠올랐어요."

두 번째 그림을 언급하면서 소얼 선생님은 물었다.

"우리는 이때 무엇을 했지? ······ 샨테?"

"두 종이 사이로 바람을 불었어요?"

"그때 어떤 일이 일어났지? ······ 리키(Ricky)?"

"종이끼리 밀착했어요."

소얼 선생님은 탁구공과 깔때기를 가지고도 유사한 분석을 했고 그 후 다시 물었다.

"이제 여기에서 작용하는 힘에 대해 생각해 보자······. 어떤 힘이 종이에 작용하고 있을까? ······ 콜린(Colin)?"이라고 물었다.

"중력."

"중력은 어느 방향으로 작용하는 걸까?"

"아래쪽으로요."

소얼 선생님은 아래쪽을 가리키는 화살표를 그려 중력을 나타냈고, 그것을 'A'라 명명했다.

"종이에 작용하는 다른 힘은 무엇일까? …… 윌리엄(William)?" 소얼 선생님은 계속 질문했다.

"공기요." 윌리엄은 위를 가리키며 답했다.

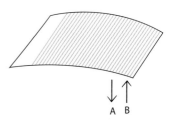

"공기가 위로 미는 힘임을 어떻게 알 수 있었니?"

"종이가 위로 움직였으니까요."

"정확해, 너는 위로 밀어올리는 힘이 있기 때문에 종이가 위로 움직였다는 것을 알고 있구나. 왜냐하면 물체는 더 큰 힘의 방향으로 움직이기 때문이지."

소얼 선생님은 그런 다음 위쪽을 가리키는 화살표를 그리고 'B'라 명명했다.

소얼 선생님은 학생들이 두 번째와 세 번째 사례에 대한 유사한 분석을 통해 두 장의 종이가 떨어지도록 미는 힘보다는 밀착하도록 미는 힘이 더 크다는 결론과 탁구공이 깔때기 밖으로 나가게 미는 힘보다는 깔때기 안으로 밀어 넣는 힘이 더 크다는 결론에 도달하게 안내했다.

"이제 다시 힘과 우리가 어디에 입바람을 불었는지를 살펴보자."

소얼 선생님은 첫 번째 그림으로 돌아가서 수업을 계속해서 진행했다.

"그림들을 주의 깊게 살펴보고 두 그림 사이에 어떤 관계가 있는지 확인해 보자."

몇 초가 지난 후, 헤더가 결론지었다.

"선생님이 어느 쪽에 입바람을 불든지 상관없이, 반대편의 힘이 더 강해지는 것 같아요." 몇 분 안에 종료종이 울릴 것을 인식하면서 소얼 선생님은 수업을 계속했다.

"그래, 훌륭한 의견이야. 헤더(Heather) ……. 베르누이라는 사람은 표면 위의 공기 흐름 속도를 증가시킬 때마다 힘은 감소한다는 것을 발견했단다……. 그래서 내가 종이 표면 위에서 공기 흐름 속도를 증가시킬 때(한 장의 종이를 들어 보이며), 이 힘은 감소하고, 이 힘이(종이 아래쪽에서 위로 움직임을 주며 힘이 밀어 올리는 것을 보여 주면서) 더 강해지는 것이지."

소얼 선생님은 나머지 두 가지 사례도 같은 방식으로 요약하고 종료종이 울리자 수업을 마쳤다.

소얼 선생님은 수업 계획을 실행하고 학습 활동을 진행하는 과정에서, 학생들의 학습을 극대화하기 위해 신임교사를 포함한 모든 교사들이 소유해야 하는 몇 가지 개인적 자질과 필수 수업 기술(essential teaching skills)을 보였다. 이러한 자질과 능력은 문화적 소수자, 도시, 교외 및 농촌 환경의 학생들, 그리고 특수교육이 필요한 학습자와 함께 하는 데도 중요하다. 요약하면, 효과적인 교사의 개인적인 자질과 필수 수업 기술은 모든 학생과 모든 교육 상황에 적용된다.

우리는 효과적인 교사의 개인적 자질을 먼저 살펴보겠다.

효과적인 교사의 개인적 자질

연구에 따르면 학생들의 학습을 극대화하는 교사의 몇 가지 개인적 자질이 확인되었다. 이러한 개인적 자질은 연구자들이 효과적인 교사의 전제 조건이라고 여기는 것으로(Lavy, 2016; Meng, Muñoz, King, & Liu, 2016) 다음과 같다.

- 언어 능력: 효과적인 교사들은 언어를 간결하고 정확하게 표현하고 사용한다.
- 내용 지식: 그들은 수학, 과학, 역사, 또는 문학과 같은 자신이 가르치는 내용을 잘 이해한다.
- 전문 지식과 헌신: 효과적인 교사들은 사람들이 어떻게 학습하고 발달하는지를 이해하며, 학생들과 교육에 헌신한다. 전문 지식을 개발하는 것이 이 수업을 듣는 이유이다.

이러한 전제 조건들 외에도 효과적인 교사들은 제11장에서 논의한 개인적인 자질을 가지고 있다. 이러한 자질은 다음과 같다.

- 높은 개인 교수효능감: 모든 학생이 사전 지식, 능력 또는 개인적 배경과 상관없이 학습할 수 있다고 믿는다.
- 모델링과 열정: 자신이 가르치는 주제에 대한 교사의 흥미를 보여 주고, 지식과 이해에 대한 열정을 전달한다.
- 높은 기대치: 높은 학문적 기준을 유지하고 학생들을 존중하며 그에 상응하는 태도를 요구한다.

APA의 20가지 주요 원칙

이 설명은 제11원칙을 보여 준다. 교사의 학생에 대한 기대는 학생의 학습 기회, 동기 및 학습 결과에 영향을 미친다. 이것은 심리학을 위한 유치원부터-12학년(초 · 중등학교)까지 교수 및 학습을 위한 심리학의 20가지 주요 원칙 중 하나이다.

- 배려: 청소년들의 보호와 성장을 위한 헌신

이러한 개인적인 자질은 동기와 학습을 증진시키고 학급 관리 문제의 발생 가능성을 줄인다. 이러한 자질들은 긍정적인 교사-학생 관계와 따뜻하고 안전한 교실 분위기에 기여한다. 이는 모든 교육과 학습의 토대가 된다.

소얼 선생님의 학생들과의 상호작용은 그가 효과적인 교육의 전제 조건과 효과적인 교사의 개인적 자질을 모두 보유하고 있음을 시사한다. 그는 명료하게 표현하고 있으며, 가르치고 있는 주제를 분명히 이해하고 있었고, 제시한 예시와 학생들과의 상호작용 방식은 그가 학생들이 어떻게 학습하는지를 이해하고 있다는 것을 보여 준다.

소얼 선생님은 수업을 하는 동안 활기차고 열정적이었으며, 학생들에게 배려하고 존중하는 태도를 보였고, 질문을 통해 그는 모든 학생들이 수업에 참여하고 학습할 것을 기대한다는 것을 보여 주었다. 이것은 우리가 모든 교사에게 기대하는 개인적인 자질이다.

필수 수업 기술

필수 수업 기술(Essential teaching skills)은 학생들의 학습을 극대화시키기 위해 신임 교사를 포함한 모든 교사가 갖추어야 할 전문 기술이다. 필수 수업 기술은 우리가 일반적으로 말하는 기본 기술, 즉 읽기, 쓰기, 수학 및 기술 분야의 기술과 같이 현대 사회에서 효과적으로 기능하기 위해 필요한 기본 기술로 비유할 수 있다. 당신은 가르치려는 내용 영역이나 학년 수준에 관계없이 이러한 기술을 이해하고 시연해야 할 것으로 기대된다.

거의 40년에 걸친 연구(Duke, Cervetti, & Wise, 2016; Fisher et al., 1980; Good & Lavigne, 2018)에서 도출된 이러한 수업 기술은 〈표 13-1〉에 요약되어 있으며 다음 장에서 논의할 것이다.

조직

효과적으로 가르치려면 먼저 체계적으로 조직되어야 한다. 이는 ① 필요한 자료를 사전에 미리 준비하고, ② 제시간에 수업을 시작하고, ③ 한 활동에서 다른 활동으로 빠르고 원활하게 전환하며, ④ 잘 정립된 교실 관리 방식을 개발한다는 것을 의미한다. 이러한 조직의 측면은 수업 시간을 극대화하고 학급 관리 문제를 예방하는 것을 도움으로써 성취도를 높인다(Lester, Allanson, & Notar, 2017).

소얼 선생님은 시작종이 울리자마자 수업을 시작했고, 나누어 줄 종이와 탁구공, 깔때기를 준비했으며, 수업 복습에서 학습 활동으로 학습의 전환을 빠르고 원활하게 진행했다. 이 조직화는 그가 수업을 계획할 때 명확하게 사고하고 결정한 신중한 계획의 결과이다.

〈표 13-1〉 필수 수업 기술, 구성 요소 및 인지학습이론의 적용

필수 수업 기술	필수 수업 기술 구성 요소	인지학습이론의 적용
조직	• 정시에 수업 시작 • 자료 준비하기 • 잘 정립된 교실 관리 방식 생성하기	교사와 학생들의 작업 기억에 대한 인지 부하를 줄이고 학생들의 균형감각을 수립 및 유지하는 데 도움이 된다.
복습	• 수업 시작 복습 • 중간 복습	장기 기억에서 검색된 기존 지식을 활성화하여 새로운 지식을 연결한다.
집중	• 주의를 끌기 • 주의력 유지하기	학습자의 주의를 끌고 수업을 개념적으로 통합한다.
질문	• 질문 빈도 • 공정한 분배(골고루 질문하기) • 촉진하기 • 대기 시간	학습자들이 인지적으로 활동적이 되도록 격려한다. 지원 구조를 제공한다.
피드백	• 즉각적인 피드백 • 구체적인 정보 • 정정 정보 • 긍정적인 감정적 톤	학생들이 구성한 지식이 유효한지를 여부를 판단하는 데 사용하는 정보를 제공한다.
종결과 적용	• 수업 종료 요약 • 새로운 맥락에서 습득한 정보 사용	도식 구축 및 의미 있는 부호화에 기여한다.
의사소통	• 명확한 용어 • 연결된 대화 • 전환 신호 • 강조	정보를 이해하기 쉽고 의미 있게 만든다. 학습자의 주의 집중을 유지시킨다.

복습

수업을 실행하는 것은 체계적인 과정이며, 이 과정은 학생들이 이미 배운 내용을 다음 학습 활동에서 배울 내용에 서로 관련시킬 수 있도록 도와주는 요약 활동이다. 복습은 수업의 어느 지점에서나 수행될 수 있지만, 가장 일반적으로 시작과 끝부분에 이루어진다. 소얼 선생님의 복습을 다시 한번 살펴보자.

"우리가 어제 공부한 것을 복습해 보자." 소얼 선생님은 시작종이 울리자마자 바로 수업을 시작했다.

"힘이란 무엇이지? …… 산테?"

"밀기나 당기는 것입니다." 그녀는 잠깐 동안 생각한 후 대답했다.

"잘 대답했다." 소얼 선생님은 미소를 지으며 칠판을 밀어붙이거나, 그의 책상 위에 있는 물체에 바람을 불어 보이며, 왜 이런 것들이 힘인지 학생들에게 설명하도록 요청하면서 힘의 개념을 복습했다.

다음으로 계속해서 그는 스테이플러를 들고 데이미언에게 그것을 잡아당겨 보라고 하면서 물체는 더 큰 힘의 방향으로 움직인다는 개념을 복습하게 했다.

학습자가 구성하는 지식은 인지학습 원리인 이미 알고 있는 지식에 따라 달라진다. 복습을 시작하면 학생들이 이미 알고 있는 내용을 활성화하여 새로운 지식을 구성하는 데 도움을 준다(McCrudden & McNamara, 2018).

APA의 20가지 주요 원칙

이 설명은 제2 원칙을 보여 준다. 학생들이 이미 알고 있는 것은 그들의 학습에 영향을 미친다.

이 원리는 유치원-12학년(초·중등학교)까지 교수 및 학습을 위한 심리학의 20가지 주요 원칙 중 하나이다.

화요일에 실시했던 소얼 선생님의 수업의 초반 복습은 그의 수업에서 가장 효과적인 측면 중 하나였다.

그는 단순히 힘의 정의와 반대되는 힘과 운동을 관련시키는 원리를 학생들에게 회상시키는 데 그치지 않았다. 그는 칠판을 밀어보고, 물체에 입바람을 불어넣는 등과 같은 사례를 들어 개념을 설명했다.

소얼 선생님이 이미 월요일에 사례를 보여 주었기 때문에 또 다른 추가 사례를 보여 주는 것이 과도한 것처럼 보이지만, 때로는 필요하다. 복습을 하는 동안 학생들에게 실제 사례를 제공하는 것은 장기기억에 이미 있는 정보와 새로운 정보 사이의 추가 연결을 제공함으로써 복습의 효과성을 높인다.

소얼 선생님의 복습은 필수적이었다. 학생들이 베르누이의 원리를 이해하기 위해서는 먼저 움직임의 방향과 더 강한 힘을 연관시키는 원리와 힘에 대해 이해해야 했기 때문이다.

초점 맞추기

우리는 인간의 기억에 대한 이해를 통해 모든 학습이 주의로 시작한다는 것을 안다. 따라서 수업 내내 학생들의 주의를 끌고 유지하기 위한 메커니즘이 필요하다. 초점 맞추기(Focus)는 이러한 메커니즘을 제공한다(Lemov, 2015; McCrudden & McNamara, 2018).

소얼 선생님의 시연—종이 위로 바람 불기, 종이 사이로 불기, 깔때기 입구를 통해 바람을 불어 보이는 시연—등은 그의 수업에서 초점을 제공했다. 이 시연들은 시각적으로 눈길을 끌었기 때문에 학생들의 관심을 끌어냈고, 칠판에 그린 그림은 학습 활동 동안 학생들의 주의를 유지하는 데 도움이 되었다.

　구체적인 물체, 그림, 모형, 실물화상기에 제시된 자료 또는 칠판에 기록된 정보 모두 수업 중에 집중할 수 있는 초점 맞추기 역할을 할 수 있다.

질문하기

　우리는 복습을 실시하고, 학생들의 관심을 끌고 유지하기 위해 초점 맞추기를 사용했다. 다음 과제는 학생들을 수업에 적극적으로 참여하도록 유도하고 인지 활동을 촉진하는 것이다. 즉, 학생들에게 수동적으로 정보를 받아들이는 것이 아니라, 공부하는 내용에 대해 스스로 생각하도록 유도하고, 활동적인 참여를 장려하는 것이다.

　연구에 따르면 최고의 성취를 이끌어 내는 교사는 그렇지 않은 덜 효과적인 교사보다 학생들에게 독립적인 과제를 부여하는 시간을 줄이고, 학생들이 더 많은 시간을 활동적인 수업에 참여하도록 유도한다(Good & Lavigne, 2018; Stringfield et al., 2017). 더 나아가 가장 효과적인 교사는 단순히 강의를 하는 데 시간을 최소화하는 경향이 있다(Lemov, 2015).

　질문은 이러한 학생들의 참여와 사고를 촉진하기 위해 가장 널리 적용할 수 있는 효과적인 도구이다. "교사가 좋은 질문을 사용한다는 것은 사고를 제약하는 것과 새로운 아이디어를 촉진하는 것 사이의 차이, 그리고 사소한 사실을 기억하는 것과 의미를 창출하는 것 사이의 차이를 만들 수 있다"(McCarthy, Sithole, McCarthy, Cho, & Gyan, 2016, p. 80). 더 나아가 일부 연구자들은 교사의 질문이 교사의 교수 전문성을 나타내는 가장 중요한 지표 중 하나라고 제안한다(Wang & Wang, 2013).

　능숙한 질문은 쉬운 일은 아니지만, 교사들과의 협력을 통해 연습과 경험을 쌓아가면 전문가가 될 수 있음을 확인했으며, 여러분도 그렇게 할 수 있다(Eggen & Kauchak, 2012; Kauchak & Eggen, 2012). 작업 기억이 과부하되는 것을 피하기 위해 교사들은 질문 전략을 실질적으로 자동화 수준으로 될 때까지 연습할 필요가 있다. 이렇게 하면 학생들의 사고를 관찰하고 학습 성과를 평가할 수 있는 작업 기억 공간이 확보된다. 일단 이 능력을 개발하고 나면 학생들의 이해도를 높이기 위해 질문을 사용하는 것이 가장 보람 있는 전문적 경험이 될 것임을 알게 된다. 효과적인 질문의 구성 요소는 [그림 13-7]에 요약되었다.

　질문 빈도　질문 빈도(Questioning frequency)는 학습 활동 동안 교사가 묻는 질문의 수를 의미하며, 전문 교사는 덜 숙련된 교사보다 훨씬 더 많은 질문을 한다(Good & Lavigne, 2018). 소얼 선생님은 질문을 통해 수업 전체를 설계함으로써 자신의 전문성을 보여 주고 있다. 교수의 여러 측면들과 마찬가지로 질문은 겉으로 보이는 것만큼 간단하지 않다. 학습효과를 극대화하려면 질문은 학습목표에 집중되어 있어야 하므로 세심한 계획이 매우 중요하다. 학습목표가 명확하다면 질문을 통해 학생들의 학습을 유도하는 것이 훨씬 쉬워진다.

　골고루 질문하기　골고루 질문하기(Equitable distribution, 공평한 분배)는 한 교실의 모든 학생에게 가능한 한 고르게 지명하여 질문하는 과정을 의미한다(Kauchak & Eggen, 2012; Kerman, 1979; McDougall & Granby, 1996). 이는 일반적으로 성취도가 높거나 더 외향적인 학생들을 다른 친구들보다 자주 지명하는 경향을 보이는 것을 보완한다(Good & Lavigne, 2018). 학생들이 손을 들었는지 여부에 관계없이 모든 학생들을 공평하게

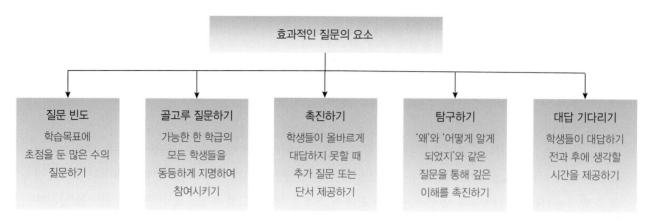

[그림 13-7] 효과적인 질문의 요소

지명해야 한다는 점을 강조하기 위해 일부 전문가들은 골고루 질문하기(공평한 분배)를 설명할 때 '임의 호출 (cold call)'이라는 용어를 사용한다(Lemov, 2015).

소얼 선생님: (한 장의 종이를 그린 그림을 가리키며) 내가 위쪽과 아래쪽 중 어느 쪽 위로 입바람을 불었지? ······ 레이철?

레이철: 위쪽으로 불었어요.

소얼 선생님: 그때 거기에서 무슨 일이 일어났지? ······ 헤더?

헤더: 종이가 위로 떠올랐어요.

소얼 선생님: (두 장의 종이를 그린 그림을 가리키며) 우리는 이때 무엇을 했지? ······ 샨테?

리키: 두 종이 사이로 바람을 불었어요

소얼 선생님: 그때 어떤 일이 일어났지? ······ 리키?

리키: 종이끼리 밀착했어요.

  이 짧은 예문에서 소얼 선생님은 네 명의 다른 학생을 지목했고, 먼저 질문을 한 다음 응답할 사람을 지명했다. 골고루 질문하기는 모든 학습자가 답을 생각할 책임이 있으며, 모든 학습자가 응답할 수 있다는 기대를 형성하고, 집중해야 한다는 분위기를 조성한다(Lemov, 2015). "모든 학생은 구두 의사소통 기술을 연습할 기회를 통해 혜택을 받으며, 응답할 기회를 고르게 나누면 그들이 주의 집중을 유지하고, 책임감을 유지하는 데 도움이 된다"(Good & Lavigne, 2018, p. 443).

  골고루 질문하기는 간단하지만, 요구되는 사항은 많다. 교사는 학생들을 주의 깊게 관찰하여 누구에게 질문했는지, 누구에게 질문하지 않았는지, 그리고 누가 초점에서 이탈하고 있는지를 계속해서 파악해야 하기 때문이다. 경험에 따르면, 학생들은 이 과정에서 교사를 도울 수 있고, 실제로 도울 것이다. 첫째, 모든 학생이 질문을 받을 것이고 대답하지 못하는 것도 학습의 한 부분이라는 사실에 익숙해지면 교실 분위기가 개선된다. 그런 다음 단순히 "아직 누구에게 질문하지 않았지?"라고 물으면 학생들은 곧바로 "아직 ······에게 질문하지 않았어요"라고 대답할 것이다. 이렇게 하면 "우리 모두 함께 배우고 있다"는 생각을 고취하는 데 도움이 된다.

  촉진하기 교사는 학생들에게 질문을 골고루 하려 할 때, "내가 지명한 학생이 대답하지 않거나 틀린 답을 내놓는다면, 어떻게 해야 할까?"라는 질문이 떠오를 수 있다. 대답 중 하나는 촉진하기인데, **촉진하기**(Prompting)는 학생이 올바른 대답을 하지 못했을 때, 교사가 적절한 학생의 응답을 이끌어 내기 위해 사용하는 추가 질문 혹은 진술이다. 이것은 학습과 동기 모두에 대한 촉진하기의 가치는 연구에서 충분히 증명되고 있다(Brophy, 2006).

이를 설명하기 위해 소얼 선생님이 학생들과의 함께하는 수업을 다시 살펴보자.

소얼 선생님: 우리가 종이 위로 입바람을 불었을 때 무엇을 관찰했니? 데이비드?

데이비드: 종이가 움직였어요.

소얼 선생님: 종이가 어떻게 움직였지? …… 한 번 더 조금 전처럼 해 보렴.

(데이비드가 종이 표면 위로 입바람을 다시 불었고, 소얼 선생님은 반복하여 물었다.)

소얼 선생님: 종이에 어떤 일이 일어났니?

데이비드: 그냥 종이가 위로 올라왔어요.

데이비드가 처음에 종이의 움직임과 힘 간의 관계에 대해 이해하는 데 필요한 답을 하지 않았기 때문에 그가 시연을 반복하도록 한 것은 일종의 촉진하기가 된다.

또 다른 예로, 형용사에 대한 언어 수업에서 켄 듀란(Ken Duran) 선생님은 실물화상기에 다음 문장을 보여 주었다.

The girl was very athletic. (소녀는 매우 운동을 잘했다.)

다음 간단한 대화를 살펴보자.

듀란 선생님: 이 문장에서 형용사를 찾아낼 수 있니…… 샨드라(Chandra)?

샨드라: …….

듀란 선생님: 우리는 이 소녀에 대해 무엇을 알 수 있지?

샨드라: 그녀는 운동을 잘했어요.

듀란 선생님은 촉진하기로 샨드라에게 적절한 답변을 끌어냈고, 샨드라를 학습 활동에 계속 참여시켰으며, 성공 경험을 제공했다. 샨드라는 듀란 선생님이 원하는 답에 아직 이르지는 못했지만, 듀란 선생님의 질문은 그녀가 근접발달영역 안에서 정보를 처리할 수 있게끔 했고, 그래서 그녀는 학습 진전을 계속 이룰 수 있었다.

촉진하기를 할 때 전략적으로 접근해야 한다. 예를 들어, 질문이 "7 곱하기 8은 얼마니?"나 "남북전쟁 중 미국 대통령은 누구였니?"와 같은 사실적 지식을 요구하는 질문인 경우 학생들이 대답하지 못한다면 촉진하기는 효과가 없다. 학생들은 그 사실을 알거나 모르거나 둘 중 하나이기 때문이다. 그러나 개념적·절차적·메타인지적 지식을 학습할 때, 그리고 암기를 넘어 인지 과정을 사용할 때 촉진하기를 사용하는 것은 효과적이다(Anderson & Krathwohl, 2001).

탐구하기 학생들을 학습에 참여시키려면 촉진하기를 제공하는 것이 중요하지만, 질문할 때 우리의 목표는 우리가 가르치는 주제에 대한 깊은 이해를 촉진하는 것이며, **탐구 질문**(probing question)은 학생들에게 설명하게 하거나 증거를 제시하도록 요구함으로써 목표를 달성하는 데 도움을 준다. "학생들에게 '왜', '어떻게', '만약에 무엇이', '어떻게 알았는가'와 같은 질문을 하면, 핵심 개념에 대한 그들의 지식을 명확하게 하고 연결하도록 돕는다"(Pomerance et al., 2016, p. vi).

이를 설명하기 위해 소얼 선생님의 수업에서 나온 간단한 대화를 다시 살펴보자. 그는 종이 한 장의 그림을 활용했다.

소얼 선생님은 아래쪽을 가리키는 화살표를 그려 중력을 나타냈고, 그것을 'A'라 명명했다.

소얼 선생님: 종이에 작용하는 다음 힘은 무엇일까? …… 윌리엄?

윌리엄: 공기요. (그는 위를 가리키며)

소얼 선생님: 공기가 위로 미는 힘임을 어떻게 알 수 있었니?

윌리엄: 종이가 위로 움직였으니까요.

소얼 선생님: 정확해. 물체는 더 큰 힘이 작용하는 방향으로 움직인다는 것을 알고 있지. 그리고 종이는 위로 움직였으니 위로 밀어내는 힘이 있다는 것을 알 수 있었구나. (그런 다음 위쪽을 가리키는 화살표를 그리고 'B'라 명명했다.)

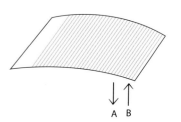

소얼 선생님의 질문인 "공기가 위로 미는 힘임을 어떻게 알 수 있었니?"는 수업 중 상호작용에서 자연스럽게 나왔다. 이렇게 질문할 기회가 있다는 것을 인식하게 되면, 교사들은 추가적인 노력이 거의 들지 않고 학생들이 공부하는 주제에 대한 깊은 이해를 발달시키는 데 도움을 준다.

전국교사자질위원회(NCTQ)

전국교사자질위원회(NCTQ)에서는 탐구 질문을 제기하는 것을 모든 신임 교사가 알아야 할 6가지 필수 교수 전략 중 하나라고 언급한다(Pomerance et al., 2016).

대답 기다리기 질문이 효과적이려면 교사는 학생들에게 생각할 시간을 주어야 한다. 유능한 교사는 응답할 학생을 선택하기 전에 질문한 후 잠시 기다렸다가 강의실을 둘러보면서 모든 학생들에게 언제든지 자신이 지명받을 수 있다는 신호를 준다. 그런 다음 학생을 지명한 후에도, 교사는 그 학생에게도 '생각'할 시간을 주기 위해 몇 초간 더 기다린다. 학생을 지명하기 전후의 잠시 동안의 침묵의 시간을 **대답 기다리기**(wait-time)라고 하며, 대부분의 교실에서 이 시간은 매우 짧으며 보통 1초도 되지 않는다(Kastens & Liben, 2007; Rowe, 1986).

학습이 증가하면 대답 기다리는 시간이 길어진다(Kastens & Liben, 2007; Rowe, 1986). "대답 기다리기는 대기 시간이 길수록 학생의 응답 시간이 길어지고, 자발적으로 응답하는 학생 수가 늘어나며, 학생들이 제기하는 후속 질문 수가 증가했다"(Tofade, Elsner, & Haines, 2013, p. 7). 또한 학생들이 "모르겠다"라고 응답하는 횟수가 줄어들고 시험 점수가 향상되었다(Tofade et al., 2013). 일부 연구에 따르면 대답 기다리는 시간을 늘림으로써 수업이 학습자 중심으로 방향이 전환되는 데 도움이 되는 것으로 나타났으며(Smith & King, 2013), 학습장애가 있는 학생들과 함께 작업할 때 더 효과적이었다(Johnson & Parker, 2013).

촉진하기 및 탐구하기와 마찬가지로 교사들의 대답 기다리기도 전략적으로 사용해야 한다. 예를 들어, 학생들이 구구단 곱셈공식과 같은 기초 기술을 연습한다면 즉각적인 대답이 바람직하고, 대답 기다리는 시간도 짧아야 한다(Good & Lavigne, 2018). 또한, 학생이 불안해하고 있는 것처럼 보인다면, 교사는 더 일찍 조기 개입할 수도 있다. 그러나 학생들이 적용, 분석 또는 평가와 같은 인지 과정을 활용하여 생각하기를 기대한다면 대답 기다리기는 좀 더 길게 설정해야 하며, 때로는 일반적으로 권장되는 3~5초의 규칙을 초과할 수 있다.

피드백

피드백(Feedback)은 학습자에게 제공하는 정보로, 학습자가 자신이 구성한 지식이 얼마나 정확하고 완전한지 정확성 혹은 적절성에 대해 받는 정보이다. 피드백이 학습에 미치는 영향에 관한 효과는 연구들에 의해 지지되었다(Hattie, 2012; Hattie & Gan, 2011). 실제로 800개 이상의 연구를 메타 분석한 연구에서 피드백이 학습에 가장 강력한 영향을 미치는 것 중 하나로 확인되었다(Hattie, 2012). 또한 자기결정성이론에 따르면 피드백은 학습자들에게 중요한 심리적 욕구인 자신의 능력이 증가하고 있다는 유능성에 대한 증거를 제공하기 때문에 동기 부여에도 기여한다(Brophy, 2010; Schunk, Meece, & Pintrich, 2014).

APA의 20가지 주요 원칙

이 논의는 제6원칙을 보여 준다. 학생들에 대한 명확하고, 설명적이며, 시의적절한 피드백은 학습에 중요하다. 이 원리는 유치원-12학년(초·중등학교)까지 교수 및 학습을 위한 심리학의 20가지 주요 원칙 중 하나이다.

효과적인 피드백에는 다음 네 가지 특징이 있다.

- 학습자의 응답에 대해 즉각적이거나 혹은 학습자 반응 직후에 제공된다.
- 구체적이다.
- 학습자에게 정확한 수정 정보를 제공한다.
- 정서적으로 긍정적인 어조를 가진다(Hattie & Gan, 2011).

이러한 특성을 설명하기 위해 실물화상기에 다음과 같은 문장이 보여 준 후 제공된 피드백의 세 가지 사례를 비교해 보자.

Our team's running game was in high gear last night. (어젯밤 우리 팀의 달리기 경기는 최고조에 달했다.)
Running is one of the best forms of exercise that exists. (달리기는 현존하는 최고의 운동 중 하나이다.)

돌(Mr. Dole) 선생님: 첫 번째 문장에서 running이라는 단어는 어떤 품사로 쓰였니? …… 조(Jo)?

조: 동사요.

돌 선생님: 그렇지는 않아. 조를 도와줄래…… 스티브(Steve)?

웨스트(Ms. West) 선생님: 첫 번째 문장에서 running이라는 단어는 어떤 품사로 쓰였니? ……제이슨(Jason)?

제이슨: 동사요.

웨스트 선생님: 아니, 분사이지. 두 번째 문장에서는 running이 어떻게 사용되고 있지? ……알베르트(Albert)?

베이커(Ms. Baker) 선생님: 첫 번째 문장에서 running이라는 단어는 어떤 품사로 쓰였니? …… 도나(Donna)?

도나: 동사요.

베이커 선생님: 거의 맞아……. 문장에서 running이라는 단어가 어떻게 사용되고 있니?

도나: 경기에 대해 말해 주는데요.

베이커 선생님: 좋아. 그래서 형용사처럼 작동하고 있어. 형용사 역할을 하는 동사 형태를 분사라고 한단다. 이제 두 번째 문장을 살펴보자.

각 사례에서 교사는 즉각적 피드백을 제공했다. 그러나 돌 선생님이나 웨스트 선생님은 모두 학생들에게 교정 정보를 제공하지 않았다. 이와 반대로 베이커 선생님은 효과적인 피드백의 가장 중요한 특징인 개념에 대한 이해를 돕는 구체적인 정보를 도나에게 제공했다(Hattie, 2012).

이 예시들은 교사들의 반응이 가지는 정서적 색조를 보여 주지는 않았지만, 그것도 매우 중요하다. 가혹하고 비판적이거나 혹은 냉소적인 피드백은 학생들의 안전감과 관계에 대한 정서를 손상시키며 그것은 동기와 학습을 모두 떨어뜨린다(Schunk et al., 2014).

칭찬 칭찬은 긍정적인 교사 피드백의 가장 일반적인 형태이다. 대학생들의 칭찬에 대한 반응을 조사한 연구들은 칭찬의 사용에 대한 몇 가지 흥미로운 결과를 보여 주었다. 연구자들은 칭찬에 대한 욕구와 그에 따른 자존감 상승이 다른 욕구 즉, 술, 돈, 심지어 성을 포함한 욕구보다 우선한다는 것을 발견했다(Bushman, Moeller, & Crocker, 2010).

초·중등학교 교실에서 칭찬의 활용을 조사한 다른 연구에서는 다음과 같은 일반적인 패턴을 확인했다.

- 교사들이 생각하는 것보다 칭찬이 훨씬 덜 사용된다(수업당 5회 이하).
- 바람직한 행동에 대한 칭찬은 드물다. 초등학교에서는 2시간 이상마다 혹은 그 이상에 한 번 정도 발생하며, 학년이 올라갈수록 그 빈도는 줄어든다.
- 칭찬은 학생 응답의 질뿐 아니라 학생의 유형(예: 높은 성취도를 보이거나, 품행이 바르거나, 주의 집중을 하는)에 따라 더 좌우된다.
- 교사들은 그들이 실제로 들은 답변뿐만이 아니라 들을 것으로 기대하는 답변에 따라 학생들을 칭찬하는 경향이 있다(Good & Lavigne, 2018).

효과적으로 칭찬하는 것은 보기보다 복잡하다. 예를 들어, 어린 아동은 지나친 칭찬도 그대로 받아들이지만, 나이가 들어갈수록 칭찬의 타당성과 그것이 자신의 능력에 부합한지 판단하고 칭찬을 평가한다. 어린 아동들은 학급 앞에서 공개적으로 칭찬을 받는 것을 좋아하는 반면, 청소년들은 조용히, 그리고 개별적으로 칭찬이 주어졌을 때 더 긍정적으로 반응한다. 그러나 모든 연령의 학생들에게 "열심히 노력하고 있구나"와 같은 과정 칭찬, 노력과 인내에 대한 칭찬이 "너는 좋은 학생이야"와 같은 인격적인 칭찬, 개인적 자질에 대한 칭찬보다 효과적이다. 이는 개인적 자질에 대한 칭찬은 실패했을 때, 동기 부여를 떨어뜨릴 수 있기 때문이다(Droe, 2013). 특히, 학업적 자아존중감이 낮은 학생들에게 더욱 그러하다(Brummelman et al., 2013).

또한 쉬운 문제에 대한 정답을 맞힌 학생을 지나치게 칭찬하는 것은 교사들이 학생들 자신의 능력이 낮다고 생각한다는 인식을 학생들에게 심어 줄 수 있다(Kaspar & Stelz, 2013). 이 연구에서 모든 학생들에게 그들의 노력이나 그들이 성취하고 있는 과정에 대해 칭찬해야 한다고 제안하며, 간단하고, 자연스럽고 진실한 방식으로 칭찬해야 함을 제안했다.

서면 피드백 교사가 제공하는 피드백의 대부분은 학생들과 상호작용하는 과정에서 발생하지만, 학생들은 그들이 수행한 작업의 품질에 대한 정보도 필요로 한다. 상세한 피드백을 작성하는 데는 시간이 많이 소요되기 때문에 각 학생에게 개별적으로 서면 피드백을 제공하는 것은 어렵다.

이 문제에 대한 한 가지 해결방법은 작성된 서면 과제에 대한 대표적 모범 답안을 제공하는 것이다. 예를 들어, 학생들이 에세이 과제에 대한 그들의 수행을 평가하기 위해 효과적인 교사는 모범 에세이를 작성하여 이를 학생들에게 보여 주고 학생들이 자신의 에세이와 모범 에세이를 비교하도록 격려한다. 이렇게 개별적인 도움을 받을 수 있는 시간과 토의가 연계된 모범 답안 수업 모형은 시간과 노력 측면에서 관리 가능한 유익한 피드백을 제공한다.

종결과 적용

종결(Closure)은 수업 마지막에 수행되는 요약이다. 종결은 서로 다른 측면의 주제를 하나로 통합하고, 학생들이 의미 있는 도식으로 조직하도록 도우며, 수업의 종료를 알리는 역할을 한다.

학생들이 고차원적 학습에 참여하고 있을 때, 학생들로 하여금 개념 정의, 개념의 또 다른 사례를 확인하게 하거나, 원리를 설명하거나, 문제해결에 관련된 사고를 요약하는 것과 같은 요약 진술은 효과적인 종결의 형태이다.

적용(Application)은 학생들이 수업에서 습득한 정보를 새로운 맥락에서 사용하도록 하는 과정이다. 개념의 추가 예를 찾거나, 원리를 사용하여 이전에 설명되지 않았던 사건을 설명하거나, 추가 문제를 해결하도록 요청하는 것이 효과적인 적용이다. 적용은 학생들이 정보를 새로운 연결고리로 형성하는 데 도움이 되며, 그 결과 학습한 내용을 더욱 의미 있게 만든다.

소얼 선생님이 학생들에게 베르누이 원리를 사용하여 비행기가 어떻게 비행할 수 있는지 설명하게 하는 것이 적용의 한 사례이다.

의사소통

앞에서 우리는 언어 능력이 효과적인 교사의 전제 조건임을 살펴보았다. 수업의 모든 측면에서—복습, 초점 맞추기, 질문하기, 피드백 제공, 수업 종결하는 방식—명확하고 간결한 의사소통이 중요하다. 교사가 명확하게 의사소통할 때 학생들의 성취도를 향상시키고, 학생들은 수업에 더 만족하는 경향이 있다(Good & Lavigne, 2018). 어떤 의미에서 또 다른 필수 수업 기술들의 하위 요소이다.

효과적인 의사소통은 세 가지 특징이 있다.

- 명확한 언어
- 전환 신호
- 강조

명확한 언어(Precise language)는 설명을 하거나 학생의 질문에 답할 때 불명확한 단어들(예: 어쩌면, 아마도, 기타 등, 그럴 것이다, 대개 등)과 같은 모호한 용어를 사용하지 않는 것을 의미한다. 예를 들어, "학습을 촉진하기 위해 매우 유능한 교사들이 하는 일은 무엇인가?"라고 질문했을 때, 강사가 "대개 그들은 시간을 다소 더 잘 활용하고, 그 외에도 기타 등등 몇 가지가 있어요."라고 대답한다면 당신은 이에 대한 명확한 이해를 하기 어렵다. 반면에 만약 강사가 "그들이 학습을 증진시킬 수 있다고 믿으며, 그중 한 가지 방법은 시간을 효과적으로 사용하는 것이다."라고 대답한다면 당신은 명확한 심상을 갖게 되며 이런 명료함으로 인해 개념을 이해하기 쉬워진다.

전환 신호(Transition signal)는 하나의 주제가 끝나고 다른 주제가 시작되고 있음을 나타내는 언어적 표현이다. 예를 들어, 미국의 한 고등학교 교사는 다음과 같이 전환 신호를 보낼 수 있다. "우리는 의회의 하나인 상원에 대해 이야기해 왔어요. 이제 하원에 대해 얘기를 시작합니다."라고 말함으로써 전환을 알릴 수 있다. 모든 학생들이 인지적으로 동일한 위치에 있는 것은 아니기 때문에 전환 신호는 개념적 전환, 즉 학생들에게 수업이 개념적 이동(새로운 주제로 이동)을 하고 있음에 주의를 기울이고 학생들이 그것에 대해 준비하도록 한다.

강조(Emphasis)는 학생들에게 수업 중 중요한 정보에 주의를 기울이게 하는 언어적·음성적 신호로 구성되어 있다. 예를 들어, 소얼 선생님은 음성적 강조의 형태를 사용했는데, 그는 복습에서 본 수업으로 전환하면서 "이 개념을 기억해 두렴."이라고 말할 때 음성을 높였다. "이제 모두들 이것이 매우 중요하다는 것을 기억하렴." 또는 "주의하여 들어 보렴."이라고 교사가 말한다면 그들은 언어적 강조를 사용하고 있는 것이다.

초점을 반복하는 것 역시 강조의 또 다른 형태이다. 학생들에게 "우리는 이 문제의 공통점이 무엇이라고 말했지?"라고 학생들에게 질문을 하면 문제의 중요한 측면을 강조하고 학생들이 새로운 정보를 이미 가진 장기기억에 저장된 지식에 연결하는 데 도움을 준다. 특히, 추상적인 개념, 원칙 및 규칙을 복습할 때 반복은 중요하다(Good & Lavigne, 2018). 효과적인 교사들은 학습목표에 집중한다. 학습목표가 명확하지 않거나 주제와 어떻게 관련되는지를 나타내지 않고 무관한 정보가 끼어들면 학생들은 수업의 주제를 따라가기 어려워지며 학습효과가 떨어진다(Good & Lavigne, 2018).

명확한 의사소통은 내용에 대한 지식에 따라 달라진다. 우리가 가르치는 주제를 명확하게 이해한다면 더 명확한 언어를 사용할 수 있고, 수업의 주제가 더 명확해지며, 주제를 완전히 이해하지 못할 때보다 학습목표에 대한 집중도도 더 높아질 것이다(Staples, 2007). 이는 우리가 수업 계획할 때 확실하지 않은 모호한 주제에 대해 신중하게 연구해야 함을 의미한다.

필수 수업 기술에 관하여 마지막으로 언급할 점은 교수-학습의 광범위한 연구 검토에 따르면, 효과적인 교사들은 적응력이 뛰어난 것으로 나타났다. 예를 들어, 그들은 질문하는 방식, 피드백을 제공하는 방식, 학생들을 도전시키고 격려하는 방식, 그리고 학생들이 관계를 맺는 방식을 조정한다. 그들은 "학생들의 사회, 언어, 문화 및 교육적 요구 사항에 맞추어 가르치는 방식을 조정한다"(Parsons et al., 2018, p. 205). 필요한 경우 적응하는 능력은 전문 교사의 중요한 측면이다.

교실과의 연계

효과적인 수업 실행하기

효과적인 교사의 개인적 자질

1. 개인적인 교수효능감, 높은 기대, 본보기 되기와 열정, 그리고 배려는 학생들의 동기와 성취를 증가시키는 교사의 개인적인 자질 특성이다. 학생들과의 교육활동에서 이러한 자질을 지니려고 노력하라.

- **초등학교**: 3학년 교사는 학생이 과제를 제출하지 못하거나, 쪽지 시험 혹은 정규 시험에서 만족스럽지 못한 성적을 받으면 곧바로 학부모에게 전화를 걸어 도움을 요청하면서 교사의 개인적인 교수효능감과 배려를 전달한다.
- **중학교**: 7학년 교사는 "나는 이 교실에서 여러분이 행동하기를 기대하는 바대로 항상 그렇게 행동할 것이다"라는 진술을 게시판에 표시함으로써 교사가 기꺼이 역할 모델이 되겠다고 다짐한다. 이 진술을 자신의 수업의 지도 원칙으로 삼는다.
- **고등학교**: 기하학 교사는 학생들이 처음에 증명 문제에 어려움을 겪는다는 사실을 알고, 방과 후 주당 두 차례씩 방과 후 조력 시간을 진행한다. "내 기대치를 낮추기보다 오히려 학생들을 돕는 것이 훨씬 나아요."라고 그녀는 말한다.

조직과 의사소통

2. 효과적으로 조직하기는 교사가 수업을 정시에 시작하고 수업자료를 준비하며 잘 확립된 절차를 유지하는 것이다. 교수 시간을 최대화하기 위해 수업 자료를 신중하게 계획하고 조직하며 명확하게 의사소통하라.

- **초등학교**: 1학년 교사는 음료병, 풍선, 성냥, 베이킹소다, 식초, 깔때기 그리고 온풍기와 같은 주로 사용하는 과학 수업 자료로 채워진 상자 몇 개를 가지고 있다. 과학 시연 전날 밤에 그는 상자에서 자료를 선택하여 분배해 놓는데 몇 분간 시간을 보내고 수업이 시작되면 바로 모든 것이 준비되도록 탁자 근처 선반 위에 그 자료를 정리해 둔다.
- **중학교**: 8학년 미국 역사 교사는 동료들에게 그녀의 수업에 방문하여 수업에 대해 피드백을 해 달라고 요청한다. 또한 동료들에게 수업에서 중요한 부분을 명확하게 강조하는지, 논리적으로 수업을 전개했는지 그리고 주제의 전환을 알리는 방법에서 의사소통을 명확하게 하는지 확인해 달라고 부탁한다.
- **고등학교**: 생물학 교사는 매 수업을 시작할 때 그날의 주제와 활동 개요를 칠판에 적으면서 수업을 시작한다. 한 활동에서 다른 활동으로 전환할 때마다 그녀는 학생들의 주의를 주제와 활동 개요에 집중시켜 학생들은 자신들이 현재 무엇을 배우고 있는지, 그리고 다음으로 무엇을 배울 것인지를 이해할 수 있게 한다.

초점 맞추기와 피드백

3. 수업에서 초점 맞추기는 학생들의 주의를 끌고 유지하는 데 도움이 된다. 피드백은 학생들에게 학습 진전에 대한 정보를 제공한다. 문제와 시연, 그리고 전시물들을 사용하여 수업에 집중할 수 있도록 한다. 모든 학습 경험을 통해 피드백을 제공하라.

- **초등학교**: 4학년 교사는 다양한 종류의 동물들에 대한 수업을 시작하며 살아 있는 바닷가재, 거미, 메뚜기를 교실에 가져왔고, 이러한 동물들과 관련하여 절지동물에 대한 수업을 구성한다. 칠판에 절지동물의 특징 목록을 적은 후, 그녀는

학생들에게 조개가 절지동물인지 묻는다. 일부 학생들이 절지동물이라고 말했을 때, 그들에게 절지동물의 각 특징 목록을 참조하도록 하고 각 특징을 조개에서 확인할 수 있는지 물음으로써 피드백을 제공한다. 짧은 토론 후, 학생들은 조개는 절지동물이 아니라는 결론을 내린다.

- **중학교**: 과학교사는 발화 온도에 대한 개념을 다루면서 물과 알코올 혼합액에 천을 적시고 불을 붙이려 한 후 "왜 천이 불에 타지 않는 것일까요?"라고 묻는다. 학생들의 이해를 높일 수 있도록 유도 질문을 하며, 수업 토론 중에 피드백을 제공한다.
- **고등학교**: 체육 교사는 학생들에게 거의 완벽한 백핸드를 구사하는 프로 테니스 선수의 동영상을 보여 준다. 그런 다음 그녀는 학생들이 백핸드를 연습하는 것을 녹화했고, 학생들은 프로 선수의 백핸드를 흉내 내면서 그들의 스윙을 프로 선수의 스윙과 더 가깝게 수정하면서 모방하려고 노력한다.

질문과 복습

4. 복습은 학생들의 사전 지식을 활성화하고 통합하는 데 도움이 되며, 질문은 학생들이 인지적으로 활성화하여 능동적으로 참여하도록 한다. 매 수업의 시작과 종결은 짧은 복습으로 시작하고, 질문을 통해 복습을 안내하라.

- **초등학교**: 다양한 유형의 경계에 대해 가르치는 5학년 교사는 "우리는 오늘 지금까지 세 유형의 주 간 경계를 살펴보았어요. 이 세 가지는 무엇이지요? 그리고 어떤 곳에서 그런 경계가 만들어지나요?"라고 말한다.
- **중학교**: 8학년 영어 교사는 "우리는 어제 대명사와 선행사의 일치에 대해 공부했습니다. 이 개념을 보여 주는 사례를 하나 제시하고, 여러분의 사례가 왜 올바른지를 설명하세요." 하는 말과 함께 수업을 시작한다.
- **고등학교**: 미술 교사는 "오늘 우리는 많은 예술가들이 서로 다른 분위기를 만들기 위해 색상을 사용한다는 것을 발견했어요. 우리가 배운 측면에 대해 요약해 봅시다. 자 누구든 하나 제안해 보세요."라고 말한다.

종결과 적용

5. 종결과 적용은 주제를 요약하고 다른 맥락에서 정보를 사용하는 과정이다. 수업을 마무리하고 학생들이 이해한 내용을 새로운 상황에 적용하도록 도우라.

- **초등학교**: 1학년 교사는 학생들에게 기본 도형의 필수적 특성, 비필수적 특성을 요약하게 한다. 예를 들어, 삼각형은 세 변이 있고 닫힌 도형이라는 도형의 필수적 특성과 전체 크기, 색상 또는 방향과 같은 비필수적 특성을 요약하게 한다. 그런 다음 학생들에게 정사각형, 원, 직사각형, 삼각형, 평행사변형, 사다리꼴 등 기본 도형을 각각 그리고 각각의 도형에 이름을 붙인다.
- **중학교**: 8학년 영어 교사가 학생들에게 글쓰기에서 능동태와 수동태의 차이를 설명하게 한다. 그런 다음 그는 학생들에게 능동태의 두 가지 예와 수동태의 두 가지 예가 포함된 짧은 문단을 작성하도록 한다.
- **고등학교**: 미국 역사 교사는 학생들에게 저자의 전제와 결론을 평가하는 방법을 설명하게 한다. 그런 다음 정치 에세이 한편과 두 개의 추가 논평을 학생들에게 제시하고, 논평을 사용하여 정치 에세이에서 저자가 내린 결론을 확증하거나 이의를 제기하도록 한다.

수업 모형

13.3. 수업 모형을 설명하고, 수업 모형과 필수 수업 기술 간의 관계를 설명할 수 있다.

이전 절에서 살펴본 것처럼 효과적인 교사가 개인적 자질을 보여 주고, 필수 수업 기술을 시연하는 것은 내용 영역이나 학년 수준에 관계없이 학생들의 학습을 향상시킨다. 이와 비교하여 수업 모형(models of instruction)은 학생들이 특정 형태의 지식을 깊이 있게 이해하도록 고안된 교수법에 대한 처방적 접근이다. 각각은 인지학습이론을 기반으로 하며 연구를 통해 뒷받침된다.

학생들이 모든 내용 영역에서 읽는 것이 중요한 학습 도구인 것처럼 필수 수업 기술은 모든 교수모형에 사용되며, 학생의 참여를 촉진하는 것이 각 모형에서 중요하고 필수적인 구성 요소이다. "심리학자와 교육과학자들은 학생 참여가 성공적인 학습의 핵심이라는 개념에 의견이 일치하는 것으로 보인다"(Lazonder & Harmsen, 2016, p. 681).

또한 연구에 따르면, 어느 한 단일 수업 모형이 모든 학생들이나 혹은 모든 학습목표를 성취하는 데 가장 효과적일 수는 없음을 지적한다(Knight, 2002; Marzano, 2003).

이 절에서는 보다 폭넓게 사용되는 다음의 네 가지 모형에 대해 살펴볼 것이다.

• 직접 교수법   • 토의를 활용한 강의   • 유도된 발견   • 협동학습

직접 교수법

직접 교수(Direct instruction)는 학생들이 후속 학습에 필요한 명확하게 정의된 지식과 기술을 습득하는 데 도움을 주는 수업 모형이다. 어린 학생들이 수학문제를 풀기 위해 기본 수학 연산을 사용하고, 글쓰기에서 올바른 문법과 구두점 사용법을 활용하며, 화학 수업에서 학생들이 화학방정식의 균형을 맞추는 것 등이 이러한 기술의 예이다. 직접 교수법은 특히 읽기(Carnine, Silbert, Kame'enui, Slocum, & Travers, 2017)와 수학(Stein, Kinder, Rolf, Silbert, & Carnine, 2018)에서 널리 사용된다. 이 모형은 철저히 연구되었으며 전문 교사에 의해 사용될 때 매우 효과적이다(Clark, Kirschner, & Sweller, 2012; Matlen & Klahr, 2013). 그리고 특히 학업성취도가 낮은 학생과 특수교육이 필요한 학생들에게 특히 효과적이다(Turnbull, Turnbull, Wehmeyer, & Shogren, 2016).

직접 교수법은 네 가지 단계로 진행된다.

• 도입과 복습   • 이해 발달   • 지도에 의한 연습   • 개별 연습

〈표 13-2〉는 직접 교수에서의 각 단계별 인지학습 구성 요소와 각 단계와 인지학습이론과의 관계를 개괄하고 있다. 이제 두 가지 다른 내용 영역에서 직접 교수법을 적용하는 방법을 살펴보겠다.

〈표 13-2〉 직접교수의 단계

단계	인지학습 구성 요소
도입과 복습 교사는 주의를 끄는 것으로 수업을 시작하고, 이전 학습을 복습한다.	• 주의 끌기 • 장기 기억으로부터 사전 지식 상기하기
이해 발달 교사는 기술을 진술하고 본보기로 실행하며 개념의 예를 설명하고 제시한다.	• 기술 혹은 개념에 대한 서술적 지식 획득하기 • 선언적 지식을 장기 기억으로 부호화하기
지도에 의한 연습 학생은 기술을 연습하거나 개념에 대한 예를 더 확인하며 교사는 비계를 제공한다.	• 과정 지식을 발달시키는 연합 단계를 통해 더 익히기
개별 연습 학생들은 스스로 연습한다.	• 기술이나 개념을 자동적으로 적용할 수 있을 정도로 익히기

2학년 교사인 샘 바넷(Sam Barnett)은 학생들과 함께 다음의 기준을 충족하기 위해 덧셈과 뺄셈을 가르치고 있다.

CCSS. Math.Content. 2.OA.A.1 100 이내의 덧셈과 뺄셈을 사용하여 모든 위치에 미지수가 있는 더하기, 빼기, 합치기, 분해하기 및 비교하기의 상황을 포함하는 1단계 및 2단계 문제를 풀도록 한다. 예를 들어, 문제를 표현하기 위해 알 수 없는 숫자에 대한 미지수를 나타내는 그림과 방정식을 사용한다(공통 핵심 국가 교육 기준, 2018n).

그는 실물화상기에 다음과 같은 문제를 제시하여 수업을 시작한다.

제나(Jana)와 패티(Patti)는 무료 CD를 얻기 위해 특별한 음료수 캔을 모으고 있다. 다음과 같은 같이 35캔을 모으면 CD를 얻을 수 있다. 제나는 15개의 캔을 가지고 있고, 패티는 12개의 캔을 가지고 있다. 그들은 합쳐서 몇 개의 캔을 모았나요?

[제나와 패티는 바넷 선생님의 학급 학생이다.]

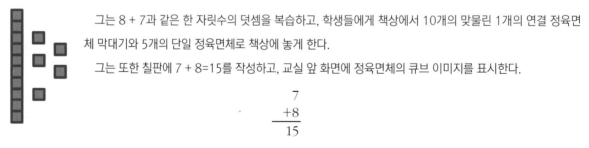

그는 8 + 7과 같은 한 자릿수의 덧셈을 복습하고, 학생들에게 책상에서 10개의 맞물린 1개의 연결 정육면체 막대기와 5개의 단일 정육면체로 책상에 놓게 한다.

그는 또한 칠판에 7 + 8=15를 작성하고, 교실 앞 화면에 정육면체의 큐브 이미지를 표시한다.

$$
\begin{array}{r}
7 \\
+8 \\
\hline
15
\end{array}
$$

그는 학생들에게 처음에 표시한 문제를 다시 언급하고, 문제에 나오는 정보에 대해 논의한 후 칠판에 다음과 같이 적는다.

$$
\begin{array}{r}
15 \\
+12 \\
\hline
\end{array}
$$

그는 정육면체와 칠판에 적힌 숫자를 모두 사용하여 문제를 해결하는 방법을 보여 주며, 이 과정에서 자신의 사고 과정을 설명한다. 그는 두 번째 예시에서도 각 단계를 반복한 다음, 학생들에게 문제를 하나씩 준다. 학생들 스스로 문제를 풀고 큐브를 사용하여 시연해 보며 해결하고, 토론하게 한다. 학생들은 해결책을 제시하고 토론하는 동안 자신의 생각을 설명하도록 한다. 그는 두 가지 예제로 이 과정을 더 반복한 다음, 5개의 문제를 자습하도록 내준다. 대부분의 학생들이 문제를 푸는 동안 그는 캐시(Cathy) 조시(Josh), 그리고 제러미(Jeremy)를 교실 뒤쪽으로 불러 추가적인 학습 지원을 한다.

자, 이제 다른 예시를 살펴보자.

8학년 영어 교사인 버네사 로드리게스(Vanesa Rodriguez)는 학생들과 함께 다음과 같은 학습 활동을 하고 있다.

CCSS. ELA-Literacy.L.8.1a 동명사, 분사, 부정사와 같은 동사 형태의 일반적인 기능과 특정 문장에서의 기능을 설명한다 (공통 핵심 국가 교육 기준, 2018r).

로드리게스 선생님은 오늘 수업에서 동명사와 분사에 초점을 맞추고 있으며, 칠판에 jumping, running, talking, sleeping 등의 단어를 적고 학생들에게 그것이 어떤 품사를 나타내는지 묻는다. 그러면 학생들은 "동사"라고 대답한다. 로드리게스 선생님는 계속해서 명사, 대명사, 형용사, 부사와 같은 다른 품사도 검토한다.

그런 다음 로드리게스 선생님은 문맥에 따라 동사 형태가 사용되는 방식이 결정될 수 있음을 설명하고, 실물화상기에 다음 내용을 제시한다.

> Running is a very good form of exercise, and athletes, such as running backs in football, have to be in very good physical shape. I'm going to go running this afternoon.

로드리게스 선생님은 두 문장에서 'running'이 세 가지의 다른 방식으로 사용된다는 점을 언급하고, 먼저, 'Running is a very good form of exercise'에서 Running은 주어로 명사로 사용된다고 설명한다. 그런 다음 'running'('running backs'에서)은 형용사로 사용되었으며, 두 번째 문장에서는 동사로 사용되었음을 설명한다. 로드리게스 선생님은 동사 형태가 명사로 사용되면, 동명사라고 불리며, 형용사로 사용되면 분사라고 불린다고 설명한다. 그런 다음 로드리게스 선생님은 학생들에게 동사 형태가 동사인지 또는 다른 품사인지를 어떻게 알 수 있는지 설명하게 하고 이것이 문맥과 어떻게 관련되는지 설명하도록 한다.

로드리게스 선생님은 다음 내용을 제시한다.

> I'm not going to be jumping up to do any work anytime soon. In the first place, I don't want to feel like a jumping bean in my own house, and in the second, I don't think that jumping is all that good for you.

로드리게스 선생님은 학생들에게 두 문장에서 'jumping'이 어떻게 사용되는지 파악하는 데 잠시 동안 시간을 준 다음, 학생들이 찾은 내용에 대해 논의하도록 한다. 학생들은 첫 번째 문장에서는 동사로 사용되고, 두 번째 문장의 첫 번째 절에서는 동명사로, 두 번째 문장의 두 번째 절에서는 분사로 사용된다고 결론을 내린다.

로드리게스 선생님은 학생들에게 추가적인 예시를 제시하고, 학생들이 첫 번째와 같은 방식으로 논의하게 한 다음 마지막으로 학생들에게 동사, 동명사 및 분사로 사용되는 동사 형태 각각에 대해 최소한 두 가지 예를 포함하여 문단을 작성하고 이를 표시하도록 한다.

이제 바넷 선생님과 로드리게스 선생님의 직접 교수법을 사용하는 방법에 대해 살펴보겠다.

도입과 복습 바넷 선생님은 제나와 패티가 등장하는 문제로 수업을 시작하여 수업의 초점을 제공했으며, 그런 다음 한 자릿수 숫자의 덧셈을 복습했다. 로드리게스 선생님은 동사 형태의 예제를 칠판에 쓰고 다른 품사를 복습하는 것으로 시작했다. 두 수업 모두 인지학습이론을 기반으로 하고 있다. 학습은 주의 집중에서 시작되기 때문에 바넷 선생님은 실생활 문제를 사용하여 학생들의 주의를 끌었으며, 두 명의 학급 학생들의 이름을 포함시켜 개인화했다. 그리고 로드리게스 선생님은 칠판에 적은 단어에 초점을 맞추고, 학생들에게 이것이 어떤 품사를 나타내는지 질문하면서 주의를 집중시켰다. 그런 다음 교사들은 모두 복습을 통해 학생들의 배경지식을 활성화했다. 이러한 지도 과정의 중요성은 연구에 의해 지지되고 있다(Kirschner, Sweller & Clark, 2006). 그러나 많은 교사들은 수업에서 주의를 끌거나 관련된 사전 지식을 활성화시키려는 노력을 거의 하지 않고 수업을 시작한다(Brophy, 2010).

이해 발달 복습을 마친 후, 직접 교수의 다음 단계는 학생들에게 그들의 사전 이해와 연결할 수 있는 새로운 정보를 제공하는 것을 목표로 한다. 일단 이러한 연결이 이루어지고 작업 기억에 정리되면, 학생들은 새로운 지식을 부호화하여 장기 기억에 저장하고, 다음 새로운 정보를 검색하고 연결할 수 있도록 준비한다.

바넷 선생님은 두 자릿수의 덧셈 과정을 시범 보일 때, 이 단계에서 자신의 사고 과정을 설명하면서 인지 모델링을 수행했다. 로드리게스 선생님은 동일한 목적을 위해 실물화상기에 표시된 예제를 사용했다. 또한 로드리게스 선생님은 첫 번째 예에서 running이 명사로 사용되었고, 두 번째에서는 형용사로 사용되었으며, 세 번째로 동사로 사용되었다고 설명하면서 인지 모델링을 사용했다.

바넷 선생님과 로드리게스 선생님은 모두 이 단계에서 이해를 강조했다. 문제해결할 때, 학생들은 과정을 기계적으로 적용하거나 수학문제에서 '모두 몇 개'라는 어구를 보면 덧셈을 하거나, '얼마나 더 많이'라는 어구를 보면 뺄셈과 같은 피상적인 전략을 사용한다(Jitendra et al., 2007; Mayer, 2008). 반면에 바넷 선생님은 학생들로 하여금 정육면체를 활용하여 해결책을 시연하도록 하고 학생들이 무엇을 했는지 설명하도록 했다. 로드리게스 선생님은 간단하지만 알찬 예문을 들어 설명했고, 학생들은 자신이 이해한 것을 언어화하여 예문과 결합하여 이해하기를 강조했다. 로드리게스 선생님의 예제에 'running'이 먼저 명사로 사용되고, 다음으로 형용사로 사용되며 마지막으로 동사로 사용되었음을 알게 하기 위해 필요한 맥락을 제공했다.

바넷 선생님과 로드리게스 선생님이 그랬던 것처럼, 학생들이 자신의 이해를 말로 표현하도록 하는 것은 중요하다. 비고츠키의 연구에서 언어가 학습과 발달의 중요한 부분임을 상기시켜 주며 학생들이 자신의 이해를 말로 표현할 수 있는 기회가 많을수록 그 이해가 더욱 깊어진다는 점을 상기시켜 준다.

직접 교수법을 사용할 때 가장 흔히 범하는 실수 중 하나는 적절한 수준의 이해력을 발달시키기 위해 필요한 시간을 들이지 않는다는 것이다. 교사들이 암기를 강조하거나, 충분한 질문을 하지 못하거나, 너무 빨리 연습문제로 넘어가는 경우 학생들은 깊은 이해를 발달시키지 못할 것이다.

또는 교사들은 학생들을 실습 활동에 참여시킬 수 있지만, 정육면체 큐브 같은 자료와 추상적인 개념(문제의 숫자) 간의 연결을 확립하지 못하는 경우 깊은 수준의 이해를 발달시키지 못할 것이다(Ball, 1992). 예를 들어, 학생들에게 12분의 2와 21분의 2 사이의 차이를 설명하고, 시연하도록 요청하는 것은, 수의 자릿값을 이해하는 데 도움을 줄 수 있지만, 교사들은 종종 이러한 연결을 강조하지 못하는 경우가 많다.

지도에 의한 연습 일단 학생들이 절차에 대한 이해가 쌓이면, 교사들은 학생들의 진행 상황을 관찰하면서 연습을 시작하게 한다. 처음에는 교사는 학생이 쉽게 답을 할 수 있도록 충분한 비계를 제공하는 질문을 사용하지만, 학생들의 도전의식을 감소시킬 만큼 과도한 비계를 사용하지는 않는다. 학생들은 연습할수록 점차 자동화를 발달시키고 새로운 내용에 더 큰 자신감을 가지게 된다(Péladeau, Forget, & Gagné, 2003). 바넷 선생님은 학생들에게 문제를 풀게 한 후, 나중에 토론을 통해 학생들이 이해했는지 확인했다. 그는 모든 학생들이 스스로 문제를 다룰 준비가 되었다고 판단될 때까지 지도에 의한 연습을 계속 제공했다.

APA의 20가지 주요 원칙

이 설명은 제5원칙을 보여 준다. 장기 지식과 기술의 습득은 주로 연습에 의존한다.

이 원리는 유치원-12학년(초·중등학교)까지 교수 및 학습을 위한 심리학의 20가지 주요 원칙 중 하나이다.

지도에 의한 연습 중 로드리게스 선생님은 또 다른 예를 제시했다. 그녀는 의도적으로 동사 형태 'jumping'을 처음에는 동사로 사용하고, 그다음 분사로 사용했으며, 마지막으로 동명사로 사용하는 다른 예를 의도적으로 제공했다.

첫 번째 예에서 'running'은 처음에는 동명사로 사용되었다가 분사로 사용되고 마지막으로 동사로 사용되었다. 로드리게스 선생님은 학생들이 원래 예제와 동일한 순서가 아닌 문맥을 기반으로 결론을 내야 하도록 의도적으로 순서를 변경했다. 그녀의 간단하지만 사려 깊은 학습 활동은 교수 전문성을 보여 준다.

개별연습 이는 직접 교수의 마지막 단계로, 교사는 비계를 줄이고 학생들에게 책임을 위임한다. 목표는 학생들이 자동화로 기술을 수행할 수 있도록 하여 나중에 상위 수준의 응용이 가능하도록 작업 기억의 여유를 확보하는 것이다. 이 단계는 학생들이 자신이 이해한 내용을 새로운 맥락에서 적용하는 단계로 교수 기술의 핵심 요소인 종결 및 적용을 사용하는 단계이다(Feldon, 2007).

교사가 학생의 진도를 계속적으로 관찰하는 것은 여전히 중요하다. 유능한 교사는 교실을 돌아다니면서 학생들이 과제에 집중하고, 그들의 이해 발달을 성공적으로 했는지 확인하기 위해 관찰한다. 상대적으로 덜 효과적인 교사는 책상에 앉아 있거나, 단순히 학생들이 과제를 수행하는지 확인하는 데 그칠 가능성이 높다(Brophy, 2006; Safer & Fleischman, 2005).

과제 과제는 개별연습의 일반적 형태지만 놀랍게도 다소 논란의 여지가 있다. 일부 연구자들은 과제가 비효과적이며 심지어 해롭기까지 하다고 주장한다(Bennett & Kalish, 2006; Kohn, 2007). 그러나 다른 연구자들의 연구 결과에 따르면 과제를 적절하게 설계하고 실행하면 성취도가 높아진다는 사실을 일관되게 보고하고 있다. 예를 들어 쿠퍼, 로빈슨, 파탈(Cooper, Robinson, & Patall, 2006)은 16년간의 연구를 검토한 리뷰에서 "일반적으로 과제가 학업 성취에 긍정적인 영향을 미친다는 결과와 일치하는 증거들이 일관되게 나타났다" (p. 1)고 밝혔다. 최근 연구에서도 이러한 결과를 뒷받침한다(Baş, 2017; Williams, Swift, Williams, & Van Daal, 2017). 더 나아가 일부 연구에서는 학생들이 과제를 완성해야 하는 책임을 져야 하기 때문에 성실성과 자기조절 능력을 향상시키는 것으로 밝혀졌다(Göllner et al., 2017; Xu & Wu, 2013).

'적절히 구성되고 실행되는' 것이 과제 효과의 핵심이다. 단순히 그냥 부과되는 과제는 성취도를 높이지도 않으며, 더 많은 과제가 반드시 더 좋은 것도 아니다. 학문적 엄격성이라는 명목으로 과제의 양을 늘리는 것은 최선의 경우에도 비효율적인 것이며, 최악의 경우에는 동기와 성취 모두 감소시킬 수 있다(Carr, 2013; Vatterott, 2014).

과제를 완성하기 위해 학생들이 투입하는 많은 인지적 노력(사고)의 양은 그 효과성에 영향을 미치는 주요인이며, 인지동기이론은 노력을 높이는 방법을 이해하는 데 도움이 된다(Trautwein, Ludtke, & Schnyder, 2006). 최소한 세 가지 요인이 관련되어 있다.

〈표 13-3〉 발달적 수준 차이에 따른 효과적인 과제의 특징

수준	특징
모든 수준	• 학습목표 및 학습 활동과의 일치 • 명확한 지시 • 높은 성공률 • 피드백의 제공 • 부모 참여
초등학교	• 방해받지 않으며 과제를 할 수 있는 조용한 장소 • 정규 수업 과정의 일부분
중 · 고등학교	• 과제가 중요한 명백한 이유 • 학점에 도움이 되는 점수와 같은 보상

첫째, 지각된 가치이다. 학생들이 과제가 자신의 이해력을 높일 것이라고 믿는다면 성실하게 숙제를 할 가능성이 높다(Carr, 2013). 특히, 고학년 학생들에게 과제가 단순히 시간을 보내기 위한 혹은 불필요한 것으로 여겨진다면 동기를 손상시키고 학습을 촉진하는 데 도움을 주지 않는다. 필요 이상으로 많은 과제를 부여하는 것은 비생산적일 수 있으며, 고학년 학생들은 학점을 받지 않는 과제를 완성할 가능성은 적다(Marzano & Pickering, 2007).

둘째, 성공 경험이다. 학생들은 부과된 과제에서 일반적으로 성공적이어야 자신의 유능성과 자기효능감을 증가시킨다(Carr, 2013).

셋째, 부모님이 과제에 대해 알고 있고, 학생들이 수행할 것을 기대하고 진행 상황을 관찰하는 경우 학생들은 과제를 수행할 가능성이 높아진다(Williams et al., 2017).

초등학생과 중 · 고등학교 학생의 발달 차이에 따른 효과적인 과제의 특징은 〈표 13-3〉에 요약되어 있다 (Carr, 2013; Marzano & Pickering, 2007).

토의를 활용한 강의

토의를 활용한 강의(Lecture-discussion)는 학생들이 조직화된 지식체계를 습득할 수 있도록 돕는 수업 모형이다. **조직화된 지식체계**(Organized bodies of knowledge)는 사실, 개념과 원리를 연결 짓는 총체적 법칙이며, 이들 간 관계를 연결하고 그 관계를 명확하게 만든다(Eggen & Kauchak, 2012; Rosenshine, 1987). 예를 들어, 학생들은 조직화된 지식체계를 다음과 같은 활동에 참여하면서 획득한다. 문학 과목에서 학생들은 『앵무새 죽이기』와 같은 소설에서 줄거리, 인물, 상징 사이의 관계를 다루거나, 지리 과목에서는 여러 나라의 다양한 지형, 기후 및 경제 등을 학습하며, 생물 과목에서는 기생충과 비기생충을 비교하고, 그들 간의 차이가 신체 구조에 얼마나 반영되는지를 탐색한다.

토의를 활용한 강의는 전통적인 강의를 변형한 것이고, 전통적 강의는 가장 일반적인 교실 수업 방법이기 때문에 토의를 활용한 강의에 대해 논의하기 전에 전통적 강의에 대해 먼저 간단하게 살펴볼 것이다.

강의

학교 수업 방법으로 강의가 널리 사용되는 것은 역설적이다. 모든 수업 방법 중 가장 비판을 받고 있음에도 불구하고 그것은 계속 가장 널리 사용되는 방법이다(Cuban, 1993; Friesen, 2011). 강의가 인기 있는 이유는 다음과 같다.

• 효율성: 강의를 계획하는 데 소요되는 시간은 내용 구성에 한정된다.
• 유연성: 강의는 대부분의 내용 영역과 주제에 적용할 수 있다.

- 단순성: 강의를 할 때에는 인지 부하가 낮기 때문에 교사의 작업 기억 공간은 내용 전달에만 전념할 수 있다. 질문하기, 촉진하기 및 피드백 제공과 같은 고급 수업 기술을 사용하지 않으므로 초임 교사라도 만족스러운 강의를 진행하는 방법을 배울 수 있다.

강의에도 일부 장점이 있다. 예를 들어, 학생들이 다른 방법으로는 쉽게 접근할 수 없는 정보를 습득하는 데 도움을 줄 수 있으며, 학생들이 스스로 찾는 데 시간이 많이 걸리는 정보를 제공하는 것이 목표인 경우 효과적일 수 있다(Friesen, 2011). 또한 학생들이 다양한 출처의 정보를 통합하는 데 도움을 줄 수 있으며, 학생들에게 다양한 관점을 제공할 수 있다. 이러한 목표 중 하나 이상을 달성하려고 한다면 강의가 효과적일 수 있다.

그러나 강의의 인기와 장점에도 불구하고 중요한 단점이 있다.

- 강의는 효과적으로 학생들의 주의를 끌지도 유지하지도 못하는 경우가 많다. 우리는 강의를 들으며 그저 시간을 빨리 보내려는 목적만으로 멍하니 앉아 있었던 적이 있을 것이다.
- 강의는 교사가 학생들의 인지와 이해 발달 정도를 확인할 수 없게 한다.
- 교사의 인지 부하를 낮추는 대신 강의는 학습자들에게 과도한 인지적 부하를 부과한다. 학습자에게는 인지 부하를 가중시키므로 정보가 장기기억으로 부호화되기 전에 작업기억에서 자주 소실되곤 한다.
- 강의는 학습자가 인지적으로 수동적인 역할을 하게 한다. 이것은 학습의 인지학습이론과 일치하지 않으며 분명히 강의의 가장 큰 단점이다.

강의는 어린 학생들의 경우 그들의 짧은 집중시간과 제한된 어휘력 때문에 특히 문제가 되며, 또한 수업목표가 고차적 사고에 있다면 강의는 효과적이지 않다. 강의와 토의를 비교한 7개의 연구를 분석한 결과, 7개 연구 모두에서 토의는 기억력과 고차원적 사고력 측정에서 강의보다 효과적인 것으로 나타났다. 더불어 토의는 학생들의 태도와 동기에서도 더 우월한 결과를 보였다(McKeachie & Kulik, 1975). 강의가 오랫동안 비판을 받아 왔기 때문에 학생들을 보다 인지적으로 능동적인 역할을 수행하도록 하는 교수법에 상당한 중점을 두고 있으며, 특히 단과 대학과 종합 대학 수준에서도 이에 중점을 두고 있다(Poirier, 2017; Riley & Ward, 2017).

강의의 약점 극복하기: 토의를 활용한 강의

토의를 활용한 강의는 교사가 짧게 정보를 제공하는 사이사이에 교사가 체계적으로 질문함으로써 강의의 약점을 극복하도록 돕는다.

토의를 활용한 강의는 다음의 네 단계로 이루어진다.

- 도입 및 복습
- 정보 제공
- 이해도 점검
- 통합

〈표 13-4〉는 토의를 활용한 강의 단계와 각 단계가 인지학습이론 구성 요소와 어떻게 관련 있는지를 소개한다.

이제 고등학교 1학년 역사 교사인 다이앤 앤더슨(Diane Anderson) 선생님이 미국 독립전쟁으로 이어지는 사건에 대하여 학생들과 함께 실행한 토의를 활용한 강의 수업을 살펴보자.

이 사례 연구를 읽으면서 토의를 활용한 강의의 단계를 찾아보자.

〈표 13-4〉 토의를 활용한 강의의 단계와 인지학습 요소 간 관계

단계	인지 학습 구성 요소
도입 및 복습: 교사는 주의를 끌면서 수업을 시작하고 지금까지 학습한 것을 복습한다.	• 주의 끌기 • 장기 기억으로부터 사전 지식 상기하기
정보 제공: 교사는 정보를 제공한다. 교사는 짧은 단위로 정보를 제공하여 학습자의 작업 기억에의 과부하를 방지한다.	• 주제에 대한 선언적 지식 획득
이해도 점검: 교사는 일련의 질문을 통해 학습자의 이해를 점검한다.	• 학생들의 지각 점검 • 학생들이 인지적으로 적극적 역할하게 하기 • 도식 구성하게 하기
통합: 교사는 부가 질문을 통해 학습자들이 새 지식과 사전 지식을 통합하도록 돕는다.	• 정보를 조직하고 인지적 부하를 줄여 주는 통합적 도식 구성

앤더슨 선생님은 학생들이 미국 독립 전쟁 이전의 미국 역사에 대해 교과서를 읽고, 다음 기준을 충족하기를 원한다.

CCSS.ELA-Literacy.RH.9-10.3 교과서에 설명된 일련의 사건을 자세히 분석한다.; 이전 사건이 이후 사건을 이끈 원인이 되었는지, 아니면 단순히 선행되었는지 판단한다(공통 핵심 국가 교육 기준, 2018s).

앤더슨 선생님은 학생들에게 프렌치 인디언 전쟁, 보스턴 차 사건과 같은 역사적 사건이 독립 전쟁과 어떤 관련이 있는지 묻고, 학생들이 몇 가지 생각을 답하게 한 후 학생들에게 오늘의 학습목표는 이러한 관계를 이해하는 것이라고 언급한다.

그런 다음 앤더슨 선생님은 1607년 제임스타운에서 시작하여 1700년대 중반까지 이어지는 연대표를 검토한다. 앤더슨 선생님은 계속해서 북미에 정착하려는 프랑스의 노력을 설명하면서 현재의 50개 주 중 적어도 35개 주가 원래 프랑스인에 의해 개척된 지역이며, 그들이 세인트루이스, 디트로이트, 뉴올리언스와 같은 주요 도시를 설립했다는 사실을 언급한다.

앤더슨 선생님은 학생들에게 자신이 말한 내용을 요약하게 하고, 강의실 앞쪽에 있는 지도를 사용하여 프랑스와 영국 정착지의 지리를 확인하게 한 후, 프랑스와 미국 원주민과의 관계 및 정착민이 만약 군대에 복무할 경우 토지를 제공하는 프랑스 정책에 대한 정보를 제공한다.

그런 다음 앤더슨 선생님은 영국인들이 애팔래치아 산맥을 넘어 영토를 확장하기를 원했다는 점을 언급하고, 학생들은 불가피한 갈등, 즉 프렌치 인디언 전쟁에 대해 토의하게 하고, 그것이 영국에게 왜 큰 비용이 들게 했는지 그리고 영국이 세수를 늘리기 위해 무거운 세금을 어떻게 부과했는지 설명하게 한다. 앤더슨 선생님은 학생들에게 이러한 사건을 보스턴 차 사건과 같은 식민지 주민의 반란과 어떻게 연결되는지 논의하고, 마지막으로 학생들에게 전체 토의를 교육 기준과 연결하도록 안내한다.

이제 다른 예시를 살펴보겠다.

중학교 1학년(7학년) 생명과학 교사 댄 라운드필드(Dan Roundfield)는 학생들과 함께 생물 분류에 관한 수업을 진행하며 학생들이 다음 기준을 충족하기를 원한다.

CCSS.ELA-Literacy.RST.6-8.4 6학년부터 8학년 수준의 학년 교재 및 주제와 관련된 특정 과학적 또는 기술적 맥락에서 사용되는 기호, 주요 용어, 영역별 단어 및 구문의 의미를 파악한다(공통 핵심 국가 교육 기준, 2018t).

라운드필드 선생님은 먼저 강의실 앞 책상 위에 바위, 클립, 화분 식물, 조개껍질, 바닷가재 및 학년 초 첫날에 찍은 학급 친구들 사진을 전시한다. 그런 다음 그는 학생들에게 바위와 클립이 다른 물건과 어떻게 다른지 묻고, 학생들이 "생명체"라고 대답하도록 유도한다. 그런 다음 라운드필드 선생님은 과학자들이 이러한 생명체를 체계적으로 조직하고 분류할 수 있는 체계가 필요하다고 생각했으며, 앞으로 며칠 동안 이 분류체계를 이해하는 것이 학습목표라고 언급한다.

라운드필드 선생님은 책상에서 바위와 클립을 제거하고, 나머지 물건들을 가리키며 대부분의 거시적인 생물은 식물 또는 동물로 나뉘며, 그들은 각각 식물계나 동물계에 속한다는 점을 지적한다. 라운드필드 선생님은 이 구분은 주로 영양 공급원과 이동 능력에 기반한다고 강조한다. 식물을 가리키면서, 식물은 광합성을 통해 스스로 양분을 생산하지만 스스로 움직일 수는 없는 이동성이 없는 데 반하여 동물은 먹이를 얻기 위해 다른 생물을 먹어야 하지만, 스스로 움직일 수 있는 이동성이 있다고 언급한다.

그런 다음 라운드필드 선생님은 잠시 멈추고 학생들에게 분류, 계, 이동성, 그리고 광합성이라는 용어를 설명하도록 한다. 학생들이 이동성과 같은 용어에서 어려움을 겪을 때 그는 다음 내용을 실판에 적는다.

식물은 스스로 이동할 수 없기 때문에 그들은 이동능력이 없다고 말한다.

그는 다른 용어에 대해서도 동일한 방식으로 진행하며, 학생들에게 전문 용어의 의미를 이해하는 데는 도움이 되는 맥락을 활용해야 한다는 점을 상기시킨다.

라운드필드 선생님은 다음 단계의 분류가 문(phylum)이라는 점을 언급하면서 계속한다. 바닷가재를 들어 올려 외골격으로 둘러싸여 있고, 세 개의 몸 부분 및 관절이 있는 팔다리를 관찰하고 이것이 일반적으로 절지동물이라고 불리는 절지동물 문에 속한다고 말한다. 그런 다음 조개를 들어 보이고 이것이 연체동물 문(연체동물)에 속한다고 말하며, 연체동물은 일반적으로 딱딱한 껍질로 둘러싸여 있으며 몸통이 부드럽고 분절되지 않은 몸체를 가지고 있다고 설명한다. 그는 문으로의 분류는 주로 몸의 구조와 조직에 따라 결정된다고 언급한다.

그는 다시 정보 제공을 중단하고, 곤충, 거미, 굴, 달팽이 사진을 보여 주며, 그들이 어느 계와 문에 속하는지 묻는다. 또한 학생들에게 이들이 절지동물인지 연체동물인지 묻는다. 학생들이 둘 다 아니라고 결론을 내린다면, 그 이유를 물어본다. 그런 다음 라운드필드 선생님은 척삭동물 문(chordates)을 소개하고 이 문에 속하는 물고기, 새, 파충류 및 기타 포유류와 같이 등뼈를 가진 기타 다른 동물과 같은 여러 가지 예를 찾아보라고 한다. 그런 다음 라운드필드 선생님은 학생들에게 이렇게 세 가지 문 중 어느 것에도 맞지 않는 예를 찾아보라고 요청하고, 몇 가지 힌트를 주어 학생들이 다양한 종류의 벌레를 예로 들어 설명하게 한다.

이제 앤더슨 선생님과 라운드필드 선생님의 토의를 활용한 강의 수업 모형 적용을 살펴보자.

도입과 복습 직접 교수법과 마찬가지로 토의를 활용한 강의도 인지학습이론에 기반을 두고 있으며, 여러 번 강조했듯이 모든 학습의 시작은 주의 집중에서 시작된다. 앤더슨 선생님은 학생들에게 프렌치 인디언 전쟁 및 보스턴 차 사건과 같은 사건들이 미국 독립 전쟁과 어떻게 관련이 있는지 학생들에게 질문함으로써 학생들의 주의를 끌려고 노력했다. 그런 다음 학생들의 배경지식을 활성화하기 위해 역사 연대표를 살펴보게 했다.

댄 선생님은 학생들의 주의를 끌기 위해 교실 앞 책상에 진열된 물건들을 언급하고, 바위와 클립이 다른 물건들과 어떻게 다른지 물어보는 것으로 학생들의 주의를 끌려고 노력했다. 그런 다음 분류 개념을 복습했다.

정보 제공 앤더슨 선생님은 제임스타운, 퀘벡, 그리고 오늘날 미국 영토의 프랑스인 정착지 및 프랑스에 의해 처음 설립된 도시에 대한 정보를 제공함으로써 이 단계를 시작했다. 댄 선생님은 식물계 및 동물계에 대한 각각의 특징에 대한 정보를 제공했다. 예를 들어, 식물은 이동 능력이 없지만, 스스로 양분을 만들어 내고, 동물은 스스로 이동할 수 있지만 다른 생물로부터 음식을 얻어야 한다는 것을 설명하며 이 단계를 시작했다.

정보 제공 단계는 강의의 장점을 최대한 이용한 것으로 학생들이 스스로 얻기 어려운 정보와 다양한 출처의 정보를 통합하여 제공한다.

앤더슨 선생님과 댄 선생님 모두 이 단계를 매우 짧게 유지했다. 모든 사람의 주의 집중 시간이 짧고 쉽게 산만해지므로 학생들의 주의를 최대한 유지하기 위해 앤더슨 선생님과 라운드필드 선생님은 모두 재빨리 이해도 점검 단계인 다음 단계로 전환했다.

이해도 점검 간단한 정보를 제공한 후 앤더슨 선생님은 학생들을 이해도 수준 점검 단계로 이끄는 질문을 사용했다. 학생들의 인식을 확인하기 위해 앤더슨 선생님은 자신이 제공한 정보를 요약하도록 했으며, 또한 지도를 참조하여 해당 지역의 지리가 영국 및 프랑스 정착지와 어떻게 관련되어 있는지 확인할 수 있게 했다.

이 단계에서 댄 선생님의 노력은 더 복잡하고 까다로웠다. 기준을 충족하기 위해 댄 선생님은 학생들이 분류, 계, 이동성, 광합성과 같은 기술적 용어를 이해하기를 원했다. 예상대로 학생들은 일부 용어에서 어려움을 겪었다. 그래서 댄 선생님은 학생들이 용어를 의미 있게 만드는 데 도움이 되는 맥락을 사용했고, 기준을 충족하는 문장을 칠판에 작성하여 자세히 설명했다. (그리고 그는 학생들의 광합성에 대한 이해를 돕기 위해 훨씬 더 많은 시간을 할애할 예정이었지만, 오늘 수업에서는 그저 식물이 스스로 양분을 만드는 과정이라는 정도의 이해만 목표로 삼았다.)

이해도 점검 단계는 학생들의 인지적 참여를 유도하기 위해 고안되었다. 학생들의 인식을 점검하고, 새로운 정보를 제대로 이해했는지 확인하며, 도식 구성 과정을 시작하여 궁극적으로 장기 기억에 부호화로 이어지도록 설계했다.

통합 두 교사들은 학생들과 상호작용하여 지금까지의 수업에서 다룬 주제에 대한 학생들의 인식과 이해를 확인한 후, 학생들의 기존 지식과 통합될 수 있도록 고안된 추가 정보를 제시했다. 예를 들어, 앤더슨 선생님은 군복무를 마친 정착민들에게 토지를 제공하는 프랑스 정책, 미국 원주민과 프랑스의 관계, 애팔래치아 산맥을 건너 서쪽으로 이동하려는 영국인의 열망, 그로 인해 겪게 되는 프랑스와의 불가피한 갈등에 관한 정보를 제공했다. 이 모든 것은 막대한 비용을 초래하는 전쟁으로 이어져 이로 인해 식민지 주민들에게 과중한 세금이 부과되었으며, 결국 식민지 주민들의 반란으로 이어졌다.

댄 선생님은 학생들이 주요 개념을 이해하고, 맥락을 사용하여 이해를 도울 수 있는 방법을 확인한 후, 문에 대한 정보를 제시했다. 그는 절지동물, 연체동물, 척삭동물의 예를 제공하고 학생들에게 각각의 예시를 찾아보게 했다. 통합 과정은 일련의 주기로 이루어지며, 각 주기는 이전 주기에 더 많은 관련된 정보를 추가한다. 정보가 통합되면 학습자의 도식은 더욱 복잡해지고 상호 연결되며, 궁극적으로 학생들의 잘 조직된 이해가 장기 기억에 부호화되는 것이 목표이다.

학생들은 그들 자신의 지식을 스스로 구성하기 때문에 그들이 구성하는 도식이 교사의 지식체계 구성을 그대로 반영하지는 않는다. 토의를 활용한 강의에서 토의 부분은 교사가 학생들의 도식 구성 과정의 타당성을 평가하고 필요할 때 학생들이 이해를 재구성할 수 있도록 도움을 준다. 이것이 바로 토의를 활용한 강의가 전통적인 강의보다 더 효과적인 이유이다.

토의를 활용한 강의 vs '순수한' 학생 주도 토의

토의를 활용한 강의 수업의 질은 토의를 얼마나 효과적으로 유도하느냐에 달려 있다. 학생 주도 토의의 문제점 중 하나는 주제에서 벗어나 산만해지는 경향이 있다는 것이다(Will, 2016). 학생들은 이러한 초점 상실과 교사가 아닌 학생들에 의해 통제되는 교실에 모두 불만스러워한다. "학생들은 교사가 허무맹랑하게 떠드는 동급생을 통제하면 절반의 시간에 두 배의 학습량을 더 많이 배울 수 있다고 반복해서 언급하고 있다"(Downey, 2016, para. 3).

학생 주도 토의는 효과적인 학습 도구가 될 수 있지만 두 가지 조건이 필수적이다. 첫째, 학생들은 토의를 의미 있게 진행할 만큼 충분한 배경지식을 가지고 있어야 한다. 종종 그렇지 않기 때문에 토의는 가장 외향적이고 사회적이며 공격적인 학생들이 지배하는 초점 없이 산만하고 지식이 없는 의견으로 분열되는 경우가 있다.

둘째, 교사는 토의의 진행 상황을 주의 깊게 관찰하여 학습목표에 집중하고 있는지 확인해야 한다. 그렇게 하지 않으면, 위에서 언급한 문제가 발생할 수 있다. 이러한 이유로 우리는 순수한 학생 주도 토의보다 토의를 활용한 강의를 선호한다. 강의 구성 요소는 학생들의 배경지식을 발달시키는 데 도움이 되며, 교사들은 토의 구성요소의 진행 상황을 주의 깊게 관찰한다.

유도된 발견

유도된 발견(Guided discovery)은 학생이 개념과 개념 간 관계를 구성하도록 교사가 비계를 제공하는 수업 모형이다(Eggen & Kauchak, 2012; Mayer, 2008). 이 모형을 사용할 때 교사는 학습목표를 확인하고, 정보를 정리하여 경향성을 발견하게 함으로써 학생들을 학습목표로 이끈다.

유도된 발견은 때로 교사들이 가르쳐야 하는 개념을 학생들이 스스로 '발견하도록 완전히 맡겨야 한다'고 잘못 믿곤 한다(Kirschner et al., 2006). 교사는 학습자들이 스스로 지식을 구성한다고 올바르게 인식하지만, 때로는 "학생들이 교사의 명확한 지시 없이 새로운 지식을 발견하거나, 문제를 해결하는 것이 이러한 구성 방식을 촉진하는 가장 좋은 방법"이라고 잘못 가정하는 경우가 있다. 이러한 가정은 널리 퍼져 있지만, 사실이 아니다(Clark et al., 2012, p. 8). 그렇게 하면 오개념이 형성되고, 시간이 낭비되며, 종종 학생들이 좌절감을 느끼게 된다(Purpura, Baroody, Eiland, & Reid, 2016).

반면에, '유도된' 발견[그리고 탐구 및 문제기반학습(PBL)과 같은 다른 형태의 학습자 중심 교수]은 매우 높은 수준의 비계를 제공하며 교사들은 학생들의 학습 진행을 안내하는 중요한 역할을 한다(Lazonder & Harmsen, 2016; Purpura, et al., 2016).

연구들에서도 유도된 발견은 잘 수행되기만 하면 매우 효과적임을 지지한다(Mardanparvar, Sabohi, &

Rezaei, 2016; Yuliana, Tasari, & Wijayanti, 2017). "유도된 발견은 과제에 따라 설명식 수업보다 다소 시간이 더 걸리거나 덜 걸리기도 하지만 설명식 수업보다 장기기억의 유지와 전이에 더 좋은 결과를 가져오는 경향이 있다"(Mayer, 2002, p. 68).

유도된 발견을 사용할 때 교사들은 설명하는 데 시간을 덜 쓰고, 질문하는 데 더 많은 시간을 사용하여 그 결과 학생들은 자신의 생각을 공유하고, 그들이 발달시킨 이해를 언어화하는 데 더 많은 기회를 가진다. 또한, 유도된 발견은 높은 수준의 학생 참여를 촉진하기 때문에 그들이 학습하고 있는 주제에 대한 내재적 흥미를 높이는 경향이 있다(Yuliana et al., 2017).

유도된 발견은 다음의 네 단계로 구성된다.

- 도입 및 복습
- 개방된 결론 단계
- 수렴 단계
- 종결 및 적용

〈표 13-5〉에는 유도된 발견의 단계와 각 단계의 이론적 체계를 제공하는 인지적 학습 요소와의 관련성을 보여 준다.

베르누이의 원리에 대한 소얼 선생님의 수업은 유도된 발견이 적용된 것이다. 그리고 다른 예를 살펴볼 것이다. 로드리게스 선생님이 학생들이 동사형을 이해하는 것을 돕기 위해 직접 교수법을 사용하는 것을 살펴보았다. 같은 학교의 또 다른 교사인 스티브 케프너(Steve Kapner)는 동일한 주제와 기준에 대해 학생들과 함께 수업을 진행하고 있지만 직접 교수법 대신 유도된 발견을 사용하기로 결정했다.

케프너 선생님은 로드리게스 선생님과 마찬가지로 품사를 복습하고, 학생들에게 각 품사에 대한 예시를 제공하면서 수업을 시작한다. 그런 다음 그는 다음과 같은 내용을 보여 준다.

I'm running three miles on Mondays, Wednesdays, and Fridays now. I'm walking four miles a day on Tuesdays and Thursdays. And, I'm relaxing on Saturdays and Sundays.
(나는 지금 월, 수, 금요일에 3마일을 달리고 있다. 화요일과 목요일에는 하루에 4마일을 걷고 있다. 그리고 토요일과 일요일에는 휴식을 취하고 있다.)

Running is the best form of exercise that exists, I think. But, walking is also good, and it's easier on my knees. Relaxing a couple days a week also helps my body recover.
(달리기는 현존하는 최고의 운동이라고 생각한다. 하지만 걷는 것도 좋고, 무릎에 더 부담이 적다. 일주일에 이틀 정도는 휴식을 취하는 것도 몸 회복에 도움이 된다.)

My running times have gone down since I've lost some weight. I have some new walking gear, so I look decent out on the road. Both make my relaxing environment just that much more pleasant.
(살이 좀 빠진 후로 나의 달리기 시간이 더 빨라졌다. 새로운 워킹 장비가 생겨서 길에서도 멋지게 보인다. 이 두 가지가 모두 나의 휴식 환경을 더 쾌적하게 만들어 준다.)

"이제, 세 개의 짧은 문단을 보고 무엇을 발견했는지 말해 보자."라고 케프너 선생님은 수업을 시작한다. 그는 여러 학생들을 불러 각각의 문단을 관찰하도록 한다.

관찰 내용은 "각 문단에는 세 개의 단어가 세 문단 모두에 나온다"로부터 "각각은 운동에 관한 내용이다" 그리고 "달리기

(running), 걷기(walking), 휴식(relaxing)이라는 단어가 문단 모두에 포함되어 있다" 등 다양한 의견들이 나왔다. 학생들은 관찰한 내용을 공유한 후, 케프너 선생님은 학생들에게 첫 번째 문단을 가리키며 각 문장에서 주어와 동사를 찾도록 한다. 학생들은 모든 문장의 주어로 'I(나)'를, 동사로는 달리기(running), 걷기(walking), 휴식(relaxing)이라고 응답했다.

그는 두 번째 문단에서도 동일한 작업을 수행하며, 학생들이 각 문장에서 달리기(running), 걷기(walking) 및 휴식(relaxing)이 이 문장들의 주어라고 결론 내린다.

케프너 선생님은 첫 번째 문단과 두 번째 문단에서 단어들이 다르게 사용되었음에 주목하고, 학생들에게 세 번째 문단에서는 이 단어가 어떻게 사용되는지 생각해 보라고 안내한다. 토의 끝에 학생들은 달리기, 걷기, 휴식이 형용사로 사용되었다고 결론을 내린다.

그는 학생들에게 그 단어들이 두 번째 문단에서는 동명사이고, 세 번째 문단에서는 분사로 사용된다고 설명한 다음, 학생들이 각 단어의 정의를 말로 표현하도록 도와준 다음 그 정의를 칠판에 적는다. 그런 다음, 학생들에게 적어도 동사로 사용되는 동사 형태 예시 두 개, 동명사로 사용되는 동사 형태 예시 두 개, 분사로 사용되는 동사 형태 예시 두 개를 포함하여 문단을 작성하도록 한다.

이제 학생들이 기준에 도달하도록 돕기 위해 케프너 선생님과 소얼 선생님이 유도된 발견을 어떻게 사용했는지 살펴보자. (다음 절을 학습하기 전에 소얼 선생님의 수업을 다시 복습할 필요가 있다.)

도입 및 복습 소얼 선생님은 힘의 개념과 물체에 대한 서로 다른 힘의 영향(물체는 더 큰 힘의 방향으로 움직인다.) 원리를 복습하면서 시작했다. 케프너 선생님은 품사를 복습하며 수업을 시작했다. 두 교사는 학생들의 사전 지식을 활성화시켰으며, 학생들의 관심을 끌기 위해 예시를 활용했다. 소얼 선생님은 칠판을 밀거나 스테이플러를 당기는 등의 그가 복습에서 사용한 예시들은 학생들의 주의를 끌었고, 케프너 선생님은 학생들에게 각 품사의 예시를 제시하게 하여 주의를 집중시켰다.

개방된 결론 단계 소얼 선생님은 종이 위에, 종이 사이에, 깔때기 입구를 통해 학생들이 입바람을 불어넣게 하여 개방된 결론 단계를 수행했다. 각각은 베르누이의 원리를 시연한 예였다. 학생들이 각 사례를 수행

〈표 13-5〉 유도된 발견에서 각 단계와 인지 학습 요소 간의 관계

단계	인지 학습 구성 요소
도입 및 복습: 교사는 수업을 시작하면서 주의를 이끌어 내고 이전 작업을 복습한다.	• 주의 끌기 • 사전 지식 활성화
개방된 결론 단계: 교사는 사례를 제공하고 학생들에게 관찰과 비교를 요구한다.	• 학습자가 지식을 구성할 수 있는 경험의 제공 • 사회적 상호작용 촉진
수렴 단계: 교사는 학생들을 지도하여 그들이 사례에서 경향성을 찾도록 한다.	• 도식 생산의 시작 • 사회적 상호작용 촉진
종결: 교사의 지도에 의해 학생들은 개념의 정의 혹은 개념 간 관계를 진술한다.	• 도식 형성의 완성
적용: 교사는 학생들이 개념 혹은 원리를 사용하여 다른 (이상적인) 실생활의 사례를 설명하게 한다.	• 전이 촉진

한 후 소얼 선생님은 "종이 위쪽으로 입바람을 불었을 때 무엇을 관찰했니? …… 데이비드?" 그리고 "여기서 너희는 무엇을 관찰했니? …… 샤론?"과 같이 관찰한 것에 대해 질문했다.

케프너 선생님은 세 개의 문단을 제시하고, "이제 세 개의 짧은 문단을 보고 무엇을 발견했는지 말해 줄 수 있겠니?"라고 말하면서 시작했다.

개방된 결론 단계에는 교사와 학생 모두에게 몇 가지 이점이 있다. 첫째, 개방형 질문은 쉽게 물어볼 수 있기 때문에 매우 빠르고 공평하게 다양한 학생들을 질문에 참여시킬 수 있다. 둘째, 이 단계에서의 질문은 쉽게 답할 수 있기 때문에 일반적으로 대답을 하려고 하지 않거나, 정확하게 대답할 수 없는 학생들도 참여시킬 수 있다. 셋째, 학생들이 교사가 그들이 관찰한 것을 말해 주기를 원한다는 것을 이해하면—특정한 정답을 요구하는 일반적인 질문과 달리—학생들의 응답하려는 노력이 때로는 극적으로 증가하고, 학생들의 적극적인 참여를 촉진하게 되며, 동기도 증가한다. 그리고 마지막으로 학생들이 예시에서 자신이 인식한 바에 따라 응답하기 때문에 이러한 개방형 질문은 학생들의 사고 과정을 엿볼 수 있는 기회를 제공한다.

수렴 단계 수렴 단계에서 교사는 학생들이 분석 중인 데이터에서 패턴을 찾도록 도와준다. 수렴 단계에서는 계속하여 사회적 상호작용을 통해 도식 형성을 촉진하고, 모든 학생의 적극적인 참여를 장려한다. 소얼 선생님은 칠판 위에 그림을 그리고 학생들이 관찰한 것과 결론을 재진술하게 하면서 수렴 단계로 이동했다. 이 과정을 보여 주는 예화의 일부를 다시 살펴보자.

소얼 선생님: 나는 위쪽과 아래쪽 중 어느 쪽 위로 입바람을 불었지? 레이철?(첫 번째 그림을 언급하며)

레이철: 위쪽으로 불었어요.

소얼 선생님: 그때 거기에서 무슨 일이 일어났지? …… 헤더?

헤더: 종이가 위로 떠올랐어요.

소얼 선생님은 학생들이 결론을 도출할 수 있게 안내했다. 첫 번째 예시에서는 학생들에게 종이가 위로 떠올랐기 때문에 정지된(움직이지 않는) 공기가 종이를 밀어 올렸고, 두 번째 예에서는 정지된 공기가 두 장의 종이를 서로 밀어붙였다는 결론을 내렸다. 세 번째 예에서는 깔때기 입구에서 정지된 공기가 탁구공을 잡아 두었다는 결론을 내리도록 안내했다.

케프너 선생님의 접근 방식도 비슷했다. 그는 학생들에게 첫 번째 문단에서 주어와 동사를 찾아내고, 각 경우에서 달리기(running), 걷기(walking), 휴식(relaxing)이 동사라는 결론을 내리게 하면서 수렴 단계로 이동하기 시작했다. 그는 계속해서 두 번째 문단에서 달리기(running), 걷기(walking), 휴식(relaxing)은 문장의 주어로 사용되었다는 결론을 내리도록 했으며, 세 번째 문단에서도 마찬가지로 이 경우에는 동사 형태가 형용사로 사용되었다는 결론을 내리도록 안내했다.

소얼 선생님이나 케프너 선생님은 학생들에게 그들이 이해해야 할 것을 단순히 '알려 준 것'이 아니다. 교사 중심 수업에서 일어날 수 있는 것과 달리 그들은 모두 학생들의 이해를 증진시키도록 유도했다. 앞서 살펴본 바와 같이 이러한 질문과 촉진 형태의 교사 안내는 필수적이다.

종결 및 적용 종결은 내용 목표를 확인함으로써 도식 형성 과정을 완성하는 것이다. 소얼 선생님의 수업에서 "자, 이제 힘과 우리가 입바람을 분 곳을 살펴보자. 그림을 주의하여 관찰하고 둘 사이에 어떤 종류의 관계가 있는지 살펴보자."라고 물으면서 종결 단계로 이동했다. 케프너 선생님은 학생들에게 동명사와 분사의 정의를 말로 표현하게 하면서 수업을 종결했다.

학생들은 수업을 종결할 때 교사들의 질문을 통해 그들이 이해한 것을 언어화할 수 있도록 비계를 제공받았다. 종결은 유도된 발견을 사용할 때 특히 중요한데, 직접 교수법이나 토의를 활용한 강의식 수업보다 유도된 발견 수업에서 수업의 방향이 덜 명확하기 때문이다. 케프너 선생님의 경우처럼 개념의 정의를 분명히 말로 표현하거나 소얼 선생님의 수업에서와 같이 원리를 진술하는 것은 학생들의 사고에 남아 있는 불확실성을 없애는 데 도움이 된다.

소얼 선생님은 학생들에게 비행기의 나는 원리를 설명하는데 베르누이 원리를 적용하도록 함으로써 이해한 내용을 적용하게 했고, 케프너 선생님은 학생들에게 동사, 동명사, 분사로 사용된 동사 형태를 포함한 문단을 쓰도록 하여 이해한 내용을 적용하게 했다.

또한 케프너 선생님과 로드리게스 선생님의 수업(케프너 선생님이 유도된 발견을 사용했고, 로드리게스 선생님이 직접 교수법을 사용했음에도 불구하고)은 여러 면에서 유사하다는 것에 주목해야 한다. 예를 들어, 두 교사는 시작할 때 복습으로 시작한 것이 유사했고, 학생들이 이해한 내용을 적용하도록 한 방법도 유사했다. 두 교사 모두 **동명사와 분사**를 설명하기 위해 예시를 사용했으며, 그 예를 짧은 문단의 맥락 속에 포함시켰다. 그리고 둘 다 모두 학생들의 이해도 향상을 강력하게 유도했다.

이 두 수업의 가장 큰 차이점은 교사와 학생 간의 상호작용의 양과 종류에 있다. 앞서 살펴본 바와 같이 유도된 발견을 사용하면 교사는 설명하는 데 소요되는 시간이 줄어들고 질문하는 데 소요되는 시간이 더 많이 늘어나므로 직접 교수보다 학생 참여도가 더 높다. 이것은 로드리게스 선생님의 수업과 비교하여 케프너 선생님의 수업에서 잘 드러난다.

유도된 발견에서는 학생들의 참여와 학생들이 자신의 이해를 말로 표현할 수 있는 기회가 더 많기 때문에 학생들의 내재적 흥미를 증가시키는 경향이 있으며, 이는 학습 중인 주제에 대한 관심을 높여 더 깊은 이해로 이어질 수 있다(Baeten, Struyven, & Dochy, 2013; Yuliana et al., 2017).

유도된 발견은 정교한 전략이며, 처음에는 다소 부담스러울 수 있다. 그러나 연구 결과에 따르면 연습과 노력을 통해 숙달될 수 있는 것으로 나타났다(Janssen, Westbroek, & Driel, 2014). 그리고 이를 숙달하게 되면, 강력한 학습 도구를 마음대로 사용할 수 있게 된다. 더불어 학생들에게 지식 구성을 안내한 후, 학생들의 인지가 확장되는 것을 관찰하는 것은 재미있고, 보람찬 경험이 될 수 있다.

협동학습

협동학습(Cooperative learning)은 학생들이 특정 인지 학습목표 및 사회적 상호작용 발달 목표에 이르도록 다양한 수준의 능력을 지닌 학생 집단에서 수행하는 일련의 수업 전략이다.

협동학습은 사회적 상호작용을 강조하며, 연구에 따르면 학습자 집단이 개인이 혼자 작업하는 것보다 더 강력한 이해를 형성한다고 제안한다(Slavin, 2015). 이렇게 공동으로 형성한 지식은 개인에 의해 고유하게 내면화된다.

하나의 고정된 단일 관점은 존재하지 않지만, 대부분의 연구자들은 협동학습이 명확하게 할당된 과제를 수행하기 위해 학생들이 모두 참여할 수 있을 만큼 작은 인원으로 구성된 집단에서 함께 작업하는 것으로 정의된다. 집단의 범위는 2명에서 5명까지 구성할 수 있지만 4명이 이상적인데, 이는 학생들이 짝을 이루어 유연하게 작업할 수 있을 뿐만 아니라 전체 집단으로 작업할 수 있기 때문이다(Slavin, 2014). 협동학습은 또한 네 가지 다른 특징을 공유한다(Cohen & Lotan, 2014; Johnson & Johnson, 2017; Slavin, 2014).

- 학습목표가 집단 활동을 정한다.
- 소집단 토의는 단순한 사회적 상호작용이 아니라, 설명과 논증이 요구된다. 집단 활동이 단순한 사교적 만남이 되지 않도록 집단을 주의 깊게 관찰해야 한다.
- 교사는 학생들에게 각자 자신의 이해에 대해 개별 책임을 부여한다. 각 집단 구성원의 노력과 성과를 평가하고, 그 결과를 집단과 개인에게 돌려줌으로써 각 집단 구성원이 집단 활동 노력에 기여할 수 있도록 한다.
- 학습자는 목표를 달성하기 위해 서로 의존한다.

마지막 특성인 긍정적 상호 의존성은 개인이 자신의 목표를 달성하려면 집단 내 다른 사람들도 목표를 달성해야만 한다고 믿을 때 가능하다(Johnson & Johnson, 2017). 이것은 학습에 있어 또래 협력의 역할을 강조하기 때문에 중요하다.

우리가 논의해 온 직접 교수, 토의를 활용한 강의, 유도된 발견과 달리 협동학습의 학습 활동은 특정 단계를 따르지 않기 때문에 이를 '모형'이 아닌 '전략'으로 설명하는 이유이다. 그러나 협동학습 활동을 성공적으로 실행하려면 다른 모형을 사용할 때와 마찬가지로 신중한 사고와 계획이 필요하다.

협동집단 구성하기

일부 교사들이 학생들에게 스스로 집단을 구성하도록 허용하지만, 전문가들은 이러한 방식이 바람직하지 않다고 생각한다(Johnson & Johnson, 2017; Slavin, 2014). 집단은 가능한 한 이질적이어야 한다. 즉, 성취도가 높은 학생과 낮은 학생, 남학생과 여학생, 문화적 소수자와 주류 학생들, 특수교육이 필요한 학생들과 그렇지 않은 학생들로 구성되어야 함을 의미한다. 인지적 목표는 집단활동을 안내하지만, 사회정서적 발달은 협동집단을 사용하는 중요한 이유이며, 이질적 구성은 이러한 발달을 촉진하는 데 중요하다.

협동학습 소개

학생들은 협동학습에 자동적으로 익숙해지는 것은 아니며, 특히 일부 중학생들은 협동학습 활동을 학습목표 달성하기 위한 기회로 보기보다는 사교의 장으로 보는 경향이 있다(Wentzel, 2009).

다음은 학생들과 협동학습 과정을 시작하는 데 도움이 되는 몇 가지 제안이다.

- 집단원을 함께 앉혀 집단 작업과 학급 전체의 활동 간 자유로운 전환을 큰 어려움 없이 할 수 있게 한다.

- 각 집단에 배포하기 용이하도록 자료를 미리 준비한다.
- 짧고 간단한 과제를 통해 학생들에게 협동학습을 소개하며, 목표와 지시 사항을 매우 구체적으로 제시한다.
- 과제를 달성하기 위해 사용 가능한 시간을 명확히 정하며, 이 시간은 비교적 짧게 유지한다.
- 학생들이 작업하는 동안 집단을 관찰한다.
- 활동의 결과로 특정 문제에 대한 서면 답변과 같은 결과물을 학생들이 만들어 내도록 요구한다.

이러한 제안들은 학생들이, 특히 협동학습 활동을 처음 소개할 때 중단을 최소화하고, 학생들이 과제에 계속 집중할 수 있는 가능성을 최대화하기 위해 고안되었다.

협동학습 전략

사회적 구성주의는 모든 형태의 협동학습 전략에 대한 틀을 제공하며, 가장 널리 사용되는 협동학습 전략은 〈표 13-6〉에 요약되어 있다. 또 다른 형태의 협동학습 전략도 존재하며, 이들은 형태가 다름에도 불구하고 모든 전략은 앞서 기술된 제안을 포함한다. 다른 수업 모형처럼 단일한 협동학습 모형만으로는 모든 학습 목표를 달성할 수 없으며 협동학습이 과도하게 사용되는 것은 바람직하지 않다.

협동학습 평가

교수 전략으로서 협동학습은 전 세계적으로 매우 인기가 있는 전략이며, 이란(Ghahraman & Tamimy, 2017), 튀르키예(Kirbas, 2017), 스위스(Buchs, Filippou, Volpé, & Pulfrey, 2017), 캐나다(Gagné & Parks, 2013) 등과 같이 다양한 국가에서 이 전략을 검토하는 수많은 연구가 수행되었다. 또한 박사 과정을 포함한 모든 수준의 교육 단계에서 사용되어 왔다(Roseth, Akcaoglu, & Zellner, 2013).

20여 년 전에 수행된 연구에 따르면 그 당시에도 협동학습은 학교에서 가장 널리 사용되는 수업 방법 중 하나였으며, 초등학교 교사의 90% 이상이 교실에서 어떤 형태로든 협동학습을 사용하고 있다고 밝혔다 (Antil, Jenkins, Wayne, & Vadasy, 1998). 그러나 이 수치는 다음과 같은 이유로 오해의 소지가 있다. 교사들은 일반적으로 모든 형태의 집단 활동을 협동학습으로 설명하고 있기 때문이다. 하지만 앞서 살펴본 것처럼 협동학습에는 단순히 학생들이 집단으로 작업하는 것 이상을 포함한다(Cohen & Lotan, 2014).

협동학습에 대한 반응은 엇갈린다. 예를 들어, 일부 지지자들은 협동학습이 학생의 성취도를 높이고 문제해결 능력과 대인관계 기술을 향상시킬 수 있을 뿐만 아니라, 학습동기를 증가시킬 수 있다고 주장한다 (Gillies, 2014; Slavin, 2014). 협동학습이 효과적으로 실행되면 자신감이 부족한 학습자가 참여할 기회가 적은 전체 수업 활동과 달리, 모든 학습자들을 참여시킬 수 있다. 협동학습을 지지하는 자들은 더 나아가 협동학습은 일반적으로 긍정적이며(Tsay & Brady, 2010), 심지어 '압도적으로 긍정적'이라는 연구 결과를 제시한다 (Brown & Ciuffetelli, 2009).

반면에, 학생들을 단순히 집단으로 묶는 것만으로는 학업 성취나 동기 증진을 가져오지는 못한다(Baloche & Brody, 2017). 실제로 교사들은 여기서 설명한 구조화된 협동학습 전략보다 단순한 집단 활동 과제에 학생들을 참여시킬 가능성이 훨씬 더 높다(Buchs, Filippou, Volpé, & Pulfrey, 2017). 협동학습의 효과를 저하시키는

〈표 13-6〉 협동학습 전략

전략	설명	사례
생각-짝-공유하기 (Think – Pair – Share)	짝을 이룬 학생이 교사의 질문에 각자 답을 생각한 다음, 그것을 짝과 공유한다. 교사는 한 쌍을 불러 원래 질문에 응답하도록 한다.	세계사 교사는 "1917년에 시작된 러시아 혁명과 1789년에 시작된 프랑스 혁명의 공통점과 차이점을 혼자서 곰곰이 살펴보렴. 짝에게 돌아가 짝과 함께 자신의 생각을 공유하고 토론한 후, 잠시 후에 여러분의 생각을 다함께 논의해 보자."와 같이 말한다.
상호 질문하기 (Reciprocal Questioning)	두 명이 짝을 지어 수업 내용 혹은 교과서에 대해 서로 묻고 답하기	"요약하면······" 또는 "왜 ······이 중요할까요?"와 같은 질문의 뼈대를 교사가 제공하고, 학생들은 이 뼈대를 사용하여 주제에 대한 구체적인 질문을 만들어 낸다.
정교화 협동 (Scripted Cooperation)	두 명이 짝을 지어 서로의 생각을 정교화하기	수학: 쌍의 두 명 중 한 명이 문제의 해결책을 제안한다. 다른 한 사람은 답을 확인하고, 질문으로 그것을 정교화하며, 이 과정을 반복한다. 읽기: 두 명이 짝을 이루어 한 문단을 읽고, 첫 번째 학생은 이에 대해 요약한다. 두 번째 학생은 요약을 수정 추가하여 정교화하며 이 과정을 반복한다.
전문가 되어 보기 지그소 II(Jigsaw II)	한 학생이 주제의 하위 부분에 대한 전문가가 되어 집단의 다른 학생들에게 가르치기	한 학생은 어느 한 지역의 지리에 대해, 다른 학생은 경제를, 세 번째 학생은 기후에 대해 연구한다. 각 학생은 '전문가' 모임에 참여한 후 '전문가'가 되어 집단으로 돌아와 다른 집단원에게 해당 내용을 가르친다.
학생 협력 성취 집단학습 (STAD)	사회적 상호작용을 통해 학생들이 사실, 개념, 기술을 배우도록 돕기	직접 교수법의 개별 연습 단계가 집단학습으로 대체되며, 집단학습을 하는 동안 집단원은 서로의 답을 비교하고 검토한다. 집단학습 다음 쪽지 시험이 이어지며, 집단원 각각이 오른 성적에 의해 집단이 보상을 받는다.

요인 중 하나는 지위이다. 코헨(Cohen, 1994)은 학생들이 지위 연속선상에서 암묵적으로 자신을 평가한다는 사실을 관찰했다. 이러한 평가는 집단 내 상호작용에 영향을 미쳐, 높은 지위의 학생들은 토론을 주도하고, 낮은 지위의 학생들은 감정적으로 위축되는 경향이 있음을 관찰했다. 결과적으로 집단 내 불평등한 상호작용으로 인해 협동집단에서 활동하는 것의 중요한 긍정적 성과로 여겨지는 사회정서적 발달에 부정적 영향을 미쳤다.

지위와 능력에 대한 문제는 더욱 심각하다. 예를 들어, 한 집단을 다양한 능력을 가진 혼합 능력 집단 학생들로 구성된 경우, 우수아들은 종종 자신이 그렇지 않은 친구들에게 착취당하고 있다고 여기며, 실제로 그들은 집단보다는 홀로 작업하는 것을 더 선호한다(Cohen & Lotan, 2014; Will, 2016). "집단 프로젝트에 대해 말하자면, 대부분의 학생들은 이를 싫어하고 학교가 왜 집단 프로젝트를 중요하게 여기는지 의문을 가진다"(Downey, 2016, para. 8). 협동학습과 집단 프로젝트가 동일한 것은 아니지만, 집단 프로젝트와 관련된 일부 문제들은 협동학습에도 적용된다.

또한 협동학습의 효과를 평가하는 데 사용되는 방법들이 문제가 있을 수 있으므로(Tsay & Brady, 2010) 협동학습의 효과성을 일관적으로 지지하는 연구들의 제안을 신중하게 고려할 필요가 있다.

이러한 결과들은 협동 활동을 계획할 때 우리에게 몇 가지 함의를 제공한다.

첫째, 교사가 학생들에게 단순히 협력하기를 기대한다고 말하기만 해도 상호작용은 증진된다(Saleh,

Lazonder, & de Jong, 2007). 둘째, 집단을 세심하게 관찰하여 학생들이 교사들의 기대에 부응하고 있는지 확인하는 것이 중요하다. 셋째, 개인의 책임은 필수적이다. 학생들은 모든 집단 구성원이 과제에 동등한 기여를 하지 않는다는 것을 알고 있으므로 집단평가(한 집단의 모든 학생이 같은 점수를 받도록 하는 학점 부과 방식)는 더 큰 기여를 하는 학생들에게 불만을 야기한다(Slavin, 2014). 마지막으로, 협동학습은 다음과 같은 다양한 학습목표를 달성하는 데 도움이 되는 전략의 집합일 뿐이다. 즉, 함께 협력하는 법을 배우거나 의사소통 기술 개발 또는 내용 목표와 같은 다양한 학습목표를 가장 잘 달성하는 데 도움이 된다고 판단하면 협동학습 전략을 사용하는 것이 적절하지만, 학생들을 집단으로 만들기 위한 활동은 그 자체로는 적절하지 않다.

모든 전략과 모형이 그러하듯 협동학습에는 장점과 단점을 동시에 가지고 있으며, 어느 한 가지를 과도하게 사용하는 것은 효과적이지 않다. 그러나 협동학습을 전략적으로, 신중하게 사용하면 수업에 다양성을 더하고, 학생들의 흥미를 높이며, 학생들의 교육 전반에 중요한 사회적 기술을 향상시키는 데 효과적일 수 있다. 다음에서 이 개념에 대해 좀 더 자세히 살펴보겠다.

다양성 탐색: 협동학습을 통해 학습에서 학생들의 차이점 활용하기

지식 형성의 중요성에도 불구하고 의미 있는 사회적 상호작용은 항상 자연스럽게 일어나는 것은 아니다. 특히, 다양한 학생 집단이 있는 교실에서는 더욱 그러하다. 사람들은 자신과 다른 사람 사이의 다양성에 대해 경계하는 경향성이 있다. 사회적 상황에서 흔히 나타나듯, 이러한 경향성은 교실에서도 일어난다. 특정 민족집단의 학생들은 함께 대부분의 시간을 보내는 경향이 있으므로, 따라서 그들은 우리 모두가 다른 점보다는 서로 유사한 점이 훨씬 더 많다는 것을 배우지 못한다(Juvonen, 2006; Okagaki, 2006).

서로 다른 배경을 지닌 학생들 간의 관용, 신뢰와 우정을 강요할 수 없지만, 교사들은 혼합 능력 집단 협력을 장려하는 교실 협동 활동을 통해 변화를 줄 수 있고, 그것이 효과적이라는 증거들이 제시되고 있다. 예를 들어, 협동학습 집단에서 작업을 수행하는 학생들은 종종 사회적 기술을 발달시키고, 특수교육이 필요한 학생들에 대한 수용력을 높이며, 성취도, 민족, 성별이 서로 다른 사람들에 대한 우정과 긍정적 태도를 발달시킬 수 있다(Juvonen, 2006; Okagaki, 2006).

중학교 수학 교사인 올리비아 코스타(Olivia Costa)가 학급에서 이러한 발달 요소를 증진시키기 위해 어떻게 노력했는지 살펴보자.

코스타 선생님은 학생들이 작업하는 것을 관찰하면서, 만족스러우면서도 한편으로 불편하다. 학생들은 수학에서 학업성적은 향상되었지만, 소수민족 학생들과 주류 민족 학생들 간 교류가 거의 없었다. 코스타 선생님은 영어에 어려움이 있는 중남미 출신의 여섯 학생과 별도의 도움을 받기 위해 수업을 벗어나는 세 명의 특수교육이 필요한 학생에 대해 걱정했다.

보다 통합된 분위기를 만들기 위해 코스타 선생님은 주말 동안 4인 1조로 구성된 집단을 편성하고, 각 집단에 동일한 수의 우수 학생과 저성취 학생을 배치하려고 애를 썼다. 그녀는 성별과 만족도 다양하게 집단을 구성했으며, 어떤 집단도 영어가 모국어가 아닌 학생 혹은 특수교육이 필요한 학생이 한 명이 넘어가지 않도록 했다.

월요일 그녀는 학생들이 어떻게 함께 작업해야 하는지 설명하고, 집단 구성원이 함께 앉을 수 있도록 교실의 좌석 배치를 변경했다. 이 과정을 소개하기 위해 코스타 선생님은 한 집단과 함께 앉아 다른 사람들을 돕는 협력과 지원을 본보기로 제공했다. 그녀는 짧은 문제풀이 수업을 마친 후, 학생들에게 자습을 위해 교실의 서로 다른 장소의 각 집단으로 돌아가 연습문제를 풀도록 했다. 각 집단의 개별 학생은 문제 풀이를 했고, 짝과 답을 공유했으며, 그런 다음 집단의 다른 짝과 자신의 답을 비교했다. 문제를 제대로 해결할 수 없거나, 정답에 대한 이견이 있는 경우 코스타 선생님이 개입했다. 코스타 선생님은 각 학생이 짝이나 전체 집단과 논의하기 전에 먼저 각자 문제 풀이를 하는지를 주의 깊게 관찰했다.

모든 집단을 관찰한다는 것은 어렵지만, 코스타 선생님의 첫 시도는 매우 성공적이었다. "휴~" 그녀는 그날을 마치며 "쉽지 않았지만, 벌써 훨씬 나아지고 있어."라고 스스로 생각했다.

이제 코스타 선생님의 노력을 좀 더 자세히 살펴보자.

첫째, 그녀의 목표는 상호 관계의 증진이었기 때문에 가능한 한 다양하게 집단을 구성하도록 노력했다.

둘째, 의미 있는 상호작용은 계획되고, 가르쳐야 함을 인식하기 때문에 그녀는 지원하기, 경청하기, 질문하기, 과업에 집중하기 등 바람직한 행동의 본보기가 되었다. 교사들은 또한 직접 상호작용 전략을 가르치거나 역할연습과 효과적인 집단의 동영상을 이용하여 학생들이 협동 기술을 배우도록 도울 수 있다(Vaughn, Bos, & Schumm, 2018). 이러한 기술은 종종 도움을 요청하거나 제공하는 것을 주저하는 문화적 소수 학생들에게 특히 중요하다.

셋째, 그녀는 학생들이 작업하는 동안 주의 깊게 관찰했다. 도입기의 초반 훈련만으로는 협동학습을 보장할 수 없다. 특히, 어린 아동들의 경우와 협동학습을 처음 도입할 때는 지속적이고 일관적인 관찰과 지원이 필요하다(Vaughn et al.,al., 2018). 문제가 지속되면 교사들은 더 많은 추가 훈련을 위해 학급을 다시 소집할 필요가 있다.

학생 협력의 주된 이점은 서로 다른 배경을 가진 학생들이 함께 작업하고, 그 과정에서 서로에 대해 배울 수 있다는 것이다(Slavin, 2015). 학생들이 함께 작업하면서 종종 예상했던 것보다 더 많은 공통점을 발견하게 된다. 모든 학생들은 자신이 인정받고 존중받고 싶어 하며 동료들과 잘 지내며, 학업적으로 성공하기를 원한다. 학생들이 공통의 목표를 달성하도록 돕는 가장 효과적인 도구 중 하나는 그들이 함께 작업하는 법을 배우도록 하는 것이다.

학교급별 적용

다양한 연령의 학습자를 위한 수업 모형 활용

필수 교수 기술은 모든 발달 단계에서 중요하며, 이 절에서 논의한 수업 모형은 모든 발달 단계 수준에서 사용할 수 있지만, 학생들의 발달적 차이를 수용하기 위한 조정은 필요하다. 다음 문단에서는 이 발달적 차이에 대응하기 위한 몇 가지 제안을 소개한다.

유치원과 초등학생의 활용

직접 교수법은 기본 기술을 가르치는 데 효과적이어서 아마 초등학교 저학년을 대상으로 가장 광범위하게 사용되는 수업 모형일 것이다. 어린 아동들을 대상으로 직접 교수법을 사용할 때 이해 발달 단계와 유도된 연습 단계는 개별 학습의 기초를 쌓는 것이기 때문에 중요하다. 유도된 연습이 이루어지는 동안 학습자의 진행 상황을 점검하고, 다수의 학생들이 독립적으로 연습하는 동안 낮은 성취 학생들과 더 많은 시간을 보내는 것은 어린 아동들에게 효과적인 대응일 것이다.

토의를 활용한 강의는 어린 아동들에게는 짧은 주의 집중 시간과 사전 지식의 부족으로 조심해서 사용되어야 한다. 어린 아동을 위한 언어적 설명 시간은 짧아야 하며, 아동들을 살피면서 이해를 촉진하는 예화를 자주 사용해야 한다. 어린 아동들에게는 토의를 활용한 강의 이외의 모형이 종종 더 효과적일 것이다.

유도된 발견은 갑각류, 분수, 품사와 같은 구체적 사례로 보여 줄 수 있는 주제를 이해하는 것이 학습목표라면, 특히 어린 아동들에게 효과적이다. 어린 아동들에게 유도된 발견 모형을 사용할 때는 교사들은 언어적으로 가르치려는 개념과 사례를 말로 연결시키고 새로운 용어를 강조하고 명확하게 설명해야 한다.

어린 아동들은 집단에서 효과적으로 작업하려면 많은 양의 비계와 연습을 필요로 한다. 자료를 제출하거나 활동에 참여하는 절차를 명확하게 설명하는 것도 매우 중요하다.

중학생들의 활용

중학교에서 직접 교수법은 기초 대수학, 대수학, 언어학과 같은 연습이 필요한 절차적 기술을 학습하는 데 효과적 모형이다. 저학년 학생들과 마찬가지로 이해 발달 단계와 유도된 연습 단계는 성공적인 활동을 위해 필수적이다.

유도된 발견은 중학생에게 가장 효과적인 모형 중 하나이지만, 학습 활동을 하는 동안 서로를 존중하고, 예의와 상호 존중으로 대하는 규칙을 정하는 것이 이들에게 중요하다. 교사가 양질의 예시를 사용한다면, 중학생들은 생명 과학에서 대칭 동물구조와 비대칭 동물구조, 사회학에서의 문화와 같은 보다 추상적 개념을 학습할 수 있다. 유도된 발견은 여전히 구체적인 예시로 표현할 수 있는 개념을 가르치는 데 효과적 모형이다.

협동학습은 코스타 선생님이 8학년 학생들과 함께 한 수업에서 보였듯이, 직접 교수법을 보완하기 위해 효과적으로 사용할 수 있다. 협동학습은 또한 중학생들이 사회적 목표에 도달하고, 의사소통 기술, 타인 조망 능력 그리고 협력 능력을 개발하는 데 도움이 된다.

토의를 활용한 강의는 과학, 문학 및 사회과학에서의 조직화된 지식체계를 가르치는 데 효과적일 수 있지만, 강의는 짧게 하고, 이해도를 점검하는 질문을 자주 활용하는 등 전략적으로 사용해야 한다.

고등학생들의 활용

고등학생들은 일반적으로 어린 학생들에 비해 관리의 어려움은 적지만, 수동적으로 앉아 있으려고만 하는 경향성이 더 크다는 것이 문제이다. 단순히 강의만 하는 것보다는 대안으로 토의를 활용한 강의를 적용하는 것이 바람직하다.

다른 각각의 모형들은 수업목표에 따라 강의 대안으로서 효과적일 수 있다. 고등학생들은 이전 학년에서 이미 다른 모형들을 친숙하게 경험해 본 적이 있기 때문에 이러한 모형에 익숙한 경우가 많다. 학습목표에 맞추어 수업이 잘 이루어지는지 자주 점검하는 것은 여전히 필요하다.

거꾸로 수업, 플립 수업

거꾸로 수업, 플립 수업(Flipped instruction, 일반적으로 '거꾸로 교실, 플립 교실'이라고 함)은 학생들이 일반적으로 가정용 컴퓨터뿐만 아니라 스마트폰이나 태블릿과 같은 다른 장치에서도 동영상 강의를 시청하여 온라인으로 새로운 내용을 학습하도록 한다. 그런 다음, 수업 시간에 교실에서 교사가 강의하는 대신, 학생들과 상호작용하고 개별화된 맞춤형 지도를 제공하여 학생들이 스스로 문제해결 및 연습을 하여 온라인에서 학습한 내용을 적용하는 교수법이다(Coyne, Lee, & Petrova, 2017). 이것이 '거꾸로(flipped)'라는 용어의 기원이다. 교실에서 교사의 강의를 듣고 나중에 숙제를 하는 대신, 학생들은 교실 수업 시간 이외의 시간에 강의를 시청하고, 수업 시간에 숙제를 수행한다.

예를 들어, 미국 독립 전쟁으로 이어지는 사건들에 대해 설명하는 앤더슨 선생님의 수업을 생각해 보자.

앤더슨 선생님이 자신의 수업을 거꾸로 수업(플립 수업)으로 진행하려면, 수업에서 제공한 모든 정보를 담은 동영상 강의를 만들고, 이 동영상을 유튜브와 같은 전달 시스템을 통해 제공할 것이다. 학생들의 과제는 동영상을 시청하고, 다음 날 동영상에 담긴 정보에 대해 토론할 준비를 하는 것이다. 그런 다음 수업 시간에는 다음과 같은 주제에 대해 자세히 토론한다. 프렌치 인디언 전쟁 중 프랑스와 영국의 상대적 우위, 그 전쟁과 미국 독립 전쟁의 연관성, 캐나다 일부가 프랑스어로 말하는 이유 등과 같은 주제에 대해 자세히 토론한다.

마찬가지로 소설 선생님은 자신의 수업을 거꾸로 수업(플립 수업)으로 진행하고 싶다면, 수업 시간에 사용한 시연을 통해 베르누이 원리의 예시를 설명하는 동영상 강의를 만들 것이다. 그런 다음 수업 시간에는 베르누이 원리의 응용을 분석하는 데 시간을 할애할 것이다. 예를 들어, 비행기의 나는 원리, 샤워할 때 샤워커튼이 안쪽으로 움직여 다리를 감싸는 이유, 향수병의 분무기 작동 원리 등과 같은 다양한 사례의 응용을 설명하는 데 할애된다.

거꾸로 교실의 전신은 21세기 초로 거슬러 올라가지만, 이 아이디어의 주요 원동력은 MIT와 하버드 경영대학원 졸업생인 살만 칸(Salman Khan)이 2006년에 만든 비영리 교육 웹 사이트인 칸 아카데미(Khan Academy)에서 만들어졌다. 이 웹 사이트에는 유튜브에 저장된 수학과 과학, 경제, 미술사 등 다양한 주제를 가르치는 수백 개의 짧은 동영상 강의를 제공한다(Sparks, 2011). 설립 이후 수백만 명의 사람들이 칸 아카데미의 동영상을 시청했다.

거꾸로 수업(플립 수업)은 많은 관심을 받고 있으며, 일부 교육자들은 이를 혁명적이라고 묘사하기도 한다. 예를 들어, 2011년 미시간의 한 학교는 전체 수업 전달 시스템을 이 접근 방식으로 완전히 전환했다(Rosenberg, 2013). 그리고 초등학교부터 대학에 이르기까지 다양한 수준의 교실에서 거꾸로 수업(플립 수업)에 초점을 맞춘 기사들이 점점 더 많아지고 있으며 다양한 전문저널에 게재되고 있다(예: Casasola, Tutrang, Warschauer, & Schenke, 2017; Chiang & Chen, 2017; He, Holton, Farkas, & Warschauer, 2016; Olakanmi, 2017). 이 기사에서 보고된 결과는 대체로 긍정적이다(Casasola et al., 2017; Olakanmi, 2017).

거꾸로 수업과 관련 문제

모든 교육 혁신과 마찬가지로 거꾸로 수업(플립 수업)과 관련한 몇 가지 문제점이 있다. 예를 들어, 학생들이 사용 가능한 기술을 갖추지 못하여 동영상을 시청할 수 없는 경우는 어떻게 해야 할까? 또한 학생들이 동영상 강의를 시청하지 않기로 선택한다면 어떻게 해야 할까?(He et al., 2016). 그리고 상당한 물류 관리가 필요하다(Ford, 2015; Palmer, 2015). 예를 들어, 교실에서 거꾸로 수업(플립 수업)법을 사용하기로 결정한 경우— 그리고 국내의 학교 정책에서 이를 금지하지 않는 경우—동영상 강의를 준비해야 하며, 프레젠테이션 및 기술적 품질은 학생들에게 의미 있을 만큼 충분히 좋아야 한다. 그런 다음 수업에서 사용할 연습과 응용문제를 준비해야 한다. 거꾸로 수업(플립 수업)은 많은 시간과 노력을 필요로 한다.

반면, 거꾸로 수업(플립 수업)은 학습 측면에서 의미가 있다. 교실 강의와 달리 학생들은 원하는 만큼 동영상을 여러 번 시청할 수 있다. 둘째, 거꾸로 수업(플립 수업)에서 필수 수업 기술, 수업 모형 및 발표 방식은 전통적 교수법과 일치한다. 예를 들어, 교사의 열정, 집중력, 복습, 명확한 의사소통 및 종결 등은 교실에서도 수업 시간에 학생들에게 실시간으로 전달되는 강의와 마찬가지로 동영상 강의에서도 중요한 요소이다. 또한 동영상 강의는 기본적으로 직접 교수법의 학생의 이해 발달 단계와 토의를 활용한 강의에서 정보 제공 단계를 모두 적용한다. 예를 들어, 전통적인 강의에서 사용되는 마이크로소프트 파워포인트(Microsoft PowerPoint), 애플 키노트(Apple Keynote), 프레지(Prezi) 또는 구글 슬라이드(Google Slides)와 같은 프레젠테이션 소프트웨어가 사용된다면, 동영상 강의에서도 사용될 수 있다. 동영상 강의에는 유도된 발견의 측면도 통합할 수 있다. 예를 들어, 소얼 선생님은 자신의 시연을 동영상으로 제시한 다음, 수업에 했던 것처럼 다시 돌아가서 그 안에 있는 패턴을 식별하게 할 수 있다. 물론 차이점은 학생들과 상호작용 없이 모든 정보를 제공하게 되는 것이다. 그리고 마지막으로 학생들은 필요에 따라 적절하다면 집단으로 작업하면서 동영상 강의에 제시된 내용을 수업 시간에 적용할 수 있다. 동영상을 시청하지 않는 학생들에 대한 문제와 관련하여, 만약 학생들이 집에서 동영상을 시청할 의향이 없으면 전통적인 과제를 할 경향은 아마 훨씬 더 낮을 것이다 (Casasola et al., 2017; He et al., 2016). 또한 현재 대부분의 학교에서는 집에서 동영상을 볼 수 없는 학생들에게 방과 후에 동영상을 시청할 수 있는 시설을 제공한다.

마지막으로, 물류 관리에 관한 문제와 관련하여 한 번 품질 좋은 동영상 강의와 응용 자료가 준비된다면, 반복적으로 계속 활용할 수 있다. 거꾸로 수업이 지지자들이 말하는 혁명적인 혁신인지 아닌지 여부는 아직 미지수이다. 그러나 이 아이디어는 잠재력이 있는 것으로 보이며, 여러분이 수업을 시작할 때 적용 가능할 것이다.

개별화 수업*

우리 학생들은 역사상 어느 때보다도 다양해졌다. **개별화 수업**(Differentiating instruction)은 이러한 다양성에 대한 대응으로 다양한 배경지식, 기술, 필요성, 동기를 가진 학생들의 요구를 충족시키기 위해 학습 경험을 조정하는 과정이다.

개별화 수업과 관련된 두 가지 중요한 요소가 있다. 첫째, 개별화 수업은 개별 학습(individualized learning)이 아니다(Tomlinson & McTighe, 2006). 튜터링만이 진정한 형태의 유일한 개별화이며, 우리가 각 학생을 한 명 한 명 개별적으로 지도하는 것은 불가능하다.

둘째, 우리가 신중하게 수업을 계획하고 실행할 때 우리가 하는 일의 대부분은 개별화(differentiation)의 형태를 포함하게 된다. 예를 들어, 개별화 수업 지지자들은 다음을 제안한다(Parsons, Dodman, & Burrowbridge, 2013; Tomlinson, 2015).

- 추가 학습에 필요한 필수 지식과 기술을 신중하게 계획하고 세심하게 가르쳐라. 이것은 모든 형태의 효과적인 수업의 필수적인 부분이다.
- 평가를 단순히 학습을 측정하는 도구가 아니라 확장하는 도구로 사용하라. 학생들이 결론에 대한 근거를 제시하도록 하여 비판적 사고를 강조하라. 이 목표는 성취도가 낮은 학생이나 문화적 소수자들과의 수업에서 종종 간과된다.

---

* 역자 주: 차별화 수업이라고 하기도 한다.

- 모든 학습자를 적극적으로 참여시켜라. 골고루 질문하기(공평한 분배)와 협동학습은 이 목표를 달성하는 데 도움이 될 수 있다.
- 수업방법을 다양화하라. 예를 들어, 한 수업에서 직접 교수법을 사용하고, 다른 수업에서는 유도된 발견을 사용하며, 다른 수업에서는 다른 모형과 결합된 협동학습을 사용하는 것이 학생들의 다양한 요구와 관심사를 충족하는 데 도움이 된다.

이러한 제안 외에도 효과적일 수 있는 두 가지 구체적인 개별화 전략은 다음과 같다.

- 소집단 지원
- 내용 개인화

소집단 지원 소집단을 위한 추가적인 수업 지원을 제공하는 것은 가장 적용 가능하고, 실용적인 개별화 형태 중 하나이다. 예를 들어, 바넷 선생님 반의 학생들이 정수 덧셈 수업에서 독립적인 연습을 시작했을 때, 그는 캐시, 조지 그리고 제러미를 교실 뒤쪽으로 불러 그들이 반 친구들과 보조를 맞출 수 있도록 추가적인 수업 지원을 제공했다. 그는 단 세 명의 학생과 함께 작업하고 있었기 때문에 그의 수업은 개별화 전문가들이 요구하는 지원을 제공할 수 있었다.

소집단 지원을 효과적으로 실행하려면 직접 교수의 이해 발달 단계 및 유도에 의한 연습 단계를 적절히 수행하는 것이 중요하다. 나머지 반 학생들은 조용히 그리고 성공적으로 수업을 진행해야 한다. 만약 다른 학생들을 반복적으로 도와야 하거나, 과제와 무관한 행동을 다루어야 하는 경우 소집단 지원이 덜 효과적일 수 있다.

학생들의 삶과 내용을 연결하기 학생들의 삶과 내용을 연결하는 것은 수업을 개별화하는 또 다른 방법이다. 예를 들어, 바넷 선생님은 자신의 원래 문제에 학생 두 명의 이름을 넣음으로써 학생들의 삶과 내용을 연결하는 간단한 형태를 구현했다. 이렇게 하면 추가적인 노력을 필요로 하지 않으며, 학생들의 흥미와 동기를 상당히 높일 수 있는 효과가 있다(Schraw & Lehman, 2001).

학생들의 삶과 내용을 연결하려면 인식과 약간의 상상력이 필요하다. 만약 우리가 이 필요성을 인식하고 그렇게 하려고 노력한다면, 그 과정이 점점 더 쉬워진다는 것을 발견할 것이다. 결과적으로 흥미와 동기는 증진될 것이다.

다양한 학습목표, 학습 자료, 평가와 같이 수업을 개별화하는 다른 방법이 존재하지만, 이는 구현하기 매우 까다롭고 실행하기 어려운 작업이다(O'Meara, 2011).

개별화 수업 평가

개별화 수업에 대한 반응은 엇갈린다. 제대로 실행된다면, 지지자들은 학생들의 흥미를 끌 수 있고, 동기를 증가시키며, 교사들이 중요한 목표를 명확히 이해하고 학생들을 개인적으로 더 잘 이해하는 데 도움이 될 수 있다고 주장한다(Tomlinson, 2014; Tomlinson & Moon, 2013). 반면, 비평가들은 개별화 수업이 또 다른 교육적 유행이며, 그 효과를 뒷받침하는 경험적 증거가 부족하다고 주장한다. "최근 이 분야의 저명한 학자들에 의한 연구 검토에서 이 개념이 대체로 열정과 특정한 피상적인 논리에 기반하고 있음이 드러났다"(Schmoker, 2010, para. 6). 일부 비평가들은 더 나아가서 개별화 수업이 교실에서는 효과가 없다고 주장한다(Delisle, 2015).

지지자, 비평가, 그리고 이를 실행하려고 노력한 사람들은 공통적으로 수업 실행 과정의 한 측면에 동의한다. 즉, 개별화 수업은 매우 까다로운 과정이라는 점이다(Petrilli, 2011; Turner, Solis, & Kincade, 2017). 심지어 가장 저명한 지지자 중 한 명인 캐럴과 톰린슨(Carol & Tomlinson)조차도 "분명히 말하지만, 저는 개별화가 만병통치약이라고 생각한 적이 없다. 개별화 수업이 쉽지 않다는 것을 잘 알고 있다. 그럼에도 불구하고, 저는 학교에서 가르치는 것이 쉬워야 한다고 생각한 적도 없다"(Tomlinson, 2015, para. 18)라고 인정한다.

개별화 수업은 또 다른 교육적 유행일 수도 있고 아닐 수도 있지만, 확실한 것은 이 아이디어가 교육 리더들 사이에서 인기가 있다는 것이다. 그래서 초임교사로서 직장에서 교장이나 다른 학교 리더가 여러분에게 수업을 개별화할 것을 요구한다는 통보를 받는다면 이제 어떻게 해야 할까? 여기에 우리의 제안이 있다. 여러분은 실제로 개별화된 수업을 하고 있다고 주장하고, 그런 다음 이를 뒷받침하기 위해 다음과 같은 예시를 제공하라. 먼저, 모든 학생들을 수업에 참여시키고, 개별 학생들에게 질문 수준을 다르게 함으로써 수업을 개별화할 것을 제안한다. 둘째, 위에서 소집단 지원에 대해 논의에서 제안한 대로 지원이 필요한 학생들에게 추가 지원을 제공한다. 셋째, 가르치는 내용을 개인화하여 학생들의 삶과 연결시킨다. 이러한 노력들은 여러분의 수업 계획에 반영되어 실제로 개별화된 수업의 한 형태가 될 것이며, 관리하기 쉽다. 신규 교사에게 더 많은 것을 기대하는 것은 비현실적이다.

맞춤형 학습

맞춤형 학습(Personalized learning)은 "학습 속도와 교수 접근 방법이 각 학습자의 요구에 맞게 최적화된 수업"을 의미한다. 학습목표, 교수 방식 및 교육내용(및 그 순서)은 모두 학습자의 필요에 따라 달라질 수 있다(교육공학국, 2017, p. 9). 최적의 맞춤형 학습 환경에서 학습 활동은 종종 학생의 관심에 의해 자발적으로 주도되고, 학습 활동이 학습자에게 의미 있고 관련성 있게 만드는 것을 목표로 한다(Netcoh, 2017).

앞의 구체적인 정의에도 불구하고, 교사와 학교는 맞춤형 학습에 대한 개념과 적용 방식에서 크게 다를 수 있다. 일부 교사는 기술에 의존하여, 컴퓨터 소프트웨어를 통해 특정 학생의 필요, 관심 및 능력에 맞게 교육과정, 학습 속도 및 수업 방식을 조정한다(Lin, Yeh, Hung, & Chang, 2013). 다른 접근 방식은 이러한 동일한 작업을 수행하기 위해 교사의 역할에 더 많이 의존한다. 교사는 대체로 통제권을 갖고 학생의 능력과 관심사를 파악하여 각 학생별 교육과정 내용, 속도, 학습방법을 결정한다(Bray & McClaskey, 2015).

맞춤형 학습과 개별화 수업은 유사하지만, 중요한 차이점이 있다. 개별화 수업에서 학습목표는 모든 학생들에게 동일하게 유지되지만, 교수 방법은 다양하게 적용된다. 예를 들어, 개별화 수업에 대한 논의에서 개별화의 한 형태로 소집단 지원을 설명했다. 소집단에 속한 학생들은 학급의 나머지 학생들과 동일한 목표를 달성해야 하지만, 다른 학생들은 제공받지 않은 추가 설명과 연습을 받을 수 있다.

이에 비해 맞춤형 학습 환경에서 선택의 폭은 훨씬 커진다. 학생들은 내용, 목표, 목표 달성 방법에 있어 상당한 선택권을 가진다(Bray & McClaskey, 2015; Williams, Wallace, & Sung, 2016).

대부분의 교육 혁신과 마찬가지로 맞춤형 학습에도 열렬한 지지자와 열렬한 비평가가 있다. 예를 들어, 지지자들은 학생들이 학습하는 내용에 대해 더 많은 권한을 가질수록 학습이 증가하지만, 오늘날의 학교에서는 배우는 내용에 대한 선택의 여지가 거의 없다고 주장한다(Netcoh, 2017; Williams et al., 2016). 반면, 비평가들은 교사가 학생들이 배워야 할 중요한 내용에 대한 결정을 내리는 데 더 나은 위치에 있다고 반박한다(Riley & Hernandez, 2015). "교사의 역할을 학생이 대체할 수 없으며, 학생에게 필요한 것이 무엇인지 아는 것이 교사의 능력이다"(Cavanaugh, 2014, para. 37)라고 주장한다. 이 주장은 일리가 있다. 예를 들어, 공부하고 싶은 내용으로 대수학이나 기초 대수학을 선택하는 중학생이 몇 명이나 되고, 설득력 있는 에세이 쓰기를 바람직한 과목으로 선택하는 중학생은 몇 명이나 될까요? 교육 리더들에게는 둘 다 필수적인 것으로 간주되고 있다.

또한, 오늘날과 같은 기준과 책임의 세계에서 학생에게 내용과 목표에 대한 선택권을 허용하는 것은 여러 가지 문제를 야기한다. 학생들은 특정 기준을 충족해야 하고, 교사는 학생들이 특정 기준을 충족하도록 보장할 책임을 지고 있다. 기준과 책임은 오늘날 학교에서 현실의 일부이며 결코 사라지지 않을 것이다. 이로 인해 학생과 교사가 선택할 수 있는 선택권의 범위가 제한된다(Pane, Steiner, Baird, Hamilton, & Pane, 2017). 마지막으로 비평가들은 연구에서 "맞춤형 학습 지지자들에 의해 제기되는 가장 열정적인 주장을 뒷받침할 충분한 연구가 없다."고 지적한다(Herrold, 2017, para. 2).

맞춤형 학습은 좋은 이상적인 개념이지만, 광범위하게 적용하려면 엄청난 어려움이 따른다. 아마도 당분간은 여러분의 교직 생활에서 주요 부분이 되지는 않을 것이다.

기술, 학습 및 개발: 교실에서의 프레젠테이션 소프트웨어

프레젠테이션 소프트웨어(Presentation software)는 텍스트, 이미지, 오디오 및 동영상 정보를 슬라이드 쇼 형식으로 표시하기 위해 설계된 컴퓨터 소프트웨어이다(Roblyer & Hughes, 2019). 이것은 역사적으로 슬라이드 프로젝터로 제공되던 사진 슬라이드를 대체했다. 원래 비즈니스 세계에서 프레젠테이션을 지원하기 위해 최초로 설계되었지만, 스프레드시트(spreadsheet) 및 워드 프로세싱 프로그램처럼 교육 분야로 빠르게 전환되었다. 교사가 사용할 수 있는 프레젠테이션 소프트웨어의 종류도 다양하다. 다음은 그중 일부이다 (Daugherty, 2015).

- 구글 슬라이드(Google 슬라이드): 현재 교실에서 널리 사용되는 구글 슬라이드는 인터넷에 연결된 모든 기기에서 접근할 수 있는 무료 프레젠테이션 소프트웨어이다. 언제 어디서나 프레젠테이션을 만들고, 발표하고, 편집하는 데 사용할 수 있다. 자동 저장 기능이 있어 작업 내용을 잃을 가능성을 줄여 준다.
- 키노트(Keynote): 2003년에 소개된 키노트는 많은 사람들에게 맥(Mac)용 주력 프레젠테이션 소프트웨어로 여겨진다. 이 프로그램은 다른 맥 프로그램과 사진 및 동영상 통합할 수 있고, 사용하기 쉽고, 사용자 친화적이므로 업계 선두 주자이다.
- 프레지(Prezi): 이 소프트웨어는 '비선형 프레젠테이션'을 허용하기 때문에 발표자가 다른 프로그램과 달리 한 번에 한 슬라이드씩 앞뒤로 이동할 필요 없이 발표 슬라이드의 어떤 부분으로든 쉽게 이동할 수 있다는 점에서 인기가 있다.
- 파워포인트(PowerPoint): 파워포인트는 30년 이상 사용되어 왔으며 일반적으로 업계 표준으로 간주된다. 일부 추정에 따르면, 매일 전 세계 어디에서나 파워포인트를 사용하여 3천만 건의 프레젠테이션이

진행되고 있는 것으로 나타났다. 그 광범위한 사용으로 인해 파워포인트라는 이름은 종종 프레젠테이션 소프트웨어와 같은 의미로 사용된다. 마치 크리넥스라는 브랜드 이름이 페이스 티슈를 대신해 사용되거나 제록스가 복사기 대신 사용되는 것처럼 말이다.

프레젠테이션 소프트웨어는 주제에 대한 생각을 체계적으로 정리하는 데 도움이 되고, 구두 발표에 시각적 보조 자료를 제공하기 때문에 교실에서 매우 인기가 높으며, 때로는 교육 문제로 이어질 수도 있다. 프레젠테이션 소프트웨어에 발생하는 잠재적 문제의 예를 살펴보겠다.

이 장의 앞부분에서는 앤더슨 선생님이 토의를 활용한 강의를 사용하여 학생들이 미국 혁명으로 이어지는 사건을 이해하는 데 도움을 주는 방법을 살펴보았다. 이제 비슷한 정보를 가르치는 또 다른 미국 역사 교사인 잭 윌슨(Jack Wilson)을 살펴보자.

윌슨 선생님은 주제를 소개한 다음, "미국 식민지 주민들이 처음에 왜 전쟁에 참여하게 되었는지 알아야 한다." …… 여러 가지 원인이 있었는데, 오늘은 그것들을 살펴볼 것이다."라고 말한다.

그런 다음 그는 컴퓨터에서 파워포인트를 실행하고 다음과 같은 정보를 화면에 표시한다.

- 프렌치 인디언 전쟁(1754~1763)
  이 전쟁은 영국에게 큰 비용이 들었으며, 영국은 식민지를 통해 전쟁 비용의 일부를 충당하려 했다.

"여기서 모든 것이 시작되었다." 그는 화면에 표시된 내용을 가리키며 말한다. "프렌치 인디언 전쟁은 영국에게 엄청난 비용을 초래했기 때문에 전쟁으로 인한 부채를 상환하기 위해 추가 수입을 마련할 방법을 알아내야 했다."

윌슨 선생님은 학생들이 화면에 표시된 정보를 빠르게 적어내는 것을 지켜보고, 그런 다음 그는 다음 슬라이드를 보여 주며, 슬라이드마다 간략한 설명을 한 다음 학생들에게 그 정보를 적을 시간을 주는 방식으로 진행한다.

- 영국 새로운 세금 부과(1764)
  영국은 식민지 주민들을 보호하기 위해 많은 비용을 지출하고 있다고 생각했으므로 북미에 영국군을 주둔시키는 데 드는 비용을 충당하기 위해 새로운 세금을 부과했다.

- 보스턴 대학살(1770)
  식민지 주민들의 조롱에 대응하여 영국 병사들이 다섯 명의 식민지 주민들을 살해했다. 이 사건은 식민지 주민들의 여론을 영국에 불리하게 반대하는 쪽으로 돌아서게 했다.

- 보스턴 차 사건(1773)
  차 무역에 대한 독점권을 부여하는 법안에 반발하여 식민지 주민들은 엄청난 양의 차를 보스턴 항에 버렸으며, 이는 독립 전쟁으로 이어진 가장 유명한 사건들 중 하나이다.

윌슨 선생님은 슬라이드를 보여 주고, 설명을 한 다음 학생들에게 정보를 적을 시간을 준 후 다음과 같이 수업을 요약한다. "미국 독립 전쟁에 대한 토론을 시작하기 전에 이러한 사건들을 염두에 두자. 우리는 내일부터 전쟁 자체에 대한 토론을 시작할 것이다."

익숙한 장면인가? 우리 모두는 발표자나 강사가 프레젠테이션 소프트웨어를 사용하여 정보를 보여 주고, 그것을 우리에게 읽어 주며 그것을 받아 쓸 수 있도록 시간을 주었던 경험이 있다. 월슨 선생님은 이런 패턴에 빠졌다. 그는 미국 독립 전쟁으로 이끄는 사건들에 대한 토론에 학생들을 참여시키는 대신, 중요한 원인을 일련의 글머리 기호의 요점으로 줄이고, 학생들은 단지 인지적으로 수동적인 과정인 정보를 단순히 받아 쓰기만 했다. 이는 프레젠테이션 소프트웨어를 효과적으로 사용하는 것이 아니다.

교사들은 학생과의 수업에서 점점 더 많은 기술을 사용하고 있으며, 월슨 선생님의 경우와 같이 프레젠테이션은 특히 중등학교 및 대학 수준에서 가장 널리 사용되고 있는 기술 중의 하나이다(Hill, Arford, Lubitow, & Smollin, 2012; Lawson, 2013). 그러나 일부 전문가, 학교 관리자, 심지어 교사조차도 이러한 프레젠테이션의 효과에 의문을 제기하기 시작했으며, 이는 학생들을 참여시키고 고차원적 사고를 가르치려는 노력과는 일치하지 않는다고 주장한다(Roblyer & Hughes, 2019). 더 나아가 이러한 기술들은 유도된 발견과 같은 학생 중심 수업 형태를 사용하는 데 방해가 된다고 주장한다(Hill et al., 2012). 파워포인트는 광범위한 사용으로 인해 특히 가혹한 비판을 받아 왔다.

"매일, 미국 전역의 모든 캠퍼스, 모든 도시에서 교수들은 파워포인트 슬라이드를 한 단어, 한 단어 그대로 읽기 때문에 파워포인트로 인해 수업에 집중하지 않고, 심지어 수업 시간에 졸기 일쑤인 무기력한 학생들이 있다"(Lawson, 2013, p. 2). 비록 이 인용문은 다소 과장되었을 수도 있지만, 우리 대부분은 이와 비슷한 경험을 해 본 적이 있다.

프레젠테이션 소프트웨어 자체가 문제가 아니라 오히려 자주 사용되는 방식이 문제이다. 발표자는 정보를 수집하고 요약하며 프레젠테이션의 방향과 시간을 결정하는 등 모든 작업을 수행한다(Isseks, 2011).

학습 관점에서 볼 때 일반적으로 사용되는 프레젠테이션 소프트웨어는 강의 경험과 유사하게 학습자를 인지적으로 수동적인 역할을 하도록 두는 경향이 있다. 학습자는 질문을 할 수 있지만 대개 슬라이드의 정보를 명확히 하기 위한 것뿐이다.

프레젠테이션 소프트웨어의 매력은 충분히 이해할 만하다. 정보를 슬라이드에 쉽게 복사할 수 있고, 슬라이드가 강의를 정리해 주기 때문에 교사의 인지적 부담이 획기적으로 줄어든다. 더 나아가 고난도 시험 시대에 이러한 프레젠테이션은 내용을 '포괄'하는 데 효과적이며, 이렇게 하는 것이 가르치는 것과 동일하다는 착각을 만들어 낸다(Isseks, 2011).

프레젠테이션 소프트웨어를 효과적으로 사용하기

앞에서 언급한 비판점 중 어느 것도 프레젠테이션 소프트웨어가 교육에 사용되어서는 안 된다는 것을 의미하는 것은 아니다. 문제는 우리가 그것을 어떻게 사용하는가에 있다. 인터넷에서 제공되는 사용 가능한 정보와 결합하면, 프레젠테이션 소프트웨어는 강력한 학습 도구가 될 수 있다. 다음의 두 가지 제안이 도움이 될 수 있다.

첫째, 글머리 기호로 된 요점 목록의 수를 줄이고, 사진, 동영상, 다이어그램, 지도를 포함하여 학생의 흥미와 사고를 자극하라. 예를 들어, 지구과학 교사인 짐 노튼(Jim Norton)은 로키산맥과 애팔래치아산맥을 구글에서 검색하고, 상세하고 다채로운 컬러 사진을 구글 슬라이드에 다운로드하여 젊은 산과 성숙한 산의 특징을 설명하는 데 사용했다. 그는 젊은 강과 오래된 강과 같은 다른 지형에 대해서도 동일한 작업을 수행했으며, 이를 사용하여 각 개념의 구체적이고 상세한 개념의 예시를 제공했다.

둘째, 프레젠테이션을 상호작용적으로 만들어라. 예를 들어, 노튼 선생님은 로키 산맥과 애팔래치아 산맥의 슬라이드를 보여 주고, 학생들에게 관찰을 통해 두 산맥 사이의 차이점을 파악하고 그 차이에 대한 가능한 이유를 제시하도록 했다. 그의 학생들은 단순히 글머리 기호로 된 주요 요점 목록을 수동적으로 보고 거기에 표시된 정보를 기억하려고 노력하는 대신에 일종의 탐구 활동에 참여했다. 다른 제안으로는 슬라이드에 질문을 삽입하여 학생들이 내용에 대해 생각하고, 아이디어를 연결하도록 유도하는 방법이 있다(Valdez, 2013).

프레젠테이션 소프트웨어를 효과적으로 사용하면 노튼 선생님과 그의 학생들의 사례에서 보았듯이 학습을 향상시킬 수 있다. 또한 노튼 선생님은 모든 내용을 USB 플래시 드라이브에 저장할 수 있기 때문에 해당 주제를 다음에 가르칠 때 쉽게 검색, 수정하고 프레젠테이션을 개선하기에 용이하다.

파워포인트의 효과성을 살펴본 대규모 연구에서 연구자들은 소프트웨어 자체가 학습에 긍정적이든 부정적이든 거의 영향을 미치지 않았으며, 거의 전적으로 어떻게 사용되었는지 사용 방식에 의존한다는 것을 발견했다(Jordan & Papp, 2013). 어떤 수업 모형, 전략 또는 도구가 학생의 학습을 촉진하는 데 얼마나 효과적인지는 교사들의 전문적 판단과 역량에 달려 있다.

효과적인 수업의 신경과학

앞서 우리는 필수 수업 기술과 수업 모형이 모두 연구에 의해 뒷받침된다고 언급했다. 게다가 이들은 신경과학에 근거를 두고 있다. 어떻게 그런지 살펴보자.

뇌는 본능적으로 패턴을 찾는 기관이다. "뇌는 끊임없이 연결을 형성하고 연결짓고 있다. 궁극적으로 아이디어를 결합하고, 통합함으로써 우리에게 도움이 되는 '삶의 준비'를 위한 지식의 종합체를 창출해 낸다"(Scalise & Felde, 2017, p. 121). 따라서 수업은 우리가 가르치는 모든 것에서 학생들이 패턴을 찾고 연결할 수 있도록 도와야 하며, 여기에 필수 수업 기술이 적용되는 곳이다. 이 논의에서 우리는 복습, 초점 맞추기, 질문, 피드백, 종결 및 적용과 같은 필수 수업 기술을 지원하는 신경과학을 살펴볼 것이다. 이러한 기술들은 각각 뇌가 학습을 강화하려는 본능적인 방식으로 연결을 찾고 형성하는 방식에 기반을 두고 있다.

예를 들어, 복습을 할 때, 우리는 학생들이 새로운 지식을 이미 알고 있는 지식과 연결하도록 돕는다. 새로운 아이디어와 이전 아이디어가 통합되면서 학습을 통합하는 신경 경로가 더욱 견고하게 구축된다. 따라서 복습은 뇌가 본능적으로 기능하는 방식을 지원한다.

초점 맞추기도 두뇌 기능과 일치한다. 우리의 감각은 끊임없이 엄청난 양의 자극에 노출되지만, 학습을 위해서 습득하려는 지식이나 기술과 관련된 자극에만 연결하는 것을 의미한다. 예를 들어, 축구에서 정확한 코너킥을 실행하기 위해 뇌가 정확한 순간에 발로 신호를 보내야 하며, 상대 선수, 소음, 경기장 위치, 바람 및 태양과 같은 요소는 무시되어야 한다. 모든 학습에도 동일한 원리가 적용된다. 예를 들어, 로드리게스 선생님과 케프너 선생님의 학생들은 동명사와 분사의 의미를 이해하기 위해 공부하고 있는 구절에서 동사 형태에 초점을 맞추고 무관한 정보를 무시해야 했다. 그런 다음 그들은 동사 형태를 나타내는 품사인—명사와 형용사—에 연결했다. 이 초점 맞추기가 없었다면 뇌가 본능적으로 찾고자 하는 연결 형성하기는 불가능했을 것이다.

질문하기는 학생들이 개별 정보 항목을 연결하고 결합할 수 있도록 돕는 도구이다. 연결을 형성하는 것이 목표라는 것을 인식하는 것은 우리가 어떤 종류의 질문을 해야 하는지 방향성을 제시해 준다. 예를 들어, 케프너 선생님은 다음과 같은 세 개의 짧은 구절을 제시했다.

I'm running three miles on Mondays, Wednesdays, and Fridays now. I'm walking four miles a day on Tuesdays and Thursdays. And I'm relaxing on Saturdays and Sundays.
(나는 지금 월요일, 수요일, 금요일에 3마일을 달리고 있다. 화요일과 목요일에는 하루에 4마일을 걷고 있다. 그리고 토요일과 일요일에는 휴식을 취하고 있다.)

Running is the best form of exercise that exists, I think. But, walking is also good, and it's easier on my knees. Relaxing a couple days a week also helps my body recover.
(달리기는 현존하는 최고의 운동이라고 생각한다. 하지만 걷는 것도 좋고 무릎에 부담이 적다. 일주일에 이틀 정도는 휴식을 취하는 것도 몸 회복에 도움이 된다.)

My running times have gone down since I've lost some weight. I have some new walking gear, so I look decent out on the road. Both make my relaxing environment just that much more pleasant.
(살이 좀 빠진 이후로 달리기 시간이 더 빨라졌다. 새로운 워킹 장비가 생겨서 길에서도 멋지게 보인다. 이 두 가지가 모두 나의 휴식 환경을 더 쾌적하게 만들어 준다.)

케프너 선생님은 학생들에게 관찰하게 한 결과, 학생들은 결국 세 가지 패턴을 발견하게 되었다. 첫 번째 문단에서는 동사 형태가 동사로 사용되었고, 두 번째 문단에서는 명사로, 세 번째 문단에서는 형용사로 사용되었다. 패턴을 찾는 것이 바로 뇌가 본능적으로 시도하는 것이다. 이것은 또한 유도된 발견이 제대로 수행될 때 설명식 교수법보다 더 깊은 이해로 이어진다는 연구 결과를 이해하는 데도 도움이 된다. 이러한 과정은 우리의 두뇌가 본능적으로 작동하는 방식과 일치한다.

피드백은 우리의 뇌에 형성하고 있는 신경 연결이 유효한지 여부를 알려 주는 정보를 제공한다. 예를 들어, 제9장에서 학습자들이 일반적으로 ly로 끝나는 단어는 부사라고 생각한다는 것을 살펴보았다. 이러한 오개념을 뒷받침하는 경험이 있으면 신경 연결이 형성된다. 신경 연결이 너무 견고하게 형성되기 전에 피드백은 이러한 신경 연결을 제거하고, 대신 유효한 연결을 형성하는 데 도움을 준다. (이러한 연결은 나쁜 습관을 고치기 어려운 이유를 이해하는 데 도움이 된다. 일단 한번 신경 연결이 형성되면 이러한 연결고리를 제거하고 새로운 연결을 형성하는 데는 많은 노력이 필요하다.)

종결과 적용은 내용의 추가 연결고리를 형성하여 두뇌의 본능적인 활동을 지원하는 신경 연결을 더욱 강화시킨다. "효과적인 학습을 위해서는 지식은 뇌에서 '조건화'되어야 한다. 즉, 학습한 내용은 새로운 지식이 유용한 상황과 명확하게 연관되어야 한다"(Scalise & Felde, 2017, p. 28). 예를 들어, 앤더슨 선생님은 학생들이 프렌치 인디언 전쟁과 미국 독립 전쟁 사이의 관계를 파악하는 데 도움을 주었을 때, 또는 로드리게스 선생님과 케프너 선생님이 학생들로 하여금 동사 형태를 적절하게 사용하는 문단을 쓰게 했을 때, 학생들은 자신이 공부하던 내용에서 연결고리를 형성하도록 했다. 각 사례의 과정은 정확히 뇌가 본능적으로 시도하는 과정이다. 이것이 바로 '뇌 기반' 교육의 핵심이다.

교실과의 연계

학습에서 수업 모형을 효과적으로 사용하기

직접 교수법

1. 직접 교수법은 도입과 복습, 이해 발달, 지도에 의한 연습과 개별 연습 단계를 포함한다. 이해를 강조하고 자동화를 발달시키기 위한 연습을 제공하라.

• **초등학교**: 4학년 교사는 소유격에 대한 수업에서 먼저 단수와 복수의 소유격의 차이를 설명한 후, 학생들에게 다음 문장에 소유격을 나타내는 적절한 구두점을 넣어서 완성하도록 했다.

  The students books were lost when he forgot them on the bus.
  The students books were lost when they left them on the playground.
  Who can describe the boys adventure when he went to the zoo?
  Who can describe the boys adventure when they swam in the river?

그런 후 그는 학생들이 단수와 복수의 소유격 모두가 포함된 문단을 쓰도록 했다.

• **중학교**: 백분율과 소수점 단원에서 한 수학교사는 주립 대학교의 스타 쿼터백(star quarterback)이 지난 토요일 경기에서 21개의 패스 중 14개를 성공했다고 언급했다. "그것이 무엇을 의미하니? 잘한 것일까? 못한 것일까? 그것은 상대팀 쿼터백이 17개 패스 중 12개를 성공한 것보다 더 잘한 것일까?" 라고 그녀는 물었다. 그녀는 학생들에게 백분율 계산하는 법을 설명한 후 다른 실생활 문제에서 백분율을 구하는 연습을 하도록 했다.

• **고등학교**: 9학년 지리 교사는 지도와 일련의 구체적 질문을 사용하여 학생들이 그들이 사는 도시의 경도와 위도를 찾는 과정을 '안내하면서' 도왔다. 그런 다음 그는 학생들에게 다른 도시들의 경도와 위도를 찾는 연습을 시켰고, 경도와 위도 좌표 세트에서 가장 가까운 주요 도시를 찾는 연습도 하게 한다.

토의를 활용한 강의

2. 토의를 활용한 강의는 도입과 복습, 정보 제공 단계, 이해도 점검과 통합으로 이루어진다. 정보 제공은 짧게 하고 높은 수준의 상호작용을 사용하여 학생들의 주의를 유지하고 도식 형성을 촉진하라.

• **초등학교**: 1학년 교사는 학생들이 가축과 반려동물 간 유사점과 차이점을 알게 되기를 원한다. 이를 위해 그녀는 두 종류의 동물 사진을 큰 차트로 만든다. 학생들이 두 종류의 동물에 대해 토의하는 동안, 교사는 학생들에게 두 집단의 동물 사이의 유사점과 차이점을 확인하는 질문을 계속한다.

• **중학교**: 미국사 교사는 19세기와 20세기 초의 이민에 대해 이야기하면서 과거의 이민자 집단과 현재의 플로리다주 마이애미의 쿠바계 주민 및 텍사스주의 산 안토니오시의 멕시코계 이민자를 비교한다. 그는 학생들에게 이민자들이 직면하게 되는 어려움과 미국 삶의 방식으로의 동화되는 비율과 관련하여 두 집단 간 유사점과 차이점에 대해 요약하도록 한다.

• **고등학교**: 생물 교사는 세포 안팎의 액체 투과와 관련한 정보를 제공하면서, 그 과정에서 여러 개념들을 식별하고 도해를 사용하여 설명한다. 대략 3분간 설명을 마친 후, 그녀는 정보를 제공하는 것을 멈추고 질문한다. "한번은 낮은 침투압의 용액에 다음번에는 높은 침투압의 용액에 세포를 담근다고 생각해 보자. 이 두 경우의 차이는 무엇인가? 각각의 경우 세포에는 어떤 일이 일어나는가?"

유도된 발견

3. 교사들이 유도된 발견 수업 모형을 사용할 때 그들은 학생들에게 사례를 제시하고 학생들이 지식을 구성하도록 안내한다. 학생들이 주제를 이해하는 데 필요한 모든 정보를 포함하는 사례를 제공하고 학생들의 상호작용을 유도한다.

- **초등학교**: 5학년 교사는 뱀과 거북이를 교실로 가지고 와서 파충류에 대한 단원을 시작한다. 그는 도마뱀, 악어, 바다거북의 원색 사진을 함께 보여 준다. 그는 학생들이 동물과 사진들에 대해 묘사하게 했고 파충류의 중요한 특성을 이해할 수 있도록 학생들을 이끌었다.

- **중학교**: 7학년 영어 교사는 문단의 맥락에 따른 단수와 복수 명사의 소유격에 대한 사례를 소개한다. 그런 다음 그녀는 학생들이 특정한 문장에서 왜 구두점이 사용되어야 하는지에 대한 이유를 설명하도록 토의를 이끌어 낸다. 예를 들어, "The girls' and boys' accomplishments in the middle school were noteworthy, as were the children's efforts in the elementary school" 와 같은 문장을 예를 들 수 있다.

- **고등학교**: 세계사 교사는 다음과 같은 일화를 학생들에게 제시한다.:

  당신은 고고학 팀의 일원이며, 한 유적지에서 몇 개의 창촉을 발견했다. 오래된 연식에도 불구하고 창촉은 단단한 돌에서 정밀하게 깎인 것으로 여전히 매우 날카롭다. 당신은 또한 몇 개의 소와 양의 두개골과 거칠게 짜인 천 조각으로 보이는 섬유 일부를 발견했다.

  그런 다음 교사는 이 유물들이 신석기 시대의 사회상을 대표한다고 결론짓도록 학생들을 안내했다.

협동학습

4. 협동학습은 학생들이 함께 협력하여 학습목표에 도달해야 한다. 집단들에게 명확한 방향을 제시하고, 학생들이 작업하는 것을 주의 깊게 관찰하라.

- **초등학교**: 2학년 교사는 학년 초에 수학의 짧은 단어 문제를 집단으로 나누어 협력하여 함께 풀게 한다. 학생들이 협력하지 않으면 그녀는 집단 활동을 중지시키고, 즉시 학급 전체와 이 문제에 대해 논의한다.

- **중학교**: 생물교사는 학생들이 단세포 동물의 특성, 세포 기관과 서식지에 대한 질문을 만들고 답하도록 했다. 그는 두 명으로 이루어진 각 짝들이 주기적으로 더 의미 있는 질문을 하도록 제안을 했다.

- **고등학교**: 기하학 교사는 짝으로 이루어진 학생들이 정교화 협동 모형을 사용하여 증명 문제를 풀도록 했다. 학생들이 어려움을 겪을 때 교사는 학생들이 계속하여 진도를 나갈 수 있도록 힌트를 제공했다.

5. 협동학습은 집단의 상호 의존성에 중점을 두기 때문에 서로 다른 배경을 지닌 학생들 간의 바람직한 상호작용을 촉진할 수 있다. 학습자의 다양성이 학급에 제공하는 풍요로움을 이용하기 위해 협동학습 집단을 활용하고 집단 협력을 요구하는 과업을 설계하라.

- **초등학교**: 2학년 교사는 새 학년이 된 지 3주가 되기를 기다려 협동학습 집단을 구성한다. 그 기간 동안 그녀는 학생들을 관찰하고 그들의 흥미, 재능, 친구관계에 대한 정보를 수집한다. 그 후 그녀는 이 정보를 활용하여 각 집단을 어떤 학생들로 구성할지에 대한 결정을 내린다.

- **중학교**: 6학년 수학교사는 협동학습 집단을 활용하여 단어 문제들을 연습하게 한다. 그는 학급을 두 명으로 구성된 짝, 가능한 한 소수민족 학생과 주류민족 학생으로 구성된 짝, 특수교육이 필요한 학생과 그렇지 않은 학생으로 구성된 짝, 그리고 남학생과 여학생으로 구성된 짝으로 반을 구성한다.

- **고등학교**: 영어교사는 학생들이 네 명씩 집단을 이루어 서로의 글에 피드백을 제공하도록 한다. 교사는 모든 집단이 남학생과 여학생, 소수민족과 주류민족, 혹은 특수교육이 필요한 학생과 그렇지 않은 학생의 수가 같게 구성되도록 모든 집단을 구성한다.

평가와 학습: 평가를 학습 도구로 활용하기

13.4 효과적인 평가의 핵심적인 특성을 확인할 수 있다.

계획에 관한 논의에서 수용 가능한 증거—평가—를 계획 과정 중에 식별하는 것이 역방향 설계의 중요한 필수 요소임을 확인했다. 이는 학생들이 학습목표를 달성했는지 여부를 판단하는 데 필수적이다. 이러한 개념을 설명하기 위해 소얼 선생님이 학생들과 함께 사용한 평가를 좀 더 자세히 살펴보자.

수업에 사용한 두 장의 종이를 묘사한 그림을 살펴보자. 무엇이 두 장의 종이가 서로 더 밀착되도록 했는지 이유를 설명하라. 두 장의 종이 사이로 입바람을 불었을 때 공기의 흐름이 어떻게 흘렀는지 보여 주는 그림을 그려라. 수업 중 우리가 했던 것처럼 그림에 힘을 표시하고 명명하라.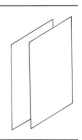

종이 사이의 공기 흐름에 대한 두 학생의 그림 묘사를 검토해 보자.

학생들의 응답은 효과적인 평가의 중요한 특성을 보여 준다.

평가는 학생이 사고 과정을 보여 주는 정보를 제공해야 한다(Chappuis & Stiggins, 2017). 예를 들어, 그림에서 보여진 응답은 학생들이 종이를 바깥쪽에서 안으로 미는 종이 외부의 힘(압력)이 종이를 밖으로 미는 종이 사이의 힘(압력)보다 더 크다고 결론지었음을 보여 준다. 그러나 수업에서 이미 이 결론을 강조했기 때문에, 이것이 학생들의 이해도를 평가하는 데 큰 도움이 되지 않는다.

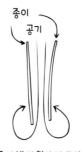

종이 밖의 힘이 더 크다 공기가 종이를 안쪽으로 움직이도록 했다.

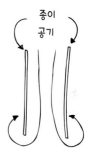

공기는 종이를 안으로 민다.

공기 흐름을 스케치한 학생들의 그림과 연계된 설명이 더 많은 정보를 제공한다. 그들은 종이의 아래쪽을 돌아 흐른 공기가 종이를 밀착하게 밀었다고 결론 내렸으며, 이것은 오개념을 보여 준다. 사실 종이가 서로 가까워진 이유는 종이 표면 위에서 움직이는 공기의 속도가 빨라지면서, 아래 그림과 같이 (종이 간 안쪽의) 종이 표면에 작용하는 압력이 감소하고, 종이 바깥쪽에 있는 정지된 공기가 종이들을 서로 밀어냈기 때문이다. 이것이 베르누이의 원리를 적용한 것이다.

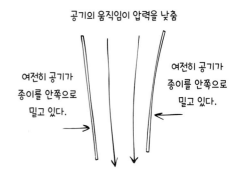

공기의 움직임이 압력을 낮춤

여전히 공기가 종이를 안쪽으로 밀고 있다.

여전히 공기가 종이를 안쪽으로 밀고 있다.

만약 소얼 선생님의 평가에서 글과 그림으로 된 설명을 모두 요구하지 않았다면, 그는 학생들이 수업 중에 오개념을 형성한 사실을 알지 못했을 것이다. 효과적인 평가는 이와 같이 교사가 학생들의 잘못된 오개념을 직접 확인할 수 있는 기회를 제공한다. 이러한 응답에 대하여 자세한 논의와 함께 부가적인 예시(예를 들어, 공기는 모든 방향으로 압력을 가하고 공기 분자를 포함함 모든 물체는 자신에게 힘이 가해지지 않는 한 일직선으로 움직인다는 것을 보여 주는)를 드는 것은 과학에서의 기본 원리에 대한 학생들의 이해를 크게 확장시킬 것이다. 사실 평가 후에 이 원리를 가르치는 것은 미리 이 원리를 가르치려 애쓰는 것보다 더 많은 학습이 일어나게 한다. 이는 학생들의 평가에 응답하는 것이 학습을 위한 맥락과 동기 모두를 제공하기 때문이다. 이상적으로 모든 평가는 학습을 확장하는 유사한 기회를 제공한다.

소얼 선생님의 수업은 과학 수업이었으므로 다른 내용 영역의 예시를 살펴보겠다.

제9장에서의 오개념에 대한 논의에서 우리는 학습자들이 형용사는 항상 수식하는 명사 앞에 오고 부사는 ly로 끝나는 단어라고 일반적으로 믿는다는 것을 살펴보았다. 이 가능성을 고려하여 학생들이 이러한 오개념을 제거했는지 확인하기 위해 다음과 같은 평가를 설계할 수 있다.

다음 문단에서 각 형용사에 밑줄을 긋고, 각 부사에 동그라미를 치세요.

> Madison and Sloan prepared to meet their friends, Bradley and Noah. "We'll go quite soon," Madison comments, "because Noah is somewhat busy, and we'll quickly run into heavy traffic. Driving will become hazardous, so we might have a full experience that's exciting."

예를 들어, 이 연습에서 학생들은 'busy', 'heavy', 'hazardous', 'full', 'exciting'이 형용사이고, 'quite', 'soon', 'somewhat' 및 'quickly'는 부사임을 구분해야 한다. 예를 들어 형용사인 'busy', 'hazardous', 그리고 'exciting'은 수식하는 명사 뒤에 오고, 부사인 'quite', 'soon', 'somewhat'는 'ly'로 끝나지 않는 부사이다. 이 평가는 학생들이 문단에서 이러한 품사를 어느 정도 인식하는지를 확인하게 해 준다. 학생들이 인식하지 못하는 경우 오개념을 바로잡는 데 도움이 되는 추가 예시를 제공할 수 있다. 이 연습과 소얼 선생님이 사용한 연습은 모두 학생들의 현재 수준의 이해도를 평가하고 연구자들이 '시험효과(testing effect)'라고 부르는 것을 통해 추가적인 학습에 기여한다. "학생들이 새로운 정보를 습득할 때, 저난이도 시험과 간헐적인 퀴즈를 사용하여 학습을 향상시킬 수 있다는 증거가 늘고 있다"(Scalise & Felde, 2017, p. 223).

모든 교실 학습에도 동일한 원리가 적용된다. 우리는 흔히 평가를 시험을 치르고 성적을 부여하는 것으로 생각하는 경향이 있지만, 평가는 그 이상이다. 이것은 전체 교수-학습과정의 필수적인 부분이며, 학습을 촉진하는 가장 강력한 도구 중 하나이다(Chappuis & Stiggins, 2017).

제13장 요약

1. 기준 기반 환경에서의 수업 계획을 포함하여 수업 계획 단계를 설명하시오.

- 역방향 설계(Backward Design)는 학습목표를 식별하고, 학습목표가 얼마나 달성되었는지를 판단하는 데 사용되는 증거(평가) 및 계획 과정에서 학습 경험을 파악하는 체계적인 수업 계획 접근 방식이다.

- 역방향 설계를 사용할 때 수업 계획은 학습목표, 수용 가능한 증거 및 학습 활동의 순서로 계획하는 반면, 전통적인 계획에서는 주로 학습목표와 평가 증거에 대한 명확한 고려 없이 활동이나 내용의 범위에만 집중하는 경향이 있다.

- 역방향 설계는 학습목표, 학습 활동 및 평가가 일관성을 유지하도록 도우며, 이는 수업이 일치되도록 보장한다.

- 인지 영역의 학습목표는 단순한 암기 정보 이상의 것에 초점을 맞춰야 한다.

- 기준을 사용하여 수업을 계획할 때, 교사들은 먼저 기준을 해석한 다음 학생들이 이 기준에 이르도록 돕는 학습 활동을 설계하고, 기준이 충족되었는지를 확인할 수 있는 평가를 고안할 필요가 있다.

2. 수업 계획 실행 과정을 설명하고 효과적인 교사의 개인적 자질과 필수 수업 기술을 어떻게 통합하는지 설명하시오.

- 수업 계획을 실행하는 것은 계획 수립 과정에서 내린 결정을 실제로 실행에 옮기는 과정이다.

- 학습 활동은 학생들이 목표를 달성하도록 돕기 위해 제공하는 모든 경험과 조치를 포함한다. 여기에는 예시 제시, 학생에게 질문하기, 집단 작업 안내, 평가 완료 및 피드백 제공, 그리고 학생들이 학습목표를 달성하는 데 도움이 되는 모든 활동들이 포함된다.

- 효과적인 교사의 개인적인 자질에는 높은 개인 교수효능감, 즉 학생들의 학습에 대한 책임감을 가지고 그것을 증진시킬 수 있다는 믿음, 본보기 되기, 열정과 학생 성취 및 행동에 대한 높은 기대감, 그리고 배려(청소년들의 보호와 성장을 위한 헌신) 등이 포함된다.

- 필수 수업 기술은 모든 교사들, 특히 교육경력이 짧은 초임교사들이 학생들의 학습을 극대화하기 위해 갖추어야 하는 전문적 능력이다. 이러한 필수 수업 기술에

는 효율적으로 조직하고, 명확하게 의사소통하며, 학생의 주의를 끌고 유지하며, 유익한 피드백을 제공하고, 간결한 복습을 제시하는 능력이 포함된다.

- 효과적인 질문은 중요한 필수 수업 기술 중의 하나이다. 효과적인 질문하기의 특징은 질문의 빈도가 높고, 모든 학생에게 질문을 골고루 하며, 학생들이 대답하지 못할 때 도움말을 주어 촉진하고, 학생들이 자신들의 대답에 대해 생각할 충분한 시간을 주는 것 등이 포함된다.

3. 수업 모형을 설명하고, 수업 모형과 필수 수업 기술과 수업 모형 간 관계를 설명하시오.

- 필수 수업 기술은 모든 수업 모형을 지원하며 모든 수업 모형에 통합된다.

- 직접 교수법은 학생들에게 추후 학습을 위해 필요한 지식과 필수 기술을 가르치기 위해 고안된 수업 모형이다.
  교사들은 네 가지 단계로 직접 교수를 수행한다. 이것은 ① 도입 및 복습: 학생의 주의를 이끌어 내고 사전 지식을 활성화하기 위한 단계, ② 이해 발달: 기술에 대한 선언적 지식을 습득하는 단계, ③ 지도에 의한 연습: 절차적 지식을 개발하기 시작하는 단계, ④ 개별 연습: 기술을 자동화할 수 있도록 더 발전시키는 단계로 구성된다.

- 토의를 활용한 강의는 학생들이 조직화된 지식체계를 획득하는 데 도움을 주기 위해 설계된 수업 모형이다. 이것은 ① 도입과 복습: 학생들의 관심을 이끌어 내고, 사전 지식을 활성화하기 위한 단계, ② 정보 제공: 지식을 제공하기 위한 단계, ③ 이해도 점검: 학생들의 인식을 점검하기 위한 단계, ④ 통합: 도식 형성을 촉진하는 단계로 구성된다.

- 유도된 발견은 학생들이 개념과 개념 간 관계를 학습하도록 돕는 수업 모형이다. 이것은 ① 도입과 복습: 학생들의 주의를 끌고 기존 지식을 활성화하는 단계, ② 개방된 결론: 학생들이 사례를 관찰하는 단계, ③ 수렴: 교사가 유형을 확인하고 도식을 형성을 시작하도록 돕는 단계, ④ 종결: 교사의 도움을 받아 도식 형성을 완성하고 학습목표를 명확히 하는 단계, ⑤ 적

용: 학습한 내용의 전이를 촉진하도록 돕는 단계로 구성된다.

- 협동학습은 특정 학습목표를 달성하기 위해 집단 상호작용을 활용하는 일련의 수업 모형이다. 교사는 학습자들이 이해한 내용에 대한 개별적 책임을 지우며 학습자는 목표 달성을 위해 서로 의지해야 한다.
- 개별화 수업은 배경지식, 기술, 필요 및 동기가 다른 학생들의 요구를 충족시키기 위해 수업을 조정하는 과정이다.

4. 효과적인 평가의 필수적 특성을 확인하시오.

- 생산적인 학습 환경은 평가 중심적이다. 이것은 평가가 교수–학습과정에서 필수적 부분이며 학습목표와 학습 활동이 일치한다는 것을 의미한다.
- 효과적인 평가는 교사에게 학생들의 사고 과정에 대한 정보를 제공하며, 교사와 학생 모두가 학습 진행 상황에 대한 피드백으로 사용할 수 있다.
- 효과적인 평가는 상세한 피드백과 논의를 통해 학생들의 이해를 증진시킬 기회를 제공한다. 평가 후 토의는 단지 학습 활동 자체를 제공하는 것 이상으로 이해를 증진시킨다.

자격증 시험 준비하기

효과적인 교수법 이해하기

교실에서 수업을 하기 위해 교사 자격증을 취득을 위한 시험을 치러야 할 것이다. 이 자격증 시험은 효과적인 교수법과 관련된 정보가 포함되며, 객관식 및 주관식 문제가 모두 출제된다. 본 교재와 연습문제는 독자들이 교사 자격 시험을 준비를 위한데 도움이 될 것이다.

이 장에서 독자들은 소얼 선생님이 어떻게 수업을 계획하고, 필수 수업 기술을 시연했으며, 학생들의 학습을 평가하는 과정을 살펴보았다.

이제 아래의 9학년 학생들의 지리 수업을 진행하는 다른 교사가 수업 실행하는 것을 살펴보자. 이 사례 연구를 읽으면서 독자들이 이 장에서 학습한 내용들을 이 교사가 자신의 수업에 얼마나 잘 적용했는지 살펴보자. 사례 연구를 읽고 이어지는 질문에 답해 보자.

9학년 지리 교사인 주디 홈퀴스트(Judy Holmquist)는 학생들과 미국의 기후 지역에 대한 단원 수업에 참여하고 있으며 다음 기준을 중심으로 수업을 진행하고 있다.

CCSS.ELA-Literacy.RH.9-10.7 인쇄물이나 디지털 교과서에서 질적 분석과 양적 또는 기술적 분석(예: 차트, 연구데이터)을 통합한다(공통 핵심 국가 교육 기준, 2018v).

이 기준을 충족하기 위해 홈퀴스트 선생님은 학급을 집단으로 나누어 다음과 같은 작업을 수행하도록 했다. 집단별로 플로리다, 캘리포니아, 뉴욕 및 알래스카의 지리, 경제, 민족 그룹 및 미래 문제에 관한 정보를 다양한 출처에서 수집하도록 협동 활동을 시켰다. 그런 다음 홈퀴스트 선생님과 학생들은 협력하여 수집한 정보를 표의 각 칸에 기입했다. 표의 첫 두 열은 다음 쪽에 표시되어 있다.

오늘의 수업에서 홈퀴스트 선생님은 학생들에게 차트의 정보를 통합하고, 각 지역의 지리적 특성이 그 지역의 경제에 어떤 영향을 미치는지를 파악하기를 원했다.

수업 시작을 알리는 종소리가 울리자마자 홈퀴스트 선생님은 교실 앞에 걸어 놓은 도표를 학생들에게 보여 주었다. 그녀는 학생들에게 플로리다, 캘리포니아, 뉴욕 및 알래스카에 대한 정보에서 유사점과 차이점을 찾고, 학생들을 두 명씩 짝을 지우고, "도표상의 지리적 정보를 보고 너희가 찾은 차이점 세 가지와 유사점 세 가지를 짝과 함께 적어 보기 바란다."라는 말로 수업을 시작했다.

각 집단은 작업을 시작했고, 홈퀴스트 선생님은 교실을 순회하면서 질문에 답하고 간단한 제안을 하기도 했다.

몇 분의 시간이 지났을 때, 홈퀴스트 선생님은 학생들을 수업 진행하기 위해 다시 제자리로 불러 모으며 말했다.

"여러분 모두 열심히 잘하고 있는 것 같다. …… 좋아, 준비된 듯하구나."

"좋아, 시작해 볼까, 재키(Jackie)?" 홈퀴스트 선생님은 도표를 가리키며 수업을 재개했다.

"음, 플로리다를 제외하고 모든 주에는 산맥이 있어요."

"좋아, 플로리다를 제외하고 모두 산맥이 있지." 홈퀴스트 선생님은 반복했고, 이 정보를 칠판 위의 '유사점'이란 단어 아래

썼다.

"다른 유사점은 뭐가 있을까? …… 제프(Jeff?)?"

"그 주들은 모두 바다에 접해 있어요."

"또 다른 것은? …… 미시(Missy)?"

"뉴욕과 플로리다는 모두 연안 평야를 가지고 있어요."

수업은 몇 분 동안 더 유사성을 계속해서 찾았고, 그런 다음 홈퀴스트 선생님은 다시 물었다.

이제, "차이점도 알아볼까? …… 크리스(Chris)?"

"기온 차가 심하네요"

"좋아요……. 존(John)?"

"다른 기후 지대에 있어요."

"알래스카만 평균 최저 기온이 영하로 내려가는 유일한 주예요."
키키(Kiki)가 덧붙여 말했다.

"카니샤(Carnisha)가 더 추가할 것이 있을까?"

"알래스카를 제외한 모든 주가 겨울에 강수량이 4인치 미만이에요." 카니샤가 대답했다.

학생들이 차이점에 대해 몇 가지를 더 이야기한 후, 홈퀴스트 선생님은 "좋아. 이제 목록 안에 있는 것을 다 말했니? 다른 더 추가할 내용이 있는 사람 있니?"라고 물었다.

홈퀴스트 선생님은 몇 초간 기다린 후 말했다.

"좋아, 이제 경제 부분을 보자. 너희가 앞에서 한 것과 같은 방식으로 했으면 해. 이번에는 지리학에서 했던 것처럼 경제 열에서 세 가지 유사점과 차이점을 찾아서 써보렴. 3분을 주마."

학생들이 다시 각자의 집단으로 돌아가 작업을 했고, 홈퀴스트 선생님은 이전처럼 그들을 관찰했다.

학생들이 작업을 끝마쳤을 때, 그녀는 이전에 했던 것처럼 학생들을 호명하면서 경제 칸의 정보에 기반하여 가능한 많은 유사점과 차이점을 묻고 답하게 했다.

그 후 그녀는 다음과 같이 말하며 수업 방향을 전환했다.

"좋아, 잘했다……. 이제 지리적 여건과 경제를 연결할 수 있는지 살펴보자. 예를 들어, 모든 주에서 어업을 해 온 이유는 무엇일까?"

그녀가 교실을 가로질러 뒤쪽으로 걸어가면서 손을 흔들어 질문했다.

"존?"

"이 주들은 모두 바다에 접해 있어요."

"그리고 왜 그들은 모두 임업에 종사하고 있지? …… 좋아, 제러미?"

"이 주에는 모두 나무가 많아요."

제러미의 이 뻔한 결론에 대해 나머지 학급 친구들은 웃었다.

"자, 만약 이 주들에 나무가 많다면, 이것이 그들의 기후에 대해 제공하는 정보는 무엇이지?"

"모두 나무가 자라기에 적당한 기온과…… 토양…… 그리고 충분한 강우량이 있다는 것이에요."

"잘했어, 제러미."

홈퀴스트 선생님이 미소 지으며 대답했고, 계속 수업을 진행했다.

"자, 이제 우리 도표를 다시 살펴보자. 캘리포니아와 플로리다

	지리	기온	강우량	경제
플로리다	연안 평야 플로리다 산지 허리케인 시즌 난류			감귤 산업 관광산업 어로 임업 목축
	12월	69	1.8	
	3	72	2.4	
	6	81	9.3	
	9	82	7.6	
캘리포니아	긴 해안선 폭포 시에라네바다 산맥 중앙 계곡 사막			감귤 산업 포도주/포도 재배 어로 목재업 방송/영화
	12월	54	2.5	
	3	57	2.8	
	6	66	T	
	9	69	.3	
뉴욕	대서양 연안 평야 뉴잉글랜드 산지 애팔래치아 고원 에디론댁 산맥			채소 재배 어로 사과 재배 임업 전구 제조업 오락/방송
	12월	37	3.9	
	3	42	4.1	
	6	72	3.7	
	9	68	3.9	
알래스카	로키 산맥 브룩스 산맥 팬 핸들 지대 산맥 간 고원 섬/나무 없는 지역 난류			광업 어로 사냥 목재/임업 석유/파이프라인 관광산업
	12월	−7	.9	
	3	11	.4	
	6	60	1.4	
	9	46	1.0	

에서는 과일이 생산되고 있지. 이 주들에서 감귤 산업이 발달한 이유는 무엇일까?"

"…… 기후 때문이에요." 재키가 주저하며 대답했다.

"좋아, 어떤 기후가 감귤류 산업에 적합할까? …… 팀(Tim)?"

"…… 습한 아열대 기후요."

"습한 아열대 기후는 무엇을 의미하죠? …… 계속 말해 봐."

"…… 길고 습한 여름, 짧고 온화한 겨울."

팀은 몇 초간 생각한 후에 대답했다.

"이제 관광 산업을 살펴보자. 왜 관광산업이 각 주의 경제에서 주요한 요소일까?"

홈퀴스트 선생님이 계속 말했다.

"좋아, 랜스(Lance)?"

"이 주들이 모두 멀리 흩어져 있어요. 이 주들은 미국의 네 귀퉁이에 있고 관광지로서 인기 있는 시기가 서로 다르지요."

"잘했어, 랜스." 홈퀴스트 선생님이 고개를 끄덕였고, 수업을 마칠 시간이 다가오고 있다는 것을 깨달은 후 말했다.

"좋아, 기후가 이제 이들 지역의 경제에 어떤 영향을 미쳤는지에 대해 너희가 짧게 요약해 주기를 바란다."

그녀는 학생들에게 다시 짝을 지어 작업할 수 있는 시간을 몇 분간 준 후 수업을 이어 나갔다.

"자, 여러분이 어떤 결론에 이르렀는지 보자. 브레이든(Braden), 말해 보렴."

"해당 지역에 산이 많다면 농장을 일굴 수 없어요." 그가 대답했다.

"좋아, 또 다른 것은? …… 베키(Becky)?"

"기후는 그 지역에서 재배될 수 있는 농작물과 어떤 산업이 일어날 수 있는지에 영향을 미칩니다."

"좋아, 잘했다. 기후는 무엇이 재배될 수 있는 지에 영향을 미치고, 그리고 뒷부분이 뭐였지?"

홈퀴스트 선생님의 지도에 따라 학급은 지역의 기후가 지역의 경제를 결정하는 데 중요한 영향을 미친다는 것을 정리하는 요약문을 작성하고, 교사 홈퀴스트 선생님은 수업을 마쳤다.

사례 분석을 위한 질문

다음 질문에 답할 때, 이 장에서 나온 정보를 활용하고, 사례에서의 구체적인 정보와 당신의 답변을 연관시키시오.

객관식 질문

1. 사례 연구에서 몇 분 후, 홈퀴스트 선생님은 학생들을 수업 진행하기 위해 다시 제자리로 불러 모으며 말했다. "여러분 모두 열심히 잘 하고 있는 것 같다……. 좋아, 준비된 듯하구나"로 시작해서 "카니샤가 더 추가할 것이 있을까?"로 끝나는 상호작용 부분을 살펴보시오. 다음 중, 홈퀴스트 선생님과 학생들 사이의 상호작용 부분을 가장 잘 설명하는 것은 무엇인가?

   a. 복습   b. 종결
   c. 직접 교수   d. 골고루 질문하기

2. 이 장에서 논의된 수업 모형 중에서, 홈퀴스트 선생님이 수업에서 사용한 모형과 가장 유사한 모형은 무엇인가?

   a. 직접 교수, 왜냐하면 그녀는 질문으로 수업 진행을 이끌었기 때문이다.
   b. 토의를 활용한 강의, 왜냐하면 학생들이 차트에 있는 정보에 대해 토의했기 때문이다.
   c. 유도된 발견, 왜냐하면 홈퀴스트 선생님의 안내에 따라 학생들은 행렬표의 정보에서 패턴을 찾기 위해 탐구했기 때문이다.
   d. 협동학습과 직접 교수의 조합, 왜냐하면 학생들이 집단으로 정보를 수집하는 데 협력했고, 홈퀴스트 선생님이 정보 분석 과정을 이끌었기 때문이다.

주관식 질문

홈퀴스트 선생님이 수업을 계획하면서 내린 세 가지의 수업 계획 결정을 설명하고, 그런 다음 홈퀴스트 선생님의 수업 활동이 얼마나 일치했는지 분석하시오. 사례 연구에서 얻은 정보를 활용하여 분석 내용을 기록하시오.

중요 개념

강조(emphasis)

개별화 수업(differentiating instruction)

거꾸로 수업, 플립 수업(flipped instruction)

골고루 질문하기(equitable distribution)

공통 핵심 국가 교육 기준(Common Core State Standards Initiative: CCSSI)

과제 분석(task analysis)

기준(standards)

대답 기다리기(wait-time)

맞춤형 학습(personalized learning)

명확한 언어(precise language)

복습(review)

수업 모형(models of instruction)

수업 실행(implementing instruction)

수업 일체화(instructional alignment)

역방향 설계(backward design)

유도된 발견(guided discovery)

인지 영역(cognitive domain)

적용(application)

전환 신호(transition signal)

정서 영역(affective domain)

정신운동 영역(psychomotor domain)

조직화된 지식체계(organized bodies of knowledge)

종결(closure)

직접 교수(direct instruction)

질문 빈도(questioning frequency)

초점 맞추기(focus)

촉진하기(prompting)

탐구 질문(probing questions)

토의를 활용한 강의(lecture-discussion)

평가(assessment)

프레젠테이션 소프트웨어(presentation software)

피드백(feedback)

필수 수업 기술(essential teaching skill)

학습 활동(learning activity)

학습목표(learning objective)

협동학습(cooperative learning)

효과적인 교수법(effective teaching)

평가를 통한 학습 증가

제**14**장

이 장을 공부한 후 여러분은 다음을 할 수 있어야 한다.

14.1 학생의 학습을 위한 평가를 설명하고 형성평가와 종합평가가 어떻게 기여하는지 설명할 수 있다.

14.2 선택 응답 문항의 특성을 파악하고 특정 선택 응답 문항을 평가할 수 있다.

14.3 필기시험 형식을 설명하고 필기시험 문항의 유효성과 신뢰성을 높이는 방법을 설명할 수 있다.

14.4 다양한 수행평가를 설명하고, 평가가 전체 평가 과정에 어떻게 기여하는지 설명할 수 있다.

14.5 효과적인 종합평가 시스템의 요소를 파악할 수 있다.

APA의 20가지 주요 원칙

이 장에서 명시적으로 다루는 유치원-12학년(초·중등학교)까지 교수 및 학습을 위한 심리학의 20가지 주요 원칙은 다음과 같다.

- 원칙 5: 장기 지식과 기술의 습득은 주로 연습에 의존한다.
- 원칙 6: 학생들에 대한 명확하고, 설명적이며, 시의적절한 피드백은 학습에 중요하다.
- 원칙 18: 형성평가와 종합평가는 모두 중요하고 유용하지만 서로 다른 접근 방식과 해석이 필요하다.
- 원칙 19: 학생들의 기술, 지식 및 능력은 자질과 공정성에 대한 명확한 기준을 가진 심리학적 과학에 근거한 평가 과정을 통해 가장 잘 측정된다.
- 원칙 20: 평가 데이터를 이해하려면 명확하고 적절하며 공정한 해석이 필요하다.

전국교사자질위원회(NCTQ)

이 장에서 구체적으로 다루는 모든 신임 교사가 알아야 할 전국교사자질위원회(NCTQ)의 필수 교수 전략은 다음과 같다.

- 전략 6: 학습 평가하기: 평가를 사용하는 것은 학습 도구이다.

"어떤 성격의 평가(쉬운 퀴즈 또는 높은 난이도의 시험, 기말고사, 의료위원회, 변호사 시험 또는 운전면허 시험)는 누군가가 자료를 알고 있거나 배웠는지 여부를 판단할 뿐만 아니라 학습과 유지를 향상시키는 데도 유용하다"(Pomerance, Greenberg, & Walsh, 2016, p. 25).

앞의 인용문은 이 장의 핵심을 포착하고 있다. 효과적으로 사용되는 평가는 우리 학생들의 학습을 증가시키기 위해 우리가 가지고 있는 가장 강력한 도구 중 하나이다. 다음 사례 연구에서 5학년 교사인 데본 램프킨(DeVonne Lampkin)은 이 도구를 사용하여 학생들의 등가 분수에 대한 이해와 분수의 덧셈과 뺄셈 과정에 대한 이해를 증가시키려 한다.

램프킨 선생님은 다음과 같은 표준에 도달하기 위해 학생들과 함께 분수에 대한 단원을 시작하고 있다.

> CCSS.Math.Content.5.NF.A.1. 분모가 같은 분수의 동등한 합 또는 차이를 생성하는 방식으로 주어진 분수를 등가 분수로 대체하여 분모가 다른 분수(혼합된 수 포함)와 더하고 뺀다. 예를 들어, 2/3 + 5/4 = 8/12 + 15/12 = 23/12. (일반적으로 a/b + c/d = (ad + bc)/bd.) (공통 핵심 국가 교육 기준, 2018w).

그녀는 분수가 4학년부터 시작된다는 것을 알고 있지만 학생들이 얼마나 기억하는지 확신하지 못하기 때문에 먼저 사전 테스트를 할 계획이다. 그녀는 사전 테스트 결과를 사용하여 학습 활동에 대한 결정을 내릴 계획이며 단원이 끝날 때 할 계획인 테스트도 구성한다.

램프킨 선생님이 사전 검사를 한 뒤 발견한 것이다.

3/4	3/8	1/3

각각의 분수를 설명할 그림을 그립니다.
프로젝트를 위해서는 3개의 리본이 필요하다.
리본의 크기는 2 5/16, 4 2/16, 1 3/16인치여야 한다.
총 몇 개의 리본이 필요할까요? 7 10/16

$$7\frac{10}{16}$$

그녀의 학생들은 분수의 기본 개념과 같은 분모를 가진 분수를 더하는 방법을 이해하는 것 같다. 그러나 다음의 답들은 분모가 다를 때 분수를 더하는 것이 어렵다는 것을 시사한다.

라토야(Latoya)는 파티를 위해 펀치를 만들었다.

펀치 레서피
진저에일 3/4갤런,   자몽주스 1/2갤런,
오렌지 주스 1 2/3갤런,   파인애플 주스 2/3갤런

a. 3갤런의 펀치볼에 맞춰서 펀치를 만들 수 있습니까? 이유와 함께 설명하세요: 불가능함. 제대로 만들면 넘친다.

No because when added correctly it is more.

b. 펀치가 있다면 얼마나 남았습니까?: 없다.

None

존(John)은 토요일에 자전거로 121/2km를 여행했다.
일요일엔 83/5km를 탔다.

a. 존은 토요일과 일요일에 총 몇 km를 자전거로 탔습니까?: 21

$$21$$

b. 존은 일요일에 비해 토요일에 자전거를 몇 km
더 탔습니까?: 4

4 miles more.

이러한 결과를 바탕으로 램프킨 선생님은 첫 수업에서 등가 분수에 초점을 맞출 계획이다. 왜냐하면 그녀의 학생들이 다른 분모를 가진 분수를 더할 수 있으려면 이 개념을 이해해야 하기 때문이다.

그녀는 초콜릿 바를 12등분하는 것으로 수업을 시작하는데, 그녀의 지도로 학생들은 3/12이 1/4과 같고, 6/12이 1/2과 같고, 8/12이 2/3과 같다는 것을 보여 준다. 각각의 경우에 그녀는 학생들에게 답을 설명하도록 한다.

그런 다음 램프킨 선생님은 보드판으로 가서 숫자를 사용하여 등가 분수를 만드는 방법을 보여 준다. 수업이 끝나면 그녀는 다음과 같은 문제를 포함하는 숙제를 내준다.

각각의 그림에서 색칠한 부분을 나타내는 등가 분수를 두 개 적으시오.

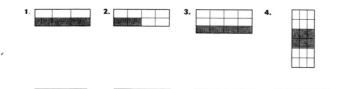

그녀가 학생들의 숙제를 조사할 때, 그녀는 일부 학생들이 여전히 어려움을 겪고 있다는 것을 알게 된다.

각각의 그림에서 색칠한 부분을 나타내는 등가 분수를 두 개 적으시오.

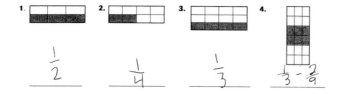

그녀는 등가 분수를 더 자세히 설명하기 위해 또 다른 활동을 설계한다. 그녀는 학생들에게 등가 길이의 거리를 다른 부분으로 나눈 모형 분수 도시를 건설하도록 하는 것으로 활동을 시작한다.

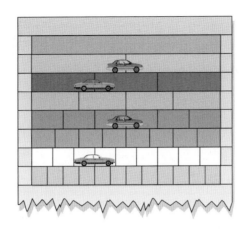

학생들이 띠를 다 만들었을 때, 그녀는 1/2 = 3/6 및 1/3 = 3/9과 같은 등가 분수를 설명하기 위해 다른 길을 따라 자동차를 움직이게 한다. 그런 다음, 그녀는 자동차와 띠를 구체적인 예로 들어 같은 분모를 가진 분수를 더하는 것을 설명한다. 그다음, 그녀는 다른 분모를 가진 분수를 더하는 것을 설명하기 위해 같은 자동차와 띠를 사용한다.

마지막으로, 램프킨 선생님은 보드에 가서 숫자를 사용하여 동일한 연산을 수행하는 방법을 보여 주고, 그녀의 학생들에게 다른 분모를 가진 분수를 더하는 숙제를 내준다.

한 주가 끝나면, 그녀는 분수에 대한 누적 시험을 한다. 학생들의 대답은 그들이 등가 분수와 다른 분모를 가진 분수를 더하는 방법을 이해한다는 것을 의미하고, 그녀는 시험의 점수를 그녀의 생활기록부에 기록한다.

램프킨 선생님은 분수에 대한 학생들의 이해를 높이기 위해 고안된 몇 가지 결정을 내렸고, 각각은 평가에 근거를 두고 있었다. 예를 들어, 그녀는 먼저 사전 테스트를 하기로 결정했고, 그 결과를 바탕으로 등가 분수에 대한 수업을 설계하고 숙제를 내주었다. 숙제에 대한 학생들의 반응은 등가 분수의 개념에 여전히 어려움을 겪고 있다는 것을 시사했고, 그래서 그녀는 등가 분수에 초점을 맞춘 다른 학습 활동을 설계했다. 그녀의 모든 결정에서 램프킨의 목표는 학생들의 학습을 증가시키는 것이었다. 이것이 우리가 학생 학습을 위한 평가를 의미한다.

학생 학습을 위한 평가

14.1 학생의 학습을 위한 평가를 설명하고 형성평가와 종합평가가 어떻게 기여하는지 설명할 수 있다.

교실 평가(Classroom assessment)는 학생들의 학습 진행에 대한 결정을 내리는 데 관여하는 모든 과정을 포함한다(Chappuis & Stiggins, 2017). 학생들의 글쓰기에 대한 관찰, 학습 활동에서 질문에 대한 답, 교사가 만든 표준화 검사에 대한 응답, 1학년 학생들이 인쇄하는 것을 보는 것과 같은 수행평가는 모두 평가의 형태이다. 또한 램프킨 선생님이 단원이 끝날 때 시험을 하기로 결정하고 그 결과를 수학성적으로 부여하는 하나의 기초 자료로 사용하는 것과 같이 성적을 부여하는 것에 대한 결정도 포함된다.

우리는 왜 평가를 할까

우리는 다음 세 가지 이유로 평가를 사용한다.

• 학생들의 학습을 증진시키기 위해
• 학생들의 동기 부여를 강화하기 위해
• 학습자의 자기조절 개발

학생들의 학습 증가

30년 이상 축적된 연구 결과들은 평가가 학생의 학습에 미치는 강력한 영향에 대해 보고한다. 실제로 평가는 학습에 대한 가장 강력한 영향일 수 있다. 연구에 대한 포괄적인 검토에서, 크룩스(Crooks, 1988)는 "학생의 학습 행동에 대한 법칙이 있다. 즉, 학생의 학습을 변화시키는 가장 빠른 방법은 평가 시스템을 바꾸는 것이다."라고 결론을 내렸다(p. 445). 보다 최근의 연구는 이러한 발견을 확증하고, 그것들은 초등학교 수준(Rohrer, Taylor, & Sholar, 2010), 중·고등학교 수준(Carpenter, Pashler, & Cepeda, 2009; McDaniel, Agarwal, Huelser, McDermott, & Roediger, 2011; Rohrer & Pashler, 2010)과 대학 수준(Crooks, 1988; Gonzalez & Eggen, 2017)에서 사실로 보여진다.

또한 연구에 따르면 전문가 교사들은 평가를 중요한 학습 도구로 활용한다(Parsons et al., 2018). 따라서 학생의 입장에서는 교사가 자주 평가한다고 가정하고 퀴즈와 테스트를 얼마나 많이 하는지 한탄하는 대신 더 많은 것을 배울 수 있을 것이다. 그 당시에는 약간 스트레스를 받는 것처럼 보일 수 있지만 장기적으로는 훨씬 더 나을 수 있다.

학생들의 동기 부여 증가

> **교육심리학과 당신**
> 지금 수업을 생각해 보자. 여러분은 어떤 수업을 가장 열심히 공부하는가? 왜 그렇게 생각하는가?

앞에서 우리가 했던 질문들을 생각해 보자. 만약 당신이 일반적이라면, 자주 그리고 철저하게 평가받는 수업에서 가장 열심히 공부한다. 학생들은 때때로 그렇게 많이 시험을 보지 않았더라도 똑같이 열심히 공부할 것이라고 반대하겠지만, 연구에 따르면 그 반대의 경우도 있다(Pennebaker, Gosling, & Ferrell, 2013; Rohrer & Pashler, 2010). 우리는 모두 인간이고, 우리의 이해에 책임이 있다는 것을 알 때 가장 열심히 공부한다. 이것은 우리가 학생이었을 때 해당되었으며, 우리는 그것이 일반적인 학생들에게도 해당된다고 믿는다.

동기이론은 이러한 주장을 뒷받침한다. 우리가 열심히 공부할수록, 더 많이 배운다. 그리고 더 많이 배울수록, 우리는 더 유능감을 느낀다. 우리의 역량에 대한 인식이 증가할수록, 우리의 내재 동기도 증가한다(Deci & Ryan, 2008; Ryan & Deci, 2000; Schunk, Meece, & Pintrich, 2014).

자기조절학습 개발

자기조절학습은 우리가 개인적인 학습목표를 설정하고 그 목표를 향한 진전을 모니터링할 때 발생한다. 고품질의 평가는 우리에게 노력을 집중하는 데 도움이 되는 정보를 제공함으로써 이 과정에 기여한다. 예를 들어, 평가가 암기된 정보 이상의 것을 필요로 하는 경우, 우리는 빠르게 공부 습관을 조정하고 더 깊은 이해에 집중한다. 앞서 살펴보았듯이, 연구에 따르면 평가는 교수-학습과정의 다른 어떤 측면보다 학생들의 공부 방식에 더 많은 영향을 미친다(Crooks, 1988; Pennebaker et al., 2013). 우리는 우리의 기대를 분명히 하고 평가가 학습을 증가시키도록 설계되었다는 것을 강조함으로써 학습자의 자기조절에 기여할 수 있다(Schunk et al., 2014; Chappuis & Stiggins, 2017).

평가를 위한 계획: 백워드 설계

제13장에서 우리는 **백워드 설계**(backward design)가 계획 과정 동안 학습목표, 평가 및 학습 경험을 식별하는 수업 계획에 대한 체계적인 접근 방식이라는 것을 보았다(Reynolds & Kearns, 2017; Wiggins & McTighe, 2006). 예를 들어, 램프킨 선생님은 덧셈과 뺄셈에 대한 단위를 계획하면서 학생들에게 사전 테스트를 하기로 결정했다. 아마도 더 중요한 것은, 그녀는 동시에 단위 테스트를 구성했을 것이다. 그렇게 하는 것은 그녀의 학습목표, 평가 및 학습 활동이 정렬되고 수업의 다양한 측면에 적절하게 중점을 두도록 하는 데 도움이 되었다.

이제 램프킨 선생님의 계획을 더 자세히 살펴보고 그녀의 학생들과 함께 작업해 보자. 그녀는 사전 테스트로 시작하여 두 가지 다른 학습 활동을 설계하고 수행했으며 단원이 끝날 때마다 누적 테스트를 했다. 그녀의 행동은 형성 및 종합평가의 과정을 보여 준다. 우리는 이제 그들을 더 자세히 살펴본다.

형성평가

램프킨 선생님의 사전 테스트 결과는 그녀의 학생들이 분수 개념을 이해하고 분모가 비슷한 분수를 더할 수 있다는 것을 나타냈지만, 그들은 분모가 다를 때 분수를 더하는 것에 대한 오해를 가졌다. 그래서 그녀는 등가 분수에 대한 첫 번째 수업을 설계하고 숙제를 내주었다. 그러나 숙제에 대한 학생들의 반응은 등가 분수에 대한 그들의 이해가 아직 불완전하다는 것을 나타낸다. 예를 들어, 그들은 처음 세 문제에 대해 단 한 개의 분수만 썼고 네 번째 문제에 대해서는 틀렸다.

그래서 그녀는 등가 분수에 대한 두 번째 학습 활동을 설계했다.

램프킨 선생님의 결정은 "교사와 학생이 학습의 다음 단계를 알리기 위한 목적으로 증거를 수집하는 데 사용하는 공식적이고 비공식적인 과정의 수집"이라는 **형성평가**(formative assessment)를 보여 준다(Chappuis &

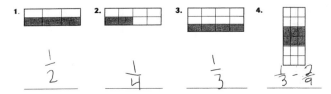

각각의 그림에서 색칠한 부분을 나타내는 등가 분수를 두 개 적으시오.

Stiggins, 2017, pp. 20-21).

예를 들어, 램프킨 선생님의 사전 테스트 결과는 등가 분수에 대한 수업을 설계하기로 결정했다는 것을 알려 주었고, 숙제에 대한 학생들의 반응은 등가 분수에 대한 두 번째 수업을 실시하기로 결정했다는 것을 알려 주었다. 그녀의 사전 테스트와 숙제는 형성적인 평가였다.

형성평가는 사전 검사를 하고 숙제를 내주는 것 이상의 것을 포함한다. 어떻게 하는지 알기 위해 램프킨 선생님의 학생들과의 연구를 다시 살펴보자. 그 학급은 자동차를 사용하여 분모가 다른 분수를 추가했고, 그녀는 이제 그들이 구체적인 예시 없이 분모가 다른 분수를 추가할 수 있기를 바란다.

"우리가 한 일을 다시 살펴봅시다"라고 그녀가 시작한다. "당신의 차를 다시 보고, 당신의 차 중 한 대를 1번가와 4번가로, 그리고 다른 차를 1번가와 8번가로 옮기세요. 당신의 두 차는 모두 어디까지 이동했나요? 당신의 종이에 분수를 사용하여 문제를 써 보세요."

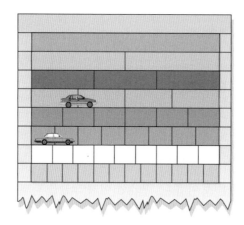

그녀는 제러미(Jeremy)가 그의 과제에 다음과 같은 글을 쓴 것을 본다.

$$\frac{1}{4} + \frac{1}{8} = \frac{2}{8}$$

그녀는 또한 후아니타(Juanita), 마이클(Michael), 그리고 캐시(Cassie)가 그들의 논문에 1/4 + 1/8 = 2/12이라고 적었다고 본다.

$$\frac{1}{4} + \frac{1}{8} = \frac{2}{12}$$

$$\frac{1}{4} + \frac{1}{8} = \frac{2}{12}$$

$$\frac{1}{4} + \frac{1}{8} = \frac{2}{12}$$

학생들이 끝날 때까지 기다렸다가 니키(Nikki)가 명확한 해결책이 있는 것을 보고 "니키, 다가와 문제를 어떻게 해결했는지 보여 주세요."라고 말한다.

니키는 보드에 가서 다음과 같이 적는다.

$$\frac{2}{2} + \frac{1}{4} = \frac{2}{8}$$

"니키가 왜 2/2의 1/4을 써서 2/8을 얻을 수 있었는지 설명해 주세요. 아미르(Amir)."

"……."

"2/2가 무엇과 같습니까?"

아미르는 "1"이라고 대답한다.

"좋아요, 그리고 우리가 어떤 것에 하나를 곱할 때마다, 우리는 그 값을 바꾸지 않습니다. 그러면, 이제 니키는 무엇을 할 수 있을까요? 텔리시아(Thelicia)?"

"2/8와 1/8을 더해서 3/8을 만듭니다."

"좋아요, 텔리시아."라고 램프킨 선생님은 웃으며 말한다. "자, 이제 이것을 시도해 봅시다." 그녀는 학생들에게 또 다른 문제를 주고, 그들이 문제를 풀려고 시도하는 것을 다시 지켜보고, 그들이 첫 번째 문제에 대해 논의하면서 그것에 대해 이야기한다. 두 문제를 더 제시한 후, 그녀는 과제를 주고, 추가적인 도움을 제공하기 위해 제러미, 후아니타, 마이클, 캐시를 방 뒤쪽의 책상으로 불러낸다.

이 에피소드에서 램프킨 선생님은 세 가지 방식으로 형성평가를 사용했다.

- 그녀는 제러미, 후아니타, 마이클, 캐시가 다른 분모를 가진 분수를 더하는 방법을 이해하지 못한다는 것을 관찰했고 나머지 반 학생들이 그들의 자리에서 학습하는 동안 추가적인 도움을 주기로 결정했다.
- 그녀는 직접 문제에 대한 올바른 해결책을 보여 주는 대신 니키를 동료 모델로 사용하기로 결정했고, 이는 니키가 구체적으로 이해하는 것을 들을 수 있는 기회를 주었다.
- 그녀는 니키가 설명하도록 하는 대신 아미르에게 그가 그 과정을 이해했는지 확인하기 위해 부르기로 결정했고, 그녀는 또한 니키가 대답할 수 없을 때 질문을 다른 학생에게 돌리는 대신 그에게 재차 질문하기로 결정했다.

램프킨 선생님의 관찰과 그녀의 결정은 모두 형성평가의 일부였으며, 각각은 학습을 촉진하기 위해 고안되었으며, 각각은 학습 활동 중에 수집한 정보를 기반으로 했다.

형성평가는 수업에서 필수적인 부분이다. 예를 들어, 수업 중에 학생들 중 일부가 집중하지 못하는 것을 보게 되므로, 우리는 멈춰서 검토하기 위해 일련의 질문을 한다. 또는 학생들이 과제를 수행하는 동안 모니터링하고 있으며, 여러 명이 문제 중 하나에 대해 동일한 실수를 저질렀다는 것을 알 수 있으므로 수업을 재구성하고 문제에 대한 더 많은 정보를 제공한다.

두 경우 모두 우리의 관찰은 형성평가이다. 따라서 첫 번째 경우에는 중단하고 검토하고, 두 번째 경우에는 특정 문제에 추가적인 시간을 할애한다. 두 관찰은 모두 학습 중에 발생했으며, 두 결정 모두 이해를 높이기 위해 고안되었다.

학습 활동 중에 우리의 질문에 대한 학생들의 반응은 형성평가의 중요한 형태이다. 예를 들어, 우리 학생들이 빠르고 올바르게 응답하고 있다면, 우리는 수업을 진행한다. 그들이 어려움을 겪는다면, 우리는 속도를 늦추고, 더 많은 예시를 제시하고, 더 신속한 질문을 한다. 우리 학생들의 반응은 우리에게 그들의 학습을 향상시키기 위해 고안된 결정을 내릴 때 사용하는 정보를 제공한다(Clinchot et al., 2017).

종합평가

종합평가(Summative assessment)는 학습자의 성취 수준에 대한 결론을 내리는 데 사용되는 정보를 수집하는 과정이다. 종합평가는 학습을 향상시키기 위해 고안된 형성평가와 달리 학습이 얼마나 이루어졌는지를 평가하는 것으로, 종합평가는 일반적으로 성적에 반영되어 성적표와 같은 장치를 사용하여 다른 사람들과 소통한다(Popham, 2017). 램프킨 선생님의 단위시험은 수학에서 학생들의 성적을 결정하는 근거로 사용하려고 했기 때문에 종합평가로 사용하고자 했다.

검사 문항 명세표: 기획을 통한 종합평가 개선 검사 문항 명세표(Table of specification)는 주제별, 인지적 수준별로 학습목표를 구성하는 데 도움이 되는 매트릭스이다. 검사 문항 명세표를 준비하는 것은 학습목표와 평가가 일치하도록 보장하는 한 가지 방법이다. 예를 들어, 램프킨 선생님은 다음 목표를 기반으로 단위 테스트를 수행했다.

---

1. 분수를 이해한다.
2. 등가 분수 이해
   a. 등가 분수를 식별한다.　　　　　　　　b. 등가 분수를 구성한다.
3. 분수의 덧셈과 뺄셈
   a. 분모가 비슷한 분수를 추가한다.　　　　b. 분모가 다른 분수를 추가한다.
   c. 분모가 같은 분수를 뺄셈　　　　　　　d. 분모가 서로 다른 분수를 뺄셈

〈표 14-1〉 **수학 단원 시험의 명세표**

내용	결과물	
	이해도 항목	적용력 항목
분수	2	
등가 분수	2	3
분모가 비슷한 분수 덧셈		2
분모가 비슷하지 않은 분수 덧셈		2
분모가 비슷한 분수 뺄셈		2
분모가 비슷하지 않은 분수 뺄셈		2

이러한 목표를 기반으로 한 검사 문항 명세표는 〈표 14-1〉에 요약되어 있다. 검사 문항 명세표는 교육 및 평가 중에 각 목표에 대해 적절한 강조점을 부여하는 데 도움이 된다. 또 다른 예로, 한 지리 교사는 다음과 같은 목표를 바탕으로 중동 지역 단원에 대한 평가를 실시했다.

---

1. 도시의 위치를 이해한다.

    a. 주요 도시의 위치를 파악한다.

    b. 정착지의 역사적 요인을 설명한다.

2. 기후를 이해한다.

    a. 주요 기후 지역을 식별한다.

    b. 기존 기후에 영향을 미치는 요인을 설명한다.

3. 신체적 특징의 영향을 이해한다.

    a. 지형을 설명한다.

    b. 물리적 특징을 기후와 연관시킨다.

    c. 물리적 특징이 도시의 위치에 미치는 영향을 설명한다.

    d. 물리적 특징이 경제에 미치는 영향을 분석한다.

4. 경제에 영향을 미치는 요인을 이해한다.

    a. 역내 국가들의 경제를 설명한다.

    b. 경제별 주요 특성을 파악한다.

    c. 경제가 기후 및 물리적 특징과 어떻게 관련되는지 설명한다.

〈표 14-2〉는 목표에 기초한 검사 문항 명세표의 개요 이해와 적용에 초점을 맞춘 램프킨 선생님의 표와 달리, 이 선생님은 적용과 분석을 모두 포함하는 지식부터 '고차원적인 사고와 적용'에 이르는 수준을 가지고 있었다. 그녀는 또한 다른 주제들보다 물리적인 특징에 더 중점을 둔 다양한 문항들을 포함했다. 이 강조는 그 지역 도시들의 경제와 위치에 물리적인 특징과 기후의 영향을 강조한 그녀의 목표를 반영한다. 그것은 또한 각 영역에 소비된 시간과 노력을 반영한다. 다시 말하지만, 검사 문항 명세표는 계획, 평가, 그리고 학습 활동이 정렬되도록 보장한다.

수업을 시작하면 매우 바쁠 것이기 때문에 여기서 보는 것처럼 공식적인 검사 문항 명세표를 만들 수 없다는 것을 알게 된다. 그러나 명세표의 개념은 중요한데, 이는 우리가 종합적인 평가를 계획할 때 다양한 지식과 기술에 중점을 두는 것을 생각하게 하기 때문이다.

형성평가와 종합평가는 평가 자체의 특징이 아니라 평가의 사용 방식에 따라 달라진다. 예를 들어, 학습 활동에서 다음 단계를 결정하기 위해 일련의 선다형 문항을 사용한다면 그 문항은 형성평가일 것이고, 학습이 얼마나 이루어졌는지에 대한 척도로 사용된다면 종합평가일 것이다. 램프킨 선생님은 숙제 과제의 결과를 등가 분수에 대한 또 다른 학습 활동을 설계하기로 결정한 근거로 사용했으므로 형성평가였다. 반면에 그녀가 과제를 학생들의 성적을 결정하는 하나의 근거로 사용했다면 그것은 종합평가였을 것이다.

〈표 14-2〉 지리학 단위 시험 검사 문항 명세표

내용	결과			각 내용 영역에서의 전체 문항 수
	지식	이해	고차원적인 사고와 문제해결	
도시	4	2	2	8
기후	4	2	2	8
경제	2	2	-	4
자연적 특성	4	9	7	20
전체 문항 수	14	15	11	-

APA의 20가지 주요 원칙

형성평가와 종합평가에 대한 이 논의는 원칙 18을 설명한다. 형성평가와 종합평가는 모두 중요하고 유용하지만 유치원-12학년(초·중등학교)까지 교수 및 학습을 위한 심리학의 20가지 주요 원칙과는 다른 접근법과 해석이 필요하다.

[그림 14-1]은 형성평가와 종합평가의 특징을 설명한다.

데이터 기반 교육

이 섹션을 시작하기 위해 램프킨 선생님의 학생들과의 작업을 다시 한번 보겠다. 그녀의 기준은 학생들이 분모와 다른 분수를 추가하는 방법을 알아야 한다고 나타내었고, 이는 학생들이 등가 분수 개념을 이해해야 한다는 것을 요구했다. 그녀의 수업을 안내하기 위해, 그녀는 사전 테스트를 했고, 그 결과 그들의 개념 이해가 불완전하다는 것을 나타내었기 때문에, 등가 분수에 대한 수업을 설계하고 실시한 다음 숙제를 내주었다.

그러나 숙제에 대한 학생들의 반응은 등가 분수에 대한 완전한 이해가 아직 부족하다는 것을 나타내므로 이 주제에 대한 두 번째 수업을 수행했다. 램프킨 선생님의 행동은 교수와 학습을 알리기 위해 학생 수행에 대한 정보에 의존하는 교수 접근 방식인 **데이터 기반 교육**(data-driven instruction)의 본질을 보여 준다(Lewis,

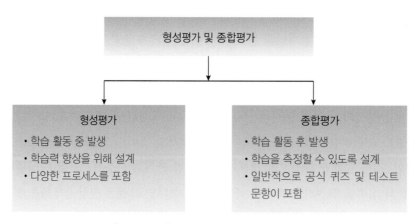

[그림 14-1] 형성평가 및 종합평가의 특징

Madison-Harris, Muoneke, & Times, 2017). 데이터 기반 수업은 네 가지 구성 요소를 포함한다(Park & Datnow, 2017).

- **명확한 학습목표**: 기준에 의해 지시된 램프킨 선생님의 목표는 학생들이 다른 분모를 가진 분수를 더할 수 있도록 하는 것이었다. 데이터 기반 수업을 실행할 때 목표는 표준화된 평가에서 능숙하거나 더 높은 점수를 받은 학생들의 비율을 높이는 것과 같이 때때로 더 광범위하다.
- **기준 데이터**: 기준 데이터는 교사들에게 학생들의 현재 이해 수준에 대한 정보를 제공한다. 램프킨 선생님의 사전 테스트는 그녀의 학생들이 분모가 비슷한 분수를 더하는 것은 이해하지만 분모가 다를 때 분수를 더하는 것은 이해하지 못한다는 것을 나타낸다. 기준 데이터는 또한 전년도 테스트와 같은 다른 출처에서 얻을 수 있다.
- **학년 전체에 걸쳐 빈번한 평가**: 빈번한 평가는 학년 전체에 걸쳐 수업을 안내하고 학생의 진도를 표시하는 데 사용되는 지속적인 정보를 제공한다.
- **평가 증거에 기초한 전문가의 지도**: 램프킨 선생님은 사전 테스트 결과를 기반으로 등가 분수에 대한 첫 번째 수업을 설계했다(하나의 데이터 소스). 그리고 두 번째 데이터인 숙제에 대한 학생들의 반응을 기반으로 두 번째 수업을 설계했다.

램프킨 선생님의 연구에서 알 수 있듯이 형성평가는 데이터 기반 수업의 필수적인 부분이다. 그리고 수업 결정을 학생 이해에 관한 정보에 기초하는 것은 분명히 타당하다. 이것은 최선을 다한 데이터 기반 수업이며, 연구는 그 효과를 확인한다. "연구는 수업 결정에서 데이터를 사용하는 것이 학생의 성과 향상으로 이어질 수 있음을 보여 주었다"(Lewis et al., 2017, para. 2).

램프킨 선생님의 연구에서 볼 수 있듯이, 전문가 교사는 항상 학생에 대한 정보를 수업에 대한 의사 결정에 사용해 왔기 때문에 데이터 기반 수업은 본질적으로 새로운 것이 아니다. 그러나 비평가들은 책임과 고위험 평가(제15장에서 책임과 고위험 평가를 자세히 살펴본다.)에 근거하여 데이터 기반 수업을 구현하려는 학교의 시도가 때때로 부적절한 능력 그룹화 및 표준화된 평가가 부족한 것으로 확인된 워크시트와, 워크시트에 대한 과도한 의존과 같은 비효율적인 수업 관행으로 이어진다고 주장한다(Neuman, Pinkham, & Kaefer, 2016; Park & Datnow, 2017). 대신, 비평가들은 학생들이 "복잡한 자료를 이해하는 데 필수적인 배경지식을 습득하는 데 도움이 되는 더 많은 전문가의 교육이 필요하다고 주장하지만, 그렇다고 해서 기본적인 기술에 초점을 맞춘 무분별한 워크시트를 만드는 데 더 많은 시간이 소요되는 것은 아니다. 이 학생들은 워크시트 대신 기술을 기를 수 있는 기회를 제공하는 내용이 풍부한 수업이 필요하다"(Neuman, 2016, p. 26).

이것은 램프킨 선생님이 제공한 종류의 교육이다. 데이터에 따르면 학생들이 등가 분수에 대한 이해가 부족한 것으로 나타났을 때, 그녀는 등가 분수를 찾은 다음 과제를 할당하는 방법을 빠르게 설명하지 않았다. 대신, 그녀는 학생들이 그 개념에 대한 깊은 이해를 발달시키도록 돕기 위해 고안된 두 가지의 매우 상호적인 수업을 진행했다. 장기적으로, 이것은 학생들의 성공과 높은 성취로 이어지는 종류의 교육이다.

효과적이기 위해서는 데이터 기반 명령의 기반이 되는 평가가 타당하고 신뢰할 수 있어야 한다. 다음으로 이러한 개념을 살펴본다.

질적 평가 설계

우리는 분명히 우리의 평가가 가능한 한 높은 수준이 되기를 원한다. 이 목표에 도달하기 위해서는 평가 정보가 유효하고 신뢰할 수 있어야 한다.

타당성

타당성(Validity)은 평가 정보로부터 정확한 추론을 하고 추론된 정보를 적절하게 사용하는 것을 포함한다 (Chappuis & Stiggins, 2017). 예를 들어, 램프킨 선생님은 그녀의 사전 테스트를 기반으로 학생들이 등가 분수에 대해 명확하게 이해하지 못했다고 추론했다. 그리고 나서 그녀의 추론을 기반으로 그녀는 첫 번째 학습 활동을 설계했다. 그녀는 정확한 추론과 추론을 기반으로 적절한 결정을 내렸기 때문에, 그녀의 사전 테스트는 유효한 평가였다.

교육심리학과 당신

강사가 기말고사를 근거로 강의 성적을 결정한 수업은 몇 번이나 들어 보았는가? 아니면 중간고사와 기말고사? 아니면 프로젝트인가?

반면에 '교육심리학과 당신'에서 우리가 했던 질문들을 생각해 보자. 우리 대부분은 기말고사로 수업 성적이 결정된 수업에 참여해 왔다. 이 정도의 정보는 정확한 추론을 하기가 어렵기 때문에, 이러한 추론을 기반으로 한 성적은 적절치 않을 것이고, 그 타당성에 의문이 들 것이다. 중간고사와 기말고사조차도 제한된 정보를 제공하며, 프로젝트를 평가하는 것은 상당히 주관적일 수 있기 때문에 더 적절하지 않다.

또 다른 예로, 학습 활동에서 몇 명의 높은 성취도를 가진 학생들의 답변을 바탕으로 학생들이 어떤 주제를 이해하도록 결정한다면, 우리는 모든 학생들이 그 주제를 이해하고 있다고 추론하고 있으며, 더 많은 형성 데이터를 수집하지 않고 활동을 진행한다면, 우리는 그 정보를 부적절하게 사용하고 있기도 한다. 다시 말하지만, 우리의 평가의 타당성은 불확실하다.

APA의 20가지 주요 원칙

이 타당성 논의는 원칙 20을 설명한다. 평가 데이터를 이해하는 것은 유치원–12학년(초 · 중등학교)까지 교수 및 학습을 위한 심리학의 20가지 주요 원칙에서 명확하고 적절하며 공정한 해석에 달려 있다.

신뢰성

신뢰성(Reliability)은 평가가 일관된 결과를 제공할 수 있는 정도를 나타낸다. 예를 들어, 욕실 체중계가 신뢰할 수 있고 체중이 하루에서 다음 날로 변하지 않는다면, 측정값은 동일할 것이다. 가정적으로, 만약 우리가 반복적으로 학생들에게 동일한 신뢰성 테스트를 제공할 수 있고, 추가적인 학습이나 망각이 일어나지 않는다면, 점수는 그대로 유지될 것이다. 신뢰할 수 없는 평가는 학습목표와 일치하더라도 일관되지 않은 정보를 제공하기 때문에 타당할 수 없다.

신뢰성은 직관적으로 합리적이며 일상에서 흔히 사용되는 개념이다. 예를 들어, 우리는 지인이나 심지어 친구들도 신뢰할 수 없다고 설명했을 수 있다. 그들은 때때로 자신이 하겠다고 한 것을 이행하지만 다른 때는 이행하지 않거나, 합의된 시간에 나타나거나, 다른 때에는 그렇지 않다. 그들의 행동은 일관되지 않기 때문에 우리는 그들을 신뢰할 수 없다고 설명한다. 형식에 대한 구체적인 평가와 효과적인 평가 방법에 대해 논의하면서 타당성과 신뢰성 모두를 다시 살펴보도록 하겠다.

상업적으로 준비된 시험 문항

교사들은 매우 바쁠 것이기 때문에 부수적인 자료에 포함된 시험 문항을 교과서에 사용할 가능성이 높다. 이러한 문항을 사용하면 시간이 절약되지만 세 가지 이유로 주의해야 한다(Brookhart & Nitko, 2019; Popham, 2017).

1. 학습목표의 호환성: 교과서 저자의 학습목표가 여러분의 학습목표와 같지 않을 수 있다. 만약 문항들이 여러분의 수업이나 단원에서 목표를 반영하지 못한다면, 그것들은 유효하지 않다.
2. 고르지 못한 수준: 교과서 저자들은 부수적인 자료들과 함께 시험 문항들을 준비하지 않는 경우가 많다. 그 문항들은 종종 대학원생이나 교과서의 내용에 대해 잘 알지 못하는 다른 사람에 의해 준비된다. 결과적으로, 상업적으로 준비된 많은 시험 문항들은 수준이 좋지 않다.
3. 하위 문항 강조: 상업적으로 준비된 문항은 일반적으로 지식/회상 수준에서 측정된다. 화학 및 물리학과 같은 수학 및 양적 과학 이외의 내용 영역에서는 특히 그렇다.

하지만 상업적으로 준비된 시험을 사용한다면 준비에 필요한 시간과 에너지를 줄일 수 있는 것은 중요한 이점이다. 사용하기로 결정했다면 다음 지침을 통해 이러한 이점을 활용할 수 있다.

- 학습목표와 일치하는 문항을 선택하여 컴퓨터 파일에 담는다.
- 효과가 없는 문항을 수정하기 위해 학생들의 피드백과 시험 결과 분석을 활용한다.
- 학생들의 이해도를 정확하게 평가하는 데 도움이 되는 추가 문항을 만든다.

다음 섹션에서는 다양한 평가 형식에 대해 자세히 설명한다. 이 섹션을 공부하면서 이러한 형식의 특정 문항을 형성 및 종합평가로 사용할 수 있음을 명심하라.

교실과의 연계

형성평가 및 종합평가를 효과적으로 활용하기

1. 백워드 설계의 과정은 계획을 세우는 동안 평가를 준비해야 함을 시사한다. 이것은 평가가 학습목표와 일치하도록 하고, 시간을 절약하며, 타당성을 높이는 데 도움이 된다. 계획을 세우는 동안 형성평가와 종합평가를 모두 준비하라.
   - **초등학교**: 4학년 교사는 읽기 이해에 대한 확장된 단원의 일부로서 인과관계에 초점을 맞춘 수업을 계획하고 있다. 그는 계획하면서 연습에 사용할 구절과 요약 평가에 사용할 다른 구절을 확인한다.

- **중학교**: 중학교 사회과 교사가 산업혁명과 같은 기술적 사건과 사회의 변화 사이의 관계에 초점을 맞춘 단원을 계획하고 있다. 그녀가 계획하는 대로, 그녀는 단원의 요약적인 평가로 사용할 일련의 짧은 에세이 질문을 작성한다.
- **고등학교**: 기하학 교사는 분절과 각도, 각도 이등분선, 평행선과 수직선의 구성에 대한 단원을 계획하고 있다. 그가 계획하면서, 그는 이러한 과정들에 대한 그의 학생들의 이해를 평가하기 위해 사용할 문제들을 만든다.

2. 형성평가는 주로 학습 촉진을 위해 사용되고, 종합평가는 채점을 위해 사용된다. 둘 다 평가 시스템에서 학습 촉진을 위해 사용하라.
   - **초등학교**: 2학년 교사는 몇몇 학생들이 숙제에서 놓친 수학 문제에 대해 논의한 다음 문제를 다시 해결하도록 요청한다. 만약 학생들이 그 내용에 여전히 문제가 있다면, 그는 그가 학생들에게 종합적인 평가를 하기 전에 그 자료를 검토한다.
   - **중학교**: 6학년 과학 교사가 그녀의 컴퓨터에 문항 풀이를 만들어서 제출했다. 그녀는 문항 중 일부를 사용하여 '실습 시험'을 만들고, 시험을 치른 직후 학급이 이에 대해 논의한다. 그리고 나서 그녀는 종합평가에 추가 문항을 사용한다.
   - **고등학교**: 10학년 영어 교사는 학생들의 논문에 대해 광범위한 개별 논평을 제공한다. 게다가 그는 전체 학급에 공통적인 문제 영역을 확인하고 학생들의 논문 중 익명의 선택을 사용하여 전체 학급에 대해 토론하고 피드백을 제공한다.

3. 타당성은 평가 정보로부터 정확한 추론을 하고 그 정보를 적절하게 사용하는 과정이다. 신뢰성은 평가가 일관된 정보를 제공하는 정도이다. 평가를 신중하게 계획하여 타당성과 신뢰성을 높인다.
   - **초등학교**: 3학년 교사는 퀴즈, 시험, 채점된 숙제의 문항들을 교육과정 안내서의 기준과 비교하고, 단위의 목표들은 모든 중요한 목표들을 포함하는지 확인할 계획이다. 신뢰성을 높이기 위해, 교사는 자주 그리고 철저하게 학생들을 평가한다.
   - **중학교**: 사회과 교사는 자신의 종합적인 평가에 대한 강조가 자신의 지시와 일치하는지 확인하기 위해 매일 시험 문항의 초안을 작성한다. 시험을 종합할 때, 그는 모든 내용 영역과 난이도가 포함되어 있는지 확인한다.
   - **고등학교**: 시험을 작성한 후, 생물학 교사는 학생들에게 혼란스럽거나 너무 발달된 표현을 없애기 위해 문항들을 다시 읽는다. 이것은 타당성과 신뢰성을 둘 다 증가시킨다.

선택형 문항

14.2 선택 응답 문항의 특성을 파악하고 특정 선택 응답 문항을 평가하시오.

선택 응답 문항(Selected-response items)은 학습자가 선택지에서 정답을 선택하도록 요구하는 평가 문항이다. 세 가지 선택 응답 형식은 다음과 같다.

- 선다형 문항
- 배합형 문항
- 진위형

우리는 이 섹션에서 그것들을 살펴본다.

선다형 문항

선다형(Multiple choice) 문항은 정답과 여러 개의 오답지로 구성된 평가 형식이다. 문항은 해결해야 할 문제, 답해야 할 문제 또는 불완전한 진술을 제시한다. 선다형 문항은 또한 일반적으로 4개 또는 5개의 선택 사항을 포함한다. 하나의 선택 사항은 정답 또는 최선의 선택이고, 나머지는 문항이 측정하는 내용을 이해하지 못하는 학생들을 식별하도록 설계된 오답지이다. 오답지(Distractors)는 학생들의 잠재적인 오해를 해결해야 하며, 이 문제는 학생들에게 시험 수행에 대한 피드백을 제공할 때 논의할 수 있다.

효과적인 선다형 문항을 준비하는 데 도움이 되는 지침에는 다음이 포함된다(Gieri, Bulut, Guo, & Zhang, 2017).

1. **선택지(Stem)** 중에서 하나의 명확한 문제나 질문을 제시하라. 명확하고 모호하지 않은 선택지는 학생들에게 우리가 찾고 있는 것과 질문에 어떻게 답해야 하는지 알려 준다.
2. 내용에 대한 깊은 이해가 부족한 학생들에게 오답지를 그럴듯하게 만든다. 만약 학생들이 피상적인 지식이나 표현을 바탕으로 오답지를 없앨 수 있다면, 우리는 신뢰할 수 없는 정보를 얻게 될 것이고, 그 문항은 무효가 될 것이다.
3. 정답의 위치를 변경하고, 정답으로 3을 과도하게 사용하는 것을 피한다(교사들은 3을 과도하게 사용하는 경향이 있다). 퀴즈나 테스트를 구성한 후, 몇 분 동안 정답이 무작위로 할당되었는지 확인한다.
4. 선택지와 정답에서 유사한 표현을 사용하지 마라. 예를 들어, 다음 문항에서 순환이라는 용어의 형태는 선택지와 정답—선택 b 모두에 나타난다.

---

1. 다음 중 순환계의 기능은 무엇인가?
   a. 신체의 중요한 기관을 지탱하는 것
   b. 혈액을 몸 전체로 순환시키는 것
   c. 뇌에서 근육으로 신경 자극을 전달하는 것
   d. 신체의 큰 근육의 움직임을 제공하는 것

---

5. 오답지보다 정답에 더 많은 기술적 문구를 사용하지 않도록 한다. 예를 들어, 다음 문항에서 정답(c)은 오답지보다 더 전문적인 용어로 작성된다.

---

1. 다음 중 인구 밀도의 정의는 다음과 같다.
   a. 당신의 도시나 마을에 사는 사람들의 수
   b. 지난 대통령 선거에서 투표한 사람들의 수
   c. 한 나라의 평방 마일당 인구 수
   d. 소도시에 비해 도시의 인구 수

텍스트에서 직접 정답을 만든 다음 오답지를 보충하면 우리는 어려움에 빠질 수 있다. 텍스트 언어는 정답에 나타나는 반면, 우리의 비공식 언어는 오답지에 나타난다.

6. 정답과 오답지의 길이를 비슷하게 유지한다. 한 선택이 다른 선택보다 현저하게 길거나 짧다면 주의를

산만하게 해야 한다. 예를 들어, 다음 문항에서 정답 d는 오답지보다 훨씬 길다(정답이 오답지보다 짧다면 비슷한 단서를 제공한다.).

---

1. 제2차 세계 대전의 가장 중요한 원인은 다음과 같다.

    a. 미국의 대영국 원조   b. 이탈리아의 에티오피아 정복

    c. 일본의 대중국 전쟁   d. 베르사유 조약으로 인한 독일 경제의 황폐화

---

7. 오답지에서 항상 또는 절대와 같은 절대 용어를 사용하는 것을 피하라. 모두, 항상, 전혀, 전혀, 절대와 같은 절대 용어는 일반적으로 오답지에서 발견된다. 만약 사용된다면, 그것들은 "모든 조류는 엽록소를 함유하고 있다"와 같은 정답이어야 한다. 예를 들어, 다음 문항에서 오답지 a와 c는 극단적인 용어로 명시되므로, 시험을 잘 보는 학생들은 정답 b와 오답지 d 중 하나만 선택하면 된다.

---

1. 다음 중 곤충을 가장 잘 묘사한 것은 무엇인가?

    a. 항상 머리에 한 쌍의 더듬이가 있다.   b. 3개의 신체 부위가 있다.

    c. 그것은 물속에서 살지 않는다.   d. 다리가 8개이다.

---

8. 선택지와 오답지의 문법적 일관성을 유지하라. 다시 말하지만, 우리의 목표는 학생들이 알고 있거나 이해하는 것을 결정하는 것이지 문법적 단서를 사용하여 오답지를 제거하는 것이 아니다.

9. 같은 의미를 가진 오답지 두 개를 포함하는 것을 피하라. 예를 들어, 다음 문항에서 선택 a와 c는 자동으로 제거되는데, 둘 다 동명사이고 오직 하나의 답만 정답이 될 수 있기 때문이다. 또한, 문항은 '위의 모든 것'을 선택으로 사용한다. 만약 a와 c가 제거된다면 그것은 정답이 될 수 없다. 그것은 올바른 선택을 가능하게 하는 유일한 것이다. 학생은 정답을 맞힐 수 있고 오답지가 무엇인지 전혀 알지 못한다.

---

1. 다음 중 분사로 사용되는 동사 형태를 나타낸 것은 무엇인가?

    a. 달리기(Running)는 좋은 운동이다.

    b. 어제 텔레비전에서 점프 개구리 대회를 봤다(Saw).

    c. 생각하는 것(Thinking)은 우리 중 많은 사람들에게 어렵다.

    d. 위의 모든 것

---

10. 부정적인 표현을 자주 사용하지 말고, 사용할 때는 강조하라. 예를 들어, 다음 문항에서 선택지는 강조하지 않고 부정적인 용어로 표시하고, 선을 긋거나 굵은 글씨로 표시하거나 이탤릭체로 표시하지 않아야 한다. 또한 선택 a는 문법적으로 선택지와 일치하지 않는다. 이 문제의 한 가지 해결책은 선택지를 '(n)' 끝내는 것이므로 문법적 일관성은 유지된다(또한 c는 올바른 선택이므로 남용될 경우 문제가 될 수 있다.).

---

1. 다음 중 파충류가 아닌 것은?

    a. 악어(alligator)　　　　　　　　　　　　　b. 도마뱀(lizard)

    c. 개구리(frog)　　　　　　　　　　　　　　d. 거북이(turtle)

---

11. '위의 모든 것'을 선택지로 사용하는 것을 피하고, '위의 모든 것' 중 어느 것도 사용하지 마라. 이러한 대안을 사용하여 유효하고 신뢰할 수 있는 문항을 작성하는 것은 어렵고, 학생 지식의 격차는 해석하기가 더 어렵다.

    문항은 하나의 선택만 정확하게 작성될 수도 있고, 두 개 이상의 선택이 부분적으로 정확하지만 하나가 다른 선택보다 확실히 더 나은 정답 형태일 수도 있다. 최적의 정답 형태는 더 높은 수준의 사고를 촉진하고 더 복잡한 이해를 측정한다. 이 텍스트의 내용에 대한 이해를 평가하는 선다형 문항 질문 중 많은 것이 정답 형태를 사용한다.

보다 높은 수준의 학습평가

    선다형 문항은 고차원적 사고를 평가하는 데 효과적인 형식이 될 수 있으며, 약술평가는 이러한 목표를 달성하는 데 유용하다. 이러한 연습은 수업에서 다루는 정보를 다른 맥락에서 제시하며, 주의를 산만하게 하는 요소는 그것에 대한 다양한 '해석'을 나타낸다(Waugh & Gronlund, 2013). 학생들에게 해석을 요구하는 자료는 그래프, 차트, 표, 지도, 그림 또는 삽화일 수 있다. 이러한 유형의 연습은 비판적 사고와 전이를 촉진하며, 어렵기 때문에 학습자의 동기를 증가시킬 수 있다.

    이 수업을 들으면서 반응하게 될 고차 선다형 문항은 대부분 해석력 있는 연습문제이다. 다음은 삽화를 선택지로 사용한 예이다.

    램지(Ramsay) 선생님은 그녀의 학생들과 남북전쟁에 대해 토론하고 있다. 그녀는 "이 시기 동안 어린 시절의 삶은 어땠을까?"라는 질문을 던진다. 그녀의 학생들은 그럴듯한 설명을 할 수 있다. 피아제(Piaget)의 이론을 근거로 사용하면, 그녀의 학생들의 사고가 어느 단계의 인지 발달을 가장 잘 보여 주는가?

    a. 감각운동기　　　　b. 전조작기　　　　c. 구체적 조작기　　　　d. 형식적 조작기

    이 문항에서, 우리는 램지 선생님이 학생들에게 가설적인 질문을 했다는 것을 알 수 있고, 우리는 가설적으로 사고하는 능력이 형식적 조작기의 특징이라는 것을 알고 있으며, 이 주제는 제2장에서 살펴봤듯이, 우리는 정보를 해석하여 그녀의 학생들이 그들의 사고에 형식적 조작기를 하고 있고 우리의 선택으로 올바르게 선택되었다고 결론짓는다.

    약술평가에 대한 답안을 작성하는 것은 어렵지만, 일단 문항을 구성하고 문항이 명확하고 명확하게 표현되도록 수정한 후에는 다시 사용할 수 있으므로 작업량이 크게 줄어든다. 이 아이디어에 대해서는 이 장의 후반부에서 더 자세히 설명한다.

배합형 문항

선다형 문항 형식은 다음과 같이 모든 문항에 동일한 답변 선택 세트가 필요한 경우 비효율적일 수 있다(별표는 정답을 나타낸다.).

---

1. "이해는 머릿속에 전구가 켜지는 것과 같다"는 말이 이 개념의 한 예이다.

   *a. 직유법   b. 은유법   c. 과장법   d. 의인화

2. "그것은 지금까지 한 것 중 가장 훌륭한 논평이다"라는 말이 이 개념의 한 예이다.

   a. 직유법   b. 은유법   *c. 과장법   d. 의인화

이러한 평가는 학습자가 동일한 대안을 사용하여 일련의 진술을 분류해야 하는 **배합형 형식**(matching format)을 사용함으로써 더 효율적으로 만들 수 있다. 다음은 위의 선다형 문항을 기반으로 한 예이다.

각 문장 옆의 빈칸에 적절한 문장의 글자를 써서 다음 문장을 문장의 모양과 일치시킨다. 각 문장의 모양은 한 번, 두 번 이상 또는 전혀 사용하지 않을 수 있다.

_____ 1. 이해는 머릿속에 전구가 켜지는 것과 같다.
_____ 2. 지금까지 한 말 중 가장 기발한 말이다.
_____ 3. 그의 연설은 연민에서 나온 포효였다.
_____ 4. 적절한 태도는 항상 유리하다.
_____ 5. 키스는 꽃피는 사랑의 꽃이다.
_____ 6. 그는 꼿꼿이 섰습니다.
_____ 7. 제가 뭘 해도 절대 이런 걸 못 받을 거예요.
_____ 8. 그의 셔츠 색깔은 그가 살고 있는 복잡한 세상을 묘사했다.

a. 감언이설   b. 과장법   c. 은유법   d. 의인화   e. 직유법

예제에서 알 수 있듯이 배합형 문항은 본질적으로 일련의 선다형 문항이므로 문항에 대해서도 선다형 문항 작성 지침을 사용해야 한다. 다음과 같은 추가 지침도 적용된다(Chappuis & Stiggins, 2017).

1. 문장에 대한 대안을 일치시키기 위한 명확하고 간결한 지침을 제공한다. 예를 들어, 앞의 예에서 표현의 수치(대안)를 사용하는 방법은 "당신은 각 표현의 수치를 한 번, 두 번 이상, 또는 전혀 사용하지 않을 수 있습니다"이다.

2. 내용의 동질성을 유지하라. 예를 들어, 예제의 모든 문장은 구어체로 나타난다. 일치하는 형식이 효과

적인 다른 주제에는 사람들과 그들의 업적, 역사적 사건과 날짜, 용어와 정의, 작가와 그들의 작품이 포함된다.

3. 제거 과정을 통해 정답을 맞히는 것을 방지하기 위해 가능한 대안보다 더 많은 진술을 포함한다. 예시는 8개의 진술과 5개의 대안을 포함한다.

4. 문장 목록을 비교적 짧게 유지하라. 예를 들어, 문항에는 8개의 문장이 포함된다. 일치하는 문항에 10개 이상의 문장이 포함된 경우에는 원칙적으로 혼동을 방지하기 위해 두 개의 개별 문항을 만들어야 한다.

진위형 문항

진위형(True-false)은 학습자가 옳거나 틀렸다고 판단하는 진술을 포함하는 평가 형식이다. 이 형식의 효과를 향상시킬 수 있는 지침은 다음과 같다.

1. 참된 문항보다 거짓된 문항을 더 많이 써라. 선생님들은 반대로 하는 경향이 있고, 학생들은 확신할 수 없는 문항을 'True' 문항으로 표시하는 경향이 있다.

2. 각 문항을 하나씩 명확하게 설명하라. 예를 들어, 다음을 보라.

T F 1. 포유류는 4개의 방이 있는 심장을 가진 동물로 알이 아닌 어린 상태로 태어난다.

그 문항은 두 가지 생각을 포함하고 있다. ① 포유류는 4개의 방을 가진 심장을 가지고 있고, ② 그들은 알이 아닌 어린 상태로 태어난다. 첫 번째 생각은 맞지만, 두 번째 생각은 모든 경우에 맞지 않는다. 오리너구리와 같은 일부 포유류는 알로 태어난다. 그래서 그 문항은 거짓이고 학생들에게 혼란스러울 가능성이 있다. 만약 두 가지 생각이 모두 중요하다면, 그것들은 별개의 문항으로 쓰여져야 한다.

3. 학생들이 내용을 완전히 이해하지 않고 정답을 맞힐 수 있는 단서를 피한다. 예를 들어, 다음 문항을 살펴보라.

TF 2. 문장 내 부사의 형식에 주의하라.

TF 3. 선다형 문항을 작성할 때 부정적인 문구를 사용해서는 안 된다.

첫 번째는 보통 참된 진술을 나타낼 때, 부사를 많이 포함한다. 일반적으로 부사는 특별한 형식을 가진다. 두 번째는 절대와 같은 표현은 거짓 진술을 암시한다. (선다형 문항에 대한 부분에서 말했듯이, 부정적인 표현은 주의해서 사용해야 하지만, 부정적인 표현을 "절대 사용해서는 안 된다"고 말하는 것은 아니다.)

이 지침은 대부분, 절대 또는 전부와 같은 용어를 항상 피해야 한다는 것을 의미하지 않는다. 예를 들어, 다음 문항을 참조하라.

TF 4. 모든 거미는 외골격을 가지고 있다.

앞의 문항은 일반적으로 오답지임을 암시하는 모든이라는 용어를 사용했지만 참이다.

진위형 형식을 사용한 약술평가

진위형 형식은 약술평가와 함께 사용될 수도 있으며, 때로는 선다형 문항보다 더 효율적일 수도 있다. 다음은 과학에서의 약술평가로, 학생들의 질량, 부피, 밀도, 열, 팽창에 대한 이해를 평가하는 것이 목표이다.

아래의 그림들을 보라. 그것들은 테이블 위에 나란히 앉아 있는, 똑같은 두 개의 풍선으로 덮인 음료수 병을 나타낸다. 어떤 공기도 병, 풍선, 그리고 밀폐된 공기로 시스템에 들어가거나 빠져나갈 수 없다. 풍선들이 병에 부착된 후, 시스템 A는 가열되었다.

다음 각 문장을 올바른 선택으로 돌려 참 또는 거짓으로 식별한다.

1. TF 시스템 A의 공기 질량은 시스템 B의 공기 질량보다 크다.
2. TF 시스템 A의 공기량은 시스템 B의 공기량보다 크다.
3. TF 시스템 A의 공기 밀도는 시스템 B의 공기 밀도보다 크다.
4. TF 시스템 A의 공기 분자는 시스템 B의 공기 분자보다 더 빠르게 움직인다.
5. TF 시스템 A에는 시스템 B보다 더 많은 공기 분자가 있다.

이러한 각 문항은 선다형 문항 형식으로 작성될 수 있지만, 이 경우 진위형 형식은 학생들의 이해를 더 효율적으로 측정한다. 이런 식으로 형식을 사용하면 몇 가지 단점을 극복하는 데 도움이 된다. 진위형 형식을 사용할 계획이라면 내용이 허락할 때마다 약술평가를 작성하는 것이 좋다. 이제 이러한 형식의 장점과 단점을 살펴보겠다.

선택된 반응 문항 평가

선택형 문항 형식에는 장점과 단점이 있다. 장점은 다음과 같다.

- 쉬운 채점: 점수를 쉽게 매길 수 있고 기계로 점수를 매길 수 있다.
- 효율성: 많은 양의 콘텐츠를 효율적으로 평가하는 데 사용할 수 있다.
- 신뢰성: 채점자는 학습자의 답변을 해석할 필요가 없기 때문에 일관성 있게 채점할 수 있다.

주요 단점은 다음과 같다.

- '추측' 요소: 네 가지 선택지가 주어졌다고 가정했을 때, 학습자들은 선다형 문항으로 정답을 맞힐 확률이 4분의 1이고 진위형으로 맞힐 확률이 50대 50이다. 탈락의 과정은 때때로 일치하는 문항의 유효성에 영향을 미칠 수 있다.
- 한계: 그들이 측정할 수 있는 결과는 제한적이다. 예를 들어, 학습자가 선택하기 때문에 응답을 구성하는 것이 아니라 학습자가 자신의 생각을 글로 정리하고 표현하는 능력을 평가할 수 없다.

선다형 문항과 관련하여, 사람들은 종종 암기에 초점을 맞춘 사실적인 정보만을 측정한다고 생각하지만, 이것은 잘못된 생각이다. SAT, ACT, 대학원 기록 시험과 다른 많은 것들과 같은 대부분의 적성과 성취 시험들은 이 형식을 사용한다. 만약 그것이 낮은 수준의 결과만을 측정했다면, 그것은 그렇게 널리 사용되지 않았을 것이다. 앞에서, 우리는 어떻게 약술평가가 더 높은 수준의 학습과 사고를 측정하기 위해 사용될 수 있는지 보았다. 잘 설계된 약술평가가 사용된다면, 선다형 문항은 제13장에서 살펴봤던 블룸(Bloom)의 분류법이나 앤더슨-크레스올 분류법 표의 다양한 사고 수준을 평가하는 유효하고 매우 효과적인 형식이다.

사실, "다중 선택 시험은 오늘날 실무에 남아 있는 가장 효과적이고 지속적인 교육 평가 형태 중 하나로 간주된다"(Gieri et al., 2017, p. 1082). 이것은 우리가 왜 교육 책임의 시대에 선다형 문항이 우리나라 주변의 주에서 위험이 높은 시험에 사용되는 가장 일반적인 형식인지 이해하는 데 도움이 된다. 이 관행은 학생들이 이러한 평가를 준비할 때 여러분에게 시사하는 바가 있다. 학생들이 이 형식을 접하게 될 가능성이 높기 때문에, 여러분은 학생들이 이러한 시험을 준비하도록 돕기 위해 선다형 문항에 대응하는 연습을 그들에게 제공해야 한다. 여기에 우리가 의미하는 바에 대한 간단한 예가 있다. 예를 들어, 우리는 학생들에게 철자를 적도록 할 때, 우리는 일반적으로 그들이 철자를 적을 수 있어야 하는 단어 목록을 제공하고, 우리는 큰 소리로 단어를 말하고 학생들이 철자를 적도록 함으로써 이 능력을 평가한다. 그러나 표준화 검사에서 그들은 다음과 같은 문항을 만나게 될 것이다.

다음 중 철자가 정확한 단어는 무엇인가?

a. perserve   b. preserve   c. pesrerve   d. persreve

만약 우리 학생들이 이와 같은 문항에 응답한 경험이 없다면, 이를 수행하지 못할 것이다. 따라서 우리는 그들이 연습할 수 있도록 도와야 한다. 배합형 문항은 선다형 문항보다 더 어려울 수 있다. 진위형 문항은 일반적으로 낮은 수준의 결과를 측정하고, 학생들은 정답을 맞힐 확률이 50대 50이기 때문에 쉬운 형식이라고 생각한다. 그러나 앞의 약술평가에서 살펴보았듯이 그럴 필요는 없다. 반면, 이 텍스트에 수반되는 진위형 문항은 제한적이기 때문에 문제은행에 포함하지 않는다.

교실과의 연계

선택형 문항을 효과적으로 사용하기

1. 선다형 문항을 사용하여 더 높은 수준의 결과를 측정할 수 있다. 이 능력을 활용하려면 가능한 한 약술평가를 사용하라.

  - **초등학교**: 2학년 교사는 평가에 사용하는 다음 문항을 구성한다.

    신디(Cindy)는 반려동물이 있다. 그녀의 반려동물은 따뜻하고 털이 있다. 그녀의 반려동물은

    a. 도마뱀   b. 새

    c. 나비   d. 포유류

  - **중학교**: 한 중학교 지구과학 교사가 학생들의 달의 단계에 대한 이해를 평가하기를 원한다. 그녀는 평가에 다음과 같은 문항을 포함한다.

    a. 그림의 오른쪽 면   b. 도면의 왼쪽 부분

    c. 도면보다 위에   d. 밑에

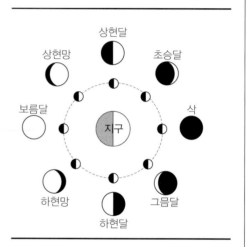

위의 그림을 보라. 우리는 달의 각 단계에 라벨이 붙어 있는 것을 볼 수 있다. 이 그림을 바탕으로, 태양 광선을 설명할 수 있다.

  - **고등학교**: 학생들과 함께 퍼센트 증가와 퍼센트 감소를 연구하는 수학 교사는 그들에게 다음과 같은 평가 문항을 준다.

    원래 60달러였던 스웨터가 45달러로 내려간 것을 볼 수 있다. 다음 중 스웨터의 가격이 몇 퍼센트 하락한 것은 무엇인가?

    a. 15%   b. 25%

    c. 33%   d. 45%

2. 배합형 문항은 작가와 그들의 작품, 날짜와 사건, 사람과 그들의 업적과 같이 동질적인 자료에 사용될 수 있다. 이것이 평가 목표라면, 배합형 문항은 객관적 선택에 대한 실행 가능한 대안이 될 수 있다.

  - **초등학교**: 4학년 교사는 학생들의 선언문, 의문문, 감탄문, 명령문에 대한 이해를 평가하기 위해 선다형 형식을 사용한다. 그녀는 진술문으로 다양한 유형의 문장에 대한 10가지 예를, 대안으로 선언문, 의문문, 감탄문, 명령문을 포함한다.

  - **중학교**: 역사 교사는 그의 학생들이 남북전쟁의 중요한 사건들의 날짜를 알기를 원한다. 그는 그 사건들을 진술로 포함하고 대안으로 날짜를 포함하는 배합형 문항을 만든다.

  - **고등학교**: 화학 교사는 학생들이 이온과 원자가를 일치시킬 수 있기를 원한다. 그는 이온에 대한 설명을 진술로, 원자가를 대안으로 포함하는 배합형 문항을 구성한다.

3. 진위형 형식은 제한된다. 형식은 제한적으로 사용하고 특정 내용에 대한 지식을 측정할 때 사용한다.

  - **초등학교**: 5학년 교사는 학생들의 다양한 동물 분류에 대한 지식을 측정하기 위해 진위형 문항을 사용한다.

- **중학교**: 중학교 영어 교사는 쓰기에 대한 단원을 시작하기 전에 진위형 문항을 사용하여 학생들의 문법 규칙 지식을 평가한다.
- **고등학교**: 생물학 교사는 학생들의 인체의 여러 시스템에 대한 지식을 측정하기 위해 진위형 문항을 사용한다.

단점에도 불구하고 선택 응답 문항, 특히 선다형 문항은 다양한 결과를 평가하는 데 매우 효과적일 수 있으며, 이 문항을 종합평가 시스템의 주요 구성 요소로 삼기를 권장한다.

필기시험 문항

14.3 필기시험 형식을 설명하고 필기시험 문항의 유효성과 신뢰성을 높이는 방법을 설명할 수 있다.

필기시험 문항(Written-response items)은 학습자가 선택하는 대신 응답을 작성하도록 요구하는 평가 문항이다. 응답은 한 단어만큼 짧을 수도 있고 여러 문단만큼 짧을 수도 있다. 완성과 논술은 두 가지 필기시험 형식이다. 이제 살펴보도록 하자.

완성형 문항

완성형(Completion, 단답형이라고도 함)은 학습자가 짧은(종종 한 단어) 답변을 작성하도록 요구하는 질문 또는 불완전한 진술을 포함하는 평가 형식이다.

이 형식은 교사들에게 인기가 많은데, 아마도 질문을 구성하기가 쉬워 보이기 때문일 것이다. 그러나 가능한 한 가지 답만 정답을 맞히도록 완성 문항을 작성하는 것은 어려운 일이므로 이 형식을 사용하는 것은 보이는 것처럼 쉽지 않는다. 예를 들어, 다음을 고려해 보라.

의견이란 무엇인가? _____

『누구를 위하여 좋은 울리나』라는 소설은 어디서 쓰였는가? _____

각각의 경우에 하나 이상의 방어 가능한 답변이 주어질 수 있다. 예를 들어, '반드시 사실에 근거하지는 않는 관점'이 첫 번째 문항에 대한 수용 가능한 답변이 될 수 있으며, 자신에 대해 높은 의견을 가진 사람들 또는 두 번째 의학적 의견을 추구할 때와 같은 '누군가의 질에 대한 평가' 또는 '전문가의 조언'이 될 수 있다. 두 번째 문항은 '스페인', '스페인 내전' 또는 '유럽'이 모두 기술적으로 정확한 답변이 될 수 있다. 완성 문항을 과도하게 사용하면 학생들은 그들이 옳다고 생각하는 답변을 쓰는 대신 우리가 원하는 답변을 추측하려고 노력해야 하는 불리한 위치에 놓일 수 있다.

또한, 완성 문항은 보통 아래 문항과 같이 낮은 인지 수준으로 작성된다. 그것들은 명확하게 작성되었지만 정보에 대한 회상 정도만 측정한다.

브라질의 수도 이름을 지어 보라. _____

『새장에 갇힌 새가 왜 노래하는지 나는 아네』 책의 저자는 누구인가? _____

하지만 꼭 그럴 필요는 없다. 예를 들어, 선다형 문항에 대한 논의에서 본 약술평가를 다시 살펴보겠다.

램지 선생님은 학생들과 남북전쟁에 대해 토론하고 있다. 그녀는 "이 시기 동안 어린 시절의 삶은 어땠을까?"라는 질문을 던진다. 그녀의 학생들은 그럴듯한 설명을 할 수 있다. 피아제의 이론을 근거로 사용하면, 그녀의 학생들의 사고는 어느 단계의 인지 발달을 가장 잘 보여 주는가?

a. 감각운동기   b. 전조작기   c. 구체적 조작기   d. 형식적 조작기

복수 선택을 사용하는 대신 완성 형식으로 문항을 작성할 수 있다.

램지 선생님은 학생들과 남북전쟁에 대해 토론하고 있다. 그녀는 "이 시기 동안 어린 시절의 삶은 어땠을까?"라는 질문을 던진다. 그녀의 학생들은 그럴듯한 설명을 할 수 있다. 피아제의 이론을 근거로 사용하면, 그녀의 학생들의 사고가 어느 단계의 인지 발달을 가장 잘 보여 주는가?

답을 한두 단어로 작성할 수 있을 때 선다형 문항의 대안으로 완성형 문항을 사용할 수 있다. 그렇게 하면 문항의 채점이 어려워지는 단점이 있지만 학습자들이 단순히 정답을 인식하는 것이 아니라 산출해야 하는 장점이 있다.

완성 형식은 다음과 같은 문제에도 유용하다.

원래 95달러였던 가벼운 재킷이 75달러로 내려갔다. 재킷 가격이 몇 퍼센트나 하락했는가?

_____

완성형 문항에 대한 지침은 다음과 같다.

1. 명확한 질문을 하나 하라. 우리는 위에서 명확한 질문을 쓰는 것이 어려울 수 있다는 것을 알았다.
2. 빈칸 하나만 사용하고, 문장의 요점과 관련시켜라. 여러 개의 빈칸은 혼란스러우며, 하나의 답은 다른 답에 따라 다를 수 있다. 다음 문항을 생각해 보라.

_____ 체계는 심장, _____ , _____로 구성되어 있다.

이 문항에서는 시스템의 이름과 구성 요소 2개를 지정해야 한다. 더 나은 문항은 다음과 같다.

심장, 혈액, 혈관으로 구성된 신체 시스템의 이름은 무엇인가? _____

학생들이 시스템의 부분을 명명할 수 있기를 원한다면 별도의 문항을 작성해야 한다.

3. 빈칸은 같은 길이로 유지하라. 다른 길이의 빈칸은 정답에 대한 단서를 제공할 수 있다.

4. 수치 답변의 경우, 정확도와 원하는 단위를 표시하라. 이것은 과제를 명확하게 하고 학생들이 문항에 필요한 시간보다 더 많은 시간을 할애하는 것을 피하도록 도와준다.

일부 전문가들은 명확한 진술문 작성의 어려움과 낮은 수준의 인지 결과에 초점을 맞추는 경향이라는 약점 때문에 완성 형식을 사용하지 않을 것을 권장한다(Waugh & Gronlund, 2013). 그러나 앞에서 보았듯이 진술문을 주의 깊게 작성하고 약술평가를 구성하면 효과적으로 사용할 수 있다.

에세이 문항: 복잡한 결과 측정

에세이(Essay)는 학생들이 질문이나 문제에 대해 서면으로 더 많은 답변을 하도록 요구하는 평가 형식이다. 에세이 문항에 대한 답변은 때때로 단답형이라고도 불리는 한 문장 또는 두 문장에서부터 여러 문단에 이르기까지 다양하다. 에세이 문항은 우리의 평가 노력에 세 가지 가치 있는 기여를 한다.

- 그들은 다른 형식으로는 측정할 수 없는 논의를 하고 변론하는 능력과 같은 학습의 차원을 평가할 수 있다.
- 생각을 정리하고 생각을 글로 서술하는 능력은 교육과정 전반과 삶에서 중요한 목표이며, 에세이 형식은 이러한 목표를 향한 진전을 측정하는 효과적인 방법이다.
- 에세이 문항은 학생들의 공부 방식을 향상시킬 수 있다. 예를 들어, 그들이 에세이가 필요할 것이라는 것을 안다면, 그들은 그들이 공부하는 것에서 관계를 찾고 더 의미 있는 스키마를 만들 가능성이 높다.

하지만 에세이 문항에는 세 가지 중요한 단점도 있다. 첫 번째는 내용 범위이다. 에세이 시험은 많은 쓰기 시간을 필요로 하기 때문에 선택형 문항으로 다룰 수 있는 광범위한 범위의 학습을 평가할 수 없다. 두 번째 단점은 에세이 문항을 채점하는 데 걸리는 시간이다. 학기가 시작하면 매우 바쁠 것이고, 각 학생의 응답을 주의 깊게 읽어야 시간에 대한 요구가 늘어난다. 셋째, 그리고 아마도 가장 중요한 것은 이 형식에 대한 신뢰성이다. 에세이 문항은 쓰기 쉬워 보이지만 종종 모호하기 때문에 학생들이 주제에 대한 이해보다 질문을 해석할 수 있는 능력이 측정되는 경우가 있다.

에세이 문항의 신뢰성은 대학 입학 시험에 중요한 영향을 미쳤다. 예를 들어, 2014년에 2005년에 시행된 SAT의 에세이 부분을 선택 사항으로 만들기로 결정했고, 이 결정은 2016년에 실행되었다. 이 결정에는 시험의 에세이 부분에 안정적으로 점수를 매길 수 없는 것이 중요한 요인이었다(Lewin, 2014). 신뢰성은 또한 문법, 철자법, 그리고 손글씨를 포함한 글쓰기 능력에 의해 영향을 받는다(Brookhart & Nitko, 2019).

신뢰성의 문제를 좀 더 심도 있게 살펴보겠다.

논술 문항의 신뢰도 제고

이제 국가나 공적인 기준에서 쓰기 요구 사항이 더욱 까다로워져 학생들이 쓰기를 요구하는 평가 형식이 필수적이다. 따라서 에세이 문항은 평가 시스템에서 훨씬 더 중요한 요소가 될 것이므로 가능한 한 신뢰할 수 있도록 하는 데 노력해야 한다. 에세이 문항의 신뢰성을 높이기 위한 제안은 다음과 같다.

1. 에세이 문항을 작성할 때 구체적으로 설명하라. 일반적으로 언급된 문항은 학생들, 특히 초등학생들에게 불확실성을 남긴다.

2. 학생들이 모든 문항에 답하도록 한다. 학생들이 특정 문항을 선택하도록 허용하면 비교가 차단되고 신뢰성이 떨어진다.

3. 학생들이 답을 써야 하는 공간의 양을 제한하라. 시험에 능한 학생들은 그 주제에 대해 그들이 아는 모든 것을 적고 나서 정답이 어딘가에 있기를 바라는 경향이 있다. 이것은 문항을 채점하는 것을 어렵게 만든다. 정답이 정답에 있을 수 있지만, 학생의 이해가 불확실하다는 것을 나타내는 관련 없는 정보도 정답에 있을 수 있다.

4. 다음 문항으로 넘어가기 전에 하나의 문항에 대한 모든 학생의 답변을 채점하고, 그 문항에 대한 모든 학생의 답변을 한 자리에서 채점하도록 시도한다. 그렇게 하면 채점이 일관성 있게 이루어질 가능성이 높아진다.

5. 학생들의 정체성을 모른 채 답에 점수를 매긴다. 우리는 대체로 성취도가 높은 학생들에게 더 높은 점수를 주는 경향이 있다. 학생들의 정체성을 모르는 것은 이러한 영향력을 줄이는 데 도움이 된다.

6. 각 문항에 대한 모범 답안을 작성하라. 그렇게 하는 것은 세 가지 목적을 달성한다. 첫째, 문항을 명확하게 작성하는 데 도움이 된다. 둘째, 학생들의 답안을 모델과 비교할 수 있기 때문에 점수를 매기는 데 도움이 된다. 셋째, 답안을 모델과 비교할 수 있기 때문에 답안은 학생들에게 피드백을 제공할 것이다. 모범 답안을 작성하는 데는 시간이 걸리지만, 일단 작성하면 문항을 사용할 때마다 활용할 수 있다.

7. 채점기준을 미리 준비하고 모범답안을 기준의 근거로 삼는다.

채점 기준을 좀 더 자세히 살펴보겠다.

채점 준거: 루브릭 사용

루브릭(Rubric)은 채점 기준을 명시적으로 설명하는 채점 척도이다(Brookhart, 2013). 예를 들어, 우리가 문단을 구성하는 데 학생들과 함께 작업했다고 가정하고, 양질의 문단은 주제 문장, 하나 이상의 진술 문장,

그리고 요약 문장을 포함한다고 강조했다. 우리는 학생들에게 잘 구성된 문단의 예와 잘 설계되지 않은 문단의 다른 예를 제공했다. 그런 다음 우리는 학생들에게 다음과 같은 에세이 문항을 제공한다.

여러분이 선택한 주제를 제시하고, 그것을 적고, 그것에 대한 문단을 써 보라. 문단에 최소한 5개의 문장을 포함하라.

문항이 명확하고 구체적인 것이 매우 중요하다. 문항이 명확하게 작성되지 않으면 점수를 매기는 가이드로서 루브릭의 효과가 급격히 떨어지고 신뢰도도 떨어진다. [그림 14-2]는 이 문항을 매기는 데 사용할 수 있는 루브릭을 보여 준다. 루브릭에 포함된 다음 특징에 주목하라.

- 준거: 학생들의 답안에 반드시 포함되어야 하는 요소들을 기준으로 한다. 예를 들어, 우리는 양질의 단락에 주제문, 뒷받침문, 요약문이 반드시 포함되어야 한다는 것을 교육 과정에서 강조했다. 이 요소들은 루브릭의 왼쪽 열에 명시되어 있다.
- 성취 수준: 루브릭의 행에 요약된 각 기준에 대한 세 가지 수준의 성취를 포함한다.
- 설명 요소: 각각의 성취 수준이 기술된다. 예를 들어, 주제-문장 기준에 대해 성취 수준 3은 '단락에 대한 명확한 개요를 제공한다'로 기술된다.
- 평정 척도: 루브릭에는 단락에 대해 9점이 가능하다고 명시되어 있다.

마지막 계획 단계로 채점 기준에 대한 결정을 내린다. 예를 들어, 우리는 9점이 A, 7-8점이 B, 5-6점이 C가 될 것이라고 결정할 수 있다. 따라서 학생은 A를 받으려면 세 가지 기준 모두에서 성취 수준 3에 있어야 하고, 세 가지 요소 중 두 가지 요소에서 2에 대해 3에 있어야 하고, B를 받으려면 3에 대해 3에 있어야 한다.

루브릭은 에세이를 채점할 때 신뢰성을 높이는 데 도움이 되는 중요한 도구가 될 수 있다. 또한 수행평가와 함께 사용할 수 있으며, 이 장의 뒷부분에서 살펴보고자 한다.

성취 기준			
기준	1	2	3
주제문	주제문이 없음: 문단의 내용이 무엇에 관한 것인지 명확하지 않음	주제문은 있으나, 무엇에 관한 내용인지가 불명확함	전체적인 개관이 명료하게 제시되어 있음
지원하는 문장	두서가 없고 주제문과 관련이 없음	추가 정보가 있지만 모두 주제문에 초점을 두고 있는 것은 아님	주제문과 관련된 지지 문장이 자세히 제시되어 있음
요약문	요약문이 없거나 이전 문장들과 관련이 없음	주제문과 관련이 있으나 문단의 내용을 요약하고 있지 않음	문단의 내용을 정확히 요약하고 있고, 주제문과도 관련이 있음
전제 점수(9점)			

[그림 14-2] 단락 구조를 평가하기 위한 지침으로 사용되는 루브릭

필기시험 형식 평가

여러 필기시험 형식은 우리에게 추가 도구를 제공함으로써 평가 과정에 도움을 준다. 선택형 문항 형식보다 인지적으로 더 까다롭다는 장점이 있지만 점수를 매기기 어렵다는 단점이 있다.

완성형이나 논술형 문항을 사용할 때 학생들이 문항을 해석하는 데 어려움을 겪지 않도록 문항을 충분히 명확하게 작성하는 것이 가장 큰 과제이다. 그리고 완성형 문항을 사용할 때 지식과 회상 이상의 것이 필요한 문항을 준비하는 것도 또 다른 과제이다. 하지만 앞에서 살펴보았듯이, 완성형 문항은 약술평가를 사용할 수 있기 때문에 선다형 문항에 대한 효과적인 대안이 될 수 있다. 이 절의 마지막에 '교실과의 연계' 추가적인 강의 사례를 포함한다.

학생들을 평가할 때, 우리는 두 가지 결과를 측정한다. ① 평가에 대한 학생들의 이해, ② 선다형 문항, 완성, 논술 등 특정 문항에 대한 학생들의 반응 능력. 따라서 전체 평가 전략을 고려할 때, 우리의 권장 사항은 다음과 같다. 다양한 평가 형식을 사용하여 특정 형식에 대한 학생들의 반응 능력의 차이를 파악하고 학생들에게 그 형식을 사용하는 연습을 제공한다. 표준화 검사에서 중요하기 때문에, 선다형 문항을 주요 평가 형식으로 삼아야 한다. 그런 다음 학습목표가 학생들이 주장을 하고 방어하는 능력을 평가하는 것과 같이 응답을 작성하도록 요구할 때, 논술 형식을 사용하고 모범 답안을 활용하여 신뢰성을 높이고 학생들에게 피드백을 제공할 수 있는 도구를 만든다.

교실과의 연계

문항을 효과적으로 사용하기

1. 완성 문항은 학생들이 특정 질문에 대한 답으로 보통 한두 단어의 짧은 답을 작성하도록 요구한다. 질문이 명확하게 작성되도록 주의하고, 가능하면 약술평가를 사용하여 낮은 사고 수준을 지나치게 강조하는 것을 피한다.

- **초등학교**: 한 5학년 교사가 학생들의 경도와 위도에 대한 이해를 평가하려고 한다. 평가에 다음과 같은 문항을 포함하고 있다.

  지도를 보라. 미국의 어느 주요 도시가 서경 88도, 북위 42도에 가장 가까운가? _____

  학생들은 '시카고'라고 대답할 것으로 예상된다.

- **중학교**: 미국의 8학년 역사 교사가 우리나라 정부의 여러 분야에 대한 학생들의 이해를 평가하려고 한다. 그녀는 평가에 다음과 같은 문항을 포함하고 있다.

  우리나라의 지도자들은 운전 중 문자를 보내는 것이 위험하다고 판단해서, 운전 중 문자를 하다 적발되면 경찰 딱지를 떼고 벌금을 내야 한다는 법을 통과시켰다. 우리 연방정부의 세 부서 중 어느 부서가 이 법을 발의할 책임이 있는가?

  학생들은 '입법부' 또는 '입법부'를 작성해야 한다.

- **고등학교**: 고등학교 생물 교사가 학생들과 함께 벌레의 세 가지 주요 분류에 대해 연구하고 있다. 그녀는 퀴즈에 다음과 같은 문항을 포함하고 있다.

  식욕이 많이 떨어지고 살이 빠지고 몸이 약해지고 복통을 호소하는 친구가 있다.

  그는 자신이 등산을 하고 완전히 깨끗해 보이지 않는 개울에서 물을 마셨다고 말한다. 여러분은 그가 벌레 감염으로 고통받고 있다고 의심한다. 세 가지 주요 분류의 벌레 중에서, 그가 어떤 종류의 벌레를 섭취했을 가능성이 가장 높은가?

  그 사람의 증상은 촌충 감염을 시사하기 때문에 학생들은 "편충"이라고 대답할 것으로 예상된다.

2. 에세이 문항은 학생들이 질문이나 문제에 대해 확장된 응답을 작성하도록 요구한다. 에세이 문항의 신뢰성을 높이고 피드백을 제공하는 도구를 만들기 위해 문항에 대한 모범 답안을 작성한다. 채점 기준을 포함한다.

- **초등학교**: 4학년 교사가 학생들의 사각형에 대한 이해를 평가하기를 원한다. 그는 평가에 포함될 다음 문항을 작성한다.

  직사각형, 정사각형, 마름모가 같은 네 가지 방법을 설명하라.

  그는 다음과 같은 모범 답안을 준비한다.

  직사각형, 정사각형, 마름모는 다음과 같은 방식으로 비슷하다. 그것들은 모두 닫힌 도형이다. 그것들은 네 개의 면을 가지고 있다. 그것들은 네 개의 각도를 가지고 있다. 그것들은 직선으로 구성되어 있다. 각각의 반대 각도는 같다.

  기준: 비교 시 각 1점씩 총 4점.

  학생들의 논문을 반납한 후 자신의 서류에 직사각형, 정사각형, 마름모를 표시하고 공통적인 특징을 파악하여 모범 답안을 참고한다.

- **중학교**: 7학년 생명과학 교사가 그의 학생들과 함께 적응의 개념에 대해 작업하고 있다. 그는 평가에 포함될 다음 문항을 작성한다.

  냉혈동물과 비교하여 온혈동물의 가장 중요한 장점을 설명하라. 장점이 적응의 개념과 어떻게 관련이 있는지 설명하고 설명에 대한 증거로 예를 제시하라.

  그런 다음 그녀는 다음과 같은 모범 답안을 준비한다.

  다양한 장소에서 살 수 있는 능력은 냉혈동물에 비해 온혈 동물의 가장 큰 장점이다. 결과적으로 온혈 동물은 환경에 더 잘 적응할 수 있다. 예를 들면, 우리는 남극에서 펭귄을 본다. 그들은 온혈이기 때문에 이 추운 기후에서 살 수 있다.

  * 기준: 장점과 적응과 관련된 설명은 각 2점씩, 예시는 2점씩 총 6점이다. 다양한 예시가 적절할 것 같다.

  학생들의 논문을 반납한 후, 선생님은 모범 답안을 전시하고 토론한다.

- **고등학교**: 한 세계사 교사는 그의 학생들과 제1차 세계 대전까지 이르는 요인들에 대해 일해 왔다. 그는 평가에 포함될 다음 문항을 작성한다.

  제1차 세계 대전의 세 가지 중요한 원인을 설명하라. 각 원인에 대한 설명에 대한 증거를 제공하기 위해 구체적인 예를 포함하라.

  그런 다음 그는 다음과 같은 모범 답안을 준비한다.

  조약과 동맹이 하나의 원인이었다. 제2차 세계 대전 이전 몇 년 동안 여러 유럽 국가들은 동맹의 다른 국가가 공격을 받을 경우 한 국가를 전쟁으로 보낼 수 있는 동맹을 맺었다. 예를 들어, 동맹은 프랑스, 영국, 러시아로 구성되어 있었고, 다른 동맹은 독일, 오스트리아-헝가리, 이탈리아로 구성되어 있었다.

  두 번째 원인은 광물, 목재, 농산물과 같은 원자재를 국가에 제공할 수 있는 더 큰 제국에 대한 제국주의였다. 그 경쟁은 유럽 국가들 간의 적대감 증가로 이어졌다. 예를 들어, 영국은 '영국 제국에 해가 지지 않는' 세계에서 가장 큰 제국이었지만, 독일은 태평양 섬뿐만 아니라 아프리카의 여러 영토를 통제했다.

  군국주의는 세 번째 원인이었다. 몇몇 유럽 국가들 사이에는 군비 경쟁이 존재했다. 예를 들어, 독일은 1900년대 초에 대대적인 군사력 증강을 했고, 독일과 영국은 모두 그들의 해군 규모를 크게 늘렸다.

  * 기준: 각 비교 1점, 각 지지에 1점씩 총 6점.

  학생들의 논문을 반환한 후 그는 자신의 문서에 모델을 표시하고 두 동맹의 이름을 식별하는 것이 전적으로 학점을 받기 위해 필요하지 않다는 점에 주목하는 등 각각의 원인에 대해 논의한다.

수행평가

14.4 다양한 수행평가를 설명하고, 평가가 전체 평가 과정에 어떻게 기여하는지 설명할 수 있다.

일부 비평가들은 선다형 문항 시험의 형태로 가장 일반적으로 필기시험이 타당성이 부족하고 더 높은 수준의 결과를 평가하지 못한다고 주장한다(Brookhart & Nitko, 2019). 이러한 비판에 대해 **수행평가**(performance assessment)의 사용, 학교 밖 생활과 관련된 과제에 대한 학생 수행의 직접적인 검사가 강조되었다(Popham, 2017). 수행평가라는 용어는 과학 및 공연 예술과 같은 콘텐츠 영역에서 시작되었으며, 학생들은 실험실 시연이나 연주회와 같은 실제 상황에서 능력을 입증해야 했다. 여기 두 가지 예가 있다.

고등학교 자동차 정비사 선생님은 학생들이 시동이 걸리지 않는 자동차 엔진의 문제점을 해결하고 진단할 수 있기를 원한다. 그는 일반적인 시동 문제에 대한 개요와 함께 자동차 엔진 오작동의 실제 예를 제공한다. 학생들은 각 예에서 문제를 논의한다. 선생님의 도움을 받아 응답하지 않는 엔진을 해결하기 위한 단계와 기준에 도달한 다음 이를 사용하여 다른 엔진에서 작업을 안내한다.

보건 교사는 전문 저널에서 사람들이 응급 처치를 적용하는 데 있어 가장 큰 문제는 역학 자체가 아니라 무엇을 언제 해야 하는지를 아는 것이라고 읽는다. 이 문제를 해결하기 위해 교사는 주기적으로 '재앙'의 날들을 계획한다. 교실에 들어오는 학생들은 불특정의 부상을 입은 재난 피해자와 마주친다. 각각의 경우, 그들은 먼저 문제를 진단한 다음 응급 처치를 적용해야 한다. 교사는 작업하는 동안 그들을 관찰하고 그녀가 수집한 정보를 토론과 평가에 사용한다.

수행평가 설계

수행평가 설계에는 세 단계가 포함되며, 각 단계는 보다 타당하고 신뢰할 수 있도록 설계되었다(Miller, Linn, & Gronlund, 2013).

1. 평가하려는 수행 구성 요소를 지정
2. 설정을 구조화하여 현실성과 안전 및 물류의 균형을 유지
3. 명확하게 식별된 기준을 가진 설계 평가 절차

수행 요소 구체화

측정하고자 하는 구성 요소를 구체화하는 것은 모든 수행평가를 설계하는 첫 번째 단계이다. 수행에 대한 명확한 설명은 학생들이 무엇이 필요한지 이해하고 계획적인 수업을 수행하는 데 도움이 된다. [그림 14-3]은 설득력 있는 글쓰기 영역의 구성 요소 예시이다.

어떤 경우에는 학생들이 실제로 하는 과정이 될 것이고 다른 경우에는 최종 결과가 될 것이다. 일반적으로 초기에는 과정에 초점을 맞추고 절차가 숙달된 후에는 결과로 중점을 맞춘다(Waugh & Gronlund, 2013). 성과

의 구성 요소로서 과정과 결과의 예는 〈표 14-3〉에 요약되어 있다.

설득력 있는 에세이
1. 에세이의 목적을 구체적으로 제시한다.
2. 목적을 뒷받침하는 증거를 제공한다.
3. 독자를 구분한다.
4. 전문가들이 반론을 제기할 가능성이 높다.
5. 반론을 반박하는 증거를 제시한다.

[그림 14-3] 설득력 있는 글쓰기의 수행 결과

〈표 14-3〉 수행 구성 요소로서의 과정 및 결과

내용 영역	결과물	과정
수학	정답	정답에 이르는 문제해결 단계
음악	악기로 작품 연주하기	운지법과 숨 고르기
영작	논술, 보고서 또는 질문	원고 준비 및 사고 과정
문서 처리	최종 원고 또는 편지	자판 치기 및 원고 제시 기술
과학	결과에 대한 설명	설명을 준비하는 데 포함된 사고 과정

평가 설정 구조화

평가 환경은 이미 많은 수행평가에서 중요하다. 예를 들어, 화학 실험실을 설계하고 수행하는 학생들의 능력을 평가하고자 한다면, 우리 화학 교실은 적절한 평가 환경이다. 이 교실들은 일반적으로 실험실 활동에 필요한 기반 시설을 포함하고 있기 때문이다. 앞의 자동차 역학 사례에서도 이와 유사한 상황이 나타난다.

시간, 비용 또는 안전이 실제 환경을 방해하는 경우에는 중간 단계를 사용할 수 있다. 예를 들어, 운전자 교육에서는 처음에 초기 운전자를 교통량이 많은 상태로 둘 수 없으므로 학생들이 필기 사례 연구에 응답하고 시뮬레이터를 사용하는 것으로 시작하여 교통량이 적은 도로에서 운전하고 마지막으로 다양한 조건에서 운전할 수 있다. 학생들의 운전 기술이 발전하면 더 높은 수준의 실재감 있는 환경으로 갈 수 있다.

시뮬레이션이 불가능할 때는 앞 장에서 설명한 것과 같은 설명하는 연습을 설계할 수 있다. 예를 들어, 지리 교사는 기후와 지리가 도시의 위치에 미치는 영향에 대한 학생들의 이해를 측정하고자 다음과 같은 문항을 구성할 수 있다.

다음 가상의 섬 지도를 보고 위도, 바람, 해류에 특히 주의를 기울인다. 이 정보를 바탕으로 섬에서 도시에 가장 적합한 위치를 파악하고, 지도에 있는 모든 정보를 고려하여 위치에 대한 근거를 제시한다.

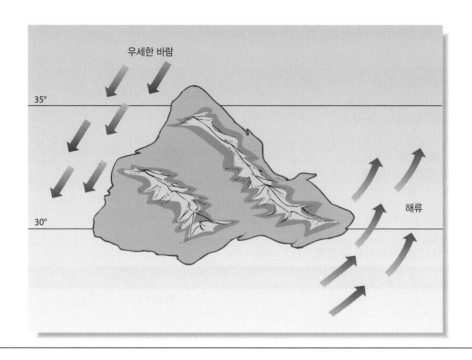

학생들의 합리성은 그들의 생각에 대한 통찰력을 제공하고, 그들의 응답은 하와이의 힐로나 오아후의 호놀룰루와 같은 하와이 섬 군도의 실제 도시 위치와 비교될 수 있어, 실제 도시를 찾을 때와 같은 수준의 실재감을 갖는 과제는 어려울 수 있다.

평가 절차 설계

평가 절차를 설계하는 것은 수행평가를 사용(또는 실행)하는 마지막 단계이다. 채점 루브릭은 에세이 문항과 함께 사용되는 것과 마찬가지로 신뢰성과 타당성을 모두 높인다(Chappuis & Stiggins, 2017). 예를 들어, 앞의 연습에서 [그림 14-4]의 루브릭은 섬에 있는 자신의 도시 위치에 대한 지리학 학생들의 생각을 평가하는

성취 수준			
기준	1	2	3
지리학	도시의 위치에 대한 이론적 근거에 지리가 포함되지 않음	논리적으로 지리를 포함하지만 도시 위치와의 연결은 명확하지 않음	도시의 위치에 지리가 어떤 영향을 미치는지 명확하게 설명함
우세한 바람	도시의 위치에 대한 이론적 근거에 우세한 바람을 포함하지 않음	우세한 바람을 포함하지만 도시의 위치에 어떤 영향을 미치는지 설명하지 않음	우세한 바람이 기후와 같은 요소에 어떻게 영향을 미치는지, 기후가 도시의 위치에 어떻게 영향을 미치는지 설명함
해류	도시의 위치에 대한 이론적 근거에 해류를 포함하지 않음	해류를 포함하지만 도시의 위치에 어떤 영향을 미치는지 설명하지 않음	해류가 기후와 같은 요소에 어떻게 영향을 미치는지, 기후가 도시의 위치에 어떻게 영향을 미치는지 설명함
위도	도시의 위치에 대한 이론적 근거에 위도를 포함하지 않음	위도를 포함하지만 도시의 위치에 어떤 영향을 미치는지 설명하지 않음	도시의 위치에 가 어떤 영향을 미치는지 명확하게 설명함
전체 점수(9점)			

[그림 14-4] 지리학과 학생들의 사고를 평가하기 위한 루브릭

데 사용될 수 있다.

[그림 14-3]과 [그림 14-4]와 같은 루브릭 외에도 학습자의 수행을 평가하기 위한 추가 도구가 있다. 다음으로 이 도구들을 살펴본다.

학습자의 성과를 평가하기 위한 도구: 체계적 관찰, 체크리스트 및 평정 척도

체계적인 관찰, 체크리스트, 평정 척도는 우리의 평가 시스템에서 각각 다른 기능을 수행할 수 있다. 그것들을 자세히 살펴보자.

체계적 관찰

교사들은 교실에서 학생들을 일상적으로 관찰하지만, 이러한 관찰은 보통 비공식적이며, 기록은 거의 보관되지 않는다. **체계적인 관찰**(Systematic observation), 즉 허용 가능한 수행의 기준을 지정하고 그 기준에 따라 메모하는 과정은 이러한 과정을 더욱 체계적이고 철저하게 만든다. 예를 들어, 실험실 실험에서 과학적 방법을 사용하는 학생들의 능력을 평가하는 과학 교사라면 다음과 같은 기준을 설정할 수 있다.

---

1. 주요 문제 또는 질문   2. 주 가설   3. 독립변수, 종속변수 및 통제변수
4. 데이터 수집 및 표시   5. 데이터를 기반으로 가설을 평가

그런 다음 기준을 직접 참조하여 모든 그룹에서 일관되게 노트를 만든다. 이 노트를 사용하여 학생들에게 피드백을 제공하고 향후 계획에 사용할 정보를 제공할 수도 있다.

체크리스트

허용 가능한 수행에 존재해야 하는 차원에 대한 서면 설명인 **체크리스트**(checklist)는 수행의 중요한 측면을 명시함으로써 체계적인 관찰을 확장하고, 이를 학생들과 공유할 수 있다. 평가 중에 우리는 노트에 그 차원들을 설명하는 대신 간단히 체크리스트를 확인한다. [그림 14-5]에는 학생들의 과학적 방법 사용 능력을 평가하는 데 사용될 수 있는 체크리스트가 포함되어 있다. 예를 들어, [그림 14-5]의 체크리스트를 사용할 때 우리는 학생들의 보고서에 나타나는 다섯 가지 기준을 각각 체크한다.

이 과정에 학생들을 참여시키는 것은 체크리스트를 사용할 때 학생들의 자기 평가를 장려하는 데 효과적일 수 있다. 예를 들어, 학생들이 실험실 프로젝트를 수행할 때 [그림 14-5]의 체크리스트를 사용하여 과학적 방법을 사용하는 기준을 충족하고 있는지 여부를 결정하는 데 도움이 되는 지침으로 사용할 수 있으며, 학생들은 우리가 아닌 각 기준을 확인한다.

또 다른 예로, 학생들은 체크리스트를 사용하여 자신의 글을 모니터링할 수 있으며 다음과 같은 준거가 포함될 수 있다.

기준	존재	부재
1. 문제나 질문에 대한 언급		
2. 가설에 대한 언급		
3. 독립변수, 종속변수, 통제변수에 대한 구체화		
4. 데이터 수합과 설명		
5. 데이터에 근거해 가설 검증		

[그림 14-5] 학생들의 과학적 방법 사용을 평가하기 위한 체크리스트

1. 모든 문장은 대문자로 시작한다.	2. 각 문장은 마침표, 물음표 또는 느낌표로 끝난다.
3. 모든 단어의 철자가 정확하다.	4. 각 문장은 완전한 문장이다.

체크리스트는 "모든 문장은 대문자로 시작한다"와 같이 구성 요소가 있거나 없을 때 유용하다. 그러나 "데이터를 기반으로 가설을 평가한다"와 같은 과학적 방법의 경우, 일부 문항은 단순한 현재/현재 설명에 맞지 않고, 일부 평가는 다른 문항보다 더 철저하고 정확할 것이다. "결론을 뒷받침하는 증거를 제공한다"는 기준으로 글을 쓰는 경우에도 마찬가지이다. 일부 근거는 다른 근거보다 더 낫다. 평정 척도가 이 문제를 해결한다.

평정 척도

평정 척도(Rating scale)는 각 차원이 평가되는 값의 척도와 함께 허용 가능한 수행의 차원에 대한 서면 설명이다. 이 척도는 수치, 그래픽 또는 설명 형식으로 구성될 수 있다. 이전 섹션에서 체크리스트를 확장하는 평정 척도의 예는 [그림 14-6]에 나와 있다.

기준	1	2	3	4	5
1. 문제 또는 질문	문제 또는 질문이 없음	모호하게 진술된 문제 모호한 문제의 의미	문제가 기술되어 있으나 불명확하고 구체적이지 않음	문제가 명확하게 기술되었으나 좀 더 구체적이어야 함	문제나 질문이 명확하고 구체적으로 기술됨
2. 질문과 관련된 가설	가설이 없음	문제와 연관성이 없는 모호한 가설	문제와 직접적으로 관련성 없는 가설이 모호하게 기술됨	가설이 문제와 직접적인 관련이 있으나 좀 더 명확해야 함	가설이 문제와 직접적인 관련이 있고 명확하게 기술됨
3. 독립변수, 종속변수, 통제변수	변수가 구체화되지 않음	몇몇 변수가 불완전하고 모호하게 기술됨	변후의 불완전하게 기술됨.	변수가 기술되어 있으나 좀 더 명확해야 함	변수가 문제와 관련이 있고 명확하게 구체화됨
4. 데이터 수합	데이터가 구체화되지 않음	가설과 관련 없는 데이터의 수합	가설을 검증하는 데 적절하지 않은 데이터가 수합됨	필수적인 데이터가 수합되어 있으나 좀 더 완전해야 함	가설을 검증할 수 있도록 총괄적이고 완전한 데이터가 수합됨
5. 가설 검증	가설 검증이 없음	가설과 관계없는 검증이 기술됨	가설이 검증되어 있으나 모호하고 불명확함	가설이 검증되었으나 더욱 총괄적이어야 함	가설이 총괄적으로 검증됨

[그림 14-6] 학생들의 과학적 방법 사용을 평가하기 위한 평정 척도

또 다른 예로, 교육을 시작할 때 발생할 수 있는 것과 유사한 평정 척도가 [그림 14-7]에 요약되어 있다.

[그림 14-6]의 평정 척도와 달리 [그림 14-7]의 평정 척도는 '효과성 수준' 1, 3, 5에 대한 설명만 포함한다. 평가를 수행할 때 관찰자는 기존 설명을 기반으로 2단계와 4단계를 추론한다. 평정 척도는 앞서 설명한 채점 루브릭과 유사한다. 주요 차이점은 학생들의 과학적 방법 사용 능력이나 지도교수가 수업을 관찰할 때 교사가 질문하는 것과 같은 수행을 평가하는 데 루브릭이 사용된다는 것이다.

상세한 평정 척도는 피드백을 전달하기 위한 구체적인 메커니즘도 만든다. [그림 14-7]의 경우 학생 또는 교사와의 회의에서 관찰자는 척도의 차원을 직접 참조하여 수행에 대한 구체적인 정보를 제공할 수 있다. 평정 척도는 학습자 수행평가에 유용한 도구가 될 수 있다.

효과성 개념	1	2	3
수업 범위	어떤 학습목표도 뚜렷하지 않음. 수업의 초점과 범위가 불확실함	학습목표가 명확하지 않음. 수업에서 너무 많거나 또는 너무 적은 내용을 다루고 있음	뚜렷한 학습목표가 존재함. 수업의 범위는 목표 달성을 위해 효과적임
구성	수업 전에 자료가 준비되어 있지 않음. 수업의 흐름이 뚜렷하지 않음. 수업 시간이 낭비되고 있음	약간의 자료가 미리 준비되어 있고, 수업의 흐름 또한 뚜렷하게 존재함. 수업 시간이 합리적으로 잘 활용되고 있음	수업 시간이 미리 준비된 자료와 함께 최적화되어 있고, 수업의 흐름 또한 잘 확립되어 있음
실례와 비실례	실례와 비실례를 사용하지 않음	실례와 비실례를 사용하기는 하지만, 주제를 정확히 반영하고 있지 못함	맥락에 맞는 양질의 예시를 다양하게 사용함으로써, 해당 주제를 반영하고 있음
복습	지난 시간에 했던 것을 복습하지 않음	지난 시간에 했던 것을 짧고 피상적으로 복습함	현재 다루고 있는 주제를 이해하는 데 필요한 개념을 철저히 복습함
질문하는 빈도	교사가 강의함. 거의 질문하지 않음	몇 개의 질문이 있었음. 강의 내용의 대부분을 강의로 전달함	전체적으로 강의가 질문과 함께 전개됨
질문의 균등한 분포	질문이 구체적으로 학생들에게 향하지 않음	몇몇 질문은 학생 개인에게 향함. 손을 들어 자원하는 학생들에게 가장 많이 기회를 줌	가능한 공평하게 교실에 있는 모든 학생에게 기회가 부여되었고, 학생의 이름을 불러서 질문함
기다리는 시간과 격려	기다리는 시간이 거의 없었음. 학생이 답을 하지 못할 경우 다른 학생에게 질문을 돌림	몇몇 경우에는 적절히 기다렸을 뿐 아니라 간헐적으로 도와줌	지속적으로 학생들을 기다렸고, 학생들이 정확히 답하지 못할 때 격려해 줌
종결	수업에서의 종결이 부족함	교사가 요약해 주고 수업을 종료함	학생들이 수업에서의 주요 요점을 말하도록 교사가 이끌어 줌
수업의 정렬	학습목표, 학습 활동, 평가가 일치되지 않음	목표, 학습 활동, 평가가 부분적으로 일치함	학습목표, 학습 활동, 평가가 명백히 일치함

[그림 14-7] 교수 효율성 평정 척도

출처: 초등교사의 교육심리 이해와 교육학적 실천의 관계에 대한 고찰을 바탕으로 2007년 4월 시카고 미국교육연구회 연례회의에서 발표된 논문.

포트폴리오 평가: 자기조절 계발

포트폴리오 평가(Portfolio assessment)는 미리 설정된 기준을 사용하여 평가하는 학생 작품 모음을 선택하는 과정이다(Chappuis & Stiggins, 2017; Popham, 2017). 포트폴리오는 실제 작품 모음이며 여러 해에 걸쳐 작성된 에세이, 프로젝트, 시의 예시, 실험실 보고서, 비디오 녹화 공연, 퀴즈 및 테스트 등이 포함될 수 있다. 포트폴리오의 사용은 미취학 아동을 위한 학교 준비도 측정 또는 미술 학생의 그림 그리기 발달 능력 평가를 포함한 매우 다양한 영역에서 일반적이다. 기술의 사용이 발전함에 따라 전자 포트폴리오가 점점 인기를 얻고 있다. 〈표 14-4〉에는 다양한 내용 영역의 포트폴리오 평가 사례가 포함되어 있다.

〈표 14-4〉 다양한 콘텐츠 영역에서의 포트폴리오 예시

내용 영역	예
초등학교 수학	숙제, 퀴즈, 시험, 일정 기간에 걸쳐 완성된 프로젝트
작문	다양한 발달 단계에서 작성한 설명문 · 논술문 · 시 모음
미술	1년에 걸쳐 수행한 프로젝트로서, 영역에 대한 관점이 성장하는 것을 보여 주는 것들을 수집함
과학	학습의 진척 상황을 나타내는 실험실 보고서, 프로젝트, 수업 시간에 작성한 노트, 퀴즈, 시험 등

포트폴리오를 사용하는 주요 목표는 학생들의 자기조절 능력을 키우는 것이다. 평가 맥락에서 자기조절은 학생들이 스스로 학습에 대한 책임을 지고 평가를 사용하여 학습 진행 상황에 대한 정보를 수집하는 것을 의미한다(Hofer, 2010; Schneider, 2010). 예를 들어, 한 학생이 에세이를 작성하는데, 선생님의 피드백은 그가 자신의 결론을 뒷받침할 충분한 근거를 제시하지 못했다는 것을 나타낸다. 그는 포트폴리오에 피드백과 함께 에세이를 포함시키고, 다음 에세이에서는 자신의 결론을 더 신중하게 작성한다. 그는 자신의 작업을 다시 읽고 두 번째 에세이가 첫 번째 에세이보다 낫다는 결론을 내린다. 그녀의 피드백에서 그의 선생님은 그의 결론을 확증한다. 이 예는 그의 향상된 자기조절의 결과로 학습 진행을 보여 준다.

학생들이 평가 과정에 직접 참여할 때, 그들은 공부에 대한 그들의 접근 방식에 대해 더 메타인지적으로 변하고 무엇이 그들에게 효과가 있는지에 대해 더 성찰하게 된다. 포트폴리오는 또한 소유감과 자율성을 발달시키는 데 도움이 되며, 이 두 가지는 학습자의 동기를 증가시킨다(Schunk et al., 2014).

다음 지침은 학습 도구로서의 포트폴리오의 효과를 높일 수 있다.

- 포트폴리오를 교육과정에 통합하고 교육과정에서 참조하라.
- 학생들에게 포트폴리오 평가를 소개할 때 예시 포트폴리오를 제공한다.
- 학생들의 작품 선정 및 평가에 참여한다.
- 학생들에게 각 포트폴리오의 개요, 개별 작품 포함에 대한 근거, 개별 작품을 평가하는 데 사용되는 기준 및 진행 상황 요약을 제공하도록 요구한다.
- 학생들에게 자신의 결정에 대한 빈번하고 상세한 피드백을 제공한다.

포트폴리오 평가는 어렵다. 또한, 현실에서, 모든 학생들이 개선하려고 노력하는 것에 책임이 있는 것은 아니며, 그들의 노력 부족으로 보이는 것은 좌절감을 줄 것이다. 하지만 우리가 도달한 사람들에게, 우리는 학교와 그 후의 삶 모두에서 그들의 발전에 귀중한 기여를 한다.

수행평가에 대한 평가

선다형 문항이나 에세이와 같은 종이와 연필 형식과 마찬가지로 수행평가에도 장단점이 있다. 예를 들어, 수행 및 포트폴리오 평가 옹호자들은 이러한 형식이 더 높은 수준의 사고력과 문제해결 능력을 활용하고, 실제 적용을 강조하며, 학습자가 결과물을 생산하는 과정에 초점을 맞춘다고 주장한다(DiMartino & Castaneda, 2007).

그러나 이러한 대안들에도 문제가 있다. 첫째, 시간과 노동 집약적이다. 예를 들어, 개별 학생들의 포트폴리오를 조사하는 것은 매우 시간이 많이 걸리고 어렵다. 둘째, 신뢰도가 문제이며, 허용 가능한 수준의 신뢰도를 얻는 것이 지속적으로 문제였다(Barnes, Torens, & George, 2007; Tillema & Smith, 2007). 교실 수준에서 학생들이 포트폴리오 내용을 결정하도록 허용하면 추가적인 문제가 발생한다. 예를 들어, 학생들이 포트폴리오에 넣을 다른 문항을 선택할 때 학생 간 비교가 어려워 신뢰성이 떨어진다. 이 문제를 해결하기 위해 전문가들은 포트폴리오를 전통적인 측정으로 보완하여 두 과정의 최선을 얻을 것을 권장한다(Chappuis & Stiggens, 2017).

학습과 교육의 모든 측면과 마찬가지로 평가는 복잡하며 모든 학생에게 학습을 극대화하는 평가를 설계하는 데 있어 지식, 기술 및 전문적 판단이 중요하다. 우리는 선택 응답 및 필기시험 문항을 평가 시스템의 핵심으로 만들고 적절한 경우 수행평가로 보완할 것을 권장한다. 이는 효율적이며 수행평가에 존재하는 신뢰성 문제를 수용하는 동시에 수용 가능한 수준의 현실성을 포착한다.

교실과의 연계

수행평가를 효과적으로 활용하기

1. 수행평가는 학생들이 학교 밖 생활에서 수행할 것으로 예상되는 것과 유사한 작업을 수행할 수 있는 능력을 직접 검사한다. 적절한 경우 수행평가를 사용하여 평가의 타당성을 높인다.
   - **초등학교**: 1학년 교사는 그의 학생들의 구술 읽기 능력을 평가하기 위해 평정 척도를 사용한다. 그는 각 학생의 읽기를 듣는 동안, 각 학생의 장단점을 기억하도록 돕기 위해 추가적인 메모를 사용한다. 그는 부모-교사 회의에서 이것들을 돌봄 제공자들에게 각 학생의 읽기 진행 상황에 대한 정확한 그림을 제공한다.
   - **중학교**: 소수점과 백분율을 연구하는 수학 교사가 동네 슈퍼마켓 세 곳의 광고를 가져와서 학생들에게 다섯 가지 가정용품의 가격을 비교해 보라고 한다. 학생들은 어떤 가게가 가장 좋은 가격을 제공했는지 그리고 각 상품에 대한 가게들 간의 백분율 차이를 결정해야 한다.
   - **고등학교**: 경영 기술을 가르치는 교사는 학생들이 신문에 공고문에 답하는 편지를 쓰게 한다. 그리고 나서 그 학급은 그 학급이 이전에 개발한 루브릭을 사용하여 글자를 형식, 문법, 구두점, 그리고 명확성 측면에서 비평한다.

2. 포트폴리오 평가는 평가 과정에 학생들을 참여시킵니다. 포트폴리오를 사용하여 학습자의 자기조절을 계발한다.
   - **초등학교**: 4학년 교사는 그의 언어 예술 커리큘럼을 위한 조직적인 주제로 포트폴리오를 사용한다. 학생들은 한 해 동안 작품들을 모으고 그것들을 그들의 글쓰기 팀의 다른 구성원들과 평가하고 공유한다.

- **중학교**: 수학 교사는 각 학생들에게 작품 포트폴리오를 구성하고 부모–교사 회의에서 발표하도록 요청한다. 회의 전에, 선생님은 학생들을 만나고 학생들이 그들의 장단점을 확인하도록 돕는다.
- **고등학교**: 자동차 정비사 교사는 각 학생이 숙달한 능력과 기술을 기록하는 책임을 지게 한다. 각 학생은 폴더를 받고 다양한 상점 과제의 완료를 기록해야 한다.

효과적인 종합평가

14.5 효과적인 종합평가 시스템의 요소를 파악할 수 있다.

수준 높은 형성평가는 학생들의 학습을 증가시키기 위해 고안된 결정을 내리는 데 필수적이다. 두 번째 필수 과정은 학생들이 얼마나 많이 학습했는지를 결정하고 그들의 성취를 반영하는 점수를 부여하는 것이다. 이 과정은 학생들, 그들의 부모, 그리고 학교 및 지역 관리자와 같은 다른 사람들에게 얼마나 많은 학습이 발생했는지를 전달할 수 있게 해 준다.

APA의 20가지 주요 원칙

이 장에서 설명하는 원칙 19: 유치원–12학년(초 · 중등학교)까지 교수 및 학습을 위한 심리학의 20가지 주요 원칙에서 학생들의 기술, 지식 및 능력은 자질과 공정성에 대한 명확한 기준을 가진 심리학적 과학에 근거한 평가 과정을 통해 가장 잘 측정된다.

이것이 이 장의 주제인 종합평가의 본질이다. 여기서는 주로 퀴즈와 시험에 초점을 맞추고 학습 진도와 성적에 대한 의사 결정에 활용한다. (퀴즈와 시험의 개념은 정확하게 정의되어 있지 않다. 본질적으로 퀴즈는 짧은 시험이므로 두 용어를 혼용하여 사용할 수 있다.)

이 절을 공부하면서 한 가지 중요한 아이디어를 염두에 두라. 이것은 학생들이 얼마나 많이 학습했는지 결정하고 그 학습을 학년에 반영하는 것을 돕는 것이라고 해서 이러한 평가가 학습 도구가 아니라는 것을 의미하는 것은 아니다. 정확히 그 반대이다. 예를 들어, 학생들에게 퀴즈를 주고 성적에 그들의 점수를 기록한다면, 우리도 그 퀴즈에 대해 그들과 논의하고 상세한 피드백을 제공해야 한다. 장을 시작하면서 말했듯이, 오랜 연구 역사는 평가와 피드백을 결합하는 것이 우리가 가진 가장 강력한 학습 도구 중 하나임을 시사한다 (Crooks, 1988; Hattie, 2012; Pomerance et al., 2016; Rohrer et al., 2010).

우리는 종합평가를 효과적인 학습 도구로 만들기 위해 고안된 네 가지 제안이 있다. 먼저, 학습을 촉진하는 것이 모든 시험과 퀴즈의 주요 목적이며 우리와 학생들이 '함께 이 일에' 참여한다는 것을 강조하라. 그들은 부지런히 공부할 책임이 있고, 우리는 할 수 있는 한 그들을 도울 책임이 있다. 이 제안은 퀴즈와 시험이 다소 징벌적이라는 인식을 바꾸는 데 도움이 될 수 있다.

둘째, 자주 그리고 철저하게 평가하라. 퀴즈와 테스트를 줄이는 대신 하나에 대해 더 많이 제공하라. 연구에 따르면 학습자가 한 주제를 더 많이 마주할수록 이해가 깊어지는 것으로 나타났다(Rohrer et al., 2010; Rohrer & Pashler, 2010). 따라서 예를 들어, 학습자가 숙제로 연습한 후 동일한 내용을 포함하는 퀴즈에 응답하고 마지막으로 9주 테스트에서 세 번째 응답하면 먼저 주제에 대해 작업한 다음 두 번 더 수행한다. 각 수행을 통해 이해가 깊어지는 것은 의미가 있다. 연구에 따르면 P-12 수준(McDaniel et al., 2011)과 대학생 (Crooks, 1988; Gonzalez & Eggen, 2017)에서 이 점이 확인된다.

셋째, 학생들에게 숙제, 시험, 퀴즈, 수행평가 등 모든 평가에 대한 상세한 피드백을 제공한다. 이 부분의 뒷부분에서 이 아이디어에 대해 자세히 설명한다.

마지막으로, 학생들에게 평가를 준비하는 데 충분한 연습을 제공하라.

학생들의 준비

학생들에게 평가를 준비시키는 것은 중요한데, 왜냐하면 우리는 평가에 문제를 해석하는 학생들의 능력이 아니라 학생들의 이해를 반영하기를 원하기 때문이다. 이 생각을 설명하기 위해, 램프킨 선생님이 단원 시험을 치르기 전날에 그녀의 학생들과 함께 한 일을 살펴보자.

램프킨 선생님은 각 학생이 수학문제에 대한 자신의 작업을 보여 줘야 하는 개별 칠판을 언급하며 "칠판을 꺼내세요."라고 지시한다.

"우리는 내일 등가 분수를 구하고 분수를 더하는 시험이 있는데, 그 시험은 여러분의 수학 포트폴리오에 들어갈 것입니다. 저는 여러분을 생각하게 할 시험에 몇 가지 문제가 있습니다. 하지만 여러분 모두가 열심히 노력했고, 여러분의 노력이 결실을 맺고 있으므로, 여러분은 그것을 할 수 있을 것입니다. 여러분은 우리 팀이고, 저는 여러분이 해낼 것이라는 것을 압니다."라고 그녀는 웃으며 말한다. "우리가 괜찮은지 확신하기 위해, 저는 시험에 나온 것과 같은 몇 가지 문제가 있으므로, 우리가 어떻게 하는지 봅시다. 이것들을 여러분의 칠판에 쓰세요."

$$\frac{1}{3} + \frac{1}{4} = ? \qquad \frac{2}{7} + \frac{4}{7} = ?$$

램프킨 선생님은 학생들이 문제를 푸는 것을 보고 칠판 쓰는 것이 끝나면 손을 들어준다. 세 명의 학생들이 첫 번째 문제를 놓치는 것을 보고 그녀는 수업과 함께 복습한 다음 다음 세 가지를 보여 준다.

$$\frac{2}{3} + \frac{1}{6} = ? \qquad \frac{4}{9} + \frac{1}{6} = ? \qquad \frac{2}{9} + \frac{4}{9} = ?$$

두 명의 학생이 두 번째 문제를 놓쳤기 때문에 그녀는 다시 한번 신중하게 검토한다. "자, 한번 더 시도해 봅시다." 그녀는 계속해서 서류에 다음과 같은 문제를 표시한다.

당신은 5명의 다른 사람들과 피자 파티에 있고, 당신은 2판의 피자를 주문한다. 2판의 피자는 같은 크기이지만, 하나는 4조각으로, 다른 하나는 8조각으로 자른다. 당신은 각각의 피자에서 1조각을 먹는다. 당신은 모두 얼마나 많은 피자를 먹었을까?

다시 한번, 그녀는 학생들이 일하는 것을 지켜보고 학생들이 끝나면 해결책을 검토하며 다음과 같은 질문을 한다.

- "문제의 어떤 정보가 중요합니까?"
- "무관한 문제에서 우리는 무엇을 알 수 있습니까?"
- "우리가 그것을 해결하는 데 있어서 무엇을 가장 먼저 해야 할까요?"

두 단어 문제를 더 논의한 후, 그녀는 학생들에게 "내일 시험 문제는 오늘 여기서 연습한 문제와 같습니다."라고 말하고, 추가적인 질문이 있는지 묻고, "좋아요, 우리가 시험을 볼 때, 우리는 항상 무엇을 하나요?"라고 말하는 것으로 복습을 마친다.

"우리는 안내를 주의 깊게 읽습니다!"라고 그들은 이구동성으로 외친다.

"좋아요, 좋아요." 램프킨 선생님이 웃으며 말한다. "자, 기억하세요. 문제에 걸리면 어떻게 할 건가요?"

"시간이 촉박하지 않도록 다음 문제로 넘어갈 겁니다."

"그리고 우리가 하지 말아야 할 것은 무엇인가요?"

"우리는 우리가 건너뛴 것으로 돌아가는 것을 잊지 않을 것입니다."

램프킨 선생님은 네 가지 방법으로 그녀의 학생들에게 시험을 준비시켰다.

- 테스트 내용을 지정한다.
- 학생들에게 시험과 같은 조건에서 연습할 수 있는 기회를 주었다.
- 긍정적인 기대를 확립하고 학생들이 노력과 성공을 연결하도록 장려한다.
- 학생들에게 구체적인 시험 전략을 사용하도록 권장했다.

시험에 무엇을 표시할지를 지정하고 시험 형식을 구체화함으로써 교사는 학생들에게 구조를 제공하여 더 높은 성취로 이어지는데, 이는 내용을 어려워하는 사람들에게 특히 중요하다. 그러나 특히 어린 학습자들에게는 시험 내용을 명시하는 것만으로는 충분하지 않으므로, 학생들에게 연습문제를 제공하고 시험에서 그들의 모습과 유사한 형식으로 제시하는 것이 중요하다(Geno, 2014). 예를 들어, 램프킨 선생님의 학생들은 수학 기술을 배우는 데 있어 먼저 분모가 비슷한 분수를 더하는 연습을 한 다음, 동등한 분수를 찾는 법을 배웠고, 마지막으로 분모가 다른 분수를 더했다(Geno, 2014). 그러나 시험에서 문제가 혼합되어 램프킨 선생님은 학생들이 실제 시험을 보기 전에 이러한 기술을 통합하는 연습을 할 수 있는 기회를 주었다.

APA의 20가지 주요 원칙

이 논리는 원칙 5를 설명한다. 장기 지식과 기술 습득은 유치원–12학년(초 · 중등학교)까지 교수 및 학습을 위한 심리학의 20가지 주요 원칙에서 주로 연습에 의존한다.

램프킨 선생님은 또한 그녀의 학생들이 시험을 잘 보기를 기대한다고 전달했고, 우리의 평가에 긍정적인 기대를 설정하는 동기적인 이점은 연구에 의해 확인되었다(Schunk et al., 2014). 그녀는 또한 "하지만 여러분 모두는 열심히 노력해 왔고, 여러분의 노력은 결실을 맺고 있으므로, 여러분은 그것을 할 수 있을 것입니다"라고 말하면서 노력과 노력의 성공에 대한 영향을 강조했다. 학생들이 노력으로 능력이 향상될 수 있다고 믿도록 격려하는 것은 즉각적인 성과와 장기적인 동기 모두에 도움이 된다.

마지막으로, 램프킨 선생님은 그녀의 학생들에게 특정한 시험 전략을 사용하도록 격려했다. 이 아이디어를 좀 더 자세히 살펴보겠다.

시험 전략 교육

우리는 학생들에게 다음과 같은 전략을 가르쳐 줌으로써 학생들의 성과 향상을 도울 수 있다.

- 안내를 잘 읽어 보라.
- 질문에서 중요한 정보를 파악한다.
- 시간을 효율적으로 사용하고 스스로 속도를 내라.

램프킨 선생님은 이러한 전략을 사용하도록 권장했다. 예를 들어, 그녀의 수업에서 대화의 일부를 다시 살펴보자.

램프킨 선생님: 좋아요, 우리가 시험을 볼 때, 우리는 항상 무엇을 합니까?

학생들: 우리는 사용법을 주의 깊게 읽습니다!

램프킨 선생님: 좋아요, 좋아요. 문제가 생기면 어떻게 할 건가요?

학생들: 시간이 부족하지 않도록 다음 단계로 넘어갑니다.

램프킨 선생님: 그리고 우리가 하지 말아야 할 것은 무엇입니까?

학생들: 우리는 건너뛴 것으로 돌아가는 것을 잊지 않을 거예요.

고학년 학생들의 경우 질문에 점수가 매겨지는 방식을 설명하고 다양한 시험 형식의 뉘앙스를 설명하는 것도 도움이 된다. 전략 교육은 성적을 향상시키며 특히 어리고 능력이 낮은 학생들과 제한된 시험 경험을 가진 학생들에게 도움이 된다(Geno, 2014).

시험 불안 감소

교육심리학과 당신
여러분은 큰 시험을 칠 준비가 되어 있고 시험을 끝낼 때 '멍하다'라고 느낀 적이 있는가? 여러분은 그 내용을 알고 있지만 긴장해서 시험을 잘 보지 못했다고 느낀 적이 있는가? 여러분은 그것에 대해 무엇을 할 수 있는가?

'교육심리학과 당신'에서 처음 두 가지 질문을 생각해 보라. 만약 여러분이 그렇다고 대답했고, 그리고 우리 대부분이 이런 경험을 했다면, 여러분은 성적을 낮출 수 있는 시험 상황에 대한 불쾌한 감정 반응인 고전적인 시험 불안을 경험했을 것이다. 보통, 그것은 순간적이고 사소한 것이지만, 학교 인구의 일부(추정치는 10%까지 증가함)에게는 심각한 문제가 될 수 있다(Schunk et al., 2014; Wood, Hart, Little, & Phillips, 2016).

시험 불안은 ① 성공에 대한 압박, ② 어렵다고 인식되고, ③ 시간제한을 부과하고, ④ 익숙하지 않은 문항이나 형식을 포함하는 시험 상황에 의해 유발된다(Schunk et al., 2014). 연구에 따르면 시험 불안은 정서적 요소와 인지적 요소를 모두 가지고 있다(Cassady, 2010; Englert & Bertrams, 2013). 시험 불안의 정서적 요소는 두려움과 무력감뿐만 아니라 맥박 수 증가, 구강 건조, 배탈, 두통과 같은 생리적 증상을 유발할 수 있다. 인지적 요소 또는 걱정은 시험 난이도에 대한 선점, 실패에 대한 생각, 그리고 낮은 점수로 인해 부모님들이 화를 내는 것과 같은 다른 걱정을 포함한다. "이런 것은 처음 봐요", "이런 것은 어려워요", "나는 낙제할 거예요"와 같은 생각이 작업 기억을 차지하여 시험 자체에 집중할 수 있는 제한된 능력을 소진시킨다.

교사로서 우리는 학생들의 시험 불안을 줄이는 데 도움을 줄 수 있으며, 가장 성공적인 노력은 걱정 요소에 집중한다(Schunk et al., 2014). 제안 내용은 다음과 같다.

- 램프킨 선생님과 같이 테스트 전에 테스트 내용과 절차를 논의하고 테스트 문항에 대한 명확한 대응 방향을 제시한다.
- 평가의 중요성을 낮추기 위해 퀴즈와 테스트를 더 적게 제공하는 것이 아니라 더 많이 제공하는 것이다.
- 기준 측정에 초점을 맞추고(예: 90 이상은 A, 80 이상은 B 등), 시험 점수 공개 표시와 같은 사회적 비교를 피함으로써 시험의 경쟁적 측면을 최소화한다. (이 절의 후반부에서 참조하는 기준에 대해 논의한다.)
- 시험 보는 기술을 가르치고, 학생들이 시험 볼 수 있는 충분한 시간을 준다.
- 다양한 평가 형식을 사용하여 학생들이 다양한 방식으로 자신의 이해와 기술을 입증할 수 있도록 한다.

이제 '교육심리학과 당신'에서 세 번째 질문인 "여러분은 그것에 대해 무엇을 할 수 있나요?"(시험을 시작할 때 불안해하는 것)를 다시 살펴보도록 하겠다. 먼저 어느 정도의 불안감은 정상이고, 준비를 잘 한다면 시험 성적까지 올릴 수 있다는 것을 깨닫는 것이다(Cassady, 2010). 그렇다면 시험불안에 대처하는 가장 효과적인 방법은 이해가 너무 철저해서 긴장했음에도 불구하고 성공할 수 있을 정도로 공부하고 준비하는 것이다. 학생의 입장에서는 시험 불안에 대처할 수 있는 최선의 전략이다.

저자는 개인적인 경험을 통해 이 조언을 드린다. 저자들은 학생일 때 시험에 대한 불안감이 매우 컸기 때문에, "제가 모르는 것은 아무것도 없습니다"라고 스스로에게 말할 정도로 공부하곤 했다. 대학생들을 포함한 학생들은 필요한 만큼 철저한 공부에 실패하는 경우가 많으며, 자신들이 한 주제를 자신들보다 더 잘 이해한다고 믿는 경향이 있다(Bembenutty, 2009). 결과적으로, 시험에 직면했을 때, 특히 시험이 사실적인 정보를 기억할 수 없을 정도로 이해한다고 측정하는 경우, 학생들의 불안감은 급증할 수 있다.

팝 퀴즈 예고되지 않은 퀴즈, 즉 **팝 퀴즈**(pop quizzes)는 제공하지 않는 것이 좋다. 첫째, 시험 불안을 유발하는 가장 강력한 요인 중 하나이므로 시험 불안에 빠진 학생들이 경험하는 부정적인 감정을 악화시킨다. 둘째, 연구에 따르면 학습효과를 증가시키지 않는다고 한다(Alizadeh, KarimiMoonaghi, Haghir, Jafaei Daloei, & Saadatyar, 2014). 팝 퀴즈가 강사의 계획에 포함되면 불안이 급증하지만 학생들은 더 이상 공부하지 않는다. 대신, 그들은 강사가 그날 퀴즈를 내지 않기를 바랄 뿐이다. 반면, 퀴즈가 발표되면 학생들은 자신이 평가받을 것임을 알고 얼마나 적게 공부할지 결정할 수 있다. 공부하지 않기로 결정하고 제대로 하지 못하면 자신의 선택임을 깨닫게 된다. 팝 퀴즈는 효과적인 평가 시스템의 일부가 아니다.

종합평가 프로세스

종합평가 프로세스에는 다음과 같은 세 가지 구성 요소가 포함된다.

- 퀴즈 및 테스트 제공
- 결과 분석
- 피드백 제공

퀴즈 및 테스트 제공

우리는 퀴즈나 시험을 할 때 학생들이 알고 있는 것과 할 수 있는 것을 결과에 정확하게 반영되도록 하고 싶다. 램프킨 선생님이 어떻게 그녀의 평가의 타당성을 높였는지 보기 위해 그녀의 학생들과 함께 램프킨 선생님의 연구로 돌아가 보겠다.

시험을 치르기 직전, 램프킨 선생님은 밖에서 배달 트럭의 소음 때문에 교실 창문을 닫는다. 그녀는 방의 책상을 다시 배치하는 것을 고려하지만 시험이 끝날 때까지 기다리기로 결정한다.

그녀는 "좋아요, 여러분, 수학 시험을 준비합시다."라고 학생들이 책상 밑에 책을 놓을 것을 지시한다.

그녀는 잠시 기다렸다가, 모든 사람들의 책상이 비어 있는 것을 보고, "끝나면, 시험지를 뒤집어 놓으세요. 그러면 내가 와서 가져갈 것입니다. 이제 게시판을 올려다보세요. 여러분이 끝나면, 모두가 끝날 때까지 거기에 나열된 과제를 연습하세요. 그러면 우리는 읽기를 시작할 거예요."라고 말한다. 그녀가 시험을 나눠 주면서, "만약에 너무 더우면 손을 들어 주세요. 제가 에어컨을 켤게요. 지금은 밖의 소음 때문에 창문을 닫습니다."라고 말한다.

모두가 시험지를 가지고 난 후, 그녀는 "시작하세요."라고 말한다. "여러분 모두 열심히 해 왔고, 저는 여러분이 잘 할 것이라는 것을 압니다. 여러분은 필요한 만큼의 시간을 가질 수 있습니다."

학생들이 시작하자 램프킨 선생님은 방 옆에 서서 학생들을 지켜보고 있다.

몇 분 후, 그녀는 앤서니가 그의 종이 상단에 낙서를 하고 방을 힐끗 돌아보는 것을 발견한다. 그녀는 건너가서 종이 상단에 가까운 몇 가지를 가리키며 "당신이 이 문제들에 대해 잘 하고 있는 것처럼 보입니다."라고 말한다. "이제 조금 더 열심히 집중하세요. 다른 대부분은 당신이 할 수 있다고 장담할게요." 그녀는 웃으며 다시 방 옆으로 이동한다.

램프킨 선생님은 손을 든 것에 응답하여 하자르(Hajar)에게 다가간다. "내 연필의 심이 깨졌어요." 하자르가 속삭인다.

램프킨 선생님은 다른 연필을 건네며 "이거 가져가세요."라고 대답한다. "시험이 끝난 후에 와서 당신 것을 가져오세요."

학생들이 끝나면 램프킨 선생님은 서류를 집어 들고 보드에서 과제를 시작한다.

이제 램프킨 선생님의 노력을 생각해 보자. 첫째, 그녀는 그녀의 교실을 편안하고 산만함이 없도록 배치했다. 산만함은 특히 어리거나 힘든 학생들의 시험 성적을 저하시킬 수 있다(Vaughn, Bos, & Schumm, 2018). 둘째, 그녀는 시험을 치고, 서류를 제출하고, 그 후에 시간을 보내기 위한 구체적인 지시를 내렸다. 이러한 지시는 질서를 유지하는 데 도움이 되었고, 늦게 끝나는 학생들의 주의 산만함을 방지했다. 마지막으로, 그녀는 학생들이 시험을 보는 것을 주의 깊게 관찰했다. 이것은 모두 그녀가 주의 산만한 사람들을 격려하고 부정행

위를 하지 않도록 해 주었다. 현실 세계에서, 일부, 특히 고학년 학생들은 기회가 주어지면 부정행위를 할 것이다. 그러나 학습 대비 성과에 대한 강조와 안전하고 정서적으로 도움이 되는 교실 환경을 만들기 위한 노력은 부정행위의 가능성을 줄인다(O'Connor, 2011; Pulfrey, Buchs, & Butera, 2011). 게다가 방을 떠나는 것과 같은 외부 요인은 학생들이 시험 상황에 들어가는 것보다 더 많이 부정행위를 할 가능성에 영향을 미친다.

램프킨 선생님의 경우, 감독은 감시자라기보다는 지원의 한 형태였다. 예를 들어, 그녀는 앤서니가 주의가 산만한 것을 보았을 때, 재빨리 개입하고, 그를 격려하고, 그의 노력을 늘릴 것을 촉구했다. 이러한 격려는 성취도가 낮거나 시험에 불안해하는 학생들에게 특히 중요하다.

결과 분석

시험의 전체적인 난이도와 개별 문항의 난이도는 모두 우리의 평가 결과를 분석할 때 중요하게 고려해야 할 요소이다. 이러한 책무성과 준거 참조 평가의 시대에 난이도는 특히 중요하다. 우리는 얼마나 많은 학생들이 필수적인 내용을 숙달하고 있는지, 다음 주제로 넘어갈 수 있는지 알아야 한다. 우리는 단순히 평균 점수를 계산하는 것만으로 시험의 전체적인 난이도를 가늠할 수 있다. 그런 다음 우리가 그렇게 하기로 결정한다면, 우리는 다음과 같은 간단한 공식으로 개별 문항에 대한 난이도를 계산할 수 있다(Miller et al., 2013).

$$D = \frac{\text{정답을 답한 학생 수}}{\text{시험에 응시한 학생 수}}$$

교사들은 일반적으로 결과를 스캔하고 자주 놓친 문항과 대부분의 학생들이 정답을 맞추는 문항을 찾는 등의 비공식적인 방법을 더 많이 사용한다.

개별 문항을 분석함으로써 가치 있는 정보를 얻을 수 있으며, 이에 대한 당부의 말씀을 드린다. 예를 들어, 다음의 선다형 문항에 대한 결과를 살펴보자. (괄호 안의 숫자는 각 옵션을 선택한 학생의 수를 나타낸다.)

베트남 전쟁은 주로 어느 시기에 일어났습니까?

a. 1930~1940 (0)	b. 1940~1950 (3)	c. 1950~1960 (4)
d. 1960~1970 (18)	e. 1970~1980 (4)	

이는 대부분의 학급(60%)이 베트남 전쟁의 시기를 이해하고 있었음을 시사한다.

이제 이 문항을 고려해 보자.

다음 중 파충류는 무엇입니까?

a. 개구리 (7)	b. 새우 (5)	c. 송어 (6)	d. 거북이 (8)

해당 문항에 대한 응답은 학생들이 주제에 대해 오개념을 가지고 있음을 시사한다. 8명의 학생들은 정답을 맞혔지만 18명은 정답을 맞히지 못했다. 따라서 이러한 오개념을 처리하기 위한 조치를 취해야 할 것이

다. 이는 피드백을 제공하는 과정으로 이어진다.

피드백 제공

앞의 문항을 다시 검토하기 전에 램프킨 선생님이 학생들에게 시험에 대한 피드백을 어떻게 제공했는지 살펴보겠다.

램프킨 선생님은 시험지를 돌려주면서 이렇게 말한다. "전반적으로, 잘했고, 저는 여러분이 자랑스럽습니다. 저는 그 모든 노력이 결실을 볼 것이라는 것을 알고 있었습니다. 하지만 제가 검토하고 싶은 몇 가지 문항이 있습니다. 13번에 약간 어려움이 있고, 여러분 모두 거의 같은 실수를 했으니, 그것을 살펴봅시다."

그녀는 학생들이 문제를 읽는 동안 잠시 기다렸다가, "자, 문제에서 우리에게 주어진 것은 무엇인가요? 살레이나(Saleina)?"라고 묻습니다.

"엘(El)은 캔디바를 스무 개나 가지고 있었습니다."

"좋아요. 좋아요. 그럼 몇 명이죠? 케빈(Kevin)?"

"음, 이십이면 스물넷입니다."

"좋아요. 그리고 우리가 뭘 더 알아요? 해나(Hanna)?"

램프킨 선생님은 문제에 대한 논의를 계속한 다음 자주 놓쳤던 두 가지 다른 문제를 다시 살펴본다. 그 과정에서, 그녀는 어려운 문제를 식별하면서 시험지의 맨 위에 메모를 한다. 그녀는 '모호한'이라는 단어를 하나씩 쓰고 그 안에 있는 문구 중 일부에 밑줄을 그린다. 또 다른 단어로, 그녀는 "그들에게 문제의 도표를 그리는 방법을 가르쳐 주세요."라고 적는다. 그리고 나서 그녀는 시험지를 폴더에 넣고, 제출할 책상 위에 놓고, 수업으로 돌아온다.

여기서 우리는 램프킨 선생님이 자주 놓치는 문항에 대해 논의했고, 아마도 더 중요한 것은 그녀가 단순히 문제를 해결하는 방법을 설명하지 않았다는 것을 알 수 있다. 오히려 그녀는 학습 활동 동안 그랬던 것처럼 학생들과 상호작용했다. 이런 식으로 피드백을 제공하는 것이, 한 가지 중요한 이유로, 단순히 문제를 설명하는 것보다 훨씬 더 효과적이다. 만약 그녀의 학생들이 문제를 이해하지 못했다면, 간단한 구두 설명으로 오해를 풀 수 없을 것이다.

이제 다시 선다형 문항 두 가지 문항을 살펴보겠다.

베트남 전쟁은 주로 어느 시기에 일어났습니까?

  a. 1930~1940 (0)   b. 1940~1950 (3)   c. 1950~1960 (4)

  d. 1960~1970 (18)   e. 1970~1980 (4)

대다수의 학생들이 정답을 맞혔지만 11명은 정답을 맞히지 못했다. 우리는 대공황, 제2차 세계 대전, 한국 전쟁, 베트남 전쟁과 같은 중요한 역사적 시기를 보여 주는 피드백의 한 형태로 타임라인을 표시할 수 있었다. 타임라인은 이 시기의 시각적 표현을 제공하고 유익한 피드백이 될 것이다. 이제 두 번째 문항을 살펴보겠다.

다음 중 파충류는 무엇입니까?

a. 개구리 (7)　　　　　　b. 새우 (5)　　　　　　c. 송어 (6)　　　　　　d. 거북이 (8)

이 문항에 대한 응답은 학생들이 이 주제에 대해 오해를 가지고 있음을 시사한다. 8명의 학생들은 정답을 맞혔지만 18명은 틀렸다. 이것은 우리가 평가할 때 원하는 종류의 정보이며, 이 정보를 바탕으로 학생들에게 양서류, 갑각류, 어류 및 파충류의 추가적인 예를 제공할 수 있다. 그렇게 하면 학생들의 각 유형의 동물에 대한 이해도가 높아질 것이다.

많은 경우, 학생들의 동기가 높기 때문에 원래 수업에서보다 퀴즈와 시험에 대한 피드백의 결과로 더 많은 학습이 발생한다. 예를 들어, 두 번째 문항에서 개구리를 선택한 학생들은 왜 그들의 답이 틀렸는지 알고 싶어 할 것이다. 그 문항이 논의되면서, 양서류와 파충류에 대한 그들의 이해와 왜 종종 그들이 혼동하는지에 대한 이해가 향상될 것이다. 이 예는 우리가 왜 평가가 그렇게 강력한 학습 도구이고, 왜 피드백이 그렇게 중요한지를 이해하도록 도와준다. "피드백이 학습 결과의 발전에 강력한 영향을 미친다는 증거가 압도적으로 많다. 피드백의 평균 효과는 우리가 교육에서 알고 있는 가장 높은 것 중 하나이다"(Hattie & Gan, 2011, p. 249).

지식과 회상 이상의 수준에서 작성된 문항은 정보 피드백이 특히 중요하다. 학생들은 일반적으로 이러한 인지 수준에 대해 많은 경험을 가지고 있지 않기 때문에 이러한 문항에 대해 어려움을 겪으며, 정보 피드백은 학생들의 사고를 발전시키는 데 도움이 된다.

APA의 20가지 주요 원칙

이 논의에서는 원칙 6을 설명한다. 유치원-12학년(초·중등학교)까지 교수 및 학습을 위한 심리학의 20가지 주요 원칙에서 학생들에 대한 명확하고, 설명적이며, 시의적절한 피드백은 학습에 중요하다.

마지막으로 선다형 문항을 사용하여 에세이 문항과 약술평가를 명확하게 작성하는 것은 어려운 일이며, 필연적으로 일부 학생들은 문항을 잘못 해석하게 된다. 피드백과 토론을 통해 잘못 해석된 문항의 문구를 식별하고, 이후 문항을 수정하여 재사용할 수 있다. 램프킨 선생님의 시험 상단에 있는 노트가 이 과정에서 그녀에게 도움이 될 것이다. 이를 통해 평가 작업량을 줄이기 위한 제안으로 이어진다.

평가의 효율성 증대

이 장을 통해 우리는 정보에 대한 지식과 회상 이상의 것을 평가하는 것이 중요하다는 것을 강조했다. 선택형 문항, 특히 선다형 문항으로 이 목표를 달성할 수 있지만, 앞서 논의한 바와 같이 문항은 대부분 기술하는 문항이어야 한다. 이러한 문항을 구성하는 것은 매우 어렵다. 이를 위해 두 가지 제안이 있다.

문항 파일 만들기

선택형 문항과 필기시험을 모두 포함한 종이와 연필 문항의 문항 파일을 만드는 것은 종합평가 관행의 질과 효율성을 향상시키기 위해 취할 수 있는 가장 중요한 조치 중 하나이다. 교재에 포함된 테스트에서 얻은 최상의 문항을 사용하고 직접 작성한 문항으로 보완한다. 다음번에는 파일에서 테스트와 퀴즈를 만들 수 있도록 컴퓨터에 정보를 저장한다.

문항 파일이 확장됨에 따라 학생들을 평가하는 것이 점점 더 효율적이 될 것이다. 계획을 세우는 동안 학생들이 학습목표를 달성하고 있는지 확인하는 데 가장 도움이 되는 문항을 파일에서 선택하고 그 문항에서 테스트와 퀴즈를 만든다.

가르칠 때 매우 바쁠 것이고, 모든 종합평가에 대해 양질의 약술평가를 만드는 것은 문자 그대로 불가능하다. 사실 정보를 처음부터 다시 기억하는 수준 이상의 수준에서 계속해서 새로운 문항을 만들 수는 없다. 시간이 없을 것이다. 이것은 왜 교사가 만든 시험 문항의 압도적 다수가 고차원적 사고 대신 지식과 회상을 측정하는지 이해하는 데 도움이 된다.

또한 명확하고 명확한 문항을 만드는 것은 어렵다. 그래서 예를 들어, 우리는 문항을 관리하고, 학생들이 문항을 잘못 해석한 것을 깨닫고 수정한 후 문항 파일에 다시 저장한다. 그러면 문항을 계속 사용하면서 양질의 평가를 받게 되고, 작업량도 크게 줄어든다.

학생들의 퀴즈와 테스트 수집 및 문항 작성

퀴즈나 시험을 내고 반납한 후 상세한 피드백을 학생들에게 제공한 후 시험을 취합하여 학생들을 위해 파일에 저장한다. (학생들과 함께 이 연습을 사용한다.)

이 제안은 직관에 어긋날 수도 있고 심지어 논란의 여지가 있을 수도 있지만, 다시 말하지만, 지식과 회상 이상의 것을 측정하는 고품질의 테스트 문항을 지속적으로 만드는 것은 불가능하다. 따라서 여러분은 여러분의 문항을 재사용할 필요가 있다. 퀴즈와 테스트를 수집하고 학생들을 위해 저장함으로써 여러분의 문항을 재사용할 수 있고, 이것은 여러분의 효율성을 증가시킨다.

퀴즈나 테스트를 수집하기 전에 자주 놓친 문항에 대해 자세히 논의했기 때문에 이 제안은 피드백을 제공하는 것을 방해하지 않는다. 퀴즈나 테스트가 제공된 후 언제든지 학생들을 초대하여 검토할 수 있다. 학생의 파일에서 가져와 필요한 만큼 자세히 논의하기만 하면 된다. 또한 파일에서 퀴즈를 꺼내 자세히 검토하기만 하면 방과 전이나 방과 후 또는 기타 자유 시간에 학생들에게 추가적인 도움을 줄 수 있다. 자녀의 수행에 대한 자세한 정보를 원할 수 있는 부모도 마찬가지이다.

이러한 제안은 시간이 지남에 따라 평가의 질을 향상시키는 데 도움이 될 것이다. 또한 새롭고 고품질의 문항을 만들기 위해 시간을 보내지 않기 때문에 평가 프로세스의 효율성을 크게 향상시킬 것이다. 이 프로세스는 시간과 노력이 필요하지만 고품질의 문항 파일을 만든 후에는 테스트와 퀴즈를 '학습을 위한 평가'로 사용할 수 있다.

채점 시스템 설계

양질의 평가 문항을 만들고 효과적인 시험 관리 절차를 마련하는 것은 평가가 타당하고 신뢰할 수 있는 것이 될 가능성을 높여 준다. 하지만 개별 시험, 퀴즈, 과제를 종합 채점 시스템에 통합해야 한다. 채점 시스템을 설계하는 데는 몇 가지 질문이 제기된다.

- 시험과 퀴즈는 몇 개를 내면 되나요?
- 숙제를 어떻게 셀까요?
- 수행평가를 어떻게 사용합니까?
- 협력 및 노력과 같은 정의적 차원을 어떻게 평가하고 보고합니까?

이 질문들에 대한 답은 여러분의 책임일 것이고, 여러분은 의지할 수 있는 경험이 거의 없기 때문에 쉽지 않아 보일 수도 있다. 하지만 그 결정이 여러분의 몫이라는 것을 알기만 해도 이러한 불확실성을 어느 정도 제거한다. 우리는 이 절에서 이러한 문제들에 대해 논의한다.

효과적인 채점 시스템은 학생들에게 피드백을 제공하고, 그들이 자기조절을 발달시키는 것을 돕고, 동기를 증가시킨다. 그것은 또한 학생들의 부모님들과의 의사소통을 돕는다. 다음의 제안들은 여러분이 효과적인 채점 시스템을 설계하는 것을 도울 수 있다.

- 명확하게 이해할 수 있으며 학교 및 지역 정책과 일치하는 시스템을 만든다.
- 학생 개개인의 빈번하고 체계적인 정보를 수집하여 학습을 지원할 수 있도록 시스템을 설계한다.
- 관측 가능한 데이터를 기준으로 등급을 매긴다.
- 성별, 계층, 인종, 사회경제적 지위에 관계없이 일관되게 성적을 부여한다.

이러한 제안은 필요한 경우 부모나 관리자에게 신뢰가 가도록 시스템을 보호할 수 있어야 하기 때문에 중요하다(Miller et al., 2013).

규준참조 및 기준참조 등급 시스템

교육심리학과 당신
시험을 본 후에, 여러분은 여러분의 반의 다른 학생들과 비교했을 때 어떻게 했는지 알고 싶나요? 아니면 여러분의 성적이 무엇인지 알고 싶나요? 이 두 종류의 정보는 어떻게 다릅니까?

채점은 종합평가에서 필수적인 부분이고, 규준참조 시스템과 기준참조 시스템은 등급을 할당하는 두 가지 방법이다. **규준참조 채점(Norm-referenced grading)**이 사용될 때, 평가 결정은 동료들의 성과와 비교하여 개인의 성과에 기초한다. 다음은 예시이다.

A. 상위 15%의 학생들   B. 다음 20%의 학생들   C. 다음 30%의 학생
D. 다음으로 20%의 학생   F. 마지막 15%의 학생들

기준참조 등급(Criterion-referenced grading)을 사용할 때, 우리는 A의 경우 90~100, B의 경우 80~89 등과 같이 미리 결정된 기준에 따라 결정을 내린다. 구체적인 기준은 학군, 학교, 교사마다 다르다. 이러한 기준은 보통 지역이나 학교에서 설정하지만, 어떤 경우에는 교사가 결정해야 한다.

기준참조 시스템은 규준참조 시스템에 비해 두 가지 중요한 이점이 있다(Chappuis & Stiggins, 2017). 첫째, 학습목표가 달성되는 정도를 반영하기 때문에 이러한 책무성 시대에 중요한 내용 숙달을 더 정확하게 설명한다. 둘째, 경쟁을 강조하지 않는다. 특히, 성취도가 낮은 학생들의 경우, 경쟁 채점 시스템은 학생들이 서로를 돕는 것을 방해하고, 또래 관계를 위협하며, 동기를 저하시킨다. 규준참조는 표준화 검사에서 중요하지만 교실에서 거의 사용되지 않으며, 수업을 시작할 때 마주칠 가능성은 매우 낮다.

이 토론에서는 '교육심리학과 당신'에서 질문한 내용을 다룬다. 대부분의 학생들과 같다면 학기 초에 성적을 얻기 위한 기준을 알고 싶을 것이다. 게다가 우리는 반 친구들과 공개적으로 경쟁하고 싶지 않지만, 우리 대부분은 다른 학생들과 비교하여 퀴즈나 시험을 어떻게 했는지 알고 싶어 한다.

학생들과의 업무에서 이러한 비교를 최소화할 것을 권장한다. "우리의 목표는 반 친구들과 경쟁하지 말고 가능한 한 많이 배우는 것이므로 다른 사람들과 비교했을 때 어떻게 했는지에 대해 생각하지 마세요"와 같은 진술이 도움이 될 수 있다. 그들은 학생들이 다른 사람들과 자신을 비교하려는 경향을 완전히 제거하지는 못하지만, 성과 중심의 학습 환경 대신 학습 중심 학습 환경을 촉진하는 데 차이를 만들 수 있다.

지필평가와 수행평가의 결합

초·중·고등학교에서 수업을 하실 분들을 위해서는 앞서 말씀드린 선택 응답형과 필기시험형이 채점 시스템의 초석이 될 것이다. 어떤 선생님들은 시험과 퀴즈를 합쳐서 전체 성적의 일정 비율로 계산하고, 어떤 선생님들은 성적을 매기는 데 있어서 다른 가중치를 둔다.

수행평가나 포트폴리오가 평가 시스템의 일부라면 성적을 결정하는 데 포함되어야 한다. 이를 포함하지 않는 것은 서면으로 측정하는 것보다 덜 중요하다는 것을 의미하며, 학생들은 이를 심각하게 받아들이지 않을 것이다. 학생들의 수행을 평가할 때 명확하게 정의된 기준을 사용한다면, 우리는 납득할 수 있는 신뢰도를 얻을 수 있다.

숙제

적절하게 설계된 숙제는 학습에 기여하지만, 가장 효과적이기 위해서는 채점 시스템이 포함되어야 한다. 학점이 주어지지 않을 때 학생들, 특히 나이가 많은 학생들은 숙제에 거의 힘을 쓰지 않는다(Lee & Shute, 2010; Marzano, 2007). 이 점을 넘어서서, 연구는 숙제 관리에 대한 지침을 거의 제공하지 않는다. 이 결정에는 책임감, 피드백, 그리고 여러분 자신의 작업량이 모두 영향을 미친다. 〈표 14-5〉는 몇 가지 숙제 평가 옵션을 설명한다.

〈표 14-5〉에서 보는 바와 같이, 각각의 선택지에는 장단점이 있다. 가장 좋은 전략은 학생들이 여러분에게 과도한 시간과 노력을 요구하지 않고 성실하게 숙제를 하도록 격려하는 것이다.

〈표 14-5〉 숙제-평가 옵션

대안	장점	단점
모든 숙제를 당신이 채점한다.	학습을 증진시킨다. 학생들을 진단할 수 없다. 학생들의 노력을 증가시킨다.	교사에게 너무 벅차다.
견본을 채점한다.	첫 번째 선택에 비해 교사의 일이 줄어든다.	학생의 수행에 대한 전체적인 그림을 제공하지 못한다.
시간 간격을 무작위로 해서 과제를 회수한다.	교사의 업무량이 줄어든다.	자주 숙제를 회수하지 않으면 학생들의 노력이 줄어든다.
학생들끼리 숙제를 바꿔서 채점한다.	교사는 최소한의 노력으로 피드백을 제공한다.	수업 시간을 소비한다. 학생들이 한 것에 대해 피드백을 제공하지 못한다.
학생들이 자신의 숙제를 채점한다.	교사는 최소한의 노력으로 피드백을 제공한다. 학생 스스로 자신이 범한 실수를 보게 한다.	평가 목적으로는 정확하지 못하다. 학생들이 숙제를 해 오지 않고, 수업 시간에 베낄 가능성이 있다.
학생들은 숙제를 완성해 온 것에 대해 점수를 받는다.	수업 시간에 숙제에 관해 토의할 때 학생들에게 피드백을 제공할 수 있다.	동기 부여가 안 되어 있는 학생은 노력을 덜 할 수가 있다.
숙제를 채점하지 않고, 짧은 퀴즈를 자주 낸다.	나이가 많고 동기 부여가 잘되어 있는 학생들에게 효과적이다.	동기 부여가 안 되어 있는 학생들은 노력을 덜 할 수가 있다.

등급 할당

　필기시험, 수행평가, 포트폴리오, 숙제에 대한 결정을 내린 여러분은 이제 채점 시스템을 설계할 준비가 되었다. 이때 여러분은 ① 무엇을 포함할지, ② 각 요소에 대한 비율, 두 가지 결정을 내려야 할 것이다.

　또한 일부 교사는 노력, 수업 참여 및 태도와 같은 정의적 요인을 포함한다. 이러한 관행은 교실에서 흔히 볼 수 있는 일이지만 평가 전문가는 이러한 관행을 억제한다(Miller et al., 2013). 정의적 변수에 대한 체계적인 정보를 수집하는 것은 어렵고, 이를 평가하는 것은 매우 주관적이다. 또한 성적을 결정하는 데 정의적 요인을 포함하는 것은 오해의 소지가 있으며, 이는 중요한 내용이 학습되지 않았을 때 학습되었음을 시사한다. 노력, 협력 및 수업 참석과 같은 요인은 성적표의 별도 섹션에 반영되어야 한다.

　성적 부여를 위한 두 가지 교사 제도에 대해 알아보겠다.

김 교사(중학교 과학교사)		전 교사(고등학교 수학교사)	
시험과 퀴즈	50%	시험	45%
숙제	20%	퀴즈	45%
수행평가	20%	숙제	10%
프로젝트	10%		

　우리는 이 두 평가 시스템이 상당히 다르다는 것을 본다. 체육학과 8학년의 교사인 김 선생님은 숙제와 프로젝트와 수행평가를 포함하는 **대체평가**(alternative assessment)를 모두 강조한다. 전통적인 시험과 퀴즈는 그의 시스템에서 50%만 계산한다. 레아(Lea)는 시험과 퀴즈를 더 강조한다. 그것들은 그녀의 시스템에서 90%를

계산한다. 각각의 경우에 있어서의 이론적 근거는 간단하다. 김 선생님은 숙제가 학습에 중요하다고 믿고, 학생들이 채점을 하지 않으면 숙제를 하지 않는다는 것을 발견했다. 그는 또한 그의 시스템의 일부로 프로젝트를 포함시키고, 프로젝트가 과학 연구에 그의 학생들을 포함시킨다고 믿는다. 그는 수행평가를 사용하여 학생들이 실험과 다른 실험실 활동을 할 때 진도를 표시한다. 대수학과 2학년 교사인 레아는 학생들이 시험과 퀴즈에서 성공하기 위해 그들이 숙제를 해야 할 필요성을 이해해야 한다고 믿기 때문에, 그녀는 채점 시스템에서 이 요소를 덜 강조한다. 대신에, 그녀는 9주의 채점 기간 동안 매주 퀴즈와 3회의 시험을 한다.

표준과 책무성이 강조되면서 더욱 대중화된 관행인 **기준 기반 채점(standards-based grading)**은 학생들이 구체적인 표준과 그것을 충족시킨 정도를 대상으로 한다(Deddeh, Main, & Fulkerson, 2010). 기준 기반 채점은 내용의 숙달에 초점을 맞춤으로써 숙제에 대한 노력이나 학점과 같은 요소를 제거한다. 이 시스템을 실행하는 교사들은 학생들이 배운 내용과 기술을 구체적으로 파악하고 추가 작업이 필요한 지식과 기술에 대한 정보를 제공하기 때문에 학생과 학부모와의 의사소통을 단순화한다고 주장한다.

학습을 극대화하기 위해 학생들은 채점 시스템을 이해할 필요가 있다. 어린 학생들도 자주 평가를 받고, 숙제가 점수를 매기고 제때 돌아온다면 노력과 성적의 관계를 이해할 수 있다. 반면에, 고등학생들도 채점 시스템이 너무 복잡하면 이해하기 어려워진다.

부모 또한 채점 시스템을 이해할 필요가 있다(Chappuis & Stiggins, 2017). 성적표와 채점된 자녀의 결과물의 예는 부모가 자녀의 학습 진행 상황을 측정하는 데 사용하는 정보의 원천이며, 이 정보는 부모-교사 회의의 틀이 될 수 있다. 이 과정에서 이해할 수 있는 채점 시스템이 필수적이다.

점수일까? 백분율일까?   퀴즈와 시험에 점수를 부여할 때, 우리는 두 가지 선택 사항이 있다. 백분율 체계에서, 우리는 각 점수를 백분율로 변환한 다음 기간이 끝날 때의 백분율의 평균을 낸다. 점수 기반 체계에서, 학생들은 원점수를 축적하고, 우리는 그것들을 기간이 끝날 때만 백분율로 변환한다.

백분율 체계에는 한 가지 중요한 약점이 있다. 예를 들어, 10개의 문항으로 이루어진 퀴즈에서 한 학생이 한 개의 문항을 놓쳤다면, 그 학생의 점수는 90%이다. 만약 여러분이 다른 짧은 퀴즈를 냈고, 그 학생이 다섯 개의 문항 중 세 개를 맞추었다면, 두 번째 퀴즈에서 그 학생의 점수는 60%이고, 두 퀴즈의 평균은 75%이다. 이 과정은 첫 번째 퀴즈가 두 배의 문항을 가졌음에도 불구하고 두 퀴즈에 같은 가중치를 준다. 그 학생은 15개의 문항 중 80%인 12개를 맞혔으므로, 점수 체계는 학생의 성적을 더 정확하게 반영한다.

만약 백분율을 평균하는 것이 문제임에도 자주 쓰이는 이유는 단순함이 주된 이유이다. 교사들이 관리하는 것이 더 간단하고 학생들과 부모님들과 의사소통하기 더 쉽다. 많은 교사들, 특히 초등학교와 중학교에서는 학생들의 압력 때문에 점수제를 시도했다가 나중에 백분율로 돌아갔다. 수업의 대부분의 측면과 마찬가지로 채점 시스템의 설계는 전문적인 판단의 문제이다. 백분율 시스템은 과제의 길이가 비슷하고 시험의 길이도 비슷하며 퀴즈나 과제보다 시험의 가중치가 더 크다면 공정하다. 반면에 학생들이 점수의 합계를 유지하고 표시 기간에 자주 A, B 등에 필요한 숫자를 알려 주면 점수 시스템이 작동할 수 있다.

기술, 학습 및 개발: 기술을 사용하여 평가 시스템 개선

기술은 대량의 정보를 저장하고 빠르게 처리할 수 있기 때문에 우리의 업무량을 줄이는 데 유용한 도구이다. 기술, 특히 컴퓨터는 세 가지 중요하고 시간을 절약하는 평가 기능을 수행한다(Roblyer & Hughes, 2019).

- 시험 계획 및 구축
- 선택된 반응 형식을 사용하여 테스트 데이터, 특히 테스트에서 수집한 데이터 분석
- 학생부 관리

시험 계획 및 구축

앞서 살펴보았듯이, 우리는 문항 파일을 만들고, 파일에서 문항으로 테스트를 구성하고, 퀴즈와 테스트를 제공한 후 수집하고, 미래에 재사용할 개별 문항을 수정하고 저장할 것을 강력히 권장한다. 그렇게 하면 평가의 질이 향상되고 시간과 에너지가 절약된다.

이 과정을 지원하는 상용 소프트웨어 프로그램은 다음과 같은 기능을 가지고 있다.

- 시스템에 저장할 수 있는 다양한 형식의 시험 파일을 개발한다. 파일 내에서 문항은 주제, 챕터, 목표 또는 난이도별로 구성될 수 있다.
- 오해의 소지가 있는 문구와 효과적이지 않은 방해 요소를 제거하도록 문항을 수정한다.
- 파일에서 테스트를 생성할 문항을 선택한다.
- 답안지와 학생 준비 시험지를 제작한다.

또한 에세이 문항에 대한 모범 답안을 컴퓨터에 저장하여 재사용할 수도 있다. 따라서 모범 답안을 작성한 후에는 문항을 사용할 때마다 답안을 다시 작성할 필요가 없으며, 더 명확하게 수정하기만 하면 된다.

테스트 데이터 분석

일단 시행되면, 시험들은 점수를 매기고 분석되어야 한다. 만약 여러분이 30명의 학생들로 구성된 5개의 반을 가진 중·고등학교 교사이고, 예를 들어, 40개 문항의 시험을 치렀다면, 여러분은 $5 \times 30 \times 40 = 6{,}000$개의 개별 문항들을 매기는 과제에 직면하게 될 것이다.

현재 대부분의 학교에는 선다형 문항, 진위형 또는 배합형 문항의 경우 기계 점수를 매기거나 검사할 수 있는 기술이 있으며 기계 점수를 매길 수 있는 많은 소프트웨어 프로그램이 존재한다. 이러한 프로그램은 다음과 같다.

- 객관적인 테스트 점수를 매기고 테스트 평균과 점수 범위 등의 통계를 제공한다.
- 선다형 문항에서 각 선택지를 선택한 학생의 수, 한 문항에 응답하지 않은 학생의 비율, 각 문항이 전체 시험과의 상관관계를 파악한다.

• 점수, 학년/연령 또는 성별로 학생 응답을 정렬한다.

학교에는 이러한 각 작업을 도울 수 있는 기술 전문가가 있을 것이다.

학생부 관리

그동안의 결과들은 학습을 향상시킨다는 것을 보여 주기 때문에 우리는 자주 철저하게 테스트하는 것을 옹호해 왔다. 이 기능을 활용하려면 각 학생에 대해 수집한 정보를 저장하고 쉽게 액세스할 수 있어야 한다. 또한 학습 시간을 최대한 활용하려면 학생이 코스에서 어느 위치에 있는지 알아야 한다. 컴퓨터 소프트웨어는 학생의 평가를 저장, 분석 및 보고하는 효율적인 방법을 제공한다.

선생님 한 분의 사례를 보겠다.

저는 수업을 할 때 전자 성적서를 사용하는데, 그 프로그램은 제가 총점 또는 백분율로 그것을 설정할 수 있게 해 줍니다. 그것은 또한 제가 학생들의 최종 평균을 위해 시험, 퀴즈, 숙제, 그리고 프로젝트와 같은 다른 것들에 할당할 무게를 결정할 수 있게 해 줍니다.

이 프로그램은 매우 사용자 친화적이며 엄청난 시간 절약 효과가 있습니다(Nicole Yudin, 2018년 1월 개인 SNS 허가를 받아 사용).

여러분의 학교는 하나 이상의 전자 교과서 프로그램을 이용할 수 있고, 여러분은 이 소프트웨어를 설치하고 사용하는 데 기술적인 지원을 받게 될 것이다. 그리고 그것이 계속해서 향상됨에 따라, 기술은 여러분의 수업을 더 효율적으로 만드는 훨씬 더 유용한 도구가 될 것이다.

다양성: 다양한 배경을 가진 학생들과의 효과적인 평가 방법

표준을 강조하는 현재의 교육 변화 운동은 모든 학생들, 특히 다양한 배경을 가진 학생들의 성취도를 높일 필요성에 대한 인식을 높였다. 이 문제는 다양성이 가장 큰 도시 환경에서 특히 두드러진다(Macionis & Parrillo, 2017).

학생의 다양성은 세 가지 측면에서 교실 평가에 영향을 미친다. 첫째, 다양한 배경을 가진 학습자들은 일반적인 시험 절차, 다양한 평가 형식 및 시험 전략에 대한 경험이 부족할 수 있다. 둘째, 대부분의 평가는 언어에 기반을 두고 있기 때문에 언어는 특히 비원어민들에게 장애가 될 수 있다(Forte, 2010; Kieffer, Lesaux, Rivera, & Francis, 2009). 셋째, 일부 학습자들은 평가가 학습을 촉진한다는 것을 완전히 이해하지 못하고 대신 징벌적이라고 간주할 수 있다. 다음과 같은 문제에 대한 제안은 다음과 같다.

• 모든 행동, 특히 평가가 학습을 촉진하도록 설계된 학습 환경을 조성한다.
• 평가 횟수를 늘리고, 모든 문항에 대해 상세한 피드백을 제공한다. 학생들이 틀린 답을 했을 때 그들의

생각을 설명하도록 한다. 그들의 설명은 개별 문항에 대한 오해나 모호성 가능성을 드러낼 수 있으며, 이는 우리가 지도서에서 다룰 수 있고, 우리가 시험 문항을 수정할 때 다룰 수 있다.

- 가능한 내용 편향에 주의하라. 예를 들어, 일부 학생들은 다리미나 진공청소기와 같은 가정용품, 캠핑과 하이킹과 같은 활동, 또는 밴조와 같은 악기에 대한 경험이 제한적일 수 있다. 만약 시험 문항에 정답을 맞히는 것이 이러한 아이디어에 대한 경험을 요구한다면, 우리는 의도된 주제와 학생들의 일반 지식을 모두 측정하는 것이다. 피드백과 토론은 이러한 문제를 식별하는 데 도움이 되며, 이는 문항을 수정할 때 해결할 수 있다.

- 실수는 학습의 정상적이고 가치 있는 부분임을 강조하고, 학생들에게 학습 진전의 지속적인 증거를 제시한다.

- 성적을 강조하지 않고, 모든 평가 결과를 비공개로 유지하라. 학생들이 점수와 성적을 서로 공유할 수 없다는 내용의 규칙을 수립하라. (이 규칙을 강제할 수는 없지만, 학생들을 보호하기 위한 상징적인 행동이다.) 이 제안은 예외가 있는 학생들에게도 도움이 된다.

- 채점을 위해 학생들이 채점 기간에 한두 개의 퀴즈를 취소할 수 있도록 하라. 이 연습은 시험 걱정을 줄이고 우리가 '그들 편'이며 그들이 성공하기를 바란다는 것을 전달한다. 또한 긍정적인 수업 분위기에도 기여한다.

- 영어를 모국어로 사용하지 않는 사람들이 시험을 칠 때 번역 사전을 사용하도록 허용하고, 그들에게 여분의 시간을 준다. 필요하다면 큰 소리로 그들에게 안내를 읽어 주고, 언어를 해석하는 데 추가적인 도움을 제공하라. 여러분은 심지어 그들이 다른 시간에 시험을 보도록 허용하는 것을 고려할 수 있다.

- 학생들에게 방과 전이나 방과 후와 같이 정규 수업 시간 외에 추가적인 지원을 제공하라. 이 시간 동안 우리가 제공할 수 있는 일대일 도움을 대체할 수 있는 것은 없다.

이러한 제안은 모든 학생들에게 가치가 있으며, 특히 문화적 소수자, 비원어민, 예외가 있는 학습자에게 중요하다(Banks, 2015; Turnbull, Turnbull, Wehmeyer, & Shogren, 2016). 이들은 이 장의 주제인 학생 학습을 위한 평가를 특징으로 한다.

교실과의 연계

효과적인 종합평가 설계하기

1. 피드백과 결합된 빈번하고 철저한 평가는 학습을 촉진한다. 각 학생의 체계적인 정보를 수집하는 것이 수업 루틴의 정기적인 부분이 되도록 요약 평가 시스템을 설계한다.

- **초등학교**: 2학년 교사는 매일 아침 전날의 수학 주제에 초점을 맞춘 두 문제를 학생들에게 풀게 한다. 그는 그날의 주제로 이동하기 전에 문항에 점수를 매기고, 점수를 기록하고, 각각에 대해 자세히 논의한다.

- **중학교**: 지리 교사는 9주의 평가 기간 동안 매주 퀴즈를 내고 세 번의 시험을 치르는데, 대부분의 문항은 사실적인 정보를 기억하는 것 이상의 수준을 적는다. 그녀는 각 문항에 대한 자세한 피드백을 제공한 다음 퀴즈와 시험을 모아서 문항을 재사용할 수 있다.

- **고등학교**: 역사 교사는 학생들이 "남북전쟁 이전에는 남부는 산업보다는 주로 농업이었다. 이것이 남북전쟁의 결과에

어떻게 영향을 미쳤는지 설명하세요"와 같은 문항에 답해야 하는 최소한 일주일에 한 번의 퀴즈를 낸다. 각 퀴즈 다음 날, 선생님은 문항에 대한 이상적인 답과 두 번째 낮은 수준의 답을 보여 주고 수업은 둘의 차이점에 대해 논의한다.

2. 학생들에게 퀴즈와 시험을 준비시키는 것은 종합평가 과정에서 중요한 부분이다. 퀴즈나 시험에 나올 문항과 유사한 문항에 대한 연습을 제공하여 학생들을 준비시키고, 그들의 수행에 대한 긍정적인 기대를 표현한다.
- **초등학교**: 원인과 결과에 대한 퀴즈를 예상하고 3학년 교사가 학생들에게 지문을 읽어 주고 그 지문에서 원인과 결과의 관계를 확인하도록 한다.
- **중학교**: 한 중학교 사회 교사가 단원 시험에서 사용할 계획인 것과 비슷한 논술 문제에 대한 예시 문항과 답변을 제시한다. 그녀의 지도로, 학생들은 잘 작성된 답변과 잘 작성되지 않은 답변을 모두 확인하고 둘 사이의 차이점을 설명한다.
- **고등학교**: 기하학 교사는 그의 학생들에게 챕터 종료 시험에 나올 것과 비슷한 구조를 만드는 연습을 시켰다.

3. 평가 문항에 대한 피드백과 토론은 학생들이 공부하고 있는 주제에 대한 이해를 높이다. 자주 놓치는 문항에 대한 자세한 피드백을 제공한다.
- **초등학교**: 3학년 교사가 학생들의 글을 되돌려주고 각 문항에 대해 자세히 논의한다.
- **중학교**: 사회 교사는 에세이 문항에 대한 이상적인 반응을 만들고 학생들이 그러한 반응을 이상적으로 만든 구성 요소를 식별하도록 돕는다.
- **고등학교**: 기하학 교사는 시험에 있는 각 문항의 구조가 어떻게 만들어질 수 있는지 보여 준다. 그는 구조가 성취될 수 있는 대안적인 방법에 대한 토론을 안내한다.

4. 효과적인 채점 시스템은 학생과 부모 모두가 이해할 수 있다. 이해할 수 있고 학교 정책과 일치하는 채점 시스템을 만들라.
- **초등학교**: 4학년 교사의 학교는 C, B, A에 각각 70~79, 80~89, 90~100 등급제를 사용한다. 그녀는 학생들의 부모님께 보내는 편지에서 그 시스템을 설명하고, 학생들의 학습 진행 상황을 나타내는 학생들의 서류를 집으로 보낸다.
- **중학교**: 한 수학 교사가 자신의 채점 시스템을 표에 표시한다. 그는 그 시스템과 그것이 학생들에게 요구하는 것을 설명한다. 그는 그것이 학습을 촉진하기 위해 설계되었고 학생들의 학습 진행을 상기시키기 위해 주기적으로 그 차트를 보여 준다.
- **고등학교**: 소수 학생 비율이 높은 학교의 역사 교사는 학부모–교사 회의 중에 학생들의 성적에 어떻게 도달하는지 설명하기 위해 추가적인 시간과 노력을 기울이다. 그녀는 학생들의 작업 예시를 저장하고 회의 중에 학부모들과 공유한다.

학교급별 적용

연령대별 학습평가

평가를 학습목표와 일치시키기 위해 백워드 설계를 사용하고, 평가가 유효하고 신뢰할 수 있는지 확인하고, 학습을 촉진하기 위해 사용하는 것과 같은 평가의 많은 측면이 모든 발달 수준에서 적용되지만, 중요한 차이점이 있다. 다음 단락에서는 이러한 차이에 대한 대응을 위한 제안을 개략적으로 설명한다.

유아 프로그램 및 초등학교 학생들과 협력

어린아이들은 이제 막 학교생활을 배우고 있으며, 평가는 종종 더 혼란스러운 측면 중 하나이다. 그들은 놀이와 비공식적인 사회적 상호작용이 일상생활의 일부인 환경에서 비롯되며, 선다형 문항, 종이와 연필로 평가하는 것은 종종 그들에게 이상하고 혼란스럽다.

이러한 발달적 요소를 수용하기 위해 체크리스트, 평정 척도와 같은 수행평가를 활용하여 성취도에 대한 정보를 제공할 수 있다. 모음과 자음 확인, 단어 해독, 글자 인쇄, 숫자 쓰기 및 순서 지정, 숫자를 숫자 줄에 표시하는 것과 같은 수행 과제는 모두 가치 있는 평가 정보를 제공한다. 종이와 연필로 된 평가가 사용될 때 자세한 방향과 충분한 연습 기회 형태의 지원이 도움이 된다.

학습 진행에 대한 정확한 정보를 수집하는 것뿐만 아니라 평가가 학습에 어떤 영향을 미치는지 학생들이 이해할 수 있도록 돕는 것이 중요한 목표이다. 평가 과제에 대한 긍정적인 경험은 미래의 교실 학습과 동기를 위한 확고한 기반을 마련할 수 있다.

"다른 사람들과 잘 지내다"와 같은 정의적인 결과는 또한 나이가 많은 학생들보다 초등 성적표에서 더 두드러진다. 이러한 강조 때문에, 우리의 일상적인 관찰이 신뢰할 수 없을 수도 있다는 가능성을 아는 것이 중요한다. 모든 학생들로부터 동일한 정보를 수집하려고 시도하고 평가의 빈도를 높이는 것은 어린 학생들의 지식과 기술을 평가할 때 필수적이다.

중학교에서 학생들에 대한 적용

중학생들의 인지적 요구는 크게 증가하고, 선생님들은 초등학교 선생님들보다 훨씬 더 큰 정도로 필기시험을 사용한다. 예를 들어, 사회과에서, 8학년 학생들은 건축, 언어, 그리고 신념이 한 문화에서 다른 문화로 전달된 방식과 같은 개념을 이해할 것으로 기대된다. 과학에서는 무게와 질량의 차이, 그리고 온도와 입자의 운동 사이의 관계를 이해할 것으로 기대된다. 수학에서는 선형방정식 시스템을 해결할 것으로 기대되고, 언어 예술에서는 미터와 비유 언어와 같은 문학적 장치를 이해할 것으로 기대된다.

이것들은 모두 추상적인 아이디어이며, 이러한 주제를 효과적으로 평가하기 위해서는 교수 정렬이 핵심이다. 만약 추상적인 주제를 가르친다면, 학생들에게 의미가 없을 것이고, 학생들은 평가를 적절하게 수행하기 위해 그들이 할 수 있는 것을 암기할 것이다. 주제를 의미 있게 만들기 위해서는 양질의 예시와 많은 토론을 포함하는 수업이 필요하다. 그러면 약술 평가와 같이 예시를 사용하는 평가가 학습을 촉진하는 데 효과적이다.

고등학교에서 학생들에 대한 적용

고등학생을 위한 기준은 일반적으로 많은 추상적인 사고를 필요로 한다. 예를 들어, 언어 예술에서는 과장법, 수사학적 질문, 반짝이는 일반성과 같은 전략이 설득력 있는 기술로 어떻게 사용되는지 이해할 것으로 기대된다. 과학에서는 원자 이론을 이해해야 하며, 사회과에서는 메소포타미아, 이집트, 인더스 밸리와 같은 고대 문명이 왜 진화하고 성공했는지 이해해야 한다. 중학생과 마찬가지로 이러한 주제를 의미 있게 가르치지 않는 한, 학생들은 평가에서 생존할 수 있을 만큼 충분한 정보를 암기하려고 노력할 것이고, 그러면 정보는 즉시 잊혀질 것이다. 정보를 의미 있게 만들기 위해, 교사는 역사에서 삽화, 타임라인, 공예품, 그리고 과학에서는 잘 설계된 모델과 시뮬레이션과 같은 주제를 표현하기 위한 다양한 방법을 사용해야 한다. 만약 주제가 의미 있게 가르치고 평가가 지침과 일치한다면, 학습을 위한 평가가 이루어질 수 있다.

제14장 요약

1. 학생 학습을 위한 평가를 설명하고 형성평가와 종합평가가 어떻게 기여하는지 설명하시오.

• 학습을 위한 평가는 평가를 교수–학습과정의 필수적인 부분으로 만들고, 학습을 지원하고 증가시키며, 학습자의 동기를 향상시키고, 자기조절을 발달시키도록 설계되었다.

• 백워드 설계는 계획 과정에서 평가 결정을 내리는 것을 강조하는 계획에 대한 체계적인 접근 방식이다.

• 형성평가는 학습 활동에서 다음 단계에 대한 결정을 내리는 데 도움이 되는 정보를 수집하기 위해 교사가 사용하는 과정을 포함한다. 종합평가는 학습이 얼마나 많이 이루어졌는지에 대한 결론을 내리는 데 기초로 사용되는 정보를 제공한다.

• 형성평가와 종합평가는 모두 학생의 학습을 증가시키기 위해 설계되었다.

• 고품질의 평가는 타당하고 신뢰할 수 있다. 타당성은 평가 정보로부터 정확한 추론을 하고 추론된 정보를 적절하게 사용하는 것을 포함한다. 신뢰성은 평가가 일관된 결과를 제공하는 정도를 나타낸다.

2. 선택된 반응 문항의 특성을 파악하고 특정 선택된 반응 문항을 평가하시오.

• 선다형 문항 형식은 선택지와 답 선택이라고 불리는 설명과 질문으로 구성되며, 그중 하나는 정확하고 다른 하나는 오답지이다.

• 선다형 문항 형식은 다양한 인지 수준과 비판적 사고를 평가하는 데 매우 효과적인 형식이 될 수 있다.

• 약술평가는 고차원적 사고를 평가할 때 사용된다.

• 배합형 형식은 학습자들이 동일한 대안을 사용하여 일련의 진술을 분류할 것을 요구한다. 그것은 작가와 그들의 작품, 역사적 사건과 날짜, 용어와 정의와 같은 동질적인 주제를 평가하는 데 효과적인 형식이 될 수 있다.

• 진위형은 학습자가 옳거나 틀렸다고 판단하는 진술을 포함하는 평가 형식이다. 진위형는 일반적으로 낮은 수준의 인지 결과를 측정하지만 일부 주제의 경우 약술평가를 사용하여 고차 사고를 측정할 수 있다.

• 선택 응답 형식은 점수를 매기기 쉽고, (많은 양의 내용을 평가할 수 있기 때문에) 효율적이며, 신뢰할 수 있다는 장점이 있다. 그들은 글로 주장을 하고 방어하는 능력과 '추측' 요소와 같이 그들이 측정할 수 있는 결과에 제한이 있다는 단점이 있다.

3. 필기시험 형식을 설명하고 필기시험 문항의 유효성과 신뢰성을 높이는 방법을 설명하시오.

• 필기시험 문항은 학습자가 선택하는 대신 응답을 생성해야 하는 평가 문항이다.

• 완성형은 학습자가 짧은(종종 한 단어) 답변을 작성하도록 요구하는 질문 또는 불완전한 진술을 포함하는 평가 형식이다.

• 완성형은 교사들에게 인기가 많은데, 그 이유는 완성형 문항을 구성하기가 쉬워 보이기 때문이다. 학생들이 잘못 해석할 가능성이 없는 명확한 문항을 작성하는 것은 어렵기 때문이다.

• 에세이는 학생들이 질문이나 문제에 대해 확장된 필기시험을 하도록 요구하는 평가 형식이다. 응답은 한 문장 또는 두 문장, 때때로 단답형 문항이라고 불리는 문장에서 여러 문단에 이를 수 있다.

• 채점의 신뢰성은 에세이 형식에서 지속적으로 문제가 되고 있다. 채점 기준을 명시적으로 설명하는 채점 척도인 루브릭을 사용하고 에세이 문항에 대한 모범 답안을 구성함으로써 신뢰성을 높일 수 있다. 모범 답안은 학생들에게 피드백을 제공하는 데 사용될 수도 있다.

• 쓰기–응답 문항, 특히 에세이 형식은 높은 수준의 인지 결과를 측정할 수 있다는 장점이 있지만 시간이 많이 걸리고 점수를 안정적으로 얻기 어렵다는 단점이 있다.

4. 다양한 유형의 수행평가를 설명하고, 평가가 전체 평가 프로세스에 어떻게 기여하는지 설명하시오.

• 수행평가는 학교 밖 생활과 관련된 업무에 대한 학생 수행도를 직접 검사하는 것이다.

• 체계적인 관찰, 체크리스트 및 평정 척도는 학습자의 수행을 평가하는 데 사용할 수 있는 도구이다. 에세이 문항에 사용되는 것과 유사한 루브릭은 수행평가

의 신뢰성을 높이는 데 도움이 될 수 있다.

- 포트폴리오 평가는 미리 설정된 기준을 사용하여 교사와 학생 모두가 평가하는 학생 작품 모음을 선택하는 과정이다. 포트폴리오 평가를 사용할 때 학생의 자기조절 능력을 키우는 것은 중요한 목표이다.
- 수행평가는 필기시험(선택 응답 및 필기시험)이 측정할 수 없는 결과를 측정할 수 있기 때문에 전체 평가 과정에 기여한다. 모든 형태의 수행평가에서 허용 가능한 수준의 신뢰성을 달성하는 것은 어려운 일이다.

5. 효과적인 종합평가 시스템의 요소를 파악하시오.

- 효과적인 종합평가 시스템은 학습 증가가 평가의 주요 목적임을 강조하고, 철저하고 자주 평가하며, 모든 평가에 대한 상세한 피드백을 제공하는 것을 포함한다.
- 퀴즈나 시험에 나올 것과 비슷한 문항을 연습하게 하고, 시험 전략을 가르치고, 시험 불안을 줄이는 조치

를 취함으로써 학생들에게 평가를 준비시킬 수 있다. '팝' 퀴즈는 피하는 것이 좋다.

- 기술은 테스트 문항 파일을 구성하고 특정 테스트 문항에 대한 정보를 수집하고 결과를 저장하는 데 유용한 도구가 될 수 있다.
- 채점 시스템을 설계하는 데 관련된 결정에는 시험 및 퀴즈의 수, 수행평가의 사용, 숙제, 협력 및 노력과 같은 정의적 차원의 평가 및 보고가 포함된다.
- 다양한 배경을 가진 학습자들과 협력할 때 평가는 학습을 증가시키고 평가 횟수를 늘리며, 채점을 목적으로 한두 개의 퀴즈를 취소할 수 있도록 하며, 내용 편향의 징후를 찾으며, 성적을 강조하지 않으며, 영어 원어민이 아닌 사람과 예외가 있는 학습자에게 더 많은 시간을 허용하고, 수업 외에 추가적인 지원을 제공하는 것이 성취도와 학습자의 동기를 모두 높일 수 있다.

자격증 시험 준비하기

효과적인 평가 방법 이해하기

자격증 시험에는 강의실 평가와 관련된 정보가 포함된다. 귀하의 주에서 시험 연습에 도움이 되는 다음 연습문제가 포함되어 있다. 이 책과 이 연습문제는 귀하가 시험을 준비하는 데 도움이 될 것이다. 장을 시작하면서 램프킨 선생님이 평가를 사용하여 학생들의 성취도를 높이는 방법을 보았다.

이제 학생들의 대명사 사례에 대한 이해를 평가하는 데 관여하는 도시 중학교 영어 교사인 론 호킨스(Ron Hawkins)를 살펴보자. 사례 연구를 읽고, 이어지는 질문에 답해 보자.

"오늘, 우리는 대명사 사례들을 공부할 것입니다."라고 호킨스 선생님이 수업을 시작하면서 발표한다. "모두가 여러분의 글에 있는 484페이지로 이동하세요. 이것은 우리가 표준 영어를 정확하게 쓰고 사용할 수 있기를 원하기 때문에 우리의 글에서 중요하고, 이곳은 사람들이 헷갈리는 부분 중 하나입니다. 그래서 우리가 끝나면, 여러분은 여러분의 글에서 대명사를 정확하게 사용할 수 있을 것입니다."

그는 칠판에 다음과 같이 적는다.

대명사는 주어일 때 대소문자를 사용한다. 대명사는 직접 목적어, 간접 목적어 또는 전치사의 목적어일 때 대소문자를 사용한다.

"검토해 봅시다." 호킨스 선생님은 계속해서 직간접적인 대상, 술어 지명, 전치사의 대상에 대해 간략하게 논의한다. "이제 몇 가지 추가적인 예를 살펴봅시다." 그가 문서에 다음과 같은

문장을 표시하면서 계속한다.

1. 에스테반(Esteban)과 나(I, me)에게 카드를 받았습니까?
2. 멕(Meg)과 그녀(she, her)가 매점을 운영할 것입니까?
3. 그들은 누구(whoever, whomever)를 고용하든 매우 잘 대합니다.
4. 극장으로 가는 길을 알려 줄 수 있는 사람(who, whom)을 찾았습니다.

"좋아요, 첫 번째 것을 보세요. 어느 것이 맞습니까? …… 오마르?"
"저요."
"좋아요, 오마르. 두 번째는 어때요? …… 로니(Lonnie)?"
"그녀입니다."
"그렇지는 않아요, 로니. 제가 선고를 번복해서 '멕과 그녀가

매점을 운영할 것이다'라고 말한다면, 맞지 않나요? '멕과 그녀'는 복합적인 주제이고, 우리는 주제가 있을 때는 표준적인 예시를 사용한다. 알겠지요?"

로니는 고개를 끄덕이고 론은 "세 번째 것 좀 봐……. 클로이?"라고 말을 이어 나간다.

"누가 될지는 잘 모르겠어요."

"이것은 좀 까다롭습니다."라고 호킨스 선생님은 고개를 끄덕이며 말한다. "우리가 누구든 표준적인 예시이고 누구든 객관적입니다. 이 문장에서, 누가 직접적인 대상이 되든, 그것은 올바른 형태입니다."

끝난 후, 호킨스 선생님은 학생들에게 정확한 대명사의 형태를 선택하기 위한 숙제를 위해 연습해야 할 또 다른 문장 목록을 준다.

화요일에 호킨스 선생님은 이러한 연습문제를 검토하고 몇 가지 추가적인 예에 대해 논의한다. 그리고 나서 그는 대명사-선행 일치 규칙(성별과 수에서 대명사는 그들의 선행과 일치해야 함)에 대해 논의한다. 그는 다시 대명사 사례와 마찬가지로 학생들에게 예를 분석하게 한다.

그는 수요일에 대명사와 그들의 선행어를 계속하고, 개인 대명사(anybody, either, each, one, someone)의 선행어로서 부정대명사에 대한 토론을 시작하고, 학생들에게 예를 분석하게 한다.

목요일 수업이 거의 끝나갈 무렵, 호킨스 선생님은 발표한다. "내일 우리는 이 자료에 대한 시험을 볼 것입니다. 대명사 사례, 대명사와 그 앞 글자, 그리고 부정대명사. 노트가 있으니 공부 열심히 하세요. 질문 있으세요? 좋아요. 다들 잘 하시길 기대합니다. 내일 뵙겠습니다."

금요일 아침, 학생들이 수업에 참가하고 벨이 울리면, 호킨스 선생님은 책상에서 시험 더미를 집어 든다. 시험은 30개의 문장으로 구성되어 있는데, 그중 10개는 대소문자를, 10개는 선행문자를, 10개는 부정대명사를 다룬다. 시험의 마지막 부분은 학생들이 한 문단을 쓰도록 지시한다. 다음은 시험의 예시 문항이다.

1부. 아래 각 문항에 대해 문장에서 대명사 대소문자가 맞으면 답안지에 A를 표시하고 틀리면 B를 표시한다. 틀리면 정확한 대명사를 제공한다.
1. 누구한테 말하는지 조심하세요.
2. 르네(Renee)와 저는 외야에 있을까요?
3. 저와 오빠는 수상스키를 좋아합니다.

2부. 문장을 정확하게 완성하는 대명사를 써 보라.
1. 알린(Arlene)은 치아 교정을 위해 치과에 방문하는 것에 대해 말했습니다.
2. 윌슨(Wilson) 부부는 뒤뜰에 정원을 심었습니다.
3. 칼(Cal)은 레시피를 읽고 파일을 넣습니다.
4. 그 팀의 소녀들은 각각 경기에 학교 스웨터를 입었습니다.
5. 놋쇠는 아직 빛을 잃은 것이 없습니다.
6. 그 팀의 소년들 중 아직 신체검사를 받은 사람은 거의 없습니다.

3부. 명사형 경우에 대명사의 두 가지 이상의 예와 목적형 경우에 대명사의 두 가지 이상의 예를 포함하는 짧은 단락을 작성한다. (원을 그리고 이것들에 라벨을 붙이다.) 또한 그들의 선행어에 동의하는 대명사의 적어도 두 가지 예를 포함한다.
기억하라! 그 단락은 반드시 의미가 있어야 한다. 그것은 단지 문장의 연속일 수 없다.

호킨스 선생님은 그의 학생들이 하는 것을 보고, 그 기간에 15분이 남아 있고 일부 학생들이 그들의 단락만 시작하는 것을 보고, 그는 발표한다. "당신은 15분밖에 남지 않았습니다. 당신의 시간과 과제를 빨리 보세요. 당신은 그 기간의 끝까지 끝내야 합니다."

그는 학생들을 계속 감시하면서 10분이 남았을 때는 빨리 일하고 5분이 남았을 때는 다시 한번 학생들에게 주의를 환기시킨다.

루이스(Luis), 시마오(Simao), 모이(Moy), 그리고 루디(Rudy)는 종소리가 울리자 시험의 마지막 몇 마디를 서둘러 끝내고 있다. 루이스는 마침내 호킨스 선생님의 4학년 학생들이 방에 서류를 제출하고 있다.

호킨스 선생님은 "여기 있어요."라고 말한다.

루이스는 허둥지둥 방을 나가며 어깨 너머로 "좋아요, 제 생각엔. 마지막 부분만 빼고요. 어려웠습니다. 시작할 수가 없었어요."라고 말한다.

"제가 볼게요."라고 호킨스 선생님이 말한다. "이제 시작해요." 월요일, 호킨스 선생님은 시험에 답하며, "여기 여러분의 시험지가 있습니다. 문장들은 잘했지만, 문단들은 많은 노력이 필요합니다. 우리가 그렇게 많은 연습을 했는데, 왜 그렇게 문제가 많았나요?"라고 말한다.

"힘들었어요."

"시간이 부족해요."

"저는 글 쓰는 것을 싫어해요."

호킨스 선생님은 인내심을 가지고 듣고 말한다. "노트에 점수를 적으세요. 좋아요, 모든 사람들이 점수를 적나요? 질문이 있나요?"

"3번" 엔리케가 요청한다.

"자, 3을 봅니다. 형과 나는 수상스키를 좋아한다." 거기서 대명사는 주어의 일부이므로 소문자가 아니라 대문자가 되어야 한다.

"다른 사람은?"

방 안에서 질문이 쏟아졌고, 호킨스 선생님은 "우리는 그 모든 것을 검토할 시간이 없습니다. 세 가지에 대해 더 논의하겠습니다."라고 대답한다.

그는 손을 흔드는 것이 가장 시급해 보이는 세 학생에게 대답한다. 그런 다음 그는 시험을 수집하고 형용사와 부사절에 대한 토론을 시작한다.

사례 분석을 위한 질문

이 장과 사례 연구에서 얻은 정보를 사용하여 다음 질문에 답하십시오.

개관적 질문

1. 금요일 시험을 준비하는 동안, 호킨스 선생님은 그의 학생들에게 시험에 나타날 것과 비슷한 예시 문장들을 주었고 그들에게 피드백을 제공했다. 이렇게 하는 것이 가장 잘 설명되어 있다.
   - a. 대체평가
   - b. 형성평가
   - c. 수행평가
   - d. 표준에 근거한 평가

2. 호킨스 선생님은 학생들에게 예시 연습문제를 주면서 자신감이나 혼란에 대한 학생들의 비언어적 신호를 지켜봤다. 이것이 바로 다음의 예가 될 것이다.
   - a. 체계적인 관찰
   - b. 수행평가
   - c. 비공식 평가
   - d. 표준에 근거한 평가

주관식 질문

1. 효과적인 평가 관행에 대한 섹션에서는 학생들의 평가 준비, 평가 관리 및 결과 분석을 위한 제안이 제공되었다. 호킨스 선생님은 각 작업을 얼마나 효과적으로 수행했는가? 이러한 부분에서 더 효과적으로 수행하기 위해 그가 무엇을 수행했을 수 있는지 구체적으로 설명하시오.

중요 개념

검사 문항 명세표(table of specification)

교실 평가(classroom assessment)

규준참조 채점(norm-referenced grading)

기준 기반 채점(standards-based grading)

기준참조 채점(criterion-referenced grading)

대체평가(alternative assessment)

데이터 기반 교육(data-driven instruction)

루브릭(rubric)

배합형 형식(matching format)

백워드 설계(backward design)

선다형(multiple choice)

선택 응답 문항(selected-response items)

선택지(stem)

수행평가(performance assessment)

시험 불안(test anxiety)

신뢰성(reliability)

에세이(essay)

오답지(distractors)

완성형(completion)

종합평가(summative assessment)

진위형(true-false)

체계적인 관찰(systematic observation)

체크리스트(checklist)

타당성(validity)

팝 퀴즈(pop quizzes)

평정 척도(rating scale)

포트폴리오 평가(portfolio assessment)

필기시험 문항(written-response items)

형성평가(formative assessment)

표준화 검사와 학습

이 장을 공부한 후 여러분은 다음을 할 수 있어야 한다.

15.1 기준, 책무성, 그리고 표준화 검사 간의 관계를 설명할 수 있다.

15.2 표준화 검사를 이해하고 전체 평가 과정에서의 그 역할을 기술할 수 있다.

15.3 학생, 부모, 기타 보호자를 위해 표준화 검사 결과를 해석할 수 있다.

15.4 학습자 다양성이 표준화 검사 결과의 타당성에 미치는 영향을 설명할 수 있다.

15.5 표준화 검사 과정에서의 나의 역할에 대해 기술할 수 있다.

APA의 20가지 주요 원칙

이 장에서 명시적으로 다루는 유치원–12학년(초·중등학교)까지 교수 및 학습을 위한 심리학의 20가지 주요 원칙은 다음과 같다.

- 원칙 19: 학생들의 기술, 지식 및 능력은 자질과 공정성에 대한 명확한 기준을 가진 심리학적 과학에 근거한 평가 과정을 통해 가장 잘 측정된다.
- 원칙 20: 평가 데이터를 이해하려면 명확하고 적절하며 공정한 해석이 필요하다.

우리 모두는 표준화 검사를 받아 봤거나, 표준화 검사에 대한 경험이 있다. 예를 들어, 대학 지원을 위해 수학능력시험을 봤거나(SAT, ACT), 학창 시절 성취도 검사와 같은 다른 표준화 검사를 본 적이 있을 것이다.

이 주제를 소개하기 위해, 다음 사례 연구를 읽고 5학년 교사인 마이크 차베즈(Mike Chavez)의 업무에 표준화 검사가 어떤 영향을 미치는지 생각해 보자.

"안녕하세요. 데이비드(David) 어머니." 차베즈 선생님이 인사하며 손을 내밀며 말한다. "만나게 되어 기쁩니다", "감사합니다"라고 데이비드 어머니가 대답한다. "데이비드가 스탠퍼드 성취도 시험(Stanford Achievement Test)을 치른 후 집으로 가지고 온 결과지를 보고 좀 혼란스러워서요."

"그럼 한번 살펴보죠." 차베즈 선생님이 데이비드 어머니에게 자신의 책상 옆에 앉을 것을 권하며 답한다.

"제가 받은 것이 여기 있습니다." 데이비드 어머니가 다음 페이지의 정보를 차베즈 선생님에게 보여 주며 말한다.

"이 정보가 무슨 의미인지 잘 모르겠어요." 라고 말하며 계속 말한다. "예를 들어, '읽기'라고 쓰여 있고 그 아래에 National PR 옆에 숫자 65가 있어요. 그리고 이 상자 안에 정보가 있죠.", "네, 무슨 말씀이신지 이해했습니다." 차베즈 선생님이 웃으며 말한다. "이 정보를 명확히 설명해 드릴게요."

"먼저, PR이라는 것은 백분위 순위를 의미합니다. 즉, 데이비드가 이 시험을 본 전국의 학생들 중 65% 또는 그보다 더 잘했다는 뜻이죠."

"그럼 여기 보이는 '백분위대역'은 무엇인가요?" 데이비드 어머니는 상자 안의 정보를 가리키며 계속 묻는다.

"백분위대역은 학생의 실제 점수가 속할 가능성이 높은 범위를 보여 줍니다. 예를 들어, 상자 안에 30과 70을 보세요." 차베즈 선생님이 숫자들을 가리키며 손가락을 줄 위로 밀면서 말한다. "이것은 평균으로 간주되는 점수가 속하는 범위를 나타냅니다. 데이비드의 백분위 순위인 65는 이 범위의 높은 쪽에 있습니다. 거의 70에 가깝죠. 그러나 시험에서 항상 일정한 측정 오류의 가능성이 있기 때문에, 이 가능성을 수용하기 위해 백분위대역을 사용합니다. 이것은 데이비드의 점수가 여기 보이는 65보다 약간 높거나 낮을 수 있다는 뜻입니다". 그는 다시 상자 옆의 65를 가리키며 말한다.

"아래 차트의 설명도 이 내용을 의미합니다." 차베즈 선생님이 계속해서 읽기 부분의 차트를 가리키며 말한다. "차트의 각 설명은 시험에서 측정하는 것이 무엇인지, 데이비드의 점수를 보여 주면서, 집에서 그와 함께 할 수 있는 활동에는 어떠한 것들이 있는지를 보여 줍니다."

"이 시험들은 정말 모두 필요한 것인가요?" 데이비드 어머니가 묻는다. "데이비드가 매번 다른 시험을 보는 것 같아요."

"좋은 질문입니다. 그리고 많은 사람들 또한 그것에 대해 궁금해하죠. 그러나 시험 보는 것을 통해 중요한 정보가 제공됩니다. 예를 들어, 데이비드와 우리 반 학생들이 전국에 있는 다른 학생들과 비교하여 어떻게 하고 있는지 이해하는 데에 도움이 되는 객관적 외부 측정치를 제공합니다. 그리고 교사들은 우리 학생들의 성적에 대한 추가적이고 구체적인 정보를 받죠. 그래서 시험들은 필요할 때 학생들에게 추가적인 지원을 제공하는 데 도움이 될 만한 정보를 제공합니다……. 여기 데이비드에 관한 이 정보 중 일부를 어머니께 공유해 보죠."

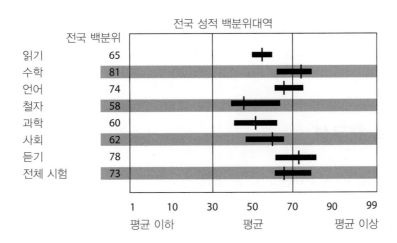

성적 보고서 / 데이비드 파머(David Palmer)

교사 이름: 차베즈

학교: 제닝스 초등학교   **지역구:** 리버티

학년: 4   **나이:** 10세 3개월

시험 일자: 04/2019   **학번:** 2971463652

이 학생의 성적 보고서에 대하여   데이비드는 최근 스탠퍼드 성취도 시험 제10판(Stanford 10)을 치렀다. 이 시험은 학생의 성취도를 측정하는 하나의 방법이다. 이 성적 보고서는 학생의 성적을 전국 동일 학년 학생들과 비교한다. 백분위대역은 이 학생의 실제 점수가 있을 범위를 보여 준다. 예를 들어, 70번째 백분위대역에 걸쳐 있는 학생은 그 과목에서 전국이 학생들 중 70%만큼 또는 그보다 잘 수행했지만, 30%의 학생들보다는 못했음을 보여 준다. 다음 차트는 이 학생이 각 시험 과목에서의 성적을 보여 준다.

읽기 영역	수학 영역
읽기 하위 항목은 단어 소리와 철자, 단어 의미와 동의어 사용, 문학적, 정보적, 기능적, 독서 선택지의 이해, 해석 및 분석과 같은 읽기 기술을 측정한다.	수학 하위 항목은 숫자 감각, 연산, 패턴 및 대수, 데이터 및 확률, 기하학, 측정 개념을 포함한 문제해결 기술을 측정한다. 또한, 정수, 소수 및 분수를 포함하는 산술 연산의 유창함도 측정된다.
데이비드의 점수는 학년 평균 범위에 있다. 학생에게 식료품 목록 작성을 도와달라고 요청할 수 있고, 함께 가게에 가서 좋아하는 음식의 라벨을 읽을 수 있고, 지역 사회와 학교 행사에 대해 읽고 이야기할 수 있다.	데이비드의 점수는 학년 평균 이상 범위에 있다. 도서관 자원을 사용하여 수학과 관련된 인터넷 사이트를 탐색할 수 있고, 일상생활에서의 수학 활동을 탐색할 수 있다. 학교에서 수학 연구를 제공하는지 학생에게 물어보고, 길이, 면적, 부피를 측정하는 단위들 간의 관계를 조사하기 위해 가정에서 할 수 있는 프로젝트를 활용할 수 있다.

[언어, 철자, 과학, 사회, 그리고 청취에 대한 유사한 설명이 이 성적 보고서에 포함되어 있음]

출처: 출처: '성적 보고서'는 스탠퍼드 성취 검사 시리즈(2009)에서 발췌한 것이다. Boston: Pearson의 허가를 받아 복제되었다. '전국 성적 백분위대역'은 스탠퍼드 성취 검사 시리즈(스탠퍼드 10판)에서 발췌한 것이다. Copyright © 2003 by NCS Pearson, Inc.의 허가를 받아 복제되었다. 판권 소유.

이 장을 통해 데이비드의 시험 결과와 관련된 여러 정보들을 더 살펴보고자 한다. 표준화 검사와 책무성, 그리고 오늘날 학교에서 일어나는 중요한 문제와의 관계를 살펴보자.

표준화 검사와 책무성

15.1 기준, 책무성, 그리고 표준화 검사 간의 관계를 설명할 수 있다.

교육심리학과 당신
여러분이 초등학교, 중학교, 고등학교를 다닐 때 다녔던 학교는 얼마나 좋았는가? 그리고 그걸 어떻게 알 수 있는가?

지난 몇 년간 미국인(학생과 성인 모두)의 지식 부족을 보여 주는 많은 보고가 있었다. 예를 들어, 미국의 '국가 성적표'로 묘사되는 국가 교육 발전 평가(National Assessment of Educational Progress: NAEP)는 2015년 초등학교 4학년 학생의 37%, 중학교 2학년 학생의 36%만이 읽기 분야에서 '능숙 이상'이라고 보고했으며, 수학 분야에서는 초등학교 4학년 학생의 40%, 중학교 2학년 학생의 34%만이 '능숙 이상'이었다(미국 National Center for Education Statistics, 2018). 그렇다고 성인들이 더 잘하지도 않았다. 예를 들어, 2016년 조사에 따르면, 미국 성인 4명 중 1명만이 정부의 세 분과(기구) 이름을 모두 나열할 수 있었고, 1/3은 한 분과도 이름을 말하지 못했다(Annenberg Public Policy Center, 2016). 이는 이전 조사에 비해 감소한 것으로, 이러한 추세가 지속됐다면 현재의 숫자는 더 낮을 것이다.

과학 분야의 결과도 더 나아지지 않았다. 예를 들어, 2014년 조사에서 미국 성인 4명 중 1명은 태양이 지구를 돌고 있다고 믿는다고 밝혔다(Neuman, 2014). 전문가들은 이러한 지식 부족이 미국의 미래에 위험을 초래한다고 말한다. 그 이유는, 이로 인해 정치적 · 경제적 · 환경적 결정을 더 잘 내릴 수 있는 능력이 감소하기 때문이다(Romano, 2011).

학교 수준에서도 비슷한 우려가 제기되었다. 그 증거로, 학생들이 필수적인 내용을 배우지 않은 채로 다음 학년으로 올라가고, 학교생활 후 실제 생활에서 효과적으로 기능하는 데에 필요한 기술 습득 없이 고등학교를 졸업한다는 것을 들 수 있다(Tucker, 2015; West, 2012).

이러한 우려에 대응하여, 교육자들은 학습기간이 끝날 때 학생들이 알거나 할 수 있어야 하는 것을 설명하는 학업 **기준**(standards)을 설정했다. 제1장에서 처음 살펴본 공통 핵심 국가 교육 기준(Common Core State Standards Initiative)이 이 과정의 일부이다(공통 핵심 국가 교육 기준, 2018u).

책무성(Accountability)은 학생들이 지정된 기준을 충족했다는 것을 증명하게 하고, 교사들이 학생들의 성적에 대한 책임을 지는 과정을 의미한다. 이 정보는 우리가 '교육심리학과 당신'에서 제기한 질문에 대한 답을 제공한다. 표준과 책무성의 시대에, 학교 '자질'의 조작적 정의는 학생들이 표준화 시험에서 얼마나 점수를 잘 받는지이다. 학생들의 점수가 좋으면 좋은 학교이고, 그렇지 않으면 좋은 학교가 아닌 것이다. 그러나 모든 사람이 이 정의에 동의하는 것은 아니다(Popham, 2017).

이제 연방정부의 책임과 표준화 검사의 역할에 대해 알아보자.

책무성에 있어 연방정부의 역할

역사적으로, 미국의 연방정부는 주에 대한 지원을 제공하는데 그 역할이 제한되어 있었다. 그러나 대략 1980년부터, 의회는 저소득 가정의 아동과 소수민족의 아동을 지원하기 위해 설계된 자금을 꽤 증가시켰으나 실망스러운 결과로 이어졌다. 성취도가 크게 증가하지 않은 것이다. 따라서 연방정부는 학생들, 특히 사회적으로 혜택을 받지 못하는 학생들의 성취를 향상시키기 위해, 공립학교가 무엇이든 해야 하고 책임을 지도록 하는 정책을 만들었다(Tucker, 2014). 그리고 이러한 노력은 다음의 세 가지 입법으로 이어졌다.

- 2001년 아동낙오방지법(No Child Left Behind Act)
- 정상을 향한 경주 정책(Race to the Top)
- 모든 학생 성공법(The Every Student Succeeds Act)

아동낙오방지법

현재의 기준 기반 개혁 운동은 2001년 「**아동낙오방지법**(No Child Left Behind Act: NCLB)」의 통과로 시작되었으며, 이는 미국 사회의 모든 학생들을 식별하고 지원하려는 광범위한 연방정부의 시도였다. 이 법이 발의된 자극제는 미국 사회에서 가난한 지역 학교의 많은 학생들이 실제로 뒤처지고 있다는 사실이었으며, 이는 저소득 가정의 학생들과 부유한 가정의 학생들, 문화적 소수민족 학생들과 백인 학생들 간의 성취 격차가 나타나고 있다는 것을 인식하게 된 계기이기도 했다. 지도자들은 주정부에서 기준을 만들고 학생들의 성취를 측정하는 것이 이러한 불균형을 해결하는 가장 효과적인 방법이라고 주장했다.

「아동낙오방지법」은 측정 가능한 학문적인 발전, 교사 자격, 그리고 연례 시험 등 표준화 검사를 사용하여, 공립 교육에서 연방 역할을 확대해 나갔다. 시험에 대한 강조는 이 법안이 어떻게 이 장과 관련이 있는가를 보여 준다.

「아동낙오방지법」의 지지자들은 이 법안이 미국 사회의 관심을 교육의 중요성, 특히 학교와 훗날 삶에서 성공에 필요한 기본 기술에 초점을 두었다고 믿는다. 또한, 문화적 소수민족 학생들과 같은 특정 하위 집단의 학문적인 발전을 보고하도록 주에 요구함으로써 불평등한 성취의 문제를 부각시켰다(Miller, 2012).

그러나 이 법과 관련한 문제들도 발생했다. 예를 들어, 「아동낙오방지법」은 각 주가 자체 기준과 평가를 만들도록 허용했는데, 이는 주마다 다른 책임체제로 이어졌고 때로는 부정확하고 오해의 소지가 있는 결과로 이어졌다(Alexander, 2012). 예를 들어, 자신들이 세운 기준점에 충족하지 못함으로써 연방정부의 제재에 직면한 일부 주정부들이 기준을 낮춰버리고, 중간 수준밖에 안되거나 아니면 부족한 성과에도 보상을 주는 책임체제를 만들면서 이 시스템을 악용하는 사례가 생기게 되었다(Ravitch, 2010).

정상을 향한 경주 정책

정상을 향한 경주 정책(Race to the Top)은 2009년에 시행된 정책으로, 미국 교육부의 수십 억 달러 규모의 경쟁적 보조금 프로그램이며, 주정부와 지역 교육구의 유치원에서부터 고등학교까지(P-12) 교육에서 혁신과 개혁을 촉진하고 보상하기 위해 설계되었다(미국 교육부, 2009). 정상을 향한 경주 정책은 개별 주와 지역 교육구가 학생들을 위한 공통 학습 기준, 학생 성적 추적을 위한 데이터 시스템, 교사에 대한 피드백, 심지어 학생들의 표준화 검사 성적에 기반한 성과급 계획을 포함한 포괄적인 책무성 체계를 설계하도록 장려했다(Howell, 2015; Weiss & Hess, 2015).

모든 학생 성공법

미국의 교육을 개선하기 위해 연방정부에서 가장 최근에 시도한 「**모든 학생 성공법**(Every Student Succeeds Act: ESSA)」은 2015년에 통과되었다. 그 전임으로 볼 수 있는 「아동낙오방지법」을 대체했다고 볼 수 있다. 책무성은 모든 학생 성공법안의 중심 구성 요소로 남아 있지만, 연방정부는 책무성의 정의를 주에 넘겼다(Weiss & McGuinn, 2016). 「모든 학생 성공법」하에서, 각 주는 학생들을 위한 성취 목표를 설정해야 하며, 학생 성취의 정의는 표준화 검사 결과를 넘어 다른 측정치를 포함하는 학교 자질의 측정치로 확대되었다. 이러한 측정치에는 학생 동기 및 자기조절과 같은 것들이 포함된다(Batel, 2017; Ujifusa, 2018). 주정부는 또한 문화적 소수민족 학생, 영어가 모국어가 아닌 학생, 특별한 요구가 필요한 학생들의 졸업률에 대한 정보를 제공해야 한다. 이 법안의 목표는 모든 학생들이 좋은 교사를 가질 수 있도록 하는 것이다(Will, 2018).

그러나 표준화 검사는 「모든 학생 성공법」의 중심 구성 요소로 남아 있다. 주정부들은 초등학교 3학년부터 중학교 2학년까지의 모든 학생들을 매년 시험을 치르게 해야 하며, 고등학교에서는 수학과 읽기/언어 과목에 대해 주 전체 평가를 1회 실시해야 한다. 또한, 학생들은 초등학교 3학년부터 5학년 사이, 초등학교 6학년부터 중학교 3학년 사이, 그리고 고등학교에서 과학 시험을 1회씩 치러야 한다. 주정부는 또한 영어가 모국어가 아닌 학생의 학습 진도에 대한 정보를 제공하고, 특별한 요구가 필요한 학생들의 면제율을 엄격하게 제한하고 있다. 「모든 학생 성공법」은 주정부와 지역 교육구가 모든 학생의 교육적으로 발전하고 있음에 대한 정보를 수집하고 보고해야 한다는 분명한 메시지를 전달한다.

고위험 평가

표준화 검사는 원래 「아동낙오방지법」에 의해 시작된 현재의 책무성 운동의 중심에 있다. 표준화 검사는 학생들이 기준을 충족했는지 여부를 결정하는 데 사용되는 메커니즘으로, 학교와 교실에 미치는 영향은 매우 크다. 다른 산업화된 국가들의 학생들이 이러한 시험에서 미국 학생들보다 더 높은 점수를 받는다는 사실은 미국의 지도자들에게 경고를 주었으며, 현재의 개혁 운동은 대부분 표준화 검사에서 낮은 점수를 받은 것에 대한 우려에 의한 것이다.

고위험 평가(High-stakes test)는 학생, 교사, 학교에 영향을 미치는 중요한 결정을 내리는 데 사용되는 표준화 검사이다(Popham, 2017). 고위험 평가는 주로 주 수준에서 치러지며, 학생들이 얼마나 그 기준을 충족했는지를 측정하는 데 사용된다. '고위험'이라는 용어는 학생의 다음 학년으로의 진급과 고등학교 졸업에 대한 결정을 시험 결과에 기반하여 내린다는 의미를 담고 있다. 예를 들어, 표준화 검사에서 충분히 잘 수행하지 못해 다음 학년으로 올라가거나 고등학교를 졸업하지 못할 때 그 '위험'은 매우 높은 것이다.

이 과정을 지지하는 사람들은 고위험 평가가 학교 시스템의 목표를 명확히 하고, 학생들에게 배워야 할 것에 대한 명확한 메시지를 전달하며, 학교 효과에 대한 확실한 증거를 대중에게 제공한다고 주장한다(Hirsch, 2006; Phelps, 2005). 그들은 또한 고위험 평가가 좋은 학교를 부각시키고 성공을 예측하며, 시험을 잘 보는 학생들은 학교 전반에서 뛰어난 학생으로 본다(DeWitt, 2015). 미국의 여러 주들은 표준화 검사 성적에 기반하여 A부터 F까지 학교 등급을 부여하고, 주 지도자들은 "이것이 학생 발전에 도움이 된다"라고 주장하며 이 과정을 옹호한다(Smiley, 2014, para. 8).

교사 평가와 책무성 운동

책무성 운동은 여러분이 교사가 될 때 교사를 평가하는 방식을 바꿀 것이다. 여러분은 이미 교육과정에서 이 과정을 경험했을 수도 있고, 아직 경험하지 않았다면 경험하게 될 것이다. 예를 들어, 대부분의 주는 미국 국가 시험이나 주 시험을 사용하여 예비 교사가 면허를 받기 전에 필수적인 지식과 기술을 가지고 있는지를 확인한다. 더 중요한 것은, 여러분의 학생들이 표준화 검사에서 어떻게 수행하는지가 부가가치 모형이라는 과정을 통해 여러분의 교육평가에 영향을 미칠 수 있다.

부가가치 모형

부가가치 모형(Value-added modeling)은 교사 평가의 한 방법으로, 학생들이 현재 시험 점수를 이전 학년도의 동일한 학생의 점수 및 같은 학년의 다른 학생들의 점수와 비교하여 특정 연도에 교사가 학생의 학습에 기여한 정도를 측정하는 것이다. 부가가치 모형을 사용할 때, 연구자들은 학생의 배경, 능력, 사회경제적 지위와 같은 요인들을 고려하여 통계적 방법을 사용해 교사가 학생의 학습에 얼마나 기여했는지 보려 한다. 이 교사의 기여도는 교사가 추가한 '가치'로 간주된다. 예를 들어, 2학년 학생이 읽기 시험에서 50번째 백분위에서 점수를 받았지만, 3학년에선 60번째 백분위에서 점수를 받았다면, 연구자들은 이런 증가가 교사의 전문성과 추가된 '가치'의 결과라고 본다는 것이다. 이 접근 방식은 교사가 한 해 동안 한 개인적 기여(가치 추가)

를 분리하여 다른 교사들의 성과와 비교할 수 있도록 한다(Bausell, 2013; Darling-Hammond, Amrein-Beardsley, Haertel, & Rothstein, 2012).

부가가치 모형은 예비 교사인 여러분에게 중요한 함의점을 가진다. 예를 들어, 여러분이 속한 주나 지역 교육구에서 사용된다면, 부가가치 모형은 여러분을 평가하는 도구 중 하나가 될 수 있다. 그리고 여러분의 급여, 교사 재임용, 재직 여부 등에도 영향을 미칠 수 있다.

ed교사수행평가

ed교사수행평가(Educational Teacher Performance Assessment)는 "신임 교사가 업무를 수행할 준비가 되었는가?"라는 질문에 답하기 위해 설계된 고위험 선행 평가 과정이다. 주로 예비 교사의 인턴십 기간(우리나라로 교생 실습 기간)에 ed교사수행평가로 평가될 수 있는 것이다. ed교사수행평가로 평가되었다는 것은 예비 교사가 교사 면허를 취득할 수 있는 교사가 될 수 있는지 여부를 결정하기 때문에, 매우 고위험인 상황으로 볼 수 있다.

ed교사수행평가는 미국 스탠퍼드 대학교의 Stanford Center for Assessment, Learning and Equity에 의해 만들어졌으며, 2013년부터 제대로 운영되기 시작했고, 미국 교사 교육 대학 협회(American Association of Colleges for Teacher Education: AACTE) 및 미국 최대의 노동조합인 국가 교육 협회(National Education Association)와 같은 전문 단체의 지지를 받았다(Layton, 2015). ed교사수행평가로 평가된 예비 교사들은 수업 계획, 영상으로 녹화된 수업, 학생 과제 예시, 그리고 학생들이 얼마나 잘 배우고 그들의 성과를 향상시키기 위해 무엇을 할 것인지에 대한 글 등을 포함하여, 포트폴리오를 준비한다. 그런 다음 Operational Systems of Pearson에 의해 고용된 독립적인 외부 평가 팀에서 포트폴리오를 평가한다(Adkins, Spesia, & Snakenborg, 2015).

ed교사수행평가 개발자들은 이것이 연구에 기반을 두고 있으며, 국가 수준에서 개발되었기 때문에 주, 지역구, 그리고 교사 양성 프로그램에 지역적 영향으로부터 독립된 평가 및 지원 시스템을 제공한다고 주장한다. 더 나아가 그들은 이것이 서로 다른 교사 양성 과정과 프로그램의 운영자들이 효과적인 실습에 대한 공통된 이해가 부족한 기존의 평가 시스템과는 현저히 대조된다고 주장한다(Adkins, Haynes, Pringle, Renner, & Robinson, 2013; Adkins et al., 2015). 신임 교사들은 자신들에 대한 평가가 필요하다는 것을 인정하면서도 "그것은 제가 교사가 되기 위해 준비하는 과정에서 매우 중요한 단계였습니다……. 가장 중요한 점은, 저는 제 수업에 대해 분석하고 비판적으로 생각하는 연습을 했다는 것입니다."라고 말했다(Jette, 2014, para. 3).

2016년 가을까지, 미국의 16개 주가 예비교사를 위한 성과 평가를 요구하는 주 정책을 채택한다거나 비슷한 조치를 적극적으로 고려했다.

edTPA 개발자들이 장기적으로 기대하는 것은 미국의 교사 준비 프로그램, 주정부, 전문 기준 위원회가 교육학위나 교사 면허에 대한 표준 요구 사항으로 ed교사수행평가를 채택하는 것이다(American Association of Colleges of Teacher Education [AACTE], 2017).

하지만 이처럼 학생과 교사 모두를 위한 고위험 평가에 대해 여러 반발도 있었다(Popham, 2017). 다음으로 어떤 부정적 반응이 있었는지 살펴보자.

고위험 평가에 대한 부정적 반응

고위험 평가를 지지하는 사람들은 고위험 평가가 학생과 교사의 성과를 향상시킨다고 믿는다. 그러나 고위험 평가에 대한 지속적이고 강력한 반발이 있었으며, 다음 세 가지 영역에 집중되었다.

- 학생들의 고위험 평가
- 교사 평가 중 부가가치 모형
- ed교사수행평가에 대한 비판

학생들의 고위험 평가

학생들을 위한 고위험 평가에 대해 비판하는 사람들은 이 평가가 교육과정을 좁혀 교사들이 시험에 포함된 내용만 가르치고, 교육수준을 낮추었다고 주장한다(Morgan, 2016). 또한, 이 평가가 학생들에게는 실제로 아는 것에 대해 오해의 소지가 있는 정보를 제공할 수 있고, 학생성취도를 높인다는 논리를 뒷받침하는 증거가 없다고 강조한다(Lavigne, 2014). 고위험 평가의 비판자들은 또한 이 평가가 인종 간 불평등을 증가시킨다고 주장하기도 한다(Au, 2016).

또한, 이들은 시험 결과를 왜곡할 수 있는 중간 변수에 대해 언급했는데, 예를 들어 한 연구에서는 학생들의 시험 응시 전략과 동기 간 차이가 시험 결과의 타당도에 영향을 미칠 수 있음을 확인했다(Stenlund, Eklöf, & Lyrén, 2017). 그리고 시험 불안도 영향을 미칠 수 있다고 보고된다(Wood, Hart, Little, & Phillips, 2016).

그리고 이러한 고위험 평가에서 좋은 점수를 받는 것에 대한 압박도 크기 때문에 부정행위가 발생할 수 있는 문제가 있다. 예를 들어, 한 보고서에 따르면, 미국의 워싱턴 D.C.의 18개 학교 교사들이 2012년 학생들의 고위험 평가에서 부정행위가 있었다고 밝혔다(Brown, 2013). 그리고 2013년 미국 애틀랜타의 전 교육감이 한 지역교육청에 소속된 몇몇 학교에서 부정행위와 관련한 공갈 혐의로 기소되기도 했다(Winerip, 2013). 이 외에도 고위험 평가에 따른 부정행위와 관련한 여러 사례들이 있어왔다. 일부에서는 고위험 평가와 관련된 압박이 부정행위를 불가피하게 만든다고 주장한다(Morgan, 2016).

고위험 평가에 대한 부정적 반응에는 학생들이 과도하게 시험을 치르게 된다는 점도 포함된다. 예를 들어, 미국의 66개 지역교육청 소속 학교를 대상으로 한 조사에서, 학생들은 일반적으로 매년 8번의 표준화 검사를 치르며, 이에 수십 억 달러의 연간 비용이 든다는 것이 밝혀졌다. 고위험 평가는 시험을 구성하고 판매하는 회사들에게만 유리한 사업이 되었다는 지적도 있다(Hart et al., 2015). 미국의 많은 교육자와 학부모들은 미국 학교에서 표준화 검사에 너무 큰 강조를 두고 있다고 생각한다(Langer Research Associates, 2017).

교사 평가 중 부가가치 모형

교사 평가 중 부가가치 모형에 대한 반발은 특히 심각했다. "표준화 검사의 사용이 …… (중략) …… 미국에서 학교와 교사를 평가하는 데 기여하여 심각한 문제를 초래했으며, 여기에는 학생들이 알고 있는 것에 대한 잘못된 정보, 저수준의 교육, 부정행위, 협력 부족, 교사에 대한 부당한 대우, 편향된 교육 등이 포함된다"(Morgan, 2016, p. 67).

부가가치 모형을 비판하는 사람들은 이 평가가 교사들이 수업에서 이루고자 하는 것을 정확하게 측정할 수 있다는 가정에 의문을 제기하여, 타당하지 않은 시험은 필연적으로 타당하지 않은 부가가치를 측정하게 된다고 주장한다(Berliner, 2014; Holloway-Libell, 2015). 그들은 또한 이러한 측정에 있어 학년 수준과 과목별로 편향이 존재한다고 주장한다. 예를 들어, 읽기/언어 예술과 수학에 대한 중요성 때문에, 이러한 과목을 가르치는 교사들은 '부가가치'를 달성하는 데 유리하며, 이는 더 긍정적인 평가로 이어진다는 것이다(Holloway-Libell, 2015).

또한, 시험 결과는 즉각적으로 드러나지 않는 중요한 학습 성과를 포착하지 못할 수 있다. 예를 들어, 우리 모두 학창 시절 흥미로운 아이디어를 제시해 주고, 사고를 자극하는 질문을 던지는 교실을 한 번쯤 만나 봤을 수 있다. 그런데 이때 이런 수업과 질문은 몇 년 후가 지난 후에야 우리에게 의미를 만들어 낼 수 있는 것이다. 그리고 우리의 학습동기와 직업 선택에도 장기적인 영향을 미친 교사들도 있다. 부가가치 모형은 이러한 장기적인 결과를 포착할 수 없다는 비판이 있다.

학생들의 시험 점수를 기반으로 한 교사 평가 결과를 제공하고, 개별 교사의 이름을 신문 기사에 게재하여 대중에게 이 평가를 공개하는 움직임은 반발을 더해 주었다(Sawchuk, 2012).

여러분이 교사가 된 첫해에 자신에 대한 평가가 공개되는 것을 어떻게 생각하나요?

부가가치 모형의 비판가들은 교사의 성과에 대한 타당한 결론을 내리기 위해 몇 년에 걸친 데이터 수집이 필요하고, 이러한 데이터를 무분별하게 공개하는 것은 개별 교사뿐만 아니라 학교에도 해를 끼칠 수 있음을 경고한다(Darling-Hammond, 2012).

이러한 평가는 교사들에게도 정신적인 부담이 될 수 있다. 예를 들어, 교사가 느끼는 압박이 긍정적인 학교 분위기를 저해하고, 교사와 학생 간의 부정적인 상호작용으로 이어질 수 있다(von der Embse, Pendergast, Segool, Saeki, & Ryan, 2016). 또한, 이 평가는 교사가 느끼는 스트레스의 원인이며, 교직생활을 그만두게 만드는 경우와 관련이 있다(Ryan et al., 2017; Thibodeaux, Labat, Lee, & Labat, 2015).

무엇보다도, 비판가들은 부가가치 모형 평가가 교사들을 더 효과적으로 만들고 학생의 학습을 증가시킨다는 증거는 존재하지 않는다고 주장한다(Amrein-Beardsley, Pivovarova, & Geiger, 2016). "교사를 향한 고위험 평가는 더 효과적인 교사 노동력을 만들어내고, 학생 성취를 향상시킬 수 있다는 증거는 없다"(Lavigne, 2014, para. 4).

ed교사수행평가에 대한 비판점

ed교사수행평가 개발자들은 이 평가 과정이 논란의 대상이었다는 것을 인정한다. 예를 들어, 운영 파트너인 Pearson사의 평가 시스템은 교육 전반에 걸쳐 책무성과 시험 운동에 큰 영향력을 가진 영리 단체이다. 이 평가 비용(2015년 300달러였고, 이후 증가할 예정임)에 대한 우려는 급여가 낮다고 인식된 직업에서도 나타난다(Adkins, Spesia, & Snakenborg, 2015). 이 평가를 비판하는 사람들은 이윤, 교육 정책, 그리고 학술 장학금 간의 관계에 대해 강한 의문을 제기한다(Dover, Shultz, Smith, & Duggan, 2015b).

비판가들은 또한 "3~5개의 서면 수업 계획서, 20분 길이의 영상, 학생들이 작업한 과제 예시, 그리고 서면 설명서 등의 검토를 기반으로 외부 평가자들이 고위험 평가를 내리는" 과정의 타당성에 의문을 제기한다(Dover, Shultz, Smith, & Duggan, 2015a, para. 2).

또한, 비판가들은 모든 고위험 평가와 마찬가지로, 이 과정이 환원주의적이라고 주장한다. 학생들이 치르는 고위험 표준화 검사에서 다루어지는 내용으로 교사의 수업이 축소되는 것처럼, 예비 교사의 노력은 ed교사수행평가에서 평가될 것으로 알려진 역량에 초점을 맞추어 축소된다. 즉, "ed교사수행평가가 평가하지 않으면 나는 그것을 할 필요가 없다"가 되는 것이다(Conley & Garner, 2015; Soslau, Kotch-Jester, & Jornlin, 2015).

이러한 고위험 평가에 대한 반발에도 불구하고, 미국의 교사들은 특히 학생들의 고위험 평가와 교사 평가 중 부가가치 모형을 접하게 될 확률이 높다. 다시 말해, 표준화 검사에서 학생들이 어떤 점수를 받는지가 교사의 교수 평가의 일부가 될 수 있다는 것이다. 이때 사용되는 구체적인 시험들은 주마다 다를 것이며, 수업을 가르칠 때 교사는 자신의 주에서 사용되는 시험에 대해 알아야 한다(Mandinach & Gummer, 2016). 표준화 검사는 교사가 수업을 가르치기 시작할 때 비로소 현실이 될 것이다. 그러므로 그것에 대해 가능한 한 많이 알고 있어야 한다. 이 지식을 습득하기 위해 무엇이 필요한지 다음 장에서 알아보도록 하자.

표준화 검사

15.2 표준화 검사를 이해하고 전체 평가 과정에서의 그 역할을 기술할 수 있다.

> **교육심리학과 당신**
> 유치원에서부터 고등학교를 다니며, 어떤 표준화 검사를 치렀는가? 그리고 여러분은 그 시험을 잘 보았는가? 그리고 그 표준화 검사들이 여러분의 학업적인 진로에 영향을 미쳤는가? 그랬다면 어떤 영향을 미쳤는가?

표준화 검사(Standardized test)는 동일한 조건하에, 전국적으로 많은 수의 학생에게 시행되며, 동일한 절차에 따라 채점되는 평가이다. 이 의미에서 '표준화'라는 개념이 사용되는 것이다.

이전 섹션에서, 우리는 표준화 검사가 책무성 운동과 어떤 관련이 있는지 보았지만, 책무성을 넘어 확장된 개념으로 사용된다. 예를 들어, 표준화 검사는 교사가 만든 평가만으로는 답할 수 없는 질문들에 대한 답을 제공하도록 설계되었다. 예를 들면,

- 우리반 학생들을 전국의 다른 학생들과 어떻게 비교할 것인가?
- 교육과정은 학생들의 대학 진학이나 향후 교육에 얼마나 잘 준비시키고 있는가?
- 특정 학생과 비슷한 능력을 가진 다른 학생을 어떻게 비교할 것인가?
- 학생들이 학창 시절 후의 학습과 삶을 준비하는 데 필요한 핵심 지식과 기술을 배우고 있는가?(Brookhart & Nitko, 2019; Miller, Linn, & Gronlund, 2013)

앞의 질문에 답하기 위해, 학생 개인의 시험 점수는 규준집단의 점수와 비교된다. **규준집단**(Norming group)은 전국적인 비교를 목적으로 점수가 수집된 대표적인 표본을 의미한다. 규준집단에는 다양한 지역, 사립 및 공립학교 구분, 성별, 그리고 다양한 인종 및 문화적 그룹의 학생들이 포함된다(Miller et al., 2013). **전국 규준**(National norm)은 전국의 대표적인 그룹이 가진 표준화된 평가 점수이다. 그리고 학생 개인의 점수는 전국 규준점수와 비교된다.

표준화 검사가 어떻게 사용되는지 살펴보자.

표준화 검사의 기능

표준화 검사는 다음의 세 가지 주요 기능을 수행한다.

- 학습평가와 진단
- 선발 및 배치
- 책무성과 프로그램 평가

학습평가와 진단

교사의 관점에서 표준화 검사가 가진 중요한 기능은, 학생들의 학업 진행 상황에 대한 객관적인 평가를 제공하는 것이다. 예를 들어, 차베즈 선생님의 학급에서, 데이비드는 읽기 영역에서 계속해서 B를 받았지만, 이 결과는 데이비드가 같은 학년의 다른 아이들과 어떻게 비교되는지에 대한 정보를 제공하지 않는다. 데이비드의 평가 결과는 평균 이상의 성취인 것일까? 아니면 관대한 평가에 의한 것일까? 혹은 또 다른 요인 때문이었을까? 표준화 검사는 이 질문에 대한 답을 제공하며, 교사가 만든 평가와 함께 학생의 학습 진행 상황에 대한 완전한 정보를 제공한다.

선발 및 배치

표준화 검사의 두번째 주요 기능은 특별한 목적의 수업에 선발하고 배치하는 것이다. 예를 들어, 고등학교에 입학하는 학생들은 다양한 형태의 중학교, 다른 지역의 학교에서 올 수 있고, 각 학교는 다양한 커리큘럼을 운영한다. 수학 영역에서의 표준화 검사 점수는 수학 교사들이 학생의 필요를 가장 잘 충족시킬 수 있는 수업에 학생들을 배치하는 데 도움이 된다. 마찬가지로, 교사들은 표준화 검사 결과와 자신만의 평가 방법을 함께 사용하여 학생들을 적절한 그룹에 배치할 수 있다.

또한, 표준화 검사의 결과는 대학 입학 결정이나, 학생들을 영재 프로그램과 같은 심화(advanced) 프로그램에 배치해야 할 때 사용된다. 수능(미국의 SAT, ACT 등) 점수는 학생들이 자신이 선택한 대학에 입학하는 데 중요한 역할을 한다.

책무성과 프로그램 평가

이 장의 첫 부분에서, 표준화 검사가 학생, 교사, 학교가 져야 할 책임과 어떠한 관련이 있는지 살펴보았다. 그러나 이 외에도, 표준화 평가는 프로그램 효과에 대한 유용한 정보를 제공한다. 예를 들어, 초등학교가 글쓰기와 아동 문학을 기반으로 하는 독서 프로그램에서 음성학과 기초 기술을 강조하는 프로그램으로 변경한다면, 표준화 검사의 결과는 교사들에게 이 변화의 효과에 대한 정보를 제공할 수 있다.

규준참조 표준화 검사 vs 준거참조 표준화 검사

규준참조 평가는 '상대평가'라고 불리며, 학생의 수행을 다른 학생들과 비교하는 반면, 준거참조 평가는 미리 정해진 기준을 바탕으로 성적을 매긴다(예: 90+ = A, 80–90 = B). 마찬가지로, **규준참조 표준화 검사**(norm-referenced standardized test)는 학생의 수행을 다른 학생들과 비교하고, **준거참조 표준화 검사**(criterion-referenced standardized test)는 종종 기준참조, 내용참조, 또는 영역참조 시험으로 불리며 학생의 수행을 미리 설정한 기준에 비교한다. 이러한 시험은 학습목표의 형태로 기준이 있을 때, 목표 기반 검사로 불리기도 한다(Miller et al., 2013).

이 두 유형의 검사는 점수가 보고되는 방식에서 차이가 있다. 규준참조 평가에서는 학생의 수행을 또래들과 비교하여 설명하므로, 학생들이 무엇을 알고 있는지 구체적으로 알 수 없다. 예를 들어, 차베즈 선생님의 반에서 데이비드의 읽기 백분위수는 65였는데, 이는 데이비드가 시험을 치른 학생들 중 65%만큼 혹은 그 이상으로 잘했다는 것을 의미한다. 반면, 준거참조 평가는 학생의 수행을 기준과 비교하여, 특정 능력의 숙달에 대한 정보를 제공한다(예: 문단의 주요 아이디어를 구분, 두 자리 숫자를 더하는 능력 등).

현재 기준과 책무성에 대한 중요성으로 인해, 특히 미국의 주 혹은 개별 지역 수준에서 규준참조 평가에 대한 강조가 더해지고 있다. 그러나 국가적으로, 데이비드가 치른 스탠퍼드 성취도 시험과 같은 규준참조 시험이 더 널리 사용되고 있다. 이는 상대적인 위치를 비교할 수 있고, 시험 내용의 일반적인 특성이 다양한 상황에서 사용될 수 있게 하기 때문이다. 즉, 두 평가 모두 유용하며 교사의 평가 목표에 따라 달라진다.

표준화 검사의 유형

다섯 가지 종류의 표준화 검사가 교육현장에서 사용되고 있다.

- 성취도 검사
- 진단검사
- 지능검사
- 적성검사
- 준비도 검사

성취도 검사

성취도 검사(Achievement test)는 표준화 검사 중 가장 널리 사용되는 유형으로, 특정 영역에서 학생들이 얼마나 배웠는지를 평가한다. 앞서 살펴본 데이비드의 성적 보고서에 나와 있는 영역들을 예로 들 수 있다. 이러한 영역들은 더 구체적인 기술(skill)에 대한 설명으로 세분화된다. 데이비드의 성적 보고서에서 읽기 영역은 단어 학습 기술, 읽기 어휘, 독해 점수를 포함하고, 수학 영역은 수학 문제해결, 수학 절차 점수를 포함한다. 미국에서 스탠퍼드 성취도 시험 외에도, 다른 인기 있는 성취도 검사로는 아이오와 기본 기술 시험, 캘리포니아 성취도 시험, 메트로폴리탄 성취도 시험, 그리고 각 주별로 개발한 평가가 있다(Brookhart & Nitko, 2019). 이 시험들에 대해 더 알고 싶으면 인터넷 검색을 활용하기 바란다.

표준화 성취도 검사는 일반적으로 몇 개의 하위 검사로 구성되며, 며칠 동안 실시된다. 이 검사들은 대부분 학교에서 다루는 공통 교육과정을 반영한다. 즉, 특정 학교의 전체 교육목표가 아니라 일부 목표를 평가한다는 것을 의미한다. 이것이 장점이기도 하고 단점이기도 하다. 다양한 형태의 학교를 위해 설계되었기 때문에 다양한 지역에서 사용될 수 있지만, 이러한 '일사천리'의 접근 방식은 특정 학교 또는 교실의 성취도를 정확하게 측정하지 못할 수 있다.

미국의 **국가 교육 발전 평가**(National Assessment of Educational Progress: NAEP)는 주기적으로, 그리고 신중하게 선택된 학생들에 대해 실시되는 성취도 시험의 한 종류이다. 미국의 '국가 성적표'라고 불리는 NAEP는 미국 전역의 학생의 성취도에 대한 종합적인 상황을 파악할 수 있다. NAEP 평가는 수학, 읽기, 과학, 작문, 예술, 시민 교육, 경제, 지리, 미국 역사, 기술 및 공학 리터러시 등 과목에 대해 존재한다. NAEP는 2017년부터 읽기, 작문, 수학에서 디지털 기반 평가를 실시하기 시작했고, 2018년과 2019년에 과목을 추가할 예정이다. 각 과목은 초등학교 4학년, 중학교 2학년, 고등학교 3학년에서 평가되지만, 모든 학년이 매번 평가되는 것은 아니다(National Center for Education Statistics, 2017b).

세계 경제에 대한 관심이 증가함에 따라, 미국 학생들이 다른 나라의 학생들과 비교하여 어떻게 하고 있는지에 대한 관심이 높아지면서, NAEP는 **국제 수학 및 과학 학습 동향 연구**(TIMSS)와 협업해 오고 있다. 다른 선진국의 표준화 평가 점수 데이터를 활용하여, TIMSS 데이터는 미국 학생이 수학과 과학에서 다른 나라에 비해 뒤처져 있음을 확인했다. 예를 들어, 2015년에 미국의 초등학교 4학년 학생들은 수학에서 11위, 과학에서 8위를 차지했으며, 싱가포르, 홍콩, 일본, 한국과 같은 선진국과 비교했을 때, 중학교 2학년 학생들은 수학에서 9위, 과학에서 8위를 차지했다(Provasnik et al., 2016). 이러한 표준화된 국제 비교는 미국의 교육 시스템에 대한 검증과 다른 나라의 교육 시스템으로부터 도움을 받을 수 있는 방법에 대해 고민하게 만들었다.

진단검사

앞서 성취도 검사는 학생들이 교육과정의 다양한 영역에서 얼마나 발전했는지를 측정하는 반면, **진단검사**(diagnostic test)는 학습자의 특정 기술 영역에서의 강점과 약점에 대한 자세한 정보를 제공한다. 진단검사는 주로 초등학교 저학년에서 사용되며, 아이들의 발달 단계에 맞추어 수업이 설계된다.

진단검사는 주로 개별적으로 실시되며, 성취도 검사와 비교했을 때 더 많은 항목을 포함하고, 더 많은 하위 검사를 사용하며, 더 구체적인 영역에서 점수를 제공한다. 예를 들어, 읽기 능력에 대한 진단검사는 글자 재인, 단어 분석 능력, 시각적 어휘, 문맥 속 어휘, 그리고 독해력을 측정할 수 있다. 미국에서는 대표적으로 디트로이트 학습 적성 검사(The Detroit Test of Learning Aptitude), 듀렐 읽기 난이도 분석 검사(The Durrell Analysis of Reading Difficulty), 스탠퍼드 독해력 진단검사(The Stanford Diagnostic Reading Test) 등이 있다.

지능검사

지능검사(Intelligence test)는 학교 능력 검사 혹은 인지 능력 검사로 불리기도 하며, 개인의 지식 습득 및 활용 능력, 문제해결 능력, 추상적 사고 능력을 측정하기 위한 표준화 검사이다. '지능검사'라는 용어 대신 다른 용어를 사용하기도 하는데, 지능을 종종 타고난, 고정된 능력을 의미하는 것으로 오해되고, 지능의 의미에 대한 의견이 일치되지 않기 때문이다. 스탠퍼드-비네 검사(The Stanford-Binet)와 웩슬러 검사(the Wechsler Scales)는 미국에서 가장 널리 사용되는 지능검사이다(Salvia, Ysseldyke, & Bolt, 2017).

스탠퍼드-비네 검사 스탠퍼드-비네 검사(Stanford-Binet)는 현재 제5판까지 개정되었고, SB5로 불린다. 개별적으로 실시되는 검사이며 여러 하위 검사로 구성되어 있다. 하위 검사에는 다음과 같은 것들이 포함된다.

- 지식: 어휘, 절차적 지식, 그림의 잘못된 점을 설명하는 것(예: 눈 속에 앉아 있는 수영복 차림의 사람 설명)
- 작업 기억: 짧은 지연 후에 블록의 배열을 재현하거나 문장을 기억하는 것
- 유동적 추론: 하나의 연속성에서 그다음에 올 것을 알아내거나, 언어적 유추 및 언어적 잘못된 점을 인식

하는 것
- 양적 추론: 수열에서 다음 숫자를 알아내거나, 문장제 문제를 해결하는 것
- 시각-공간 처리: 패턴을 식별하고 형성하거나, 위치와 방향을 구분하는 것(Roid, 2003)

스탠퍼드-비네 검사는 기술적으로 탄탄하게 구성된 도구로, 웩슬러 검사 다음으로 인기가 있다. 2003년에는 경제적 지위, 지역적 특성, 그리고 커뮤니티 크기에 따라 분류된 4,800명의 미국 학생들을 대상으로 실시하여 검사를 개정하고 재표준화했다. 미국 인구조사를 활용하여 백인, 아프리카계 미국인, 히스패닉, 아시아인, 아시아/태평양 섬주민 등 하위 문화의 비율을 보장하기도 했다(Bain & Allin, 2005).

웩슬러 검사 웩슬러 아동용 지능검사(The Wechsler Intelligence Scale for Children: WISC)는 6세에서 16세 아동을 대상으로 개별적으로 실시되는 지능검사이다. 가장 최신 버전은 제5판으로, 2014년 웩슬러에 의해 개발되었다. 40년에 걸쳐 웩슬러에 의해 개발된 이 검사는 오늘날 가장 인기 있는 지능검사 중 하나이다(Salvia et al., 2017).

웩슬러 아동용 지능검사는 다음과 같은 다섯 가지 점수를 생성한다(Wechsler, 2014).

- 언어 이해 지수: 언어적 추론 능력(예: 두 단어가 어떻게 비슷한지 구분하거나, 단어 정의, 일반 지식, 사회 상황 이해하기)
- 시각-공간 지수: 시각-공간 처리 능력(예: 제시된 모델에 따라 빨간색, 흰색 블록을 패턴으로 조합하거나, 책에서 퍼즐을 보고 배열에서 퍼즐을 만들 수 있는 세 조각을 선택하기)
- 유동적 추론 지수: 귀납적 및 양적 추론(예: 사진 배열을 보고 배열에 맞는 사진을 선택하기, 일련의 사진에서 어울리는 사진을 선택하기, 산수문제 해결 등)
- 작업 기억 지수: 작업 기억 능력(예: 숫자 순서를 듣고 원순서 혹은 역순서로 반복하기, 사진을 보고 본 순서대로 사진 선택하기, 미리 정해진 순서대로 숫자와 글자의 순서 제공하기 등)
- 처리 속도 지수: 처리 속도(예: 코드에 따라 다른 선으로 모양의 행을 표시하기, 주어진 기호와 행을 본 후 행에서 기호를 식별하기, 제한된 시간 내에 일련의 그림에서 특정 목표를 표시하기 등)

스탠퍼드-비네 검사와 마찬가지로, 웩슬러 검사는 검사 전문가들에 의해 기술적으로 탄탄하게 구성되었다고 여겨진다(Kaplan & Saccuzzo, 2018).

적성검사

적성과 지능은 종종 동의어로 사용되지만, **적성**(aptitude, 지식을 습득할 수 있는 능력)은 지능의 한 특성으로 본다. 지능에는 문제해결과 추상적 사고와 같은 더 넓은 범위의 인지 능력이 포함된다.

지능의 일반적 구조를 측정하는 것과 달리, **적성검사**(aptitude test)는 미래 학습 잠재력을 예측하고 오랜 시간 동안 발달한 일반적 능력을 측정하기 위한 표준화 검사이다. 예를 들어, 사람들은 "저는 외국어에 대한 적성이 전혀 없어요."라고 말하며, 외국어 학습에 대한 잠재력이 제한적임을 보여 준다. 적성검사는 선발 및 배

치 결정에 흔히 사용되며, 성취도 검사와 높은 상관관계를 보인다(Popham, 2017).

대학에서의 성공 가능성을 측정하도록 설계된 SAT와 ACT는 오늘날 가장 일반적으로 사용되는 적성검사이다. 그러나 이러한 잠재력은 경험에 크게 영향을 받으며, 특히 학교에서 배우는 언어와 수학적 지식은 이러한 검사를 잘 보기 위해 필수적이다.

SAT는 2005년 글쓰기 구성 요소가 추가되고 점수 척도가 원래 1,600점에서 2,400점으로 개정되었다. 그러나 SAT는 개정 후 더 많은 비판을 받았고, 심지어 SAT의 개발자인 칼리지보드(College Board)의 회장인 데이비드 콜먼(David Coleman)조차 SAT와 주요 경쟁자인 ACT를 비판하며, 두 시험 모두 미국의 고등학교에서 배우는 것과 관련이 없어졌다고 말했다(Lewin, 2014). 다른 비판가들은 고등학교 성적이 대학에서의 성공을 더 잘 예측한다고 주장하며, SAT가 경제적으로 여유가 없는 학생들에게 차별을 가한다고 주장했다. 고급 수준(advanced)의 학생들이 점수를 잘 받기 위해 사용하는 시험 준비 비용을 그들은 감당할 수 없다. 또한, 글쓰기 구성 요소의 예측력과 신뢰도에 대한 의문도 제기되었다(Balf, 2014; FairTest, 2014).

이러한 비판에 대응하여 칼리지보드는 2014년 SAT의 추가 개정을 발표했다(Jaschik, 2014). 개정에는 다음과 같은 내용이 포함되었다.

- 글쓰기 구성 요소가 선택 사항으로 변경
- 점수 척도가 1,600점으로 다시 변경
- 시험의 객관식 부분에서 잘못된 답변에 대해 점수 차감을 없앰

이러한 개정 사항은 2016년부터 효력을 발생했다(College Board, 2017).

여러 비판에도 불구하고 SAT와 ACT와 같은 적성검사는 가까운 미래에 많은 학생들에게 통과해야 할 관문으로 역할할 것이다. 그러나 미국에서는 점점 더 많은 대학에서 입학 과정에 이러한 검사 결과를 더 이상 요구하고 있지 않다(FairTest, 2017).

준비도 검사

준비도 검사(Readiness test)는 아동들이 학업 또는 예비 학업 프로그램에 얼마나 준비되어 있는지를 평가하기 위한 도구이다(Salvia et al., 2017). 대부분 유치원이나 초등학교 1학년에서 학업 준비도를 평가하는 데 사용된다. 이런 점에서 준비도 검사는 적성검사와 성취도 검사의 특성을 모두 가지고 있다. 적성검사와 유사하게, 학생의 미래 학습 잠재력을 평가하도록 만들어졌다. 그러나 대부분의 준비도 검사는 학생들이 특정 분야에서 기본 개념을 얼마나 숙달했는지를 좁은 범위에서 측정한다. 예를 들어, 유치원에 가기 위한 준비도 검사는 아동들이 '위, 아래', '왼쪽, 오른쪽', '큼, 작음'과 같은 기본 개념을 이해했는지를 측정하며, 이는 읽기와 수학의 기초를 구성한다. 이런 점에서 성취도 검사와 유사하다고 볼 수 있다.

준비도 검사와 같은 표준화 검사는 의사 결정에 유용한 정보를 제공할 수 있지만, 아동이 학교에 갈 준비가 되었는지를 평가하는 데에 있어 이 점수만을 가지고 결정해서는 안 된다. 거의 모든 5세나 6세 아동이 학교 경험을 통해 얻어가는 것이 있어야 하며, 학교 환경에서 아동의 기능 수행 능력에 대한 관찰도 평가 과정의 일부가 되어야 한다.

이제 이 섹션의 시작 부분에서 '교육심리학과 당신'에서 물었던 질문("여러분은 초등학교, 중학교, 고등학교를 다닐 때 다녔던 학교는 얼마나 좋았나요? 그리고 그걸 어떻게 알 수 있나요?") 을 다시 생각해 보자. 앞서 데이비드가 치른 스탠퍼드 성취도 검사와 같은 여러 표준화 성취도 검사를 많이들 접해 봤을 것이다. 또한, 미국의 경우, 주 기준에 얼마나 부합하는지를 측정하기 위해 각 주에서 운영하는 성취도 검사를 치르기도 한다. 이러한 검사들은 초등학교나 고등학교 때 배정된 그룹에 영향을 미쳤을 수 있다. 대학을 가기 위해 SAT나 ACT를 보는데, 현재 대학에서 이 수업을 듣고 있다면 앞서 이런 검사에서 좋은 점수를 받았다는 것을 의미하지만, 모든 학생들에게 해당되는 것은 아니다. 교육자로서 표준화 검사 점수를 바탕으로 한 결정에는 항상 주의가 따라야 한다.

표준화 검사 평가하기: 타당도 제고

표준화 검사의 주요 소비자가 학교 교사이기 때문에, 표준화 검사의 타당도는 중요하다. 이 장의 시작 부분에서 언급된 마이크 차베즈 선생님의 사례를 다시 보면서, 타당도가 교실 생활에 어떠한 영향을 미칠 수 있는지 살펴보자.

차베즈 선생님은 초등학생을 위한 새로운 표준화 검사를 고려하기 위해, 지역교육청 전체 위원회에 참여하도록 요청을 받았다. 그의 임무는 그의 학교 교직원에게 현재 사용하고 있는 스탠퍼드 성취도 검사에 대한 대안으로 캘리포니아 성취도 검사에 대한 피드백을 받는 것이다.

교직원 회의를 진행하면서, 검사에 대한 개요를 제시한 후, 차베즈 선생님은 질문이 있는지 물었다.

"캘리포니아 성취도 검사는 문제해결을 얼마나 다루나요?"라고 5학년 교사가 묻는다.

"우리는 언어 예술 커리큘럼에 대해 학생들이 더 글을 쓰는 방향으로 바꾸려고 하고 있어요. 새로운 검사는 글쓰기를 강조하나요?"라고 2학년 교사가 묻는다.

토론이 계속되는 동안, 다른 동료교사가 "어느 것이 더 나은가요? 그게 우리가 여기 있는 이유잖아요. 이에 대한 답을 알려 주세요."라고 말한다.

차베즈 선생님은 질문에 대한 답을 바로 말할 수 없었다. 그 이유는 준비가 되어 있지 않아서가 아니라, 평가 정보로부터 정확한 추론을 만들고 추론된 정보를 적절하게 사용하는 타당도에 대한 판단을 요구받았기 때문이다(Chappuis & Stiggens, 2017). 우리가 검사를 만들 때, 학습목표와 검사를 일치시킴으로써 타당도를 확보하려고 노력한다. 표준화 검사는 이미 구성되어 있으므로, 특정 목적에 대한 검사의 적합성을 판단해야 하는 것이다[1,000개 이상의 표준화 검사에 대한 리뷰는 『The Twentieth Mental Measurements Yearbook』(Carlson, Geisinger, & Jonson, 2017)에서 찾을 수 있다.]. 표준화 검사를 사용할 때, 타당도가 검사 자체의 설계가 아니라 검사의 적절한 사용을 포함한다는 것을 기억해야 한다.

전문가들은 표준화 검사 타당도에 대해 세 가지 타당도(내용 타당도, 예측 타당도, 구인 타당도)를 제안하고, 각각은 다른 관점을 제공한다.

내용 타당도

내용 타당도(Content validity)는 교육한 내용을 정확하게 구별하고, 학습자들이 얼마나 이해했는지를 측정할 수 있는 검사 도구의 능력을 의미한다. 검사 내용을 교육과정 목표와 비교함으로써 결정되며, 표준화된 성취도 검사를 고려할 때 주의를 가져야 하는 타당도이다(Miller et al., 2013). 차베즈 선생님에게 어떤 검사가 '더 나은' 것인지를 물어본 질문은 내용 타당도와 관련이 있다. '더 나은' 검사는 학교의 교육과정과 검사 내용 사이의 일치도가 높은 것을 의미한다.

예측 타당도

예측 타당도(Predictive validity)는 검사가 미래의 수행을 측정하는 검사 도구의 능력을 말한다(Miller et al., 2013). 예측 타당도는 SAT와 ACT가 대학 수업을 수행할 잠재력을 측정하도록 설계되었다는 점과 연관이 있다. 또한, 초등학교 초기 단계에서 학업 과제에 대한 학생들의 준비도를 평가하는 준비도 검사와도 관련이 있다.

예측 타당도는 보통 표준화 검사 점수와 학생 성적과 같은 두 변수 간의 상관관계를 계산하여 정량화한다. 예를 들어, SAT와 신입 대학생 성적 사이에는 .47의 상관관계가 있다(FairTest, 2008). 고등학교 성적은 유일하게 더 나은 예측변수로 알려져 있다(상관관계 = .54).

표준화 검사와 대학 성과 사이의 상관관계가 더 높지 않은 이유는 무엇일까? 주된 이유는 SAT와 ACT가 '일반적 준비도'를 예측하도록 설계되었지만, 동기, 학습 습관, 이전 지식과 같은 다른 요소들도 대학 성과에 영향을 미치기 때문이다(Popham, 2017).

구인 타당도

구인 타당도(Construct validity)는 검사와 그것이 측정하려고 하는 것 사이의 논리적 연결을 나타내는 지표이다. 구인 타당도의 개념은 다소 추상적이지만, 타당도의 전체 개념을 이해하는 데 중요하다. 이는 "이 항목들이 실제로 검사 도구가 측정하려는 아이디어를 평가하는가"라는 질문에 답한다. 예를 들어, SAT의 많은 항목들은 학생들이 대학 경험에서 마주칠 가능성이 높은 단어와 숫자에 대해 추상적으로 생각하는 능력을 측정하도록 만들어졌다. 이 때문에 SAT는 구인 타당도를 가지는 것이다.

APA의 20가지 주요 원칙

이 토론은 원칙 19를 보여 준다. 학생들의 기술, 지식 및 능력은 자질과 공정성에 대한 명확한 기준을 가진 심리학적 과학에 근거한 평가 과정을 통해 가장 잘 측정된다. 이는 유치원–12학년(초 · 중등학교)까지 교수 및 학습을 위한 심리학의 20가지 주요 원칙에서 비롯된다.

표준화 검사 점수를 이해하고 해석하기

15.3 학생, 부모, 기타 보호자를 위해 표준화 검사 결과를 해석할 수 있다.

APA의 20가지 주요 원칙

이 장의 이 부분은 원칙 20을 보여 준다. 평가 데이터를 이해하려면 명확하고 적절하며 공정한 해석이 필요하다. 이는 유치원–12학년(초·중등학교)까지 교수 및 학습을 위한 심리학의 20가지 주요 원칙에서 비롯된다.

우리가 이 장의 시작 부분에서 살펴본 사례 연구에서, 우리는 데이비드 파머의 스탠퍼드 성취도 시험의 성적 보고서를 보았다. 이 성적 보고서에는 부모(혹은 보호자)를 위한 한 쪽 분량의 설명이 들어 있다. 오른쪽 상단 박스 안에 학생의 성과에 대한 간략한 설명이 들어 있고, 하단의 차트에서 부모를 위한 추가 정보와 제안 거리를 제공한다. 이 내용들은 쉽게 이해되도록 작성되었지만, 우리가 앞선 사례 연구에서 봤듯이, 부모들은 종종 시험 결과가 실제로 무엇을 의미하는지에 대한 확신이 없을 수 있다. 따라서 교사들은 이러한 보고서에 있는 정보를 완전히 이해하고 부모들과 명확하게 소통할 수 있어야 하는데, 이는 교사의 신뢰도와도 관련이 있다. 만약 교사가 부모에게 시험 결과를 명확하게 설명할 수 있다면, 교사를 신뢰할 수 있고 전문적으로 보일 것이다.

시험 결과는 성적 보고서보다 더 많은 것을 포함한다. 예를 들어, 모든 하위 검사와 검사된 기술에 대한 자세한 정보를 제공한다. 이 정보는 교사나 상담사를 위한 것이지만, 자녀의 성과에 대한 자세한 정보를 원하는 부모와도 공유될 수 있다.

〈표 15–1〉은 데이비드의 성적 보고서에 기술된 읽기와 수학에 대한 하위 검사와 총점이다. 언어, 철자, 과학, 사회과학, 듣기(스탠퍼드 성취도 시험, 제10판, 2009)와 같이 검사된 다른 분야에 대해서도 유사한 정보가 제공된다.

하위 검사는 시험에서 '클러스터(군집)'라고 설명하는 것으로 더 세분화된다. 예를 들어, 읽기 영역의 단어 공부 기술 하위 검사는 구조 분석, 음소 분석(자음, 음소 분석, 모음)으로 나뉜다. 다른 하위 검사도 유사한 클러스터로 나뉜다.

이제, 데이비드의 성적 보고서에 있는 숫자들이 무엇을 의미하는지 살펴보자. 이때 숫자는 정확해야 하고 범위 내에서 가능한 숫자로 기록되어야 하는 것은 당연하다. 예를 들어, 읽기 영역의 하위 검사에는 114개의 항목이 있고, 그중 30개는 단어 공부 기술, 30개는 어휘, 54개는 읽기 이해이다.

이 중에서, 데이비드는 30개의 단어 공부 기술 항목 중 17개, 30개의 어휘 항목 중 22개, 54개 읽기 이해 항목 중 42개를 정확하게 답하여 총 114개 중 81개를 정확하게 답했다. 데이비드의 수학 시험 결과도 같은 방법으로 알아낼 수 있다. 정확한 숫자는 때때로 **원점수**(raw score)로 묘사되므로, 데이비드의 총 읽기 원점수는 81점이 된다.

데이비드의 성적 보고서에 있는 다른 영역들은 더 자세한 설명이 필요하다. 이제 그 영역들을 살펴보도록 하자.

변환점수

표준화 검사를 치를 때, 'A 형식(Form A)'과 같이 써 있는 것을 볼 수 있다. 많은 사람들이 표준화 검사를 접하기 때문에, 시험 내용이 노출되게 된다. 즉, 시험 응시자들이 일부 질문을 기억하고 이 정보를 나중에 시험 볼 사람에게 전달하게 되는 것이다(Tan & Michel, 2011). 시험 정보가 공유됨으로써 그 시험의 타당도가 떨어지게 되므로, 시험 개발자들은 여러 형식의 시험을 만든다. 이로 인해, 시험을 보는 사람들은 같은 시험이지만 다른 형식으로 볼 수 있으며, 동시에 시험을 보는 사람들은 보안에 대한 우려를 해결할 수 있다.

시험 개발자들이 엄격한 시험 규준을 준수함에도 불구하고, 표준화 검사의 여러 형태를 난이도가 동일하게 만드는 것은 거의 불가능하다(Tan & Michel, 2011). 따라서 100점 환산점수(percent-correct score)나 원점수는 시험 결과를 정확하게 비교할 때 사용되지 않을 수 있다. 예를 들어, 더 쉬운 형태의 시험에서 70% 정확도를 받은 학생은 더 어려운 형태의 시험에서 60% 정확도를 받은 학생보다 지식이나 기술이 더 적을 수 있다. 마찬가지로, 두 학생이 서로 다른 형태의 시험에서 같은 원점수를 받으면, 더 어려운 형태의 시험을 치른 학생이 더 높은 지식과 기술을 가졌다고 볼 수 있다.

다른 형식의 시험에서 얻어진 결과가 동일한 수준을 의미하도록 하기 위해, 표준화 검사 프로그램은 **변환점수**(scaled score)를 보고한다. **변환점수**는 난이도가 다른 시험 형식 사이의 차이를 수용하기 위해 원점수를 통계적으로 조정하고 공통 척도로 변환하여 구해진 값이다. 예를 들어, 더 쉬운 형식의 시험을 보는 학생은 더 어려운 형식의 시험을 본 학생과 같은 변환점수를 얻기 위해서는 더 높은 원점수를 받아야 한다. 이것이 바로 표준화 검사 결과가 일반적으로 변환점수로 보고되는 이유이다.

데이비드의 읽기 영역에 대한 변환점수는 613점이다. 이는 시험을 치는 다른 학생들의 변환점수와 비교할 때에만 의미가 있다. 그래서 이 점수를 부모님께 설명할 때에는, 〈표 15-1〉의 PR-S(백분위 순위-9분점수)에 대해 언급하는 것이 더 이해하기 쉽다. 하지만, 이를 설명하기 위해서는 정규분포라는 개념을 이해해야 한다.

〈표 15-1〉 데이비드 파머의 읽기 및 수학 학생 보고서

하위 검사와 총 검사	총 개수	맞은 개수	변환 점수	국가 PR-S	국가 NCE	AAC	국가 성적 백분위 신뢰구간
읽기 영역	114	81	613	65-6	58.1	중	
단어 공부 기술	30	17	604	55-5	52.6	중	
어휘	30	22	603	54-5	52.1	중	
읽기 이해	54	42	622	73-6	62.9	상	
수학 영역	80	64	631	81-7	68.5	상	
수학적 문제해결	48	39	633	82-7	69.3	상	
수학적 순서	32	25	624	75-6	63.2	상	

출처: '학생 성적표'는 스탠퍼드 성취 검사 시리즈(스탠퍼드 10판)에서 발췌한 것이다. Copyright © 2003 by NCS Pearson, Inc.의 허가를 받아 복제되었다. 판권 소유.

정규분포

정규분포(Normal distribution)는 곡선 모양의 곡선으로, 대칭적으로 분포하는 일련의 측정값을 말한다. [그림 15-1]은 정규분포를 나타낸 그림이다.

키와 몸무게와 같은 대규모 표본들은 이와 같은 방식으로 분포하는 경향이 있다. 예를 들어, 미국 여성의 평균 키는 5′4″ 미만이며(Fryar, Gu, Ogden, & Flegal, 2016), 남성의 평균 키는 5′10″이다(Arbuckle, 2017). 이제 [그림 15-1]의 세로축이 여성의 수를 나타내고, 가로축이 키를 나타낸다고 해 보자. 그림의 정점이 가로축에서 0인 이유는 이것이 평균 키인 5′4″를 나타내기 때문이다. 그러나 많은 여성의 키가 대략 5′2″에서 5′6″ 사이에 분포하는데, 이는 그림 중간 부근에서 뭉쳐진 것으로 표현된다. 하지만, 키가 4′6″인 경우 그림의 왼쪽 끝에 놓이게 되고, 6′인 경우 오른쪽 끝에 놓이게 되는데, 이 경우에 속하는 여성은 훨씬 적다. 남성에 대해서도 비슷한 분포가 존재한다. 통계적 분석에 따르면, 정규분포에서 대략 68%의 대상이 −1 표준편차와 +1 표준편차 사이에 있다. **표준편차**(standard deviation)는 분포에서 점수가 어떻게 퍼져 있는지를 나타내는 통계적 측정값이다.

표준화 검사는 수십만 명의 학생들에게 실시되며, 이들의 점수는 정규분포를 이룬다. 따라서 많은 학생들에게 100개 문항의 시험을 보게 했다면, 결과는 정규분포에 맞을 것이고, 시험의 평균 점수가 50점이라면, 대략 40점에서 60점 사이에서 점수가 많이 모여 있는 것을 볼 수 있지만, 0점에서 5점 사이나 95점에서 100점 사이의 점수는 거의 없을 것이다.

이것은 다음에 배울 백분위와 9분점수를 이해하는 데 도움이 된다.

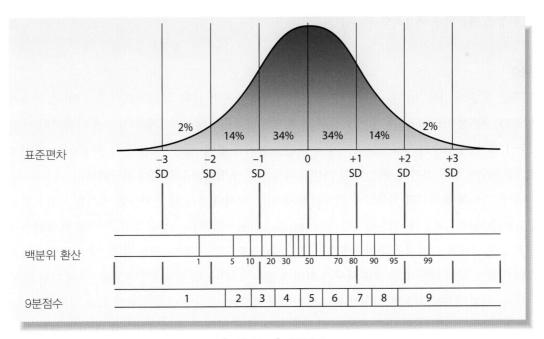

[그림 15-1] 정규분포

백분위와 9분점수

데이비드의 성적 보고서 제목에 있는 PR-S는 백분위와 9분점수를 의미한다. 이는 교사, 학생, 학부모가 이해하기 쉽도록 한 설명 방식이다.

백분위

백분위(Percentile Rank: PR)는 표준화된 표본에서 특정 원점수 이하로 점수를 받은 학생들의 백분율을 의미한다. 예를 들어, 데이비드의 전체 읽기 영역에 대한 원점수(맞은 개수) 81점은 그를 전국적으로 65번째 백분위에 위치하게 했다. 즉, 데이비드의 점수는 전국에서 시험을 치른 학생들의 점수 중 65%보다 높거나 같다는 것을 의미한다.

학부모와 학생들은 종종 백분율(percentages)과 백분위를 혼동한다. 백분율은 가능한 총 항목 수에 비해 정답 항목의 수를 의미한다. 반면, 백분위는 시험을 치른 다른 학생들에 비해 내가 어떤 점수를 받았는지를 나타낸다. 따라서 데이비드의 정답의 백분율 점수는 71%(81/114)였지만, 그의 백분위는 65였다. 이 두 측정값은 서로 다른 정보를 나타내며, 〈표 15-1〉에서 볼 수 있듯이, 백분율 점수는 보고되지 않는다.

백분위는 간단하고 명확하기 때문에 사용된다. 백분위는 등위인데, 등위 간 차이는 동일하지 않다. 예를 들어, 〈표 15-1〉의 국가 성적 백분위 신뢰구간을 보면, 30번째, 50번째, 70번째 백분위수 사이의 거리가 범위의 양 끝에 있는 백분위수 사이의 거리보다 작다.

정규분포는 이를 이해하는 데 도움이 된다. 분포의 중앙 근처에 뭉쳐있는 점수가 끝 부분보다 훨씬 더 많은 것처럼, 5'2"와 5'6" 사이의 여성들이 4'6"와 4'8" 사이나, 5'11"와 6'1" 사이의 여성들보다 훨씬 많다. 이러한 뭉침 현상은 백분위수 등가척도로 나타난다.

9분점수

9분점수는 표준화 검사 점수를 설명하는 데 흔히 사용되는 방법이며, 데이비드의 국가 PR-S 점수에서 'S'로 표현된다. **9분점수**(Stanine)는 개인의 표준화 검사의 결과를 1에서 9까지의 척도를 사용하여 설명한다. [그림 15-1]에서 9분점수가 정규분포와 어떻게 관련 있는지를 볼 수 있다. 예를 들어, 약 68%는 세 번째와 일곱 번째 9분점수에 놓일 것이며, 이는 대략 15번째에서 80번째 백분위수 등위에 해당한다.

9분점수는 간단하며 교사와 학부모가 인위적일 수 있는 미세한 차이 대신 가능한 범위를 기반으로 점수를 해석하도록 유도하기 때문에 널리 사용된다(Chappuis & Stiggens, 2017). 예를 들어, 57번째 백분위수에 있는 점수는 하위 검사에서 52번째 백분위수에 있는 점수보다 1점 또는 2점 더 많을 수 있으며, 학생이 정답을 추측해서 맞힐 수도 있기 때문에 두 점수 차이는 의미가 없다. 그러나 두 점수 모두 9분점수 5에 해당한다.

9분점수는 시험 결과를 가능한 점수 범위로 설명하기 때문에, 아마도 더 현실적인 결과 지표일 수 있다. 하지만 9분점수로 점수를 간소화하면, 그만큼 잃게 되는 정보가 생긴다. 따라서 표준화 검사 점수의 의미를 학부모와 학생들에게 이해시키는 데에 있어 9분점수의 장단점을 기억해야 한다.

정규곡선 등가점수

데이비드의 성적 보고서에 국가 NCE라고 쓰여 있다. 이는 국가 **정규곡선 등가점수**(Normal Curve Equivalent: **NCE**)를 의미한다. NCE는 통계적 과정을 통해 시험 점수를 0~100 척도의 백분위 등위와 유사하게 표준화하지만, 백분위와는 다른 등간격 속성을 보이는 측정값이다. NCE가 평균화될 수 있다는 사실이 백분위 등위에 비해 중요한 장점이다. 이 둘의 차이를 설명하기 위해, 데이비드의 읽기 영역 총 점수에 대한 백분위 등위 65를 생각해 보자. 데이비드의 두 동급생인 리사(Lisa)와 그레이슨(Grayson)이 있다. 리사의 백분위 등위가 75이고, 그레이슨의 등위가 55라고 가정해 보자. 백분위수 간격이 동일하지 않기 때문에, 리사의 75와 데이비드의 65 사이의 원점수 차이는 데이비드의 65와 그레이슨의 55 사이의 차이보다 더 크다.

이제, 데이비드의 국가 NCE 58을 고려해 보자(설명을 위해 0.1은 무시했음). 다른 두 동급생, 오웬(Owen)과 켈시(Kelsey)를 생각해 보자. 오웬의 NCE가 64이고 켈시의 NCE가 52라고 가정해 보자. NCE의 간격이 동일하기 때문에, 원점수 차이도 동일하다.

NCE는 일반적인 표준화 검사 사용자에게 큰 의미가 없다. NCE가 시험 결과에 포함되는 것은 일반적으로 연방 기관의 학교 시스템 보고 요구 사항 때문이며, 등간격 속성은 비교해서 보고를 더 쉽게 만든다(Wilson, 2013).

마지막으로 데이비드의 성적 보고서는 AAC 범위를 보여 주는데 이는 **성취/능력 비교**(Achievement/Ability Comparison)를 의미한다. 이는 데이비드의 평균 점수가 전체 표준 그룹과 비교했을 때를 나타낸다. AAC 범위는 유사한 성적의 학생들과 비교했을 때, 상, 중, 하로 구분되며, 성적 보고서에서 볼 수 있다.

학년점수

학년점수(Grade-equivalent)는 개인의 점수를 특정 연령대 학생들의 점수와 비교하여 나타내는 점수이다. 이 점수는 데이비드의 성적 보고서에 나타나지 않지만, 일반적으로 보고되는 점수이다(Stanford Achievement Test Series, 2009). 예를 들어, 데이비드의 전체 수학 과목에 대한 학년점수가 5.2라고 가정해 보자. 이는 그가 시험에서 5학년 2개월 차인 학생들의 평균 점수만큼 잘했다는 것을 의미한다.

그렇다고 해서 4학년생인 데이비드가 5학년에 있어야 한다는 것을 의미하는 것은 아니다. 학년점수는 결과를 과도하게 단순화하고 반드시 유효하지 않은 비교를 보여 주기 때문에 오해의 소지가 있다. 5.2의 학년점수는 데이비드가 수학에서 다소 앞서 있다는 것을 알려 주며, 이는 전체 수학 과목의 AAC 범위에서 '상'으로 확인된다. 그러나 데이비드가 5학년으로 승급되어야 하는 것을 의미하지 않으며, 5학년 학생들과 함께 공부해야 한다는 것을 제안하는 것도 아니다. 오해의 가능성 때문에 일부 표준화 검사는 더 이상 학년점수를 사용하지 않는다(Salvia et al., 2017).

측정의 표준오차

표준화 검사는 기술적으로 정교하지만, 모든 시험과 마찬가지로 측정 오류를 포함한다. 점수는 학생의 '진

(眞) 점수'의 근사치에 불과하다. 가령, 우리가 한 학생에게 같은 시험을 반복해서 치르게 하고 그 학생이 새로운 지식을 더 배우거나 잃지 않았다고 가정한다면, 우리는 점수가 변하는 것을 발견하게 된다. 이 점수들을 평균 내면, 우리는 이 학생의 진점수의 추정치를 얻게 된다. 진점수는 이상적인 조건에서 반복된 시험을 통해 얻어진 개인 점수의 가상 평균이다. 진점수의 추정치는 **측정의 표준오차**(standard error of measurement)를 사용하여 얻어지며, 이는 개인의 진점수가 있을 가능성이 있는 점수 범위이다. 측정의 표준오차는 우리가 일상적으로 조사에서 보는 '오차 범위'와 유사하다.

측정의 표준오차 범위는 종종 신뢰구간, 점수 밴드 또는 프로필 밴드라고 불린다. 예를 들어, 4의 표준오차가 있는 시험에서, 벤(Ben)이 원점수 46점, 김(Kim)이 원점수 52점을 받았다고 해 보자. 이는 벤의 진점수가 42와 50 사이이며, 김의 진점수는 48과 56 사이임을 의미한다. 김이 벤보다 현저히 높은 점수를 받은 것처럼 보이지만, 표준오차를 고려할 때, 그들의 점수는 동일할 수 있으며, 벤의 진점수는 김의 진점수보다 더 높을 수 있다. 표준화 검사를 기반으로 결정을 내릴 때 표준오차를 이해하는 것이 중요하다. 예를 들어, 여기에 나와 있는 결과만을 가지고 벤과 김을 다른 능력집단에 배치하는 것은 현명하지 못한 결정이 될 수 있다.

이 절에서는 데이비드의 스탠퍼드 성취도 검사 결과를 구체적인 예로 들어 표준화 검사 결과가 어떻게 보고되는지 다양한 방법을 설명했다. 전체 보고서에는 지역 비교 및 순위와 같은 훨씬 더 많은 정보가 포함될 것이다. 그러나 대부분의 경우, 〈표 15-1〉에 나와 있는 변환점수, 백분위 등위, 9분점수, 정규곡선 등이 포함될 것이다.

학부모에게 학생의 시험 결과를 설명할 때, 하나의 점수나 점수 군집은 학생들의 능력과 특성의 일부만을 보여 주는 지표라는 사실을 기억해야 한다. 특히, 성취도 검사에서 높은 점수를 받지 못한 학생들에 대한 기대를 낮추는 것도 주의해야 한다. 종종 난독증이나 다른 장애를 극복하고 대학이나 학교 밖에서 높은 성취자가 된 학생들도 쉽게 찾아볼 수 있다. 시험은 학생의 동기, 인내심, 양심과 같은 필수적인 특성을 측정하지 않는다. 시험은 우리가 교육적 결정을 내리는 데 사용할 수 있는 하나의 척도일 뿐이다.

교실과의 연계

교실에서 표준화 검사를 효율적으로 사용하기

1. 표준화 성취도 검사의 타당도는 학습목표와 시험 내용 간의 일치에 달려있다. 결과를 면밀히 분석해서 교육과정과 수업, 그리고 평가의 일체화를 이루어야 한다.

   • **초등학교**: 4학년 교사들이 지난해 시험 점수를 검토하여 교육과정에서 더 많은 관심이 필요한 영역을 파악한다.

   • **중학교**: 중학교 수학 교사들이 표준화 검사 결과를 항목별로 검토한다. 많은 학생들이 특정 항목을 잘 모른다는 것을 파악하고, 교사들은 수업에서 이 주제에 대해 더 많이 다루기로 계획한다.

   • **고등학교**: 도심에 위치한 한 고등학교의 영어 교사들이 전국적인 작문 평가에서 학생 점수를 분석하기 위해 채점 루브릭을 사용한다. 교사들은 루브릭을 학생들과 공유하고 글쓰기 기술을 향상시키는 데 도움을 준다.

2. 표준화 검사 점수의 가치는 대부분 시험 응시자들이 결과를 얼마나 이해하는지에 달려 있다. 시험 결과를 학생과 보호자 모두에게 명확하게 전달해야 한다.

   • **초등학교**: 도심 지역의 초등학교 3학년 교사들은 표준화 검사 점수를 설명하는 전단지를 준비한다. 이 안에는 예시와

자주 묻는 질문에 대한 답변이 들어있다. 이 전단지는 특히 학부모–교사 회의에서 사용된다.
- **중학교**: 중학교 교사들은 표준화 검사 점수를 평가 자료의 종합 패키지에 통합한다. 학생과 그들의 보호자를 만날 때, 이 정보를 사용하여 학생의 강점과 개선이 필요한 영역을 구분 짓는다.
- **고등학교**: 학부모와의 오리엔테이션에서, 영어과 교사들은 먼저 학생들이 고등학교에서 마주하게 될 시험들에 대한 개요를 제공하고, 점수가 어떻게 보고되는지 설명한다. 학부모와의 개별 회의에서 교사들은 학생 개인의 점수에 대한 구체적인 정보를 제공한다.

다양성과 표준화 검사

15.4 학습자 다양성이 표준화 검사 결과의 타당성에 미치는 영향을 설명할 수 있다.

교육심리학과 당신
표준화 검사를 볼 때 내용 중 일부가 낯설었던 적이 있는가? 표준화 검사에서 이해하지 못하는 어휘를 포함한 문항을 본 적이 있는가? 시험 내용과 여러분 사이에서 발생한 불일치가 무엇을 의미하는가? 이러한 불일치가 시험에 대해 무엇을 말해주는가?

표준화 검사와 관련된 가장 큰 논란은 표준화 검사가 문화적 소수자들에게 불리하게 편향되어 있다고 주장하는 것이다(Balkin, Heard, ShinHwa, & Wines, 2014; Toldson, 2012). 이는 특히 히스패닉 및 아프리카계 미국 학생들에게 해당되며, 이들은 평균적으로 백인 및 아시아 학생들보다 표준화 검사에서 지속적으로 낮은 점수를 받는다(National Center for Education Statistics, 2017a). 고위험 평가에서 설정된 최소 점수 이하를 받을 경우 학년 유지 또는 고등학교 졸업 실패로 이어질 수 있기 때문에, 이 논란은 더 큰 문제가 된다(Popham, 2017). 일부 사례는 법정에 가기에 이르렀고, 문화적 소수자를 위한 시험의 타당성과 학생들이 시험 내용을 배울 기회를 얼마나 가졌는지가 주요 쟁점으로 떠올랐다(Schimmel, Stellman, Conlon, & Fischer, 2015). 문화적 소수자가 공정하게 대우받을지 여부는 표준화 검사가 학생들에 대한 중요한 결정을 내리는 데 더 사용됨에 따라 중요한 문제가 될 수 있다.

소수자 학생들과 관련된 표준화 검사와 관련된 두 가지 중요한 문제가 여전히 해결되지 않았다(Salvia et al., 2017). 첫 번째는 시험이 학생들의 학업 경력과 삶에 대한 결정을 내리는 데 사용하기에 충분히 타당하고 신뢰할 수 있는지 여부와 관련이 있다. 두 번째는 소수자, 특히 영어를 두 번째 언어로 사용하는 학생들을 시험하는 데 관련된 기술적 문제들과 관련이 있다. 2000년에 교육의 과학적 연구에 전념하는 국가 최대의 전문 조직인 미국교육연구협회(AERA)는 미국심리학회 및 국립측정교육위원회의 지지도 받는 입장에서 다음과 같은 공식 입장의 일부로 명시했다. "개별 학생의 인생 기회나 교육 기회에 영향을 미치는 결정은 시험 점수만을 기반으로 해서는 안 된다"(AERA, 2017, para. 6).

학생의 다양성과 평가의 편파성

표준화 검사를 둘러싼 논란으로 인해, 평가 편파성에 대한 관심이 증가하고 있다. **평가 편파성**(Assessment bias)은 검사 도구가 성별, 인종, 민족, 또는 사회경제적 지위(SES)에 따라 특정 학생 그룹을 불리하게 대하는 것을 의미한다. 측정 전문가들은 검사의 타당성을 희석시키는 세 가지 유형의 편파성을 확인했다.

- 내용의 편파성
- 검사 절차의 편파성
- 검사의 해석과 사용의 편파성

이러한 주제에 대해 공부하면서, 집단 간 평균 차이가 반드시 편파성을 나타내는 것이 아님을 기억해야 한다. 빈곤이나 불충분한 교육 기회와 같은 근본적인 원인이 이러한 차이를 설명할 수 있다(Brookhart & Nitko, 2019).

내용의 편파성

표준화 검사의 내용이 백인, 중산층 미국 학생들을 대상으로 하고 있으며, 문화적 소수자들은 이러한 내용으로 인해 불리함을 받는다는 비판이 있다. 예를 들어, 다음에 제시된 문항은 6학년 학생들의 지식을 측정하기 위해 표준화된 과학 시험에 출제되었던 것이다.

먼 행성에 산이나 강이 있는지 알아보고 싶다면, 다음 중 어떤 도구를 사용해야 할까?

   a. 쌍안경   b. 현미경   c. 망원경   d. 카메라

이 질문에 대한 답은 학생들의 사회경제적 지위 또는 고가품인 현미경이나 망원경에 대한 노출에 의해 영향을 받을 가능성이 높다.

단어와 관련해서도 편파성이 발생할 수 있다(Miller et al., 2013). 예를 들어,

호세 알투베(Jose Altuve)는 휴스턴 애스트로스 소속으로, 2017년 포스트 시즌 한 시점에서 타석에 19번 나가 .579의 타율을 기록했다. 다음 세번의 타석에서 그는 안타, 2루타, 홈런을 친다. 그의 타율은 현재 얼마인가?

이 질문은 학생들이 타율이 어떻게 계산되는지, 그리고 2루타와 홈런이 단타보다 더 많이 쳐주는지 알아야 한다. 또한, '타석에 나가다'와 같은 표현은 야구에 익숙하지 않은 학생들에게 의미가 없을 수 있으며, 이 표현을 해석하는 데 쓰이는 노력이 문제해결에 방해가 될 수 있다. 이는 영어 실력이 제한된 학생들에게 특히 문제가 된다.

시험 내용과 학생들의 문화적 배경 사이의 불일치는 내용상의 편향을 초래할 수도 있다. 예를 들어, 이누이트 공동체의 학생들에게 표준화된 어휘 시험에서 다음과 같은 질문이 제시되었다. "다쳤을 때 병원에 가야 한다면, 다음 중 어떤 것이 당신을 병원에 데려다줄 것이라고 생각하는가?" '정답'은 구급차였지만, 이누이트

학생들은 그들의 마을에서 응급 의료 지원을 받는 방법이 비행기임을 알고 있기 때문에 비행기라고 답했다 (Platt, 2004).

검사 절차의 편파성

문화적 배경이 다른 학생들은 검사 환경에 따라 달리 반응하기 때문에, 검사 절차에서도 편향이 발생할 수 있다. 예를 들어, 한 연구 결과에 따르면, 미국 인디언 나바호(Navaho)족 학생들은 시험성적이 안 좋을 경우 어떤 결과가 초래되는지 모르고 있었고, 시험을 게임과 같은 것으로 인식하는 것을 발견했다(Deyhle, 1987). 다른 연구에서는 일부 소수민족 학생들이 시험이 편향될 것이라고 믿으며, 그 결과로 그들은 시험에서 잘 하려고 시도하지 않는다는 것을 발견했다(Morgan & Mehta, 2004; Ryan & Ryan, 2005). 그리고 학생들이 특정 형식, 예를 들어 객관식에 익숙하지 않으면, 검사 절차에서 편향이 존재할 수 있다.

검사의 해석과 사용의 편파성

시험 결과가 해석되고 사용되는 방식에서도 편향이 발생할 수 있다. 전문가들은 소수민족 학생들의 공립학교 진학과 대학 입학에 대한 시험의 부정적 영향에 대해 우려한다. 시험 결과가 문화적 소수자와 영어를 모국어로 하지 않는 사람들에게 때때로 차별적인 방식으로 사용되는 경우가 있다. 예를 들어, 정신장애가 있다고 보고된 812명의 학생을 대상으로 한 역사적 연구에서는 일반 인구에서 예상되는 것보다 멕시코계 미국인이 300% 더 많고 아프리카계 미국인이 50% 더 많았으며, 연구 대상 인구는 예상되는 것보다 앵글로 아메리칸이 40% 더 적었다. 더욱이 저소득층은 과대 대표되었고, 상위층은 과소 대표되었다(Mercer, 1973). 더 최근의 연구는 이 문제가 여전히 존재한다는 것을 보여 준다(Turnbull, Turnbull, Wehmeyer, & Shogren, 2016).

영어 학습자를 위한 표준화 검사

표준화 검사는 영어 학습자(English Language Learners: ELLs)인 학생들에게 특히 어려울 수 있다. 연구에 따르면 영어가 모국어가 아닌 학생들은 표준화된 성취도 및 지능검사 모두에서 다른 학생들보다 일관되게 낮은 점수를 받는다(Robinson, 2010). 여러 검사들이 모국어가 영어인 사람들을 위해 개발되었고, 영어 언어 능력에 크게 의존하기 때문에 이러한 연구 결과는 놀라운 일이 아니다. 이는 또한 영어로 작성된 시험이 학생들의 수행 능력을 정확히 측정하려면 학생들이 영어를 읽고 이해할 수 있어야 하므로, 영어 학습자들과 일할 때 표준화 검사 점수를 사용해야 하는 교사들에게는 문제가 될 수 있다. 영어를 잘 하지 못하는 학생들이 겪는 표준화 검사와 관련한 여러 문제는 새로운 것이 아니지만, 현재 책무성 강조와 함께 그 중요성이 증가하고 있다(Echevarria, Vogt, & Short, 2018a, 2018b).

영어 학습자들이 표준화 검사에서 낮은 점수를 보이는 유일한 이유가 언어인 것은 아니다. 이 학생들은 대체로 저소득층 가정에서 온 경우가 많으며, 한 연구에서는 지속적으로 빈곤이 성취에 미치는 부정적 영향을 입증한다(Macionis, 2017). 또한, 영어 학습자들은 자원이 적거나, 경험이 부족한 교사가 많은 학교에 다닐 가능성이 높다(Brimley, Verstegen, & Garfield, 2012; Kozol, 2005). 시험의 언어적 복잡성은 추가적인 요소이다. 시험은 영어로 진행되며, ion, colonization, simile과 같이 대화에서 흔히 사용되지 않는 기술 용어를 종종 포함한다(Echevarria et al., 2018b). 이는 일상 대화가 언어 능력을 습득하는 주요 방법인 영어 학습자들에게 불리하다. 마지막으로, 표준화 검사는 시간이 정해져 있어 영어 학습자들에게 추가적인 인지적 부담을 주게 된다.

영어 학습자를 위한 시험 편의 제공

이러한 문제들을 해결하기 위한 편의 제공은 시험 자체나 시험 절차에 초점을 맞춘다. 예를 들어, 수정 사항에는 학생들의 모국어로 시험을 번역하거나 어휘나 문장 구조를 단순화하는 시도가 포함된다. 예를 들어, 문장을 짧게 하거나 수동태에서 능동태로 바꾸는 것 등이 있다(Maxwell, 2013). 그러나 이러한 노력에는 다른 기술적인 문제도 있다. 예를 들어, 전문가들은 수정된 형태와 원래 형태의 시험이 비교 가능한지에 대해 회의적이며, 이는 타당성의 문제로 이어진다(Maxwell, 2013). 또한, 존재하는 모든 모국어로 시험을 번역할 수 있는 지역은 많지 않다. 학생들이 공통 언어를 사용할 때조차도, 스페인, 멕시코, 쿠바, 푸에르토리코에서 사용되는 스페인어 방언의 변화와 같은 문화적 차이는 시험을 문화적이고 언어적으로 의미 있는 것으로 구성하기 어렵게 만든다(Echevarria et al., 2018b; Popham, 2017).

시험 절차를 수정하면서 타당도를 높이려는 시도, 예를 들어 정규 및 이중 언어 사전을 제공하고 영어 학습자들에게 더 많은 시간을 허용하는 것이 더 가능해 보인다(Abedi & Gandara, 2006). 특히, 시험과 관련한 특정 용어집을 만들 때 더 많은 시간을 제공하는 것은 가장 실현 가능한 것으로 보인다.

장애가 있는 학생들을 수용하기

미국에서는 「장애인 교육법(IDEA)」에 따라, 장애가 있는 학생들을 위한 적절한 편의 제공을 해야 한다. 이러한 편의 제공 중 많은 부분이 영어 학습자를 위한 것과 유사하며, 다음을 포함한다.

- 문제를 크게 읽어 주는 것과 같이 제시 형식 수정하기(읽기에 문제가 있는 경우)
- 응답 형식 수정하기(예: 쓰기에 문제가 있을 때 학생들이 답을 말할 수 있도록 허용하기)
- 시험에 추가 시간 제공하기
- 피로나 좌절을 방지하기 위해 시험을 더 작은 시간 단위로 진행하기
- 주의 산만함이 없는 개별적이거나 더 조용한 설정에서 시험 진행하기(Samuels, 2013; Turnbull et al., 2016)

그러나 표준화 검사 절차를 바꾸는 것은 시험 결과의 타당성을 변경할 수 있으므로, 이 가능성을 염두에 두어야 한다.

시험 응시 전략을 가르치는 것은 장애가 있는 학생들을 수용하는 두 번째 방법이다(Mastropieri & Scruggs, 2018). 이 전략에는 다음이 포함된다.

- 별도의 객관식 답안지 사용법 배우기
- 문제를 유형과 난이도별로 분류하고 더 쉬운 것부터 시작하기
- 문제에서 핵심 단어를 밑줄 그으며, 다이어그램과 그림을 그리기

• 명백히 틀린 옵션을 제거하고 적절한 경우 추측하기

이러한 편의가 효과적이기 위해서는, 여러 전략을 모델링하고 표준화 검사, 특히 고위험 평가를 실시하기 전에 학생들에게 많은 연습을 제공해야 한다.

이 섹션은 '교육심리학과 당신'에서 표준화 검사에 대한 경험에 관해 물었던 질문들을 다룬다. 우리 모두 어떤 답을 모르거나 심지어 어떤 질문을 이해하지 못하는 검사 환경에 놓였던 적이 있을 것이다. 이는 단순히 주제를 이해하지 못했기 때문일 수 있다. 그러나 다른 경우에는, 우리의 지식을 적절히 평가하지 못한 결함이 있는 항목의 결과일 수도 있다. 평가 편향이 존재하며, 이는 우리 학생들과 우리 모두에게 부정적인 영향을 미칠 수 있다. 다음 섹션에서 이러한 부정적인 효과를 최소화하는 방법을 설명한다.

교육심리학을 교수에 활용하기: 표준화 검사에서 교사의 역할 충족하기

15.5 표준화 검사 과정에서의 나의 역할에 대해 기술할 수 있다.

교사로서, 우리는 표준화 검사 점수가 학생들이 실제로 배운 것을 반영하도록 보장하는 데 중요한 역할을 한다. 미국의 현재 인구 통계 추세를 고려할 때, 한 교실에는 특수성을 가진 학생들과 문화적 소수자들이 있을 것이 거의 확실하며, 일부는 영어가 모국어가 아닌 다른 모국어를 사용할 것이다. 또한, 우리는 시험 결과를 학생들, 그들의 부모 및 기타 보호자에게 전달할 필요가 있다. 그리고 우리는 결과를 사용하여 우리의 교육을 개선해야 한다. 다음 제안들은 이러한 필수적인 기능을 수행하는 데 도움이 될 수 있다.

• 학생들을 준비시켜 시험 결과가 그들이 알고 할 수 있는 것을 정확하게 반영하도록 한다.
• 가능한 경우, 문화적 소수자 및 영어가 모국어가 아닌 학생들을 위한 편의 제공을 한다.
• 학생들의 수행을 극대화할 수 있는 방식으로 시험을 관리한다.
• 결과를 학생들과 그들의 보호자에게 전달한다.

학생 준비시키기 표준화 검사와 특히 고위험 평가에 대한 강조와 함께, 학생들이 가능한 한 준비되도록 하는 것이 교사로서 우리의 책임이다. 우선 교육의 효과성 관점에서, 둘째로는 학생들이 시험에서 마주칠 것과 유사한 형식을 사용하여 충분한 연습을 제공함으로써 이 목표를 달성한다(Miller et al., 2013). 예를 들어, 교사들은 일반적으로 단어를 크게 말하고 학생들이 단어의 스펠링을 정확히 쓸 수 있도록 하는 퀴즈를 통해 학생들의 스펠링 능력을 평가한다. 그러나 표준화 검사의 압도적 다수가 객관식 형식을 사용하기 때문에, 스펠링은 학생들이 다음과 같은 항목에 응답함으로써 평가된다. 아래 예는 제14장에서 제시된 예이다. 다시 한번 살펴보자.

다음 중 올바르게 철자된 단어는 무엇입니까?

a. perserve   b. preserve   c. pesrerve   d. persreve

수학에서의 문제 풀이 과정도 유사하다. 예를 들어, 다음은 우리가 표준화 검사의 수학 부분에서 볼 수 있는 문항이다.

$\frac{1}{3} + \frac{2}{5} =$

a. $\frac{3}{8}$ b. $\frac{11}{15}$ c. $\frac{3}{5}$ d. $\frac{3}{11}$

이 형식을 사용하여 학생들에게 연습을 제공하는 것은 표준화 검사에서 그들의 수행을 향상시킬 수 있다. (이 방법은 특정 시험 항목에 초점을 맞추고 그 항목들에 대한 연습을 제공하는 '시험에 맞춰 가르치기'와는 다르다.)

학생들은 또한 일반적인 시험 응시 전략을 배워야 한다. 이 전략들은 문화적 소수자, 영어가 모국어가 아닌 학생들, 그리고 낮은 사회경제적 배경을 가진 학생들에게 특히 중요하다. 표준화 검사를 위한 효과적인 시험 응시 전략에는 다음이 포함된다.

- 모든 지시 사항을 읽고 따르기
- 질문이 어떻게 채점될지 알기, 예를 들어, 작성된 응답에서 철자나 문법 오류나 객관식 항목에서 추측에 대한 패널티가 있는지 여부 등
- 객관식 항목에서 옵션을 제거하고 남은 항목에 대해 정보에 기반한 추측하기(추측에 대한 패널티가 없는 경우)
- 할당된 시간 내에 시험을 완료할 수 있도록 스스로 시간을 조절하기
- 먼저 쉬운 질문에 답하고 시간이 남았다면 답안을 다시 확인하기
- 답안지의 응답이 시험 문제의 번호와 일치하는지 확인하기(Brookhart & Nitko, 2015)

교사들은 또한 이러한 전략을 사용하여 학생들에게 연습을 제공할 수 있다.

문화적 소수자 및 영어 학습자를 수용하기　교사들은 문화적 소수자, 영어 학습자, 특수성을 가진 학생들이 이러한 시험에서 좋은 성과를 내도록 보장해야 한다는 압박을 경험할 수 있다. 앞선 섹션에서 보았듯이, 표준화 검사는 일상 대화에서 흔히 사용되지 않는 언어를 종종 포함한다. 교사들은 교육 중 기술 용어의 구체적인 예를 제공하고 중요 개념의 핵심 특성을 강조함으로써 배경지식에서의 차이를 수용하는 데 도움을 줄 수 있다. 이는 특히 문화적 소수자와 영어가 모국어가 아닌 학생들에게 중요하다. 시험 절차가 허용한다면, 이러한 학생들에게 사전을 제공하고 추가 시간을 허용하는 것도 효과적인 편의 제공 방법이다.

시험 관리하기   표준화 검사 결과가 타당한 결과를 도출하기 위해서는 일관되게 관리되어야 한다. 개발자들은 일반적으로 시험을 관리하는 데 대한 자세한 지침을 제공한다(Brookhart & Nitko, 2019). 매뉴얼은 각 시험 및 소시험에 할당된 시간을 명시하며, 이는 학생들을 위해 칠판에 적혀있어야 한다. 그리고 세부 시험을 소개하고 설명하기 위한 대본을 제공한다. 학생들에게 제한 시간을 두고 시험을 치르는 연습을 제공하는 것이 도움이 될 수 있다.

결과 해석하기   검사 결과를 받게 되면, 차베즈 선생님이 데이비드의 어머니와 했던 것처럼 학생들과 그들의 보호자에게 그것들을 설명하는 책임이 교사에게 있다. 이것이 이 장에 '표준화 검사 점수를 이해하고 해석하기' 섹션을 포함한 이유이다.

표준화 검사 점수는 학생들에 대한 다른 정보와 함께 결합하여 전달되어야 하며, 교사는 점수가 학생 능력의 대략적인 추정치일 뿐임을 강조해야 한다. 그리고 가능한 한 결과에 대해 기술적 언어를 사용하는 것을 피해야 한다.

시험 전문가들은 다음 점에 대해 명확하게 주장한다. 개별 학생에 대한 교육적 결정을 위한 기반으로 단일 시험을 사용해서는 안 된다(AERA, 2017; Miller et al., 2013). 학교 수준에서, 교사는 성적, 과제, 교실 관찰과 같은 추가적인 자료가 개별 학생에 대한 결정을 내리는 데 사용되도록 도울 수 있다. 정책 수준에서, 교사는 이러한 결정을 내리는 데 포괄적인 평가 데이터의 사용을 지지할 수 있다.

마지막으로, 학생들에 대한 결정을 내릴 때, 교사들은 표준화 검사 결과뿐만 아니라, 교사 자신이 출제한 퀴즈, 시험, 숙제 및 비공식적 관찰과 같은 다양한 데이터를 사용해야 한다. 이것은 모든 학생들에게 중요하며, 특히 문화적 소수자 및 영어 학습자들을 가르칠 때 더욱 중요하다. 이러한 데이터는 우리 학생들의 성취에 대한 보다 포괄적이고 정확한 그림을 제공하는 데 도움이 된다.

교실과의 연계

표준화 검사를 효과적으로 사용하고 해석하기

1. 문화적 요인이 시험 결과에 불공정하게 영향을 미칠 때 시험의 타당도가 저해될 수 있다. 학습자 다양성이 평가 성능에 미칠 수 있는 잠재적 영향을 인식해야 한다.

   • **초등학교**: 영어를 모국어로 하지 않는 학생들 중 누군가가 특수교육 평가를 받기 전에, 1학년 교사는 학교 상담사나 심리학자와 대화를 나누고 아이의 배경 및 언어 패턴을 설명해야 한다.

   • **중학교**: 주 전체 시험을 관리하기 전에, 중학교 2학년 수학 교사는 시험의 목적과 형식을 설명하고 시험에 포함된 내용에 대한 연습을 학생들에게 제공한다. 시험 지침을 천천히 명확하게 읽고 남은 시간을 칠판에 써야 한다.

   • **고등학교**: 고등학교 영어 교사는 제한된 영어 능력을 가진 학생들이 고위험 평가를 준비할 수 있도록 방과 후 시간을 마련할 수 있다. 시험의 목적과 형식을 설명하고 비슷한 항목에 대한 시간제한 연습을 학생들에게 제공한다.

2. 검사 절차는 학생의 수행과 시험의 타당도에 영향을 줄 수 있다. 모든 학생의 요구를 충족시키기 위해 검사 절차를 조정해야 한다.

   • **초등학교**: 도시 지역의 3학년 교사는 표준화 검사를 준비하는 학생들에게 긍정적인 기대를 표현하고 시험 동안 그들이 과제에 집중하도록 주의 깊게 모니터링한다.

- **중학교**: 매년 표준화 검사가 치러지기 전에, 중학교 언어 예술 교사는 시험 보는 방법을 가르치는 데 시간을 할애한다. 그녀는 전략을 모델링하고, 학생들과 그것에 대해 논의하며, 시험과 유사한 조건에서 연습할 기회를 제공한다.
- **고등학교**: 수학 교사는 학생들이 표준화 검사에 나오는 어휘를 이해하도록 특별히 노력해야 한다. 시험 전에, 한 학년 동안 배운 중요한 개념을 주의 깊게 복습시킨다.

학교급별 적용

다양한 연령의 학습자를 대상으로 한 표준 검사

표준화 검사를 통한 효과적인 평가를 위해서는 교사가 학습자의 발달을 고려해야 한다. 다음 섹션은 학생들의 발달 수준을 수용하기 위한 제안을 보여 준다.

유아 프로그램 및 초등학생 가르치기

어린아이들의 발달적 특성은 표준화 검사의 타당도에 큰 영향을 미칠 수 있다. 그들의 짧은 주의 집중력과 제한된 언어 능력은 그들의 수행에 영향을 미치며, 대부분은 시험이 중요하다는 것을 이해하지 못하기 때문에 잘 수행하려는 노력을 하지 않는다. 많은 어린이들에게 표준화 검사는 그저 끝마쳐야 하는 또 다른 과제에 불과하다. 그들은 또한 표준화 검사에서 흔히 사용되는 시간제한 시험과 객관식 형식에 대한 경험이 부족하다. 이 아이들은 지시 사항을 따르지 않을 수 있으며, 충동적인 경향이 있기 때문에 그럴듯해 보이는 ①번 문항을 종종 선택하거나 더 즐거운 활동으로 돌아가기 위해 서둘러 시험을 마칠 수 있다.

시험 요구 사항과 학생들의 발달적 한계 사이의 불일치로 인해, 어린이를 가르치는 교사들은 아이의 교실 성과와 일치하지 않는 경우 특히 표준화 검사 결과를 회의적으로 취급해야 한다. 가장 중요한 것은, 교사들이 표준화 검사 결과를 바탕으로 학생의 잠재력에 대한 장기적인 예측을 피하며, 특히 이러한 결과만을 바탕으로 한 예측을 피해야 한다.

중학생 가르치기

중학생들은 표준화 검사의 중요성을 이해하기 시작하며, 이는 긍정적이고 부정적인 효과를 모두 가질 수 있다. 이는 그들이 잘 수행하려는 동기를 증가시킬 수 있지만, 시험에 대한 불안을 유발하여 그들의 성능을 감소시킬 수도 있다.

일반적으로 어린아이들보다 표준화 검사에 대응하는 능력에서 더 능숙하지만, 이러한 발달에 있어 개인차가 있다. 일부 학생들은 제한 시간이 있는 표준화 검사 형식을 잘 치러낼 수 있는 공부 습관, 자기조절 능력, 그리고 시험 응시 전략을 가지고 있을 수 있겠지만, 모든 학생들이 다 그런 것은 아니다.

이러한 차이를 수용하기 위해, 중학교 교사들은 시험 동안 자기조절과 개인적 책임을 강조하고, 시험 응시 전략을 가르치며, 학생들이 표준화 검사에서 보게 될 것과 유사한 형식으로 충분한 연습을 제공해야 한다. 시험이 그들의 강점과 더 많은 노력이 필요한 영역에 대한 중요한 정보를 제공할 수 있다는 것을 강조하고, 그들의 결과에 대해 긍정적인 기대를 표현하며, 최선을 다하도록 격려하는 것도 중학교 학생들에게 도움이 된다.

고등학생 가르치기

고등학교 진학까지, 학생들은 표준화 검사에 상당한 양의 경험을 가지고 있다. 결과적으로, 대부분은 시험 형식과 절차에 익숙하지만, 표준화 검사와 관련하여 부정적인 경험을 한 학생들에게는 동기 부여가 문제가 될 수 있다. 동기 부여는 점수가 낮은 학생들에게 문제가 될 수 있으며, 종종 그들이 자신의 능력대로 해내는 것을 방해할 수 있다. 그들은 "어차피 틀릴 거니까, 왜 이렇게 열심히 해야 하지?"와 같은 생각을 가질 수 있다.

　　고등학교 교사들은 표준화 검사 결과가 학생들에게 정보를 제공하기 위해 존재함을 강조해야 하며, 결과가 그들의 인간으로서의 본질적 가치나 인생에서 성공할지 여부를 말해 주지 않는다는 것을 강조해야 한다. 가능한 한 잘하는 것이 중요하지만, 결과가 가장 유용한 정보를 제공하기 위해서는 그렇게 해야 하는 것이다.

　　고등학생들은 또한 표준화 검사 점수를 해석하는 방법과 이를 진로 결정에 어떻게 사용할 수 있는지에 대한 도움이 필요하다. 시험 결과는 혼란스러울 수 있으며, 학생들과 그들의 부모 모두 결과를 유용한 정보로 이해하고 번역하는 데 도움이 필요하다. 학생들의 교실 내에서의 성과를 잘 알고 있으며 학생들이 미래에 대한 중요한 결정을 내리는 데 도움을 줄 수 있는 관심 있고 이해심 많은 교사가 시험 결과를 학생들이 이해하는 데 가장 좋은 위치에 있다.

제15장 요약

1. 기준, 책무성, 그리고 표준화 검사 간의 관계를 설명하시오.
   - 기준은 학생들이 정해진 학습 기간 후에 알거나 할 수 있어야 하는 것을 기술한다.
   - 책무성은 학생들이 기준을 충족했는지를 입증하도록 요구하는 과정이며, 학생들의 성과에 대해 교사를 책임지게 하는 것이다. 표준화 검사는 학생들이 기준을 충족했는지를 결정하는 데 사용되는 과정이다.
   - 책무성을 주장하는 사람들은 표준화 검사가 학생들의 교육 성과를 효율적으로 평가한다고 주장한다.
   - 고위험 책임에 대한 반발과 관련하여, 비평가들은 표준화 검사의 잘못된 사용이 발전을 저해하고, 교육과정을 좁히며, 시험에만 맞춘 교육을 초래한다고 주장한다.

2. 표준화 검사를 이해하고 전체 평가 과정에서의 그 역할을 기술하시오.
   - 학생의 학문적 진전을 평가하고, 강점과 약점을 진단하며, 학생들을 적절한 프로그램에 배치하는 것은 표준화 검사의 중요한 기능이다. 프로그램 평가 및 개선을 위한 정보 제공도 중요한 기능이다.
   - 성취도 검사는 학생 학습에 대한 정보를 제공하며, 진단검사는 특정 학생의 강점과 약점에 대한 심층적 분석을 제공한다. 지능검사는 학생들이 지식을 획득하고 사용하며, 문제를 해결하고, 새로운 작업을 수행하는 능력을 측정하기 위해 설계되었다. 그리고 적성검사는 미래 학습의 잠재력을 예측하기 위해 설계되었다.
   - 타당도는 특정 목적에 대한 시험의 적절성을 측정하며, 내용, 예측, 구인의 유효성을 포함한다.

3. 학생, 부모, 기타 보호자를 위해 표준화 검사 결과를 해석하시오.
   - 변환점수는 표준화 검사의 다른 형태가 일관된 결과를 제공하도록 도와준다.
   - 정규분포는 종 모양의 곡선에서 대칭적으로 분포하는 일련의 측정값이다. 표준화 검사 결과는 정규분포에 가깝다.
   - 백분위는 시험을 본 다른 사람들과 비교하여 점수의 순위를 설명한다.
   - 9분점수는 1에서 9점까지의 범위를 사용하여 개인의 표준화 검사 결과를 설명한다.
   - 정규곡선 등가점수는 백분위수 순위와 유사한 0~100 척도로 시험 점수를 표준화하는 통계 과정에서 나오는 측정값이지만, 백분위수에는 없는 등간 속성을 유지한다.
   - 학년점수는 개인의 점수를 특정 연령 그룹의 학생들의 점수와 비교하여 결정된 점수이다.
   - 측정의 표준오차는 개인의 진점수가 있을 것으로 예상되는 점수 범위이다.

4. 학습자 다양성이 표준화 검사 결과의 타당성에 미치는 영향을 설명하시오.
   - 문화적 소수자이거나 비모국어 사용자인 경우 시험 편향으로 인해 학습자의 다양성이 표준화 검사의 타당성에 영향을 줄 수 있다.
   - 내용의 편파성은 항목의 부수적 정보가 특정 문화집단을 차별할 때 발생한다.
   - 검사 절차의 편파성은 그룹이 시험 절차와 시간 제한의 함의를 완전히 이해하지 못할 때 발생한다.
   - 검사의 해석과 사용의 편파성은 학생들에 대한 중요한 결정을 내리는 데 시험을 독립적으로 사용할 때 발생한다.

5. 표준화 검사 과정에서의 나(교사)의 역할에 대해 기술하시오.
   - 학생들이 표준화 검사에 평가된 내용을 철저히 이해하도록 준비하고, 시험 형식(주로 객관식)을 사용하는 연습을 제공함으로써 타당한 표준화 검사 점수를 생산하는 데 도움이 된다.
   - 문화적 소수자와 영어 학습자(English Language Learners: ELLs)를 위한 조정을 제공하는 것도 표준화 검사 결과의 타당성을 개선할 수 있다.
   - 시험 응시 전략을 가르치고 연습하는 것은 학생들, 특히 문화적 소수자, 영어 학습자, 특별한 도움이 필요한 학생들이 표준화 검사에서 최선을 다해 수행하도록 도울 수 있다.
   - 표준화 검사 결과를 학생들, 부모 및 기타 보호자에게 해석하는 것은 표준화 검사 과정에서 중요한 교사 역할이다.

자격증 시험 준비하기

표준화 검사 이해하기

여러분의 임용 시험에는 교실 평가와 관련된 정보가 포함될 것이며, 여러분이 임용 시험을 준비하는 데 도움이 되도록 다음의 연습문제를 포함시켰다. 이 책과 이러한 연습들은 시험을 준비하는 동안 도움이 될 것이다.

이 장의 시작 부분에서, 차베즈 선생님이 부모에게 표준화 검사 점수를 해석하는 내용의 글을 읽었을 것이다. 이제 학습과 가르침에 대한 질문에 대답하는 데에 있어 표준화 검사가 도움이 되는 또 다른 상황을 살펴보자. 아래 사례 연구를 읽고 이어지는 질문에 답해 보자.

페기 배럿(Peggy Barret) 선생님이 현재 채점 중인 수학 시험지 더미에서 고개를 들자, 그녀의 동료인 스탠 위첼(Stan Witzel)이 교사 휴게실로 들어온다.

"어떻게 지내?" 위첼 선생님이 묻는다.

"괜찮아……. 나도 모르겠어. 내 수학 I 수업에서 낸 시험을 채점 중이야. 그 수업에서 문제해결에 더 많은 강조를 두려고 하잖아. 꽤 많은 아이들이 실제로 응용 문제에 흥미를 느끼기 시작했어. 그리고 아이들이 소그룹 활동을 할 때 문제해결하는 것을 좋아해. 문제는, 다른 일부 아이들이 정말로 어려워하고 있다는 거야……. 그래서 모든 것이 잘되고 있는지 확신이 안 서."

"네 문제라면 나도 겪고 싶다." 위첼 선생님이 답한다. "너의 학생들은 열심히 배우고 있는 것 같아. 그리고 적어도 일부는 그것을 좋아하는 것 같아."

"응, 알아," 배럿 선생님이 고개를 끄덕인다. "이 아이들이 어떤 종류의 수학이라도 좋아하게 만드는 건 좋은 결과지만, 난 여전히 궁금해……. 아이들이 알아야 할 모든 것을 정말로 이해하고 있는지 확실하지 않아. 이 반의 아이들이 작년 아이들이나 심지어 올해의 다른 반의 아이들보다 정말로 더 나은지, 그것에 대해서도 모르겠어. 나는 다른 반에는 다른 시험을 내거든. 아이들이 문제해결은 더 잘하는 것 같지만, 솔직히 말해서, 많은 아이들이 기본기 부분에서 고생하는 게 보여. 나는 기본기에도 신경을 쓰지만, 다른 수업에서만큼은 아니야. 내가 이 수업에서 올바른 강조를 두고 있는지도 확실치 않아."

"좋은 지적이야." 위첼 선생님이 어깨를 으쓱하며 말한다. "변화를 줄 때마다 항상 궁금해. 뭔가를 더 강조함으로써, 그들이 다른 무엇인가를 놓치고 있는지 궁금해."

"또 중요한 것." 배럿 선생님이 계속 말한다. "이 아이들이 대학갈 때 어떨지 궁금해. 이 수업에 있는 꽤 많은 아이들이 대학을 갈 텐데, 무슨 아이디어 있어?"

"좋은 질문이야. 나도 알았으면 좋겠지만…… 나도 모르겠어. 그것이 가르치는 일의 일부인 것 같아."

"응." 그녀가 말을 잇지 않고 대답한다. "우리가 좀 더 나은 정보를 얻을 수 있어야 할 것 같아. 일부 아이들은 그냥 이해하지 못하는 것 같아. 그들의 배경이 약하다고 말할 수 있겠어. 그래도 시도하는 것 같아. 근데 내가 이 아이들의 표준화 검사 결과를 확인했었는데 수학 점수는 그렇게 나쁘지 않았어. 아마 배경이 문제가 아닐 거야. 아마 그들이 내 수업에 맞지 않는 걸지도 몰라."

"어려워하는 아이들에 대해 말해 봐." 위첼 선생님이 말한다.

"하신타(Jacinta)는 정말 열심히 노력해. 콴(Quan)은 계산에서는 천재지만 생각하라고 할 때 고생해. 카를로스(Carlos)는 기계적인 부분에서는 꽤 잘 하지만 단어 문제에서는 어려움을 겪어. 예를 들어, 며칠 전에 우리 농구팀의 통계를 포함한 여러 단어 문제로 이 반 아이들을 동기 부여하려고 했어. 대부분의 아이들은 그 문제를 좋아하고 잘 맞었어. 근데 이 세 명은 아니야."

"요란다(Yolanda)에게 이야기해 보는 게 좋을 거야." 위첼 선생님이 제안한다. "그녀는 이 일을 좀 해 왔고, 네가 가지고 있는 일부 질문에 대답할 수 있도록 도와줄 수 있는 몇몇 시험에 대해 알고 있을지도 몰라."

사례 분석을 위한 질문

이 장과 사례 연구에서 얻은 정보를 바탕으로 다음 질문에 답하시오.

객관식 질문

1. 배럿 선생님이 "이 반의 아이들이 작년 아이들이나 심지어 올해의 다른 반의 아이들보다 정말로 더 나은지"를 결정하는 데 도움이 될 표준화 검사의 유형은 무엇인가?
   a. 성취도 검사   b. 진단검사
   c. 지능검사   d. 적성검사

2. 이 시험과 관련하여 주된 관심사가 될 타당성의 유형은 무엇인가?
   a. 내용 타당도   b. 예측 타당도
   c. 구인 타당도   d. 생태학적 타당도

주관식 질문

1. 수학에서 학생들이 겪고 있는 문제를 조사하면서 배럿 선생님은 과거의 표준화 검사에서 그들의 전체 시험 점수를 확인했다. 그녀가 무엇을 더 했어야 하는가?

중요 개념

9분점수(stanine)
ed교사수행평가(edTPA)
고위험 평가(high-stakes test)
구인 타당도(construct validity)
국가 교육 발전 평가(National Assessment of Educational Progress: NAEP)
국제 수학 및 과학 학습 동향 연구(Trends in International Mathematics and Science Study: TIMSS)
규준집단(norming group)
규준참조 표준화 검사(norm-referenced standardized test)
기준(standards)
내용 타당도(content validity)
모든 학생 성공법(Every Student Succeeds Act: ESSA)
백분위(percentile rank: PR)
변환점수(scaled scores)
부가가치 모형(value-added modeling)
성취/능력 비교(Achievement/Ability Comparison: AAC)
성취도 검사(achievement test)
스탠퍼드-비네 검사(Stanford-Binet)
아동낙오방지법(national norms No Child Left Behind: NCLB) Act

예측 타당도(predictive validity)
원점수(raw score)
웩슬러 아동용 지능검사(Wechsler Intelligence Scale for Children)
적성(aptitude)
적성검사(aptitude test)
전국 규준(national norm)
정규곡선 등가점수(Normal Curve Equivalent: NCE)
정규분포(normal distribution)
정상을 향한 경주 정책(Race to the Top)
준거참조 표준화 검사(criterion-referenced standardized test)
준비도 검사(readiness test)
지능검사(intelligence test)
진단검사(diagnostic test)
책무성(accountability)
측정의 표준오차(standard error of measurement)
평가 편파성(assessment bias)
표준편차(standard deviation)
표준화 검사(standardized test)
학년 점수(grade equivalent)

참고문헌

Aaron, J., Auger, R. W., & Pepperell, J. L. (2013). "If we're ever in trouble they're always there." A qualitative study of teacher-student caring. *The Elementary School Journal, 114*, 100-117.

Abdulkadiroglu, A., Angrist, J. D., & Pathak, P. A. (2011). *The elite illusion: Achievement effects at Boston and New York exam schools.* National Bureau of Economic Research Working Paper Series, No. 17264.

Abe, J. A., & Izzard, C. E. (1999). Compliance, noncompliance strategies, and the correlates of compliance in 5-year-old Japanese and American children. *Social Development, 8*, 1-20.

Abedi, J., & Gandara, P. (2006). Performance of English language learners as a subgroup in large-scale assessment: Interaction of research and policy. *Educational Measurement: Issues and Practice, 25*(4), 36-46.

Aboud, F., & Skerry, S. (1984). The development of ethnic attitudes: A critical review. *Journal of Cross-Cultural Psychology, 15*, 3-34.

Abrams, L., Varier, D., & Jackson, L. (2016). Unpacking instructional alignment: The influence of teachers' use of assessment data on instruction. *Perspectives in Education, 34*, 15-28.

Absher, J. R. (2016). Hypersexuality and neuroimaging personality, social cognition, and character. In J. R. Absher & J. Cloutier (Eds.), *Neuroimaging personality, social cognition, and character* (pp. 3-22). New York: Academic Press.

Acar, I. H., & Ucus, S. (2017). The characteristics of elementary school teachers' lifelong-learning competencies: A convergent mixedmethods study. *Educational Sciences: Theory & Practice, 17*, 1833-1852.

Ackerman, P., & Lohman, D. (2006). Individual differences in cognitive function. In P. A. Alexander & P. H. Winne (Eds.), *Handbook of educational psychology* (2nd ed., pp. 139-162). Mahwah, NJ: Erlbaum.

Adams, W. K., & Willis, C. (2015). Sparking curiosity: How do you know what your students are thinking? *Physics Teacher, 53*, 469-472.

Adamski, A., Fraser, B. J., & Peiro, M. M. (2013). Parental involvement in schooling, classroom environment and student outcomes. *Learning Environments Research, 16*, 315-328.

Adesope, O., Lavin, T., Thompson, R., & Ungerleider, C. (2010). A systematic review and meta-analysis of the cognitive correlates of bilingualism. *Review of Educational Research, 80*, 207-245.

Adeyemo, S. A. (2013). The relationship between effective classroom management and students' academic achievement in physics. *Journal of Applied Sciences Research, 9*, 1032-1042.

Adkins, A., Haynes, M., Pringle, B., Renner, N. B., & Robinson, S. (2013). *Ensuring readiness to teach: EdTPA support and assessment* [Webinar]. Retrieved from http://all4ed.org/webinar-event/oct-9-2013/

Adkins, A., Spesia, T., & Snakenborg, J. (2015). Rebuttal to Dover et al. *Teachers College Record.* Retrieved from http://www.tcrecord.org/Content.asp?ContentID=18041

Aelenei, C., Lewis, N. A., Jr., & Oyserman, D. (2017). No pain, no gain? Social demographic correlates and identity consequences of interpreting experienced difficulty as importance. *Contemporary Educational Psychology, 48*, 43-55. http://dx.doi.org/10.1016/j.cedpsych.2016.08.004

Afflerbach, P., & Cho, B.-Y. (2010). Determining and describing reading strategies: Internet and traditional forms of reading. In H. Waters & W. Schneider (Eds.), *Metacognition, strategy use, and instruction* (pp. 201-225). New York: Guilford.

Afifi, T. O., Mota, N., Sareen, J., & MacMillan, H. L. (2017). The relationships between harsh physical punishment and child maltreatment in childhood and intimate partner violence in adulthood. *BMC Public Health, 17*, 1-10.

Ahmad, I., Said, H., & Khan, F. (2013). Effect of corporal punishment on students' motivation and classroom learning. *Review of European Studies, 5*, 130-134.

Ahn, R., Ingham, S., & Mendez, T. (2016). Socially constructed learning activity: Communal note-taking as a generative tool to promote active student engagement. *Transformative Dialogues: Teaching & Learning Journal, 8*, 1-15.

Ahrens, L. M., Pauli, P., Reif, A., Muhlberger, A., Langs, G., Aalderink, T., & Wieser, M. J. (2016). Fear conditioning and stimulus generalization in patients with social anxiety disorder. *Journal of Anxiety Disorders, 44*, 36-46.

Akcay, H. (2017). Learning from dealing with real world problems. *Education, 137*, 413-417.

Akers, R. (2017). A journey to increase student engagement. *Technology and Engineering Teacher, 76*, 28-32.

Alarcon, A. L., & Luckasson, R. (2017). Aligning IEP goals to standards without standardizing: Avoiding the legal risks associated with aligning each goal with an individual content standard. *Journal of Special Education Leadership, 30*, 82-87.

Alberto, P. A., & Troutman, A. C. (2017). *Applied behavioral analysis for teachers* (Interactive 9th ed.) Boston: Pearson.

Alexander, J. M., Johnson, K. E., & Leibham, M. E. (2005). Constructing domain-specific knowledge in kindergarten: Relations among knowledge, intelligence, and strategic performance. *Learning and Individual Differences, 15*, 35-52.

Alexander, L. (2012). NCLB lessons: It is time for Washington to get out of the way. *Education Week, 31*(15), 40.

Alexander, P. (2006). *Psychology in learning and instruction.* Upper Saddle River, NJ: Pearson.

Alghazo, Y. M., & Alghazo, R. (2017). Exploring common misconceptions and errors about fractions among college students in Saudi Arabia. *International Education Studies, 10*, 133-140.

Alibali, M. W., Spencer, R. C., Knox, L., & Kita, S. (2011). Spontaneous gestures influence strategy choices in problem solving. *Psychological Science, 22*, 1138-1144.

Alizadeh, S., KarimiMoonaghi, H., Haghir, R., JafaeiDalooei, R., & Saadatyar, F. S. (2014). Effect of pop quiz on learning of medical students in neuroanatomy course. *Journal of Medical Education and Development, 9*, 10-17.

Alkadhi, K. A. (2018). Exercise as a positive modulator of brain function. *Molecular Neurobiology, 55*, 3112-3130.

Allen, R., & Steed, E. A. (2016). Culturally responsive pyramid model practices: Program-wide positive behavior support for young children. *Topics in Early Childhood Special Education, 36*, 165-175.

Almasy, S., Segal, K., & Couwels, J. (2013). Sheriff: Taunting post leads to arrests in Rebecca Sedwick bullying death. CNN Justice. Retrieved from http://www.cnn.com/2013/10/15/justice/rebecca-sedwick-bullying-death-arrests/

Aloe, A. M., Amo, L. C., & Shanahah, M. E. (2014). Classroom management self-efficacy and burnout: A multivariate metaanalysis. *Educational Psychology Review, 26*, 101-126.

Alter, A. (2017). *Irresistible: The rise of addictive technology and the business of keeping us hooked.* New York: Penguin Press.

Alvarez, L. (2013). Seeing the toll, schools revise zero tolerance. *The New York Times.* Retrieved from http://www.nytimes.com/2013/12/03/education/seeing-the-toll-schools-revisit-zerotolerance.html?partner=rss&emc=rss&_r=0&pagewanted=print

Alvear, S. (2015). Learning more than language: An examination of student achievement in English immersion and bilingual programs. *Conference Papers-American Sociological Association,* 1-36. Retrieved from http://eds.b.ebscohost.com.dax.lib.unf.edu/eds/pdfviewer/pdfviewer?vid=2&sid=0de275c5-29f6-4038-8e1e-737640c0fbd5%40sessionmgr4009

Ambrose, D., (2017). Interdisciplinary exploration supports Sternberg's expansion of giftedness. *Roeper Review, 39*, 178-182.

American Academy of Pediatrics. (2011). *Where we stand: Spanking.* Retrieved from http://www.healthychildren.org/English/familylife/family-dynamics/communication-discipline/Pages/Where-We-Stand-Spanking.aspx

American Association of Colleges of Teacher Education (AACTE). (2017). *edTPA.* Retrieved from http://edtpa.aacte.org/state-policy#page

American Association on Intellectual and Developmental Disabilities (AAIDD). (2017a). *Definition of intellectual disability.* Retrieved from http://aaidd.org/intellectual-disability/definition#.WeyYC7pFyzc. Used with permission.

American Association on Intellectual and Developmental Disabilities (AAIDD). (2017b). *Diagnostic Adaptive Behavior Scale.* Retrieved from http://aaidd.org/intellectual-disability/diagnostic-adaptivebehavior-scale#.WeoKObpFyzc

American Educational Research Association, American Psychological Association, & National Council on Measurement in Education. (2014). *Standards for educational and psychological testing.* Washington, DC: American Educational Research Association.

American Educational Research Association. (2017). *Position statement on high-stakes testing.* Retrieved from http://www.aera.net/About-AERA/AERA-Rules-Policies/Association-Polic es/Position-Statement-on-High-Stakes-Testing

American Psychiatric Association. (2013). *Diagnostic and statistical manual of mental disorders* (5th ed.). Washington, DC: Author.

American Psychological Association, Coalition for Psychology in Schools and Education. (2015). *Top 20 principles from psychology for preK-12 teaching and learning.* Retrieved from http://www.apa.org/ed/schools/cpse/top-twenty-principles.pdf. Used with permission of American Psychological Association.

American Psychological Association. (2014). *Teen suicide is preventable.* Retrieved from https://www.apa.org/research/action/suicide.aspx

American Psychological Association. (2018). *Education and socioeconomic status.* Retrieved from http://www.apa.org/pi/ses/resources/publications/education.aspx

American Psychological Association. (2018). *Who we are.* Retrieved from http://www.apa.org/about/apa/index.aspx

American Society for the Positive Care of Children. (2016). *Statistics and facts about child abuse in the U.S.* Retrieved from http://americanspcc.org/child-abuse-statistics/

Amrein-Beardsley, A., Pivovarova, M., & Geiger, T. J. (2016). Valueadded models: What experts say. *Phi Delta Kappan, 98*, 35-40.

Anderman, E. M., & Anderman, L. H. (2014). *Classroom motivation* (2nd ed.). Boston: Pearson.

Anderman, E. M., & Maehr, M. (1994). Motivation and schooling in he middle grades. *Review of Educational Research, 64*, 287-309.

Anderman, E. M., & Wolters, C. A. (2006). Goals, values, and affect: Influences on motivation. In P. A. Alexander & P. H. Winne (Eds.), *Handbook of educational psychology* (2nd ed., pp. 369-389). Mahwah, NJ: Erlbaum.

Anderson, L., & Krathwohl, D. (Eds.). (2001). *A taxonomy for learning, teaching, and assessing: A revision of Bloom's taxonomy of educational objectives.* New York: Addison Wesley Longman.

Anderson, M. A. (2015). Where teachers are still allowed to spank students. *The Atlantic.* Retrieved from https://www.theatlantic.com/education/archive/2015/12/corporal-punishment/420420/

Anderson, P. M., & Summerfield, J. P. (2004). Why is urban education different from suburban and rural education? In S. R. Steinberg & J. L. Kincheloe (Eds.), *19 urban questions: Teaching in the city* (pp. 29-39). New York: Peter Lang.

Anderson, T., & Shattuck, J. (2012). Design-based research: A decade of progress in education research? *Educational Researcher, 41*, 16-25. doi:10.3102/0013189X11428813

Andrew, L. (2007). Comparison of teacher educators' instructional methods with the constructivist ideal. *The Teacher Educator, 42*, 157-184.

Anguera, J. A., Boccanfuso, J., Rintoul, J. L., Al-Hashimi, O., Faraji, O., Janowich, J., . . . Gazzaley, A. (2013). Video game training enhances cognitive control in older adults. *Nature, 501*(7465), 97-101.

Annenberg Public Policy Center. (2016). *Americans' knowledge of the branches of government is declining.* Retrieved from http://www.prnewswire.com/news-releases/americans-knowledge-of-thebranches-of-government-is-declining-300325968.html

Ansari, A., & Winsler, A. (2016). Kindergarten readiness for lowincome and ethnically diverse children attending publically funded preschool programs in Miami. *Early Childhood Research Quarterly, 37*, 69-80.

Ansari, F., Fathi, M., & Seidenberg, U. (2016). Problem-solving approaches in maintenance cost management: A literature review. *Journal of Quality in Maintenance Engineering, 22*, 334-353.

Antil, L., Jenkins, J., Wayne, S., & Vadasy, P. (1998). Cooperative learning: Prevalence, conceptualizations, and the relation between research and practice. *American Educational Research Journal, 35*(3), 419-454.

Apple.Inc. (2017). *Swift Playgrounds: A new way to learn to code with Swift on iPad.* Retrieved from https://developer.apple.com/swift/playgrounds/

Araujo, M. C., Carneiro, P., Cruz-Aguayo, Y. Y., & Shady, N. (2016). Teacher quality and learning outcomes in kindergarten. *Quarterly Journal of Economics, 131*, 1415-1453.

Arbuckle, D. (2017). What is the average adult male height and weight? *Livestrong.com.* Retrieved from https://www.livestrong.com/article/289265-what-is-the-average-adult-male-height/

Archambault, I., Vandenbossche-Makombo, J., & Fraser, S. (2017). Students' oppositional behaviors and engagement in school: The differential role of the student-teacher relationship. *Journal of Child and Family Studies, 26*, 1702-1712.

Arnon, I., & Ramscar, M. (2012). Granularity and the acquisition of grammatical gender: How order-of-acquisition affects what gets learned. *Cognition, 122*, 292-305.

Aronson, E., Wilson, T. D., Akert, R. M., & Sommers, S. R. (2016). *Social psychology* (9th ed.). Boston: Pearson.

Aronson, J., & Juarez, L. (2012). Growth mindsets in the laboratory and the real world. In R. F. Subotnik, A. Robinson, C. M. Callahan, & E. J. Gubbins (Eds.), *Malleable minds: Translating insights from psychology and neuroscience to gifted education* (pp. 19-36). Storrs, CT: National Research Center on the Gifted and Talented.

Artiles, A., Kozleski, E., Trent, S., Osher, D., & Ortiz, A. (2010). Justifying and explaining disproportionality, 1968-2008: A critique of underlying views of culture. *Exceptional Children, 76*(3), 279-299.

Astur, R., S., Palmisano, A. N., Carew, A. W., Deaton, B. E., Khuney, F. S., Niezrecki, R. N., Hudd, E. C., Mendicino, K. L., & Ritter, C. J. (2016). Conditioned place preferences in humans using secondary reinforcers. *Behavioural Brain Research, 297*, 15-19.

Atkinson, J., & Braddick, O. (2012). Visual attention in the first years: Typical development and developmental disorders. *Developmental Medicine and Child Neurology, 54*, 589-595.

Atkinson, R., & Shiffrin, R. (1968). Human memory: A proposed system and its control processes. In K. Spence & J. Spence (Eds.), *The psychology of learning and motivation: Advances in research and theory* (Vol. 2). San Diego, CA: Academic Press.

Au, W. (2016). Meritocracy 2.0: High-stakes, standardized testing as a racial project of neoliberal multiculturalism. *Educational Policy, 30*, 39-62.

Ausubel, D. P. (1977). The facilitation of meaningful verbal learning in the classroom. *Educational Psychologist, 12*, 162-178.

Autor, D., Figlio, D., Karbownik, K., Roth, J., & Wasserman, M. (2016). Family disadvantage and the gender gap in behavioral and educational outcomes. *National Bureau of Economic Research.* Retrieved from http://economics.mit.edu/files/11558

Avery, R. E., Smillie, L. D., & Fife-Schaw, C. R. (2015). Employee achievement orientations and personality as predictors of job satisfaction facets. *Personality and Individual Differences, 76*, 56-61.

Ayers, C. A. (2018). A first step toward a practice-based theory of pedagogical content knowledge in secondary economics. *Journal of Social Studies Research, 42*, 61-79.

Ayers, S. L., Kulis, S., & Tsethlikai, M. (2017). Assessing parenting and family functioning measures for urban American Indians. *Journal of Community Psychology, 45*, 230-249.

Baş, G. (2017). Homework and academic achievement: A metaanalytic review of research. *Issues in Educational Research, 27*, 31-50.

Babad, E., Bernieri, F., & Rosenthal, R. (1991). Students as judges of teachers' verbal and nonverbal behavior. *American Educational Research Journal, 28*(1), 211-234.

Back, L., Polk, E., Keys, C., & McMahon, S. (2016). Classroom management, school staff relations, school climate, and academic achievement: Testing a model with urban high schools. *Learning Environments Research, 19*, 397-410.

Baddeley, A. D. (1986). *Working memory: Theory and practice.* London, UK: Oxford University Press.

Baddeley, A. D. (2001). Is working memory still working? *American Psychologist, 56*, 851-864.

Baeten, M., Struyven, K., & Dochy, F. (2013). Student-centred teaching methods: Can they optimise students' approaches to learning in professional higher education? *Studies in Educational Evaluation, 39*, 14-22.

Bain, S. K., & Allin, J. D. (2005). Book review: Stanford-Binet intelligence scales, fifth edition. *Journal of Psychoeducational Assessment, 23*, 87-95.

Baines, L. (2007). Learning from the world: Achieving more by doing less. *Phi Delta Kappan, 89*, 98-100.

Baio, J., Wiggins, L., Christiansen, D. L., Maenner, M. J., Daniels, J., Warren, Z., . . . Dowling, N. F. (2018). Prevalence of Autism Spectrum Disorder Among Children Aged 8 Years-Autism and Developmental Disabilities Monitoring Network, 11 Sites, United States, 2014. *Centers for Disease Control and prevention.* Retrieved from https://www.cdc.gov/mmwr/volumes/67/ss/ss6706a1.htm

Baker, C. E., & Rimm-Kaufman, S. E. (2014). How homes influence schools: Early parenting predicts African American children's classroom social-emotional functioning. *Psychology in the Schools, 51*, 722-735.

Baker, D. (2006). For Navajo, science and tradition intertwine. *Salt Lake Tribune*, pp. D1, D5.

Bakke, S., & Henry, R. M. (2015). Unraveling the mystery of new technology use: An investigation into the interplay of desire for control, computer self-efficacy, and personal innovativeness. *AIS Transactions on Human-Computer Interaction, 7*, 270-293.

Balagna, R. M., Young, E. L., & Smith, T. B. (2013). School experiences of early adolescent Latinos/as at risk for emotional and behavioral disorders. *School Psychology Quarterly, 28*, 101-121.

Balcetis, E., & Dunning, D. (2007). Cognitive dissonance and the perception of natural environments. *Psychological Science, 18*, 917-921.

Balf, T. (2014). The story behind the SAT overhaul. *The New York Times.* Retrieved from http://www.nytimes.com/2014/03/09/magazine/the-story-behind-the-sat-overhaul.html?_r=0

Balkin, R. S., Heard, C. C., ShinHwa, L., & Wines, L. A. (2014). A primer for evaluating test bias and test fairness: Implications for multicultural assessment. *Journal of Professional Counseling: Practice, Theory & Research, 41*, 42-52.

Ball, D. (1992). Magical hopes: Manipulatives and the reform of math education. *American Educator*, 28-33.

Baloche, L., & Brody, C. M. (2017). Cooperative learning: exploring challenges, crafting innovations. *Journal of Education for Teaching, 43*, 274-283.

Balu, R., Zhu, P., Doolittle, F., Schiller, E., Jenkins, J., & Gersten, R. (2015). *Evaluation of response to intervention practices for elementary school reading.* Institute of Education Sciences, U.S. Department of Education. Retrieved from http://ies.ed.gov/ncee/pubs/20164000/pdf/20164000.pdf

Bandura, A. (1986). *Social foundations of thought and action: A social cognitive theory.* Upper Saddle River, NJ: Prentice Hall.

Bandura, A. (1997). *Self-efficacy: The exercise of control.* New York: Freeman.

Bandura, A. (2001). Social cognitive theory. In *Annual Review of Psychology.* Palo Alto, CA: Annual Review.

Bandura, A. (2004, May). *Toward a psychology of human agency.* Paper presented at the meeting of the American Psychological Society, Chicago.

Banks, J. A. (2015). *Cultural diversity and education: Foundations, curriculum, and teaching* (6th ed.). Boston: Pearson.

Banks, J. A. (2019). *An introduction to multicultural education* (6th ed.). Boston: Pearson.

Baş, G. (2016). The effect of multiple intelligences theory-based education on academic achievement: A meta-analytic review. *Educational Sciences: Theory & Practice, 16*, 1833-1864.

Barak, M. (2017). Science teacher education in the twenty-first century: A pedagogical framework for technology-integrated social constructivism. *Research in Science Education, 47*, 283-303.

Barford, K., & Smillie, L. D. (2016). Openness and other Big Five traits in relation to dispositional mixed emotions. *Personality and Individual Differences, 102*, 118-122.

Barlett, C. P., Prot, S., Anderson, C. A., & Gentile, D. A. (2017). An empirical examination of the Strength Differential Hypothesis in cyberbullying behavior. *Psychology of Violence, 7*, 22-32.

Barnes, S. P., Torrens, A., & George, V. (2007). The use of portfolios in coordinated school health programs: Benefits and challenges to implementation. *The Journal of School Health, 77*, 171-179.

Barnett, S. M., & Ceci, S. J. (2002). When and where do we apply what we learn? A taxonomy for far transfer. *Psychological Bulletin, 128*, 612-637.

Barrett, L. F. (2016). The varieties of anger. *The New York Times.* Retrieved from https://www.nytimes.com/2016/11/13/opinion/sunday/the-varieties-of-anger.html

Barrow, L., & Markman-Pithers, L. (2016). Supporting young English learners in the United States. *Future of Children, 26*, 159-183.

Barrs, M. (2016). Vygotsky's "thought and word." *Changing English: Studies in Culture & Education, 23*, 241-256.

Bartholomew, D. (2004). *Measuring intelligence.* New York: Cambridge University Press.

Bartik, T. J., & Hershbein, B. (2018). Degrees of poverty: The relationship between family income background and the returns to education. *Upjohn Institute Working Paper 18-284.* Kalamazoo, MI: W.E. Upjohn Institute for Employment Research. Retrieved from https://doi.org/10.17848/wp18-284

Bar-Yam, Y. (2016). The limits of phenomenology: From behaviorism to drug testing and engineering design. *Complexity, 21*, 181-189.

Bauerlein, M. (2008). *The dumbest generation: How the digital age stupefies young Americans and jeopardizes our future.* New York: Penguin.

Baumrind, D. (2005). Patterns of parental authority. *New Directions in Child Adolescent Development, 108*, 61-69.

Baumrind, D., Larzelere, R., & Owens, E. (2010). Effects of preschool parents' power assertive patterns and practices on adolescent development. *Parent, 10*, 157-201.

Bausell, R. B. (2013). Probing the science of value-added evaluation. *Education Week.* Retrieved from https://www.edweek.org/ew/articles/2013/01/16/17bausell.h32.html

Beck, S. W. (2017). Educational innovation as re-mediation: A sociocultural perspective. *English Teaching: Practice & Critique, 16*, 29-39.

Beghetto, R., & Kaufman, J. C. (2013). Fundamentals of creativity. *Educational Leadership, 70*, 10-15.

Begley, S. (2010, June 28 and July 5). This is your brain. Aging. *Newsweek*, 64-68.

Belfi, B., Gielen, S., De Fraine, B., Verschueren, K., & Meredith, C. (2015). School-based social capital: The missing link between schools' socioeconomic composition and collective teacher efficacy. *Teaching and Teacher Education, 45*, 33-44.

Belo, R., Ferreira, P., & Telang, R. (2010). *The effects of broadband in schools: Evidence from Portugal.* Retrieved from http://papers.ssrn.com/sol3/papers.cfm?abstract_id=1636584

Bembenutty, H. (2009). Test anxiety and academic delay of gratification. *College Student Journal, 43*, 10-21.

Ben-Eliyahu, A., Linnenbrink-Garcia, L., & Putallaz, M. (2017). The intertwined nature of adolescents' social and academic lives: Social and academic goal orientations. *Journal of Advanced Academics, 28*, 66-93.

Bennett, C. (2019). *Comprehensive multicultural education: Theory and practice* (9th ed.). Boston: Pearson.Z03_

Bennett, S., & Kalish, N. (2006). *The Case Against Homework: How Homework Is Hurting our Children and What We Can Do About It.* New York: Crown Publishers.

Benson, J. (2016). The power of positive regard. *Educational Leadership, 73*, 22-26.

Bental, B., & Tirosh, E. (2007). The relationship between attention, executive functions and reading domain abilities in attention deficit hyperactivity disorder and reading disorder: A comparative study. *The Journal of Child Psychology and Psychiatry and Allied Disciplines, 48*, 455-463.

Berger, K. (2012). *The developing person through the life span* (8th ed.). New York: Worth.

Berk, L. E. (2019a). *Exploring child and adolescent development.* Boston: Pearson.

Berk, L. E. (2019b). *Exploring child development.* Boston: Pearson.

Berkowicz, J., & Myers, A. (2017). Developing the courage to report sexual abuse begins in schools. *Education Week.* http://blogsedweek.org/edweek/leadership_360/2017/11/developing_the_courage_to_report_sexual_abuse_begins_in_schools.html?cmp=eml-enl-eu-news3&M=58274248&U=27557

Berliner, D. C. (2006). Educational psychology: Searching for essence throughout a century of influence. In P. A. Alexander & P. H. Winne (Eds.), *Handbook of educational psychology* (2nd ed., pp. 3-42). Mahwah, NJ: Erlbaum.

Berliner, D. C. (2014). Exogenous variables and value-added assessments: A fatal flaw. *Teachers College Record, 116.* Retrieved from http://www.tcrecord.org/Content.asp?ContentID=17293

Beuker, K. T., Rommelse, N. N., Donders, R., & Buitelaar, J. K. (2013). Development of early communication skills in the first two years of life. *Infant Behavior and Development, 36*, 71-83.

Bhutto, M. I. (2011). Effects of social reinforcers on students' learning outcomes at secondary school level. *International Journal of Academic Research in Business and Social Sciences, 1*, 71-86.

Biag, M. (2016). A descriptive analysis of school connectedness: The views of school personnel. *Urban Education, 51*, 32-59.

Bialystok, E. (2011). Coordination of executive functions in monolingual and bilingual children. *Journal of Experimental Child Psychology, 110*, 461-468.

Bian, L., Leslie, S-J., & Cimpian, A. (2017). Gender stereotypes about intellectual ability emerge early and influence children's interests. *Science, 355*, 389-391. DOI: 10.1126/science.aah6524

Binyamin, G., & Carmeli, A. (2017). Fostering members' creativity in teams: The role of structuring of human resource management processes. *Psychology of Aesthetics, Creativity, and the Arts, 11*, 18-33.

Bishop, K., & Johnson, D. E. (2011). The effects of ability, perceptions of ability, and task characteristics on proximal and distal performance outcomes over time. *Human Performance, 24*, 173-189.

Bjorklund, D. (2012). *Children's thinking* (5th ed.). Belmont, CA: Cengage.

Bjorklund, D. F., & Causey, K. B. (2018). *Children's thinking: Cognitive development and individual differences* (6th ed.). Los Angeles: Sage.

Blad, E. (2017). Is your child showing grit? School report cards rate students' soft skills. *Education Week*. Retrieved from http://www.edweek.org/ew/articles/2017/05/31/is-your-child-showing-gritschool-report.html?r=1886653370

Blad, E. (2017). When it comes to sexual harassment, schools are not immune. *Education Week*. Retrieved from https://www.edweek.org/ew/articles/2017/11/29/when-itcomes-to-sexual-harassment-schools.html?cmp=eml-enl-eunews1&M=58291011&U=27557

Blair, C., & McKinnona, R. D. (2016). Moderating effects of executive functions and the teacher-child relationship on the development of mathematics ability in kindergarten. *Learning and Instruction*, *41*, 85-93.

Blair, K. S., Otero, M., Teng, C., Geraci, M., Lewis, E., Hollon, N., Blair, R. J. R., Ernst M., Grillon, C., & Pine, D. S. (2016). Learning from other people's fear: Amygdala-based social reference learning in social anxiety disorder. *Psychological Medicine*, *46*, 2943-2953.

Blatny, M., Millova, K., Jelinek, M., & Osecka, T. (2015). Personality predictors of successful development: toddler temperament and adolescent personality traits predict well-being and career stability in middle adulthood., *PLoS ONE*, *10*, 1-21.

Bleidorn, W. (2012). Hitting the road to adulthood: Short-term personality development during a major life transition. *Personality and Social Psychology Bulletin*, *38*, 12, 1594-1608. doi:10.1177/0146167212456707

Block, M. (2007). Climate changes lives of whalers in Alaska. *All Things Considered*. National Public Radio. Retrieved from http://www.npr.org/templates/story/story.php?storyId=14428086
Bloom, B., Englehart, M., Furst, E., Hill, W., & Krathwohl, O. (1956). *Taxonomy of educational objectives: The classification of educational goals: Handbook 1. The cognitive domain*. White Plains, NY: Longman.

Bloom, P. (2010). The moral life of babies. *New York Times Magazine*. Retrieved from http://www.nytimes.com/2010/05/09/magazine/09babies-t.html?_r=0

Bobbitt, K. C., & Gershoff, E. T. (2016). Chaotic experiences and lowincome children's social-emotional development. *Children and Youth Services Review*, *70*, 19-29.

Boehm, K. (2012). Left brain, right brain: An outdated argument. *Yale Scientific*. Retrieved from http://www.yalescientific.org/2012/04/left-brain-right-brain-an-outdated-argument/

Boersma, A., Dam, G., Wardekker, W., & Volman, M. (2016). Designing innovative learning environments to foster communities of learners for students in initial vocational education. *Learning Environments Research*, *19*, 107-131.

Bootsman, N. J. M., Skinner, T., Lal, R., Glindermann, D., Lagasca, C., & Peeters, G. M. E. E. (2018). The relationship between physical activity, and physical performance and psycho-cognitive functioning in older adults living in residential aged care facilities. *Journal of Science and Medicine in Sport*, *21*, 173-178.

Borko, H., & Putnam, R. (1996). Learning to teach. In D. Berliner & R. Calfee (Eds.), *Handbook of educational psychology* (pp. 673-708). New York: Macmillan.

Bosman, J., & Saulfeb, S. (2018). 'Teachers are educators, not security guards': Educators respond to Trump proposal. *The New York Times*. Retrieved from https://www.nytimes.com/2018/02/22/us/arming-teachers-trump.html

Botma, Y., Van Rensburg, G. H., Coetzee, I. M., Heyns, T. (2015). A conceptual framework for educational design at modular level to promote transfer of learning. *Innovations in Education & Teaching International*, *52*, 499-509.

Bouchard, K. L., & Smith, J. D. (2017). Teacher-student relationship quality and children's bullying experiences with peers: Reflecting on the Mesosystem. *The Educational Forum*, *81*, 108-125.

Bowell, T. (2017). Response to the editorial "Education in a post-truth world." *Educational Philosophy & Theory*, *49*, 582-585.

Bower, E. (2016). American deaths in terrorism vs. gun violence in one graph. *CNN*. Retrieved from http://www.cnn.com/2016/10/03/us/terrorism-gun-violence/index.html

Bowman, N. A., & Stewart, D-L. (2014). Precollege exposure to racial/ethnic difference and first-year college students' racial attitudes. *Teachers College Record*. Retrieved from http://www.tcrecord.org/Content.asp?ContentID=17607

Boyle, J. R. (2013). Strategic note-taking for inclusive middle school science classrooms. *Remedial and Special Education*, *34*, 78-90.

Bozkurt, G. (2017). Social constructivism: Does it succeed in reconciling individual cognition with social teaching and learning practices in mathematics? *Journal of Education and Practice*, *8*, 210-218.

Bradbury, B., Corak, M., Waldfogel, J., & Washbrook, E. (2016). *Too many children left behind. The U.S. achievement gap in comparative perspective*. New York: The Russell Sage Foundation.

Brady, S. T., Reeves, S. L., Garcia, J., Purdie-Vaughns, V., Cook, J. E., Taborsky-Barba, S., ... Cohen, G. L. (2016). The psychology of the affirmed learner: Spontaneous self-affirmation in the face of stress. *Journal of Educational Psychology*, *108*, 353-373.

Brannon, L. (2017). *Gender: Psychological perspective* (7th ed.). New York: Taylor and Francis.

Bransford, J. D., & Schwartz, D. L. (1999). Rethinking transfer: A simple proposal with multiple implications. *Review of Research in Z03_Education*, *24*, 61-100. Washington, DC: American Educational Research Association.

Bransford, J. D., & Stein, B. S. (1993). *The ideal problem solver* (2nd ed.). New York: Freeman.

Bransford, J., Brown, A., & Cocking, R. (Eds.). (2000). *How people learn: Brain, mind, experience, and school*. Washington, DC: National Academies Press.

Braun, H., Kirsch, I., & Yamamoto, K. (2011). An experimental study of the effects of monetary incentives on performance on the 12th-grade NAEP reading assessment. *Teachers College Record*, *113*, 2309-2344. Retrieved from http://www.tcrecord.org/Content.asp?ContentID=16008

Bray, B., & McClaskey, K. (2015). *Making learning personal: The what, who, WOW, where, and why*. Thousand Oaks, CA: Corwin.

Brehmer, Y., & Li, S-C. (2007). Memory plasticity across the life span: Uncovering children's latent potential. *Developmental Psychology*, *43*, 465-478.

Brimley, V., Verstegen, D., & Garfield, R. (2012). *Financing education in a climate of change* (11th ed.). Boston: Allyn & Bacon.

Brinck, I., & Liljenfors, R. (2013). The developmental origin of metacognition. *Infant and Child Development*, *22*, 85-101.

Brittian, A. S., Umana-Taylor, A. J., & Derlan, C. L. (2013). An examination of biracial college youths' family ethnic socialization, ethnic identity, and adjustment: Do self-identification labels and university context matter? *Cultural Diversity and Ethnic Minority Psychology*, *19*, 177-189.

Broekhuizen, M. L., Slot, P. L., van Aken, M. A. G., & Dubas, J. S. (2017). Teachers' emotional and behavioral support and preschoolers' self-regulation: Relations with social and emotional skills during play. *Early Education and Development*, *28*, 135-153.

Bronfenbrenner, U. (1979). The ecology of human development: Experiments by nature and design. Cambridge, MA: Harvard University Press.

Bronfenbrenner, U. (2005). Making human beings human: Bioecological perspectives on human development. Thousand Oaks, CA: Sage.

Bronfenbrenner, U., & Morris, P. (2006). The bioecological model of human development. In R. Lerner (Ed.), Handbook of child psychology: Vol. 1 Theoretical models of human development (6th ed., pp. 793-828). Hoboken, NJ: Wiley.

Brook, J., Zhang, C., Finch, S., & Brook, D. (2010). Adolescent pathways to adult smoking: Ethnic identity, peer substance use, and antisocial behavior. American Journal on Addictions, 19(2), 178-186.

Brookhart, S. (2013). How to create and use rubrics for formative assessment and grading. Baltimore: American Society for Curriculum Developers.

Brookhart, S. M., & Nitko, A. J. (2019). Educational assessment of students (8th ed.). Boston: Pearson.

Brooks, D. (2013). Beyond the brain. The New York Times. Retrieved from http://www.nytimes.com/2013/06/18/opinion/brooksbeyond-the-brain.html?_r=0

Brooks, D. (2017a). How evil is Tech? The New York Times. Retrieved from https://www.nytimes.com/2017/11/20/opinion/how-evilis-tech.html

Brooks, D. (2017b). When life asks for everything. The New York Times. Retrieved from https://www.nytimes.com/2017/09/19/opinion/when-life-asks-for-everything.html

Brophy, J. (2006). Observational research on generic aspects of classroom teaching. In P. A. Alexander & P. H. Winne (Eds.), Handbook of educational psychology (2nd ed., pp. 755-780). Mahwah, NJ: Erlbaum.

Brophy, J. (2006a). Graham Nuttall and social constructivist teaching; Research-based cautions and qualifications. Teaching and Teacher Education, 22, 529-537.

Brophy, J. (2006b). Observational research on generic aspects of classroom teaching. In P. A. Alexander & P. H. Winne (Eds.), Handbook of educational psychology (2nd ed., pp. 755-780). Mahwah, NJ: Erlbaum.

Brophy, J. (2010). Motivating students to learn (3rd ed.). New York: Routledge.

Brown, E. (2013). D.C. report: Teachers in 18 classrooms cheated on students' high-stakes tests in 2012. The Washington Post. Retrieved from http://www.washingtonpost.com/local/education/memocould-revive-allegations-of-cheating-in-dc-public-schools/2013/04/12/9ddb2bb6-a35e-11e2-9c03-6952ff305f35_story.html

Brown, H., & Ciuffetelli, D. C. (Eds.). (2009). Foundational methods: Understanding teaching and learning. Toronto: Pearson Education.

Brown, R. (2013, June 8). A swiveling proxy that will even wear a tutu. New York Times. Retrieved from http://www.nytimes.com/2013/06/08/education/for-homebound-students-a-robot-proxy-in-theclassroom.html?nl=todaysheadlines&emc=edit_th_20130608&_r=0

Brown-Chidsey, R. (2007). No more "Waiting to fail." Educational Leadership, 65(2), 40-46.

Brugman, D. (2010). Moral reasoning competence and the moral judgment-action discrepancy in young adolescents. In W. Koops, D. Brugman, T. Ferguson, & A. Sanders (Eds.), The development and structure of conscience (pp. 119-133). New York: Psychology Press.

Brummelman, E., Thomaes, S., Overbeek, G., Orobio de Castro, B., van den Hout, M. A., & Bushman, B. J. (2013, February 18). On feeding those hungry for praise: Person praise backfires in children with low self-esteem. Journal of Experimental Psychology: General. Advance online publication. doi:10.1037/a0031917

Bruner, J. S. (1966). Toward a theory of instruction. New York: Norton.

Bruner, J., Goodnow, J., & Austin, G. (1956). A study of thinking. New York: Wiley.

Bruning, R. H., Schraw, G. J., & Norby, M. M. (2011). Cognitive psychology and instruction (5th ed.). Boston: Pearson.

Bryk, A., Sebring, P., Allensworth, E., Luppescu, S., & Easton, J. (2010). Organizing schools for improvement: Lessons from Chicago. Chicago: University of Chicago Press.

Buchholtz, N. F. (2017). The acquisition of mathematics pedagogical content knowledge in university mathematics education courses: Results of a mixed methods study on the effectiveness of teacher education in Germany. ZDM: The International Journal of Mathematics Education, 49, 249-264.

Buchs, C., Filippou, D., Volpe, Y., & Pulfrey, C. (2017). Challenges for cooperative learning implementation: Reports from elementary school teachers. Journal of Education for Teaching, 43, 296-306.

Buck, G., Kostin, I., & Morgan, R. (2002). Examining the relationship of content to gender-based performance difference in advanced placement exams. (Research Report No. 2002-12). New York: College Board.

Budwig, N. (2015). Concepts and tools from the learning sciences for linking research, teaching and practice around sustainability issues Sustainability science, Current Opinion in Environmental Sustainability, 16, 99-104.

Bui, D. C., & Myerson, J. (2014). The role of working memory abilities in lecture note-taking. Learning and Individual Differences, 33, 12-22.

Bui, D. C., Myerson, J., & Hale, S. (2013). Note-taking with computers: Exploring alternative strategies for improved recall. Journal of Educational Psychology, 105, 299-309.

Bui, S. A., Craig, S. G., & Imberman, S. A. (2011). Is gifted education a bright idea? Assessing the impact of gifted and talented programs on achievement. National Bureau of Economic Research Working Paper Series, No. 17089.

Bullough, R., Jr. (1989). First-year teacher: A case study. New York: Teachers College Press.

Bump, B. (2017). Albany schools agree to $400,000 settlement in sexual harassment case. Albany Times Union. Retrieved from http://www.timesunion.com/7day-breaking/article/Albany-schoolsagree-to-400-000-settlement-in-11209267.php

Bushman, B. J., Moeller, S. J., & Crocker. J. (2010). Sweets, sex, or self-esteem? Comparing the value of self-esteem boosts with other pleasant rewards. Journal of Personality. Accepted article. doi:10.1111/j.1467-6494.2010.00712.x

Butani, L., Bannister, S. L., Rubin, A., & Forbes, K. L. (2017). Research in pediatric education: How educators conceptualize and teach reflective practice: A survey of North American pediatric medical educators. Academic Pediatrics, 17, 303-309.

Butler, D. L., Schnellert, L., & Perry, N. E. (2017). Developing selfregulating learners. Toronto: Pearson.

Byrnes, J. (2007). Some ways in which neuroscientific research can be relevant to education. In D. Coch, J. Fischer, & G. Dawson (Eds.), Human behavior, learning, and the developing brain: Typical development (pp. 30-49). New York: Guilford Press.

Callan, G. L., Marchant, G. J., Finch, W., H., & German, R. L. (2016). Metacognition, strategies, achievement, and demographics: Relationships across countries. Educational Sciences: Theory and

Practice, *16*, 1485-1502.

Calzada, E., Huang, K., Anicama, C., Fernandez, Y., & Brotman, L. (2012). Test of a cultural framework of parenting with Latino families of young children. *Cultural Diversity & Ethnic Minority Psychology, 18*, 285-296.

Cameron, J., Pierce, W. D., & Banko, K. M. (2005). Achievement-based rewards and intrinsic motivation: A test of cognitive mediators. *Journal of Educational Psychology, 97*, 641-655.

Campos, C., Leon, Y., Sleiman, A., & Urcuyo, B. (2017). Further evaluation of the use of multiple schedules for behavior maintained by negative reinforcement. *Behavior Modification, 41*, 269-285.

Canter, A. (2004). A problem-solving model for improving student achievement. *Principal Leadership, 5*, 11-15.

Cantin, R. H., Gnaedinger, E. K., Gallaway, K. C., Hesson-McInnis, M. S., & Hund, A. M. (2016). Executive functioning predicts reading, mathematics, and theory of mind during the elementary years. *Journal of Experimental Child Psychology, 146*, 66-78.

Carey, B. (2010). Forget what you know about good study habits. *The New York Times*. Retrieved from http://www.nytimes.com/2010/09/07/health/views/07mind.html?_r=1&th=&emc=th&pagewanted=print

Carlo, G., Mestre, M., Samper, P., Tur, A., & Armenta, B. (2011). The longitudinal relations among dimensions of parenting styles, sympathy, prosocial moral reasoning, and prosocial behaviors. *International Journal of Behavioral Development, 35*, 116-124.

Carlson, J. F., Geisinger, K. F., & Jonson, J. L. (Eds.). (2017). *The twentieth mental measurements yearbook*. Lincoln, NE: Buros Institute of Mental Measurements.

Carlson, N. (2011). *Foundations of behavioral neuroscience* (8th ed.). Boston: Allyn & Bacon.

Carlsson, J., Wangqvist, M., & Frisen, A. (2015). Identity development in the late twenties: A never ending story. *Developmental Psychology, 51*, 334-345.

Carlsson, J., Wangqvist, M., & Frisen, A. (2016). Life on hold: Staying in identity diffusion in the late twenties. *Journal of Adolescence, 47*, 220-229.

Carmichael, C., Callingham, R., & Watt, H. (2017). Classroom motivational environment influences on emotional and cognitive dimensions of student interest in mathematics. *ZDM, 49*, 449-460.

Carnahan, C. D., Crowley, K., & Holness, P. (2016). Implementing universal design for learning. *Global Education Journal, 2016*, 10-19.

Carnine, D., W., Silbert, J., Kame'enui, E. J., Slocum, T. A., & Travers, P. A. (2017). *Direct instruction reading* (6th ed.). Boston: Pearson.

Carpenter, S. K., Pashler, H., & Cepeda, N. J. (2009). Using tests to enhance 8th grade students' retention of US history facts. *Applied Cognitive Psychology, 23*, 760-771.

Carr, N. (2010). *The shallows: What the Internet is doing to our brains*. New York: W. W. Norton.

Carr, N. S. (2013). Increasing the effectiveness of homework for all learners in the inclusive classroom. *School Community Journal, 23*, 169-182.

Carter, K., & Doyle, W. (2006). Classroom management in early childhood and elementary classrooms. In C. M. Evertson & C. S. Weinstein (Eds.), *Handbook of classroom management: Research, practice, and contemporary issues* (pp. 373-406). Mahwah, NJ: Erlbaum.

Cartwright, K. (2012). Insights from cognitive neuroscience: The importance of executive function for early reading development and education. *Early Education & Development, 23*, 24-26.

Casasola, T., Tutrang, N., Warschauer, M., & Schenke, K. (2017). Can flipping the classroom work? Evidence from undergraduate

chemistry. *International Journal of Teaching & Learning in Higher Education, 29*, 421-435.

Case, R. (1992). *The mind's staircase: Exploring the conceptual underpinnings of children's thought and knowledge*. Hillsdale, NJ: Erlbaum.

Case, R. (1998). The development of central conceptual structures. In D. Kuhn & R. Siegler (Eds.), *Handbook of child psychology: Vol. 2. Cognition, perception, and language* (5th ed., pp. 745-800). New York: Wiley.

Casey, B. J., Jones, R. M., & Somerville, L. H. (2011). Braking and accelerating of the adolescent brain. *Journal of Research on Adolescence, 21*(1), 21-33.

Caspi, J. (2012). *Sibling aggression: Assessment and treatment*. New York: Springer.

Cassady, J. (2010). Test anxiety: Contemporary theories and implications for learning. In J. Cassady (Ed.), *Anxiety in the schools: The causes, consequences, and solutions for academic anxieties* (pp. 7-26). New York: Peter Lang.

Cassano, M., & Zeman, J. (2010). Parental socialization of sadness regulation in middle childhood: The role of expectations and gender. *Developmental Psychology 35*(5),1214-1226.

Castle Heatly, M., & Votruba-Drzal, E. (2017). Parent- and teacherchild relationships and engagement at school entry: Mediating, interactive, and transactional associations across contexts. *Developmental Psychology, 53*, 1042-1062.

Catalano, T., & Gatti, L. (2017). Representing teachers as criminals in the news: a multimodal critical discourse analysis of the Atlanta schools' "Cheating Scandal." *Social Semiotics, 27*, 59-80.

Cattell, R. (1963). Theory of fluid and crystallized intelligence: A critical experiment. *Journal of Educational Psychology, 54*, 1-22.

Cattell, R. (1987). *Intelligence: Its structure, growth, and action*. Amsterdam: North-Holland.

Cavanagh, S. (2014). What is 'personalized learning'? Educators seek clarity. *Education Week*. Retrieved from https://www.edweek.org/ew/articles/2014/10/22/09pl-overview.h34.html

Çengel, M., & Turkoğlu, A. (2016). Analysis through hidden curriculum of peer relations in two different classes with positive and negative classroom climates. *Educational Sciences: Theory & Practice, 16*, 1893-1919.

Center for Behavioral Health Statistics and Quality. (2015). *2014 National Survey on Drug Use and Health: Detailed Tables*. Substance Abuse and Mental Health Services Administration, Rockville, MD.

Centers for Disease Control. (2015). *Trends in the prevalence of behaviors that contribute to violence National YRBS: 1991-2015*. Retrieved from https://www.cdc.gov/healthyyouth/data/yrbs/pdf/trends/2015_us_violence_trend_yrbs.pdf

Centers for Disease Control and Prevention. (2016). *Morbidity and mortality weekly report*. U.S. Department of Health and Human Services. Retrieved from https://www.cdc.gov/healthyyouth/data/yrbs/pdf/2015/ss6506_updated.pdf

Centers for Disease Control and Prevention. (2016a). Sexual Identity, Sex of sexual contacts, and health-risk behaviors among students in grades 9-12: *Youth Risk Behavior Surveillance*. Atlanta, GA: U.S. Department of Health and Human Services.

Centers for Disease Control and Prevention. (2016b). *Understanding school violence: Fact sheet*. Retrieved from https://www.cdc.gov/violenceprevention/pdf/School_Violence_Fact_Sheet-a.pdf

Centers for Disease Control and Prevention. (2017a). *Attention deficit/hyperactivity disorder* (ADHD). Retrieved from https://www.cdc.gov/ncbddd/adhd/data.html#ref

Centers for Disease Control and Prevention. (2017b). *Hearing loss in children*. Retrieved from https://www.cdc.gov/ncbddd/hearingloss/data.html

Centers for Disease Control and Prevention. (2017c). *Leading Causes of Death Reports, 1999-2015*. Retrieved from https://webappa.cdc.gov/sasweb/ncipc/leadcause.html.

Cerasoli, C., Nicklin, J., & Nassrelgrgawi, A. (2016). Performance incentives and needs for autonomy, competence, and relatedness: A meta-analysis. *Motivation and Emotion*, *40*, 781-813.

Chaffen, R., & Imreh, G. (2002). Practicing perfection: Piano performance and expert memory. *Psychological Science*, *13*, 342-349.

Chang, R., & Coward, F. L. (2015). More recess time, please! *Phi Delta Kappan*, *97*, 14-17.

Chang, Y-K., Chen, S., Tu, K-W., & Chi, T L-K. (2016). Effect of autonomy support on self-determined motivation in elementary physical education. *Journal of Sports Science & Medicine*, *15*, 460-467.

Chappuis, J., & Stiggins, R. (2017). *An introduction to student-involved assessment FOR learning* (7th ed.). New York: Pearson.

Character Growth Card. (2017). Character lab. Retrieved from https://cdn.characterlab.org/assets/Character-Growth-Cardcad815b0b3ba79c794bcfd3a89e2a8d5ac3057963fff02cee539d8d9af1b9777.pdf

Chatera, N., & Loewenstein, G. (2016). The under-appreciated drive for sense-making. *Journal of Economic Behavior & Organization*, *126*, 137-154.

Chatzisarantis, N. L. D., Ada, E. N., Bing, Q., Papaioannou, A., Prpa, N., & Hagger, M. S. (2016). Clarifying the link between mastery goals and social comparisons in classroom settings. *Contemporary Educational Psychology*, *46*, 61-72.

Chauvet-Geliniera, J-C., & Bonina, B. (2017). Stress, anxiety and depression in heart disease patients: A major challenge for cardiac rehabilitation. *Annals of Physical and Rehabilitation Medicine*, *60*, 6-12.

Cheek, C., Piercy, K. W., & Kohlenberg, M. (2015). Have I ever done anything like this before? Older adults solving ill-defined problems in intensive volunteering. *International Journal of Aging and Human Development*, *80*, 184-207.

Chen, J. (2004). Theory of multiple intelligences: Is it a scientific theory? *Teachers College Record*, *106*, 17-23.

Chen, J., Moran, S., & Gardner, H. (2009). *Multiple intelligences around the world*. San Francisco: Jossey-Bass.

Chen, L-X., & Sun, C-T. (2016). Self-regulation influence on game play flow state. *Computers in Human Behavior*, *54*, 341-350.

Chen, N-S., Teng, D. C-E., Lee, C-H., & Kinshuk, N. (2011). Augmenting paper-based reading activity with direct access to digital materials and scaffolded questioning. *Computers & Education*, *57*, 1705-1715.

Chen, Q., & Yan, Z. (2016). Review: Does multitasking with mobile phones affect learning? *Computers in Human Behavior*, *54*, 34-42.

Chen, X., & Eisenberg, N. (2012). Understanding cultural issues in child development: Introduction. *Child Development Perspectives*, *6*, 1-4.

Chen, X., & Trommsdorff, G. (Eds.). (2012). *Values, religion, and culture in adolescent development*. Cambridge, UK: Cambridge University Press.

Chen, X., & Wang, I. (2010). China. In M. H. Bornstein (Ed.), *Handbook of cultural development science* (pp. 429-444). New York: Psychology Press.

Cherry, K. (2017). Gardner's theory of multiple intelligences. *Verywell*. Retrieved from https://www.verywell.com/gardners-theory-ofmultiple-intelligences-2795161

Chetty, R., Friedman, J. N., & Rockoff, J. E. (2014). Measuring the impacts of teachers II: Teacher value-added and student outcomes in adulthood. *The American Economic Review*, *104*, 2633-2679.

Cheung, A. C. K., & Slavin, R. E. (2012). Effective reading programs for Spanish-dominant English language learners (ELLs) in the elementary grades: A synthesis of research. *Review of Educational Research*. *82*, 351-395.

Chiang, F-K., & Chen, C. (2017). Modified flipped classroom instructional model in "Learning Sciences" course for graduate students. *Asia-Pacific Education Researcher*, *26*, 1-10.

Child Welfare Information Gateway. (2016). *Definitions of child abuse and neglect*. Retrieved from https://www.childwelfare.gov/pubPDFs/define.pdf.

Choi, Y., Kim, Y. S., Kim, S. Y., & Park, I. J. (2013). Is Asian American parenting controlling and harsh? Empirical testing of relationships between Korean American and Western parenting measures. *Asian American Journal of Psychology*, *4*, 19-29.

Chomsky, N. (1959). Review of B. F. Skinner's *Verbal Behavior*. *Language*, *35*, 26-58.

Chomsky, N. (2006). *Language and the mind* (3rd ed.). Cambridge, UK: Cambridge University Press.

Chorzempa, B., & Graham, S. (2006). Primary-grade teachers' use of within-class ability grouping in reading. *Journal of Educational Psychology*, *98*(3), 529-541.

Choukas-Bradley, S., Giletta, M., Cohen, G. L., & Prinstein, M. J. (2015). Peer influence, peer status, and prosocial behavior: An experimental investigation of peer socialization of adolescents' intentions to volunteer. *Journal of Youth & Adolescence*, *44*, 2197-2210.

Chow, S. J. (2015). Many meanings of 'heuristic'. *British Journal for the Philosophy of Science*, *66*, 977-1016.

Christensen, J. (2016). A critical reflection of Bronfenbrenner's development ecology model. *Problems of Education in the 21st Century*, *69*, 22-28.

Chu, J. Y., & Gilligan, C. (2015). *When boys become boys: Development, relationships, and masculinity*. New York: New York University Press.

Cihon, T. M., Cihon, J. H., & Bedient, G. M. (2016). Establishing a common vocabulary of key concepts for the effective implementation of applied behavioral analysis. *International Electronic Journal of Elementary Education*, *9*, 337-348.

Cimpian, J. R., Lubienski, S. T., Timmer, J. D., Makowski, M. B., & Miller, E. K. (2016). Have gender gaps in math closed? Achievement, teacher perceptions, and learning behaviors across two ECLS-K cohorts. *AERA Open*, *2*, 1-19.

Cingel, D. P., & Sundar, S. S. (2012). Texting, techspeak, and tweens: The relationship between text messaging and English grammar skills. *New Media & Society*, *14*, 1304-1320.

Cipriano, E., & Stifter, C. (2010). Predicting preschool effortful control from toddler temperament and parenting behavior. *Journal of Applied Developmental Psychology*, *31*, 221-230.

Cismaru, M. (2014). Using the extended parallel process model to understand texting while driving and guide communication campaigns against it. *Social Marketing Quarterly*, *20*, 66-82.

Clarey, C. (2014, February 22). Olympians use imagery as mental training. *New York Times*. Retrieved from http://www.nytimes.com/2014/02/23/sports/olympics/olympians-use-imagery-asmental-training.html?hpw&rref=sports&_r=0

Clariana, R., Rysavy, M., & Taricani, E. (2015). Text signals influence team artifacts. *Educational Technology Research & Development*, *63*, 35-52.

Clark, J., & Paivio, A. (1991). Dual coding theory and education. *Educational Psychology Review*, *3*, 149-210.

Clark, K., & Clark, M. (1939). The development of consciousness of self and the emergence of racial identification in Negro preschool children. *Journal of Social Psychology, 10*, 591-599.

Clark, R. C. (2010). *Evidence-based training methods: A guide for training professionals.* Alexandria, VA: ASTD Press.

Clark, R. C., & Mayer, R. E. (2003). *e-Learning and the science of instruction: Proven guidelines for consumers and designers of multimedia learning.* San Francisco: Pfeiffer/Wiley.

Clark, R. E., Kirschner, P. A., & Sweller, J. (2012). Putting students on the path to learning: The case for fully guided instruction. *American Educator, 36*, 6-11.

Clarke, A., & Bautista, D. (2017). Critical reflection and arts-based action research for the educator self. *Canadian Journal of Action Research, 18*, 52-70.

Class and Family in America. (2015). Minding the nurture gap. *The Economist.* Retrieved from http://www.economist.com/news/books-and-arts/21646708-social-mobility-depends-what-happensfirst-years-life-minding-nurture-gap

Clay, R. (2013). Easing ADHD without meds. *American Psychological Association, 44*(2), 44.

Cleary, T. J., & Kitsantas, A. (2017). Motivation and self-regulated learning influences on middle school mathematics achievement. *School Psychology Review, 2017, 46*, 88-107.

Clinchot, M., Ngai, C., Huie, R., Talanquer, V., Lambertz, J., Banks, G., Weinrich, M., Lewis, R., Pelletier, P., & Sevian, H. (2017). Better formative assessment. *Science Teacher, 84*, 69-75.

Code.org. (2017). *Code.org 2016 annual report.* Retrieved from https://code.org/about/2016

Coffield, F., Moseley, D., Hall, E., & Ecclestone, K. (2004). *Learning styles and pedagogy in post-16 learning: A systematic and critical review.* London: Learning and Skills Research Centre/University of Newcastle upon Tyne.

Cohen, E. (1994). Restructuring the classroom: Conditions for productive small groups. *Review of Educational Research, 64*, 1-35.

Cohen, E., & Lotan, R. (2014). *Designing Groupwork: Strategies for the Heterogeneous Classroom.* 3rd ed. New York: Teachers College Press.

Cohen, M. T. (2012). The importance of self-regulation for college student learning. *College Student Journal, 46*, 892-902.

Colangelo, N., & Davis, G. (Eds.). (2003). *Handbook of gifted education* (3rd ed.). Boston: Allyn & Bacon.

Colangelo, N., & Wood, S. M. (2015). Counseling the gifted: Past, present, and future directions. *Journal of Counseling and Development, 93*, 133-142.

Cole, M., & Packer, M. (2011). Culture in development. In M. Bornstein & M. Lamb (Eds.), *Developmental science: An advanced textbook* (6th ed., pp. 51-107). New York: Psychology Press.

Cole, S., Balcetis, E., & Zhang, S. (2013). Visual perception and regulatory conflict: Motivation and physiology influence distance perception. *Journal of Experimental Psychology, 142*, 18-22.

Collaborative for Academic, Social, and Emotional Learning (CASEL). (2013). *CASEL Guide: Effective Social and Emotional Learning Programs.* ttp://static.squarespace.com/static/513f79f9e4b05ce7b70e9673/t/526a 220de4b00a92c90436 ba/1382687245993/2013-casel-guide.pdf

College Board. (2017). *SAT suite of assessments annual report.* Retrieved from https://reports.collegeboard.org/pdf/2017-total-group-satsuite-assessments-annual-report.pdf

Collins, M. (2010). ELL preschoolers' English vocabulary acquisition from storybook reading. *Early Childhood Research Quarterly, 25*(1), 84-97.

Collins, R. (2011). Content analysis of gender roles in media: Where are we now and where should we go? *Sex Roles, 64*, 290-298.

Colvin, G. (2010). *Talent is overrated: What really separates world-class performers from everybody else.* New York: Penguin Group.

Common Core State Standards Initiative. (2018a). English Language Arts Standards, Language, Grade 1, 1, c. Use singular and plural nouns with matching verbs in basic sentences (e.g., He hops; We hop). Retrieved from http://www.corestandards.org/ELALiteracy/L/1/

Common Core State Standards Initiative. (2018b). Grade 6, Ratios & Proportional Relationships, Understand ratio concepts and use ratio reasoning to solve problems, 3, c. Find a percent of a quantity as a rate per 100 (e.g., 30% of a quantity means 30/100 times the quantity); solve problems involving finding the whole, given a part and the percent. Retrieved from http://www.corestandards.org/Math/Content/6/RP/A/3/c/

Common Core State Standards Initiative. (2018c). English Language Arts Standards, History/Social Studies, Grade 9-10, 8. Assess the extent to which the reasoning and evidence in a text support the author's claims. Retrieved from http://www.corestandards.org/ELA-Literacy/RH/9-10/8/

Common Core State Standards Initiative. (2018d). About the standards: Development process. Retrieved from http://www.corestandards.org/about-the-standards/

Common Core State Standards Initiative. (2018e). *Grade 5, Geometry, Classify two-dimensional figures into categories based on their properties, 4.* Retrieved from http://www.corestandards.org/Math/Content/5/G/B/4/

Common Core State Standards Initiative. (2018f). *Grade 6, Ratios & Proportional Relationships, Understand ratio concepts and use ratio reasoning to solve problems, 3, b.* Retrieved from http://www.corestandards.org/Math/Content/6/RP/A/3/b/.

Common Core State Standards Initiative. (2018g). *English Language Arts Standards, Reading: Literature, Grade 9-10, 4.* Retrieved from http://www.corestandards.org/ELA-Literacy/RL/9-10/4/

Common Core State Standards Initiative. (2018h). *English Language Arts Standards, Reading: Literature, Grade 11-12, 3.* Retrieved from http://www.corestandards.org/ELA-Literacy/RL/11-12/3/

Common Core State Standards Initiative. (2018i). *English Language Arts Standards, History/Social Studies, Grade 6-8, 8.* Retrieved from http://www.corestandards.org/ELA-Literacy/RH/6-8/8/.

Common Core State Standards Initiative. (2018j). Grade 2, Measurement & Data, Represent and interpret data, 10. Retrieved from http://www.corestandards.org/lo-que-los-padres-debensaber/

Common Core State Standards Initiative. (2018k). Grade 5, Number & Operations-Fractions, Use equivalent fractions as a strategy to add and subtract fractions, 1. Retrieved from http://www.corestandards.org/Math/Content/5/NF/A/1/.

Common Core State Standards Initiative. (2018l). English Language Arts Standards, Reading: Informational Text, Grade 7, 2. Retrieved from http://www.corestandards.org/ELA-Literacy/RI/7/2/.

Common Core State Standards Initiative (2018m). Grade 1, Operations & Algebraic Thinking, Understand and apply properties of operations and the relationship between addition and subtraction, 3. Retrieved from http://www.corestandards.org/Math/Content/1/OA/B/3/

Common Core State Standards Initiative (2018n). Grade 2, Operations & Algebraic Thinking. Retrieved from http://www.corestandards.org/Math/Content/2/OA/

Common Core State Standards Initiative. (2018o). English Language Arts Standards, Language, Grade 3, 1, f. Retrieved from http://www.corestandards.org/ELA-Literacy/L/3/1/f/

Common Core State Standards Initiative. (2018p). Grade 1, Operations & Algebraic Thinking, Understand and apply properties of operations and the relationship between addition and subtraction. 3. Retrieved from http://www.corestandards.org/Math/Content/1/OA/B/3/

Common Core State Standards Initiative. (2018q). English Language Arts Standards, History/Social Studies, Grade 9-10, 8. Retrieved from http://www.corestandards.org/ELA-Literacy/RH/9-10/8/

Common Core State Standards Initiative. (2018r). English Language Arts Standards, Language, Grade 8, 1, a. Retrieved from http://www.corestandards.org/ELA-Literacy/L/8/1/a/

Common Core State Standards Initiative. (2018s). English Language Arts Standards, History/Social Studies, Grade 9-10, 3. Retrieved from http://www.corestandards.org/ELA-Literacy/RH/9-10/3/

Common Core State Standards Initiative. (2018t). English Language Arts Standards, Science & Technical Subjects, Grade 6-8, 4. Retrieved from http://www.corestandards.org/ELA-Literacy/RST/6-8/4/

Common Core State Standards Initiative. (2018u). Standards in your state. Retrieved from http://www.corestandards.org/standardsin-your-state/

Common Core State Standards Initiative. (2018v). English Language Arts Standards, History/Social Studies, Grade 9-10, 7. Retrieved from http://www.corestandards.org/ELA-Literacy/RH/9-10/7/

Common Core State Standards Initiative. (2018w). *Grade 5, Number & Operations-Fractions*. Retrieved from http://www.corestandards.org/Math/Content/5/NF/

Conley, M., & Garner, G. (2015). The edTPA and the (de)skilling of America's teachers? *Teachers College Record*. Retrieved from http://www.tcrecord.org/Content.asp?ContentID=18037

Cook, A. N., Fielding, K. S., & Louis, W. R. (2016). *Environmental Education Research, 22*, 631-657.

Cook, A., & Polgar, J. (2012). *Essentials of assistive technology*. Waltham, MA: Elsevier.

Cooper, H., Robinson, I. C., & Patall, E. A. (2006). Does homework improve academic achievement? A synthesis of research, 1987-2003. *Review of Educational Research, 76*, 1-62.

Cooper, K. S. (2013). Safe, affirming, and productive spaces: Classroom engagement among Latina high school students. *Urban Education, 48*, 490-528.

Cooper, L., & Nickerson, A. (2013). Parent retrospective recollections of bullying and current views, concerns, and strategies to cope with children's bullying. *Journal of Child & Family Studies, 22*, 526-540.

Cooper, P., & Olsen, J. (2014). *Dealing with disruptive students in the classroom*. Hoboken, NJ: Routledge.

Coppinger, M. (2017). Jerry Sandusky's son arrested, charged with child sexual abuse. *USA Today*. Retrieved from http://www.usatoday.com/story/sports/ncaaf/2017/02/13/jerry-sanduskyson-jeffrey-sandusky-charged-child-sexual-abuse/97859942/

Cornelius-White, J. (2007). Learner-centered teacher-student relationships are effective: A meta-analysis. *Review of Educational Research, 77*, 113-143.

Cosgrove, H. E., & Nickerson, A. B. (2017). Anti-bullying/harassment legislation and educator perceptions of severity, effectiveness, and school climate: A cross-sectional analysis. *Educational Policy, 31*, 518-545.

Council for Exceptional Children. (2014). *A primer on the IDEA 2004 regulations*. Retrieved from http://www.cec.sped.org/Policy-and-Advocacy/Current-Sped-Gifted-Issues/Individualswith-Disabilities-Education-Act/A-Primer-on-the-IDEA-2004-RegulationsIDEA

Covington, M. (1992). *Making the grade: A self-worth perspective on motivation and school reform*. Cambridge, MA: Harvard University Press.

Covington, M. (1998). *The will to learn: A guide for motivating young people*. New York: Cambridge University Press.

Coyne, M., Carnine, D., & Kame'enui, E. (2011). *Effective teaching strategies that accommodate diverse learners* (4th ed). Boston: Pearson.

Coyne, R. D., Lee, J., & Petrova, D. (2017). Re-visiting the flipped classroom in a design context. *Journal of Learning Design, 10*, 1-13.

Craig, W. M., & Pepler, D. J. (2007). Understanding bullying: From research to practice. *Canadian Psychology, 48*, 86-93.

Cranston, S., & Keller, S. (2013). Increasing the "meaning quotient" of work. *McKinsey Quarterly, 1*, 48-59.

Crede, M., Tynan, M. C., & Harms, P. D. (2016). Much ado about grit: A meta-analytic synthesis of the grit literature. *Journal of Personality and Social Psychology*. Advance online publication. http://dx.doi.org/10.1037/pspp0000102

Creswell, J. W., & Poth, C. N. (2018). *Qualitative inquiry and research design: Choosing among five approaches* (4th ed.). Thousand Oaks, CA: Sage.

Crooks, T. (1988). The impact of classroom evaluation practices on students. *Review of Educational Research, 58*, 438-481.

Cross, J. R., Bugaj, S. J., & Mammadov, S. (2016). Accepting a scholarly identity: Gifted students, academic crowd membership, and identification with school. *Journal for Education of the Gifted, 39*, 23-48.

Crossley, C. D., Cooper, C. D., & Wernsing, T. S. (2013). Making things happen through challenging goals: Leader proactivity, trust, and business-unit performance. *Journal of Applied Psychology, 98*, 540-549.

Crowne, K. A. (2013). An empirical analysis of three intelligences. *Canadian Journal of Behavioural Science / Revue canadienne des sciences du comportement, 45*, 105-114.

Crystal, D., Killen, M., & Ruck, M. (2010). Fair treatment by authorities is related to children's and adolescents' evaluations of interracial exclusion. *Applied Developmental Science, 14*, 125-136.

Csikszentmihalyi, M. (1990). *Flow*. New York: Harper and Row.

Csikszentmihalyi, M. (1996). *Creativity: Flow and the psychology of discovery and invention*. New York: Harper Collins.

Csikszentmihalyi, M. (1999). If we are so rich, why aren't we happy? *American Psychologist, 54*, 821-827.

Cuban, L. (1982). Persistence of the inevitable: the teacher-centered classroom. *Education & Urban Society, 15*, 26-41.

Cuban, L. (1993). *How teachers taught: Constancy and change in American classrooms*: 1890-1990 (2nd ed.). New York: Teachers College Press.

Cuban, L. (2004). Assessing the 20-year impact of multiple intelligences on schooling. *Teachers College Record, 106*(1), 140-146.

Cuevas, R., Garcia-Lopez, L. M., & Serra-Olivares, J. (2016). Sport education model and self-determination theory: An intervention in secondary school children. *Kinesiology, 48*, 30-38.

Cunningham, C. E., Mapp, C., Rimas, H. R., Cunningham, L. Mielko, S. M., & Vaillancourt, T. (2016). What limits the effectiveness of anti-bullying programs? A thematic analysis of the perspective of students. *Psychology of Violence, 6*, 596-606.

Cunningham, C. E., Rimas, H., Mielko, S., Mapp, C., Cunningham, L., Buchanan, D., Vaillancourt, T., Chen, Y., Deal, K., & Marcus, M. (2016). What limits the effectiveness of antibullying programs? A thematic analysis of the perspective of teachers. *Journal of School Violence, 15*, 460-482.

Cuellar, J. M., & Lanman, T. H. (2017). "Text neck": an epidemic of the modern era of cell phones? *The Spine Journal*, *17*, 901-902.

D'Amico, D. (2017). High school students crack the code at Stockton competition. *Education*. Retrieved from http://www.pressofatlanticcity.com/education/high-school-students-crackthe-code-at-stockton-competition/article_e47ce35a-46de-57f3-94ad-4d688305b087.html

Dake, J. A., Price, J. H., & Telljohann, S. K. (2003). The nature and extent of bullying at school. *Journal of School Health*, *73*, 173-180.

Dalland, C. P., & Klette, K. (2016). Individual teaching methods: Work plans as a tool for promoting self-regulated learning in lower secondary classrooms? *Education Inquiry*, *7*, 381-404.

Dalton, J. D. (2013). Mobility and student achievement in high poverty schools. *Electronic Theses and Dissertations*. Paper 1159. Retrieved from http://dc.etsu.edu/etd/1159

Daniel, B., Shabani, D. B., & Lam, W. Y. (2013). A review of comparison studies in applied behavior analysis. *Behavioral Interventions*, *28*, 158-183.

Danielsson, M., & Bengtsson, H. (2016). Global self-esteem and the processing of positive information about the self. *Personality and Individual Differences*, *99*, 325-330.

Darling-Hammond, L. (2012). Value-added teacher evaluation: The harm behind the hype. *Education Week*, *31*(24), 32.

Darling-Hammond, L., & Baratz-Snowden, J. (Eds.). (2005). *A good teacher in every classroom: Preparing the highly qualified teachers our children deserve.* San Francisco: Jossey-Bass/Wiley.

Darling-Hammond, L., Amrein-Beardsley, A., Haertel, E., & Rothstein, J. (2012). Evaluating teacher evaluation. *Phi Delta Kappan*, *93*, 8-15.

Daugherty, M. (2015). 21 top presentation tools for teachers. *More Than a Tech*. Retrieved from https://morethanatech.com/2015/07/21/21-top-presentation-tools-for-teachers/

Davidse, N., de Jong, M., Bus, A., Huijbregts, S., & Swaab, H. (2011). Cognitive and environmental predictors of early literacy skills. *Reading and Writing*, *24*(4), 395-412.

Davidson, C. A. (2012). *Now you see it: How the brain science of attention will transform the way we live, work, and learn.* New York: Penguin.

Davidson, J., & Sternberg, R. (Eds.). (2003). *The psychology of problem solving.* Cambridge: Cambridge University.

Dawes, M., & Xie, H. (2017). The trajectory of popularity goal during the transition to middle school. *Journal of Early Adolescence*, *37*, 852-883.

Day, J. K., Snapp, S. D., & Russell, S. T. (2016). Supportive, not punitive, practices reduce homophobic bullying and improve school connectedness. *Psychology of Sexual Orientation and Gender Diversity*, *3*, 416-425.

De Castella, K., Byrne, D., & Covington, M. (2013). Unmotivated or motivated to fail? A cross-cultural study of achievement motivation, fear of failure, and student disengagement. *Journal of Educational Psychology*, *105*, 861-880.

de Jong, N., Verstegen, D. M., & Tan, F. E. (2013). Comparison of classroom and online asynchronous problem-based learning for students undertaking statistics training as part of a public health masters degree. *Advances in Health Sciences Education*, *18*, 245-264.

de Posada, C. V., & Vargas-Trujillo, E. (2015). Moral reasoning and personal behavior: A meta-analytical review. *Review of General Psychology*, *19*, 408-424.

Deci, E., & Ryan, R. (2008). Facilitating optimal motivation and psychological well-being across life's domains. *Canadian Psychology*, *49*, 14-23.

Deci, E., & Ryan, R. (Eds.). (2002). *Handbook of self-determination research.* Rochester, NY: University of Rochester Press.

Deddeh, H., Main, E., & Fulkerson, S. (2010). Eight steps to meaningful grading. *Phi Delta Kappan*, *91*, 53-58.

Dee, T. S., & Penner, E. K. (2017). The causal effects of cultural relevance: Evidence from an ethnic studies curriculum. *American Educational Research*, *2017*, *54*, 127-166.

Dees, L., Moore, E., & Hoggan, C. (2016). Reflective practice and North Carolina's developmental reading and English redesign efforts. *NADE Digest*, *9*, 8-15.

Dekker, S., Krabbendam, L., Lee, N. C., Boschloo, A., de Groot, R., & Jolles, J. (2013). Sex differences in goal orientation in adolescents aged 10-19: The older boys adopt work-avoidant goals twice as often as girls. *Learning and Individual Differences*, *26*, 196-200.

Delazer, M., Ischebeck, A., Domahs, F., Zamarian, L., Koppelstaetter, F., Siednetoph, C., . . . Felber, S. (2005). Learning by strategies and learning by drill: Evidence from an fMRI study. *NeuroImage*, *25*, 838-849.

Delisle, J. R. (2015). Differentiation doesn't work. *Education Week*. http://www.edweek.org/ew/articles/2015/01/07/differentiation-doesnt-work.html

Deming, D. J. (2015). *The growing importance of social skills in the labor market.* Harvard University. Retrieved from https://scholar.harvard.edu/files/ddeming/files/deming_socialskills_august2015.pdf

Denig, S. J. (2003, April). *A proposed relationship between multiple intelligences and learning styles.* Paper presented at the annual meeting of the American Educational Research Association, Chicago.

Denworth, L. (2013). Brain-changing games. *Scientific American Mind*, *23*(6), 28-35.

Depaepe, F., & Konig, J. (2018). General pedagogical knowledge, selfefficacy and instructional practice: Disentangling their relationship in pre-service teacher education. *Teaching and Teacher Education*, *69*, 177-190.

Dermotte, E., & Pomati, M. (2016). Good parenting practices: How important are poverty, education, and time pressure? *Sociology*, *50*, 125-142.

DeSteno, D., Gross, J. J., & Kubzansky, L. (2013). Affective science and health: The importance of emotion and emotion regulation. *Health Psychology*, *32*, 474-486.

Devaney, J. (2018). Former NYPD boss Bratton: Arming teachers ' height of lunacy.' *Newsmax.com*. Retrieved from https://www.newsmax.com/us/nypd-bill-bratton-arm-teacherslunacy/2018/02/22/id/844946/?ns_mail_uid=97466633&ns_mail_job=1780379_02232018&s=al&dkt_nbr=010104n2pztb

Devine, R. T., & Hughes, C. (2013). Silent films and strange stories: Theory of mind, gender, and social experiences in middle childhood. *Child Development*, *84*, 989-1003.

Dewar, D. L., Lubans, D. R., Morgan, P. J., & Plotnikoff, R. C. (2013). Development and evaluation of social cognitive measures related to adolescent physical activity. *Journal of Physical Activity and Health*, *10*, 544-555.

DeWitt, P. (2015). 3 reasons why high-stakes testing matters. *Education Week*. Retrieved from http://blogs.edweek.org/edweek/finding_common_ground/2014/12/3_reasonswhy_high_stakes_testing_matters.html

DeWitt, P. (2016). Why Ability Grouping Doesn't Work. *Education Week*. Retrieved from http://blogs.edweek.org/edweek/finding_common_ground/2016/02/why_ability_grouping_doesnt_work.html

Deyhle, D. (1987). Learning failure: Tests as gatekeepers and the culturally different child. In H. Trueba (Ed.), *Success or failure?* (pp. 85-108). Cambridge, MA: Newbury House.

Dhaem, J. (2012). Responding to minor misbehavior through verbal and nonverbal responses. *Beyond Behavior, 21*, 29-34.

Diamond, J. B., & Huguley, J. P. (2014). Testing the oppositional culture explanation in desegregated schools: The impact of racial differences in academic orientations on school performance. *Social Forces, 93*, 747-777.

Diaz-Rico, L. (2013). *Strategies for teaching English learners* (3rd ed.). Boston: Pearson.

Diaz-Rico, L. (2014). *Crosscultural, language, & academic development handbook* (5th ed.). Boston: Pearson.

Dicke, T., Elling, J., Schmeck, A., & Leutner, D. (2015). Reducing reality shock: The effects of classroom management skills training on beginning teachers. *Teachers and Teacher Education, 48*, 1-12.

Dickerson, K. (2015). Scientists tried to redo 38 climate changedenying studies and it didn't go very well. *Business Insider.* Retrieved from http://www.businessinsider.com/globalwarming-denier-studies-not-replicable-2015-9

DiDonato, M., & Berenbaum, S. (2013). Predictors and consequences of gender typicality: The mediating role of communality. *Archives of Sexual Behavior, 42*, 429-436.

DiMartino, J., & Castaneda, A. (2007). Assessing applied skills. *Educational Leadership, 64*, 38-42.

DiSalvo, D. (2011). *What makes your brain happy & why you should do the opposite.* Amherst, NY: Prometheus.

Dishion, T. J. (2016). From dynamics to function: Negative reinforcement as an amplifying mechanism. *Assessment, 23*, 518-523.

Dobbie, W., & Fryer, R. G., Jr. (2011). *Exam high schools and academic achievement: Evidence from New York City.* National Bureau of Economic Research Working Paper Series, No. 17286.

Donaldson, C. D., Handren, L. M. & Crano, W. D. (2016). The enduring impact of parents' monitoring, warmth, expectancies, and alcohol use on their children's future binge drinking and arrests: a longitudinal analysis. *Prevention Science, 17*, 606-614.

Donoghue, C., & Raia-Hawrylak, A. (2016). Moving beyond the emphasis on bullying: A generalized approach to peer aggression in high school. *Children and Schools, 38*, 30-39.

Donovan, M. S., & Bransford, J. D. (2005). Introduction. In M. S. Donovan & J. D. Bransford (Eds.), *How students learn: History, mathematics, and science in the classroom* (pp. 1-26). Washington, DC: National Academies Press.

Doty, J., Gower, A., Rudi, J., McMorris, B., & Borowsky, I. (2017). Patterns of bullying and sexual harassment: Connections with parents and teachers as direct protective factors. *Journal of Youth and Adolescence, 46*, 2289-2304.

Dougherty, D., & Sharkey, J. (2017). Reconnecting youth: Promoting emotional competence and social support to improve academic achievement. *Children and Youth Services Review, 74*, 28-34.

Dougherty, J. L., Custer, R. L., & Dixon, R. A. (2012). Mapping concepts for learning and assessment. *Technology & Engineering Teacher, 71*, 10-14.

Douthat, R. (2017). Resist the Internet. *The New York Times.* Retrieved from https://www.nytimes.com/2017/03/11/opinion/sunday/resist-the-internet.html?_r=0

Dover, A. G., Schultz, B. D., Smith, K., & Duggan, T. J. (2015a). Who's preparing our candidates? edTPA, localized knowledge, and the outsourcing of teacher evaluation. *Teachers College Record.* Retrieved from http://www.tcrecord.org/Content.asp?ContentId=17914

Dover, A. G., Shultz, B. D., Smith, K., & Duggan, T. J. (2015b). Embracing the controversy: edTPA, corporate influence, and the cooptation of teacher education. *Teachers College Record.* Retrieved from http://www.tcrecord.org/Content.asp?ContentID=18109

Downey, M. (2016). What teens resent: Classrooms controlled by students rather than teachers. *The Atlanta Journal Constitution.* Retrieved from http://getschooled.blog.myajc.com/2016/06/02/what-teens-resent-classrooms-controlled-by-students-rather-thanteachers/

Doyle, W. (2006). Ecological approaches to classroom management. In C. M. Evertson & C. S. Weinstein (Eds.), *Handbook of classroom management: Research, practice, and contemporary issues* (pp. 97-125). Mahwah, NJ: Erlbaum.

Droe, K. L. (2013). Effect of verbal praise on achievement goal orientation, motivation, and performance attribution. *Journal of Music Teacher Education, 23*, 63-78.

Dubinsky, J. M., Roehrig, G., & Varma, S. (2013). Infusing neuroscience into teacher professional development. *Educational Researcher, 42*, 317-329.

Duckworth, A. (2016). *Grit: The power of passion and perseverance.* New York: Scribner.

Duckworth, A. L., Peterson, C., Matthews, M. D., & Kelly, D. R. (2007). Grit: Perseverance and passion for long term goals. *Journal of Personality and Social Psychology, 92*, 1087-1101.

Duckworth, A. L., White, R. E., Matteucci, A. J., Shearer, A., & Gross, J. J. (2016). A stitch in time: Strategic self-control in high school and college students. *Journal of Educational Psychology, 108*, 329-341.

Duke, N., K., Cervetti, G. N., & Wise, C. N. (2016). The Teacher and the Classroom. *Journal of Education, 196*, 35-43.

Duranton, C., Bedossa, T., & Gaunet, F. (2016). When facing an unfamiliar person, pet dogs present social referencing based on their owners' direction of movement alone. *Animal Behaviour, 113*, 147-156.

Durmaz, M., & Akkus, R. (2016). Mathematics anxiety, motivation and the basic psychological needs from the perspective of selfdetermination theory. *Education and Science, 41*, 111-127.

Dweck, C. (1975). The role of expectations and attributions in the alleviation of learned helplessness. *Journal of Personality and Social Psychology, 31*, 674-685.

Dweck, C. S. (2008). Can personality be changed? The role of beliefs in personality and change. *Current Directions in Psychological Science, 17*, 391-394. doi:10.1111/j.1467-8721.2008.00612.x

Dweck, C. S. (2016). *Mindset: The new psychology of success.* New York: Random House.

Early, D. M., Rogge, R. D., & Deci, E. L. (2014). Engagement, alignment, and rigor as vital signs of high-quality instruction: A classroom visit protocol for instructional improvement and research. *The High School Journal, 97*, 219-239.

eBiz. (2017). *Top 15 most popular search engines.* Retrieved from http://www.ebizmba.com/articles/search-engines

Eccles, J. S., Wigfield, A., & Schiefele, U. (1998). Motivation to succeed. In W. Damon (Series Ed.) & N. Eisenberg (Vol. Ed.), *Handbook of child psychology: Vol. 3. Social, emotional, and personality development* (5th ed., pp. 1017-1095). New York: Wiley.

Echevarria, J., & Graves, A. (2015). *Sheltered content instruction: Teaching English learners with diverse abilities* (5th ed.). Boston: Pearson.

Echevarria, J., Vogt, M., & Short, D. J. (2018a). *Making content comprehensible for elementary English learners: The SIOP model* (3rd ed.). Boston: Pearson.

Echevarria, J., Vogt, M., & Short, D. J. (2018b). *Making content comprehensible for secondary English learners: The SIOP model*

(3rd ed.). Boston: Pearson.

Ediger, M. (2016). Quality parent teacher conferences. *College Student Journal*, *50*, 614-616.

Edsall, T. (2017). The increasing significance of the decline of men. *The New York Times*. Retrieved from https://www.nytimes.com/2017/03/16/opinion/the-increasing-significance-of-thedecline-of-men.html

EdSurge. (2017). *Teaching kids to code*. Retrieved from https://www.edsurge.com/research/guides/teaching-kids-to-code#

Educational Testing Service. (2018a). *About the Praxis® Tests*. Retrieved from https://www.ets.org/praxis/about. Used with permission from Educational Testing Service.

Educational Testing Service. (2018b). *Praxis® Subject Assessments Test Content and Structure*. Retrieved from https://www.ets.org/praxis/about/subject/content/

Educational Testing Service. (2018c). *State requirements*. Retrieved from https://www.ets.org/praxis/states/

Edwards, T., Catling, J. C., & Parry, E. (2016). Identifying predictors of resilience in students. *Psychology Teaching Review*, *22*, 26-34.

Eggen, P., & Kauchak, D. (2012). *Strategies and models for teachers: Teaching content and thinking skills* (6th ed.). Boston: Pearson.

Eggen, P., & Kauchak, D. (2013, April). *Educational leaders' conceptions of effective instruction: A nine-year study*. Paper presented at the annual meeting of the American Educational Research Association, San Francisco.

Egula, J. X. (2017). Discrimination and assimilation at school. *Journal of Public Economics*, *156*, 48-58.

Eisenstein, J., O'Connor, B., Smith, N., & Xing, E. (2011). *A latent variable model for geographical lexical variation*. Paper presented at the Linguistic Society of America, Pittsburgh.

Eklund, K., Tanner, N., Stoll, K., & Anway, L. (2015). Identifying emotional and behavioral risk among gifted and nongifted children: a multi-gate, multi-informant approach. *School Psychology Quarterly 30*, 197-211.

El, R. P., Tillema, H., & van Koppen, S. W. M. (2012). Effects of formative feedback on intrinsic motivation: Examining ethnic differences. *Learning and Individual Differences*, *22*, 449-454.

Elhai, J. D., Hall, B. J., & Erwin, M. C. (2018). Emotion regulation's relationships with depression, anxiety, and stress do to imagined smartphone and social media loss. *Psychiatry Research*, *261*, 28-34.

Elliott, A. (2013). Girl in the shadows: Dasani's homeless life. *New York Times*. Retrieved from http://www.nytimes.com/projects/2013/invisible-child/#/?chapt=1

Ellis, J., Fitzsimmons, S., & Small-McGinley, J. (2010). Encouraging the discouraged: Students' views for elementary classrooms. In G. S. Goodman (Ed.), *Educational psychology reader: The art and science of how people learn* (pp. 251-272). New York: Peter Lang.

Emdin, C. A., Odutayo, A., Wong, C. X., Tran, J., Hsiao, A. J., & Hunn, B. H. M. (2016). Meta-analysis of anxiety as a risk factor for cardiovascular disease. *The American Journal of Cardiology*, *118*, 511-519.

Emery, A., Heath, N., & Mills, D. (2016). Basic psychological need satisfaction, emotion dysregulation, and non-suicidal self-injury engagement in young adults: An application of Self-Determination theory. *Journal of Youth and Adolescence*, *45*, 612-623.

Emmer, E. T., & Evertson, C. M. (2017). *Classroom management for middle and high school teachers* (10th ed.). Boston: Pearson.

Engber, D. (2016). Is "Grit" Really the Key to Success? *Slate*. Retrieved from http://www.slate.com/articles/health_and_science/cover_story/2016/05/angela_duckworth_says_grit_is_the_key_to_success_

in_work_and_life_is_this.html

Engel, M. (2013). Problematic preferences: A mixed method examination of principals' preferences for teacher characteristics in Chicago. *Educational Administration Quarterly*, *49*, 52-91.

Englander, F., Terregrossa, R. A., & Wang, Z. (2017). Are their different patterns of learning styles among science majors? *International Journal of Education Research*, *12*, 15-33.

Englert, C., & Bertrams, A. (2013). The role of self-control strength in the development of state anxiety in test situations. *Psychological Reports*, *112*, 976-991.

Forte, E. (2010). Examining the assumptions underlying the NCLB federal accountability policy on school improvement. *Journal of Educational Psychology*, *102*, 76-88.

English, A. R. (2016). Dialogic teaching and moral learning: Selfcritique, narrativity, community and "blind spots." *Journal of Philosophy of Education*, *50*, 150-176.

Erickson, K., Voss, M., Prakash, R., Basak, C., Szabo, A., Chaddock, L., . . . Kramer, A. (2011). Exercise training increases the size of hippocampus and improves memory. *Neuroscience*, *108*, 3017-3022.

Ericsson, K. A., & Pool, R. (2016). *Peak: Secrets from the new science of expertise*. New York: Houghton Mifflin Harcourt.

Ericsson, K. A., Krampe, R., & Tesch-Romer, C. (1993). The role of deliberate practice in the acquisition of expert performance. *Psychological Review*, *100*, 363-406.

Erikson, E. (1968). *Identity: Youth and crisis*. New York: Norton.

Erikson, E. (1980). *Identity and the life cycle* (2nd ed.). New York: Norton.

Eriksson, T., Adawi, T., & Stohr, C. (2017). "Time is the bottleneck": A qualitative study exploring why learners drop out of MOOCS. *Journal of Computing in Higher Education*, *29*, 133-146.

Ertem, I. S. (2013). The influence of personalization of online texts on elementary school students' reading comprehension and attitudes toward reading. *International Journal of Progressive Education*, *9*, 218-228.

Eskreis-Winkler, L., Shulman, E. P., Young, V., Tsukayama, E., Brunwasser, S. M., & Duckworth, A. L. (2016). Using wise interventions to motivate deliberate practice. *Journal of Personality and Social Psychology*, *111*, 728-744.

Essary, J. N. (2012). Teaching strategies: Teaching beyond the basics-young children participate in a cognitive apprenticeship. *Childhood Education*, *88*, 331-334.

Evans, C., Kirby, U., & Fabrigar, L. (2003). Approaches to learning, need for cognition, and strategic flexibility among university students. *The British Journal of Educational Psychology*, *73*, 507-528.

Evertson, C.M., & Emmer, E. T. (2017). *Classroom management for elementary teachers* (10th ed.). Boston: Pearson.

Ewing, W., M., Martinez, D. E., & Rumbaut, R. G. (2015). The criminalization of immigration in the United States. *American Immigration Council*. Retrieved from https://www.americanimmigrationcouncil.org/research/criminalizationimmigration-united-states

Exline, R. (1962). Need affiliation and initial communication behavior in problem solving groups characterized by low interpersonal visibility. *Psychological Reports*, *10*, 405-411.

FairTest. (2008). *SAT I: A faulty instrument for predicting college success*. FairTest: The National Center for Fair and Open Testing. Retrieved from http://www.fairtest.org

FairTest. (2014). FairTest questions the College Board on plans for "New" SAT. Retrieved from http://www.fairtest.org/fairtestquestionscollege-board-plans-new-sat

FairTest. (2017). *950+ accredited colleges and universities that do not use ACT/SAT scores to admit substantial numbers of students into bachelordegree programs.* Retrieved from http://fairtest.org/university/optional

Fanselow, M. S., & Sterlace, S. R. (2014). Pavlovian fear conditioning: Function, cause, and treatment. In F. K. McSweeney & E. S. Murphy (Eds.), *The Wiley Blackwell handbook of operant and classical conditioning* (pp. 117-142). Malden, MA: John Wiley & Sons.

Farkas, R. (2003). Effects of traditional versus learning-styles instructional methods on middle school students. *Journal of Educational Research, 97*(1), 42-51.

Federal Safety Net. (2017). U.S. poverty statistics. *U.S. Census Bureau.* Retrieved from http://federalsafetynet.com/us-poverty-statistics.html

Feeding America. (2013). *Hunger & poverty statistics.* Retrieved from http://feedingamerica.org/hunger-in-america/hunger-facts/hunger-and-poverty-statistics.aspx

Fein, D., Barton, M., Eigsti, I., Kelly, E. Naigles, L., Schultz, R., . . . Tyson, K. (2013). Optimal outcomes in individuals with a history of autism. *Journal of Child Psychology, 54*(2), 195-205.

Feldman, R. S. (2014). *Development across the life span* (7th ed.). Boston: Pearson.

Feldman, R. S. (2017). *Development across the lifespan* (books a la carte, 8th ed.). Boston: Pearson.

Feldon, D. F. (2007). Cognitive load and classroom teaching: The double-edged sword of automaticity. *Educational Psychologist, 42*, 123-137.

Fernandez, M., Blinder, A., & Chokshi, N. (2018). 10 dead in Santa Fe, Texas, school shooting; suspect used shotgun and revolver. *The New York Times. https://www.nytimes.com/2018/05/18/us/school-shooting-santa-fe-texas.html*

Fernbach, P., & Sloman, S. (2017). Why we believe obvious untruths. *The New York Times.* Retrieved from https://www.nytimes.com/2017/03/03/opinion/sunday/why-we-believe-obvioususntruths.html?ref=opinion&_r=0

Fiala, B., Rhodes, R. E., Blanchard, C., & Anderson, J. (2013). Using social-cognitive constructs to predict preoperative exercise before total joint replacement. *Rehabilitation Psychology, 58*, 137-147.

Fisher, C., Berliner, D., Filby, N., Marliave, R., Cahen, L., & Dishaw, M. (1980). Teaching behaviors, academic learning time, and student achievement: An overview. In C. Denham & A. Lieberman (Eds.), *Time to learn* (pp. 7-32). Washington, DC: National Institute of Education.

Fisher, O., & Oyserman, D. (2017). Assessing interpretations of experienced ease and difficulty as motivational constructs. *Motivation Science, 3*, 133-163.

Fishman, E. J., & Husman, J. (2017). Extending attribution theory: Considering students' perceived control of the attribution process. *Journal of Educational Psychology, 109*, 559-573.

Flavell, J., Miller, P., & Miller, S. (2002). *Cognitive development* (4th ed.). Upper Saddle River, NJ: Prentice Hall.

Fleming, P. J., Villa-Torres, L., Taboada, A., Richards, C., & Barrington, C. (2017). Marginalisation, discrimination, and the health of Latino immigrant day labourers in a central North Carolina community. *Health and Social Care in the Community, 25*, 527-537.

Flores, A. R., Herman, J. L., Gates, G. J., & Brown, T. N. T. (2016). How many adults identify as transgender in the United States. *The Williams Institute.* Retrieved from https://williamsinstitute.law.ucla.edu/wp-content/uploads/How-Many-Adults-Identify-as-Transgender-in-the-United-States.pdf

Flowerday, T., & Shell, D. F. (2015). Disentangling the effects of interest and choice on learning, engagement, and attitude. *Learning and Individual Differences, 40*, 134-140.

Flynn, J. (1999). Searching for justice: The discovery of IQ gains over time. *American Psychologist, 54*, 5-20.

Fogarty, M. (2011). *Grammar girl presents the ultimate writing guide for students.* New York: Henry Holt & Company.

Fond-Harmant, L., & Gavrilă-Ardelean, M. (2016). The contribution of the human development theory for the education and mental health of the child. *Journal Plus Education, 14*, 174-181.

Fong, C. J., Davis, C. W., Kim, Y., Kim, Y. W., Marriott, L., & Kim, S-Y. (2017). Psychosocial factors and community college student success: A meta-analytic investigation. *Review of Educational Research, 87*, 388-424.

Ford, C., McNally, D., & Ford, K. (2017). Using design-based research in higher education innovation. *Online Learning, 21*, 50-67.

Ford, P. (2015). Flipping a math content course for pre-service elementary school teachers. *PRIMUS, 25*, 369-380.

Forte, E. (2010). Examining the assumptions underlying the NCLB federal accountability policy on school improvement. *Journal of Educational Psychology, 102*, 76-88.

Fougnie, D., Cormiea, S. M., Kanabar, A., & Alvarez, G. A. (2016). Strategic trade-offs between quantity and quality in working memory. *Journal of Experimental Psychology: Human Perception and Performance, 42*, 1231-1240.

Friedman, I. A. (2006). Classroom management and teacher stress and burnout. In C. M. Evertson & C. S. Weinstein (Eds.), *Handbook of classroom management: Research, practice, and contemporary issues* (pp. 925-944). Mahwah, NJ: Erlbaum.

Friend, M. (2018). *Special education: Contemporary perspectives for school professionals* (5th ed.). Boston: Pearson.

Friesen, N. (2011). The lecture as a transmedial pedagogical form: A historical analysis. *Educational Researcher, 40*, 95-102.

Fryar, C. D., Gu, Q., Ogden, C. L., & Flegal, K. M. (2016). Anthropometric reference data for children and adults: United States, 2011-2014. *National Center for Health Statistics. Vital Health Stat 3*(39). Retrieved from https://www.cdc.gov/nchs/data/series/sr_03/sr03_039.pdf

Frye, J. (2018). From politics to policy: Turning the corner on sexual harassment. *Center for American Progress.* Retrieved from https://www.americanprogress.org/issues/women/news/2018/01/31/445669/politics-policy-turning-corner-sexual-harassment/

Fuhs, M. W., Hornburg, C. B., & McNeil, N. M. (2016). Specific early number skills mediate the association between executive functioning skills and mathematics achievement. *Developmental Psychology, 52*, 1217-1235.

Fukuzawa, S., Boyd, C., & Cahn, J. (2017). Student motivation in response to problem-based learning. *Collected Essays on Learning & Teaching, 10*, 175-187.

Furukawa, E., Alsop, B., Sowerby, P., Jensen, S., & Tripp, G. (2017). Evidence for increased behavioral control by punishment in children with attention-deficit hyperactivity disorder. *Journal of Child Psychology & Psychiatry, 58*, 248-257.

Gage, N. A., Larson, A., Sugai, G., & Chafouleas, S. M. (2016). Student perceptions of school climate as predictors of office discipline referrals. *American Educational Research Journal, 53*, 492-515.

Gagne, N., & Parks, S. (2013). Cooperative learning tasks in a grade 6 intensive ESL class: Role of scaffolding. *Language Teaching*

Research, 17, 188-209.

Gagnon, J., McDuff, P., Daelman, S., & Fourmier, S. (2015). Is hostile attributional bias associated with negative urgency and impulsive behaviors? A social-cognitive conceptualization of impulsivity. *Personality and Individual Differences, 72*, 18-23.

Gall, M., D., Gall, J. P., & Borg, W. R. (2015). *Applying educational research: How to read, do, and use research to solve problems of practice* (7th ed.). Boston: Pearson.

Gamo, S., Sander, E., & Richard, J. (2010). Transfer of strategy use by semantic recoding in arithmetic problem solving. *Learning and Instruction, 20*, 400-410.

Ganotice, F. A., Datu, J. A. D., & King, R. B. (2016). Which emotional profiles exhibit the best learning outcomes? A person-centered analysis of students' academic emotions. *School Psychology International, 37*, 498-518.

Garcia, E. (2015). Inequalities at the starting gate: Cognitive and noncognitive skills gaps between 2010-2011 kindergarten classmates. Retrieved from http://www.epi.org/publication/inequalities-at-thestarting-gate-cognitive-and-noncognitive-gapsin-the-2010-2011-kindergarten-class/

Garcia-Navarro, L. (2017). Sexual harassment: Have we reached a cultural turning point? NPR. Retrieved from https://www.npr.org/2017/11/19/564987076/special-report-a-cultural-turningpoint-on-sexual-harassment

Gardner, H. (1983). *Frames of mind: The theory of multiple intelligences.* New York: Basic Books.

Gardner, H. (1995). Reflections on multiple intelligences: Myths and messages. *Phi Delta Kappan, 77*, 200-209.

Gardner, H., & Hatch, T. (1989). Multiple intelligences go to school. *Educational Researcher, 18*(8), 4-10.

Gardner, H., & Moran, S. (2006). The science of multiple intelligences theory: A response to Lynn Waterhouse. *Educational Psychologist, 41*(4), 227-232.

Garren, M. V., Sexauer, S. B., & Page, T. L. (2013). Effect of circadian phase on memory acquisition and recall: Operant conditioning vs. classical conditioning. *PLoS ONE, 8*, 1-8. doi:10.1371/journal.pone.0058693

Geno, J. A. (2014). Using tests to improve student achievement. *Techniques: Connecting Education and Careers, 89*, 50-53.

Gentile, D. (2011). The multiple dimensions of video game effects. *Child Development Perspectives, 5*(2), 75-81.

Gentile, J. (1996). Setbacks in the advancement of learning. *Educational Researcher, 25*, 37-39.

Geraci, J., Palmerini, M., Cirillo, P., & McDougald, V. (2017). *What teens want from their schools: A national survey of high school student engagement.* Thomas B. Fordham Institute. Retrieved from www.edexcellence.net/publications/what-teens-want-from-their-schools

Gershenson, S., Holt, S. B., & Papageorge, N. W. (2016). Who believes in me? The effect of student-teacher demographic match on teacher expectations. *Economics of Education Review, 52*, 209-224.

Gershoff, E. T., & Grogan-Kaylor, A. (2016). Spanking and child outcomes: Old controversies and new meta-analyses. *Journal of Family Psychology, 30*, 453-469. http://dx.doi.org/10.1037/fam0000191

Ghahraman, V., & Tamimy, M. (2017). The role of culture in cooperative learning. *International Journal of Language Studies, 11*, 89-120.

Ghitis, F. (2017). A turning point in war on sexual harassment. CNN. Retrieved from http://www.cnn.com/2017/10/26/opinions/turning-point-in-war-on-sexual-harassment-ghitis/index.html

Gibb, Z. G., & Devereux, P. G. (2016). Missing link: Exploring repetition and intentionality of distress in cyberbullying behaviors within a college population. *Translational Issues in Psychological Science, 2*, 313-322.

Gibbs, J. C. (2014). *Moral development and reality: Beyond the theories of Kohlberg, Hoffman, and Haidt* (3rd ed.). New York: Oxford University Press.

Gieri, M. J., Bulut, O., Guo, Q., & Zhang, X. (2017). Developing, analyzing, and using distractors for multiple-choice tests in education: A comprehensive review. *Review of Educational Research, 87*, 1082-1116.

Gillies, R. (2014). Cooperative learning: Developments in research. *International Journal of Educational Psychology, 3*(2), 125-140.

Gilligan, C. (1977). In a different voice: Women's conceptions of the self and of morality. *Harvard Educational Review, 47*, 481-517.

Gilligan, C. (1982). *In a different voice: Psychological theory and women's development.* Cambridge, MA: Harvard University Press.

Gilligan, C. (1998). *Minding women: Reshaping the education realm.* Cambridge, MA: Harvard University Press.

Gilligan, C. (2008). Moral orientation and moral development. In A. Bailey & C. J. Cuomo (Eds.), *The feminist philosophy reader* (pp. 467-477). Boston: McGraw-Hill.

Gilligan, C., & Attanucci, J. (1988). Two moral orientations: Gender differences and similarities. *Merrill-Palmer Quarterly, 34*, 223-237.

Gini, G., & Pozzoli, T. (2013). Bullied children and psychosomatic problems: A meta-analysis. *Pediatrics, 132*, 720-730.

Glascher, J., Rudrauf, D., Colom, R., Paul, L., Tranel, D., Damasio, H., & Adolphs, R. (2010). Distributed neural system for general intelligence revealed by lesion mapping. *Proceedings of the National Academy of Sciences of the United States of America, 107*, 4705-4709.

Gladwell, M. (2008). *Outliers: The story of success.* New York: Little, Brown, and Company.

Gloria, C. T., & Steinhardt, M. A. (2016). Relationships among positive emotions, coping, resilience and mental health. *Stress & Health, 32*, 145-156.

Glover, S., & Dixon, P. (2013). Context and vision effects on real and imagined actions: Support for the common representation hypothesis of motor imagery. *Journal of Experimental Psychology: Human Perception and Performance.* doi:10.1037/a0031276

Gluszek, A., & Dovidio, J. (2010). The way they speak: A social psychological perspective on the stigma of nonnative accents in communication. *Personality and Social Psychology Review, 14*(2), 214-237.

Gold, H. (2018). The persistence of Parkland: How the Florida shooting stayed in the media spotlight. *CNN Media.* Retrieved from http://money.cnn.com/2018/02/22/media/parklandflorida-shooting-media-coverage/index.html

Goldhaber, D. (2016). In schools, teacher quality matters most. *Education Next, 16*, 56-62.

Goldhaber, D. Lavery, L., & Theobald, R. (2015). Uneven playing field? Assessing the teacher quality gap between advantaged and disadvantaged students. *Educational Researcher, 44*, 293-307.

Goldsmith, W. (2013). Enhancing classroom conversation for all students. *Phi Delta Kappan, 94*, 48-53.

Gollner, R., Damian, R. I., Rose, N., Spengler, M., Trautwein, U., Nagengast, B., & Roberts, B. W. (2017). Is doing your homework associated with becoming more conscientious?, *Journal of Research in Personality.* doi: http://dx.doi.org/10.1016/j.jrp.2017.08.007

Goleman, D. (1995). *Emotional intelligence.* New York: Bantam.

Gollnick, D., & Chinn, P. (2017). *Multicultural education in a pluralistic society* (10th ed.). Boston: Pearson.

Goman, C. K. (2017). Body language tells your team how you really feel: Be careful! *Personal Excellence Essentials*, *22*, 10-11.

Goncalves, T., Niemivirta, M., & Semos, M. S. (2017). Identification of students' multiple achievement and social goal profiles and analysis of their stability and adaptability. *Learning and Individual Differences*, *54*, 149-159.

Gong, Y., Wu, J., Song, L. J., & Zhang, Z. (2017). Dual tuning in creative processes: Joint contributions of intrinsic and extrinsic motivational orientations. *Journal of Applied Psychology*, *102*, 829-844.

Gonzalez, A., Fernandez, M-V., & Paoloni, P-V. (2017). Hope and anxiety in physics class: Exploring their motivational antecedents and influence on metacognition and performance. *Journal of Research in Science Teaching*, *54*, 558-585.

Gonzalez, C. M., & Eggen, P. (2017, April). *The impact of frequent assessment and feedback on university students' understanding of educational psychology*. Poster presented at the annual meeting of the American Educational Research Association, San Antonio.

Good, T. L., & Lavigne, A. L. (2018). *Looking in classrooms* (11th ed.). New York: Routledge.

Good, T., & Brophy, J. (2008). *Looking in classrooms* (10th ed.). Boston: Allyn & Bacon.

Goodboy, A. K., Bolkan, S., & Baker, J. P. (2018): Instructor misbehaviors impede students' cognitive learning: testing the causal assumption. *Communication Education*. https://doi.org/10.1080/03634523.2018.1465192

Goodnow, J. (2010). Culture. In M. Bornstein (Ed.), *Handbook of cultural developmental science* (pp. 207-221). New York: Psychology Press.

Goodwin, B. (2014). Curiosity is fleeting, but teachable. *Educational Leadership*, *72*, 73-74.

Gootman, E., & Gebeloff, R. (2008). Gifted programs in the city are less diverse. *The New York Times*. Retrieved from http://www.nytimes.com/2008/06/19/nyregion/19gifted.html?pagewanted=all&_r=0

Government Accountability Office. (2016). *EMERGENCY MANAGEMENT: Improved Federal Coordination Could Better Assist K-12 Schools Prepare for Emergencies*. Retrieved from https://www.gao.gov/assets/680/675737.pdf

Gragg, C. I. (1940). Because wisdom can't be told. *Harvard Alumni Bulletin* (October 19), 78-84.

Graham, S. (2010). What educators need to know about bullying behaviors. *Phi Delta Kappan*, *92*, 66-69.

Graham, S., & Weiner, B. (1996). Theories and principles of motivation. In D. Berliner & R. Calfee (Eds.), *Handbook of educational psychology* (pp. 63-84). New York: Macmillan.

Grant, L. W. (2006). Persistence and self-efficacy: A key to understanding teacher turnover. *The Delta Kappa Gamma Bulletin*, *72*(2), 50-54.

Graziano, P. A., & Hart, K. (2016). Beyond behavior modification: Benefits of social-emotional/self-regulation training for preschoolers with behavior problems. *Journal of School Psychology*, *58*, 91-111.

Gredler, M. (2012). Understanding Vygotsky for the classroom: Is it too late? *Educational Psychology Review*, *24*, 113-131.

Green, A. M., & Muñoz, M. A. (2016). Predictors of new teacher satisfaction in urban schools. *Journal of School Leadership*, *26*, 92-123.

Greenberg, J., Putman, H., & Walsh, K. (2014). *Training our future teachers: Classroom management*. National Council on Teacher Quality. Retrieved from http://www.nctq.org/dmsView/Future_Teachers_Classroom_Management_NCTQ_Report

Gregg, M. T. (2018). The long-term effects of American Indian boarding schools. *Journal of Development Economics*, *130*, 17-32.

Gregg, N. (2009). *Adolescents and adults with learning disability and ADHD: Assessment and accommodation*. New York: Guilford.

Gregory, A., Skiba, R. J., & Mediratta, K. (2017). Eliminating disparities in school discipline: A framework for intervention. In M. T. Winn & M. Souto-Manning (Eds.). *Review of Research in Education*, *41*, 253-278.

Gregory, A., Skiba, R. J., & Noguera, P. A. (2010). The achievement gap and the discipline gap: Two sides of the same coin. *Educational Researcher*, *39*, 59-68.

Gregory, S. E. A., & Jackson, M. C. (2017). Joint attention enhances visual working memory. *Journal of Experimental Psychology: Learning, Memory, and Cognition*, *43*, 237-249.

Griffin, A. S., Guillette, L. M., & Healy, S. D. (2015). Cognition and personality: an analysis of an emerging field. *Trends in Ecology & Evolution*, *30*, 207-214.

Griffin, R., MacKewn, A., Moser, E., & VanVuren, K. W. (2013). Learning skills and motivation: Correlates to superior academic performance. *Business Education & Accreditation*, *5*, 53-65.

Griffiths, M. (2010). Online video gaming: What should educational psychologists know? *Educational Psychology in Practice*, *26*(1), 35-40.

Grigorenko, E., Jarvin, L., Diffley, R., Goodyear, J., Shanahan, E., & Sternberg, R. (2009). Are SSATs and GPA enough? A theory-based approach to predicting academic success in secondary school. *Journal of Education Psychology*, *101*(4), 964-981.

Grissom, J. A., & Redding, C. (2016). Discretion and disproportionality: Explaining the underrepresentation of high-achieving students of color in gifted programs. *AERA Open*, *2*, 1-25.

Gstalter, M. (2018). Teachers protest push for guns in schools with#ArmMeWith movement. *The Hill*. Retrieved from https://www.msn.com/en-us/news/us/teachers-protest-push-for-guns-inschools-with-supernumberarmmewith-movement/ar-BBJtesU?li=BBmkt5R&ocid=spartandhp

Guan, J., Xiang, P., McBride, R., & Keating, X. D. (2013). Achievement goals, social goals, and students' reported persistence and effort in high school athletic settings. *Journal of Sport Behavior*, *36*, 149-170.

Guess, M. N., McCardell, M. J., & Stefanucci, J. K. (2016). Fear similarly alters perceptual estimates of and actions over gaps. *PloS ONE*, *11*, 1-19.

Guillot, A., Moschberger, K., & Collet, C. (2013). Coupling movement with imagery as a new perspective for motor imagery practice. *Behavioral and Brain Functions*, *9*, 1-8. doi:10.1186/1744-9081-9-8

Hacker, D., Bol, L., Horgan, D., & Rakow, E. (2000). Test prediction and performance in a classroom context. *Journal of Education Psychology*, *92*, 160-170.

Hagen, K. (2018). Conspiracy theories and the paranoid style: Do conspiracy theories posit implausibly vast and evil conspiracies? *Social Epistemology*, *32*, 24-40.

Hall, G., & Rodriguez, G. (2017). Habituation and conditioning: Salience change in associative learning. *Journal of Experimental Psychology: Animal Learning and Cognition*, *43*, 48-61.

Hallahan, D. P., Kaufman, J. M., & Pullen, P. C. (2015). *Exceptional learners: An introduction to special education* (13th ed.). Boston: Pearson.

Halpern, D. (2006). Assessing gender gaps in learning and academic achievement. In P. A. Alexander & P. H. Winne (Eds.), *Handbook of educational psychology* (2nd ed., pp. 635-653). Mahwah, NJ: Erlbaum.

Hamlen, K. (2011). Children's choices and strategies in video games.

Computers in Human Behavior, 27(1), 532-539.

Hammond, Z. (2015). *Culturally responsive teaching and the brain: Promoting authentic engagement and rigor among culturally and linguistically diverse students.* Thousand Oaks, CA: Corwin.

Handren, L. M., Donaldson, C.D., & Crano, W. D. (2016). Adolescent alcohol use: Protective and predictive parent, peer, and self-related factors. *Prevention Science, 17,* 862-871.

Hanna, J., & McLaughlin, E. C. (2017). North Carolina repeals 'bathroom bill." CNN Politics. Retrieved from https://www.cnn.com/2017/03/30/politics/north-carolina-hb2-agreement/index.html

Hansberry, L. (1959). *A raisin in the sun.* New York: Random House.

Hao, Z., & Cowan, B. W. (2017). The effects of graduation requirements on risky health behaviors of high school students. *American Journal of Health Economics.* https://doi.org/10.1162/ajhe_a_00112

Hardin, J., & Wille, D. (2017). The homeless individual's viewpoint: Causes of homelessness and resources needed to leave the sheltered environment. *Social Work and Social Sciences Review, 19,* 33-48.

Hardman, M. L., Egan, M. W., & Drew, C. J. (2017). *Human exceptionality: School, community, and family* (12th ed.). Boston: Cengage Learning.

Harmon, A. (2017). Climate science meets a stubborn obstacle: Students. *The New York Times.* Retrieved from https://www.nytimes.com/2017/06/04/us/education-climate-change-scienceclass-students.html

Harris, A. L. (2011). *Kids don't want to fail: Oppositional culture and the black-white achievement gap.* Cambridge, MA: Harvard University Press.

Harris, C. B., Barnier, A. J., & Sutton, J. (2013). Shared encoding and the costs and benefits of collaborative recall. *Journal of Experimental Psychology: Learning, Memory, and Cognition, 39,* 183-195.

Harris, C. M., & Shenghua, Z. (2017). Concept mapping for critical thinking: Efficacy, timing, & type. *Education, 137,* 277-280.

Harris, F., & Curtis, A. (2018). *Healing our divided society: Investing in America fifty years after the Kerner report.* Philadelphia: Temple University Press.

Harris, J. A., & Andrew, B. J. (2017). Time, trials, and extinction. *Journal of Experimental Psychology: Animal Learning and Cognition, 43,* 15-29.

Hart, R., Casserly, M., Uzzell, R., Palacios, M., Corcoran, A., & Spurgeon, L. (2015). *Student Testing in America's Great City Schools: An Inventory and Preliminary Analysis.* Council of the Great City Schools. Retrieved from http://www.cgcs.org/cms/lib/DC00001581/Centricity/Domain/87/Testing%20Report.pdf

Haskill, A., & Corts, D. (2010). Acquiring language. In E. Sandberg & B. Spritz (Eds.), *A clinician's guide to normal cognitive development in childhood* (pp. 23-41). New York: Routledge/Taylor & Francis.

Hattie, J. (2012). *Visible learning for teachers. Maximizing impact on learning.* New York: Routledge.

Hattie, J. A. C., & Timperley, H. (2007). The power of feedback. *Review of Educational Research, 77,* 81-112. doi:10.3102/003465430298487

Hattie, J., & Gan, M. (2011). Instruction based on feedback. In R. E. Mayer & P. A. Alexander (Eds.), *Handbook of research on learning and instruction* (pp. 249-271). New York: Routledge.

Haught-Tromp, C. (2017). The green eggs and ham hypothesis: How constraints facilitate creativity. *Psychology of Aesthetics, Creativity, and the Arts, 11,* 10-17.

Hauser, M. D. (2017). The essential and interrelated components of evidence-based IEPs: A user's guide. *Teaching Exceptional Children, 49,* 420-428.

Hamalainen, R., De Wever, B., Malin, A., & Cincinnato, S. (2015). Education and working life: VET adults' problem-solving skills in technology-rich environments. *Computers and Education, 88,* 38-47.

He, W., Holton, A., Farkas, G., & Warschauer, M. (2016). The effects of flipped instruction on out-of-class study time, exam performance, and student perceptions. *Learning and Instruction, 45,* 61-71.

Heck, N. C., Mirabito, L. A., LeMaire, K, Livingston, N. A., & Flentje, A. (2017). Omitted data in randomized controleed trials for anxiety and depression: A systematic review of the inclusion of sexual orientation and gender identity. *Journal of Consulting and Clinical Psychology, 85,* 72-76.

Heckman, J. J., & Kautz, T. (2012). Hard evidence on soft skills. *Labour Economics, 19,* 451-464.

Helgeson, V. S. (2017). *Psychology of gender* (5th ed.). New York: Taylor and Francis.

Henderson, N. (2013). Havens of resilience. *Educational Leadership, 71,* 22-27.

Hernandez, I., & Preston, J. L. (2013). Disfluency disrupts the confirmation bias. *Journal of Experimental Social Psychology, 49,* 178-182.

Herold, B. (2015). Why Ed tech is not transforming how teachers teach. *Education Week.* Retrieved from http://www.edweek.org/ew/articles/2015/06/11/why-ed-tech-is-not-transforming-how.html

Herold, B. (2017). The cases(s) against personalized learning. *Education Week.* Retrieved from https://www.edweek.org/ew/articles/2017/11/08/the-cases-against-personalized-learning.html

Hess, F. M., & McShane, M. Q. (2013). Common core in the real world. *Phi Delta Kappan, 95,* 61-66.

Hessels-Schlatter, C., Hessels, M. G. P., Godin, H., Spillmann-Rojas, H. (2017). Fostering self-regulated learning: From clinical to whole class interventions. *Educational & Child Psychology, 34,* 110-125.

Heward, W. L., Alber-Morgan, S. R., & Konrad, M. (2017). *Exceptional children: An introduction to special education* (11th ed.). Boston: Pearson.

Hidi, S. (2001). Interest, reading, and learning: Theoretical and practical considerations. *Educational Psychology Review, 13,* 191-209.

Higgins, S., Kokotsaki, D., & Coe, R. (2011). Toolkit of strategies to improve learning. *The Sutton Trust.* Retrieved from https://www.scribd.com/document/114336010/Sutton-Trust-Spending-the-Pupil-Premium-and-Strategies-to-Improve-Learning-2011

Hill, A., Arford, T., Lubitow, A., & Smollin, L. M. (2012). "I'm ambivalent about it": The dilemmas of PowerPoint. *Teaching Sociology, 40,* 242-256.

Hill, C., & Kearl, H. (2011). *Crossing the line: Sexual harassment at school.* American Association of University Women. Washington, DC. Retrieved from https://secure.edweek.org/media/crossingtheline-11harass.pdf

Hillebrandt, A., & Barclay, L. J. (2017). Comparing integral and incidental emotions: Testing insights from emotions as social information theory and attribution theory. *Journal of Applied Psychology, 102,* 732-752.

Hirsch, E. (2006). *Knowledge deficit: Closing the shocking education gap for American children.* Boston: Houghton Mifflin.

Hirvikoski, T., Waaler, E., Alfredsson, J., Pihlgren, C., Holmstrom, A., Johnson, A.,. . . Nordstrom, A. (2011). Reduced ADHD symptoms in adults with ADHD after structured skills training group: Results from a randomized controlled trial. *Behavioural Research and Therapy, 49,* 175-185.

Hobson, W. (2017). Former USA Gymnastics team doctor Larry Nassar pleads guilty to three more sexual assault charges. *The Washington*

Post. Retrieved from https://www.washingtonpost.com/news/sports/wp/2017/11/29/former-usa-gymnasticsteam-doctor-larry-nassar-pleads-guilty-to-more-sexual-assaultcharges/?utm_term=.9779c9f0ef42

Hobson, W. (2018). Larry Nassar, former USA Gymnastics doctor, sentenced to 40-175 years for sex crimes. *The Washington Post*. Retrieved from https://www.washingtonpost.com/sports/olympics/larry-nassar-former-usa-gymnastics-doctor-due-to-besentenced-for-sex-crimes/2018/01/24/9acc22f8-0115-11e8-8acfad2991367d9d_story.html?utm_term=.08c42559d19c

Hochweber, J., Hosenfeld, I., & Klieme, E. (2013, August 12). Classroom composition, classroom management, and the relationship between student attributes and grades. *Journal of Educational Psychology*. Advance online publication. doi:10.1037/a0033829

Hodges, M. (2016). Largest transgender survey ever in U.S. reveals high rates of sexual assault, suicide, HIV, prostitution. *Life Site*. Retrieved from https://www.lifesitenews.com/news/transgender-survey-reveals-high-rates-of-sexual-assault-suicidehiv-prostit

Hofer, M. (2010). Adolescents' development of individual interests: A product of multiple goal regulation? *Educational Psychologist*, *45*, 149-166.

Hofferth, S. (2010). Home media and children's achievement and behavior. *Child Development*, *81*, 1598-1619.

Hoffman, J. (2016). As attention grows, transgender children's numbers are elusive. *The New York Times*. Retrieved from https://www.nytimes.com/2016/05/18/science/transgender-children.html?_r=0

Hogan, T., Rabinowitz, M., & Craven, J. (2003). Representation in teaching: Inference from research on expert and novice teachers. *Educational Psychologist*, *38*, 235-247.

Hogheim, S., & Reber, R. (2015). Supporting interest of middle school students in mathematics through context personalization and example choice. *Contemporary Educational Psychology*, *42*, 17-25.

Hohnen, B., & Murphy, T. (2016). The optimum context for learning: drawing on neuroscience to inform best practice in the classroom. *Educational & Child Psychology*, *33*, 75-90.

Holding, M., Denton, R., Kulesza, A., & Ridgway, J. (2014). Confronting scientific misconceptions by fostering a classroom of scientists in the introductory biology lab. *American Biology Teacher*, *76*(8), 518-523.

Holeywell, R. (2015). New study shows benefits of two-way, duallanguage education. *The Urban Edge: Kinder Institute for Urban Research at Rice University*. Retrieved from http://kinder.rice.edu/blog/holeywell060315/

Holland, G. W. O., & Holden, G. W. (2016). Changing orientations to corporal punishment: A randomized, control trial of the efficacy of a motivational approach to psycho-education. *Psychology of Violence*, *6*, 233-242.

Holloway-Libell, J. (2015). Evidence of grade and subject-level bias in value-added measures. *Teachers College Record*. Retrieved from http://www.tcrecord.org/Content.asp?ContentID=17987

Holzberger, D., Philipp, A., & Kunter, M. (2013). How teachers' selfefficacy is related to instructional quality: A longitudinal analysis. *Journal of Educational Psychology*, *105*, 774-786.

Honke, G., Cavagnetto, A. R., Kurtz, K., Patterson, J. D., Conoway, N., Tao, Y., & Marr, J. C. (2015, April). *Promoting transfer and mastery of evolution concepts with category construction*. Paper presented at the annual meeting of the American Educational Research Association, Chicago.

Horak, A. K., & Galluzzo, G. R. (2017). Gifted middle school students' achievement and perceptions of science classroom quality during problem-based learning. *Journal of Advanced Academics*, *28*, 28-50.

Horn, J. (2008). Spearman, *g*, expertise, and the nature of human cognitive capability. In P. Kyllonen, R. Roberts, & L. Stankov (Eds.), *Extending intelligence: Enhancement and new constructs* (pp. 185-230). New York: Erlbaum/Taylor & Francis.

Horst, S. J., Finney, S. J., & Barron, K. E. (2007). Moving beyond academic achievement goal measures: A study of social achievement goals. *Contemporary Educational Psychology*, *32*, 667-698.

Houde, O., Pineau, A., Leroux, G., Poirel, N., Perchey, G., Lanoe, C., . . . Mazoyer, B. (2011). Functional MRI study of Piaget's conservation-of-number task in preschool and school-age children: A neo-Piagetian approach. *Journal of Experimental Child Psychology*, *110*, 332-346. doi: 10.1016/j.jecp.2011.04.008

Houkes-Hommes, A., ter Weel, B., & van der Wiel, K. (2016). Measuring the contribution of primary-school teachers to education outcomes in the Netherlands. *De Economist*, *164*, 357-364.

Howard-Jones, P. A. (2014). Neuroscience and education: Myths and messages. *Nature Reviews Neuroscience*, *15*, 817-824.

Howe, C. (2009). Collaborative group work in middle childhood. *Human Development*, *52*, 215-239.

Howe, C. (2010). *Peer groups and children's development*. Malden, MA: Wiley-Blackwell.

Howe, M. L. (2004). The role of conceptual recoding in reducing children's retroactive interference. *Developmental Psychology*, *40*, 131-139.

Howell, W. G. (2015). Results of President Obama's Race to the Top. *Education Next*, *15*, 58-66.

Hritcu, M. S. (2016). The importance of educational software in improving the quality of education for children with special educational needs. *eLearning & Software for Education*, *2*, 95-100.

Huan, V. S., Yeo, L. S., & Ang, R. P. (2006). The influence of dispositional optimism and gender on adolescents' perception of academic stress. *Adolescence*, *41*, 533-546.

Hubbard, J., Morrow, M., Romano, L., & McAuliffe, M. (2010). The role of anger in children's reactive versus proactive aggression: Review of findings, issues of measurement, and implications for intervention. In W. Arsenio & E. Lemerise (Eds.), *Emotions, aggression, and morality in children: Bridging development and psychopathology* (pp. 201-217). Washington, DC: American Psychological Association. doi:10.1037/12129-01

Huesmann, L., Dubow, E., & Boxer, P. (2011). The transmission of aggressiveness across generations: Biological, contextual, and social learning processes. In P. Shaver & M. Mikulincer (Eds.), *Human aggression and violence: Causes, manifestations, and consequences. Herzliya series on personality and social psychology* (pp. 123-142). doi:10.1037/12346-007

Hughes, J. N., Wu, J-Y., Kwok, O., Villarreal, V., & Johnson, A. Y. (2012). Indirect effects of child reports of teacher-student relationship on achievement. *Journal of Educational Psychology*, *104*, 350-365.

Hulac, D., Benson, N., Nesmith, M. C., & Shervey, S. W. (2016). Using variable interval reinforcement schedules to support students in the classroom: An introduction with illustrative examples. *Journal of Educational Research and Practice 2016*, *6*, 90-96.

Hull, M. C. (2017). The academic progress of Hispanic immigrants. *Economics of Education Review*, *57*, 91-110.

Human Rights Campaign. (2016). *Growing up LGBT in America*. Retrieved from http://hrc-assets.s3-website-us-east-1.amazonaws.com//files/assets/resources/Growing-Up-LGBT-in-America_Report.pdf

Hung, C-Y., Sun, J. C-Y., & Yu, P-T. (2015). The benefits of a challenge: Student motivation and flow experience in tablet-PC-game-based learning. *Interactive Learning Environments, 23,* 172-190.

Hunt, J. H., & Empson, S. B. (2015). Exploratory study of informal strategies for equal sharing problems of students with learning disabilities. *Learning Disability Quarterly, 38,* 208-220.

Igielnik, R., & Krogstad, J. M. (2017). Where refugees to the U.S. come from. *Pew Research Center.* Retrieved from http://www.pewresearch.org/fact-tank/2017/02/03/where-refugees-to-the-us-come-from/

Igo, L. B., Kiewra, K., & Bruning, R. (2004). Removing the snare from the pair: Using pictures to learn confusing word pairs. *Journal of Experimental Education, 72*(3), 165-178.

İlhan, İ. (2017). Concept-teaching practices in social studies classrooms: Teacher support for enhancing the development of students' vocabulary. *Educational Sciences: Theory & Practice, 17,* 1135-1164.

Im, S-H., Cho, J-Y., Dubinsky, J. M., & Varma, S. (2018). Taking an educational psychology course improves neuroscience literacy but does not reduce belief in neuromyths. *PLoS ONE, 13,* 1-19.

Imuta, K., Henry, J. D., Slaughter, V., Selcuk, B., & Ruffman, T. (2016). Theory of mind and prosocial behavior in childhood: A metaanalytic review. *Developmental Psychology, 52,* 1192-1205.

Inan, F. A., Lowther, D. L., Ross, S. M., & Strahl, D. (2010). Pattern of classroom activities during students' use of computers: Relations between instructional strategies and computer applications. *Teaching and Teacher Education, 26,* 540-546.

Indicators of school crime and safety. (2018). Indicator 1: Violent deaths at home and away from school. *National Center for Education Statistics.* Retrieved from https://nces.ed.gov/programs/crimeindicators/ind_01.asp

Informer Technologies, Inc. (2017). *The Geometers' Sketchpad.* Retrieved from http://en.informer.com/geometer-s-sketchpad/

Ingersoll, R., & Smith, T. (2004). What are the effects of induction and mentoring on beginning teacher turnover? *American Educational Research Journal, 41*(3), 681-714.

Ingraham, N., & Nuttall, S. (2016). The story of an arts integration school on English-Language-Learner development: A qualitative study of collaboration, integrity, and confidence. *International Journal of Education & the Arts, 17,* 1-18.

Inhelder, B., & Piaget, J. (1958). *The growth of logical thinking from childhood to adolescence* (A. Parsons & S. Milgram, Trans.). New York: Basic Books.

Insurance Institute for Highway Safety (2017). *General statistics.* Retrieved from http://www.iihs.org/iihs/topics/t/generalstatistics/fatalityfacts/state-by-state-overview

Insurance Institutes for Highway Safety. (2017). *Distracted Driving: Cellphones and texting.* Retrieved from: http://www.iihs.org/iihs/topics/laws/cellphonelaws

International Society of the Learning Sciences. (2017). *Welcome to ISLS.* Retrieved from https://www.isls.org/

Ion, A., Mindu, A., & Gorbănescu, A. (2017). Grit in the workplace: Hype or ripe? *Personality and Individual Differences, 111,* 163-168.

Isaacson, A. (2009, March 5). Riding the rails. *New York Times. Retrieved from* http://travel.nytimes.com/2009/03/08/travel/08amtrak.html

Isseks, M. (2011). How PowerPoint is killing education. *Educational Leadership, 68,* 74-76.

Ivcevic, Z., & Brackett, M. (2014). Predicting school success: Comparing conscientiousness, grit, and emotion regulation ability. *Journal of Research in Personality, 52,* 29-36.

IXL Learning. (2013). *Estimation and rounding.* Retrieved from http://www.ixl.com/math/grade-3

Jabeen, F., Anis-ul-Haque, M., & Riaz, M. N. (2013). Parenting styles as predictors of emotion regulation among adolescents. *Pakistan Journal of Psychological Research, 28,* 85-105.

Jack, F., Simcock, G., & Hayne, H. (2012). Magic memories: Young children's verbal recall after a 6-year delay. *Child Development, 83,* 159-172.

Jackson, M. (2009). *Distracted: The erosion of attention and the coming dark age.* Amherst, NY: Prometheus Books.

Jackson, P. (1968). *Life in classrooms.* New York: Holt, Rinehart & Winston.

Jackson, S. L., & Cunningham, S. A. (2015). Social competence and obesity in elementary school. *American Journal of Public Health, 105,* 153-158.

Jansen, A., & Bartell, T. (2013). Caring mathematics instruction: Middle school students' and teachers' perspectives. *Middle Grades Research Journal, 8,* 33-49.

Janssen, F., Westbroek, H., & Driel, J. (2014). How to make guided discovery learning practical for student teachers. *Instructional Science, 42,* 67-90.

Jarick, M., Laidlaw, K., Nasiopoulos, E., & Kingstone, A. (2016). Eye contact affects attention more than arousal as revealed by prospective time estimation. *Attention, Perception and Psychophysics, 78,* 1302-1307.

Jarrett, C. (2012). Why the left-brain right-brain myth will probably never die. *Psychology Today.* Retrieved from http://www.psychologytoday.com/blog/brain-myths/201206/why-theleftbrain-right-brain-myth-will-probably-never-die

Jarrett, M. A. (2016). Attention-deficit/hyperactivity disorder (ADHD) symptoms, anxiety symptoms, and executive functioning in emerging adults. *Psychological Assessment, 28,* 245-250.

Jarrold, C., & Citroen, R. (2013). Reevaluating key evidence for the development of rehearsal: Phonological similarity effects in children are subject to proportional scaling artifacts. *Developmental Psychology, 49,* 837-847.

Jaschik, S. (2014). A new SAT. *Inside Higher Ed.* Retrieved from http://www.insidehighered.com/news/2014/03/05/college-boardunveils-new-sat-major-overhaul-writing-exam

Jaspal, R., & Cinnirella, M. (2012). The construction of ethnic identity: Insights from identity process theory. *Ethnicities, 12*(5), 503-530.

Jennings, P. A., Frank, J. L., Snowberg, K. E., Coccia, M. A., & Greenberg, M. T. (2013). Improving classroom learning environments by cultivating awareness and resilience in education(CARE): Results of a randomized controlled trial. *School Psychology Quarterly, 28,* 374-390.

Jeno, L. M., Grytnes, J-A., & Vandvik, V. (2017). The effect of a mobileapplication tool on biology students' motivation and achievement in species identification: A Self-Determination Theory perspective. *Computers and Education, 107,* 1-12.

Jette, A. (2014). 10 tips for edTPA success. *Education Week.* Retrieved from http://www.edweek.org/tm/articles/2014/07/29/ctq_jette_edtpa.html

Jiang, Y. H. V., Swallow, K. M., & Rosenbaum, G. M. (2013). Guidance of spatial attention by incidental learning and endogenous cuing. *Journal of Experimental Psychology-Human Perception and Performance, 39,* 285-297.

Jimenez-Castellanos, O. H., & Garcia, D. (2017). School expenditures and academic achievement differences between high-ELLperforming and low-ELL-performing high schools. *Bilingual Research Journal, 40,* 318-330.

Jitendra, A., Haria, P., Griffin, C., Leh, J., Adams, A., & Kaduvettoor, A.

(2007). A comparison of single and multiple strategy instruction on third-grade students' mathematical problem solving. *Journal of Educational Psychology, 99*(1), 115-127.

Joe, H-K., Hiver, P., & Al-Hoorie, A. H. (2017). Classroom social climate, self-determined motivation, willingness to communicate, and achievement: A study of structural relationships in instructed second language settings. *Learning and Individual Differences, 53*, 133-144.

Johnson, D. W., & Johnson, R. T. (2017). The use of cooperative procedures in teacher education and professional development. *Journal of Education for Teaching, 43*, 284-295.

Johnson, H. B. (2015). Word play: How "Black English" coarsens culture. *Teachers College Record.* Retrieved from http://www.tcrecord.org/Content.asp?ContentID=18829

Johnson, I. (2017). Female faculty role models, self-efficacy, and student achievement. *College Student Journal, 51*, 151-173.

Johnson, L. (2004). Down with detention. *Education Week, 24*(14), 39-40.

Johnson, M., & Sinatra, G. (2014). The influence of approach and avoidance goals on conceptual change. *Journal of Educational Research, 107*(4), 312-325.

Johnson, N., & Parker, A. T. (2013). Effects of wait time when communicating with children who have sensory and additional disabilities. *Journal of Visual Impairment & Blindness, 107*, 363-374.

Johnson, S., & Birkeland, S. (2003, April). *Pursuing a "sense of success:" New teachers explain their career decisions.* Paper presented at the annual meeting of the American Educational Research Association, New Orleans, LA.

Johnson, W., & Bouchard, T. (2005). The structure of human intelligence: It is verbal, perceptual, and image rotation (VPR), not fluid and crystallized. *Intelligence, 33*, 393-416.

Johnston, L. D., O'Malley, P. M., Miech, R. A., Bachman, J. G., & Schulenberg, J. E. (2017). *Monitoring the Future national survey results on drug use, 1975-2016: Overview, key findings on adolescent drug use.* Ann Arbor: Institute for Social Research, The University of Michigan. Retrieved from http://www.monitoringthefuture.org/pubs/monographs/mtf-overview2016.pdf

Jolstead, K. A., Caldarella, P., Hansen, B., Korth, B. B., Williams, L., & Kamps, D. (2017). Implementing positive behavior support in preschools: An exploratory study of CW-FIT tier I. *Journal of Positive Behavior Interventions, 19*, 48-60.

Jonas, M. E. (2016). Plato's anti-Kohlbergian program for moral education. *Journal of Philosophy of Education, 50*, 205-217.

Jones, D. E., Greenberg, M., & Crowley, M. (2015). Early socialemotional functioning and public health: The relationship between kindergarten social competence and future wellness. *American Journal of Public Health, 105*, 2283-2290.

Jones, K. A., Jones, J. L., & Vermete, P. J. (2013). Exploring the complexity of classroom management: 8 components of managing a highly productive, safe, and respectful urban environment. *American Secondary Education, 41*, 21-33.

Jones, M. H. (2017). The relationship among achievement goals, standardized test scores, and elementary students' focus in school. *Psychology in the Schools, 54*, 979-990.

Jones, S. (2016). 1,301,239: Homeless students in public schools up 38% since 2009-10. CNSNews.com. Retrieved from https://www.cnsnews.com/news/article/susan-jones/1301239-numberhomeless-students-nations-public-schools-38-2009-10

Jones, V., & Jones, L. (2016). *Comprehensive classroom management: Creating communities of support and solving problems* (11th ed.). Boston: Pearson.

Jordan, L., & Papp, R. (2013). PowerPointTM: It's not "yes" or "no"-it's

"when" and "how." *Research in Higher Education Journal, 22*, 1-12.

Jordan, M. R., Amir, D., & Bloom, P. (2016). Are empathy and concern psychologically distinct? *Emotion, 16*, 1107-1116.

Josephs, M., & Rakoczy, H. (2016). Young children think you can opt out of social-conventional but not moral practices. *Cognitive Development, 39*, 197-204.

Josephson Institute Center for Youth Ethics. (2010). *The ethics of American youth: 2010.* Retrieved from http://charactercounts.org/programs/reportcard/2010/index.html

Jurow, A. (2016). Kris Gutierrez: designing with and for diversity in the learning sciences. *Cultural Studies of Science Education, 11*, 81-88.

Jussim, L., Robustelli, S., & Cain, T. (2009). Teacher expectations and self-fulfilling prophecies. In A. Wigfield & K. Wentzel (Eds.), *Handbook of motivation at school* (pp. 349-380). Mahwah, NJ: Erlbaum.

Justice, L. M., Logan, J. A., Lin, T. J., & Kaderavek, J. N. (2014). Peer effects in early childhood education: Testing the assumptions of special-education inclusion. *Psychological Science, 25*, 1722-1729.

Juvonen, J. (2006). Sense of belonging, social bonds, and school functioning. In P. A. Alexander & P. H. Winne (Eds.), *Handbook of educational psychology* (2nd ed., pp. 655-674). Mahwah, NJ: Erlbaum.

Juvonen, J., Schacter, H. L., Sainio, M., & Salmivalli, C. (2016). Can a school-wide bullying prevention program improve the plight of victims? Evidence for risk x intervention effects. *Journal of Consulting and Clinical Psychology, 84*, 334-344.

Kaddoura, M. A. (2011). Critical thinking skills of nursing students in lecture-based teaching and case-based learning. *International Journal for the Scholarship of Teaching & Learning, 5*, 1-18.

Kafai, Y. (2006). Constructionism. In R. K. Sawyer (Ed.), *The Cambridge handbook of the learning sciences* (pp. 35-46). New York: Cambridge University Press.

Kahlenberg, S., & Hein, M. (2010). Progression on Nickelodeon? Gender-role stereotypes in toy commercials. *Sex Roles, 62*, 830-847.

Kahn, E. (2016). The schools transgender students need. *Educational Leadership, 74*, 70-73.

Kahneman, D. (2011). *Thinking fast and slow.* New York: Farrar, Straus and Giroux.

Kalyuga, S. (2010). Schema acquisition and sources of cognitive load. In J. L. Plass, R. Moreno, & R. Brunken (Eds.), *Cognitive load theory* (pp. 48-64). Cambridge, England: Cambridge University Press.

Kaminski, J. A., Sloutsky, V. M., & Heckler, A. F. (2013). The cost of concreteness: The effect of nonessential information on analogical transfer. *Journal of Experimental Psychology: Applied, 19*, 14-29.

Kanazawa, S. (2010). Evolutionary psychology and intelligence research. *American Psychologist, 65*(4), 279-289.

Kanfer, R., Frese, M., & Johnson, R. E. (2017). Motivation related to work: A century of progress. *Journal of Applied Psychology, 102*, 338-355.

Kanive, R., Nelson, P. M., Burns, M. K., & Ysseldyke, J. (2014). Comparison of the effects of computer-based practice and conceptual understanding interventions on mathematics fact retention and generalization. *The Journal of Educational Research, 107*, 83-89.

Kaplan, K., & Johnson, M. A. (2012). Sandusky convicted of 45 counts, plans to appeal. *NBC News.* Retrieved from http://usnews.nbcnews.com/_news/2012/06/22/12363955-sandusky-convictedof-45-counts-plans-to-appeal?lite.

Kaplan, R. M., & Saccuzzo, D. P. (2018). *Psychological testing: Principles, applications, and issues* (9th ed.). Boston: Cengage.

Kar, Am. K., & Kar, Aj. K. (2017). How to walk your talk: Effective use of body language for business professionals. *IUP Journal of Soft Skills,*

11, 16-28.

Karatekin, C. (2004). A test of the integrity of the components of Baddeley's model of working memory in attention-deficit/hyperactivity disorder (ADHD). *The Journal of Child Psychology and Psychiatry and Allied Disciplines*, 45(5), 912-926.

Karssemeijer, E. G. A., Aaronson, J. A., Bossers, W. J., Smits, T., Olde Rikkert, M. G. M., & Kessels, R. P. C. (2017). Positive effects of combined cognitive and physical exercise training on cognitive function in older adults with mild cognitive impairment or dementia: A meta-analysis. *Ageing Research Reviews*, 40, 75-83.

Kaspar, K., & Stelz, H. (2013). The paradoxical effect of praise and blame: Age-related differences. *Europe's Journal of Psychology*, 9, 304-318.

Kassin, S. M., Dror, I. E., & Kukucka, J. (2013). The forensic confirmation bias: Problems, perspectives, and proposed solutions. *Journal of Applied Research in Memory and Cognition*, 2, 42-52.

Kastens, K., & Liben, L. (2007). Eliciting self-explanations improves children's performance on a field-based map skills task. *Cognition and Instruction*, 25(1), 45-74.

Katz, J. M. (2016). What happened to North Carolina? *The New York Times*. Retrieved from https://www.nytimes.com/2016/10/07/magazine/what-happened-to-north-carolina.html

Katz, J. M. (2017). Drug deaths in America are rising faster than ever. *The New York Times*. Retrieved from https://www.nytimes.com/interactive/2017/06/05/upshot/opioid-epidemic-drug-overdosedeaths-are-rising-faster-than-ever.html?_r=5

Kauchak, D., & Eggen, P. (2012). *Learning and teaching: Research-based methods* (6th ed.). Boston: Pearson.

Kearney, W. S., Smith, P. A., & Maika, S. (2016). Asking students their opinions of the learning environment: An empirical analysis of elementary classroom climate. *Educational Psychology in Practice*, 32, 310-320.

Keller, M. M., Goetz, T., Becker, E. S., Morger, V., & Hensley, L. (2014). Feeling and showing: A new conceptualization of dispositional teacher enthusiasm and its relation to students' interest. *Learning and Instruction*, 33, 29-38.

Keller, M., Hoy, A., Goetz, T., & Frensel, A. (2016). Teacher enthusiasm: Reviewing and redefining a complex construct. *Educational Psychology Review*, 28, 743-769.

Kelly, D., & Donaldson, D. I. (2016). Investigating the complexities of academic success: Personality constrains the effects of metacognition. *Psychology of Education Review*, 40, 17-23.

Kennedy Root, A., & Denham, S. (2010). The role of gender in the socialization of emotion: Key concepts and critical issues. In A. Kennedy Root & S. Denham (Eds.), *The role of gender in the socialization of emotion: Key concepts and critical issues. New Directions for Child and Adolescent Development*, 128, 1-9. San Francisco: Jossey-Bass.

Kennedy, F., Carroll, B., & Francoeur, J. (2013). Mindset not skill set: Evaluating in new paradigms of leadership development. *Advances in Developing Human Resources*, 15, 10-26.

Kennedy-Lewis, B. L., & Murphy, A. S. (2016). Listening to "frequent flyers": What persistently disciplined students have to say about being labeled as "bad." *Teachers College Record*, 118, 1-40. Retrieved from http://www.tcrecord.org/Content.asp?ContentID=18222

Kerman, S. (1979). Teacher expectations and student achievement. *Phi Delta Kappan*, 60, 70-72.

Kertz, S., & Woodruff-Borden, J. (2013). The role of metacognition, intolerance of uncertainty, and negative problem orientation in children's worry. *Behavioural and Cognitive Psychotherapy*, 41, 243-248.

Khamsi, R. (2013). Going to pot. *Scientific American*, 308, 34-36.

Khasnabis, D., Goldin, S., & Ronfeldt, M. (2018). The practice of partnering: Simulated parent-teacher conferences as a tool for teacher education. *Action in Teacher Education*, 40, 77-95.

Khodadady, E., & Hezareh, O. (2016). Social and emotional intelligences: Empirical and theoretical relationship. *Journal of Language Teaching and Research*, 7, 128-136.

Kibby, M. Y., Marks, W., & Morgan, S. (2004). Specific impairment in developmental reading disabilities: A working memory approach. *Journal of Learning Disabilities*, 37, 349-363.

Kidron, Y., & Fleischman, S. (2006). Promoting adolescents' prosocial behavior. *Educational Leadership*, 63(7), 90-91.

Kieffer, J., Lesaux, N., Rivera, M., & Francis, D. (2009). Accommodations for English language learners taking large-scale assessments: A meta-analysis on effectiveness and validity. *Review of Educational Research*, 79, 1168-1201.

Kiemer, K., Groschner, A., Pehmer, A-K., & Seidel, T. (2015). Effects of a classroom discourse intervention on teachers' practice and students' motivation to learn mathematics and science. *Learning and Instruction*, 35, 94-103.

Kiewra, K. (2016). Note taking on trial: A legal application of notetaking research. *Educational Psychology Review*, 28, 377-384.

Kim, S. Y., Wang, Y., Orozco-Lapray, D., Shen, Y., & Murtuza, M. (2013). Does "tiger parenting" exist? Parenting profiles of Chinese Americans and adolescent developmental outcomes. *Asian American Journal of Psychology*, 4, 7-18.

Kim, S., & Hill, N. E. (2015). Including fathers in the picture: A meta-analysis of parental involvement and students' academic achievement. *Journal of Educational Psychology*, 107, 919-934.

Kim, T., & Schallert, D. L. (2014). Mediating effects of teacher enthusiasm and peer enthusiasm on students' interest in the college classroom. *Contemporary Educational Psychology*, 39, 134-144.

Kimmel, M. (2018). *Manhood in America: A cultural history* (4th ed.). New York: Oxford University Press.

King, R. (2014). The dark cycle of work avoidance goals and disengagement: A cross-lagged analysis. *Psychological Studies*, 59, 268-277.

King, R. B., & McInerney, D. M. (2014). The work avoidance goal construct: Examining its structure, antecedents, and consequences. *Contemporary Educational Psychology*, 39, 42-58.

King, R. B., McInerney, D. M., & Nasser, R. (2017). Different goals for different folks: A cross-cultural study of achievement goals across nine cultures. *Social Psychology of Education: An International Journal*, 20, 619-642.

Kirbas, A. (2017). Effects of cooperative learning method on the development of listening comprehension and listening skills. *International Journal of Languages' Education and Teaching*, 5, 1-17.

Kirschner, P. A., Sweller, J., & Clark, R. E. (2006). Why minimal guidance during instruction does not work: An analysis of the failure of constructivist, discovery, problem-based, experiential, and inquiry-based teaching. *Educational Psychologist*, 41, 75-86.

Kirylo, J. D., Thirumurthy, V., & Spezzini, S. (2010). Children were punished: Not for what they said, but for what their teachers heard. *Childhood Education*, 86, 130-131.

Kitsantas, A., Zimmerman, B., & Cleary, T. (2000). The role of observation and emulation in the development of athletic selfregulation. *Journal of Educational Psychology*, 92(4), 811-817.

Kiyonaga, A., & Egner, T. (2013). Working memory as internal attention: Toward an integrative account of internal and external selection processes. *Psychonomic Bulletin and Review, 20,* 228-242.

Klein, A. (2018). Trump: Nation should consider arming teachers to prevent school shootings. *Education Week.* Retrieved from http://blogs.edweek.org/edweek/campaign-k-12/2018/02/trump_says_nation_should_consi.html?cmp=eml-enl-eunews2&M=58389726&U=27557

Klein, D. O., & Wueller, J. R. (2017). Fake news: A legal perspective. *Journal of Internet Law, 20,* 1-13.

Knight, J. (2002). Crossing the boundaries: What constructivists can teach intensive-explicit instructors and vice versa. *Focus on Exceptional Children, 35,* 1-14, 16.

Kohlberg, L. (1963). The development of children's orientation toward moral order: Sequence in the development of human thought. *Vita Humana, 6,* 11-33.

Kohlberg, L. (1969). Stage and sequence: The cognitive-developmental approach to socialization. In D. Goslin (Ed.), *Handbook of socialization theory and research.* Chicago: Rand McNally.

Kohlberg, L. (1981). *Philosophy of moral development.* New York: Harper & Row.

Kohlberg, L. (1984). *The psychology of moral development: The nature and validity of moral stages.* San Francisco: Harper & Row.

Kohli, R., & Solorzano, D. (2012). Teachers, please learn our names!: Racial microaggressions and the K-12 classroom. *Race, Ethnicity and Education. 15,* 41-462.

Kohli, S. (2015). America is failing its children by not teaching code in every high school. *Quartz Media.* Retrieved from https://qz.com/340551/america-is-failing-its-children-by-not-teachingcode-in-every-high-school/

Kohn, A. (1993). *Punished by rewards: The trouble with gold stars, incentive plans, A's, praise, and other bribes.* Boston: Houghton Mifflin.

Kohn, A. (2005a). *Unconditional parenting: Moving from rewards and punishments to love and reason.* New York: Atria Books.

Kohn, A. (2005b). Unconditional teaching. *Educational Leadership, 63,* 20-24.

Kohn, A. (2007). *The Homework Myth: Why Our Kids Get Too Much of a Bad Thing.* Cambridge, MA: Da Capo Life Long.

Kohn, A. (2016). Why punishment won't stop a bully. *Education Week.* Retrieved from http://www.edweek.org/ew/articles/2016/09/07/why-punishment-wont-stop-a-bully.html?cmp=eml-enl-eu-news1-RM

Kok, B. E., Coffey, K. A., Cohn, M. A., Catalino, L. I., Vacharkulksemsuk, T., Algoe, S. B., . . . Fredrickson, B. L. (2013). How positive emotions build physical health: Perceived positive social connections account for the upward spiral between positive emotions and vagal tone. *Psychological Science, 24,* 1123-1132.

Konig, J., & Pflanzl, B. (2016). Is teacher knowledge associated with performance? On the relationship between teachers' general pedagogical knowledge and instructional quality. *European Journal of Teacher Education, 39,* 419-436.

Koppelman, K. L. (2017). *Understanding human differences: Multicultural education for a diverse America* (5th ed.). Boston: Pearson.

Kornhaber, M., Fierros, E., & Veenema, S. (2004). *Multiple intelligences: Best ideas from research and practice.* Boston: Allyn & Bacon.

Kornienko, O., Santos, C. E., Martin, C. L., & Granger, K. L. (2016). Peer influence on gender identity development in adolescence. *Developmental Psychology, 52,* 1578-1592.

Korpershoek, H. Harms, T., de Boer, H., van Kuijk, M., & Doolaard, S. (2016). A meta-analysis of the effects of classroom management strategies and classroom management programs on students' academic, behavioral, emotional, and motivational outcomes. *Review of Educational Research, 86,* 643-680.

Koul, R., Roy, L., & Lerdpornkulrat, T. (2012). Motivational goal orientation, perceptions of biology and physics classroom learning environments, and gender. *Learning Environments Research, 15,* 217-229.

Kounang, N. (2017). Teen drug overdose death rate climbed 19% in one year. *CNN.* Retrieved from http://www.cnn.com/2017/08/16/health/teen-overdose-death-rate/index.html

Kounin, J. (1970). *Discipline and group management in classrooms.* New York: Holt, Rinehart & Winston.

Kovacs, L., & Corrie, S. (2017). Building reflective capability to enhance coaching practice. *Coaching Psychologist, 13,* 4-12.

Kozol, J. (2005). *The shame of the nation: The restoration of apartheid schooling in America.* New York: Crown.

Kraft, M. A. (2010). From ringmaster to conductor: 10 simple techniques that can turn an unruly class into a productive one. *Phi Delta Kappan, 91,* 44-47.

Kraft, M. A. (2016). The underutilized potential of teacher-parent communication. *Communities and Banking, 27,* 15-17.

Kraft, M. A., & Rogers, T. (2015). The underutilized potential of teacher-to-parent communication: Evidence from a field experiment. *Economics of Education Review, 47,* 49-63.

Kratzig, G., & Arbuthnott, K. (2006). Perceptual learning style and learning proficiency: A test of the hypothesis. *Journal of Educational Psychology, 98*(1), 238-246.

Krendle, A., Gainsburg, I., & Ambady, N. (2012). The effects of stereotypes and observer pressure on athletic performance. *Journal of Sport and Exercise Psychology, 34,* 3-15.

Kretz, L. (2015). Teaching being ethical. *Teaching Ethics, 15,* 151-172.

Kriegbaum, K., Villarreal, B., Wu, V. C., & Heckhausen, J. (2016). Parents still matter: Patterns of shared agency with parents predict college students' motivation and achievement. *Motivation Science, 2,* 97-115.

Kroger, J., & Marcia, J. E. (2011). The identity statuses: Origins, meanings, interpretations. In S. J. Schwartz, K. Luyckx, & V. L. Vignoles (Eds.), *Handbook of identity theory and research* (pp. 31-53). New York: Springer.

Kroger, J. Martinussen, & Marcia, J. (2010). Identity status change during adolescence and young adulthood: A meta-analysis. *Journal of Adolescence, 33,* 683-698.

Krueger, A. B. (2016, October). *Where Have All the Workers Gone?* Paper presented at the Boston Federal Reserve Bank's 60th Economic Conference, Boston, MA.

Kuhl, P. (2004). Early language acquisition: Cracking the speech code. *Nature Reviews Neuroscience, 5,* 831-843.

Kuhl, R., (2017). The six relationships that characterize great schools. *Education Week.* Retrieved from http://blogs.edweek.org/edweek/learning_deeply/2017/06/the_six_relationships_that_characterize_great_schools.html?cmp=eml-enl-eu-news2-RM

Kuhn, D. (2009). Adolescent thinking. In R. Lerner & L. Steinberg (Eds.), *Handbook of adolescent psychology, Vol. 1: Individual bases of adolescent development* (3rd ed., pp. 152-186). Hoboken, NJ: Wiley.

Kuhn, D., & Park, S. H. (2005). Epistemological understanding and the development of intellectual values. *International Journal of Educational Research, 43,* 111-124.

Kuhn, D., Pease, M., & Wirkala, C. (2009). Coordinating the effects of multiple variables: A skill fundamental to scientific thinking. *Journal of Experimental Child Psychology, 103*(3), 268-284.

Kulasegaram, K., Chaudhary, Z., Woods, N., Dore, K., Neville, A., & Norman, G. (2017). Contexts, concepts, and cognition: Principles for the transfer of basic science knowledge. *Medical Education, 51*, 184-195.

Kulik, J. A., & Kulik, C.-L. C. (1984). Effects of accelerated instruction on students. *Review of Educational Research, 54*, 409-425.

Kulik, J. A., & Kulik, C.-L. C. (1992). Meta-analytic findings on grouping programs. *Gifted Child Quarterly, 36*, 73-77.

Kull, R. M., Kosciw, J. G., & Greytak, E. A. (2015). From statehouse to schoolhouse: Anti-bullying policy efforts in U.S. states and school districts: *The Gay, Lesbian & Straight Education Network*. Retrieved from http://www.glsen.org/sites/default/files/GLSEN%20-%20 From%20Statehouse%20to%20Schoolhouse%202015_0.pdf

Kunter, M., Klusmann, U., Baumert, J., Richter, D., Voss, T., & Hachfeld, A. (2013). Professional competence of teachers: Effects on instructional quality and student development. *Journal of Educational Psychology, 105*, 805-820.

Kuppens, S., Laurent, L., Heyvaert, W., & Onghena, P. (2013). Associations between parental psychological control and relational aggression in children and adolescents: A multilevel and sequential meta-analysis. *Developmental Psychology, 49*, 1697-1712.

Kurzweil, R. (2012). *How to create a mind.* New York: Viking. Lopez, F. A. (2017). Altering the trajectory of the self-fulfilling prophecy: Asset-based pedagogy and classroom dynamics. *Journal of Teacher Education, 68*, 193-212.

Lacey, R. E., Kumari, M., & Bartley, M. (2014). Social isolation in childhood and adult inflammation: Evidence from the National Child Development Study. *Psychoneuroendocrinology, 50*, 85-94.

Lack, C. W., & Rousseau, J. (2016). *Critical thinking, science, and pseudoscience: Why we can't trust our brains.* New York: Springer.

Lamson, M. (2010). *No such thing as small talk: 7 keys to understanding German business culture.* Cupertino, CA: Happy About.

Lancioni, G., Sigafoos, M., & Nirbhay, S. (2013). *Assistive technology.* New York: Springer.

Langer Research Associates. (2016). *The 48th annual PDK poll of the public's attitudes toward the public schools.* Retrieved from http://pdkpoll2015.pdkintl.org/wp-content/uploads/2016/08/ pdkpoll48_2016.pdf

Langer Research Associates. (2017). *The 49th annual PDK poll of the public's attitudes toward the public schools.* Retrieved from http:// pdkpoll.org/assets/downloads/PDKnational_poll_2017.pdf

Langley, P., Pearce, C., Barley, M., & Emery, M. (2014). Bounded rationality in problem solving: Guiding search with domainindependent heuristics. *Mind & Society, 13*, 85-93.

Lansford, J. E., Cappa, C., Putnick, D. L., Bornstein, M. H., Deater-Deckard, K., & Bradley, R. H. (2016). Research article: Change over time in parents' beliefs about and reported use of corporal punishment with and without legal bans. *Child Abuse & Neglect.* doi: 10.1016/j.chiabu.2016.10.016

Lapidot-Lefler, N., & Dolev-Cohen, M. (2015). Comparing cyberbullying and school bullying among school students: Prevalence, gender, and grade level differences. *Social Psychology of Education, 18*, 1-6.

Larkin, W., Hawkins, R. O., & Collins, T. (2016). Using trial-based functional analysis to design effective interventions for students diagnosed with autism spectrum disorder. *School Psychology Quarterly, 31*, 534-547.

Latif, E., & Miles, S. (2013). Students' perceptions of effective teaching.

Journal of Economics and Economic Education Research, 14, 121-129.

Lauermann, F., & Konig, J. (2016). Teachers' professional competence and wellbeing: Understanding the links between general pedagogical knowledge, self-efficacy and burnout. *Learning and Instruction, 45*, 9-19.

Lavigne, A. L. (2014). Exploring the intended and unintended consequences of high-stakes teacher evaluation on schools, teachers, and students. *Teachers College Record, 116*, Retrieved from http://www.tcrecord.org/content.asp?contentid=17294

Lavy, V. (2016). What makes an effective teacher? Quasi-experimental evidence. *CESifo Economic Studies, 62*, 88-125.

Lawson, G. W. (2013). Eliminate PowerPoint in the classroom to facilitate active learning. *Global Education Journal, 2013*, 1-8.

Lawyer, G. (2018). The dangers of separating social justice from multicultural education: Applications in higher education. *International Journal of Multicultural Education, 20*, 86-101.

Layton, L. (2015). Nation's largest labor union: We want 2016 hopefuls talking about schools. *The Washington Post.* Retrieved from https://www.washingtonpost.com/local/education/nations-largest-labor-union-we-want-2016-hopefuls-talking-aboutschools/2015/03/25/2715929e-d301-11e4-ab77-9646eea6a4c7_story.html?utm_term=.ab5fbbb9f921

Lazonder, A. W., & Harmsen, R. (2016). Meta-analysis of inquirybased learning: Effects of guidance. *Review of Educational Research, 86*, 681-718.

Leatherdale, S. T. (2013). A cross-sectional examination of school characteristics associated with overweight and obesity among grade 1 to 4 students. *BMC Public Health, 13*, 1-21.

Leavell, A., Tamis-LeMonda, C., Ruble, D., Zosuls, K., & Cabrera, N. (2012). African-American, White and Latino fathers' activities with their sons and daughters in early childhood. *Sex Roles, 66*, 53-66.

Lee, C-Y., & Chen, M-J. (2016). Effects of worked examples using manipulatives on fifth graders' learning performance and attitude toward mathematics. *Journal of Educational Technology & Society, 18*, 264-275.

Lee, E. H., Zhou, Q., Ly, J., Main, A., Tao, A., & Chen, S. H. (2013, September 16). Neighborhood characteristics, parenting styles, and children's behavioral problems in Chinese American immigrant families. *Cultural Diversity and Ethnic Minority Psychology.* Advance online publication. doi:10.1037/a0034390

Lee, H. (1960). *To kill a mockingbird.* New York: J. B. Lippincott.

Lee, J., & Shute, V. (2010). Personal and social-contextual factors in K-12 academic performance: An integrative perspective on student learning. *Educational Psychologist, 45*, 185-202.

Lee, P. C., & Stewart, D. E. (2013). Does a socio-ecological school model promote resilience in primary schools? *Journal of School Health, 83*, 795-804.

Lee, V. (2000). Using hierarchical linear modeling to study social contexts: The case of school effects. *Educational Psychologist, 35*, 125-141.

Leff, S. S., Waasdorp, T. E., & Paskewich, B. S. (2016). The broader impact of friend to friend (R2F): Effects on teacher-student relationships, prosocial behaviors, and relationally and physically aggressive behaviors. *Behavior Modification, 40*, 589-610.

Legault, L., & Inzlicht, M. (2013). Self-determination, self-regulation, and the brain: Autonomy improves performance by enhancing neuroaffective responsiveness to self-regulation failure. *Journal of Personality and Social Psychology, 105*, 123-138.

Lemov, D. (2015). *Teach like a champion 2.0: 62 techniques that put students on the path to college.* San Francisco: Jossey-Bass.

Lenta, P. (2012). Corporal punishment of children. *Social Theory & Practice*, *38*, 689-716.

Lereya, S. T., Copeland, W. E., Costello, E. J., & Wolke, D. (2015). Adult mental health consequences of peer bullying and maltreatment in childhood: Two cohorts in two countries. *Lancet Psychiatry*, *2*, 524-531.

Lerman, R. I. (2016). Reinvigorate apprenticeships in America to expand good jobs, and reduce inequality. *Challenge (05775132)*, *59*, 372-389.

Lesaux, N. K., & Jones, S. M. (Eds.). (2016). *The leading edge of early childhood education: Linking science to policy for a new generation of prekindergarten.* Cambridge, MA: Harvard Education Publishing Group.

Lessne, D., & Cidade, M. (2015). Student reports of bullying and cyber-bullying: Results from the 2013 school crime supplement to the national crime victimization survey. *National Center for Educational Statistics.* Retrieved from http://nces.ed.gov/pubs2015/2015056.pdf

Lester, F. K. (2013). Thoughts about research on mathematical problemsolving instruction. *The Mathematics Enthusiast*, *10*, 245-278.

Lester, R. R., Allanson, P. B., & Notar, C. E. (2017). Routines are the foundation of classroom management. *Education*, *137*, 398-412.

Levesque, C., Stanek, L., Zuehlke, A. N., & Ryan, R. (2004). Autonomy and competence in German and American university students: A comparative study based on self-determination theory. *Journal of Educational Psychology*, *96*(1), 68-84.

Lewin, T. (2014). A new SAT aims to realign with schoolwork. *The New York Times.* Retrieved from http://www.nytimes.com/2014/03/06/education/major-changes-in-sat-announced-bycollege-board.html?_r=0

Lewis D., Madison-Harris, R., Muoneke, A., & Times, C. (2017). Using data to guide instruction and improve student learning. *American Institutes for Research.* Retrieved from http://www.sedl.org/pubs/sedl-letter/v22n02/using-data.html

Lewis, C. (2015). What is improvement science? Do we need it in education? *Educational Researcher*, *44*, 54-61. Retrieved from http://dx.doi.org/10.3102/0013189X15570388

Lewis, N. A., & Sekaquaptewa, D. (2016). Beyond test performance: A broader view of stereotype threat. *Intergroup Relations, Current Opinion in Psychology*, *11*, 40-43.

Lewis, R., Romi, S., & Roache, J. (2012). Excluding students from classroom: Teacher techniques that promote student responsibility. *Teaching and Teacher Education*, *28*, 870-878.

Lewis, T. J., Mitchell, B. S., Trussell, R., & Newcomer, L. (2015). School-wide positive behavior support: Building systems to prevent problem behavior and maintain appropriate social behavior. In E. T. Emmer & E. J. Sabornie (Eds.), *Handbook of classroom management* (2nd ed., pp. 40-59). New York: Routledge.

Lezotte, L. W., & Snyder, K. M. (2011). *What effective schools do: Reenvisioning the correlates.* Bloomington, IN: Solution Tree Press.

Li, J. (2005). Mind or virtue: Western and Chinese beliefs about learning. *Current Directions in Psychological Science*, *14*, 190-194.

Li, Y., Anderson, R., Nguyen-Jahiel, K., Dong, T., Archodidou, A., Kim, I., . . . Miller, B. (2007). Emergent leadership in children's discussion groups. *Cognition and Instruction*, *25*, 75-111.

Li, Y., Dai, S., Zheng, Y., Tian, F., & Yan, X. (2018). Modeling and kinematics simulation of a Mecanum Wheel in RecurDyn. *Journal of Robotics*, *2018*, 1-7.

Lidstone, J., Meins, E., & Fernyhough, C. (2010). The roles of private speech and inner speech in planning during middle childhood: Evidence from a dual task paradigm. *Journal of Experimental Child Psychology*, *10*, 438-451.

Lieberman, M. D. (2013). *Social: Why our brains are wired to connect.* New York: Crown Publishers.

Liew, J., Chen, Q., & Hughes, J. N. (2010). Child effortful control, teacher-student relationships, and achievement in academically at-risk children: Additive and interactive effects. *Early Childhood Research Quarterly*, *25*, 51-64.

Lin, C. F., Yeh, Y., Hung, Y. H., & Chang, R.I. (2013). Data mining for providing a personalized learning path in creativity: An application of decision trees. *Computers and Education*, *68*, 199-210.

Lin, J.-R. (2007). Responses to anomalous data obtained from repeatable experiments in the laboratory. *Journal of Research in Science Teaching*, *44*(3), 506-528.

Lin, L-Y, Cherng, R-J., Chen, Y-Jung., Chen, Y-Jen., & Yang, H-M. (2015). Effects of television exposure on developmental skills among young children. *Infant Behavior and Development*, *38*, 20-26.

Linder Gunnoe, M. (2013). Associations between parenting style, physical discipline, and adjustment in adolescents' reports. *Psychological Reports*, *112*, 933-975.

Linebarger, D., & Piotrowski, J. (2010). Structure and strategies in children's educational television: The roles of program type and learning strategies in children's learning. *Child Development*, *81*, 1582-1597.

Linnenbrink-Garcia, L., & Pekrun, R. (Eds.). (2011). Students' emotions and academic engagement: Introduction to the special issue [Special issue]. *Contemporary Educational Psychology*, *36*, 1-3. doi:10.1016/j.cedpsych.2010.11.004

Liptak, A. (2016). Supreme Court blocks order allowing transgender student restroom choice. *The New York Times.* Retrieved from https://www.nytimes.com/2016/08/04/us/politics/supreme-court-blocksorder-allowing-transgender-student-restroom-choice.html

Lo, C., Hopson, L., Simpson, G., & Cheng, T. (2017). Racial/ ethnic differences in emotional health: A longitudinal study of immigrants' adolescent children. *Community Mental Health Journal*, *53*, 92-101.

Locke, J., Shih, W., Kretzmann, M., & Kasari, C. (2016). Examining playground engagement between elementary school children with and without autism spectrum disorder. *Autism*, *20*, 653-662.

Lohman, D. (2001, April). *Fluid intelligence, inductive reasoning, and working memory: Where the theory of multiple intelligences falls short.* Paper presented at the annual meeting of the American Educational Research Association, Seattle.

Loman, M., & Gunnar, M. (2010). Early experience and the development of stress reactivity and regulation in children. *Neuroscience & Biobehavioral Reviews*, *34*, 867-876.

London, R. A., Westrich, L., Stokes-Guinan, K., & McLaughlin, M. (2015). Playing fair: The contribution of high-functioning recess to overall school climate in low-income elementary schools. *Journal of School Health*, *85*, 53-60.

Lovelace, M. (2005). Meta-analysis of experimental research based on the Dunn and Dunn Model. *Journal of Educational Research*, *98*(3), 176-183.

Loveland, J. L. (2014). Traditional lecture versus an activity approach for teaching statistics: A comparison of outcomes. *All Graduate Theses and Dissertations.* 2086. http://digitalcommons.usu.edu/etd/2086

Low, S., & Espelage, D. (2013). Differentiating cyber bullying perpetration from non-physical bullying: Commonalities across race, individual, and family predictors. *Psychology of Violence*, *3*, 39-52.

Loyens, S. M., Gijbels, D., & Coertjens, L., & Cote, D. J. (2013). Students' approaches to learning in problem-based learning: Taking into account professional behavior in tutorial groups, selfstudy time, and different assessment aspects. *Studies in Educational Evaluation*, *39*, 23-32.

Lumeng, J. C., & Cardinal, T. M. (2007). Providing information about a flavor to preschoolers: Effects on liking and memory for having tasted it. *Chemical Senses*, *32*, 505-513.

Luna, B., Garver, K. E., Urban, T. A., Lazar, N. A., & Sweeney, J. A. (2004). Maturation of cognitive processes from late childhood to adulthood. *Child Development*, *75*, 1357-1372.

Luong, K. T., & Knobloch-Westerwick, S. (2017). Can the media help women be better at math? Stereotype threat, selective exposure, media effects, and women's math performance. *Human Communication Research*, *43*, 193-213.

Luria, A. R. (1976). *Cognitive development: Its cultural and social foundations*. Cambridge, MA: Harvard University Press.

Luyckx, K., Tildesley, E., Soenens, B., & Andrews, J. (2011). Parenting and trajectories of children's maladaptive behaviors: A 12-year prospective community study. *Journal of Clinical Child and Adolescent Psychology*, *40*, 468-478.

Lynch, M. P. (2016). Googling is believing: Trumping the informed citizen. *New York Times*. Retrieved from http://opinionator.blogs.nytimes.com/2016/03/09/googling-is-believingtrumping-theinformed-citizen/

Mızrak, E., & Öztekin, I. (2016). Relationship between emotion and forgetting. *Emotion*, *16*, 33-42.

Macionis, J. (2015). *Society: The basics* (13th ed.). Boston: Pearson.

Macionis, J. (2017). *Society: The basics* (14th ed.). Boston: Pearson.

Macionis, J., & Parrillo, V. (2017). *Cities and urban life* (7th ed.). Boston: Pearson.

Macnamara, B. N., Hambrick, D. Z., & Oswald, F. L. (2014). Deliberate practice and performance in music, games, sports, education, and professions: A meta-analysis. *Psychological Science*, 2014; DOI: 10.1177/0956797614535810

MacPherson, E., Kerr, G., & Stirling, A. (2016). The influence of peer groups in organized sport on female adolescents' identity development. *Psychology of Sport & Exercise*, *23*, 73-81.

MacWhinney, B. (2011). Language development. In M. Bornstein & M. Lamb (Eds.), *Developmental science: An advanced textbook* (6th ed., pp. 389-424). New York: Psychology Press.

Magen, H. (2017). The relations between executive functions, media multitasking and polychronicity. *Computers in Human Behavior*, *67*, 1-9.

Magnusson, P., Westjohn, S. A., Semenov, A. V., Randrianasolo, A. A., & Zdravkovic, S. (2013). The role of cultural intelligence in marketing adaptation and export performance. *Journal of International Marketing*, *21*, 44-61.

Maguire, E., Gadian, D., Johnsrude, I., Good, C., Ashburner, J., Frackowiak, R., & Frith, C. (2000). Navigation-related structural change in the hippocampi of taxi drivers. *Proceedings of the National Academy of Science, USA*, *97*(8), 4398-4403.

Mahatmya, D., Lohman, B. J., Brown, E. L., & Conway-Turner, J. (2016). The role of race and teachers' cultural awareness in predicting lowincome, Black and Hispanic students' perceptions of educational attainment. *Social Psychology of Education*, *19*, 427-449.

Malamud, O., & Pop-Eleches, C. (2010). *Home computer use and the development of human capital* (National Bureau of Economic Research Working Paper No. 15814).

Malouff, J. M., Schutte, N. S., & Thorsteinsson, E. B. (2014). Trait emotional intelligence and romantic relationship satisfaction: A meta-analysis. *American Journal of Family Therapy*, *42*, 53-66.

Malycha, C. P., & Maier, G. W. (2017). Enhancing creativity on different

complexity levels by eliciting mental models. *Psychology of Aesthetics, Creativity, and the Arts 11*, 187-201.

Mandelman, S. D., & Grigorenko, E. L. (2013). Questioning the unquestionable: Reviewing the evidence for the efficacy of gifted education. *Talent Development & Excellence*, *5*, 125-137.

Mandinach, E., & Gummer, E. (2016). Every teacher should succeed with data literacy. *Phi Delta Kappan*, *97*(8), 43-46.

Mann, T., de Ridder, D., & Fujita, K. (2013). Self-regulation of health behavior: Social psychological approaches to goal setting and goal striving. *Health Psychology*, *32*, 487-498.

Manning, F., Lawless, K., Goldman, S., & Braasch, J. (2011, April). *Evaluating the usefulness of multiple sources with respect to an inquiry question: Middle school students' analysis and ranking of Internet search results*. Paper presented at the American Educational Research Association, New Orleans.

Manolitsis, G., Georgiou, G., & Parrila, R. (2011). Revisiting the home literacy model of reading development in an orthographically consistent language. *Learning & Instruction*, *21*(4), 496-505.

March of Dimes Foundation. (2016). *2016 premature birth report card*. Retrieved from https://www.marchofdimes.org/materials/premature-birth-report-card-united-states.pdf

March, S. M., Abate, P., Spear, N. E., & Molina, J. C. (2013). The role of acetaldehyde in ethanol reinforcement assessed by Pavlovian conditioning in newborn rats. *Psychopharmacology*, *226*, 491-499. doi:10.1007/s00213-012-2920-9

Marchand, G., & Skinner, E. A. (2007). Motivational dynamics of children's academic help-seeking and concealment. *Journal of Educational Psychology*, *99*, 65-82.

Marchand, H. (2012). Contributions of Piagetian and post-Piagetian theories to education. *Educational Research Review*, *7*, 165-176.

Marcia, J. (1980). Identity in adolescence. In J. Adelson (Ed.), *Handbook of adolescent psychology*. New York: Wiley.

Marcia, J. (1987). The identity status approach to the study of ego identity development. In T. Honess & K. Yardley (Eds.), *Self and identity: Perspectives across the life span*. London: Routledge & Kegan Paul.

Marcia, J. (1999). Representational thought in ego identity, psychotherapy, and psychosocial development. In I. E. Sigel (Ed.), *Development of mental representation: Theories and applications*. Mahwah, NJ: Lawrence Erlbaum.

Marcia, J. (2010). Life transitions and stress in the context of psychosocial development. In T. Miller (Ed.), *Handbook of stressful transitions across the lifespan* (pp. 19-34). New York: Springer Science & Business Media.

Mardanparvar, H., Sabohi, F., & Rezaei, D. A. (2016). Comparison of the effect of teaching by group guided discovery learning, questions and answers and lecturing methods on the level of learning and information durability of students. *Education Strategies in Medical Sciences*, *8*, 35-41.

Margoni, F., & Surian, L. (2017). Children's intention-based moral judgments of helping agents. *Cognitive Development*, *41*, 46-64.

Marinellie, S., & Kneile, L. (2012). Acquiring knowledge of derived nominals and derived adjectives in context. *Language, Speech, and Hearing Services in Schools*, *43*, 53-65.

Markoff, J. (2013). Device from Israeli start-up gives the visually impaired a way to read. *The New York Times*. Retrieved from http://www.nytimes.com/2013/06/04/science/israeli-start-upgives-visually-impaired-a-way-to-read.html

Marois, R., & Ivanoff, J. (2005). Capacity limits of information processing in the brain. *Trends in Cognitive Sciences*, *9*, 296-305.

Martin, C., & Ruble, D. (2010). Patterns of gender development. *Annual*

Review of Psychology, 61, 353-381.

Martin, J. (2006). Social cultural perspectives in educational psychology. In P. A. Alexander & P. H. Winne (Eds.), *Handbook of educational psychology* (2nd ed., pp. 595-614). Mahwah, NJ: Erlbaum.

Martocci, L. (2015). *Bullying: The social destruction of self.* Philadelphia: Temple University Press.

Marx, G. (2015). We are all poorer for neglecting students in poverty. *Education Week.* Retrieved from http://blogs.edweek.org/edweek/ authors_corner_education_week_press/2015/06/we_are_all_ poorer_for_neglecting_students_in_poverty.html?cmp=ENL-EU-NEWS3

Marzano, R. J. (2003). *What works in schools: Translating research into action.* Alexandria, VA: Association for Supervision and Curriculum Development.

Marzano, R. J. (2007). *Classroom assessment and grading that work.* Alexandria VA: Association for Supervision and Curriculum Development.

Marzano, R. J., & Pickering, D. J. (2007). Errors and allegations about research on homework. *Phi Delta Kappan, 88*, 507-513.

Maslow, A. (1968). *Toward a psychology of being* (2nd ed.). New York: Van Nostrand.

Maslow, A. (1970). *Motivation and personality* (2nd ed.). New York: Harper & Row. (Original work published 1954).

Maslow, A. H. (1987). *Motivation and personality* (3rd ed.). New York: Harper & Row.

Masson, S., & Sarrasin, J. B. (2015). Neuromyths in education: It's time to bust these widely held myths about the brain. *Education Canada, 55*, 28-35.

Mastropieri, M. A., & Scruggs, T. E. (2018). *The inclusive classroom: Strategies for effective differentiated instruction* (6th ed.). Boston: Pearson.

Matlen, B. J., & Klahr, D. (2013). Sequential effects of high and low instructional guidance on children's acquisition of experimentation skills: Is it all in the timing? *Instructional Science: An International Journal of the Learning Sciences, 41*, 621-634.

Matsumoto, D., & Juang, L. (2012). Culture, self, and identity. In D. Matsumoto & L. Juang (Eds.), *Culture and psychology* (pp. 342-365). Independence, KY: Cengage Learning.

Maxwell, L. (2013). Consortia struggle with ELL provisions. *Education Week, 32*(27), 1, 16, 17.

Mayer, R. (2008). *Learning and instruction* (2nd ed.). Boston: Pearson.

Mayer, R. E. (2002). *The promise of educational psychology: Volume II. Teaching for meaningful learning.* Upper Saddle River, NJ: Merrill/ Pearson.

Mayer, R. E. (2004). Should there be a three-strikes rule against pure discovery learning? *American Psychologist, 59*, 14-19.

Mayer, R. E. (2008). *Learning and instruction* (2nd ed.). Upper Saddle River, NJ: Pearson.

Mayer, R. E., & Wittrock, M. C. (2006). Problem solving. In P. A. Alexander & P. H. Winne (Eds.), *Handbook of educational psychology* (2nd ed., pp. 287-303). Mahwah, NJ: Erlbaum.

Mayer, R., & Massa, L. (2003). Three facts of visual and verbal learners: Cognitive ability, cognitive style, and learning preference. *Journal of Educational Psychology, 95*, 833-846.

Mayeux, L., Houser, J., & Dyches, K. (2011). Social acceptance and popularity: Two distinct forms of peer status. In A. Cillessen, D., Schwartz, & L. Mayeux (Eds.), *Popularity in the peer system* (pp. 79-102). New York: Guilford.

Mayor, J., & Plunkett, K. (2010). A neurocomputational account of taxonomic responding and fast mapping in early word learning. *Developmental Review, 117*(1), 1-31.

Martinez, V., Justicia, F. J., & Fernandez, H. E. (2016). Teacher assertiveness in the development of students' social competence. *Electronic Journal of Research in Educational Psychology, 14*, 310-332.

McBride, A. M., Chung, S., & Robertson, A. (2016). Preventing academic disengagement through a middle school-based social and emotional learning program. *Journal of Experiential Education, 39*, 370-385.

McCarthy, Peter, Sithole, A., McCarthy, Paul, Cho, J., & Gyan, E. (2016). Teacher questioning strategies in mathematical classroom discourse: A case study of two grade eight teachers in Tennessee, USA. *Journal of Education and Practice, 7*, 80-89.

McCoy, D. C. (2016). Early adversity, self-regulation, and child development. In N. K. Lesaux & S. M. Jones (Eds.). (2016). *The leading edge of early childhood education: Linking science to policy for a new generation of prekindergarten* (pp. 29-44). Cambridge, MA: Harvard Education Publishing Group.

McCrudden, M. T., & McNamara, D. S. (2018). *Cognition in education.* New York: Routledge.

McCutchen, D. (2000). Knowledge, processing, and working memory: Implications for a theory of writing. *Educational Psychologist, 35*(1), 13-23.

McDaniel, B. T., Drouin, M., & Cravens, J. D. (2017). Do you have anything to hide? Infidelity-related behaviors on social media sites and marital satisfaction. *Computers in Human Behavior, 66*, 88-95.

McDaniel, M. A., Agarwal, P. K., Huelser, B. J., McDermott, K. B., & Roediger, H. L. (2011). Test-enhanced learning in a middle school science classroom: The effects of quiz frequency and placement. *Journal of Educational Psychology, 103*(2), 399-414.

McDonald, D. R. (2016). Concept formation. *Salem Press Encyclopedia of Health.* Ipswich, MA: Salem Press.

McDougall, D., & Granby, C. (1996). How expectation of questioning method affects undergraduates' preparation for class. *Journal of Experimental Education, 65*, 43-54.

McEvoy, P. M., Moulds, M. L., & Mahoney, A. E. (2013). Mechanisms driving pre- and post-stressor repetitive negative thinking: Metacognitions, cognitive avoidance, and thought control. *Journal of Behavior Therapy and Experimental Psychiatry, 44*, 84-93.

McGregor, J. (2016). Why Angela Duckworth thinks "gritty" leaders are people to emulate. *The Washington Post.* Retrieved from https:// www.washingtonpost.com/news/on-leadership/wp/2016/05/12/ why-angela-duckworth-thinks-gritty-leadersare-people-to-emulate/?utm_term=.b13566eccc78

McHugh, J. E., & Lawlor, B. A. (2016). Executive functioning independently predicts self-rated health and improvement in selfrated health over time among community-dwelling older adults. *Aging & Mental Health, 20*, 415-422.

McInerney, D. M., Walker, R. A., & Liem, G. A. D. (Eds.). (2011). *Sociocultural theories of learning and motivation: Looking back, looking forward.* Charlotte, N.C.: Information Age Publishing.

McIntyre, L. (2015). The attack on truth. *The Chronicle of Higher Education.* Retrieved from http://m.chronicle.com/article/The-Attack-on-Truth/230631

McIntyre, N. A., Mainhard, M. T., & Klassen, R. M. (2017). Are you looking to teach? Cultural, temporal and dynamic insights into expert teacher gaze. *Learning and Instruction, 49*, 41-53.

McKeachie, W., & Kulik, J. (1975). Effective college teaching. In F. Kerlinger (Ed.), *Review of research in education*: Vol. 3 (pp. 24-39). Washington, DC: American Educational Research Association.

McKenney, S., & Reeves, T. C. (2014). Educational design research. In J.

M. Spector, M.D. Merrill, J. Elen, & M. J. Bishop (Eds.), Handbook of research on educational communications and technology (pp. 131-140). New York, NY: Springer. Retrieved from http://dx.doi.org/10.1007/978-1-4614-3185-5_11

McLaughlin, M., & Rank, M. R. (2018). Estimating the Economic Cost of Childhood Poverty in the United States. *Social Work Research*. Retrieved from https://doi.org/10.1093/swr/svy007.

McMahon, S., Rose, D., & Parks, M. (2004). Multiple intelligences and reading achievement; An examination of the Teele Inventory of Multiple Intelligences. *Journal of Experimental Education*, 73(1), 41-52.

McMorris, T. (Ed.) (2016). *Exercise-cognition interaction: Neuroscience perspectives*. Amsterdam: Academic Press.

McWhorter, J. (2013). Is texting killing the English language? *Time Ideas*. Retrieved from http://ideas.time.com/2013/04/25/istexting-killing-the-english-language/

McWilliams, S. A. (2016). Cultivating constructivism: Inspiring intuition and promoting process and pragmatism. *Journal of Constructivist Psychology*, 29, 1-29.

Medina, M. S., Castleberry, A. N., & Persky, A. M. (2017). Strategies for improving learner metacognition in health professional education. *American Journal of Pharmaceutical Education*, 81, 1-14.

Meek, C. (2006). From the inside out: A look at testing special education students. *Phi Delta Kappan*, 88, 293-297.

Meichenbaum, D. (2000). *Cognitive behavior modification: An integrative approach*. Dordrecht, Netherlands: Kluwer Academic.

Melanko, S., & Larkin, K. T. (2013). Preference for immediate reinforcement over delayed reinforcement: Relation between delay discounting and health behavior. *Journal of Behavioral Medicine*, 36, 34-43. doi:10.1007/s10865-012-9399-z

Mendez, M., Durtschi, J., Neppl, T. K., & Stith, S. M. (2016). Corporal punishment and externalizing behaviors in toddlers: The moderating role of positive and harsh parenting. *Journal of Family Psychology*, 30, 887-895.

Meng, L., Munoz, M., King, K., & Liu, S. (2016). Effective teaching factors and student reading strategies as predictors of student achievement in PISA 2009: The case of China and the United States. *Educational Review*, 69, 68-84.

Mercer, J. (1973). *Labeling the mentally retarded*. Berkeley: University of California Press.

Merk, S., Rosman, T., Rues, J., Syring, M., & Schneider, J. (2017). Pre-service teachers' perceived value of general pedagogical knowledge for practice: Relations with epistemic beliefs and source beliefs. *PLoS ONE*, 12, 1-25.

Merrell, K., Gueldner, B., Ross, S., & Isava, D. (2008). How effective are school bullying intervention programs? A meta-analysis of intervention research. *School Psychology Quarterly*, 23, 26-42.

Merrotsy, P. (2013). Invisible gifted students. *Talent Development & Excellence*, 5, 31-42.

Mertz, E., & Yovel, J. (2010). Metalinguistic awareness. In J. Ostman, J. Verschureren, J. Blommaert, & C. Bulcaen (Eds.), *Handbook of pragmatics* (pp. 122-144). New York: Kluwer.

Metcalfe, J., & Finn, B. (2013). Metacognition and control of study choice in children. *Metacognition and Learning*, 8, 19-46. doi:10.1007/s11409-013-9094-7

Michael, N. A., & Libarkin, J. C. (2016). Understanding by design: Mentored implementation of backward design methodology at the university level. *Bioscene: Journal of College Biology Teaching*, 42, 44-52.

Miller, A. (2013). How to teach a teen to have impulse control. *GlobalPost*. Retrieved from http://everydaylife.globalpost.com/teach-teen-impulse-control-11045.html

Miller, A. C. (2016). Confronting confirmation bias: Giving truth a fighting chance in the information age. *Social education*, 80, 276-279.

Miller, B. (2016). *Cultural anthropology* (8th ed.). Boston: Pearson.

Miller, G. (1956). The magical number seven, plus or minus two: Some limits on our capacity for processing information. *Psychological Review*, 63, 81-97.

Miller, G. (2012). Equal opportunity: A landmark law for children and education. *Education Week*, 31(15), 40.

Miller, M. E. (2016). N.C. transgender bathroom ban is a 'national embarrassment,' state attorney general says. *The Washington Post*. Retrieved from https://www.washingtonpost.com/news/morning-mix/wp/2016/03/30/nc-transgender-bathroom-ban-isa-national-embarrassment-says-ag-as-pilloried-law-becomes-keyelection-issue/?utm_term=.55d4afe17aec

Miller, M., Linn, R., & Gronlund, N. (2013). *Measurement and assessment in teaching* (11th ed.). Boston: Pearson.

Miller, P. H. (2017). *Theories of developmental psychology* (6th ed.). New York: Worth.

Miller, R., M., Marriot, D., Trotter, J., Hammond, T., Lyman, D., Call, T., . . . Edwards, J. G. (2018). Running exercise mitigates the negative consequences of chronic stress on dorsal hippocampal long-term potentiation in male mice. *Neurobiology of Learning and Memory*, 149, 28-38. doi: 10.1016/j.nlm.2018.01.008

Miller-Cotto, D., & Byrnes, J. P. (2016). Ethnic/racial identity and academic achievement: A meta-analytic review. *Developmental Review*, 41, 51-70.

Mills, G. E. (2018). *Action research: A guide for the teacher researcher* (6th ed.). New York: Pearson.

Mills, G. E., & Gay, L. R. (2016). *Educational research: Competencies for analysis and application* (11th ed.). Boston: Pearson.

Miltenberger, R. G. (2012). *Behavior modification: Principles and procedures* (5th ed.). Belmont, CA: Cengage.

Mirpuri, D. (2014). Right brain vs left brain: Find out how the left brain and the right brain influence our personalities. *About.com Toys*. Retrieved from http://toys.about.com/od/babydvdsandmusic/qt/leftrightbrain.htm

Mitchell, M. M., & Bradshaw, C. P. (2013). Examining classroom influences on student perceptions of school climate: The role of classroom management and exclusionary discipline strategies. *Journal of School Psychology*, 51, 599-610.

Mittleman, J. (2018). Sexual orientation and school discipline: New evidence from a population-based sample. *Educational Researcher*, 47, 181-190.

Modecki, K., Minchin, J., Harbaught, A. G., Guerra, N. G., & Runions, K. C. (2014). Bullying prevalence across contexts: A meta-analysis measuring cyber and traditional bullying. *Journal of Adolescent Health*, 55, 602-611.

Moreno, R., & Duran, R. (2004). Do multiple representations need explanations?: The role of verbal guidance and individual differences in multimedia mathematics learning. *Journal of Educational Psychology*, 96, 492-503.

Moreno, R., & Mayer, R. (2000). Engaging students in active learning: The case for personalized multimedia messages. *Journal of Educational Psychology*, 92(4), 724-733.

Moreno, R., & Mayer, R. (2005). Role of guidance, reflection, and interactivity in an agent-based multimedia game. *Journal of Educational Psychology*, 97(1), 117-128.

Morgan, B. (2017). Situated cognition and the study of culture: An introduction. *Poetics Today*, *38*, 213-233.

Morgan, H. (2016). Relying on high-stakes standardized tests to evaluate schools and teachers: A bad idea. *Clearing House: A Journal of Educational Strategies, Issues and Ideas*, *89*, 67-72.

Morgan, P. L., Farkas, G., Hillemeier, M. M., & Maczuga, S. (2017). Replicated evidence of racial and ethnic disparities in disability identification in U.S. schools. *Educational Researcher*, *46*, 305-322.

Morgan, P., Staff, J., Hillemeier, M., Farkas, G., & Maczuga, S. (2013). Racial and ethnic disparities in ADHD diagnosis from kindergarten to eighth grade. *Pediatrics*. Retrieved from http://pediatrics.aappublications.org/content/early/2013/06/19/peds.2012-2390

Morgan, S. L., & Mehta, J. D. (2004). Beyond the laboratory: Evaluating the survey evidence for the disidentification explanation of black-white differences in achievement. *Sociology of Education*, *77(1)*, 82-101.

Morra, S., Gobbo, C., Marini, Z., & Sheese, R. (2008). *Cognitive development: Neo-Piagetian perspectives*. New York: Erlbaum.

Morris, A. K., & Hiebert, J. (2017). Effects of teacher preparation courses: Do graduates use what they learned to plan mathematics lessons? *American Educational Research Journal*, *54*, 524-567.

Morris, P., Lloyd, C. M., Millenky, M., Leacock, N., Raver, C. C., & Bangser, M. (2013). *Using classroom management to improve preschoolers' social and emotional skills: Final impact and implementation findings from the Foundations of Learning Demonstration in Newark and Chicago*. New York: MDRC. Retrieved from http://www.eric.ed.gov.dax.lib.unf.edu/PDFS/ED540680.pdf

Morsy, L., & Rothstein, R. (2015). Five social disadvantages that depress student performance: Why schools can't close achievement gaps. *Economic Policy Institute*. Retrieved from http://www.epi.org/publication/five-social-disadvantages-that-depressstudent-performance-why-schools-alone-cant-close-achievementgaps/

Moser, L., Berlie, H., Salinitri, F., McCuistion, M, & Slaughter, R. (2015). Enhancing academic success by creating a community of learners. *American Journal of Pharmaceutical Education*, *79*, 1-9.

Mosher, J., Gjerde, C. L., Wilhelm, M., Srinivasan, S., & Hagen, S. (2017). Interactive discussion versus lecture for learning and retention by medical students. *Focus on Health Professional Education (2204-7662)*, *18*, 16-26.

Motamedi, J. G. (2015). Time to reclassification: How long does it take English learner students in Washington Roadmap districts to develop English proficiency? *National Center for Educational Evaluation and Regional Assistance*. Retrieved from http://www.scribd.com/doc/273821952/English-language-Learner-Proficiency-Study.

Mulvey, K. L., & Killen, M. (2016). Keeping quiet just wouldn't be right: Children's and adolescents' evaluations of challenges to peer relational and physical aggression. *Journal of Youth and Adolescence*, *45*, 1824-1835.

Munk, D. D., & Dempsey, T. L. (2010). *Leadership strategies for successful schoolwide inclusion: The STAR approach*. Baltimore: Brookes.

Murphy, E. S., & Lupfer, G. J. (2014). Basic principles of operant conditioning. In F. K. McSweeney & E. S. Murphy (Eds.), *The Wiley Blackwell handbook of operant and classical conditioning* (pp. 167-194). Malden, MA: John Wiley & Sons.

Murphy, M. C., & Dweck, C. S. (2016). Research dialogue: Mindsets shape consumer behavior *Journal of Consumer Psychology*, *26*, 127-136.

Muller, E., Cannon, L. R., Kornblum, C., Clark, J., & Powers, M. (2016). Description and preliminary evaluation of a curriculum for teaching conversational skills to children with high-functioning autism and other social cognition challenges. *Language, Speech, and Hearing Services in Schools*, *47*, 191-208.

Musu-Gillette, L., Zhang, A., Wang, K., Zhang, J., and Oudekerk, B. A. (2017). *Indicators of school crime and safety: 2016* (NCES 2017-064/NCJ 250650). National Center for Education Statistics, U.S. Department of Education, and Bureau of Justice Statistics, Office of Justice Programs, U.S. Department of Justice. Washington, DC. Retrieved from https://www.bjs.gov/content/pub/pdf/iscs16.pdf

Myers, C. G. (2016). Antecedents and performance benefits of reciprocal vicarious learning in teams. *Academy of Management Annual Meeting Proceedings*, 30-135. doi: 10.5465/AMBPP.2016.55

NACE. (2016). The Attributes Employers Seek on a Candidate's Resume. *National Association of Colleges and Employers*. Retrieved from http://www.naceweb.org/talent-acquisition/candidateselection/the-attributes-employers-seek-on-a-candidatesresume/

Naci, J. C. (2013). Process inquiry: Analysis of oral problem-solving skills in mathematics of engineering students. *US-China Education Review A*, *3*, 73-82.

Nahigian, K. (2017). Behaviorism. *Humanist*, *77*, 36-37.

Nair, S., Sagar, M., Sollers, J., Consedine, N., & Broadbent, E. (2015). Do slumped and upright postures affect stress responses? A randomized trial. *Health Psychology*, *34*, 632-641.

Najdowski, C. J., Bottoms, B. L., & Goff, P. A. (2015). Stereotype threat and racial differences in citizens experiences of police encounters. *Law and Human Behavior*, *39*, 463-477.

Narciss, S., Sosnovsky, S., Schnaubert, L., Andres, E., Eichelmann, A., Goguadze, G., & Melis, E. (2014). Exploring feedback and student characteristics relevant for personalizing feedback strategies. *Computers and Education*, *71*, 56-76.

Nasir, N., Rosebery, A., Warren, B., & Lee, C. (2006). Learning as a cultural process: Achieving equity through diversity. In R. K. Sawyer (Ed.), *The Cambridge handbook of the learning sciences* (pp. 489-504). New York: Cambridge University Press.

National Aeronautics and Space Administration. (2017). *Global climate change: Vital signs of the planet*. Retrieved from https://climate.nasa.gov/evidence/National Assessment of Educational Progress. (2014). New results show eighth-graders' knowledge of U.S. history, geography, and civics. Retrieved from http://www.nationsreportcard.gov/hgc_2014/

National Assessment of Educational Progress. (2015). *Mathematics and reading assessments*. Retrieved from https://www.nationsreportcard.gov/reading_math_2015/#mathematics?grade=4

National Association for the Education of Homeless Children and Youth. (2016). New federal policies for education of homeless children to take effect next year; decision impacts every school district nationwide. Retrieved from https://www.prnewswire.com/news-releases/new-federal-policies-for-education-ofhomeless-children-to-take-effect-next-year-decision-impactsevery-school-district-nationwide-300246419.html#continue-jump

National Association of School Psychologists. (2013). *A framework for safe and successful schools*. Retrieved from www.nasponline.org.

National Center for Education Statistics. (2015). Percentage of public school students enrolled in gifted and talented programs, by sex, race/ethnicity, and state: 2004, 2006, and 2011-12. *U.S. Departmentof Education*. Retrieved from https://nces.ed.gov/programs/digest/d15/tables/dt15_204.90.asp

National Center for Education Statistics. (2016). *Student reports of bullying: Results from the 2015 School Crime Supplement to the National Crime Victimization Survey*. U.S. Department of Education. Retrieved from https://nces.ed.gov/pubs2017/2017015.pdf

National Center for Education Statistics. (2017a). *2015 | Mathematics &*

Reading Assessments. https://www.nationsreportcard.gov/reading_math_2015/#?grade=4

National Center for Education Statistics. (2017a). Children and youth with disabilities. *U. S. Department of Education* Retrieved from https://nces.ed.gov/programs/coe/indicator_cgg.asp

National Center for Education Statistics. (2017b). *NAEP Overview.* Retrieved from https://nces.ed.gov/nationsreportcard/about/

National Center for Education Statistics. (2017b). English language learners in public schools. *U.S. Department of Education.* Retrieved from https://nces.ed.gov/programs/coe/indicator_cgf.asp

National Center for Education Statistics. (2017c). Racial/Ethnic Enrollment in Public Schools.

National Center for Education Statistics. (2017d). Undergraduate enrollment. *U.S. Department of Education.* Retrieved from https://nces.ed.gov/programs/coe/indicator_cha.asp

National Center for Education Statistics. (2017e). Undergraduate retention and graduation rates. *U.S. Department of Education.* Retrieved from https://nces.ed.gov/programs/coe/indicator_ctr.asp

National Center for Learning Disabilities. (2017). *The state of LD: Executive summary.* Retrieved from https://www.ncld.org/executive-summary

National Center on Universal Design for Learning. (2014a). *The three principles of UDL.* Retrieved from http://www.udlcenter.org/aboutudl/whatisudl/3principles

National Center on Universal Design for Learning. (2014b). *UDL and technology.* Retrieved from http://www.udlcenter.org/aboutudl/udltechnology

National Commission on Excellence in Education. (1983). *A nation at risk: The imperative for educational reform.* Washington, DC: Government Printing Office. Retrieved from https://www.edreform.com/wp-content/uploads/2013/02/A_Nation_At_Risk_1983.pdf

National Conference of State Legislatures. (2017). *State minimum wages.* Retrieve from http://www.ncsl.org/research/labor-andemployment/state-minimum-wage-chart.aspx

National Council on Disability. (2011). *National disabilities policy: A progress report-October 2011.* Retrieved from http://www.ncd.gov/progress_reports/Oct312011

National Highway Traffic Safety Administration. (2017). *Traffic safety facts.* U.S. Department of Transportation. Retrieved from https://www.nhtsa.gov/sites/nhtsa.dot.gov/files/documents/812_381_distracteddriving2015.pdf

National Institute on Drug Abuse. (2017). Overdose death rates. National Institutes of Health. Retrieved from https://www.drugabuse.gov/related-topics/trends-statistics/overdose-death-rates

National Society for the Gifted and Talented. (2014). *Giftedness defined.* Retrieved from http://www.nsgt.org/giftedness-defined/Neisser, U. (1967). *Cognitive psychology.* New York: Appleton-Century-Crofts.

Nelson, C., Thomas, K., & de Haan, M. (2006). Neural bases of cognitive development. In D. Kuhn, R. Siegler (Vol. Eds.), W. Damon, & R. Lerner (Series Eds.), *Handbook of child psychology. Vol. 2: Cognition, perception, and language* (6th ed., pp. 3-57). New York: Wiley.

Netcoh, S. (2017). Research paper: Balancing freedom and limitations: A case study of choice provision in a personalized learning class. *Teaching and Teacher Education, 66,* 383-392.

Nettelbeck, T., & Wilson, C. (2010). Intelligence and IQ. In K. Wheldall (Ed.), *Developments in educational psychology* (2nd ed., pp. 30-52). New York: Routledge.

Neuenschwander, R., Cimeli, P., Rothlisberger, M., & Roebers, C. M. (2013). Personality factors in elementary school children:

Contributions to academic performance over and above executive functions? *Learning and Individual Differences, 25,* 118-125.

Neuhauser, A. (2015). 2015 STEM index shows gender, racial gaps widen. *U.S. News.* Retrieved from https://www.usnews.com/news/stem-index/articles/2015/06/29/gender-racial-gapswiden-in-stem-fields

Neuman, S. (2014). 1 in 4 Americans thinks the Sun goes around the Earth, survey says. *National Public Radio.* http://www.npr.org/sections/thetwo-way/2014/02/14/277058739/1-in-4-americansthink-the-sun-goes-around-the-earth-survey-says

Neuman, S. B. (2016). The danger of data-driven instruction. *Educational Leadership, 74,* 24-29.

Neuman, S. B., & Celano, D. C. (2012). *Giving our children a fighting chance: Poverty, literacy, and the development of information capital.* New York: Teachers College Press.

Neuman, S. B., Pinkham, A., & Kaefer, T. (2016). Improving lowincome preschoolers' word and world knowledge: The effects of content-rich instruction. *Elementary School Journal, 116,* 652-674.

Newport, F. (2018). In U.S., estimate of LGBT population rises to 4.5%. *Gallup.* Retrieved from http://news.gallup.com/poll/234863/estimate-lgbt-population-rises.aspx?utm_source=alert&utm_medium=email&utm_content=morelink&utm_campaign=syndication

Ngu, B. H., & Yeung, A. S. (2013). Algebra word problem solving approaches in a chemistry context: Equation worked examples versus text editing. *The Journal of Mathematical Behavior, 32,* 197-208.

Nie, Y., & Liem, G. A. D. (2013). Extending antecedents of achievement goals: The double-edged sword effect of socialoriented achievement motive and gender differences. *Learning and Individual Differences, 23,* 249-255.

Nierengarten, M. B. (2015). Bipolar disorder in children: Assessment and diagnosis. *Contemporary Pediatrics, 32,* 34-38.

Nikou, S. A., & Economides, A. A. (2017). Mobile-based assessment: Integrating acceptance and motivational factors into a combined model of self-determination theory and technology acceptance. *Computers in Human Behavior, 68,* 83-95.

Niu, L., Behar-Horenstein, L. S., & Garvan, C. W. (2013). Do instructional interventions influence college students' critical thinking skills? A meta-analysis. *Educational Research Review, 9,* 114-128.

Noddings, N. (1992). *The challenge to care in schools: An alternative approach to education.* New York, NY: Teachers College Press.

Noddings, N. (2002). *Educating moral people: A caring alternative approach to education.* New York: Teachers College Press.

Noddings, N. (2008). Caring and moral education. In L. P. Nucci & D. Narvaez (Eds.), *Handbook of moral and character education* (pp. 161-174). New York: Routledge.

Noddings, N. (2013). *Caring: A relational approach to ethics and moral education* (2nd ed.). Berkley, CA: University of California Press.

NoKidHungry. (2016). *No child should grow up hungry.* Retrieved from https://www.nokidhungry.org/pdfs/nkh-briefingbook-2016.pdf

Nowrasteh, A. (2015). Immigration and crime-what the research says. *The Cato Institute.* Retrieved from https://www.cato.org/blog/immigration-crime-what-research-says

Nucci, L. (2006). Classroom management for moral and social development. In C. Evertson & C. Weinstein (Eds.), *Handbook of classroom management: Research, practice, and contemporary issues* (pp. 711-731). Mahwah, NJ: Erlbaum.

Null, R. (2013). *Universal design: Principles and models.* Boca Raton: FL. CRC Press.

Nutter, S., Russell-Mayhew, S., Alberga, A. S., Arthur, N., Kassan, A.

Lund, D. E., Sesma-Vazquez, M., & Williams, E. (2016). Positioning of weight bias: Moving towards social justice. *Journal of Obesity*, *2016*, 1-10.

O'Brien, T. (1999). Parrot math. *Phi Delta Kappan*, 80, 434-438.

O'Connor, E. E., Dearing, E., & Collins, B. A. (2011). Teacher-child relationship and behavior problem trajectories in elementary school. *American Educational Research Journal*, *48*, 120-162.

O'Connor, K. (2011). *A repair kit for grading: 15 fixes for broken grades* (2nd ed.). Boston: Pearson Assessment Training Institute.

O'Leary, A. P., & Sloutsky, V. M. (2017). Carving metacognition at its joints: Protracted development of component processes. *Child Development*, *88*, 1015-1032.

O'Meara, J. (2011). *Beyond differentiated instruction*. Thousand Oaks, CA: Corwin Press.

O'Neil, J. (2012, March 27). Roadblocks to a rite of passage. *New York Times*, pp. D1, D6.

Oakes, J. (2005). *Keeping track: How schools structure inequality* (2nd ed.). New Haven, CT: Yale University Press.

Obamacare.net. (2017). 2017 Federal Poverty Level. Retrieved from https://obamacare.net/2017-federal-poverty-level/

OECD (2015). *The ABC of gender equality in education: Aptitude, behaviour, confidence*. PISA, OECD Publishing. http://dx.doi.org/10.1787/9789264229945-en

OECD (2018). Poverty gap (indicator). Retrieved from https://data.oecd.org/inequality/poverty-gap.htm#indicator-chart doi:10.1787/349eb41b-en.

Office of Educational Technology. (2017). Reimagining the role of technology in education: 2017 national education technology plan update. *U.S. Department of Education*. Retrieved from https://tech.ed.gov/files/2017/01/NETP17.pdf

Office of Special Education and Rehabilitative Services. (2016). 38th annual report to Congress on the implementation of the Individuals with Disabilities Education Act, 2016. *U.S. Department of Education*. Retrieved from https://www2.ed.gov/about/reports/annual/osep/2016/parts-b-c/38th-arc-for-idea.pdf

Ogbu, J. (1992). Understanding cultural diversity and learning. *Educational Researcher*, *21*(8), 5-14.

Ogbu, J. (2003). *Black American students in an affluent suburb: A study of academic disengagement*. Mahwah, NJ: Erlbaum.

Ogbu, J. U. (2008). Collective identity and the burden of "acting White" in Black history, community, and education. In J. U. Ogbu (Ed.), *Minority status, oppositional culture, and schooling* (pp. 29-63). New York: Routledge.

Oğmen, H., & Herzog, M. H. (2016). A new conceptualization of human visual sensory-memory. *Frontiers in Psychology*. doi. org/10.3389/fpsyg.2016.00830

Ok, M. W., Rao, K., Bryant, B. R., & McDougall, D. (2017). Universal design for learning in Pre-K to 12 classrooms: A systematic review of research. *Exceptionality*, *25*, 116-138.

Okagaki, L. (2006). Ethnicity, learning. In P. A. Alexander & P. H. Winne (Eds.), *Handbook of educational psychology* (2nd ed., pp. 615-634). Mahwah, NJ: Erlbaum.

Okonofua, J. A., & Eberhardt, J. L. (2015). Two strikes: Race and the disciplining of young students. *Psychological Science*, *26*, 617-624.

Okonofua, J. A., Paunesku, D., & Walton, G. M. (2016). Brief intervention to encourage empathic discipline cuts suspension rates in half among adolescents. *PNAS*, *113*, 5221-5226. doi: 10.1073/pnas.1523698113

Olakanmi, E. E. (2017). The effects of a flipped classroom model of instruction on students' performance and attitudes toward chemistry. *Journal of Science Education and Technology*, *26*, 127-137.

Olive, T., & Barbier, M-L. (2017). Processing time and cognitive effort of longhand note taking when reading and summarizing a structured or linear text. *Written Communication*, *34*, 224-246.

Otto, B. (2018). *Language development in early childhood education* (5th ed.). Boston: Pearson.

Oudiette, D., Antony, J. W., Creery, J. C., & Paller, K. A. (2013). The role of memory reactivation during wakefulness and sleep in determining which memories endure. *Journal of Neuroscience*, *33*, 6672-6678.

Owens, R. E. (2016). *Language development: An introduction* (9th ed.). Boston: Pearson.

Oyserman, D., & Destin, M. (2010). Identity-based motivation: Implications for intervention. *The Counseling Psychologist*, 38, 1001-1043.

Paas, F., Renkl, A., & Sweller, J. (2004). Cognitive load theory: Instructional implications of the interaction between information structures and cognitive architecture. *Instructional Science*, *32*(1), 1-8.

Pace, A., Hirsh-Pasek, K., & Golinkoff, R. M. (2016). High-quality language leads to high-quality learning. In N. K. Lesaux & S. M. Jones (Eds.). (2016). *The leading edge of early childhood education: Linking science to policy for a new generation of prekindergarten* (pp. 45-60). Cambridge, MA: Harvard Education Publishing Group.

Padgett, S., & Notar, C. E. (2013). Anti-bullying programs for middle/high schools. *National Social Science Journal*, *40*, 88-93.

Page, L. C., & Scott-Clayton, J. (2016). Improving college access in the United States: Barriers and policy responses. *Economics of Education Review*, *51*, 4-22.

Paivio, A. (1986). *Mental representations: A dual-coding approach*. New York: Oxford University.

Paivio, A. (1991). Dual coding theory: Retrospect and current status. *Canadian Journal of Psychology*, *45*, 255-287.

Pajares, F. (2009). Toward a positive psychology of academic motivation. The role of self-efficacy beliefs. In R. Gilman, F. S. Huebner, & M. J. Furlong (Eds.), *Handbook of positive psychology in schools* (pp. 149-160). New York: Routledge.

Palmer, E. (2018). Teachers rally against guns: #ArmMeWith better tools. *Newsweek*. Retrieved from https://www.msn.com/en-us/news/msn/teachers-rally-against-guns-%23armmewith-bettertools/ar-BBJsZpM

Palmer, K. (2015). Flipping a calculus class: One instructor's experience. *PRIMUS*, *25*, 886-891.

Paluck, E. L., Shepherd, H., & Aronow, P. M. (2016). Changing climates of conflict: A social network experiment in 56 schools. *PNAS*, *113*, 566-571.

Panahon, C. J., & Martens, B. K. (2013). A comparison of noncontingent plus contingent reinforcement to contingent reinforcement alone on students' academic performance. *Journal of Behavioral Education*, *22*, 37-49. doi:10.1007/s10864-012-9157-x

Pane, J. F., Steiner, E. D., Baird, M. D., Hamilton, L. S., & Pane, J. D. (2017). Informing progress: Insights on personalized learning implementation and effects. *The Rand Corporation*. Retrieved from https://www.rand.org/content/dam/rand/pubs/research_reports/RR2000/RR2042/RAND_RR2042.pdf

Panero, N. S. (2016). Progressive mastery through deliberate practice: A promising approach for improving writing. *Improving Schools*, *19*, 229-245.

Pant, B. (2016). Different cultures see deadlines differently. *Harvard Business Review*. Retrieved from https://hbr.org/2016/05/differentcultures-see-deadlines-differently

Papagno, C., Comi, A., Riva, M., Bizzi, A., Vernice, M., Casarotti, A., Fava, E., & Bello, L. (2017). Mapping the brain network of the phonological loop. *Human Brain Mapping*, *38*, 3011-3024.

Paradise, R., & Rogoff, B. (2009). Side by side: Learning by observing and pitching in. *Ethos*, *27*, 102-138.

Park, R., & Jang, S. J. (2017). Mediating role of perceived supervisor support in the relationship between job autonomy and mental health: Moderating role of value-means fit. *International Journal of Human Resource Management*, *28*, 703-723.

Park, V., & Datnow, A. (2017). Ability grouping and differentiated instruction in an era of data-driven decision making. *American Journal of Education*, *123*, 281-306.

Parke, R., & Clarke-Stewart, A. (2011). *Social development*. Hoboken, NJ: Wiley.

Parker, J. D. A., Saklofske, D. H., & Keefer, K. V. (2017). Giftedness and academic success in college and university: Why emotional intelligence matters. *Gifted Education International*, *33*, 183-194.

Parker, P. D., Van Zanden, B., & Parker, R. B.. (2017). Girls get smart, boys get smug: Historical changes in gender differences in math, literacy, and academic social comparison and achievement. *Learning and Instruction*. https://doi.org/10.1016/j.learninstruc.2017.09.002

Parker-Pope, T. (2010, July 20). Attention disorders can take a toll on marriage. *The New York Times*. Retrieved from https://well.blogs.nytimes.com/2010/07/19/attention-disorders-can-take-a-toll-onmarriage/

Parks, F. R., & Kennedy, J. H. (2007). The impact of race, physical attractiveness, and gender on education majors' and teachers' perceptions of student competence. *Journal of Black Studies*, *37*, 936-943.

Parsons, S. A., Dodman, S. L., & Burrowbridge, S. C. (2013). Broadening the view of differentiated instruction. *Phi Delta Kappan*, *95*, 38-42.

Parsons, S. A., Vaughn, M., Scales, R. Q., Gallagher, M. A., Parsons, A. W., Davis, S. G., Pierczynski, M., & Allen, M. (2018). Teachers' instructional adaptations: A research synthesis. *Review of Educational Research*, *88*, 205-242.

Pascual-Leone, A., Amedi, A., Fregni, F., & Merabet, L. B. (2005). The plastic human brain cortex. *Annual Review of Neuroscience*, *28*, 377-401. doi 10.1146/annurev.neuro.27.070203.144216

Pashler, H., & Carrier, M. (1996). Structures, processes, and the flow of information. In E. Bjork & R. Bjork (Eds.), *Memory* (pp. 3-29). San Diego, CA: Academic Press.

Pashler, H., McDaniel, M., Rohrer, D., & Bjork, R. (2008). Learning Styles: Concepts and Evidence. *Psychological Science in the Public Interest*, *9*, 105-119.

Patall, E. A., Vasquez, A. C., Steingut, R. R., Trimble, S. S., & Pituch, K. A. (2016). Empirical study: Daily interest, engagement, and autonomy support in the high school science classroom. *Contemporary Educational Psychology*, *46*, 180-194.

Patterson, E. (2011). Texting: An old language habit in a new media. *International Journal of the Humanities*, *9*, 235-242.

Pearson, B., Velleman, S., Bryant, T., & Charko, T. (2009). Phonological milestones for African American English-speaking children learning mainstream American English as a second dialect. *Language, Speech, and Hearing Services in School*, *40*(3), 229-244.

Pekrun, R., Goetz, T., Frenzel, A. C., Barchfeld, P., & Perry, R. P. (2011). Measuring emotions in students' learning and performance: The Achievement Emotions Questionnaire (AEQ). *Contemporary Educational Psychology*, *36*, 36-48. doi:10.1016/j.cedpsych.2010.10.002

Pellegrini, A. (2011). "In the eye of the beholder": Sex bias in observations and ratings of children's aggression. *Educational Researcher*, *40*, 281-286.

Pellegrino, A. M. (2010). Pre-service teachers and classroom authority. *American Secondary Education*, *38*, 62-78.

Pemberton, B. (2017). SCARED OF FLYING? The number of people who died in plane crashes in 2016 will surprise you . . . and not for the reason you think. *The Sun*. Retrieved from https://www.thesun.co.uk/living/2535002/the-number-of-people-who-died-in-planecrashes-in-2016-will-surprise-you-and-not-for-the-reason-you-think/

Pence Turnbull, K. L., & Justice, L. M. (2012). *Language development from theory to practice* (2nd ed.). Upper Saddle River, NJ: Merrill/Pearson Education.

Peng, J., Mo, L., Huang, P., & Zhou, Y. (2017). The effects of working memory training on improving fluid intelligence of children during early childhood. *Cognitive Development*, *43*, 224-234.

Pennebaker, J. W., Gosling S. D., & Ferrell J. D. (2013). Daily online testing in large classes: Boosting college performance while reducing achievement gaps. *PLoS ONE*, *8*(11), e79774. doi:10.1371/journal.pone.0079774. Retrieved from http://www.plosone.org/article/info%3Adoi%2F10.1371%2Fjournal.pone.0079774

Pentimonti, J., & Justice, L. (2010). Teachers' use of scaffolding strategies during read alouds in the preschool classroom. *Early Childhood Education*, *37*, 241-248.

Penuel, W. R., Bell, P., Bevan, B., Buffington, P., & Falk, J. (2016). Enhancing use of learning sciences research in planning for and supporting educational change: Leveraging and building social networks. *Journal of Educational Change*, *17*, 251-278.

Peregoy, S., & Boyle, O. (2017). *Reading, writing, and learning in ESL: A resource book for teaching K-12 English learners* (7th ed.). Boston: Pearson.

Perle, J. G. (2016). Teacher-provided positive attending to improve student behavior. *Teaching Exceptional Children*, *48*, 250-257.

Perron, T. (2013). Peer victimisation: Strategies to decrease bullying in schools. *British Journal of School Nursing*, *8*, 25-29.

Perry, N. E., Turner, J. C., & Meyer, D. K. (2006). Classrooms as contexts for motivating learning. In P. A. Alexander & P. H. Winne (Eds.), *Handbook of educational psychology* (2nd ed., pp. 327-348). Mahwah, NJ: Erlbaum.

Pescetelli, N., Rees, G., & Bahrami, B. (2016). The perceptual and social components of metacognition. *Journal of Experimental Psychology: General*, *145*, 949-965.

Peters, M. A. (2017). Education in a post-truth world. *Educational Philosophy and Theory*, *49*, 563-566. https://doi.org/10.1080/00131857.2016.1264114

Peters, R., Bradshaw, A., Petrunka, K., Nelson, G., Herry, Y., Craig, W., . . . Rossiter, M. (2010). The Better Beginnings, Better Futures Project: Findings from grade 3 to grade 9. *Monographs of the Society for Research in Child Development*, *75*(3, Serial No. 297).

Peters-Burton, E., Merz, S., Ramirez, E., & Saroughi, M. (2015). The effect of cognitive apprenticeship-based professional development on teacher self-efficacy of science teaching, motivation, knowledge calibration, and perceptions of inquiry-based teaching. *Journal of Science Teacher Education*, *26*, 525-548.

Peterson, A. M., Harper, F. W., Albrecht, T. L., Taub, J. W., Orom, H., Phipps, S., & Penner, L. A. (2014). Parent caregiver self-efficacy and child reactions to pediatric cancer treatment procedures. *Journal of Pediatric Oncology Nursing*, *31*, 18-27.

Peterson, J. S. (2009). Myth 17: Gifted and talented individuals do not have unique social and emotional needs. *Gifted Child Quarterly*, *53*, 280-282.

Petitto, L. (2009). New discoveries from the bilingual brain and mind across the life span: Implications for education. *Brain, Mind, & Education*, *3*, 185-197.

Petrilli, M. J. (2011). All together now? Education high and low achievers in the same classroom. *Education Next, 11*. Retrieved from http://educationnext.org/all-together-now/

Peverly, S. T., Vekaria, P. C., Reddington, L. A., Sumowski, J. F., Johnson, K. R., & Ramsay, C. M. (2013). The relationship of handwriting speed, working memory, language comprehension and outlines to lecture note-taking and test-taking among college students. *Applied Cognitive Psychology*, *27*, 115-126.

Péladeau, N., Forget, J., & Gagné, F. (2003). Effect of paced and unpaced practice on skill application and retention: How much is enough? *American Educational Research Journal*, *40*(3), 769-801.

Pérez-Peña, R. (2017). Contrary to Trump's claims, immigrants are less likely to commit crimes. *The New York Times*. Retrieved from https://www.nytimes.com/2017/01/26/us/trump-illegalimmigrants-crime.html

Pfafman, T. M., & McEwan, B. (2014). Polite women at work: Negotiating professional identity through strategic assertiveness. *Women's Studies in Communication*, *37*, 202-219.

Phelps, R. (Ed.). (2005). *Defending standardized testing*. Mahwah, NJ: Erlbaum.

Phillips, D. A. (2016). Stability, security, and social dynamics in early childhood environments. In N. K. Lesaux & S.M. Jones (Eds.). (2016). *The leading edge of early childhood education: Linking science to policy for a new generation of prekindergarten* (pp. 7-28). Cambridge, MA: Harvard Education Publishing Group.

Phillipson, S., & Phillipson, S. N. (2012). Children's cognitive ability and their academic achievement: The mediation effects of parental expectations. *Asia Pacific Education Review 13*, 495-508.

Piaget, J. (1952). *Origins of intelligence in children*. New York: International Universities Press.

Piaget, J. (1959). *Language and thought of the child* (M. Grabain, Trans.). New York: Humanities Press.

Piaget, J. (1965). *The moral judgment of the child*. New York: Free Press. (Original work published 1932.)

Piaget, J. (1970). *The science of education and the psychology of the child*. New York: Orion Press.

Piaget, J. (1977). Problems in equilibration. In M. Appel & L. Goldberg (Eds.), *Topics in cognitive development: Vol. 1. Equilibration: Theory, research, and application* (pp. 3-13). New York: Plenum Press.

Piaget, J. (1980). *Adaptation and intelligence: Organic selection and phenocopy* (S. Eames, Trans.). Chicago: University of Chicago Press.

Piaget, J., & Inhelder, B. (1956). *The child's conception of space*. Boston: Routledge and Kegan-Paul.

Pianta, R., Belsky, J., Houts, R., & Morrison, F. (2007). Opportunities to learn in America's elementary classrooms. *Science*, *315*, 1795-1796.

Picard, M., & Velautham, L. (2016). Developing independent listening skills for English as an additional langugage students. *International Journal of Teaching and Learning in Higher Education*, *28*, 52-65.

Pierce, S. (2014). Examining the relationship between collective teacher efficacy and the emotional intelligence of elementary school principals. *Journal of School Leadership*, *24*, 311-335.

Pillet-Shore, D. (2016). Criticizing another's child: How teachers evaluate students during parent-teacher conferences. *Language in Society*, *45*, 33-58.

Pilon, M. (2013, January 16). Forging path to starting line for younger disabled athletes. *The New York Times*. Retrieved from http://www.nytimes.com/2013/01/16/sports/disabled-athletes-suit-upraising-questions-of-logistics-and-fairness.html

Pinker, S. (2010, June 11). Mind over mass media. *New York Times*. Retrieved from http://www.nytimes.com/2010/06/11/opinion/11Pinker.html

Pinter, A. (2012). Children learning second languages. *English Language Teaching Journal*, *66*, 261-263.

Platt, R. (2004). Standardized tests: Whose standards are we talking about? *Phi Delta Kappan*, *85*(5), 381-382.

Plemmons, G., Hall, M., Doupnik, S., Gay, J., Brown, C., Browning, W., . . . Williams, D. (2018). Hospitalization for suicide ideation or attempt: 2008-2015. *Pediatrics*. Retrieved from http://pediatrics.aappublications.org/content/early/2018/05/14/peds.2017-2426

Plotnikoff, R. C., Costigan, S. A., Karunamuni, N., & Lubans, D. R. (2013). Social cognitive theories used to explain physical activity behavior in adolescents: A systematic review and metaanalysis. *Preventive Medicine*, *56*, 245-253. doi:10.1016/j.ypmed.2013.01.013

Poirier, T. I. (2017). Is lecturing obsolete? Advocating for high value transformative lecturing. *American Journal of Pharmaceutical Education*, *81*, 1-2.

Pomerance, L., Greenberg, J., & Walsh, K. (2016). *Learning about learning: What every new teacher needs to know*. National Council on Teacher Quality. Retrieved from http://www.nctq.org/dmsView/Learning_About_Learning_Report.

Pomerantz, E. M., & Kempner, S. G. (2013). Mothers' daily person and process praise: Implications for children's theory of intelligence and motivation. *Developmental Psychology*. Advance online publication. doi:10.1037/a0031840

Poole, I. R., & Evertson, C. M. (2013). Elementary classroom management. In J. Hattie & E. M. Anderman (Eds.), *International guide to student achievement* (pp. 188-191). New York: Routledge.

Pop, E. I., Negru-Subtirica, O., Crocetti, E., Opre, A, & Meeus, W. (2016). On the interplay between academic achievement and educational identity: A longitudinal study. *Journal of Adolescence*, *47*, 135-144.

Pope, N. G. (2016). The marginal effect of K-12 English language development programs: Evidence from Los Angeles schools. *Economics of Education Review*, *53*, 311-328.

Popescu, A. (2018). Keep your head up: How smartphone addiction kills manners and moods. *The New York Times*. Retrieved from https://www.nytimes.com/2018/01/25/smarter-living/bad-textposture-neckpain-mood.html

Popham, W. J. (2017). *Classroom assessment: What teachers need to know* (8th ed.). Boston: Pearson.

Poulou, M. (2015). Teacher-student relationships, social and emotional skills, and emotional and behavioural difficulties. *International Journal of Educational Psychology*, *4*, 84-108.

Polya, G. (1957). *How to solve it*. Garden City, NY: Doubleday.

Prati, G. (2012). A social cognitive learning theory of homophobic aggression among adolescents. *School Psychology Review*, *41*, 413-428.

Prawat, R. (1989). Promoting access to knowledge, strategy, and disposition in students: A research synthesis. *Review of Educational Research*, *59*, 1-41.

Prelli, G. E. (2016). How school leaders might promote higher levels of collective teacher efficacy at the level of school and team. *English Language Teaching*, *9*, 174-180.

Premack, D. (1965). Reinforcement theory. In D. Levine (Ed.), *Nebraska*

Symposium on Motivation (Vol. 13, pp. 3-41). Lincoln: University of Nebraska Press.

Pressley, M., & Harris, K. R. (2006). Cognitive strategies instruction: From basic research to classroom instruction. In P. A. Alexander & P. H. Winne (Eds.), *Handbook of educational psychology* (2nd ed., pp. 265-286). Mahwah, NJ: Erlbaum.

Pressley, M., & Hilden, K. (2006). Cognitive strategies. In D. Kuhn & R. Siegler (Eds.), *Handbook of child psychology* (6th ed., Vol. 2, pp. 511-556). Hoboken, NJ: John Wiley & Sons.

Primak, B. A., Shensa, A., Escobar-Viera, C. G., Barrett, E. L., Sidani, J. E., Colditz, J. B., & James, A. E. (2017). Use of multiple social media platforms and symptoms of depression and anxiety: A nationallyrepresentative study among U.S. young adults. *Computers in Human Behavior*, *69*, 1-9.

Pritchard, R. (1990). The effects of cultural schemata on reading processing strategies. *Reading Research Quarterly*, *25*, 273-295.

Proffitt, D. R. (2006). Embodied perception and the economy of action. *Perspectives on Psychological Science*, *1*, 110-122.

Program for International Student Assessment (PISA). (2012). *Results in focus: What 15-year-olds know and what they can do with what they know.* Retrieved from http://www.oecd.org/pisa/keyfindings/pisa-2012-results-overview.pdf

Prooijen, J. W. (2017). Why education predicts decreased belief in conspiracy theories. *Applied Cognitive Psychology*, *31*, 50-58.

Provasnik, S., Malley, L., Stephens, M., Landeros, K., Perkins, R., & Tang, J. H. (2016). Highlights from TIMSS and TIMSS Advanced 2015: Mathematics and science achievement of U.S. Students in Grades 4 and 8 and in advanced courses at the end of high school in an international context (NCES 2017-002). *U.S. Department of Education, National Center for Education Statistics.* Washington, DC. Retrieved from https://nces.ed.gov/pubs2017/2017002.pdf

Przymus, S. D. (2016). Imagining and moving beyond the ESL bubble: Facilitating communities of practice through the ELL Ambassadors program. *Journal of Language, Identity and Education*, *15*, 265-279.

Pulfrey, C., Buchs, C., & Butera, F. (2011). Why grades engender performance-avoidance goals: The mediating role of autonomous motivation. *Journal of Educational Psychology*, *103*, 683-700.

Purpura, D. J., Baroody, A. J., Eiland, M. D., & Reid, E. E. (2016). Fostering first graders' reasoning strategies with basic sums: The value of guided instruction. *Elementary School Journal*, *117*, 72-100.

Puryear, J. S., Kettler, T., & Rinn, A. N. (2017). Relationships of personality to differential conceptions of creativity: A systematic review. *Psychology of Aesthetics, Creativity, and the Arts*, *11*, 59-68.

Putnam, R. D. (2016). *Our kids: The American dream in crisis.* New York: Simon and Schuster.

Qian, G., & Pan, J. (2002). A comparison of epistemological beliefs and learning from science text between American and Chinese high school students. In B. K Hofer & P. R. Pintrich (Eds.), *Personal epistemology: The psychology of beliefs about knowledge and knowing* (pp. 365-385). Mahwah: NJ; Erlbaum.

Quinn, D. M., & Polikoff, M. (2017). Summer learning loss: What is it, and what can we do about it? *Brookings.* Retrieved from https://www.brookings.edu/research/summer-learning-loss-what-is-itand-what-can-we-do-about-it/

Quiroga, R., Fried, I., & Koch, C. (2013). Brain cells for grandmother. *Scientific American*, *308*(2), 30-5.

Radesky, J. S., & Christaskis, D. A. (2016). Increased screen time: Implications for early childhood development and behavior. *Childhood Development and Behavior*, *63*, 826-839.

Radnitz, S., & Underwood, P. (2017). Is belief in conspiracy theories pathological? A survey experiment on the cognitive roots of extreme suspicion. *British Journal of Political Science*, *47*, 113-129.

Radvansky, G. A., & Ashcraft, M. H. (2014). *Cognition* (6th ed.). Boston: Pearson.

Rainie, L., & Zickuhr, K. (2015). Americans' views on mobile etiquette. *Pew Research Center.* Retrieved from http://www.pewinternet.org/2015/08/26/americans-views-on-mobile-etiquette/

Ramey, D. (2015). The social structure of criminalized and medicalized school discipline. *Sociology of Education*, *88*, 181-201.

Ramirez, G., & Beilock, S. L. (2011, January 14). Writing about testing worries boosts exam performance in the classroom. *Science*, *331*(6014), 211-213.

Ramos, A., (2017). Piecing together ideas on sociocultural psychology and methodological approaches. *Integrative Psychological & Behavioral Science*, *51*, 279-284.

Ramsletter, C., & Murray, R. (2017). Time to play: Recognizing the benefits of recess. *American Educator*, *41*, 17-23.

Rank, M. R. (2018). The cost of keeping children poor. *The New York Times.* Retrieved from https://www.nytimes.com/2018/04/15/opinion/children-poverty-cost.html

Rappleye, E. (2015). Gender ratio of nurses across 50 states. *Becker's Hospital Review.* Retrieved from https://www.beckershospitalreview.com/human-capital-and-risk/genderratio-of-nurses-across-50-states.html

Ravitch, D. (2010). *The death and life of the great American school system.* New York: Basic Books.

Rawson, K., Thomas, R., & Jacoby, L. (2015). The power of examples: Illustrative examples enhance conceptual learning of declarative concepts. *Educational Psychology Review*, *27*, 483-504.

Reardon, S. F. (2016). School segregation and racial achievement gaps. *RSF: The Russell Sage Foundation Journal of the Social Sciences*, *2*, 34-57.

Reichert, M. C. (2010). Hopeful news on regarding the crisis in U.S. education: Exploring the human element in teaching boys. *Education Week*, *30*(12), 27.

Renkl, A. (2011). Instruction based on examples. In R. E. Mayer & P. A. Alexander (Eds.), *Handbook of research on learning and instruction* (pp. 272-295). New York: Routledge.

Renninger, K. A. (2000). Individual interest and its implications for understanding intrinsic motivation. In J. M. Harackiewicz & C. Sansone (Eds.), *Intrinsic and extrinsic motivation: The search for optimal motivation and performance* (pp. 373-404). San Diego, CA: Academic Press.

Renzulli, J., & Reis, S. (2003). The schoolwide enrichment model: Developing creative and productive giftedness. In N. Colangelo & G. Davis (Eds.), *Handbook of gifted education* (3rd ed., pp. 184-203). Boston: Allyn & Bacon.

Resnick, L., Asterhan, C., & Clarke, S. (2015). Socializing intelligence through academic talk and dialogue. Washington, DC: American Educational Research Association.

Retting, R. (2018). Pedestrian traffic fatalities by state: 2017 preliminary data. *Governors Highway Safety Association.* Retrieved from https://www.ghsa.org/sites/default/files/2018-02/pedestrians18.pdf

Reutzel, D. R., & Cooter, R. B. (2015). *Teaching children to read: The teacher makes the difference* (7th ed.). Boston: Pearson.

Reynolds, H. L., & Kearns, K. D. (2017). A planning tool for incorporating backward design, active learning, and authentic assessment in the college classroom. *College Teaching*, *65*, 17-27.

Rhodewalt, F., & Vohs, K. D. (2005). Defensive strategies, motivation, and the self: A self-regulatory process view. In A. J. Elliot & C. S. Dweck (Eds.), *Handbook of competence and motivation* (pp. 548-565). New York: Guilford.

Ribar, D. C. (2015). Why marriage matters for child wellbeing. *Future of Children*, *25*, 11-27.

Rice, P. C. (2017). Pronouncing students' names correctly should be a big deal. *Education Week*. Retrieved from https://www.edweek.org/tm/articles/2017/11/15/pronouncing-studentsnames-correctly-should-be-a.html?cmp=eml-enl-tu-news1-rm&M=58277832&U=27557

Rich, P. R., Van Loon, M. H., Dunlosky, J., & Zaragoza, M. S. (2017). Belief in Corrective Feedback for Common Misconceptions: Implications for Knowledge Revision. *Journal of Experimental Psychology: Learning, Memory, and Cognition*, *43*, 492-501.

Richey, S. (2017). A Birther and a Truther: The influence of the authoritarian personality on Conspiracy beliefs. *Politics & Policy*, *45*, 465-485.

Richtel, M. (2012, May 30). Wasting time is new divide in digital era. *New York Times*. Retrieved from http://www.nytimes.com/2012/05/30/us/new-digital-divide-seen-in-wasting-timeonline.html?pagewanted=all&_r=0

Rideout, V. (2015). *The common sense census: Media use by tweens and teens.* Common Sense Media. Retrieved from https://www.commonsensemedia.org/sites/default/files/uploads/research/census_researchreport.pdf

Riener, C., & Willingham, D. (2010). The myth of learning styles. *Change: The Magazine of Higher Learning*. Retrieved from https://www.researchgate.net/publication/249039450_The_Myth_of_Learning_Styles

Riley, B., & Hernandez, A. (2015). Should personalization be the future of learning? *Education Next*. Retrieved from http://educationnext.org/personalization-future-learning/

Riley, J. L. (2015). The mythical connection between immigrants and crime. *The Wall Street Journal*. Retrieved from https://www.wsj.com/articles/the-mythical-connection-between-immigrants-andcrime-1436916798

Riley, J., & Ward, K. (2017). Active learning, cooperative active learning, and passive learning methods in an accounting information systems course. *Issues in Accounting Education*, *32*, 1-16.

Rimm, S. B., Siegle, D., & Davis, G. A. (2018). *Education of the gifted and talented* (7th ed.). Boston: Pearson.

Rinke, E. M. (2016). The impact of sound-bite journalism on public argument. *Journal of Communication*, *66*, 625-645.

Rispoli, M., Zaini, S., Mason, R., Brodhead, M., Burke, M. D., & Gregori, E. (2017). A systematic review of teacher self-monitoring on implementation of behavioral practices. *Teaching and Teacher Education*, *63*, 58-72.

Ritts, V., Patterson, M. L., & Tubbs, M. E. (1992). Expectations, impressions, and judgments of physically attractive students: A review. *Review of Educational Research*, *62*, 413-426.

Robbins, P., & Aydede, M. (2009). A short primer on situated cognition. In P. Robbins & M. Aydede (Eds.), *The Cambridge handbook of situated cognition* (pp. 3-10). New York: Cambridge University Press.

Robertson, J. (2000). Is attribution training a worthwhile classroom intervention for K-12 students with learning difficulties? *Educational Psychology Review*, *12*(1), 111-134.

Robinson, J. (2010). The effects of test translation on young English learners' mathematics performance. *Educational Researcher*, *39*, 582-593.

Roblyer, M. D., & Hughes, J. (2019). *Integrating educational technology into teaching* (8th ed.). Boston: Pearson.

Rocha Lopes, D., van Putten, K., & Moormann, P. P. (2015). The impact of parental styles on the development of psychological complaints. *Europe's Journal of Psychology*, *11*, 155-168.

Roeser, R. W., Peck, S. C., & Nasir, N. S. (2006). Self and identity processes in school motivation, learning and achievement. In P. A. Alexander & P. H. Winne (Eds.), *Handbook of educational psychology* (2nd ed., pp. 391-424). Mahwah, NJ: Erlbaum.

Rogeberg, O. (2013). Correlations between cannabis use and IQ change in the Dunedin cohort are consistent with confounding from socioeconomic status. *Proceedings of the National Academy of Sciences of the United States of America*, *110*, 4251-4254.

Rogers, C. (1963). Actualizing tendency in relation to motives and to consciousness. In M. Jones (Ed.), *Nebraska Symposium on Motivation* (Vol. 11, pp. 1-24). Lincoln: University of Nebraska Press.

Rogers, C., & Freiberg, H. J. (1994). *Freedom to learn* (3rd ed.). Upper Saddle River, NJ: Merrill/Pearson.

Rogers, J. C., & DeBrito, S. A. (2016). Cortical and subcortical gray matter volume in youths with conduct problems: A meta-analysis. *JAMA Psychiatry*, *73*, 64-72. doi: 10.1001/jamapsychiatry.2015.2423

Rogers, K. B. (1991). *The relationship of grouping practices to the education of the gifted and talented learner (RBDM 9102).* Storrs, CT: The National Research Center on the Gifted and Talented, University of Connecticut.

Rogoff, B. (2003). *The cultural nature of human development.* New York, NY: Oxford University Press.

Rohr, D., & Pashler, H. (2010). Recent research on human learning challenges conventional instructional strategies. *Educational Researcher*, *39*, 406-412.

Rohrer, D., & Pashler, H. (2010). Recent research on human learning challenges conventional instructional strategies. *Educational Researcher*, *39*, 406-412.

Rohrer, D., Taylor, K., & Sholar, B. (2010). Tests enhance the transfer of learning. *Journal of Experimental Psychology*, *36*, 233-239.

Roid, G. (2003). *Stanford-Binet Intelligence Scales, Fifth Edition.* Itasca, IL: Riverside.

Romano, A. (2011, March 28). How dumb are we? *Newsweek*, 56-60.

Rosa, E. M., & Tudge, J. (2013). Urie Bronfenbrenner's theory of human development: Its evolution from ecology to bioecology. *Journal of Family Theory & Review*, *5*, 243-258.

Rosen, L. D. (2012). *iDisorder: Understanding our obsession with technology and overcoming its hold on us.* New York: Palgrave/Macmillan.

Rosen, L. D., Whaling, K., Rab, S., Carrier, L. M., & Cheever, N. A. (2013). Is Facebook creating "iDisorders"? The link between clinical symptoms of psychiatric disorders and technology use, attitudes and anxiety. *Computers in Human Behavior*, *29*, 1243-1254.

Rosen, R., & Parise, L. M. (2017). Using evaluation systems for teacher improvement: Are school districts ready to meet new federal goals? *MDRC*, 1-7, ERIC Number: ED574046

Rosenberg, T. (2013). Turning education upside down. *The New York Times*. Retrieved from http://opinionator.blogs.nytimes.com/2013/10/09/turning-education-upside-down/?_r=0

Rosenshine, B. (1987). Explicit teaching. In D. Berliner & B. Rosenshine (Eds.), *Talks to teachers.* New York: Random House.

Roseth, C., Akcaoglu, M., & Zellner, A. (2013). Blending synchronous face-to-face and computer-supported cooperative learning in a hybrid doctoral seminar. *TechTrends: Linking Research and Practice to Improve Learning, 57,* 54-59.

Rossetti, Z., Sauer, J. S., Bui, O., & Ou, S. (2017). Developing collaborative partnerships with culturally and linguistically diverse families during the IEP process. *Teaching Exceptional Children, 49,* 328-338.

Roth, G., Kanat-Maymon, Y., & Assor, A. (2016). The role of unconditional parental regard in autonomy-supportive parenting. *Journal of Personality, 84,* 716-725.

Rothbart, M. (2011). *Becoming who we are: Temperament and personality in development.* New York: Guilford.

Rowe, D., Mazzotti, V. L., Ingram, A., & Lee, S. (2017). Effects of goal-setting instruction on academic engagement for students at risk. *Career Development and Transition for Exceptional Individuals, 40,* 25-35.

Rowe, M. (1986). Wait-time: Slowing down may be a way of speeding up. *Journal of Teacher Education, 37*(1), 43-50.

Rubin, K., Cheah, C., & Menzer, M. (2010). Peers. In M. Bornstein (Ed.), *Handbook of cultural developmental science* (pp. 223-237). New York: Psychology Press.

Rudasill, K., Gallagher, K., & White, J. (2010). Temperamental attention and activity, classroom emotional support, and academic achievement in third grade. *Journal of School Psychology, 48*(2), 113-134.

Ruscheweyh, R., Willemer, C., Kruger, K., Duning, T., Warnecke, T., Sommer, J., . . . Floel, A. (2009). Physical activity and memory functions: An interventional study. *Neurobiology of Aging, 32,* 1304-1319.

Russ, A. C., Moffit, D. M., & Mansell, J. L. (2017). Sexual harassment and internships: How do we protect our students and program? *Kinesiology Review, 6,* 391-394.

Russo, M., Islam, G., & Koyuncu, B. (2017). Non-native accents and stigma: How self-fulfilling prophesies can affect career outcomes. *Human Resource Management Review, 27,* 507-520.

Rutter, M., Maughan, B., Mortimore, P., Ouston, J., & Smith, A. (1979). *Fifteen thousand hours. Secondary schools and their effects on children.* Cambridge, MA: Harvard University Press.

Ryan, J. B., Katsiyannis, A., & Peterson, R. (2007). IDEA 2004 and disciplining students with disabilities. *NASSP Bulletin, 91,* 130-140.

Ryan, J. B., Peterson, R. L., & Rozalski, M. (2007). State policies concerning the use of seclusion timeout in schools. *Education and Treatment of Children, 30,* 215-239.

Ryan, J. B., Sanders, S., Katsiyannis, A., & Yell, M. L. (2007). Using time-out effectively in the classroom. *Teaching Exceptional Children, 39,* 60-67.

Ryan, K. E., & Ryan, A. M. (2005). Psychological processes of stereotype threat and standardized math test performance. *Educational Psychologist, 40*(1), 53-63.

Ryan, K. E., Ryan, A. M., Arbuthnot, K., & Samuels, M. (2007). Students' motivation for standardized math exams. *Educational Researcher, 36*(1), 5-13.

Ryan, R., & Deci, E. (1996). When paradigms clash: Comments on Cameron and Pierce's claim that rewards do not undermine intrinsic motivation. *Review of Educational Research, 66,* 33-38.

Ryan, R., & Deci, E. (2000). Intrinsic and extrinsic motivations: Classic definitions and new directions. *Contemporary Educational Psychology, 25,* 54-67.

Ryan, S. V., von der Embse, N. P., Pendergast, L. L., Saeki, E., Segool, N., & Schwing, S. (2017). Research paper: Leaving the teaching profession: The role of teacher stress and educational accountability policies on turnover intent. *Teaching and Teacher Education, 66,* 1-11.

Rye, J., Landenberger, R., & Warner, T. A. (2013). Incorporating concept mapping in project-based learning: Lessons from watershed investigations. *Journal of Science Education and Technology, 22,* 379-392. doi:10.1007/s10956-012-9400-1

Sackett, P. R., & Walmsley, P. T. (2014). Which personality attributes are most important in the workplace? *Perspectives on Psychological Science, 9,* 538-551.

Sack-Min, J. (2007). The issues of IDEA. *American School Board Journal, 194*(3), 20-25.

Saddler, B., Asaro-Saddler, K., Moeyaert, M., & Ellis-Robinson, T. (2017). Effects of a summarizing strategy on written summaries of children with emotional and behavioral disorders. *Remedial and Special Education, 38,* 87-97.

Sadler, P. M., Sonnert, G., Coyle, H. P., Cook-Smith, N., & Miller, J. I. (2013). The influence of teachers' knowledge on student learning in middle school physical science classrooms. *American Educational Research Journal, 50,* 1020-1049.

Sadoski, M., & Paivio, A. (2001). *Imagery and text: A dual coding theory of reading and writing.* Mahwah, NJ: Erlbaum.

Saewcy, E. M., Konishi C., Rose, H. A., & Homma, Y. (2014). Schoolbased strategies to reduce suicidal ideation, suicide attempts, and discrimination among sexual minority and heterosexual adolescents in Western Canada. *International Journal of Child, Youth and Family Studies 1,* 89-112.

Safer, N., & Fleischman, S. (2005). How student progress monitoring improves instruction. *Educational Leadership, 62*(5), 81-83.

Sakr, S. (2013). Charlie Rose interviews 'Bill Gates 2.0' on 60 Minutes: The man after Microsoft. *60 Minutes.* Retrieved from http://www.engadget.com/2013/05/13/bill-gates-60-minutes/?utm_medium=feed&utm_source=Feed_Classic&utm_campaign=Engadget

Saksvik, I., & Hetland, H. (2011). The role of personality in stress perception across different vocational types. *Journal of Employment Counseling, 48,* 3-16.

Salam. M. (2017). The opioid epidemic: A crisis years in the making. *The New York Times.* Retrieved from https://www.nytimes.com/2017/10/26/us/opioid-crisis-public-health-emergency.html

Saleh, M., Lazonder, A. W., & de Jong, T. (2007). Structuring collaboration in mixed-ability groups to promote verbal interaction, learning, and motivation of average-ability students. *Contemporary Educational Psychology, 32,* 314-331.

Salvia, J., Ysseldyke, J., & Bolt, S. (2017). *Assessment in special and inclusive education* (13th ed.). Boston: Cengage.

Samuels, C. (2013). Test rules differ between groups of special ed. *Education Week, 32*(27), 1, 16, 17.

Samuels, C. (2017). Minority students still missing out on special education. *Education Week.* Retrieved from http://blogs.edweek.org/edweek/speced/2017/08/minorities_underenrolled_special_education.html?M=58168360&U=19028

Sana, F., Yan, V. X., & Kim, J. A. (2017). Study sequence matters for the inductive learning of cognitive concepts. *Journal of Educational Psychology, 109,* 84-98.

Sapacz, M., Rockman, G., & Clark, J. (2016). Are we addicted to our cell phones? *Computers in Human Behavior, 57,* 153-159.

Sarzyńska, J., Żelechowska, D., Falkiewicz, M., & Nęcka, E. (2017). Attention training in schoolchildren improves attention but fails to enhance fluid intelligence. *Studia Psychologica, 59,* 50-65.

Satel, S., & Lilienfeld, S. (2013). *Brainwashed: The seductive appeal of mindless neuroscience.* New York: Basic Books.

Satsangi, R., Bouck, E. C., Taber-Doughty, T., Bofferding, L., & Roberts,

C. A. (2016). Comparing the effectiveness of virtual and concrete manipulatives to teach algebra to secondary students with learning disabilities. *Learning Disability Quarterly*, *39*, 240-253.

Savage, C. (2017). In shift, Justice Dept. says law doesn't bar transgender discrimination. *The New York Times*. Retrieved from https://www.nytimes.com/2017/10/05/us/politics/transgender-civil-rights-act-justice-department-sessions.html

Savolainen, R. (2013). Approaching the motivators for information seeking: The viewpoint of attribution theories. *Library & Information Science Research*, *35*, 63-68.

Sawchuk, S. (2012). Access to teacher evaluations divides advocates. *Education Week*, *31*(26), 1, 18.

Sawchuk, S. (2017). Even when states revise standards, the core of the Common Core remains. *Education Week*. Retrieved from https://www.edweek.org/ew/articles/2017/11/13/even-when-statesrevise-standards-the-core.html

Sawyer, R. K. (2006). Introduction: The new science of learning. In R. K. Sawyer (Ed.), *The Cambridge handbook of the learning sciences* (pp. 1-18). New York: Cambridge University Press.

Scaffidi, A. C., Boca, S., & Gendolla, G. H. E. (2016). Self-awareness, perspective-taking, and egocentrism. *Self & Identity*, *15*, 371-380.

Scalise, K., & Felde, M. (2017). *Why neuroscience matters in the classroom: Principles of brain-based instructional design for teacher*. Boston: Pearson.

Schacter, D. (2001). *The seven deadly sins of memory*. Boston: Houghton Mifflin.

Schaefer, J., Velly, S. A., Allen, M. S., & Magee, C. A. (2016). Competition anxiety, motivation, and mental toughness in golf. *Journal of Applied Sport Psychology*, *28*, 309-321.

Scheuermann, B. K., & Hall, J. A. (2016). *Positive behavioral supports for the classroom* (3rd ed.). Boston: Pearson.

Schimmel, D., Stellman, L., Conlon, C., & Fischer, L. (2015). *Teachers and the law* (9th ed.). New York: Longman.

Schlinger, H. D. (2008). The long good-bye: Why B. F. Skinner's verbal behavior is alive and well on the 50th anniversary of its publication. *The Psychological Record*, *58*, 329-337.

Schmoker, M. (2010). When pedagogic fads trump priorities. *Education Week*, Retrieved from http://www.edweek.org/ew/articles/2010/09/29/05schmoker.h30.html.

Schneider, W. (2010). Metacognition and memory development in childhood and adolescence. In H. Waters & W. Schneider (Eds.), *Metacognition, strategy use, and instruction* (pp. 54-81). New York: Guilford.

Schraw, G. (2006). Knowledge structures and processes. In P. A. Alexander & P. H. Winne (Eds.), *Handbook of educational psychology* (2nd ed., pp. 245-263). Mahwah, NJ: Erlbaum.

Schraw, G., & Lehman, S. (2001). Situational interest: A review of the literature and directions for future research. *Educational Psychology Review*, *13*(1), 23-52.

Schroder, H. S., Fisher, M. E., Lin, Y., Lo, S. L., Danovitch, J. H., & Moser, J. S. (2017). Neural evidence for enhanced attention to mistakes among school-aged children with a growth mindset. *Developmental Cognitive Neuroscience*, *24*, 42-50.

Schunk, D. (2016). *Learning theories: An educational perspective* (7th ed.). Boston: Pearson.

Schunk, D. H., & Ertmer, P. A. (2000). Self-regulation and academic learning: Self-efficacy enhancing interventions. In M. Boekaerts, P. R. Pintrich, & M. Zeidner (Eds.), *Handbook of self-regulation* (pp. 631-649). San Diego: Academic Press.

Schunk, D. H., & Pajares, F. (2004). Self-efficacy in education revisited: Empirical and applied evidence. In D. M. McInerney & S. Van Etten (Eds.), *Sociocultural influences on motivation and learning: Vol. 4. Big theories revisited* (pp. 115-138). Greenwich, CT: Information Age.

Schunk, D. H., & Zimmerman, B. J. (2006). Competence and control beliefs: Distinguishing the means and the ends. In P. A. Alexander & P. H. Winne (Eds.), *Handbook of educational psychology* (2nd ed., pp. 349-367). Mahwah, NJ: Erlbaum.

Schunk, D. H., Meece, J. L., & Pintrich, P. R. (2014). *Motivation in education: Theory, research, and applications* (4th ed.) Boston: Pearson.

Schwab, Y., & Elias, M. J. (2015). From compliance to responsibility: Social-emotional learning and classroom management. In E. T. Emmer & E. J. Sabornie (Eds.), *Handbook of classroom management* (2nd ed., pp. 94-115). New York: Routledge.

Schwartz, D., & Heiser, J. (2006). Spatial representations and imagery in learning. In R. K. Sawyer (Ed.), *The Cambridge handbook of the learning sciences* (pp. 283-298). New York: Cambridge University Press.

Schwartz, D., Bransford, J., & Sears, D. (2005). Efficiency and innovation in transfer. In J. Mestre (Ed.), *Transfer of learning from a modern multi-disciplinary perspective* (pp. 1-51). Greenwich, CT: Information Age Publishing.

Schwartz, S. J., Luyckx, K., & Crocetti, E. (2015). What have we learned since Schwartz (2001)?: A reappraisal of the field of identity development. In K. McLean & M. Syed (Eds.), *Oxford handbook of identity development* (pp. 539-561). New York, NY: Oxford University Press.

Scogin, S. C. (2016). Identifying the factors leading to success: How an innovative science curriculum cultivates student motivation. *Journal of Science Education and Technology*, *25*, 375-393.

Sedikides, C., & Gregg, A. P. (2008). Self-enhancement: Food for thought. *Perspectives on Psychological Science*, *3*, 102-116.

Segalowitz, S. J. (2016). Exercise and pediatric brain development: A call to action. *Pediatric Exercise Science*, *28*, 217-226.

Segev, A. (2017). Does classic school curriculum contribute to morality? Integrating school curriculum with moral and intellectual education. *Educational Philosophy and Theory*, *49*, 89-98.

Seli, H., Dembo, M. H., & Crocker, S. (2009). Self in self-worth protection: The relationship of possible selves and self-protective strategies. *College Student Journal*, *43*, 832-842.

Semega, J. L., Fontenot, K. R., & Kollar, M. A. (2017). Income and poverty in the United States: 2016: Current population reports. *United States Census Bureau*. Retrieved from https://www.census.gov/content/dam/Census/library/publications/2017/demo/P60-259.pdf

Servant, V. F. C., & Schmidt, H. G. (2016). Revisiting 'Foundations of problem-based learning: Some explanatory notes. *Medical Education*, *50*, 698-701.

Seung, S. (2012). *Connectome*. Boston: Houghton Mifflin.

Sewell, A., St. George, A., & Cullen, J. (2013). The distinctive features of joint participation in a community of learners. *Teaching and Teacher Education*, *31*, 46-55.

Shearer, C. B., & Karanian, J. M. (2017). The neuroscience of intelligence: Empirical support for the theory of multiple intelligences? *Trends in Neuroscience and Education*, *6*, 211-223.

Shelton, J. T., Elliott, E. M., Matthews, R. A., Hill, B. D., & Gouvier, W. D. (2010). The relationships of working memory, secondary memory, and general fluid intelligence: Working memory is special. *Journal of Experimental Psychology. Learning, Memory and Cognition*, *36*, 813-820.

Sheppard, A. B., Gross, S. C., Pavelka, S. A., Hall, M. J., & Palmatier, M. I. (2012). Caffeine increases the motivation to obtain nondrug reinforcers in rats. *Drug and Alcohol Dependence, 124,* 216-222.

Sherblom, S. A. (2015). A moral experience feedback loop: Modeling a system of moral self-cultivation in everyday life. *Journal of Moral Education, 44,* 364-381.

Shierholz, H. (2014). Wage inequality has dramatically increased among both men and women over the last 35 years. *Economic Policy Institute.* Retrieved from http://www.epi.org/publication/wage-inequality-dramatically-increased-men/

Shin, J., Lee, Y-K., & Seo, E. (2017). The effects of feedback on students' achievement goals: Interaction between reference of comparison and regulatory focus. *Learning and Instruction, 49,* 21-31.

Shin, M., Bryant, D. P., Bryant, B. R., McKenna, J. W., Hou, F., & Ok, M. W. (2017). Virtual manipulatives. *Intervention in School & Clinic, 52,* 148-153.

Shiner, R. L., Buss, K. A., McClowry, S. G., Putnam, S. P., Saudino, K. J., & Zentner, M. (2012). What is temperament now? Assessing progress in temperament research on the twenty-fifth anniversary of Goldsmith et al. (1987). *Child Development Perspectives, 6,* 436-444.

Shipstead, Z., & Engle, R. W. (2013). Interference within the focus of attention: Working memory tasks reflect more than temporary maintenance. *Journal of Experimental Psychology: Learning, Memory, and Cognition, 39,* 277-289.

Shulevitz, J. (2016). "Grit," by Angela Duckworth. *New York Times.* Retrieved from https://www.nytimes.com/2016/05/08/books/review/grit-by-angela-duckworth.html?_r=0

Shulman, L. (1987). Knowledge and teaching: Foundations of the new reform. *Harvard Educational Review, 57,* 1-22.

Shulman, R. G. (2013). *Brain imaging: What it can (and cannot) tell us about consciousness.* New York: Oxford University Press.

Shyman, E. (2016). The reinforcement of ableism: Normality, the medical model of disability, and humanism in applied behavior analysis and ASD. *Intellectual and Developmental Disabilities, 54,* 366-376.

Siegler, R. (2000). The rebirth of children's learning. *Child Development, 71,* 26-35.

Siegler, R. (2006). Microgenetic analyses of learning. In D. Kuhn & R. Siegler (Vol. Eds.), *Handbook of child psychology: Vol. 2. Cognition, perception, and language* (6th ed., pp. 464-510). Hoboken, NJ: Wiley.

Siegler, R. (2012). From theory to application and back: Following in the giant footsteps of David Klahr. In J. Shrager & S. Carver (Eds.), *The journey from child to scientist: Integrating cognitive development and the education sciences.* Washington, DC: American Psychological Association.

Siegler, R., & Alibali, M. (2005). *Children's thinking* (4th ed.). Upper Saddle River, NJ: Prentice Hall.

Siegler, R., & Lin, X. (2010). Self-explanations promote children's learning. In H. Waters & W. Schneider (Eds.), *Metacognition, strategy use, and instruction* (pp. 85-112). New York: Guilford Press.

Simons, L. G., Simons, R. L., & Su, X. L. (2013). Consequences of corporal punishment among African Americans: The importance of context and outcome. *Journal of Youth and Adolescence, 42,* 1273-1285.

Simons, R., & Burt, C. (2011). Learning to be bad: Adverse social conditions, social schemas, and crime. *Criminology, 49,* 553-597.

Sinatra, G. M., & Pintrich, P. R. (2003). The role of intentions in conceptual change learning. In G. M. Sinatra & P. R. Pintrich (Eds.), *Intentional conceptual change* (pp. 1-18). Mahwah, NJ: Erlbaum.

Singer, N. (2017). How Silicon Valley pushed coding into American classrooms. *New York Times.* Retrieved from https://www.nytimes.com/2017/06/27/technology/education-partovicomputer-science-coding-apple-microsoft.html

Sipes, S. M. (2016). Development of a problem-based learning matrix for data collection. *Interdisciplinary Journal of Problem-Based Learning, 11,* 1-12.

Sisson, S., Broyles, S., Newton, R., Jr., Baker, B., & Chernausek, S. (2011). TVs in the bedrooms of children: Does it impact health and behavior? *Preventive Medicine, 52,* 104-108.

Skatova, A., & Ferguson, E. (2013). Individual differences in behavioral inhibition explain free riding in public good games when punishment is expected but not implemented. *Behavioral and Brain Functions, 9,* 1-11. Retrieved from http://www.behavioralandbrainfunctions.com/content/9/1/3

Skeide, M. A., Kumar, U., Mishra, R. K., Tripathi, V. N., Guleria, A., Singh, J. P., Eisner, F., & Huettig, F. (2017). Learning to read alters cortico-subcortical cross-talk in the visual system of illiterates. *Science Advances, 3,* e1602612 DOI: 10.1126/sciadv.1602612

Skiba, R. J., & Raush, M. K. (2015). Reconsidering exclusionary discipline: The efficacy and equity of out-of-school suspension and expulsion. In E. T. Emmer & E. J. Sabornie (Eds.), *Handbook of classroom management* (2nd ed., pp. 116-138). New York: Routledge.

Skiba, R. J., Aritles, A. J., Kozleski, E. B., Losen, D. J., & Harry, E. G. (2016). Risks and consequences of oversimplifying educational inequities: A response to Morgan et al. (2015). *Educational Researcher, 45,* 221-225.

Skinner, B. F. (1953). *Science and human behavior.* New York: Macmillan.

Skinner, B. F. (1954). The science of learning and the art of teaching. *Harvard Educational Review, 24,* 86-97.

Skulmowski, A., & Gunter, D. R. (2017). Bodily effort enhances learning and metacognition: Investigating the relation between physical effort and cognition using dual-process model of embodiment. *Advances in Cognitive Psychology, 13,* 3-10.

Skvorak, M. (2013). *Resistant students: Reach me before you teach me.* Lantham, MD: Rowman and Littlefield Education.

Slagt, M., Dubas, J. S., Deković, M., & van Aken, M. A. G. (2016). Differences in sensitivity to parenting depending on child temperament: A meta-analysis. *Psychological Bulletin, 142,* 1068-1110.

Slavin, R. E. (1987). Ability grouping and student achievement in elementary schools: A best evidence synthesis. *Review of Educational Research, 57,* 293-336.

Slavin, R. E. (1990). Achievement effects of ability grouping in secondary schools: A best evidence synthesis. *Review of Educational Research, 60,* 471-499.

Slavin, R. E. (2011). Instruction based on cooperative learning. In R. E. Mayer & P. A. Alexander (Eds.), *Handbook of research on learning and instruction* (pp. 344-360). New York: Routledge.

Slavin, R. E. (2014). Making cooperative learning powerful. *Educational Leadership, 72,* 22-26.

Slavin, R. E. (2015). Cooperative learning in elementary schools. *Education 3-13, 43,* 5-14.

Sloman, S. A., & Rabb, N. (2016). Your understanding is my understanding: Evidence for a community of knowledge. *Psychological Science, 27,* 1451-1460.

Slotter, E. B., & Winger, L. (2015). Lost without each other: The influence of group identity loss on the self-concept. *Group Dynamics: Theory, Research, and Practice, 19,* 15-30.

Slusher, A. L., Patterson, V. T., Schwartz, C. S., & Acevedo, E. O. (2018).

Impact of high intensity interval exercise on executive function and brain derived neurotrophic factor in healthy college aged males. *Physiology & Behavior*, *191*, 116-122.

Smart, K. L., Hicks, N., & Melton, J. (2013). Using problem-based scenarios to teach writing. *Business Communication Quarterly*, *76*, 72-81. doi:10.1177/1080569912466256

Smetana, J. G., & Gettman, D. C. (2006). Autonomy and relatedness with parents and romantic development in African American adolescents. *Developmental Psychology*, *42*, 1347-1351.

Smiley, D. (2014). School grades to stay, Florida education chief says. *The Miami Herald*. Retrieved from http://www.miamiherald.com/2014/01/21/3884176/florida-education-commissioner.html

Smith, D. W. (2015). Teacher perceptions of parent involvement in middle school. *Journal of Public Relations*, *36*, 393-403.

Smith, H. L., Summers, B. J., Dillon, K. H., Macatee, R. J., & Cougle, J. R. (2016). Hostile interpretation bias in depression. *Journal of Affective Disorders*, *203*, 9-13.

Smith, L., & King, J. (2017). A dynamic systems approach to wait time in the second language classroom. *System*, *68*, 1-14.

Smith, S. M., Glenberg, A., & Bjork, R. A. (1978). Environmental context and human memory. *Memory & Cognition*, *6*, 342-353.

Smith, T. E. C., Polloway, E., A., Doughty, T. T., Patton, J. R., & Dowdy, C. A. (2016). *Teaching students with special needs in inclusive settings* (7th ed.). Boston: Pearson.

Society of Health and Physical Educators. (2016). *Shape of the nation: Status of physical education in the USA*. Retrieved from http://www.shapeamerica.org/advocacy/son/2016/upload/Shape-ofthe-Nation-2016_web.pdf

Sommet, N., Darnon, C., & Butera, F. (2015). To confirm or to conform? Performance goals as a regulator of conflict with morecompetent others. *Journal of Educational Psychology*, *107*, 580-598.

Sommet, N., Pillaud, V., Meuleman, B., & Butera, F. (2017). Empirical study: The socialization of performance goals. *Contemporary Educational Psychology*, *49*, 337-354.

Sorhagen, N. S. (2013). Early teacher expectations disproportionately affect poor children's high school performance. *Journal of Educational Psychology*, *105*, 465-477.

Sorrenti, L., Filippello, P., Costa, S., & Buzzai, C. (2015). A psychometric examination of the learned helplessness questionnaire in a sample of Italian school students. *Psychology in the Schools*, *52*, 923-941.

Soslau, E., Kotch-Jester, S., & Jornlin, A. (2015). The dangerous message teacher candidates infer: "If the edTPA does not assess it, I don't have to do it." *Teachers College Record*. Retrieved from http://www.tcrecord.org/Content.asp?ContentId=18835

Southerland, S. A., & Sinatra, G. M. (2003). Learning about biological evolution: A special case of intentional conceptual change. In G. M. Sinatra & P. R. Pintrich (Eds.), *Intentional conceptual change* (pp. 317-345). Mahwah, NJ: Erlbaum.

Sparks, S. D. (2011). Lectures are homework in schools following Khan Academy lead. *Education Week*. Retrieved from http://www.edweek.org/ew/articles/2011/09/28/05khan_ep.h31.html

Sparks, S. D. (2015). Differentiated instruction: A primer. *Education Week*. Retrieved from http://www.edweek.org/ew/articles/2015/01/28/differentiated-instruction-a-primer.html

Sparks, S. D. (2016). Summing up results from TIMSS, PISA. *Education Week*. Retrieved from http://www.edweek.org/ew/section/multimedia/summing-up-results-from-timss-pisa.html

Sparks, S., & Harwin, A. (2016). Corporal punishment found in schools in 21 states. *Education Week*. Retrieved from http://www.edweek.org/ew/articles/2016/08/23/corporal-punishment-usefound-in-schools-in.html

Spearman, C. (1904). General intelligence, objectively determine and measured. *American Journal of Psychology*, *15*, 201-293.

Spearman, C. (1927). *The abilities of man: Their nature and measurement*. New York: Macmillan.

Spicer, P., LaFramboise, T., Markstrom, C., Niles, M., West, M., Fehringer, K., . . . Sarche, M. (2012). Toward an applied developmental science for native children, families, and communities. *Child Development Perspectives*, *6*, 49-54.

Sprouls, K., Mathur, S. R., & Upreti, G. (2015). Is positive feedback a forgotten classroom practice? Findings and implications for at-risk students. *Preventing School Failure*, *59*, 153-160.

Standage, M., Treasure, D. C., Hooper, K., & Kuczka, K. (2007). Selfhandicapping in school physical education: The influence of the motivational climate. *The British Journal of Educational Psychology*, *77*, 81-99.

Stanford Achievement Test Series, Tenth Edition. (2009). *Score report sampler*. Boston: Pearson Education, Inc. Retrieved from http://images.pearsonassessments.com/images/assets/sat10/SAT10ScoreReportSampler.pdf

Stanford History Education Group. (2016). *Evaluating information: The cornerstone of civic online reasoning*. Stanford University. Retrieved from https://sheg.stanford.edu/upload/V3LessonPlans/Executive%20Summary%2011.21.16.pdf

Stanhope, D., & Rectanus, K. (2015). Current realities of edtech use: Research brief. *Lea(R)n, Inc*. Retrieved from http://www.learntrials.com/wp-content/uploads/2015/09/CurrentRealitiesOfEdTechUse_Infographic_ResearchBrief.pdf

Staples, M. (2007). Supporting whole-class collaborative inquiry in a secondary mathematics classroom. *Cognition and Instruction*, *25*, 161-217.

Star, J. (2004, April). *The development of flexible procedural knowledge in equation solving*. Paper presented at the annual meeting of the American Educational Research Association, San Diego.

Starcher, D., & Allen, S. L. (2016). A global human potential movement and a rebirth of humanistic psychology. *The Humanistic Psychologist*, *44*, 227-241.

State of Obesity. (2017). *Adult obesity in the United States*. Trust for America's Health and the Robert Wood Johnson Foundation. Retrieved from http://stateofobesity.org/adult-obesity/

Staub, M. E. (2016). The other side of the brain: The politics of splitbrain research in the 1970s-1980s. *History of Psychology*, *19*, 259-273.

Steenbergen-Hu, S., & Moon, S. M. (2011). The effects of acceleration on high-ability learners: A meta-analysis. *Gifted Child Quarterly*, *55*, 39-53.

Stein, M., Kinder, D., Rolf, K., Silbert, J., & Carnine, D. W. (2018). *Direct instruction mathematics* (5th ed.). New York: Pearson.

Stenberg, G. (2017). Does contingency in adults' responding influence 12-month-old infants' social referencing? *Infant Behavior and Development*, *46*, 67-79.

Stenlund, T., Eklof, H., & Lyren, P-E. (2017). Group differences in test-taking behavior: An example from a high-stakes testing program. *Assessment in Education: Principles, Policy & Practice*, *24*, 4-20.

Stephens-Davidowitz, S (2014). Google, tell me. Is my son a genius? *The New York Times*. Retrieved from https://www.nytimes.com/2014/01/19/opinion/sunday/google-tell-me-is-my-son-agenius.html

Sternberg, R. (1998a). Applying the triarchic theory of human intelligence in the classroom. In R. Sternberg & W. Williams (Eds.), *Intelligence, instruction, and assessment* (pp. 1-16). Mahwah, NJ: Erlbaum.

Sternberg, R. (1998b). Metacognition, abilities, and developing expertise: What makes an expert student? *Instructional Science*, 26(1-2), 127-140.

Sternberg, R. (2003a). *Cognitive psychology* (3rd ed.). Belmont, CA: Wadsworth.

Sternberg, R. (2003b). *Wisdom, intelligence, and creativity synthesized*. Cambridge: Cambridge University Press.

Sternberg, R. (2004). Culture and intelligence. *American Psychologist*, 59, 325-338.

Sternberg, R. (2006). Recognizing neglected strengths. *Educational Leadership*, 64(1), 30-35.

Sternberg, R. (2007). Who are bright children? The cultural context of being and acting intelligent. *Educational Researcher*, 36(3), 148-155.

Sternberg, R. (2009). Foreword. In S. Tobias & T. Duffy (Eds.), *Constructivist instruction: Success or failure* (pp. x-xi). New York: Routledge.

Sternberg, R. (2017a). ACCEL: A new model for identifying the gifted. *Roeper Review*, 39, 152-169.

Sternberg, R. (2017b). *Cognitive psychology* (7th ed.). Cengage Learning.

Sternberg, R., & Grigorenko, E. (2001). Learning disabilities, schooling, and society. *Phi Delta Kappan*, 83(4), 335-338.

Sterzing, P., Shattuck, P., Narendorf, S., Wagner, M., & Cooper, B. (2012). Bullying involvement and autism spectrum disorders: Prevalence and correlates of bullying involvement among adolescents with an autism spectrum disorder. *JAMA Pediatrics (formerly Archives of Pediatric & Adolescent Medicine)*. Retrieved from http://archpedi.jamanetwork.com/article.aspx?articleid=1355390

Stoilescu, D. (2016). Aspects of theories, frameworks and paradigms in mathematics education research. *European Journal of Science and Mathematics Education*, 4, 140-154.

Storage, D., Horne Z., Cimpian A., & Leslie, S-J. (2016). The frequency of "brilliant" and "genius" in teaching evaluations predicts the representation of women and African Americans across fields. *PLoSONE*, 11:e0150194.doi:10.1371/journal

Strack, J., Lopes, P., Esteves, F., & Fernandez-Berrocal, P. (2017). Must we suffer to succeed? When anxiety boosts motivation and performance. *Journal of Individual Differences*, 38, 113-124.

Stringfield, S., Teddlie, C., & Suarez, S. (2017). Classroom interaction in effective and ineffective schools: Preliminary results from Phase III of the Louisiana School Effectiveness study. *Journal of Classroom Interaction*, 52, 4-14.

Strohschein, L., Ploubidis, G. B., Silverwood, R., DeStavola, B., & Grundy, E. (2016). Do men really benefit more from marriage than women? *American Journal of Public Health*, 106, 2-3.

Stross, R. (2010). Computers at home: Educational hope vs. teenage reality. *New York Times*. Retrieved from http://www.nytimes.com/2010/07/11/business/11digi.html

Su, H. F. H., Ricci, F. A., & Mnatsakanian, M. (2016). Mathematical teaching strategies: Pathways to critical thinking and metacognition. *International Journal of Research in Education and Science*, 2, 190-200.

Suarez-Orozco, C., Pimentel, A., & Martin, M. (2009). The significance of relationships: Academic engagement and achievement among newcomer immigrant youth. *Teachers College Record Volume*, 111, 712-749. Retrieved from http://www.tcrecord.org/Content.asp?ContentID=15342

Summers, J. J., Davis, H. A., & Woolfolk Hoy, A. (2017). The effects of teachers' efficacy beliefs on students' perceptions of teacher relationship quality. *Learning and Individual Differences*, 53, 17-25.

Superville, D. R. (2017). Absences, trauma, and orphaned children: How the opioid crisis Is ravaging schools. *Education Week*. Retrieved from https://www.edweek.org/ew/articles/2017/11/20/absences-trauma-and-orphaned-childrenhow-the.html?cmp=eml-enl-eu-news1&M=58283990&U=27557

Sutherland, M. R., McQuiggan, D. A., Ryan, J. D., & Mather, M. (2017). Perceptual salience does not influence emotional arousal's impairing effects on top-down attention. *Emotion*, 17, 700-706.

Swami, V., Funham, A., Smyth, N., Weis, L., Lay, A., & Clow, A. (2016). Putting the stress on conspiracy theories: Examining associations between psychological stress, anxiety, and belief in conspiracy theories. *Personality and Individual Differences*, 99, 72-76.

Sweller, J. (2003). Evolution of human cognitive architecture. *The Psychology of Learning and Motivation*, 43, 215-266.

Sweller, J., van Merrienboer, J., & Paas, F. (1998). Cognitive architecture and instructional design. *Educational Psychology Review*, 10, 251-296.

Talamas, S. N., Mayor, K. I., & Perrett, D. I. (2016). Blinded by beauty: Attractiveness bias and accurate perceptions of academic performance. *PloS ONE*, 11, 1-18.

Tan, X., & Michel, R. (2011). Why do standardized testing programs report scaled scores? *Educational Testing Service*. Retrieved from http://www.ets.org/Media/Research/pdf/RD_Connections16.pdf

Tanel, R. (2013). Prospective physics teachers' self-efficacy beliefs about teaching and conceptual understandings for the subjects of force and motion. *Journal of Baltic Science Education*, 12, 6-20.

Tang, Y., Zhang, W., Chen, K., Feng, S., Ji, Y., Shen, J., Reiman, E., & Liu, Y. (2006). Arithmetic processing in the brain shaped by culture. *Proceedings of the National Academy of Sciences USA*, 103, 10775-10780.

Tangen, J. L., & Borders, L. D. (2017). Applying information processing theory to supervision: an initial exploration. *Counselor Education and Supervision*, 56, 98-111.

Taraban, R., Anderson, E. E., DeFinis, A., Brown, A. G., Weigold, A., & Sharma, M. P. (2007). First steps in understanding engineering students' growth of conceptual and procedural knowledge in an interactive learning context. *Journal of Engineering Education*, 96, 57-68.

Tartaglia, S., & Rollero, C. (2015). The effects of attractiveness and status on personality evaluation. *Europe's Journal of Psychology*, 11, 677-690.

Tatera, K. (2015). Left-brained vs. right-brained? Myth debunked. *The Science Explorer*. Retrieved from http://thescienceexplorer.com/brain-and-body/left-brained-vs-right-brained-mythdebunked

Taylor, K., & Rohrer, D. (2010). The effects of interleaved practice. *Applied Cognitive Psychology*, 24, 837-848.

Temkin, D. (2015). All 50 states now have a bullying law. Now What? *The Huffington Post*. Retrieved from http://www.huffingtonpost.com/deborah-temkin/all-50-states-now-have-a_b_7153114.html

ter Vrugte, J., de Jong, T., Vandercruysse, S., Wouters, P., van Oostendorp, H., & Elen, J. (2017). Computer game-based mathematics education: Embedded faded worked examples facilitate knowledge acquisition. *Learning and Instruction*, 50, 44-53.

Terhune, K. (1968). Studies of motives, cooperation, and conflict within laboratory microcosms. In G. Snyder (Ed.), *Studies in international conflict* (Vol. 4, pp. 29-58). Buffalo, NY: SUNY Buffalo Council on International Studies.

Terman, L., & Oden, M. (1947). The gifted child grows up. In L. Terman (Ed.), *Genetic studies of genius* (Vol. 4). Stanford, CA: Stanford

University Press.

Terman, L., & Oden, M. (1959). The gifted group in mid-life. In L. Terman (Ed.), *Genetic studies of genius* (Vol. 5). Stanford, CA: Stanford University Press.

Terman, L., Baldwin, B., & Bronson, E. (1925). Mental and physical traits of a thousand gifted children. In L. Terman (Ed.), *Genetic studies of genius* (Vol. 1). Stanford, CA: Stanford University Press.

Thaler, R. H., & Sunstein, C. R. (2008). *Nudge: Improving decisions about health, wealth, and happiness.* New Haven, CT: Yale University Press.

The Associated Press. (2017). AP investigation reveals hidden horror of sex assaults by K-12 students. *Education Week.* Retrieved from http://www.edweek.org/ew/articles/2017/05/01/ap-revealshidden-horror-of-sex_ap.html?print=1

The Associated Press. (2018). These are the companies that have cut ties with the NRA. *Los Angeles Times.* Retrieved from http://www.latimes.com/nation/nationnow/la-na-nra-companies-boycott-20180224-htmlstory.html

The Pell Institute. (2018). *Indicators of higher education equity in the United States: 2018 historical trend report.* Retrieved from http://blogs.edweek.org/edweek/high_school_and_beyond/COE-18-Pell-Indicators-f.pdf

The Pew Charitable Trusts. (2012). *Pursuing the American Dream: Economic mobility across generations.* Retrieved from http://www.pewtrusts.org/~/media/legacy/uploadedfiles/pcs_assets/2012/PursuingAmericanDreampdf.pdf

Thibodeaux, A. K., Labat, M. B., Lee, D. E., & Labat, C. A. (2015). The effects of leadership and high-stakes testing on teacher retention. *Academy of Educational Leadership Journal, 19,* 227-249.

Thomas, A. E. (2017). Gender differences in students' physical science motivation: Are teachers' implicit cognitions another piece of the puzzle? *American Educational Research Journal, 54,* 35-58.

Thomas, R. C., & Jacoby, L. L. (2013). Diminishing adult egocentrism when estimating what people know. *Journal of Experimental Psychology: Learning, Memory, and Cognition, 39,* 473-486.

Thomas-Tate, S., Connor, C. M., & Johnson, L. (2013). Design Experiments: Developing and Testing an Intervention for Elementary School-Age Students Who Use Non-Mainstream American English Dialects. *Society for Research on Educational Effectiveness.* Retrieved from http://files.eric.ed.gov/fulltext/ED563056.pdf

Thommessen, S., & Todd, B. (2010, April). *Revisiting sex differences in play: Very early evidence of stereotypical preferences in infancy.* Paper presented at the annual meeting of the British Psychological Society, Stratford-upon-Avon, UK.

Thompson, B. C., Mazer, J. P., & Flood, G. E. (2015). The changing nature of parent-teacher communication: Mode selection in the smartphone era. *Communication Education, 64,* 187-207.

Thompson, C. (2013). *Smarter than you think: How technology is changing our minds for the better.* New York: Penguin Press.

Thompson, R., & Newton, E. (2010). Emotion in early conscience. In W. Arsenio & E. Lemerise (Eds.), *Emotions, aggression, and morality in children: Bridging development and psychopathology* (pp. 13-31). Washington, DC: American Psychological Association.

Thornberg, R. (2010). A study of children's conceptions of school rules by investigating their judgments of transgressions in the absence of rules. *Educational Psychology, 30*(5), 583-603. doi:10.1080/0144341 0.2010.492348

Thorndike, E. (1924). Mental discipline in high school studies. *Journal of Educational Psychology, 15,* 1-2, 83-98.

Tiantong, M., & Teemuangsai, S. (2013). The four scaffolding modules for collaborative problem-based learning through the computer network on Moodle LMS for the computer programming course. *International Education Studies, 6,* 47-55.

Tichenor, M., Welsh, A., Corcoran, C., Piechura, K., & Heins, E. (2016). Elementary girls' attitudes toward mathematics in mixed-gender and single-gender classrooms. *Education, 137,* 93-100.

Tichy, M. (2017). Maslow illuminates resilience in students placed at risk. *Journal of Education and Social Justice, 5,* 94-103.

Tiedt, P., & Tiedt, I. (2010). *Multicultural teaching* (8th ed.). Boston: Allyn & Bacon.

Tillema, H., & Smith, K. (2007). Portfolio appraisal: In search of criteria. *Teaching and Teacher Education, 23,* 442-456.

Time 4 Learning. (2018). *Standardized tests by state.* Retrieved from https://www.time4learning.com/testprep/

Todd, A., R., Simpson, A. J., & Tamir, D. I. (2016). Active perspective taking induces flexible use of self-knowledge during social inference. *Journal of Experimental Psychology: General, 145,* 1583-1588.

Tofade, T., Elsner, J., & Haines, S. T. (2013). Best practice strategies for effective use of questions as a teaching tool. *American Journal of Pharmaceutical Education, 77,* 1-9.

Toga, A., & Thompson, P. (2005). Genetics of brain structure and intelligence. *Annual Review of Neuroscience, 28,* 1-23.

Toldson, I. A. (2012). Editor's comment: When standardized tests miss the mark. *Journal of Negro Education, 81,* 181-185.

Tomasello, M. (2006). Acquiring linguistic constructions. In D. Kuhn & R. Siegler (Vol. Eds.), *Handbook of child psychology: Vol. 2. Cognition, perception, and language* (6th ed., pp. 255-298). Hoboken, NJ: Wiley.

Tomasello, M. (2011). Language development. In U. Goswami (Ed.), *Wiley-Blackwell handbook of childhood cognitive development* (2nd ed., pp. 239-257). Malden, MA: Wiley-Blackwell.

Tomlinson, C. A. (2014). *The Differentiated Classroom: Responding to the Needs of All Learners* (2nd ed.). Alexandria, VA: ASCD.

Tomlinson, C. A. (2015). Differentiation does, in fact, work. *Education Week.* Retrieved from http://www.edweek.org/ew/articles/2015/01/28/differentiation-does-in-fact-work.html

Tomlinson, C. A., & McTighe, J. (2006). *Integrating differentiated instruction and understanding by design: Connecting content and kids.* Alexandria, VA: Association for Supervision and Curriculum Development.

Tomlinson, C. A., & Moon, T. R. (2013). *Assessment and Student Success in a Differentiated Classroom.* Alexandria, VA: ASCD.

Tomoda, A., Suzuki, H., Rabi, K., Yi-Shin S., Polcari, A., Teicher, M. H. (2010). Reduced prefrontal cortical gray matter volume in young adults exposed to harsh corporal punishment. *Neuroimage, 47,* T66-T71. doi: 10.1016/j.neuroimage.2009.03.005

Tompkins, G. (2018). *Literacy for the 21st century: A balanced approach* (7th ed.). Boston: Pearson.

Torelli, J. N., Lloyd, B. P., Diekman, C. A., & Wehby, J. H. (2017). Teaching stimulus control via class-wide multiple schedules of reinforcement in public elementary school classrooms. *Journal of Positive Behavior Interventions, 19,* 14 -25.

Torrez-Guzman, M. (2011). Methodologies and teacher stances: How do they interact in classrooms? *International Journal of Bilingual Education and Bilingualism, 14*(2), 225-241. doi:10.1080/13670050.2010.539675

Toshalis, E. (2015). Five practices that provoke misbehavior. *Educational Leadership, 73,* 34-40.

Tracy, J. L., Hart J., & Martens J. P. (2011). Death and science: The existential underpinnings of belief in intelligent design and discomfort with evolution. *PLoS ONE*, *6*, e17349. doi:10.1371/journal.pone.0017349

Tran, S. K. (2017). GOOGLE: A reflection of culture, leader, and management. *International Journal of Corporate Social Responsibility*, *10*. https://doi.org/10.1186/s40991-017-0021-0

Trautwein, U., Ludtke, O., & Schnyder, I. (2006). Predicting homework effort: Support for a domain-specific, multilevel homework model. *Journal of Educational Psychology*, *98*, 438-456.

Trawick-Smith, J. (2014). *Early childhood development: A multicultural perspective* (6th ed.). Upper Saddle River, NJ: Merrill/Pearson.

Tritt, A. (2017). 7 young people on their views of gender. *The New York Times*. Retrieved from https://www.nytimes.com/2017/01/23/health/trans-gender-children-youth.html

Tsay, M., & Brady, M. (2010). A case study of cooperative learning and communication pedagogy; Does working in teams make a difference? *Journal of the Scholarship of Teaching and Learning*, *10*, 78-89.

Tucker, M. (2014). The federal role in state education accountability systems. *Education Week*. Retrieved from http://blogs.edweek.org/edweek/top_performers/2014/04/the_federal_role_in_state_education_accountability_systems.html

Tucker, M. (2015). Why have American education standards collapsed? *Education Week*. Retrieved from http://blogs.edweek.org/edweek/top_performers/2015/04/why_have_american_education_standards_collapsed.html?cmp=ENL-EU-MOSTPOP

Tullis, J. G., Finley, J. R., & Benjamin, A. S. (2013). Metacognition of the testing effect: Guiding learners to predict the benefits of retrieval. *Memory and Cognition*, *41*, 429-442. doi:10.3758/s13421-012-0274-5

Tullis, M., & Fulmer, S. M. (2013). Students' motivational and emotional experiences and their relationship to persistence during academic challenge in mathematics and reading. *Learning and Individual Differences*, *27*, 35-46.

Tuncel, G. (2017). Improving the cultural responsiveness of prospective social studies teachers: An action research. *Educational Sciences: Theory and Practice*, *17*, 1317-1344.

Turkle, S. (2015). *Reclaiming conversation: The power of talk in a digital age*. New York: Penguin Press.

Turnbull, A., Turnbull, H. R., Wehmeyer, M. L., & Shogren, K. A. (2016). *Exceptional lives: Special education in today's schools* (8th ed.). Boston: Pearson.

Turner, W. D., Solis, O. J., & Kincade, D. H. (2017). Differentiating instruction for large classes in higher education. *International Journal of Teaching & Higher Learning in Higher Education*, *29*, 490-500.

Twenge, J. M. (2017). Have smartphones destroyed a generation? *The Atlantic*. Retrieved from https://www.theatlantic.com/magazine/archive/2017/09/has-the-smartphone-destroyed-ageneration/534198/

Tyler, K. M. (2015). Examining cognitive predictors of academic cheating among urban middle school students: The role of homeschool dissonance. *Middle Grades Research Journal*, *10*, 77-93.

U.S. Department of Education. (2017). *U.S. Secretary of Education DeVos issues statement on new Title IX guidance*. Retrieved from https://content.govdelivery.com/accounts/USED/bulletins/1890330

U.S. Department of Education, National Center for Education Statistics. (2017). *The Condition of Education 2017* (NCES 2017-144), Status Dropout Rates. Retrieved from https://nces.ed.gov/fastfacts/display.asp?id=16

U.S. Department of Education. (2008). *Foundations for success: The final report of the National Mathematics Advisory Council*. Retrieved from https://nces.ed.gov/programs/coe/indicator_cgg.asp

U.S. Department of Education. (2009). *Race to Top executive summary*. Retrieved from http://www2.ed.gov/programs/racetothetop/executive-summary.pdf

U.S. Department of Education. (2016). *Equity in IDEA Rule. Assistance to states for the education of children with disabilities; preschool grants for children with disabilities*. Retrieved from: https://www.gpo.gov/fdsys/pkg/FR-2016-03-02/pdf/2016-03938.pdf

U.S. Department of Justice. (2016). Indicators of school crime and safety: 2015. *National Center for Education Statistics*. Retrieved from http://nces.ed.gov/pubs2016/2016079.pdf

Ukrainetz, T., Nuspl, J., Wilderson, K., & Beddes, S. (2011). The effects of syllable instruction on phonemic awareness in preschoolers. *Early Childhood Research Quarterly*, *26*, 50-60.

Ullen, F., de Manzano, O., Almeida, R., Magnusson, P. K. E., Pedersen, N. L., Nakamura, J., . . . Madison, G. (2012). Proneness for psychological flow in everyday life: Associations with personality and intelligence. *Personality and individual differences*, *52*, 167-172.

UNESCO Institute for Statistics. (2017). *Percentage of female teachers by teaching level of education*. Retrieved from http://data.uis.unesco.org/index.aspx?queryid=178

United States Census Bureau. (2016). Most popular surnames in the United States. *U.S. Department of Commerce*. Retrieved from https://www.census.gov/newsroom/press-releases/2016/cb16-tps154.html

United States Department of Agriculture. (2017). The national school lunch program. Retrieved from https://fns-prod.azureedge.net/sites/default/files/cn/NSLPFactSheet.pdf

Urban, S. (2014). 7 Sneaky Supermarket Marketing Strategies to Stop Falling For. *Organic Authority*. Retrieved from http://www.organicauthority.com/7-sneaky-supermarket-marketingstrategies-to-stop-falling-for/

Vacca, R. T., Vacca, J. L., & Mraz, M. (2014). *Content area reading: Literacy and learning across the curriculum* (11th ed.). Boston: Allyn & Bacon.

Vaksvik T., Ruijs, A., Rokkum, M., & Holm, I. (2016). Evaluation of a home treatment program for cold hypersensitivity using a classical conditioning procedure in patients with hand and arm injuries. *Journal of Hand Therapy: Official Journal of the American Society of Hand Therapists*, *29*, 14-22.

Valdez, A. (2013). Multimedia learning from PowerPoint: Use of adjunct questions. *Psychology Journal*, *10*, 35-44.

Valenzuela, K. A. V., Shields, J., & Drolet, J. (2018). Settling immigrants in neoliberal times: NGOs and immigrant well-being in comparative context. *Alternate Routes*, *29*, 65-89.

Van Dam, N. (2013). Inside the learning brain. *T+D*, *67*, 30-35.

van der Linden, D., Pekaar, K. A., Bakker, A. B., Schermer, J. A., Vernon, P. A., Dunkel, C. S., & Petrides, K. V. (2017). Overlap between the general factor of personality and emotional intelligence: A meta-analysis. *Psychological Bulletin*, *143*, 36-52.

van der Niet, A. G., Smith, J., Oosterlaan, J., Scherder, E. J. A., Hartman, E., & Visscher, C. (2016). Effects of a cognitively demanding aerobic intervention during recess on children's physical fitness and executive functioning. *Pediatric Exercise Science*, *28*, 64-71.

van Geel, M., Goemans, A., Toprak, F., & Vedder, P. (2017). Which personality traits are related to traditional bullying and cyberbullying? A study with the Big Five, Dark Triad and sadism. *Personality and Individual Differences, 106*, 231-235.

van Hek, M., Kraaykamp, G., & Pelzer, B. (2017): Do schools affect girls' and boys' reading performance differently? A multilevel study on the gendered effects of school resources and school practices, *School Effectiveness and School Improvement.* DOI:10.1080/09243453.2017.1382540

van Hoorn, J., Fuligni, A. J., Crone, E. A., & Galván, A. (2016). Peer influence effects on risk-taking and prosocial decision-making in adolescence: insights from neuroimaging studies. *Current Opinion in Behavioral Sciences, 10*, 59-64.

van Tubergen, F., & van Gaans, M. (2016). Is there an oppositional culture among immigrant adolescents in the Netherlands? *Youth and Society, 48*, 202-219.

Vandenbroucke, L., Split, J., Verschueren, K., Piccinin, C., & Baeyens, D. (2018). The classroom as a developmental context for cognitive development: A meta-analysis on the importance of teacherstudent interactions for children's executive functioning. *Review of Educational Research, 88*, 125-164.

Vansteenkiste, M., Zhou, M., Lens, W., & Soenens, B. (2005). Experiences of autonomy and control among Chinese learners: Vitalizing or immobilizing. *Journal of Educational Psychology, 97*, 468-483.

Vatterott, C. (2014). Student-owned homework. *Educational Leadership, 71*, 39-42.

Vaughn, S., Bos, C., & Schumm, J. (2018). *Teaching students who are exceptional, diverse, & at risk in the general education classroom* (7th ed.). Boston: Pearson.

Vedantam, S. (2010). *The hidden brain: How unconscious minds elect presidents, control markets, wage wars, and save our lives.* New York: Spiegel & Grau.

Veenstra, R., Lindenberg, S., Oldehinkel, A. J., De Winter, A. F., Verhulst, F. C., & Ormel, J. (2005). Bullying and victimization in elementary schools: A comparison of bullies, victims, and bully/victims, and uninvolved preadolescents. *Developmental Psychology, 41*, 672-682.

Velasquez-Manoff, M. (2013). Status and stress. *The New York Times.* Retrieved from http://opinionator.blogs.nytimes.com/2013/07/27/status-and-stress/?nl=todaysheadlines&emc=edit_th_20130728

Verschueren, K., Doumen, S., & Buyse, E. (2012). Relationships with mother, teacher, and peers: Unique and joint effects on young children's self-concept. *Attachment & Human Development, 14*, 233-248.

Vigdor, J., & Ladd, H. (2010). *Scaling the digital divide: Home computer technology and student achievement.* Retrieved from http://www.urban.org/uploadedpdf/1001433-digital-divide.pdf

Visser, T. A. W. (2017). Frozen in time: Concurrent task performance interferes with temporal shifts of attention. *Journal of Experimental Psychology: Human Perception and Performance. 43*, 1057-1064.

Vlassova, A., & Pearson, J. (2013). Look before you leap: Sensory memory improves decision making. *Psychological Science, 24*, 1635-1643. doi:10.1177/0956797612474321

Voight, A., Hanson, T., O'Malley, M., & Adekanye, L. (2015). The racial school climate gap: Within-school disparities in students' experiences of safety, support, and connectedness. *American Journal of Community Psychology, 56*, 252-267.

Von Culin, K., R., Tsukayama. E., & Duckworth, A. L. (2014). Unpacking grit: Motivational correlates of perseverance and passion for long-term goals. *The Journal of Positive Psychology, 9*, 306-312.

von der Embse, N. P., Pendergast, L. L., Segool, N., Saeki, E., & Ryan, S. (2016). The influence of test-based accountability policies on school

climate and teacher stress across four states. *Teaching and Teacher Education, 59*, 492-502.

Vosniadou, S. (2007). The cognitive-situative divide and the problem of conceptual change. *Educational Psychologist, 42*(1), 55-66.

Voyer, D., & Voyer, S. D. (2014). Gender differences in scholastic achievement: a meta-analysis. *Psychological Bulletin, 140*, 1174-1204. doi: 10.1037/a0036620

Vygotsky, L. (1978). *Mind in society: The development of higher psychological processes* (M. Cole, V. John-Steiner, S. Scribner, & E. Souberman, Eds. & Trans.). Cambridge, MA: Harvard University Press.

Vygotsky, L. (1986). *Thought and language.* Cambridge, MA: MIT Press.

Vygotsky, L. (1987). The problem and the method of investigation. In R. Rieber & A. Carton (Eds.), *Collected works of L. S. Vygotsky: Vol. 1. Problems of general psychology* (pp. 167-241). New York: Plenum Press.

Vygotsky, L. (1997). Analysis of higher mental functions. In R. Rieber & A. Carton (Eds.), *Collected works of L. S. Vygotsky: Vol. 4. The history of the development of higher mental functions* (pp. 65-82). New York: Plenum Press.

Wadsworth, B. J. (2004). *Piaget's theory of cognitive and affective development* (5th ed.). Boston: Pearson Education.

Walker, D. J., Del Bellow, M. P., Landry, J., D'Souza, D. N., & Detke, H. C. (2017). Quality of life in children and adolescents with bipolar 1 depression treated with olanzapine/fluoxetine combination. *Child & Adolescent Psychiatry & Mental Health, 11*, 1-11.

Walker, E., Shapiro, D., Esterberg, M., & Trotman, H. (2010). Neurodevelopment and schizophrenia: Broadening the focus. *Current Trends in Psychological Science, 19*, 204-208.

Walker, J. M. T., & Hoover-Dempsey, K. V. (2015). Parental engagement and classroom management: Unlocking the potential of family-school interactions and relationships. In E. T. Emmer & E. J. Sabornie (Eds.), *Handbook of classroom management* (2nd ed., pp. 459-478). New York: Routledge.

Walker, J. M. T., & Legg, A. M. (2018). Parent-teacher conference communication: a guide to integrating family engagement through simulated conversations about student academic progress. *Journal of Education for Teaching, 44*, 366-380.

Walker, O. L., & Henderson, H. A. (2012). Temperament and social problem solving competence in preschool: Influences on academic skills in early elementary school. *Social Development, 21*, 761-779.

Walkington, C., & Bernacki, M. (2015). Students authoring personalized "algebra stories": Problem-posing in the context of out-of-school interests. *The Journal of Mathematical Behavior, 40*, 171-191.

Walsh, B. (2004). *The Elephants of Style: A Trunkload of Tips on the Big Issues and Gray Areas of Contemporary American English.* New York: McGraw Hill.

Wang, A. B. (2016). 'Post-truth' named 2016 word of the year by Oxford Dictionaries. *The Washington Post.* Retrieved from https://www.washingtonpost.com/news/the-fix/wp/2016/11/16/posttruth-named-2016-word-of-the-year-by-oxford-dictionaries/?utm_term=.4922927c717e

Wang, K., & Wang, X. (2013). Promoting knowledge construction and cognitive development: A case study of teacher's questioning. *Theory and Practice in Language Studies, 3*, 1387-1392.

Wang, M-T., Hill, N. E., & Hofkens, T. (2014). Parental involvement and African American and European American adolescents' academic, behavioral, and emotional development in secondary school. *Child Development, 85*, 2151-2168.

Wang, M. (2017). Harsh parenting and peer acceptance in Chinese early adolescents: Three child aggression subtypes as mediators and child gender as moderator. *Child Abuse and Neglect*, *63*, 30-40.

Wang, T., Ren, X., & Schweizer, K. (2017). Learning and retrieval processes predict fluid intelligence over and above working memory. *Intelligence*, *61*, 29-36.

Wang, W. (2015). Interracial marriage: Who is 'marrying out'? *Pew Research Center*. Retrieved from http://www.pewresearch.org/fact-tank/2015/06/12/interracial-marriage-who-is-marrying-out/

Ward, Z. J., Long, M. W., Resch, S. C., Giles, C. M., Cradock, A. L., & Gortmaker, S. L. (2017). Simulation of growth trajectories of childhood obesity into adulthood. *New England Journal of Medicine*, *377*, 2145-2153. DOI: 10.1056/NEJMoa1703860

Wardley, C. S., Applegate, E. B., & Van Rhee, J. A. (2013). A comparison of student knowledge acquisition by organ system and skills in parallel problem-based and lecture-based curricula. *The Journal of Physician Assistant Education*, *24*, 5-14.

Ware, H., & Kitsantas, A. (2007). Teacher and collective efficacy beliefs as predictors of professional commitment. *Journal of Educational Research*, *100*(5), 303-310.

Ware, L. (2017). Discriminatory discipline: The racial crisis in America's public schools. *UMKC Law Review*, *85*, 739-772.

Warschauer, M. (2011). *Learning in the cloud: How (and why) to transform schools with digital media*. New York: Teachers College Press.

Warshof, A., & Rappaport, N. (2013). Staying connected with troubled students. *Educational Leadership*, *71*, 34-38.

Waterhouse, L. (2006). Multiple intelligences, the Mozart effect, and emotional intelligence: A critical review. *Educational Psychologist*, *41*(4), 217-225.

Watson, M., & Battistich, V. (2006). Building and sustaining caring communities. In C. M. Evertson & C. S. Weinstein (Eds.), *Handbook of classroom management: Research, practice, and contemporary issues* (pp. 253-279). Mahwah, NJ: Erlbaum.

Watson, M., & Ecken, L. (2003). *Learning to trust: Transforming difficult elementary classrooms through developmental discipline*. San Francisco: Jossey-Bass.

Waugh, C., & Gronlund, N. (2013). *Assessing student achievement* (10th ed.). Needham Heights, MA: Allyn & Bacon.

Way, N., Reddy, R., & Rhodes, J. (2007). Students' perceptions of school climate during the middle school years: Associations with trajectories of psychological and behavioral adjustment. *American Journal of Community Psychology*, *40*, 194-213.

Wechsler, D. (2014). *Wechsler intelligence scale for children* (5th ed.). Bloomington, MN: Pearson.

Wedell-Wedellsborg, T., (2017). Are you solving the right problems? *Harvard Business Review*, *95*, 76-83.

Weil, L. G., Fleming, S. M., Dumontheil, I., Kilford, E. J., Weil, R. S., Rees, G.,．．． & Blakemore, S-J. (2013). The development of metacognitive ability in adolescence. *Consciousness and Cognition*, *22*, 264-271.

Weiland, A., & Coughlin, R. (1979). Self-identification and preferences: A comparison of White and Mexican American first and third graders. *Journal of Social Psychology*, *10*, 356-365.

Weiner, B. (1992). *Human motivation: Metaphors, theories, and research*. Newbury Park, CA: Sage.

Weiner, B. (2000). Interpersonal and intrapersonal theories of motivation from an attributional perspective. *Educational Psychology Review*, *12*, 1-14.

Weiner, B. (2001). Intrapersonal and interpersonal theories of motivation from an attribution perspective. In F. Salili, C. Chiu, & Y. Hong (Eds.), *Student motivation: The culture and context of learning* (pp. 17-30). New York: Kluwer Academic/Plenum.

Weinstein, C. S., & Romano, M. E. (2015). *Elementary classroom management: Lessons from research and practice* (6th ed.). New York: McGraw-Hill.

Weinstock, J. (2007). Don't call my kid smart. *T.H.E. Journal*, *34*, 6.

Weisgram, E., Bigler, R., & Liben, L. (2010). Gender, values, and occupational interests among children, adolescents, and adults. *Child Development*, *81*(3), 778-796. doi:10.1111/j.1467-8624.2010.01433.x

Weisleder, A., & Fernald, A. (2013). Talking to children matters. *Psychological Science*, *24*(11), 2143-2152.

Weiss, J., & Hess, F. M. (2015). What did Race to the Top accomplish? *Education Next*, *15*, 50-56.

Weiss, J., & McGuinn, P. (2016). States as change agents under ESSA. *Phi Delta Kappan*, *97*(8), 28-33.

Wellisch, M., & Brown, J. (2012). An integrated identification and intervention model for intellectually gifted children. *Journal of Advanced Academics 23*, 145-167.

Wentzel, K. R. (2005). Peer relationships, motivation, and academic performance at school. In A. J. Elliot & C. S. Dweck (Eds.), *Handbook of competence and motivation* (pp. 279-296). New York: Guilford Press.

Wentzel, K. R. (2009). Peers and academic functioning at school. In K. H. Rubin, W. M. Bukowski, & B. Laursen (Eds.), *Handbook of peer interactions, relationships, and groups* (pp. 531-547). New York: Guilford.

Wentzel, K. R. (2010). Students' relationships with teachers. In J. L. Meece & J. S. Eccles (Eds.), *Handbook of research on schools, schooling, and human development* (pp. 75-91). New York: Routledge.

Wentzel, K. R., & Watkins, D. E. (2011). Instruction based on peer interactions. In R. E. Mayer & P. A. Alexander (Eds.), *Handbook of research on learning and instruction* (pp. 322-343). New York: Routledge.

Wentzel, K. R., & Wigfield, A. (2007). Motivational interventions that work: Themes and remaining issues. *Educational Psychologist*, *42*, 261-271.

Wentzel, K. R., Russell, S., & Baker, S. (2016). Emotional support and expectations from parents, teachers, and peers predict adolescent competence at school. *Journal of Educational Psychology*, *108*, 242-255.

Wentzel, K., Battle, A., Russell, S., & Looney, L. (2010). Social supports from teachers and peers as predictors of academic and social motivation. *Contemporary Educational Psychology*, *35*, 193-202.

West, M. (2012). *Is retaining students in the early grade self-defeating?* Brookings Institute. Retrieved from http://www.brookings.edu/research/papers/2012/08/16-student-retention-west

West, M. R., Kraft, M. A., Finn, A. S., Martin, R. E., Duckworth, A. L., Gabrieli, C. F. O., & Gabrieli, J. D. E. (2016). Promise and paradox: Measuring students' non-cognitive skills and the impact of schooling. *Educational Evaluation and Policy Analysis*, *38*, 148-170. http://dx.doi.org/10.3102/0162373715597298

Whippman, R. (2016). *America the anxious: How our pursuit of happiness is creating a nation of nervous wrecks*. New York: St. Martin's Press.

Whippman, R. (2017). Happiness is other people. *The New York Times*. Retrieved from https://www.nytimes.com/2017/10/27/opinion/sunday/happiness-is-other-people.html?ref=todayspaper&_r=0

Whitaker, B. G., & Godwin, L. N. (2013). The antecedents of moral imagination in the workplace: A social cognitive theory perspective. *Journal of Business Ethics*, *114*, 61-73.

White, R. (1959). Motivation reconsidered: The concept of competence. *Psychological Review, 66*, 297-333.

Whitehead, P. M. (2017). Goldstein's self-actualization: A biosemiotic view. *The Humanistic Psychologist, 45*, 71-83.

Whittaker, E., & Kowalski, R. M. (2015). Cyberbullying via social media. *Journal of School Violence, 14*, 11-29.

Wiedeman, R. (2016). The Sandy Hook hoax. *New York Magazine*. Retrieved from http://nymag.com/daily/intelligencer/2016/09/the-sandy-hook-hoax.html

Wigfield, A. (1994). Expectancy-value theory of achievement motivation: A developmental perspective. *Educational Psychology Review, 6*, 49-78.

Wigfield, A., & Eccles, J. (1992). The development of achievement task values: A theoretical analysis. *Developmental Review, 12*, 265-310.

Wigfield, A., & Eccles, J. (2000). Expectancy-value theory of achievement motivation. *Contemporary Educational Psychology, 25*, 68-81.

Wigfield, A., & Eccles, J. S. (2002). The development of competence beliefs, expectancies for success, and achievement values from childhood through adolescence. In. A. Wigfield & J. S. Eccles (Eds.), *Development of achievement motivation. A volume in the educational psychology series* (pp. 91-120). San Diego, CA: Academic Press.

Wiggins, G., & McTighe, J. (2006). *Understanding by design* (2nd ed.). Upper Saddle River, NJ: Pearson.

Wiliam, D. (2014). What do teachers need to know about the new *Standards* for educational and psychological testing? *Educational Measurement: Issues and Practice, 33*, 20-30.

Wilkinson, M. (2016). Kids' lead levels high in many Michigan cities. Retrieved from http://www.detroitnews.com/story/news/michigan/flint-water-crisis/2016/01/27/many-michigan-citieshigher-lead-levels-flint/79438144/

Will, M. (2016). High school students say student-led discussions and group work often go awry. *Education Week*. Retrieved from http://blogs.edweek.org/teachers/teaching_now/2016/06/high_school_group_work_student_led_discussions.html

Will, M. (2018). 'I worry every day': Lockdown drills prompt fear, self-reflection after school shooting. *Education Week*. Retrieved from https://www.edweek.org/ew/articles/2018/02/20/theyre-coming-for-me-and-my-kids.html?cmp=eml-enl-eunews2&M=58388145&U=27557

Williams, C., & Zacks, R. (2001). Is retrieval-induced forgetting an inhibitory process? *American Journal of Psychology, 114*, 329-354.

Williams, J. D., Wallace, T. L., & Sung, H. C. (2016). Providing choice in middle grade classrooms: An exploratory study of enactment variability and student reflection. *Journal of Early Adolescence, 36*, 527-550.

Williams, K., Swift, J., Williams, H., & Van Daal, V. (2017). Raising children's self-efficacy through parental involvement in homework. *Educational Research, 59*, 316-334.

Williamson, H. C., Hanna, M. A., Lavner, J. A., Bradbury, T. N., & Karney, B. R. (2013). Discussion topic and observed behavior in couples' problem-solving conversations: Do problem severity and topic choice matter? *Journal of Family Psychology, 27*, 330-335.

Williamson, P. O. (2016). Situated cognition principles increase students' likelihood of knowledge transfer in an online information literacy course. *Evidence Based Library and Information Practice, 11*, 66-68.

Willingham, D. T. (2007). *Cognition: The thinking animal* (3rd ed.). Upper Saddle River, NJ: Merrill/Pearson.

Willingham, D. T. (2009). *Why don't students like school? A cognitive scientist answers questions about how the mind works and what it means in your classroom.* San Francisco: Jossey-Bass.

Willis, S. L., Tennstedt, S. L, Marsiske, M., Ball, K., Elias, J., Koepke, K. M., . . . Wright, E. (2006). Long-term effects of cognitive training on everyday functional outcomes in older adults. *The Journal of the American Medical Association, 296*. Retrieved from http://jama.ama-assn.org/cgi/content/full/296/23/2805#AUTHINFO

Willson, V. (2013). *Encyclopedia of Special Education: A Reference for the Education of Children, Adolescents, and Adults with Disabilities and Other Exceptional Individuals.* New York: Wiley.

Wilson, M. B. (2014). *Teasing, tattling, defiance, and more . . .: Positive approaches to 10 common classroom behaviors.* Turner Falls, MA: Center for Responsive Schools, Inc.

Winerip, M. (2010). Equity of test is debated as children compete for gifted kindergarten. *The New York Times*. Retrieved from http://www.nytimes.com/2010/07/26/education/26winerip.html?pagewanted=all&_r=0

Winerip, M. (2013). Ex-schools chief in Atlanta is indicted in testing scandal. *The New York Times*. Retrieved from http://www.nytimes.com/2013/03/30/us/former-school-chief-in-atlanta-indicted-incheating-scandal.html?hp&pagewanted=all&_r=2&

Wingfield, N., & Wakabayashijan, D. (2017). Tech companies fight Trump immigration order in court. *The New York Times*. Retrieved from https://www.nytimes.com/2017/01/30/technology/technology-companies-fight-trump-immigration-order-in-court.html

Winitzky, N. (1994). Multicultural and mainstreamed classrooms. In R. Arends (Ed.), *Learning to teach* (3rd ed., pp. 132-170). New York: McGraw-Hill.

Winston, C. N. (2016). An existential-humanistic-positive theory of human motivation. *The Humanistic Psychologist, 44*, 142-163.

Wolf, R. (2017). Supreme Court could pull plug on transgender case. *USA Today*. Retrieved from https://www.usatoday.com/story/news/politics/2017/02/23/education-department-transgenderbathroom-guidance/98322176/

Wolff, F., Nagy, N., Helm, F., & Moller, J. (2018). Testing the internal/external frame of reference model of academic achievement and academic self-concept with open self-concept reports. *Learning and Instruction, 55*, 58-66.

Wong, T. T-Y., & Ho, C. S-H. (2017). Component processes in Arithmetic Word-Problem Solving and Their Correlates. *Journal of Educational Psychology, 109*, 520-531.

Wood, L., & Hawley, A. (2012). Dividing at an early age: The hidden digital divide in Ohio elementary schools. *Learning, Media, & Technology, 37*, 20-39.

Wood, S. G., Hart, S. A., Little, C. W., & Phillips, B. M. (2016). Test anxiety and a high-stakes standardized reading comprehension test: A behavioral genetics perspective. *Merrill-Palmer Quarterly, 62*, 233-251.

Woods, S. A., Lievens, F., Fruyt, F. D., & Wille, B. (2013). Personality across working life: The longitudinal and reciprocal influences of personality on work. *Journal of Organizational Behavior, 34*, S7-S25.

World Health Organization. (2017). Preterm birth. Retrieved from http://www.who.int/mediacentre/factsheets/fs363/en/

Wright, F. (2012). Difference in metacognitive thinking as a cultural barrier to learning. *Journal of the Australia and New Zealand Student Services Association, 40*, 16-22.

Wubbels, T., Brekelmans, M., den Brok, P., Wijsman, L., Mainhard, T., & van Tartwijk, J. (2015). Teacher-student relationships and classroom management. In E. T. Emmer & E. J. Sabornie (Eds.), *Handbook of classroom management* (2nd ed., pp. 363-386). New York:

Routledge.

Wurthmann, K. (2013). A social cognitive perspective on the relationships between ethics education, moral attentiveness, and PRESOR. *Journal of Business Ethics, 114,* 131-153.

Xu, J., & Metcalfe, J. (2016). Studying in the region of proximal learning reduces mind wandering. *Memory and Cognition, 44,* 681-695.

Xu, J., & Wu, H. (2013). Self-regulation of homework behavior: Homework management at the secondary school level. *Journal of Educational Research, 106,* 1-13.

Yacek, D. (2018). America's armed teachers: An ethical analysis. *Teachers College Record, 120.* Retrieved from http://www.tcrecord.org/content.asp?contentid=22289

Yadav, A., & Cooper, S. (2017). Fostering creativity through computing. *Communications of the ACM, 60,* 31-33.

Yan, Z. (2018). Student self-assessment practices: The role of gender, school level and goal orientation. *Assessment in Education: Principles, Policy & Practice, 25,* 183-199.

Yang, L. (2016). Interpersonal relationships and the development of student interest in science. *Electronic Journal of Science Education, 20,* 18-38.

Yee, V. (2013). Grouping students by ability regains favor in classroom. *The New York Times.* Retrieved from http://www.nytimes.com/2013/06/10/education/grouping-students-byability-regains-favor-with-educators.html

Yigit, C., & Bagceci, B. (2017). Teachers' opinions regarding the usage of action research in professional development. *Journal of Education and Training Studies, 5,* 243-252.

Yoo, J., Miyamoto, Y., & Ryff, C. D. (2016). Positive affect, social connectedness, and healthy biomarkers in Japan and the U.S. *Emotion, 16,* 1137-1146.

Yoon, E., Adams, K., Clawson, A., Chang, H., Surya, S., & Jeremie-Brink, G. (2017). East Asian adolescents' ethnic identity development and cultural integration: A qualitative investigation. *Journal of Counseling Psychology, 64,* 65-79.

Yoon, J. C., & Sungok, S. S. (2013). Predicting teachers' achievement goals for teaching: The role of perceived school goal structure and teachers' sense of efficacy. *Teaching and Teacher Education, 32,* 12-21.

Youssef-Shalala, A., Ayres, P., Schubert, C., & Sweller, J. (2014). Using a general problem-solving strategy to promote transfer. *Journal of Experimental Psychology: Applied, 20,* 215-231.

Yow, W., & Markman, E. (2011). Bilingualism and children's use of paralinguistic cues to interpret emotion in speech. *Bilingualism: Language & Cognition, 14,* 562-569.

Ysseldyke, J., Scerra, C., Stickney, E., Beckler, A., Dituri, J., & Ellis, K. (2017). Academic growth expectations for students with emotional and behavior disorders. *Psychology in the Schools, 54,* 792-807.

Yudin, M. K., & Musgrove, M. (2015, November 16). *Dear colleague letter.* Washington, DC: U.S. Department of Education, Office of Special Education and Rehabilitative Services.

Yuliana, Y., Tasari, T., & Wijayanti, S. (2017). The effectiveness of guided discovery learnng to teach integral calculus for the mathematics students of mathematics education Widya Dharma University. *Infinity, 6,* 1-10.

Zagorski, N. (2017). Using many social media platforms linked with depression, anxiety risk. *American Psychiatric Association.* Retrieved from https://psychnews.psychiatryonline.org/doi/full/10.1176/appi.pn.2017.1b16

Zee, M., & de Bree, E. (2017). Students' self-regulation and achievement in basic reading and math skills: The role of student-teacher relationships in middle school. *European Journal of Developmental Psychology, 14,* 265-280.

Zeller, F., Wang, T., Reis, S., & Schweizer, K. (2017). Does the modality of measures influence the relationship among working memory, learning and fluid intelligence? *Personality and Individual Differences, 105,* 275-279.

Zentall, S. R., & Morris, B. J. (2012). A critical eye: Praise directed toward traits increases children's eye fixations on errors and decreases motivation. *Psychonomic Bulletin & Review, 19,* 1073-1077.

Zero to Three. (2015). State of America's babies: 2015. Retrieved from http://www.zerotothree.org/public-policy/state-communitypolicy/baby-facts/related-docs/state-of-america-s-babies-4-15-final.pdf

Zhang, D., Katsiyannis, A., Ju, S., & Roberts, E. (2014). Minority representation in special education: 5-year trends. *Journal of Child and Family Studies, 23,* 118-127.

Zhao, Q., & Li, W. (2016). Measuring perceptions of teachers' caring behaviors and their relationship to motivational responses in physical education among middle school students. *The Physical Educator, 73,* 510-529.

Zhou, J., & Urhahne, D. (2013). Teacher judgment, student motivation, and the mediating effect of attributions. *European Journal of Psychology of Education, 28,* 275-295.

Zimmerman, B. J., & Schunk, D. H. (Eds.). (2013). *Self-regulated learning and academic achievement: Theory, research, and practice.* New York: Springer.

Zingoni, M., & Corey, C. M. (2017). How mindset matters: The direct and indirect effects of employees' mindsets on job performance. *Journal of Personnel Psychology, 16,* 36-45.

Zink, C. F., Pagnoni, G., Martin-Skurski, M. E., Chappelow, J. C., & Berns, G. S. (2004). Human striatal responses to monetary reward depend on saliency. *Neuron, 42,* 509-517.

Zoder-Martell, K. A., & Dieringer, S. T. (2016). Introduction to the special issue: The use of applied behavioral analysis to address student academic referral concerns. *Psychology in the Schools, 53,* 5-7.

Zong, J., Batalova, J., & Hallock, J. (2018). Frequently requested statistics on immigrants and immigration in the United States. *Migration Policy Institute.* Retrieved from https://www.migrationpolicy.org/article/frequently-requested-statisticsimmigrants-and-immigration-united-states

Zubrzycki, J. (2012). Single-gender schools scrutinized. *Education Week, 31*(17), 1, 12-13.

Zuffiano, A., Alessandri, G., Gerbino, M., Kanacri, B. P., Di Giunta, L., Milioni, M., & Caprara, G. V. (2013). Academic achievement: The unique contribution of self-efficacy beliefs in self-regulated learning beyond intelligence, personality traits, and self-esteem. *Learning and Individual Differences, 23,* 158-162.

Zyphur, M. J., Chaturvedi, S., & Arvey, R. D. (2008). Job performance over time is a function of latent trajectories and previous performance. *Journal of Applied Psychology, 93,* 217-224. doi:10.1037/0021-9010.93.1.217

용어 해설

9분점수(Stanine): 개인의 표준화 점수를 1부터 9까지 분포하는 척도를 사용해서 기술하는 것.

ed교사수행평가(edTPA): "신임 교사가 업무를 수행할 준비가 되었는가?"라는 질문에 대답하기 위해 고안된 고위험 예비 평가 과정.

LGBTQ: 레즈비언, 게이, 양성애자, 트랜스젠더 및 자신의 정체성을 탐구하거나 의문을 제기하는 사람들을 일컫는 머리글자.

가상 견학(Virtual field trips): 학생들이 실생활에서 보기 힘든 장소를 체험할 수 있는 인터넷 사이트를 방문하는 것.

가상 조작물(Virtual manipulative): 기술을 사용하여 접근하거나, 키보드나 마우스로 조작하는 물리적 조작물의 복제본(교구).

가짜 뉴스(Fake news): 정치, 경제 또는 사회적 이득을 위해 과장되게 주목을 끄는 제목을 사용하는 의도적인 잘못된 정보.

가치(Value): 개인이 과제나 활동에 참여함으로써 유발될 수 있다고 믿는 이득, 보상, 또는 혜택.

간섭(Interference): 이전에 한 학습이나 이후에 한 학습이 현재의 이해를 방해하기 때문에 정보를 소실하는 것.

간헐강화계획(Intermittent reinforcement schedule): 모든 바람직한 행동이 아니라 일부 행동만 강화를 하는 것.

감각 기억(Sensory memory): 환경으로부터 들어온 자극을 처리될 때까지 잠시 보관하는 저장소.

감정(Emotion): 보통 짧고 강렬하며 구체적인 느낌.

강조(Emphasis): 학생들에게 수업 중 중요한 정보에 주의를 기울이게 하는 언어적 음성적 신호.

강화(Reinforcement): 행동을 증가시키기 위해 강화물을 제공하는 과정.

강화계획(Reinforcement schedule): 강화물의 빈도와 강화물이 주어지는 시점에 대한 패턴을 의미.

강화물(Reinforcer): 어떤 행동이 또 발생할 가능성을 높이는 행동의 결과.

개념(Concept): 범주의 예와 비예를 구분할 수 있도록 하는 범주에 대한 마음의 구조 혹은 표상.

개방형 질문(Open-ended question): 다양한 답변이 허용되는 질문.

개별화(Personalization): 한 주제를 설명하기 위해 지적 또는 감정적으로 관련된 예를 사용하는 과정.

개별화 교육 프로그램(Individualized Education Program: IEP): 모든 장애 학생에게 무료로 적절한 교육(FAPE)을 제공하기 위한 프레임워크를 제공하는 서면 진술서.

개별화 수업(Differentiating instruction): 배경지식, 기술, 필요성 및 동기가 다양한 학생들의 요구를 충족시키기 위해 교수법을 조정하는 것.

(개인의) 교수효능감(Personal teaching efficacy): 그 또는 그녀가 학생들의 사전 지식이나 능력에 관계없이 모든 학생을 배우게 할 수 있다는 신념.

개인적 영역(Personal domain): 사회적으로 규제되지 않고 타인의 권리를 해치거나 침해하지 않는 도덕적 발달 영역.

개인적 흥미(Personal interest): 개인이 지속적으로 좋아함, 마음이 끌림, 또는 영역, 학과 분야, 주제, 활동에 대한 개인적 선호.

개인적·사회적·정서적 발달(Personal, Social, and Emotional development): 우리의 성격, 다른 사람과 상호작용하는 방식, 감정을 다루는 능력의 변화.

거꾸로 수업(Flipped instruction): 학생들이 새로운 내용을 집중적으로 공부하기 위해 집에서 비디오 강의를 시청하고, 수업 시간에 이 내용을 적용하는 문제를 풀거나 연습하고, 다른 활동을 수행하는 교수 방법. '거꾸로 교실'이라고 불리기도 함.

거시체계(Macrosystem): 발달하는 아이에게 영향을 미치는 브론펜브레너 모형의 네 번째 수준으로 발달에 미치는 문화적 영향을 포함.

건설적 자기주장(Constructive assertiveness): 우려되는 사항을 명확하게 전달하고 부적절한 행동을 바로잡도록 요구하며, 강요나 조종에 저항하는 과정.

검사 문항 명세표(Table of specification): 교사로 하여금 학생들의 인지 수준 또는 내용 영역에 따라 학습목표를 조직하는 데 도움을 주는 행렬표.

결과(Consequence): 행동이 일어난 뒤에 따라오는 것으로 그 행동이 반복될 가능성에 영향을 주는 사건(자극).

결정 지능(Crystallized intelligence): 문화에 따라 규정되는 정신 능력으로 경험과 학교 교육의 영향을 받음.

결핍 욕구(Deficiency needs): 충족되지 않았을 때, 인간으로 하여금 그것을 충족하고자 노력하게 하는 욕구.

고위험 평가(High-stake test): 학생, 교사, 학교, 학군에 영향을 미치는 결정을 내리기 위해 교육자들이 사용하는 표준화된 검사.

고전적 조건화(Classical conditioning): 어떤 사람이 본능적 또는 반사적인 반응과 흡사한 불수의적 정서 반응 또는 생리적 반응을 일으키도록 하는 학습의 한 유형.

고정 마인드셋(Fixed mindset): 능력이 상대적으로 고정되어 있으며, 시간과 과제 조건에서도 안정적이고 변화하지 않을 것이라고 믿는 것.

고정관념 위협(Stereotype threat): 자신의 그룹에 대한 고정관념이 확증될 수 있는 상황에서 느끼는 불안감.

골고루 질문하기(Equitable distribution): 학급에서 학생의 호명을 가능한 한 동등하게 하는 과정.

공감(Empathy): 다른 누군가가 느끼고 있는 감정을 경험할 수 있는 능력.

공통 핵심 국가 교육 기준(Common Core State Standards Initiative: CCSSI): 모든 주에서 수학 및 영어 교양과 함께 역사, 사회과학, 과학 및 기술 과목의 글쓰기를 포함한 교육 표준을 수립하여 모든 주에서 공유하고 자발적으로 채택할 수 있도록 2009년에 디자인된 교육 기준.

과소일반화(Undergeneralization): 아동이 한 단어를 지나치게 좁은 범위로 사용하는 언어 패턴.

과실(Negligence): 학생들이 다치지 않도록 충분히 돌보는 것에 대한 실패.

과잉일반화(Overgeneralization): 아동이 한 단어를 해당 범위 이상으로 넓게 사용하는 언어 패턴.

과제 분석(Task analysis): 내용을 부분 요소로 나누고 이 부분 요소를 배열하는 과정.

과제 이해(Task comprehension): 학습자가 학습하기로 되어 있는 것이 무엇인지에 대한 학습자의 지각과 왜 그 과제가 중요하고 가치 있는지에 대한 이해.

과제회피목표(Work-avoidance goal): 성취목표의 부재를 의미하며 최소한의 업무나 노력으로 성공을 정의하는 목표.

관계 기술(Relationship skill): 다양한 개인 및 집단과 건강하고 보람 있는 관계를 맺고 유지할 수 있는 능력.

관계성(Relatedness): 사회환경 속에서 다른 사람들과 연관되어 있다는 느낌, 사랑과 존경받을 가치가 있다는 느낌.

관계적 공격성(Relational aggression): 대인관계에 부정적인 영향을 줄 수 있는 공격적 행위.

관습적 영역(Conventional domain): 특정 상황에서 사회적인 규범이나 행동 양식을 다루는 도덕성 발달 영역.

괴롭힘(Bullying): 학생들 간의 권력을 남용하여 체계적이거나 반복적인 폭력 형태

교과 교수법 지식(Pedagogical Content Knowledge: PCK): 특정 교과의 내용을 배우기 쉽거나 어렵게 하는 것이 무엇인지를 아는 것뿐만 아니라, 특정 교과의 내용을 학습자가 쉽게 이해할 수 있도록 하기 위해 어떻게 가르칠 것이냐를 아는 것.

교과학습 시간(Academic learning time): 학생들이 학습 활동에 실제로 참여한 시간.

교사 평가(Teacher evaluation): 교사의 수업 성과를 평가하고 전문성을 높이기 위해 활용할 수 있는 피드백을 제공하는 과정.

교수 시간(Instructional time): 일상적인 관리 및 행정업무가 종료된 후 수업에 남은 시간.

교수 활동의 조화(Instructional alignment): 학습목표, 학습 활동, 그리고 평가 간의 일치.

교실 분위기(Classroom climate): 수용 가능한 행동의 범위를 정하고 학생과 교사, 혹은 학생 간의 상호작용을 만드는 공유된 신념, 가치, 태도.

교실 평가(Classroom assessment): 학생들의 학업 향상에 대한 결정을 내리는 것과 관련된 모든 과정.

교육과정 기반 평가(curriculum-based assessment): 교육과정 특정 영역에서 학생의 수행 정도를 측정하는 것.

교육심리학(Educational Psychology): 인간의 교수와 학습에 관심을 갖는 학문적 영역.

교차 연습(Interspersed practice): 때로는 덧셈이 필요하고 때로는 뺄셈이 필요한 단어 문제를 연습하는 등 서로 다른 기술의 연습을 혼합하는 과정.

구문(Syntax): 단어들의 결합을 통하여 의미 있는 문장을 구성하는 규칙.

구성주의(Constructivism): 다른 근거로부터 지식을 전달받기보다 학습자가 스스로 지식을 만든다고 주장하는 학습이론.

구인 타당도(Construct validity): 검사와 그 검사가 측정하고자 하는 것 사이의 논리적 연결에 대한 지표.

국가 교육 발전 평가(National Assessment of Educational Progress: NAEP): 흔히 '국가 성적표'라고 불리는, 신중하게 선정된 학생들의 표본에 주기적으로 시행되고 우리나라 전역의 학생들의 성취에 대한 포괄적인 그림을 제공하기 위해 고안된 일련의 성취 시험.

국제 수학 및 과학 학습 동향 연구(Trends in International Mathematics and Science Study: TIMSS): 전 세계 학생들의 수학과 과학 지식을 측정하기 위해 고안된 일련의 국제 표준화 평가.

귀인(Attribution): 수행의 원인에 대한 믿음.

귀인이론(Attribution theory): 성공과 실패의 원인에 대한 학습자의 믿음과 이러한 믿음이 어떻게 학습동기에 영향을 미치는지에 대해 체계적인 설명을 시도하는 동기에 대한 인지이론.

규준집단(Norming group): 대표성을 띠는 사람들의 집단으로서, 이러한 사람들의 표준화 점수가 전국적인 비교를 목적으로 축적됨.

규준참조 채점(Norm-referenced grading): 한 학생의 수행을 평가함에 있어 다른 학생들의 수행과 비교해서 결정하는 채점 체계.

규준참조 표준화 검사(Norm-referenced standardized test): 특정 학생의 수행을 다른 학생들의 수행과 비교하는 표준화된 검사.

규칙(Rule): 수용될 수 있는 행동의 기준에 대한 기술.

그릿(Grit): 장기적인 목표 달성에 대한 열정과 헌신 등을 유지하고 발전하는 능력.

근접발달영역(Zone of proximal development): 한 개인이 혼자 해

결할 수 없지만 다른 사람의 도움을 받아 해결할 수 있는 과제의 범위.

긍정적 학습 분위기(Positive classroom climate): 학습 공동체로서 교사와 학생들이 모든 학생의 성취를 돕기 위해 함께 노력하는 학급 환경.

긍정적 행동 지원(Positive behavior support): 문제 행동을 같은 목적을 가지면서도 더 적절한 행동으로 대체하기 위한 개입 과정.

기능적 분석(Functional analysis): 행동에 영향을 미치는 선행 요인과 결과를 확인하는 데 사용하는 전략.

기대(Expectation): 미래 결과에 대한 믿음.

기대 × 가치이론(Expectancy × value theory): 인간은 자신이 성공할 것이라는 기대에 그 성공에 대해 개인이 부여하는 가치를 곱한 값만큼 동기화될 것이라고 학습자 동기를 설명하는 이론.

기억 저장소(Memory store): 정보를 보관하는 창고이며, 어떤 경우에는 가공이 안 된 상태로 정보를 보관하고 어떤 경우에는 조직화되고 의미 있는 형식으로 보관.

기억술(Mnemonics): 콘텐츠에 자연스럽게 존재하지 않는 연관성을 생성하는 기억 전략.

기준(Standards): 지정된 기간 동안의 학습을 마치면 학생들이 할 수 있거나 알아야 할 것들에 대한 기술.

기준 기반 채점(Standards-based grading): 학생들이 특정 기준을 충족시킨 정도에 맞추어 채점하는 방법.

기질(Temperament): 우리가 사회적·물리적 자극에 반응하는 방식에 영향을 주는 상대적으로 안정적이고 고유한 특성.

난민(Refugees): 자국의 안전하지 않은 상황에서 도망친 특별한 이민자 그룹.

내면화(Internalization): 학습자가 외부의 사회적 활동과 내면의 인지적 과정을 결합할 때 거치는 과정.

내용 타당도(Content validity): 가르친 내용을 정확히 조사하고, 학습자들이 이것을 이해하고 있는 정도를 측정하는 검사의 능력.

내재 동기(Intrinsic motivation): 활동 그 자체를 위해 참여하는 동기.

논리적 결과(Logical consequence): 잘못된 행동과 개념적으로 관련 있는 결과.

농아(Deaf): 의사소통을 위해 다른 감각(보통은 시각)을 사용해야만 할 정도로 청각이 완전히 손상된 상태.

뉴런(Neuron): 세포체, 수상돌기, 축삭돌기로 이루어진 신경세포. 뇌의 학습 능력을 만들어 냄.

능력별 집단 편성(Ability grouping): 비슷한 능력을 지닌 학생들을 집단으로 나누고 서로 다른 능력 집단의 필요에 맞추어 수업을 진행하는 과정.

단기 기억(Short-term memory): 역사적으로 작업 기억의 음운 고리와 시각-공간 스케치판과 동일한 기능을 하는 기억 저장소.

달성가치(Attainment value): 개인이 과제를 잘 수행하는 것에 대해 부여하는 중요성.

대답 기다리기(Wait-time): 학생을 지명하기 전후의 잠시 동안의 침묵.

대리학습(Vicarious learning): 사람들은 다른 사람의 행동 결과를 관찰하고 그에 따라 자신의 행동을 적절히 조절함으로써 학습 조절하는 과정.

대상 영속성(Object permanence): 사물이 자기 자신과 분리되어 존재한다는 이해.

대체평가(Alternative assessment): 프로젝트나 성과를 평가하는 형식.

대화형 전자칠판(Interactive whiteboard): 컴퓨터와 연결된 디스플레이 스크린과 프로젝터를 포함하여, 화면에 표시되는 정보를 특수 펜이나 손으로 조작하여 컴퓨터에 저장했다가 나중에 복구하여 사용할 수 있도록 하는 장치.

데이터 기반 교육(Data-driven instruction): 학생의 성적 정보를 가르치는 것과 학생의 학습에 도움을 주기 위해서 활용하는 것.

도구적 공격성(Instrumental aggression): 물건이나 특권을 얻기 위한 공격적인 행위.

도덕성 발달(Moral development): 정직, 공정, 다른 사람에 대한 존경과 같은 친사회적인 행동과 특질에서의 변화.

도덕적 딜레마(Moral dilemma): 사람들의 의사 결정을 요구하는 애매하고 혼란스러운 상황.

도덕적 영역(Moral domain): 옳고 그름과 정의의 기본 원칙을 다루는 도덕 발달의 영역.

도식 활성화(Schema activation): 새로운 지식이 기존 지식과 연결될 수 있도록 적절한 사전 지식을 활성화시키는 부호화 전략.

도식(Schema): 정보를 장기 기억 속에 있는 유의미한 체제로 조직화하는 인지적 구성체.

도식(Schemes): 세계에 대한 구조화된 이해를 나타내는 정신적 조작.

도입부 집중(Introductory focus): 주의를 끌고 수업에 대한 개념적 틀을 제공하는 수업의 시작.

동기(Motivation): 목표 지향적인 활동이 유발되고 지속되는 과정.

동기적 근접발달영역(Motivational zone of proximal development): 학습 활동과 학습자의 사전 지식 및 경험이 서로 매치되어 해당 활동에 대한 흥미와 지각된 가치를 자극할 수 있지만 학습자가 만족할 정도로 익숙하지 않은 것.

동화(Assimilation): 새로운 경험이 기존의 도식에 통합되는 적응의 한 형태.

또래 공격성(Peer aggression): 다른 학생들에게 상처를 주거나, 모욕감을 주거나, 불이익을 주는 말 또는 신체적 행동.

루브릭(Rubric): 채점을 위한 기준을 설명하는 채점 척도.

마음이론(Theory of mind): 각각의 사람들에게 저마다의 지각, 감정, 욕구, 신념 등이 존재한다는 것을 이해하는 것.

만족지연(Delay of gratification): 더 큰 보상을 얻기 위해 즉각적인 즐거움이나 보상을 포기하는 능력.

말하기 장애(Speech disorder): 소리를 형성하고 순서에 맞게 배열하는 데 심각한 문제를 가진 장애.

망각(Forgetting): 장기 기억으로부터 정보를 소실하거나 인출할 수 없는 것.

맞춤형 학습(Personalized learning): 각 학습자의 필요에 맞게 학습 속도와 교수법이 최적화된 교육.

멀티태스킹(Multitasking): 둘 이상의 활동을 동시에 하는 과정.

메타기억(Metamemory): 기억 전략에 대한 지식과 통제.

메타인지(Metacognition): 자신의 인지 과정에 대한 자각과 통제.

메타주의(Meta-attention): 주의를 기울이는 자신의 능력에 대한 자각과 통제를 의미하며, 메타인지의 한 형태.

명확한 언어(Precise language): 설명하거나 학생의 질문에 답할 때 불명확한 단어를 사용하지 않는 교사의 강의.

모델링(Modeling): 한 명 또는 여러 사람의 모델을 관찰한 결과로 발생한 행동, 인지, 정서 변화를 지칭하는 일반적 용어.

모든 학생 성공법(Every Student Succeeds Act: ESSA): 2015년에 통과된 국가 교육을 개선하고 그 이전의 No Child Left Behind를 대체하기 위한 연방정부의 노력.

모형(Model): 우리가 직접 관찰할 수 없는 것을 시각화하는 데 사용하는 표현.

목표(Goal): 개인이 달성하고자 희망하는 결과.

몰입(Flow): 개인이 도전적인 활동에 완전히 몰입하고 집중하여 내적 동기가 강한 형태.

무조건 반응(Unconditioned Response: UR): 무조건 자극에 의한 본능적 또는 반사적(학습되지 않은) 생리 반응 또는 정서 반응.

무조건 자극(Unconditioned Stimulus: US): 본능적 또는 반사적(학습되지 않은) 생리 반응 또는 정서 반응을 일으키는 사물이나 사건.

무조건적 긍정적 존중(Unconditional positive regard): 인간 이 그들의 행동과는 무관하게 본래적으로 가치 있다는 믿음.

문법(Grammar): 구두점, 대문자를 포함하는 구문의 하위 범주.

문제(Problem): 문제 해결자가 목표가 있지만 목표를 성취하기 위한 분명한 방법이 부족한 상태.

문제중심학습(Problem-based learning): 내용, 기술, 자기조절의 발달에 초점을 둔 문제를 활용한 교수 전략.

문화(Culture): 사회 집단을 특징짓는 지식, 태도, 가치 및 관습.

문화감응적 교수법(Culturally responsive teaching): 가르치는 학생들의 문화를 이해하려고 노력하며 문화 다양성에 대한 긍정적인 태도를 전달하고, 학생들의 문화적 배경을 기반으로 하는 다양한 교수법을 사용하는 교육.

문화감응적 학급 관리(Culturally responsive classroom management): 문화에 대한 지식과 교사의 개인적 편견 가능성에 대한 인식을 결합한 학급 관리.

문화적 불일치(Cultural mismatch): 학생의 가정 문화와 학교 문화의 불일치로 인하여 학생과 그들의 행동에 대한 기대가 상충되는 것.

미시체계(Microsystem): 브론펜브레너의 생물생태학적 이론에서 아동 가까이에 있는 사람과 활동들.

민족 정체성(Ethnic identity): 민족 구성원에 대한 인식 및 민족의 태도 가치 행동에 대한 약속.

민족성(Ethnicity): 개인의 혈통, 자신 또는 자신의 조상의 출신에 대해 동일시하는 것.

믿음(Belief): 그것을 지지할 분명한 증거 없이도 진실이라고 받아들이는 인지적 생각.

반성적 실천(Reflective Practice): 교수 상황에서 이루어지는 비판적 자기 관찰 수행 과정.

반응 비용(Response cost): 이미 제공된 강화제를 제거하는 과정.

반응-개입 모델(Response to intervention model of identification): 교사가 사용하는 교수법 변용과 그에 따른 학생의 학습 성공 여부에 따라 학습장애 학생들을 변별해 내는 방법.

반응적 공격성(Reactive aggression): 좌절이나 다른 공격적 행위에 대한 반응으로 저지르는 공격적 행위.

반항적인 또래 문화(Oppositional peer culture): 특정 집단 내에서 형성된 동료 문화로, 주류 사회나 교육체계에서 긍정적으로 평가되는 행동이나 태도를 거부하고, 대신 이러한 행동을 부정적으로 인식하거나 가치가 없다고 여기는 문화.

발견법(Heuristic): 일반적으로 광범위하게 적용 가능한 문제해결 전략.

발달 단계(Stages of development): 아동의 다양한 연령대 또는 경험량에 따른 사고방식의 일반적인 패턴.

발달(Development): 유년기부터 성인기까지 인간에게 일어나는 변화.

발달에 대한 사회문화이론(Sociocultural theory of development): 문화적 맥락 속에 내포된 사회적 상호작용과 언어가 개인의 인지 발달에 미치는 영향을 강조하는 이론.

발달에 대한 신피아제적 이론(Neo-Piagetian theory of development): 피아제의 단계를 수용하되 특정한 처리 전략의 획득을 이용하여 한 단계에서 다음 단계로의 움직임을 설명하는 인지발달이론.

발달적 차이(Developmental difference): 학생들의 성숙, 경험으로 인해 발생하는 사고, 성격, 사회성 기술에서의 변화.

방과 후 남기기(Detention): 수업 전이나 후에 학생들의 자유 시간(일반적으로 30분 이상)을 빼앗아 학교에 남게 하는 것.

방언(Dialect): 특정 지역 또는 사회 집단과 연관되며 어휘, 문법 또는 발음에서 차이가 나는 표준 영어의 변형.

배합형 형식(Matching format): 필기시험 문항의 일종으로서, 동일한 대안을 사용하는 일련의 예를 분류할 것을 요구하는 문항.

백분위(Percentile Rank: PR): 특정 원점수 이하로 점수를 받은 표준화 샘플의 학생 백분율.

법과 질서(Law and order)의 단계 법과 질서를 그 자체로 따르는 결정을 통해 도덕적 추론을 하는 단계.

변환점수(Scaled scores): 표준화 검사에서 시험 형태마다의 난이도 차이를 보정하기 위해 통계적으로 조정하고 변환된 점수.

보살핌(Caring): 어린 아동들을 보호하고 발달하도록 교사의 공감과 노력을 투입하는 것.

보조 기술(Assistive technology): 학습 활동이나 일상 과제에서 장애를 가진 학생들을 지원하는 일련의 적응을 위한 도구.

보존(Conservation): 모양이나 나뉜 조각의 개수와 상관없이 항상 어떤 물질의 양이나 수가 일정하게 유지된다는 것.

보편적 설계(Universal design): 모든 사람들이 건물 또는 환경에 접근하거나 제품을 사용할 수 있도록 하기 위한 건물, 환경 및 제품의 설계.

보편적 원칙(Universal principle): 사회의 법을 초월한 추상적이고 보편적 원리에 의해 도덕적 추론을 하는 단계.

보편적 학습 설계(Universal Design for Learning: UDL): 모든 학습자가 콘텐츠에 접근할 수 있도록 하기 위한 교육 자료 및 활동을 설계하는 과정.

복습(Review): 학생들이 이미 배운 것과 다음 학습 활동에서 배울 것을 서로 관련시킬 수 있도록 도와주는 요약 활동.

부가가치 모형(Value-added modeling): 학생들의 현재 시험 점수를 이전 학년의 같은 학생들의 점수와 비교하고, 같은 학년의 다른 학생들의 점수와 비교하여 해당 학년 학생들의 학습에 대한 교사 기여도를 측정하는 교사 평가 방법.

부분적 청각 손상(Partial hearing impairment): 보조 청각 기구를 사용하면 음성적 채널을 통해 충분히 학교 교육을 받을 수 있는 정도의 손상.

부적 강화(Negative reinforcement): 혐오 자극을 회피하거나 제거함으로써 행동을 증가시키는 과정.

부호화(Encoding): 장기 기억에 정보를 표상하는 과정.

분류(Classification): 사물을 잘 알려진 특징에 기초하여 묶는 과정.

분산 연습(Distributed practice): 학습 세션을 시간에 따라 분산하는 것.

불안(Anxiety): 불확실한 결과가 도출되는 상황과 연관된 전반적인 걱정과 긴장감.

비배제적 타임아웃(Non-exclusionary timeout): 학생이 강화물을 받는 것을 방지하기 위해 교사 근처나 교실 가장자리에 학생을 앉히는 것.

비용(Cost): 개인이 과제에 참여하기 위해 포기해야 하는 것에 대한 고려.

비판적 사고(Critical thinking): 증거에 근거해서 결론을 내리는 개인의 능력과 경향.

빈곤(Poverty): 적절한 삶의 질을 유지하기 위한 충분한 물질적 소유나 돈의 부족.

사람-중심 언어(People-first language): 학생의 이름 뒤에 장애를 식별하는 언어.

사례(Exemplars): 개념학습이론에서 어떤 개념의 가장 전형적인 예.

사운드 바이트(Sound bite): 독자 또는 시청자의 주의를 끌고 화자 또는 작가가 말하려고 하는 것의 본질을 파악하기 위한 문장 또는 짧은 문구.

사이버 괴롭힘(Cyberbullying): 학생들이 전자 매체를 사용하여 다른 학생들을 괴롭히거나 위협하는 형태의 폭력.

사적 언어(Private speech): 사고와 행동을 유도하는 혼잣말.

사회경제적 지위(Socioeconomic Status: SES): 부모의 소득, 학력 수준, 직업 등을 결합하여 사람들의 사회에서의 상대적인 위치를 나타내는 것.

사회문화이론(Sociocultural theory): 학습의 사회적 측면을 강조하지만 학습이 일어나는 문화적 맥락에 강조점을 둔 사회적 구성주의의 한 형태.

사회인지이론(Social cognitive theory): 다른 사람을 관찰함으로써 발생하는 행동의 변화에 초점을 두는 학습이론.

사회적 경험(Social experience): 다른 사람들과 상호작용하는 과정.

사회적 계약(Social contract): 사회적으로 합의된 규칙에 의해 도덕적 추론을 하는 단계.

사회적 구성주의(Social constructivism): 학습자들이 먼저 사회적 맥락 안에서 지식을 구성하고 그다음에 개개인이 이것을 내면화한다고 보는 구성주의의 관점.

사회적 목표(Social goal): 특정한 사회적 결과나 사회적 상호작용을 달성하려는 목표.

사회적 인식(Social awareness): 타인의 관점에서 생각하고 다양한 배경과 문화를 가진 사람들에게 공감하는 능력이나 행동과 관련한 사회적·윤리적 규범에 대해 이해하는 것.

사회적 인지(Social cognition): 사회적 상호작용을 이해하기 위한 신호를 사용하는 능력.

사회적 지능(Social intelligence): 사람들을 이해하고 그들과 함께 일하는 능력.

사회적 참조(Social referencing): 모호한 사건을 평가하고 그에 따라 자신의 행동을 조절하기 위해 목소리와 비언어적 신호를 사용하는 능력.

사회정서학습(Social-emotional learning): 감정을 알아차리고 관리하고, 긍정적인 목표를 설정하고 달성하며, 타인과의 긍정적 관계를 이해하고 수립하고, 책임감 있는 의사 결정을 할 수 있는 능력.

상호 인과성(Reciprocal causation): 학습에서 환경, 행동, 개인적 요인이 상호 의존하는 것.

상황적 인지(Situated cognition): 학습이 그것이 일어나는 맥락과 분리될 수 없다고 보는 사회적 구성주의의 이론적 입장.

상황적 흥미(Situational interest): 개인의 현재의 즐거움, 기쁨, 또는 당면한 환경에 의해 유발된 만족감.

서열화(Seriation): 대상을 길이, 무게, 부피 등이 큰 혹은 작은 순서대로 배열하는 능력.

선다형(Multiple choice): 문항 줄기, 정답, 일련의 오답으로 구성된 선택형 문항 형식.

선언적 지식(Declarative knowledge): 사실·개념·절차·규칙에 대한 지식.

선택 응답 문항(Selected-response items): 학습자가 여러 대안 중에서 올바른 답을 선택하도록 요구하는 평가 항목.

선택지(Stem): 해결해야 할 문제나 질문, 혹은 미완성된 진술 등을 포함하는 객관식 항목 문제의 제시 글.

선행 자극(Antecedents): 행동에 선행하면서 그 행동을 이끌어 내는 자극.

설계기반 연구(Design-based research: DBR): 교육 현장에 영향을 미치고 이론에 기여할 수 있도록 설계된 연구로, 혼합 방법, 여러 차례 반복된 시도, 연구자와 실무자 간의 파트너십 등을 활용하여 현장에서 수행되는 교육 개입에 집중.

성(Sex): 출생 시 신체적 특성(생식 기관, 염색체, 호르몬)에 따라 남성 또는 여성으로 구분되는 것.

성격(Personality): 환경으로부터의 경험에 대한 태도적·감정적·행동적 반응을 설명하는 포괄적인 용어.

성별 정체성(Gender identity): 여성이나 남성이 어떠한지, 그리고 각자가 어떻게 행동하는 것인지에 대한 문화적·사회적으로 구축된 관념으로, 남자와 여자가 하는 일과 관련된 것.

성숙(Maturation): 유전적 요인에 의해 결정, 각 개인의 연령에 따라 일어나는 변화.

성장 마인드셋(Growth mindset): 지능이나 능력은 노력을 통해 향상될 수 있다는 믿음.

성장 욕구(Growth needs): 인간이 경험하게 되면서 더 증가하는 지적 성취와 심미적 인식에 대한 욕구.

성적 정체성(Sexual identity): 성적 성향과 관련해 자기 자신이 어떤 사람인지에 대해 스스로 내린 정의.

성적 지향(Sexual orientation): 개인이 낭만적으로, 성적으로 이끌리는 성.

성취/능력 비교(Achievement/Ability Comparison: AAC): 학생들의 평균 성적을 전체 규준 집단과 비교한 것.

성취도 검사(Achievement test): 학생들이 특정 내용 영역에서 얼마나 많이 배웠는지를 평가하기 위해 고안된 표준화된 검사.

성폭행(Sexual assault): 동의 없이 강제로 이루어지는 모든 형태의 성적 접촉이나 행위.

성희롱(Sexual harassment): 원치 않는 성적 관심이나 행위로, 성적 접촉, 성적인 내용이나 성적 함의가 있는 언급, 농담 또는 제스처, 노골적인 성적 사진, 그림 또는 글을 전시하거나 배포하는 것. 또는 성적인 소문을 퍼뜨리는 것.

소거(Extinction): 무조건 자극이 주어지지 않고 조건 자극만 반복적으로 주어져 조건 자극이 더 이상 조건 반응을 이끌어 내지 못하게 되는 것.

속진(Acceleration): 같은 교과과정을 좀 더 빨리 학습하도록 하는 영재 및 재능이 있는 학생을 위한 프로그램.

수단목표 분석(Means-ends analysis): 문제를 하위 목표로 나누고 각각의 목표를 해결하는 발견법.

수상돌기(Dendriter): 뉴런에 속하는 가지와 같은 구조. 세포체로부터 뻗어 나가고 다른 뉴런으로부터 메시지를 전달받음.

수업 모형(Models of instruction): 학생들이 특정 형태의 지식에 대한 깊은 이해를 성취하도록 촉진하기 위해 고안된 강의에 대한 규범적 접근.

수업 실행(Implementing instruction): 계획 중에 내린 결정을 실행에 옮기는 과정.

수여성 벌(Presentation punishment): 처벌물을 제시받은 결과로 학습자의 행동이 감소할 때 일어남.

수초화(Myelination): 세포가 뉴런 주위에서 성장하여 구조적인 지지를 주고, 마이엘린 피복이라고 불리는 마이엘린의 지방 코팅이 발달하여 축삭을 절연시키고 전하를 빠르고 효율적으로 전도할 수 있도록 발달.

수치심(Shame): 자신이 옳다고 믿는 방식대로 행동하거나 생각하지 않았을 때 일어나는 고통스런 감정.

수행목표(Performance goal): 학습자의 능력과 다른 사람과 비교된 역량에 초점을 둔 목표.

수행접근목표(Performance-approach goal): 유능하게 보이는 것과 다른 사람으로부터 호의적인 평가를 받는 것을 강조하는 목표.

수행평가(Performance assessment): 학교 밖의 삶과 관련된 과제에 대해 학생의 수행을 직접 평가하는 것.

수행회피목표(performance-avoidance goal): 무능력하게 보이는 것을 피하고, 호의적이지 않은 평가를 피하는 것에 초점을 둔 목표.

숙달 지향 교실(Mastery-focused classroom): 노력, 지속적인 향상 및 이해를 강조하는 교실 환경.

숙달목표(Mastery goal): 과제를 달성하는 것. 향상, 이해 증진에 초점을 둔 목표. 때로는 학습목표라고 일컬음.

스캐폴딩(scaffolding): 아동이 독립적으로 할 수 없는 과제를 완성하도록 하는 도움.

스탠퍼드-비네 검사(Stanford-Binet): 현재는 스탠퍼드-비네 지능검사(5판; 혹은 SB5)라고 불리는 검사로, 몇 가지 하위 검사로 구성된 개별 지능검사.

시각-공간 스케치판(Visual-spatial sketchpad): 시각 정보와 공간 정보를 단기간 저장하는 체제.

시각적 손상(Visual handicap): 학습을 방해할 만큼 수정 불가능한 시각장애.

시냅스(Synapses): 한 뉴런에서 다른 뉴런으로 메시지 전달을 가능하게 하는 뉴런 사이의 매우 작은 틈.

시냅스 가지치기(Synaptic pruning): 사용하지 않거나 불필요한 시냅스를 제거하는 과정.

시뮬레이션(Simulation): 실생활의 과정이나 시스템을 모방하는 것.

시연(Rehearsal): 정보를 변경하지 않고 반복적으로 되풀이하는 과정.

시장 교환(Market exchange): 다른 사람과의 상호적 행동에 기초하여 도덕적 추론을 하는 단계.

시험 불안(Test anxiety): 시험 상황에 대한 불쾌한 정서적 반응으로서 수행을 떨어뜨릴 수 있음.

신경 신화(Neuromyth): 뇌 연구를 통해 과학적으로 확립된 사실을 오해하거나, 잘못 읽거나, 잘못 인용함으로써 발생하는 오해.

신경가소성(Neuroplasticity): 경험에 반응해 물리적으로 스스로를 재구성하는 뇌의 능력.

신경과학(Neuroscience): 신경계가 어떻게 발달하고 어떻게 구조화되고 무엇을 하는지에 대한 연구.

신경세포(Neuron): 뇌의 학습 능력을 구성하는 세포체, 수지상 조직, 축삭 등으로 구성된 신경세포.

신뢰성(Reliability): 평가가 일관되고 측정 오류가 없는 정도.

신체 발달(Physical development): 우리 몸의 크기, 형태, 기능에서의 변화.

신체적 공격성(Physical aggression): 신체적 손상을 유발할 수 있는 공격적 행위.

심상(Imagery): 개념에 대한 마음속 그림을 만드는 과정.

아동 학대(Child abuse): 부모나 다른 보호자의 무책임한 행동으로 인하여 사망에 이르거나 심각한 신체적·정서적 피해, 성적인 학대 또는 착취가 발생할 수 있는 행위, 혹은 그런 행위로 인해 심각한 위험을 초래하는 행위.

아동낙오방지법(No Child Left Behind: NCLB): 미국 주정부가 수학과 읽기에 대한 표준을 만들고 모든 학생의 해당 표준 달성을 측정하기 위한 시험을 구성하도록 요구하는 연방 법안.

안내된 노트(Guided note): 교수하고자 하는 핵심 아이디어와 관계를 기록할 수 있도록 단서와 함께 학생들의 생각을 기록할 공간을 제공함으로써 안내 역할을 하는 유인물.

알고리듬(Algorithm): 문제를 해결하기 위한 일련의 구체적인 단계.

암기 위주의 학습(Rote learning): 정보를 분리된 부분으로 저장하는 학습으로, 주로 암기를 통해 이루어짐.

양극성장애(Bipolar disorder): 우울과 조증의 일화가 번갈아 가며 나타나는 것으로 특징지어지는 조건.

양육 방식(Parenting style): 아이들을 훈육하고 아이들과 상호작용하는 일반적인 방식.

양질의 예시(High-quality examples): 학습자가 주제를 이해하기 위해 필요한 정보를 모두 포함하고 있는 예.

억제(Inhibition): 자신의 행동에 스스로 부여한 구속.

언어장애(수용장애)(Language disorder): 생각을 표현하기 위해 언어를 사용하거나, 언어를 이해하는 데 심각한 문제를 가진 장애.

에세이(Essay): 필기시험의 한 형태로서, 학생들은 문제나 질문에 대해 확장된 반응을 글로 표현함.

역방향 설계(Backward design): 교육 계획을 수립하는 과정 중에 학습에 대한 목표, 평가, 학습 경험을 순차적으로 확인하는 교육 계획 접근 방식.

연구(Research): 현상에 대해 제기되는 질문에 대해 경험적 대답을 하기 위해 체계적으로 수행되는 정보의 수집 및 분석 과정 또는 활동.

연속강화계획(Continuous reinforcement schedule): 처음에는 모든 바람직한 행동에 강화물을 주는 것.

영어 학습자(English Language Learners: ELLs): 모국어나 가정에서 사용하는 언어가 영어가 아닌 학생.

영재 및 재능(Gifts and talents): 자신이 지닌 잠재성을 충분히 발휘하기 위해 추가적인 지원을 필요로 하는 최상위의 능력.

예측 타당도(Predictive validity): 미래의 수행을 측정하는 검사의 능력.

오개념(Misconception): 말이 되지만 증거나 일반적으로 받아들여지는 설명과 일치하지 않는 아이디어.

오답지(Distracters): 선다형 문항에 있는 틀린 선택지로 평가 하려는 주제에 대해 학생들이 지니고 있는 잘못된 개념을 확인하는 데 사용됨.

완성형(Completion): 필기시험 문항의 한 형태로 질문이나 불완전한 문장에 적절한 단어나 숫자 또는 상징을 채워 넣어야 하는 문항.

외재 동기(Extrinsic motivation): 최종 목표를 얻기 위한 수단으로서의 어떤 활동에 참여하는 동기.

외재적 도덕성(External morality): 개인이 도덕을 고정되고 영구적이며, 권위 있는 인물에 의해 외적으로 부과되는 것으로 보는 도덕 발달 단계.

외체계(Exosystem): 생물생태학적 이론에서 미시체계와 중간체계 모두에 영향을 주는 사회적 영향.

요약하기(Summarizing): 말이나 글로 된 단락을 간결하게 기술하는 과정.

욕구(Need): 어떤 상태나 대상을 얻기 위한 내적인 힘 또는 추동.

우열반 편성(Tracking): 학업성취도에 따라 서로 다른 학급이나 교육과정에 학생들을 배치하는 것.

원리(법칙)[(Principles(laws)]: 일반적으로 참으로 받아들여지는 학문 분야에 대한 진술.

원점수(Raw score): 한 개인이 표준화 검사 또는 그 하위 검사에서 정확하게 반응한 문항 수.

웩슬러 아동용 지능검사(Wechsler Intelligence Scale for Children): 6세에서 16세 사이의 아동을 대상으로 하는 개별 지능검사. 오늘날 가장 널리 사용되고 있는 지능검사.

위기 학생(students at risk): 현대 사회에서 성공을 위해 필수적으로 지니고 있어야 하는 기술을 습득하지 못한 학습자.

유능성(Competence): 환경에서 효과적으로 기능하는 능력.

유도된 발견(Guided discovery): 학생이 개념과 개념 간 관계를 구성하도록 교사가 비계를 제공하는 것을 포함하는 수업 모형.

유동 지능(Fluid intelligence): 융통성 있게 새로운 환경에 적응하는 정신 능력으로 문화에 상관없음.

유의미성(Meaningfulness): 개별적인 정보의 항목들이 서로 연결되고 연관되는 정도.

유추(Analogy): 모든 점이 동일하지는 않지만 어느 정도 유사성을 가지는 관계.

유추하기(Drawing analogy): 이미 해결된 문제와 현재 해결하고자 하는 친숙하지 않은 문제의 비교 활동을 통해 문제를 해결하고자 하는 발견법.

음모론(Conspiracy theory): 정부나 다른 강력한 주체에 의해 악의적인 동기로 이루어진 음모나 계략을 사용해 어떤 사건을 설명하는 이론.

음운 고리(Phonological loop): 단어와 소리를 단기간 저장하는 체제이며 계산을 다할 때까지 공식과 도형의 차원을 일시적으로 보관.

응용행동분석(Applied behavior analysis: ABA): 학생의 행동을 변화시키기 위해 행동주의 원리를 체계적으로 응용하는 것.

의도적 공격성(Proactive aggression): 다른 사람을 향해 의도적으로 유발된 공격적 행위.

의도적 연습(Deliberate practice): 목표 지향적이고 빈번하며, 체계적인 다양한 능력 개발에 대한 접근 방식(실제 상황에서 수행되며, 암기가 아닌 이해에 초점을 맞추고 학습 진전에 대한 피드백을 포함).

의미 기억(Semantic memory): 선언적 지식을 개념 · 원리 · 관계에 대한 기억.

의미론(Semantics): 단어의 의미와 이들 간의 결합에 관한 이론.

의사소통장애(Communication disorders): 다른 사람으로부터 정보를 받아 이해하고, 자신의 생각을 표현하는 능력에 심각한 제한을 가지고 있는 상태.

이론(theory): 연구가들이 세상의 여러 사건을 설명하고 예측하는 데 사용하는 관련 패턴(관찰된 것으로부터 파생된)의 포괄적인 집합.

이민자(Immigrants): 더 나은 생활 조건, 일자리 또는 안전을 찾기 위해 자신의 고국을 떠나 다른 나라로 이동하여 정착하는 사람들.

이상(Disorder): 정신적 · 신체적 · 심리적 과정에서의 전반적인 수행의 불능.

이중 방언 능력(Bidialectalism): 방언과 표준 영어를 모두 구사할 수 있는 능력.

이중 언어 능력(Bilingualism): 두 개의 언어로 말하거나 읽거나 쓸 수 있는 능력.

이차 강화물(Secondary reinforcer): 다른 강화제와의 연관을 통해 시간이 지남에 따라 강화되는 결과.

이해했는지 확인하기(Comprehension monitoring): 듣거나 읽은 내용을 이해하고 있는지를 검토하는 과정.

인습적 도덕성(Conventional morality): 옳고 그름에 대한 사회적 관습의 무비판적인 수용과 관련된 도덕 경향.

인적 자본(Human capital): 국가의 문화 및 경제 발전에 기여하는 국민의 전문적 지식과 기술, 사회적 능력, 인성적 특성.

인종(Race): 중요한 생물학적 특성을 공유하는 사람들로 구성된 사회적으로 구축된 범주.

인종적 미세공격(Racial microaggression): 특정 사회적 소수를 열등하게 암시하거나 차별하는 미묘한 형태의 언어나 행동.

인지 도구(Cognitive tool): 사람들이 생각하고, 문화 안에서 기능하도록 하는 실제적 도구와 함께 쓰이는 개념과 상징(숫자와 언어).

인지 발달(Cognitive development): 학습, 성숙, 경험의 결과에 따라 나타나는 사고의 변화.

인지 부하(Cognitive load): 작업 기억에 부과되는 정신적 활동의 양.

인지 영역(Cognitive domain): 적용 및 분석 같은 메타인지 과정에 초점을 맞춘 학습 영역.

인지 활동(Cognitive activity): 우리가 참여하는 학습 과제 및 관련된 요인에 대해 생각을 집중하는 과정.

인지(Cognition): 경험이나 사전 지식, 연습, 피드백에 영향을 받는 믿음이나 인식, 기대 등을 포함하는 사고.

인지적 구성주의(Cognitive constructivism): 지식의 개인 내적 구성에 초점을 둔 구성주의자의 관점.

인지적 도제(Cognitive apprenticeship): 인지 기술의 발전을 위해 기술이 부족한 학습자가 전문가와 함께 학습하는 과정.

인지적 모델링(Cognitive modeling): 행동 뒤에 숨어 있는 생각을 말로 표현하는 것과 시범으로 보여 주는 것을 통합한 과정.

인지학습이론(Cognitive learning theories): 학습을 통해 지식을 획득하고, 조직하고, 사용할 때 관여하는 정신 구조와 과정의 변화.

인지행동수정(Cognitive behavior modification): 자기대화(self-talk)나 자기교수(self-instruction)로 학생의 행동을 수정하기 위해 행동적 원리와 인지적 원리를 결합한 과정.

인출(Retrieval): 정보를 장기 기억으로부터 작업 기억으로 이끌어 내는 과정.

일반적 교수법 지식(General pedagocial knowledge): 특정 내용이나 교과를 넘어서서 일반적인 교수 전략이나 학급 관리와 관련된 지식.

일반전이(General transfer): 하나의 맥락에서 학습한 지식이나 기술을 여러 다른 맥락에 적용할 수 있는 능력.

일반화(Generalization): 똑같지 않은 비슷한 자극이 동일한 조건 반응을 이끌어 내는 것.

일차 강화물(primary reinforcer): 음식, 물, 공기, 수면, 성욕과 같은 기본적인 생물학적 욕구를 충족시키는 결과

자기 관리(Self-management): 다양한 맥락에서 자신의 감정, 생각, 행동을 조절하는 능력.

자기 인식(Self-awareness): 개인이 자신의 생각과 감정을 이해하고, 둘 다 환경에 대한 그들의 반응에 어떻게 영향을 미치는지를 이해하는 능력.

자기개념(Self-concept): 자신의 신체적 · 사회적 · 학업 능력에 대한 인지적 평가.

자기결정(Self-determination): 자신의 환경에 따라 행동하고 환경을 통제하고자 하는 동기적 욕구.

자기실현(Self-actualization): 우리의 최대한의 잠재력에 도달하고 우리가 될 수 있는 전부가 되고자 하는 욕구.

자기조절(Self-Regulation: SR): 목표를 세우고, 그 목표에 도달할 수 있도록 이끌어 주는 동기, 사고 과정, 전략, 행동을 통합하는 과정.

자기조절 학습(Self-regulated learning): 목표를 이루기 위한 동기, 사고 과정, 전략, 행동과 함께 개인의 목표를 설정하는 과정.

자기존중감(Self-worth; 자기가치, Self-esteem): 자기 자신에 대한 정서적인 반응이나 평가.

자기충족적 예언(Self-fulfilling prophecy): 개인의 수행이 그 또는 그녀의 능력에 대한 믿음에서 기인하고 이를 확증할 때 일어나는 현상.

자기효능감(Self-efficacy): 개인이 특정한 과제를 수행할 수 있다는 믿음.

자동화(Automaticity): 자각이나 의식적인 노력 없이 수행할 수 있는 정신적 조작을 수행할 수 있는 능력

자아중심성(Egocentrism): 다른 사람이 자기가 세상을 보는 대로 본다고 믿는 경향성.

자율성(Autonomy): 독립성과 필요할 때 환경을 바꿀 수 있는 개인의 능력.

자율적 도덕성(Autonomous morality): 공정함과 정의는 타인과의 상호적 과정에서 중요한 것이라는 믿음으로 특징 지어지는 도덕 발달 단계.

자폐스펙트럼장애(Autism spectrum disorder): 손상된 사회적 관계와 기술을 보이는 일군의 장애를 지칭하며, 종종 극히 비정상적인 행동을 보임.

작업 기억(Working memory): 정보를 처리하고 의미 있게 만드는 동안 정보를 보관하는 저장소. 의식적인 사고가 발생하는 마음의 작업대이며, 지식을 구성하는 장소.

잘 정의되지 않은 문제(Ill-defined problem): 하나 이상의 가능한 해결책이 있으며, 다소 목표가 모호하며, 답을 찾기 위해 많은 사람이 동의하는 일반적 전략을 가지고 있지 않은 문제.

잘 정의된 문제(Well-defined problem): 명확한 답이나 해결책이 있는 문제.

장기 기억(Long-term memory): 영구적인 정보 저장소.

장애(Disability): 특정 행동을 할 능력이 없거나 기능적으로 제한이 있는 상태.

적대적 귀인 편향(Hostile attributional bias): 다른 사람의 행동을 적대적이거나 공격적으로 보는 경향.

적성(Aptitude): 지식을 습득하는 능력.

적성검사(Aptitude test): 미래의 학습 잠재성을 예측하기 위해 고안, 표준화된 검사로 오랜 기간에 걸쳐 개발된 일반적인 능력을 측정함.

적용(Application): 학생들이 수업에서 얻은 정보를 새로운 맥락에 활용하는 과정.

적응 행동(Adaptive behavior): 일상생활을 영위하는 데 필요한 기능을 수행하는 개인의 능력.

적절한 이해(Appropriating understanding): 사회적으로 처음 구성된 것이 개별적으로 내면화되는 과정.

적합도(Goodness of fit): 학생 개개인의 성격에 맞게 교사가 어떤 일을 하는 것.

전국 규준(National norms): 전국의 대표적인 학생 집단이 획득한 표준화 검사의 점수와 개인의 점수를 비교하는 것.

전략(Strategy): 과제를 수행하기 위해 요구되는 통상적 활동을

뛰어넘는 인지적 조작.

전문 지식(Professional knowledge): 특정 학문 영역에 고유한 정보와 기술의 집합.

전문가(Expert): 특정 영역에서 높은 수준의 지식과 기술을 겸비한 사람.

전이(Transfer): 하나의 맥락에서 이해한 것을 다른 맥락으로 적용하거나 응용할 수 있는 능력.

전인습적 도덕성(Preconventional morality): 옳고 그름의 내재화된 기준이 결여된 자기중심적인 경향.

전전두엽 피질(Prefrontal cortex): 이마 부근의 대뇌 피질의 부분으로, 뇌의 다른 부분의 활동을 모니터링하고 지도하며, 계획, 주의 유지, 추론, 의사 결정, 감정 조절 및 건강하지 않은 생각과 행동의 억제를 포함.

전환 신호(Transition signal): 하나의 주제가 끝나고 다른 주제가 시작된다는 것을 알리는 언어 표현.

절차(Procedure): 연필을 깎거나 한 활동에서 다른 활동으로의 전환과 같은 반복되는 과업의 성취를 위한 지침.

절차적 지식(Procedural knowledge): 과제를 수행하는 방법에 대한 지식.

정교한 질문하기(Elaborative questioning): 추론을 도출하고 사례들을 식별하고, 관계를 형성하는 과정.

정교화(Elaboration): 기존의 지식에 새로운 정보를 연결함으로써 새로운 정보의 유의미성을 증가시키는 부호화 전략.

정규곡선 등가점수(Normal curve equivalent: NCE): 검정의 점수를 백분위 순위와 유사한 0-100 척도로 표준화하지만 백분위수에 존재하지 않는 등간격 특성을 유지하는 통계 프로세스의 결과 측정값.

정규분포(Normal distribution): 평균값과 중앙치 및 최빈치가 모두 동일하고, 점수들이 좌우 대칭을 이루면서 종 모양의 곡선을 이루는 점수분포.

정보처리이론(Information processing theory): 정보가 우리의 기억체계에 어떻게 들어가고, 조직되고, 최종적으로 저장되는지를 설명하는 이론.

정상을 향한 경주 정책(Race to the Top): 미국 교육부에서 시행한 경쟁적인 보조금 프로그램으로 개별 주와 지역에서 표준화 검사를 통한 학생들의 성과에 기반을 둔 교사 성과급 계획을 포함하는 포괄적 책임 프로그램.

정서 및 행동장애(Emotional and behavior disorder): 사회적 갈등, 개인적인 불행, 그리고 학교에서의 실패로 이어지는 심각하고 지속적인 연령에 맞지 않는 행동.

정서 영역(Affective domain): 사람들의 정서, 느낌, 태도에 중점을 둔 학습의 영역.

정서 지능(Emotional intelligence): 수치심과 죄책감, 공감 등과 같은 감정을 이해하는 능력.

정신운동 영역(Psychomotor domain): 신체 기술에 중점을 두는 학습 영역.

정적 강화(Positive reinforcement): 강화물이 제공된 뒤에 행동의

빈도나 강도가 증가되는 과정.

정체성(Identity): 개인이 자기 자신 및 자기 존재의 의미, 삶에서 자신이 추구하는 것에 대한 인식.

제거형 벌(Removal punishment): 자극을 제거한 결과나 정적 강화를 얻지 못한 결과로 행동이 감소될 때 일어남.

제지(Desist): 교사가 학생의 행동을 중단시키기 위해 사용하는 언어적 또는 비언어적 의사소통.

조건 반응(Conditioned Response: CR): 무조건 반응과 동일하지만 학습된 생리반응 또는 정서 반응.

조건 자극(Conditioned Stimulus: CS): 이전에 중성 자극이었으나 무조건 자극과 연합이 이루어진 자극.

조망 수용(Perspective taking): 다른 사람의 생각과 느낌을 이해하는 능력.

조작적 조건화(operant conditioning): 관찰 가능한 반응이 행동한 뒤에 따라오는 결과에 의해 빈도나 지속시간이 변화하는 것.

조절(Accommodation): 새로운 경험에 대한 반응으로 기존의 도식이 수정되고 새로운 도식이 만들어지는 적응의 한 형태.

조직화(Organization): 미리 학습자료를 준비하고 정각에 수업과 활동을 시작하며 재빨리, 그리고 부드럽게 전환하고 잘 확립된 일상의 절차를 만드는 전문적 기술.

조직화된 지식 구조(Organized body of knowledge): 사실, 개념과 원리를 연결 짓는 총체적 법칙이며 이들 간 관계를 명확하게 만드는 것.

조형(Shaping): 강화를 통해 어떤 목표 행동에 점진적으로 접근하도록 돕는 하나의 도구.

종결(Closure): 수업 마지막에 수행되는 복습의 한 형태.

종합평가(Summative assessment): 교육 후에 성적을 매기기 위해 평가 결과를 활용하는 과정.

죄책감(Guilty): 다른 사람의 마음에 고통을 주었음을 알 때 느끼는 불편한 감정.

주의(Attention): 자극에 의식적으로 초점을 두는 과정.

주의력 결핍/과잉행동장애(Attention deficit hyperactivity disorder: ADHD): 일종의 학습 문제로 주의를 유지하기 어려운 특성이 있음.

준거(기준)참조 채점(Criterion-referenced grading): 미리 정해 놓은 기준에 따라 교사가 평가와 관련된 결정을 내리는 채점 체계.

준거참조 표준화 검사(criterion-referenced standardized test): 특정 학생의 수행을 미리 정한 수행 기준에 비교하는 표준화된 검사.

준비도 검사(Readiness test): 아동이 진학 또는 진학 전 프로그램에 얼마나 준비되어 있는지를 평가하는 표준화된 검사.

중간체계(Mesosystem): 브론펜브레너의 이론에서 아동의 미시체계 요소 간의 상호작용과 연관성.

중립 자극(Neutral stimulus): 애초에 행동에 아무런 영향을 주지 않는 사물이나 사건.

중복작업(Overlapping): 학생의 버릇없는 행동에 대해 개입하면서도 수업의 흐름을 방해하지 않는 능력.

중심화(Centration): 사물이나 사건의 지각적으로 가장 두드러지는 특징에 집중하고, 다른 중요한 측면은 간과하는 경향성.

중앙 집행기(Central executive): 감독체제로 다른 요소로 정보를 보내거나 받아들이는 흐름을 통제.

지각(Perception): 자극에 의미를 부여하기 위해 사람들이 사용하는 과정.

지능(Intelligence): 지식을 습득할 수 있는 능력, 추상적으로 생각하고 추론할 수 있는 능력, 새로운 환경에 잘 적응할 수 있는 능력.

지능검사(Intelligence test): 지식을 습득하고 활용하며, 문제를 해결하고, 새로운 과제를 달성하는 개인의 능력을 측정하도록 고안된 표준화된 검사.

지능에 관한 심리측정학적 관점(Psychometric view of intelligence): 지능을 잘 만들어진 도구로 측정할 수 있는 단일 특성으로서 묘사하는 지능에 대한 관점.

지능에 관한 유전론적 관점(Nature view of intelligence): 지능이란 본질적으로 유전에 의해 결정된다는 주장.

지능에 관한 환경론적 관점(Nurture view of intelligence): 지능에 대한 환경의 영향을 강조하는 주장.

지적 기능(Intellectual functioning): 학습, 추론, 문제해결 능력과 같은 일반적인 정신 능력. 간단히 지능이라고도 함.

지적장애(Intellectual disability): 적응행동 및 지적 기능에 심각한 제한을 가진 장애.

직접 교수(Direct instruction): 미래 학습에 필요한 잘 정의된 지식과 기술을 가르치기 위해 고안된 교수 모형.

진단검사(Diagnostic test): 특정 기술 영역에 대한 학습자의 장점과 단점을 상세히 설명해 주도록 고안된 표준화된 검사.

진위형(True-false): 필기시험 문항의 한 형태로 문항의 내용이 참 또는 거짓인지를 판단할 것을 요구하는 문항.

질문 빈도(Questioning frequency): 학습 활동 동안 교사가 주는 질문 수.

질서와 안전(Order and safety): 예측 가능한 학습 환경을 만들고 학습자에게 신체적 · 정서적 안전감과 더불어 자율성을 지지해 주는 환경 요소.

질적 연구(Qualitative research): 단어나 그림 등의 숫자가 아닌 자료 형태를 이용해 복잡한 교육 현상을 '총체적으로' 기술하고자 하는 연구방법.

집단적 교사효능감(Collective efficacy): 교수진이 전체로서 학생들에게 긍정적인 영향을 줄 수 있다는 신념.

집단적 자아존중감(Collective self-esteem): 자신이 속한 집단의 상대적 가치에 대한 개인적 인식.

집행 기능(Executive functioning): 목적을 가지고 목표 지향적 행동을 담당하는 인지 과정을 설명하는 용어.

차이 모델(Discrepancy model of identification): 학업성취도와 지능검사 점수 간의 차이 또는 각 검사 내의 하위 검사 간의 차이를 활용하여 학습장애 학생들을 변별해 내는 방법.

참여(Involvement): 학생들이 적극적으로 학습 활동에 개입하려는 정도.

창의성(Creativity): 생산적 문제에 대한 독창적인 해결책 혹은 산물을 만들어 내는 능력.

책무성(Accountability): 학생들에게 구체화된 기준을 달성했는지를 증명하도록 요구하고 교사들에게는 학생들의 수행에 대한 책임감을 갖도록 하는 활동.

책임 있는 의사 결정(Responsible decision making): 행동에 대한 결과를 이해하고, 개인적 행동과 타인과의 상호작용에 대해 건설적인 선택을 할 수 있는 능력.

처벌(Punishment): 행동을 감소시키기 위해 처벌물을 사용하는 과정.

처벌물(Punisher): 행동을 약화시키거나 재발할 가능성을 감소시킴.

처벌-복종(Punishment-obedience): 잡히거나 처벌받을 가능성에 기초하여 도덕적 추론을 하는 단계.

청킹(Chunking): 정보의 별개의 항목을 보다 크고 의미 있는 단위로 묶는 정신 과정.

체계적인 관찰(Systematic observation): 특정 활동에서 수용될 수 있는 수행에 대한 기준을 상술하고 이러한 기준을 토대로 기록하는 과정.

체벌(Corporal punishment): 잘못된 행동에 대한 반응으로 의도적으로 고통을 주는 신체적인 처벌의 형태.

체크리스트(Checklist): 만족할 만한 수행에 포함되어야 할 차원을 글로 기술해 놓은 것.

체화된 인지(Embodied cognition): 인지(우리의 사고)가 우리의 신체 특성에 의존하고 우리의 신체가 정보 처리 방식에 영향을 미친다는 인식.

초점 맞추기(Focus): 교사가 수업 전체에서 학생들의 주의와 흥미를 끌고 유지하는 데 사용하는 핵심 교수 기법.

촉진하기(Prompting): 학생이 올바른 답을 하지 못한 뒤 교사가 적절한 학생의 응답을 이끌어 내기 위해 사용하는 추가 질문 혹은 진술.

최소한으로 제한된 환경(Least Restrictive Environment: LRE): 학생들의 특별한 요구를 충족시키면서 가능한 한 일반적인 교육 환경에 학생들을 배치하는 정책.

추이성(Transitivity): 제3의 사물과의 관계성을 매개로 두 사물 간의 관계를 유추하는 능력.

축삭돌기(Axons): 밖으로 나가는 메시지를 다른 뉴런으로 전달하는 뉴런의 구성 요소.

측정의 표준오차(Standard error of measurement): 진점수가 포함될 가능성이 있는 점수의 범위.

코딩(Coding): 프로그래머들이 응용 프로그램, 웹 사이트 및 소프트웨어를 설계하는 데 사용하는 언어를 활용하는 과정.

타당도(Validity): 어떤 평가가 원래 측정하려고 했던 것을 실제로 측정하는 정도.

타인과의 조화(Interpersonal harmony): 충성심, 다른 사람의 기대, 사회적 인습 등을 기초로 도덕적 추론을 하는 단계.

탈진실(Post-truth): 객관적 사실보다 감정과 개인적 믿음에 기반한 주장이 대중의 의견 형성에 더 큰 영향을 주는 상황.

탐구 질문(Probing question): 학생들에게 설명하거나 증거를 제공하도록 요구하는 질문.

텍스트 신호(Text signal): 글 속에서 텍스트 조직과 핵심 아이디어를 알려 주는 요소.

토의를 활용한 강의(Lecture-discussion): 학생들이 조직화된 지식구조를 획득하도록 촉진하기 위해 고안된 수업 모형.

통합(Inclusion): 특수성을 지닌 학생의 교육을 위해 필요한 모든 종류의 서비스를 체계적이고 잘 조정된 서비스 망으로 구성하여 제공하는 종합적 접근.

투입 시간(Engaged time): 학생들이 주의를 기울이고 학습 활동에 참여하는 시간의 양.

트랜스젠더 학생(Transgender students): 개인 정체성에 대한 인식이 출생 시 부여된 성별과 일치하지 않는 학생.

특성(Characteristic): 개념을 정의하는 요소.

특수교육(Special education): 특수성을 지닌 학생들의 독특한 욕구를 충족시키기 위해 설계된 교육.

특수성을 지닌 학습자(Learner with exceptionalities): 자신이 지닌 잠재성을 충분히 발휘하기 위해 특별한 도움과 자원을 필요로 하는 학생.

특수전이(Specific transfer): 하나의 맥락에서 학습한 정보를 그와 유사한 맥락에 적용할 수 있는 능력.

파악(Withitness): 교사가 교실의 모든 곳에서 일어나고 있는 일에 대해 알고 있는 것, 그리고 알고 있음을 학생들에게 전달하는 것.

팝 퀴즈(Pop quizzes): 사전 공지 없이 실시되는 퀴즈.

평가 편파성(Assessment bias): 일종의 차별로서, 검사 또는 다른 형태의 검사 도구가 성별, 민족, 인종, 또는 사회경제적 지위에 따라 학생을 불리하게 대하는 것.

평가(Assessment): 학생들의 학습 진행 상황에 관한 정보를 수집하고 결정을 내리는 과정.

평정 척도(Rating scale): 만족스러운 수행의 차원과 각 차원이 평가되는 값의 척도를 글로 기술해 놓은 것.

평형 상태(Equilibrium): 기존의 이해를 통해 새로운 경험을 설명할 수 있는 인지적 상태.

포트폴리오 평가(Portfolios assessment): 미리 정한 기준을 사용해서 학생과 교사가 공동으로 평가한 학생의 작품집을 선별하는 과정.

포화(Satiation): 강화물을 너무 자주 사용하여 더 이상 행동을 강화하는 힘을 상실하는 과정.

표준편차(Standard deviation): 점수들이 퍼져 있는 정도를 나타내는 통계치.

표준화 검사(Standardized test): 동일한 조건에서 많은 수의 학생을 대상으로 시행되고, 동일한 절차에 따라 채점되고 보고되는 평가 도구.

풀이 예(Worked examples): 학생들에게 문제해결을 위한 한 가지 학습 방법을 제공하는 완성된 해결책이 담긴 문제.

프레젠테이션 소프트웨어(Presentation software): 슬라이드쇼 형식으로 텍스트, 이미지, 오디오 및 비디오 정보를 표시하기 위해 설계된 컴퓨터 소프트웨어.

프리맥 원리(Premack principle): 더 선호하는 행동이 덜 선호하는 행동을 증가시키기 위한 정적 강화물로 작용한다는 것.

피드백(Feedback): 학습자가 그들의 언어적 대답과 글로 쓴 작업에 대한 정확성 혹은 적절성에 대해 받는 정보.

필기시험 문항(Written-response items): 학습자가 응답을 선택하는 대신 응답을 작성해야 하는 평가 항목.

필수 수업 기술(Essential teaching skill): 모든 교사가 학생들의 학습을 극대화하기 위해 소유해야만 하는 기초 능력.

학교 소속감(School connectedness): 학생들이 학교 내의 성인과 또래가 그들의 학습뿐만 아니라 그들 자신을 개별적으로도 신경 쓴다고 믿는 것.

학교급별 적용(Developmentally appropriate practice): 다양한 발달 수준의 학습자의 능력과 필요에 맞추는 교수법.

학급 간 집단(Between-class grouping): 특정 학년의 학생들을 고, 중, 저 수준과 같이 성취 수준에 따라 분류하는 방식.

학급 관리(Classroom management): 학문적·사회심리적 학습을 지지하고 촉진하는 환경을 조성하도록 교사가 수행하는 행동.

학급 내 집단(Within-class grouping): 일반적으로 읽기 및 수학 점수를 기반으로 단일 학급의 학생들을 나누는 그룹화 과정.

학습(Learning): 경험의 결과로 발생한 것으로 관찰 가능한 비교적 지속적인 행동의 변화.

학습 양식(Learning style): 학습, 문제해결, 정보처리에 대한 학생들의 개인적인 접근 방식.

학습 전략(Study strategy): 학습자가 글로 기록된 교재와 교사가 제시해 주는 것들에 대해 자신의 이해력을 높이기 위해 사용하는 구체적인 기술.

학습 활동(Learning activity): 우리가 제공하는 모든 경험과 학생들이 학습 목표를 달성하도록 돕기 위해 취하는 조치.

학습(인지적)[(Learning(cognitive)]: 다양한 행동을 보여 주는 능력을 만드는 정신적 과정의 변화.

학습과학(Learning science): 실세계에 존재하는 그대로의 학습에 초점을 두고, 기술 유무에 관계없이 어떻게 학습이 촉진될 수 있는지에 대해 연구하는 분야.

학습동기(Motivation to learn): 학생들이 학습 활동의 의미와 가치를 발견하고 그 학습 활동이 목표로 하는 학업적 이득을 얻기 위해 노력하는 이들의 경향성.

학습된 무력감(Learned helplessness): 개인이 과제를 달성할 능력이 없고 환경을 거의 통제할 수 없다고 믿는 개인을 무력화시키는 믿음.

학습목표(Learning objective): 학생들이 주제와 관련하여 무엇을 알고 있거나 할 수 있어야 하는지를 명시하는 진술.

학습자 공동체(Community of learners): 학습목표를 모두 성취할 수 있도록 교사와 학생 모두가 서로 협력하는 학습 환경.

학습자 다양성(Learner diversity): 학생들의 집단 간 개인 간 차이.

학습자와 학습에 대한 지식(Knowledge of learners and learning): 학습과정에 대한 이해와 학생들의 학습과 발달에 대한 이해.

학습장애(Learning disability): 읽기, 쓰기, 추론하기, 듣기, 또는 수학적 능력을 습득하고 활용하는 데 어려움이 있는 장애.

한 단어 문장(Holophrases): 아이에게 완전한 문장만큼 많은 의미를 전달하는 한 단어나 두 단어로 이루어진 발화.

할당된 시간(Allocated time): 교사 또는 학교가 특정 과목이나 주제에 할당한 시간의 양.

핸디캡(Handicap): 인의 기능 때문에 부과된 상태로 그 개인의 능력에 제한을 가함.

행동주의(Behaviorism): 관찰 가능한 행동과 그 행동이 환경 속에 있는 자극으로부터 영향을 받는 방법을 이용하여 학습을 설명하는 이론.

협동학습(Cooperative learning): 학생들이 특정 학습목표 그리고 특정 사회적 상호작용 목표에 이르도록 다양한 수준의 능력을 지닌 학생 집단에서 작업하는 일군의 수업 모형.

협력(Collaboration): 공통의 문제를 해결하기 위해서 다른 전문가들과 함께 일하는 과정.

협력적 상담(Collaborative consultation): 일반교사와 특수교사가 함께 작업하여 특수 학습자들을 위한 효과적인 학습 경험을 만드는 과정.

형성평가(Formative assessment): 성적에 대한 결정을 내리기 위해 평가를 사용하는 것이 아니라, 학생들의 학업 향상에 대한 피드백을 제공할 목적으로 공식적 평가와 비공식적 평가를 사용하는 과정.

혼합방법 연구(Mixed methods research): 정량적 방법과 정성적 방법을 혼합한 연구 설계.

홈리스 학생(Homeless students): 고정되고 정기적이며, 적절한 야간 거처를 갖지 못하는 학생들.

확신 편향(Confirmation bias): 사람들이 자신의 신념을 지지하는 증거에만 초점을 맞추는 경향.

회복탄력성(Resilience): 역경에도 불구하고 학업과 이후의 삶에서 성공할 가능성을 높여 주는 학습자 특성.

효과적인 교수법(Effective teaching): 학생들의 학습을 극대화하는 수업.

효용가치(Utility value): 주제, 활동 또는 전공이 직업 목표를 포함하여 미래의 목표에 도달하는 데 유용할 것이라는 믿음.

후인습적 도덕성(Postconventional morality): 추상적이고 자기 자신의 원리로 윤리적 문제를 바라보는 도덕 경향.

찾아보기

내용